벌코프 조직신학

KB192879

🗨 **독자 여러분들께 알립니다!**

'**CH북스**'는 기존 '**크리스천다이제스트**'의 영문명 앞 2글자와
도서를 의미하는 '**북스**'를 결합한 출판사의 새로운 이름입니다.

벌코프 조직신학

1판 1쇄 발행 2001년 4월 20일
2판 1쇄 발행 2017년 9월 1일
2판 6쇄 발행 2025년 2월 17일

지은이 루이스 벌코프
옮긴이 이상원, 권수경
발행인 박명곤   **CEO** 박지성   **CFO** 김영은
기획편집1팀 채대광, 이승미, 이정미, 김윤아, 백환희, 이상지
기획편집2팀 박일귀, 이은빈, 강민형, 이지은, 박고은
디자인팀 구경표, 유채민, 윤신혜, 임지선
마케팅팀 임우열, 김은지, 전상미, 이호, 최고은

펴낸곳 (주)현대지성
출판등록 제406-2014-000124호
전화 070-7791-2136   **팩스** 0303-3444-2136
주소 서울시 강서구 마곡중앙6로 40, 장흥빌딩 10층
홈페이지 www.hdjisung.com   **이메일** support@hdjisung.com
제작처 영신사

ⓒ CH북스 2017

Systematic Theology

Louis Berkhof

벌코프 조직신학

루이스 벌코프 지음 | 이상원·권수경 옮김

CH북스
크리스천
다이제스트

차 례

서론

신론

인간론

기독론

구원론

교회론

종말론

Louis Berkhof

서론

제1부 교의신학의 개념과 역사

I
신학의 조직적 제시에 붙여진 명칭

기독교 역사의 첫 두 세기 동안 하나님의 말씀에서 모은 교리적 진리 전체를 조직적인 방식으로 제시하려는 시도가 거의 없었다. 그러나 진리를 되도록 전체적으로 조망하기를 원하는 인간 마음의 충동은 오래 억제될 수 없었다. 인간은 이성을 부여받은 존재로서 이 인간의 이성은 개별적인 진리들을 단순히 수집하는 것으로 만족하지 못하고 그 진리들을 상호관계 속에서 봄으로써 그것들을 분명하게 이해하기를 원했다. 본능적으로 이성은 상호 무관한 진리들을 모으고 분석하고 종합하여 그것들 사이의 관계를 분명하게 만든다. 그런데 성경의 교리적 진리들을 조직적인 방식으로 제시하는 일에 대해 반론이 종종 제기되어 왔고 오늘날에도 그 일을 절대적으로 반대하는 사람들이 있다. 진리를 조직화하면 할수록 하나님의 말씀에서 찾아볼 수 있는 진리의 제시로부터 멀어질 것이라는 두려움이 숨어 있는 것 같다. 그러나 만약 체계가 어떤 그릇된 철학의 근본 원리에 기초하지 않고 성경 그 자체의 영원한 원리에 기초한다면 그런 위험은 없다. 하나님은 분명히 진리를 전체적으로 보시며, 하나님을 따라 그 진리들을 생각하는 것이 신학자의 의무이다. 이상에 도달하는 일은 분명 현상태의 인간의 한계 너머에 있는 일이지만 하나님이 보시는 대로 진리를 보고자 하는 지속적인 노력은 반드시 있어야 한다.

교회는 이 점에서 결코 주저하지 않았다. 3세기 초부터 성경의 교리적 진리들을 완전하게 제시하고자 한 저작들이 많이 등장했다. 그 저작들은 의도는 비슷했으나 성격이 많이 달랐고, 이름도 늘 달랐다. 교부들 중에서는 오리겐이 처음으로 교리 신학을 체계적으로 제시하였는데, 책 제목은 「원리에 관하여」(Peri Archon)이었다. 오늘날 원 저작은 단편으로만 남아 있지만 책 전체가 4세기경 루피누스의 번역본으로 전해져 오고 있는데 이름은 「원리론」(De Principiis)이다. 오리겐은 '제일 원리'라는 말을 "신앙의 근본 교리들과 주된 항목들"이라는 뜻으로 사용했다. 이런 성격의 글을 쓴 두 번째 인물은 락탄티우스인데 그는 자기의 저작을 「신성 강요집 7권」(*Divinarum Institutionum Libri VII*)이라 이름지었다. 대단히 격조 높은 문제를 가진 이 책은 사실 기독교에 대한 변증이었다. 그 뒤를 따른 사람은 「지침서」(*Enchiridion*)을 쓴 5세기의 아우구스티누스인데, 그는 그 책에다 "믿음 소망 사랑에 관하여"라는 부제를 붙임으로써 책 내용을 표현했다. 이 책은 사도신경에 대한 해설로, 저자는 하나님의 주권적인 은혜와 십자가에서의 죽으심과 관련된 그리스도의 구원 사역을 높이고 있다. 이 책은 교회에서 거의 사도신경 그 자체만큼이나 권위를 갖게 되었다. 교부 시대 말기에 다마스쿠스의 요한이 「정통 신앙에 대한 정확한 해설」(*Ekdosis Akribes Tes Orthodoxou Pisteos*)이라는 제목으로 체계적인 글을 썼는데, 이 책은 그 전 책들보다 현대의 교의학 저작에 더 가깝다. 이 책은 네 권으로 나뉘어져 각각 (1) 하나님과 삼위일체, (2) 창조와 인간의 본성, (3) 그리스도와 그분의 성육신, 죽으심, 음부에 내려가심, (4) 그리스도의 부활과 통치 및 신학의 각기 다른 주제를 다루고 있다.

중세 시대에 쓰인 교리적 저작들은 성격이 다소 달랐다. 이전만큼 성경에 기초하지 않고 주로 그 이전 교부들이 쓴 글에 기초했다. 'Sententiae'(명제)라는 용어가 도입된 것이 바로 이때의 일이다. 이 용어는 주로 교부들의 저작을 모은 책을 가리키는 것이다. 이것들 중 가장 중요한 것은 페트루스 롬바르두스가 지은 「명제집」(*De Libres Sententiarum*)이다. 이 책은 그저 편집만 한 것이 아니라 방대한 양의 원전도 포함하고 있다. 이 책은 3세기 동안이나 신학 연구를 위한 뛰어난 지침서 역할을 했다. Sententiae라는 말과 함께 'Summa'(대전)라는 말도 점차 쓰이게 되었고 시간이 흐르면서 Sententiae라는 말을 대신하게 되었다. Summa 중 가장 유명한 것은 로마교회의 위대한 권위자인 토마스 아퀴나스의 책이다. 토마스는 이 책을 끝맺지 못하고 세상을 떠났는데, 그의 다른 저작에서 발췌하여 이 책에 덧붙인 것이 있으므로 그것을 보아 저술되지 못한 부분의 내용을 어느 정도 짐작할 수 있다.

종교개혁 시대 및 그 이후에는 전혀 다른 이름들이 교리적 저작들에 사용되었다. 루터 교회의 첫 교의학자는 멜란히톤이었다. 그는 자기의 책 이름을 「신학총론」(*Loci Communes rerum theologicarum*)이라고 이름지었는데, 이 책은 일련의 로마서 강좌에서 비롯된 것이었다. 다른 많은 루터파 신학자들도 이와 비슷한 명칭을 사용했다. 그렇지만 시간이 흐를수록 이 용어도 쓰이지 않게 되었다. 츠빙글리는 「참 종교와 거짓 종교에 관한 주석」(*Commentarius de vera et falsa religione*)이라는 책을 썼는데 이 책은 "개혁주의 신앙에 대한 최초의 체계적 해설"이라 불렸다. 또 칼빈은 자기의 주저를 「기독교 강요」 (*Institutio Religionis Christianae*)라 이름지었는데, 다른 많은 사람들도 이 명칭을 채택했다. 19세기에도 이 명칭은 모양만 약간 바뀌어 리처드 왓슨의 「신학 강요」(*Theological Institutes*)로 나타났고, 게르하르트는 그대로 「기독교 강요」(*Institutes of the Christian Religion*) 라는 명칭으로 사용했다.

그렇지만 종교개혁 이후 Theologia(신학)라는 용어가 루터파 및 개혁주의 진영에서 널리 사용되게 되었다. 그리고 신학적 저작들의 수가 늘어나며 이 용어에 어느 정도의 한계를 설정할 필요가 있게 되어 didactica(교육적), systematica(조직적), theoretica(이론적), positiva(실증적), dogmatica(교의적) 등의 형용사가 사용되었다. 교의적이라는 용어를 처음으로 사용한 사람은 아마도 L. 라인하르트(1659)인 것 같다. 그는 자기의 저작에 「교의신학 개요」(*Synopsis theologiae dogmaticae*)라는 이름을 붙였다. 그런데 오랫동안 기독교 신앙의 내용을 교의라고 불러온 까닭에 수식어가 점차 독립적으로 사용되고 주된 용어(신학)는 – 이해는 늘 되었지만 – 생략되었다. 자기의 책을 「개신교 교회의 원리에 따른 기독교 신앙」(*Christlicher Glaube nach den Grundsaetzen der evangelischen Kirche*)이라고 이름지은 슐라이어마허의 영향 때문에 신앙의 교리라는 말도 사용하게 되었다.

좀 더 최근에는 기독교 신앙(해링, 커티스), 기독교 신학(크나프, 포프, 발렌틴), 교의학, 개혁교의학, 기독교 교의학(카프탄, 바빙크, 호니히, 바르트), 교의신학(쉐드, 홀), 조직신학(레이먼드, 하지, 밀리, 스트롱) 등 다양한 용어가 사용되고 있다. 독일과 네덜란드의 개혁주의 신학자들은 수식어가 붙거나 붙지 않은 교의학이라는 용어를 단연 선호하고 있다. 그렇지만 미국에서는 조직신학이라는 용어가 더 널리 사용되고 있는 것 같다. 이상적인 입장에서 보면 교의학이라는 용어가 더 낫다고 판단되는데 그 이유는 (1) 그것이 둘 중 더 구체적인어서 연구의 진짜 대상을 더 분명하게 지적해 주고, (2) '조직신학'의 '조직'이라는 수식어는 사실과는 달리 이 학문이 주자료를 논리적으로 다루는 유일한 분과라는 인상을 주거나, 신학에서 구조상 조직적인 다른 것은 없다는 인상을 줄 수 있기 때문이다. 그렇지만 실천적인 이유 때문에 특히 이 시대의 미국에서는 조직신학이라는 용어를 쓰는 것이 바람직할 것 같다. 이 용어를 사용한다고 해서 원리가 희생되는 것은 아니다. 워필드 박사는 이 용어가 더 낫다고 생각하여 오히려 옹호하고 있는 입장이다.

II
교의의 성격

A. '교의'(Dogma)라는 명칭

조직신학 또는 교의학은 교회가 받아들인 교의를 다룬다. 그러므로 교의의 일반적인 성격을 살펴보는 것이 무엇보다 먼저 필요하다. 이와 관련하여 '교의'라는 명칭도 간단하게 살펴볼 필요가 있겠다.

1. 용어의 유래와 뜻. '교의'라는 이름은 헬라어 '도케인'에서 유래된 것이다. 고전 헬라어에서 '도케인 모이'라는 표현은 내가 보기엔 어떻다, 내 생각에는 어떻다라는 뜻뿐만 아니라 내 결론으로는, 내가 확신하기로는, 나는 이렇게 확신하다라는 뜻도 갖고 있었다. 그래서 '교의'라는 말에는 특별히 이 확실성의 개념이 나타나 있다. 일상적으로는 교의가 단순한 사적인 견해일 수 있었지만, 전문 분야에서는 일반적으로 공리나 자명한 진리, 공적인 규칙, 기초가 잘 잡히고 공식화된 신앙의 항목 등으로 인정되었다. 교의에는 종교적인 것뿐만 아니라 과학적·철학적·정치적 교의도 있다. 근본적이고 변하지 않는다고 생각되는 과학의 원리, 철학에서 자리잡은 가르침, 정부의 법령, 일반적으로 받아들여진 종교의 교리 등이 모두 교의다. 현대의 자유주의 신학자들은 마땅히 이것을 염두에 두어야 할 것이다. 왜냐하면 교의 개념에 대한 그들의 비판 중 많은 부분이 교의가 전적으로 종교에만 있는 어떤 것이라는 잘못된 전제에서 출발하고 있기 때문이다. 교의의 공통점은 모두가 어떤 권위를 옷입고 있다는 것이다. 물론 이 권위의 근거는 다르다. 과학적 교의는 공리나 자명한 진리의 권위를 갖고 있다. 철학적 교의는 그 권위를 그 교의들을 확립하는, 일반적으로 받아들여진 논증에서 이끌어 온다. 정치적 교의는 그것들을 선포하는 정부의 권위를 입고 있다. 또 종교적 교의는 (실재적이거나 가정된) 신적 권위에 기초함으로써 권위를 갖는다.

2. 이 용어에 대한 성경의 용법. '교의'라는 말은 구약의 헬라어 번역(칠십인역)에서도 찾아볼 수 있고 신약 성경에서도 찾아볼 수 있다. 이 말은 정부의 법령을 나타내는 데 여러 번 사용되었다(에 3:9; 단 2:13; 6:8; 눅 2:1; 행 17:7). 또 엡 2:15; 골 2:14 등 두 곳에

서는 모세의 율법을 가리키고 있다. 그리고 행 16:4에서는 앞 장에 기록된 사도들 및 장로들로 구성된 회의의 결정을 가리키고 있다. 이 구절에서 사용되고 있는 용법은 특별히 중요한데, 그 이유는 그것이 교회의 결정을 언급하고 있고 따라서 사실상 이 용어를 신학적으로 사용하기 위한 근거를 제공해 주고 있기 때문이다. 사실 예루살렘 공의회는 아무 교리도 만들지 않았지만 그 결정은 분명히 교리적 의미를 갖는다. 뿐만 아니라 이 결정은 신적 권위를 입고 있으며 그 결정이 지향하는 교회에 대해 절대적인 강제성을 지니고 있었다. 그 결정은 그들의 판단에 따라 따를 수도 있고 무시할 수도 있는 단순한 조언이 아니라 그들 위에 부과된 짐이요 그들이 순종해야 할 대상이었다. 그러므로 앞의 본문들은 최소한 종교적 교의는 교회가 공적으로 정의하고 신적 권위에 근거해 있다고 선언한 교리라는 사실을 어느 정도 암시해 주고 있다.

3. 신학에서 이 용어의 다양한 용법. 신학에서 '교의'라는 말이 늘 같은 뜻으로 사용되어 온 것은 아니다. 과거의 신학 문헌들은 이 말을 다소 넓은 뜻으로, 실제로 '교리'라는 말과 같은 뜻으로 사용했다. 그러나 이 말이 정확하게 교의를 가리켜 사용된 경우는, 교리를 공식화시킨 교회로부터 확립된 진리로 인정받고 따라서 권위를 입고 있는 교리들의 진술이나 공식화를 가리킨다. 초기의 교부들은 교회에서 인정한 바 기독교 신앙의 진리를 교의라고 부르고 이 용어를 이교의 가르침에 대해서도 사용했다. 중세 동안에는 더 구체적인 교의 개념이 로마교회에 의해 발전되었다. 로마교회에서는 교의를 "무오한 가르침의 권위에 의해 어떤 방법으로 규정되고 그 자체로서 신자들의 수용을 요청하는 계시된 진리"로 보았다. 그런 진리는 꼭 성경에만 계시되어 있을 필요는 없고 구전에 계시되어 있을 수도 있는 것이었다. 중요한 것은 교회가 그것을 계시된 것으로 선포하여 그 자체를 교회에 부과하는 일이다. 이런 식으로 진리는 사실상 교회의 권위에 의존하게 되었다.

종교개혁자들과 개신교 신학자들은 모두 이 교권적인 관점을 떠나, 하나님의 말씀에 계시되어 있고 어떤 합법적인 교회가 공식화한 교의들을 신적인 진리로 인정하고, 또 하나님의 말씀에서 나온 것이므로 권위있는 것으로 인정했다. 그들은 그 교의에 항구성과 안정성이 상당히 있다고 보았지만 교의가 무오하다고 보지는 않았으며 이 관점은 지금도 마찬가지다.

그런데 슐라이어마허를 통해 현격한 변화가 생겼다. 그는 교의의 원천을 객관적인 것에서부터 주관적인 것으로 바꾸었다. 그는 기독교 신앙을 교의의 원천으로 보았으므로, 기독교 공동체의 종교적 경험에 대해 교회가 권위를 부여한 표현이 바로 교의라고 생각했다. 리츨의 신학은 교의의 개념에 있어서 좀 더 객관적인 것처럼 보이지만 사실상 똑같이 주관적인 것이다. 리츨주의는 교의를 교회의 신앙에 대한 확증으로 보았는데, 이는 신앙의 내용이 아닌 그 신앙 안에 포함된 것에 대한 학문적인 확증이었다. 이렇게 표현하면 신앙 곧 주관적인 신앙(*fides qua creditur*)이 교의의 원천이 되는데 그것은 종교적 경험만큼 주관적인 것이다. 신앙이 신적인 계시 없이는 절대 생겨날 수 없음은 분명하지만, 그런 면에서 본다면 사실 슐라이어마허가 말하는 종교적인 경험도 마찬가지인 것이다.

슐라이어마허와 리츨의 교의 개념은 오늘날에도 많은 집단에서 유행하고 있다. 그러나 최근 들어 교의의 객관적인 성격을 인정하려는 새로운 경향들이 나타나고 있다. 맥코나치(McConnachie)가 "바르트 이전의 바르트주의자"라고 불렀던 P. T. 포사이스(Forsyth)는 교의를 가리켜, "초기의 진술로 된 최종 계시", "진리로 표현된 하나님의 행동"이라고 말했다. 성경에 계시되어 있고 (따라서 말씀으로 된) 하나님의 근본적인 구속적 행동이 교의를 구성하는데 이것이 곧 교회의 기초라는 것이다. 교의와 달리 교리(doctrine)는 계시된 교의에 대한 해석이며, 따라서 교회의 기초가 아니라 교회의 산물이다. 하나님의 행동에 관해 성경에서 찾아볼 수 있는 해석조차도 교의가 아닌 교리로 보아야 한다는 것이다.

포사이스와 바르트의 입장은 비록 약간 다른 점들도 있긴 하지만 상당한 일치를 보이고 있다. 바르트는 단수 '교의'와 복수 '교의들'을 구분한다. 그는 '교의'를 "하나님의 말씀인 성경과 진정 일치하는 한에서의 교회 선포"라고 정의한다. 다른 곳에서는 교의를 "교회 선포와 성경에서 입증된 계시의 일치"라고 말한다. 또 이 계시는 교리적 명제로 보기보다는 하나님의 행동으로서, 인간 편에서의 행동을 요구하는 훈령이나 법령이라고 본다. 그렇지만 복수 '교의들'은 "교회가 인정하고 고백한 교리적 명제들로서 교회 신조에 담겨 있으며 상대적인 권위를 갖는 것"이다. 교의들은 하나님의 말씀으로부터 나온 인간의 말로서 존중하고 받들 가치가 있긴 하지만 사람의 말에 불과하다. 교의들은 ('교의'처럼) 신앙의 대상이 되는 것이 아니라 신앙의 표현일 뿐이다.

끝으로, 미클럼(Micklem)도 이 두 사람과 대단히 비슷한 입장에 있는데 그는 이렇게 말하고 있다. "기독교 신앙의 근본적이고 독특한 교의들은 추상적인 진리로 되어 있는 것이 아니라 하나님의 강력한 행동으로 되어 있다. 복음 이야기에서 본질적인 부분을 이루는 것은 교의로서, 이 이야기에 대한 해석이 곧 신학이다." 마지막 문장은 물론 성경에 나오는 해석에도 해당된다. 이 사람들의 관점이 개혁주의 신학과는 완전히 동떨어진 길을 따라 걷고 있는 것임을 두말할 필요도 없다.

B. 교의의 형식적 특성

교의를 그저 기독교 신앙의 본체로 보는 사람들도 있으나 이 관점은 너무 막연하고 성경의 지지를 전혀 받지 못한다. 이 관점은 교의의 공적 성격을 정당하게 다루지 않고 있다. 교의가 하나님의 말씀으로부터 나온 진리이긴 하지만 그렇게 나온 것이라고 해서 그 진리가 엄밀한 의미에서의 교의가 되는 것은 아니다. 성경에는 교의가 표현할 교리적 가르침들은 나오지만 교의 그 자체는 없다. 이 교리적 가르침들은 오직 교회가 그것들을 공식화하고 공적으로 채택할 때만이 교의가 된다. 종교적 교의는 세 가지 특성을 갖는다고 말할 수 있겠다. 즉, 종교적 교의의 주자료는 성경에서 나온다는 점, 교의는 성경에 계시되어 있는 진리를 교회가 숙고한 결과라는 점, 교의는 어떤 권위있는 교회집단이 공적으로 채택한 것이라는 점 등이다.

1. 교의의 주자료는 성경에서 나온다. 성경은 하나님의 말씀으로서, 이어지는 모든 세대를 위한 하나님의 구속에 관해 지속적으로 계시해 주는 책이다. 성경은 우리로 하여금 하나님의 능하신 구속적 행동을 접하게 해주며 이 행동들에 대해 믿을 만한 해석까지 제공해준다. 그러므로 성경은 말씀 계시인 동시에 행동 계시라고 할 수 있으며 이 둘이 모두 교리적 의의를 갖는다. 물론 사실의 의미는 말로만 표현할 수 있다. 사실과 말씀 둘 다 교리적 의의를 갖고 있으며 따라서 둘 다 교의의 자료를 제공해 준다. 성경에 나오는 하나님의 참된 계시는 하나님의 능하신 구속적 행동뿐이라고 보는 사람들(포사이스, 바르트, 불트만, 미클럼 등)의 입장은 성경의 모든 부분이 똑같은 하나님의 말씀이라는 사실을 부인하는 것이다. 뿐만 아니라 이 입장은, 우리가 하나님의 행동에 관해 갖고 있는 정보라고는 하나님께서 친히 이것들을 설명해 주신 그 말씀뿐이라는 사실을 충분히 고려하지 않고 있다. 또 진리로 표현되거나 교회가 선포한 하나님의 행동만이 신적 권위를 입은 교의(들)의 참된 기초가 된다는 생각은, 사실을 묘사하는 성경 말씀과 그 사실을 해석하는 성경 말씀을 덜 권위 있는 것으로 봄으로써, 부당하게 구분하는 것이다. 우리의 개혁주의적 개념에 따르면 성경에는 교의만 담겨 있는 것이 아니라 그 교의가 구체화시키는 교리적 진리도 담겨 있다. 하나님의 말씀에서 나오지 않은 교리적 명제들은 절대로 교회의 교의가 될 수 없는 것이다.

로마교회는 엄밀한 의미에서의 교의를 가리켜 "기록되었거나 기록되지 않은 하나님의 말씀-즉 성경이나 전승-에 담겨 있고, 교회가 신자들에게 믿으라고 제시하는 진리들"이라고 한다. 바티칸 공의회는 이것을 다음과 같이 표현하고 있다. "더 나아가, 기록되거나 전승되어 온 하나님의 말씀에 담겨 있고, 교회가 엄숙한 판단에 의해서나 일상적이고 보편적인 주권(magisterium)으로써 신적으로 계시된 것으로 믿으라고 제시하는 모든 것들은 신적이고 보편적인 신앙으로 믿어야 한다."

물론 역사적인 개신교는 성경과 전승을 그렇게 동등한 것으로 보지 않는다. 개신교에서는 교의로 표현된 교리적 진리들은 성경에 명백하게 담겨 있거나 "선하고 필연적인 추론"에 의해 성경으로부터 추론해 낼 수 있다고 주장한다. 교의는 성경의 문장을 단순히 반복하는 것이 아니라 하나님의 말씀에 담긴 교리들에 대한, 인간적이고 따라서 오류가 있을 수 있기는 하나 조심스러운, 공식화인 것이다. 교의의 주자료는 성경에서 나온다. 만약 그렇지 않다면 그것은 교의가 아니다.

오늘날 이 사실을 꼭 강조해야 할 필요가 있다. 19세기가 시작된 이후 교의의 유래에 대한 또다른 관점이 몇몇 개신교 진영을 지배하게 되었다. 현대 신학의 아버지 슐라이어마허는 교회 교의의 자료적 내용을 성경에 계시된 사실이나 진리가 아닌 기독교적 의식(意識)이나 기독교적 경험에서 이끌어 내었다. 그는 신앙의 항목들을 "언어로 표현된 경건한 감정의 개념"이라고 선언하고 있다. 그 관점에 따르면, 교의는 더 이상 하나님과 하나님의 뜻에 대한 진리를 서술하는 것이 아니라 늘 변하는 인간 경험의 의미를 표현한 데 지나지 않게 된다. 매킨토시(Mackintosh)는 "만약 말이 무언가를 의미한다면 그에게 교리는 하나님이 아닌 우리 감정에 관한 진술이다"라고 바로 말하고 있다. 또 이에 이어서 슐라이어마허에게 문제가 되는 것은 종교의 교의가 객관적으로 진리인가 하는 것이 아니라 교의가 다양한 상태의 감정을 잘 표현하고 있는가 하는 것이라는 결론이 나온다. 에질(Edghill)은 슐라이어마허가 교리를 "늘 변하는 삶"의 표현으로 본다고 하면서 이것은 종교적 "신앙"을 진술함에 있어서 그 어떤 항구적인 권위도 부정하는 것임을 지적하고 있다.

리츨의 견해는 예수 그리스도 안에서 주어진 하나님의 계시를 출발점으로 삼음으로써 슐라이어마허의 관점보다 객관적인 것 같지만 내용상 별반 다르지 않다. 카프탄(Kaftan)의 다음 말을 보면 꽤 고무적이다. "전제는 교의가 신적 계시로부터 나온다는 것과 개신교 진영의 경우 공동체의 신앙 및 인식과 일치해야 한다는 그것이다." 그러나 그가 분명히 예수 그리스도 안에 있는 객관적 계시를 고려하고 싶어하면서도 교회의 신앙을 이 계시와 교의학자 사이에 갖다 놓고 있음이 곧 드러난다. 또 그가 신앙에 대해 말할 때도 교회의 신조에 나타나 있는 바 객관적인 의미에서의 신앙, 즉 내용으로서의 신앙(*fides quae creditur*)을 생각하는 것이 아니라 주관적인 의미에서의 신앙 즉 신뢰로서의 신앙(*fides qua creditur*)을 생각하고 있는 것이다. 게다가 그는 이 신앙을 하나님의 말씀에 계시되어 있는 진리에 대한 지적인 이해라고 생각하지 않고, 신뢰 즉 하나님의 말씀에 제시되어 있는 그 대상과의, 실천적인 조건을 가진 영적 관계로 이해한다. 이 신앙이 지식을 포함하긴 하지만 이 지식은 지적인 것이라기보다는 실천적이며 경험적이고 하나님과 교제하는 삶에서 유래되는 지식이다. 인간은 하나님이 신앙에 반영되시지 않는 한 하나님을 알 수 없다(카프탄). 또 신앙에 포함된 이 실천적인 지식은 교의로 표현된다. 교의는 이런 식으로 신앙의 대상이 아닌 신앙의 표현인 것이다. 신앙이 교의의 원천이 된다. 이 말은 리츨의 신학이 교의를 성경에서 발견되는 진리의 공식화로 보는 옛 개신교의 개념을 거부하고, 다소 사변적인 가치 판단의 방법으로 결정되는 기독교 신앙에서 교의의 내용을 이끌어내려고 한다는 뜻이다. 또다른 리츨주의 학자인 롭슈타인(Lobsterin)은 "교의는 개신교 신앙에 대한 학문적인 해설이다"라고 했다. 그는 그의 책 「개신교 교의학 개론」 75쪽에서 "교의의 원천은 신앙이다"라고 분명히 말하고 있다.

이와 다소 비슷한 주관적 관점을 네덜란드 윤리학파에서도 찾아볼 수 있다. J. 판 더 슬라이스(J. Van der Sluis)는 그의 책 「윤리적 지향」(*De Ethische Richting*) 23쪽에서 샨테피 더 라 소세이(Chantepie de la Saussaye) 교수의 말을 인용하고 있는데 이것은 리츨의 입장과 대단히 잘 조화되는 말이다. "교리는 삶을 따라, 삶을 통하여 생겨난다." 또 이스 판 데이크(Is. Van Dijk) 박사도 이렇게 말하고 있다. "만약 교의를 정의해야 한다면 다음과 같이 하겠다. 즉 교의는 교회의 삶의 특정한 관계를 지성의 언어로 표현하고자 하는 시도의 산물이다."

2. 교의들은 교의적 성찰의 산물이다. 교회는 성경 지면에서 확정된 형태의 교의를 찾아내는 것이 아니라 하나님의 말씀에 계시된 진리들을 숙고함으로써 교의를 얻는다. 기독교적 의식은 진리를 내 것으로 만들 뿐만 아니라 그것을 재생산하고 거대한 통일체로 보고자 하는 억누를 수 없는 감정을 느낀다. 지성이 이 성찰을 지도하고 인도하기는 하지만 그 성찰은 그저 지적이기만 한 것이 아니라 도덕적이고 감정적이기도 하다. 지성, 의지, 감정, 즉 전인격이 활동한다. 인간 영혼의 모든 기능과 내적 삶의 모든 활동이 최종 결과에 영향을 미친다. 더 넓게 보면 이 성찰 활동의 주체는 그리스도인 한 개인이 아니라 성령의 인도를 받는 하나님의 교회 전체이다. 영적인 사람만이

이 일을 할 수 있는 적임자이며 그 사람조차도 진리를 그 모든 관계 속에서 보고 또 그 풍성함과 거대함 속에서 이해하는 것은 모든 성도들과의 교제 및 협력 가운데서만이 가능한 것이다. 교회가 성령의 인도를 받아 진리에 대해 숙고할 때 진리는 교회의 의식 속에서 명확한 모양을 갖게 되고 명료하게 정의된 관점 내지 주장으로 구체화된다. 교의를 형성하는 일은 늘 짧은 과정도 아니며 또 간단한 일도 아니다. 그 과정은 오래 끈 논쟁에 의해 다소간 결정되는 경우가 많다. 이 논쟁들이 늘 덕스러운 것은 아니다. 왜냐하면 극심한 열기를 불러일으켜 거룩하지 못한 대립을 초래하는 경우가 많기 때문이다. 그러나 그와 동시에 이 논쟁들은 대단히 중요한 것들로서, 우리의 주의를 토론되는 문제에 날카롭게 집중시켜 당면한 과제들을 명료하게 하고 문제에 대한 서로 다른 관점들을 공개하며 합당한 해결에 이르는 길을 지적해 준다. 교회는 진리를 이해하는 일에 있어서 과거에 있었던 위대한 교리적 논쟁들의 신세를 톡톡히 지고 있다.

제베르크(Seeberg)는 교의를 구성하는 일에 참여한 수많은 요소들에 주의를 환기시키며 다음과 같이 말하고 있다. "교의는 대단히 복잡한 역사적 구조물이다. 이 구조물에는 다양한 구성요소가 있는데 그 요소들은 다양한 형태의 반론을 접했을 때, 많은 실제적(이고 윤리적이며 경건한) 자극과 외적인 (정치적, 정경[canon]적인) 동기들에 의해, 또 서로 다른 신학적 조류의 영향을 받음으로써 구성된 것이다." 역사상의 모든 시대가 교리의 형성을 위해 요구되는 숙고를 똑같이 수행한 것은 아니다. 그 일은 깊은 영성, 경건한 열정, 하나님의 말씀에 계시되어 있는 바 진리에 대한 기꺼운 복종, 진리와 그 진리가 갖는 의미에 대해 늘 향상하는 통찰력을 얻고자 하는 애타는 정열, 성실한 석의적 연구, 구성 능력 등을 필요로 한다. 차가운 합리주의와 감상적인 경건주의는 똑같이 무익한 것이다. 또 철학적 사변과 심리학적 분석이 참된 신학적 연구를 대신해 버린 오늘날과 같은 시대도 분명 신학적 교의를 구성하기에는 바람직하지 못하다. 진리를 하나님의 말씀에 계시되어 있는 바대로 성찰하는 일이 지극히 중요하다는 것을 거의 인정하지 않고 있는 것이다. 사실 오늘날은, 인간이 자기의 생각을 사로잡아 그리스도께 복종시켜야 하며, 하나님과 인간, 죄와 구속, 생명과 죽음 등과 관련한 진리를 추구할 때 자기의 생각을, 오류를 범할 수 있는 인간의 이성이 찾아낸 것들이 아닌 권위 있는 말씀 곧 하나님의 영감된 말씀의 기초 위에 두어야 한다는 사상도 광범위하고 단호하게 거부하고 있다.

3. 교의들은 어떤 합법적인 교회가 공적으로 정의한 것이다. 교의를 구성하는 마지막 단계는, 어떤 공적인 교회가 그것을 구체적으로 공식화하고 공적으로 받아들이는 일

이다. 교회의 그러한 공적인 행동이 필요하다는 것은 대부분의 사람들이 인정하고 있다. 로마교회와 개신교도 이 점에서는 같은 입장이다. 또 주관주의를 내세우는 현대 신학자들조차도 이에 대해 동의의 음성을 발하는데, 그 이유는 그들이 "교의는 반드시 집합성 개념과 권위의 개념을 지녀야 한다"고 믿기 때문이다. 슐라이어마허는 교회가 그 자체로 받아들인 종교적 진리만을 교의로 인정하고 있다. 롭슈타인은 이렇게 말하고 있다. "사실 대단히 명백한 것은 교의란, 정확하고 역사적인 의미에 있어서 합법적인 권위자가, 즉 이 경우에는 교회가, 국가와 협력하여 공적으로 규정하고 공식화한 신조 외에 아무것도 아니라는 것이다." 또 조지 버먼 포스터까지도 "교의는 교회의 권위가 지지하는 신앙에 관한 의견들이다"라고 선언하고 있다.

이때 생겨날 수 있는 질문은, 믿어야 할 것을 결정하는 권한을 어느 교회가 갖고 있는가 하는 것이다. 하르낙(Harnack)은 사실상 교회 전체를 대표하는 교회연합의 공의회만이 이 일을 할 수 있다는 입장을 취하고 있다. 그 이유로 그는 개신교 교의학이라는 것은 있을 수 없는 것이라고 주장한다. 그는 개신교가 교회의 연합을 깨뜨렸으며 개신교는 통일된 전선을 내세울 수 없음을 지적하고 있다. 물론 종교개혁으로 생겨난 교회들은 이 견해에 동의하지 않는다. 개혁교회는 특별히 모든 개교회가 예수 그리스도의 교회를 완전히 대표하고 있으며, 따라서 교의의 권위 또는 가르침의 권위, 즉 교회 내에서 무엇을 교의로 인정할 것인지 결정하는 권한을 갖고 있음을 강조해 왔다.

그러나 만약 하나의 개교회가 자기와 비슷한 많은 교회로 구성된 더 큰 조직의 일원이 된다면 그 교회는 이 문제를 당연히 상급 회의에 일임해야 할 것이다. 교회 연합의 공의회가 공적으로 규정한 교의가 교회의 공동체적 의식을 가장 잘 만족시켜주는 것임은 두말할 필요도 없다. 그러나 이 공의회가 구성한 교의만을 유일한 참된 교의라고 주장하는 것은 독단이다.

교회가 공적으로 확증한 교의는 그 교의를 인정하는 영역 내에서 권위를 갖는다. 그렇지만 이 권위의 성격에 대해서도 의견의 차이가 있다. 로마교회는 자기네들의 교의에 절대적인 권위를 부여하는데, 그 이유는 그것들이 계시된 진리이기 때문만이 아니라 더 구체적으로는 교회가 신자들의 신앙을 위해 그것들을 무오하게 이해하여 제시했기 때문이다. 「가톨릭 사전」(*A Catholic Dictionary*)의 교의 항목에 나오는 다음 문장은 의미심장하다. "따라서 예를 들어 화체설과 같은 새로운 정의에 대해 그리스도인은 두 가지 의무를 갖는다. 그리스도인들은 첫째, 그렇게 정의된 교리가 참되다는 것, 다음으로는 그것이 기독교 계시의 일부라는 것을 반드시 믿어야 한다." 여기서 우선권을 갖는 것은 교회의 선포이다. 윌머스(Wilmers)는 말하기를, 성경과 전승은 "멀리 떨어진 혹은 중개를 필요로 하는 신앙의 규칙인 반면, 가르치는 교회는 직접적인 규칙이다"라고 한다. 신앙은 진리를 선생들의 모임(*ecclesia docens*, 사제들)의 손으로부터 맹목적으로 받아들이는 데 있다. 그리고 교의의 권위는 사실상 교회의 공식적인 선언에 근거한다. 교회는 무오하기 때문에 그 권위는 절대적이라는 것이다.

종교개혁의 교회들은 이 관점과 결별했다. 그들은, 교리는 교회가 공식적으로 규정하고 받아들이기까지는 교의가 되지 않으며 교회적 권위도 갖지 못한다는 것을 주장하면서도, 교의는 오직 하나님의 말씀에서 발견된다는 이유만으로, 또 하나님의 말씀에서 발견될 때만 권위가 있는 것이라고 보았다. 이 문제에 대한 그들의 관점을 다음과 같이 표현하는 것이 가장 좋겠다. 교의가 자료적으로는(즉 내용에 관해서는) 그 권위를 전적으로 하나님의 무오한 말씀에서만 끌어 오지만, 형식적으로는(즉 형식에 관해서는) 교회로부터 끌어온다는 것이다.

바르트는 이 점에 관해 약간 다른 견해를 갖고 있다. 그에 따르면, 단수인 교의는 성경에 확증되어 있는 계시와 일치하는 한에서의 교회 선포이다. 그 계시는 우선적으로 진리의 계시 ─ 비록 진리가 포함된 것이기는 하지만 ─ 일 뿐만 아니라 인간 편에서의 응답을 요구하는 케리그마, 사자의 부름, 신적 명령이기도 하다. 그 케리그마, 곧 훈령은 교회 선포에서 동시대적인 것이 되어야 한다. 따라서 이 교회 선포가 전하는 하나님은 우리가 언급할 대상이 아닌, 인간에게 말씀하시고 우리 인간의 응답을 받으시는 주체여야 한다. 또 교회 선포가 이렇게 하고 따라서 성경에 확증되어 있는 계시와 진정 일치하는 한에서만이 그것은 교의인 것이다. 교회 선포는 원 계시의 근사치일 뿐 원 계시의 완벽한 재생은 아니다. 그러나 교회 선포가 원 계시와 일치하고, 따라서 지금 죄인을 향한 하나님의 말씀이신 한 그것은 권위를 입는다. 교의를 이렇게 생각할 때, 교의는 교의들(복수), 즉 말하는 자가 하나님이 아닌 교회이고 그 이유 때문에, 상대적 권위밖에 갖지 못하는 교의들과 구별되어야 한다. 교의들은 교회가 인정하고 공식화한 명제들로서, 하나님의 말씀에서 나온 인간의 말이다 교회가 교의들을 통하여 현세대에게 하나님의 계시의 진리를 전해주고, 또 재생산할 수 있는 것은 오직 교회가 그 진리를 성령의 인도 아래 이해하기를 배웠을 경우뿐이다.

물론 슐라이어마허의 추종자들과 리츨의 추종자들은 자기들이 개혁주의적 입장에 일치하는 척하면서도 교회의 교의에 대한 개혁주의 개념에는 동의하지 않는다. 그들은 앞에서 제시한 개혁주의적 관점을 사실상 종교개혁의 작업을 거의 망쳐버린 개신교 스콜라주의의 그릇된 관념으로 본다. 그들로서는 교의가 성경에서 나오는 것이 아니라, 기독교적 의식, 다시 말해서 종교적인 경험이나 기독교 신앙에서 나오는 것이다. 교의가 권위를 입고 있는 것은 오직 교회의 공동체적 의식에 의해(슐라이어마허) 또는 교회와 국가의 연합적 의식에 의해(롭슈타인) 인가를 받았기 때문이라는 것이다. 뿐만 아니라, 교의가 갖는 권위는 굴복을 요구하고 순종을 명할 수 있는, 규범적이고 규정적인 것이 아니라 롭슈타인의 말대로 그저 "진리의 내적 힘에 대한 표현이며 영과 힘에 대한 증명"일 뿐이다. 따라서 교회의 교의를 구체적으로 표현하고 있는 신조들을 법적 성격을 갖는 것으로 인정하고, 그것들을 권징 활동을 위한 합당한 근거로 삼는 것도 실수라고 본다.

C. 교의의 필요성

이 시대는 반(反)교의적 시대이다. 교의에 대해서 뿐만 아니라 교리에 대해서까지, 그리고 교리적 진리를 조직적으로 제시하는 일에 대해서도 분명한 혐오감을 나타내고 있다. 지난 반세기 동안 종교사, 종교철학, 종교심리학 등에 관한 책들은 서점에 넘친 반면 교의적 저작은 거의 나타나지 않았다. 기독교는 교리가 아니라 삶이며, 우리가 그리스도의 생명에 동참하기만 한다면 무엇을 믿든 그것은 별로 중요하지 않다는 주장이 들려온다. 교의 없는 기독교를 요구하는 외침이, 특히 미국에서 강하게 들려오고 있다. 많은 진영에서 교의적 설교가 사랑을 받지 못하고 있으며 따라서 외면을 당하고 있다. 많은 보수적인 그리스도인들이 오직 경험적이기만 한 설교를 요구하는 반면, 좀 더 자유주의적인 사람들은 윤리적이거나 사회적인 설교를 더 선호하고 있다

1. 교의에 대한 오늘날의 반대의 원인. 자연히 생겨나는 질문은, 교의에 대한 이러한 반대를 어떻게 설명할 수 있겠는가 하는 것이다. 전체 기독교 교회 안에서 이 반대는 특정한 철학적 사조의 영향으로밖에는 설명할 수 없다. 칸트의 영향으로 교의는 점차 인기를 잃어갔다. 그는 현상계를 초월하는 것들에 대한 이론적 지식의 가능성을 부인하였고 따라서 신적인 것에 대한 지식의 가능성도 부인했다. 그의 인식론은 광범위한 영향을 미쳤으며, 리츨 및 그의 제자들의 신학에서 새로운 힘을 얻게 되었다. 그 결과 하나님과 신적인 것들에 대한 소위 이론적 지식은 많은 기독교 진영 내에서 곧 인기를 잃어버렸다. 헤겔은 자기 시대의 반교의적 정신에 불만을 토로하면서, 사변적 철학을 이용하여 기독교 교의를 재건해 보려고 했다. 2세기의 영지주의자들과 같이 그

는, 만약 기독교가 실제로 하나의 철학이라는 것이 인정되기만 한다면 자연히 식자층에서 인기를 얻을 것이라는 전제에서 출발하고 있다.

그래서 그는 참된 철학을 지속적으로 수행하기만 한다면 필연적으로 교회의 신조에 이르게 될 것이며, 기독교의 교리들은 그림의 형태로 된 사변적 지식 이외의 아무것도 아니라고 강조했다. 그의 견해로는, 철학적 진리의 참된 정신적 핵심을 해방하고 드러내기 위해서는 이 형태만 벗겨내면 된다는 것이었다. 그러나 하나님의 어리석음을 세상의 지혜로 바꾸어보려는 그의 시도는 실패로 판명되고 말았다. 슈트라우스(Strauss)나 비더만(Biedermann) 같은 헤겔 좌파들의 노력의 결과, 소위 껍질을 벗기고 난다음에는 기독교가 거의 남지 않았다는 것과 철학의 핵심은 하나님의 말씀에 계시된 진리와 전혀 다른 어떤 것임이 밝히 드러났다. 카프탄의 말과 같이 헤겔의 수술은 사실상 "교의의 파괴"로 끝나고 말았다.

이에 대한 반작용은 리츨의 신학에서 신칸트주의라는 형태로 나타났다. 오르(Orr) 박사는 「리츨의 신학」(The Ritschlian Theology)이라는 그의 책 33쪽 이하에서 이렇게 말하고 있다. "주된 봉사로서 칸트는 리츨에게 그의 체계가 요구하는 것들에 꼭 맞는 인식론을 제공했다. 우리의 지식은 오직 현상계에 대한 지식일 뿐이고, 하나님은 이론적으로 인식이 불가능하며, 하나님의 존재에 관한 우리의 확신은 이론적 판단이 아닌 실천적 판단에 달려 있다는 사상들은 우리가 살펴볼 바와 같이 리츨주의 계열에서 거의 제일 원리의 단계까지 높아지게 되었다." 따라서 리츨의 저서와 로체(Lotze), 헤르만, 하르낙, 사바티어(Sabatier) 등 그의 동료들의 저서가 이론적으로는 기독교 교의를 완전히 배제하지 않고 있으면서도 전체적으로는 기독교 교의를 싫어하고 있다는 것은 별로 놀랄 만한 일이 아니다.

마지막으로 드라이어가 그의 저서 「교의 없는 기독교」(Undogmatisches Christentum)에서 교의 없는 기독교를 부르짖고 있다. 그는 주장하기를 (1) 고대의 교의들은 당연히 그 교의들이 생겨난 그 시대의 개념적 형식 속에 던져진 것으로서, 이 형식들은 종교적 가치관이 근본적인 변화를 겪은 시대에는 장애물이 되며, (2) 교의는 기독교 신앙에 없어서는 안될 독립성과 자유를 위태롭게 한다고 했다. 두 번째의 논증만으로 교의 그 자체를 거부한다는 사실은 금방 알 수 있겠지만, 지금 논의하고 있는 이 책의 진짜 성향을 나타내주는 것은 역시 이 논증이다. 카프탄과 롭슈타인도 드라이어와 생각이 똑같아서 교의는 종종 신앙의 장애물이 된다고 보면서도 그와 동시에 그것들을 필요한 것으로 보고 새로운 교의를 요청하고 있다. 트뢸치는 "교회적인 개신교 교의(敎義) 체계는 더 이상 존재하지 않으며", 개신교 교회는 교의가 아닌 다른 영역에서 "연합과 단결"을 모색해야 할 것이라는 결론을 내리고 있다.

물론 이러한 방향의 철학적 사고 외에도 교의의 인기를 떨어뜨리는 작용을 해 왔고 또 지금도 하고 있는 셀 수도 없는 많은 영향들이 있다. 종교적인 자유사상가들은 교의가 자기들의 종교적 자유를 침해하는 것이라고 하여 교의를 반대하는 목소리를 계속 높이고 있으며 교회 안에서의 자유를 요구하고 있다. 그들은 심심치 않게 자기들이 종교개혁의 근본원리 중 하나였던 개인적인 판단권의 참된 투사인 체한다. 일방적인 교의주의가 경건주의적 반작용을 낳았던 적도 여러 번 있다. 경건주의의 특징은 종교에서 모든 종류의 지성주의를 혐오하며 정서주의와 경험을 종교적 삶에 대한 유일한 참된 표현으로 칭송한다. 경건주의는 그리스도인들로 하여금 마음의 피난처 곧 감정의 자리로 물러감으로써 교리적 논쟁의 말다툼으로부터 피할 것을 명한다.

미국에서는 경건주의가 행동주의라는 꽤 반가운 친구를 만난 셈인데, 행동주의는 우리가 만약 주의 일에 분주하기만 하다면 우리가 무엇을 믿든 별로 중요하지 않다고 주장한다. 미국의 수많은 그리스도인들이 온갖 종류의 교회 일에 분주한 나머지 진리의 연구에 깊이 몰두하지 못하고 있다. 그들은 실천적인 실용주의자들로서, 눈에 보이는 결과를 즉각 낳는 종교에만 관심을 갖고 있다. 교의에 대한 지식은 극도로 줄어들었다. 사실 경건주의와 행동주의는 모두, 그리스도인들은 오늘날의 복잡한 교리 체계로부터 벗어나 사도시대의 단순함으로, 그리고 되도록이면, 교리에 관여하지 않으신 예수의 말씀으로 돌아가야 한다고 종종 부르짖는다. 다른 많은 반교의적 경향들도 언급할 수 있겠지만 이것들만으로도 교의에 대한 오늘날의 반대를 적어도 어느 정도는 충분하게 이해할 수 있을 것이다

2. 기독교에 없어서는 안 될 교의.　교의의 필요성은 여러 가지 방법으로 논증할 수 있다. 슐라이어마허나 리츨의 추종자들까지도, 자기들의 주관주의에도 불구하고 또 자기들의 신비주의와 도덕주의에도 불구하고, 교의를 옹호하고 있다. 기독교에 교의가 없어서는 안되는 이유가 몇 가지 즉각 나타난다.

(1) 성경이 진리를 기독교에 없어서는 안 되는 것으로 제시한다.　오늘날 기독교는 교리가 아니라 삶이라는 주장을 종종 들을 수 있는데 이 말은 꽤 경건한 느낌을 주므로 몇몇 사람들에게 호감을 주기도 하지만 실상은 위험한 거짓말에 불과하다. 계속하여 지적되어 왔고 또 최근 메첸(Machen)이 그의 책 「기독교와 자유주의」(*Christianity and Liberalism*)에서 다시 한 번 강조한 것은 기독교가 메시지의 기초 위에 세워진 삶의 방

식이라는 것이다. 복음은 그리스도 안에 있는 하나님의 자기 계시로서 진리의 형태로 우리에게 다가온다. 진리는 그리스도의 인격과 사역에서만 계시된 것이 아니라 이것들에 대해 성경에 나오는 해석에서도 계시되고 있다. 그리고 사람이 믿음으로 자기를 그리스도께 합당하게 복종시키고 성령 안에서 새 생명에 동참하게 되는 것은 복음의 메시지를 올바르게 해석하고 믿음으로 받아들임으로써인 것이다. 그 생명을 받는 것은 그저 신비적으로 은혜를 주입하는데 달려 있거나 인간의 올바른 윤리적 행동에 달려 있는 것이 아니라 지식이 그 조건이 되는 것이다.

예수께서는 "영생은 곧 유일하신 참 하나님과 그의 보내신 자 예수 그리스도를 아는 것이니이다"(요 17:3)라고 말씀하신다. 바울은 말하기를 하나님은 "모든 사람이 구원을 받으며 진리를 아는 데에 이르기를"(딤전 2:4) 원하신다고 했다. 그는 사역의 위대한 이상 가운데 하나는 모든 신자들이 "하나님의 아들을 믿는 것과 아는 일에 하나가 되어 온전한 사람을 이루어 그리스도의 장성한 분량이 충만한 데까지 이르는" 것(엡 4:13)이라고 말했다. 그리고 베드로는 신적 능력이 "생명과 경건에 속한 모든 것을 우리에게 주셨으니 이는 자기의 영광과 덕으로써 우리를 부르신 이를 앎으로 말미암음이라"(벧후 1:3)고 한다. 신약 모든 곳에서 기독교의 생명에 참여하는 것은 자기를 나타내신 바 그리스도에 대한 믿음을 조건으로 하며, 여기에는 성경에 기록되어 있는 구속적 사실들에 대한 지식이 당연히 포함된다. 그리스도인들은 이 사실의 중요성을 항상 바로 알고 있어야한다. 또 그리스도인들이 믿음으로 하나 되고자 한다면 진리에 대해 단일한 확신과 표현에 도달해야 한다.

예수께서는 당신의 제자들을 위한 기도를 "그들을 진리로 거룩하게 하옵소서 아버지의 말씀은 진리니이다"라고 마무리하신 다음, 또 "내가 비옵는 것은 이 사람들만 위함이 아니요 또 그들의 말을 말미암아 나를 믿는 사람들도 위함이니"(요 17:17, 20)라고 기도하셨다. 하나님의 말씀을 받아들이는 것과 영적인 일치는 함께 간다. 이와 똑같은 뚜렷한 연합은 사도 바울의 글에서도 찾아볼 수 있다. "우리가 다 하나님의 아들을 믿는 것과 아는 일에 하나가 되어"(엡 4:13). 성경은 교회가 하나님의 말씀에 계시되어있는 진리를 무시하고도 아무 탈이 없을 것이라는 인상을 절대 주지 않는다. 예수께서는 진리를 강조하셨고(마 28:20; 요 14:26; 16:1-15; 17:3, 17), 사도들도 진리에 관해 열심이었다(롬 2:8; 고후 4:2; 갈 1:8; 3:1 이하; 빌 1:15-18; 살후 1:10; 2:10, 12, 13; 딤전 6:5; 딤후 2:15; 4:4; 벧후 1:3, 4, 19-21; 요일 2:20-22; 5:20). 진리의 중요성을 약화시켜 무시하고 소홀히 하는 사람은 결국 자기들이 기독교에서 남겨 둔 것이 거의 아무것도 없다는 것을 알게 될 것이다.

(2) 교회의 통일성이 교리적 일치를 요구한다. 성경은 예수 그리스도의 교회의 통일성을 가르치는 동시에 그것을 가리켜 "진리의 기둥과 터"(딤전 3:15; 4:13)라고 부른다. 에베소서 4장에서 바울은 하나님의 교회의 통일성을 강조하면서 교회의 성도들 모두가 하나님의 아들을 아는 일에 하나가 되는 것이 이상이라고 분명히 말하고 있다. 이것은 14절에서 더 강조되고 있다. "이는 우리가 이제부터 어린 아이가 되지 아니하여……온갖 교훈의 풍조에 밀려 요동하지 않게 하려 함이라." 그는 빌립보 교인들에게 "한마음으로 서서 한 뜻으로 복음의 신앙을 위하여 협력하라"(빌 1:27)고 권면하고 있다. 이 구절에서 신앙이라는 말은 분명 유다서 3절의 것과 같은 뜻인데, 거기서 유다는 독자들에게 "성도에게 단번에 주신 믿음의 도를 위하여 힘써 싸우라"고 권면하고 있다. 비록 똑같은 뜻은 아니라 해도 그것과 상당히 비슷한 내용이라고 할 수 있다.

사도 바울은 고린도 교인들에게 "같은 말을 하고" 그들 가운데 분쟁이 없게 하라고 권면하고 있다. 그들은 한마음으로 일치되어야 했다. 그는 이것을 대단히 중요한 것으로 여겨 그가 전한 복음과 다른 것을 전하는 자들에게 저주를 퍼붓고 이단자들을 출교시켜야 한다고 역설했다. 그가 딤전 6:3-5에서 선언하고 있는 것은 준엄한 심판이다. "누구든지 다른 교훈을 하며 바른 말 곧 우리 주 예수 그리스도의 말씀과 경건에 관한 교훈을 따르지 아니하면 그는 교만하여 아무것도 알지 못하고 변론과 언쟁을 좋아하는 자니 이로써 투기와 분쟁과 비방과 악한 생각이 나며 마음이 부패하여지고 진리를 잃어버려 경건을 이익의 방도로 생각하는 자들의 다툼이 일어나느니라."

진리를 아는 일에서의 하나됨은 분명 교회의 번영을 위하여 가장 중요한 것으로 인정되고 있다. 만약 교회가 갖가지 종류의 확신들을 가진 사람들을 포함한다면 그것은 교회의 내부에 불일치와 투쟁과 분열의 씨를 숨기고 있는 셈이다. 또 그것은 성도들을 세우는 일과 교회의 복리에 절대 도움이 되지 않을 것이며, 주님의 일에 효과를 나타내지도 못할 것이다. 또 교회의 일치를 추구할 때, 진리를 고백함에 있어서 최소한의 공통분모로 만족하거나, 아니면 "우리, 교리는 잊어버리고 함께 일함으로써 하나가 됩시다"라고 말하며 만족할 수밖에 없을 것이다.

(3) 교회의 의무가 교리상의 일치를 요구한다. 교회가 만약 공통된 신앙고백을 갖고 있다면 당연히 그 교회는 교리상 하나일 수밖에 없을 것이다. 이 말은 교회는 교회가 진리를 어떻게 이해하고 있는지 공식화하고 그것을 표현해야 한다는 뜻이다. 교리상의 일치는 그러므로 공통된 교의에 대한 고백을 포함한다. 교회가 교리를 필요로 한다는 것은 인정하면서 그와 동시에 또 교의는 필요로 하지 않는다고 해서는 안 될 것

이다. 교회가 만약 교회의 신앙의 내용을 의식하고 명백히 표현하지 않는다면 교회는 이 땅에서의 자기의 기능을 수행할 수 없다. 예수 그리스도의 교회는 진리의 수탁자로, 보호자로, 또 증인으로 임명 받았으며, 진리에 대해 명확한 개념을 갖고 있는 경우에만 이 부르심에 충실할 수 있다. 사역자들은 바른 말을 본받아 지키라는 권고를 받고, 신자들은 모든 성도들에게 단번에 주어진 믿음을 위하여 힘써 싸우라는 권고를 받지만, 만약 "바른 말"과 교회가 믿는 것에 대해 의견이 일치하지 않는다면 자기들의 중요한 사명을 어떻게 성취할 수 있을 것인가? 교회는 반드시 그릇된 자들을 다루어 그들을 바로잡고 책망하고, 또 양 떼로부터 쫓아낼 수 있어야 하지만, 이 일 역시도 진리에 대한 명확한 이해와 그에 따르는 분명한 판단기준이 없다면 지혜롭고도 효과적으로 수행할 수 없을 것이다. 역사가 분명히 가르쳐 주는 바는 교회가 이단을 참으로 판단하기 전에 어떤 공적인 표준이나 시금석을 반드시 갖고 있어야 한다는 사실이다. 또 교회가 일치된 전선을 구축하지 않고서는 결코 진리를 연합하여 힘있게 증거할 수 없다는 것은 두말할 필요도 없다.

(4) 세상에서의 교회의 위치가 일치된 증거를 요구한다. 모든 교회는 자기의 가르침을 공적으로 선포하는 일에 있어서 다른 교회와 주위 세상의 도움을 입는다. 만약 우리가 우리의 물질적인 이권을 맡기고자 할 때도 그 사람들의 성격과 신념을 알고 싶어하는 것이 당연한 일일진대, 우리와 우리의 자녀들이 영적인 지도를 받게 될 교회가 어떤 입장에 서 있는지 정확하게 아는 것은 대단히 바람직할 뿐만 아니라 매우 본질적인 것이기도 하다. 뿐만 아니라 한 교회는 다른 교회의 입장이 어떠한지 알아야 그 교회와 어느 정도까지 교류하고 협력하며 교제할 수 있을지를 결정할 수 있을 것이다. 예수 그리스도의 교회는 결코 은폐된 도피처를 찾거나 자기의 본체를 숨기려 해서는 안 된다. 교회가 자기의 신앙을 명료하고도 뚜렷하게 나타내는데 실패한다면 그것은 바로 그런 잘못을 범하는 것이다.

(5) 교의가 없어서는 안 된다는 것을 경험이 가르쳐 준다. 어느 교회든 그 교회 나름의 교의가 있다. 쉴새없이 교의를 헐뜯는 교회들조차도 사실상 교의를 갖고 있다. 그들이 자기들은 교의가 없는 기독교를 원한다고 할 때 바로 그 말이 그들의 교의를 선포하는 것이다. 그들 모두 종교적인 문제들에 대한 어떤 분명한 확신을 갖고 있으며 그것들에 어떤 권위도 부여한다. 비록 그것들을 늘 공적으로 공식화하거나 드러내 놓고 인정하는 것은 아니긴 하지만 말이다. 역사가 분명히 증거하는 바는 교의에 대한 오늘날의 반대조차도 실제로는 교의 그 자체에 대한 반대가 아니라 특정 종류의 교의

에 대한 반대이며, 현대 신학자들의 눈에 예뻐보이지 않는 그런 종류의 교의에 대한 반대에 불과하다는 것이다. 교의가 없는 교회는 침묵하는 교회일 것이며, 이는 용어 그 자체가 모순이다. 침묵하는 증거는 결코 증거가 아니며 결코 다른 사람을 확신시키지 못할 것이다

D. 교의에 포함되는 요소들

기독교 교의는 다양한 요소들을 포함하는데, 그 요소들은 교회의 생명에 대단히 중요한 것들이다. 이것들 가운데 다음의 세 가지가 특히 언급할 만하다.

1. 사회적 요소. 종교적 교의는 그리스도인 한 개인이 만든 것이 아니라 전체교회의 산물이다. 성경에 계시된 진리를 자기의 것으로 하는 일은 무엇보다 먼저 개인적인 일이긴 하지만 그 일은 점점 공동체적이고 단체적인 면모를 지닌다. 신자들이 진리를 이해하고 확신있게 재생산하는 것은 오직 모든 성도들과의 친교를 통해서이다. 개별 그리스도인의 개인적 성찰은 이런 식으로 집합적인 통제의 유익을 얻게 되고, 그가 자기 스스로 발견한 것들에 대해 갖는 확신은 다른 수많은 사람들도 같은 결론에 이르렀다는 사실에 의해 자연스럽게 더욱 큰 힘을 얻게 되는 것이다. 교의가 이런 식으로 얻게 되는 공동체적 성격, 즉 사회적 성격을 어떤 우연적인 것으로나 단지 상대적인 중요성만을 지닌 것으로 간주해서는 안 되며, 절대적으로 본질적인 어떤 것으로 생각해야 한다. 개인적인 견해라는 것은, 아무리 옳고 가치있는 것이라도 기독교적 교의를 구성할 수 없다.

어떤 극단주의자들은 교의의 사회적 요소를 반대한다. 그들은 진리를 숙고해야 할 필요성은 인정하지만, 개인이 자기존중에 고무되어 무엇이 옳은가를 자기 힘으로 결정하여야 한다는 의견을 편다. 각자가 자기의 진리 체계를 세워야 하며, 다른 사람들의 생각에 신경을 써서는 안 된다는 것이다. 그렇지만 이런 것들을 두고 우리 시대의 신학적 사상의 주된 경향이라고 할 수는 없다. 슐라이어마허나 리츨은 모두, 그들의 주관주의가 종교적 개인주의를 조장한다는 사실에도 불구하고, 교의의 공동체적 요소를 대단히 강조하고 있다. 하르낙은 말하기를 "교의의 개념에 사회적 요소가 도입되었다. 똑같은 교의를 고백하는 사람들이 공동체를 이룬다"라고 했다. 사바티어는 교의의 기원에 관해 말하면서 자신의 생각을 다음과 같이 표현했다. "교의는 오직 종교적 사회가 시민사회와 스스로 구별되어 도덕적 사회가 되고, 자발적인 동참자들로 구성

원을 확충할 때에만 생겨난다. 이 사회는 다른 사회와 마찬가지로 자기가 살아가고 스스로를 방어하고 스스로를 보급시키기 위해 필요한 것들을 스스로 공급한다."

끝으로, 맥기퍼트(McGiffert)는 이렇게 말했다. "사회적 요소에 대한 슐라이어마허의 인식은 현대에 와서 종교사 및 종교심리학 연구를 통해 강화된 것으로서, 이 연구들은 우리의 믿음이 주로 사회적 소산이라는 사실과, 우리의 개인적 이성이 저 혼자서 독립적인 믿음을 창조한다는 생각이 허구에 불과하다는 사실을 입증하는 풍성한 증거를 제공해 주었다."

2. 전통적 요소.   또한 교의는 전통적 요소를 담고 있다. 기독교는 19세기도 더 전에 주어지고 완성된 계시를 통하여 알게 된 역사적 사실들에 기초하고 있다. 그리고 이 사실들을 바로 이해하고 바로 해석하는 것은 끊임없는 기도와 묵상을 통하여, 또 모든 시대 교회의 연구와 투쟁을 통해서만이 성취될 수 있다. 일개 그리스도인이 신적 계시의 내용 전체를 이해하고 합당하게 재생산해 낼 수 있으리라고는 기대할 수 없다. 또 한 세대가 그 일을 성취할 수도 없다. 교의를 공식화하는 일은 모든 시대의 교회의 일이며, 이어지는 세대들 편에서 엄청난 영적 힘을 필요로 하는 일이다. 그리고 역사가 가르쳐 주는 바는, 의견의 차이와 오래 끈 씨름에도 불구하고, 그리고 일시적인 퇴보까지 있었음에도 불구하고, 진리에 대한 교회의 통찰은 점점 명료해지고 깊어졌다는 사실이다. 진리 하나하나가 집중적인 관심을 끌었고, 그리하여 더욱더 발전되었다. 그리고 교회의 역사적인 신조들은 이제 지난 세기의 숙고와 연구의 결과들을 농축된 형태로 표현하고 있다. 지난날의 이 유산을 세심하게 살피고, 놓여진 기초 위에 계속하여 건축을 하는 일은 우리 시대 교회의 의무인 동시에 특권인 것이다.

그렇지만 현대의 자유주의 신학 측에서는 과거와 절연하려는 뚜렷한 경향이 나타나고 있다. 자유주의 신학의 많은 대표자들이 종종 교회의 신앙고백들을 역사적 문서라고 목소리 높여 칭송하면서도 그것들이 오늘날에 대해 갖는 교리적 중요성은 인정하지 않으려 한다. 그리고 슬프게도 오늘날의 소위 근본주의자들도 잘 알려진 바 "신조가 아니라 성경을!"이라는 자기들의 구호를 가지고 자유주의자들에게 동조하고 있다. 그들은 실제로 이 말에는 교회의 역사적 과거와 절연하는 일, 종교개혁 시대의 교회들이 그들의 위대한 신조 및 신앙고백을 통해 오는 세대에게 값진 유산으로 전해 준 그 교훈의 유익을 거부하는 일, 그리고 지난날 교회사에서의 성령의 인도를 사실상 거부하는 일까지 포함된다는 사실을 깨닫지 못하고 있는 것 같다.

그러나 현대의 자유주의 신학은 여기서도 멈추지 않는다. 자유주의 신학은 모든 교리적 진리의 권위있는 원천인 성경 그 자체와도 결별한다. 이는 다음에 나오는 레빌(Reville)의 말에 확실하게 표현되어 있다. "그것(자유주의)은 개신교 신앙고백들을 철저히 검토해 본 결과 그것들이 그리스도의 가르침을 조금도 충실하게 반영하지 못하고 있음이 드러났기 때문에 그 신앙고백들의 멍에를 내던져 버렸을 뿐만 아니라, 더 나아가 19세기에 역사학과 철학이 이룩한 엄청난 업적들에 힘입어 성경 그 자체에도, 선지자들에게서 나오지도 않았고, 예수로부터 나오지도 않았으며, 따라서 그리스도의 가르침에 대한 충실한 표현이라고 볼 수 없는 많은 교리들이 있음을 깨달았다."

물론 그러한 입장은 성경을 하나님의 말씀으로 인정하지 않는 것이고, 더 나아가 교회의 과거 교리사에 있어서의 성령의 인도를 철저하게 무시하고 부정하는 것이며, 위대하고 아주 경건했던 교회 교사들의 기도와 애씀과 씨름을 존중하지 않는 것이다. 이 입장은 진리의 전개와 공식화에 있어서 용납할 수 없는 개인주의를 주장하며, 오랫동안 존중되어온 지난날의 체계보다 더 나은 종교적 진리를 새로이 구성할 수 있는 개인이나 한 세대의 교회의 능력을 과장하는 것이다.

3. 권위의 요소. 종교개혁 시대의 교회들이 자기들의 교리들을 공적으로 확정하여 교의로 바꾸었을 때, 그들은 또한 그 교리들이 신적 권위에 기초하고 있으며 진리에 대한 표현이라는 것을 명백하게 선언했다. 또 그들은 자기들의 교의가 하나님의 말씀에 계시된 진리의 구체화라고 보았기 때문에 그들은 교의가 일반적인 승인을 받을 자격이 있다고 보았으며 자기들의 진영 내부에서 이러한 승인을 요구했다. 로마교회는 자기네들의 교의가 절대적으로 무오하다고 주장하는데, 한편으로는 그것들이 계시된 진리이기 때문이라는 것이지만, 특별히 무오한 교회가 신자들의 믿음을 위하여 그것들을 제시하였기 때문이라는 것이다. 로마교회의 교의들은 절대적으로 불변한다는 것이다. 바티칸 공의회는 이렇게 선언했다. "만약 누구든지, 교회가 세시한 교리에, 학문의 진보에 따라, 교회가 이해해 왔고 또 이해하고 있는 것과는 다른 의미가 부여될 수 있다고 주장한다면, 저주를 받게 될 것이다." 개신교 교회는 이 절대주의에 동의하지 않는다. 개신교 교회는 그들의 교리가 성경 진리에 대한 올바른 공식화라고 보는 까닭에 그것들이 수용되기를 기대하지만, 교회가 진리를 확정함에 있어서 오류를 범할 수 있는 가능성을 인정한다. 그리고 만약 교의가 하나님의 말씀과 일치하지 않는다면 더 이상 권위가 없는 것이다.

오늘날 가장 강한 반론이 제기되는 것이 바로 권위의 요소이다. 로마교회와 개신교 교회는 모두 종교를 무엇보다 먼저 하나님에 의해 주어지고 정해지는 것으로 보며,

따라서 권위의 자리를 하나님에게서 찾는다. 이 권위의 기초가 되는 것은 로마교회의 경우 교회이고, 개신교 교회의 경우 성경이다. 둘 다 진리의 객관적인 표준을 인정하는데, 그 표준은 교회의 교의로 표현되어 있으며, 복종, 신앙, 순종을 요구한다. 18세기의 합리주의와 이신론은 "종교적 권위에 대한 중세의 원칙"을 버리고, 인간의 이성이라는 표준으로 그것을 대치시켰으며, 따라서 인간에게 권위를 두고 그것을 순전히 개인주의적인 것으로 만들었다. 슐라이어마허는 교의의 내용은 종교적 경험에 의해 정해지며, 리츨은 표면상으로는 하나님 나라의 설립자이신 예수 그리스도에 의해 결정되지만 실제로는 교회의 주관적인 신앙에 의해 결정된다고 본다. 두 경우 모두 권위의자리는 종교적 의식이다. 물론 그 권위는 객관적인 규범의 권위가 아니라 내적 원리의권위이다.

롭슈타인은 "개신교의 입장에서 볼 때, 교의가 법규적이고 합법적인 명령이라는의미에서, 권위있고 의무적인 교회의 결정으로 만드는 모든 개념을 다 정죄해야 할 필요가 있다"고 말했다. 또다른 리츨주의자인 사바티어의 말에 따르면 "문자가 가진 외적인 권위는 내적이고 오직 도덕적이기만한 영의 권위에 자리를 물려주었다." 이 프랑스 신학자는 인간의 영이 궁극적으로 권위의 원리로부터 해방되어 자율적인 존재가되었다고 주장하는데, 이는 "마음이 스스로와 일치하는 것이 모든 확실성의 첫째 조건이요 기초"라는 뜻이다. 이것은 참된 모든 권위를 거부하는 것과 다를 바 없다. 바르트는 로마교회의 교의 개념과 현대 자유주의자들의 교의 개념을 모두 거부했다. 그는 교의(단수)는 계시와 일치하므로 교의에 대해서는 절대적 권위를 인정했고, 교의들, 다시말해서 교회가 공식화한 교리적 진술들은 그것들이 계시의 뿌리에서 생겨난 것인 한상대적인 권위를 갖는 것으로 인정했다.

깊은 연구를 위한 질문

로마교회는 새로운 교의를 만들 권한을 갖고 있는가? 로마교회는 교황이 이 권한을 갖고 있다고 주장하는가? 만약 아니라면, 이 교회에 따를 때, 교의 그 자체는 하나님의 말씀에 담겨 있다는 뜻이 되는게 아닌가? 뉴먼 추기경의 교의 발전 개념은 로마교회의 교의의 불변성 개념과 어떻게 조화되는가? 새로운 교의를 작성하는 데 대한 개신교 교회의 견해는 무엇인가? 과학과 철학도 교의의 내용을 일부 제공해 주는가, 아니면 교의의 형식에만 영향을 미치는가? 하르낙의 교의관은 어떤 것인가? 그는 교의의 기원에 대해 어떻게 생각하는가? 그의 관점에 대해서는 어떤 반론이 있는가? 현대의 생활에서 교의에 대한 혐오감을 강하게 만드는 것은 무엇인가? 교의 없이 존재하는 교회가 있는가?

III
교의신학의 개념

A. 교의와 교의학의 관계

교의에 관한 논의는 자연스럽게 교의와 교의학의 관계에 대한 물음으로 이어지는데, '교의학'이라는 이름이 이 둘의 밀접한 관계를 나타내 준다. 이 말은 복수(dogmata)가 아닌 단수(dogma)에서 유래된 것인데, 그 자체로서 교의학이 어떤 개별적인 교의들을 취급하는 것이 아니라 교회의 교의를 전체적으로 취급한다는 사실을 말해 주고 있다. 교의와 교의학 사이의 정확한 관계가 언제나 같은 방식으로 생각되어온 것은 아니다. 가장 일반적인 견해는 교의가 교의학의 자료를 구성함으로써 교의학은 기독교 교의의 학문이라고 불리게 된다는 것이다. 따라서 교의학은 성경의 교리적 진리를 조직적으로 취급한다고, 좀 더 구체적으로는 그 진리를 교회가 고백하는 바대로 취급한다고 할 수 있다. 교의학은 교회의 교리를 전체적으로 연구하며, 신앙의 각 항목을 그 전체와의 관련 속에서 검토한다. 교의학 그 자체는, 무엇보다 먼저 성경적이어야 함에도 불구하고, 성경적일 뿐만 아니라 교회적인 특징도 갖는다. 슐라이어마허의 교의 개념은 교의가 성경에서 나온다는 것을 인정하지 않으므로 개신교 일반의 교의 개념과 다른데, 그는 교의를 교의학의 자료로 본다는 점에서만 개신교의 교의 개념과 일치한다. 그에 따르면 교의신학은 역사적인 발전 과정의 특정 단계에서 기독교 교회가 고백한 교리를 연구하는 학문이다. 교의와 교의학의 관계에 대한 리츨의 개념도 방금 언급한 것과 다르지 않다. 카프탄은 이렇게 말한다. "그러므로 교의학은 교회가 하나님의 계시에 기초하여 믿고 인식하는 기독교의 진리를 그 취급대상으로 한다."

그렇지만 하르낙은 교회가 교의와 교의학의 관계를 제시함에 있어서 결코 정직하지 못했다고 주장한다. 그에 따르면, 역사는 교의가 신학의 산물임을 가르쳐 준다는 것이다. 그렇지만 교회가 교의들의 진짜 기원을 숨기고 교의들을 계시된 진리로 선포했으며 교의 그 자체를 신학의 기초로 삼았다는 것이다. 포사이스에 의하면, 교의는 "초기의 진술로 된 최종적 계시이며, 진리로 표현된 하나님의 행동"이고, 따라서 하나님의 계시의 일부분이다. "교리는 교의 곧 확장된 교의에 관한 진리이다. 그것은 제이 차적 신학 곧 신조에 나타난 바 교회의 이해력이다. 신학은 발전 과정에 있는 교리이 며 교리는 벧전 1:18-20에 있는 대로 제삼의 임시적인 신학 곧 교회의 이해력이다." 그에게 있어서 교의는 복음의 정수요, 계시의 핵심적 알맹이며, 따라서 성경에서 찾을 수 있는 것이다. 교의는 뿌리로서, 이 뿌리로부터 교회의 신학적 연구를 통하여 교리 가 자란다는 것이다. "신학은 임시적인 교리이며, 교리는 선별된 신학이다." 이 견해는 바르트의 견해와 매우 현저하게 비슷하다. 교의(단수)를, 그것이 하나님의 말씀과 참으 로 일치하는 한에서 교회 선포로 정의한 바르트는 교의학을 교의들의 학문이 아니라 교의의 학문으로서 교의가 성경이 확증하는 계시와 일치하는지 묻는 학문이라고 본 다. 그러므로 교의학은 교의를 심사하는데 이바지하는 것이다. 그는 교의들(복수)을 이 해하고 공식화하는 일이 교의학에 의해 크게 증진되긴 하지만, 교의들이 교의학의 자 료를 이룬다고는 믿지 않는다.

포사이스는 교의를 하나님의 계시의 일부로, 따라서 사실상 그 계시의 핵심적 알 맹이로 보는데, 바르트도 이와 매우 유사한, 즉 포사이스처럼 교의를 신앙의 대상으로 여길 정도로 유사한 평가를 내리고 있다. 그들은 더 나아가 교의들이나 교리들을 신앙 의 대상으로 인정하여야 한다는 것을 거부하고, 그것들은 교회의 신앙을 표현한 것에 지나지 않는다고 주장하는 면에서도 일치한다. 이들은 둘 다 지금 주도하고 있는 교의 개념은 종교개혁자들의 것이 아니라 개신교 스콜라주의의 것이라고 보는 면에서도 생각이 일치한다. 교의와 교의학 사이의 관계에 관한 개신교 교회의 역사적 개념을 논 의함에 있어서 주의를 기울여야 할 명제가 몇 가지 있다.

1. 교의들은 신앙 공동체의 필요에서 생겨난다. 제베르크는 하르낙에 반대하여 "비 록 교의의 형식은 신학의 일이지만, 교의의 내용은 기독교 교회의 공통된 신앙에서 나 온다"고 말하고 있다. 이 말은 교의가 신학의 산물이라는 하르낙의 견해를 멋지게 교 정한 것이다. 그러나 이 말을 두고 교의가 유래되어 나오는 원천을 올바로 규정한 것 이라고 볼 수는 없다. 이 말은 리츨의 입장과 오히려 더 잘 어울린다. 레이니(Rainy)는 처음에 교리들(교의들)이 성경에서 나온다고 지적함으로써 좀 더 개혁주의적 생각을 하고 있는데 그는 이렇게 말하고 있다. "나는 기독교 교리를 처음으로 이끌어내는 것 이 학문적인 관심이라고는 생각하지 않으며 더욱이 이 활동이 마땅히 순종할 대상인 학문의 형식적인 조건에 응해야 하는 의무라고도 생각하지 않는다. 또 학문적인 충동 이, 역사적으로 이 분과에서 창조적 힘이 되어 왔다고도 생각하지 않는다. 교리가 계

속 생겨난 것은 우선적으로 학문적인 관심이나 충동에 복종해서가 아니라 믿는 마음의 필요에서 나온 것이다."

교의들은 주문할 수 없는 것이다. 교의들은 신학자 개인이나 과학적 신학 일반이 만들어서 바깥으로부터 신자들의 공동체에 부과하는 그런 것일 수 없다. 교의들이 만약 그렇게 만들어지고 제시된 것이라면 아마도 교회의 신앙을 참으로 표현하지 못할 것이고, 신자들의 공동체에서 공감을 불러일으키지 못할 것이며, 그 결과 권위있는 것으로 인정받지도 못할 것이다. 교의들은 열정적인 영적 삶의 기간에, 진리에 대한 광범위하고 진지한 숙고와 깊은 종교적 경험으로부터 만들어지는 것이다. 교회가 신앙을 고백하고자 하고 또 자기의 신앙을 표현하고자 하는 누를 수 없는 충동을 그 내부에서 느꼈던 것은, 오직 성경의 진리들을 깊이 사색할 때, 종교적 논쟁의 긴장 아래 진리를 예리하고도 명료하게 보는 법을 배우게 되었을 때, 그리고 분명한 신념들이 점차적으로 종교적 공동체의 공통된 소유물이 되고, 그리하여 의견의 일치가 이루어졌을 때뿐이었다. 그렇게 고백된 그 진리만이 참으로 신앙고백을 구성하고, 교회의 생명과 경험에 뿌리를 내리고 있으며, 따라서 교회를 끌어당길 수 있다. 살아있는 이 토양에서 생겨난 교의들만이 레이니의 말대로 "신적 음성에 대한 인간의 화답" 또는 "신적 메시지에 대한 인간의 응답"인 것이다.

2. 신학은 교의들의 형성에 보조적인 역할을 할 수 있으며 또 종종 그리해 왔다. 교의들이 단순히 신학의 산물일 뿐이라는 주장을 거부하면서도 우리는 교회가 교의들을 최종적으로 작성함에 있어서 신학에 많은 신세를 지고 있다는 사실을 외면해서는 안 된다. 기독교 공동체가 성찰 활동을 함에 있어서 어떤 사람들이 다른 사람들보다 훨씬 더 강한 영향력을 행사했으리라는 것과, 다른 모든 것이 똑같은 경우 특별한 종교적 훈련을 받은 사람들이 지도적 역할을 했으리라는데 대해서는 두말할 필요가 없다. 교인들의 영적 지도자, 교회의 해석자, 역사가, 조직가였던 그들은 당연히 교의를 주의 깊게 작성할 때 방향을 제시했을 것이다. 그리고 신학이라는 학문이 발전하였을 때 그것이 또한 봉사를 요구받아 그 과정에서 힘있는 조력자가 되었으리라는 것도 아주 자연스러운 일이다. 사실 그렇게 될 수밖에 없었던 것이, 신학은 자기의 영역 안에서 하나님의 말씀에 계시되어 있는 바 진리를 성찰하고 그 진리를 조직적인 형태로 제시하는 특별한 사명을 띠고 있기 때문이다. 그러나 유념해야 할 것은 이 영역에서 신학이 하는 일은 오직 형식적인 성격의 것일 뿐이라는 사실이다. 신학은 교의의 자료를 제공하지 않으며, 단지 교회가 교의들을 형성하고 확정하는 일을 도울 따름이다. 물론 교

의들을 작성하는 일에 신학이 관여하면 할수록 그만큼 그 교의는 다른 방도로 했을 경우보다 더 조직적인 형태를 지니게 되었다.

3. 교의신학은 교회의 교의들을 그 자료의 핵심으로 삼는다. 비록 신학이 교의들을 작성할 때 보조적인 역할을 할 수 있긴 하지만 이것이 신학과 교회의 교의 사이의 주된 관계는 아니다. 교의는 신학이 집 지을 때 쓰는 재료의 핵심으로서, 신학은 그것을 조직적인 구조로 세우게 되며, 따라서 신학은 당연히 전체 체계의 구성과 형세에 결정적인 영향을 미친다. 교의는 신학에서 대단히 중요한 자리를 차지하며 신학에 독특한 성격을 부여한다. 교의학자는 자기의 입장을 자기가 속한 교회의 고백적인 가르침에다 두며 이것이 그의 성향을 형성한다. 이렇게 하면 그의 지적 자유가 자연히 위협받게 된다는 반론이 제기될 수 있지만 반드시 그런 것은 아니다. 그가 그 구체적인 교회의 구성원으로 남아 있는 한 그가 확신에 근거하여 그렇게 한다고 할 수 있다. 그리고 만약 그런 경우라 하더라도 그는 자기 교회의 교의들을, 자기의 자유를 침해하는 불쾌한 족쇄가 아닌, 그가 가야 할 방향을 알려주는 친근한 안내자로 존중할 것이다. 뿐만 아니라 선입견이 전혀 없는 상태에서 학문적 작업을 하는 사람은 아무도 없다는 사실을 기억해야 한다. 또 자기 교회의 교의를 애호하지 않으려 하는 사람은 그 교회의 교의학자로 자처하지 말아야 한다. 그렇게 하는 것은 윤리적으로 비난 받아 마땅한 일이다. 한 번 더 반복해 보면, 교의들은 신학자가 자기의 체계를 세울 때 사용하지 않을 수 없는 자료의 가장 중요한 부분으로서 그 구조 속에 끼어들어 그 체계의 핵심, 알맹이, 통일시키는 요소가 되는 것이다.

그러나 신학자는 교회의 신앙고백에 담겨 있는 교의들에만 자신을 국한시킬 수 없다. 왜냐하면 신앙고백에 담겨 있는 교의가 교회의 믿음을 표현하는 전부는 결코 아니기 때문이다. 그는 하나님의 말씀에 계시되어 있는 모든 교리적 진리들을 활용해야 하는데, 그렇게 하면서 물론 석의학, 성경신학, 교리사 등 다른 분과들의 결실도 도입하게 된다. 그는 개인과 단체로부터 글을 수집하는 것이 도움이 된다는 사실을 깨닫게 될 것이다. 그러나 그 어떤 요소를 자기의 체계 속에 포함시키든지 그것을 단순히 역사적 자료로서가 아닌 자기가 세우고 있는 그 구조를 구성하는 일부로 제시해야 하며, 그 요소를 그저 자기 개인의 믿음에 대한 표현이 아니라 절대적으로 타당한 진리로 인정해야 한다. 뿐만 아니라 그는 이들 교리들을 추상적이기만 한 지적 공식으로, 잡다한 개별적 진리들로 여겨서는 안 되며, 그것들을 살아있는 식물로, 즉 수세기의 과정 속에서 성장해 왔고 그 뿌리를 성경의 토양에 깊이 내리고 있는 그런 산 식물로 연구, 제시해야 하며, 그 교리들을 그것들의 거대한 통일성 안에서 보아야 하는 것이다.

물론 현대 신학자들은 슐라이어마허와 리츨의 영향을 받아 교의와 교의학 사이의 관계에 대해 약간 다른 견해를 갖고 있다. 리히텐베르거(Litchtenberger)는 현대 신학의 아버지인 슐라이어마허의 입장을 다음과 같이 한 문장으로 표현하고 있는데, "교의학은 교리를 묘사하는 것도 아니고 초자연적인 방식으로 계시된 사실들을 묘사하는 것도 아니라 인간 영혼의 경험들 즉 종교적인 영혼이 구원자 예수와의 관계 속에서 경험하는 감정을 묘사한다." 롭슈타인은 리츨의 입장을 다음과 같이 표현하고 있다. "그 교의에 그 교의학이다. 교의의 개념과 교의학의 역할 사이에서는 필연적이고 직접적인 관계가 인정된다. 우리가 종교개혁의 핵심적인 원리 및 그에 상응하는 개신교 교회에서의 교의 개념의 변화로 돌아간다면 교의학자에게 부과된 사명도 그에 따라 당연히 변경되어야 한다. 교의학은……개신교 신앙에 대한 학문적 해설이다. 교의학은 아무것도 만들어 내지 않는다. 단지 복음의 살아있는 실재들 앞에서 그리스도인의 종교적 경험이 자기에게 부과한 문제들을 공식화할 따름이다. 교의학은 경험적이고 실증적인 학문이다. 그러나 교의학은 자기의 자료를 신앙으로부터 받는다. 아니, 교의학의 자료는 신앙의 신적 내용을 가진 신앙 그 자체이다."

슐라이어마허와 리츨을 동시에 상기시켜 주면서도 비네(Vinet)에게 가장 많은 신세를 지고 있는 듯한, 네덜란드의 대표적인 윤리 운동가인 판 데이크는 교의와 교의학의 관계를 다음과 같이 말하고 있다. "교의는 공동체의 삶의 명확한 계기, 명확한 관계를 이성의 언어로 전환시키려는 노력의 산물이며, 따라서 교의학은 그 삶의 개념을 그 전체 속에서 묘사하고 전환하는 것이다." 이것이 교의학과 윤리학의 구분을 없애는 것이라는 반론에 대해서 판 데이크는, 둘 다 삶을 묘사하지만 그 둘이 삶을 똑같은 의미로 보는 것은 아니라는 주상으로 대답한다. "교의학은 삶의 기초와 내용을, 윤리학은 삶의 계시와 이상을 묘사한다"는 것이다.

B. 교의신학의 대상(교의신학의 정의)

신학의 대상에 대한 질문, 따라서 교의신학의 대상에 대한 질문은 언제나 그 정의와 관련지어 잘 살펴볼 수 있다. 신학의 정의가 언제나 동일했던 것은 아니다. 오늘날까지 제시되어온 가장 중요한 정의들을 간단히 살펴보면 신학의 대상으로 인정해 왔고 또 인정해야 하는 것이 무엇인지 결정하는 데 도움이 될 것 같다.

1. 교의신학의 대상에 대한 초기 개신교 신학의 견해.　종교개혁 전에는 교의신학의 대상에 대한 견해가 다양했다. 아우구스티누스에 따르면 교의신학은 하나님, 세상, 인간 및 성례를 다룬다. 페트루스 롬바르두스도 같은 생각을 갖고 있었다. 다른 사람들(헤일스의 알렉산더와 보나벤투라 등)은 교의학이 그리스도의 신비스러운 몸, 즉 교회를 다룬다고 보았고, 또다른 사람들(성 빅토르의 위고 등)은 하나님의 구속사역을 교의신학의 대상으로 보았다. 토마스 아퀴나스는 자신의 생각을 다음과 같이 나타내었다. "신학은 하나님에 의해 가르침을 받고, 하나님을 가르치며, 하나님에게 인도한다"(Theologia a Deo docetur, Deum docet, et ad Deum ducit). 이 말은 하나님을 신학의 대상으로 제시한다는 점에서 신학이라는 말의 어원에 좀 더 잘 어울린다. 종교개혁 이후의 수많은 루터파 신학자들과 개혁주의 신학자들은 신학을 하나님에 관한 지식 또는 학문이라고 정의했다. 어떤 사람들은 우리가 이 땅 위에서 하나님에 관한 완전한 지식을 가지는 것이 불가능하다는 이유를 내세워 이 정의를 반대했다. 그러나 이 정의를 사용한 사람들은 한결같이, 자기들이 말하는 지식은 하나님께서 당신 자신에 대해 갖고 계시는 그 지식(원형적 지식)이 아니라, 인간이 하나님의 자기 계시에 힘입어 갖게 되는 하나님에 관한 지식(모형적 지식)이라는 것을 매우 조심스럽게 지적했다. 그들은 하나님께서 자신을 계시하셨기 때문에 그런 지식이 가능하다고 보았다. 이 학문의 실천적인 성격을 강조하고 싶은 마음에 자극을 받은 17세기의 몇몇 신학자들은 교의신학을, 그 대상을 고려하여 정의하지 않고 교의학의 의도 곧 목적과 관련하여 정의했다. 그들은 교의신학이 구원에 이르는 참 종교, 그리스도 안에서 하나님을 위한 삶, 또는 하나님을 기쁘시게 하는 하나님 섬김 등을 사람들에게 가르치는 것이라고 생각했다. 이 표현 및 이와 비슷한 다른 표현들은 홀라즈(Hollaz), 퀜스테트(Quenstedt), 게르하르트(Gerhard), 아메시우스(Amesius), 마스트리히트(Mastricht) 및 아 마르크(à Mark) 등의 저서에서 찾아볼 수 있다. 그렇지만 일반적으로 개혁주의 신학자들은 신학을 하나님에 관한 학문이라고 본다. 그렇지만 이 간단한 정의에는 종종 어떤 보충적인 말들이 덧붙었는데 다음과 같은 형태를 지니는 경우가 많았다. 즉 신학은 하나님에 관한 학문이며, 신적인 것에 관한 학문, 즉 하나님 및 하나님과 세상의 관계에 관한 학문, 또는 자신 안에 계시는 하나님 및 당신의 모든 피조물과의 관계 속에서의 하나님에 관한 학문이라는 것이다.

2. 현대 주관주의 신학에서 발전된 새로운 개념.　칸트의 현상론은 일반적인 신학 개념에 거의 혁명적인 영향을 미쳤다. 그의 현상론은 학문적이든 아니든 모든 이론적 지식을 현상계에 국한시켰다. 이 말이 뜻하는 것은, 그 이론에 따를 때 인간은 인간 경험

을 초월하는 것에 관한 이론적 지식을 가질 수 없다는 것이며, 따라서 하나님에 관한 학문으로서의 신학은 불가능한 것이 되고 만다. 실천 이성만이 종교에서 믿을 만한 유일한 안내자이며, 종교의 명제들은 이성적인 증명은 불가능하지만 믿음으로 받아들여야 한다는 것이다. 하나님은 우리의 관찰과 경험을 넘어 높이 계시는 분이시다. 우리는 오직 믿음에 의해서만 하나님 및 하나님께서 당신의 피조물과 가지시는 관계를 받아들일 수 있으며, 그렇게 받아들인 것으로 학문적인 체계를 구성할 수는 없다. 하나님은 신앙의 대상이지 학문의 대상이 아니라는 것이다.

칸트의 인식론적 원리가 종교에서의 주관주의의 길을 닦아 놓았는데, 슐라이어마허가 이 주관주의의 가장 위대한 대변자가 되었다. 그는 교의학을 가리켜 "기독교 신앙에 관한 학문", 즉 기독교 신앙의 내용에 관한 학문이라고 정의했다. 이 내용이라는 것은 초자연적으로 계시된 진리들이나 사실들로 되어 있는 것이 아니라, 주로 인간이 초자연적인 것과 영원한 것을 의식하는 방편이 되는 예수의 인격의 영감을 주로 받은 종교적 경험들로 이루어진 것이다. 특정 교회의 설교와 가르침에 널리 사용되는 경건한 의식이나 기독교적 경험에 대한 지적인 표현이 신학의 원재료가 된다. 그리고 이 경험의 원인에 대한 탐구는 자연히 마음을 하나님께로 인도한다.

리츨주의자들 역시 교의학을 "개신교 신앙에 관한 학문적인 해설"이라고 정의한다. 그러나 그들은 교의학의 대상에 관한 슐라이어마허의 개념에는 동의하지 않는데, 그 이유는 슐라이어마허의 저작에 대한 롭슈타인의 다음 말에 나타나 있다. "사실대로 말하자면 이 위대한 신학자의 훌륭한 저서는 개신교 신앙에 관한 조직적인 해설이 아니다. 그 책은 그리스도인의 영혼에 관한 성찰들과, 주체의 종교 의식의 상이한 형태들에 관한 성찰들로 이루어져 있다." 리츨주의자들은 일반적으로 더 강한 객관성을 요구하고 있는데, 방금 인용한 저자의 글을 다시 들어보면 더 객관적인 것 같아 보인다. "교의학은 자료를 신앙에서 얻는다. 더 정확하게 교의학의 자료는 신앙의 신적 내용을 가진 신앙 그 자체 즉 복음이다." 그러나 리츨주의자들의 견해도 결국은 슐라이어마허의 견해만큼 주관적이라는 것이 드러나는데, 이에 대해서는 뒤에 나오는 한 장에서 밝혀 보도록 하겠다.

이 주관적인 경향은 시간이 지남에 따라 현 시대에 대단히 인기있는 정의를 탄생시켰는데, 그것에 따르면 신학은 "종교에 관한 학문", 좀 더 구체적으로는 "기독교에 관한 학문"으로 정의된다. 이 정의에서는, 현대신학에서 일반적으로 사용되는 바와 같이 '종교'라는 말이 주관적인 의미로 사용되어 인간 생활의 현상으로서의 종교를 가리킨다. 게다가 이 종교는 종종 대단히 일방적이고도 만족스럽지 못한 방식으로 이해되고, 때로는 완전히 자연주의적인 방식으로 제시된다. 그래서 인간의 삶에서 신적 존재에 대한 인간의 관계를 서술하는 측면이 신학의 대상이 되는 것이다. 이 견해로 인해 종교사, 종교 철학, 종교 심리학이 더욱더 강조되게 되었다.

물론 이 신학 개념에 대해서는 중요한 반론들이 있다. (1) 그 개념은 신학을 하나님의 말씀에 있는 신학의 객관적인 토대와 분리시켜, 아무런 규범적 가치도 없는 주관적인 경험의 토대 위에다 세운다. (2) 그 개념은 신학에게서 실증적인 성격을 빼앗고, 신학을, 절대적인 진리를 겨냥하는 대신 역사적·심리적 현상을 기술하는, 완전히 기술적인 학문으로 축소시킨다. (3) 그 개념은 부지중에 기독교를 세상의 많은 종교 가운데 하나일 뿐이며, 그것들과 정도의 차이만 있을 뿐 본질적으로는 다르지 않은 종교로 묘사하게 된다.

그런데 주의를 기울여야 할 사실은 신학을 종교에 관한 학문으로 보는 정의가 옛날의 개혁주의 신학자들의 저서에 이따금 나타나며, 바로 우리 앞 세대 사람들, 이를테면 쏜웰(Thornwell), A.A. 하지(Hodge), 기라르듀(Girardeau) 등의 글에서도 발견된다는 사실이다. 그러나 이들이 신학을 그렇게 정의할 때는 '종교'라는 용어를 객관적인 의미로, 즉 하나님에 대한 참된 예배의 표준이 되며 인간의 종교적 삶, 헌신 및 예배의 규칙이 되는 신적 계시를 가리키는 것으로 사용하고 있다. 이렇게 이해할 때 그 정의는 앞에서 제기한 비판을 받지 않게 된다. 그와 동시에 그 정의는 모호한 것이며 따라서 칭찬받을 만한 것도 아니다.

3. 교의신학의 객관성에 대한 최근의 인식. 비록 몇몇 보수주의 학자들이 새로운 정의를 사용하는 일에 다소간 순응하여 신학을 종교에 관한 학문 또는 기독교 신앙에 관한 학문(맥퍼슨)이라고 말하고 있긴 하지만, 그렇다고 해서 이 말이 보수주의 학자들도 인간의 주관적인 종교나 신앙을 교의학의 대상으로 보았다는 뜻은 결코 아니다. 그들 중 몇몇은 신학은 단지 하나님이라는 하나의 대상에 관한 연구로 국한되는 것이 아니라 종교의 모든 교리들 즉 기독교 신앙의 모든 교리들에 관한 연구까지 포함해야 한다는 뜻으로 이 정의를 선택했다. 이것은 그들의 정의에서 사용된 '종교'와 '신앙'은 주관적인 의미가 아닌 객관적인 의미를 갖는다는 것을 뜻한다.

그렇지만 많은 보수주의 학자들은 여전히 신학을 하나님에 관한 학문으로 생각하고 있다. 그러나 종종 그들은 당신의 창조로부터 떨어져 계시는 하나님이 아닌 당신의 피조물들과 관련되신 하나님을 신학의 대상으로 본다는 분명한 이해를 갖고서 그리하고 있다. 그래서 쉐드(Shedd)는 "신학은 유한한 것과 무한한 것, 하나님과 우주 모두에 관련되는 학문이다"라고 말한다. 그리고 A.H. 스트롱(Strong)은 다음과 같은 정의를 내리고 있다. "신학은 하나님 및 하나님과 우주 사이의 관계에 관한 학문이다." 하나님을 신학의 대상으로 보고, 따라서 신학을 하나님에 관한 학문이라고 부르는 저명한 다른 신학자들로는 힐(Hill), 딕(Dick), 헤페(Heppe), 슈미트(Schmid), 댑니(Dabney), 보이스(Boyce), 하스티(Hastie), 오르(Orr), 워필드(Warfield) 등이 있다.

앞 단락에서 네덜란드 신학자들은 언급하지 않았다. 그렇지만 그렇다고 해서 그들의 입장이 앞에서 언급한 사람들의 입장과 내용적으로 다르다는 말은 아니다. 그들은 각자 따로 언급을 하였는데 그 이유는 단지 그들 중 몇 사람이, 찰스 하지(Charles Hodge)가 미국에서 그랬던 것처럼, 약간 다른 정의를 사용하고 있기 때문이라는 것뿐이다. 이 차이는, 적어도 부분적으로는, 우리가 하나님을 우리의 학문적 연구의 직접적인 대상으로 만들 수 없다는 생각에서 제기되는 난점을 제거해 보고자 하는 마음에서 생겨난 것이다. 하지는 신학의 대상이 성경의 "진리들"과 "사실들"이라고 정의하고, 신학자들은 바로 이것들을 "수집하고, 인증하고, 정리하며, 그것들의 자연스런 상호관계 속에서 보여주어야" 한다고 본다. 카이퍼는 이 정의가 "대체로 잘못되지는 않은" 것이라고 평가하지만, 카이퍼와 바빙크 모두 신학자가 성경의 진리들과 사실들을 "인증해야"(authenticate) 한다는 생각에 대해서는, 이것이 사실상 모형적 신학이라는 개념을 파괴하며 논리적으로 신학자를 다시 한 번 자연주의적 학문의 지배를 받게 만든다는 이유로 올바르게 반대하고 있다.

카이퍼는 하나님을 학문적 연구의 직접적 대상으로 삼을 수 없다는 전제에서 출발한다. 그런 연구에서는 주체가 대상보다 더 높은 위치를 차지하여 그 대상을 시험하고 파악할 수 있다. 그러나 생각하는 인간은 하나님과 그런 관계에 있지 않다는 것이다(고전 2:11). 카이퍼는 신학을 두 종류로 나누는 일이 절대적으로 필요하다고 본다. 즉 (1) 하나님에 관한 지식으로서의 신학인데 여기서는 하나님이 그 대상이고, (2) 학문으로서의 신학인데 이것은 그 대상이 하나님의 자기 계시이다. 첫 번째 것은 하나님에 관한 모형적 지식으로서, 성경에 담겨 있고 인간의 인식적 기능에 해당되는 것인 반면, 두 번째 것은 "하나님에 관해 계시된 지식을 그 탐구의 대상으로 하여 그것을 통찰력(sunesis)에까지 끌어올리는 학문"으로 정의한다. 이 구분을 이용하여 그는 신학과 학문 일반 사이에 유기적인 관계를 설정해 보려고 한다. 이때 제기되는 질문은 이 입장이 하나님이 신학의 대상이라는 사실을 부정하는 것과 같은가 하는 것이다. 한편으로는 분명히 그런 것 같다. 사실 카이퍼는 하나님에 관해 계시된 지식, 오직 그것만이 학문으로서의 신학의 대상이라고 분명히 말하고 있다. 이 점은 네덜란드에서 신학 토론의 주제가 되기까지 했다. 그와 동시에 그는 또한 만약 이 학문이 우리의 통찰력을 하나님에 관한 모형적 지식에까지 심화시켜주지 않는다면 그것은 신학이라는 이름으로 불릴 자격이 없다고 말한다.

또 생겨나는 질문은, 카이퍼의 진술 방식이 오직 하나님이 자기의 말씀에서 계시하신 한에서만 하나님을 학문으로서의 신학의 대상으로 본다는 말을 다르게 표현한 것에 불과한 것이 아닌가 하는 질문이다. 즉 다른 말로 해서, 하나님은 신학의 궁극적인 대상이긴 하지만 당면한 대상은 아니며, 직접적인 대상이 아니라 당신의 신적 자기 계시를 통해 매개되는 대상이라는 것이다. 결국 그의 생각에 따르면, 하나님에 관한 지식을 다루는 학문으로서의 신학은, 그 지식의 다양한 자료들을 자기 것으로 이해하고 그것들을 그 거대한 통일체 안에서 제시하며 그것들을 인간의 의식을 만족시켜 주는 틀속에 부어넣고자 하는데, 오직 그 학문은 신(神) 지식에 관한 통찰력을 심화시켜 주는 한에 있어서만 신학이라고 불릴 수 있는 것이다. 이외에도 우리가 주목할 만한 것으로는 (1) 카이퍼가 신학이라는 학문은 "하나님을 아는 것 즉 하나님 알기를 배우는 것" 이외의 다른 동기를 용납하지 않는다고 주장한 것, (2) 그가 하나님은 인간적 학문의 대상이 될 수 있음을 부인한 것은 다만, 우리가 하나님에 관한 학문적 지식을 우리 스스로 얻을 수 없고 하나님의 자기 계시에 제한되어 있음을 의미한다는 것, (3) 그리고 그가 신학에서 "더 이상 하나님이라는 실재가 아닌 종교라는 실재가 탐구의 대상"이 되어 있음을 매우 위험한 것으로 보고 있다는 사실 등이 있다.

자료에 대한 이러한 견해는 바빙크가 하나님을 신학의 대상으로 보면서도 교의학을 "하나님에 관한 지식의 학문적 체계"라고 정의한다는 사실과, 카이퍼의 제자요 계승자의 하나인 헵(Hepp)이 교의학은 "당신의 계시를 통해 알려지실 수 있는 바 하나님을, 더 간단하게 말해 성경을 그 대상으로 삼는 학문 분과"라고 말한 사실, 그리고 카이퍼의 첫 제자 가운데 하나인 호니히(Honig) 역시 두 정의, 다시 말해서 신학이 하나님에 관한 학문이라는 것과 신학이 하나님에 관한 지식의 학문이라는 것 둘 다 좋다고 주장하며, 이것에 대한 논쟁은 대체로 말에 대한 논쟁이라고 주장한다는 사실 등에서 확증된다. 분명히 워필드 박사도 이 둘이 서로 모순되지 않는다고 생각한다. 그는 신학을 가리켜 "하나님 및 하나님과 세상의 관계를 다루는 학문"이라고 정의하면서도 또한 "카이퍼 박사가 종종 잘 지적한 바와 같이 이제 신학의 대상은 하나님에 관한 모형적 지식이다"라고 말했다. 워필드로서는 이 말이, 성경이 신학의 대상이라는 말과 같은 것은 아니다. 왜냐하면 그는 "성경은 결국 신학의 대상이 아니라 신학의 원천이다"라고 분명히 말하고 있기 때문이다.

독일에서는 최근 슐라이어마허가 신학에 도입했고 하나님 대신 인간을 중심에다 두게 된 주관주의에 대한 반작용이 일어나고 있다. 하나님이 신학적 연구의 합당한 대상이라는 사실을 새롭게 강조하는 사람들이 있다. 이 새로운 경향은 두 권으로 된 쉐더(Schaeder)의 저서에 표현되어 있다. 이 저자는 제2권을 다음과 같이 의미심장한 말로 시작하고 있다. "신학은 하나님을 다루어야 하며 언제나 어디서나 하나님을 다루어야 한다. 신학의 각 물음은 그것이 자연과 역사의 세계에 관한 것이든 아니면 인간과 인간의 삶에 관한 것일 때도 하나의 실제적인 신학의 제약 아래 있어서 그 최종적인 근거로 하나님을 향하게 된다." 위기의 신학은 쉐더의 하나님 중심적 신학과 상당히 다른데, 그것도 특별히 슐라이어마허의 방법론과 더 완전하고도 더 철저하게 결별한다는 면에서 그렇다. 쉐더는 하나님의 말씀을 자기의 신학에서 슐라이어마허의 경우보다 더 주도적인 것으로 만들면서도 슐라이어마허의 주관주의보다 더 나은 위치에 서지도 않는다.

이와 달리 위기의 신학은 하나님의 말씀 곧 하나님의 초자연적 계시를 전면에 분명히 내세우며, 따라서 역시 "하나님의 말씀의 신학"이라고 불린다. 바르트는 교의학의 사명을 다음과 같이 정의하고 있다. "신학의 분과로서 교의학은 교회가 자기에게 고유한 하나님에 관한 언어와 관련하여 자신을 표현한 것을 학문적으로 시험하는 것이다.「사도신경 해설」(Credo)에서 그는 자기의 생각을 다음과 같이 밝히고 있다. "교의학은 하나님의 실재의 계시에서 처음으로 자기에게 말해진 것을 취하여, 그것을 인간의 생각으로 거듭거듭 생각하고 인간의 언어로 거듭거듭 말하고자 노력한다. 그 목표를 이루기 위해 교의학은 하나님이 그 진리 안에서 우리를 구체적으로 만나시는 바 진리들을 펼치고 또 진열한다." 그러므로 교의학은 교회가 하나님의 계시로부터 이끌어낸 교리적 자료를 다룬다.

우리가 신학을 가리켜 하나님에 대한(관한) 학문이라고 계속 부르지 못할 이유는 정말 없다. 물론 하나님에 관한 모형적 지식을 신학의 직접적인 대상으로 볼 수도 있으며, 경우에 따라서는 그 표현을 그대로 쓰는 것이 바람직할 수도 있을 것이다. 그러나 전체적으로 말씀에서 자신을 계시하신 바 그분을 신학의 진정한 대상으로 말하는 것이 더 나은 것 같다. 그렇다고 해서 생각하는 주체가 그 대상인 하나님 위에 올라설 수 있다거나 신적인 존재에 관한 지식을 자기가 <u>스스로 그분</u>으로부터 이끌어 낼 수 있다는 말이 아니며, 인간 주체가 하나님을 파악하여 그분에 관한 완전한 지식에 이를 수 있다는 것도 아니다. 이 오래된 정의를 채택할 때 전제해야 하는 것은 (1) 하나님께서 자신을 계시하셨고 따라서 자신에 관한 참된 지식을 인간에게 알려 주셨다는 것, (2) 하나님의 형상으로 창조된 인간은 이 신적 지식을 취하여 이해할 수 있다는 것, (3) 인간은 하나님 및 하나님께서 당신의 피조물들과 가지시는 관계를 더 잘 이해하려는 목적으로 이 지식을 조직화하려는 충동을 자기 안에 갖고 있다는 것 등이다. 바빙크와 함께 우리는 교의학을 "하나님에 관한 지식의 학문적 체계"라고 정의할 수 있겠다.

C. 학문으로서의 신학

I. 신학의 학문적 성격에 대한 부정.

(1) 이 부정의 근거.　한때 신학은 학문의 여왕으로 널리 인식되었으나 오늘날은 그 명성을 누리지 못하고 있다. 일찍이 둔스 스코투스(Duns Scotus)는 신학은 엄밀한 의미에서 학문이 아니라 단지 실천적인 학과일 뿐이라고 주장했다. 그렇지만 이 견해는 꽤 이례적인 것이어서 그다지 호응을 받지 못했다. 스콜라 철학자들은 한결같이 신학의 학문적 성격을 강조하였고 신학을 학문으로 취급했다. 그리고 종교개혁 시대와 그 이후 시대의 신학 저술들도 신학의 학문적 성격을 완전히 인정하고 있다. 신학이 학문으로 불릴 자격이 있는가에 대해 의문이 제기되고 그 자격이 실증적으로 부인되기까지 한 것은 특히 18세기 말엽 이후의 일이다. 이것은 부분적으로는 인식의 기능에 대한 칸트의 비판에 기인한 것인데, 그 비판에 따르면 하나님과 초감각적인 것 일반에 대한 그 어떤 이론적 지식을 얻는 것도 불가능하다고 한다. 또 부분적으로는 학문이라는 이름에 합당한 유일한 학문임을 자처하는 자연과학의 건방진 주장에 기인한다. 이러한 부정적인 태도는 실증주의에 의해 훨씬 강화되었는데, 실증주의는 지식의 각 분과가 세 개의 서로 다른 단계, 곧 신학적 혹은 허구적 단계, 형이상학적 또는 추상적 단계, 그리고 학문적 또는 실증적 단계를 연속적으로 통과한다고 본다. 최종 단계에 도달한 사람의 경우 신학은 저 멀리 뒤에 남아 있게 된다. 위대한 불가지론자인 허버트 스펜서도 변함없이 신학은 학문의 영역 밖에 있다는 전제에서 출발하고 있다.

신학의 학문적 지위에 대한 가장 큰 반대는 특별히 이중적인 것이었다. 첫째로는 신학이, 관찰할 수도 없고 또 경험적인 실험의 대상이 될 수도 없는 것, 즉 인간의 이론적 지식의 범위 너머에 있는 대상을 연구하는 일에 몰두한다는 것이다. 그리고 둘째로는 신학이 신학의 확실성의 근거를, 학문에서 인정하는 유일한 권위인 인간의 이성에서 찾지 않고 권위있는 계시에서 찾는다는 것이다. 오늘날 신학이라는 말을 쓰는 사람들을 보고 의미심장하게 웃는 학자들을 쉽게 볼 수 있다.

해리 엘머 반스(Harry Elmer Barnes)는 심지어, 신학자들은 자기 스스로 선택한 학문 영역의 자료를 다룰 능력도 전혀 없다고 주장하고 있다. 그는 이렇게 말하고 있다. "이에 대한 새로운 관점이 대단히 분명하게 밝혀 준 바는 목사가 더 이상 새로운 우주적 하나님의 속성과 뜻과 활동을 찾아내는 일에 능력있는 전문가인 체할 수 없게 되었다는 것이다. 적어도 그 일을 착수하고 해결해야 한다면 그것은 자연과학자와 듀이 전통의 우주 철학자가 협동하여 노력할 문제이다. 신학자는 기껏해야 과학과 철학의 전문가들이 우주와 우주의 법칙에 관해 모아 놓은 사실들 및 의미들을 해석하는 유능한 제이차적 - 혹은 제삼차적 - 해석자일 따름이다. 그러나 이제는 어쨌든 하나님을 시험관, 복합현미경, 간섭계, 라듐관, 아인슈타인 방정식 등의 발견물들과 관련하여 찾으려 할 때, 목사는 앞에서 말한 것들로 인해 가망없이 자리를 잃고 말 것이다."

매킨토시(Macintosh)의 다음 말은 일리가 있다. "경험적 학문 가운데서 신학은 자기를 알아주는 겸허한 자를 거의 찾아볼 수 없으며 자기에게 경의를 표해 주는 자는 더욱 찾아볼 수 없다. 게다가 여전히 스스로를 신앙인이라고 생각하는 수많은 사람들이 있는 일반 세상조차도 신학을 한다는 학자를 멸시하는 일에 동조하고 있다."

(2) 이 부정에 대한 신학자들의 반응. 과학자들 및 철학자들의 이 광범위한 부정은 그들보다 덜 유명한 수많은 사람들의 호응을 받았는데, 이들은 이 지배적인 견해를 대중화시킨 사람들로서 그들은 신학자들과 종교인 일반의 태도에 큰 영향을 끼쳤다. 과학자들의 선언을 수용한 신학자들 측에서 보인 반응은 특히 두 가지였다. 어떤 이들은 신학이 고상한 학문적 명예를 지녀야 한다는 요청을 쉽게 포기해 버리고 신학의 낮은 위치를 기꺼이 인정하는 것 같다. 매킨토시는 말한다. "최근 대단히 적대적인 비판의 압력으로 인하여 비극적인 후퇴가 있었으며 일반적으로 애호되는 정의는 신학이 사실상 종교에 관한 지적 표현이라는 취지의 단출한 주장이다."

그렇지만 다른 이들은 신학이 학문적 지위를 갖는다는, 오랫동안 존중되어 온 요청을 지지하는 방식으로 신학을 재건하려는 임무를 떠맡았다. 그들은 신학의 대상을 하나님으로부터 종교적 경험, 종교적 신앙, 또는 종교 일반 등으로 바꾸었는데, 이것은 그들이 객관적인 것으로부터 주관적인 것으로, 신적인 것으로부터 인간적인 것으로, 초감각적인 것으로부터 인간의 관찰대상이 될 수 있는 심리적인 현상으로 전향하였음을 의미한다. 그들은 매킨토시가 "관찰과 실험, 일반화 및 이론적 설명의 방법론"이라고 묘사한 학문적 방법론을 적용하여 종교를 연구하고 해석하려고 끊임없이 시도해 오고 있는데, 매킨토시는 "만약 신학이 참으로 학문적이 되어야 한다면 그것은 반드시 근본적으로 경험적으로 됨으로써 그리 되어야 한다"고 덧붙이고 있다. 그는 슐라이어마허, 리츨 및 트뢸치의 방법이 성공했다고 믿지는 않는다. 그러나 그 이유 때문에 희망을 전부 버리지는 않고 있다. 그는 말하기를 "조직신학은 지금뿐만 아니라 이전에도 결코 경험적 학문이 될 수가 없었다. 그러나 그렇다고 해서 가까운 미래에도 학문이 될 수 없다는 뜻은 아니다"라고 한다. 이 현대 신학자가 독일의 쉐처럼 종교가 아닌 하나님이 신학의 대상이라는 사실을 강조하고 있다는 것은 대단히 주목할 만한 일이긴 하지만, 그가 말하는 하나님은 (경험이라는 말을 넓게 볼 때) 종교적 경험과 종교의 역사에 계시된 바 하나님인 것이다.

2. 신학의 학문적 성격을 유지하는 일의 가능성.

(1) 어떤 관점에서는 불가능하다. 오늘날 많은 사람들은 신학이 과학(학문)이라고 불릴 수 있는 권리의 기초를, 신학이 기독교, 즉 종교를 연구하고 따라서 관찰과 실험이라는 엄밀한 학문적 방법에 따라 연구할 수 있는 역사적인 자료나 경험의 자료를 다룬다는 사실에 둔다. 우리는 이 신학 개념에 동의하지 않으므로 이 개념이 신학의 학문성을 유지하기 위해 내세우는 근거를 이용할 수 없다. 우리에게 문제가 되는 것은 종교가 아닌 하나님에 관한 연구를 목표로 하는 신학의 학문적 지위를 유지하는 것이 가능한가 하는 것이다. 그런데 이 질문에 대한 대답은 그 사람의 학문 개념에 달려 있다. 이 말은 학문을 구성하는 것이 무엇인가를 명확하게 이해하는 일이 무엇보다 먼저 필요하리라는 뜻이다 오늘날의 많은 신학자들, 특히 미국의 신학자들이 '과학'(학문, science)이라는 용어를 "자연과학"이라 불리는 것들에 대한 고유한 지칭으로, 오직 그것들만을 가리키는 것으로 간주하는데, 그 이유는 그것들만이 관찰할 수 있고 실험실에서 실험할 수 있는 자료들을 다루는 유일한 학문이라는 것이다. 결정적인 질문은 연구라는 것이 관찰의 사실들만을 다루는가 하는 것이지만, 이것이 매우 독단적인 제한이 아닌가 하는 질문이 제기된다.

해리스(Harris) 박사는 이 제한이 정당화될 수 있는 것은 오직 "콩트(Comte)의 완전한 실증주의로 돌아가서 지식이 감각에 의한 관찰에 제한된다고 절대적으로 주장하는 길뿐"이라고 한다. 그러나 이것은 도무지 지지할 수 없는 입장이다. 왜냐하면 그의 말대로 "만약 그들이 이렇게 한다면 그들은 이성적인 직관에 그 타당성의 근거를 두는 추론들에 의해 알려진, 그들 자신들의 과학의 중요한 부분을 포기해야 할 것이기" 때문이다. 이 입장을 취해야 한다고 주장하는 그들은 자연히 신학을 학문의 영역 밖으로 밀어 낼 것이다. 왜냐하면 하나님에 관한 과학으로서의 신학은 관찰이나 실험으로 주어진 자료를 다루는 것이 아니기 때문이다.

헉슬리(Huxley)의 다음 말도 문제 해결에 별 도움이 안 된다. "나는 학문이라는 말을 평범한 학문적 명제들에 대한 우리의 연구에 요구되는 것과 같은 성격의 증거와 추론에 의존하는 모든 지식이라는 뜻으로 이해한다(강조는 저자의 첨가). 그리고 만약 누군가가 자기의 신학이 타당한 증거와 올바른 추론에 근거해 있다는 주장을 입증할 수 있다면 내가 보기에 그런 신학은 학문의 한 부분으로서 자리를 차지해야 한다." 매킨토시는 헉슬리의 이 말을 자기 책 「경험과학으로서의 신학」(*Theology as an Empirical Science*) 25쪽에서 인용하고 있으며 이 요청을 지지하고 있는 것 같다.

그러나 우리의 관점에서 보건대 이것은 전혀 가망이 없어 보인다. 우리는 자연과학의 방법론이 신학 연구에는 적용되지 않으며, 종교의 연구에는 더더욱 그러하다는 사실을 잊지 말아야한다. 신학에는 신학의 자료의 성격에 따라 정해지는, 자기 나름의 방법론이 주어져 있다. 멀린스(Mullins) 박사는 다음과 같이 올바른 주장을 펴고 있다. "만약 종교를 마치 물리학이나 화학, 또는 심리학, 사회학인 양 다룬다면 그것은 잘못된 논의이다. 이것들 가운데 그 어느 것도 종교와 필연적인 모순관계에 있지는 않다. 그러나 종교 및 종교의 문제에 대한 해결을 갈망한다면 종교적 기준을 적용해야 한다. 현대 과학이 다른 어떤 것을 제공한다면 그것은 떡 대신에 돌을 주고 생선 대신에 뱀을 주는 일이다."

(2) 다른 관점에서는 가능하다. 학문이라는 말을 독일어 'Wissenschaft'나 네덜란드어 'wetenschap'의 뜻으로 본다면 상황은 완전히 달라진다. 아이슬러(Eisler)는 그의 「철학 핸드북」(*Handwoerterbuch der Philosophie*)에서 Wissenschaft를 "하나의 정해진 영역에 관련되거나 동일한 관점으로 결합된 구성적 총체로서, 방법론적으로 결합되고 연결된 인식의 체계적 통일을 지향하는, 체계화된 지식"이라고 정의하고 있다. 이 정의에 따르면 우리가 교의학을 학문으로 인정하지 않을 아무런 이유가 없다. 학문은 그저 체계화된 지식으로서, 인간의 통상적 지식의 토대 위에 세워지는 것이다. 이 지식은 그 대상의 성격에 따라 다양한 방법으로 얻는다. 그 지식은 관찰에 의해서도, 성찰에 의해

서도, 또 계시에 의해서도 얻지만, 반드시 참된 지식이어야 한다. 경험적인 실험은 자연과학의 경우에, 이성적 실험은 정신과학의 경우에, 그리고 성경적 실험은 신학의 경우에 적용할 수 있으며 또 반드시 그리되어야 한다. 신학의 자료는 계시에 의해서만 얻을 수 있으며, 그렇게 얻은 지식을 조직화하고 성경의 유추에 의하여 엄밀하게 시험하는 것이 신학자의 의무이다. 만약 신학자가 자료에 대해 포괄적인 관점을 취하여 그 자료를 통일시킨다면 그것이 그 주자료를 조직적인 방식으로 다루는 것이며 그의 작업의 결과는 학문적일 것이다.

신학에는 신학 나름의 독특한 방법이 있다. 그러나 결국은 다른 학문들과 공유하고 있는 점이 엄청나게 많다. 만약 신학이 다루는 자료가 계시에 의해 얻은 것이라면 엄밀하게 말해 다른 학문들이 하나의 체계로 세우는 자료들도 마찬가지인 것이다. 이성은 이 자료의 원천이 아니라 단지 자료를 파악하고, 분석하고, 분류하며, 조직화하는 도구로밖에는 볼 수 없다. 그리고 학문 일반이 자기들의 지식 체계를 세우는 데 인간 이성을 사용한다면 신학 역시도 인간 이성에 의존하여 신학을 탐구하고 건설한다. 신학자의 일에서는 신앙이라는 요소가 근본적임이 사실이다. 그러나 신앙을 자기의 일로부터 완전히 배제할 수 있는 학자는 단 한 사람도 없다. 그리고 신학에서 수많은 궁극적인 문제들이 해결되지 않은 채 남아 있다면 이는 다른 모든 학문의 경우도 마찬가지인 것이다.

그렇다면 신학은 자연과학의 영역 안에서 활동하는 것이 아니며, 따라서 자연과학의 방법론을 적용하지 않고 또 적용할 수도 없다. 신학이 실험적인 방법론을 적용한다면 그것은 스스로를 파괴하는 데 성공할 수 있을 뿐이다. 신학은 베일리(Baillie)가 "정신의 학문"이라고 번역한 소위 정신과학과 훨씬 많은 공통점이 있다. 명심해야 할 것은 신학은 단지 역사적 지식만을 낳는 기술적 학문에 불과한 것이 아니라 매우 결정적으로, 계시에 의해 주어지고 양심에 구속력을 가진 절대적 진리를 다루는 규범적 학문이라는 사실이다. 쉐드는 신학을 가리켜 절대적 학문이라고 부르는데, 이는 인간의 지성에 대해서 뿐만 아니라 이성적인 모든 지성에 해당되는 것이다. 신앙이 비록 많은 신비를 설명하지 않은 채 남겨두어야 하기는 하지만, 신앙이 실제적이고 참된 지식을 낳는다는 것을 지적하기 위해 그는 신학을 실증적 학문이라고도 부르고 있다. 혹 다른 사람들이 신학이 실증적 학문이라는 것을 부인한다면 그것은 대개 신학이 콩트적인 의미에서 실증적인 학문이 아니라는 뜻일 것이다.

D. 교의학의 백과사전적 위치

이 일반적인 제목 아래 우리는 교의학이 어느 분과에 속하는지, 그리고 더 구체적으로는 변증학 및 윤리학과의 관계는 어떤 것인지 살펴보기로 하겠다.

1. 교의학이 속하는 학문 분과. 교의학이 신학연구의 어느 분과에 속하는가 하는 데 대해서는 의견의 차이가 거의 없다. 교의학은 거의 시종일관 조직적인 분과로, 그리고 카이퍼의 표현대로는 교의학적인 분과, 즉 교회의 교의를 중심으로 하는 분과로 분류된다. 카이퍼가 이 분과에 포함시키는 다른 학과들 중 가장 중요한 것들로는 신조학, 교의사, 윤리학, 변증학, 논증학 등이 있다. 그렇지만 슐라이어마허는 일반적인 분류를 떠나 교의학을 역사신학으로 분류하는데, 이는 그가 교의학을 특정한 발전단계에 있는 기독교 신앙에 관한 조직적인 해설이라고, 그리고 좀 더 구체적으로는 특정한 기독교 교회가 그 역사적 발전의 특정 단계에서 고백한 교리에 관한 학문이라고 보고 있다는 사실에 기인한다. 그에 따르면, 교의는 안정성보다는 변화라는 성격을 가진다. 교의는 끊임없이 변하는 바 교회의 종교적 경험의 산물이며, 당면한 믿는 그리스도인의 의식과 일치하는 한에서만 참된 가치와 의의를 지닌다는 것이다. 이러한 교의개념과 맞추어 교의신학은 "특정한 시대 기독교 교회 공동체의 지배적인 교리를 연결시켜 제시하는 학문"으로 표현된다. 늘 변하는 종교적 삶의 표현인 교의학은 그가 보기에 절대적 진리에 대한 표현이 아니며 따라서 항구적인 권위를 완전히 결여하고 있는 것이다.

그렇지만 슐라이어마허의 이 견해는 신학계에서 큰 인기를 얻지 못하였는데, 이는 자유주의 신학자들 사이에서조차 그렇다. 로테(Rothe)와 도르너(Donner)는 이 점에서 슐라이어마허를 따른 가장 저명한 학자들이다. 래비거(Raebiger)는 "슐라이어마허가 교의학에 할당한 위치에 따른다면 교의학은 당대에 통용되는 교리의 역사여야 한다"고 옳게 말하고 있다. 조지 버먼 포스터조차도 다음과 같이 이것을 반대한다. "그러나 역사신학은 진리가 아니라 사실을 다루며, 있어야 하는 것이 아닌 있었던 것을 다룬다. 그리고 교의학적 과제를 역사신학에 국한시키는 이 제한은 분명 아무에게도, 심지어 이들 복음주의적 신학자들, 특히 이 개념의 위대한 거성이었던 슐라이어마허에게 조차도 고수되지 못했다.

2. 교의학과 변증학의 관계. 변증학의 정확한 성격에 대해서는 이전이나 지금이나 일치된 의견이 전혀 없으며, 그 결과 변증학이 신학 백과사전에서 차지해야 할 위치에 대해 의견이 매우 분분하다. 어떤 이들은 변증학을 신학과목 중 석의적 분과에 포함시

키는 반면 또다른 이들은 실천신학에 포함시키고 있다. 그렇지만 변증학을, 서론적인 과목이나 교의학에 부가되는 성질의 것으로, 또는 조직신학의 한 부분으로 보는 것이 좀 더 일반적이다.

다른 많은 문제들과 같이 이 문제에서도 슐라이어마허는 아주 새로운 길을 개척하고 있는데 그는 변증학을 기리켜, 전체 신학 체계의 기초가 되는 서론적인 학과로서 그 자체로서 신학 과목 중 석의적 분과보다도 앞서야 하는 것이라고 선언한다. 그는 변증학을, 이성적인 논증을 이용하여 기독교를 전체적으로 변호하는 일을 담당하는 학문이라고 묘사하고 있다. 슐라이어마허로서는 이 입장을 취하는 것이 앞뒤가 맞지 않는 일인데, 그 이유는 그가 철학은 신학에서 배제되어야 마땅하다고 보면서도 이런 식으로 신학을 위해 정성 들여 철학적 기초를 마련하고 있기 때문이다. 변증학은 일종의 기초학문이 되었고 슐라이어마허 이후 때때로 기초적 신학이라고 불리고 있다.

슐라이어마허의 이 견해는 개혁주의 신학자인 에브라르드(Ebrard)에 의해 채택되었고, 비이티(Beattie) 역시 「변증학」(Apologetics)이라는 그의 책에서 이 견해를 지지하고 있다. 그는 "그러므로 가장 좋은 것은 변증학에게 독자적인 위치를 부여하여 전체 신학 체계에 대해 서론적인 학과로 보는 것이다. 의심할 나위 없이 이것이 가장 좋은 견해이다."라고 말한다. 워필드 박사도 변증학에 대해 이와 견해가 같다. 그는 변증학을 "학문으로서의 신학의 구성적이고 규정적인 원리들을 확립하는 신학 분과로서, 변증학은 이것들을 확립함에 있어서, 이어지는 분과들을 건전하게 설명하고 체계화함으로써 그 원리들로부터 나오는 모든 세목들을 확립한다"고 본다. 그는 더 나아가 "절대적인 종교로서의 기독교의 진리를, 오직 전체적으로는 직접적으로, 오직 그 세목들에 있어서는 간접적으로 확립하는 것"이 변증학의 일이라고 말한다. 변증학은 자기의 증거를 이성에 직접 호소함으로써 하나님, 종교, 계시, 기독교, 성경 등의 위대한 제목들을 다루어야 한다. 신학의 다른 분과들은 오직 변증학이 세운 토대에 의존할 뿐이다.

브루스(Bruce)에 따르면, 이런 식으로 변증학은 철학과 신학 사이에서 일종의 중재자가 되는데, 그는 이 중재자를 신뢰하지 못하고 있다. 브루스 자신은 변증학을 "믿음의 길을 준비하는 자, 어디서든 생겨나는, 특히 철학과 과학이 일으키는 의심에 대항하여 믿음을 돕는 자"로 보고 있다. 이 "믿음의 길을 준비하는 자"라는 말은 변증학에 대한 그의 견해를, 비록 여러 가지 면에서 다르기는 하겠지만, 슐라이어마허의 견해와 다소간 비슷하게 만들어 주는 것 같다. 헨리 B. 스미스(Henry B. Smith)의 입장은 다음의 말에 표현되어 있다. "변증학을 역사-철학적 교의학으로 보는 것이 가장 좋다. 변증학은 방어와 (방어적) 공격을 위해 정렬한 기독교 신앙의 전체 내용이요 본질이다.”

카이퍼, 바빙크, 헙 등은 변증학에 대한 슐라이어마허의 개념을 엄중하게 반대하고 있는데 그들의 비판은 충분한 타당성을 지니고 있다. 그들은 특히 다음의 반론들을 제시하고 있다. (1) 이름에 나타나 있는 바와 같이 변증학은 당연히 방어적 학문인데, 이 견해대로 하면 변증학은 철학적인 자료를 갖고서, 순수하게 이성적인 논증을 이용하여, 독자적인 체계를 구성하려고 하는 건설적인 학문으로 바뀌어 버린다. (2) 이 견해에 따르면 변증학은 일종의 원론으로서의 네 신학 분과들을 앞서게 되며, 신학은 인간 이성이 구축한 토대에 의존해야만 한다. (3) 그렇다면 신학은 그 독자적인 성격을 빼앗기게 되고 자기의 원리들을 순수 이성의 산물인 어떤 체계로부터 끌어와야 하는데, 이 모든 것들은 신학의 속성과 모순된다.

이들 신학자들은 변증학에게 교의학과 관련된 위치를 배정하고, 그릇된 철학 및 과학의 공격에 대항하여 기독교의 진리 체계를 옹호하는 과제를 부과하고 있다. 그들은 한편으로는 변증학을 과대평가하지 않도록, 다른 한편으로는 과소평가하지 않도록 노력한다. 그들은 변증학을 무시하고자 하지도 않고, 그것을 순전히 실천적인 의의를 지니는 학과로 보려고 하지도 않으며, 모든 공격에 대항하여 교회의 교의를 방어하는 사명과, 그 일을 함에 있어서, 당대의 논쟁에 의해 결정되는 우연적인 방식뿐만 아니라 건설적이고 원리적인 방식으로 하도록 하는, 온건하면서도 중요한 과제를 변증학에게 부여하고 있다.

3. 교의학과 윤리학의 관계. 신학 분과 중 기독교 윤리학 혹은 신학적 윤리학만큼 교의학과 관련있는 학과는 없다. 종교개혁 이전과 종교개혁 동안에 많은 신학자들이 기독교 윤리학을 교의학에 포함시켰으며, 17세기의 여러 신학자들이 기독교 윤리학을 교의학 다음에 오는 두 번째 부분으로 다루었다. 그러나 그러한 초기 시대에도 어떤 이들은 윤리학을 교의학에 관해 한 주간 내에 할 수 있었던 것보다 더 공정하게 다루기 위해 그것을 독립된 분과로 논의했다. 케이싱크(Geesink)에 따르면, 다뉴(Daneau)가 1577년에 개혁주의 윤리학을 처음으로 출판했다. 교의학과 윤리학의 이 분리는, 비록 신학자들이 자기 저서에서 교의적 자료와 윤리적 자료, 즉 믿어야할 교리들과 행해야할 것들을 좀 더 예리하게 구분하기 시작했음에도 불구하고 당장 보편화되지는 않았다. 그렇지만 일반적으로 둘을 분리시키는 관례는 늘어갔다. 그런데 이 분리 자체는 전혀 해롭지 않은 것이었지만 윤리학이 자기의 종교적 정박지로부터 점차 표류하게 됨으로써 불행한 결과를 낳고 말았다. 18세기 철학의 영향 아래 기독교 윤리학은 자기의 신

학적 성격을 점차 빼앗겼다. 칸트의 철학에서는 윤리학이 종교에 기초하는 것이 아니라 종교가 윤리에 기초하는 것이었다. 또한 슐라이어마허, 리츨, 로테, 헤르만 트뢸치 등과 같은 사람들의 저서에서 도덕성은 종교로부터 분리되어 자율적인 성격을 얻고 있다.

도르너, 뷔트케(Wuttke), 루타르트(Luthardt) 등과 같은 저자들은 윤리학을 다시 기독교와 연결시켰으니 그 방법은 별로 민족스럽지 못한 것이었다. 사실 교의학과 윤리학 사이에는 원리적 차이가 없다. 하나의 원리는 또다른 것의 원리이기도 하다. 그러므로 이 둘 사이의 좀 더 가까이 연결하려고 다시 시도한 사람들이 있었다는 것은 별 놀랄 만한 일이 아니다. 19세기에 레이몬드는 독립된 윤리학 체계를 그의 「조직신학」 (*Systematic Theology*)에 포함시켰다. 조지 버먼 포스터도 그의 「기독교의 현대적 표현」 (*Christianity in its Modern Expression*)에서 그렇게 한다. 또 찰스 하지, 로버트 L. 댑니 등과 같은 개혁주의 신학자들도 십계명에 대한 논의를 조직신학에 관한 글에다 포함시켰다. 카이퍼는 신학적 윤리학을 따로 취급하는 것이 바람직하다고 보는데, 그 이유는 (1) 윤리적 진리들은 교의학적 진리들과 다른 방식으로 전개되며, (2) 이들 각각에 관한 연구가 그 나름의 필요조건 및 방법론을 갖기 때문이라는 것이다. 교의학은 신앙의 항목들을 다루고, 윤리학은 계명의 교훈들을 다룬다. 또 케이싱크는 교의학과 윤리학의 분리는, 그것들을 독자적으로 취급하는 것이 추천할 만한 일이긴 하지만 잘못이라는 사실이 일반적으로 받아들여지고 있다고 말한다. 항상 이 둘을 서로 가장 가까이 있는 것으로 인정하고 연구해야 한다는 것은 의심할 여지가 없는 사실이다. 하나님의 말씀에 계시된 진리는 그 진리에 일치하는 삶을 요구한다. 이 둘은 본질적으로 분리할 수 없다.

깊은 연구를 위한 질문

교의학을 가리켜 신학의 산물이라고 말하는 옳은가? 교의를 형성함에 있어서 신학의 역할에 대해 역사가 가르쳐주는 바는 무엇인가? 교의학의 자료는 신조에 나오는 것들에 국한되는가? 바르트는 교의, 교의들, 신조 등에 대해 어떻게 생각하는가? 슐라이어마허, 리츨, 보버민(Wobbermin), 쉐더, 바르트 등의 교의개념은 서로 어떻게 다른가? 교의학을 순수하게 기술적인 학문으로 만드는 것에 관해서는 어떤 반론이 있는가? 교의학이 끊임없이 종교와 기독교 신앙을 자기의 대상으로 삼는다면 그것이 여전히 신학으로 남아 있을 수 있는가? 신학이 학문임을 부인하는 근거는 무엇인가? 신학의 학문적 성격은 어떻게 유지될 수 있는가? 이 성격을 유지해야 한다는 것이 중요한가? 바르트와 브루너는 교의학을 학문으로 보는가?

IV
교의학의 과제, 방법론 및 분류

A. 교의학의 과제

1. 교의학의 과제에 대한 현대의 개념. 교의(들) 및 교의학에 대한 개념은 당연히 교의학의 과제에 대한 개념을 결정하게 될 것이다. 19세기를 주도하게 된 교의(들) 및 교의학의 개념은 종교개혁 시대 신학에서 우세하였던 개념과 근본적으로 달랐기 때문에 교의학의 과제에 대한 이전의 견해와는 근본적으로 결별했다. 여기서는 현대의 개념 중 중요한 것들만 살펴보기로 하겠다.

(1) 슐라이어마허의 개념. 슐라이어마허에 따르면, 교회가 구주 예수 그리스도와의 연합에서 경험하는 감정들을 기술하는 것이 교의학의 과제이다. 그에게 종교는 지식도 아니고 도덕적 행동도 아니라 감정인데, 더 구체적으로는 기독교 공동체 안에서만 생겨나는 바 궁극적 실재에 대한 의존의 감정이다. 그리고 교의학은 이 종교적 감정이 갖는 내적 의의에 대한 지적인 표현이요 해석일 따름이라는 것이다. 그러므로, 비록 슐라이어마허가 여전히 신약성경을 이 경험을 시험하는 규범으로 인정하고 있긴 하지만, 하나님의 말씀이 아닌 경험이 교의학의 원천이 되고 있다. 교회의 공동체적 경험이 제공하는 자료가 교의학의 주자료를 이룬다. 교의학의 과제는 역사적인 발전의 어떤 순간에서의 기독교 교회의 교의에 대해 조직적인 해설을 하는 것으로서, 교의학은 그 역사적 정확성은 자랑할 수 있으나 반드시 절대적인 진리를 표현하는 것은 아니다. 이런 식으로 교의학은 하나님의 말씀의 외적 권위에서 분리되어 오직 주관적이기만 한 어떤 것으로, 즉 아무런 규범적 의의가 없는 그저 역사적이거나 기술적인 학문으로 바뀌어 버렸다.

J. C. K. 호프만(J. C. K. Hofmann), 토마시우스(Thomasius), 프랑크(Frank) 등을 포함하는 에어랑겐(Erlangen) 학파는 정통 루터교를 옹호하여, 슐라이어마허의 주관주의에 반발하고 있다. 에어랑겐 학파는 슐라이어마허와 같이 분명히 주관적인 출발점을 갖고 있으며 이 점까지는 똑같이 경험의 신학이지만, 경험으로부터 돌이켜 객관적인 토대

로 되돌아가고 있는데, 이 토대는 따로 떨어진 어떤 성경 구절에서 찾을 수 있는 것이 아니라 전체로서의 성경의 교리적 진리에서 찾을 수 있는 객관적 토대이다. 에질은 호프만에 대해 말하면서 에어랑겐 학파의 방법론을 다음과 같이 분명하게 지적하고 있다. "그리스도인의 개인적 경험에서 출발한 그는 기독교 교회의 신조와 고백들에 나타난바 교회의 경험으로 되돌아갔으며, 모든 것의 토내가 되는 바 성경에 나오는 분서적 증거들에까지 그런 식으로 되돌아갔다."

비록 비네의 영향을 더욱 분명하게 반영하고 있긴 하지만, 슐라이어마허의 입장과 다소 비슷한 것으로 네덜란드 윤리 학파들의 입장이 있다. 그 입장은 그리스도와 교제하는 신자들의 삶, 다시 말해서 단순히 신자 개인의 삶이 아닌 신자들 집합체의 삶, 신자들의 공동체 곧 교회의 삶을 그 출발점으로 삼는다. 교회가 감정뿐만 아니라 사상 및 행동으로도 구성되는 이 삶을 묵상할 때 생겨나는 것이 교의로서, 교의는 단지 그 삶에 대한 지적 표현일 뿐이라는 것이다. 그리고 교의학의 과제는 특정한 때의 교회의 삶을 조직적이고 학문적인 방법으로 묘사하는 것이다. 이 학파의 유명한 대표자의 하나인 판 데이크는 교의학을 교회의 삶에 관한 묘사라고 정의하고 있다. 그는 '삶'(life)이라는 용어를 슐라이어마허의 '감정'(feelings)이라는 용어보다 더 좋아하는데, 그 이유는 이 말이 좀 더 영원한 어떤 것을 지칭해 주고, 또 좀 더 포괄적이며 성경적이기도 하기 때문이라는 것이다. 게다가 그는 교회의 삶에 관한 이 묘사는, 기록자가 예수의 삶에 대해 경험한 바들을 기록해 둔 성경의 통제를 끊임없이 받아야 한다고 주장하고, 교의학을 규범적 권위가 전혀 없는, 순수하게 역사적인 학문으로 보는 견해를 거부하고 있다.

(2) 리츨의 개념. 리츨 학파에서는 교의학을 "기독교 신앙에 관한 학문적 해설"(룹슈타인), 또는"기독교 신앙의 학문"(해링)이라고 보는 것이 매우 일반적이다. 그렇지만 이 신앙을 늘 같은 방식으로 이해하고 있는 것은 아니다. 헤르만은 신앙을 가능한 한 모든 지식과 분리시켜, 오직 피두키아(신뢰)로만 보고 있다. 이 신앙의 내용은 단지 윤리-종교적 경험으로만 구성되는데, 그것은 늘 개인적인 것으로서 조직화될 수 없으며 믿음 그 자체에서부터 발전되는 것이다. 이 견해로 볼 때 교의학은 종교-윤리적 경험들에 관한 묘사 이외의 것이 되기는 거의 어렵다. 그러나 리츨 학파에서는 슐라이어마허의 주관주의에서 벗어나려는 분명한 바람이 있다. 이 경향은 누구보다도 이 학파의 진정한 교의학자인 카프탄에게서 찾아 볼 수 있다. 그는 교의학을 다음과 같이 정의하고 있다. "교의학은 하나님의 계시에 기초하여 교회에서 믿고 깨닫는 기독교적 진리에

관한 학문이다." 이 정의는 교의학의 객관적인 성격을 인정하고 있는 것 같다. 그러나 교의학의 과제에 관해 쓴 104쪽의 말은 다른 인상을 주고 있다. 그는 이렇게 말하고 있다. "개신교 교의학의 고유한 주과제는 성경에서 확증된 하나님의 계시를 내 것으로 만듦으로써 믿음을 낳는 인식을 진술하는 일이다."

이 말이 뜻하고 있는 것은 교의학은 믿음, 즉 신앙에 포함되는 지식-내용을 제시하는 것인데, 이 내용은 성경에 있는 신적 계시를 내 것으로 만들 때 생겨난다는 것이다. 성경을 연구하는 가운데 신앙이 특정한 진리들에 달라붙어 그것들을 제 것으로 만든다. 그렇지만 신앙이 그 진리들을 수용하는 이유는, 그 진리들이 계시에 의해 주어지고 따라서 권위있는 것이기 때문이 아니라 그 진리들이 종교적 주체에 대하여 갖는 실천적인 가치에 의해 스스로를 천거하기 때문이라는 것이다. 그러므로 신앙의 지식-내용은 결국 인간이 선택한 내용인 것이다. 따라서 카프탄조차도 교의학의 객관적인 성격을 유지하는 데 성공하지 못하고 있다.

롭슈타인의 입장도 카프탄의 입장과 일치한다. 그는 신앙을 가리켜 교의학의 대상이요 원천이라고 말하고 있지만 복음 역시 원천으로 언급하고 있다. 이 둘의 종합은 다음의 말에 나타나있다. "신앙은 오직, 신앙을 불러일으키고 끊임없이 신앙을 조절하며 확립해 주는 신적 요소와 연합해 있을 때에만 교의학의 합당하고 순수한 원천이 된다. 교의학의 원천은 스스로 복음의 영원한 본질에, 즉 신앙의 신비적 힘이 파악한 복음에 동화된 신앙이다." 신앙의 지식-내용은 복음에 의해 고취되지만 그 범위는 신앙의 선택적 행동에 의해 결정된다. 오직 이러한 사실들에 비추어서만이 우리는 교의학을 "개신교 신앙에 관한 학문적 해설"이라고 보는 그의 정의를 진정으로 이해할 수 있다. 이 두 사람은 모두 교의학의 객관적이고 규범적인 성격을 유지하고 싶어하지만, 그들에게 있어서 사실상 신앙이 교의학의 직접적인 원천이 되고 있다는 사실을 고려해 볼 때 그들이 성공했다고 말하기는 거의 어렵다.

(3) 트뢸치의 견해. 트뢸치는 교의학에 좀 더 많은 객관성을 확보해 주고자 하는 동기에서 출발했고, 따라서 기독교의 진리성을 확립하기 위하여 리츨주의자들의 것보다 더 보편적인 타당성을 지닌 종교-역사적 규범을 제시했다. 그가 보기에 기독교의 진리성은 그저 기독교의 역사가 제공해야 하는 것들을 연구함으로써만 찾을 수 있는 것이 아니라 종교들 일반에 관한 연구에서도 찾을 수 있는 것이었다. 그의 도식에서 교의학은 사실상 역사, 곧 종교들의 역사에서 자기의 자료를 이끌어 낸다. 그에 따르면 교의학에는 세 가지의 과제가 있다. 그 첫째는 다른 종교들에 대한 기독교의 우

월성을 확립하는 일이다. 교의학자는 반드시 다양한 종교들의 역사에 관한 연구로 시작해야 한다. 이 연구를 하는 가운데 인간 의식에 있는 종교적인 선험(*a priori*)에 힘입어 기준 또는 규범이 출현하게 되는데, 이것은 증명될 수는 없으나 그럼에도 불구하고 참되고 결정적인 것이며, 우리로 하여금 기독교를 선택할 수 있게 해준다. 이렇게 해서 도달한 판단은 단순한 가치 판단이 아니라 존재론적 의미까지 가지고 있는 것이다. 기독교의 우월성을 확립한 교의학자는 이제 두 번째로 기독교의 참된 의미를 결정해야 한다. 다시 말해서 기독교의 본질을 발견해야 한다. 트뢸치는 말하기를, 항상 새로운 해석에 이르고 그리하여 그 본질에 대한 개념이 세월 따라 자연스럽게 변하는 것이 기독교의 특징이라고 한다. 그는 자기의 생각을 다음의 말로 나타내고 있다. "기독교적 신앙은 하나님으로부터 소외되어 있던 인간의 거듭남, 곧 그리스도 안에 있는 하나님에 관한 지식에서 생겨나는 거듭남에 대한 신앙이다. 이 거듭남의 결과는 하나님과의 연합이며 하나님의 나라를 이루기 위한 사회적 연합이다." 마지막으로, 교의학자의 세 번째 과제는 그렇게 이해된 기독교의 내용을 해설하고, 기독교의 이 일반적 개념에 포함되어 있는 바 하나님, 인간, 구속 등의 교리를 공식화하는 것이다. 이 견해는 종교들 일반의 역사에 호소한다는 점에서 리츨의 견해보다 더 객관적이긴 하지만 슐라이어마허 및 리츨의 경험주의와 완전히 결별하고 있지는 않다. 이 사람들의 견해와는 달리 트뢸치는 형이상학을 배제하고자 하지는 않는다. 그렇지만 그것이 하나님의 말씀에서 발견되는 객관적인 토대로의 복귀를 의미하지는 않는다.

(4) 쉐더의 입장. 쉐더는 리츨의 입장과 트뢸치의 입장을 모두 비판하고 있다. 리츨은 어떤 도덕적 문제들을 확립하기 위해 하나님을 요청하고 있으며, 트뢸치는 예수 안에서 역사에서의 하나님의 독특한 계시를 보는 대신 예수를 역사의 상대주의 가운데 너무 많이 남겨 둔다는 것이다. 역사는 하나님을 찾는 인간을 기록하지, 자신의 계시를 통해 인간을 발견하시는 하나님을 기록하는 것이 아니다. 신학은 인간 중심적이기를 멈추고 하나님 중심적이 되어야 한다. 쉐더는 하나님의 영광과 위엄이 슐라이어마허 시대 이후 범람한 인간 중심적 신학에 의해 너무 많이 더럽혀졌다고 본다. 이 말은 상당히 고무적인 것처럼 들리지만 쉐더는 자기가 정죄하고 있는 신학의 주관주의를 초월하는 데 성공하지 못하고 있다. 그는 하나님의 말씀을 신학의 유일한 원천이요 규범으로 인정하지 않고 있다. 결국 그의 출발점 역시 순전히 주관적인 것이다. 그의 출발점은 하나님의 영께서 사람 안에 역사하신 계시이며, 우리 안에서 역사하는 믿음을 통해서만이 우리의 것이 되는 계시인 것이다. 성경, 자연, 역사, 그리스도 등이 이

계시를 이룬다. 교의학은 반드시, 믿음의 중재를 통하여 우리에게 중재된 이 계시로부터 그 자료를 이끌어 내어야 하는데, 그 모든 자료가 하나님을 중심으로 하고 있는 것이다. 교의학은 무엇보다 먼저 하나님 안에서 가장 근본적인 것, 다시 말해서 그의 위엄과 절대적인 주권을 다루어야 하며, 다음으로는 하나님의 위엄과 가깝고도 무한하게 관련되어 있는 하나님의 거룩하심을 다루어야 한다. 그리고 마지막으로, 하나님의 개념을, 특별히 예수 그리스도 안에서 하나님의 위엄 및 거룩하심 양자와 유기적으로 연결되어 계시된 바대로 전개해야 한다. "이런 방식으로 교의학적 구도의 세 개별적인 부분이 드러나는데, 그것은 주 하나님, 거룩하신 하나님, 살아 계신 또는 아버지 하나님이다. 이렇게 전체 신학은 사실 하나님에 관한 학문이다. 그러나 신학은 믿음으로부터 믿음에 이르는 것이다." 쉐더의 방법론은 근본적으로 슐라이어마허의 방법론과 다르지 않다. 그러나 슐라이어마허의 신학이 거의 인간학의 수준을 능가하지 못한다고 말할 수 있는 반면 쉐더의 신학은 신학이 반드시 하나님 중심적이어야 한다는 사실을 강하게 강조하고 있다. 그리고 자기의 신학을 그렇게 만들고자 애쓰는 가운데 쉐더는 이론적 요소도 배제하지 않고 있다.

(5) 바르트의 견해. 교의학의 과제에 대한 바르트의 개념은 바르트 자신의 말 몇 마디를 인용함으로써 가장 잘 알아볼 수 있다. 그는 이렇게 말하고 있다. "신학의 한 분과로서 교의학은 기독교 교회가 자기에게 고유한 하나님에 관한 언어에 대하여 스스로를 시험하는 학문적 시험이다." 그러므로 교의학의 과제는 하나님에 관한 교회의 언어를, 그것이 신적 계시와 일치하는지 확인하기 위해 시험하는 일이다. 「행동하시는 하나님」(God in Action)이라는 책에서 바르트는 다음과 같이 자기의 생각을 나타내고 있다. "교의학은 (교의들이 아닌) 교의를 시험하여 그 교의가 참된 대상에 일치하는지 확인해야 한다. 교의학은 교의들의 대응적 상호관계를 해석하는 과제를 안고 있다. 그러나 그것 이상으로 교의학의 과제는 현재의 전체 교회의 언어, 개념들, 어구들, 사고방식 등에 관한 탐구를 포괄적으로 수행하는 일이다." 그는 교의학에 대한 로마교회의 개념과, 옛 개신교 전통에서 그와 비슷한 견해를 지향했던 경향을 거부하는데, 이는 교의학의 과제는 그저 "용어 및 의미에 대해 단번에 표현되고 진짜로 규정된 바 이미 현존하는 수많은 '계시의 진리들'을 결합하고, 반복하며, 베끼는 일"일 뿐이라는 취지에서이다. 「사도신경 해설」(Credo)에서는 자기의 생각을 약간 다르게 말하고 있다. "교의학은 하나님의 실재에 관한 계시가 자기에게 처음 말한 것을 취하여, 그것을 거듭거듭 인간의 사고로 생각하고 그것을 거듭거듭 인간의 언어로 말하려고 노력한다.

이 목적을 이루기 위해 교의학은 하나님의 진리가 우리를 구체적으로 만나는 현장인 교의들을 드러내고 또 보여준다. 교의학은 신앙의 항목들을 다시금 조리있게 표현해 준다. 교의학은 그 항목들을 그것들의 상호관계 및 문맥 안에서 보고 또 쉽게 만들어 준다. 필요한 곳에서는 신앙의 새로운 항목들 즉 지금까지도 알려지지 않고 승인되지 않은 항목들을 찾는다."

바르트의 설명을 이해하기 위해 처음으로 다루어야 할 개념은 "교회 선포" 개념이다. 바르트가 이 말로 의미하는 바는 무엇인가? 그는 하나님에 관한 교회의 모든 언어가 교회 선포인 것은 아니라고 한다. 기도, 찬송 및 신앙고백에 있는 하나님을 향한 말은 교회 선포의 일부가 되지 않으며, 교회의 사회적 활동들도 마찬가지이다. 어린이들에 대한 가르침조차도 교회 선포라 부를 수 없는데, 그 이유는 그것이 "가르쳐야 하지 회심하게 하고 '결정하게 해서는' 안 되며 그만큼 선포해서는 안 되기 때문"이라는 것이다. 신학은 비록 인간에게 하나님에 관한 언어이긴 하지만 신학을 그런 선포라고 할 수 없다. "선포는 신학의 전제요 원자료이며 실천적인 목표이지, 신학의 내용이나 과제가 아니다." 물론 선포는 하나님에 관하여 말하는 것을 의미하기도 한다. 그러나 선포에는 "이 행동의 의미로서 하나님 자신의 말씀을 말씀하시는 의도가 감추어져 있다." 선포는 그것 안에서 하나님 자신이 화자가 되시기를 기대하는 말씀하심이다. "선포는 자기 사자의 입을 통하여 말하는 왕처럼 그것 안에서 또 그것을 통하여 하나님 자신께서 말씀하시는 인간의 언어이다. 하나님에 관한 인간의 언어가 선포인 곳에서는 그것이 이 주장을 제기하고 이 기대의 분위기 안에서 산다."

이제 교의는, 그것이 하나님이 당연히 화자가 되시는, 성경에 나오는 원래의 계시와 진정으로 일치하는 한에서만 교회 선포이다. 교의는 계시된 진리이며, 따라서 교리들 즉 그저 교회가 공식화한 교리적 진술에 불과하며 그 결과 인간의 말인 교리들과 전혀 다르다. 그리고 이제 "교의학은 (교의들이 아닌) 교의를 시험하여 교의가 참된 대상과 일치하는지 확인해야 한다." "교의학은 교회 선포에서 하나님의 말씀에 관한 탐구로서, 교회 선포가 인간적 진리나 인간적 가치 규범과의 일치가 아닌 성경에 나오는 계시와 일치하는가를 비판적으로 탐구하여야 한다." 교의학의 목표는 교의이다. 다시 말해서, 교의학은 교회 선포와 원래 계시의 일치를 목표로 한다. 그렇지만 바르트는 우리에게 "교의학이 탐구하는 교의는, 계시의 진리는 아니지만 계시의 진리의 도상에 있는 것이다"라는 사실을 상기시켜 준다.

2. 교의학의 과제에 대한 개혁주의적 견해. 앞에서 논의한 견해들과는 달리 개혁주

의 신학자들은 "절대적으로 타당한 진리를 학문적인 형태로 제시하고 기독교 교리의 총체를 포괄하는 일"이 교의학의 과제라고 주장한다(하지). 바빙크는 그것을 이렇게 표현하고 있다. "교의학은 하나님을 아는 지식과 관련된 계시의 내용을 지적으로 재생산하는 바로 그 사명을 갖는다." 교의학은 기독교의 교리적 진리들을 조직적으로 제시하고자 애쓴다. 교의학은 한때 교회의 신앙의 내용이었던 것을 묘사하는 일로만 만족해 있을 수는 없으며 절대적인 진리 또는 이상적인 진리를 목표로 해야 한다. 교의학은 순수하게 역사적이거나 기술적인 학문이 아니라 규범적인 의의를 지니는 학문이다. 교의학이 수행하는 과제는 세 가지 서로 다른 분야로 나눌 수 있다.

(1) 건설적인 과제. 교의학자들은 자기 교회의 고백으로 구체화되어 있는 교의들을 주로 다루고, 그것들을 조직적인 전체로 결합하고자 애쓴다. 그는 신적 진리의 다양한 요소들이 갖는 유기적 관계를 명확하게 드러내는 방식으로 그 일을 해야 한다. 이것은 롭슈타인이 생각하고 있는 것처럼 그리 쉬운 일이 아니다. 그 일은 교회의 고백에 명확하게 공식화되어 있는 진리들을 논리적으로 정리하는 일 이상의 것을 요구한다. 단순히 일반적인 용어로 서술되어 있는 많은 진리들을 반드시 공식화해야 한다. 개별 교의들 상호간의 연결 고리들을 찾아내어 그것들을, 다양한 교의들의 유기적인 관계가 분명해지도록 하는 방식으로 제공하고 공식화해야 한다. 과거의 신학적 구조와 조화되는 새로운 발전의 방향들을 제시해야 한다. 그 모든 내용들도 반드시 성경에서 직접 끌어와야 하지, 종교적 경험이나 신앙에서(슐라이어마허, 리츨, 카프탄, 쉐더), 역사에서(트뢸치), 또는 교회 선포에서(바르트) 끌어옴으로써 성경에 나오는 하나님의 계시를 그저 교의의 내용을 시험하는 규범에 불과한 것으로 만들어서는 안 된다.

(2) 증명적이고 방어적인 과제. 교회의 교의를 조직화하는 것만으로는 충분하지 않은데, 그 이유는 그것만으로는 교의학이 그저 기술적인 학문이 되어 버리기 때문이다. 교의학자는 자신이 자기의 것으로 제시하는 체계의 진리성을 증명해야 한다. 그는 자기 체계의 모든 부분이 성경이라는 심층토에 깊이 뿌리내리고 있음을 보여주어야 한다. 신적 계시의 점진적인 성격을 고려하는 성경 증거를 개별 교의들, 연결 고리들, 또 제시된 새로운 요소들에 갖다 대어야 한다. 교의학은 절대적인 진리를 탐구한다. 교의 하나하나에서 이 목표에 이르는 것은 불가능할지 모른다. 그러나 그럼에도 불구하고 가능한 한 그것에 접근하고자 노력해야 한다. 게다가 이것을 좀 더 명확하게 드러내기 위해 진리로부터의 역사적인 이탈들도 반드시 고려해야 한다. 자기가 취한 입장의 진정한 힘을 분명히 나타내기 위해, 체계로 구체화된 교의들에 대한 공격을 피할 수 있

어야 한다.

(3) 비판적 과제. 교의학자는 하르낙처럼 과거의 교리적 발전이 거대한 오류였고 따라서 자기는 자기의 작업을 처음부터 시작하지 않을 수 없다는 식의 전제에서 출발해서는 안 된다. 이것은 과거 교회사를 인도하신 성령에 대한 존경의 결여와 자기자신에 대한 과도한 신뢰를 드러내 보이는 것이다. 그와 동시에 교의학자는 자기가 제시하는 체계에 대해 엄격하게 비판적이어야 하며, 이런저런 점에 있어서 진리로부터 빗나가 있을 가능성을 염두에 두어야 한다. 만약 교회의 교의에서라도 오류를 발견한다면 그것을 알맞은 방법으로 교정하도록 노력해야 한다. 또 빈틈을 발견한다면 빠진 것을 보충하기 위해 진지하게 노력해야 한다. 교의학자는 교의학이라는 학문의 진보를 위하여 모든 노력을 기울여야 한다.

B. 교의학의 방법론

'방법론'이라는 말에 담긴 뜻이 늘 같은 것은 아니며, 교의신학에 관한 저작들에서도 의미하는 정도가 같지 않다. 몇몇 저작에서는 교의학의 방법론에 관한 논의에, 만약 이것들로 제한되지만 않는다면, 교의학의 연구를 위해 필요한 조건들과 체계를 구성함에 있어서 교의학의 내용들의 분류를 포함한다. 그렇지만 엄밀하게 말해 교의학의 방법론은 교의학의 내용을 얻는 방법, 다시 말해서 교의학의 내용이 유래되는 원천 또는 원천들과, 그것을 확립하는 양식에만 관련되는 것이다. 여기서의 논의는 이 두 가지에 관한 논의에만 국한될 것이다.

1. 교의학의 내용이 유래되는 원천에 관한 다양한 견해들. 그러므로 가장 먼저 고려할 질문은 교의학의 원천과 규범에 관한 질문이다. 역사적으로 특별히 세 가지 견해가 고려되었는데, (1) 성경이 교의학의 원천이라는 견해, (2) 교회의 가르침이 진정한 원천이 된다는 견해, (3) 기독교적 의식을 원천으로 보아야 한다는 견해 등이다. 이 세 가지를 차례대로 논의해 보자.

(1) 성경. 가장 이른 때부터 성경은 일반적으로 신학의 유일한 원천 또는 원리는 아니라 해도 최소한 기본적 원리로, 따라서 교의학의 기본적인 원리로 인정되었다. 자연에서의 하나님의 계시는 종종 제이차적 원천으로 인정되었고 오늘날도 자주 그렇게 인정되고 있다. 워필드는 "신학의 유일한 원천은 계시이다"라고 한다. 그렇지만 하나님께서 자신을 다양한 방법으로 계시하셨음을 고려하면서 그는 자연, 섭리 및 기독교

적 경험에 있는 하나님의 계시도 "참되고 타당한" 원천으로 인정하고 있다. 그것들 모두가 신학에 어떤 자료를 제공한다. 그는 말하기를 "그러나 그럼에도 불구하고 만약 이들 자료들이 더 확실하고 더 완전한 성경 계시에 의해 확증되고 보강되고 보충되지 않았다면, 우리는 불충분하고 의심스러운 신학으로 제한되게 되었을 것이며, 성경은 정도에 있어서 뿐만 아니라 다른 것과는 비교될 수 없다는 의미에서 신학의 원천"이라고 한다. 그는 분명히 성경을 가리켜 신학의 기본적 원천(*fons primarius*)이라 부르고자 한다.

투레틴, 카이퍼, 바빙크, 쏜웰, 기라르듀 같은 다른 개혁주의 신학자들도 성경을 가리켜 유일한 원리(*principium unicum*; '유니쿰'은 '고유한'이라는 뜻뿐만 아니라 '유일한'이라는 뜻도 됨), 즉 신학의 유일한 원천이요 규범이라고 부르기를 주저하지 않는다. 물론 그들이 신학자가 하나님의 일반 계시로부터도 하나님에 관한 어떤 지식을 얻을 수 있음을 부인하려는 것은 아니다. 다만 죄가 세상에 들어온 이후 인간이 하나님의 일반 계시로부터 하나님에 관한 참된 지식을 얻게 되는 것은 오직 그것을 성경에 비추어 연구할 때뿐으로서, 이 성경에는 죄의 어두운 그림자로 인하여 어두워지고 왜곡되었던 하나님의 원래 자기 계시의 요소들이 재공포되고, 교정되고, 해석되어 있다는 것이다. 그러므로 신학자는 하나님에 관해, 또 하나님이 자신의 피조물과 맺으시는 관계들에 관해 신뢰할 만한 지식을 얻기 위해 항상 성경으로 돌아가야 한다. 뿐만 아니라 특별 계시가 아니고서는 예수 그리스도 안에서의 하나님의 구속 사역에 관해서는 아무런 지식도 얻을 수 없는데, 이 지식이 가장 중요한 지식인 것이다. 그러므로 교의신학의 체계는 오직 성경의 토대 위에만 세울 수 있다.

교의학자는 성경을 사용하는 가운데 자연히 계시와 영감, 일반 총론 및 개별 총론, 거룩한 역사, 그리고 특별히 계시역사 즉 성경신학 등에 관해 자기 이전에 있었던 연구의 결과들을 참조하게 될 것이다. 어떤 이들은 이 말을, 교의학자는 성경을 매우 불규칙한 진실성과 가치를 지닌 고대 이스라엘 및 초기 기독교의 문헌을 수집한 것으로 보고, 역사적 비평에 의해 증명된 부분들만을 역사적으로 참된 것으로 수용하고, 기독교적 의식에 유용하다고 입증되는 요소들만을 규범적인 중요성을 지닌 것으로 인정해야 한다는 뜻으로 받아들이고 있다. 이러한 원리들은 자연히 신학의 원천으로서의 하나님의 특별계시에 대해 온갖 종류의 독단적인 제한을 가하게 될 것이다.

하나님의 권위있는 계시에 대한 개념을 싫어하고, 과학적인 방법을 자기들의 신학 연구에 적용함으로써 자기들의 신학의 학문적 성격을 확립하고자 하는 현대의 경험주의 신학자들은 성경을 신학의 원천으로서 전혀 신용하지 않는다. 비록 어떤 경우에는 성경이 어떤 종류의 규범적 의의를 갖고 있다고 여전히 인정하고 있긴 하지만 말이다. 그들은 자기네 신학의 원천을 기독교적 의식에서 찾는다. 슐라이어마허의 신학은 순전히 주관적이며 경험적이다. 사실 리츨주의자들은 여전히 성경이 계시적 중요성을 인정하지만 그것을 신약성경에만, 좀 더 구체적으로는 교회의 신앙이 붙어 있으며 신앙에 의해 파악되고 검증된 요소들에만 국한시키고 있다.

그렇지만 개혁주의 신학자들은 주관주의의 미로에 빠지기를 거부하고, 성경 전체를 신적으로 영감된 하나님의 계시로 또 신학의 원천으로 받아들인다. 그렇지만 그들은 모든 부분이 동일한 교리적 의의를 지니는 것은 아니라는 것과, 좀 더 이른 계시는 이후의 계시만큼 충분하거나 명확하지 않다는 것, 그리고 교리는 따로 떨어진 성경 구절에 기초해서는 안 되고 성경의 교리적 가르침의 총체에 기초해야 한다는 것을 인식하고 있다. 그들은 어떤 사람의 표현대로 성경을 "카페테리아 스타일"로 사용하는 방식을 따라 자기 입맛을 채워주는 것들만 뽑고 나머지는 전부 무시해 버리는 것을 전적으로 잘못된 것이라고 생각한다. 교의학자는 언제나 성경의 유추(*analogia Scriptura*)에 따라 성경을 연구해야 한다.

그와 동시에 그들은 베크(Beck)의 소위 성경적 방법도 따르지 않는데, 그는 외팅거(Oetinger)의 신비주의는 배제했으면서도 외팅거의 강력한 영향 아래 있던 사람이었다. 베크는 슐라이어마허 및 그 추종자들의 주관주의를 반대했다. 그는, 신학자는 반드시 자기의 모든 자료를 성경으로부터, 오직 성경으로부터 모아야 하며 철학적인 모든 이론뿐만 아니라 교회의 교리들까지 모두 무시해야 한다는 사실을 강조했다. 그는 성경에 있는 신적 계시는 유기적인 전체로서, 상호 관련된 여러 부분으로 구성되어 있고, 단일한 발전 가운데 나아가며, 마지막으로 성령의 인도 아래 그 완성에 이르는 것이라고 보았다. 신학자의 사명은 성경에 객관적으로 주어져 있는 진리를 재생산하는 일일 뿐이며 그렇게 함에 있어서 성경 그 자체가 제시하는 방법만을 따라야 한다는 것이다. 신학자의 해설은 성경에 나타나 있는 전개의 선을 따라야 하는데 그 안에서 진리의 모든 부분들이 유기적으로 관련되어 있다는 것이다.

이 방법론은, 성경이 우리가 쉽게 베낄 수 있는 논리적인 교리 체계를 담고 있는 것이 아니라는 사실과 하나님의 계시에 관한 기록으로서 성경이 따르는 순서를 논리적인 순서가 아닌 역사적인 순서라는 사실, 교의신학은 인간 의식이 제것으로 삼아 소화하고 교의학자 자신의 시대에 맞는 언어 및 과학적 형식으로 표현된 바 하나님의 생각들에 관한 해설이어야 한다는 사실, 그리고 교의학자는 결코 아무런 전제 없이 성경을 연구할 수 없으며 언제나 특정한 교회적 입장을 나타내고 어떤 개인적인 확신을 담고 있어서 그것이 자연히 자기의 저작에 반영된다는 사실 등을 충분히 고려하지 않고 있다.

바르트의 신학에 붙여진 가장 최근의 이름 중 하나는 "하나님의 말씀의 신학"이라는 이름이다. 바르트는 일반계시를 부인하며, 현대신학의 주관주의를 강력하게 반대하고, 하나님에 대한 지식에 있어서 특별계시의 필요성을 강조한다. 그렇지만 이 사실에 근거하여 그가 신학의 원천으로서의 성경개념에 있어서 개혁주의 개신교와 일치한다고 추론한다면 그건 잘못일 것이다. 첫째로, 성경은 하나님의 특별계시와 동일시되어서는 안 되며 단지 그 계시에 대한 증거로 인정될 수 있을 뿐이며, 둘째로, 특별계시는 항상 말씀하시는 하나님일 따름으로서 절대 객관화되어 책 안에 정지되고, 그래서 성경이 메첸 박사의 말대로 "신앙이라는 주제에 관한 최고의 교과서"가 될 수 없다는 것이다. 특별계시는 신학자가 쉽게 자기의 자료를 모을 수 있는 책이 아니다. 따라서 특별계시는 성경도 아니고 성경의 일부분도 아니며, 그저 성경이 증거하고 하나님에 관한 교회의 언급이 시험받아야 하는 바 인간을 향한 하나님의 말씀하심일 따름이다. 그리고 신학이 어디서 그 자료를 찾느냐고 묻는다면 그 대답은 단지 하나님의 말씀하심과 진정으로 일치하는 한에 있어서의 하나님의 말씀에 대한 교회의 선포에서라는 것일 뿐이다. 바르트는 "교의학에서 문제는 결코 성경적 교리를 그저 엮고, 반복하고, 요약하는 그런 것일 수 없다"고 한다. 바르트의 견해를 서술하면서 매킨토시는 이렇게 말하고 있다. "그러므로 교의학은 교회가 선포하고 가르치는 메시지에서 출발하고, 그것에 관한 교회의 논의에서 자료를 발견한다. 교회가 하나님에 대해 말할 때 교회는 하나님의 말씀을 선포하는 것이라고 주장한다. 그리고 교의학으로서 주된 문제는 교회의 언어가 그 의도 및 내용에 있어서 하나님의 말씀을 봉사하고 표현하는데 어떻게 맞는가 하는 것이다." 이 모든 것을 고려해 볼 때 바르트가 다음과 같이 말하는 것도 무리는 아니다. "분명히 개혁주의 교회의 역사가 있고 그들의 신앙에 관해 문서로 된 진술들이 있으며 또한 그들의 이론 및 실천에 관한 대표적인 해설들이 있어서 스스로를 개혁주의 교인이라고 부르는 모든 사람들의 주의와 경의 및 고려를 명령(항상 명령이지는 않을 것이다)한다. 그러나 가장 참된 의미에 있어서 개혁주의적 교리 같은 것은 존재하지 않는다." (고딕체는 저자의 표기)

(2) 교회의 가르침. 어떤 이들은 교회의 가르침 곧 신앙고백도 신학의 원천으로 인정하고 있다. 로마교회는 어떤 의미에서 성경을 참으로 신학의 원천으로 인정하고 있

지만, 그것이 하나님에 관한 완전한 초자연적 계시라는 것을 부인하고 성경에다 "사도적 전승"이라는 것을 덧붙인다. 이 둘이 어떤 방식으로 신학의 원천을 이루긴 하지만, 로마교회가 이 둘이 함께 신학의 유일한 원천을 구성한다고 말하는 것은, 비록 로마교회의 저자들이 종종 마치 그런 것처럼 글을 쓰고 있음에도 불구하고 거의 옳다고 보기 어렵다. 사실상 그것들은 오직 교회에 의해 무오하게 확증되고 해석될 때에만 신학의 원천이요 규범이 된다. 로마교회는 성경과 전승이 신학의 원천이라고 말은 하지만 사적인 해석의 권리를 부인한다. 그들은 우리가 성경과 전승 둘 다를 교회의 손을 통해 받았는데 이 교회가 어느 책이 정경에 속하는지 또 어느 전승이 참된 것인지 결정한다고 주장한다. 뿐만 아니라 그들은 이 둘 모두를 교회의 안경을 통해 읽어야 한다고 주장한다.

따라서, 성경과 전승 모두가 신학의 원천으로 인정될 수 있긴 하지만 신앙의 참된 원천이요 규칙이 되는 것은 변경할 수 없는 교회의 가르침이다. 교회는 어디서부터 자기의 가르침을 이끌어 내는가 또는 계시는 어디에 저장되고 보존되어 있는가 하는 질문을 고려하면서 윌머스는 이렇게 말하고 있다. "우리의 답은 두 원천 곧 성경과 전승이라는 것이다. 이 두 원천이 우리 신앙의 자료를 담고 있으므로 그것들을 신앙의 원천이라 부른다. 그리고 그것들이 우리의 신앙을 결정하므로 그것들을 마찬가지로 신앙의 규칙이라고도 부른다. 그렇지만 그것들이 멀리 떨어져 있는, 즉 간접적인 신앙의 규칙일 뿐인 반면 직접적인 규칙은 가르치는 교회이다." 또 기번스(Gibbons)는 "성경이 교회라는 살아있는 권위에서 따로 떨어진 채 그리스도인의 신앙의 규칙이 되는 것은 결코 하나님의 의도하신 바가 아니다"라고 주장하고 있다. 샤프(D. S. Schaff) 박사는 이렇게 말하고 있다. "트렌트 공의회의 입장은 바티칸 공의회에서 다음의 문장으로 재확인되었다. '기록되었거나 전해져 오는 하나님의 말씀에 담겨 있는 것들과 교회가 엄숙한 판단에 의해서나 자신의 통상적이고 보편적인 가르치는 기능에 힘입어 신앙을 위해 신적으로 계시된 것으로 제시하는 것들은 신적이고 보편적인 신앙으로 믿어야 한다." 상황은 이것이다. 즉 교회가 확정하고 제시하지 않은 것은 아무것도 참된 것으로 받아들이거나 신앙의 항목으로 수용할 수 없다는 것이다. 쏜웰은 "교회는 여전히 사도적인 권한을 갖고 있으며 생활과 경건에 속하는 모든 것에 대해 사람을 가르치도록 인가받은 유일한 하나님의 영의 기관이다"라고 말하고 있다. 엄밀하게 말해, 성경을 통해서도 전승을 통해서도, 들려오는 것은 교회의 음성인 것이다. 교회만이 하나님의 최고의 신탁이며 따라서 교회가 성경읽기를 절대적으로 필요한 것으로 인정하지 않고 심지어 평신도들에게 성경을 읽지 못하도록 말리는 것도 별로 놀라운 일이 아니다.

로마교회의 이 견해는 신학이 다루는 진리와 교회 사이에 존재하는 관계를 오해한 것이다. 교회를 낳는 것이 진리이지 교회가 진리를 낳는 것은 아니다. 따라서 교회를 신학의 원리로 인정할 수 없다. 교회의 모든 주장과 가르침은 성경의 시험을 받아야 하며 성경적인 보증이 있는 한에서만 타당한 것이다. 로마교회는 영원한 사도적 영감을 계속 주장할 수 없으며, 따라서 그 교회의 소위 전승까지도 성경의 시험을 받아야한다. 로마교회 스스로가 제시하는 시험은 충분하지 못하다.

그러나 로마교회가 교회 및 그 가르침의 중요성에 대해 과장된 견해를 가지고 있는 반면 다른 이들은 분명히 그것들의 중요성을 최소화하려는 경향을 보이고 있다. 오늘날 진리에 대해 신조로 된 교회의 공식에 어떤 구속력 있는 성격이나 어떤 권위 등을 부여하는 데 대해 반감이 널리 퍼져 있다. 신조들의 역사적 가치는 솔직하게 인정되는 반면 그것들의 규범적 의의는, 명백하게 부인되거나 적어도 의문시되고 있다. 커티스는 교회의 직분자들에게 그 교회의 신조에 서명하라고 요구하는 일을 대단히 의심스러운 습관으로 보고 있다. 알렌은 성공회 교인들에게 그리스도께서 그들을 자유롭게 하려고 주신 자유에 굳게 서서 그들 위에 신조로 씌워진 속박의 멍에를 떨쳐 버릴 것을 요청하고 있다. 또 윌리엄 아담스 브라운은 자기 저서 「자유인을 위한 신조」(*A Creed for Free Man*)에서 여전히 신조를 옹호하는 한편 자기를 오해하지 않기 바라면서 다음과 같이 쓰고 있다. "통일시키는 신조라는 말에 대해 서둘러 설명하고자 하는 것은 이 말이 교회건 국가건 권위에 의해 명령되어 정통성을 시험하기 위해 주어진 것으로 인정되어야 하는 신앙들의 집합을 뜻하는 것이 아니라는 것이다. 이 말은 삶에 의미를 주고 행동의 방향을 제공하여 개인적인 행동의 안내자가 되고 이웃을 이해하는 수단이 되는 신념들을 일정하게 모으는 것을 의미한다." 바르트와 브루너조차도 신조를 존경할 만하고 경의를 표할 만한 것으로 인정하면서도 그것들의 권위를 인정하거나 그것들을 정통성에 대한 엄밀한 시험으로 인정하기를 거부한다. 그들은 신조는 신앙의 표현이지 대상이 아니라는 사실을 강조한다. 꽤 일반적으로 취하는 입장은, 신학자는 개신교 교회들의 신조들 및 신앙고백들의 역사적 가치를 이해하고 그것들을 역사적인 안내자로 기쁘게 이용하면서도 자기가 그것들의 가르침에 매여 있다고 느껴서는 안 되며 자기의 학문적 탐구에 있어서 전적으로 자유로워야 한다는 입장이다.

그렇지만 위에서 언급한 두 극단을 모두 피하는 것이 옳다. 신조들과 신앙고백들이 신학의 원천으로서 성경과 같은 수준에 놓여서는 안 된다는 것은 두말할 나위도 없다. 성경이 유일한 원천으로서, 신조가 이 성경에 비추어 해석되어야지 성경이 신조에 비추어 해석되어서는 안 된다. 그와 동시에 신조는 성경에 계시된 진리에 대한 교회의 증거를 담고 있다. 그리고 교회가 진리를 전개함에 있어서 성령의 인도를 받았다는 사실은, 쏜웰의 말을 빌리면 "교회가 제시하는 모든 것에 대한 신적 권위를 증거하는 존경할 만한 전제"인 것이다. 교회는 신조를 작성할 때 그것을 하나님의 말씀에 계시되어 있는 절대적 진리에 대해 교회가 조심스럽게 숙고하고 기도하며 받아들인 개념으로 인정한다. 그리고 그 교회에 가입하는 사람들은 이로써 자기들이 그 교회의 신조에 고백되어 있는 바 하나님의 말씀에 충실하다는 것을 나타낸다. 일상적인 정직성은 그들에게, 그들이 그 교회의 구성원으로 남아 있는 한, 진리에 대한 그 교회의 표현을 준수하고 그 교회의 기준에 모순되는 것은 아무것도 가르치지 말 것을 요구한다.

물론 이 요구는 교회의 직분자들과 교사들에게 매우 강하게 적용되는 것이다. 신학자는 언제나 특정한 교회의 신학자이다. 그는 자기의 공동체 안에서 진리를 받고 그 교회의 확신들을 공유하며 이것들이 하나님의 말씀에 모순된 것으로 드러나지 않는 한 이것들을 가르치고 확산시키겠다고 약속한다. 그는 신조를 무모한 것으로 여기지 않는 반면 그 가르침들을 모순이 나타날 때까지는 절대적인 진리에 대한 표현으로 받아들인다. 이러한 가르침이 선입견을 구성하는 것이라고 할 수 있는데 이것은 절대적으로 옳다. 그러나 그 누구도 선입견 없이 연구에 착수할 수는 없다. 자기의 과제를 시작하는 신학자는 누구나, 자기 자신을 제거할 수 없기 때문에, 자기 마음대로 제쳐놓을 수없는 어떤 확신을 갖고 있는 것이다.

(3) 기독교적 의식. 슐라이어마허 및 리츨의 영향 아래 많은 집단에서 기독교적 의식을 신학의 원천으로, 신학의 자료를 이끌어내는 유일한 원천으로 인정하는 일이 꽤 일반화되었다. 슐라이어마허에게 교회의 교의는 신자가 가깝고도 진지한 자기점검을 한 후 마음속에서 지각하는 경건한 감정에 대한 학문적 표현이다. 개인의 기독교적 의식이 아닌 특별히 종교적 공동체의 기독교적 의식은 교회의 교의들을 끌어낼 수 있는 보고이다. 그와 동시에 그는 이 원천에서 나온 진리는 복음적 교리라는 유기체의 필수적인 부분이 되기 위하여 교회의 고백과 신약성경에서 지지를 발견해야 한다고 믿고 있다. 그는 성경이 신학의 원천임을 인정하지 않는 반면 신약은, 예수 그리스도 안에 있는 하나님의 계시를 담고 있고 또 그분과 직접적으로 접촉하며 살았던 사람들의 경험들을 묘사하고 있으므로, 어떤 규범적 의의를 지니고 있는 것으로 인정하고 있다. 그리스도와의 직접적인 관련 때문에 그들의 경험은 우리에게 규범적 의의를 지닌다

는 것이다.

리츨주의자들은 슐라이어마허 및 그의 추종자들의 주관주의에 대해, 그것은 교의학을 규범적인 학문에서 순전히 기술적인 학문으로 바꾸는 결과를 낳는다고 비판하면서, 신학의 객관적인 성격을 보호하고자 시도한다. 그들은 자기들의 교의를 역사적 계시, 복음서에 기록되어 있는 바 예수 그리스도 안에서의 하나님의 계시, 다시 말해서 예수의 생애와 가르침에 구체화되어 있고 특히 하나님의 나라의 설립자로서의 그의 사역에 구체화되어 있는 계시에서 이끌어낸다고 주장한다. 그들은 종종 그 계시를 가리켜 신학의 원천이라고 한다. 그렇지만 이 말이, 그들이 이것을 신학적 교리의 직접적인 원천으로 여긴다는 뜻은 아니다. 그들은 그렇게 생각하는 것조차도 분명하게 거부하는데 이는 당연한 일일 뿐이다. 그들은 성경적 원천을 예수 그리스도 안에 있는 하나님의 역사적인 계시에만 제한시키므로 이 제한의 근거가 무엇인가 하는 질문이 제기되는데, 이는 교회의 신앙에서만 발견할 수 있다는 것이다. 신앙은 그리스도인의 삶에 참으로 가치가 있는 역사적 계시의 요소들에 집착하는데, 그 이유는 그것들이 참된 경건을 낳기 때문이다. 그리고 그렇게 내 것이 된 요소들은 교리적 체계를 위한 자료를 구성한다. 따라서 실상은 교회의 신앙이 그 신학의 직접적인 원천이며 신학적 체계의 내용도 결국 그렇게 주관적으로 결정된다. 신앙은 그리스도 안에 있는 역사적 계시와 신학자 사이에 끼어든다. 종교적 의식이 여전히 신학의 원천이다. 그러나 그런 경우에조차도 리츨주의적 입장의 완전한 주관성은 아직 나타나지 않고 있다. 교의학은 "신앙의 대상에 관한 학문"으로 여겨져서는 안 되고 "기독교 신앙의 학문"으로 인정되어야 한다. 롭슈타인은 말하기를, 교의학자의 과제는 "교회의 신앙을 분석하고, 그 내용을 전개하며 그것에 대한 확언들을 함께 엮는 일로 이루어져 있다"고 한다. 그의 관심사는 계시에 대한 신앙의 이해이며, 그는 신앙의 자료를 종교적 지식에 관한 특정한 이론에 비추어 살피는데, 그가 사용하는 시험은 주로 실용주의적인 종류의 것이다. 종교에서 써먹을 수 있는 것은 신학에서도 써먹을 수 있다. 가르비(Garvie)는 말하기를, 리츨에 따르면 "교리가 참인 것은 그것이 성경에 있기 때문이 아니라 그것이 스스로를 경험적으로 또 실천적으로 검증하기 때문이다"라고 한다.

기독교적 의식이 신학의 원천이라는 사상은 오늘날 신학 문헌에서 꽤 일반적이다. 에어랑겐 학파조차도 경험을 출발점으로 하고 있으며, 트뢸치도 비록 종교 일반의 역사에 호소하고 있긴 하지만 슐라이어마허와 리츨의 주관주의를 초월하는 데 성공하지 못하고 있다. 보버민도 대체로 슐라이어마허에게 되돌아가고 있으며, 쉐더조차도 하나님 중심성을 강조하고 있음에도 불구하고 슐라이어마허의 주관주의를 피하지 못하고 있다. 이와 똑같은 경험적 개념은 레메(Lemme)의 「기독교 교의학」(*Christliche Glaubenslehre*)과 슐츠(Schultz)의 「개신교 교의학 요강」(*Grundriss der evangelischen Dogmatik*)에서도 찾아 볼 수 있다. 이것은 또 네덜란드 윤리학과 신학의 특징이기도 하다. 그리고 미국에서는 아담스 브라운(「기독교 신학 개요」*Christian Theology in Outline*), 베퀴드(「기독교 신학의 실재」*Realities of Christian Theology*), D. C. 매킨토시(「경험과학으로서의 신학」*Theology as an Empirical Science*) 및 G. B. 포스터(「기독교의 현대적 표현」*Christianity in its Modern Expression*) 등이 기독교적 의식을 신학의 원천으로 보고 있다. 이 입장을 취하는 사람 중 아직도 성경을, 비록 무오하게 영감된 하나님의 계시로는 아니지만 어떤 의미에서 객관적인 권위로 인정하는 경향을 보이는 사람이 많이 있다.

그런데 기독교적 의식이 신학의 유일한 원천이라는 생각에 대해서, 또는 원천의 하나라는 생각에 대해서조차 분명한 반론이 있다. (1) 역사 및 경험이 우리에게, 우리의 기독교적 경험의 성격을 정해 주는 것은 하나님의 말씀에 계시된 진리에 대한 수용 및 동화이지 그 거꾸로가 아니라는 것을 가르쳐 준다. (2) 사람은 자기의 경험을 해석할 때, 사람에게서 나온 것과 하나님에게서 나온 것을 혼동할 위험과, 개인이나 공동체의 불완전한 생각으로 하여금 자기의 신학을 조건짓고 제한하게 만들 위험이 있다. (3) 신학에서 지극히 중요한 많은 진리들은 경험할 수 없는 것들이다. 엄밀한 의미에서 인간은 비록 하나님의 사역은 경험할 수 있겠지만 하나님을 경험할 수는 없다. 인간이 어떻게 세상의 창조, 인간의 타락, 로고스의 성육신, 그리스도의 속죄적 죽으심, 죽은 자들로부터의 그분의 부활, 그분의 육체적 재림 등등을 경험할 수 있겠는가? 이 문제에 대해 일관성을 유지하자면 다음의 둘 중 하나의 결과를 낳게 된다. 즉 경험이 감당할 수 없는 짐을 경험에다 뒤집어씌우거나 신학을 심각할 정도로 빈약하게 만드는 일이다. (4) 기독교적 의식이라는 자료를 그 자료의 본류 및 역류와 더불어, 또 그 모든 변동과 더불어 해석하는 일은 하나의 과정으로서, 그 과정은 너무 미묘하고 그 안에 있는 사람은 실수하기가 너무 쉬우므로 그것으로부터는 만족스러운 추론을 이끌어낸다는 것은 거의 불가능하다. 절대적 진리에는 그런 식으로 도달 할 수 없는데, 교의학이 목표로 하고 있는 것은 바로 이 절대적 진리인 것이다. (5) 구원하는 신앙이 적어도 일반적으로는 교리의 체계와 관련된다는 말이 사실일 수 있지만, 그렇다고 해서 자동적으로 그런 체계가 기독교적 의식에서 추론될 수 있다는 것은 아니며, 그것은 이것이 다소간 성경의 통제를 받는 때조차도 마찬가지이다. 프랑크는 거듭남이라는 원리로부터 하나의 전체적인 체계를 도출해 보려고 시도하였지만 그가 성공했다고 보기는 거의 어렵다. (6) 주목할 만한 사실은, 기독교적 의식이 신학의 원천이라고 그렇게 자신있게 말하는 사람들이 종종, 그 판결은 성경이라는 시금석으로 가져가야 하고 의식들은 기록된 하나님의 말씀과 일치할 때만 신학의 구성을 위해 타당한 자료로 인정될 수 있다고 주장하고 있다는 사실이다.

기독교적 경험 또는 기독교적 의식이 신학의 원천이 아니라는 사실은, 기독교적 의식이 교의적 체계를 세우는 데 하나의 요소, 중요한 하나의 요소가 아니라는 뜻은 아니다. H. B. 스미스, 판 오스터제이(Van Oosterzee), 맥퍼슨, 워필드 등 몇몇 개혁주의 신학자들은 기독교적 의식이 비록 제이차적인 것이긴 하지만 신학의 참된 원천이라고 말하기까지 한다. 그렇지만 워필드는 말하기를 "만약 기록된 말씀의 분명한 페이지에 우리를 위해 기록되어 있는 바 기독교적 경험의 규범과 그것이 갖는 교의적 의미가 우리에게 없었다면 우리는 분명 그것으로부터 만족스러운 추론을 거의 끌어내지 못했을 것이다"라고 했다. 그렇지만 우리가 종교적 지식은, 진리에 관한 어떤 사람 자신의 통찰이나 어떤 인간의 권위에 달려 있는 것이 아니라 오직 하나님의 권위에 달려 있다는 점에서 다른 지식과는 다르다는 사실에 유념한다면, 우리는 종교적 의식이 신학의 독자적인 원천이 될 수는 거의 없다는 것을 깨닫게 된다. 이 점에 있어서 인간을 자율적인 존재로 만들려는 시도는 인간을, 한편으로는 인간을 하나님으로부터 독립시키는 이신론의 위험에, 다른 한편으로는 인간을 하나님과 동일시하는 범신론의 위험에 노출시키는 것이다. 성경은 결코 기독교적 의식을 진리의 원천이나 규범으로 언급하지 않는다. 게다가 종교적 의식은 자기가 살아가는 환경에 의해 상당히 좌우되며, 중대한 변형들을 갖고 있으며, 따라서 믿을 만한 원천으로 인정할 수 없다.

이와 동시에 종교적 의식은 교의신학의 체계를 세우는 데 항상 중요한 요소가 될 것이다. 오직 기독교 신학자만이 하나님의 말씀에 계시되어 있는 바 진리에 대한 올바른 통찰력을 갖고 있으며, 따라서 진리를 체계적으로 제시할 자격이 있다. 자기의 신앙을 생수가 흘러나오는 샘으로 볼 수는 없지만, 그럼에도 불구하고 그것은 영원한 성경의 샘으로부터 그 물을 자기에게 날라다주는 통로가 된다. 또 계시의 진리들을 자기의 것으로 만드는 일이 자연히 진리를 구성하는 일에 반영될 것이다. 교의학자는 작업을 할 때 자기의 개인적인 확신들뿐만 아니라 자기가 속한 교회와 공유하는 확신들까지도 배제시킬 수가 없다. 그의 신학적 작업의 산물은 필연적으로 자기의 개인적인 흔적을 나타낼 것이다. 게다가 기독교적 경험이 기독교의 많은 진리들을 검증하고 그것들을 기독교적 삶에 살아있는 실체들로 부각시키는데 이바지할 것이다. 경험은 하나님의 말씀에 기록되어 있는 것들의 진리성에는 아무것도 보태주지 못하는 반면 그것을 주관적으로 이해하는 일에는 크게 힘을 줄 것이며, 따라서 대단한 변증적 가치를 지니는 것이다.

2. 자료를 확보하고 다루는 방식. 신학적 진리를 얻고 또 다루는 방법으로 여러 가지가 제시되고 또 적용되어 왔는데, 그 중 가장 중요한 것들을 다루어보겠다.

(1) 사변적 방법. 철학 및 신학에서 '사변적'이라는 용어가 늘 같은 뜻으로 사용되어 온 것은 아니다. 어떤 의미에서 사변적 사고라는 말은 모든 지식은 경험에 기초한다고 주장하는 경험주의의 반대말이 된다. 철저한 경험론은 모든 지식을 감각의 직접적인 관찰 대상이 될 수 있는 것들에 대한 이해로 환원시키며, 따라서 감각주의라고 불린다. 그 경험론은 개별적인 사실들에 대한 지식은 산출하지만, 그 사실들을 유기적인 전체로 통일시키는 보편적인 법칙들 및 원리들은 알지 못하며, 따라서 사실상 모든 과학적 지식을 부인하는 것과 같다. 개별적이고 우연적인 사실을 넘어, 그 개별적인 사실들 및 개념들을 통일시키고 그것들에게 체계로서의 정합성(coherence)을 부여하는 바 그 저변에 깔린 일반적이고 필연적인 원리를 추구하는 것이 이성의 기능이다. 이성의 이 기능을 가리켜 '사변'이라 부르는 경우가 종종 있다. 그렇다면 이런 의미에서의 사변은 어떤 종류의 지식을 학문의 수준까지 끌어올리기 위해 절대적으로 필요하며 따라서 신학에서도 없어서는 안 된다. 교의신학은 하나님에 관한 지식을, 하나님께서 자신의 피조물과 맺으시는 관계 속에서 체계적으로 해설하는 일을 그 목표로 하므로, 이성의 조직하는 기능이 없이는 결코 그 사명을 성취할 수 없을 것이다.

그렇지만 이것이 신학 분야에서 '사변'과 '사변적 방법'에 담긴 일반적인 의미는 아니다. 오히려 그 말은 주어진 사실을 출발점으로 삼기를 거부하고 어떤 선험적인 양식으로, 즉 관찰과 경험에 의해 주어진 자료들을 고려하지 않고서 어떤 체계를 세우고자 하는 철학자들 및 신학자들의 방법을 가리킨다. 그것은 절대적이고 보편적인 것으로부터 시작하여 상대적이고 개별적인 것으로, 순전히 연역적인 방법으로 나아간다. 플레밍(Fleming)은 "자기의 주제로 주어진 것에서 시작하지 않고, 원래 모든 사고에서처럼 모든 존재의 필연적이고 주요한 근거라고 발견하는 사상에 대한 결정들로부터 사고를 시작하는 것"이 이 방법의 특징이라고 한다. 이 방법을 적용함에 있어서 진리성 여부에 대한 시험은 그 다양한 명제들의 정합성 또는 일관성에 놓여 있다. 인간이 논리의 법칙에 따라 필연적으로 생각해야만 하는 것은 무엇이든지 참된 것으로 인정해야 한다는 것이다. 이 방법을 염두에 두고 베이컨은 이렇게 말했다. "합리주의자들은 거미와 같다. 그들은 모든 것을 자기 내장에서 끄집어낸다." 사변적 방법은 오직 추상적인 사고와만 협력하며, 사고의 세계가 곧 실재의 세계라는 가설에서 출발한다. 카프탄은 사변적 방법의 특이성을 이렇게 설명하고 있다. "그것이 기초로 삼는 전제는, 인간의 사고에는 창조적인 기능이 내재되어 있다는 것, 인간의 마음에는 우리의 지식을 온갖 경험 너머로 확장시키는 힘이 잠자고 있다는 것, 그리고 그 힘이 필요로 하는 것은 그저 사물들과의 만남을 통해 잠을 깨는 일일 뿐이라는 것, 소위 사고의 법칙에는 초자연적 의의가 부가된다는 것 등이다."

캘더콧(Caldecott)은 이 점에 관해 자기의 생각을 이렇게 표현하고 있다. "완전한 교리의 핵심은 필연적인 사고가 지적 경험을 구성한다는 것과, 그것이 제시하는 '개념' 곧 '대상'은 실재와 같이 우리의 전적인 신뢰를 받을 자격이 있다는 것이다. 우리가 어떤 지적인 경험을 한다는 것과 그 경험이 진실되다는 것은 당연한 것으로 받아들여야 한다. 설명해야 할 사실은 이것이다. 어떤 개념이나 사상 또는 신념이든 그것 안에 우선된 것으로 필연적으로 포함되고 함축되어 있다고 판명되는 것은 참된 사고이며, 줄잡아 말해도 자료 그 자체만큼 진실된 것이다." 이 방법에 따르면 인간 이성은 사고의 도구일 뿐만 아니라 사고의 원천 그 자체이기도 하며, 필연적이고 정합적인 모든 사고는 또한 실재적이기도 하다. 그리고 철학뿐만 아니라 (헤겔이 상징이라는 언어로 말하는 철학이라고 본) 신학도 인간의 마음에서 뽑혀 나오는 것이다. 헤겔의 철학은 이 방법에 대한 전형적인 보기로서 절대적 관념론자들의 저작들이 이 보기를 뒤따르고 있다.

앞에서 정의한 바 사변적 방법을 적용하는 데 대해 몇 가지 명백한 반론들이 있다. (1) 그 방법은 여기서 절대적 사고로 묘사되고 있는 인간의 의식이 신학의 원천이라는 가정에서 출발한다. 그러나 앞에서 살펴보았듯이 인간의 의식이 그런 자격으로 봉사한다는 것은 절대 불가능하다. (2) 이 방법에서 우리는 전적으로 사고의 영역 안에서만 움직이며, 우리의 정신세계와 무관한, 밖에 있는 어떤 것이라는 의미에서의 객관적인 것들과는 접촉하지 않는다. 그러나 신학에서 우리는 객관적 실재들을 다룬다. 인간이 필연적으로 사고하는 것은 객관적으로 실재한다고 말하는 사람들이 있지만 이것은 옳지 못한 생각이다. (3) 그 방법은 기독교의 역사적 사실들을 무시하고 있는데, 그 사실들은 인간 이성과는 별도로 존재하며 인간 이성으로부터 연역될 수 없는 것이다. 뿐만 아니라 그 방법은 대단히 일반적인 개념들에만 국한되어 있는데, 그 이유는 슐라이어마허가 지적한 바와 같이 순수한 사고는 항상 일반적인 것에 국한되어 있으며 결코 개별적인 것들을 산출할 수 없기 때문이다. (4) 그 방법은 철학과 신학 사이의 본질적인 구분을 없애 버리며 신학을 순전히 지적이기만 한 어떤 것으로 만들어 버린다. 헤겔에 따르면, 철학은 궁극적 실재를 순수 사고의 견지에서 해석하는 반면 신학은 바로 그 실재를 그림의 형태로 즉 상상이라는 견지에서 묘사한다. 철학은 좀 더 높은 신학이며 신학은 좀 더 낮은 철학이라는 것이다. (5) 그 방법은 믿음을 순수한 인식으로 환원시킴으로써 믿음의 성경적 속성을 없애 버린다. 믿음은 평범한 그리스도인의 지식이며, 사변적 이성에 의해서만 참된 지식의 수준에까지 끌어올려질 수 있다는 것이다. 이런 식으로 믿음은 영지주의자들이 자랑하던 지식과는 구별되는, 영지주의의 신앙과 같은 것으로 바뀌어 버린다.

(2) **경험적 방법.** '경험적 방법'이라는 말과 '실험적 방법'이라는 말은 종종 서로 바뀌어 쓰이기도 한다. 경험주의는 선험주의의 정반대말이다. 경험주의는 지식을 획득함에 있어서 연역적인 방법이 아닌 귀납적인 방법으로 진행한다. 경험주의는 "경험에 의해 주어진 것 외에는 아무것도 참되다거나 확실하다고 인정하지 않으며 모든 선험적 지식을 거부한다." 경험주의 계열의 신학자들은 일반적으로 실험적 종교를 신학의 대상으로 생각한다. 이 대상을 연구함에 있어서 그들은 현대 과학의 방법론, 즉 관찰과 귀납의 방법을 사용하고자 한다. 인류의 종교를 역사적으로 연구하고 종교 심리학을 연구하는 가운데 종교는 주의깊은 관찰의 대상이 되고 종교의 모든 형태들은 면밀한 조사의 대상이 되어 버린다. 이러한 형태들을 주의깊게 묘사하고 분류한 다음에는 그것들에 관한 설명을 일반적인 원리로 만들고자 노력하게 된다. 그리고 이 원리들을 조심스럽게 공식화하면 이번에는 그 원리들이 그 다음 관찰의 시험 대상이 된다. 그렇게 수집한 자료들로부터 하나의 체계를 세우게 되는데, 이것은 신학적 진리의 체계라기보다는 종교철학을 이루는 것이다.

이상의 설명은 대단히 일반적인 성질의 것으로서 실험적인 방법의 상이한 변종들을 설명해주지는 못하는데, 이 변종들의 수는 꽤 많은 편이다. 매킨토시는 경험적 방법을 신비적, 절충적, 과학적 형태로 분류하고 있다. 보버민은 종교-심리학적 방법이라고 부르는데, 이것을 그는 슐라이어마허적-제임스적 방법이라고 부르기도 한다. 레메는 자기가 채택하고 있는 방법을 "경험적-기술적 방법"이라 부르고 있다. 현존하는 변종들은 경험적 방법의 몇몇 약점들을 극복하고 다음과 같은 반론들을 논박하고자 하는 다양한 시도에서 유래된 것들로서 그 반론들은, 경험적 방법은 완전히 주관적이다, 순전히 개인적이고 따라서 보편적인 타당성이 없다, 신학을 꽤 고도로 구체화된 인류학의 분과로 환원시킨다 등이다. 몇몇 현대의 신학자들은 자기들의 자료를 신학적으로 다루어야 한다는 것과, 이 일은 자기들 편에서 매우 특별한 노력을 필요로 한다는 사실을 깨닫고 있다. 매킨토시는 자기의 "경험과학으로서의 신학"의 대상이 하나님이란 사실을 알아주기 바라고 있다. 또 쉐더는 자기의 신학이 하나님 중심적이 되기를 매우 분명하게 바라고 있다.

슐라이어마허는 신학에서의 경험적 방법의 아버지로 인정될 수 있다. 리츨과 리츨주의자들은 슐라이어마허의 주관주의에 반대하고, 좀 더 객관적인 방법을 제시하고 있지만, 그들의 방법조차도 결국은 실험적인 것이다. 에어랑겐 학파의 신학자들이 이 방법을 지속시켰으며 트뢸치조차도 그것과 완전히 절연하지 못하고 있다. 보버민의 종교-심리학적 방법은 사실상 슐라이어마허의 입장으로 되돌아간 것이다. 또 쉐더조차도 하나님을 주로 영혼의 경험에서 발견하고 있다. 이와같이 하나님을 인간 안에서 찾고 그분을 어떤 의미에서 인간과 연속성을 지닌 분으로 간주하는 것이 현대 신학의 특징이다. 사실 바르트는 하나님과 사람 사이의 무한한 거리를 강조하고, 인간은 특별한 신적 계시에 의해서만 하나님을 알 수 있다는 사실을 강조하고 있다. 그러나 하나님의 계시가 어디에 있는가 하고 묻는다면 바르트는 대답을 하지 못한다. 왜냐하면 그것은 객관적인 독립적 존재를 갖고 있지 않기 때문이다. 계시는 우리로 하여금 여기 있다고 말할 수 있게끔 확정된 형태로 존재하는 것이 아니다. 성경을 무오하게 영감된 하나님의 말씀으로 인정할 수 없다. 성경은 그저 선지자들에게 주어졌고 특별히 그리스도 안에 있는 원래의 신적 계시를 증거해 줄 따름이다.

바르트가 말할 수 있는 것은, 하나님의 계시는 하나님께서 인간 영혼에 직접 말씀하시고, 각 개별적 경우마다 성령의 특별한 작용에 의해 하나님의 말씀으로 인정되는 말씀을 하시는 거기에 있다는 것뿐이다. 하나님의 말씀하심은 하나님께서 그것을 믿음으로 분명히 깨닫게 해주시는 그 사람에게만 하나님의 계시가 된다. 이 계시를 받는 것은 그것을 받는 자들만의 경험이다. 엄밀하게 말해서 교회 선포는 경험이 아닌 다른 원천을 갖고 있는가? 만약 아니라면 바르트는 정말 어느 정도까지 실험적 방법으로부터 벗어나고 있는가? 그에 따르면 교회 선포는 성경에 입증되어있는 원래의 계시의 시험을 받아야 한다고 말할 수 있지만 그렇다고 해서 문제가 달라지는 것은 아니다. 실험적 신학자들 대부분이 성경을 어떤 의미에서 신학 연구를 위한 규범으로 인정하고 있기 때문이다. 롤스턴(Rolston)의 다음 말은 놀라운 것이 아니다. "바르트의 전제에는 사람들로 하여금 바르트주의자들 자신이 싫어하는 그 입장에 빠지지 않도록 방지할 방법이 없다. 그 체계는 불가피하게, 각자가 성경의 어느 부분이 자기에게 권위가 있는지 스스로 결정해야 하는 거대한 주관성을 지향하게 될 것이다."

경험적 방법이 현대신학에서 많이 유행하기는 하지만 그럼에도 불구하고 그에 대한 여러 가지 심각한 반론들이 있다. (1) 이 방법을 적용하는 일은 그 일 자체에 의해서 하나님을 신학의 대상에서 제외시키는데, 그 이유는 하나님을 경험적으로 탐구하는 일이 불가능하기 때문이다. 하나님을 관찰과 실험으로 시험하는 일은 불가능하다. 만약 이 방법을 적용하는 사람이 신학을 연구할 때, 종교현상에 관한 지식을 넘어 하나님에 관한 지식으로 나아가야 한다고 생각하여 진지하게 그 방향으로 움직이고자 시도한다면 그것은 자기들의 경험적인 방법을 희생시키는 일이 될 것이다. (2) 경험적 방법은 자기의 대상으로 하나님이 아닌 경험적 종교현상을 다루므로 그것은 신학의 체계를 세우는 데 결코 성공할 수 없고, 단지 종교심리학에 관한 연구만을 낳을 수 있을 뿐이다. 제임스의 「종교적 경험의 다양성」(*The Varieties of Religious Experience*)은 이 방법론의 대표적 작품이다. 그러나 이 책이 얼마나 중요한지는 모르지만 신학적인 것은 아니다. (3) 경험적 방법론을 엄격하게 적용하는 일은 종교학에 관한 연구에서조차 표면을 넘어갈 수 있도록 해주지 못한다. 외면적인 시험은 종교생활의 현상에는 적용할 수 있지만, 내적 삶 그 자체나 종교적 경험의 근원이 되는 숨겨진 영혼의 심연에는 적용할 수 없다. 순수하고 단순한 경험적 방법은 사람을 통일성이나 양심이 없는, 있는 그대로의 현상론에 얽어매는데, 그것은 학문이라는 이름을 가질 자격조차 없는 것이다. (4) 끝으로, 경험적 방법론은 그것이 순수한 경험적 방법이기를 멈추고 반성 및 추론의 타당성을 인정하여 사고의 일반적인 범주들을 적용하도록 허용하는 때조차도 대개 그 범주들의 끊임없는 변동으로 인해 의식의 주관적 명제들을 묘사하는 일을 넘어서지 못한다. 그 결과는 순수하게 기술적인 학문일 뿐, 규범적 의의는 갖지 못하는 것이다. 그것은 객관적인 종교의 영역을 내버리고 주관적인 종교의 영역에서 승리하고자 시도한다.

(3) 기원적-종합적 방법론. 이 방법은 종종 신학적 방법론 또는 권위의 방법론이라고 불리는데, 이 방법이 성경에 있는 신적 자기 계시가 신학의 외적 인식의 원리라는 가설에서 출발하기 때문이다. 전제는, 종교가 아닌 하나님이 신학의 대상이며 그 대상은 오직 스스로를 계시하기 때문에 또 스스로를 계시하는 한에 있어서만 알 수 있다는 것이다. 따라서 신학이 다루는 자료는 기독교적 의식에 주어져 있는 것이 아니라 객관적인 하나님의 특별계시에 주어져 있다. 이 자기 계시만이 우리에게 하나님에 대해 절대적으로 신뢰할 만한 지식을 줄 수 있다. 자연이나 기독교적 의식 같은 다른 자료들

로부터 나오는 지식은 무엇이든지 하나님의 말씀의 시험을 받아야 한다는 것이다.

이 방법에 따르면, 교의학자는 자기 교회의 고백 안에서 입장을 정해야 하면서도 자기의 체계를 세움에 있어서는 성경에 있는 자료에서부터 시작해야 한다. 그는 특별히 석의 분야와 계시역사 곧 성경신학 분야에서 행해진 노력의 풍성한 결과들을 살피고, 교회의 교의들이 성경의 개별 구절들이 아닌 전체로서의 성경에 어떻게 뿌리를 내리고 있으며 신적 계시로부터 어떻게 유기적인 방법으로 전개되어 나오고 있는지를 보여주고자 애쓴다. 그가 자기의 자료를 성경에서부터 모은다는 면에 있어서는 그의 방법을 귀납적 방법이라고 부를 수 있을 것이다. 그러나 이 방법을 하지나 에드가 (Edgar)가 어느 정도 하고 있는 것처럼 실험적 방법의 하나라고 말해서는 안 된다. 그에게 있어서 성경은, 그가 자기의 생각에 자기가 살아가고 있는 시대에 맞고 또 필요하다고 보고 해석할 수 있는 어떤 사실들을 계시해 줄 뿐만 아니라, 그 사실들에 관한 무오한 해석 곧 그가 마음대로 무시할 수 없고 반드시 권위있는 것으로 받아들여야 할 해석까지 제공해 주는 것이기 때문이다.

종합적 방법을 적용함에 있어서 신학자는 성경으로부터 각기 따로 떨어진 교리들뿐만 아니라 사실과 말씀으로 계시된 바 전체로서의 신적 진리를 받는다. 사실들은 계시된 진리에 대한 표현이며, 진리들은 성경 지면에 뚜렷이 나타나 있는 사실들을 설명한다. 성경의 가르침들은 그것들의 거대한 통일체 안에서 보게 되는데, 이는 성경이 따로 떨어진 교리들이 서로 어떻게 관련되어 있는지 다양한 방법으로 보여주기 때문이다. 교의학자는 이 모든 자료들을 염두에 두고서 자기의 체계를 논리적인 방법으로 세우고자 할 것이며, 교회의 신앙고백에 아직도 빠진 고리가 있다면 그것을 종교적 진리의 원천인 성경에서 찾아 공급하고, 진리가 역사적으로 발전하는 가운데 성경으로부터 이렇게 또 저렇게 벗어난 일들에 대해 주의를 환기시키게 된다. 그리스도 안에 숨겨져 있고 성경에 계시되어 있는 지혜와 지식의 보고를 전부 제시하는 것이 그의 끊임없는 노력이 될 것이다.

C. 교의학의 분류

교의학의 자료를 어떻게 분류할 것인가에 대해서는 대단히 많은 의견들이 있어 왔다. 분류의 원리는 신학의 자료나 신학의 자료적 내용의 원천에서, 또는 이것을 취급하는 방법이나 그것의 역사적 전개에서부터 나온 것이다. 물론 이 원리는 임의대로 선택한 것일 수 있으나 주제에 충실하여야 하고 전 영역을 포괄하며 각 부분에게 마땅한 위치를 보장해 주는 것이어야 하고 또 각 부분들에 대해 알맞은 비율을 유지해야 한다. 논리가 요구하는 것은 다른 모든 학문들에서와 같이 신학에서도 분류의 원리는 그 자료들이나 그 취급방식, 또는 그 역사적 발전으로부터가 아니라 대단히 확고하게 그 주자료로부터 나와야 한다는 것이다. 다음은 종교개혁 이후 개신교 교회에서 채택한 교의적 자료의 분류방법 중 가장 중요한 것들이다.

1. 삼위일체적 방법. 칼빈과 츠빙글리는 교의적 자료를 삼위일체적으로 분류하는 길을 어느 정도 닦아놓았다. 그들의 분류방법은 엄밀하게 삼위일체적은 아니었지만 사도신경으로부터 나온 것이었다. 그들은 창조자 하나님, 구속자 하나님, 거룩하게 하시는 하나님에 대한 그들의 논의를 각기 구분된 책에서 완결하고 교회 및 성례를 다루었다. 부티우스(Voetius)의 후계자인 네덜란드 신학자 멜키오르 레이데커(Melchior Leydekker, 1642년 출생)는 엄밀한 삼위일체적 방법을 처음으로 적용한 사람이었다. 그렇지만 이 방법은 인기를 얻지 못했다. 삼위일체 교리를 기독교의 가장 중심적인 교리로 인정한 헤겔이 이 방법을 다시 한 번 유명하게 만들었고, 마르하이네케(Marheineke)와 마르텐센이 그 뒤를 이었다. 이 방법은 자연히 교의학에서 형이상학적인 것들을 지나치게 강조하게 되었다. 논리적으로 이 방법은 삼위일체 교리에 대한 논의를 배제한다. 삼위일체 교리는 서론에서 하나의 전제로 다루어질 수 있을 뿐이다. 뿐만 아니라 이 방법은 하나님의 개별적 위격들을 지나치게 강조함으로써 신적인 사역이 모두 본체의 사역(*opera essentialia*), 다시 말해서 신적 존재 전체로서의 사역이라는 사실을 희미하게 만들고, 그것들이 위격의 사역(*opera personalia*) 즉 개별적 위격들의 사역인 것 같은 인상을 준다. 끝으로, 이런 도식에서는 인간론 및 그리스도론의 다양한 요소들이 마땅한 자리를 찾지 못한다. 이런 이유들로 하여 이 분류 방법은 별 사랑을 받지 못하였고 추천할 만한 것도 못 된다.

2. 분석적 방법. 종합적 방법이 하나님에게서 시작하여 그 다음으로 인간, 그리스도, 구속 등을 논의하고 마지막으로 종말론에 이르는 반면, 칼릭스투스(Calixtus, 1614-1656)가 제안한 분석적 방법은 그 방법이 신학의 최종적 이유 또는 목적이라고 생각하는 바 복으로부터 시작하여 그 다음으로 주제(하나님, 천사, 인간, 죄)를 다루고, 마지막으로 그것을 확보하는 방법(예정, 성육신, 그리스도, 칭의, 말씀, 성례 등등)을 다룬다. 신학이 목적으로부터 시작한다는 것과 또 그 목적이 하나님의 영광이 아닌 복이라는 것은 퍽 이상한 인상을 준다. 또 두 번째 부분에서, 하나님, 천사, 사람 등을 동등하게 배열하여

마치 신학의 목적이 사람을 위해서 뿐만 아니라 하나님 및 천사들을 위해서까지 복이라는 식으로 한 것 역시 이상하다. 뿐만 아니라 세 번째 부분에서는 거듭남, 소명, 회개, 신앙, 성화, 선행 등의 주제들에 침묵함으로써 구원론을 충분히 다루지 않고 있다. 이러한 사실에도 불구하고 칼릭스투스의 방법은, 지금은 별 호감을 얻지 못하지만 여러 루터교 신학자들의 추종을 받았었다.

3. 언약적 방법. 코케이우스(Coccejus)는 언약개념으로부터 분류의 원칙을 끌어낸 최초의 신학자였다. 그는 자연 언약 또는 행위 언약과 은혜 언약을 구분하고 그것들을 율법 전, 율법하, 율법 후 세 가지로 다시 구분하여 차례대로 다루었다. 네덜란드의 개혁주의 신학자들 가운데 비치우스(Witsius)와 비트링가(Vitringa)는 그의 뒤를 따랐으나 다른 사람들은 그의 방법을 애호하지 않았다. 또 개혁주의 신학에서조차 그 생명이 짧았다. 미국의 남장로교회 중 쏜웰 박사가 그와 비슷한 분류방법을 사용했다. 그는 자기의 분류원칙을 하나님의 도덕적 통치로부터 이끌어 내어 단순한 형태의 도덕적 통치, 행위언약으로 수정된 하나님의 통치, 은혜언약으로 수정된 하나님의 통치 등을 다루고 있다. 그러나 이 구분에 있어서 그의 분류원칙은 분명히 주자료 그 자체에서 나온 것이 아니라 그것의 발전 역사에서 나온 것이다. 그것은 하나님과 사람 사이의 언약을 출발점으로 삼았기 때문에 당연히 하나님과 인간에 관한 교리는 서론으로만 논의할 수 있을 뿐이다. 게다가 그것은 사실상 계시 역사와 교의학 사이의 구분을 없애버리고 교의학으로부터 그 절대성을 빼앗아 버리며 끊임없는 반복에 이르고 있다.

4. 그리스도론적 방법. 유럽과 미국의 많은 신학자들은 참된 기독교 신학은 모두 그리스도를 중심으로 해야 하며, 따라서 그 분류원리를 그리스도 곧 그리스도의 구원 사역으로부터 끌어와야 한다고 주장하고 있다. 이 입장을 취하는 사람은 하제(Hase), 토마시우스, 슐츠, T. B. 스드롱, A. 풀러, H. B. 스미스 및 V. 게르하르트 등이다. 슐츠는 하나님과 세계, 인간과 죄 등을 기독교적 구원의 전제로 다루고, 다음으로 하나님의 아들의 구원사역(그리스도의 위격과 사역)과 하나님의 영의 구원활동(교회, 은혜의 방편, 구원 순서, 구원의 완성)을 논의한다. 스미스도 이와 다소 비슷한 과정을 따르고 있는데, 그는 구속의 전제, 구속 그 자체, 구속의 결과 혹은 (좀 더 후기의 용어로는) 구속의 왕국 등을 차례로 다루고 있다. 하나님, 인간, 죄 등에 관한 교리를 서론으로 하여 체계와는 별도로 다루어야 한다는 것은 이 방법이 비난받을 충분한 이유가 된다. 그리스도는 분명 하나님의 계시에서 중심이시긴 하지만 바로 그 이유 때문에 출발점이 될 수 없다. 게다가 이 방법은 때때로 (예를 들어 게르하르트의 글에서) 성경이 아닌 그리스도가 신학

의 외적 인식의 원리라는 그릇된 인식과도 결합되어 있다.

5. 왕국 개념에 기초한 방법. 하나님의 왕국(나라)을 자기 신학의 중심으로 삼은 리츨의 영향으로 이 중요한 개념에서 분류의 원칙을 끌어오고자 한 사람들이 있다. 리츨 자신은 이 방법을 적용하지 않았고 리츨학파의 대단히 중요한 학자들인 카프탄, 해링, 헤르만 등도 이 방법을 사용하지 않았다. 판 오스터제이는 별 설득력이 없는 한 보기를 제시하고 있다. 실제로 그는 일반적인 종합적 방법을 사용하면서 다양한 분류들에 대한 옛 명칭들을 왕국 개념에서 나온 규정들로 대치했다. 그는 하나님 즉 최고의 왕(신론), 인간 즉 국민(인간론), 그리스도 즉 설립자(그리스도론), 구속 또는 구원(객관적 구원론), 구원의 방법 또는 구조(주관적 구원론), 교회 또는 훈련학교(교회론), 장차의 그리스도의 오심 또는 왕국의 완성(종말론) 등을 차례대로 논의하고 있다. 이 분류는 순전히 형식적인 것으로서, 왕국 개념으로부터 유기적으로 추론한 것이 결코 아니다. 뿐만 아니라 왕국 개념에 기초한 분류는 교의학으로부터 신학적인 성격을 빼앗아 버리는 것으로 논리적으로 불가능하다. 하나님, 인간 일반, 죄, 여러 측면의 의미를 지닌 그리스도 등에 관한 교리는 하나님의 나라 개념에서 유래될 수 없다.

6. 종합적 방법. 이 방법은 교의학에서 요구되는 통일성을 낳을 수 있는 유일한 방법이다. 하나님에서 출발하고, 논의하는 모든 것을 하나님과 관련하여 이해하는 방법이다. 이 방법은 다양한 교리들을 논리적 순서대로, 즉 그것들이 생각 속에서 생겨나고 또 가장 알기 쉽게 취급되도록 맞추어진 순서에 따라 논의한다. 이러한 취급방법에서는 첫 교리를 제외한 각 진리가 바로 앞의 진리와 연결되어 가장 밝게 이해할 수 있게 된다. 하나님은 신학에서 가장 근본적인 진리이며 따라서 순서상 당연히 첫째다. 이어지는 모든 진리는 올바른 관점에서 보기 위해서 이 주된 진리에 비추어 이해하여야 한다. 이 이유 때문에 인간론은 그리스도론 앞에 와야 하고, 그리스도론은 구원론 앞에 와야 한다. 이 논리적인 순서를 계속 따라서 우리는 다음과 같이 논의한다.

1. 하나님에 관한 교리(신론)
2. 인간에 관한 교리(인간론)
3. 그리스도에 관한 교리(그리스도론)
4. 구원의 적용에 관한 교리(구원론)
5. 교회에 관한 교리(교회론)
6. 마지막 일들에 관한 교리(종말론)

깊은 연구를 위한 질문

성경신학과 교의신학의 차이점은 무엇이며 이 둘은 서로 어떻게 관련되어 있는가? 신학적 진리를 조직화하는 데 대해 어떤 반론들이 제기되어 왔는가? 현대 신학자들은 교의적 진리의 원천과 규범을 어떻게 구분하고 있는가? 이 구분은 타당한가? 성경을 신학의 유일한 원천으로 인정해야 하는 이유는 무엇인가? 카이퍼와 바빙크는 원리와 원천을 어떻게 구분하고 있는가? 현대에 와서 기독교적 의식을 강조하는 데는 어떤 중요한 진리가 담겨 있는가? 교의학의 과제에 대한 트뢸치, 쉐더, 바르트의 견해는 서로 어떻게 다른가? 신학의 원천에 대한 바르트주의의 견해는 무엇인가? 교의학자가 선입견 없이 신학을 연구하는 것이 가능한가? 신비적 방법이란 무엇인가? 트뢸치의 종교-역사적 방법이란? 실용주의적 방법이란?

V
교의학의 역사

교의학의 역사는 사도 시대까지는 거슬러 올라가지 않고 오리겐이 「원리에 관하여」(*Peri Archon*)를 쓴 3세기 초엽까지 거슬러 올라간다. 이를 여러 시대로 구분해 보면 곧 고대 교회 시대, 중세 시대, 종교개혁 시대, 기독교 스콜라주의 시대, 합리주의 및 초자연주의 시대, 그리고 현대 신학 시대 등으로 나눌 수 있다.

A. 고대 교회 시대

이 시대 초기에 알렉산드리아의 요리문답 학파에서 값진 예비적 작품들을 몇 가지 남겼으나, 신학적 지식을 체계적으로 제시하고자 한 주요 작품들이 나타난 것은 3세기가 시작된 뒤부터였다. 사실 고대 교회 시대에 조직신학 분야에서 쓰여진 우수한 작품은 단지 세 권밖에 없으며 이것들조차도 꽤 빈약한 것들이었다.

1. 오리겐의 「원리에 관하여」(*Peri Archon*). 오리겐은 조직신학 같은 어떤 것을 구성한 첫 사람이었다. 그의 작품은 주후 218년경에 씌어졌다. 이 책에서 저자는 교회의 교리를 당시의 문화적 철학적 계층이 받아들일 수 있는 사변적 학문으로 변형시켜 보려고 시도하고 있다. 신앙의 내용을, 권위가 아닌 신앙 자체에 내재한 합리적 증거에 의존하는 학문으로 발전시키는 것이 그의 커다란 포부였다. 이런 방법으로 그는 신앙을 지식의 차원까지 끌어올리고자 했다. 이 책은 저자의 지적 명료함과 심오함을 증명해 주고 있는 반면 신학을 철학에게 제물로 바치려는 경향도 나타내고 있다. 이 책은 다음 몇 가지 점에 있어서 교회에서 일반적으로 수용한 가르침을 벗어났는데 (1) 인간 영혼이 선재하였고, 그들의 이전의 존재시에 범죄하였으며, 이제 그 벌로써 물질적인 몸에 갇히게 되었다는 교리, (2) 그리스도의 인간 영혼은 그 선재시에 이미 로고스와 결합되어 있었다는 사상, (3) 육체적 부활을 부인하는 점, (4) 만물의 회복에 사탄이 포함된다는 가르침 등이다. 이 책은 일반적인 윤곽에 결함이 있으며, 그리스도론, 구원론, 교회론 등을 제대로 다루지 않고 있다.

2. 아우구스티누스의 「지침서」: 믿음, 소망, 사랑.   부제에 나타나 있는 바와 같이 이 책의 윤곽은 바울이 말한 세 가지의 덕인 믿음, 소망, 사랑에서 따온 것이다. 첫 번째 제목에 저자는 신앙의 주된 조목들을, 두 번째 제목에서는 기도론과 주기도문의 여섯 간구에 관한 교리를, 그리고 세 번째 제목에서는 갖가지 종류의 도덕적 질문들을 논의한다. 비록 이 배열이 전혀 이상적이지 못하고 또 이 책에 일관성이 없는 경우도 있지만 이 책은 저자의 깊은 사색과, 기독교 교리 전체를 엄밀한 신학적 관점으로 해석하고자 한 진지한 시도를 보여주고 있다. 저자는 세계 전체를 영원의 개념하에 그 풍성한 다양성과 함께 사색하여, 전 우주를 하나님께 복종시키고 있다. 이 책 및 다른 많은 교의학적 논문들을 통하여 아우구스티누스는 엄청난 영향력을 행사하였는데, 이 영향력은 특히 개혁주의 진영에서 심지어 오늘날까지도 미치고 있다. 그는 죄와 은총에 관한 성경적 교리를 종교개혁 이전의 그 어느 신학자보다도 더 발전시킨 사람이었다.

이와 관련하여 빈켄티우스 레리넨시스(Vincentius Lerinensis)의 「코모니토리움」(*Commonitorium*)도 언급해야 하겠다. 이 책은 고대 로마교회의 교리를 제시하고 있긴 하지만 교의적 진리에 관한 체계적 해설로 보기는 어렵다. 그렇지만 이 책은 교부들의 가르침에 명확한 형식을 제공하고 있다. 저자의 이상은 교리를 교회의 전통과 조화시켜 해설하는 것이었는데, 이 전통을 그는 항상, 모든 곳에서, 모두가 믿는 것으로 정의했다. 이 책은 반(半) 펠라기우스주의적인 경향을 보이고 있다.

3. 다마스쿠스의 요한의 「정통 신앙」(*Ekdosis Akribes Tes Orthodoxou Pisteos*), 700-760. 이 책은 동방교회가 교의신학을 체계적으로 해설하고자 시도한 것 중 가장 중요한 것으로서 사변적인 동시에 교회적이다. 이 책은 네 권으로 나누어져 있는데 각각 (1) 하나님과 삼위일체, (2) 창조 및 인간의 본성, (3) 그리스도의 성육신, 죽으심, 음부에 내려가심, (4) 그리스도의 부활과 통치 및 신앙, 세례, 성상숭배 등의 주제들을 다룬다. 마지막 권의 순서는 대단히 결함이 많다. 그렇지만 이 책은 대단히 중요하며, 형식적인 측면에서 볼 때 진리를 체계적으로 제시한 그 시대의 글 중 분명 가장 훌륭하다. 이 책은 전체적으로 보수적이며, 저자에게 전해 내려온 교회의 가르침과 조화를 이룬다.

B. 중세 시대

다마스쿠스의 요한 이후의 시대의 특징은 특히 신학에서 변증적 활동이 현저했다는 것이다. 처음 얼마간은 상당히 불모의 상태였으나 10세기 말엽이 되자 학문적 각성이 있었다. 11세기에는 스콜라주의가 생겨났고, 12세기에는 스콜라주의와 함께 신비주의가 등장했으며, 13세기에는 스콜라주의가 신비주의와 동맹을 맺고 전성기를 이루어 최고의 영광을 누렸다. 스콜라주의는 성경에서 발견되는 교리적 자료들을 학계의 엄밀한 과학적 방법에 따라 다루고자 한 시도이다. 대체로 스콜라주의는 성경의 내용을 어린아이 같은 신앙으로 받아들이지만, 그와 동시에 성경의 다양한 교리들을 그 내적 통일성에 맞추어 설명하여 진리에 대한 좀 더 깊은 깨달음을 증진하고자 한다. 이 사상은 시간의 흐름과 함께 플라톤주의, 아리스토텔레스주의, 유명론, 실재론 등 철학의 영향을 받게 되었고 상당히 위태로운 방향으로 발전하게 되었다. 이 사상은 철학으로부터 그 변증적 방법뿐만 아니라 순전히 철학적인 종류의 문제점들 및 의문점들까지 끌어왔던 것이다. 그 결과 교의학은 점차 철학적 체계로 전락하게 되었다. 자료를 살피는데 종종 사용된 의문적 형식은 의심을 낳았고, 많은 경우에 있어서 권위와 이성을 상호 대립적인 관계에 두는 결과를 낳았다. 이 시대의 교의적 저술 중에서는 다음의 것들이 유명하다.

1. 안셀름의 저작들. 주목할 만한 중요성을 지닌 첫 인물은 캔터베리의 안셀름 (Anselm of Canterbury, 1033-1109)이다. 그는 깊은 경건과 위대한 지적 예리함 및 통찰력을 함께 가진 사람이었다. 그는 신학에 대해 포괄적인 체계적 해설은 쓰지 않았지만 「독백」(*Monologium*), 「대화」(*Proslogium*) 등과 같이 교의적 가치가 대단히 큰 작품들을 여럿 썼는데, 거기서 그는 하나님의 본성을 논의하고 하나님의 존재에 대한 자신의 존재론적 증명을 전개하고 있다. 그의 「삼위일체 신앙과 말씀의 성육신」(*de fide Trinitatis et de incarnatione Verbi*)은 제목에 나타나 있는 바와 같이 삼위일체 교리와 성육신을 다루고 있으며 「조화」(*de Concordia*)는 아우구스티누스의 정신을 따라 예정론을 다루는데 바치고 있다. 그렇지만 중요성 면에서 이 모든 것을 능가하는 것은 그의 「하나님은 왜 사람이 되셨는가」(*Cur Deus Homo*)로서, 이 책은 속죄론의 만족설에 대해 전형적인 해설을 제시하고 있다. 안셀름은 이 중요한 주제를 철저하고도 체계적인 방식으로 다룬 첫 인물이었다. 그의 주된 반대자는 도덕감화설을 주장한 아벨라르(Abelard)였다.

2. 페트루스 롬바르두스의 「명제집」. 스콜라 시대의 체계적 작품으로 가장 중요한 것은 전 영역을 포괄하고자 했던 것으로서 페트루스 롬바르두스의 「명제집」 (*Sententiarum libri 4*)인데 네 권으로 구성되어 있다. 첫 권은 하나님, 둘째 권은 하나님의 피조물, 셋째 권은 구속, 넷째 권은 성례 및 최후의 일들 등에 관한 것이다. 전체적으로 이 책은, 비록 당시의 많은 작품들과는 달리 원전도 대단히 많이 담고 있긴 하지만,

교부들의 가르침들을 그저 반복만 하고 있다. 여러 세기 동안 이 책은 신학 지침서로 널리 사용되었고, 진리에 대해 가장 권위있는 해설로 인정되었다. 많은 학자들이 명제집을 쓸 때 페트루스 롬바르두스의 보기를 따랐다

3. 헤일스의 알렉산더의「대전」. 명제집과 나란히 신학 대전들이 점차 등장하게 되었다. 학식이 대단히 많았던 헤일스의 알렉산더(Alexander of Hales)는「보편 신학 대전」(*Summa universae theologiae*)을 썼는데, 이 책은 사실 롬바르두스의 작품에 관한 해설이었다. 그의 작품은 엄밀하게 변증적이고 삼단논법적인 형식으로 씌어졌으며 스콜라주의적 방법을 정착시키는데 이바지했다. 이 책은 하나님, 피조물, 구속주와 그분의 사역, 성례 등에 관해 다루고 있다. 형식의 면에서 볼 때 이 책은 오늘날의 교의학 작품들과 다소간 비슷하다. 알렉산더는 질문의 양측을 모두 제시하고 그 각각을 지지하는 말들을 서술하고는 자신의 결론을 제시하고 있다. 그의 제자인 보나벤투라는 스승의 변증적 예리함에다 신비적 요소를 덧붙였는데, 이것이 당대의 최고 위치를 차지했다.

4. 토마스 아퀴나스의「신학대전」. 토마스 아퀴나스는 의심할 여지 없이 가장 위대한 신학자이다. 세 권으로 된 그의「전체 신학 대전」(*Summa totius theologiae*)은 교의학의 거의 모든 영역을 포괄하고 있다. 첫째 권은 하나님 및 그분의 사역을 다루고, 둘째 권은 하나님의 형상으로서 하나님 안에서 자기 존재의 최고 목표를 발견하는 인간을 다루며, 셋째 권에서는 그리스도 및 은혜의 수단들을 다루고 있다. 이 책은 원래 미완성의 것이었으나 성례론 및 종말론에 관한 자료를 그의 다른 작품들로부터 발췌해 와서 대전에 덧붙였다. 형식상 이 작품은 아리스토텔레스 철학에 맞추어져 있으며 내용상으로는 아우구스티누스의 작품을 따르고 있다. 비록 중요한 몇 가지 점에 있어서 아우구스티누스의 작품을 뜯어고쳐 교회의 교리에 끼워 맞춘 긴 했지만 말이다. 토마스 아퀴나스는 로마교회의 위대한 권위이며 토마스주의는 그 교회의 표준 신학이다. 둔스 스코투스가 토마스 아퀴나스의 커다란 반대자였지만 그의 작품은 체계적이고 건설적이기보다는 비판적이고 파괴적이다. 그의 작품은 스콜라주의의 퇴조를 나타내 준다.

C. 종교개혁 시대

종교개혁 시대 신학의 특징은 성경의 절대적인 규범적 권위가 특별히 부각되고 오직 믿음으로만 의롭게 된다는 교리가 매우 강조된 점이었다. 루터는 그의 작품에서 과학적이고 교의적이라기보다는 대단히 실천적이고 논쟁적이었다. 그가 신학계에 공헌

한 교리적 글로는 「노예의지론」(*De Servo Arbitrio*)이 유일한데, 여기서 그는 아우구스티누스의 예정교리를 명료하게 해설하고 있다. 종교개혁 시대에 나온 조직적인 성격의 작품들 중 중요한 의의를 지니는 것은 특히 세 가지이다.

1. 멜란히톤의 「신학 총론」(*Loci Communes*). 멜란히톤의 이 작품은 개신교 최초의 교의학 입문이다. 이 책은 로마서의 순서를 따라 진리를 해설하고 있다. 이 책의 초판에서 저자는 루터와 전적으로 일치하고 있으나 후기의 판에 가서는 많은 반대자들에게 양보하여 여러 가지 점에 있어서 루터와 결별했다. 루터와는 달리 멜란히톤은 기독교에 있어서 윤리적 요소를 강조하였고, 신앙을 특히 구속받은 자들의 도덕적 행동으로 강조했다. 그는 시간의 흐름과 함께 예정 교리 또한 약화시키는 경향을 보였고 인간의 자유의지 교리를 지지했다. 이 점에 있어서 그는 에라스무스의 강력한 영향력에 굴복한 것이었다. 그와 동시에 그리스도론과 성찬교리에 있어서 칼빈에게도 양보했다. 그의 최종 입장은 어느 정도 루터와 칼빈 사이의 중도적 입장이었다.

2. 츠빙글리의 「참 종교와 거짓 종교에 대한 주석」(*Commentarius de vera et falsa religione*). 샤프는 스위스의 위대한 개혁자가 쓴 이 책을 가리켜 개혁 신앙에 관한 최초의 조직적인 해설이라고 부른다. 그러나 이 책이 개혁신앙의 근본적인 사상들을 담고 있기는 하지만 이것을 두고 균형이 잡히고 체계적인 전체라고 부르기는 어렵다. 저자는 루터처럼 믿음으로 의롭게 된다는 교리를 다른 모든 것들 이상으로 강조하지 않고, 하나님의 절대적인 주권과 그분에 대한 인간의 전적인 의존을 강조했다. 그는 예정교리에 대하여 칼빈보다 강하고 덜 신중한 용어로 말하고 있다. 그리고 성만찬 교리에 있어서는 칼빈의 영적 견해에 접근은 하고 있으나 미치지는 못하고 있다.

3. 칼빈의 「기독교 강요」(*Institutio Christianae Religionis*). 칼빈의 이 강요는 츠빙글리의 「주석」(*Commentarius*)보다 훨씬 탁월한 것으로서 신기원을 여는 것이다. 이 책은 네 권으로 되어 있는데, 그 중 첫 세 권은 삼위일체의 순서를 따르고 있으며, 넷째 권은 교회 및 성례를 다루고 있다. 책 전체를 지배하는 중심 사상은 하나님의 절대주권 사상이다. 진리를 해설함에 있어서 처음부터 끝까지 교리와 윤리가 밀접하게 얽혀 있으며 기독교적 삶의 실천적인 측면이 대단히 부각되어 있다. 칼빈의 이 작품은 그 간결함과 사상의 명료함, 내용의 적절한 배분, 표현의 온화함 등으로 합당하게 칭송을 받고 있다. 이 책은 개신교 신학에서 좀 더 후기에 나온 학문 위주의 작품들과 완전한 대조를 이룬다. 종교개혁 시대의 대단히 중요한 다른 작품으로는 우르시누스의 「하이델베르크 요리문답 해설」을 들 수 있겠다.

D. 개신교 스콜라주의 시대

17세기의 신학이 전체적으로 대단히 논쟁적이었다는 것은 별 놀랄 만한 일이 못 된다. 종교개혁은 먼 과거에 호소함으로써 바로 직전의 과거와는 결별해야 했다. 종교개혁은 중세 시대의 계급적 교회가 초대 교회의 신학이 지적한 길에서 멀리 벗어나 있었음을 보여주어야 했다. 뿐만 아니라 개인적인 판단의 권리를 옹호함으로써 전통적인 기초들을 어지럽혔다. 그 결과 종교개혁 교회에서 다양한 의견들이 나타나 각기 다른 신앙고백으로 구체화되었다. 꼬치꼬치 따지는 논쟁이 수없이 많았고 시간의 흐름과 함께 형식주의 및 지성주의 정신이 승리를 거두어 냉각시키는 결과를 낳았으며 신학 연구에 있어서 스콜라주의적 방법을 도입하기에 이르렀다.

1. 루터파에서의 교의학 연구.　흔들리던 멜란히톤의 입장은 곧 반발을 초래했다. 16세기 말엽 및 17세기 초기에 초기의 루터교 신앙, 곧 루터 자신의 신앙이며 아우크스부르크 신앙고백 초판의 신앙에 대해 강한, 때로는 광신적인 집착을 보인 한 무리가 등장했다. 이 무리의 유능한 대변자는 후테루스(Hutterus)와 특히 "루터교 신학자 중 가장 위대한 자"로 칭송받는 존 게르하르도(John Gerhardo, 1582-1637)였다. 그의 「신학 총론」(Loci Communes theologici)이 가장 중요한 저작인데, 이 책은 자료를 철학적으로 전개하고 체계적으로 정리한 것으로 유명하다. 칼릭스투스는 극단적인 루터교도들의 태도에 반대하고 사도신경과 초기 다섯 세기 동안의 교리로 돌아갈 것을 주장했다. 그는 우호적으로 마음을 바꾸어 멜란히톤의 신학을 지속하고자 했다. 그렇지만 칼릭스투스의 운동은, 매우 박식하고 극단적인 루터교 입장에서 열렬히 헌신한 칼로비우스(Calovius)라는 사람의 거센 반대에 부딪치게 되었다. 그는 열두 권으로 된 그의 저서 「신학론 체계」(Systema locorum theologicorum)에서 정통 루터교 신앙을 면밀하게 해설했다. 유명하고 영향력 있는 다른 두 루터교 신학자인 퀜스테트와 홀라즈의 작품들도 같은 노선을 걷고 있다.

2. 개혁주의자들의 교의학 연구.　의견의 차이는 루터교 신학자들에게만 국한되지 않고 개혁주의자들 사이에서도 나타났다. 이 차이점들 가운데는 순전히 형식적인 것들도 있었지만 그보다 내용적인 성질의 것들도 있었다. 진리에는 철저히 충실했으나 진리를 도식적으로 정리하고 온갖 종류의 논리적인 특징을 가졌다는 점에서 칼빈을 훨씬 넘어간 신학자들도 있었다. 또 근본적인 진리를 약화시키고 심지어 교묘히 외면하기까지 한 신학자들도 있었다. 어떤 이들은 당대의 철학 사상, 특히 데카르트 철학

의 영향을 과도하게 받아 그것으로 교리를 해설하기도 했다.

(1) 교리의 원래 형태. 제네바에서 칼빈의 뒤를 이은 테오도르 베자는 칼빈보다 더 스콜라적이었고 타락전 예정설을 주장함으로써 훨씬 더 극단에 치우쳤다. 그는 중요한 교의학적 논문은 하나도 쓰지 않았으면서도 17세기 교의학자들에게 엄청난 영향을 미쳤다. 볼레비우스(Wollebius)와 벤델리누스(Wendelinus) 두 사람은 대단히 박식하고 엄밀하게 칼빈주의적인 작품들을 썼으나 루터교와의 논쟁으로부터 많은 영향을 받았고 따라서 형식상 스콜라주의적이었다. 이들 외에도 폴라누스(Polanus)와 픽테트(Pictet)가 각각 개혁 신앙에 관한 체계적인 해설을 내놓았다. 베자 이후로는 웨스트민스터 회의의 사회자였던 트위서(Twisse)가 예정교리를 논리적으로 대단히 정확하게 또 꽤 극단적인 타락전 예정설의 모양으로 처음 전개시켰다. 그의 저작들은 거대한 사변적 힘을 보여주고 있으며 개혁주의 교리에서 타락전 예정설이라는 기초 사상을 가차없이 적용한 한 보기가 되고 있다. 이 시대의 칼빈주의적인 작품 중 최고로 치는 세 가지는 레이던(Leyden)의 네 교수가 쓴 「순수 신학개요」(*Synopsis Purioris Theologiae*)와, 코케이우스의 입장을 논의한 페트루스 마스트리히트의 「이론적 신학과 실천적 신학」(*Beschouwende en Practicale Godgeleerdheit*)이라는 공들인 작품, 그리고 투레틴의 「신학 변증 강요」(*Institutio Theologiae Elencticae*)이다. 투레틴의 작품은 개혁주의 교리를 대단히 완벽하게 해설한 것으로서 미국의 개혁주의 신학자들에게 큰 영향을 미쳤다. 영국과 스코틀랜드에서는 퍼킨스, 오웬, 굿윈, 보스턴 등의 작품들이 대단히 유명하다.

(2) 개혁주의 교리의 언약론적 변형. 몇몇 엄격한 칼빈주의자들의 사변적이고 스콜라주의적인 방법론에 대한 반작용이 코케이우스와 함께 시작되었다. 그는 순수하게 성경적인 방법을 사용하였고, 자기의 자료를 언약이라는 도식에 맞추어 배열했다. 그렇지만 그의 입장은 단지 형식적인 차이만을 보여준 것이 아니라 전통적인 개혁주의 신학으로부터 내용적으로도 결별한 것이며 점차적으로 데카르트주의와도 유대를 맺게 되었다. 그의 입장에서 정말 새로운 것은 언약교리가 아니었다. 왜냐하면 이는 이미 츠빙글리, 불링거, 올레비아누스, 스네카누스(Snecanus), 고마루스, 트렐카티우스(Trelcatius), 클로펜부르크(Cloppenburg) 등의 작품에서 찾아볼 수 있기 때문이다. 그의 입장에서 새로운 것은 언약론적 방법론이었다. 그것은 사실상 교의학을 성경신학으로 바꾸었고 따라서 교의학을 역사 분과로 만들었다. 그의 방법론은 신학적이라기보다는 인간학적이다. 이 학파의 최고 대표자로는 부르만누스(Burmannus)와 비치우스(Witsius) 둘을 들 수 있다. 부르만누스의 「신학개요」(*Synopsis Theologiae*)는 두 사람의 작

품 가운데 단연 최고의 것으로서, 코케이우스 학파의 주된 특징이었던 억지 석의가 나오지 않는 책이다. 비치우스의 「언약에 관하여」(*Over de Verbonden*)는 「신학개요」보다는 좀 못하지만 미국에서 더 잘 알려져 있다. 이 책은 신학에서 좀 더 스콜라주의적인 조류와 언약론적인 조류를 화해시켜 보고자 한, 칭찬할 만은 하지만 무익한 시도를 보여주고 있다. 이 학파의 다른 대표자로는 레이데커, 반틸, C. 비트링가, 람퍼(Lampe), 다우트레인(d'Outrein), 판 더 호너츠(Van der Honerts) 등이 있다. 이 형태의 신학은 이 시대 네덜란드에서 그 전성기를 맞이했다. 비록 부티우스의 강한 반대가 있었고, 보다 더 스콜라주의적인 형태의 신학이 아 마르크의 「기독교 신학의 특징」(*Merch der Christene Godgeleertheit*)과 브라켈(Brakel)의 「합리적인 종교」(*Redelijke Godsdienst*) 등에 여전히 나타나 있긴 했지만 말이다.

(3) 좀 더 극단적인 변형. 항변자들 즉 알미니우스주의자들은 더 극단적으로 칼빈주의를 떠났다. 그들은 칼빈주의의 예정, 전적 부패, 불가항력적 은혜, 제한적인 속죄, 성도의 견인 등의 교리를 거부했다. 알미니우스 자신은 자기 추종자들이 옹호한 극단으로 흐르지 않았다. 에피스코피우스(Episcopius)는 그의 「신학강요」(*Institutiones theologicae*)에서 알미니우스주의의 신학을 명료하고도 완벽하게 해설하고 있으며, 크로티우스는 그의 「그리스도의 만족에 대한 보편적 신앙의 옹호」(*Defensio fidei catholicae de satisfactione Christi*)에서 통치적 구속이론을 전개하고 있다. 이 학파는 「기독교 신학」(*Theologia Christiana*)이라는 이름으로 된 림보르크(Limborgh)의 세심한 작품과 함께 합리주의의 방향으로 달리게 되었다. 맥코비우스와 부티우스는 이 학파를 가장 강력하게 반대한 사람들이었다.

소뮈르(Saumur) 학파는 엄격한 칼빈주의를 수정해 보려는 또다른 시도였다. 아미랄두스(Amyraldus)는 가설적 만인구원론을 가르쳤고, 플라케우스(Placaeus)는 간접적 전가 교리를 가르쳤다. 「스위스 일치 신조」(*Formula Consensus Helvetica*)의 두 저자 하이데거와 투레틴은 이들 오류와 싸웠다.

3. 로마교회에서의 교의학 연구. 개신교 교의학의 발전이 두드러진 이 시대에는 주목할 만한 가톨릭 교의학자도 몇 사람 있었다. 벨라민(Bellarmin, 1542-1621)은 그들 중 최고봉으로 인정되고 있다. 「기독교 신앙의 논쟁에 관한 토론」(*Disputationes de controversiis christianae fidei*)이라는 이름을 가진 그의 위대한 작품은 그가 문학적 기품을 지닌 사람이요 또 뛰어난 변론가임을 보여주고 있다. 이 책은 가톨릭 교의학을 거의 완벽하게 해설하고 있으며 예수회의 교황 지상권적 입장을 나타내고 있는데, 이들의 죄 및 은

총 교리는 반(半) 펠라기우스적인 것이다. 다른 뛰어난 학자는 페타비우스(Petavius)인데 그는 「신학 교리에 관하여」(De theologicis dogmatibus)라는 이름으로 된 꽤 노력을 기울인, 그러나 완성되지는 못한 저작을 출판했다(1644-1650). 대단히 알찬 이 책은 기본적으로 교의역사 책으로서, 개혁주의 신학자들 사이에서도 호평을 받고 있다. 끝으로, 1640년에 출판된 얀센의 「아우구스티누스」(Augustinus)를 언급해야 하겠다. 이 책은 예수회의 반(半) 펠라기우스주의적 교리에 반대하여 아우구스티누스의 은총교리를 옹호하고 있다. 얀센주의는 1713년 교황의 정죄를 받았다.

E. 합리주의 및 초자연주의 시대

이 시대의 교의학은 어느 정도 반동적인 성격을 띠었다. 한편으로는 당대 신학 연구의 형식주의와 차가운 지성주의 곧 "죽은 정통"이라 불린 것에 대해 반발하면서, 신학 연구에 새로운 생명을 주입시켜 신학으로 하여금 살아 있고 실천적인 신앙에 좀 더 직접적으로 도움이 되게 만들고자 하였으며, 다른 한편으로는 성경과 또 교의학에서의 교회적 전통의 우세한 영향에 대해 그리고 교회의 역사적인 신조들이 가르치고 있는 교리들에 대해 특별히 강하고도 끈질기게 반발하였고, 권위에 속박되지 않고 인간 이성의 인도를 받는 새로운 길을 개척하려는 광범위한 운동이 일어났다. 옛 방벽들은 무너져 내렸고 교회에서는 합리주의적 배교가 놀라울 정도로 번져갔다.

1. 경건주의적 교의학. 17세기의 마감 및 18세기의 시작과 함께 특히 루터교회에서 경건주의가 생겨났다. 경건주의의 주된 대표자로는 슈페너(Spener), 프랑케(Francke), 프라일링하우젠(Freylinghausen), 랑게(Lange), 람바흐(Rambach), 외팅거(Oetinger) 등이 있었다. 그들은 교의학을 스콜라주의적 형식주의로부터 해방시키고자 하였고 성경적 단순함으로 돌아갈 것을 주장했다. 이 관점에서 볼 때 이들 중 몇 사람, 예를 들어 슈페너, 프랑케, 프라일링하우젠, 외팅거 등은, 비록 진리에 대해 뛰어난 체계적 해설은 시도하지 않으면서도, 교의학에 큰 공헌을 했다. 당대의 정통은 처음에 경건주의를 반대하였으나 결국은 그 정신에 굴복하고 말았다. 그리하여 신학 연구에서 실천적 경건을 강조하며 생겨난 새로운 사조는, 모든 스콜라주의적인 현학성에 도전하게 됨으로써 논쟁에서 위대한 중용을 나타내게 되었다.

2. 합리주의적 교의학. 경건주의를 방해한 주된 영향은 모든 신학적 진술들을 수학적 공식으로 환원시키려는 야심을 가졌던 볼프(Wolff)가 도입한 합리주의의 형태로

나타났다. 그에 따르면, 실제적인 증명에 의해 완전하게 단순화되지 않은 것은 무엇이든지 가르치기에 합당하지 않다는 것이었다. 카프조비우스(Carpzovious)는 이 방법에 따라 교회의 가르침들의 진리성을 증명하기 위해 글을 썼다. 바움가르텐(Baumgarten)과 모스하임(Mosheim)도 이 노선을 따랐다. 대체로 이 사람들은 여전히 정통적이었으나 진리의 종교적 가치를 올바로 인식하지 못했다. 그들에게는 교회의 교의가 우선적으로 역사적 학문이나 지적 증명의 대상이었다. 그러나 볼프의 영향이 신학 연구에 있어서 철저하게 합리주의적인 경향의 발단이 되었다. 이성의 빛은 많은 신학자들을 부추겨 부분적으로는 소지니(Sozzini)적이고, 또 부분적으로는 알미니우스적인 입장을 채택하게 했다. 이 경향은 특히 퇴르너(Toellner)와 제믈러(Semler)의 글에서 볼 수 있다. 영국에서는 합리주의적 움직임이 더 구체화되어 이신론의 형태로 나타났는데, 이는 초자연적 계시를 부인하고 자연종교의 체계를 전개하는 일을 목표한 것이었다. 그렇지만 영국의 이신론자들은 교의학 역사에 거의 아무 자료도 제공해 주지 않고 있다. 더욱 큰 영향을 미친 것은 유니테리안 운동인데, 이는 신학에서 소지니적 요소를 지속시킨 것이다. 프리스틀리(Priestly)는 그의 「자연적 및 계시적 종교 강요」(*Institutes of Natural and Revealed Religion*)에서 순수한 자연주의의 체계를 세웠다. 독일에서는 지성적 계몽을 자랑하는 표면적 합리주의를 칸트가 처음 성공적으로 반대했다. 그러나 그의 「순수이성의 한계 내에서의 종교」(*Religion innerhalb der Grenzen der blossen Vernunft*)는 여전히 순전히 합리주의적이다. 티프트룽크(Tieftrunk)는 칸트적 정신으로 교의학을 집필했고, 베크샤이더(Wegscheider)도 한 걸음 더 나아간 이성주의적 입장을 여전히 주장했다.

3. 초자연주의적 교의학. 정통은 초자연주의라는 연약한 형태로 합리주의에 반발했다. 초자연주의는 초자연적 계시를 인정하고 성경을 종교적 진리의 규범으로 존중하였지만 그럼에도 불구하고 이성으로 하여금 성경에서 본질적인 것이 무엇이고 아닌 것이 무엇인지 다양한 방법으로 결정하도록 허용했다. 그리하여 초자연주의는 계시의 내용을 축소시켰고 온갖 것들을 허용함으로써 계시로 하여금 이성과 나란히 서도록 만들었다. 초자연주의는 사실상 이성과 계시 사이의 타협이었다. 이 연약한 입장의 대표자는 두덜라인(Doederlein), 크나프(Knapp), 슈토르(Storr) 등이다. 합리주의와 초자연주의 사이의 화해를 특별히 브레트슈나이더(Bretschneider)가 시도하였는데, 그는 「교의학에서 생기는 개념에 대한 조직적 해설」(*Systematische Entwickelung aller in der Dogmatik vorkommenden Begriffe*)과 「개신교 교의학 지침서」(*Handbuch der Dogmatik der evangelischen Kirche*)라는 두 작품을 통하여 커다란 영향력을 행사했다. 이와 다소간

비슷한 입장을 데 베테(De Wette)가 그의 「기독교 교의학 강의」(*Lehrbuch der christliche Dogmatik*)와 「종교와 신학에 관하여」(*Über Religion und Theologie*)에서 보여주고 있다. 그는 계몽시대의 특징인 피상성과 영성 결핍을 초월하여 종교적 감정들을 정당하게 다루고자 애썼으며, 교의학의 근본적 진리들을 개인적 경험의 주관적 진리들에 대한 상징적인 표현으로 설명했다.

F. 현대 신학 시대

19세기에는 신학적 조류가 다양해졌으므로 여러 학파들 - 물론 이들을 엄밀한 의미에서의 학파라고 부르기는 어렵겠지만 - 에 주의를 기울일 필요가 있다. 하지만 이들 중엔 단순히 스스로를 다양한 방법으로 나타내는, 그리고 심지어 예리한 차이들까지 드러내는 일반적인 경향성만을 나타내는 사람들도 있다.

1. 슐라이어마허와 그의 학파.　슐라이어마허는 19세기 신학적 발전이 시작될 무렵의 지적 거성이다. 그는 자기 시대의 다양한 신학적 조류들을 자기 안에서 연합시켜 종교적 통일체로 융화시키고자 했다. 그 결과 생겨난 것이 합리주의, 초자연주의, 경건주의의 혼합이었다. 그는 기독교가 새롭고 좀 더 높은 차원의 생명을 세상에 도입하였음을 경험을 통해 배웠고, 이 생명은 가능한 모든 종교적 조류들을 통합시켜야 한다고 확신했다. 그의 오만한 마음이 그로 하여금 모든 사상 학파에 대하여 연민의 자세를 취하게 만들었고, 각각에 있는 좋은 요소들을 융합하도록 만들었다. 그러나 그는 자기의 종교적 경험을 지적인 개념으로 변형시키고 그것들을 정합적인 교의 체계로 결합하고자 한 시도에서는 성공하지 못했다. 그의 신학은 사실상 모든 종류의 견해를 시인하는 것으로 바뀌어 버렸다. 이것이 로마교회도 개신교회도 그리고 합리주의자와 신비주의자까지도 그에게 호소하고 있다는 사실을 설명해 준다. 그가 아무리 위대한 종교 사상가라 하더라도 그의 과학적 신학은 성공하지 못했다. 그의 신학은 온갖 종류의 잡다한 요소들로 구성되어 있으며 따라서 모순으로 가득하다. 「종교 담화」(*Reden über die Religion*)와 독백집에서 그는 전적으로 독일 관념론의 초기 양상인 낭만주의의 영향 아래 있는데, 이 사상은 칸트에게서 헤겔로 이어지는 과도기의 역할을 한 것이다. 종교란 하나님 곧 절대자에 대한 감각, 우주에 대한 감각인데, 이는 우주가 곧 하나님이기 때문이다. 슐라이어마허는 이것을 가리켜 "우주로 기울어짐"이라고 부른다. 그리고 하나님은 사유의 대상이 아니라 사람의 느낌이라는 심연에서 즐겨야 하는

대상이다. 하나님에 대한 이 즐김이 곧 종교이다. 그의 「교의학」(Glaubenslehre)은 똑같은 철학적 원리를 담고 있으나 종교적 감정이 이제는 절대적인 의존의 감정으로 묘사되고, 하나님은 절대적인 인과율이며, 기독교의 특징은 윤리적인 종교라는 것으로서그 안에서 모든 것이 그리스도를 통한 구속과 관련되어 있다는 차이점이 있다. 슐라이어마허에 따르면, 교의들은 의식 또는 감정에 대한 주관적인 상태들을 묘사한 것이며,더 구체적으로는 기독교 공동체나 그리스도의 인격에 의해 정해지는 의식들에 대한상태라는 것이다. 슐라이어마허와 함께 교의학은 하나님의 말씀이라는 견고한 토대를 떠나게 되고, 인간 경험이라는 변하기 쉬운 모래에 의존하게 되어버린다.

슐라이어마허의 교의학을 그대로 다 받아들이는 사람은 아무도 없다. 그러나 그는 이후 전체적인 신학의 전개에 지배적인 영향력을 행사하고 있다. 슐라이어마허의 직접적인 제자들 중 A. 슈바이처가 그의 교의적 원리에 가장 충실했다. 그의 저서들 중 「개혁교회의 교의학」(Die Glaubenslehre der reformirten Kirche), 「개혁교회 내의 개신교 교의학」(Die Protestantischen Centraldogmen innerhalb der reformirten Kirche), 「기독교 교의학」(Die christliche Glaubenslehre) 등이 가장 유명하다. 첫 번째 책에서 그는 슐라이어마허의 의존의 감정을 개혁주의 예정교리와 연결시킨다. 그리고 마지막 책에서는 교의학이 그 자료를 살아있는 그리스도인의 의식에서 구해야 한다는 사실을 강조한다. 개혁주의 교리에 대한 그의 묘사는 여러가지 반론에 노출되어 있다. 그의 책들과 다소간비슷한 것으로는 J. H. 스콜텐(J. H. Scholten)의 「개혁교회의 교의」(De Leer der Hervormde Kerk), 쉥켈의 「양심의 입장에서 본 기독교 교의학」(Die christliche Dogmatik von Standpunkte des Gewissens) 등이 있다. 립시우스(Lipsius)는 특히 슐라이어마허의 입장과 구별되는 입장을 주장하였으나 슐라이어마허의 입장과 마찬가지로 자기의 체계를 기독교적 의식이라는 관점 위에 세우고 있다. 그에게 종교는 의존적인 감정일 뿐만 아니라 자유를느끼는 것이기도 하다. 그는 성육신의 고유한 의의를 부인하며, 그리스도를 전형적인사람의 아들로서 그분 안에서 인간이 하나님과의 영적 연합을 깨닫는다고 보았다. 이와 관련하여 로테(Rothe)도 언급할 수 있다. 슐라이어마허처럼 그도 기독교적 의식, 하나님과의 연합 의식, 그리스도를 통한 구속 의식 등을 자기의 출발점으로 삼았으며 교의학을 하나의 역사 분과로 보았다.

2. 사변적 학파. 칸트로부터 헤겔에 이어지는 철학적 움직임은 신학의 역사적 학문적 발전에 결정적인 영향을 미쳤다. 헤겔의 영향은 가장 광범위한 것이었다. 슐라이어마허처럼 그는 이전의 천박한 합리주의를 상당히 많이 제거해 버렸고 초자연주의

는 옹호할 수 없는 것임을 보여주었다. 그러나 슐라이어마허가 신학을 철학의 영역으로부터 구해내려고 애썼던 반면, 헤겔은 바로 그 철학의 견지에서 신학을 연구하도록 장려했다. 그의 원리들을 받아들이고 적용하는 신학자들은 사변적 신학자라 불린다. 그들의 신학은 본질상 또 원리상 사변적이다.

다우프(Daub)는 "개신교 사변적 신학의 창시자"라고 불리어 오고 있다. 그는 칸트, 피히테, 셸링, 헤겔 등의 영향을 연속적으로 받았다. 마르하이네케 및 로젠크란츠(Rosenkranz)와 함께 그는 헤겔의 원리들을 기독교의 진리들과 조화시키는 것이 진정 가능하다고 보았고, 그 원리들을 진리를 공식화하는데 이용했다. 이들 신학자들은 대개가 비교적 보수적이어서 일반적으로 헤겔 학파의 "우익"이라 부르는데, 마르하이네케를 그 지도자로 본다. 「기독교 교의학 체계」(System der christlichen Dogmatik)에서 그는 헤겔의 원리들을 적용하여 삼위일체적 방법을 따랐다. 존 케어드(John Caird)의 「기독교의 근본 사상」(The Fundamental Ideas of Christianity)이라는 작품도 헤겔 철학의 영향을 강하게 받은 것이다.

헤겔 학파의 "좌익"은 특히 슈트라우스와 비더만(Biedermann)이 그 대표다. 이들 좌익은 기독교 진리의 옛 내용을 희생하여 새로운 사변적 형식에 바쳤다. 슈트라우스의 「기독교 교의학」(Christliche Glaubenslehre)은 순전히 비판적이고 파괴적일 뿐이다. 다양한 교의들이 현대 과학의 필요에 의해 시험을 받아 결핍된 것으로 판명되었다. 비더만의 「기독교 교의학」(Christliche Dogmatik)에서는 헤겔의 원리들을 순전히 범신론적인 방식으로 논하고 있다. 성경의 권위는 인정되지 않고 있으며, 하나님의 인격성과 인격의 불멸성이 모두 부인되고 있다. 플라이더러(Pfleiderer)는 헤겔의 용어는 버렸으나 근본적인 원리는 헤겔과 전적으로 일치하고 있다.

3. 신루터교 학파. 헤겔 학파의 부정적인 입장은 자연히 반발을 초래했다. 어떤 이들은 루터교의 고백적 교리들을 반복하였고 다른 이들은 중용을 추구했다. 여기서는 전자만 살펴보고자 한다. 소위 신루터교는 성경에 근거하여 이전의 고백적 진리를 회복하고자 진지하게 시도했다. 에어랑겐의 토마시우스는 「그리스도의 인격과 사역」(Christi Person und Werk)이라는 책에서 복음주의적 형태의 루터교 교의학을 제시하고 있는데, 거기서 그는 그리스도론을 중심적인 교리로 만들고 있다. 그렇지만 그의 자기비하 교리는 그리스도의 편재에 대한 루터교의 교리와 거의 양립될 수 없는 것이다. 그는 속죄론에서 만족설을 주장하고 있으나, 삼위일체 교리에서는 일종의 종속설을 피하기가 거의 어렵다. 두 번째 대표자인 카니스(Kahnis)는 루터교 정통에 대해 좀 더 자

유로운 태도를 유지하고 있다. 그는 「루터교 교의학」(Lutherische Dogmatik)에서 삼위일체적 방법을 따른다. 그의 삼위일체 교리는 다소 사벨리우스적이며, 일종의 종속설과, 토마시우스의 경우와 비슷한 자기비하(kenosis) 교리가 그의 그리스도론의 특징이다.

에어랑겐의 프랑크(Frank) 역시 여러 가지 점에서 순수 루터교에서 떠나고 있다. 「기독교 진리의 체계」(System der christlichen Wahrheit)라는 책에서 그는 신학에서의 두 가지 인식의 원리를 요청하고 있는데, 곧 하나님이신 존재의 원리에 의해 통일체로 유지되는 성경과, 신앙하는 주체이다. 하나님이 인간이 되셨다는 사상은 그의 신학의 중심 사상이며 이것으로부터 그의 분류 원리를 이끌어내고 있다. 광범위하게 볼 때 그의 신학은 교회의 교리와 조화를 이룬다. 할레의 켈러(Kaehler)의 작품은 프랑크의 작품과 다소 유사하다. 그 역시 기독교 경험이라는 관점에서 출발하고 있으며, 그리스도인 안에서 특별한 종류의 지식을 요청하고 있다. 필리피(Philippi)는 독일에서 순수 루터교의 최고 대표자이다. 그의 「교회 교의학」(Kirchliche Glaubenslehre)은 교회론을 엄밀하게 신앙고백적인 관점에서 명료하고도 정연하게 해설하고 있다. 그에 의하면, 교의학은 하나님과 교제하는 인간의 회복 사상을 잘 설명하고자 추구하는 것으로서, 그가 그의 분류 원리를 이끌어내는 것도 바로 이 관점에서인 것이다. 미국에서는 엄격한 루터교가 슈미트의 「복음적 루터교회의 교리신학」(Doctrinal Theology of the Evangelical Lutheran Church)과 피이퍼의 「기독교 교의학」(Christliche Dogmatik), 뮐러의 「기독교 교의학」(Christian Dogmatics) 등에 나타나 있다.

4. 중도파. 신학에서의 사변주의 운동에 대해 신루터교만큼 심하게 반발하지는 않은 신학자들도 많다. 그들은 중도(中道)로 나아가고자 했고 타협을 모색했다. 그래서 그들은 "중도파 신학자들"이라고 불린다. 대체로 이들 학자들은 명백하게 슐라이어마허에의 의존하고 있으며, 그와 함께 자기들의 출발점을 하나님의 객관적인 계시가 아닌 주관적인 종교 의식에서 취하고 있다. 그러나 그들은 이 슐라이어마허적인 출발점에다 헤겔적인 사변을 결합시키고 있다. 처음에는 경험의 내용으로 받아들인 것을, 다음으로는 생각의 필연성이라고 사변적으로 표현하고, 다음으로는 철학이라는 심판대 앞에서 정당화한다. 여기서는 단지 몇 개의 이름만 언급할 수 있다. 중도파 중 가장 위대한 사람은 도르너(Dorner)로서 그는 한편으로는 교회의 신앙고백에 대해 공감의 태도를 취하는 듯했으나, 한편으로는 그것을 자유롭게 비판하고는 자기의 체계 속에다 정통 곧 성경과는 조화될 수 없는 온갖 종류의 사변적 요소들을 섞어 놓고 있다. 이것은 삼위일체를 설명하려는 그의 시도와, 로고스가 점진적으로 결합된 이상적

인간으로서의 그리스도 개념에 아주 뚜렷이 나타나 있다. 그의 「기독교 교의학 체계」 (*System der christlichen Glaubenslehre*)는 풍성한 교의학적 역사적 자료들을 담고 있으며 정 교하고 날카로운 비판으로 유명하다.

도르너와 나란히 언급할 사람으로 율리우스 뮐러(Julius Mueller)가 있는데, 그는 위 대한 도덕적 열심과 진리에 대한 깊은 통찰력을 가진 사람이었다. 그의 「기독교의 죄 론」(*Die christlich Lehre von der Suende*)은 죄론에 관해 지금도 가장 위대한 논문이다. 그는 각 사람이 죄를 짓도록 현세 이전에 스스로 결정했다는 고대의 이론을 되살려, 인간은 날 때부터 죄악되다는 사실에도 불구하고 각 개인의 삶에 있어서의 죄의 자발적인 기 원을 주장했다. 니츠와 마르텐센 또한 이 부류의 신학자에 속한다. 마르텐센의 「기독 교 교의학」(*Christliche Dogmatik*)은 대단히 매력적인 스타일로 씌어진 것으로서, 제설통 합적 경향을 나타내고 있다. 대체로 그는 루터교 교리에 충실하지만 그것에다가 신비 적이고 사변적인 요소를 결합시키고 있다. 그는 교의학에서 삼위일체적 분류를 따르 고 있으며 그리스도론에 있어서는 일종의 자기비하 교리를 옹호하고 있다.

5. 리츨 학파. 학파를 형성한 또다른 독일 신학자는 알브레히트 리츨(Albrecht Ritschl)인데, 그에 대해서도 그가 학파를 형성했다고 무조건 주장할 수는 없다. 리츨 학파의 통일성을 이루는 것이 무엇인지는 말하기 어렵다. 그를 따르는 사람들에게서 도, 자기네들의 공통된 스승에게서 나오는 영감에 대한 감사와, 역사적 종교로서의 기 독교의 특징은 그 설립자인 그리스도에게서 발견된다는 확신 외에는 의견의 일치를 찾아보기가 어렵다. 리츨이 자기의 체계를 가장 완벽하게 해설한 것은 「기독교의 칭 의 및 속죄교리」(*Die christliche Lehre von der Rechtfertigung und Versoehnung*)에서이다. 그는 자 기가 개신교 일반과, 좀 더 구체적으로는 루터교회의 교리와 조화를 이룬다고 주장하 고 있다. 그는 한편으로는 신학으로부터 형이상학(특히 존재론)을 제거하고자 하면서도 스스로는 순전히 사변적인 인식론의 지배를 받고 있다. 엄밀하게 말해서 그의 학문적 입장은 불가지론자의 입장이다. 신론에 있어서 그는 사실상 유니테리안이며, 속죄와 관련해서는 도덕감화설만을 유일하게 타당한 것으로 받아들이고 있다. 그는 과학적 진리와 종교적 진리를 구분한다. 종교적 진리는 존재 판단에 근거한 것이 아니라 전적 으로 가치 판단에 근거하고 있다는 것이다. 종교적 개념의 진리성은 그것이 기독교적 삶에 대해 갖고 있는 가치에 의해 결정된다는 것이다. 우리가 그리스도를 하나님으로 높이는 것은 우리가 그분을 바로 하나님 자신으로 여기기 때문이 아니라 그분이 우리 에게 하나님으로서의 가치를 지니시기 때문이라는 것이다. 죄 및 구속의 교리에 있어

서 그는 교회의 신앙고백으로부터 벗어나고 있다. 그는 대체로 성령의 사역을 무시하며 장래의 삶에 대해서도 무시하는 태도를 보이고 있다. 하나님의 나라 교리가 그의 체계에서 중심을 이룬다. 그리스도가 그 창시자이시고 그분의 영향 아래 있는 모든 자들이 그 나라의 시민이며 하나님에 대한 사랑의 원리에 의해 지배된다는 것이다.

헤르만(Hermann)은 리츨의 원리들을 일반적으로 수용하고 있다. 「그리스도인과 하나님의 교제」(Der Verkehr des Christen mit Gott)라는 책을 통하여 그는 리츨 신학의 주된 원리들을 보편화시키는 데 지대한 공헌을 했다. 그는 리츨보다 더 주관적이고, 훨씬 덜 성경적이며, 리츨의 합리적 요소들을 일종의 종교적 신비주의로 바꾸는 경향을 보이고 있다. 이 학파에서 가장 저명한 교의학자는 율리우스 카프탄이다. 그는 리츨의 교의학적 입장을 여러 가지 면에서 수정하여 가치판단이 존재판단으로부터 분리될 수 없음을 주장하고, 리츨의 반대자들이 자주 묘사했던 과학적 진리와 종교적 진리 사이의 구분을 부인했다. 그의 저서 「기독교의 진리성」(Die Wahrheit der christlichen Religion)은 교의학 서론으로 유명하며, 그의 「교의학」(Dogmatik)은 진리를 명료하게 체계적으로 제시하고 있다. 그는 죄론, 구속론, 그리스도의 인격 등에 있어서는 정통신학에 양보한 경향을 보이고 있다. 리츨의 추종자들 가운데 교회의 교리로 가장 많이 돌아온 사람은 「기독교 신앙」(The Christian Faith)을 쓴 해링이다.

6. 개혁주의 신학. 개혁주의 교의신학에는 이 시대에 현저한 대표자가 여러 명이 있었는데, 그들은 공히 통속적인 합리주의와 초자연주의, 사변적 운동, 경험의 신학 및 주관주의를 절대적으로 반대했다. 19세기의 첫 10년은 분명 개혁주의의 슬픈 쇠퇴기였다. 초자연주의는 개혁주의 진영을 엄청나게 잠식했는데, 초자연주의는 바빙크의 말에 따르면 "성경적이고자 하였지만 반신앙고백적, 반철학적, 반칼빈주의적인 것이었다. 초자연주의는, 신론은 이신론적이고 인간론은 펠라기우스적이고 그리스도론은 도덕주의적이고 교회론은 단체적이며 종말론은 행복론적인 그런 교의학을 낳았다." 그러나 개혁주의 신학에 대한 재건이 특히 네덜란드에서 카이퍼, 바빙크 및 여러 사람들의 노력으로 이루어졌다. 그들의 저작들이 미국에 더 많이 알려져 있지 않은 것이 유감스럽다. 스코틀랜드에서는 교의학 분야에서 엄청난 업적이 힐(Hill), 딕(Dick), 커닝엄, 배너만, 크로포드, 캔들리시 및 다른 이들에 의해 이루어졌다. 그리고 미국에서는 브레큰리지, 쏜웰, 댑니, 찰스 하지, A. A. 하지, 쉐드, H. B. 스미스, 워필드 및 기타 르뒤 등을 언급할 수 있을 뿐이다. 비록 개혁주의적 성격은 의심스럽지만 바르트의 신학도 언급할 수 있겠다.

제2부 교의학의 원리

I
원리 일반

A. 비신학적 학문들의 원리

1. 원리의 정의. 교의학을 논의할 때 가장 중요한 것은 이 용어가 무엇을 가리키는지 정확하게 아는 일이다. '원리'는 과학 및 신학에서 널리 쓰이고 있는 용어다. 이 말은 아르케, 곧 시작이라는 헬라어의 라틴어 번역으로, 아리스토텔레스가 모든 존재, 실재, 또는 지식의 주된 원천을 가리키기 위해 사용한 용어다. '원리'라는 영어는 이 말에서 나온 것으로서, 특별히 그것이 어떤 것이 발출해 나오는 원천 또는 원인을 가리킬 때 아리스토텔레스의 용법과 같은 뜻이 된다. 제일원리라는 말이 아리스토텔레스의 용법에 더욱 가까운 용어다. 아리스토텔레스는 아르케라는 용어의 여러 가지 뜻을 설명한 다음 이렇게 말하고 있다. "모든 제일원리에 공통되는 것은 그것들이 모든 것이 그것으로부터 존재하고, 되고, 알려지는 바 주된 원천들이라는 것이다."

아이슬러는 「철학 사전」(*Handwoerterbuch der Philosophie*)이라는 자기의 책에서 다음의 정의를 제시하고 있다. "원리는 그것으로부터 모든 존재자들이 발출해 나오거나 사물들이 기초하는 바이며(실재원리, 존재원리), 또 사고 및 인식이 필연적으로 근거하는 바이며(사고원리, 인식원리, 형식적 및 내용적 관념원리), 또한 최상의 관점이요 행동의 규범이다(실천 원리)." 크라우트-플레밍의 「철학 용어 사전」(*Vocabulary of the Philosophical Sciences*)에 나오는 플레밍의 설명도 이것과 완전히 일치한다. "이 말은 사고와 존재에 똑같이 적용되며, 따라서 원리들은 존재의 원리들과 인식의 원리들로 나뉘어 왔다. 존재의 원리는, 사물의 존재는 그 사물을 아는 근거 또는 이유가 된다는 점에서 인식의 원리일 수도 있다. 그러나 그 반대는 성립되지 않는다. 왜냐하면 사물들의 존재는 결코 그것들에 대한 우리의 인식에 의존하지 않기 때문이다." 고대 철학에서는 존재의 원리가, 현대 철학에서는 인식의 원리가 더 큰 관심을 끈다. 한편으로는 비신학적 학문에 적용되는 원리들과 신학에 맞는 원리들 사이에 주목할 만한 유사성이 존재한다. 그러나 다른 한편으로는 무시할 수 없는 차이점 또한 있다. 앞의 것들은 자연적인, 따라서 일반적인 성격을 갖는다. 그것들은 창조 그 자체와 함께 주어졌으며 그것 자체로서 인간으로서의 인간에게 적용되며, 모든 비신학적 학문들에 지배적인 영향을 미친다.

2. 비신학적 학문들의 원리들. 다음의 세 가지가 있다.

(1) 존재의 원리이신 하나님. 하나님은 모든 지식의 원천이자 근원이시다. 그분은 모든 피조물에 대한 원형적 지식을 갖고 계시며, 자신의 창조 작품들에 나타나 있는 모든 사상들을 포괄하신다. 하나님의 지식은 인간의 지식과 전혀 다르다. 우리는 지식을 지각하는 대상들로부터 이끌어내는 반면 그분은 자신께서 영원부터 그것들의 존재와 형태를 정해 두셨다는 사실에 근거하여 그것들을 아신다. 우리는 오직 추리적 사고라는 수고스러운 과정을 통해서만이 사물들 및 관계들에 대한 과학적 통찰력을 얻는 반면 그분께서는 모든 것에 대한 직접적인 지식을 갖고 계시며 그것들을 그 관계뿐만 아니라 바로 그 본질까지도 아신다. 또 그 아는 일에 있어서도, 그분의 지식이 모든 것을 포괄하며 모든 면에서 완벽한 반면 우리의 지식은 불완전하다. 우리는 스스로 아는 것을 단지 부분적으로 의식하지만, 그분은 자신의 모든 지식을 항상 완전하게 의식하고 계신다. 신적 지식의 충만은 우리의 모든 지식의 무진장한 원천이며 따라서 하나님은 모든 과학적 지식의 존재원리이시다. 물론 비인격적이고 무의식적인 절대자를 주장하는 범신론은 이것을 받아들일 수 없다. 왜냐하면 스스로 지식을 갖지 못하는 하나님은 결코 우리 지식의 원리나 원천이 될 수 없기 때문이다. 사실상 모든 절대적 관념론은 인간을 인식의 자율적인 원천으로 만드는 까닭에 이 원리를 부정하는 것 같다. 지식의 기원은 주체에서 찾아야 하는 바 인간의 마음을 더 이상 단순한 도구가 아닌, 진정한 기원 또는 원천으로 인정해야 한다는 것이다.

(2) 하나님의 창조물인 세계는 외적 인식의 원리이다. "하나님의 창조물인 세계"라는 말 대신에 우리는 "자연에서의 하나님의 계시"라는 말을 사용할 수 있다. 하나님은 자신의 원형적 지식으로부터 자신의 손의 사역을 통해 모형적 지식을 인간에게 전해 주시는데, 이 지식은 한정된 인간의 의식에 맞춘 것이다. 이 모형적 지식은 단지 하나님에게서 발견할 수 있는 원형적 지식에 대한 희미한 재생산일 뿐이다. 한편으로 그것은, 비록 일시적이고 따라서 제한된 형태로이긴 하지만 하나님의 지식에 대한 흔적이요 재생산이기 때문에 실제적이고 참된 지식이다. 다른 한편으로 그것은, 다만 모형적이기 때문에 완전한 지식이 아니며, 죄가 창조에 흔적을 남겼기 때문에 완전히 명료하

지도 않고 절대적으로 참되지도 않은 지식이다. 하나님께서는 이 지식을 창조의 중재자이신 로고스 곧 말씀을 사용하심으로써 인간에게 전달해 주셨다. 세상에 나타나 있는 사상으로 로고스로부터 나온 것이다. 따라서 세계는 그 전체가 하나님의 사상을 표현한 것이며, 바빙크의 말대로 "그분께서 크고 작은 글씨로 쓰신 책이며, 따라서 관념론자들이 생각하는 것처럼 우리가 말을 써 넣어야 하는 공책이 아니다."

신적 지혜로 가득한 하나님의 아름다운 창조물은 모든 비신학적 학문들의 외적 인식의 원리이며, 하나님으로부터 흘러 나오는 지식을 우리에게 전달해주는 외적 수단이다. 이러한 물질관은 자연히, 생각하는 인간이 자기 자신의 세계, 곧 사고 세계의 형태뿐만 아니라(칸트) 그것의 자료 및 내용(피히테) 그리고 심지어 존재의 세계까지(헤겔) 창조하고 짜맞춘다는 관념론의 원리와는 완전히 반대되는 것이다.

(3) 인간의 이성은 내적 인식의 원리이다. 하나님의 객관적인 계시는 만약 그것을 주관적으로 받아들이는 것, 곧 주체와 객체 사이의 대응이 없다면 아무런 소용이 없을 것이다. 바빙크 박사는 "학문은 항상 주체와 객체 사이의 논리적인 관계에 존재한다"고 옳게 말하고 있다. 학문은 오직 주체가 객체에 맞추어질 때에만 생겨날 수 있다. 그리고 하나님은 이것도 제공해 오셨다. 하나님의 진리를 세상에 계시하시는 바로 그 로고스는 또한 "세상에 와서 각 사람에게 비취는" 참 빛이시다. 인식의 능력을 가진 인간의 이성은 로고스의 열매이고, 인간으로 하여금 그의 주위에 있는 세상에서 신적 지혜를 찾을 수 있게 해주며, 따라서 학문의 내적 인식의 원리이다. 이성을 통해 인간은 창조에 계시된 진리를 자기 것으로 삼는다. 이성은 세목들에 관한 금언적 지식에 만족하지 않고 모든 것들의 통일성을 찾고자 한다. 많고 다양한 현상들의 세계에서 이성은 일반적이고 필연적이며 영원한 것, 곧 바탕에 깔린 근본적 이념을 찾아 나선다. 이성은 사물들의 원인, 본질적 존재 및 궁극적 목적을 알고 싶어한다. 그리고 지적 활동에서 인간의 마음은 결코 전적으로 수동적이지 않고 단순히 받아들이기만 하지는 더더욱 않으며 언제나 다소간 능동적이다. 인간의 마음은 이성과 더불어 일반적이고 필연적인 진리들을 가져오는데, 그것들은 학문에 근본적인 중요성을 가지며, 경험으로부터는 이끌어 낼 수 없는 것들이다. 경험론은 이 사상을 두 가지 상이한 방식으로 부정하는데, (1) 인간의 영혼을 백지로 보아 일반적이고 필연적인 진리의 존재를 부인함으로써이고, (2) 종합적 이성보다 분석적 경험을 강조함으로써이다. 바빙크 박사는 경험론은 결국 유물론으로 끝나고 만다는 사실을 지적하고 있는데, 그는 이렇게 말하고 있다. "먼저 영혼의 사고 내용이, 다음으로는 영혼의 기능이, 그리고 마지막으로는 영혼

의 본질까지도 물질적 세계에서 나오게 되는 것이다."

B. 종교 또는 신학에서의 원리들

종교 및 신학은 피차 밀접하게 관련되어 있다. 이 둘은 모두 동일한 원인, 곧 우주와 관련된 하나님에 관한 사실들의 두 결과이다. 종교는 이 사실들이 인간의 개별적이고 집합적인 삶의 영역에서 낳은 결과이고, 신학은 그것들이 체계적 사고의 영역에서 낳은 결과이다. 하나의 원리는 또한 다른 것의 원리이기도 하다. 이 원리들은 자연적이거나 일반적인 성격의 것이 아니라 영적이고 특별한 성격의 것이다. 그것들은 창조그 자체의 영역이 아닌 구속의 영역에 속한다. 그렇지만 이 사실에도 불구하고 그것들은 학문적 지식 일반을 기독교적으로 추구함에 있어서 더없이 귀중한 것들이다.

1. 존재의 원리이신 하나님. 이 말은 하나님에 관한 우리의 모든 지식이 그 기원을 하나님 자신 안에 갖고 있다는 말과 같다. 하나님은 자신에 대해 완전하고, 모든 면에서 완벽한 지식을 소유하고 계신다. 하나님은 절대적인 의미에서 자신을 아시는데, 자신의 피조물과 관련된 바로서의 자신이나, 자신의 다양한 행동 및 그것들의 지배적인 동인들에 있어서 아실 뿐만 아니라, 자신의 본질적인 존재의 헤아릴 수 없는 깊이에 있어서까지 아신다. 그의 자기의식은 완전하며 무한하여, 그의 안에는 의식 이하의 삶도 무의식적인 정신성의 잠재적 영역도 없다. 그리고 하나님의 절대적이고, 완전하게 의식적인 자기지식 가운데 인간이 신적 존재에 대해 알고 있는 지식은 단지 희미하고 피조물적인 복사요 흔적일 뿐이다. 하나님에 관한 인간의 모든 지식은 그분에게서 나온 것이다(마 11:27; 고전 2:10 이하). 또 하나님 안에 있는 자기의식과 떨어져서는 인간 안에 하나님에 관한 아무런 지식도 있을 수 없기 때문에 범신론은 모든 신학을 죽음으로 몰고 간다. 무의식적인 하나님으로부터 의식적인 피조물을, 스스로를 알지 못하는 하나님으로부터 하나님을 아는 인간을 추론해 내는 것은 불가능하다. 우리는 자유롭게, 의식적으로, 그리고 참되게 자신을 계시하시는 인격적인 하나님, 자기 의식에 있어서 완전하신 그 하나님 안에서만 우리 신학의 원리를 발견할 수 있다.

2. 외적 인식의 원리는 하나님의 특별 계시이다. 오늘날 하나님께서는 사람들에게 알리시기 원하시는 자신에 관한 지식은 성경에 담긴 계시를 통해 전달하신다. 원래 하나님께서는 자신을 창조 안에 계시하셨으나, 죄의 해독으로 인해 그 원래의 계시가 희미해졌다. 게다가 타락 이후 조성된 사물들의 조건하에서는 그 계시가 전적으로 불충

분하다. 이제는 성경에 있는 하나님의 자기 계시만을 타당한 것으로 인정할 수 있다. 하나님의 자기 계시만이 하나님에 관해 순수한 지식, 다시 말해서 오류와 미신으로부터 자유한 지식을 전달해 주며 타락한 인간의 영적 필요에 응답해 준다. 하나님께서는 자신의 특별 계시를 일정 기간 동안 성경에 나타내시기를 기뻐하셨기 때문에 성경은 바빙크의 말대로 "신학의 도구적 동인"(*causa efficiens instrumentalis*)이라는 성격을 갖는다. 그것이 지금은 유일한 원리로서, 신학자는 자기의 신학적 지식을 성경으로부터 이끌어 내어야 한다. 어떤 이는 하나님의 일반계시를 제이차적 원천이라고 말하기도 하지만, 그것은 단지 성경에 비추어 해석되는 자연만이 고려될 수 있다는 사실을 생각해 볼 때 이는 옳은 말일 수가 없다. 카이퍼는 성경 즉 하나님의 특별계시를 가리켜 신학의 원천이라고 말하는 것에 대해 경고하는데, 이는 원천(fons)이라는 말이 과학적 연구에서는 아주 분명한 의미를 갖고 있기 때문이라는 것이다. 이 말은 일반적으로, 그 자체로는 수동적이지만 특정한 사상들을 구체화시키고 그것으로부터 인간이 과학적 연구에 의하여 지식을 추출하거나 이끌어 내는, 어떤 연구 대상을 가리킨다. 그 용어를 이 맥락에서 사용하는 것은 인간이, 사실은 그렇지 않은데, 하나님에 관한 지식을 이것들로부터 발견하거나 이끌어 내기 위하여 성경보다 우위에 서야 한다는 인상을 주기 쉽다. 하나님께서는 자신 및 신적인 것들에 관한 지식을 발견하는 일을 인간에게 내맡겨 두시지 않고 자신의 자기 계시를 수단으로 하여 그 지식을 인간에게 능동적으로 또 분명하게 전달하신다. 후대에 와서 쉐더 및 바르트도 이와 동일한 사상, 곧 신학 연구에 있어서 하나님은 결코 어떤 인간 주체의 연구대상이 아니며 하나님 자신이 항상 주체시라는 것을 강조했다.

명심해야 할 것은 신학에서 사용하는 '원리'라는 말은, 이에 상응하는 히브리어와 헬라어 단어가 성경에서 갖는 의미와 똑같이, 즉 성경이 하나님을 경외하는 것이 지혜(시 111:10) 또는 지식(잠 1:7)의 원리(레쉬트)라고 말하고 그리스도를 창조 및 부활의 원리(아르케)라고 말할 때(골 1:18; 계 3:14) 등과 같이 우연적 의미를 지닌다는 점이다. 하나님께서는 자기 계시를 통해 자기 자신과 신적인 것들에 대해 꼭 필요한 지식을 인간에게 전달해 주신다. 인간은 오직 하나님께서 자신을 능동적으로 계시해 주시기 때문에, 그리고 그렇게만 하나님을 알 수 있다. 성경을 가리켜 신학의 원천이라고 말하고자 한다면, 성경이 살아있는 샘으로서 하나님께서 지식의 강을 그것으로부터 흘러 나오게 하신다는 것과, 이것들을 다만 우리의 것으로 만들 수 있을 뿐이라는 점을 명심해야 한다. 하나님의 특별계시를 신학의 원천이라고 말하는 공통된 관습을 따를 때에도 이 점을 명심해야 한다. 신학에서 인간은 자기를 자기의 대상 위로 올려놓을 수 없다. 하나님을 조사할 수는 없는 것이다.

3. 내적 인식의 원리는 믿음이다. 비신학적 학문들에서와 같이 신학에서도 외적 인식의 원리에 대응하는 내적 인식의 원리가 있어야 한다. 성경은 때때로 거듭남(고전 2:14), 마음의 청결(마 5:8), 하나님의 뜻을 행함(요 7:17), 성령의 기름부음(요일 2:20) 등을 내적 인식의 원리로 제시하고 있다. 그러나 성경이 하나님에 관한 지식의 내적 원리로 가장 자주 지적하는 것은 믿음으로서(롬 10:17; 갈 3:3, 5; 히 11:1, 3) 의심할 바 없이 이 믿음이 가장 선택할 만하다. 하나님의 자기 의사 전달은, 하나님께서 인간을 통해 존귀와 영광을 받으시기 위해 하나님에 관한 지식을 인간에게 전달하는 것을 목표로 한다. 그러므로 그것은 인간 외부에서 끝이 나서는 안 되며 인간의 마음과 가슴까지 곧장 이어져야 한다. 인간은 믿음에 의해 하나님의 자기 계시를 신적 진리로 받아들이며, 믿음에 의해 그것을 늘 이전보다 많이 자기 것으로 만들고, 믿음으로써 자신의 생각을 하나님의 생각에 복종시킴으로써 그것에 응답한다. 바빙크는 내적 원리는 종종 내적 언어라고, 심지어는 원리적 언어라고까지 불린다고 하는데, 이는 그것이 하나님에 관한 지식을 인간 안으로 나르기 때문이며, 이것이 결국 모든 신학의 목적이며 하나님의 전체 자기 계시의 목적이라는 것이다. 바르트는 하나님에 관한 지식이 가능하게 되는 것은 오직 믿음에 의해서만이라는 사실을 강조하고 있다. 이 세 원리들은 각기 구분되는 것이면서도 하나의 통일체를 이룬다. 성부께서는 로고스인 성자를 통하여 성령 안에서 당신의 피조물들과 교제를 나누시는 것이다.

깊은 연구를 위한 질문

원리에 관한 교리는 개혁주의 신학에서 항상 정당한 관심의 대상이 되어 왔는가? 합리주의의 영향 아래에 있을 때 원리의 자리를 차지한 것은 무엇인가? 슐라이어마허의 영향 아래 있을 때 성행한 소위 '프롤레고메나' '원론' 또는 '기초 교의학' 등의 성격은 어떤 것이었는가? 신학은 자기 원리를 다른 학문이나 철학으로부터 끌어와야 하는가? 앞에서 서술한 바대로 원리 교리에 대한 현대 신학의 근본적인 반론들은 어떤 것들인가? 바르트도 성경을 신학의 외적 인식의 원리로 인정하고 있는가?

II
종교

여기서 종교를 간단히 논의하는 것은 두 가지 유익이 있을 것이다. 우선 우리로 하여금 앞에서 살펴보았던 원리들의 합리성을 알게 해주며, 또 종교의 필연적 귀결이며 신학의 외적 인식의 원리인 하나님의 특별 계시를 좀 더 상세하게 논의하도록 준비를 갖추어 준다. 종교와 신학 사이에는 대단히 밀접한 관계가 있다. 이것은 많은 사람들이 신학을 종교학으로 보고 있다는 사실을 보아서도 명백하다. 이것이 잘못인 것은 분명하면서도 이 둘이 뗄 수 없도록 연결되어 있다는 것은 여전히 사실이다. 종교와 분리된 신학 같은 것은 없다. 종교는 하나님과 사람 사이의 참되고 살아있는 의식적인 관계에 존재하는 것인데, 이는 하나님의 자기 계시에 의해 결정되고 예배, 교제 및 봉사의 삶으로 나타난다. 종교는 하나님이 존재하신다는 것과 그분께서 자신을 계시하셨다는 것, 그리고 그분께서 인간으로 하여금 이 계시를 받아들일 수 있게 하셨다는 것을 전제한다. 그리고 인간이 하나님에 관한 계시 지식을 받아들이고 그것을 묵상하여 통합하는 그 어느 곳에서든지 하나님의 계시에 기초하여 신학의 체계가 생겨난다. 우리는 현대의 종교연구가들 사이에서 대단히 보편화되어 있는, 종교의 본질적인 속성은 오직 그 기원 및 역사에 비추어서만이 결정될 수 있다는 전제에서 출발하지 않으며, 따라서 이 논의를 세계의 종교에 관한 역사적 연구로 시작하지 않는다. 우리의 종교 개념은 성경에 의해 명백하게 결정되므로 그것을 논의함에 있어서 논리적 순서를 따르고, 종교의 모든 본질을 먼저 고려하는 것이 바람직할 것 같다.

A. 종교의 본질

I. '종교'라는 용어의 어원.
'종교'라는 말의 어원은 아직 확실하지 않다. 설령 확실하다 하더라도 종교에 대해 규범적 정의가 아닌 단지 역사적인 정의만을 제공해 줄 것이며, 이 특별한 용어를 사용하게 만든 종교 개념에 약간의 빛을 던져주는데 지나지 않을 것이다. 시간이 지남에 따라 많은 어원들이 제시되어 왔다. 그 중 최초로 제시된 것은 키케로의 것인데, 그는 이 말을 '다시 읽다. 반복하다, 조심스럽게 준수하다'의 뜻을 지닌 re-legere에서 가져왔다. 이 파생에 비추어 보면 종교는 신들에 관한 지식과 관련되는 모든 것을 계속적이고도 성실하게 지키는 것으로 여겨졌다. 4세기의 영향력 있던 교부 중 하나인 락탄티우스는 이 말이 '달라붙다, 확고하게 세우다, 함께 묶다' 등을 뜻하는 religare에서 파생되었으며, 따라서 하나님과 인간 사이의 결속으로서의 종교를 가리킨다고 주장했다. 겔리우스(Gellius)는 어떤 사람이나 사물로부터 스스로를 분리시킨다는 뜻의 relinquere에서 파생되었다고 주장했다. 그렇다면 '종교'는 그 거룩성으로 인하여 세속적인 모든 것으로부터 분리되는 어떤 것을 가리킨다. 마지막으로 레이덴로트(Leidenroth)는 이 말이 '보다'라는 뜻을 지닌 가정된 어근 ligere에서 파생되었다고 주장했다. 그렇다면 religere는 되돌아본다는 뜻이며, 종교는 두려움으로 되돌아보는 것을 의미한다. 겔리우스의 파생설은 전혀 인정을 받지 못했다. 락탄티우스의 이론은 오랫동안 널리 받아들여졌지만 라틴계 학자들은 'religion'이 'religare'에서 파생되는 것이 언어학적으로 불가능함을 지적하고 난 이후 점차 받아들여지지 않게 되었다. 레이덴로트의 파생 이론의 가능성을 인정하는 사람들도 다소간 있지만 오늘날 대부분의 신학자들은 키케로의 이론을 채택하고 있다. 칼빈 역시 키케로의 이론을 채택하고 있으나 이 용어에 대한 키케로의 설명은 받아들이지 않는다. 그는 이렇게 말하고 있다. "키케로는 참되게 그리고 치밀하게 religion이라는 이름을 relego에서 이끌어 내고 있으나 그가 갖다대는 근거는 억지스럽고 무리한 것으로서, 정직한 예배자는 읽고 또 읽어 무엇이 진리인지 생각해 본다는 것이다. 오히려 내 생각으로는 이 이름이, 경건이 확고한 발걸음으로 서기 위하여 스스로를 합당한 한계 안에서 제한하는 반면, 대부분의 인간은 무엇이든 자기의 길에 먼저 나타나는 것을 무분별하게 취하는 그런 식의 떠도는 방탕에 반대하여 사용된 것이다"(「기독교 강요」I. xii, 1.).

2. 종교에 대한 성경의 용어들. 성경에는 종교에 대한 정의가 나오지 않으며 이 현상을 묘사하는 일반적인 용어조차 나오지 않는다. 개혁주의 신학에서는 주관적 종교와 객관적 종교를 구분하는 것이 통례가 되어 왔다. '종교'라는 말은 명확하게 두 가지 의미로 사용되고 있다. 우리가 다른 종교들과 구분하여 기독교를 말할 때 의미하는 것과, 어떤 사람의 종교가 너무 지적이다 또는 너무 감정적이다라고 말할 때 염두에 두는 것은 다르다. 전자의 경우 우리가 언급하는 것은 인간 바깥에 객관적으로 존재하는 어떤 것이며, 후자의 경우는 인간의 내적 삶에 존재하고 다양한 방법으로 표현되는 주

관적 현상을 가리키는 것이다. '객관적 종교'라는 용어는 인간의 종교의 성격을 결정하는 것, 그것을 규정하는 규범 즉 하나님의 말씀에 묘사된 바대로 하나님에 관한 지식과 그분에 대한 인간의 관계에 관한 지식을 가리키는 데 사용되고 있다. 이 말은 실제로 '신적 계시'와 같은 것인 경우가 자주 있다. 그리고 '주관적인 종교'라는 말은 하나님의 말씀에 의해 규정되거나 결정되어, 예배, 교제 및 봉사로 표현되는 삶을 가리키는 데 사용되고 있다. 성경은 종교의 이러한 각 측면들에 대하여 다른 용어들을 사용하고 있다.

앞에서 말했듯이 객관적 종교는 사실상 하나님의 계시와 같은 것이며, 구약 성경에서는 '율법', '계명', '율례', '판단', '규례' 등의 용어로 지적하고 있다. 신약성경에서는 하나님의 계시가 율법집에만 구체화되어 있는 것이 아니라, 그리스도의 인격에, 그분의 구속적 사역에, 그리고 그리스도를 중심으로 하면서 그저 구속적 사역에, 그리고 그리스도를 중심으로 하면서 그저 구속적 사실들에 대한 해석일 뿐인 사도적 케리그마에까지 나타나 있다. '복음', '믿음', '케리그마' 등의 용어들이 객관적 종교를 가리키는 데 사용된다.

주관적 종교는 객관적 종교에 대응하는 것으로서, 구약 성경은 이것을 "여호와에 대한 경외"로 묘사하면서 "지혜의 근본"이라고 거듭 언급하고 있다. 이 말은 하나님의 율법과 관련하여 경건한 이스라엘의 특성을 나타내 주고 있다. 그렇지만 하나님에 대한 이 경외는 이방 종교의 특징인 공포에 따르는 근심스런 염려와 다르다. 하나님을 참으로 경외하는 이스라엘은 이방인들이 자기네 신들에 대해 생각하는 것과 같은 의심, 두려운 염려, 비천한 두려움 등에 지배되지 않는다. 이스라엘의 경우 하나님에 대한 경외에는 믿음, 소망, 사랑, 신뢰, 피난함, 의지함, 하나님께 밀착함 등의 특성들이 뒤따르며, 따라서 하나님과 교제하는 가운데 기쁨, 평화, 아이 같은 확신, 복 받음 등과 전적으로 일치하는 것이다.

신약성경은 고전 헬라어에서 종교를 나타내는 표현으로 두드러지게 사용하던 데이시다이모니아(신들에 대한 두려움 또는 숭경, 행 25:19), 데오세베이아(하나님을 향한 숭경, 딤전 2:10), 유라베이아(종교적인 일들에 대한 세심함, 하나님을 두려워함. 숭경, 경건, 히 5:7; 12:28) 등의 용어들을 거의 채택하지 않고 있다. 다소간 자주 나타나는 유일한 단어는 유세베이아(하나님을 향한 경건, 경건함)로서, 15회에 걸쳐 나타나고 있다. 이 용어들은 신약 성경 종교의 특징이 되는 요소들을 나타내 주지 않는다. 신약에서는 여호와를 경외하는 것이 종교의 한 요소로 언급되어 있긴 하나(눅 18:2; 행 9:31; 고후 5:11; 7:1), 구약에서만큼 현저하지는 못하다. 주관적 종교에 대한 신약의 일반적인 표현은 피스티스 (pistis), 곧 믿음이다. 고전 헬라어에서는 이 말이 (1) 다른 사람의 증언에 근거한 확신, (2) 받아들여진 증거를 제시한 자에 대한 신뢰 등을 가리키는 데 사용되었다. 이 말은 가끔 신들에 대한 신뢰를 지칭하기는 했지만 그런 뜻이 뚜렷했던 것은 아니었다. 신약 성경에서 가장 두드러지는 것이 바로 이 요소이다. 구원의 영광스런 메시지에 대해서 인간 편에서의 응답하는 믿음 곧 하나님의 은혜에 대한 어린이 같은 신뢰가 있으며, 그와 동시에 하나님에 대한 사랑과 그를 섬기는 일을 향한 헌신의 샘이 되는 믿음이 있다. 이 믿음은 소위 인간이 타고난 내적인 그 어떤 종교적 특성에 대한 자연스러운 표현이 아니고 성령의 초자연적인 역사의 결과이다. 라트레이아(롬 9:4; 12:1; 히 9:1, 6) 와 드레스케이아(행 26:5; 골 2:18; 약 1:27)는 믿음의 원리에서 나오는 하나님 섬김을 가리키는 데 사용되고 있다.

3. 종교의 본질에 대한 역사적인 개념들. 종교는 인간 생활의 가장 보편적인 현상 가운데 하나이다. 때때로 인간을 가리켜 "고칠 수 없도록 종교적"이라고 묘사하기도 한다. 이는 인간이 하나님의 형상으로 창조되었고 그분과 교제하면서 살도록 예정되었다는 사실을 고려할 때 당연한 일이다. 또 인간이 타락하여 하나님으로부터 멀어진 것이 사실이긴 하지만 인간의 타락으로 하나님의 형상을 완전히 상실한 것은 아니다. 벨기에 신앙고백 제14항은 인간이 "하나님으로부터 받은 탁월한 선물들을 모두 잃어버렸고 그것들의 나머지를 보존하고 있을 따름인데, 그러나 이것들은 인간으로 하여금 핑계할 수 없도록 하기에 충분하다"고 서술하고 있다. 또 도르트 신조 제3장과 제4장 4항에 따르면, "그렇지만 인간에게는 타락 이후 희미한 자연적 빛이 남아 있으며, 이것에 의해 인간은 하나님, 자연적인 것들 및 선한 것과 악한 것의 차이 등에 관한 약간의 지식을 얻고, 덕, 선한 사회질서 및 질서있는 행동 등에 대한 약간의 관심을 발견하게 된다." 그렇지만 이 남아있는 빛이 구원에 이르게 해주지는 못하며, 자연적인 것들과 문화적인 것들 모두가 인간에 의하여 오용되었다. 그와 동시에 그것은 땅 위의 가장 낮고 미개한 족속에서조차 어떤 형태의 종교가 존재한다는 사실을 설명할 수 있게 해준다. 그러나 이 현상이 세계 민족들 사이에서 아무리 일반적인 것이라 하더라도 이것이 종교의 본질적인 성격에 대해 일반적인 일치가 있다는 뜻은 아니다. 기독교 교회사에서조차도 이 점에 있어서 심각한 의견의 차이가 드러나고 있다. 다음은 여기서 고려할 가장 중요한 개념들이다.

(1) 초대 교회의 개념. 성경은 처음부터 끝까지 하나님께서 인간에게 요구하시는

것에 대해 분명한 계시를 담고 있음에도 불구하고 우리에게 종교의 개념이나 종교에 대한 설명조차도 제공해주지 않는다. 그렇지만 약간은 구체적인 암시를 담고 있는 구절들이 몇 있다. 바울은 롬 12:1에서 "그러므로 형제들아 내가 하나님의 모든 자비하심으로 너희를 권하노니 너희 몸을 하나님이 기뻐하시는 거룩한 산 제물로 드리라 이는 너희가 드릴 영적(합리적인) 예배(라트레이아)니라"라고 말하고 있다. 히브리서는 다음의 권면을 담고 있다. "그러므로 우리가 흔들리지 않는 나라를 받았은즉 은혜를 받자 이로 말미암아 경건함과 두려움으로 하나님을 기쁘시게 섬길지니"(12:28). 이 구절에서는 라트레이아와 유라베이아가 함께 쓰이고 있다. 야고보는 이 말들에다 특별한 요소를 덧붙이고 있다. "하나님 앞에서 정결하고 더러움이 없는 경건(드레스케이아)은 고아와 과부를 그 환난 중에 돌보고 또 자기를 지켜 세속에 물들지 아니하는 이것이니라"(1:27).

초대 교회의 그리스도인들은 종교의 정확한 성격에 대해 생각하기 전부터 종교적인 경험들을 즐기고 거룩한 봉사와 경건한 예배에 참여했다. 종교에 대한 초기의 정의들 중 하나는 4세기 초 락탄티우스의 정의이다. 그는 종교를 가리켜, 참되신 하나님을 알고 섬기는 올바른 방식이라고 정의했다. 이 정의는 항상 상당한 애호를 받았으며 오늘날까지도 교의신학 저서들에서 찾아볼 수 있다. 그렇지만 19세기에 이 정의는 종교에 대해 외적인 개념만을 선호하고 마음은 관련시키지 않았다는 비판을 받았다. 그러나 이 비판은 정당화되기 어렵다. 왜냐하면 그 정의가 하나님을 알고 섬기는 바른 방식이 무엇인지 감히 구체화하려고 하지는 않았기 때문이다. 그 안에는 저자가 염두에 두고 있는 것이, 지식적일 뿐만 아니라 경험적이기도 한 지식과, 마음으로부터 솟아나오고 참으로 영적인 섬김이라고 가정하지 못하게 할 것이 아무것도 없다. 하나님을 알고 섬기는 바른 방식은, 결국 그저 지적이기만 한 지식이나 외면적이기만 한 섬김으로 만족하지 않는 하나님의 말씀에 의해 결정되는 것이다. 그렇지만 그 정의가 인간이 경험하고 실천하는 종교인 주관적 종교보다는 하나님의 말씀에 규정되어 있는 종교인 객관적 종교에 적용된다는 것과, 그것이 하나님에 관한 올바른 지식과 올바른 섬김 사이의 관련을 지적하지 않고 있다는 것은 사실이다.

(2) 중세 시대의 개념. 잘 알려진 바와 같이 로마교회의 영향 아래 있던 중세 시대에는 종교 생활이 점차 외면화되어 갔다. 외적인 조직으로서의 교회만을 일방적으로 강조하게 됨으로써 외적인 의식과 예전을 시행하는 일을 또한 강조하게 되었고 마음의 내적 성향은 무시하게 되었다. 그리고 의식적인 꼼꼼함에만 지나치게 치중하는 이

일은 스콜라 시대에 그 절정에 이르렀다. 게다가 교회 및 전통의 권위가 성경의 권위보다 점차 우세해졌으므로-성경의 권위를 거의 빼앗았다고 해도 과언이 아니지만-성경은 평신도들의 손에서 제거되어 버렸고 사람들의 종교 생활에서 지식의 요소는 극도로 적어지게 되었다. 당시에 존재했던 종교 개념은 토마스 아퀴나스의 정의에 가장 잘 나타나 있는데, 그는 종교를 "인간이 명령받은 봉사와 존경을 하나님께 돌려 드리는 수단인 덕"이라 정의하고 있다. 따라서 종교는 인간적인 덕 가운데 자리를 잡게 되고, 실제적으로 단순한 라트레이아(예배)의 요소와 같은 것이 된다. 토마스 아퀴나스는 믿음·소망·자비 등 하나님을 대상으로 하는 신학적 덕과, 정의·인내·겸손·절제 등 우리를 하나님께로 인도하는 것들을 대상으로 하는 도덕적 덕을 구분하고 있다. 그는 종교를 정의의 덕의 일부라고 본다. 사람이 종교를 통해 하나님께 마땅한 것을 하나님께 돌려 드리기 때문이다. 이 정의는 주관적 종교를 강조하긴 하지만 그것을 지나치게 봉사로만 생각하고 있다. 종교는 단순한 봉사나 예배가 아니다. 종교는 우선적으로 마음의 성향으로서, 그 성향이 봉사 및 예배에 나타나는 것이다. 토마스 아퀴나스의 정의는 오늘날에도 몇몇 천주교 작품에서 찾아볼 수 있다. 스피라고(Spirago)는 똑같은 외적 종교 개념을 다음과 같이 진술한다. "종교는 감정의 문제가 아니라 의지 및 행동의 문제이며, 하나님께서 정하신 원리들을 완수해 내는 것이다."

(3) 종교개혁자들의 개념. 종교개혁자들은 로마교회 전체의 외향주의 및 외면적 종교관과 결별했다. 그들은 종교를 단순히 도덕적인 덕 가운데 하나로 생각할 수 없었다. 사실상 그들은 종교를 결코 인간적 덕으로 여기지 않았으며, 하나님과의 영적인 교제로서 경건한 두려움과 연결되어 있으며, 감사의 예배 및 사랑의 봉사로 나타나는 것이라고 보았다. 칼빈은 이렇게 말하고 있다. "순전하고 참된 종교는 이것, 즉 하나님에 대한 확신으로서, 진지한 두려움-그 안에 기꺼운 공경을 포함하며, 그것과 함께 율법에 명령된 합당한 예배를 불러일으키는 두려움-과 연결되어 있는 것이다"("기독교 강요」I.ii, 3.). 또한 그는 이렇게 말하고 있다. "그리고 더 주의 깊게 생각해 보아야 할 것은 모든 사람이 하나님께 마구잡이로 경의를 표하지만 그분을 공경하는 사람은 매우 적다는 사실이다. 모든 것을 고려해 볼 때 껍데기 뿐인 의식들은 많지만 마음의 진실함은 드물다."

종교개혁자들은 종교를 하나님과의 의식적이고 자발적인 영적 교제로서, 전체로서의 삶에 나타나면서도 특히 특정한 예배 행위로 나타나는 것이라고 봄으로써, 원리로서의 경건과 종교 행위로서의 예배를 구분했다. 그리고 그들은 이 예배조차도 두 가지라고 보았는데 주로 믿음, 소망, 사랑에 나타나는 내적 예배와 교회의 예배 및 봉사 생활에서 나타나는 외적 예배로 분명하게 구분했다. 더 나아가 그들은 주관적 종교와 객관적 종교라는 용어도 사용하였으며 그 둘 사이의 관계도 지적했다. 주관적 종교는 주로 마음의 성향으로서 죄로 인하여 흐트러지고 타락하고 왜곡되었으며 성령의 사역으로 회복되는 것인데, 이는 하나님께서 받으실 만한 찬양, 예배, 봉사 등을 친히 정해 두신 하나님의 계시된 진리에 있는 객관적 종교에 의해 결정되고, 통제되고, 열매를 맺으며, 그것의 영향 아래 행동으로 바뀌게 되는 것이다. 그들은 로마교회의 세세한 의식주의 및 재세례파의 개인주의 등과 같은 모든 자의적 종교를 금지해야 하는 것으로 보았다.

이 시점에서 종교에서 영혼의 참된 특징으로 간주해야 하는 것에 관한 질문이 제기될 수 있다. 이 점에 대해서는 아직까지 전반적인 의견의 일치를 보지 못했다. 그것을 경건, 두려움, 존경, 믿음, 의존의 감정 등에서 찾고 있기는 하지만, 이 모든 것들은 사람에 대한 존경에서도 느낄 수 있는 감정이요, 애정이다. 오토(Otto)는 종교에 관한 심리학적 연구에서 올바른 사상 하나를 생각해 내었다. 그는 슐라이어마허가 "의존의 감정"을 말함으로써 중요한 사상을 제시했지만 그것을 종교에서 느끼는 것에 대한 합당한 진술로 보기는 거의 어렵다고 생각했다. 예를 들어 소돔 사람들을 위해 "티끌과 같은 나라도 감히 주께 고하나이다"(창 18:27)라고 간구하는 아브라함의 말에서 무언가를 더 찾아내고 있다. 그는 이렇게 말한다. "거기서 우리는 스스로 고백하는 '의존의 감정'을 보는데, 이는 그와 동시에 단순한 의존의 감정과는 다른, 그것 훨씬 이상의 것이기도 하다. 그것에다가 그것 나름의 이름을 붙이고 싶어 나는 그것을 '피조물 의식' 또는 '피조물 감정'이라고 부르기를 제안한다. 이것은 모든 피조물 위에 뛰어나신 자와 대조되는, 자기 자신의 무가치함으로 인해 낮아지고 압도되는 피조물의 의식이다."

진정한 특징은 이것이다. 즉 종교에서는 하나님의 절대적인 위엄과 무한한 능력 그리고 인간의 전적인 무가치성과 절대적인 무능력이 고려된다는 것이다. 그렇지만 이 말이 종교는 단지 감정만의 문제라거나, 무한하신 하나님에 대한 인간의 절대적인 굴복이 그저 인간에게 부과된 필연성일 뿐이라는 뜻은 아니다. 종교에서 인간과 하나님의 관계는 의식적이고 자발적인 관계로서 인간을 노예로 만드는 것이 아니라 오히려 최고의 자유를 즐기도록 해주는 것이다. 종교에서 인간은 한편으로는 하나님을 자기가 전적으로 의지하는 거룩한 힘으로 알고, 다른 한편으로는 자연적이고 영적인 모든 복들의 원천인 최고의 선으로 안다. 종교에서 인간은 자기 자신을 시간과 영원에 대한 그의 모든 관심과 더불어 하나님께 기꺼이 위탁하며, 이로써 그분에 대한 자기의 의존을 인정하는 것이다. 그리고 인간의 도덕적 삶이 하나님의 은총으로 인하여 최고의 승리를 얻고 참된 자유를 누리게 되는 것이 바로 이 인정에 의해서인 것이다.

(4) 근대의 종교 개념. 최근에는 개혁자들에 의해 전해져 온 종교 개념이 상당히 변화되었다. 개혁자들은 개인적 판단의 권리를 주장했는데, 이것은 곧 상당한 수의 교회와 신앙고백을 낳게 되었다. 그 결과 객관적 종교의 본질에 대해 모든 교회가 공유하는 점이 무엇인지 찾아보려는 경향이 시간의 흐름과 함께 나타나게 되었다. 어떤 이들은 이것을 사도신경에 나타나 있는 진리에서 찾았다. 그렇지만 합리주의는 이와 전혀 다른 소리를 발하였는데, 이 합리주의는 하나님의 말씀을 떠나 객관적인 의미에서의 종교를 하나님, 덕, 불멸성이라는 낯익은 3화음으로 제한시켜 버렸다. 그래서 객관적 종교는 최소한도로 축소되었다. 칸트 및 슐라이어마허는 이에서 더 나아가, 무게 중심을 객관적인 것에서 주관적인 것으로 바꾸어 버렸고, 주관적 종교를 객관적 종교로부터 분리시켜 버렸다. 칸트는 종교를 단순히 도덕적 행동의 한 형태로서 그 안에서 인간이 자기의 의무를 신적인 명령으로 인식하게 된다고 보았다. 그에 따르면 "도덕성은, 그것이 인간의 목표라고 제시하는 것이 또한 최고의 율법 제공자 곧 하나님의 목표이기도 하다고 인식되는 그때 종교가 된다"고 무어는 말하고 있다. 또 슐라이어마허는 종교를 그저 경건한 감정, 의존의 감정, "우주로 기울어짐"의 상태라고 본다. 헤겔의 체계에서는 종교가 지식의 문제가 되고 있다. 그는 종교를 가리켜 "유한한 마음이 절대적인 마음으로서의 자기의 본성에 대해 소유하는 지식"이라고 하며, 또 하나님의 입장에서 볼 때는 "유한한 영의 매개를 통한 하나님의 영의 자기지식"으로 본다. 이렇게 되면 하나님은 종교의 대상일 뿐만 아니라 주체이기도 하다. 따라서 판 오스터제이의 말과 같이 종교는 "하나님이 자신과 하는 놀이"가 되어 버리는 것이다.

슐라이어마허 시대 이후 줄곧 종교는 순전히 주관적인 어떤 것으로 인정되어 왔으며 근대신학에 이르러서는 마치 종교가 신적인 계시가 없이도 하나님을 발견하는 것이 가능하기나 한 것처럼, 또 인간이 진정으로 하나님을 발견하기 전에 하나님께서 먼저 인간을 발견하셔야 할 필요가 없었다는 것처럼, 하나님을 향한 인간의 추구라고 일반적으로 묘사되고 있다. 사실상 종교를 인간이 자기 하나님과 갖는 의식적이고 자발적인 관계로, 하나님 자신에 의해 결정되는 관계로 보는 종교 개념은 점차적으로 사라져 버렸다. 이제 종교는 다음에서 볼 수 있는 바와 같이 전혀 하나님을 언급함 없이 정의되는 것이 보통이다. 즉 종교는 "감정에 의해 유발되는 도덕성"(매슈 아놀드), "우리의 기능들을 자유롭게 활용하지 못하도록 방해하는 의심의 총체"(라이나흐), "가치의 보존에 대한 신앙"(회프딩), "보이지 않는 질서가 있다는 것과 우리의 최고 선은 우리 자신을 그 질서에 조화롭게 맞추는 데 있다고 하는 믿음"(제임스) 등이라는 것이다.

(5) 바르트의 개념. 근대 신학은 객관적인 것에서 주관적인 것으로 돌아섰다. 근대 신학은 계시개념을 이면으로 내쫓고 종교 개념을 전면에 뚜렷이 부각시켰다. 게다가 근대신학은 종교를, 인간에게 본래 있는 어떤 것이며, 인류의 삶에 있어서 인간의 최고 성취이고, 획득한 소유물로서, 그것을 토대로 하여 인간이 하나님의 높이까지 이를 수 있다고 보았다. 근대신학이 종교에서 본 것은 인간에게 나타난 신적인 것으로서, 그것이 인간으로 하여금 하나님과 연속성을 갖도록 만들어 주며 하늘로 기어오를 수 있게 해주며, 그가 하나님의 존전에서 거하기에 전적으로 합당하도록 만들어 준다는 것이다. 바르트는 이 근대적 주관주의에 반대하여 종교에서의 객관성을 다시금 강조하고, 신적인 계시 곧 하나님의 말씀에 다시 한 번 관심을 집중시킨다. 그는 종교에도 인간이 하나님께로 갈 수 있는 길은 없으며 오직 하나님이 인간에게 이르는 길만이 있을 뿐이라는 것을 지치지도 않고 이 시대 사람들의 귀에 거듭거듭 외치고 있다. 그는, 성경은 근대주의자들이 자랑하는 종류의 종교에 대해 한 마디 지지도 해주지 않으며 오히려 그것을 일축하고 정죄한다는 것을 지적하고 있다. 그것은 예수님 당시의 바리새인의 종교나 바울 시대의 유대주의자들의 종교와 같다는 것이다. 그는 이런 종교를 가리켜 하나님을 대항하는 최대의 죄라고 비난함으로써 당대의 근대주의자들을 놀라게 하며 위협까지 하고 있다. 그에 따르면, 이전의 10여년간 대단히 유행하였던 종교사라는 것은 사실상 종교에서 진리가 아닌 것들의 역사라고 한다. 그는 말하기를, "왜냐하면 종교가 종교를 의식하고 또 종교가 심리학적으로 또 역사적으로 이해될 수 있게 되는 그 순간 종교는 그 내적 특성 곧 그 진리로부터 이탈하여 우상으로 전락하기 때문이다. 종교의 진리성은 종교의 내세성, 종교성 개념에 대한 거부, 그것의 비역사성 등이다." 바르트의 바람은 슐라이어마허가 그토록 오랫동안 근대신학 위에 행사해 온 억압을 깨뜨리는 것이었다. 그는 이렇게 말하고 있다. "슐라이어마허의 책에 나타난 천재성에는 마땅히 경의를 표해야 하겠지만 나는 그를 신학 분야에서 훌륭한 선생으로 인정할 수 없다. 왜냐하면 내가 보는 한 그는 인간이 인간으로서 곤경에 처해 있을 뿐만 아니라 스스로 구원할 모든 희망에서 벗어나 있다는 것, 기독교까지 포함한 소위 종교라는 모든 것은 이 곤경을 공유한다는 것, 그리고 사람이 사람을 큰 소리로 부르듯 하나님을 부를 수는 없다는 것 등은 불행하게도 잘 깨닫지 못하고 있다."

바르트는 종교를 마음의 소유 곧 인간이 갖고 있는 어떤 것으로, 따라서 위로부터 인간에게 주어진 것이라기보다는 역사적인 어떤 것으로 보지 않는다. 종교는 인간이 자기를 향상시켜 천국에 적합하게 하기 위한 수단이 되는 어떤 것이 아니다. 왜냐하면 그것은 현세와 내세 사이의 질적인 차이를 간과하는 것이기 때문이다. 종교는 인간이 그것을 소유함으로써 미래를 위한 자기의 희망을 기초할 수 있는 역사적인 몫이 아니라, 인간이 신적인 계시와 맞닥뜨려졌을 때 갖게 되는 태도요 마음가짐이며 특성인 것이다. 진정으로 종교적인 사람은 자신에 대해, 전적으로 인간적이기만 한 것들에 대해 절망하고, 이사야와 같이 "화로다 나여 망하게 되었도다"라고, 또 바울과 같이 "오호라 나는 곤고한 사람이로다 이 사망의 몸에서 누가 나를 건져 내랴"라고 부르짖는 사람이다. 바르트는 자기의 로마서 주석(제2판 241쪽)에서 다음과 같이 쓰고 있다. "그것(종교)은 그에게 자기 생명의 문제를 해결해 주는 것이 아니라, 그를 자신이 해결할 수 없는 수수께끼로 만들어 버린다. 종교는 그의 구원도 아니고, 그 구원에 대한 발견도 아니며, 그가 구원받지 못했다는 사실에 대한 발견이다. 그것은 어떤 사람들 위에 치명적인 필연성을 갖고 떨어지며, 그들로부터 다른 이들에게로 전달되는 재난이다. 그것은 그 무게로 인하여 세례 요한이 광야로 가서 회개와 다가올 심판을 외쳤던 바 그 재난이며, 그 무게에 눌려서 그토록 감동적이고 긴 한숨이 고린도후서로 종이에 기록되게 한 그 재난이며, 그것의 초자연적인 무게에 눌려 칼빈의 인상을 그 마지막 모습같이 만든 그 재난인 것이다." 이 말들만을 갖고서 바르트가 종교에 관해 말하고자 한 전부라고 할 수는 없지만, 이것들만 가지고도 그가 종교의 본질이라고 본 것이 무엇이었는지는 충분히 알 수 있다.

B. 종교의 자리

인간의 영혼에서 종교의 진정한 자리가 어디인가에 관한 문제를 간단히 살펴보면 종교의 본질적 속성에 대한 올바른 이해를 확실히 증진시킬 수 있을 것이다. 역사상 제기되어 온 질문은 종교가 – 옛날 기능심리학의 용어를 사용한다면 – 영혼의 기능들 중 꼭 하나에 자리잡고 있어서 그 하나를 통해 작용하는가, 아니면 인간 생명의 중심부에 자리잡고 있어서 영혼의 모든 능력들을 통해 작용하는가 하는 것이었다. 종교라는 것은 분명 그 안에서 인간의 전체 영혼이 그 모든 심리적 힘과 더불어 작용하는 어떤 것으로 인정해야 하는데도 지금까지, 이럴 때는 이 기능의 작용으로 또다른 때에는 저 기능의 작용으로 잘못 묘사되어 왔다. 생에서의 종교의 위치는 근본적이고 중심적이며 따라서 생의 모든 표현에 영향을 미친다. 여기서는 다음의 견해들을 살펴보겠는데, 그 각각을 간략하게 논의해 볼 필요가 있겠다.

1. 종교는 지성(intellect)에 자리한다. 먼저 지성적 개념이 있는데, 이것은 종교의 본질이 지식이라고 보며 따라서 종교의 심리적 기초를 지성에다 둔다. 이 지성적 관점을 지지하고 부각시킨 사람은 특히 헤겔이었다. 그에 따르면, 인간의 전 생명은 단순히 생각의 과정일 뿐이며, 종교는 그저 이 과정의 일부에 지나지 않는다. 인간의 유한한 정신(spirit) 안에서 절대자는 스스로를 의식하게 되며, 이 인간 정신 안에서 절대자가 자기를 의식하는 것이 곧 종교라는 것이다. 이 관점에 따르면 종교는 감정도 행동도 — 비록 이것들이 완전히 배제되는 것은 아니지만 — 아니고 본질적으로 지식이다. 그와 동시에 종교는 최고 형태의 지식이 아니라 상징의 옷을 입고 있는 지식으로서, 오직 철학만이 이 지식으로부터 이상적이고 항구적인 것을 이끌어 낼 수 있다는 것이다. 철학이 형상 뒤에 놓여 있는 순수한 관념을 발견하려고 시도하는 반면, 종교는 실재를 구체적이고 상상적인 용어들로 파악하는 단계를 결코 넘어서지 못한다는 것이다. 확실히 이 관점은 종교의 본질을 대단히 심각하게 오해한 것이다. 왜냐하면 종교의 본질을 일종의 불완전한 철학으로 축소시켜 버리기 때문이다. 이는 사실상 어떤 이의 지식이 그의 경건도를 결정한다는 뜻이다. 종교에는 분명히 지식이 있다. 그러나 그것은 특별한 종류의 지식이다. 그리고 지식을 얻는 것이 종교의 참 목적인 것도 아니다. 과학은 지식을 목표로 한다. 그러나 종교는 위로와 평안과 구원을 추구한다. 뿐만 아니라 종교적 지식은 그저 지성적이기만 한 것이 아니라 무엇보다 먼저 경험적인 지식, 즉 감정을 동반하고 행동을 낳는 지식이다. 종교는 단순히 지성의 문제가 아니라 의지와 감정의 문제이기도 하다. 이러한 생각은, 기독교 교회에서 마치 종교는 단순히 진리에 대한 합당한 개념의 문제, 건전한 교리와 기독교의 진리성들에 대한 정통적인 고백의 문제일 뿐이라는 듯이, 그리고 다양한 모습으로 나타나는 기독교적 경험과 기독교적 삶은 상대적으로 중요하지 않은 문제라는 듯이 말하고 행동하는 자들에게 경고가 되어야 한다. 기독교가 만약 차가운 지성주의였다면 결코 지금과 같은 힘을 이 세상에 보여주지 못했을 것이다.

2. 종교는 의지(Will)에 자리한다. 어떤 이들은 종교를 도덕적 행동이라고 쉽게 정의해 버리고는 종교의 자리를 의지에서 찾았다. 반(半) 펠라기우스주의, 알미니우스주의, 소지니주의, 이신론, 합리주의 등 다양한 형태의 펠라기우스주의가 이 관점을 위한 길을 닦았는데, 이 모든 것은 기독교를 새로운 법으로 묘사하고 있으며 믿음이 새로

운 복종이라는 사실을 강조하고 있다. 교리는 좀 더 높은 목표를 위한 수단으로 종속되는데, 그 목표는 실천적 경건이다. 이러한 도덕주의적 형태의 종교를 유행시킨 사람은 특히 칸트이다. 그는 초자연적인 것은 순수 이성의 한계 너머에 있다는 것과 하나님, 덕, 불멸성 등의 위대한 개념들은 실천적인 종교를 위한 필연적인 요청들일 뿐이라고 강조했다. 이 관점에서는 믿음이 실천적 근거들에 의존하는 지식으로 바뀌며, 종교는 정언적 명령(지상명령)에 의해 결정되는 도덕적 행동으로 축소된다. 도덕적 의무들은 인간의 삶에서 근본적인 것인데, 종교는 인간이 이 의무들을 신적인 명령으로 인식하는 지점에서, 다시 말해 그가 하나님께서 그에게 이 의무들을 요구하신다는 사실을 발견하게 되는 지점에서 시작된다. 따라서 종교와 도덕 사이에 친밀한 관계가 유지되기는 하지만 그 둘의 순서가 뒤바뀌어 버렸다. 도덕성은 종교에서 자기의 토대를 잃어버리고 오히려 도덕성 자체가 종교의 토대로 되는 것이다. 인간은 도덕적으로 자율적인 존재가 되며 종교는 그 객관적인 성격을 잃어버리게 되는 것이다.

그러나 종교에 뿌리박지 않은 도덕성은 그 자체로 종교적일 수 없다. 게다가 종교는 결코 단순한 도덕적 행동일 수 없다. 종교에는 지식도 있는 바 칸트의 체계가 용인해 주는 지식보다는 훨씬 많은 분량의 지식이 있다. 이뿐만 아니라 종교에는 하나님을 향한 인간의 자기굴복도 있으며, 이것에 의해 인간은 죄책과 오염으로부터 구원받고 신실한 자들에 대한 보상으로서의 구원의 모든 복에 동참하게 되는 것이다. 이 도덕주의적 종교 개념은 미국 종교계에서 널리 유행하게 되었다. 이것은 분명 부분적으로는 칸트의 근본적인 원리들을 채택했고, 또 미국에서 많은 사람들이 추종하는 리츨의 영향 때문이며, 또한 부분적으로는 미국인들의 실용주의적 기질과 그 기질의 철학적 표현인 실용주의 때문이기도 하다. 미국에서는 종교적 행동만을 일방적으로 강조하고 있다. 종교적 경험에는 거의 관심이 없는 사람들이 많으며 종교적 지식에는 더욱 그렇다. '봉사'가 이 시대의 위대한 표어이며, 이 봉사만이 참된 기독교의 징표가 되었다. 이 행동이 참된 종교적 원리에서 오는 것인지는 아무런 관심이 없다. '행동주의'(Activism)라는 용어가 미국 기독교의 특징으로 사용되는 것은 당연한 일이다.

3. 종교는 감정(Feelings)에 자리한다. 특히 신비주의와 경건주의 진영에 종교를 감정으로 정의해 온 무리들이 있었다. 형식적이고 완고한 고전주의에 대항한 자유로운 감정적 생명의 반작용이었던 낭만주의가 이 관점을 상당히 조성했다. 슐라이어마허가 그 위대한 주창자였다. 그에 따르면, 종교는 본질적으로 무한자에 대한 느낌인데, 인격적인 하나님이 아닌, 통일체로 이해되는 우주에 대한 의존의 감정이다. 따라서 그

는 종교를 가리켜 "우주로 기울어짐"(Hinneigung zum Weltall)이라고 부른다. 종교에서 인간은 자신이 절대자와 하나임을 느낀다는 것이다. 종교는, 한편으로는 생각과 분리되고 다른 한편으로는 도덕 또는 행동과 분리된 순수한 감정이다. 에드워즈(Edwards)의 말을 빌리면 종교는 "유한한 존재 안에서 무한한 존재를, 일시적인 존재 안에서 영원한 존재를 따뜻하게, 친근하게, 직접적으로 의식하는 것으로서, 전체자(the Whole)에 대한 의존 의식이다." 사실 감정이 종교에서 중요한 위치를 갖는다는 것은 분명하지만 감정만을 종교의 자리로 인정하는 것은 잘못이다.

그리고 슐라이어마허처럼 감정을 종교의 원천으로 보는 것은 더더욱 잘못된 것이다. 그의 종교 개념은 종교를 완전히 주관적인 것으로, 인간적 요소들의 산물로 만들어 버리며, 종교가 절대적 진리와 갖는 관계를 무시하는 것이다. 인간의 감정에서는 감각 또는 지각이 기분 좋은 것인가 아니면 기분 나쁜 것인가 하는 물음이 중요하지 그것의 사실 여부는 중요하지 않다는 것인데, 후자는 종교에서 가장 중요한 질문이다. 이 종교관은 앞의 두 관점과 똑같이 일방적인 것이다. 참된 종교는 단순히 그리고 더더욱 근본적으로 감정의 문제만은 아니며, 지식의 문제, 결의 즉 도덕적 행동의 문제이기도 한 것이다. 뿐만 아니라 이 개념을 따르면, 종교적 감정과 미학적 감정을 혼동하고 종교와 예술을 동일시하기가 쉽다. 그리고 또한 철학적 관점과 관련해서도 종교는 그저 추상적인 이론이 아니라 실천적인 삶에 반사되는 것임을 알아야 할 필요가 있다. 많은 사람들이 종교를 순전히 감정적인 즐거움의 문제로, 여자들에게는 아주 좋지만 남자들에게 잘 맞지 않는 것으로 보고 있다. 그들에 따르면, 종교는 인간의 삶 일반과 분리된 어떤 것이다. 종교는 실제로 삶의 진지한 문제들에 대해 거의 또는 아무런 의미를 갖지 않는다. 종교는 인간의 생각에 아무런 지배적인 영향을 미치지 못하며, 인간의 행동 방향을 결정하지도 않는다. 마음(감정)으로는 그리스도인이 되면서 머리로는 불신자가 될 수도 있다. 개인적 및 공적 예배에서 "주여, 주여" 하는 동시에 삶에서는 주님의 명령을 거역할 수 있다. 이것은 비성경적인 종교관일 뿐만 아니라 비심리학적인 종교관이기도하며, 과거에 하나님의 목적에 엄청난 해독을 끼친 관점이다.

4. 종교는 마음(Heart)에 자리한다.   유일하게 올바른 관점은 종교가 마음에 자리잡고 있다는 것이다. 이 입장을 바로 앞의 것과 같다고 생각할 수도 있겠는데, 이는 '마음'이라는 말이 인간의 삶에서 지성 및 의지와 구분되는 애정, 감정 등의 자리를 가리킬 수 있기 때문이다. 그 경우 이 말은 정말로 정서적인 속성 즉 감정을 가리키는 것이다. 어떤 사람의 마음이 머리보다 낫다고 말할 때가 그런 뜻으로 사용하는 경우이다.

그러나 '마음'이라는 말은 훨씬 넓은 의미로도 사용되며, 영향을 받고 감동을 받을 수 있는 인간의 전체 인격을 가리킬 수도 있다. 어떤 사람이 자기의 온 마음으로 사랑한 다고 할 때 그런 뜻으로 사용한 것이다. 이 말을 여기서 사용하는 것은 어떤 약간 관련 된 의미에서, 즉 성경심리학에서 이끌어 낸 의미에서인 것이다. 이 말은 성경에서조차 도 항상 같은 뜻으로 쓰여진 것은 아니지만 몇몇 경우에 있어서는 일반적인 의미를, 또 어떤 경우에서는 좀 더 구체적인 의미를 갖고 있다. 그리고 종교가 마음에 자리잡 고 있다고 말할 때는 이 말을 가장 일반적인 의미로 사용한 것이다.

'마음'이 무엇을 뜻하는가 하는 질문에 대해서 레이들로(Laidlaw)와 함께, 성경심리 학 용어에서 '마음'이 뜻하는 것이란 "인격적·도덕적 삶의 초점이다. 마음은 결코 인격 적 주체나 인격적인 기관을 뜻하지 않는다. 영혼의 모든 생명활동이 마음에서 시작되 고 마음을 향해 반응한다"고 대답할 수 있겠다. 마음은 영혼의 중심 기관이며 때때로 "영혼의 작업실"로 불려왔다. 종교는 사람에게 있는 하나님의 형상에 근거하는데, 이 형상이 중심인 것이다. 종교는 사람의 재능과 능력을 모두 포함하는 전체 인간 안에 서 제 모습을 드러낸다. 그 결과 하나님에 대한 인간의 관계가 중심이 되어 전인간을 포함한다. 사람은 자기의 마음과 뜻과 목숨을 다하여 하나님을 사랑해야 한다. 인간은 자신을 하나님께 전적으로, 몸과 영혼을 그의 모든 은사 및 재능과 더불어 삶의 모든 관계 속에서 성별해야 한다. 이렇게 종교는 사상과 감정과 의지와 함께, 전체 인간을 포괄한다. 종교는 마음에 자리하고 있는데, 인간 영혼의 모든 기능들이 거기서 통일성 을 발견한다.

이 사실을 고려할 때 우리는, 성경이 우리의 마음을 하나님께 드려야 하는 것으 로 강조하는 이유를 즉각 이해할 수 있다(신 30:6; 잠 23:26; 렘 24:7; 29:13). 생명의 근원 은 마음으로부터 나온다(잠 4:23). 또 종교에서는 마음이 지식을 소유하고(롬 10:13, 14; 히 11:6), 감정을 소유하며(시 28:7; 30:12), 의지를 소유한다(롬 2:10, 13; 약 1:27; 요일 1:5-7). 전체 인격이 삶의 모든 영역에서 하나님께 복종하게 된다. J. H. 바빙크 박사는 이렇게 말하고 있다. "종교에서 우리는 인간의 본질적인 존재까지 내려간다. 인간의 참 종교 적 능력들이 깨어나는 거기서 우리는 주로 인간 자신을 다룬다. 영혼 자신이 그 안에 서 날개 치고, 이 세상에 감금된 인간이 일어나 스스로에게 '내 아버지께로 가리라'고 말한다."

C. 종교의 기원

종교의 기원에 관한 연구에서 서로 다른 방법들이 적용되어 왔다. 19세기 동안에는 종교를 순전히 자연적인 현상으로 설명하려는 끈질긴 시도가 있었다. 이것은 진화론 철학을 적용함으로써 빚어진 불가피한 결과였다. 역사적 방법과 심리적 방법은 둘다 이 사조의 산물이었다. 이 방법들에서는 자연주의가 초자연주의와 싸움을 벌였다고 할 수 있다. 이 장에서는 이 방법들에 관한 사실들만 지적하도록 하겠다.

1. 역사적 방법. 역사적 방법은 인류의 역사를, 특히 인류의 원시종교에 관심을 집중하여 연구함으로써 종교의 기원을 발견하는 것을 목표로 한다. 에드워즈에 따르면 이 방법은 다음과 같은 문제들에 대한 대답을 찾는다고 한다. "종교는 처음 어떻게 시공간에 나타나게 되었는가? 인간의 종교적인 속성은 처음에 어떤 방식으로 표현되었는가? 다른 모든 형태들의 발전 근거가 된다고 할 수 있는 종교의 최초 형태는 무엇이었을까?" 그러나 이런 질문들은 그 어느 역사가도 확신있게 대답할 수 없는 것들이다. 역사가는 종교적으로 되어가는 과정에 있는 인간을 관찰할 수 있을 만큼 충분히 이전의 역사로 되돌아갈 수 없다. 왜냐하면 역사의 여명에서부터 인간은 이미 종교적이었기 때문이다. 게다가 가장 오래된 종교 형태에 관한 기록은 글로 된 문서로든 믿을 만한 전승으로든 존재하지 않는다. 그리고 만약 그렇다면 다음으로는 역사가가 여기서 제시되고 있는 질문들에 대해 만족할 만한 대답을 과연 어떻게 찾을 수 있는가 하는 질문이 당연히 생겨난다. 에드워즈는 이렇게 말하고 있다. "현대의 미개인 및 아이들의 마음과 방식들에 대한 공감적인 연구를 통해, 또 그런 연구에 근거한 구성적인 상상을 통해 인류학자들은 원시인들의 종교를 우리에게 구성해 줄 수 있다. 그의 재구성은 필연적으로 순전히 가설적일 수밖에 없다."

이 모든 것이 뜻하는 바는 종교의 기원을 탐구하고자 하는 역사가는 자기의 입장을 선역사적인 근거에 둘 수밖에 없다는 것이며 그 결과, 빈틈은 없을지 모르지만 확신은 동반하지 못하는 이론들만을 제시할 수 있을 따름이라는 것이다. 뿐만 아니라 역사적 방법을 옹호하는 사람들은 가장 원시 시대 사람들의 종교생활이 종교의 가장 초기의 원래 형태를 반영한다는, 진화론에 근거한 가설에서 출발함으로써 근본적인 잘못을 범하고 있다. 당연히 이것은 확정된 사실이 아니라 순전히 가설에 불과하며, 최초의 것으로 알려진 형태가 그보다 훨씬 이전의 형태에 대한 퇴보일 가능성을 고려하지 않은 것이다. 오랫동안 종교의 기원적인 형태는 다신론적이라는 것이 당연시되어 왔지만 랭(Lang), 래딘(Radin), 슈미트(Schmidt) 및 다른 사람들의 연구에서는 매우 낮은 문화를 지닌 사람들 사이에서 "창조신들"이라고 불리기도 한 "높은 신들"을 인식하고 있었음을 추적해 내었는데, 그들은 이것들을 원래의 일신론에 대한 증거로 보고 있다.

이 방법에 따라 종교의 기원을 설명하고자 제시된 이론들을 몇 가지 살펴보겠는데, 이는 그 이론들이 그만한 값어치를 갖고 있기 때문이 아니라 이 방법의 불충분성을 예증하기 위해서이다. 어떤 인류학자들은 종교에 대한 역사적 설명을 사제들의 교활함 또는 통치자들의 꾀에서 찾는데, 그들이 무지한 대중들의 경신(輕信)과 두려움을 그들을 통치하기 위해 이용해 먹었다는 것이다. 이 관점은 대단히 피상적인 것으로서, 오늘날 학계에서 아무런 지지도 받지 못하고 있다. 다른 이들은 고등한 형태의 종교가 물신숭배(fetish-worship)에서 발전되었다고 본다. 그러나 이 설명은 특정한 종교의 기원은 설명할 수 있는 반면 종교 그 자체의 기원은 설명해 주지 못한다. 왜냐하면 이 물신숭배가 이미 종교로서 설명을 필요로 하는 것이기 때문이다. 게다가 물신숭배가 유행하는 곳이면 어디서나 일반적으로 그 이전의 고등한 종교 형태의 흔적 또한 나타나 있다. 물신(物神)들 그 자체는 종교적 대상의 상징인 경우가 많다.

타일러(Tyler)와 스펜서(Spencer)의 이론은 서로 긴밀하게 연결되어 있다. 타일러는 몸 어딘가에 자리잡고 있고 죽음 이후에도 존속하는 영혼 또는 타아(他我, otherself) 개념이 초기 인간들 사이에서 발전했을 것이며, 영혼에 대한 교리로서의 정령숭배(애니미즘: 영혼 〈애니마〉에서 나온 말)가 시간의 흐름과 함께 숭배 대상으로서의 영 - 신들의 영이든 악령이든 - 의 교리로 확장되었을 것이라고 본다. 스펜서의 이론은 타일러의 이론과 가까우나 좀 더 구체적이다. 이 이론은 조상숭배 곧 죽은 조상들의 영혼에 대한 숭배를 가장 근본적인 형태의 종교로 제시하고 있다. 스펜서에 따르면, 원시 인간들은 죽은 조상들의 영들이 커다란 영향력을 갖고 있는 것으로 보았으며, 그 결과 그들에게 기도하고 제물을 바치는 습관을 갖게 되었다는 것이다. 그러나 이 이론들 역시 만족스럽지 못하다. 그들은 그들이 전제하는 바로 그 형태, 즉 죽은 자들의 영혼에 대한 숭배와 이 영들이 인간들 위에 높이 들린 신들이라는 보편적인 저변의 확신을 설명하지 못하고 있다. 뿐만 아니라 이 영에 대한 숭배가 있는 곳이면 어디에서나 신들에 대한, 구분되는 뚜렷한 숭배 역시 존재한다.

뒤르켐(Durkheim)은 타일러 및 스펜서의 이론을 비판하고 그 대신 종교의 기원에 대한 사회학적 이론을 제시했다. 그는 종교적인 신앙의 기원을, 삶을 지배하는 신비적이고 비인격적인 힘, 개인 위에 있는 사회의 권위로부터 나온 힘에 대한 의식이라는 사상에서 찾았다. 사회적 집단의 힘에 대한 의식이 이 세상에 있는 신비스러운 힘에 대한 의식으로 발전되었다는 것이다. 토템은 이 힘의 가시적 상징이며 부족의 상징으로서, 토템을 숭배하는 것은 곧 부족을 숭배하는 것이다. 인간의 참된 신은 사회요, 인간이 숭배하는 힘은 사회의 힘이라는 것이다. 그러나 이 이론 역시 다른 학자들의 비판을 심하게, 그것도 여러 관점에서 받았다. 그것은 종교의 기원에 대한 설명으로서 다른 이론들과 똑같이 만족스럽지 못한 것이다. 자연숭배 이론은 특히 플라이더러(Pfleiderer)에 의해 주목의 대상으로 부각되었다. 이 이론에 의하면, 원래 종교는 위대하고 인상적인 자연 현상에 대한 경의에 불과한 것으로서, 그것들의 출현으로 인간들은 연약함과 무기력을 느꼈다는 것이다. 경의의 느낌은, 때로는 자연현상 그 자체에 대한 숭배가, 또 때로는 그것들을 통해 힘을 드러내는, 보이지 않는 힘(들)에 대한 숭배가 되었다는 것이다. 그러나 여기서도 인간이 도대체 어떻게 자연을 숭배할 생각을 하게 되었을까 하는 질문이 제기된다. 몇몇 부족에서 분명히 성행하고 있는 이 자연숭배가 좀 더 순수한 단계의 종교적 신앙이나 실천이 쇠퇴한 결과일 수는 없을까? 앞의 모든 전제들처럼 이 이론 역시 심리적 측면에서 종교에 대해 아무것도 설명해주지 못하고 있다. 최근에 와서는 종교의 기원과 마술에 대한 믿음이 관련이 있을 것이라는 주장이 있다. 어떤 이들은 종교가 어떤 면에서 마술에서 진화되었을 것이라고 생각하지만, 이 분야의 권위자인 프레이저(Frazer)는 종교에 대한 마술의 공헌은 긍정적인 것이 아니라 부정적인 것이었다고 주장하고 있다. 처음에는 인간이 마술을 시도해 보았으나 실망했고 마술이 준 실망 때문에 종교가 생겨났다는 것이다. 전체적으로 이 역사적 탐구는 종교의 기원에 대한 설명으로서 대단히 실망스럽다

2. **심리적 방법.** 세월의 흐름과 함께 사람들은 역사적 방법을 심리적 방법으로 보충해야 할 필요를 느꼈는데, 오늘날은 이 심리적 방법을 더 중요한 것으로 보고 있다. 이 방법은 인간의 영적 속성에 있는 종교의 원천에 대한 질문을 단순히 시작할 때뿐만 아니라 언제 어디서든 제기한다. 에드워즈는 그 질문을 이렇게 표현한다. "인간의 내적 삶에 있고, 환경과 상호 작용을 하면서, 우리가 종교적이라고 부를 수 있는 태도를 탄생시키는, 항구적인 요소들은 무엇인가? 인간으로 하여금 초자연적인 것을 이해하고 자기의 생을 그것에 맞추게끔 하는 충동, 자극, 동기, 필요 등은 무엇인가? 인간이 있는 곳이면 어디나 이런저런 형태의 종교가 있다는 사실을 설명해 주는, 인간의 정신적 구조 안에 있는 것은 무엇인가?" 심리적 방법은 인간 안에 있는 요소들, 그 자체가 종교적인 것은 아니지만 인간의 자연 환경과 결합하고 협력하여 종교를 탄생시

키는 특정한 요소들로부터 종교를 추론해 낸다.

어떤 사람들처럼, 인간이 종교적인 이유는 종교적 본능을 가졌기 때문이라고 말하는 것은 아무런 도움이 안 된다. 왜냐하면 가정된 이 본능이 이미 종교적이요 따라서 바로 그것을 설명해야 하기 때문이다. 또다른 사람들처럼, 인간이 종교적 기능을 가졌다고 주장함으로써 종교를 설명하려는 것 역시 만족스럽지 못하다. 왜냐하면 그런 기능이 존재한다는 증거가 없으며, 또 혹 있다 하더라도 이 기능 자체가 설명을 필요로 하기 때문이다. 슐라이어마허는 종교를 감정으로, 좀 더 구체적으로는 의존의 감정으로 설명하고자 했지만 단순한 의존의 감정이 어떻게 종교적 태도로 바뀌었는지는 설명하지 못했다. 어떤 사람들은 이 변화를, 알지 못하는 강한 힘 앞에서 느끼는 두려움에 가까운 경외의 감정에서 찾을 수 있다고 주장한다. 그러나 두려움은 아직 종교가 아니며, 그것이 필연적으로 종교가 되는 것은 아니다. 게다가 종교적 감정은 너무 복잡하여 그런 단순한 방식으로 설명할 수 없다. 종교적 감정에는 경외, 경이, 경모뿐만 아니라 감사, 사랑, 소망, 기쁨 등도 포함된다.

칸트와 리츨은 종교의 기원을, 물리적인 세계에 대항하여 자신을 자유로운 도덕적 존재로 유지하려는 인간의 열망에서 찾는다. 인간은 영적 존재인 자신이 전체 자연계보다 훨씬 더 가치가 있으며 따라서 자연계를 지배해야 한다는 사실을 의식하고 있다. 그와 동시에 인간은 자기 존재의 물리적 측면에서는 자기가 그 자연의 일부라는 것과, 윤리적이고 영적인 목표를 이루고자 애씀에 있어서 자기가 자연적 상황의 방해를 거듭거듭 받고 있음을 느끼지 않을 수 없다. 이 긴장의 결과, 인간의 측면에서, 자연 질서를 다스리고 그것을 영적 목표에 종속시키는, 더 높은 존재를 믿고 의지함으로써 자신의 운명을 인식하고자 하게 된다. 이 관점에 따르면, 하나님은 그저 곤경의 때에 돕는 자가 되어 버린다. 그러나 더 높은 존재에게 도움을 구하는 것은 아직 종교적 경보가 아니다. 뿐만 아니라 이 이론은 죄의식, 참회, 구속에의 갈망, 사죄를 위한 기도 등과 같은 종교 현상의 기원은 설명하지 못한다. 또한 그것은 인간은 자기가 발견하고 고안해 낸 것들에 힘입어 자연에 맞서 자신을 유지시키는 일이 점차 가능해졌음에도 불구하고 왜 모두가 하나님이 필요하다고 느끼는지 설명해 주지 못한다. 진화론자들은 의존의식, 충실, 애착, 사랑 등의 특성은 동물의 세계에도 있는 것이므로 종교가 이것들에서 발전되어 나온 것임을 증명하고자 했다. 그러나 이 시도를 성공적이라고 부르기는 어렵다. 소위 진화'론'은 여전히 하나의 가설이며, 동물들의 내적 '영혼'의 삶에 대해 말한 것은 대체로 억측이다. 그리고 이 점에서 확실한 것 같은 가정들은 가장 중요한 요소들을 여전히 설명하지 않은 채 남겨두고 있다. 종교의 기원에 대한 현대 심리학자들의 설명들은 서로 너무나 달라 일일이 열거할 엄두조차 내지 못할 정도이다. 물론 그렇게 할 필요가 있다고 생각하지도 않는다.

심리적 방법은 역사적 방법이 겪고 있는 것과 비슷한 어려움으로 고생을 하고 있다. 이 방법은 그 출발점을, 종교의 불씨조차 갖고 있지 못할 정도로 미개하고 원시적인, 가설적 인간에게서 찾아야만 한다. 종교는 그 자체로 종교적이지 않은 요소들로부터 유래되어야 한다. 그러나 바빙크 박사는 그런 인간은 생각해 낸 것 즉 관념적인 작품일 뿐이라고 올바로 지적하고 있다. 사실 그런 인간은 존재하지 않는다. 뿐만 아니라 이 방법은 종교를 환경의 우연적인 집합에 의존하게 만든다. 종교에 대한 설명을 찾아야 할 복합체가 약간만 달랐더라도 종교는 생겨나지 않았을 것이라는 말이다. 이것은 당연히 종교로부터 그 독자적인 중요성과 보편성 및 필연성, 그리고 헤아릴 수 없는 값어치를 빼앗아 버린다. 만약 종교가 순전히 우연적인 것이라면, 종교는 그 기초가 되는 확고한 토대를 잃어버리게 될 것이다. 그러나 이것이 전부는 아니다. 종교가 하나님의 존재를 전제하지 않고 설명될 수 있을 때, 그것은 정말 엉터리가 되어 버린다. 심리적 방법에 따르면, 인간이 자기의 하나님을 창조하고 그 하나님을 어떻게 섬겨야 하는지를 결정한다. 객관적 종교와 주관적 종교 사이의 관계가 뒤집혀져 있으며, 주관적인 종교가 객관적인 종교의 원천이 되어 버린다. 원리상 이 방법은 종교의 본질과 모순되며, 사실상 자기가 설명해야 하는 그 현상을 파괴시켜 버린다.

3. 신학적 방법. 에드워즈는 종교의 기원에 대해 말하면서 "한때 유행했으나 지금은 구식이거나 퇴조해 가고 있는" 두 관점이 있는데, "그 첫째는 종교를 원시의 또는 특별한 신적 계시에까지 추적해 올라가는 관점이다"라고 했다. 그는 이 관점이 그 대체적인 형태에 있어서 너무 지적이고 기계적이며 전학문적이고 완전히 비심리적인 것이라고 보고 거부하고 있다. 그렇지만 이 관점은 종교의 기원에 대한 성경적 관점이며, 세상에 제시되었던 그 어느 역사적이고 심리적인 관점들보다 훨씬 더 만족스러운 것이다. 그런 관점들과는 달리 이 관점만이 종교의 보편적 현상에 대한 참된 설명을 담고 있다. 역사적 방법과 심리적 방법은, 비록 그것을 주장하는 사람들 중에 결국에 가서는 어떤 종류의 계시에 호소해야 할 필요가 있을 것이라고 보는 사람 – 에드워즈가 그 중 한 사람이다 – 도 있긴 하지만, 둘 다 종교를 과학이나 예술과 같이 순전히 자연주의적 방법으로만 설명해야 한다는 전제에서 출발하고 있다.

이에 반해 신학적 방법은 종교를 오직 하나님 안에서만 설명할 수 있다고 주장한다. 종교는 영혼이 하나님과 갖는 교제로서, 하나님이 존재한다는 것, 하나님께서 자신을 계시하셨다는 것, 그리고 하나님이 인간을, 하나님을 알 수 있고 그분과의 유사성을 의식하며 자연의 자극을 받아서도 그분을 찾도록 만드셨다는 것 등을 자연히 내포한다. 역사적 심리적 방법이 가장 원시적인 종교 형태에 대해 설명조차 하지 못하는데 반해 신학적 방법은 우리에게 가장 낮은 종교 형태뿐만 아니라 가장 높은 종교 형태까지 설명하는 열쇠를 제공해 준다. 그리고 물론 참된 설명은 바로 그것으로 만족될 수 있다. 그것은 종교의 참된 속성과 조화를 이루는 유일한 방법이다. 과학자들은 규범적 종교 관점에서 출발하지 않고서 종교의 기원을 설명하기 시작한다. 그들은 종교적 삶의 현상에 대한 연구로 시작하며 종교에 대한 자기들의 관점들과 정의들을 자기들이 발견해 낸 것들에다 적용한다. 이것은 종교에서 본질이 되는 것들을 완전히 그릇되이 취급하는 수많은 역사적 정의들을 만들어 내게 된다.

신학적 방법은 하나님의 계시에 기초하여 다음의 진리들을 설정한다.

(1) **하나님의 존재.**   우리가 종교에서 관련을 갖는 것이 하나님과 사람 사이의 가장 친밀한 관계라면 그것은 당연히 하나님이 존재하신다는 전제를 내포한다. 또 우리는 솔직하게 인격적인 하나님이 존재하신다는 전제에서 출발한다. 사실 어떤 것을 하나님에게까지 되돌리는 것은 비과학적이라고 생각하는 사람이 많다. 그들은 히브리인들이 그렇게 했다는 것은 인정하지만, 그것을 그들이 과학 이전 시대에 살았다는 사실에 근거해 설명한다. 따라서 그들의 설명을 관대한 웃음으로 대해 줄 수는 있지만 오늘날 중요하게 취급할 수는 없다는 것이다. 그렇지만 이에 반대하여, 그것은 가시적이고 실험적인 것을 초월하지 못하는, 또 하나님을 고려할 여지가 없는 빈약한 학문이라고 말할 수 있다. 또 이것은 하나님에 대한 언급 없이 종교의 기원을 설명하려는 모든 과학적 시도에도 해당된다. 왜냐하면 하나님을 떠나서는 종교가 엉터리가 되기 때문이다. 종교는 하나님이 없거나 알 수 없다는 이유로 환상이 될 수 있고, 또 아니면 실재에 기초할 수도 있는데, 그 경우 종교는 하나님의 존재 및 계시를 전제하는 것이다.

(2) **신적 계시.**   우리는 또한 하나님께서 자신을 계시하셨다는 전제에서 출발한다. 계시 개념은 이런저런 형태로 모든 종교에서 찾아볼 수 있는데, 이는 계시가 종교의 필연적인 결론임을 증명해 주고도 남음이 있다. 신적인 계시가 없이는 진정한 의미에서 종교는 존재하지 않는다. 만약 하나님께서 자연에서, 섭리에서, 또 경험에서 자신을 계시하시지 않았다면 세상의 이방인 가운데는 종교가 존재하지 않았을 것이며, 만약 하나님께서 자신의 신적인 말씀으로 구체화된 자신의 특별계시로 인간을 부요하

게 하시지 않으셨다면 오늘날 이 세상 그 어느 곳에도 참종교는 존재하지 않았을 것이다. 왜냐하면 하나님께서 받으실 만한 예배와 봉사를 결정하는 것이 바로 이 객관적종교인 계시이기 때문이다. 주관적종교는 그 시작과 전개, 그리고 알맞은 규정화에 있어서 방편적으로 객관적종교의 도움을 입고 있다. 이 객관적인 기초에서 분리되는 종교는 순전히 독단적인 자의적 종교로 전락해 버리고 만다.

(3) 인간을 하나님의 형상으로 만드심. 세 번째 전제는 하나님께서 객관적 계시를 이해하고 그것에 반응하는 능력을 갖도록 인간을 만드셨다는 것이다. 종교는 인간의 속성 바로 그것에 근거하고 있는 것으로, 바깥으로부터 어떤 기계적인 방법으로 인간에게 주어진 것이 아니다. 인간은 처음에 종교가 없이 존재했으며 나중에 일종의 부가물로 종교를 부여받았다고 생각하는 것은 잘못이다. 계시 개념 그 자체가 인간 안에 종교적 의식이 존재함을 전제한다. 인간은 하나님의 형상으로 창조되었으므로 하나님의 자기전달을 받아들이고 이해하는 자연적인 능력을 갖고 있다. 또 부여받은 이 본래의 능력에 힘입어 인간은, 비록 죄의 영향 때문에 지금 아무 도움도 받지 않은 자기의 힘으로는 그릇된 방법으로이긴 하지만, 하나님과의 교제를 추구하는 것이다. 죄인이, 최소한 원리적으로, 하나님께 합당한 봉사를 그분께 돌려 드리는 것은 오직 하나님의 특별계시의 영향과 성령의 조명을 통해서만 가능하다.

이 관점은 다음과 같은 에드워즈의 비판을 허용하지 않는다. "일반적인 형태의 계시 교리는 종교의 기원을 너무나 지적이고 기계적인 방식으로 설명하여, 마치 종교가 일종의 빈 그릇으로 여겨지는 마음에 퍼부어진, 이미 만들어지고 완결된 개념들의 집합을 인간에게 줌으로써 시작되었다는 식이다. 이는 완전히 비심리적인 관점이다."

그는 지금 "구식이거나 퇴조해 가고 있는" 것으로서 원시계시나 특별계시에까지 추적해야 하는 그 견해를 말하고 있지만, "계시의 범주라는 것이 종교적 신념의 타당성을 위한 객관적 기초를 진술하는 데 있어서, 또 인간의 종교적 삶에서 하나님의 주도권이라는 위치를 지키기 위하여 궁극적으로는 필요하리라"는 것을 인정하고 있다. 그렇지만 그는 그것이 지속적이고 점진적인 계시개념이어야 한다고 주장하고 있다. 그러나 그가 이 말을 할 때 염두에 두고 있는 계시의 종류는, 다른 관점에서 볼 때 인간의 발견물이라고 부를 수도 있는 그런 것이다.

깊은 연구를 위한 질문

하나님의 내재성에 대한 강조가 어떤 방식으로든 현대의 종교 개념에 영향을 주고 있는가? 종교 심리학은 종교의 본질적 속성을 연구하는 데 큰 도움이 될 수 있는가? 심리학자들의 철학이 종교 분야에서의 그들의 탐구에 어떻게 영향을 미치고 있는가? 인간이 종교적 본능 또는 종교적 기능을 갖고 있다고 말하는 것이 온당한가? 종교에서 감정이 지성이나 의지보다 더 근본적이라는 말은 옳은가? 종교의 기원을 설명하기 위해 인간의 종교 생활 중 가장 낮은 형태만을 연구하는 것이 왜 잘못된 것인가? 높은 형태의 종교가 낮은 형태의 종교로부터 발전되었다는 데 대한 결론적인 증거가 있는가? 종교에서 역사적인 흐름은 발전이라기보다는 일종의 퇴보라는 생각을 어떻게 지지할 수 있는가?

III
외적 인식의 원리(계시)

A. 계시의 명칭 및 개념

1. 종교와 계시의 연관성. 종교 개념은 자연히 그 필연적인 결과로서 계시의 개념에 이르게 된다. 비교종교학에서는, 종교는 모두 어떤 종류의 계시에 근거하고 있으며, "계시" 종교와 구분되는 순수한 "자연" 종교는 존재하지 않는다는 인식이 점차 확산되고 있다. 오르(Orr) 박사는 이렇게 말하고 있다. "좀 더 넓은 관점에서 볼 때 지난 백여년 동안 고등 종교철학의 기초가 된 명제 중 가장 일치된 것은 모든 종교는 계시에서 시작된다는 것이다." 종교사를 연구해 보면, 계시에 대한 믿음이 세계 나라들 가운데 대단히 보편적이라는 것과 주요 종교는 모두가 어떤 형태의 계시에 호소하고 있다는 사실에 대해 풍성한 증거를 얻을 수 있다. 한때 불교를 이 규칙에 대해 예외로 보기도 했으나 사실은 그렇지 않다. 왜냐하면 불교가 종교가 되었을 때 부처를 자기네 신으로 인정했기 때문이다. 보수적인 학자들뿐만 아니라 자유주의 학자들까지도, 비록 그들 사이의 계시개념은 다양하지만, 하나님에 관한 지식이 계시에 근거하며, 따라서 종교도 계시에 근거하고 있다는 것을 분명히 인정하고 있다. '자연 종교'라는 말은 거의 사용하지 않게 되었으며, 혹 사용하는 경우도 그것을 '계시 종교'와 반대되는 신학을 가리키는 것으로 보아서는 안 된다는 분명한 인식을 갖고서 사용하는 경우가 많다.

W. 풀턴(Fulton)은 J. G. 프레이저(Frazer)가 그의 기포드 강좌에서 여전히 받아들이고 있는 옛 중세 때의 구분을 비판하면서 이렇게 말하고 있다. "자연을 생각함으로써 추론하거나 이성의 빛으로부터 추론한 하나님에 관한 지식은 성경 및 교회가 중개한 하나님에 관한 지식만큼이나 계시된 지식이라 불릴 자격이 있다." 존 케어드는 "그러므로 다시금 말하거니와 계시 종교와 구분되는 자연 종교 또는 이성의 종교란 것은 없다"고 선언하고 있다. 맥퍼슨은 다음과 같이 전적으로 옳은 주장을 펴고 있다. "그러므로 종교의 개념 및 사실에 있어서 하나님의 작용으로서의 계시는 인간의 영적 행동으로서의 믿음과 필연적으로 관련된 것이다." 이는 다른 것일 수가 없다. 왜냐하면 종

교는 인간으로 하여금 인간의 탐구로는 접근할 수 없는, 보이지 않는 힘과 접촉하게 해주기 때문이다. 만약 인간이 하나님을 알고 섬겨야 한다면 하나님께서 반드시 자신을 드러내셔야 한다. 이는 인간이 종교에서 찾는 것은, 과학 및 예술 또는 상업과 산업 아니면 감각적인 즐거움과 세속적인 부 등에서 찾을 수 없는 어떤 것, 다시 말해서 죄 및 죽음으로부터의 구속과 하나님과 교제하는 생명이라는 사실을 고려할 때 더더욱 그렇다. 인간은 오직 하나님께서 인간과의 관계 속에서 자신을 계시하시고 구원의 길을 제시해 주실 때에만 이 복들을 얻을 수 있다.

2. 일반적인 계시 개념. '계시'라는 말은 라틴어 '레벨라티오'에서 나온 말로서 드러냄, 계시함 등을 나타낸다. 능동적인 의미로 볼 때 이 말은 하나님의 행동으로서, 하나님께서는 이것을 통해 인간에게 자신과 관련된 진리를 자신의 피조물들과 관련하여 전해 주시고 자신의 의지에 관한 지식을 전달해 주신다. 수동적인 의미로는 하나님의 이 행동이 낳는 산물을 가리킨다. 반드시 알아야 할 것은 신학에서 계시는, 단순히 수동적이고 무의식적이며 생성적인 나타나심이 아닌, 의식적이고 자발적이며 의도적인 하나님의 행동을 가리키는 것이라는 점이다. 그것을 통해 그분은 신적 진리를 계시하고 전달하신다.

계시 개념이 전제하는 것은 (1) 능동적으로 지식을 전해 주시는 인격적인 하나님이 계신다는 것 (2) 신적인 계시가 없으면 알 수 없는 진리들, 사실들 및 사건들이 있다는 것 (3) 이 계시의 대상이며 계시를 자기의 것으로 삼을 수 있는 이성적인 존재가 있다는 것 등이다. 성경에서 좀 더 구체적으로 계시를 가리키는데 사용된 단어들은 '밝힘', '알게 함', '알림' 등을 뜻하는 보통 단어들로서, 초자연적인 알림 또는 이의 결과들에 해당되는 심화된 의미를 담고 있다.

구약에서 뚜렷한 단어는 '갈라'인데, 그 원래 뜻은 '벗고 있는' 이다. 이 말이 계시에 적용되면, 시야를 가리는 덮개를 벗어버리는 것을 가리킨다. 이 동사에서 파생된 명사로서 계시 개념을 가리키는 것은 없다. 이에 대응하는 신약의 용어는 '아포칼룹토'인데, 이것 역시 뒤에 있는 것이나 아래에 있는 것을 보기 위하여 막 또는 덮개를 제거한다는 의미다. '아포칼룹시스'라는 명사는 드러냄, 계시를 의미한다. 종종 사용되는 다른 단어는 '명백하게 하다, 시야에 드러내다'라는 뜻의 '파네로오'(명사는 '파네로시스')이다. 인간에 대한 하나님의 계시와 관련된 전형적인 구절은 히 1:1, 2이다. "옛적에 선지자들을 통하여 여러 부분과 여러 모양으로 우리 조상들에게 말씀하신 하나님이 이 모든 날 마지막에는 아들을 통하여 우리에게 말씀하셨으니."

3. 역사적 계시 개념.　계시 개념은 어느 정도 변화가 많은 역사를 갖고 있다. 신적 계시를 이루고 있는 것이 무엇인가 하는 데 대해서는 일반적인 의견의 일치가 없었다. 베일리는 이 문제에 관한 인류 사상의 역사를 다섯 시기로 나누었는데, 그 각 시기의 특성을 한 번 묘사해 보는 것이 역사의 흐름 가운데서 유행했던 상호모순된 의견들을 지적하는 데 도움이 될 것이다.

(1) 원시 시대.　원시 사람들은 종교적인 문제로 호소할 최종적인 법정을 세대에서 세대로 세심하게 전해 내려온 부족적 전통이라는 것에서 찾았다. 그들은 이 전통에 담겨 있는 신들 및 신적인 것들에 관한 지식을 완전히 신뢰할 만한 것으로 보았는데, 그 이유는 그것이 부족에서 영감을 받은 사람들이 전조에 의해, 다시 말해서 신들이 동물들의 창자에 예시한 징조들이나 새의 비행이나 울음, 별자리 등등에 의해 얻은 것이기 때문이라는 것이다. 이러한 징조들은 그런 문제에 숙달된 사람들이 해석하거나(인위적인 징조), 마음에 직접적으로 명백하게, 또 잠자는 동안이나 황홀경 또는 열광의 때에 만들어진 전달기관들에 의해 해석되었다. 이런 식으로 생겨난 전통들은 때때로 경전으로 기록되기도 했다.

(2) 그리스 철학 시대.　그리스인들은 신이 인간에게 스스로를 계시했다는 사상을 무시하고, 그것을 인간이 점차 신을 발견했다는 사상으로 바꾸었다. 그들은 전조의 존재를 완전히 부인하지는 않았지만, 이것이 종교적 지식의 모든 부분을 설명하기에 충분하다고 생각지는 않았다. 그들은 신들에 관한 진리는 꿈이나 환상에서 갑작스럽게 얻어지는 것이 아니라 고요하고 꾸준한 사색을 통해서 얻어진다고 생각했다. 우세했던 의견은, 신과 자연이 하나이며 따라서 자연에 관한 연구는 종교적 지식을 낳는다는 것이었다. 소크라테스와 플라톤의 철학은 적어도 어느 정도는 이 사상에 대한 반대를 나타내고 있다. 그들은 어느 정도 당시의 다신론을 초월해 있었던 것이다.

(3) 17세기 후반까지의 기독교 시대.　유대교와 기독교의 영향으로, 자연에서의 하나님의 계시와 최종적으로 성경으로 구체화된 특별계시가 구분되게 되었다. 이 이중적 계시 개념은 진지하게 검토되지 않은 채 1600년 이상을 지배해 왔다. 유일하게 거론된 점은 분명한 경계선이 어디인가 하는 것이었다. 이것은 늘 같은 식으로 주장된 것은 아니다. 토마스 아퀴나스는, 자연계시는 통일체로서의 하나님을 아는 지식에 이를 수 있으며 과학적인 신학을 위해 충분한 기초를 제공해 주지만, 오직 특별계시만이 삼위일체이시고 예수 그리스도로 성육하신 하나님을 우리에게 알게 해주며, 믿음의 비밀에 관한 지식을 인간에게 전해 줄 수 있다고 주장했다.

(4) **17세기 후반 및 18세기.** 이 기간 동안에는 성경에 있는 하나님의 특별계시를 희생시키면서 자연에서의 그분의 계시를 강조하는 경향이 점증했다. 특히 이신론 및 합리주의가 조장한 사상은 자연의 빛이 인간에게 충분하다는 것과, 기독교의 계시는 사실상 그것에다 아무것도 더하지 못하고, 스스로의 힘으로는 사물들로부터 발견하거나 추론해 내지 못하는 사람들의 유익을 위해 단지 자연의 빛을 "재공포"하는 것에 불과하다는 것이었다. 그들이 "자연의 빛"이라고 할 때는 "부분적으로는 어떤 직관적이거나 자명한 종교적 신념들을, 또 부분적으로는 과학적이고 형이상학적인 사색에 근거한 어떤 추론적인 증거들"을 뜻한다.

(5) **19세기 시작 이후.** 칸트와 특히 슐라이어마허의 영향으로 자연의 빛과 하나님의 특별계시 사이의 차이가 잠정적으로 초월되었다. 근대 신학에서는 이 둘을 더 이상 하나님에 대한 지식에 이를 수 있는 두 길로 보지 않고, 존재하는 하나의 길을 인식하는 구분된 두 길로 보게 되었다. 하나님의 내재에 관한 교리가 중요한 역할을 하기 시작했다. 칸트와 슐라이어마허는 둘 다 "신성에 이를 수 있는 유일한 논증은 외적인 속성이 아닌 인간적인 속성에서 시작하는 논증이라고 확신하였고 하나님께서 자신을 특징적으로 계시하시는 것은 인간성 안에서이지 비몽사몽이나 꿈 또는 열광으로 인간성이 정지된 상태에서가 아니라고 믿었다." 그들은 자연의 빛 교리를 말하는 것도 아니고 특별계시의 교리를 말하는 것도 아니며 그 둘을 좀 더 높은 통일체로 변화시키고 있다. 이 새로운 제시는 어느 정도 그리스 철학의 제시로 돌아간 것이며, 위기의 신학이 강력하게 반대하는 것이 특히 이 계시 개념이다.

4. 근대 신학에서의 계시 개념.

(1) **이신론적 개념.** 18세기의 이신론은 인격적인 하나님과, 자연 및 역사에서의 일반 계시는 믿었으나, 초자연적인 계시의 필요성, 가능성, 실재성 등은 부인했다. 이신론은 인간의 이성이 특별 계시가 인간에게 전해 줄 수 있는 모든 것을 일반계시에서 발견할 수 있다는 점에서 특별계시의 필요성을 부인했다. 특별계시가 갖고 있다고 생각되는 유일한 유익은, 그것이 필요한 지식의 획득을 용이하게 해줄 수 있다는 것뿐이다. 레싱은 비록 이신론자는 아니지만 자연계시의 전적인 충분성을 주장함에 있어서는 그들과 일치한다. 그에 따르면, 특별계시는 "인간의 이성이 몰두해 볼 만한 것을" 아무것도 제공해 주지 않으며, "그것들 중 가장 중요한 것을 인간에게 좀 더 일찍 제공해 주었고 또 지금도 그리하고 있을 뿐이다."

이신론은 또한 초자연적 계시를 불가능한 것으로, 다시 말해서 형이상학적으로 생각할 수 없으며 도덕적으로 하나님께 합당하지 않은 것으로 본다. 그런 계시에는, 존재하는 세계가 결함이 있고 따라서 창조주께서 세계를 창조하실 때 더 나은 세계를 설계하는데 필요한 지식이 모자랐거나 좀 더 훌륭한 세계를 창조하는 데 필요한 능력이 모자랐다는 것을 내포하게 된다는 것인데, 둘 다 생각할 수 없는 것이며, 하나님에 대해 당치않은 생각을 담고 있다.

끝으로, 이신론은 그 어떤 초자연적인 계시의 존재도 과감하게 부인하고 있는데 그 이유는, 그런 계시는 하나님께서는 항상 이미 확립되어 있는 자연법칙에 따라 일하신다는 사실에 절대적으로 반대된다고 생각하기 때문이다. 세계는 어길 수 없는 법칙체계의 통제 아래 있으며, 따라서 필연적으로 초자연적인 요소들의 침입을 배제한다는 것이다. 예언이나 이적은 이성의 범위를 초월하는 계시가 존재한다는 증거가 되지 않는데, 그 이유는 예언이나 기적에는 자연적인 설명의 여지가 있기 때문이다. 레싱은 이렇게 하나님의 초자연적 계시를 몰아내고 자연적 계시만을 남겨두고 있으며, 그런 면에서 계몽주의 철학이 그 뒤를 따랐다고 할 수 있다. 칸트조차도 이 관점을 넘어서지 못하고, 이전에 레싱이 했던 것과 똑같은 논증을 하고 있다. 그의 종교는 이성의 한계 내에서의 종교였던 것이다.

(2) 근대 관념론적 개념. 이신론이 하나님을 세계로부터 먼 거리에 갖다두고 접촉점을 허용하지 않은 반면 19세기 초기의 관념론 철학은 하나님이 세계에 내재하심을 강조하였고 그럼으로써 새로운 계시 개념을 탄생시켰다. 그 철학은 본질적으로 범신론적이며 따라서 계시는 항상 교회에 의해 이해되었다는 의미에서 계시를 배제했다. 범신론의 근본적인 원리는 하나님과 세계가 하나라는 것이다. 하나님은 세계와 떨어져 독립적으로 존재하시지 않으며, 세계 역시 하나님과 구별되어 존재하지 않는다. 범신론은 대체로, 일원론적이고 무한하며 자기 충족의 모든 존재의 근거와, 그것으로부터 흘러나오는 바 일시적이고 유한하며 늘 변하는 현상을 구분한다. 이러한 현상적 형태들은 그것들 배후에 놓인 알려지지 않은 어떤 것의 변형일 뿐이며, 브라만(인도철학), 순수 존재(그리스 철학), 실체(스피노자), 순수 사고(헤겔) 등 다양하게 불려 왔다. 이들은 모두 순수한 추상적 개념들로서, 바빙크의 주장대로 전부를 의미하거나 아무것도 의미하지 않는 것이다. 현상계가 이 숨겨진 배후에서부터 드러나게 되는 그 방법에 대해서는 의견이 다양하다. 인도 철학자들은 유출을 말하고, 그리스 철학자들은 나타남을, 스피노자는 변형을, 또 헤겔은 관념적 진화의 과정을 말한다. 그러나 이 과정이 그 어떤 종류의 것이든 그것은 엄밀하게 말해 절대자를 계시하지 않으며, 절대자는 미지

수로 남아 있는 것이다. 게다가 이런 관점에서는 잘해야 생성적 나타남에 대해서 말할 수 있을 뿐 의식적이고 자발적이며 능동적인 자기 알림에 대해서는 전혀 말하지 못한다. 또 마지막으로, 이 범신론적 관점에는 지식을 전달해 주어야 할 대상이 없다. 주체와 객체가 하나인 것이다. 헤겔에 따르면, 무어(Moore)는 "하나님은 한꺼번에 계시자요, 수용자이시며, 계시이시다"라고 올바르게 말하고 있다.

하나님의 내재하심에 대한 관념론자들의 일방적인 강조는 슐라이어마허 및 그의 추종자들을 통하여 신학계에서 인기를 얻게 되었고, 범신론에 맞는 요점으로 종종 강조되었다. 전체 자연은 하나님의 내재의 현시로 여겨졌을 뿐만 아니라 하나님과 동일시되는 일도 자주 있었다. 인간의 신성은 하나님의 가장 중요한 계시가 인간의 내적 삶에서 발견된다는 사실에 비추어 강조되었는데, 헤겔에 따르면 그 삶 안에서 무한자가 자기 의식에 이른다는 것이다. 그리고 그리스도가 인류의 가장 순수한 꽃으로 인정되기 때문에 하나님의 최고 계시는 그분 안에서도, 우선적으로는 그분의 내적 삶에서이지만, 제이차적으로는 그분의 역사적 출현에서도 찾을 수 있다는 것이다. 이렇게 하나님과 인간 사이의 연속성은 절대적인 것이 되었고, 이 둘 사이를 갈라놓은 거리에 대한 개념은 약화되고 또 때로는 완전히 무시되었다. 맥기퍼트는 내재 교리가 계시 개념에 미친 영향에 대해 말하면서 이렇게 쓰고 있다. "하나님께서 인간의 삶 속에 내재하시므로 계시는 바깥이 아닌 안으로부터 온다. 종교적인 인간은 신적 진리를 드러내기 위해 자기 자신의 경험 속을 살펴보아야 하며, 만약 그가 또한 성경도 의존하고자 한다면 그것은 단지 성경이, 자기 자신의 영혼 안에서 하나님을 발견하고 거기서 그분으로부터 배운 다른 사람들의 종교적 경험을 기록한 것이기 때문이다."

이 관념론은 또한 하나님의 초자연적 계시도 몰아낸다. 이신론이 초자연적 계시를 부인하는 반면 사실상 관념론은 형식적인 의미에서 자연적인 계시를 부인하는데, 그 이유는 자연계에 있는 모든 사상, 사실, 사건 등을 내재하시는 하나님의 직접적인 산물이라고 보기 때문이다. 이신론이 자연적이라 부른 모든 것을 관념론은 초자연적이라 부른다. 관념론이 판단하기에 초자연적인 것은 결국 자연적인 것과 다른 것이 아니라 자연적인 일반법칙 및 일상적인 사건의 과정으로 표현된다는 것이다. 자연적인 것은 모두 초자연적이고, 초자연적인 것은 모두 자연적이다. 이 사실을 고려할 때 오늘날 자유주의가 때때로 "자연적 초자연주의"와 "초자연적 자연주의"를 말하는 것은 별 놀랄 만한 일이 아니다. 그러므로 이 관념론적 관점에 서서 초자연적 계시를 얻고자 싸우는 사람들은 자기들이 요구하는 것보다 훨씬 더 많이 얻는 것 같지만 그들이 얻을 이익은 명백하다. 그것이 뜻하는 바는, 모든 계시는 기원에 있어서 초자연적이라고, 다시 말해서 하나님으로부터 나오는 것이라고 인정된다는 것일 뿐이다. 따라서 남는 문제는 인간이 자연적인 능력으로 알 수 있는 모든 것을 초월하는 하나님의 계시, 즉 초자연적 원천으로부터 흘러나올 뿐만 아니라 또한 초자연적인 방법으로 중개되고 인간에게 전달되기도 하는 계시가 있는가 하는 것이다. 그리고 이 점에 있어서 관념론은 초자연적인 계시를 믿고 있는 척하면서도 이신론과 함께 그것을 부정한다. 관념론과 반대로 우리는 초자연적인 방법으로 중개되고 인간에게 전달되는 하나님의 계시가 존재한다는 사실을 강조하여야 한다.

여기서 특별히 관심을 가져야 할 점이 하나 더 있는데 그것은 곧 신적 계시의 내용에 관한 것이다. 교회는 늘 하나님의 계시를 인간에게 지식, 곧 자연에 관한 지식과 하나님의 뜻에 관한 지식을 전달하는 것이라고 보았다. 그러나 신의 내재 교리에 있어서 관념론의 지배를 받는 근대 자유주의 신학에서는, 계시가 신적 진리의 전달이 아니라 경험의 형태 또는 역사적인 인격 곧 예수 그리스도의 형태를 갖는다는 주장을 거듭 만나게 된다. 때로는 하나님께서 말씀이 아닌 행동으로 자신을 계시하신다는 말도 듣는다. 이것은 기독교는 교리가 아니라 삶이라는 일반적인 관점과 전적으로 일치한다. G.B. 포스터는 말하기를 기독교적 계시 개념은 "정통적인 교회적 교의학의 개념과 다르다. 후자는 특별 계시가 성경과 같은 것이라는 데 근거하고 있다. 그 결과 계시는 ① 교리의 전달, ② 내적으로 권위 있고 합법적인 것, ③ 자연적인 중개가 없다는 사실이 주로 강조된다는 의미에서 기적적인 것, ④ 무(無)역사적인 것 등으로 여겨진다"고 한다. 제럴드 버니 스미스에 의하면 "계시는 점점 진리에 대한 비인격적인 전달이 아니라 비상한 영적 통찰력으로 여겨지고 있다." 에드워즈는 궁극적으로는 계시의 범주가 필요하게 되리라는 것을 인정하고 있지만, "그것은 위로부터 인간의 마음에 주어진 지적인 지식이나 관념에만 관련되는 것이 아니라 인간의 전체 삶에 관련된 하나님의 계시여야 한다"고 한다. 근대 자유주의자들은 겸손하기 때문에 자기들이 진리를 소유하고 있는 체하지 않으며 따라서 겸손하게 진리를 찾는 자의 자세를 취한다. 그와 동시에 그들은 인간에 대한 충분한 확신을 가지고, 인간이 진리를 발견할 수 있으며 하나님을 발견하기까지 했다고 생각하고 있다. 그리고 그들이 신적 계시를 믿는 경우라 하더라도 그들은 인간이 발견한 것이 그 계시와 협력해야 한다고 주장해야 한다.

(3) 위기의 신학의 개념. 칼 바르트, 에밀 브루너, E. 투르나이젠, F. 고가르텐, A. 불트만 등의 인물들로 대표되는 위기의 신학은 근대의 관념적 계시개념에 대해 적지 않

은 반발을 나타내고 있다. 위기의 신학을 해석하는 사람 가운데는 이미 그것을 "하나님의 말씀의 신학"이라고 부르는 것이 합당하다고 주장한 사람도 여럿 있다. 이는 "하나님의 말씀의 교리"라는 바르트의 서론 제목과 일치한다. 이 신학에서는 "하나님의 말씀의 교리"를 강조하고, 그와 함께 그것의 필연적인 추론인 하나님과 인간 사이의 단절을 강조한다. 이 입장을 취함으로써 위기의 신학은, 인간의 발견물이 대단히 중요한 역할을 담당하는 근대의 주관적 계시개념의 토대를 단번에 제거해 버린다. 위기의 신학은 하늘에 닿을 정도로 높은 탑을 쌓을 수 있다고 생각하는 자들의 교만을 비난하면서, 인간에게서 하나님께로 이를 수 있는 길은 없으며 오직 하나님에게서 인간에게 이르는 길이 있을 뿐이라는 사실을 강하게 거듭거듭 강조한다. 하나님은 숨겨지신 하나님이시며, 영적으로 맹인이 된 인간은 결코 그분을 발견할 수 없다. 인간을 찾으시고 또 그리하심으로써 인간을 위기에 몰아넣으시는 분은 하나님이시다. 이 신학에 따르면, 계시는 성경에서조차도 구체적인 역사적 존재성을 갖고 있지 못하며 따라서 이것이 하나님의 말씀이다라고 말하는 것은 옳지 못하다. 그렇게 말하는 것은 하나님의 말씀을 역사적이고 상대적인 수준에까지 끌어내리는 일이며, 사실상 인간으로 하여금, 결코 대상이 될 수 없고 항상 주체이신 하나님을 연구의 대상으로 만들 수 있게 하는 일이다. 계시에서는 하나님의 자유로우신 행동만이 강조된다. 그것은 말씀하시는 행동의 하나님, 지금은 이 사람에게 또 다음에는 저 사람에게 말씀하시고 그 말씀을 영혼에게 믿음으로 자각시키시는 하나님이라는 것이다.

위기의 신학은 계시가 단번에 주어진 것이라고 한다. 또 이 계시가 언제 주어졌는가 하는 질문이 제기된다면 그 대답은 성육신 때로서, 거기서 하나님이 우리의 인간성을 새롭게 만드시기 위해, 모든 것이 달려 있는 위대한 행동을 이루시기 위하여 실제로 인간에게 오셨다는 것이다. 그렇지만 하나님의 최고 계시가 주어진 것은 자유주의자들이 주장하는 것처럼 예수의 역사적인 생애에서가 아니라 그분 안에 있는 완전히 새로운 것에서인데, 거기에서 영원한 것이 위로부터 수직으로 내려와 역사의 지평선을 꿰뚫는다는 것이다.

캠필드는 바르트에 대한 연구에서 이렇게 말한다. "그리스도께서는 새로운 어떤 것의 역사를 시작하신다. 그분을 그리스도로 만드는 것, 즉 하나님의 계시에서 그분은 역사와 연속적이신 것이 아니라 단절적이시다. 그분 안에서 역사는 그 일시적인 연속적인 상황에서부터 들어올려져 신적인 계시의 사건 안에 놓이게 된다." 브루너도 이와 비슷한 어조로 말한다. "예수 그리스도가 의미하는 것은 시간 안에서의 영원이요, 상대성 안에서의 절대성이며, 시간의 완성, 모든 일시적인 변화를 초월해 있는 것의 시작, 오는 세대, 하나님의 말씀의 도래, 구원 등이다." 따라서 하나님의 계시는 인간에게 지식의 전달로서 오는 것이 아니라 위대한 중심적 사건으로 오는 것이다.

계시에서 하나님은 믿어야 할 교훈을 갖고 인간에게 접근하시는 것이 아니라 만나야 할 도전, 복종해야 할 훈령 또는 명령을 갖고 접근하시는 것이다. 그렇지만 믿음이 있기 전에는 그리스도 안에조차 계시가 존재하지 않는다. 엄밀하게 말해 믿음을, 인간이 신적 계시를 받는 수단인 인간의 영적 활동으로 이해해서는 안 된다. 왜냐하면 믿음이 인간으로 하여금 주체가 되고 계시를 소유하게 만들 것이기 때문이다. 계시는 오히려 주체로서의 인간에 대한 부정이다. 계시는 하나님 특히 성령님의 창조적 사역으로서, 그 사역을 통해 그리고 그것을 통해서만 최종적으로 성취된 사실이 되는 것이다. 믿음은 기적이요 하나님의 행동이며 선물이다. 믿음은 주관적인 측면에서의 계시이다. 캠필드는 말한다. "믿음에서 인간은 자기의 삶을 거대하게 침해하고 하나님께 위대하게 접근하는 주체가 되는데, 이것이 계시를 위하여 그의 의식, 그의 사고세계를 무력하게 만든다." 바르트가 이따금 믿음은 하나님의 신적 계시에 대한 인간의 반응이라고 말하는 게 사실이긴 하지만, 이 말은 앞의 내용에 비추어 이해하지 않으면 안 된다. 그는 믿음이 그리스도 안의 하나님의 말씀이며, 따라서 스스로 그것에 대한 이해를 창조해 내는 계시라고 말하고 있다.

바르트는 선지자들과 사도들에게 임한 하나님의 말씀을 원래의 계시라고 말하기도 한다. 그러면 또 이 말씀이 그리스도 안의 계시와는 어떻게 연결되어 있는가 하는 질문이 생겨난다. 바르트는 「행동하시는 하나님」(God in Action)이라는 책에서, 하나님을 무시무시한 싸움에서 죄인의 무리들과 맞서기 위해 군인처럼 나아가시는 것으로 묘사하고 난 뒤 이렇게 말하고 있다. "이 사건은 인간을 향한 하나님의 계시이다. 그것을 이런 식으로 이해하지 못하는 사람은 자기가 입으로 '계시'라는 말을 언급하면서도 자기가 무슨 말을 하고 있는지 모르고 있는 것이다." 그는 위대한 중심적인 계시가 예수 그리스도 안에 왔으며 공격의 예봉을 맞이한 사람들은 첫 줄의 사람들 곧 선지자들과 사도들임을 지적하고 있다. 그리스도 안에 있는 하나님의 계시는 가장 먼저 그들에게 임했던 것이다. 또 계시에 대한 이해 없이는 계시도 없기 때문에 그들에게 임한 계시는 원래의 계시라 부를 수 있을 것이다.

그들은 이어 성경에 있는 계시를 증거하는데, 그리하여 성경을 신적 계시의 증거요 징표라고 부를 수 있고 그 정도까지만 하나님의 말씀이라 부를 수 있는 것이다. 성경 자체는 계시가 아니다. 왜냐하면 계시는 늘 하나님의 행동으로 오기 때문이다. 바르트는 말한다. "성경 그 자체는 계시가 아니다. 그러나 성경은 예수 그리스도께서 자신의 선지자들 및 사도들의 증거를 통해 우리에게 말씀하실 경우 그리고 그 경우에만 계시이다." 또다시, "선지자와 사도의 말씀은 예수 그리스도의 말씀, 증거, 선포, 전파이다. 이 말씀으로 교회에 주어진 약속은 우리 곧 하나님에 대한 우리의 적대감 때문에 실제로 스스로를 도울 수 없었을 우리를 그것 자신에게로 인도하는 – 참 하나님이시고 참 인간이신 그분의 인격에 나타나 있는 – 하나님의 자비의 약속이다"라고 한다. 성경의 말씀이 믿음을 일으키는 창조적인 힘을 갖고 인간에게 올 때 그것은 인간에게 하나님의 말씀 곧 계시일 수 있고 또 그렇게 된다는 것이다. 바르트는 성경을 하나님의 말씀의 제이차적 형태로, 말씀에 관한 설교를 제삼차적 형태로 부른다. 교회 선포는 몇몇 사람들에게 하나님의 말씀이 될 것이라는 기대를 가지고 전파되는 예수 그리스도의 복음이다. 그것이 하나님의 말씀이 되는 것은 그것이 마음에 믿음으로 일깨워지는 경우, 또 그것이 성령의 사역을 통해 신적 계시로 – 그 각각의 경우마다 성령의 증거로 – 인식되는 경우들뿐이다.

하나님의 계시의 특징은 인간에게 진리를 전달해 준다는 점이 아니라, 인간 편에서의 복종 곧 다시금 믿음으로 역사하는 복종을 요구하는 도전이요 명령이며 훈령으로 인간에게 온다는 점이다. 그것은 언어적이라기보다는 사실적이다. 다시 말해서, 그것은 말로서라기보다는 행동으로 인간에게 오며, "바르트 이전의 바르트주의자"라고 불린 포사이스의 표현을 쓴다면 "행동의 형태로 된 말"이다. 뿐만 아니라 그것은 그저 과거에 발생한 어떤 것이 아니라 현존하는 것이요 동시적인 어떤 것이기도 하다. 이것을 월터 로우리(Walter Lowrie)는 다음과 같이 올바로 강조하고 있다. "우리가, 계시는 사실의 문제가 아니라 실재성의 문제라고 말한다면, 우리는 천주교나 개신교 정통에서 생각했던 문제의 진술을 완전히 바꾼 것이다. 이제 주된 문제는, 하나님께서 – 다소간 떨어진 과거의 어느 때에 – 말씀하셨는가 하는 여부나, 이 말씀에 대한 기록 곧 성경에 기록된 말씀이 참으로 하나님의 말씀인지 결정할 수 있는 기준이 무엇인가 하는 것이 아니다. 문제는 바로 하나님께서 지금 이 순간에 나에게 실제로 말씀하고 계시는가 하는 것이며, 내가 듣고 있는가 하는 것이다. 왜냐하면 만약 내가 하나님의 음성으로 내게 들려오는 말씀을 듣는다면 내가 그것을 어떻게 하나님의 말씀으로 인식할 것인가 하는 문제는 생기지 않을 것이기 때문이다. 그리고 내가 만약 그것을 그런 식으로 듣지 않는다면 그런 질문을 하는 일에 관심을 가질 수 없다. 하나님의 말씀은 스스로를 증거한다거나 성령의 증거에 의해 개인에게 증거된다는 개혁자들의 교리는, 그들이 했던 것보다 여기서 훨씬 더 분명하게 적용할 수 있다. 현재적인 것으로 인정된다면 하나님의 말씀은 하나님의 말씀으로 들리거나 아예 들리지 않게 된다."

5. 계시의 성격에 대한 올바른 개념.　계시 개념에 대해 다양한 의견들이 존재하는 까닭에 자연히 생겨나는 문제는 우리가 어떻게 올바른 계시 개념에 이를 수 있는가 하는 것이다. 순수하게 신적인 계시를 구성하는 것이 무엇인지 정확하게 결정하고, 그것을 일반적인 인정을 받을 수 있게끔 정의하는 것이 가능한가? 또 올바른 계시 개념에 이르는 것이 가능하다면 그것을 찾기 위하여 추구해야 할 방법은 무엇인가?

　(1) **역사적 방법.**　많은 사람들이 이 문제에 대한 대답은 종교사를 연구함으로써 찾아야 한다고 생각한다. 탐구자는 편견 없는 마음으로 주제에 접근해야 하고, 자신을, 말하자면 모든 종교와 그 종교들이 전제하는 계시 바깥에 두어야 하며, 그것들이 제시하는 주장들에 주의를 기울여서 마지막으로 자기의 결론을 이끌어 내어야 한다는 것이다. 그들은 이것이 신적 계시의 본질적인 요소들을 발견하고 단일한 계시관을 얻을 수 있는 유일한 과학적 방법이라고 생각한다. 그러나 이 방법은 여러 가지 이유로 해서 실망을 줄 수밖에 없다. ① 역사 바깥에 서서, 세계의 다양한 종교들에 있는 계시에 관한 신념들을 아무런 선입견 없이 연구하여, 계시의 속성에 대해 순수하게 객관적인 결론에 이를 수 있다고 생각하는 것은 순전히 자기기만이다. 우리는 역사의 제약을 받고 있으며 역사 바깥에 설 수가 없다. 뿐만 아니라 탐구를 함에 있어서 우리는 우리 자신뿐만 아니라 우리가 의식하는 종교적 내용도 제쳐놓을 수 없으며, 미리부터 원리적으로 정해져 있는 결론에 도달하는 것이 보통이다. ② 우리가 전적으로 선입견이 없는 방식으로, 즉 그 주제에 대해 아무 전제 없이 주제에 접근할 수 있다고 가정한다면, 그것은 계시의 순전성 여부를 결정할 수 있는 아무런 표준 없이 그 주제에 대한 연구를 시작한다는 말이 된다. 그런 방식으로 문제에 접근할 때 건전한 판단에 이르는 것은 불가능해진다. 한편 어떤 명확한 표준을 염두에 두고 연구에 착수한다면 그것은 더 이상 선입견이 없는 것이 아니며 증명도 없이 논점을 선취하는 잘못을 범한 것이다. ③ 학문은 아무리 객관적인 것이라 하더라도, 계시 개념에 관한 견해의 차이를 제거하고 모든 국가와 개인들을 마음의 깊은 확신으로 통일시키지는 못할 것이다. 그런 영적인 통일은 종교의 통일을 통해서만이 얻을 수 있다. 종교사를 연구함으로써 이 분야에서 대단히 만족스러운 결과를 얻었다고 말할 수는 없다.

　(2) **신학적 방법.**　계시 개념을 연구하고 평가하기 위해서는 반드시 판단의 표준이

있어야 한다. 그리고 가장 중요한 문제는 그 표준을 어디에서 끌어올 수 있는가 하는 것이다. 물론 철학에서는 아니다. 왜냐하면 철학은 순수한 계시를 구성하고 있는 것이 무엇인지 선험적으로 결정할 권한이 없기 때문이다. 그리스도인은 오직 자기가 하나님의 특별 계시라고 인정하는 것으로부터만 진정한 계시 개념을 끌어올 수 있다. 이 말이 뜻하는 바는, 우리가 과연 계시가 무엇인지 알기 위해서는 우리가 신적인 계시 그 자체라고 여기는 것에 의존해야 한다는 것이다. 물론 이 과정의 방법을 따르는 것은 순환적인 추론을 하는 것이라고 볼 수 있으며 우리는 솔직하게 그것을 인정한다. 그러나 이것은 과학자들이, 이를테면 흙이 무엇으로 구성되었는지 알기 위해 흙에 의존할 때 움직이는 그 순환과 같은 종류의 순환이다.

에드워즈도 종교의 규범을 역사적으로 결정하고자 함에 있어서 똑같은 종류의 추론에 의존하지 않을 수 없음을 깨닫고 있다. 그는 이렇게 말한다. "이 질문을 추적함에 있어서 나로서는 순환적인 추론을 피하기가 어렵다. 즉 우리의 규범을 탐구함에 있어서 우리가 일반적인 요소들을 우리의 지침으로 삼을 뿐만 아니라, 일반적인 요소들을 묘사함에 있어서 그 규범을 우리의 지침으로 삼지 않을 수 없다는 것이다. 우리의 추론이 오직 순전히 형식적이고 빈약하며 현학적인 경우를 제외하고는 우리가 실제 추론에서 과연 '순환'이라는 것을 피할 수 있을지 의심스럽다."

상황은 이렇다. 만약 계시가 발생하지 않았다면 계시의 속성에 대해 숙고하는 모든 노력이 헛되게 될 것이다. 그러나 만약 계시가 존재한다면 계시 그 자체가 자기의 본질적 속성에 빛을 던져 주고 그리하여 판단의 표준을 우리에게 제공해 주어야 한다. 소위 많은 계시들은, 그리스도인이 학문적인 연구를 함에 있어서 성경에 있는 하나님의 특별 계시의 진리성에 대한 자기의 확신을 배제해야 할 이유가 되지 못한다. 그것이 만약 이유가 된다면 우리는 진, 선, 미가 상대적 개념이라는 오늘날 많은 사람들의 주장으로 인해 논리, 도덕, 미학 등의 법칙에 대한 우리의 확신을 버려야 할 것이다. 다른 종교를 가진 사람들이 똑같은 방식으로 변론하리라는 것도 전적으로 사실이지만, 그렇다고 해서 본질적인 차이가 생기지는 않을 것이다. 결국은 각자가 자기 자신의 주님 앞에 서고 또 무릎 꿇는 것이다. 사실 이 방법은 단일한 계시 개념에 이를 수 없으며, 다른 어느 방법도 마찬가지이다. 그리고 학문적 연구에서도 기독교 신앙을 고수함으로써 기존의 불화를 다른 방법에서보다 더 많이 치유할 가능성도 대단히 크다. 바빙크는, 중립에서 도피처를 구하는 학문은 계시와 종교를 어떻게 다루어야 할지 모르며 결국은 그 둘을 미신으로 분류하고 만다고 말한다.

6. 계시 개념에 적용된 구분들. 시간의 흐름과 함께 두 가지 종류의 구분이 계시 개념에 적용되었다. 그 중 초기의 것은 자연 계시와 초자연 계시의 구분이었다. 뒤에 가서 많은 사람들이 이 구분을 버리고 일반 계시와 특별 계시 사이의 구분을 더 애호했다. 각기 다른 종류의 계시를 구분하는 이러한 구분의 양태는 그 각각이 나름대로의 독특한 타당성을 갖고 있으며, 둘 사이의 차이점을 그것들의 본질적인 속성에 있어서, 그것들의 포괄성에 있어서, 또 그것들이 봉사하는 목적에 있어서 묘사해 준다.

(1) 자연 계시와 초자연 계시. 성경은 자연 계시와 초자연 계시를 구분할 수 있는 근거는 제공해 주지만, 이 둘을 직접 구분하고 있지는 않다. 네안더(Neander)는 파네룬과 아포칼룹테인이 각각 자연 계시와 초자연 계시를 가리키는 것으로 보고 있는데 이는 잘못이다. 어떤 의미에서는 성경에 따를 때 하나님의 모든 계시가 초자연적인 것이라고 할 수도 있다. 왜냐하면 자연의 생명과는 구별된 생명을 가지신 하나님에게서 나오고 하나님을 계시하는 것이기 때문이다. 일반적으로 성경은 자연 현상들을 그 제이차적 원인까지만 추적하는 것이 아니라 제일차적 원인, 곧 하나님 또는 하나님의 뜻까지 추적하고 있는 것이다. 이 구분은 역사에서 상당히 일찍 시행되었다. 그렇지만 이 구분의 의도가 계시의 이중적인 기원을 가리키는 것은 아니었다. 하나님의 계시는 하나님으로부터 나오는 것이어서, 기원상 모두 초자연적이라는 사실은 분명하게 이해되고 있었다. 이 구분은 오히려 계시의 두 양태를 구별하기 위한 것이었다. 자연 계시가 자연 현상의 중개를 통해 전달되는 반면, 초자연적 계시는 하나님이 사건들의 자연적인 과정에 개입하신다는 것을 내포하는 것으로서, 그 기원에 있어서 뿐만 아니라 양태에 있어서도 초자연적이라는 것이다.

자연 계시와 초자연 계시 사이의 구분은 중세 시대에 대단히 유행했으며, 스콜라 학자들의 논의에서 주된 위치를 차지했다. 여러 사람의 저명한 스콜라 학자들의 관심을 끌었던 것은 특히 이 둘 사이의 관계 문제였다. 그들의 생각에 그 문제는 사실상 이성과 계시 사이의 관계 문제였던 것이다. 어떤 사람들은 계시에 우위를 두고서는 자기들의 믿음을 "이해하기 위하여 믿는다"(Credo ut intelligam)라는 말로 표현한 반면 다른 이들은 이성이 우월하다고 보았다. 그렇지만 스콜라 시대가 끝이 날 무렵 이 구분은 상호 대립되는 형태를 보였는데, 특히 토마스 아퀴나스의 가르침에서 그랬다. 그는 철학의 진리와 계시의 진리를 각각 제 위치에 두고 철학의 문제는 철학자로서, 신학의 문제는 신학자로서 다루어야 한다고 생각했다. 우리가 따를 두 방법 중 하나는 과학적 지식에 이르고, 다른 하나는 신앙에, 다시 말해서 지적인 통찰력에 근거하지 않은 진리의 수용에 이르게 된다. 그는 비록 신앙이나 계시의 명제들 중 어떤 것은 이성적인 논증을 통해 증명할 수 있다는 가능성은 인정했으면서도, 이성의 토대 위에 학문을 건설하는 것은 가능하지만 신앙의 토대 위에서는 불가능하다고 생각했다. 계시는 이성으로 얻은 지식에 특별히 신비의 지식(삼위일체, 성육신 등)이 덧붙여진 것으로 보았는데, 이것들은 오직 권위에만 의존하고 있는 것으로서 신앙의 문제로 남는다고 생각했다. 이 관점은 자연 계시를 과대평가하고 초자연 계시를 과소평가하는 이원론에 이르게 되었다.

개혁자들은 이 구분은 지속시켰으나 토마스 아퀴나스의 이원론은 제거하고자 노력했다. 그들은 자연 계시를 통해 하나님에 관한 엄밀한 과학적 지식에 이를 수 있는 가능성을 부인하였고, 죄가 세상에 들어옴으로써 자연 계시가 오염되고 희미하게 되었고, 또 인간의 이해력이 어두워져, 자연에 씌어진 하나님의 글씨를 정확하게 읽고 해석할 수 없게 되었다고 주장했다. 타락의 결과 두 가지가 필요하게 되었는데 ① 하나님이 초자연 계시를 통해, 인간이 원래 자연 계시로부터 알 수 있었을 진리들을 재공포하고, 교정하며, 해석해 주셔야 하고 ② 하나님께서 성령의 역사를 통해 인간에게 조명하셔서 당신의 손의 사역에서 다시 한 번 하나님을 볼 수 있게 해주셔야 한다는 것이었다. 따라서 스콜라주의가 그토록 강조하였던 자연 신학은 이성에 근거한 그 독립성을 상실하고 기독교 교리체계에 합쳐지게 되었다. 그렇지만 이 말이 개혁교회가 자연 계시를 가치없는 것으로 보았다는 뜻은 아니다. 루터교회나 개혁교회나 모두 자연 계시의 중요성을 계속 주장하고 있다.

개혁주의 신학자들 중 몇몇은 소지니주의에 대항하여 자연 계시를 옹호하고 있는데, 소지니주의자는 하나님에 관한 지식은 모두 외적 전달의 산물이라고 보는 자들이다. 그런데 개혁교회들조차도 스콜라주의의 이원론적인 제시를 완전히 탈피하지 못하고 있다고 할 수 있다. 개혁주의 신학자들은 때때로, 인간의 이성이 완전히 통치하고 신앙의 인도는 필요하지 않은 영역이 비록 지극히 작기는 하지만 여전히 있다는 인상을 주어 왔고, 오늘날까지도 가끔 그런 일이 있다. 이성을 모든 지식의 원천으로 강조한 데카르트 철학의 영향으로 어떤 개혁주의자들은 자연 신학에 대한 책을 따로 출판하기도 했다.

18세기에는 영국의 이신론과 독일의 합리주의가 자연 신학을 너무 부각시켜 계시 신학은 전적으로 불필요한 것처럼 보이게 만들기도 했다. 이것은 볼프의 철학에서 그 절정에 이르렀는데, 그는 모든 것을 합리적인 과정과 연역적인 방법으로 증명하고 그것을 명백하게 제시하는 일이 가능하다고 생각했다. 칸트는 초감각적이고 초자연적인 것은 인간 이성의 영역 너머에 있음을 지적함으로써 이 입장을 완전히 뒤엎었다. 게다가 종교학의 역사를 보면 종교 가운데 순전히 자연 계시에 근거한 것은 하나도 없음을 알 수 있다.

(2) 일반 계시와 특별 계시. 자연 계시 및 초자연 계시 사이의 구분과 나란히 또 하나의 구분이 생겨났는데, 그것은 곧 일반 계시와 특별 계시 사이의 구분이었다. 자연 계시와 초자연 계시의 구분을 잘못된 것으로 생각하게 된 이유는, 이방 종교들도 전적으로 자연 계시에만 토대를 둔 것이 아니라 부분적으로는, 전통으로 전해져 내려 왔고 대단히 많이 왜곡된 초자연적 요소들에 토대를 두고 있음이 발견되었기 때문이다. 일반 계시와 특별 계시의 구분은 앞의 구분과 전적으로 같은 것은 아니지만 어느 정도는 병행하는 것이다. 이 구분은 계시의 기원이나 양상보다는 계시의 범위와 목적을 생각한다. 그렇지만 겹쳐지는 부분도 있다.

창조에 근거를 둔 일반 계시는 모든 지적인 피조물 그 자체에 전달되는 것이므로 모든 인간이 받을 수 있다. 비록 죄의 결과로 말미암아 그것을 더 이상 올바로 읽고 해석할 수는 없지만 말이다. 이에 반해 특별 계시는 재창조에 토대를 둔 것으로, 죄인인 인간들에게 그들을 구속할 목적으로 전달되며, 영적인 사람들만 올바르게 이해할 수 있다. 일반 계시는 그저 자연적이기만 한 것이 아니라 초자연적 요소들도 담고 있으며, 특별 계시 역시 전적으로 자연적인 성격만을 갖는 요소들도 포함하고 있다. 타락 이전의 계시는 초자연적인 동시에 일반적인 것이었다.

또 특별 계시의 영역이 이스라엘로 제한되었을 때 하나님께서는 비이스라엘 사람들에게 초자연적 계시를 거듭해서 주셨는데, 이는 특별 계시의 영역 밖에 있는 것이었다(창 20:40, 41; 삿 7:13; 단 2장; 5:5). 또 이에 반해 하나님께서 이스라엘의 역사에서, 그 옛 족속의 섭리적인 흥망에서, 또 장막 및 성전에서의 의식적인 예배에서 자신을 계시하셨을 때에는 자연적 형태로 된 특별 계시를 입으셨다. 물론 이들 요소들이 이제 영감된 하나님의 말씀으로 구체화된 이상 그것들은 우리에게 하나님의 초자연적 계시의 한 부분이 된다. 앞의 사실들을 고려할 때 자연 계시 및 일반 계시가 모든 면에서 같다거나 초자연 계시 및 특별 계시가 같다고 말할 수는 없을 것이다. 로마교회가 앞의 구분을 여전히 선호하는 반면, 개혁주의 신학자들은 뒤의 것을 선호한다. 물론 그것만 사용하는 것은 아니지만 말이다.

B. 일반 계시

우리가 알고 있는 바와 같이 일반 계시는 언어의 형태로 인간에게 주어지는 것이 아니다. 일반 계시는 언어(verva)로 된 것이 아니라 사물(res)로 된 것이다. 그것은 인간 마음의 구성과 자연의 전체 구조, 그리고 하나님의 섭리적인 다스리심의 과정으로 인간에게 오는, 인간의 지각과 의식을 향한 적극적인 나타남이다. 하나님의 생각들은 자연 현상들 속에, 인간의 의식 속에, 그리고 경험 및 역사의 사실에 나타나 있다. 앞에서 지적한 바와 같이 이 일반 계시는 때때로 초자연적 계시의 요소들을 포함하기도 했다. 개혁 신학은 처음부터 그러한 일반 계시가 있음을 가르쳐왔다. 칼빈의 기독교 강요에서 우리는 다음과 같은 구절을 읽을 수 있다. "인간의 마음속에 정녕 자연적인 본능에 의하여 신성에 대한 의식이 존재한다는 사실을 우리는 논의의 여지가 없는 것으로 주장한다. 왜냐하면 하나님 당신께서 사람으로 하여금 모르는 체하지 못하도록 하시기 위해 모든 사람에게 당신의 신되심에 대해 약간의 관념을 부여해 주셨기 때문인데, 그것에 대한 기억을 하나님께서는 늘 새롭게 하시고 때로는 강화시키셔서 모든 인간 한 사람에 이르기까지 하나님이 계신다는 것과 그분이 곧 자기들을 만드신 분이시라는 사실을 깨닫고, 자기들이 하나님을 예배하지도 않고 하나님을 섬기기 위해 자기들의 삶을 성별하지도 않을 때 양심에 의해 정죄를 받도록 하셨다"(I.iii,1.). 이어지는 단락에서 그는 하나님께서 "우리의 마음에 우리가 이미 말한 종교의 씨를 두시기를 기뻐하셨을 뿐만 아니라 우주의 전체 구조 속에 당신의 솜씨들을 나타내시고 당신을 날마다 우리의 눈 앞에 두셔서 우리로 하여금 눈만 뜨면 당신을 바라보지 않을 수 없도록 하시기를" 기뻐하셨다.

더 나아가 그는 세계를 섭리적으로 인도하시는 일에서의 하나님의 계시도 말하고 있다. 그와 동시에 칼빈은 인간이 이 계시로부터 많은 유익을 얻어내지 못하고 있다는 사실을 강조하고 있다. 그는 이렇게 말하고 있다. "그렇지만 하나님께서 당신 자신과 당신의 썩지 않을 나라에 대해 당신의 사역이라는 거울에 보이시는 나타내심이 밝은 것이기는 하지만, 우리의 어리석음이 크고 이들 빛나는 나타내심들에 대해 우리가 너무나 둔하여 우리는 그것들로부터 아무 유익도 얻지 못한다."

벨기에 신앙고백은 하나님께서 우리에게 알려지는 수단은 무엇이냐는 질문에 이렇게 대답한다. "우리는 두 가지 수단을 통하여 그분을 안다. 첫째는 우주의 창조, 보존 및 다스리심에 의해서인데, 이는 우리의 눈 앞에 있는 가장 우아한 책으로서 그 안에서는 크고 작은 모든 피조물들이 저마다의 특성들을 갖고서 우리를 인도하여, 바울이 말한 바와 같이 하나님의 보이지 아니하는 것들 곧 그의 영원하신 능력과 신성을 보게 한다(롬 1:20). 이 모든 것들은 사람들에게 확신을 주기에 충분하여 핑계하지 못하게 한다." 이 말들은 성경에서 가르치는 바대로의 하나님의 일반 계시에 대한 분명한 인식과 일반 계시가 인간에게 갖는 중요성을 담고 있는 문장이다. 이 일반 계시에 대해 한 걸음 더 나아간 인식을 제14조에서 찾아볼 수 있는데, 거기서는 인간을 하나님의 형상으로 만드심, 인간이 죄에 빠짐, 그럼으로써 자기의 모든 탁월한 선물들을 상실하였음 등과, 인간이 "그것들 가운데 지극히 적은 부분만을 보존하고 있으나 그것은 인간으로 하여금 핑계하지 못하도록 하기에 충분하다"는 사실을 말하고 있다.

자유주의 신학은 하나님의 일반 계시를 너무 지나치게 강조했다. 이신론과는 달리 자유주의 신학은 이 계시를 주로 인간과 인간의 종교적 경험에 있다고 보았으며, 궁극적으로는 인간 예수 그리스도에게 있다고 보았는데, 모든 인간에게 있는 신적인 요소가 그분 안에서, 그 최고의 표현에 도달하였다는 것이다. 성경, 특히 신약 성경은 자기들이 가진 깊은 신(神) 의식의 원천인 그리스도와 가까이 접하는 특별한 특권을 누렸던 사람들의 종교적 경험을 기록한 것에 지나지 않는 것으로 보았다. 이런 식으로 신약성경은 그 초자연적 특성을 빼앗겨 버렸고, 하나님의 일반 계시의 다른 부분과는 정도의 차이밖에 없는 것이 되었다. 인간의 경험에 있는 하나님의 자기 계시는 구원을 위해 전적으로 충분한 하나님의 계시가 되었다. 내재하시는 하나님은 모든 사람 안에 계시며, 당신의 암시에 유의하는 모든 사람을 구원하신다는 것이다.

이 관점에 반대하여 위기의 신학은 다시 한 번 특별 계시만을 강조한다. 사실 바르트는 자연 계시를, 그것이 우리 주위의 자연에 있는 것이든, 인간의 의식에 있는 것이든, 아니면 역사적 사건의 과정에 있는 것이든 모조리 부정하는 극단으로 치닫고 있다. 다시 말해 그는 창조의 사역 가운데 계시가 있고 그것으로부터 자연인이 하나님을 배워 알 수 있으며 그것의 기초 위에 신학을 건설할 수 있다는 것을 부인하고, 가톨릭의 존재의 유비(*analogia entis*)를 전적으로 거부한다. 그는 하나님의 보이지 아니하는 것들이 세상 가운데서 보인다는 것은 기꺼이 인정하지만, 볼 수 있는 눈들에게만 그렇고 자연인은 장님이라고 본다. 자연인이 이것들을 볼 수 있는 한에서만 이것들 안에 그를 위한 계시가 존재하리라는 것이다. 그러나 이 경우 계시의 주관적인 조건이 완전히 결핍되어 있다. 하나님의 형상이 죄로 인해 완전히 파괴되었기 때문에 자연인에게는 아무 접촉점도 없다. 바로 여기서 바르트와 브루너 사이의 중요한 차이점이 나타난다.

브루너는 자연 계시를 믿으며, 하나님의 형상이 완전히 더럽혀져 흔적조차 남지 않았다는 것을 부인한다. 그는 하나님의 형상이 내용적으로는 완전히 파괴되었지만 형식적으로는 그렇지 않으며, 자연인에게는 계시가 스스로를 연결시킬 수 있는 접촉점이 남아 있다는 것이다. 이런 점에서 볼 때 브루너는 확실히 개혁 신학의 입장에 근접해 있다. 바르트는 바로 이 점에 관해 한 소책자에서 그와 논쟁을 벌이고 있는데 그 책자의 이름은 「아니다」이다.

1. 일반 계시의 가치와 중요성. 타락 이후 하나님의 일반 계시를 특별 계시가 대치하게 되었다는 사실 때문에 일반 계시를 과소평가할 가능성이 있다. 그러나 우리는 이 점에 있어서 성경의 자료를 무시하지 말아야 한다. 요한복음은 각 사람에게 비취는 빛에 대하여 말하고 있다(요 1:9). 바울은 하나님의 보이지 아니하는 것들 "곧 그의 영원하신 능력과 신성이 그가 만드신 만물에 분명히 보여 알려졌나니 그러므로 그들이 핑계하지 못할지니라"고 말하며, 또 이방인에 대해 "하나님을 안다"고 말하고 있다(롬 1:20, 21). 다음 장에서는 "이런 이들은 그 양심이 증거가 되어 그 생각들이 서로 혹은 고발하며 혹은 변명하여 그 마음에 새긴 율법의 행위를 나타내느니라"(롬 2:15)고 말하고 있다. 하나님은 자기를 증거하지 않으신 것이 아니다(행 14:17). 그러므로 하나님의 일반 계시가 존재하며 그것이 그로 하여금 핑계할 수 없도록 만들기 때문에 자연인에게는 그것을 느끼는 특성이 있다. 또 이 일반 계시만을 즐기는 사람들은 절대로 빛에 이를 수 없고, 또 많은 사람들이 고의적으로 그것에 거스르는 반면 본성적으로 율법의 행위를 행하는 사람들도 있다. 하나님께서 이제는 좀 더 우월한 방법으로 자신을 계시하셨다는 사실에도 불구하고 그분의 원래 계시는 여전히 매우 중요한 것이다.

(1) 이방 세계와 관련하여. 순전히 자연적인 종교도 존재하긴 하지만, 자연 및 역사 세계에서의 하나님의 계시는 이방 종교들의 확실하고 지속적인 토대를 제공해 준다. 이방인조차도 스스로를 하나님의 소생이라고 느끼고(행 17:28), 하나님을 혹 더듬어 찾아 발견하고(행 17:27), 하나님의 영원하신 능력과 신성을 보며(롬 1:19, 20), 본성으로 율법의 일을 행하는 것(롬 2:14)이 이 일반 계시 덕분인 것이다. 그렇지만 그러한 사실에도 불구하고 성경은 그들의 종교를 오늘날 많은 종교학도들이 하는 것처럼 기독교와는 정도의 차이밖에 없는 참 종교로 인정하지 않고, 진리에 대한 독단적인 배교로 규정하고 있다. 성경은 그것들에게 준엄한 심판을 내리고 있으며, 이방 세계의 상황을 하나님의 특별 계시의 빛이 없는 어둠의 상황으로(사 9:1 이하; 60:2; 눅 1:79, 엡 4:18), 무지의 상황으로(행 17:30; 롬 1:18 이하; 벧전 1:14), 어리석음의 상황으로(고전 1:18 이하; 2:6; 3:19

이하), 죄와 불의의 상황으로(롬 1:24 이하; 3:9 이하) 묘사하고 있다. 이방인들의 신은 신이 아니며 우상으로서, 실제로 있지도 않고, 바람이요 허탄한 것이다(사 41:29; 42:17; 렘 2:28; 행 14:15; 19:26; 갈 4:8; 고전 8:4). 또 이방 종교는 마귀적인 힘의 작용을 증거해 주는 것이기도 하다(신 32:17; 고전 10:20 이하; 계 9:20).

그러나 성경은 이방 종교들에 대해 준엄한 심판을 내리고 또 그것들을 유일한 참 종교인 기독교를 대적하는 거짓 종교로 묘사하고 있으면서도, 또한 그것들 안에 참된 요소들도 있음을 인정하고 있다. 이방인들 가운데도 하나님의 계시, 로고스의 빛 비추심, 성령의 역사 등이 있다는 것이다(창 6:3; 욥 32:8; 요 1:9; 롬 1:18 이하; 2:14, 15; 14:16, 17; 17:22-30). 그럼에도 불구하고 성경은 이방 세계에서, 기독교에서 볼 수 있는 본래 생명의 모방만을 본다. 이방 종교에서는 모양뿐인 것이 기독교에는 실제로 있으며, 이방 종교에서 추구하는 것을 기독교는 발견하였다는 것이다.

철학은 이방 종교에 대한 성경의 설명에 만족하지 않고 그것을 진화론의 영향을 받은 다른 설명으로 바꾸었다. 이에 따르면, 인류는 처음 비종교적인 상황에서 시작하여 물신 숭배, 정령 숭배, 자연 숭배, 단일신론 등을 거쳐 윤리적인 일신론에 이르기까지 점진적으로 진화되었다고 한다. 그러나 최근에 고고학적 탐구에 종사하는 랭던(Langdon), 마스턴(Marston), 슈미트(Schmidt) 등 몇몇 유명한 과학자들은 원래의 유일신론을 최초의 종교형태로 본다고 선언했다.

(2) 기독교와 관련하여. 일반 계시는 기독교에 대해서도 어떤 가치를 갖고 있다. 일반 계시가 우리에게, 그 자체로 충족하여 모든 초자연적 계시를 불필요한 것으로 만들어 버리는 자연 종교를 제공해 준다는 말이 아니다. 그러한 자연 종교란 있지도 않으며 사실상 있을 수도 없다. 또 그리스도인이 하나님에 관한 자기의 지식을 가장 먼저 일반 계시로부터 이끌어 내고, 그리고 나서 이것을 그리스도에 관한 지식으로 보충한다고 말할 수도 없다. 그리스도인은 하나님에 관한 신학적 지식을 오직 특별 계시로부터만 이끌어 내는데, 이 특별 계시가 그의 유일한 원리이다. 그러나 이 둘 사이에는 긴밀한 관계가 있다. 특별 계시는 일반 계시를 구체화하고 바로잡고 해석해 왔다.

그리고 이제 기독교 신학자는 하나님의 말씀 위에 서서 그 유리한 지점으로부터 자연과 역사를 또한 생각한다. 그는 하나님의 일반 계시를 믿음의 눈으로 하나님의 말씀에 비추어 읽으며, 바로 그 이유로 해서 자연에서 하나님의 손을, 또 역사에서 하나님의 발자국을 볼 수 있다. 그는 자기 주위의 모든 것에서 하나님을 보며, 그리함으로써 세상을 올바로 이해하게 된다. 뿐만 아니라 일반 계시는 그리스도인에게 불신자들과 만나서 변론할 수 있는 토대를 제공해 준다. 각 사람에게 비춰는 로고스의 빛은 또한 모든 사람을 엮는 띠이기도 하다. 전 피조물이 수많은 소리로 인간이 하나님의 형상으로 창조되었으며 따라서 하나님 안에서가 아니고는 안식을 찾을 수 없음을 증거한다. 마지막으로, 하나님의 특별 계시가 소위 허공에 떠돌지 않고 모든 점에서 세상의 모든 생명에 미치는 것도 하나님의 일반 계시의 덕택이다. 일반 계시는 자연과 은총 사이, 세상과 하나님의 나라 사이, 자연 질서와 도덕 질서 사이, 창조와 재창조 사이의 연관성을 존속시켜 준다.

2. 일반 계시의 불충분성. 펠라기우스주의자들은 일반 계시의 충분성 및 그 위에 기초한 자연 종교의 충분성을 가르쳤다. 그들은 서로 다른 세 가지의 구원 방법을 말했는데, 그 이름이 바로 자력구원주의(*autosoterism*)로, 인간이 스스로를 구원할 수 있다는 교리를 말하는 것이다. 이 세 방법은 (1) 자연의 법, (2) 모세의 법, (3) 그리스도의 법이라 부른다. 종교개혁 시대에는 로마교회와 개신교 모두 일반 계시를 불충분한 것으로 여겼다. 그러나 18세기 이신론자들과 합리주의자 등은 다시금 펠라기우스를 따라 일반 계시를 지나치게 강조했다. 또 하나님의 내재성만을 일방적으로 강조한 슐라이어마허 및 19세기 관념론 철학의 영향으로 많은 사람들이, 인간 안에 내재하는 하나님의 계시를 인간의 영적 필요를 위해 아주 충분한 것으로 보기 시작했는데, 이는 곧 일반 계시의 충족성을 허용한 것과 같은 것이었다. 이 근대 사조에 반대하여 일반 계시의 불충분성을 강조할 필요가 있다. 일반 계시를 충분하다고 볼 수 없는 이유로는 특히 세 가지가 있다.

(1) 그것은 구원의 유일한 방법을 인간에게 알려주지 못한다. 일반 계시를 통해 하나님 및 그의 능력, 선하심, 지혜 등에 대한 지식은 받을 수 있지만, 하나님의 최고 계시이신 그리스도를 알고 그의 구속 사역 및 변화시키시는 능력을 배워 알 수는 없다. 구원의 유일한 방법은 그리스도를 체험적으로 아는 것이다(마 11:27; 요 14:6; 17:3; 행 4:2). 일반 계시는 은혜와 용서에 관해서는 아는 것이 아무것도 없으므로 죄인들을 위해서는 전적으로 불충분하다. 뿐만 아니라 그것이 어떤 진리를 가르치긴 하지만 존재의 영역에서 아무것도 바꾸지 못한다. 그러나 하나님의 목적이 인간의 삶에서 실현되어야 하는 것일진대 죄인들이 변하고, 어떤 새로운 요소가 역사에 개입되며, 새로운 과정이 가동되는 일이 절대적으로 필요하다.

(2) 그것은 하나님 및 영적인 것들에 대해 절대적으로 신뢰할 만한 지식을 인간에게 전달해 주지 않는다. 일반 계시에서 이끌어 낸, 하나님 및 영적이고 영원한 것들에 대한

지식은 전적으로 불확실하여, 영원을 위하여 무언가를 세울 값진 기초가 되지 못한다. 인간은 미래를 위한 희망을 불확실성에다 고정시킬 수 없다. 철학사에서 분명히 볼 수 있는 것은 일반 계시는 안전하고 확실한 안내자가 되지 못한다는 사실이다. 가장 훌륭한 철학자조차도 실수의 힘을 피하지 못했다. 그리고 흠모하지 않을 수 없게 만드는 높은 지식에 이른 사람들도 있긴 하지만, 그들은 그 지식을 대중의 공동 소유가 되게끔 제시하는 일에 있어서 대단히 부족함을 드러내었다. 일반적으로 그 지식은 제한된 수의 지식인들만이 공유할 수 있는 그런 성격의 것이었다. 바울은 세상이 자기 지혜로 하나님을 알지 못한다고 말하고 있다.

(3) 그것은 종교를 위해 충분한 토대를 제공해 주지 않는다.   종교사를 살펴보면 순전히 자연적인 종교로만 만족한 나라나 부족은 하나도 없었다. 황폐시키는 죄의 영향으로 인하여 자연에서의 하나님의 계시는 흐려지고 오염되었으며, 인간은 그것을 올바로 읽는 능력을 빼앗겨 버렸다. 죄의 이 지적인 영향은 계속 남아 있으며, 일반 계시 자체는 그것에 대비한 대책을 갖고 있지 못하여 인간의 영적 상태를 있는 그대로 내버려 둔다. 그러므로 일반 계시는 참된 종교의 기초 노릇을 할 수 없다. 이신론자들의 소위 자연 종교와 칸트의 이성종교는 순전히 추상일 뿐으로서 실제로 있지 않은 것이다. 그런 종교가 존재하지 않으며 또 존재할 수도 없다는 것이 점차 분명해지고 있다. 모든 종교가 실증적이며, 가상적이거나 실재적인 실증적 계시에 많든 적든 호소하고 있다는 것이 오늘날 널리 인정되고 있다.

C. 특별 계시

1. 성경적 계시 개념.   우리에게는 자연 및 역사에서의 일반 계시와 나란히 특별 계시도 있는데 그것은 지금 성경으로 구체화되어 있다. 성경은 특별 계시의 책이며 결국 신학의 유일한 외적 인식의 원리이다. 그러므로 우리가 특별 계시에 관한 지식을 얻기 위해서는 바로 이 원천에 또한 의존해야 한다. 성경에서는 계시 개념을 나타내기 위해 여러 단어를 사용하고 있는데, 히브리어의 특정 형태인 갈라, 라아, 야다 등과 헬라어 에피파네인(에피파네이아), 엠파니제인, 그노리제인, 델루운, 데이크누나이, 랄레인 및 특별히 파네루운과 아포칼룹테인이 있다. 이 말들은 다 수동적인 생성적 나타남을 가리키는 것이 아니라, 하나님께서 자신과 자신의 뜻을 인간에게 알리시는 수단인, 자유롭고 의식적이며 의도적인 하나님의 행동을 가리킨다. 바르트는 하나님은 자신을 인간에게

계시하심에 있어서 절대적으로 자유로우시며 주권적이시라는 사실을 강조한다. 스콜 텐(Scholten)은 아포칼룹테인은 주관적이고 내적인 조명을 가리키고, 파네루운은 객관적 인 나타남 또는 계시를 가리킨다고 생각했는데 이는 잘못이다. 아포칼룹테인도 객관 적인 계시를 가리키는 데 쓰이고 있다(눅 17:30; 롬 1:7, 18; 8:18; 엡 3:5; 살후 2:3, 6, 8 등). 네 안더도 파네루운이 자연에서의 하나님의 일반 계시를 가리키고, 아포칼룹테인이 은총의 특별 계시를 말하는 것으로 보는 잘못을 범했다. 파네루운 역시 특별 계시에 대해 사 용되고 있으며(요 17:6; 롬 16:26; 골 1:26; 딤전 3:16; 딤후 1:10 등), 아포칼룹테인은 적어도 한 구절에서 일반 계시를 가리키고 있다(롬 1:18).

모든 경우에 맞아들어가는 구분을 이 둘 사이에 한다는 것은 불가능에 가까울 정 도로 어려운 일이다. 어원적으로 아포칼룹테인은 어떤 대상을 가리고 있던 덮개를 제 거한다는 말이며, 파네루운은 숨겨졌었거나 알려지지 않았던 것의 나타남 혹은 공표 를 말한다. 아포칼룹시스는 숨김의 도구적인 원인을 제거하는 것이고, 파네로시스는 사건 그 자체를 분명하게 하는 것이다. 이것이 또한 설명해 주는 바는 파네로시스는 늘 객관적인 계시에 대해 쓰이고 아포칼룹시스는 주관적 계시와 객관적 계시 모두에 대해 쓰인다는 것과, 또 파네로시스가 일반 계시나 특별 계시를 가리키는 데 거듭 사 용되는 반면 아포칼룹시스는 단 하나의 예외만 제외하고는 항상 특별 계시만을 가리 킨다는 것이다. 이 두 단어와 그노리제인 및 델루운이라는 단어 사이에도 특징적인 차 이가 있다. 앞의 것들은 사건들이 밝혀져서 우리의 관찰 범위에 들어온다는 사실을 강 조하며, 뒤의 것들은 이 사건들이 그 계시에 힘입어 이제 우리의 의식적 사고의 대상 이 된다는 것을 가리킨다.

2. 특별 계시의 수단. 기독교는 특별 계시에 호소한다는 점에서만 이방 종교들과 같은 것이 아니다. 계시의 방법에 있어서조차 어떤 유사성을 볼 수 있다. 일반적으로 이것들은 다음의 세 가지 형태로 간추릴 수 있다.

(1) 신현(Theophanies). 이방 종교들은 종종 신들의 나타남에 관한 전통과 관련되 어 있다. 신들은 인간과 같거나 따라서 동등한 입장에 서서 인간과 함께 살아가는 존 재가 아니지만, 그럼에도 불구하고 때때로 인간에게 와서 인간에게 풍성한 복을 내리 는 것으로 생각된다. 이런 관점에서 이들 종교들은 멀리 떨어진 하나님뿐만 아니라 가 까이에 계시는 하나님도 갖고 있는 기독교와 다소간 비슷하다. 성경은 우리에게 하나 님께서 옛날 그룹들 가운데 거하셨다고 가르쳐 준다(시 80:1; 99:1 등). 하나님의 임재는 불과 연기 가운데(창 15:17; 출 3:2; 19:9, 16 이하; 33:9; 시 78:14; 99:7), 폭풍 가운데(욥 38:1;

40:6; 시 18:10-16), 세미한 바람 가운데(왕상 19:12) 나타났다. 이 출현들은 하나님의 임재에 대한 표시들로서 하나님은 그 가운데서 자신의 영광을 나타내셨다. 구약에 나오는 출현들 가운데서는 "여호와의 사자"의 출현이 특별한 위치를 차지한다. 이 사자는 단순한 상징이나 창조된 천사가 아니라 인격적인 계시로서 하나님께서 인간 가운데 나타나신 것이다. 한편으로 그 사자는 하나님과 구별되지만(출 23:20-23; 사 63:8, 9), 다른 한편으로는 하나님과 동일시된다(창 16:13; 31:11, 13; 32:28 및 다른 구절들). 우세한 견해는, 그가 삼위일체의 제2위라는 것인데, 이는 말 3:1이 지지하는 견해다. 신현이 그 최고점에 이른 것은 성육하신 하나님의 아들 곧 예수 그리스도에서인데, 그분 안에는 신성의 모든 충만이 육체로 거하신다(골 1:19; 2:9). 그분과 그분이 보내신 성령을 통하여 인간 가운데 하나님의 거하심이 이제 참된 영적 실재가 되었다. 교회는 성령의 전이다(고전 3:16; 6:19; 엡 2:21). 그러나 새 예루살렘이 하나님께로부터 하늘에서 내려오고 하나님의 장막이 사람들과 함께 있을 때에는 이에 대해 훨씬 풍성한 계시가 흘러나오게 될 것이다(계 21:2, 3).

(2) 의사 전달들(Communications). 우리는 모든 종교에서, 신들이 자기들의 생각과 뜻을 어떤 방식으로 계시한다는 사상을 만난다. 이 사상의 일반적인 모양은 신들이 그 일들을 별자리, 새의 비행, 제물인 동물들의 내장 등을 통해 행한다는 것이다. 이와 함께 또다른 것도 있는데, 그것에 따르면 신들이 예언자, 환상가, 해몽가, 점쟁이, 친밀한 영들과 상의하는 자, 또는 특별한 힘을 가졌다고 주장하는 다른 사람들의 중재를 이용한다는 것이다. 이와 비슷한 사상으로 성경은 우리에게 하나님께서 자신의 생각과 뜻을 다양한 방법으로 계시하셨다고 가르친다. 때때로 하나님은 들을 수 있는 음성과 인간의 음성으로 말씀하셨다(창 2:16; 3:8-19; 4:6-15; 6:13; 9:1, 8, 12; 32:26; 출 19:9 이하; 신 5:4, 5; 삼상 3:4). 다른 경우에는 열방 가운데 아주 흔했던 제비, 우림, 둠밈 등의 형태를 사용하시기도 하셨다. 꿈은 대단히 흔한 계시 방식이었으며(민 12:6; 신 13:1-6; 삼상 28:6; 욜 2:28), 이스라엘이 아닌 자들을 향한 계시에서 거듭거듭 사용되었다(창 20:3-6; 31:24; 40:5; 41:1-7; 삿 7:13; 단 2장; 4:4 이하; 마 2:12).

이것과 대단히 가까우면서도 좀 더 높은 형태는 이상(vision)이다. 하나님께서 선지자들에게 자신을 자주 나타내신 것이 바로 이 형태다. 일반적으로 선지자들은 자기들의 정신적 생명이 중단된 상태인 황홀경의 상태에서 이 이상들을 받은 것이 아니라, 자기들의 지성이 완전히 깨어 있는 상태에서 이 이상들을 받았다. 어떤 경우에는 이상들이 객관적인 것 같았지만 다른 어떤 경우에는, 비록 그 이상들이 자기들 마음의 산물이 아니라 초자연적인 요소의 산물이었음에도 불구하고, 명백하게 주관적이었다. 참 선지자들과는 달리 거짓 선지자들은 메시지를 자기들의 마음에서 가져왔다. 다음의 몇 구절은 이 형태의 계시를 말하고 있다(사 1:1; 2:1; 6:1; 렘 1:11; 겔 8:2; 단 7:2, 7; 8:1, 2; 암 7:1; 8:1; 9:1; 슥 1:8, 18; 2:1; 3:1). 그렇지만 하나님께서 가장 일반적으로는 진리에 대한 어떤 내적인 전달을 통해 선지자들에게 계시해 주셨는데, 그 방법은 지적되어 있지 않다. 선지자들은 하나님에 대한 계시를 받은 뒤에는 그것을 백성들에게 전달하였으며 자기들의 메시지를 늘 더바르 야훼, 곧 하나님의 말씀이라 불렀다.

신약에서는 그리스도께서 참되고 가장 높으시며, 또 어떤 의미에서는 유일한 선지자로 등장하신다. 로고스로서 그분은 하나님의 완벽한 계시이시며 친히 모든 예언의 원천이시고, 중보자로서 자신의 선지자적 사역에 대한 준비로 성령을 충만히 받으신 분이다(요 3:34). 그분은, 거듭남과 성화의 영이실 뿐만 아니라 계시와 조명의 영이신 성령을 자신의 제자들에게 전하신다(막 13:11; 눅 12:12; 요 14:17; 15:26; 16:13; 20:22; 행 6:10; 8:29).

(3) 기적. 마지막으로, 우리는 신들이 곤경의 때에 특별히 개입한다는 신념을 또한 모든 종교에서 찾아볼 수 있다. 마술을 시행하는 일은 광범위한데, 마술에서 인간은 거룩한 말, 주문, 부적 등을 이용함으로써 신적인 능력을 자기들에게 종속시키려고 한다. 인간 영혼이 가진 거의 이해되지 않은 힘들이 소위 기적을 실행하는 일에 적용되었다. 오늘날 우리는 이러한 신비스러운 힘의 작용을 강신술, 신지학, 텔레파시, 최면술 등에서 찾아볼 수 있다. 성경은 하나님께서 기적에서도 자신을 나타내신다는 사실을 분명히 증명해 주고 있다. 성경에서 그 기적들이 또한 계시의 수단으로도 여겨지고 있다는 것은 다음 구절들을 보아 명백하다: 신 4:32-35; 시 106:8; 요 2:11; 5:36; 10:37, 38; 행 4:10. 말씀 계시와 사실 계시는 성경에서 피차 협조한다. 말씀 계시는 사실 계시를 설명하고, 사실 계시는 말씀 계시를 구체적으로 표현한다. 우리는 성경의 기적들을 특별히 이 관점에서 연구해야 한다.

성경에서 기적들을 가리키는 이름은 매우 다양하다. 어떤 때는 니플라오트, 모프팀으로, 헬라어로는 인간을 놀라움으로 가득 차게 하는, 기적으로 된 이례적인 것들을 가리키는 이름인 테라타로 불린다. 또 게부로트, 마아심으로, 헬라어로는 두나메이스라고도 불리는데, 이는 기적들이 하나님의 특별한 힘의 계시임을 가리킨다. 끝으로는 오토트로, 헬라어로는 세메이아로 불리는데, 이는 기적들이 하나님의 특별하신 임재의 상징으로서 종종 영적 진리들을 상징하기 때문이다. 기적은 만물의 창조 및 보존에서 찾아

볼 수 있는데, 이는 하나님의 영원한 기적이다. 그와 동시에 기적들은 구속 사역에 종속된다. 기적들은 악한 자들을 벌주고 하나님의 백성을 돕거나 구원하는 일에 이바지한다. 기적들은 예언의 말들을 확증하며 하나님에 의해 새로이 확립되고 있는 새 질서를 가리킨다. 성경의 기적은 성육신으로 그 절정에 이르렀는데, 이것은 모든 것들 가운데 가장 위대하고 가장 중심이 되는 기적이다. 그리스도 자신이 가장 절대적인 의미에 있어서 기적인 것이다. 그분 안에서 창조가 다시 한 번 그 본래의 아름다움으로 되돌아가게 되는데, 그 이유는 그분의 사역의 결과 만물의 아포카타스타시스 곧 회복이 이루어질 것이기 때문이다(행 3:21).

3. 특별 계시의 내용. 하나님에 관한 지식이 특별 계시의 내용이 된다는 데 대해서는 두말할 필요도 없다. 성격상 하나님의 계시는 모두가 자기 계시이다. 하나님께서는 자연과 역사에서 자신을 계시하시지만 이에 대한 연구가 반드시 신학일 필요는 없다. 왜냐하면 이 둘 모두를 그것들이 갖고 있는 계시적 의미와는 별도로 하여 그저 있는 그대로 연구할 수 있기 때문이다. 이것들이 계시의 성격을 띠고 우리로 하여금 하나님에 대해 무언가를 알 수 있게 해주는 것은 오직 그것들을 하나님과 관련하여 생각하고 영원성 아래(*sub specie aeternitatis*) 생각할 때뿐이다. 하나님은 특별 계시의 내용이시기도 하다. 일반 계시와 특별 계시 사이의 차이는, 특별 계시는 일반 계시와는 달리 그 모든 부분과 방법에 있어서 엄밀하게 초자연적이라는 점에 있는 것이 아니라, 특별 계시가 좀 더 구체적으로 **특별 은총**의 계시이며, 따라서의 구속의 종교인 기독교를 발생시킨다는 점에 있는 것이다. 특별 계시는 구원의 길에 대한 계시이다. 일반 계시가 신성(롬 1:20), 하나님의 신적인 위대하심, 하나님의 절대적인 능력과 무한한 지혜 등을 부각시키는 반면, 특별 계시는 인격적으로 구별되시는 삼위일체 하나님, 하나님의 구원의 경륜 등을 점차 분명하게 계시해 준다. 특별 계시는 한편으로는 거룩하고 의로우시지만, 다른 한편으로는 자비로우시고 은혜로우신 하나님을 계시한다. 특별 계시와 관련하여 주의 깊게 살펴볼 점이 세 가지가 있다.

(1) 특별 계시는 역사적 계시이다. 특별 계시의 내용은 세월의 흐름에 따라 점차 드러났다. 이것은 이따금 성경신학이라고도 부르는 계시역사에서 증명된다. 이 과목은 특별 계시가, 하나님께서 타락한 인간들을 찾으시고 자신과의 복된 교제 안으로 회복시키신다는 단일한 생각의 지배를 받고 있음을 보여준다. 신현, 예언, 기적 등에는 인간을 향한 하나님의 지속적인 오심이 있으며, 이 오심은 하나님의 아들의 성육신에서 그 절정에 이르고, 그것이 이번에는 성령의 교회 내주에까지 이어진다. 전체 계시가 지

향하는 신적인 목표(telos)는 계 21:3에 묘사되어 있다. "보라 하나님의 장막이 사람들과 함께 있으매 하나님이 그들과 함께 계시리니 그들은 하나님의 백성이 되고 하나님은 친히 그들과 함께 계시리라."

(2) 특별 계시는 말씀 및 사실의 계시이다. 소지니주의자(Socinian)들은, 특별 계시는 단순히 하나님 및 인간의 의무에 관한 완전한 정보를 인간에게 제공하려는 목적에만 이바지한다고 주장함으로써 확실한 오류에 빠져 있다. 그러나 바르트도 마치 하나님의 계시가 언어적이라기보다는 사실적이며, 지식의 전달로 이루어져 있다기보다는 구속적인 행동들로 이루어져 있다는 듯이 말함으로써 똑같이 잘못을 범하고 있다. 특별 계시는 오직 말씀과 교리로만 이루어져 있는 것이 아니며 단순히 지성에만 전달되는 것도 아니다. 특별 계시는 이전보다 오늘날 더 분명하게 이해할 수 있다. 구약 계시는 율법과 선지자에서만 찾아볼 수 있는 것이 아니라 신현, 기적, 이스라엘의 전체 역사 등에서도 찾아볼 수 있다. 또 신약에서는 그리스도가 선지자이실 뿐만 아니라 제사장이며 왕이시기도 하다. 그분은 단순히 말씀이실 뿐만 아니라 하나님의 형상이며 종이시기도 하다. 그분은 한편으로는 하나님의 의와 거룩에 대한 인격적 계시이면서 다른 한편으로는 당신의 자비와 은혜의 계시이기도 하다. 또 사도들이 구속의 메시지를 가지고 세상으로 나갔을 때는 그들의 말뿐 아니라 그들의 은사들과 기적들도 하나님의 계시였다. 한때 널리 주장되었던, 계시는 오직 교리의 전달일 뿐이라는 관점은 분명히 일방적인 것이다. 그렇지만 오늘날 어떤 이들은, 계시는 단지 능력과 생명의 전달일 뿐이라는, 똑같이 일방적인 반대쪽 극단으로 달리고 있다. 그 주장은 "기독교는 교리가 아니라 삶이다"라는 낯익은 구호에 나타나 있다.

(3) 특별 계시는 구원론적 계시이다. 특별 계시는 구원의 계시이며, 인간의 모든 부분 곧 인간의 존재 및 의식의 구속을 목표로 한다. 우리는 이것을 그릇된 지성주의에 맞서 주장하여야 하는데, 이 사상은 마치 필요한 것이라고는 이해에 있어서의 오류를 시정하고 암흑을 제거하는 것뿐인 것처럼 구원을 역사적 신앙에다 연결시키고 있다. 그러나 우리가 이 관점과 맞서 싸우면서 반대쪽 극단으로 달려서도 안 되겠다. 하나님의 특별 계시는 처음부터 끝까지 구원론적이긴 하지만 그렇다고 해서 특별 계시가 단지 생명의 전달일 뿐이라는 뜻은 아니다. 인간은 모든 부분이 죄로 오염되었으며 구속을 필요로 한다. 죄는 이해에 있어서의 거짓, 오류의 힘, 암흑 등도 포함하며, 따라서 계시는 진리의 전달이기도 해야 한다. 은혜뿐만 아니라 진리도 예수 그리스도로부터 나온다(요 1:17). 그분은 길이시다. 왜냐하면 진리이시고 생명이시기 때문이다(요 14:6).

4. 특별 계시의 목적. 계시의 목적에 대해 말하면서 우리는 계시의 최종적 목적과 가장 가까운 목적을 구분할 수 있다. 최종적 목적은 오직 하나님 안에서만 발견할 수 있다. 하나님이 자신을 계시하시는 목적은 자신의 덕들을 기쁘게 나타내시되 특히 그것들로 하여금 구속 사역과 구속받은 인간성 안에서 빛나게 하시기 위해서이다. 그렇지만 계시의 가장 가까운 목적은 죄인들을 완전히 새롭게 하시는 것인데, 그 목적은 죄인들로 하여금 하나님의 덕들과 완전하심들을 반사하도록 하시기 위한 것이다. 만약 우리가 계시는 인간의 모든 부분을 새롭게 하는 일을 목적한다는 것을 염두에 둔다면 우리는 계시가 그 목적을, 단순히 사람을 가르치고 오성을 밝힘으로써(합리주의), 혹은 인간을 덕스러운 삶에 이르도록 북돋움으로써(도덕주의), 아니면 인간의 종교적인 감정을 일깨움으로써(신비주의) 성취할 수는 없음을 깨닫게 될 것이다.

계시의 목적은 이것들 중 그 어느 것보다 훨씬 더 광범위하며, 이것들을 합친 것보다 훨씬 더 포괄적이다. 계시는 죄와 마귀와 죽음의 힘으로부터 전체 인간을, 마음과 몸뿐만 아니라 그의 모든 자질과 능력까지 구원하여, 그를 영적으로, 도덕적으로, 또 궁극적으로는 신체적으로까지 새롭게 하여 하나님께 영광을 돌리고자 하는 것이다. 또 개별 인간뿐만 아니라 유기적 전체로서의 인류를, 또 피조세계의 나머지 부분과 떨어진 인간이 아닌 그 전체 피조세계와 관련된 인간을 구원하는데, 인간은 이 피조세계의 유기적인 부분인 것이다.

이 목적은 특별 계시의 한계도 결정한다. 계시의 역사적 과정은 그리스도에게서 어느 정도 그 종국에 이른다고 할 수 있다. 그러나 계시는 그리스도의 승천으로 끝나지 않는다. 그리스도의 승천 뒤에는 성령을 부으신 일과 사도들의 지도 아래 은사 및 능력이 특별하게 역사한 일이 있다. 그러한 이어지는 계시는 세상 가운데서 특별 계시의 항구적인 위치를 확보하기 위해서, 그것도 성경에서 뿐만 아니라 교회의 삶에서도 그리하기 위하여 필요한 것이었다. 그러나 교회의 소유가 되고 또 교회에서 효력을 얻은, 그리스도 안에서의 계시가 그렇게 세상에 소개된 이후로는 새로운 세대가 시작된다. 그래서 특별 계시는 중단되고 새로운 구성적 요소들은 덧붙여지지 않는다. 하나님의 객관적인 계시를 세상에 제공하는 그리스도의 사역은 완성되었다. 그러나 그리스도께서 이루신 구속은 적용되어야 하는데, 이 일에는 인간의 존재와 의식을 새롭게 하기 위하여 항상 객관적인 계시와 관련된 성령의 지속적인 역사가 요구된다. 사람은 그리스도의 영의 인도를 받음으로써, 성경에 계시되어 있는 진리를 받아들이고 그리스도 예수 안에서 새로운 피조물이 되어 하나님의 계시를 자기 삶의 규칙으로 삼고 그렇게 해서 하나님의 영광을 목표로 하게 된다.

이 설명은 계시의 목적에 관한 것 외에는 위기의 신학과 조화되지 않는다. 바르트는 이렇게 말하고 있다. "계시 곧 그리스도는 하나님께서 당신과 사람 사이의 관계에서 깨어진 질서를 회복시키시는 사역이다. 우리는, 계시를 그 본질과 관련하여 이해하고자 하든 아니면 그 증표와 관련하여 이해하고자 하든 언제나 계시를 이 회복의 사역으로 이해하여야 한다. 하나님과 사람 사이의 깨어진 관계는 반드시 회복되어야 한다. 따라서 만약 하나님의 사역이 인간을 버리시는 것이나 당신께서 만드신 것을 소멸시키는 것이 아니라면, 하나님의 사역은 계시여야 한다."

바르트도 또 브루너도, 완결되어 이제 객관적으로 존재하는 계시를 믿지 않는다. 그들은 그저 계시는, 말씀하시는 하나님이시며 그와 동시에 요구되는 반응을 인간으로부터 창조적으로 끌어내는 것이라는 사실을 강조한다. 그 반응은 사람 안에서 성령에 의해 계시의 말씀 그 자체를 통하여 일어난다. 계시의 말씀이 없다면 계시의 증거들은 있을지언정 계시는 존재하지 않는다. 계시의 말씀은 옛 시대에 선지자들과 사도들에게 전달되었고 오늘날에 이르기까지 사람들에게 전달되고 있으며 그런 의미에서 지속적인 것이라고, 더 낫게는 반복적인 것이라고 할 수 있다. 계시는 결코 완성되지도, 또 사람이 붙잡을 수 있는 대상이 되지도 않는다는 것이다. 하나님의 계시에 객관적인 성격이 있음을 인정하지 않으려는 이 거부는 근본적으로 관념론적인 대상 개념에 근거한 것인 듯 싶다. 브루너는 "대상이란 나 스스로가 생각할 수 있는 것이다. 주체는 내가 생각할 수 없는 것이다. 내 생각에서 주체는 대상으로 된다"고 말하고 있다. 계시를 대상으로 여기는 것은 사람으로 하여금 계시를 좌지우지하게 만드는 것 같다. 생겨날 수 있는 질문은, 이 관점에 의하면 하나님의 계시가 결국 성령에 의해 유효하게 되는, 그리스도 안에서의 하나님의 부르심과 쉽게 동일시되어 버리지 않는가 하는 것이다. 만약 그것이 뜻하는 바가 정말 이것이라면 그것은 특별 계시가 당연히 오늘날까지 지속되고 있다는 결론으로 이어질 것이다.

깊은 연구를 위한 질문

종교와 계시의 관계는 무엇인가? 우리는 모든 종교가 계시에서 나온 것임을 어느 정도까지 주장할 수 있는가? 일반 계시와 특별 계시를 말하는 것이 자연 계시와 초자연 계시를 말하는 것보다 왜 더 나은가? 하나님께서 존재하는 모든 것들의 근거로서 또 모든 피조물 가운데 있는 영의 존재로서 나타나시는 필연적인 출현들은 계시라고 부르는 것이 옳은가? 보통 자연 계시라고 할 때 포함되는 것은 무엇인가? 이 계시는 정적인가 아니면 점진적인가? 자연 계시의 흐리지 않은 거울 노릇을 할 수 있는 순수한 마음 같은 것이 있을 수 있는가? 진화론을 계시 역사에 적용하는 사람들은 우리가 특별 계시라고 부르는 것에 대해 어떻게 생각하고 있는가? 이방인들이 특별 계시의 필요성을 어떻게 증거해 주고 있는가? 계시의 존재는 그것에 대한 주관적인 이해에 달려 있는가?

D. 특별 계시와 성경

1. 이 둘의 관계에 대한 역사상의 관점들.

(1) **교부 시대.** 영지주의자들 및 마르키온은 성경에 대해 잘못된 관점들을 갖고 있었다. 그러나 초기의 교부들은 성경 모든 부분을 하나님의 계시된 말씀으로 인정했다. 그들은 성경을 영감된 것으로 분명하게 말하긴 했으나 성경의 영감에 대해 명백한 개념은 갖고 있지 못했다. 유스티누스와 아테나고라스는 성경 기자들이 신적인 영향력 아래에서 수동적이었다고 분명히 생각하였으며, 그 기자들을 연주가의 손에 있는 수금에 비유했다. 알렉산드리아의 클레멘스와 테르툴리아누스는 구약과 신약 둘 다 똑같이 영감되었으며, 그 자체로 하나님의 무오한 말씀을 이룬다고 주장했다. 유세비우스는 성경에서 오류의 가능성을 인정하는 것을 건방진 일로 보았다. 또 아우구스티누스는 사도들이 그리스도께서 구술하신 것을 받아 적었다고 말했다. 크리소스톰은 사도들을 "하나님의 입"이라고 불렀으며, 그레고리우스 1세는 성령을 가리켜 성경의 참된 저자라고 했다. 이 모든 것은 이들 교부들이 성경을 하나님의 말씀으로 인정하고, 따라서 신적 계시와 동일시하였음을 보여준다.

(2) **중세 시대.** 성경을 하나님의 말씀으로 믿는 확고한 신념은 중세 때에도 흔들리지 않았다. 그와 동시에 기록된 계시뿐만 아니라 구전된 계시도 있다는 사상이 전개되었다. 사도적 전승의 개념이 대를 이어 전해지면서 점차적으로 널리 퍼지게 되었다. 사람들은 이 전승이 성경의 권위를 확립하고 성경의 바른 의미를 결정하기 위해 필요하다고 생각했다. 그들은 전승의 인도함이 없다면 성경은 앞뒤가 맞지 않는 말을 너무나 많이 하게 되어 그 권위가 완전히 사라져 버릴 것이라고 했다. 이 이론의 발전은 올바른 성경 개념에 손상을 입혔다. 사실 성경이 하나님의 무오한 말씀으로는 계속 인정되고 있었지만 그 권위와 올바른 의미는 전승에 의존하게 되었는데, 이는 곧 교회에 의존하게 되었다는 뜻이다. 소위 사도적 전승에 대해 인정된 중요성은 심지어 성경의 절대적 필요성, 충족성, 명확성 등에 대한 부정까지 포함하는 정도의 것이었다.

(3) 종교개혁 시대. 개혁자들은 이 점에 관하여 로마교회와 반대되는 입장을 취했다. 그들은 성경만을 하나님의 말씀이라고 불렀다. 그들은 사도적 전승이라 불린 것의 권위를 배격하고, 성경만을 믿음과 실천의 문제에 있어서의 궁극적인 권위요 절대적인 규범으로 인정했다. 성경이 교회의 증거에 의존한다는 것을 인정하는 대신 그들은 대담하게 성경의 자증을 선언했다. 비록 그들이 영감 교리를 17세기 신학자들이 발전시킨 것과 같은 정도로 완전하게 전개하지는 못하였지만, 그들이 성경 전부를 가장 엄밀한 의미에서의 하나님의 영감된 말씀으로 인정하였다는 것이 그들의 글에 분명히 나타나 있다. 비록 자유주의 신학자들이, 개혁자들은 하나님의 계시와 성경을 구분하였으며 하나님의 계시는 성경과 같은 것이 아니라 성경에 포함되어 있는 것으로 보았다고 자주 주장하고, 또 오늘날 위기의 신학의 대표자들이 약간 다른 방법으로 이 주장을 되풀이하고 있긴 하지만 자세히 살펴볼 때 이는 사실이 아님이 드러난다. 개혁자들의 작품에 근거해 볼 때 그들이 하나님의 계시를 성경과 동일시했다고 주장하지 않을 수 없다. 특히 17세기에 성경의 완전성에 관한 교리가 전개되었다.

(4) 근대 신학. 합리주의의 영향 아래 성경을 하나님의 무오한 말씀으로 보는 엄밀한 개념에 대해 강한 반대가 생겨났다. 다양한 철학적 과학적 연구와 비평적 역사적 연구가 초자연적인 것에 대한 보편적인 신념을 위태롭게 만들었으며, 따라서 성경의 신적 영감 교리까지 위태롭게 만들었다. 성경을 하나님의 무오한 말씀으로 보는 낡은 개념은 지지할 수 없는 것으로 무시되고 많은 다른 견해들이 대안으로 제시되었으나, 그 어느 하나도 그리스도인 일반의 가슴과 마음에 견고히 자리잡지 못했다. 한동안 성경은 부분적으로는 인간적이고 부분적으로는 신적이라는 생각이 어느 정도 보편화되어 있었으나, 신적인 계시가 성경에 담겨 있으며, 따라서 성경의 그 부분은 영감되어 있다고 말하는 것이 더 확산되었다. 그러나 신적인 것이 끝나고 인간적인 것이 시작되는 곳이 어디인지, 아니면 성경의 영감된 부분과 그렇지 않은 부분이 어디인지 말하는 것이 불가능하다는 것이 밝혀졌다.

다른 사람들은 영감 개념을 버리고 쉽게 성경을 신적 계시에 대한 인간적 기록으로 인정해 버렸다. 하나님의 내재성 교리를 강조한 관념론 철학과 슐라이어마허의 주관주의는 계시 및 영감에 대해 새로운 개념에 도달했다. 영감은 그리스도인 일반에 대한 영적인 조명과 정도의 차이만 있는 특별한 신적 조명으로, 또 계시는 그 결과로 생겨나는 바 사물의 본성에 대한 고도의 통찰력으로 보게 되었다. 이것은 시간의 흐름과 함께 계시와 인간의 발견물을 같은 것으로 보는 결과를 초래했다. 이 견해에 따르면,

성경은 아주 예외적인 인간적 경험에 대한 기록 - 순전히 인간적인 기록 - 이 되어버리고 만다. 위기의 신학은 계시의 개념을 하나님의 입장에서의 초자연적 행동으로 보아 그 합당한 위치로 회복시키고자 했다. 그러나 이 신학 역시 성경의 무오한 영감 교리를 포기하고 있으며 따라서 하나님의 계시를 성경과 동일시하지 않는다. 성경은 신적 계시에 대한 인간의 증거일 뿐으로서 단지 계시를 증거한다는 이유 때문에 제이차적인 의미에서 하나님의 말씀이라 불릴 수 있다는 것이다.

2. 이 둘의 관계에 대한 개혁주의의 견해. 16세기의 위대한 개혁자들에 따르면 하나님의 특별 계시는 성경으로 그 항구적인 형태를 갖게 되었다고 한다. 이런 개념 자체는 예외적인 어떤 것이 아니다. 모든 문명 국가에서 우리는 종교적인 삶과 관련된 주문, 제의의 흔적들, 의식의 규례들, 역사적 신비적 문헌 등을 찾아볼 수 있다. 경전들을 갖고 있는 종교도 여럿 되는데, 이 경전들은 신적 권위가 있다고 인정되어 교리와 실천의 규칙 역할을 하는 것들이다. 유력한 종교는 모두 교의, 곧 언어로 표현되어 있고 기록으로 항구적인 형태를 지닌 교의를 갖고 있다. 기독교도 이에 대해 예외가 아니다. 하나님의 특별 계시가 기록으로 표현되어야 한다는 것은 대단히 중요하다. 왜냐하면 그것은 오랜 세월의 흐름 속에서 주어진 것이며, 반복되지 않고, 과거에 속하는 행동과 사건들로 이루어진 것이고, 따라서 만약 그것들을 기록하여 후손을 위해 보존하지 않는다면 그것들에 대한 지식이 망각 속으로 사라져 버릴 것이기 때문이다.

또 이 지식을 잃지 않는 것이 중요했던 이유는, 신적 계시는 모든 상황에서 모든 시대, 모든 민족에게 해당되는 의미를 갖고 있는 영원한 진리를 담고 있기 때문이다. 따라서 하나님은 성경의 기록을 허락하셨고, 그리하여 하나님의 계시는 이제 행동과 사건의 모양으로가 아닌 그것들에 대한 묘사로서 우리에게 오게 되었다. 성경을 증발과 오염과 오류로부터 지키기 위해 하나님께서는 성경에게 기록의 형태를 주셨다. 이것으로부터 특별 계시와 성경은 매우 밀접한 관계에 있다는 결론이 나오는 것이다.

그렇지만 '계시'라는 말이 늘 같은 뜻으로 쓰이지는 않는다는 사실을 알아야 한다. 이 말은 인간을 향한 하나님의 직접적이고 초자연적인 전달, 곧 새 시대에서보다 옛 시대에 훨씬 더 빈번했으며 말씀이 육신이 된 데서 그 절정에 이르렀던 전달을 가리키는 데 사용될 수 있다. '계시'라는 말을 이런 의미로 이해한다면 특별 계시가 성경과 같은 것이라고는 말할 수 없고 단지 성경에 담겨 있다고 또는 기록되어 있다고 말할 수밖에 없다. 성경에는 하나님께서 그렇게 전달하시지 않은 것이 아주 많다. 그렇지만 이것이 근대 신학에서 종종했던 바와 같이 신적인 것으로서의 하나님의 말씀과 인간적인 것으로서의 그것에 대한 기록을 구분하는 일을 정당화시켜 주지는 않는다는 것을 명심해야 한다. 또한 그것은 성경이 하나님의 말씀이 아니라 단지 하나님의 말씀을 담고 있을 뿐이라는 터무니없는 주장을 보증해 주지도 않는다.

'하나님의 말씀'과 '계시'라는 말은 '성경'과 동일한 어떤 것이라는 의미로도 사용할 수 있다. 대부분의 경우, 계시 즉 하나님의 직접적인 자기 전달은 그것을 기록하는 일에 앞선다. 선지자들은 대개 자기들이 전달을 받고 난 얼마 후에 그것들을 기록에 부쳤다(렘 25:13; 30:1, 2; 36:2). 이는 사도들의 경우도 마찬가지이다. 그들이 예수 그리스도 안에서 하나님의 최고 계시를 받았을 때 그것을 미래 세대들을 위해 즉각 기록한 것이 아니라 여러 해가 지난 후 기록하였으며, 그때조차도 제시된 것을 전부 기록하지는 않았다(요 20:30; 21:25). 그들이 기록하고 있는 동안에 어떤 것이 계시되었을 수도 있었을 것이다. 뿐만 아니라 어떤 경우에는 친히 직접적인 계시를 받지 못한 사람도 미래를 위하여 그 계시를 기록했다. 이 모든 것을 고려할 때 우리가 특별 계시와 성경을 구분해야 할 어떤 의미가 있다고 할 수 있겠다.

그러나 '계시'라는 용어는 좀 더 넓은 의미로도 사용될 수 있다. 계시라는 말을, 성경에 기록되어 있으며 또 성경 전체가 성령에 의해 무오하게 영감되었다는 사실에 근거해 신적 계시로 보증될 수 있는 구속적 진리 및 사실들의 복합체에 적용할 수도 있다. 그런 의미에서 창세기부터 요한계시록까지 성경 전체가, 그리고 오직 그것만이 우리에게 하나님의 특별 계시가 되는 것이다. 우리가 과거의 하나님의 직접적 계시에 대한 지식을 얻게 되는 것은 오직 성경을 통해서만이다. 성경이 없다면 우리는 이스라엘 가운데 선지자들을 통해 주었고 또 궁극적으로는 그리스도 안에 있는 하나님의 계시에 관해 전혀 아무것도 몰랐을 것이다. 우리가 만약 성경을 제쳐놓는다면, 그것은 그리스도 안에 있는 것까지 포함하여 하나님의 특별 계시 전체를 내버리는 것이다. 우리가 그리스도와 교제할 수 있는 것은 오직 사도들의 말을 통해서일 뿐이다. 결과적으로 하나님께서 특별 계시를 주시기만 하고, 오는 세대들을 위하여 그것을 침범으로부터 보존할 조치를 취하지 않으셨다는 것은 생각할 수 없는 일이다.

성경이 갖는 중요성의 근거는 성경이 계시의 책이라는 바로 그 사실이다. 성경을 통하여 하나님은 자신의 계시를 세상에 계속 전하시며, 그 계시의 내용을 사람의 생각과 삶에서 유효하게 만드시는 것이다. 성경은 단순히 옛날에 발생한 일에 관한 이야기가 아니라 인간을 향한 하나님의 영원한 말씀하심이다. 계시는 성경 안에 계속 살아 있으며, 그것이 주어질 때와 똑같이 지금도 빛과 생명과 거룩을 가져오고 있다. 그 계시를 통해 하나님은 계속하여 죄인의 존재와 의식을 새롭게 하신다. 성경은 성령께서 교회를 확장시키시고 인도하시며 성도들을 완전하게 하시고 그리스도의 몸을 세우시는 주된 도구이다. 성경은 하늘과 땅을, 그리스도와 그의 교회를, 하나님과 하나님의 백성을 연합하는 영구적인 띠이다. 성경은 여전히 영감된 하나님의 말씀이므로 우리는 성경에서 하나님의 음성을 늘 새롭게 듣는다. 그리고 성경은 새창조가 완성될 때에야, 즉 하나님의 모든 자녀들이 영감을 받고 여호와에 관해 충분히 가르침을 받을 때에야 그 목적을 완전히 전부 수행하게 될 것이다.

IV
성경의 영감

A. 역사상의 영감 교리

계시와 영감은 서로 가장 가까운 관계에 있다. 특별 계시에 관해서는 둘 중 하나를 다른 것 없이 생각할 수 없다. 베드로는 우리에게 "예언은 언제든지 사람의 뜻으로 낸 것이 아니요 오직 성령의 감동하심을 입은 사람들이 하나님께 받아 말한 것임이라"(벧후 1:21)고 말해 주고 있다. 성경을 하나님의 특별 계시로 인식하는 것은 성경의 저자들이 성령의 감동하심을 입었다고 확신하는 데 달려 있다. 그렇지만 이 둘이 아무리 가까운 관계에 있다 하더라도 이 둘을 동일시해서는 안 된다. 찰스 하지는 이 둘이 그 목적 및 효과면에 있어서 서로 다르다는 사실에 올바로 주의를 환기시키고 있다. "계시의 목적 곧 의도는 지식의 전달이다. 영감의 목적 곧 의도는 가르침에 있어서 무오성을 확보하는 일이다. 계시의 효과는 계시받는 자를 지혜롭게 만드는 것이다. 영감의 효과는 가르침에 있어서 그를 오류로부터 보호하는 것이다." 사람들이 주장한 영감 교리의 형태가 늘 같았던 것은 아니므로 그 역사를 개괄해 보는 것이 바람직할 것이다.

1. 종교개혁 이전. 어떤 의미에서 종교개혁 이전에는 영감 교리의 역사라는 것이 없었다고 말할 수 있는데, 그 이유는 이 교리가 1세기부터 16세기에 이르기까지 본질적으로 똑같이 유지되어 왔기 때문이다. 그럼에도 불구하고 이 기간 동안 교회가 성경이 영감된, 따라서 무오한 하나님의 말씀이라는 확신 가운데 굳게 서 있었다는 사실에 특별히 주의를 환기시키는 것은 유익이 되리라고 생각한다. 유대인들이 엄밀한 영감관을 고수하고 있었음은 잘 알려진 사실이다. 그들은 먼저 율법을 신적으로 또 무오하게 영감된 것으로 보았고, 따라서 율법에 절대적인 신적 권위를 돌렸으며, 뒤에 가서는 똑같은 신성한 성격과 권위를 선지서 및 성문서에도 돌렸다. 이 관점은 곧장 기독교 교회로 전수되었다. 엄밀한 영감 개념을 배격하는 자유주의 학자들까지도 예수 및 신약 기자들도 똑같은 관점을 갖고 있었음을 어쩔 수 없이 인정하고 있다. 초기의 교부들도 영감을 똑같이 존중하였다는 사실이 그들의 저작에 충분히 나타나 있다. 샌데

이(Sanday)는 그들이 처음부터 축자 영감을 지적하는 표현들까지 사용하였음을 찾아볼 수 있다고 시인하고 있다. 그들의 표현들 중 어떤 것은 성경의 기자들이 성령의 영향 아래 수동적이었다는 것을 분명히 제시하고 있는 것 같으며, 따라서 기계적 영감관을 지적하고 있다.

그러나 오르 박사는 그들의 가르침의 일반적인 경향을 보아 알 수 있는 바는, 인간의 의식에 대한 억압을 포함하는 영감의 교리를 가르치는 것이 그들의 의도가 아니었다는 것, 오리겐이 그런 관점과 맞서 싸웠다는 것, 그리고 그것을 주장한 몬타누스주의가 교회의 정죄를 받았다는 것 등이라는 사실에 주의를 환기시킨다. 초기 교부 시대와 종교개혁 시대 사이의 기간에 교회에서 지배적이었던 견해는 이전에 내세웠던 견해와 본질적으로 다르지 않았다. 스콜라 학자들도 교회와 같은 확신이 있었으며 다만 영감 교리의 몇 가지 세목들을 좀 더 정확하게 정의하고자 했을 뿐이다. 그렇지만 사도적 전승도 똑같은 영감이 있는 것으로 여겼다는 것과, 이것이 실제로는 하나님의 기록된 말씀의 절대적인 권위에 대한 의식을 약화시키게 되었다는 것을 인정해야 한다. 뿐만 아니라 몇몇 신비주의자들도 있어서, 특별한 조명과 하나님의 내적 임재의 계시를 떠받들었는데, 그들은 성경 기자들의 초자연적 영감을 과소평가하고 그것을 그리스도인 모두가 함께 누리는 은혜로운 내적 가르침의 수준으로 격하시키는 경향을 나타내었다. 그러나 그들의 주관주의가 교회에서 대체로 주장하던 관점에 별 심각한 영향을 미치지는 못했다.

2. 종교개혁 이후. 워필드 박사가 "영감에 대한 교회 교리"라고 부른 것에 반대하는 자들이 자기들의 자유로운 생각들을 16세기 개혁자들에게 뒤집어씌우는 일이 대단히 성행하게 되었다. 그들은 루터 및 칼빈의 저작에서, 정경의 문제를 다룸에 있어서 어떤 자유를 반영하는 것 같은 구절들을 찾아내고는 이것으로부터 이 위대한 사람들이 당대의 영감 교리와는 다른 견해를 갖고 있었다고 성급하게 결론짓는다. 그러나 이 위대한 개혁자들이 자기들이 엄밀한 영감 개념을 갖고 있었다는 사실과, 반대자들이 주장하는 것처럼 그 견해가 17세기 개신교 스콜라주의의 발명품이 결코 아니라는 사실을 분명히 말해 주는 여러 표현들을 사용하고 명료한 진술들을 많이 했음에도 불구하고 이 사람들이 순전히 추론에만 의존하는 이유는 무엇인가? 개혁자들은 성령을 가리켜 성경 모든 부분의 저자라고 말하고 인간 저자들은 구술된 것을 받아 적었다고 말하기까지 했다. 그런 표현들은 초기부터 대단히 보편적인 것이었다. 그와 동시에 그들의 모든 가르침을 볼 때, 그들은 영감이 인간 저자들의 개성과 지적 활동을 억누르

지 않았다고 보았음이 명백하다. 제베르크는 칼빈을 가리켜 엄밀한 17세기 영감 개념의 창시자로 말하고 있다. 이 점에 있어서 종교개혁자들과 이후 세대 신학자들의 유일한 차이점은, 이후 세대 신학자들은 영감의 주체를 특별한 연구의 대상으로 만들어 상세하게 연구했다는 것과 몇몇 사람은 "성령의 영향 아래 있던 영감된 사람을 무의식적이고 비지성적인 도구의 수준으로 격하시키는" 경향을 나타내었다는 것뿐이다(배너만). 이 경향은 신앙고백들 중 하나, 즉 소뮈르 학파의 자유로운 견해에 반대하여 1675년 작성된 스위스 일치 신조에서도 찾아볼 수 있으나, 이 고백은 결코 교회적 표준으로 널리 받아들여지지 못하였다.

하지만 후대에 가서 합리주의가 영향력을 나타낼 무렵, 르클레(Le Clerc, 1657-1736)는 성경의 엄밀한 무오성을 공격하고 기록상 오류가 있다고 주장하였는데, 방어에 착수한 옹호자들 가운데 많은 사람들이 그의 주장을 인정하고, 성경 여러 부분이 영감상 정도의 차이가 있다는 영감 교리에 의지하지 않을 수 없다고 생각하였으며, 따라서 성경의 어떤 부분에 대해서는 불완전과 오류를 인정하게 되었다. 이것은 다양한 변형을 허용한 이론이었다. 변형들 중 하나는 한동안 상당한 인기를 누렸던 것으로서 부분적 영감론, 즉 성경의 일부분에 제한된 영감 이론이었다. 그러나 영감의 정확한 범위에 대해서 일치된 의견에 이르는 것이 불가능하다는 것이 곧 명백해졌다. 이 견해는 뒤에 가서 논의할 것이므로 여기서는 논의를 더 확대시키지 않는 것이 좋겠다.

근본적으로 다른 이론 하나는 그 기원을 특히 슐라이어마허에 두고 있다. 적어도 성경의 일부분에 대해서는 엄밀한 영감을 인정한 부분 영감설과는 달리, 그 이론은 초자연적 요소를 배제시킴으로써 영감의 성격을 완전히 바꾸어 놓았다. 그 이론에서 주장하는 영감은 (배너만의 말로 표현해 보면) "자연적인, 그리고 기껏해야 은혜로운 하나님의 작용으로서 인간의 합리적인 또는 영적인 의식을 조명하여 그로 하여금 자기 자신의 기독교적 이해와 감정들의 충만함으로부터 자기 자신의 종교적 삶과 신념을 말하고 쓰도록 한 것"이다. 여기서 영감은 그리스도인 일반의 조명과 정도의 차이밖에 없는 신적인 조명으로 바뀌어 있다. 성령의 특별하고 초자연적이며 기적적인 작용은 성령께서 신자의 삶에서 하시는 평상적인 작용들로 대치되어 버렸다. 슐라이어마허 이후 영감에 관해 쓰인 많은 책들은 이 일반적인 주제의 변형에 지나지 않는다. 벡샤이더와 파커 같은 사람들은 한술 더 떠서, 모든 사람에게 공통된 순전히 자연적인 영감을 주장했다. 리, 배너만, 매킨토시, 패턴, 오르, 워필드 등과 같은 사람들의 저작들은 자연히 이 규칙에서 예외적인 것들이다. 슬프게도 바르트와 브루너 역시 성경의 무오한 영감 교리를 거부하며, 영감 교리를 개신교 스콜라주의의 산물로 간주한다. 그들의 견해는 아직 해명이 더 필요하다.

B. 성경의 영감에 대한 성경의 증거

신적 계시뿐만 아니라 그 계시의 기록에 대해서도, 그것이 하나님으로부터 나온 것인가, 아니면 하나님께서 구속의 계시를 주신 뒤 그것을 가능한 한 잘 기록하라고 인간에게 그냥 맡겨 두신 것인가 하는 질문이 생겨난다. 성경에 있는 것은 단순히 인간적인 기록인가, 아니면 신적으로 영감된 기록인가? 또 만약 하나님의 특별 계시가 영감에 의해 주어진 것이라면 그 영감은 어디까지 미치는 것인가? 이 질문들 및 이와 비슷한 질문들에 대한 해답을 찾음에 있어서 우리는 성경 그 자체에 의존한다. 우리에게는 성경이 신학의 유일한 외적 인식의 원리라는 사실을 고려할 때 이는 당연한 일이다. 성경은 하나님과 인간, 그리스도와 구속 등에 대한 교리를 담고 있는 것과 마찬가지로 성경 자체에 관한 교리 역시 우리에게 제공해주며, 우리는 이것을 신적인 증거에 근거하여 믿음으로 받아들인다. 이렇게 말한다고 해서 성경이 영감에 대해 명쾌하고 잘 공식화된 교의를 담고 있다는 뜻은 아니고, 다만 그런 교의를 구성하는 데 필요한 모든 자료를 성경이 제공해 준다는 뜻이다. 성경 저자들의 영감에 대한 성경의 증거를 두 가지 제목으로 살펴볼 것인데, (1) 그들의 기록과는 별도로 고려한 그들의 영감에 대한 증거, (2) 성경 각 권을 기록함에 있어서의 그들의 영감에 대한 증거이다.

1. 성경 저자들의 기록과는 별도로 고려한 성경의 제이차적 저자들의 영감에 대한 증거들. 성경의 제이차적(인간) 저자들은, 하나님의 특별 계시를 기록하는 그들의 행위와 떼어 놓고서도, 신적 계시의 한 기관으로 영감되었다는 것을 가장 먼저 지적하는 것이 좋겠다. 그렇다면 영감은 계시의 직접적인 목적을 위해 필요했던 것으로 생각할 수 있다. 이 점에 대한 증거는 주로 예언에서 또는 우리가 선지자적 영감이라고 부르는 그것에서 뿐만 아니라 부분적으로는 사도적 영감에서도 끌어낼 수 있다.

(1) 선지자적 영감. 여기서 고려해 볼 만한 것은 여러 가지이다.

① 선지자의 성격. 성경적인 선지자 개념을 밝혀주는 전형적인 구절이 성경에 두 개 있는데, 그것은 출 7:1과 신 18:18이다. 이 구절에 따르면, 선지자는 그저 하나님의 대변인이다. 선지자는 하나님으로부터 메시지를 받으며, 그것을 반드시 백성들에게 전달해야 할 의무를 지니고 있다. 여호와의 선지자 자격을 지닌 그는 자기 자신의 메

시지를 전달해서는 안 되며, 여호와로부터 받은 그 메시지만 전달해야 한다. 무엇을 말할 것인가 결정하는 일은 그의 재량권이 아니며, 보내시는 자에 의해 결정된다. 자기에게 신적으로 위탁된 메시지를 다른 것으로 바꾸어서는 안 된다.

② 선지자들의 의식. 이스라엘의 선지자들은 자기들이 특정한 시간에, 때로는 자기들의 뜻과는 상반되게 여호와로부터 부름을 받았다는 것을 알고 있었다(출 3:1 이하; 삼상 3장; 사 6장; 렘 1장; 겔 1-3장). 그들은 여호와께서 자기들에게 말씀하셨다는 사실을 깨닫고 있었으며 어떤 경우에는 그분께서 당신의 말씀을 자기들의 입에 두셨다고까지 알고 있었다(민 23:5; 신 18:18; 렘 1:9; 5:14). 이 의식은 대단히 강해서, 그들이 여호와께서 그들에게 말씀하신 시간과 장소를 지적하고 그분께서 자기들에게 말씀하신 때와 말씀하시지 않은 때를 구분할 수 있을 정도였다(사 16:13, 14; 렘 3:6; 13:3; 26:1; 27:1; 33:1; 겔 3:16; 8:1; 12:8). 따라서 그들은 또한 여호와께서 자기들에게 계시하신 것과 자기들의 마음 깊은 곳에서 생겨난 것을 예리하게 구분했다(민 16:28; 24:13; 왕상 12:33; 느 6:8). 그들은 거짓 선지자들을, 여호와로부터 보내심도 받지 않고 자기들의 마음에서 나온 것들을 말한다는 이유로 책망했다(렘 14:14; 23:16, 26; 29:9; 겔 13:2, 3, 6). 그들은 백성들에게 말을 전할 때, 그들이 자기들의 말을 전하는 것이 아니라 여호와의 말씀을 전하는 것이며, 그것은 여호와께서 자기들에게 그것을 명하셨기 때문이라는 것을 알고 있었다(렘 20:7-9; 겔 3:4 이하; 암 3:8; 욘 1:2).

③ 선지자적 공식. 선지자적 공식이 이와 관련하여 대단히 중요했다. 그 공식들은 그것 자체로서 선지자들이 여호와에 의해 영감된 메시지를 전한다는 것을 의식하고 있었음을 지적해 준다. 이 공식에는 많은 종류가 있으나 모두가 한결같이 하나님의 주도권을 인정하고 있다. 시온의 성벽 위에 선 신실한 파수꾼들은 자기들이 백성들에게 가져갈 하나님의 입의 말씀을 받았다는 사실에 깊은 감동을 받았다. 그들은 에스겔에게 주신 여호와의 말씀에 늘 유의했다. "인자야 내가 너를 이스라엘 족속의 파수꾼으로 세웠으니 너는 내 입의 말을 듣고 나를 대신하여 그들을 깨우치라"(겔 3:17). 뿐만 아니라 그들은 백성들이 이것을 이해하기를 원했다. 다음과 같은 공식들이 이것을 증거해 준다: "여호와께서 말씀하시기를", "여호와의 말씀을 들을지니라", "여호와께로부터……에게 말씀이 임하니라", "여호와의 말씀이……에게 임하여 가라사대".

④ 자기 자신들의 메시지를 이해하지 못함. 선지자들이 때때로 자기들이 백성들에게 전달한 메시지의 내용을 이해하지 못했다는 사실은 그 메시지가 바깥으로부터 온 것이지 그들 마음에서 나온 것이 아님을 보여준다. 다니엘은 자기에게 위임된 말씀을 전

달했으나 그것을 이해하지 못했다고 말했다(단 12:8, 9). 스가랴는 백성들을 향한 메시지가 담긴 여러가지 환상들을 보았으나 그것들을 해석하는데는 천사의 도움이 필요했다(슥 1:9; 2:3; 4:4). 또 베드로는 그리스도의 고난과 그에 따른 영광을 예언하던 선지자들이 그것을 더 잘 이해하기 위하여 상고하였다고 말해 주고 있다(벧전 1:10, 11).

(2) **사도적 영감.** 오순절 이후 성령의 사역은 선지자들이 공적인 자격으로 누렸던 사역과는 다르게 되었다. 성령은 초자연적 힘으로서 선지자들에게 내려 오셔서 바깥으로부터 그들에게 역사하셨다. 그들에 대한 성령의 활동은 종종 반복되긴 했으나 지속적인 것은 아니었다. 성령의 활동과 선지자 자신들의 정신적 활동 사이의 차이는 꽤 분명하게 드러났다. 그렇지만 오순절에 성령께서는 사도들의 마음에다 자신의 거처를 정하시고 안으로부터 그들에게 역사하시기 시작하셨다. 성령께서 그들의 마음을 자신의 영원한 거처로 정하셨기 때문에 그들을 향한 성령의 활동은 더 이상 간헐적이지 않고 지속적이었지만, 그런 경우라 하더라도 영감이라는 초자연적인 사역은 그들이 계시의 기관 역할을 할 경우들만으로 제한되었다.

그러나 성령의 모든 사역의 좀 더 내적인 성격으로 인해 성령의 일상적인 사역과 특별한 사역 사이의 차이는 그다지 눈에 띄지 않았다. 사도들의 경우에는 초자연적인 요소가 선지자들의 경우처럼 명확하게 드러나지 않고 있다. 그렇지만 이 사실에도 불구하고 신약성경은 사도들이 말로 행한 적극적인 가르침에 있어서도 영감되었다는 사실을 암시하는 중요한 내용들을 담고 있다. 그리스도께서는 그들에게 그들의 가르침과 전파에 있어서 성령을 엄숙하게 약속하셨다(마 10:19, 20; 막 13:11; 눅 12:11, 12; 21:14, 15; 요 14:26; 15:26; 16:13). 사도행전에서 우리는 그들이 성령으로 "충만하여" 가르쳤다는 말을 거듭 본다. 뿐만 아니라 서신서에는, 그들이 교회들을 가르침에 있어서 자기들의 말을 실제로 하나님의 말씀이며 따라서 권위가 있는 것으로 여겼다는 것이 나타나 있다(고전 2:4, 13; 살전 2:13).

2. 성경을 기록함에 있어서 제이차적인 저자들의 영감에 대한 증거들. 성령의 인도는 구두 언어에만 제한된 것이 아니라 기록된 언어에까지 미쳤다. 만약 하나님께서 선지자들과 사도들을 그들의 시대에 국한된 말로 된 가르침에 있어서 인도하는 것이 필요하다고 판단하셨다면, 그것에 자연히 따라오는 결론은, 하나님께서 그들이 하나님의 계시를 오는 세대를 위하여 기록하는 일에 있어서 신적인 인도로 그들을 보증하는 것을 훨씬 중요한 일로 생각하셨으리라는 것이다. 하나님의 말씀이 세상에 알려지게 되는 것과 또 하나님의 계시가 인간을 향한 하나님의 지속적인 말씀하심이 되는 것은 오

직 기록된 형태로서 뿐이다. 또 신약에는 하나님께서 그렇게 사도들을 인도하셨다는 지적이 많이 있다. 이것들은 어떤 일반적인 현상과 몇몇 직접적인 주장에 담겨 있다.

(1) 어떤 일반적인 현상들.

① **여호와의 말씀을 기록하라는 명령들.** 구약 성경의 기록자들은 여호와께서 그들에게 계시하신 바를 기록하라는 분명한 명령을 거듭하여 받고 있다(출 17:14; 34:27; 민 33:2; 사 8:1; 30:8; 렘 25:13; 30:2; 36:2, 27-32; 겔 24:1 이하; 단 12:4; 합 2:2). 어떤 예언들은 백성들로 하여금 주의깊게 고려하도록 하기 위하여, 말하는 것이 아닌 기록하는 것을 의도하고 있다(렘 29장; 36:4 이하, 27절 이하; 겔 26장; 27장; 31장; 32:39). 그런 경우에 선지자적 공식은 당연히 기록된 말씀도 가리킨다.

② **억제된 인간적 요소.** 예언의 많은 부분에 있어서 신적 요소가 사실상 인간적 요소를 능가하고 있다. 예언의 말은 하나님을 삼인칭으로 언급하면서 시작한 뒤 인칭 변화에 대한 아무런 언급이 없이 일인칭으로 이어지고 있다. 시작하는 말은 선지자의 말이며, 그리고는 한순간, 독자들에게 변화의 준비도 시키지 않은 채 인간 저자는 시야에서 슬쩍 사라져 버리고 저자이신 하나님께서 중개자 없이 명백하게 말씀하신다(사 10:12; 19:1, 2; 호 4:1-6; 6:1-4; 미 1:3-6; 슥 9:4-6; 12:8, 9). 이렇게 선지자의 말은 아무런 모양의 변화 없이 여호와의 말씀으로 곧장 바뀌는 것이다. 이 둘은 쉽게 연합되며 그렇게 하나임이 드러난다. 어떤 구절들은 여호와의 말씀과 선지자의 말이 똑같이 권위가 있는 것임을 분명히 지적하고 있다(렘 25:3; 36:10, 11). 이사야는 자기가 기록한 예언들을 가리켜 심지어 "여호와의 책"이라 부르기까지 한다(사 34:16).

③ **구약 성경을 헤 그라페 또는 하이 그라파이로 지칭함.** 신약 성경에서 우리는 주님 및 사도들이 구약 성경에 호소하면서 구약 성경을 헤 그라페(때때로 성경 한 구절에 적용된 용어: 막 12:10; 눅 4:21; 요 19:36)로, 또는 그것이 여러 부분들로 이루어져 있다는 사실을 고려하여 하이 그라파이로 부르고 있음을 발견한다(눅 24:27; 롬 1:2). 또 딤후 3:15의 타 히에라 그람마타도 참고하라. 그들은 분명히 이 수집을 권위있는 것으로 여겼다. 그것에 호소하는 것은 "하나님이 말씀하시기를"과 같은 것이었는데, 이는 헤 그라페 레게인(성경에 이르기를)이라는 공식이, 인용된 것이 하나님의 말씀임을 분명히 지적하는 다른 것들과 서로 바뀌어가며 쓰이고 있다는 사실과, 인용된 말이 구약 성경에서 하나님께서 실제로 하신 말씀인 경우들에 나타나 있다(롬 9:15-17; 갈 3:8).

④ **인용 공식.** 주님 및 그의 제자들이 구약 성경을 인용함에 있어서 항상 같은 공식을 사용한 것은 아니었다. 어떤 때는 간단히 "기록되었으되"(마 4:4; 요 6:45), 또는 "성

경이 말하기를"(롬 4:3; 갈 4:30)이라고 했다. 어떤 경우에는 인간 저자를 언급하고 있으나(마 15:7; 24:15), 제일차적인 저자 곧 하나님 또는 성령을 종종 언급하고 있다(마 15:4; 히 1:5 이하; 3:7). 바울은 어떤 경우에 성경을 의인화하여 그것을 하나님과 동일한 것으로 묘사하고 있다(롬 9:17; 갈 3:8, 22; 4:30). 또 롬 4:3; 10:11; 11:2; 딤전 5:18도 참고하라. 히브리서 기자는 제일차적 저자의 이름을 종종 언급하고 있다(1:5 이하; 3:7; 4:3; 5:6; 7:21; 8:5, 8; 10:15, 16).

(2) 직접적인 주장들. 구약 성경의 신적 권위를 분명히 주장하고 있는 구절들이 여럿 있다(마 5:17; 눅 16:17, 29, 31; 요 10:35; 롬 15:4; 벧전 1:10-12; 벧후 1:19, 21). 이는 표준구절의 경우 더 그런데, 즉 딤후 3:16 "모든 성경은 하나님의 감동으로 된 것으로 교훈과 책망과 바르게 함과 의로 교육하기에 유익하니"라고 한다. 원문에는 이렇게 되어 있다. 파사 그라페 테오프뉴스토스 카이 오펠리모스 프로스 디다스칼리안 등. 이 구절은 다양한 방법으로 해석되어 왔는데, 이 구절의 증거적인 가치를 파괴시키려는 의도를 거의 숨기지 않은 해석도 적지 않았다. 어떤 사람은 필사(筆寫)적 증거에 의거하여 카이라는 말을 제거해야 한다고 주장하지만, 그것을 그냥 놓아 두는 쪽이 더 증거의 비중이 크다. 어떤 사람은 파사에 관사가 없으므로 파사 그라페를 "성경 하나하나"로 번역할 것을 주장한다. 그러나 마 2:3; 행 2:36; 엡 2:21; 4:16; 벧전 1:15 등과 같은 구절들은 파사가 관사가 없는 경우라 하더라도 신약 성경에서 "전부"를 뜻할 수 있다는 사실을 증거해 준다. 내용상으로는 "모든 성경"으로 읽으나 "성경 하나하나"로 읽으나 별 차이가 없는데, 그 이유는 그 표현이 15절에 나오는 타 히에라 그라마타를 가리키는 것이 분명하고, 이 구절은 구약 성경의 기록들을 가리키기 때문이다. 또 테오프뉴스토스를 술어로 보지 않고 주부의 일부로 보아 "하나님의 감동으로 된 모든 성경은(성경 하나하나는) 교훈에 유익하다"는 식으로 읽고자 하는 경향도 강하다(미 개역판 참조). 그러나 만약 그런 의도였다면 오펠리모스 다음에 동사 에스틴이 사용되었을 것이고, 또 오펠리모스 앞에 카이가 사용되었을 이유가 없다. 우리가 이 구절에 대한 보편적인 해석에서 벗어나야 할 이유는 아무것도 없다. 바울의 이 주장과 관련하여 특별히 벧후 1:21에 나오는 베드로의 말을 살펴볼 필요가 있다. "예언은 언제든지 사람의 뜻으로 낸 것이 아니요 오직 성령의 감동하심을 받은 사람들이 하나님께 받아 말한 것임이라." 신약 성경의 기록자들은 기록을 할 때 성령의 인도하심을 의식하고 있었으며, 따라서 그들이 기록해 놓은 것들은 권위가 있다(고전 7:10; 고후 13:2, 3; 골 4:16; 살전 2:13; 살후 3:14). 베드로는 바울의 서신서들을 구약 성경의 기록들과 같은 수준에 두고 있다(벧후 3:15, 16). 또 바울은 친히 이

렇게 말하고 있다. "만일 누구든지 자기를 선지자나 혹 신령한 자로 생각하거든 내가 너희에게 편지하는 이 글이 주의 명령인 줄 알라"(고전 14:37).

C. 성경 영감의 성격 및 범위

성경의 영감의 성격 및 범위에 대해서는 일치된 견해가 아직 없는데, 이것들을 올바로 이해하기 위해서 지금까지 제기된 가장 중요한 관점들을 살펴보는 것이 좋다.

1. 영감의 성격. 영감의 성격을 다룸에 있어서 먼저 잘못된 견해를 두 가지 살펴보고 나서 우리가 옳다고 보는 견해를 살펴보도록 하겠다.

(1) 기계적(Mechanical) 영감. 경계해야 할 꽤 일반적인 오해가 하나 있다. 마치 축자적 영감은 필연적으로 기계적이라는 듯이 말하는 사람이 있으나 그건 그렇지 않다. 이 두 용어는 분명히 동의어가 아니며 영감 사역의 서로 다른 두 측면을 가리키는데, 하나는 영감의 범위를, 다른 하나는 영감의 성격을 가리킨다. 또 기계적 영감은 필연적으로 축자적인 것이 사실인 반면, 축자 영감이 반드시 기계적이라는 것은 사실이 아니다. 성령께서, 사용된 단어를 선택하는 일까지 인도하셨다고 믿는 것은 가능하지만, 그 일을 기계적인 방법으로 하신 것은 아니다. 기계적인 영감관에 따르면, 제이차적 저자들(인간)이 기록한 것은 하나님께서 구술하신 것으로, 그들은 그저 서기였고, 성령의 말씀이 흘러간 통로일 뿐이었다고 한다. 이 말에 내포되어 있는 뜻은, 그들의 정신 상태가 정지되어 있어서 자기들의 기록의 내용이나 형식에 그 어떤 방법으로도 기여하지 못했다는 것과 성경의 스타일까지도 성령의 스타일이라는 것이다. 이 이론을 반대하는 사람들은, 축자 영감을 믿는 사람들이 모두 이 이론을 주장한다고 터무니없는 주장을 꽤 끈실기게 펴왔는데, 심지어는 이들이 이 관점을 거듭 배격한 이후에도 그리했다. 초기의 교부들과 종교개혁자들, 17세기의 루터파 신학자와 개혁주의 신학자들 중 몇몇 사람들이 그런 관점의 기미를 보이는 표현들을 이따금 사용하였다는 것은 인정하여야 한다. 그러나 반드시 덧붙여야 할 것은, 그들의 일반적인 가르침은 그들이 성경의 기록자들을 단순한 수동적인 도구가 아닌 진정한 저자들로, 즉 지적 능력이 깨어 활동하고 있었고 자기들의 기록에 자기들의 개성도 나타내고 있는 진정한 저자들로 여기고 있음을 분명히 보여주고 있다는 것이다.

개혁주의자들에 관해서 볼 때는, 그 어떤 진정한 영감 교리도 믿지 않은 많은 신학자들이 루터와 칼빈이 17세기에 통용되던 엄밀한 영감관을 지지하지 않았음을 서로 경쟁하듯 증명하려 하고 있다는 사실에 이것이 분명히 나타나 있다. 스위스 일치 신조 (1675)를 제외한 위대한 역사적 신앙고백들도 성경의 영감의 정확한 성격에 대해서는 말하고 있지 않다. 이 신앙고백은 기계적 영감관에 가장 가까운 묘사를 하고 있으나, 이 고백은 그것이 탄생된 스위스의 몇 개 주에서만 인정받았고, 거기서조차 다음 세대들은 거부해 버렸다. 뿐만 아니라 우리는 이 고백이 소뮈르 학파의 카펠루스가 지지한 분방한 영감관에 대한 반발을 나타내고 있다는 사실을 간과해서는 안 된다. 기계적 영감관을 의식적으로 받아들인 개혁주의 신학자들이 상당수 있었는지는 의문스럽다. 이 관점은 우리의 벨기에 신앙고백에서는 찾아볼 수 없으며 오늘날 개혁 신학이 받아들인 교리도 분명히 아니다. 오늘날 개혁주의 신학자들은 일반적으로 유기적 영감관을 갖고 있다. 그들은, 성경의 제이차적 저자들이 하나님의 손에 있는 수동적인 도구에 불과한 존재들이었다거나 그들이 하나님께서 구술하신 것을 받아 적은 서기에 불과했다고 믿지 않았으며, 그들이 기록한 것들이 엄밀한 의미에서 그들 자신의 의식에서 비롯된 것이 아니라거나 그것들의 스타일이 단순히 성령의 스타일이라고 믿지도 않았다. 이와 반대로 그들은 그들을 진정한 저자로 인정하고, 기록을 작성함에 있어서 그들의 인격적 공헌을 충분히 정당하게 취급하는 관점을 채택하고 있다.

(2) 동력적(Dynamical) 영감. 우리는 한편으로 기계적 영감관을 피하기 원하면서 또다른 한편으로는 소위 동력적 영감관에서도 벗어나기를 원한다. '동력적 영감'이라는 말은 우리가 '유기적 영감'이라 부르는 그것을 가리키는 데 사용되는 경우도 종종 있으나, 여기서는 슐라이어마허의 가르침에서 비롯된 영감 이론을 가리키는 것이다. 이 이론은 성경의 책들을 만들어 내는 일에 있어서 성령의 직접적인 활동 개념을 부인하고, 그 개념을 저자들의 일반적인 영감으로 대치시켜 버렸는데, 이는 그리스도인 일반의 영적 조명과 정도의 차이밖에 없는 영적 조명에 불과한 것이 된다. 엄밀하게 말해 이 이론은 초자연적 요소를 제거해 버리고, 영감 개념을 변형시키며, 그것을 지성적인 영역으로부터 도덕적 영역으로 옮겨 버린다. 신약 성경(구약 성경은 고려조차 되지 않고 있다)의 기록자들은 거룩한 사람들로서 예수의 존전에서 다녔으며 계시의 영역에서 살았는데, 이는 자연히 그들의 성격과 사상 및 언어를 성화시키는 영향을 미쳤다. 래드(Ladd)는 말한다. "일반적인 영감 개념은 바람같이 또는 액체같이 인간의 영혼으로 들어와 거기서 변형을 만들어 내는 신적인 영향력이라는 개념이다."

배너만은, 슐라이어마허의 신학에서는 영감이 "인간의 합리적인 또는 영적인 의식을 비추는 하나님의 자연적인 또는 잘해야 은혜적인 작용으로서, 인간이 자기 자신의 기독교적 이해 및 감정의 충만함으로부터 자기 자신의 종교적 삶과 신념의 산물들을 말하거나 기록하는 것"이라 주장한다고 올바르게 지적하고 있다. 이 관점은 전적으로 주관적인 것으로서, 성경을 순전히 인간적인 산물로 치부하며, 하나님의 말씀에 오류가 있을 가능성을 용인하고 있다. 그렇게 생각된 영감은 기록자들의 항구적인 특징이었으며, 그런 한에서 그들의 기록에 당연히 영향을 미쳤지만, 그것은 기록자들에게 신적 계시의 기록을 맡기는 특수한 사명에 맞는 자격을 부여하는 성령의 초자연적 활동이 결코 아니다. 성령의 초자연적 활동은 그들의 기록에서보다는 기록자들에게서 끝났다. 그것이 그들의 기록에도 당연히 영향을 미쳤겠지만 똑같은 정도의 영향을 미치지는 못했다는 것이다. 한편으로 성경은 최고의 진리들을 담고 있으나 다른 한편으로는 여전히 불완전하고 오류가능한 것이다. 영적 통찰 또는 영적 직관이라고 불리는 이 이론은 영감에 관한 성경의 자료들을 정당하게 다루고 있지 않다. 이 이론은 성경에서 초자연적 성격을 빼앗아 버리며 그 무오성을 파괴시켜 버린다.

(3) 유기적(Organic) 영감. '유기적 영감'이라는 용어도 어느 정도 애매한 말인데 이 말을 보통 '동력적 영감'이라 부르는 것을 가리키는 데 쓰는 사람들이 있기 때문이다. '유기적'이라는 말은 하나님께서 성경의 기록자들을 마치 기록자가 펜으로 쓰듯이 기계적인 방법으로 사용하시거나, 그들이 기록하기를 원하셨던 말씀을 그들의 귀에 속삭여 넣으신 것이 아니라, 그들 자신의 내적 존재법칙에 조화되게 유기적인 방법으로 그들에게 작용하셨다는 사실을 강조한다. 하나님은 그들을 있는 그대로, 그들의 성격과 기질, 은사와 재능, 그들의 교육과 문화, 어휘, 문체, 스타일 등과 함께 사용하셨다. 그분은 그들을 조명하시고 격려하여 기록하게 하셨으며, 그들의 글쓰는 일에 있어서 죄의 영향을 억누르시고 그들이 언어를 선택하고 생각을 표현하는 일을 유기적인 방법으로 인도하셨다. 분명히 이 관점은 성경의 설명과 가장 잘 조화된다. 그것은 성경의 기록자들이 수동적이 아니라 능동적이었다는 사실을 증거해 준다. 어떤 경우에는 기록할 것을 먼저 찾아보기도 하였다(눅 1:1-4).

사무엘서, 열왕기, 역대기 등의 저자들은 자신의 자료에 대해 거듭 언급하고 있다. 선지자들의 메시지는 일반적으로 역사적 상황에 의해 결정되고 있으며, 신약 서신서들도 구체적인 성격을 갖고 있다. 시편 기자들은 종종 자기들의 개인적인 범죄 및 사죄의 경험(시 32편, 51편), 둘러싼 위험과 은혜의 구원(시 48편, 116편) 등을 노래하고 있다. 각 저자마다 자기 나름의 스타일을 갖고 있다. 시인들과 선지자들의 고상한 시나 정치적 언어가 있는가 하면 역사가들의 평범한 산문도 있으며, 이사야의 순수한 히브리어가 있는가 하면 아람어가 섞인 다니엘의 히브리어도 있다. 또 논리적인 바울의 스타일도 있고 단순한 요한의 언어도 있다. 기록자들은 자기들의 문학적 작품에다 자기들의 개인적인 흔적과 자기 시대의 흔적을 남기고 있다. 성경이 기계적으로 영감된 것이 아니라는 사실을 이렇게 성경 그 자체가 증거해 주고 있다. 성령께서는 기록자들을, 당신께서 그 사명을 위해 그들을 육성하신 그대로, 어떤 방식으로든 그들의 인격성을 억누름이 없이 사용하셨다. 그분은 그들에게 자격을 주시고 인도하시고, 그렇게 성경의 책들을 유기적으로 영감시키셨다.

2. 영감의 범위. 역사의 과정에서 사람들은 영감의 속성에 대해서 뿐만 아니라 영감의 범위에 대해서도 다양한 관점들을 주장하여 왔다. 여기서 살펴볼 세 가지 관점은 특별히 부분 영감, 사상 영감, 축자 영감 등이다.

(1) 부분 영감. 18세기 이신론 및 합리주의의 영향을 받은 사람들은 자유로운 영감관을 열광적으로 주장했고, 신학계는 이것들을 즉각 받아들였으며, 어떤 경우에는 교회에서까지 그 추종자들이 생겼다. 원래 개혁주의 신학자였던 르 클레(Le Clerc)는 나중에는 암스테르담의 알미니우스주의 교수가 되어 성경의 역사적 부분 중 많은 부분의 영감을 부인하였고, 사도들이 쓴 부분들을 영혼의 기능에 대한 일종의 계몽 및 강화로 바꾸었으며, 선지자들이 쓴 부분들을 그들이 계시를 받은 그 시대에 국한시켰다. 르 클레 이후부터는 영감의 교리를 적어도 약간의 의미에 있어서라도 유지하기를 원하는 사람은 영감의 정도에 대해 말하는 것이 아주 보편화되었다. 그들은 성경을 교리적인 부분들과 역사적인 부분들로 나누어, 기록자들이 계시를 통해 접한 본질적인 진리를 담고 있는 교리적인 부분들은 전반적으로 영감된 것으로 보고, 기록자들이 계시와는 무관하게 알고 있던 비본질적인 진리들을 담고 있는 역사적인 부분들은 부분적으로 영감되었고 부정확성과 잘못들로 손상되어 있다고 보았다.

그렇지만 합리주의의 영향을 더 철저하게 받은 신학자들도 있었는데, 그들은 초자연성이 배제된 부분 영감 개념을 받아들였다. 그들에 따르면, 성경의 기록자들은 단순히 특별한 영적 계몽 및 인도만을 누렸을 뿐이며, 그것은 온갖 종류의 역사적·시대적·고고학적·과학적 오류를 막는 아무런 보장이 되지 못하고, 도덕적·영적 문제들에 대해서만 믿을 만한 증인이 되게 했다는 것이다. 성경의 부분 영감을 채택하는 사람들 사이에는 의견의 일치가 도무지 없다. 어떤 사람들은 영감을 교리적 문제들에만 국한시키고, 다른 사람들은 신약 성경에만, 또다른 이들은 예수의 말씀에만, 또 산상수훈에만 국한시키는 사람도 있다. 이것은 이 이론이 순전히 주관적이며, 객관적인 토대를 완전히 결여하고 있다는 것을 아주 분명하게 보여주고 있다. 어떤 형태로든 이 이론을 받아들인다면 그것은 곧 성경을 잃어버리는 것과 같다.

성경에 따르면 영감은 하나님의 말씀 모든 부분에 똑같이 미친다. 율법이나 역사서나, 시편이나 선지서나, 복음서나 서신서나, 모두가 성령의 인도 아래 기록되었으며, 따라서 모두가 똑같은 정도로 헤그라페이다. 성경 어느 부분에 호소하든 그것은 하나님의 말씀에 호소하는 것이며, 따라서 하나님께 직접 호소하는 것이다. 성경은 이것을 여러가지 방식으로 말해주고 있다. 바울의 서신서들은, 예수와 사도들이 영감되고 권위있는 것으로 분명히 인정한 구약 성경의 기록과 같은 수준에 놓여 있다(벧후 3:15, 16). 신약 성경은 구약 성경의 스물다섯 권에서 나온 인용구를 담고 있으며, 이것들 가운데는 어떤 이들이 가장 적게 영감되어 있다고 보는 역사적인 성격의 것들도 있다는 사실에 유의해야 한다. 주님 자신과 신약 성경의 기록자들은 이 책들 각 권을 헤그라페의 일부로 인정했으며, 그것들에게 신적 권위가 있음을 인정했다. 뿐만 아니라 집합적인 인용문들이나 연속적 인용 즉 여러 권에서 발췌한 인용문들이, 같은 것을 증명하는 데 똑같이 권위있는 것으로 주장되고 있기도 하다(롬 3:10-18; 히 1:5-13; 2:12, 13).

그리스도의 양성이 어떻게 상호관통하는지 설명할 수 없듯이 성경에서 신적 요소와 인간적인 요소가 어떻게 상호관통하는지 설명할 수 없다. 성경은 스스로를 하나의 유기적인 전체로 제시하는데, 그것은 여러 부분들로 이루어져 있고, 다양하게 상호 관련되어 있으며, 인간을 죄로부터 구속하시고 영원한 구원의 복들을 주시기 위하여 인간에게 다가오시는 하나님의, 중심적이고 모든 것을 포괄하며 점진적으로 전개되는 생각에서 그 통일성을 찾는 것이다. 그러므로 신적인 것이 끝나고 인간적인 것이 시작되는 곳이 어디인지 묻거나, 인간적인 것이 끝나고 신적인 것이 시작되는 곳이 어디인지 물어서는 안 된다. 그것은 인간 안에서 영혼이 끝나고 몸이 시작되는 곳이 어디인지 묻는 것과 같다. 그런 경계선은 지적할 수 없다. 성경은 그 전체가 하나님의 말씀인 동시에 사람의 말인 것이다.

(2) 사상 영감. 영감 교리를 완전히 부정하는 데 반대하여 영감 교리를 옹호하고자 한 사람들 가운데 몇몇은 영감 교리를 주장하려면 그 교리의 일부를 삭제하여 언어의 영감이 아닌 사상의 영감을 말해야 한다는 의견을 갖고 있다. 그들은 사상은 분명히 신적으로 영감되었으나 그 사상이 옷입은 언어는 인간 저자들이 하나님의 인도 없이 자유롭게 선택한 것이라고 한다. 그런 식으로 그들은 영감에 관한 성경의 가르침의 요구를 만족시킬 수 있고 그와 동시에 성경에 나오는 불완전함과 오류들을 설명할 수

있다고 생각한다. 그러나 그런 언어 없는 사상의 영감은 이상한 것이며 사실상 생각할 수 없는 것이다. 사상은 언어로 공식화되고 표현된다. 기라르듀는 올바로 이렇게 말하고 있다. "정확한 사상은 언어와 분리할 수 없다. 언어는 주관적인 그릇인 동시에 객관적인 그릇이다. 정확하고 조리있는 생각을 할 때 우리는 언어로 생각한다. 그러므로 사상을 주는 것은 언어를 주는 것이다."

또 축자 영감보다는 완전 영감이라는 말을 쓰는 오르 박사는 축자 영감이 참되고 중요한 개념 하나를 표현하고 있음을 인정하는데, 그것은 축자 영감이 "계시와 영감은 단지 사상과 개념들에만 관련될 뿐, 이 개념들이 옷입은 언어는 거룩한 기록자의 독자적인 기능에 내맡겨져 있다는 이론을 반대하고 있는 것"이기 때문이다. 또 그는 이렇게도 말한다. "필연적인 사상은 언어의 모양을 띠고 언어로 표현된다. 만약 영감이라는 것이 존재한다면, 그것은 사상뿐만 아니라 언어까지 관통해야 하고 표현을 형성해야 하며, 채택된 언어는 전달되는 사상을 위한 살아있는 매체가 되게 해야 한다." 다음에서 지적하겠지만 성경은 성경의 언어에 대한 영감을 분명하게 가르치고 있다.

(3) 축자(Verbal) 영감. 성경의 모든 부분이 영감되어 있다고 믿으면서도 축자 영감이라는 말은 쓰지 않으려는 사람들이 있다. 이 말이 하나님께서 구술하신 것을 제이차적 저자들이 기록했다는 기계적인 개념을 암시할 수 있기 때문이라는 것이다. 그래서 그들은 "완전(plenary) 영감"이라는 말을 사용하고자 한다. 그렇지만 완전 영감을 믿지 않기 때문에 축자 영감을 완전히 부인하는 사람들도 있다. 그러므로 이에 관해 성경의 자료에 특별한 주의를 기울이는 것이 좋겠다.

① 축자적인 전달에 대한 언급. 오경은 여호와의 축자적인 전달을 거듭 언급하고 있다. "여호와께서 모세에게 이르시되", "여호와께서 모세에게 일러 가라사대" 등의 표현은 기록된 메시지를 도입하는데 많이 이용되어 거의 하나의 공식이 되었을 정도이다(출 3장; 4장; 6:1; 7:1; 8:1; 10:1; 12:1; 레 1:1; 4:1; 6:1, 24; 7:22, 28; 8:1; 11:1). 여호와께서 모세에게 언어 없이 말씀하신 것은 절대 아니다. 여호와의 말씀은 여호수아에게도 똑같은 방식으로 거듭해 왔다(수 1:1; 4:1; 6:2; 8:1).

② 선지자들은 여호와의 말씀을 전달한다는 의식을 갖고 있었다. 선지자들은 여호와께서 자기들을 통해 말씀하신다는 사실을 의식하고 있었다. 이사야는 "하늘이여 들으라 땅이여 귀를 기울이라 여호와께서 말씀하시기를"이라고 그의 예언을 시작했고 (1:2), 그와 다른 선지자들은 잘 알려진 선지자적 공식인 "여호와께서 가라사대", "여호와의 말씀을 들을지니라" 등을 끊임없이 사용했다. 예레미야는 "여호와께서 그 손

을 내밀어 내 입에 대시며 내게 이르시되 보라 내가 내 말을 네 입에 두었노라"고 말하기까지 했다(1:9). 에스겔에는 "인자야 이스라엘 족속에게 가서 내 말로 그들에게 고하라……인자야 내가 네게 이를 모든 말을 너는 마음으로 받으며 귀로 듣고 사로잡힌 네 민족에게로 가서 그들이 듣든지 아니 듣든지 그들에게 고하여 이르기를 주 여호와의 말씀이 이러하시다 하라"는 말도 있다(3:4, 10, 11). 이와 같은 예를 더 들 필요는 없을 것이다.

③ 사도들은 구약 성경의 말씀과 자기들의 말을 하나님의 말씀이라고 말한다. 바울은 자기가 교훈을 함에 있어서 자기가 선택한 말이 아닌 성령께서 가르치신 말로 한다고 분명히 말해주고 있으며(고전 2:13), 그리스도께서 자기 안에서 말씀하신다고 주장하고 있다(고후 13:3). 또 히브리서는 구약 성경 여러 구절을 인용하고 있는데, 인간의 말이 아닌 하나님의 말씀으로 또는 성령의 말씀으로 인용하고 있다(1:5 이하; 2:11-13; 3:7; 4:4, 5, 7; 8:8; 10:15-17).

④ 한 단어에 근거한 논증. 예수 및 바울이 구약 성경의 한 단어만을 갖고서 전체 논의의 근거를 삼은 경우가 요 10:35; 마 22:43-45; 갈 3:16 등 세 곳 있다. 이렇게 함으로써 그들은 자기들이 각 단어들을 영감되고 무오한 것으로 보았다는 사실과, 독자들도 생각을 같이했다는 사실을 분명하게 증거해 주고 있다. 만약 그렇지 않았다면 그들은 자기들의 논증이 결론적인 것이라고 생각할 수 없었을 것이다.

D. 영감 교리를 불신하려는 시도들

영감 교리를 의심하거나 배제시키려는 시도가 역사상에는 많이 있었다. 그 시도들 가운데 중요한 것으로는 다음의 것들이 있다.

1. 이 교리를 주장하는 사람들은 순환논리를 전개하고 있다. 성경의 영감에 대한 증거를 성경 자체에서 추론해 냄으로써 순환논리라는 비판을 종종 받고 있다. 영감에 관한 성경의 증거를 받아들이는 것은 성경이 진리이기 때문이고, 성경을 진리라고 인정하는 것은 그것이 영감되었기 때문이다. 변증학적으로 이 논증은 반박될 수 있으며 또 그 답변도 자주 제시되었다. 논쟁을 위해서라면, 성경 각 권들은 순전히 인간적인 책들이지만, 도덕적 수준이 대단히 높다고 알려진, 눈과 귀로 보고 들은 증인들의 산물이기 때문에 전적으로 신뢰할 만하다는 전제에서 출발하는 것이 가능하다. 그런 다음 이 책들에 의거해 그리스도와 사도들이 구약 성경에 대해 엄밀한 영감관을 견지하고

있었음을 보여줄 수 있다. 그런 관점으로는 구약 성경이 신약 성경에서 찾아볼 수 있는 것과 같은 보충물을 필연적으로 요구한다는 결론에 도달하는 것도 매우 가능하다. 또 이런 토대 위에서는 그러므로 성경 전체를 영감된 책으로 인정하여야 한다고 말할 수도 있다. 이런 식으로 추론을 하면 순환론은 배제할 수 있다. 이런 노선의 논증을 따르는 사람으로는 배너만, 패턴, 워필드, 판 오스터제이 등이 있다.

그러나 문제가 되는 것은, 언급되고 있는 그 순환론이 사람들이 우리에게 떠들어대는 만큼 나쁜 것인가 하는 것이다. 분명히 예수께서는 성육하신 하나님의 말씀으로서의 자신에 관한 스스로의 증거에 대해 비슷한 반대가 제기되었을 때 그렇게 생각하지 않으셨다(요 8:13 이하). 사회생활에서 사람들은 비슷한 순환론을 종종 사용한다. 만약 어떤 사람을 두고서 그가 철저하게 믿을 만하고 믿을 만한 가치가 있다고 확신한다면 자신과 자신의 행동에 대한 그 사람의 증거를, 다른 사람들이 그를 속임수와 부정직으로 비난할 때조차도 주저없이 받아들일 것이다. 이에 대해 기라르듀가 적절하게 말해주고 있다. "이런 논증을 한다고 가정해 보자. 하나님은 자신이 참되시다고 선언하신다. 따라서 그분은 참되시다. 여기서 그분의 참되심은 그분의 참되심에 의해 증명된다. 이것이 나쁜 순환론인가? 무신론자들은 말할 것이다. 당신은 참되신 하나님의 존재를 전제하고 있다고 말이다. 맞다. 우리는 그렇게 한다. 그리고 지각있는 사람들은 모두 그렇게 전제하고 있다." 그리스도인은 자기 안에 계시는 성령의 증거에 의해 하나님이 자기 계시에 있어서 참되시다는 것을 흔들림 없이 믿으며, 따라서 성경이 스스로 증거하는 것을 그리스도인이 받아들이는 것은 당연하다.

2. 예수께서 영감 교리를 가르치지 않으셨다.   현대의 자유주의 학자들은 일반적으로 예수와 제자들이 구약 성경을 하나님의 영감된 말씀으로 받아들였다는 것을 인정하고 있으나, 그 가운데는 예수께서 사도들, 특히 바울과 반대되는 것으로 보고 예수께 호소하여 영감 교리를 부인하는 사람들이 있다. 그들은, 사도들은 구약 성경이 영감 아래 씌어졌다는 것을 확고하게 믿었으나 예수께서는 그들과 생각을 달리하셨다고 한다. 그들은 또 예수의 증거를 결정적인 것으로 인정하기 때문에 영감 교리를 배격하는 것이 옳다고 생각하고 있다. 그러나 그들의 근본적인 전제는 성경의 자료와 맞지 않는데, 이 자료들 외에서는 이 주제에 대한 예수의 생각이 어떠하였는지 알 수 없다. 그들은 전혀 엉뚱한 방향을 가리킨다. 구약 성경의 계속적인 중요성, 권위, 신성함 등에 관한 예수의 적극적인 주장들(마 5:17, 18; 24:35; 눅 16:17; 요 10:35), 그것들을 권위 있는 원천으로 인용하신 것들, 예수께서 그것들을 거듭하여 사용하신 일 등은 사도들

뿐만 아니라 예수께서도 구약 성경의 신적 권위를 인정하셨다는 사실에 대해 의심의 여지를 남기지 않는다. 입수할 수 있는 자료들의 힘은 인정하지 않을 수 없다고 느끼면서도 필연적인 결론은 이끌어내려 하지 않는 사람들은 제믈러(Semler)의 옛 타협이론으로 도피하려고 한다.

우리는 버렐(Burrell) 박사의 다음 말에 전적으로 동의한다. "한 가지는 분명하다. 예수께서 성경을 가리켜 성령의 영향 아래 사람에 의해 씌어진 것으로 말씀하신 것은 성경 전체를 다른 모든 '문헌'과는 다르게 보신 것이다. 그분의 생각에 이 기록자들의 영감은 특별한 종류의 것이어서 특별한 종류의 책을 낳은 것이다. 그분의 가르침에서 성경은 권위를 가진 유일한 책으로 표현되고 있다." 뿐만 아니라 반대자들이 전제하는, 예수와 사도들 사이의 그런 대비는 이들을 아전인수격으로 이용해 먹기 위한 대비로서, 전적으로 잘못된 것이고, 하나님의 말씀을 상실하는 결과를 초래한다. 사도들의 증거가 아니라면 예수에 관해 아무것도 알 수 없다. 사도들을 불신하는 자는 그분의 길을 막는 자이며, 예수께서 가르치신 것을 결코 발견할 수 없을 것이다. 그런 사람은, 사도들을 신실한 증인으로 세우시고 그들을 모든 진리 가운데로 인도하실 성령을 그들에게 약속하신 예수까지 부인하는 것이다.

3. 성경의 현상들이 영감 교리와 모순된다. 역사비평의 영향 아래에서는 영감 교리를 배제하기 위해 아주 다른 방법이 사용되었다. 이 방법을 채택하는 사람들은 성경이 성경의 영감을 가르치고 있음을 적어도 몇몇 경우에는 인정하고 있으나, 그와 동시에 이 영감에 대한 올바른 개념은 중복오식, 잘못, 모순들, 경우에 맞지 않는 인용들 등과 같은 성경의 특수한 현상들을 고려함으로써만이 얻을 수 있다고 주장한다. 이 모든 현상들을 설명할 수 있게 해줄 그런 영감 교리만이 참된 것으로 인정할 수 있다는 것이다. 이 입장을 취하는 자들의 논리는 대단히 그럴듯하게 들린다. 그들은 바깥으로부터 성경에 덧씌워진 영감 이론이 아닌, 사실들에 대한 귀납적인 연구에 기초한 영감 이론을 원한다. 그러나 이 주장이 그럴듯하게 보일지는 몰라도 사실은 그렇지 않다. 이 이론에 따르면 인간이 성경의 현상을 대하는 것은, 자기가 해석해야만 하고 또 그 참된 의미를 부여해야 하는 자연 현상 및 역사적 사실들을 대하는 것과 똑같다고 한다. 이 이론은, 성경이 성경 자체에 관해 대단히 명확한 교리를 담고 있는데 이는 인간이 어린이 같은 믿음으로 받아들여야 하는 것이라는 사실을 간과하고 있다.

성경의 현상들조차도 성경의 이 증거를 반대하는 증거로 인증해서는 안 된다. 그렇게 하는 사람들은 성경의 권위를 거부하는 것이며, 사실상 합리주의적인 입장을 취하는 것이다. 그런 일은 성경의 증거를 겸손하게 받아들이는 대신 자기를 성경 위에 판단자로 높이는 것이며, 성경의 증거를 반대하여 자기의 과학적인 통찰력을 내세우는 것이다. 역사는 역사 비평적 방법은 일반적으로 받아들여지는 항구적인 결과에 이르지 못한다는 사실을 분명하게 가르쳐 준다. 그 주장도 비평자들의 서로 다른 입장에 따라 달라지져서 성경의 영감에 대해 만족스러운 교리에 이르지 못한다. 이 방법이 성경 그 자체의 증거와 모순되는 다양한 성경관, 즉 정말 어지러운 혼란에 이른다는 것이 이미 충분히 입증되었다. 엄밀한 영감관을 편파적으로 두둔한다는 비판을 아무에게서도 받지 않는 사람인 래드는, 성경을 하나님의 말씀으로 보는 옛 성경 개념이 옹호할 수 없는 것으로 무시되고 다른 많은 이론들이 그 대안으로 제시되긴 했지만, 그 어느 하나도 그리스도인 일반의 마음과 지성을 파고드는 데 성공하지 못했다고 말했다.

4. 영감 교리는 원전들에만 해당되므로 실질적인 가치가 없다. 앞장에서 제시한 영감 교리가 지금 우리가 갖고 있지 못한 원전들(성경 저자들이 직접 쓴 기록들)에만 해당된다는 사실 때문에 영감의 문제는 순전히 학문적인 성격의 것으로서 실질적인 의의가 도무지 없다는 다소 성급한 결론을 내리는 사람들이 있다. 그들은 우리가 가진 것이 단지 결함이 있는 문서들뿐이라면, 원전들의 영감 문제가 우리에게 무슨 가치가 있겠는가 하고 묻는다. 그들은 종종 이것 때문에 성경의 내용이 확실하지 않으며 따라서 아무도 성경을 신적이고 권위있는 것으로 호소할 수 없다는 인상을 준다. 그러나 이에 대해서는 이렇게 말할 수 있을 것이다. 우리는 미래의 독자들을 위하여 성경의 기록자들을 대단히 주의깊게 인도하신 성령께서 자신의 계시로 하여금 본래 목적을 이룰 수 있도록 하시기 위하여 자신의 계시를 지키시고 돌보시리라는 기대를 할 수 있다. 그래서 개혁주의 신학자들을 하나님의 특별한 섭리가 성경을 보호했다는 것을 항상 주장해 왔다. 영감은 당연히 보존을 요구한다. 그리고 대단히 많은 변형들이 있음에도 불구하고 역사는 분명히 이 개념을 선호한다.

만약 우리가 신약 성경의 헬라어 사본이 4,000개가 넘고 게다가 6,000개 이상의 불가타(Vulgate) 사본과 1,000개의 다른 라틴어 사본이 있다는 사실을 염두에 둔다면, 성경이 교부들의 많은 저작들처럼 수 세기 동안에 세상에서 사라지는 것이 사실상 불가능하였음을 깨닫게 된다. 또 이 분야의 권위자인 케년의 말도 이해할 수 있다. "신약 성경의 사본과 초기의 번역본 및 교회의 고대 저자들의 글에 나오는 인용문들의 수가 대단히 많아서, 의심이 가는 모든 구절의 바른 내용이 이들 고대의 권위들 중 여기 아니면 저기에 보존되어 있다는 것이 사실상 확실하다. 세상에 있는 다른 어떤 고대의 책에 대해서도 이렇게 말할 수 없다."

사본상의 오류는 빈번하게 옮겨 쓰는 과정에서 본문에 들어갔으며, 현존하는 변형들의 수는 대단히 많다. 네슬(Nestle)은 신약 성경에 150,000개가 있다고 하면서 또 덧붙이기를 이 중 95퍼센트는 참 권위가 없는 것이며 나머지 7,500개 가운데서도 95퍼센트는 성경의 의미를 전혀 바꾸지 못하는 것이라고 한다. 모제스 스튜어트는 현존하는 변형들의 95퍼센트는 영어 철자법에서 honour를 쓸 때 'u'를 넣어야 하는가 빼야 하는가 하는 문제 정도의 의의를 갖는다고 지적하고 있다. 네슬은 성경의 의미에 영향을 미치는 변형이 375가지가 있는데 이중에서도 사소한 것들이 많다고 한다.

변형들의 존재를 인정하는 한편, 모제스 스튜어트의 다음 말을 명심해야 한다. "어떤 것은 특정한 구절이나 표현의 의미를 바꾸고 특정한 단어나 어구를 빠뜨릴 수도 있다. 그러나 이 변형들을 집합적으로 취할 때, 바뀔 종교상의 교리나 제거될 교훈 또는 변경될 사실은 하나도 없다." 이 변형들이 있다고 해서 축자 영감의 교리가 아무런 실질적인 의미를 갖지 못한다고 결론지을 수는 없으며, 다만 그 특정한 구절들의 경우 어떤 것이 하나님의 말씀인지 우리가 지금 모르고 있는 것일 뿐이다. 그렇지만 여전히 남아 있는 중요한 사실은 완전히 명백한, 상대적으로 적고 덜 중요한 변형들 없이도, 우리에게는 축자적으로 영감된 하나님의 말씀이 있다는 것이다. 또 그러므로 축자 영감의 교리를 주장하는 것은 실질적으로 대단히 중요하다.

E. 영감 교리에 대한 반론들

영감 교리, 특히 축자 영감의 교리에 대해 다양한 반론들이 제기되어 왔는데, 그중에는 정말 어려운 문제를 제기하는 것들도 있다. 그 반론들을 무시하거나 무의미하다고 비웃어서는 안 된다. 그것들은 주의깊게 살펴볼 가치가 있는 것들이며, 여기서 논의하는 것보다 더 상세한 논의를 필요로 한다. 우리는 여기서 개별적인 반론들을 필요한 만큼 주의깊게 논하지 못한다. 이런 일은 영감 교리만을 다루는 책들, 예를 들어 리(Lee)의 「성경의 영감」, 배너만의 「성경의 영감」, 매킨토시의 「그리스도는 무오하며 성경은 참된가?」 등의 과제로 남겨두어야 한다. 여기서는 다만 반론들의 일반적인 성격을 지적하고, 그것들에 줄 일반적인 답변만을 제시할 수 있을 뿐이다.

1. 반론들의 일반적인 성격. 반론들 중 몇몇은, 사실들과 맞지도 않고, 따라서 사실들을 방해하는 진화론 철학을 성경의 기원에 적용시킴으로써 생겨난 것들이다. 따라

서 그 반론들의 힘은 전적으로 그 철학의 진리성 여부에 달려 있다. 다른 반론들은 성경에서 발견된다고 주장하는 불일치들, 이를테면 열왕기와 역대기에 나오는 숫자상의 차이, 공관복음과 요한복음에 나오는 예수님의 공적 사역에 관한 설명의 차이, 바울 서신과 야고보서에 나오는 칭의 교리의 차이 등에서부터 나오는 것이다. 또다른 반론들은 신약이 구약을 인용하고 있는 방식에서 나온 것이다. 인용을 언제나 히브리어 성경에서 한 것이 아니라 칠십인역에서 한 경우가 많으며, 늘 문자적인 것도 아니다. 뿐만 아니라 인용된 말들이 구약 성경에서 그 말을 찾아볼 수 있는 맥락에 맞지 않는 것 같은 방식으로 해석되고 있는 경우도 많다. 성경의 내용을 세속 역사와 비교하여 생겨난 반론들도 있는데, 예를 들면 살만에셀이 사마리아를 취한 일, 산헤립이 예루살렘을 침공하였다가 여호와의 사자에 의해 185,000명이 죽임을 당한 일, 에스더가 왕후의 자리에까지 높아진 일, 누가복음 2장에 언급된 호적 등이다.

또 성경에 나오는 기적들이 불변하는 자연법칙에 대한 신념과 조화되지 않는다는 반론도 찾아볼 수 있다. 이들 기적들에 대한 이야기들은 그저 과장된 것으로, 깊은 인상을 남겼다가 오랜 기간이 경과한 이후 쉽게 믿는 사람들의 마음에 기적의 규모가 된 역사적 사실을 순진하게 묘사한 것이라고 주장한다. 어떤 반론들은 성경적인 명령과 관례들을 도덕적으로 평가함으로써 생겨난 것들이다. 관심의 대상이 된 것은 모세의 율법에 나오는 복수법, 이스라엘 백성들 사이에 널리 퍼져 있던 일부다처제, 또 사사기 마지막 장에 나오는 끔찍한 도덕적 타락의 장면, 다윗의 부도덕함, 솔로몬의 여자들 등이다. 마지막으로, 본문 비평으로 인해 생겨난 반론들도 있다. 우리는 성경 원본이 오염되었으며 그 역본들은 결함이 있다는 말을 듣는다. 마소라 본문은 원본의 오염을 증거해 주는 온갖 종류의 변형들을 보여주고 있으며, 역본들도 항상 원본을 올바로 묘사하고 있지는 않다.

2. 제기된 반론들에 대한 일반적인 주장. 가장 먼저 말해야 할 일반적인 사실은, 제기된 반론들을 우리가 무시할 수 없으며 반드시 고려해야 하긴 하지만, 아무도 성경 영감에 대한 우리의 신념을, 온갖 반론들이 제기하는 문제들을 해결함으로써 그 반론들을 제거하는 우리의 능력에 의존하도록 만들어야 한다고 요구할 권리가 없다는 것이다. 제기된 반론들은 성경이 분명하게 가르치는 영감의 교리를 무시하도록 만들 충분한 이유가 되지 못한다. 삼위일체, 창조 및 섭리, 성육신 등의 교리들은 온갖 어려움들을 갖고 있지만, 그렇다고 해서 그 진리들에 관한 성경의 분명한 가르침들을 무시하는 것은 옳지 않다. 과학의 가르침도 비슷한 문제를 안고 있어서, 지금은 해결될 수 없

으나 그렇다고 해서 반드시 무시할 수는 없는 문제들을 제기하고 있다. 사람들은 원자, 전자, 유전자, 염색체 등이 많은 문제를 제기함에도 불구하고 그것들에 대해 확신을 가지고 말한다. 우리는 워필드 박사의 다음 말을 항상 염두에 두어야 한다. "어떤 명제를 확립시켜주는 합당한 증거가 반박되지 않고 있는 한 그 명제에 대해 제기되는 소위 모든 반론들은 그 명제의 진리성에 대한 반론의 범주를 벗어나서 그 명제에 부합되는 난점들의 범주로 바뀌게 된다는 것은 확립된 논리적 원칙이다."

영감 교리에 대한 일반적인 반론과 관련하여 염두에 두어야 할 요소들은 다음과 같다.

(1) 성경 및 성경의 영감에 대한 오늘날의 반대는, 다소 과학적일 뿐만 아니라 윤리적인 것이기도 하다. 이는 자연적인 마음이 초자연적인 것에 대해 갖는 혐오감을 분명히 보여준다. 반론이 제기된 것은 성경이 인간 이성에게 성경의 권위에 절대 복종할 것을 요구한다는 바로 그 사실에 기인한다. 이 윤리적인 투쟁은 기적, 성육신, 동정녀 탄생, 그리스도의 부활, 기타 초자연적인 사건들에 대한 반대에서 분명히 볼 수 있다.

(2) 소위 반론들 가운데는 사실적인 근거가 없이 그릇된 전제에서 비롯된 것들이 많다. 그런 반론들은 반대자들이 성경을 대할 때 갖는 그릇된 과학적 태도에서 종종 생겨난다. 만약 성경의 내용이 계시의 산물이 아니라 자연적인 진화의 산물이라는 것을 선험적으로 인정한다면, 많은 사실들과 사건들이 성경이 이루는 구도에서 자리를 잃어버리게 될 것 같다. 그렇다면 모세의 율법은 이스라엘 국가 존재의 초기에 있던 예외가 되어버리고, 역대기는 비역사적인 것으로 인정해야 할 것이다. 그렇다면 특별히 예수는 역사적인 수수께끼가 된다. 또 만약 역사의 모든 사건들이 자연법칙이라는 엄정한 체계의 지배를 받는다는 것을 당연한 것으로 받아들인다면 초자연적인 것들은 제거될 것이고, 따라서 성경의 기적들이 설 자리가 없게 될 것이다. 또 공관복음을 연구할 때 이중 자료 이론이나 삼중 자료 이론을 당연한 것으로 받아들이고, 또 이 자료들을 진리의 표준으로 삼는다면 이에 따라 자연스럽게 대단히 많은 자료들이 배제될 것이다. 그러나 그런 반론들은 그릇된 전제의 산물이므로 진지하게 다룰 필요가 없다.

(3) 반론들 중 많은 것들은 과장된 것이어서 쉽게 축소시킬 수 있다. 때때로 불일치라든가 모순이라고 성급하게 주장하지만, 좀 더 자세히 살펴보면 전혀 불일치나 모순이 아니라는 것이 밝혀진다. 여호수아, 사사기, 사무엘서 등에는 소위 중복오식들이 있는데, 그것들은 사실 전형적인 히브리어 양식으로 도입된 보충적인 이야기일 따름이다. 요한복음은 예수의 생애에 관한 설명이 공관복음의 설명과 다르므로 비역사

적인 것이라는 주장이 있어 왔다. 그러나 이런 차이들도 대개 복음서들 사이의 성격 및 목적의 차이에 비추어 설명할 수 있다. 그레고리의 책「왜 사복음서인가?」(*Why Four Gospels?*)는 이 점에 대해 대단히 유익하다.

(4) 기계적 영감관의 전제에 적용될 수 있는 반론들도 많이 있으나, 성경의 영감을 유기적인 것으로 인정하면 이 반론들은 완전히 힘을 잃어버린다. 사람들은 종종 축자 영감을, 기록자들이 그들의 문학 작품은 이전의 조사들에 근거한 것임을 밝히고 있으며, 기록자들의 개성이 그들의 기록에 분명히 반영되어 있고, 문체와 언어에 있어서 뚜렷한 차이가 있다는 등의 이유로 부인하고 있다. 그러나 이 반론들이 공격하는 것은 단지 기계적인 영감관뿐이라는 것이 대단히 명백하다.

(5) 성경, 특히 초기에 기록된 책들에 반영된 낮은 도덕적 상황들로부터, 불완전, 기만, 일부다처제 등과 노아, 아브라함, 야곱, 엘리, 다윗 등 성경 인물들의 부도덕성으로부터 종종 반론들이 생겨난다. 그러나 성경이 이 인물들의 시대와 삶을 충실하게 묘사해 준다는 사실이 성경의 영감에 대한 반론이 될 수는 거의 없다. 물론 만약 성경이 그런 상황이나 행동을 지지한다거나 또는 눈감아 주기까지 한다면 형편이 좀 달라질 것이다. 그러나 사실 성경은 그 반대로 하고 있다.

깊은 연구를 위한 질문

축자 영감과는 다른 완전 영감이란 무엇인가? 성경이 이성을 초월하는 진리들을 담고 있다는 사실은 성경의 영감에 대해 무엇을 증명해 주는가? 영감 교리는 성경에 대한 진화론과 조화되는가? 성경이 만약 전체적으로 축자 영감 되지 않았다면 영감된 부분과 영감되지 않은 부분을 어떻게 결정할 수 있는가? 선지자적 영감, 시적 영감, 지혜적 영감, 사도적 영감 등은 어떻게 다른가? 영감 교리는 복음서 기자들이 늘 예수의 말씀 그대로를 기록했다는 뜻을 내포하는가? 그것은 성경의 인간 저자들이 때때로 자기의 자료를 기록된 자료로부터 끌어왔다는 사실과 어떻게 조화되는가? 영감 교리를 부인하면서 예수와 사도들의 진실성을 주장하는 것이 가능한가? 성경 기록자들의 영감은 그리스도인 일반의 일상적인 조명과 어떻게 다른가? 위대한 시인들의 영감과는 어떻게 다른가?

F. 성경의 완전성

종교개혁은 자연히 성경론을 전면에 부각시켰다. 중세기 동안 사도적 전승, 즉 사도 시대부터 구전의 형태로 전해져 왔다고 가정된 사도적 전승은 점차 구체화되어 교회에 대해 강력한 힘을 확보했다. 이 전승은 신학적 지식의 권위 있는 원천으로서 성경과 같은 수준에 놓였고, 사실 성경보다 우위로 취급되는 경우도 많았다. 전승은 성경의 권위를 위해 필요한 보증으로, 성경 해석을 위해 없어서는 안 될 안내자로 여겨졌다. 게다가 스스로 무오하다고 주장한 계급적인 로마교회는 그 둘보다 높은 자리를 차지했다. 로마교회는 무엇이 사도적인 전통이고 무엇이 사도적인 전통이 아닌지 무오하게 결정할 수 있고, 성경을 무오하게 해석할 수 있는 유일한 집단으로 행세했다. 성경은 그 기원이 교회이며 교회의 증거를 끊임없이 필요로 한다는 사실이 대단히 강조되었다. 개혁자들은 로마교회의 이 입장이 수많은 오류의 원천이라는 것을 분명히 알았고, 따라서 다시금 사람들을, 대단히 무시되었던 성경으로 불러내고 성경의 자증(自證)을 강조할 의무가 자기들에게 있다고 생각했다. 그들은 로마교회의 오류들을 시정하기 위해서는 성경의 완전성 교리를 발전시키는 것이 필요하다고 보았다. 이에 대한 체계적인 제시를 한 것은, 그들이 직접 자기들의 저서에서 한 일이 아니라 그들의 후계자들이 한 일이다. 이는 무스쿨루스, 잔키우스, 폴라누스, 유니우스 및 다른 사람들의 저서에서 대단히 중요한 위치를 차지하고 있다. 여기서 외적 인식의 원리에 대한 우리의 논의를 성경의 완전성에 대한 간략한 개관으로 결론짓도록 하겠다.

1. **성경의 신적 권위.** 성경의 신적 권위는 합리주의의 찬바람이 유럽을 휩쓸어 신앙의 열심을 빙점까지 끌어내리기 전까지는 일반적으로 수용되고 있었다. 이는 종교개혁 시대에는 로마교회와 로마교회에서 갈려나간 교회들이 다 성경의 신적 권위를 인정했다는 뜻이다. 그러나 로마교회와 개신교 모두 권위의 원리를 공유하고 있었음에도 불구하고 그들이 이 권위의 성격에 대해 의견이 완전히 일치되어 있었던 것은 아니었다. 이 권위의 근거에 대해 중요한 의견의 차이가 있었던 것이다. 로마교회의 입장에서는 성경의 자증, 즉 성경의 내적 권위에 대해 반대가 계속 증가해 왔다. 로마교회는 교회가 잠정적으로 또 논리적으로 성경에 앞서며, 따라서 그 존재를 성경에 의존하는 것이 아니라, 그 교회가 스스로, 즉 그리스도나 내주하시는 하나님의 영을 통해 존재한다고 주장했다. 도리어 성경이 그 존재를 교회에 의존하며, 이제는 더 나아가 교회에 의해 인정되고 보존되며 보호받는다. 교회가 없이는 성경도 없으나, 교회는 성경 없이도 여전히 존재한다는 것이다.

로마교회의 이 입장에 반대하여 개혁자들은 성경의 자증, 즉 성경은 본질상 스스로 하나님의 영감된 말씀으로서 권위를 갖는다는 것을 강조했다. 그들은 성경에 대한 교회의 증거를 신뢰성의 동기로는 중요한 것으로 당연히 인정하였으나, 이 교회의 증거를 성경을 받아들이는 최종적인 근거로 인정하는 일은 거부했다. 그들은 성경은 그 자체 때문에 믿어야 한다는 입장을 확고하게 견지했다. 성경은 하나님의 영감된 말씀이며, 따라서 인간에게 신적 권위로 다가온다. 교회는 성경을 성경으로 인정할 수 있고 또 해야 하지만, 그 어떤 의미에서도 성경을 성경으로 만들 수 없다. 쏜웰의 말과 같이 개신교의 원리는 "성경의 진리는 성경 자체의 빛으로 스스로 신성을 입증하는 것"이다.

그렇지만 17세기에 성경의 권위에 관한 논쟁이 개신교 영역에서 일어났다. 성경이 전체로서는 신앙과 생활의 유일하고 충족한 규범으로 인정되었지만, 성경의 모든 부분을 권위를 지닌 것으로 인정해야 하는가 하는 문제가 제기된 것이다. 이 물음에 대한 답을 찾는 가운데 분명해진 것은, 형식적인 의미에서의 하나님의 말씀과 내용적인 의미에 있어서의 하나님의 말씀을 구분하고 역사적인 권위와 규범적인 권위를 구분하는 것이 필요하다는 것이었다. 성경은 무엇보다 먼저 역사적인 권위를 갖는다. 다시 말해서, 성경은 역사적으로 참되고 절대적으로 신뢰할 만한 기록이며, 그 자체로서 그 안에 담긴 모든 것을 믿음으로 수용하라고 요구할 자격이 있다. 그러나 이에 더하여 성경은 신앙과 행동의 규칙으로서 규범적인 권위도 갖고 있어서 그 자체로서 인간 편에서의 절대적인 복종을 요구한다.

또 이와 관련하여 어려운 문제가 하나 생겨나는데, 그것은 성경 전체에 대하여 인정되는 규범적 가치가 성경의 각 부분에는 어느 정도까지 속하는가 하는 질문이다. 성경의 역사적인 부분이, 모세의 율법이, 성경에 나오는 화자의 말들이 우리에게 규범적인 의미를 갖고 있는가? 다행히도 우리는 여기서 캄캄한 어둠 속을 헤맬 필요가 없다. 성경 자체가 이 점에 관해 구분해주기 때문이다. 성경은 성경에 담긴 모든 교훈을 지켜야 한다고 요구하지 않는다. 그 중 어떤 것은 비판하고 있으며, 다른 것들에 대해서는 그 일시적인 성격에 주의를 환기시킨다.

개혁주의 신학자들은 이 문제에 대해 결코 우리를 다스릴 어렵고 고착된 규칙들을 규정하려고 하지 않았다. 헤페(Heppe)는 개혁자들이 문제를 다룬 방식 몇 가지를 보기로 제시하고 있다. 부티우스는 절대적인 규범적 성격이 (1) 하나님, (2) 하나님이시고 사람이신 그리스도, (3) 천사들 등의 말과 사역에 있는 것으로 인정해야 한다고 했다. 뿐만 아니라 그는 선지자들과 사도들의 말을 규범적인 것으로 인정하였는데, 그것을 가지고서 그들은 공적인 교사로서 구두로 또 기록으로 교회의 덕을 세웠던 것이다. 그는 사도들의 행위가 성경의 지지를 받을 때 그것들에도 규범적인 권위가 있다고 본다.

그러는 한편 그는 욥의 말을 전부 규범적인 것으로 여기지는 않으며 욥의 친구들의 말도 규범적인 것으로 여기지 않는다. 다른 이들은 마귀와 악한 자들의 말을 분명하게 배제시킨다. 부티우스는 구약 성경의 기록들은 신약 성경의 기록들과 마찬가지로 권위가 있다고 주장한다. 크로샤이데(Grosheide)는, 분명하게 모든 시대를 지향하고 있는 하나님의 말씀 및 명령들과 윤리적 또는 교의적 성격을 지닌 모든 긍정적인 명제들에는 절대적인 규범적 중요성이 있는 것으로 보아야 하지만, 마귀의 말이나 악한 자들의 말, 또 경건한 자들의 말이라 하더라도(그들이 분명히 하나님의 이름으로 말하거나 도덕 법칙과 전적으로 조화되는 말을 할 때를 제외하고), 그리고 일상생활에 관계된 순전히 역사적인 이야기들에 대해서는 그런 권위가 있는 것으로 여겨서는 안 된다는 사실에 주의를 환기시키고 있다.

일반적으로 성경의 특정한 부분이 우리에 대해 규범적인 의미를 갖고 있는가의 여부를 결정하는 일은 어렵지 않을 것이다. 그러나 결정이 쉽지 않은 경우들도 있다. 원래의 독자들에게는 분명히 규범적이었던 특정한 성경적 교훈이 우리에게도 여전히 규범적인 의의를 갖고 있는지를 말하기가 항상 쉬운 것은 아니다. 전체적으로는 성경이 법전만이 아니며 특별한 교훈으로 삶을 통제하기보다는 원리들을 차근차근 가르치는 일에 더 관심이 많음을 기억하는 것이 좋다. 모세의 법과 구약에서의 하나님의 백성 이스라엘의 역사조차도 항구적인 타당성을 가진 원리를 포함하고 있다. 때때로 우리는 어떤 법은 더 이상 그것들이 제시된 정확한 틀대로 적용되지 않는 반면 그 저변에 깔린 원리는 오늘날도 그때만큼 구속력을 갖는다는 결론에 도달한다. 의심스러운 경우에는 성경의 유추와 도덕 법칙으로부터 상당한 인도를 받아야 할 것이다.

현대의 자유주의 신학에서는 성경의 규범적 의의에 대해 남아 있는 것이 거의 없다. 슐라이어마허는 구약 성경의 규범적인 성격을 부인하고 신약 성경만을 교회의 규범으로 인정했다. 그리고 그는 초자연적 영감을 믿지 않았으므로, 그가 신약의 중요성을 인정한 것도 초자연적 영감 때문이 아니라, 신약 성경을 예수와 직접적인 교제를 나누고 영적 영감을 특별한 정도로 누린 사람들의 종교적 경험을 기록한 것으로 보았기 때문이다. 리츨은 신약 성경도 규범적인 것으로 인정하지 않았는데, 단지 기독교의 시작에 대한 역사적 기록에 불과하며 결코 신앙의 규칙이 아니라고 보았다. 그는 자기의 체계가 갖는 전제들과 조화되지 않고, 하나님의 나라의 참된 설립자이신 그리스도 안의 계시에 대해 또 그가 생각한 바의 기독교적 삶에 대해 아무런 가치가 없는 모든 요소들을 자유롭게 거부했다. 일반적으로 이 두 사람이 현대의 자유주의 신학이 하나님의 말씀에 대해 갖는 태도를 결정했다고 말할 수 있다.

이상한 일이지만 모든 자유주의를 강하게 반대하는 오늘날의 몇몇 세대주의자들도 구약성경이 우리에게는 규범이 아니라고 주장한다. 그들은 구약 성경의 영감을 전적으로 인정하고 그것이 유대인에게 규범적이었다고 보지만 신약 시대 신자들에게는 그렇지 않다고 본다. 쿡(Cook)은 이 점에 대해 다음과 같이 자기의 입장을 분명히 밝히고 있다. "전체 구약 성경에는, 그리스도인에게 상징과 예언으로 가르쳐지는 구속의 계획이라는 광범위한 흐름에 포함된 것 외에 그리스도인에게 직접적으로 주어진 약속이 하나도 없듯이, 그리스도인에게 신앙과 실천의 규칙으로 적용되는 것이 한 문장도 없고, 그리스도인에게 구속력 있는 명령도 전혀 없다."

2. 성경의 필요성. 로마교회는 교회가 성경보다 우위를 갖는다는 전제에서 출발하기 때문에 성경의 절대적인 필요성을 제대로 인정할 수 없다. 교회는 성령으로부터 그 생명을 이끌어 내므로 자기 충족적이며 따라서 자증적이라는 것이다. 교회는 전승을 필요로 하는 반면 성경은-그것이 규범으로 아무리 유익한 것이라 하더라도-진정으로 필요로 하지 않는다. 하나님은 사람들에게 자신의 교리를 전달해 주시되 책이 아니라 자신의 사도들과 교회의 음성에 맡기셨다. 그분은 사도들에게 "너희 말을 듣는 자는 곧 내 말을 듣는 것이다"라고 말씀하셨다. 뿐만 아니라 예수께서 승천하시고 거의 20년이 지난 후에야 신약 성경 한 권이 나타났으며 그 기간 동안에 신약 성경에 호소하는 것은 당연히 아무런 의미가 없었다는 것이다.

로마교회에 따르면, 교회가 성경을 필요로 한다기보다는 성경이 교회를 필요로 한다고 말하는 편이 더 옳다. 그렇지만 성경의 필요성을 부인하는 일은 로마교회에 국한되어 있는 일이 아니다. 초대 교회에서조차 몬타누스주의자들이나 카타리 같은 몇몇 신비주의 집단은 성경을 불필요한 것으로 보았다. 또 종교개혁 시대에는 재세례파와 제네바의 방종파들이 같은 생각을 갖고 있었다. 재세례파는 외적 언어를 희생해 버리고서 내적 언어를 특별히 높였다. 그들은 성경을 참된 하나님의 말씀으로 인정하지 않고 단지 증거로, 묘사로, 행동으로, 철저하게 무기력한 글자로만 보았다. 그들이 보기에 참되고 진리인 하나님의 말씀은 성령께서 하나님의 백성의 마음속에 들려주시는 것이다. 슐라이어마허 역시, 성경은 교회가 만든 것이고, 교회의 종교적 삶의 최고 표현이며, 따라서 권위가 있는 표현이라고 했다. 이것이 현재 자유주의에서 우세한 관점이라 할 수 있는데, 이는 자기의 신학을 하나님의 말씀인 성경보다 과학 및 철학의 주된 가르침들의 정보를 담은 기독교적 의식에 좌우되도록 만드는 것이다.

개혁자들은 로마교회와 재세례파에 맞서 성경의 필요성을 옹호하면서, 교회가 모세 시대 이전에 존재했다는 것과 신약 교회가 신약의 정경이 생기기 오래전에 존재했다는 것을 부인하지 않았다. 그들은 하나님께서 다른 방법으로는 우리로 하여금 구원의 길을 접하도록 하지 못하셨을 것이라는 의미에서 성경이 절대적으로 필요하다는 입장을 옹호하지도 않았다. 그들은 말씀을 교회의 씨로 만드는 하나님의 기쁘신 뜻에 힘입어 성경이 필요한 것이라고 보았다. 모세 시대 이전에도 기록되지 않은 말씀이 그목적을 수행했다. 또 신약 성경은 예수와 사도들의 말과 떨어져 존재한 것이 아니다. 구속의 사실들에 대한 증인들이 살아있을 때에는 기록된 말씀의 필요성이 그리 크지 않았으나 그들이 사라졌을 때는 상황이 한순간에 바뀌었다. 반복의 여지가 없고 그러면서도 오는 모든 세대를 향해 대단히 중요한 의의를 갖는 하나님의 계시와 구속사 그리고 구속적 사실들의 역사적 성격 때문에 하나님의 특별 계시를 기록에 부치는 일이 필요하게 되었다. 그런 관점에서 볼 때 성경은 세상 끝까지 필요한 존재로 남아 있을 것이다. 이런 의미에서 개혁주의 신학은 성경의 필요성을 항상 옹호해 왔다. 성경을 하나님의 무오한 말씀으로 보는 개혁주의 성경관을 공유하지 않은 바르트조차도 신적 계시에 대한 증거로서의 성경의 필요성을 옹호해야 한다고 느끼고 있다.

3. 성경의 명료성. 로마교회가 보기에 성경은 애매한 것이며, 신앙과 실천의 문제에서조차 해석을 절대적으로 필요로 한다. 성경은 삼위일체 교리, 성육신 교리 등과 같은 깊은 신비들도 담고 있으며, 대단히 애매하여 오해될 수 있다. 이 이유 때문에 무오한 해석이 요구되며, 이 해석은 교회가 제공한다. 베드로는 분명히 성경의 어떤 부분은 이해하기 어렵다고 말하고 있으며, 수 세기 동안의 역사도 교회의 무오한 해석이 없이는 성경 해석에 있어서 바람직한 통일에 이를 수 없다는 것을 결론적으로 증명해 주었다는 것이다. 로마교회의 이 입장에 반대하여 개혁자들은 성경의 명료성을 강조했다. 그들은 성경에 인간 이성을 초월하는 신비들이 있다는 것을 부인하려 하지 않고 흔쾌히 인정하고 있다. 또 그들이 해석자가 학문적인 석의 없이도 잘해 나갈 정도의 명료성을 주장하는 것도 아니다. 사실 그들은 로마교회의 성직자들보다 훨씬 더 석의 작업에 몰두했다. 뿐만 아니라 그들은 구원의 길이 성경에 대단히 명료하게 계시되어 있어서 모든 사람이 성령의 조명을 받거나 받지 않거나 또 구원의 길에 깊은 관심을 갖고 있거나 갖고 있지 않거나 쉽게 이해할 수 있다고 주장하지도 않았다.

그들의 주장은, 구원에 필요한 지식은 성경 각 부분에서 똑같이 명료한 것은 아니지만 성경 전체를 통하여 인간에게 단순하고 포괄적인 형태로 전달되어서, 진지하게 구원을 찾는 사람은 성령의 인도 아래 성경을 읽고 연구함으로써 필요한 지식을 자기 힘으로 얻을 수 있으며 교회나 성직자 개인의 도움이나 인도를 필요로 하지 않는다는 것이다. 물론 그들이 말씀을 전파함에 있어서 교회의 해석의 중요성을 약화시키고자 한 것은 아니다 그들은 성경이 스스로의 명료성을 증거하여 우리 발의 등이며 우리 길의 빛이라고 선언하고 있음을 지적했다. 선지자들과 사도들뿐만 아니라 예수님까지도 자기들의 메시지를 모든 사람들에게 전달했고, 결코 그들을 진리를 이해할 수 없는 미성년자로 취급하지 않았다. 사람들을 가리켜 판단하고 이해하는 사람이라고까지 하였다(고전 2:15; 10:15; 요일 2:20).

성경은 그 명료성으로 인해 자기 해석적이라고 말할 수도 있다. 개혁자들은 이것을 염두에 두고서 신앙의 유추 또는 성경의 유추에 따라 해석한다고 말했고, 성경이 성경의 해석자(Scriptura Scripturae interpres)라는 위대한 원칙을 설정했다. 그들은 성경을 해석함에 있어서 교회의 특별한 역할을 불필요한 것으로 보지 않고, 이 점에 있어서 교회의 의무를 분명하게 강조했다. 따라서 그들은 교회의 교훈권(potestas doctrinae)을 말했다.

4. 성경의 충족성. 로마교회도 재세례파도 성경을 충족한 것으로 보지 않았다. 재세례파는 성경을 가치없는 것으로 보고, 내적인 빛과 모든 종류의 특별 계시가 절대적으로 필요하다고 주장했다. 그들은 말씀의 사역에 중요성을 거의 부여하지 않았다. 그들이 좋아하는 구호 중 하나는 "문자(letter)는 죽이는 것이요 영(Spirit)은 살리는 것이라"는 것이다. 중세 때부터 로마교회는 기록된 말씀에 대한 보충으로 구전 전승이 절대적으로 필요하다고 주장했다. 이 전승이 늘 명확하게 정의된 것은 아니다. 원래 이 용어는 사도적 기원을 가진 가르침과 관례 모두를 포함하는 것이었다. 그러나 교회가 사도 시대로부터 점점 멀어져가면서 특정한 가르침이 정말 사도들로부터 전해져 온 것인지 결정하기가 점점 어려워졌다.

이에 대한 시도가 빈켄티우스 레리넨시스(Vincentius Lerinensis) 때 있었는데, 그는 "모든 곳에서, 항상, 모든 사람이 믿는 것(ubique, semper, et ab omnibus, creditum est)"을 사도적인 것이라고 선포했다. 그러므로 참된 사도적 전승은 그것을 "모든 곳에서, 모든 때에, 모든 교회가 믿는다"는 사실로 인식할 수 있다. 나중에 로마교회의 신학자들은, 비록 실제로는 수정된 것이긴 하지만, 이 정의를 채택했다. 특정한 진리가 항상 믿어지는 것인지의 여부를 결정하기는 대단히 어려웠고, 따라서 그 질문은 점점 동시대적인 형태를 띠게 되어, 그런 진리가 어느 특정한 때에 일반적으로 믿어졌는가 하는 것으로 되었다. 진리의 고대성은 그 보편성에 희생되어 버렸고 정말 중요한 문제는 무시되었다. 그것은 특정한 진리가 정말 사도들로부터 전해 내려온 것인가 하는 것은 결정할 수 없다는 말과 같은 것이었다.

그러나 그렇다 하더라도 큰 문제가 하나 남아 있었다. 이 보편성의 문제를 누가 결정할 것인가 하는 문제에 대한 답을 찾음에 있어서 교회 일반이 그것을 할 수는 없고, 선생들의 모임(ecclesia docens) 즉 공의회의 주교들이 해야 한다는 주장이 있었다. 이것은 여전히 로마교회의 입장이다. 그러나 이 입장조차도 지지할 수 없는 것임이 드러났다. 전승의 성격을 결정하는 주교들은 항상 무오한가 아니면 공의회로 모일 때만 무오한가 하는 질문이 제기되었다. 또 그들이 만약 의견의 일치를 보았을 때에만 무오한 결정을 내릴 수 있다면 그들의 결정은 만장일치여야 하는가 아니면 그들의 결정을 효과 있는 것으로 만들기 위해 다수만으로 충분한가? 또 다수만으로 충분하다면 이 다수는 어느 정도여야 하는가? 다수파 하나만으로 충분한가? 이 모든 것을 고려한 결론은, 교황이 신앙과 실천의 문제들에 있어서 주교좌로부터(ex cathedra) 권위를 가지고 말할 때 최종적으로 무오하다고 선언된다는 것이다. 만약 교황이 지금 어떤 것을 사도적인 전승이라고 선언하면 그것으로 문제는 해결되고, 그렇게 선언된 것은 그럼으로써 교회에 구속력을 갖는 것이 된다.

성경이 어떤 보충물을 필요로 한다는 입장에 반대하여 종교개혁자들은 성경의 완전성 또는 충족성을 주장했다. 이 교리는 선지자들과 그리스도와 사도들이 말하고 기록한 모든 것이 성경에 담겨 있다는 뜻이 아니다. 성경은 그게 그렇지 않다는 것을 분명히 보여준다(왕상 4:33; 고전 5:9; 골 4:16; 살후 2:5). 또 신앙의 모든 조항들을 성경이라는 완결된 형태 속에서 찾아볼 수 있다는 뜻도 아니다. 성경은 교의를 담고 있는 것이 아니다. 교의는 반성(reflection)의 과정을 통해 성경으로부터 추론해 낼 수 있을 뿐이다. 개혁자들은 다만 성경과 똑같은 권위를 갖고 따라서 성경과 똑같이 양심에 구속력을 갖는, 기록되지 않은 하나님의 말씀이 성경과 나란히 존재한다는 것을 거부하려는 것일 따름이다.

또 그 입장을 취함에 있어서 그들은 성경의 기초 위에 선다. 성경에서 이어지는 책들은(당시의 이야기인 경우를 제외하고) 앞의 책들과 연결되는 것이며 그것에 기초하고 있다. 시편과 선지자는 율법을 전제하고 율법에, 오직 율법에만 호소하고 있다. 신약 성경은 구약 성경에 대한 완성으로 우리에게 다가오며, 다른 어떤 것에도 관련되지 않는다. 예수님 시대에 퍼져 있던 구전 전승은 인간의 산물로 배격되고 있다(마 5:21-48; 15:4, 9; 고전 4:6). 그리스도는 우리에게 신적 계시의 절정으로, 최고의 최종적 계시로 제시되고 있다(마 11:27; 요 1:18; 17:4, 6; 히 1:1). 구원의 길을 알기 위하여 우리는 오직,

그리스도와 사도들의 말씀인 성경만을 찾아보아야 한다(요 17:20; 요일 1:3). 개혁자들은 기독교적 전승을 인정하긴 했으나, 성경에 기초하고 성경에서 나온 것만을 인정하였고, 권위에 있어서 성경과 같거나 능가하는 것은 인정하지 않았다.

깊 은 연 구 를 위 한 질 문

로마교회는 전승의 권위를 어떻게 성경의 권위와 나란히 옹호하는가? 그들이 사도적 전승을 그토록 중요시하는 이유는 무엇인가? 성경의 규범적 권위를 구원의 교리를 가르치는 부분에만 국한시키는 것이 옳은가? 성경은 과학이나 예술에 대해서도 권위가 있는가? 성경이 도대체 성경의 필요성을 가르치고 있는가? 현대 자유주의 신학은 이것을 어떻게 평가하고 있는가? 성경에 대해 상호모순된 많은 해석이 있다는 것이 성경의 명료성을 부인하지 않는가? 유대인들의 구전 율법과 로마교회의 구전 전승은 어떻게 서로 비교할 수 있는가? 고후 3:6에 호소하여 성경의 충족성을 부인하는 신비주의자들의 주장은 타당한가?

V
내적 인식의 원리

하나님에 관한 지식은 하나님께서 자신을 계시하셨다는 것뿐만 아니라, 인간이 생래적으로든 아니면 새롭게 하시는 은혜로운 사역에 힘입어서든 이 계시를 이해하고 소유할 수 있다는 것까지 전제한다. 만약 인간에게 그 능력이 없다면 신적 계시는 객관적으로는 존재하더라도 인간에게는 영원히 낯선 것으로 남아 삶에 아무 영향도 미치지 못할 것이다. 모든 지식, 따라서 모든 학문은 주체와 객체 사이의 어떤 교류가 필요하다. 이는 외적 인식의 원리와 함께 내적 인식의 원리가, 즉 인간이 하나님의 특별 계시를 분간하고 소유할 수 있게 해주는 원리가 인간에게 있어야 한다는 뜻이다.

물론 절대적 관념론자는 이 입장에 동의하지 않을 것이다. 왜냐하면 관념론에 따를 때 지식은 주체와 객체 사이의 교류뿐만 아니라 그 둘의 동일시까지 요구하기 때문이다. 위기의 신학조차도 문제를 다른 방식으로 표현하려고 한다. 위기의 신학은 객관적으로 존재하는 계시를 인정하지 않으며, 인간의 삶과 특별 계시 사이의 접촉점도 믿지 않는다. 계시는 단지 인간의 마음에 믿음을 일깨울 때까지는 계시가 아니라는 것이다. 그러나 이 믿음은 객관적으로 존재하는 계시를 받아들이는, 인간 안에 있는 항구적인 능력이 아니라, 하나님께서 자신을 계시하실 때마다 계시 그 자체 안에서 계시와 함께 주어지는 것이다. 이는 이 점에서 주체와 객체 사이의 구분이 확실하게 없어져 버린다는 뜻이다.

그렇지만 개혁 신학은 내적 인식의 원리가 존재함을 인정하며, 따라서 이 원리의 속성이 무엇인가 하는 문제가 자연히 제기된다. 역사상 이 질문에 대해 여러가지 대답이 주어져 왔다. 인간이 하나님의 계시를 판단하고 소유하는 기관을 연속적으로 (1) 인간의 이해력, (2) 사변적 이성, (3) 경건한 감정, (4) 도덕 의식 등에서 찾았다. 이것들을 차례로 살펴보자.

A. 인간의 이해력(Human Understanding)

어떤 사람들은 내적 인식의 원리를, 좀 더 구체적으로 사변적 이성이라고 불리는 것과 구분되는 인간의 이해력 일반이라고 보았다. 그들의 끈질긴 시도는 진리를 역사 변증적 기초 위에 세우는 것이었다.

1. 이 입장에 대한 역사적 서술.

(1) 종교개혁 시대까지. 그리스도 안의 하나님의 계시가 인간의 교만을 만족시키는 것이 아니라 인간을 겸손하게 만든다는 사실을 고려할 때, 계시는 당연히 많은 반대를 만났으며 계속 자기방어를 필요로 했다. 이는 이미 사도 시대에도 필요한 일이어서 성경에도 변증적 요소가 담겨있다. 2세기 변증가들은 유대인들 및 이방인들에 맞서서 기독교의 진리성을 옹호하였으며, 기독교의 기초가 되는 토대를 설명했다. 그들은 의심이나 소위 중립성이 아닌 흔들리지 않는 믿음으로 출발점을 삼고 기독교의 빼어난 우수성, 특별 계시의 구속적 메시지, 성경의 고대성 및 통일성, 단순성 및 장엄성, 완전성 및 다양성, 예언과 기적, 교회의 증거와 복음의 복 등에 주의를 환기시켰다. 이 논증들은 뒤에 가서, 비록 다른 맥락에서 취급된 경우가 많았고 또 늘 같은 성격을 띠었던 것은 아니지만, 반(反)영지주의 교부들의 저작에서 반복되었다.

스콜라주의 역시 믿음을 출발점으로 삼았으나, 종교적 진리를 이성의 개념으로 바꾸려는 시도로 인하여 진리를 자연적 진리와 초자연적 진리로 구분하게 되었는데, 이는 양자 모두에게 유익하지 못한 것이었다. 그들에 따르면, 자연적 진리는 이성으로 증명될 수 있으나 초자연적 진리는 권위에 의거하여 받아들여질 수 있을 뿐이라는 것이다. 자연적 진리의 경우 과학적 확실성이 가능하나 초자연적 진리의 경우는 믿음의 수준 이상으로 올라갈 수 없다는 것이었다. 그들이 일반적으로 따른 순서는 비록 여러 가지 변형들이 있긴 하지만 다음과 같다. 먼저, 그들은 합리적인 논증에 의거하여 자연 계시의 진리들을 증명하고자 했다. 다음으로는, 비슷한 방법으로 특별 계시의 가능성, 필요성, 실재성 등을 증명했다. 그리고 마지막으로는, 이성을 강요하여 단순히 특별 계시가 존재한다는 데 근거하여 그 내용을 믿음으로 맹목적으로 받아들이게 했다. 특별 계시를 믿게 하기 위하여 끌어다댄 동기들은 점차 신뢰성의 동기(*motiva credibilitatis*)라 불리게 되었다. 신적 계시인 성경이 교회의 증거에 의존한다는 논증은 로마교회에 의해 특별히 종교개혁 이후 발전했다. 그렇지만 그런 모든 논증들은 성경을 하나님의 말씀으로 받아들이는 일의 타당성은 증명할 수 있을지 몰라도 인간적 믿음(fides humana)만을 낳을 뿐 결코 신적 믿음(fides divina)은 낳지 못한다. 로마교회의 신학자들은 대개 변증학을 높이 평가하지만 그들 가운데도 이것을 인정하는 사람이 많다.

로마교회는 인간이 하나님의 계시를 아는 지식에 이르는 길을 다음과 같이 표현하고 있다. ① 초자연적 계시는 자연적 계시에 근거하여 생겨나며 정도에 따라 연속적으로 소유될 수 있을 뿐이다. ② 다양한 증거에 의해 인간은 자연 상태에서 먼저 믿음의 서문을 이루는 자연 신학으로 인도된다. 이 점에서는 증거들이 증명될 수 있는 것이므로 과학도 가능하다. 일반적으로 이 단계에서는 아직 믿음을 말할 수 없다. ③ 이 지점에 이른 자들은 이제 교회가 가장 중요한 위치를 차지하는 신뢰성의 동기들을 통하여 하나님의 계시가 신뢰할 만하다는 것과 믿음의 합리성을 보고 받아들이는 입장에 놓이게 된다. ④ 이렇게 인간적 믿음으로 인도되고 난 후 인간은 주입된 은혜에 의해 초자연적인 질서로 끌어올려지고 하나님을 보기 위해 선행을 통해 준비한다.

(2) 종교개혁 이후. 개신교인들은 다른 입장을 취했으나 항상 그 입장을 고집한 것은 아니었다. 종교개혁자들은 인간 이성이 아닌 기독교 신앙에서 출발하고, 이 신앙은 오직 신적 권위에만 의존하며, 성령에 의해 역사한다는 사실을 강조했다. 개신교 신학자들이 이 원리에 항상 충실한 것은 아니었고, 종종 자연 신학의 교리로, 또 계시의 진리성에 대한 역사적인 증거로 복귀했다. 그런데 의심에서 출발한 데카르트의 영향으로 교회 안으로 합리주의가 점점 들어오게 되었고, 역사-변증적 방법이 성행하게 되었다. 그것이 분명히 전면에 나서게 된 것은 초자연주의라는 형태로였다. 이 방법을 적용함에 있어서 목적은 계시의 합리성을 드러내는 것이 아니라 하나님께서 초자연적인 방법으로 자신을 계시하셨음을 증명하는 일이었다. 또 이것을 증명하기 위해서 성경의 기적들, 예언의 성취, 또 종종 특별한 성격의 것으로서 성경 여러 부분들의 놀라운 조화, 복음의 도덕적 영향력 등이 관심의 대상이 되었다. 목적은 그러한 지적인 고려를 통해 인간을 믿음으로 인도하는 것이었다. 이 방법을 따른 사람들 중 정말 잘 해보려고 한 사람들이 있음은 부인할 수 없다. 그들의 저작들 중 몇몇은 비록 지금 사용하는 방법론과 인증하는 논증들이 전혀 다른 것임에도 불구하고 기독교 변증학 분야에서 지금도 높이 평가되고 있다. 그러나 이 방법은 합리주의에 이를 수밖에 없다. 버틀러(Butler) 같은 이도 "자연 종교가 기독교의 기초이며 주요한 부분이긴 하지만 기독교의 전부는 결코 아니다"라는 말을 쓸 수 있었다. 이성은 계시의 신임장을 검토하고 설명하는 권한을 부여 받고, 따라서 성경보다 우위에 있게 된다. 때문에 이 방법은 신학

적 입장에서 볼 때 비판을 받게 된다. 뿐만 아니라 이것을 지지할 수 없다는 것은 초자연주의 자체의 역사와 루소, 레싱, 칸트, 슐라이어마허 등의 날카로운 비판에 분명히 나타나 있다. 오랫동안 개혁주의 저자들까지도 자연신학을 가리켜 계속 근본적 신학이라 불렀으나, 오늘날 많은 개혁주의 진영에서는 자연신학을 전적으로 불신하고 있다.

2. 이 입장에 대한 평가. 앞에서 암시했던 바와 같이 역사-변증적 방법은 신학적인 관점에서 볼 때 지지를 받지 못한다. 왜냐하면 종교적 진리와 믿음 모두를 격하시키기 때문이다. 종교적 진리는 과학의 어떤 법칙 같은 것이 아니며 믿음은 단순히 어떤 과학적 탐구의 결과를 꿰뚫어 보는 지적 통찰력이 아니다. 베일리는 이 전체적인 추론 방법이 오늘날 문제시되고 있다는 사실에 주의를 환기시키고 있다. 이 입장은 또 기독교를 정당하게 다루지 못한다. 하나님의 말씀은 자연인의 무지함과 오류를 전제하며, 따라서 성경이 만약 스스로를 그런 인간의 판단에 맡긴다면 그것은 자기모순일 것이다. 그것은 처음에 부적격자로 판정했던 사람을 재판관으로 인정하는 것과 같다. 끝으로, 이 방법은 바라던 결과에 이르지도 못한다. 19세기 초엽에는 기적과 예언이 증거 노릇을 할 수 있었으나 오늘날은 그것들 자체가 증명을 요구하고 있다.

그렇지만 변증학이 참된 가치가 없다는 뜻은 아니다. 변증학이 분명 어떤 측면에서는 유용하게 쓰일 수 있겠지만 그 신학적 성격을 상실하지 않고서는 믿음에 앞서거나 계시의 진리를 선험적으로 증명하지 못한다. 변증학은 그 신봉자들 가운데서 진리를 믿음으로 수용할 것을 전제한다. 변증학의 가치는 세 가지로 볼 수 있다. (1) 변증학은 신학을 강요하여 신학의 내용과 신학이 의존하고 있는 토대를 설명하게 함으로써 신학적 자기의식을 증진시킨다. (2) 변증학은 그리스도인으로 하여금 대적 앞에서 당황할 필요가 없으며 자연과 역사에서, 과학과 예술에서, 모든 사람의 마음과 양심에서 지지를 받는다는 사실을 의식하게 해준다. (3) 변증학 스스로는 증거를 강요함으로써 어떤 사람으로 하여금 진리를 인정하게 만들지는 못하지만, 말씀의 사역에서처럼 그에게 진리에 대해 쉽게 떨쳐 버리지 못할 깊은 인상을 줄 수 있다.

그렇지만 현실에 있어서는 변증학이 그릇된 방향으로 달린 경우가 많다. (1) 변증학은 스스로 믿음으로부터 분리되어 신학 밖에, 위에, 앞에 자리를 차지하고, 그럼으로써 자기에게 해당되지 않는 권위를 요구한다. (2) 변증학은 종교적 진리로 하여금 그 진리의 속성과 전적으로 모순되는, 순전히 지적인 근거에 전적으로 혹은 부분적으로 의존하게 만드는 방식으로 믿음과 지식을 분리시켰다. (3) 그 결과 변증학은 그 과학적인 노력과 관련하여 마치 자기가 지성을 통해 마음을 변화시키고 건전한 추론을 통해 경건을 증진시킬 수 있는 것처럼 지나친 기대를 품게 되었다.

B. 사변적 이성

사변적 이성을 종교적 진리를 분간하고 판단하고 소유하는 기관으로 보는 사람들의 입장은, 특별히 이 기능들이 인간의 이해력 일반에 있다고 보는 사람들의 입장과 본질적으로 다르지 않다. 이 입장이나 저 입장이나 인간의 이성을, 진리를 소유하는 기관일 뿐만 아니라 진리의 중개자로 만든 것이다. 둘 다 일반적으로 합리주의라고 알려진, 좀 더 넓은 범주에 속해 있다. 또 패터슨은 말하기를, 합리주의의 근본적인 전제 중 하나는 "마음은 그 자연적 힘을 종교적이고 도덕적인 진리를 발견하고 소유하는 일에만 제한받는다는 것이다. 그 과정의 어느 단계에서도 성령이 마음에 대해 갖는 직접적인 행동의 도움을 마음이 받았으며 그 결과로서 다른 방법으로는 마음의 이해 능력 너머에 있었을 진리를 소유할 수 있게 된다는 생각은 거부되어야 한다." 그와 동시에 사변적 이성을 영예의 자리까지 높이는 사람들은 소박한 합리주의, 즉 볼프 식의 합리주의보다 더 깊고 포괄적인 체계를 제시했다. 그들은 사변적 이성을, 진리를 받아들이기 위한 규범이요 필요한 기능으로 보았을 뿐만 아니라 진리의 원천으로 여겼고, 그렇게 함으로써 신적인 특별 계시 개념과 한층 효과적으로 결별했다.

1. 이 입장에 대한 역사적인 서술. 이신론 및 볼프주의 철학 학파가 제시한 18세기의 소박한 합리주의는 결국 루소와 레싱, 칸트와 슐라이어마허의 비판적인 맹공에 굴복하고 말았다. 소박한 합리주의가 세운 피상적인 구조는 그 기초부터 쓸려가 버렸다. 칸트 및 슐라이어마허로부터 주체의 자율성이 시작되었다. 처음에는 반작용이 객관적 세계를 무시하는 정도까지 갔다. 칸트에 따르면, 인간은 예지계, 즉 사물의 본질은 알 수 없고 단지 현상만을 알 수 있으며, 이 현상조차도 생각하는 주체가 부여하는 틀에 맞추어서만 알 수 있을 뿐이라고 한다. 주체는 이렇게 현상계의 틀을 만들어 낸다. 피히테는 한걸음 더 나아가, 주체와 구분되는 객관적 세계의 존재를 부인했다. 그는 외적인 사물의 세계는 오직 하나의 보편적인 마음에만 존재하며, 이 마음의 산물이라고 보았다. 처음에는 슐라이어마허도 이 입장이었다. 그렇지만 시간이 흐르자 객관적인 실재를 가진, 그리하여 규범적인 가치를 지닌 무언가가 반드시 존재해야 한다는 것을 느끼게 되었다. 이를 고려한 결과 소위 복귀에 이르게 되었는데, 여기서는 바로 그 주관적인 출발점은 유지하면서도 객관으로 되돌아가고자 하는 시도가 있었다.

헤겔이 이 사상의 대표자였다. 그는 피히테의 주관적·윤리적 관념론을 객관적·논리적 관념론으로 끌어올렸으며, 존재의 관념을 생겨남의 관념으로 대치시켰다. 그의 사상 체계에서는 전체 세계가 과정 곧 논리적인 관념의 발전인데, 거기서는 모든 존재가 그저 사상으로 표현된다. 그 진화 가운데 종교도 자리한다. 종교 역시 순수 사고 또는 지식, 곧 절대자가 상상의 형태로 갖는 자기지식이다. 종교는 형식과 상징과 회화적 표현의 옷을 입고 있는데, 이들의 깊이는 오직 사변적 이성만이 측정할 수 있다.

헤겔에 따르면, 역사적 형태를 지닌, 결국 껍질에 불과한 종교의 교의들을 제거하고 이전에는 숨겨져 있던 알맹이인 관념을 발견하고 설명하는 것이 철학의 과제다. 따라서 삼위일체 교리, 성육신 교리, 속죄 교리 등 기독교의 위대한 진리들은 철학적 사변의 대상이 되었을 뿐만 아니라, 그 본질적인 속성과 이상적인 형태에 있어서 사실상 이 사변의 산물이 되었다. 성경 및 다른 권위들을 제쳐놓고서 이들 진리들을 이성의 필연적인 사고들로 표현하였으며, 따라서 대단히 합리적인 것으로 제시했다. 종교적 진리에 대한 참된 증거는 그것들이 마음에다가 스스로를 필연적인 사고들로 제시한다는 사실에서 찾아볼 수 있다. 이것은 "이성적인 것은 모두 실재하는 것이다"라는 헤겔의 근본적인 원리와 조화된다. 논리적인 필연성으로 생각해서 전체 진리 체계에 부합되는 것으로 드러나는 부분이면 무엇이나 진리로 인정된다. 사고의 논리적인 필연성 곧 정합성은 이렇게 종교의 문제에 관해 진리의 표준이 되었다.

이 방법은 다우프, 마르하이네케, 슈트라우스, 파트커, 바이스, 비더만 등에 의해 신학에 적용되었으나, 그 정도에 있어서나 그 결과에 있어서 항상 같은 것은 아니었다. 그것은 또 현대 신학의 아버지인 슐라이어마허의 추종자들의 지지도 받았는데, 슐라이어마허는 비록 이성보다는 감정을 취하긴 했으나 헤겔과 같이 주관적인 출발점을 갖고 있었다.

2. 이 방법에 대한 평가. 사변적 이성을 종교적 진리의 기준으로 보는 사람들은 이 진리를 소유하고 판단함에 있어서 사변적인 방법에 집착한다. 이 방법은 분명 역사-변증적 방법보다는 유리한 점을 갖고 있다. 초자연주의는 종교의 교의를 모든 반론을 침묵시킬 수 있을 정도로 분명하게 증명할 수 있을 것 같았다. 초자연주의는 진리를 명확하고 분명하게 표현하여 그 합리성을 단번에 드러내려고 결연한 노력을 기울였다. 그러나 초자연주의의 날카로운 구분은 진리를 삶으로부터 분리시키는 지성주의에 이르고 말았다. 사변적인 방법은 이 명료성에 대한 요청과 결별하였고, 교의들의 깊은 의미와 종교에 있어서의 신비적인 요소들을 인정했다. 뿐만 아니라 사변적 방법

은 종교가 인간 생활에 있어서 독특한 위치를 차지하고 있으며, 따라서 인간 본성에서 그것에 맞는 기관을 요구한다는 사실을 강조했다. 헤겔은 이 기관을 사변적 이성이라고 보았고, 슐라이어마허는 감정이라고 보았다. 둘 다 틀렸다. 그러나 그럼에도 불구하고 그들은 종교를 위한 합당한 기관의 필요성을 강조함으로써 중요한 문제에, 다시 말해서 신학 연구를 위해 가장 중요하고 따라서 고맙게 생각할 만한 중요한 문제에 주의를 환기시켰다.

그러나 사변적인 방법은 생각하는 것과 존재하는 것이 상호 필연적으로 대응한다는 생각에서 더 나아가 이 둘을 동일시했다. 이것은 사변적 철학의 근본적인 오류이다. 중요한 문제는 우리가 어떤 것이 존재하기 때문에 생각하는 것인가, 아니면 그것이 우리가 그것을 필연적으로 생각하기 때문에 존재하는 것인가 하는 문제이다. 사변적 철학은 뒤의 것을 주장하지만 아무 근거가 없다. 이 점에서 헤겔은 불가능한 비약을 했다. 존재라는 것은 사고에서 유출되는 것이 아니라 힘있는 행동에 의존하는 것이므로, 사물의 존재는 우리가 그것을 생각한다는 사실에서 나오는 것이 아니다.

사실 하나님은 영원히 사물들을 생각하셨지만 그분께서는 관념적으로 존재하던 것들에게 오직 창조의 행동을 통해서만 실재적인 존재를 부여하셨다. 우리는 하나님께서 오래전에 생각하셨고 존재하는 실재의 세계에서 우리의 의식으로 창조적으로 보내시는 것들만을 생각할 수 있다. 만약 우리가 바깥으로부터 우리에게 오는 것을 모두 거부한다면 내용이 전혀 없는 모호한 원리에 머무르게 될 것이고 거기서는 아무것도 나올 수 없다. 사변적 방법은 높은 야심과 표면상 선한 의도를 갖고 있었지만, 멸시받던 기독교의 교리를 온 세상이 받아들일 수 있는 보편적인 진리의 철학적 체계로 바꾸는 데 실패했다. 십자가의 도는 멸망하는 자들에게 여전히 어리석은 것이었다. 사변적 이성은 하나님의 계시라는 객관적인 토대를 떠났고, 따라서 진정한 신학 체계를 세우는 데 성공하지 못했다.

C. 경건한 감정 또는 종교적 직관

신학의 내적 인식의 원리에 대한 세 번째의 입장은, 종교적 진리를 얻고 구분하는 기관이 경건한 감정 또는 종교적 직관이라고 보는 사람들의 입장이다. 슐라이어마허가 보통 이 관점의 원조로 알려져 있다. 신학에 있어서의 지식의 내적 또는 주관적 원리라는 이 개념은, 주자료를 계시로부터 끌어온다는 전제적인 가정을 포함하고 있지 않다는 점에서 헤겔의 개념과 공통점이 있다. 그러나 사변적 이성을 최고로 만들고 사실상 신학을 철학으로 바꾸어 버린 사람들과는 달리 이 방법을 주장하는 사람들은 모든 철학을 신학으로부터 추방하는 경향을 보이고 있다. 그렇지만 종교적 진리의 규범 혹은 기준과, 그 진리의 원천을 구분하지 못하고 있다는 면에서는 사변적 철학자들 및 신학자들과 똑같다. 그들은 자기들의 주관적인 감정들을 이 진리의 원천으로 보고 있으므로, 그들에게 있어서 문제는 종교적 진리를 내 것으로 만드는 문제라기보다는 그것을 평가하는 문제로서, 이를 다르게 표현하면 그 감정을 종교적 진리로 인식하는 문제이다. 그들의 두드러진 특징은 그들이 종교적 확실성을 종교-경험적 방법으로 찾는다는 것이다. 경건한 감정이 종교적 진리의 기준이며 그것에 적용되는 시험은 경험의 시험이다.

1. 이 입장에 대한 역사적인 서술. 이전의 두 방법이 모두 아무 결과를 낳지 못하자 많은 신학자들은 종교적 경험으로 도피처를 삼아 거기에서 기독교의 확실성과 진리성에 대한 지지를 찾게 되었다. 슐라이어마허의 영향은 특히 이 방법을 적용하는 데서 찾아볼 수 있다. 슐라이어마허와 그의 추종자들은 신학을 다시금 영예롭게 하고자 하는 칭찬받을 만한 열망을 갖고서 믿는 의식을 출발점으로 삼아 이것을 성취시켜 보려 했다. 이 방법의 추종자들은 우리로 하여금 기독교의 진리성을 받아들이게 하는 것은 무엇인가 하는 질문에 대답하면서 역사적 증거나 합리적 증거에도, 또 성경의 권위나 교회의 권위에도 호소하지 않고, 죄인의 마음에 있는 구원의 경험에 호소하고 있다. 슐라이어마허는 신학자들이 특정 교회의 신앙고백에 있는 자료로부터 시작하기를 바라고 있는데, 그가 말하는 자료는 신조에 공식화되어 있는 교리라기보다는 교회의 설교 및 가르침에서 표현되는, 살아있고 효과적인 신념들을 뜻한다. 그 다음에는 이 교리들 또는 신념들의 원래 자료를 추적해야 하는데 그것은 성경에서 찾아볼 수 있는 것이 아니라 영혼과 예수 그리스도의 관계에서 비롯되는 경건한 감정에서 찾을 수 있는 것이다. 그리고 마지막으로는, 그것들이 현저하게 경건한 감정들의 반영이라는 사실에 비추어 그것들을 체계화된 형태로 재생산하여야 한다. 이는 교리가 경건한 또는 종교적인 감정으로부터 생겨나고 그 확실성의 근거도 거기서 찾는다는 뜻이다. 교리들의 참된 종교적 성격이 두드러지는 것은 오직 그런 감정에 비추어서만인 것이다.

에어랑겐 학파의 뛰어난 신학자 중 하나인 프랑크(Frank)도 이 이론을 주장하는 대표자 가운데 하나다. 그의 체계는 일반적인 감정의 상태가 아닌 중생이라는 특별한 경험으로부터 시작하므로 이미 슐라이어마허의 체계를 앞서가고 있음을 보여준다. 그는 「기독교적 확실성의 체계」(*The System of the Christian Certainty*)라는 책에서 인간으로 하여금 하나님, 그리스도, 성경 등과 같은 객관적인 요소에 의존하고 성경을 하나님의 말씀으로 받아들이게 하는 것은 무엇인가 하는 질문에 대한 대답을 찾고 있다. 그의 대답은, 이것은 역사적 증거 또는 합리적 증거에 기인하는 것도 아니고, 성경, 교회, 전통 등의 권위에 의거한 것도 아니며, 오직 중생의 경험에 기인한다는 것이다. 그가 말하는 기독교적 확실성이라는 것은 구원의 확신이 아니라 진리의 실재성에 대한 확신이다. 프랑크에 따르면, 진리와 관련한 확실성이라는 의미에서 볼 때 기독교적 확실성의 기초는 기독교적 삶, 다시 말해서 신자의 도덕적 영적 경험이다. 그리스도인은 자기의 삶에서 강력한 변화가 일어났다는 것을 알고 있으며 이 중생의 경험으로부터 기독교적 진리의 전체 내용을 헤아리는 것이다.

이 진리는 중생의 경험을 중심으로 하여 세 그룹으로 형성되어 있다. (1) 그 경험에 직접적으로 포함되어 있는 죄의 실재성, 심판의 실재성, 미래 완성의 실재성 등의 진리들(내재적이고 중심적인 진리들)이 있고, (2) 다음으로는 새로운 상황을 설명하기 위해 가정해야 할 인격적인 하나님의 실재성, 삼위일체 하나님의 존재하심, 신-인의 역사를 통해 이루어지는 구속 등의 진리들(초월적 진리들)이 있으며, (3) 끝으로, 이것들은 곧장 앞의 동인들이 작용하게 되는 수단 곧 교회, 하나님의 말씀, 성례, 기적, 계시, 영감 등(일시적인 진리들)에 이르게 된다. 하나님의 나라를 보기 위해서는 반드시 중생이 필요한 까닭에 프랑크의 이 대답에는 분명 중요한 요소가 담겨 있다. 그러나 그가 자기의 생각을 설명하는 방식은 대단히 의심스러운데, 이는 아마도 그의 주관적인 입장이 갖는 필연적인 결과일 것이다. 그는 단일한 생각을 일관성 있게 전개하고 있는 것이 아니라, 종교적 진리를 이끌어 내는 방식과 이것들과 관련한 확실성을 얻는 방식을 계속 혼동하고 있다. 그의 책 제목이 「기독교적 확실성의 체계」이기 때문에, 이 책은 저자가 바라는 것이 그저 신자가 어떻게 기독교적 확실성에 이를 수 있는가를 보여주고자 한다는 기대를 불러일으킨다. 그러나 그랬다면 그는 스스로를 기독교적 확실성의 기원 및 성격을 설명하는 일에 국한시켰어야 하고 종교적 의식의 내용을 그것에 덧붙여 논의하지 말았어야 했다. 그랬다면 그는 이 확실성에 관한 대상들의 체계를 우리에게 제공하지 않았을 것이지만, 그가 모든 종교적 진리들을 중생의 경험으로부터 이끌어 냄으로써 바로 이 일을 하고 있는 것이다.

2. 이 입장에 대한 평가. 이 출발점 및 입장에 대해 많은 반론이 있다. (1) 프랑크는 중생 및 다른 기독교적 경험들을 항상 교회, 성경 등 객관적인 요소들과 분리시키고

있지만 이 둘은 서로 연결되어 있다. (2) 프랑크는 두 번째 저서 「기독교 진리의 체계」 (*The System of the Christian Truth*)에서 직접 이 객관적인 요소들에 우위를 부여하고는 그것들의 우위를 인정하고 있다. 바로 그 이유 때문에 그는 이 순위를 그의 전 체계에 걸쳐 주장했어야 했다. (3) 그가 기독교적 확실성으로부터 객관적인 교의들을 끌어내는 방법은 신학에는 맞지 않는 방법이다. 그 방법은 사변적 철학에서 빌려온 것으로서, 종교적 진리를 논리적 정합성이라는 필연성으로부터 이끌어 내는 일이다. (4) 이 방법은 모든 종교적 경험과 모순된다. 객관적인 진리들에 관한 확실성을 프랑크의 설명대로 얻은 그리스도인은 아무도 없다. 이 방법을 채택한 사람도 거의 없다. 또 변형된 형태로 이 방법을 채택한 사람들 가운데서조차 신학의 원리로서의 경험의 의의에 대해 의견의 차이가 있다.

이 방법을 적용하는 데에는 세 가지 위험이 따른다. (1) 이 방법은 종교적 경험에 대해 그릇된 개념을 형성하고 그 경험이 산출할 수 없는 것을 그것에게 기대하는 위험에 빠질 수 있다. 회개, 두려움 등의 감정들은 경험할 수 있는 반면 역사적 사실들을 경험하는 것은 불가능하다. (2) 이 방법은 교육받지 못한 그리스도인들이 기독교의 역사적 사실에 관한 지식과 확실성을 가질 수 없도록 만든다. 이것들은 오직 세밀한 추론과정을 통해 경험으로부터만 연역될 수 있기 때문이다. (3) 이 방법은 역사적 기독교로부터 그 사실적인 의의를 점점 더 많이 빼앗아 버리는 경향이 있다. 경험은 감당할 수 없는 짐을 지게 된다. 기독교의 진리성은 경험을 최종적인 근거로 하여 그것에 의존할 수 없다. 또 이것을 의식한 결과 신앙의 내용을 모든 역사적 사실들로부터 분리시켜 종교적 윤리적 경험에 국한시킴으로써 짐을 쉽게 덜어버리게 될 것이다.

D. 도덕 의식

끝으로, 종교적 진리의 규범과, 우리가 그 진리를 그 자체로 인식하고 인정할 수 있는 방법에 대한 또다른 관점이 있는데, 그것은 앞의 것과 다소 비슷하긴 하지만 감정적인 호소를 하는 앞의 것들과는 달리 종교에서의 윤리적 요소를 강조하는 것이다. 이 관점은 칸트의 도덕주의에 그 뿌리를 두고 있으며, 신학에서는 리츨 및 그 추종자들의 신칸트주의의 영향으로 널리 퍼지게 되었다. 이 관점은 도덕의식을 종교적 진리의 참된 판단자로 삼는다. 이 관점에서 참으로 강조하는 것은 감정적인 경험이 아니라 윤리적인 자기유지이다. 가장 중요하고 결정적인 질문은 특정한 진리가 마음 혹은 양심의 도덕적 요구를 만족시켜 참된 실천적 필요에 응하는가 하는 것이다. 그래서 이 방법의 옹호자들이 채택한 법은 윤리-심리적 방법 또는 윤리-실천적 방법이라 불린다.

1. 이 방법에 대한 역사적인 서술. 바로 앞의 방법이 슐라이어마허와 관련된 것이라면 이 방법은 칸트가 주로 옹호한 방법이다. 이 방법을 고수하는 사람들에게는 기독교라는 것이 참된 것으로 증명하고 수용해야 할 교리나 증명을 요구하는 역사적 사실이라기보다는 인간의 마음과 양심에 전달되는 종교적이고 윤리적인 힘이다. 그들에 따르면 기독교는 모든 사람이 무차별적으로 받아들일 수 있는 것이 아니라 합당한 도덕적 기질, 불만의 감정, 선에 대한 의식, 구속에의 열망 등을 지닌 사람만이 받아들일 수 있다. 기독교는 그런 사람과 만나게 될 때 어떤 추론이나 그 이상의 증명 없이 스스로를 신적 진리로 그들의 마음과 양심에 천거한다. 기독교는 그들의 종교적 필요를 만족시키고 그들의 높은 열망에 응답하며 그들을 스스로와 화해시키고 그들에게 평화, 위로, 구원을 가져다주며, 그렇게 함으로써 스스로가 하나님의 위로요 지혜임을 드러낸다는 것이다.

이런 종류의 논증이 칸트로부터 시작된 것은 아니다. 테르툴리아누스가 이미, 영혼이 본능적으로 그리스도께 드리는 증거에 호소했다. 변증가들은 그들 당시의 이방 종교가 인간의 종교적 필요를 만족시키거나 진정으로 윤리적인 삶을 증진시키지 못한다는 것을 지적했다. 둔스 스코투스는 하나님의 계시가 갖는 도덕적 영향력과 그것이 인간으로 하여금 자기의 운명에 이를 수 있도록 해주기에 충분하다는 데 주의를 환기시켰다. 로마교회 신학자와 개신교 신학자 모두 기독교의 진리성을 기독교가 개인 및 국가의 지적·도덕적·사회적·정치적 삶에 대해 갖는 기능 및 영향력을 지적함으로써 증명하고자 했다. 특히 파스칼과 비네는 이 방법을 빛나게 하였지만 이 방법을 역사적인 논증과 반대되는 것으로 설정하지는 않았다. 파스칼은 역사적인 증거들에게 일상적인 위치를 부여하지는 않았지만 그것들의 중요한 가치를 인정했다. 비네는 역사적 증거들을 도덕적 종교적 증거들보다 못한 것으로 여기긴 하였지만 그것들을 무시하지는 않았다. 후대에 가서 아스티(Astie), 프레상스(Pressence), 세크레탱(Secretan), 더 라 소셰이(de la Saussaye) 등이 이 방법을 채택하였는데, 이들은 일반적으로 역사적인 증거들을 무시하였고 때로는 경멸하기까지 했다.

그렇지만 이 방법에 끼친 칸트의 영향은 대단히 중요한 것이었다. 칸트에 따르면 이론적 이성은 필연적으로 세 관념, 곧 신, 자유, 불멸성의 관념을 낳는다고 한다. 그러므로 이 세 관념은 보편적인 것이다. 그렇지만 이것이 그것에 상응하는 실재가 있다는 보장은 되지 못하며, 우리에게 이 실재들의 속성을 가르쳐 주지도 않는다. 그렇지만 상응하는 실재는 실천 이성이 그 정언적인 명령으로 요구한다. 실천 이성은 도덕적 질서의 존재를 분명히 증거해주며, 이 질서가 자연질서에 궁극적으로 승리해야 할 것을 요구한다. 이것이 그렇다면 당연히 뒤따르는 결론은, 인간은 자유로워야 하고, 도덕이 진정으로 승리하기 위하여 내세가 있어야 하며, 악을 벌하고 선을 갚아 줄 최고의 심판자가 있어야 한다. 오직 우리의 내적 삶에 응답하고 우리의 도덕적 필요를 만족시켜 주는 세계관만이 진리라는 것이다.

사변적 방법의 불충분성이 드러나기 시작했을 때 칸트에게로 돌아가려는 경향이 있었다. 리츨과 립시우스가 칸트주의를 신학에 다시 도입했다. 비록 이들이 여러 점에서 칸트와 다른 사람들이긴 했지만 말이다. 윤리 심리적 방법이 널리 퍼지게 된 것은 특히 리츨학파를 통해서였다. 이 학파는 기독교를 역사적 현상으로 보았지만, 특히 인간의 마음과 양심에 가장 큰 중요성을 갖는 종교적·윤리적 힘이라고 보았다. 리츨은 종교에서 특히 두 요소를 발견했다. 한편으로는 하나님께 대한 의존을 발견하고, 다른 한편으로는 자연에 대한 영적 자유 또는 우위를 발견했는데, 리츨이 평가하기로는 뒤의 것이 종교의 주된 요소였다. 기독교는, 도덕적 존재인 인간이 자연에 포위되어 있고 여러 가지 방식으로 자연에 의존하고 있으면서도 어떻게 자연에 대해 자유를 유지하고 우위를 점할 수 있는가 하는 질문에 대한 대답을 준다. 그 대답은 인간이 그리스도 안에서 하나님과의 교제를 통해 또 하나님의 목적을 자기의 목적으로 만듦으로써, 즉 하나님을 위한 삶에서 사랑에 의해 하나님의 나라를 추구함으로써 자연에 대한 지배권을 얻을 수 있기 때문이라는 것이다. 기독교의 이러한 실천적인 힘에서 리츨은 그리스도 안에 있는 하나님의 계시의 진리성과 기독교의 진리성을 발견한다. 이것은 이론적 증명이 아니라 실천적 증명이다. 슐라이어마허와 같이 리츨도 신학에서 모든 형이상학을 제거하고자 한다. 과학에서는 이론적 증명이 적용되지만 종교에서는 오직 가치판단만이 적용된다. 그렇지만 사실상 이들 중 그 누구도 철학을 배제하는 데 성공하지 못했다. 뿐만 아니라 리츨의 후계자 중 가장 저명하고 가장 유능한 사람의 하나인 카프탄도 가치판단이 존재에 대한 이론적 판단과 분리될 수 없는 것임을 강조했다.

2. 이 입장에 대한 평가. 이 방법 및 바로 앞의 방법은 분명히 역사적 방법 및 사변적 방법보다는 더 선택해 볼 만하다. 지금 논의하고 있는 방법은 처음의 두 방법이 하는 것처럼 종교를 그저 증명해야 할 교리로 보지도 않고 지적으로 분석해야 할 주체의 상황으로도 보지 않는다. 이 방법은 기독교를 인간의 도덕적 필요를 채워주는 역사

적 객관적 힘으로 보고 거기서 그 증거와 정당성을 찾는다. 그러나 그럼에도 불구하고 이 방법에 대해 심각한 반론들이 있다.

(1) 종교적 윤리적 삶을 만족시켜 주지 못하고 슬픔과 죽음을 위로해 주지 못하며 인생의 싸움에 힘을 주지 못하는 종교는 종교라 불릴 자격이 없지만, 기독교가 그런 일을 한다고 해서 그것이 기독교의 진리성에 대한 절대적인 증거가 될 수는 없다. 왜냐하면 이런 면에서 어느 정도의 만족을 주는 다른 종교들도 있기 때문이다. (2) 기독교의 진리성을 가치판단에 의존하도록 만드는 것은 위험하다. 만약 그것이 교의는 반드시 종교적 윤리적 가치를 지녀야 한다거나, 종교적 진리의 완전한 확실성은 교의로 표현된 종교적 가치들을 경험함으로써는 얻을 수 있으나 지적인 추론은 결코 그 확실성을 주지 못한다는 사실을 강조하기 위함이라면 별 반대가 없을 것이다. 그 경우 주관적인 평가는 종교적 진리의 객관적 실재성을 전제할 것이고, 그 실재성과 관련한 확실성을 얻는 수단 노릇만 하게 될 것이다. 그렇다면 사물의 가치가 그것의 존재를 위한 근거로 표현되지는 않을 것이고 그저 우리로 하여금 그것을 주관적으로 인정하게 해줄 따름이다. 그렇지만 리츨의 체계에서는 가치 판단이 모든 형이상학으로부터 분리되어 있기 때문에 상황이 완전히 다르다. (3) 뿐만 아니라 이 방식으로는 결코 객관성에 이를 수 없다. 기독교 신앙으로 만족을 얻을 수 있는 필요들은 사실 사역 활동을 통해 바로 그 신앙이 만들어 낸 필요인 것이다. 따라서 그런 필요들이 인간의 삶에서 참된 것인가, 아니면 인위적으로 일깨워진 것이고 따라서 순전히 상상적인 것인가 하는 문제가 생겨난다. 다시 말해, 기독교의 진리성 문제는 여전히 남아 있다는 것이다.

깊은 연구를 위한 질문

인간적 믿음과 신적 믿음은 어떤 차이가 있는가? 우리는 신학에서 역사적 확실성으로 만족할 수 있는가? 역사-변증적 방법으로부터 사변적 방법으로의 변화를 어떻게 설명할 수 있는가? 인간의 이성이나 인간의 경험을 기독교 진리의 원천으로 삼는 주관주의는 절대적 확실성과 양립할 수 있는가? 절대적 관념론은 만족스러운 기독교적 확실성에 이를 수 있는가? 경험의 시험과 실용주의적 시험을 성경의 진리에 적용할 수 있는가? 오늘날 이 시험이 인기가 있는 이유는 무엇인가? 트뢸치가 추천하는 좀 더 객관적인 시험은 무엇인가? 호턴의 「신학에 관한 심리학적 접근」(*A Psychological Approach to Theology*)에 나오는 것과 같은, 종교에 대한 심리학적 접근을 어떻게 평가해야 하는가? 베일리가 「하나님에 관한 우리의 지식」(*Our Knowledge of God*)에서 취하고 있는 입장은 내용상 슐라이어마허의 입장과 다른가?

E. 믿음: 합당한 내적 원리

슐라이어마허의 영향 아래 대부분의 신학자들은 종교가 인간 생활에 고유한 현상이며 인생의 본성에 맞는 방법으로만 이해할 수 있는 것이라는 결론에 도달하게 되었다. 이 입장을 취함으로써 신학이 주체를 그 출발점으로 삼지만, 단지 그 이유만으로 신학을 주관주의라고 비난해서는 안 된다. 그 어느 과학도 다른 출발점을 갖고 있지 않다. 왜냐하면 객관 세계가 우리에 대해 존재하는 것은 오직 우리의 의식에 반영되는 대로만이기 때문이다. 외적 원리에 반응하는 내적 원리가 항상 있어야 한다. 뿐만 아니라 기독교 신학은 처음부터 믿는 주체를 출발점으로 삼았고 신앙에서 탄생되었으며 신앙을 통하여 이성이라는 원리의 인도와 통제를 받았다.

또 이것은 성경과도 전적으로 조화를 이루는데, 성경은 우리 밖에 있는 하나님의 계시에 대해 말할 뿐만 아니라 성령의 내적 조명에 대해서도 말하고 있다. 만약 주관주의라는 비판이 이 출발점에 대해 어느 정도의 정당성을 갖고 제기될 수 있다면 그 비판은 모든 과학과 신학 전체와 성경 그 자체에 대해서도 제기될 수 있다. 그렇지만 그런 비판은 어떤 사물을 알기 위해 절대적으로 필요한 주체의 상황이 그 지식의 원천이 될 경우에는 정당한 비판이 된다. 우리가 주위의 객관적인 세계를 인식하는 기관은 그 지식이 발출되어 나오는 원천이 아니다.

1. 내적 인식의 원리의 명칭. 내적 원리는 성경에서 종종 믿음이라 부른다. 다른 용어들도 사용되고 있는데, 거듭남(요 3:3; 고전 2:12, 14), 마음의 청결(마 5:8), 하나님의 뜻에 대한 사랑(요 7:17), 하나님의 영(고전 2:13) 등이다. 그렇지만 다음의 여러가지 이유로 해서 믿음이라는 용어가 가장 좋다. (1) 믿음은 성경에서 가장 두드러지게 나타나고 있다. (2) 믿음은 단번에 관심을 의식적인 삶으로 향하게 하며, 따라서 인간의 모든 지식이 인간의 의식에 의해 중개된다는 사실에 대한 인식을 포함한다. 또 (3) 믿음은 종교적 지식과 인간의 다른 모든 지식이 갖는 밀접한 관계를 다른 명칭들보다 더 잘 지적해 준다. 일반적으로 우리가 종교에서 지식을 얻는 방법은 다른 과학에서 얻는 것과 다르지 않다고 말할 수 있다. 우리는 믿음이 학문의 새로운 기관이 아니라는 사실을 기억해야 한다. 사람들은 때때로 믿는 것과 아는 것을 반대말로 언급하는데, 그 경우에 그들이 사용하는 '믿는다'는 말은 합당한 증거가 결여되어 있는 견해를 갖고 있다는 식의 약한 의미인 것이다. 그렇지만 '믿음'이라는 말은 더 깊은 의미를 갖고 있다. 믿음이라는 말은 외적 증거나 논리적 증거에 의존하지 않고 즉각적이고 직접적인 통찰력에 의존하는 실증적

지식을 나타내는데 사용되는 말이다. 그런 의미에서 믿음은 모든 과학에 근본적인 것이라 할 수 있다. 직관적 지식과 직접적인 통찰력은 인간의 삶에서 중요한 위치를 차지한다. 우리가 그것 없이 해 나갈 수 있는 노력의 분야나 삶의 국면은 하나도 없다.

2. 신앙 지식의 독특한 특징. 일반적인 지식과 종교적 지식이 상호일치한다고 해서 그 둘 사이에 차이가 있다는 사실을 무시해서는 안 된다. 직접적인 확실성의 믿음과 종교적인 의미에서의 믿음 사이에는 대단히 중요한 차이가 있다. 기독교에서 믿음은 다음의 요소와 같은 독특한 의의를 갖고 있다. (1) 신약 성경에서 믿음은 사람과 하나님의 종교적 관계를 가리키며 확실한(certain) 지식, 다시 말해서 확신하는 지식뿐만 아니라 하나님에 대한 충심의 신뢰, 그분에 대한 완전한 복종, 복음의 약속을 소유하는 것까지 포함한다. (2) 바깥 세계, 예를 들어 우리 감각의 신뢰 가능성이나 사고 법칙의 타당성 등과 관련하여 행사하는 믿음이 자신의 내적 관찰에 의존하는 반면, 기독교의 믿음은 볼 수 없고 관찰할 수 없는 것을 지향한다(히 11:1). (3) 종교적인 의미에서의 믿음이 직접적인 확실성이라는 의미에서의 믿음과 구별되는 점은, 종교적 믿음은 자기의 통찰력이 아닌 다른 사람의 통찰력에 의존한다는 점이다. 우리는 선지자들과 사도들의 증거를 통하여 그리스도 예수 안에 있는 하나님의 은혜를 알게 되었다. (4) 마지막으로, 기독교적 믿음은 인간 본성에서 자발적으로 생겨나지 않는다는 점에서도 직접적인 확실성과 다르다. 기독교적 믿음은 전적으로 인간적이고, 인간 본성의 회복이라고 부를 수 있는 것이기도 하지만, 그것은 자연인의 긍지를 손상시키고 마음에 반감을 일으킨다. 하나님은 그 믿음의 대상이실 뿐만 아니라 그 믿음을 만든 분이시기도 하다. 바르트와 브루너는 인간이 아닌 하나님이 믿음의 주체라고 말하기까지 한다. 그들은 믿음을 가리켜 신적 계시에 대한 인간의 반응이라고 말하기도 하지만 그들이 보기에 믿음은 하나님께서 자신의 계시를 완성시키시는 수단이다. 계시 그 자체가 반응을 불러일으킨다. 계시가 반응을 불러일으키지 않는 한 계시는 존재하지 않는다.

성경에 따르면 이 믿음은 스스로의 확실성을 지니고 있다. 그 이유는 믿음 그 자체가 확고하고 확실한 것이기 때문이 아니라 하나님의 증거와 약속에 의존하고 있기 때문이다. 믿음은 보이지 않는 구원의 복을 인간에게, 자기자신의 통찰력이나 모든 과학적 지식이 할 수 있는 것만큼 확실하게, 아니 그보다 더 확실하게 만들어 준다. 성경은 확실성을 믿음의 특징 중 하나로 설명한다. 그러므로 과학의 확실성과 함께 우리에게는, 믿는 교회에서 순교자들과 끈기있는 고백자들을 통해서 실천적으로 증명되고, 기독교 신학에서 이론적으로 고백되고 발전된 믿음의 확실성이 있다. 그것은 흔들리지 않고 부서지지 않는 확실성이다. 그러나 이 믿음이, 믿는 것의 진리성을 필연적으로 내포하는 것은 아니다. 주관적인 확실성과 객관적인 진리성은 크게 다르다. 그런 측면에서 모든 것은 믿음이 의존하는 기초에 달려 있는 것이다.

F. 믿음의 기초

믿음에 의해 우리는 성경에 담겨 있는 하나님의 증거를 받아들인다. 그러나 이제, 그 증거가 참되고 따라서 절대적으로 신뢰할 만하다는 것을 어떻게 알 수 있는가 하는 물음이 생겨난다. 하나님의 말씀에 대한 우리의 믿음이 의존하고 있는 기초는 무엇인가? 아니면 더 좋게 표현해서, 하나님의 특별계시의 진리성에 대한 우리의 확신은 어떤 방편에 의해 마음에 생겨나는가? 이 질문에 답하면서 개혁주의 신학자들은 성령의 증거를 지목한다. 이 결론적 장에서 간단히 논의할 것은 바로 이 주제이다.

1. 성령의 증거(*Testimonium Spiritus Sancti*)에 관한 교회에서의 교리.   기독교의 진리성을 위해 인증된 그 어떤 지적 증거나 역사적 증거도 올바른 확신을 주지 못한다는 사실은 기독교 초기부터 인정되었다. 그것들이 인간적 확신에는 이를 수 있는 반면 마음에 믿음을 일으키기 위해서는 신적 은혜가 필요하다. 아우구스티누스는 성경을 하나님의 말씀으로 받아들이기 위해서는 내적 은혜가 절대적으로 필요하다는 것을 분명히 알고 가르친 첫 교부였다. 사실 그는 교회의 증거에도 신뢰성의 동기로서 대단한 가치를 부여하였지만 그것을 믿음의 최종적이고 가장 깊은 근거로 여기지는 않았다. 이론적으로는 로마교회도 성령만이 계시의 진리성에 대한 확신을 주실 수 있다고 주장하지만 실제로는 성령의 증거가 교회의 증거로 대치되는 경향이 있었다.

개혁자들은 의식적으로 또 의도적으로 성령의 증거를 부각시켰다. 그들은 신적 계시의 진리성에 대한 확신을 신자의 마음속에서의 성령의 사역에서 이끌어 내었다. 그들은 교회의 증거를 부당하게 강조하는 로마교회의 입장에 맞섰고, 성령의 증거를 성경에 담겨 있는 외적 증거와 분리시키는 경향을 보인 재세례파 및 신비주의자들과도 맞섰다. 성령의 증거에 관한 교리를 처음으로 상세하게 해설한 사람은 칼빈이었다. 칼빈 이후 루터파 신학자들과 개혁주의 신학자들 모두가 이 교리를 일반적으로 받아들였다. 그렇지만 최근 들어 이 교리는 빛을 잃어가고 있다. 이것은 부분적으로는 오늘날 여러 학파에서 성행하고 있는 것처럼 성령의 증거를 경험으로부터의 논증과 혼동하는 사람이 많기 때문이며, 또 부분적으로는 어떤 사람들이 초자연적인 것에 대한 광범위한 혐오감과 관련지어 성령의 증거에 대해 신비적 개념을 갖기 때문이다. 그러므로 성령의 증거라는 말이 무엇을 가리키는지 정확하게 지적하는 일이 필요할 것이다.

명심해야 할 것은 성령의 개별적인 사역은 그 자체로 떨어져 있는 것이 아니라 그리스도 안에서 작용하는 구속의 적용이라는 성령의 전체 사역과 연결되어 있다는 것이다. 성령은 죄인을 그 존재에 있어서 뿐만 아니라 그 의식에 있어서까지 새롭게 하신다. 성령은 이해의 영적 어둠을 제하시고 마음을 조명하셔서, 그리스도 안에 있는 하나님의 영광을 밝히 드러나게 하신다. 인간이 예수 그리스도를 주로 고백할 수 있는 것은 오직 성령의 특별한 사역에 힘입어서이다(고전 12:3). 성령의 사역은 인간으로 하여금 그리스도 안에 있는 하나님의 계시를 받아들이고, 구원의 복을 자기의 것으로 만들며, 믿음의 확신을 얻을 수 있게 해준다. 또 성령의 증거는 성령께서 구속의 영역에서 행하시는 좀 더 일반적인 사역의 특별한 측면일 뿐이다. 그러므로 이 둘을 절대 분리해서는 안 된다.

2. 성령의 증거에 대한 잘못된 견해들. 경계해야 할 성령의 증거에 대한 두 가지 관점이 있다.

(1) 성령의 증거가 새로운 계시를 가져온다는 견해. 신비주의자들은 성령의 증거가 성경이 하나님의 말씀이라는 취지의 내적 계시라고 본다. 이것은 분명히 슈트라우스가 가졌던 관점인데, 이는 그가 개신교도들이 성령의 증거 교리를 받아들인 것은 사실상 신비주의의 원리를 채택한 것이라고 주장했기 때문이다. 그는 이 교리를 새로운 진리 즉 성경은 참으로 하나님의 말씀이다라는 새로운 진리의 전달이라고 해석했다. 만약 이 해석이 옳다면 그의 주장도 옳을 것이다. 왜냐하면 그렇다면 그리스도인들은 선지자들이 옛날에 그랬던 것처럼 성령의 증거를 통해 새로운 계시를 정말 받았을 것이기 때문이다. 그렇다면 이 계시는 당연히 새로운 증명을 요구할 것이고 그것은 끝없이 계속될 것이다. 성령의 증거에 대한 그런 개념은 성경을 하나님의 말씀으로 믿는 우리의 믿음을 새로운 계시에 의존하게 만들며, 자연히 성경의 자증을 부정하게 만들 것이다. 옛날의 개신교 신학자들은 성령의 증거에 대해 결코 그런 개념을 갖지 않았다. 그들은 모두 성경의 자증을 강조하였으며, 재세례파의 신비주의를 강력하게 반대했다. 이와 다소 관련된 설명으로서, 성령의 증거를 신자에게 성경이 하나님의 말씀이라는 맹목적이고 근거없는 확신을 가져다주는 영향으로 보아야 한다는 것도 그들은 받아들이지 않았다. 믿음은 증거에 기초한 확신으로서, 이 증거는 올바른 확증이 없이는 나타나지 않는 것이다.

(2) 성령의 증거는 경험으로부터의 논증과 같다는 견해.   성령의 증거를 남들처럼 경험의 증거와 혼동해서는 안 된다. 성령께서는 그리스도 안에서의 구원의 경험을 신자 안에서 일으키시는데, 이것은 성경과 분리하여 설명할 수 없고, 말씀을 방편으로 하여 작용하는 것으로서, 따라서 성경이 신적 기원을 갖는다는 사실을 잠재적으로 증거해 준다는 것이다. 이것은 하나의 추론으로, 거기서 우리는 우리가 신적인 것으로 인정하는 경험에 근거하여 그 경험을 우리에게 작용시키는 통로인 성경이 하나님의 영감된 말씀이라고 결론내리게 된다. 비록 형태는 조금씩 다르지만 프랑크, 쾨슬린, 이멜스, 스턴스 등과 같은 신학자들이 이 논증을 만들었다. 이 논증 자체는 전적으로 타당한 것이고 또 증거적 가치도 없지 않지만, 성령의 증거와는 완전히 다른 어떤 것이다. 이 둘을 동일시하는 것은 믿음의 효과적인 원인과 믿음의 동기를 제대로 구분하지 못하는 것이다. 경험의 증거는 분명 믿음의 동기가 될 수 있다. 그러나 그것은 믿음을 전제하는 것이므로 믿음의 기원은 절대 될 수 없다. 이에 반해 성령의 증거는 믿음의 효과적인 원인(*causa efficiens*)이다. 성령의 증거 없이는 믿음의 모든 동기가 설득력을 잃어버리게 될 것이다. 뿐만 아니라 성경에 대한 경험의 증거는 하나님의 객관적인 증거가 아니라 그저 성경에 대한 자기 마음의 증거일 뿐이다. 끝으로, 그것은 단순히 추론의 성격을 가질 뿐이며, 특정한 경험으로부터 그 경험의 기원인 성경으로, 또 이 경험이 계시된 말씀을 방편으로 하여 작용한다는 사실로부터 이 계시가 정말 하나님의 말씀이라는 사실로 결론짓는 것이므로 하나의 추론 이상의 것을 내포한다고 말할 수도 있다. 그러므로 그것은 성령의 직접적인 증거와 같은 성격을 갖고 있지 않다. 또 경험의 증거는 전적으로 주관적인 것이기 때문에 그것에 기초하는 믿음은 결국, 기독교적 확신의 최종 근거가 되는 하나님의 말씀에 있는 하나님의 객관적인 증거에 의지하기보다는 영혼의 내적 경험에 의지하게 된다.

3. 성령의 증거에 대한 올바른 관점.   칼빈은 성경의 권위가 교회의 증거에 의존한다는 사상을 다른 여러 잘못된 관점들과 함께 전적으로 배격하고 있다. 칼빈은 결국 이렇게 말하고 있다. "그러므로 확고하게 주장해야 할 것은 성령의 내적 가르침을 받는 사람은 성경에 절대적으로 복종한다는 것과, 성경은 스스로에 대한 증거를 갖고 있어서 증명이나 논증에 굴복하고자 하지 않고, 우리가 성경을 받아들일 때 가져야 하는 전적인 확신을 성령의 증거에 의존한다는 것이다. 그분의 일깨움을 받은 우리가 성경이 하나님으로부터 나온 것임을 믿는 것은, 더 이상 우리나 다른 사람들의 판단에 근거한 것이 아니고, 인간의 판단보다 더 우월한 방법으로, 성경이 사람을 도구로 하여

하나님의 입으로부터 주어진 것임을 – 마치 우리가 하나님의 형상이 그 위에 새겨져 있음을 보는 것처럼 – 분명하게 확신하게 된다."(『기독교 강요』, I. vii. 5.)

성령의 증거는 단지 죄인의 마음에 역사하시는 성령의 사역으로서, 죄인은 그것을 통해 죄의 무지를 제거하고, 그리하여 전에는 하나님의 말씀의 숭고한 성격에 대해 안목이 없던 무지하던 사람이 이제는 성경이 가진 신적 특성들을 분명히 발견하고 깨달아 성경의 신적 기원에 대한 직접적인 확실성을 받아들이게 되는 것이다. 건축물의 아름다움을 보는 안목을 가진 사람이 로마에 있는 성 베드로 성당을 보고는 그것이 위대한 건축가의 작품임을 즉각 알아보듯이, 신자는 성경을 연구하면서 신적 요소에 대한 증거들을 즉각 발견해 낸다.

구속받은 영혼은 하나님을 성경의 저자로 바라보며, 어린이 같은 믿음으로, 신적인 믿음(*fides divina*)으로 성경의 증거에 의지한다. 인간적인 믿음(*fides humana*)이 단지 인간의 증거나 합리적인 논증에 의존하는 반면 하나님의 증거에 의존하는 것이 신적 믿음의 대표적인 특징이다. 물론 합리적인 논증이 성경의 신적 기원을 증거하기 위해 인증될 수도 있으나, 이것들은 새롭게 되지 못한 사람들을 확신시키는 힘이 없다. 그리스도인이 성경을 하나님의 말씀으로 믿는 것은 결국 하나님께서 자신의 말씀에서 이 문제에 관해 직접 주신 증거에 근거한 것이며, 신자는 하나님께서 마음에 주신 증거에 의해 말씀을 신적인 것으로 인정하게 된다. 성령의 증거는 그러므로 엄밀하게 말해서 믿음의 최종 근거가 아니라 믿음의 수단이다. 믿음의 최종 근거는 오직 성경, 더 낫게 표현하면 성경의 증거로, 신자에게 새겨지는 하나님의 권위이다. 믿음의 근거는 믿음의 내용과 같으며, 내용과 분리될 수 없는 것이다. 그러나 성령의 증거는 믿음의 효과적인 원인이다. 사람은 성경을, 성령의 증거가 아닌 성령의 증거를 통해 믿는다.

깊은 연구를 위한 질문

'믿음'이라는 말은 얼마나 다양한 뜻으로 사용되고 있는가? 로크와 칸트는 각각 믿음과 지식을 어떻게 비교하고 있는가? 리츨주의자들이 말하는 "믿음-지식"은 무엇을 가리키는가? 믿음은 지성, 의지, 감정 중 어느 것의 문제인가, 아니면 이 셋이 결합된 문제인가? 칼빈은 성령의 증거라는 교리를 어떻게 서술하고 있는가? 성령의 일반적인 증거와 성령의 특별한 증거의 차이는 무엇인가? 성령의 증거는 성경 각 부분에 개별적으로 적용되는가?

Louis Berkhof

신론

제1부 하나님의 존재

I
하나님의 존재

A. 교의학에서 신론의 위치

교의학 혹은 조직신학에 관한 연구는 대개 신론에서 시작한다. 일반적으로, 이러한 사실은 언제나 가장 논리적인 순서로 인식되어 왔으며, 여전히 그와 같은 견해가 지속되고 있다. 많은 경우에 있어서 근본적인 원리들이 다른 배열을 필요로 하는 것처럼 보이는 경우라 하더라도, 사람들은 전통적인 관례들을 계속해서 따르고 있다. 만약에 우리가 신학을 - 만물의 시작이며, 근거이며, 귀착점인 - 하나님에 관한 체계적인 지식이라는 전제를 계속 밀고 나간다면, 신론으로부터 시작하는 것은 충분한 이유가 있다. 교의학이 신론으로부터 시작되어야 한다는 사실에 놀라기보다는, 그 교의학이 그 모든 세세한 부분들을 통틀어 시종일관 철저한 하나님에 관한 연구가 되기를 기대하는 것이 당연할 것이다.

실제로는 첫 번째 주제(locus)만이 하나님에 관하여 직접적으로 논의하고, 반면에 연이어 나오는 주제들에서는 그에 관하여 좀 더 간접적으로 논의되고 있는데, 하나님에 관한 연구는 교의학이 의도하고 있는 바로 그것이다. 우리는 두 가지의 전제들로 신학 연구를 시작하는데, 두 가지 전제는 (1) 하나님께서 존재하고 계신다는 사실과, (2) 하나님은 자신을 그의 신적인 말씀 속에서 계시하셨다는 사실이다. 또한 그 이유에서 우리는 하나님에 관한 연구로부터 시작할 수 있는 것이다. 우리는 하나님께서 자신과, 자신이 그의 피조물들과 맺은 관계에 관하여 계시하셨던 것을 배우기 위하여 하나님의 계시로 돌아갈 수 있다. 시간이 흘러가면서 교의학의 자료를 구분하기 위한 여러 시도들이 행해졌는데, 그것은 교의학이 한 주제에 있어서 뿐만 아니라, 그 모든 주제들에 있어서 하나님에 관한 연구임을 분명히 보여주기 위한 방식으로 행해져 왔다. 이것은 삼위일체론적인 방법을 적용함으로써 이루어졌는데, 교의학의 주제 자료(subject-matter)를 (1) 성부, (2) 성자, (3) 성령이라는 세 가지 제목 아래에서 정돈했다. 이 방법은 초기의 조직적인 연구에서 적용되었고, 헤겔(Hegel)이 선호하여 다시 사용되었으며, 마르텐센(Martensen)의 「기독교 교의학」(*Christian Dogmatics*)에서 여전히 찾아볼 수 있다. 비슷한 시도가 브레큰리지(Breckenridge)에 의하여 이루어졌는데, 그때에 그는 교의학의 주제 자료를 (1) 객관적으로 고려되는 하나님에 관한 지식, (2) 주관적으로 고려되는 하나님에 관한 지식으로 구분했다. 이것들 가운데서 어떠한 것도 그렇게 성공적이었다고는 할 수 없을 것이다.

19세기 초에 이르기까지는 교의학 연구를 신론에서부터 시작하는 것이 거의 일반적인 관례였었다. 그러나 슐라이어마허(Schleiermacher)의 영향으로 변화가 나타났는데, 그는 새로운 방법을 소개함으로써 신학의 학문적인 특성을 보장하려고 노력했다. 인간의 종교적 의식이 신학의 자료로서의 하나님의 말씀을 대체해 버렸다. 하나님의 권위 있는 계시로서의 성경에 대한 신앙이 불신을 받게 되었으며, 인간 스스로의 감정적이거나 혹은 합리적인 이해에 근거한 인간의 통찰이 종교적인 사상의 표준이 되었다. 종교는 점차로 신학의 대상으로서의 하나님의 자리를 대신하게 되었다. 사람들은 성경 안에 주어진 중요한 사실로서의 하나님에 관한 지식을 인정하지 않게 되었으며, 하나님에 대한 탐구자로서의 자신을 자랑하기 시작했다. 시간이 흘러가면서, 마치 인간이 하나님을 발견하는 것인 양 인간이 발견하는 하나님에 관하여 말하는 것이 상당히 일반적인 현상이 되었다. 그리고 그러한 과정 속에서 이루어진 모든 발견들은 '계시'라는 거창한 이름으로 높여졌다. 하나님은 삼단논법(syllogism)의 말미에서나, 혹은 추론 사슬의 마지막 연결 고리로서, 혹은 인간의 사고 구조의 주춧돌로서만 겨우 언급되어졌다. 이러한 상황하에서 몇몇 사람들이 하나님에 관한 연구(신론)에서부터 교의학을 시작하는 일을 부적당한 것으로 여겼던 것은 당연한 것이었다. 그러나 그들의 주관주의에도 불구하고 여전히 많은 이들이 전통적인 순서를 따라서 교의학을 전개하였다는 사실은 참으로 놀라운 일이다.

그러나 어떤 사람들은 그 부조화를 감지했으며, 다른 방식으로 박차고 나아갔다. 슐라이어마허의 교의학은 종교 의식과 그 안에 내포된 교리들의 연구와 분석에 치중한 것이었다. 그는 신론을 연속적인 것이 아닌, 단편들 속에서만 다루었으며, 삼위일체에 관한 항목으로 교의학을 끝맺었다. 그의 출발점은 신학적이라기보다는 오히려 인간학적이다. 몇몇 중도파 신학자들은 슐라이어마허로 크게 영향을 받아서 필연적으로 그들은 교의학 논문들을 인간에 관한 연구에서부터 시작했다. 심지어는 오늘날에도 이러한 순서를 따르는 이들이 있다. 그러한 현저한 보기가 커티스(O.A.Curtis)의 「기독교 신앙」(The Christian Faith)이라는 저서에서 발견된다. 이 책은 인간론으로 시작해서 신론으로 끝난다. 리츨 학파의 신학은 아직도 다른 출발점에서 시작되고 있는 것처럼 여겨지는데, 그것은 하나님의 객관적인 계시를 신적으로 영감된 말씀으로서의 성경에서가 아닌, 하나님 나라의 설립자로서의 그리스도 안에서 찾으며, 하나님 나라의 사상을 신학의 중심적이고 모든 것을 지배하는 개념으로 고려하기 때문이다. 그러나 헤르만(Herrmann)과 해링(Haering), 카프탄(Kaftan)과 같은 리츨 학파의 교의신학자들은 적어도 형식적으로는 흔히 있는 순서를 따르고 있다. 동시에 그리스도론이나 그리스도의 구속 사역의 교리에서부터 본래의 교의학 논의를 시작하는 일단의 신학자들이 있다. 스트롱(T.B.Strong)은 신학과 기독교 신학을 구분하여, 후자를 "예수 그리스도의 성육신에 대한 표현과 분석"으로 규정하며, 「신학 개론」(Manual of Theology)에서는 첫 장부터 끝 장까지 줄곧 성육신을 지배적인 개념으로 사용하고 있다.

B. 하나님의 존재에 대한 성경의 증거

인간에게 하나님의 존재는 신학의 위대한 전제이다. 하나님이 존재하신다는 가정이 없다면, 하나님에 관한 지식을 말하는 것은 아무 의미가 없다. 기독교 신학의 전제는 매우 분명한 형태의 전제에 속한다. 그 전제는, 하나님의 이름이 적용될 수 있는 어떤 중요한 것이나 어떤 사상이나 혹은 관념, 어떤 능력이나 목적적인 경향이 단순히 존재한다는 것이 아니라, 만물의 근원이시며 모든 피조물을 초월하면서, 동시에 만물의 모든 부분에 내재하시며 자존적이며 자의식적이며 인격적인 존재가 계시다는 것이다. 이것이 과연 합리적인 전제인지 그렇지 않은지에 관한 문제가 야기되는데, 이 문제는 긍정적으로 답변될 수 있다. 그러나 이것은 하나님의 존재가 아무런 의심의 여지도 남겨 놓지 않는다는 논리적인 증거가 될 수 있다는 것을 의미하지는 않는다. 이 것은 하나님의 존재의 진리가 믿음으로 말미암아 받아들여지는 때에 이 믿음은 신뢰할 만한 정보에 근거하고 있다는 것을 의미한다.

개혁파 신학(Reformed theology)은 하나님의 존재를 전적으로 합리적인 전제로 간주하지만, 합리적인 논증으로 이러한 사실을 증명할 수 있다고 주장하지는 않는다. 카이퍼 박사(Dr.Kuyper)는 신 존재를 증명하려고 하는 시도에 관하여 이렇게 말하고 있다. "하나님의 존재를 증명하기 위한 시도는 소용 없는 짓이거나, 그렇지 않으면 성공할 가망이 전혀 없는 것이다. 만약 구하는 자가 하나님이 자기를 찾는 자들에게 보상을 해주시는 분이라고 믿는다면 그것은 소용 없는 생각이며, 또한 이러한 믿음(*pistis*)을 가지고 있지 않은 사람에게 억지로 자신의 논리를 강요하여 믿게 하려고 한다면 그것은 전혀 성공할 수 없는 것이다."

　기독교인은 하나님이 존재하신다는 진리를 신앙으로 받아들인다. 그러나 이 신앙은 맹목적인 신앙이 아니라 증거에 기초한 신앙이며, 그 증거는 근본적으로는 하나님의 영감된 말씀이 성경 안에서 발견되며, 이차적으로는 자연 안에 나타난 하나님의 계시 속에서 발견된다. 이 점에서 성경의 증거는 우리에게 명백한 선언의 형태로 다가오지는 않으며, 더더욱 논리적인 증명의 형태로 다가오지도 않는다. 그러한 의미에서 성경은 하나님의 존재를 증명하지 않는다. 하나님의 존재를 선언하고 있는 듯한 형태에 가장 근접한 본문은 아마도 히 11:6일 것이다. "하나님께 나아가는 자는 반드시 그가 계신 것과 또한 그가 자기를 찾는 자들에게 상 주시는 이심을 믿어야 할지니라." 성경은 "태초에 하나님이 천지를 창조하시니라"라는 맨 첫 선언에서부터 하나님의 존재를 전제하고 있으며, 하나님을 만물의 창조주로 묘사할 뿐만 아니라, 그의 모든 피조물을 붙드시는 자로, 그리고 개인과 국가의 운명을 다스리는 자로 묘사한다.

　성경은 하나님께서 만사를 자신의 뜻에 따라 역사하신다는 사실과, 하나님의 위대한 구속의 목적의 점진적인 실현이 계시됨을 증거한다. 이러한 사역의 준비는 구약 성경에서 – 특별히 이스라엘의 옛 언약의 백성들을 선택하며 인도하신 사실에서 – 분명히 나타나며, 그 일에 대한 최고의 절정이 신약 성경의 여러 장들에서 – 그리스도의 인격과 사역에서 – 매우 명백히 드러난다. 하나님은 말씀과 행동으로 스스로를 계시하시기 때문에, 성경의 거의 각 장마다 역사하신다. 이러한 하나님의 계시는 하나님의 존재를 믿는 사람들의 신앙의 근거이며, 신앙을 온전히 합리적인 것으로 만들어 준다.

　하지만 사람들이 하나님의 계시를 받아들이고, 계시의 내용을 진정으로 이해할 수 있게 되는 것은 오직 신앙에 의해서만 가능하다는 점을 유의해야 한다. 예수님은 요 7:17에서, "사람이 하나님의 뜻을 행하려 하면 이 교훈이 하나님께로부터 왔는지 내가 스스로 말함인지 알리라"라고 말씀하셨다. 호세아가 "그러므로 우리가 여호와를 알자 힘써 여호와를 알자"(호 6:3)라고 말할 때 그는 하나님과의 은밀한 교제에서 얻은 이러한 영적이고 집약적인 지식을 염두에 두고 있었다. 불신자는 하나님의 말씀을 진정으로 이해할 수 없다. 바울의 말씀들은 이와 관련하여 그 핵심에 매우 가까이 다가가고 있다. "지혜 있는 자가 어디 있느뇨 선비가 어디 있느냐 이 세대에 변론가가 어디 있느냐 하나님께서 이 세상의 지혜를 미련하게 하신 것이 아니냐 하나님의 지혜에 있어서는 이 세상이 자기 지혜로 하나님을 알지 못하므로 하나님께서 전도의 미련한 것으로 믿는 자들을 구원하시기를 기뻐하셨도다"(고전 1:20, 21).

C. 하나님의 존재를 부인하는 다양한 이론들

비교 종교학자들과 선교사들은 하나님 관념이 실제적으로 인류에게 있어서 보편적인 것이라는 사실을 종종 증명하고 있다. 그 관념은 심지어 세계의 가장 미개한 국가와 종족들 사이에서도 발견된다. 하지만 이것은 신의 존재를 부인하는 사람들이 하나도 없다는 사실을 의미하지는 않으며, 더구나 기독교 국가 안에서조차도 성경에 계시되어진 대로, 즉 미리 예정하신 계획에 따라서 만물을 역사하시는 자존적이고 자의식적이며 무한하시고 완전한 인격이신 하나님이 존재하신다는 사실을 부인하는 사람들이 없다는 것을 의미하지는 않는다. 우리가 특별히 여기에서 명심해야 할 사실은 후자의 부인이다. 이것은 역사의 과정에서 여러 가지 형태를 띠고 존재해 왔었다.

1. 하나님의 존재에 대한 절대적인 부인. 위에서 언급한 대로, 심지어는 미개하며 특별계시의 충격을 경험하지 못했던 종족들 안에서조차도, 하나님에 대한 관념이 인간의 마음 속에 보편적으로 존재하고 있다는 강한 증거를 보여준다. 이러한 사실에 기초하여 어떤 사람들은 하나님의 존재를 부인하는 진정한 무신론자란 이 세상에 존재하지 않는다고까지 주장한다. 그러나 이러한 부정적인 견해는 사실에 의해서 반박된다. 일반적으로 무신론자는 실천적 무신론자(practical atheists)와 이론적 무신론자(theoretical atheists)로 구별된다. 전자는 단순히 불경건한 자들로서, 실천적인 삶 속에서 하나님을 염두에 두지 않고 하나님이 없는 것처럼 살아가는 사람들이다. 후자는 대체로 좀더 지적인 부류의 사람들로서, 그들의 부인은 합리적인 추론의 과정 위에 기초하고 있다. 그들은 자신들에게 결론적이며 합리적인 것으로 보이는 논증들에 의해서 하나님이 존재하지 않음을 증명하려고 한다. 하나님의 형상대로 지으신 그의 창조 사역 속에서 모든 인간에게 종교의 씨앗(semen religionis)이 심겨 있다는 사실을 고려해 볼 때, 아무도 무신론자로 태어난 사람은 없다고 가정해도 괜찮을 것이다. 최종적으로 분석해 볼 때, 무신론은 인간의 왜곡된 도덕적 상태와, 하나님으로부터 도망하려는 인간의 욕망으로부터 유래한다. 무신론은 인간의 가장 기본적인 본능과 영혼의 가장 깊은 필요들, 인간 정신의 가장 고귀한 영감들과 어떤 더 높은 존재를 추구해 나가는 마음의 염원

들을 의도적으로 눈멀게 하고 억압한다. 종교의 씨앗의 작용에 대한 이러한 실천적인 혹은 지적인 억압에 대하여 종종 지루하고 고통스러운 투쟁들이 수반된다.

성경과 경험이 실천적인 무신론자들의 존재를 증거하고 있기 때문에, 그들의 존재를 의심할 수는 없다. 시 10:4은 "그 모든 사상에 하나님이 없다"고 하는 사악한 자에 관하여 선언한다. 시 14:1은 "어리석은 자는 그 마음에 이르기를 하나님이 없다 하도다"라고 기록한다. 또한 바울은 에베소 교인들에게, 그들이 이전에는 "세상에서 하나님이 없는"(엡 2:12) 자들이었음을 상기시킨다. 또한 인간의 경험도 실천적 무신론자들이 세상에 존재하고 있다는 사실을 풍부하게 증거하고 있다. 그들은 사람들이 보기에 반드시 나쁜 의미에서 사악하지는 않으며, 비록 영적인 일들에 관해서는 아주 무관심하다 하더라도 소위 "세상의 점잖은 사람들"의 부류에 속할 수도 있다. 이러한 사람들은 흔히, 자기들이 하나님과 화목하지 못하며, 하나님을 만나려고 생각하기를 무서워하며, 하나님을 잊어버리려고 한다는 사실을 잘 알고 있다. 그들은 자기들이 순조롭게 항해해 나갈 때는 자기들의 무신론을 은밀하게 기뻐하며 자랑하다가도, 자기들의 생명에 갑자기 위험이 닥쳐 왔을 때에는 기도하기 위해 무릎을 꿇는다고 인식되어 왔다. 현재 '미국무신론촉진협회'(American Association for the Advancement of Atheism)에는 이러한 실천적인 무신론자들이 수천 명이나 가입되어 있다.

이론적 무신론자들은 다른 부류의 사람들이다. 그들은 대개 좀 더 지적인 유형의 사람들로서, 합리적인 논증에 의하여 하나님이 없다는 주장을 정당화하려고 한다. 플린트(Flint) 교수는 이론적 무신론을 세 가지로, 즉 (1) 신적인 존재가 있다는 사실을 단호히 부인하는 독단적 무신론(dogmatic atheism)과, (2) 인간의 마음이 하나님의 존재 유무를 결정할 수 있는 능력을 가지고 있는지를 의심하는 회의적인 무신론(sceptical atheism), 그리고 (3) 하나님의 존재를 증명할 수 있는 확실한 증거가 없다고 주장하는 비판적인 무신론(critical atheism)으로 구분했다. 이 이론들은 종종 서로 제휴하고 있어서, 그들 중에서 가장 온건한 사람조차도 실제로는 하나님에 대한 모든 신앙을 기만이라고 선언한다. 이러한 분류에 있어서는 불가지론이 일종의 무신론으로 나타나는데, 불가지론자들은 그러한 분류를 불쾌하게 여긴다. 그러나 명심해야 할 것은, 하나님의 존재를 고려하는 불가지론이 하나님의 실재의 가능성을 인정하면서도, 독단적 무신론이 하는 것처럼 예배와 경배의 대상으로부터 우리를 멀리 버려두고 있다는 것이다. 하지만 진정한 무신론자는, 하나님이 없다고 적극적으로 주장하는 사람인 독단적 무신론자이다. 이러한 주장은 그들이 어떠한 종류의 신이라도 인정하지 않든가, 즉 스스로 아무런 우상도 세우지 않든가 혹은 성경의 하나님을 인정하지 않든가 두 가지 방식 중 하나를 의미한다. 그런데 실천적인 삶 속에서 스스로 어떠한 종류의 신(神)도 만들지 않는 사람은 거의 없다. 그러나 어떤 신이든지간에 모든 신을 이론적으로 부인하는 사람은 매우 많다. 성경의 하나님과 관계를 단절한 사람도 여전히 수없이 많다.

이론적 무신론은 일반적으로 과학적이거나 철학적인 이론에 뿌리를 내리고 있다. 여러 형태의 유물론적인 일원론과 무신론은 대개가 서로 손을 맞잡고 행동한다. 절대 주관적인 관념론은 아직도 우리 안에 신의 관념을 남겨 놓을 수는 있으나, 어떤 상응하는 실재가 존재한다는 사실은 부인한다. 현대의 인본주의자에게는 '신'이 단순히 '인본주의의 정신'이며, '전체성의 의미'이며, '종족의 목표'이며, 그런 종류의 다른 추상적인 개념들을 의미할 뿐이다. 또다른 이론들 중에는 신을 위한 자리를 남겨둘 뿐만 아니라 신의 존재를 감히 주장하는 것들도 있지만, 그 이론들은 유신론의 하나님, 절대의 인격적 존재, 창조주, 보호자, 피조물과 구별되면서도 모든 피조물에 내재하시는 우주의 통치자를 분명히 배제하고 있다.

범신론(pantheism)은 자연과 초자연, 유한자와 무한자를 하나의 실체로 혼합시킨다. 그것은 종종 신을 현상적인 세계의 숨겨진 근거로서 말하지만, 신을 인격적인 분으로 알지 못하며, 따라서 지성과 의지를 지닌 분으로 깨닫지도 못한다. 이 이론은 대담하게 만물이 신이라고 선언하며, 이렇게 해서 브라이트맨(Brightman)이 '신의 확장'(the expansion of God)이라고 부르는 것에 관계한다. 그렇게 되면 우리는 신이 세계의 모든 악을 포함하고 있다는 사실을 고려하면서, '신에 관하여 너무 지나치게' 이해하게 되는 것이다. 범신론은 성경의 하나님을 배제하며, 그런 점에서 분명히 무신론적이다. 스피노자(Spinoza)는 '신에 도취된 사람'이라고 불릴 수 있지만, 그의 신은 물론 기독교인들이 예배하고 경배하는 하나님은 아니다. 이 세상에 이론적인 무신론자들이 존재하고 있다는 사실에 대해서는 의심할 여지가 조금도 없다. 데이비드 흄(David Hume)이 독단적 무신론자들이 존재한다는 사실에 회의를 표했을 때, 바롱 돌박(Baron d'Holbach)이 "존경하는 선생님, 당신은 지금 그러한 사람들 17명과 함께 앉아 있습니다"라고 대답했다. 하나님의 존재에 대해 불가지론자들은 어느 정도 독단적인 무신론자들과는 다를지 모르지만, 그들도 역시 인간에게서 하나님을 제거하고 있다.

2. 참되신 하나님에 대한 부인을 포함하는 현대의 여러 가지 그릇된 신에 대한 관념들.
오늘날에는 하나님에 대한 몇 가지 그릇된 관념들이 사용되고 있는데, 그것들은 유신론적인 하나님의 관념에 대한 부인도 포함하고 있다. 이 그릇된 관념들 가운데서 가장 중요한 것들을 몇 가지로 간단하게나마 정리해 보는 것이 좋을 것이다.

(1) 내재적이며 비인격적인 신. 유신론(theism)은 항상 초월적이며 동시에 내재적인 신을 믿어 왔다. 이신론(deism, 理神論)은 세상으로부터 신을 배제하였으며, 신의 내재성 대신 초월성을 강조했다. 그러나 범신론(pantheism)의 영향을 받아 여론은 다른 방향으로 흘러갔다. 범신론은 하나님과 세계를 동일시함으로써, 피조물과 구별되며 그 위에서 무한히 고귀하신 신적 존재를 인식하지 못했다. 슐라이어마허를 통하여 신과 세계를 연속선상에 놓으려는 경향이 신학에서 토대를 다지게 되었다. 그는 초월적인 신을 완전히 무시했으며, 절대 의존 감정에 부합하는 절대 인과율(Absolute Causality)로서 기독교인의 의식 속에 자신을 나타내시며 인간의 경험으로 알 수 있는 신만을 인정했다. 이러한 관점에서 신은 다양한 형식들의 절대 의존 감정, 즉 부합하는 실재가 하나도 존재하지 않는 주관적 관념들에 대한 상징적인 표현에 불과하게 된다. 신에 대한 그의 초기와 후기 진술은 달라 보이는데, 슐라이어마허의 해석자들은 그의 진술들이 어떻게 조화되어야 하는지에 대해서 서로 차이가 난다. 하지만 브루너(Brunner)가 슐라이어마허에 대해서 말한 바, 하나님의 이름이 사용되었다 하더라도 우주가 신을 대치하고 있으며, 더욱이 슐라이어마허가 신을 우주와 동일하며 또한 우주 안에 놓여 있는 통일성으로서 생각했었다는 주장은 꽤 설득력이 있어 보인다. 슐라이어마허에게 있어서는 종종 신과 세계 사이의 구별이 관념적인 것, 즉 통일성으로서의 세계와 그 세계의 다양한 현현 속에서의 세계 사이의 구별인 것처럼 보인다. 그는 자주 신을 "우주"(Universum) 혹은 "온 세계"(Welt-All)라고 지칭하며, 신의 인격성에 대해 반론을 제기한다. 그러나 마치 우리가 그리스도 안에서 하나님과 교제할 수 있는 것처럼 말하는 부분에서 일관성이 없다. 세계와 신을 연속 선상에 두었던 슐라이어마허의 이러한 견해들이 19세기의 신학을 전반적으로 지배했는데, 바로 이러한 견해에 대해 바르트가 "전적 타자(the Wholly Other)"로서의 하나님을 강하게 내세우면서 맞서 싸운 것이다.

(2) 유한하며 인격적인 신. 유한한 신이나 신들에 관한 관념은 새로운 것이 아니라, 다신론(Polytheism)과 단일신론(Henotheism)만큼이나 오래된 것이다. 그런 관념은 철학적인 일원론(Monism)이나 신학적인 일신론(Monotheism)이 아닌, 다원론(Pluralism)과 잘 어울린다. 유신론은 항상 하나님을 무한한 완전성들의 절대 인격적인 존재로 간주한다. 일원론적인 철학이 우세하던 19세기 동안에는 신학의 하나님을 철학의 절대자와 동일시하는 것이 오히려 일반적이었다. 그러나 19세기 말경에는 하나님의 호칭으로서의 '절대자'라는 용어가 인기를 잃게 되었는데, 그것은 한편으로는 그 말이 가진 불

가지론적이고 범신론적인 의미 때문이며, 한편으로는 철학에서의 '절대자'라는 관념에 대한 반대와 신학으로부터 모든 형이상학을 배제하려는 바람 때문이었다.

브래들리(Bradley)는 기독교의 하나님을 절대자의 일부분으로 간주했으며, 제임스 (James)는 무한한 하나님 관념보다는 인간의 경험과 좀 더 조화를 이루는 하나님 개념을 역설했다. 그는 하나님으로부터 자존, 무한, 불변성과 같은 형이상학적인 속성들을 제거하고, 도덕적인 속성들을 최고로 만들었다. 하나님은 환경을 가지며, 시간 속에 존재하며 인간과 똑같은 역사를 이루어 나가신다. 세계에 있는 악 때문에 그는 지식이나 능력 혹은 그 양자에 있어서 제한되어 있는 것으로 고려되어야만 한다. 세계의 상황이, 지식과 능력에 있어서 무한히 선한 하나님을 믿는 것을 불가능하게 만든다. 인간에게 우호적이며 인간이 함께 교제할 수 있는 더 큰 능력의 존재는, 종교의 모든 실제적인 요구들과 경험들을 충족시킨다. 제임스는 이러한 능력을 인격적인 것으로 생각했지만, 스스로는 한 분 유한한 하나님을 믿는지, 아니면 수많은 유한한 신들을 믿는지에 관하여 자신의 견해를 표명하려고 하지 않았다. 베르그송(Bergson)은 이러한 제임스의 개념에 대하여, 끊임없이 환경에 의존하여 투쟁하며 성장하는 하나님 관념을 첨가했다. 비록 방법적으로는 달랐지만, 홉하우스(Hobhouse)와 실러(Schiller), 제임스 워드(James Ward), 래쉬달(Rashdall), 웰스(H. G. Wells)와 같은 이들은 유한한 하나님 관념을 옹호했다.

(3) 단순한 추상적 관념의 인격화(personification)로서의 신. 현대 자유주의 신학에서는 '신'의 이름을 어떤 우주적인 과정이나 보편적인 의지나 능력, 혹은 아주 높고 포괄적인 이상을 표상하는 단순한 상징으로 간주하는 일이 상당한 유행이 되어 버렸다. 하나님이 언젠가 인간을 그의 형상대로 창조했다면, 인간은 이제 신을 그의 형상대로 창조함으로써 답례하고 있다는 진술이 반복되고 있다. 해리 엘머 반스(Harry Elmer Barnes)는 "신사 여러분, 우리는 지금 신을 창조하기 위하여 나아갈 것입니다"라고 언젠가 그의 한 실험실 수업에서 말했다. 그것은 좀 더 일반적인 관념에 대한 매우 무뚝뚝한 표현이었다. 유신론적인 하나님의 관념을 거절하는 사람들의 대부분이 여전히 하나님에 대한 신앙을 고백하고는 있으나, 그 하나님은 그들 자신의 상상 속에 있는 신에 불과하다. 셰일러 매튜스(Shailer Mathews)에 의하면, 어떤 특정한 시대에 신이 취하는 형태는 그 시대의 사고 형태에 달려 있다. 만약에 1차 대전 이전의 통치 형태가 절대 복종을 요구하는 독재적 군주 통치였다면, 오늘날의 통치 형태는 열심히 자기 백성들을 섬기는 민주주의적 통치이다. 콩트(Comte) 시대 이후로 인간적인 사회 질서를

하나의 전체로서 인격화시키고, 이러한 인격화된 것을 숭배하는 경향이 존재해 왔다. 소위 사회 개선론자(Meliorist)들이나 사회 신학자(Social Theologian)들은 하나님을 사회적인 질서와 어떤 점에서 동일시하려는 경향을 가지고 있다.

그리고 신심리학자(New Psychologist)들은 신의 관념이 인간 정신의 투사에 불과하며, 그 첫 단계로서 인간 정신이 경험들을 개념화하고 그 개념들에 대하여 유사 인격성(quasi-personality)으로 장식하려는 경향이 있다고 말한다. 류바(Leuba)는 이러한 신에 대한 환상이 유용한 목적을 위하여 봉사하지만, 신의 관념이 더 이상 필요하지 않을 때가 오고 있다는 견해를 가진 사람이다.

다음에 나오는 어떤 정의들은 현재의 경향을 이해하는데 도움을 줄 것이다. "신은 공동체에 내재하는 정신이다"(로이스〈Royce〉). 신은 "정신적인 추구에서 인간성을 풍부하게 하고 지원해 주는 인간 사회 속에 있는 특성이다"(제럴드 버니 스미스〈Gerald Birney Smith〉). "신은 성장하는 인간성의 전제적인 사회 질서를 구성하는 관계들의 총체다"(에임스〈E. S. Ames〉). "'신'이라는 용어는 이상적인 형성 능력을 지닌 우주를 지칭하는 상징이다"(포스터〈G. B. Foster〉). "신은 우리가 유기적으로 관계되어 있는 보편적인 환경에 인격적으로 응답하는 요소들과 인격성을 내포하는, 사회에서 산출된 개념이다"(세일러 매튜스). 이렇게 정의된 신은 인격적인 신이 아니며, 인간의 마음의 깊숙한 요구들을 만족시켜 줄 수 없다는 점을 분명히 언급할 필요가 있다.

D. 신의 존재에 관한 소위 이성적인 논증들

시간이 흘러가면서 신의 존재에 대한 어떤 합리적인 논증들이 개발되었고, 특별히 볼프(Wolff)의 영향으로 인하여 신학에 그 기반을 구축하게 되었다. 이러한 논증들 중 어떤 것은 본질적으로 이미 플라톤과 아리스토텔레스에 의하여 제안되었으며, 그 외의 다른 것들은 종교 철학자들에 의해서 현대에 덧붙여졌다. 이러한 논증들 중에서 가장 일반적인 것들만이 언급될 수 있을 것이다.

1. 존재론적 증명(The Ontological Argument). 이 증명은 안셀름(Anselm)과 데카르트(Descartes), 새뮤얼 클라크(Samuel Clarke)와 다른 사람들에 의해 여러 가지 형식으로 제시되었다. 안셀름이 이 논증을 가장 완전하게 진술했다. 그는, 인간은 절대적으로 완전한 존재에 대한 관념을 가진다고 주장한다. 존재는 완전의 속성이므로, 절대적으로 완전한 속성이 존재해야만 한다는 것이다. 그러나 추상적인 사고로부터 실재의 존재

를 단정지을 수 없다는 점은 아주 명백하다. 신에 관한 관념을 가지고 있다는 사실이 신의 객관적인 존재를 입증하지는 않는다. 게다가 이 증명은 이미 그것이 인간의 마음 속에 존재하고 있는 것처럼, 논리적인 예증으로부터 도출되는 신의 존재에 대한 바로 그 지식을 넌지시 가정하고 있다. 칸트는 이 증명을 지지할 수 없다고 강조했지만, 헤 겔은 이 증명이 하나님의 존재에 대한 하나의 위대한 증명이라고 찬사를 보냈다. 몇몇 현대 관념론자들은 이 증명이 호킹(Hocking)이 "경험의 보고서"라고 부르는 어떤 다른 형태로 내던져지는 것이 더 좋을 것이라는 사실을 제안했다. 따라서 우리는 "나는 신 관념을 가지고 있으며, 그러므로 나는 신에 관한 경험이 있다"라고 말할 수 있다.

2. 우주론적 증명(The Cosmological Argument). 이 증명도 역시 몇 가지 형태로 나타 났다. 일반적으로 이 증명은 다음과 같이 나타났다. 세상에 존재하는 모든 것에는 적 절한 원인이 있다. 만약 이것이 사실이라면, 우주 또한 적절한 원리 즉 무한히 큰 원인 을 가져야 한다. 그러나 이 증명은 일반적으로 설득력이 없었다. 흄(Hume)은 인과율의 법칙 자체에 대하여 의문을 품었으며, 칸트는 만약에 존재하는 모든 사물이 적절한 원 인을 가지고 있다면 이것은 또한 신에게도 적용되며, 따라서 우리는 끝없는 연쇄 사슬 로 인도된다는 점을 지적했다. 게다가 이 증명은 우주가 하나의 원인, 인격적이며 절 대적인 원인을 가졌다는 전제를 필요로 하지 않으며, 따라서 신의 존재를 증명하는 데 에 부족함이 있는 것이다. 이러한 난점은, 예를 들자면 바운(B. P. Bowne)의 경우에서처 럼, 이 증명을 약간의 다른 증명의 구조로 인도하게 했다. 물질적인 우주는 상호 작용 하는 체계로 나타난다. 따라서 그 우주는 몇 부분으로 구성되는 하나의 단위로 나타난 다. 그러므로 여러 부분의 상호 작용을 매개하며, 그것들의 존재의 활동의 근거인 하 나의 행위자가 존재하고 있음이 분명한 것이다.

3. 목적론적 증명(The Teleological Argument). 이 역시 인과론적인 증명이며, 실제로 는 앞의 우주론적 증명의 연장에 불과하다. 이 증명은 다음과 같은 형태로 진술될 수 있을 것이다. 세계는 어느 곳에서나 지성과 질서와 조화와 목적을 드러내며, 따라서 이러한 세계의 산출에 적절한 지성적이고 목적적인 존재가 있음을 암시한다. 칸트는 이 증명을 다른 세 가지 증명들 중 최고로 간주했지만, 이것이 신의 존재나 창조주를 증명한다고는 주장하지 않고, 단지 세계를 형성했던 위대한 건축가의 존재를 증명한 다고 주장했다. 이 증명은 우주론적인 증명보다 우월하다. 그것은 후자에서 진술되지 않은 것, 즉 세계가 지성과 목적의 증거들을 포함하고 있으므로, 의식적이고 지성적이 며 목적적인 존재의 실재로 인도한다는 사실을 분명하게 하는 점 때문이다. 이 증명

은 이 존재가 세상의 창조주였다는 사실을 반드시 동반하지는 않는다. 라이트(Wright)는 "목적론적 증명은 적어도 상당한 정도에 있어서 세계의 과정을 통제하는, 세계 안에 나타나 있는 수많은 목적을 설명하기에 충분한 정신의 개연적인 존재를 단순히 지시한다"라고 말한다. 헤겔은 이 증명을 유효한 것으로 취급하였지만, 부수적인 것으로 취급했다. 오늘날의 사회 신학자들은 이 증명을 무용지물로 생각하기 때문에 모든 다른 증명들과 함께 거절해 버리지만, 신유신론자들(New Theists)은 이것을 보존하고 있다.

4. 도덕적 증명(The Moral Argument). 이 증명도 다른 증명들과 마찬가지로, 상이한 형태를 취하고 있다. 칸트는 정언적 명령(categorical imperative)에서 출발하였으며, 그것으로부터 입법자와 재판관과 같이 인간에게 명령할 수 있는 절대적인 능력을 가진 어떤 존재의 실재를 추론했다. 그는 이 증명이 다른 어떤 증명들보다도 훨씬 우수하다고 평가했다. 그는 바로 이 증명에 의하여 하나님의 존재를 입증하려고 시도했다. 이것은 비록 항상 동일한 형식으로 정리되지는 않는다 하더라도, 일반적으로 다른 어떤 것보다도 더 인정받고 있는 이유들 중의 하나가 될 수 있을 것이다. 어떤 사람들은 인간들의 도덕적인 행동과 그들이 현재의 생활 속에서 누리는 행복 사이에서 발견되는 불균형에 관하여 논의하며, 이러한 사실이 공정한 중재인을 필요로 하는 미래의 조정을 요청하고 있음을 느끼고 있다. 현대 신학도 역시, 특별히 지고선에 대한 인간의 인식과 도덕적인 이상에 대한 인간의 탐구가 그러한 이상에 현실성을 부여해 줄 수 있도록 신의 존재를 요청하고 필요로 하는 형태에 있어서 이 증명을 광범위하게 사용한다. 이 증명은 거룩하고 정당한 존재의 실재를 지시하는 반면, 하나님이나 창조주 혹은 무한한 완전함의 존재에 대한 신앙을 강요하지는 않는다.

5. 역사적 혹은 인종학적 증명(The Historical or Ethnological Argument). 이 증명은 주로 다음과 같은 형식을 따르고 있다. 지상의 모든 백성들과 종족들 가운데에는 외적인 제사(cultus)에서 자기를 계시하는 신적인 것에 대한 감정이 있다. 이 현상은 보편적이기 때문에, 인간의 본성에 속해야 한다. 그리고 인간의 본성이 저절로 종교적인 예배로 이끌리게 되는 것은, 인간을 종교적인 존재로 구성하셨던 더 높은 존재 안에서 그 설명을 발견할 수 있을 뿐이다. 그러나 이 증명에 관한 답변은 이렇게 언급될 수 있는데, 즉 이 보편적인 현상들은 인간 종족의 초기의 조상들 중 한 사람의 실수나 오해에서 기원했을 수도 있다는 것과, 언급된 종교적 제사들은 원시적인 종족들 가운데서 가장 강력하게 나타나고, 또 그들이 문명화되는 척도에 따라 사라진다는 것이다.

이러한 이성적인 증명들을 평가할 때, 우선 신자들에게는 이 증명들이 필요없다는 사실이 지적되어야 한다. 하나님의 존재에 관한 그들의 믿음은 논증들이 아닌, 성경에 나타나 있는 하나님의 자기 계시를 믿음으로 받아들이는 것에 의존하고 있다. 만약에 오늘날 많은 사람들이 이러한 이성적 증명들 위에서 하나님의 존재를 믿고 있다면, 그것은 그들이 하나님의 말씀의 증거를 인정하기를 거절하고 있다는 사실에 상당히 기인하고 있는 것이다. 게다가 이러한 증명들을 불신자들에게 확신을 주기 위해서 사용할 때, 이것들 중의 어떤 것도 그들로 하여금 절대적인 확신을 갖게 할 수 없다는 사실을 명심해야 할 것이다. 칸트는 어느 누구보다도 이것들을 가장 불신했다. 그의 시대 이후로 많은 철학자들과 신학자들이 이것들을 전혀 가치 없는 것으로 내버렸지만, 이 증명들은 오늘날 다시 새롭게 인기를 끌고 있으며, 수적으로 증가하고 있다.

오늘날의 수많은 사람들이 이것들 가운데서 하나님의 존재에 관한 상당히 만족스런 암시들을 발견하고 있다는 사실은 그것들이 전혀 가치가 없다는 것을 의미하지는 않는 것으로 보인다. 이것들은 신자들 자신에게는 다소 가치가 있으나, 증명들이라기보다는 증언(*testimonia*)으로 불려야 한다. 이 증명들은 하나님의 일반 계시에 관한 해석들로서, 또한 신적인 존재에 관한 합리성을 보여주는 것으로서 중요하다. 게다가 이것들은 적을 만났을 때 약간의 도움을 줄 수도 있다. 이 증명들은 의심의 가능성을 넘어서 동의를 강요할 수 있을 정도로 하나님의 존재를 입증하지는 못하지만, 강한 개연성을 확보하도록 해석되어서, 많은 불신자들을 잠잠하게 할 수는 있을 것이다.

깊은 연구를 위한 질문

왜 현대 신학은 신에 관한 연구보다는 인간에 관한 연구에 더 우선권을 두려고 하는가? 성경은 하나님의 존재를 증명하는가, 그렇지 않은가? 만약 증명한다면 성경은 어떻게 그것을 증명하고 있는가? 인간에게 있는 일반적인 종교성(*sensus divinitatis*)은 어떻게 설명될 수 있는가? 그것을 완전히 결여하고 있는 국가들이나 종족들이 있는가? 무신론자들이 없다는 사실이 주장될 수 있는가? 현대 인본주의자들은 무신론자들로 분류될 수 있는가? 하나님을 철학의 절대자와 동일시하는 데 대하여 어떤 반대들이 있는가? 유한한 하나님은 기독교인의 삶을 충족시켜 줄 수 있는가? 유한한 하나님 교리는 실용주의자들에게만 제한되었는가? 왜 인격화된 하나님 관념이 살아 계신 하나님에 관한 빈약한 대치물이 되는가? 칸트는 하나님의 존재에 관한 사변적 이성의 증명에 대하여 어떻게 비판하고 있는가? 우리는 이러한 비판을 어떻게 판단해야 하는가?

II
하나님에 관한 인식의 가능성

A.이해할 수 없으나 인식할 수 있는 하나님

기독교 교회는 하나님께서 이해될 수 없는 분이라는 사실과 함께, 다른 한편으로는 그가 알려질 수 있으며 그에 관한 지식이 구원에 필수불가결한 조건이라는 사실을 고백한다. 교회는 소발의 "네가 하나님의 오묘함을 어찌 능히 측량하며 전능자를 어찌 능히 완전히 알겠느냐"(욥 11:7)라는 질문의 의미를 잘 이해하고 있다. 또한 "그런즉 너희가 하나님을 누구와 같다 하겠으며 무슨 형상을 그에게 비기겠느냐"(사 40:18)라는 질문에 대하여 어떠한 답변도 있을 수 없음을 느끼고 있다. 그러나 동시에 "영생은 곧 유일하신 참 하나님과 그의 보내신 자 예수 그리스도를 아는 것이니이다"(요 17:3)라고 말씀하시는 예수님의 말씀도 염두에 두고 있다. 교회는 "또 아는 것은 하나님의 아들이 이르러 우리에게 지각을 주사 우리로 참된 자를 알게 하신 것과 또한 우리가 참된 자 곧 그의 아들 예수 그리스도 안에 있는 것이니 그는 참 하나님이시요 영생이시라"(요일 5:20)라고 하는 말씀을 기뻐하고 있다. 이 구절들에 반영되고 있는 두 관념은 기독교 교회에서 항상 병행적으로 유지되어 왔다.

초대 교회의 교부들은 보이지 않으시는 하나님을, 출생하지 않으시고, 말로 표현할 수 없으며, 영원하고 이해 불가능하며, 불변적인 존재로 언급했었다. 그들은 신적인 존재가 제한이 없는 절대적 존재라는 옛 그리스의 관념을 거의 넘어서지 못했다. 그것과 함께 그들은 하나님께서 스스로를 로고스 안에서 드러내시며, 따라서 구원을 위해서도 알려지실 수 있다는 사실을 고백했다. 4세기의 아리우스주의자들 중의 한 사람이었던 유노미우스(Eunomius)는 하나님의 단순성, 즉 하나님에게 인간의 지성으로 온전히 알 수 없거나 이해될 수 없는 것은 절대 없다는 사실을 주장했다. 그러나 그의 견해는 교회의 인정받는 모든 지도자들에 의해서 부인되었다. 스콜라주의자들은 하나님의 본성(quid)과 속성(qualis)을 구별하였고, 또한 우리는 본질적인 존재 안에 계신 하나님이 어떤 분이신가를 알 수 없으나, 그가 자신의 신적인 속성들 안에서 자신을 계시하실 때는 그의 본성과 본질에 대해 알 수 있다고 주장했다.

종교개혁자들은 인간이 하나님의 도움을 받지 않고 자신의 이성에 의하여 일반 계시로부터 참된 하나님 지식을 획득할 수 있다는 가능성에 대해서 스콜라주의자들에게 동의하지는 않았으나, 동일한 일반적 관념들을 표현했다. 루터는 거듭해서, 숨어 계신 하나님(*Deus Absconditus*)과 계시된 하나님(*Deus Revelatus*)으로서의 하나님에 관해 언급했다. 어떤 구절들에서 루터는, 특별 계시를 통해서도 하나님을 완전히 알 수는 없다는 사실을 고려하면서, 계시된 하나님을 숨어 계신 하나님으로 언급하고 있다. 칼빈은 존재의 깊은 곳에 계시는 하나님을 발견할 수 없다고 했다. 그는 "그의 본질은 이해할 수 없다. 따라서 그의 신성은 전적으로 모든 인간적인 감각들로부터 떨어져 있다"라고 말했다. 종교개혁자들은 인간이 하나님의 창조에서 그의 본성에 관한 어떤 것을 알 수 있다는 사실을 부인하지는 않지만, 조명하시는 성령의 영향하에서 오직 특별 계시로부터만 하나님에 관한 참된 지식을 얻을 수 있다고 주장한다.

헤겔과 슐라이어마허에 의하여 고무된, 범신론적인 경향을 가진 내재적 신학의 영향하에 변화가 일어났다. 하나님의 초월성은 어조가 약화되거나 무시되었으며, 또한 명백하게 부정되었다. 세상의 수준으로 끌어내려진 하나님은 세상과 연속 선상에 있게 되었고, 따라서 신비에 둘러싸여 있다고는 하지만, 그럼에도 불구하고 어느 정도 이해할 수 있는 존재로 간주되었다. 사람에 대한 하나님의 직접적인 전달의 의미에서의 특별 계시는 거부되었다. 인간 스스로 존재의 깊이와 물질적인 우주, 그리고 무엇보다도 예수 그리스도 안에서 하나님을 발견할 수 있다는 점에서, 하나님에 관한 충분한 지식은 특별 계시 없이도 얻어질 수 있다. 그러나 이것들은 내재적인 하나님의 외적인 현현에 불과한 것이다. 바르트(Barth)는 최근에 그의 목소리를 높여 신학에서의 이러한 경향을 분쇄했는데, 그는 하나님이 자연이나 역사, 그리고 어떻든간에 인간의 경험 속에서는 발견되지 않으며, 오직 성경 안에서 우리에게 전달된 특별 계시에서만 발견된다는 점을 지적했다. 숨어 계신 하나님에 관해 강하게 진술하면서 그는 칼빈보다는 루터의 언어를 사용하고 있다.

개혁파 신학은, 하나님께서 알려지실 수는 있지만, 인간이 어떠한 방법으로도 철저하고 완전한 하나님 지식을 소유하는 것은 불가능하다고 주장한다. 이러한 하나님 지식을 소유하는 것은 하나님을 이해하는 것과 일치하는 것이지만, 이것은 완전히 불가능하다. "유한은 무한을 파악할 수 없다"(*Finitum non possit capere infinitum*). 나아가서 인간은 하나님을 적절한 의미의 말로 정의할 수 없으며, 오직 부분적으로 묘사할 수 있을 뿐이다. 하나님은 어떤 고차원의 유(類) 개념하에 내포될 수 없기 때문에, 그에 대한 논리적인 정의는 불가능하다. 동시에 인간은 자신의 삶에서 신적인 목적을 완전히 실현하기에 적합한, 하나님에 관한 지식을 얻을 수 있다는 사실이 주장되고 있다. 하지만 하나님에 관한 참된 지식은 오직 신적인 자기 계시를 통하여, 그리고 오직 어린 아이와 같은 믿음으로 받아들이는 사람에 의해서만 획득될 수 있다. 종교는 반드시 이러한 지식을 가정하고 있다. 이 지식은 인간과 하나님 사이의 가장 거룩한 관계이며, 인간이 지고의 존재로서의 하나님의 절대적 위대성과 존귀성을 의식하고, 지극히 높고 거룩하신 분에 대한 자신의 철저한 무의미함과 종속됨을 의식하는 관계이다. 만약 이것이 사실이라면, 종교가 인간 속에 있는 하나님의 지식을 전제한다는 사실이 따라오게 된다. 만약 인간이 절대적으로 하나님의 존재에 관하여 어둠 속에 남겨져 있다면, 인간이 종교적 태도를 취하는 것은 불가능하게 될 것이다. 거기에는 어떤 존경이나 경건, 하나님에 관한 어떤 경외심이나 신앙적인 예배도 있을 수 없을 것이다.

B. 하나님의 인식 가능성에 관한 부정

하나님에 관한 인식의 가능성은 여러 근거에서 부정되어 왔다. 이러한 부정은 비록 다른 여러 형태로 제시되어 왔지만, 일반적으로 인간의 인식 능력의 예상된 한계들에 근거한 것이다. 기본적인 입장은, 인간의 정신이 자연 현상들을 넘어 있는 것과 그 배후에 있는 어떤 것을 알 수는 없으며, 따라서 필연적으로 초감성적이고 신적인 사물들을 알 수도 없다는 것이다. 헉슬리(Huxley)는 자신을 포함하여 이러한 입장을 취하는 사람들에게 "불가지론자들(agnostics)"이라는 명칭을 적용하였던 최초의 사람이다. 불가지론자들은 19세기와 그리스 철학의 회의론자들과 전적으로 연관되어 있다. 대개 회의론자들은 자기들을 무신론자로 낙인찍는 일을 좋아하지 않았는데, 그것은 그들이 하나님이 존재하신다는 사실을 전적으로 부인하지는 않기 때문이었다. 하지만 그들은 하나님이 존재하는지의 여부를 알지 못했고, 심지어는 하나님이 존재한다 하더라도 그에 관한 어떤 참된 지식을 가지는 것이 확실하지 않으며, 많은 경우에 있어서 하나님에 관한 참된 지식을 가질 수 있음을 부정하고 있다.

흄(Hume)은 현대 불가지론자의 아버지로 불려 왔는데, 그는 하나님의 존재를 부인하지는 않았으나 우리가 신의 속성들에 관한 어떤 참된 지식도 가지고 있지 않다고 주장했다. 하나님에 관한 우리의 모든 사고들은 신인동형론(神人同形論)적이며, 또한 그럴 수밖에 없다. 우리는 하나님께 귀속시키는 속성들과 일치하는 어떤 실재가 있다는 사실을 확신할 수 없다. 그의 불가지론은, 모든 지식이 경험에 기초하고 있다는 일반적인 원리로부터 유래하고 있다. 그러나 특별히 인간의 이성과 오성의 한계에 대한 탐구 활동에서 불가지론적 사상을 자극했던 사람은 칸트였다. 그는 이론적(순수) 이성은 오직 현상들만 알 수 있을 뿐이며, 따라서 이 현상들의 기초를 이루고 있는 것 즉 물(物) 자체(Ding-an-sich)는 알지 못한다고 주장했다. 물론 여기에서 하나의 결론, 즉 우리가 하나님에 관한 어떤 이론적인 지식을 가지는 것은 불가능하다는 결론이 추론될 수 있다. 그러나 로체(Lotze)는, 물리적이든 혹은 정신적이든 현상들은 항상 그것들의 배후에 기초되어 있는 어떤 본질들과 이미 연관되어 있으며, 또한 현상들을 알게 될 때에는 그 현상들의 표현인 기초적인 본질들도 알 수 있다고 지적했다.

스코틀랜드의 철학자 윌리엄 해밀턴(William Hamilton) 경은 칸트에게 완전하게 동의하지는 않았으나, 그의 지적 불가지론을 함께 공유했다. 그는, 인간의 정신은 조건적이어서 여러 관계들 속에서 지배되고 존재하기 때문에, 그것에 관한 지식을 얻을 수 없다고 주장했다. 그러나 그는, 무한자가 우리에게 알려질 수 있다는 사실은 부인하면서도, 그것의 존재를 부인하지는 않았다. 그는 우리가 "믿음을 통하여, 우리의 지식을 초월하여 있는 것을 이해한다"고 말했다. 그의 견해들은 실제적으로 맨설(Mansel)에 의하여 공유되었고, 대중화되었다. 비록 그가 무한한 존재의 실재에 관한 신앙을 고백하였다 할지라도, 무한한 존재를 인식하는 일은 그에게 거의 불가능한 것으로 여겨졌다. 이 두 사람의 추론은 설득력이 없었는데, 그것은 절대자나 무한자가 모든 관계들의 외부에 필연적으로 존재하지는 않더라도 여러 관계 속으로 들어갈 수 있으며, 게다가 관계들 속에서만 사물들을 안다는 사실이, 그렇게 획득된 지식이 단지 상대적이고 비실제적인 지식일 뿐이라는 사실을 의미하지는 않은 것으로 느껴졌기 때문이다.

실증주의의 아버지인 콩트(Comte)도 종교에 대하여 불가지론자였다. 그는 인간이 오직 물질적인 현상들과 그것의 법칙들만을 알 수 있다고 주장했다. 인간의 감각들은 모든 참된 사고의 재료들인 바, 인간은 그들이 파악하는 현상들과 이들이 서로 맺고 있는 관계들을 떠나서는 아무것도 알 수 없다. 정신적 현상들은 물질적 현상들로 축소될 수 있고, 인간은 과학에서 이러한 것을 넘어서 얻을 수 없다. 직접적인 의식의 현상들이 배제되며, 나아가서 현상들의 배후에 놓여 있는 모든 것들이 배제된다. 신학적인 사변은 인간의 유아기적 사고를 나타낸다. 하나님의 존재에 관하여는 어떤 실증주의적인 주장도 있을 수 없고, 유신론과 무신론 양자가 다 정죄된다. 말년에 콩트는 종교의 필요성을 느끼고, 소위 말하는 "인간성의 종교(religion of Humanity)"를 소개했다.

허버트 스펜서(Herbert Spencer)는 콩트보다 더 나아간 현대 과학적 무신론의 위대한 대표자로 인정되었다. 그는 해밀턴의 지식에 관한 상대성 이론과 맨셀의 절대자 개념에 아주 깊은 영향을 받았는데, 이러한 사상들의 조명 아래 "알 수 없는 절대자(the Unknowable)"론을 완성했다. 그 주장은, 하나님을 포함하여 우주의 질서에서 그것이 무엇이든지 간에 절대적, 첫째의, 혹은 궁극적인 것이 될 수 있는 것을 지시하는 것이었다. 그는, 현상들의 배후에 어떤 실재가 놓여 있다는 전제를 계속 밀고 나가지만, 그것에 관한 모든 사변들은 우리를 모순에 빠지게 한다고 주장했다. 이러한 궁극적인 실재는 전혀 측량할 수 없는 것이다. 우리는 인격적이든지 혹은 비인격적이든지간에 어떤 궁극적인 능력의 존재를 인정해야 하지만, 그것에 관한 어떤 개념을 형성하는 것은 불가능하다. 모순되는 것은, 그는 실제로 그것이 잘 알려진 것처럼, 자기의 제일 원리들(First Principles)의 대부분을 "알 수 없는 절대자"에 대한 실증적인 내용의 전개에 바치고 있다. 그에게서 영향을 받았던 다른 불가지론자들은 헉슬리와 피스크(Fiske), 클리포드(Clifford) 등이었다. 우리는 또한 현대의 인본주의에서 이러한 불가지론을 계속해서 만나게 된다. 해리 엘머 반스(Barnes)는 "나에게 있어서 불가지론적 입장은 현재의 지식 상황에서 과학적 정신과 비판적 성향을 가진 사람에 의하여 지지될 수 있는 유일한 입장이라는 사실이 아주 분명한 것으로 보인다"고 말했다.

앞에서 지적된 형태 이외에도 불가지론적인 주장은 몇 가지 다른 것들을 전제하고 있는데, 그중에서 다음에 열거하는 것들이 가장 중요한 것들이다.

1. 인간은 오직 유비(analogy)에 의해서만 안다. 우리는 자신의 성격이나 경험에 비추어 어떤 유비를 담고 있는 것만을 안다. "유사한 것은 유사한 것으로 알 수 있다"(*Similia similibus percipiuntur*). 우리는 유비에 의해서도 많은 것을 배우지만, 대조(contrast)에 의해서도 역시 배운다. 많은 경우, 차이점들은 바로 우리의 주목을 끌고 있는 사실들이다. 스콜라주의자들은 부정의 방법(*via negationis*)에 대해서 말했는데, 그 방법에 의하여 그들은 사상적으로 피조물의 불완전함들을 하나님으로부터 제거했다. 게다가 우리는 인간이 하나님의 형상대로 지음받았으며, 하나님의 본성과 인간의 본성 사이에는 중요한 유비가 있다는 사실을 잊어서는 안 된다.

2. 인간은 실제로 자기가 온전히 파악할 수 있는 것만을 안다. 이 입장을 간략하게 진술하면, 인간은 무한하신 하나님을 이해할 수 없으며 하나님에 대한 철저한 지식을 가질 수 없기 때문에 하나님을 알 수 없다는 것이다. 그러나 이러한 입장은 항상 완전하

지 않다는 이유 때문에, 부분적인 지식은 참된 지식이 될 수 없다는 부당한 전제, 즉 우리의 모든 지식을 무효화하는 전제에서 출발하고 있다. 하나님에 관한 우리의 지식은 비록 철저하지는 않다고 하더라도 매우 실제적이며, 우리의 현재의 필요들을 위해서는 충분한 것이다.

3. 하나님에 관한 모든 술어들은 부정적이기 때문에 아무런 실제적인 지식을 제공해 주지 않는다. 해밀턴은 절대자와 무한자는 생각할 수 있는 것의 부정으로서만 고려될 수 있다고 말한다. 그것은 실제로 우리가 그들에 대하여 아무것도 모르고 있다는 사실을 의미한다. 그러나 하나님에 관하여 사용되는 상당수의 술어들이 부정적 형태라고 해도, 그러한 사실이 동시에 어떤 긍정적인 생각을 전달할 수 없다는 사실을 의미하는 것은 아니다. 하나님의 자존성(aseity)은 자기 존재(self-existence)와 자기 충족성(self-sufficiency)의 긍정적 관념을 포함하고 있다. 더욱이 사랑, 영성, 거룩함과 같은 관념들은 긍정적이다.

4. 우리의 모든 지식은 알고 있는 주제에 관련되어 있다. 인간이 지식의 대상들을 아는 것은 객관적으로가 아니라, 그 대상들이 인간의 감각과 능력에 관계될 때에만 알 수 있는 것으로 언급된다. 인식의 과정에서 인간은 그 대상들을 왜곡하고 윤색한다. 어떤 의미에서 인간의 모든 지식이 주관적으로 조건지어진 것은 분명한 사실이지만, 이 주장의 취지는, 감각과 능력의 매개를 통해서만 사물을 알 수 있기 때문에 우리는 그들의 본질을 알 수 없다는 사실이다. 그러나 이것은 사실상 그렇지 않다. 사물에 관한 어떤 지식을 가질 때, 그 지식은 객관적인 실재와 일치한다. 지각과 사고의 법칙들은 자의적이 아니며, 사물의 본성과 일치한다. 그러한 일치가 없다면 하나님에 관한 지식과 모든 참된 지식은 전혀 불가능하다.

어떤 사람들은 바르트의 입장을 일종의 불가지론으로 간주하려는 경향이 있다. 제르베(Zerbe)는 바르트의 글을 인용하면서 실제적인 불가지론이 바르트의 사고를 지배하며, 그를 물(物) 자체에 관한 칸트적 의식 불가능성의 희생물로 내어주었다고 주장했다. "로마서는 알 수 없는 하나님에 관한 계시이다. 인간이 하나님께 나아가는 것이 아니라, 하나님이 인간에게 나오신다. 계시가 있은 후에도 인간은 하나님을 알 수 없는데, 그것은 하나님은 언제나 알 수 없는 하나님이시기 때문이다. 자신을 우리에게 계시하실 때 하나님은 이전보다 더 먼 곳에 계신다." 또한 그는 허버트 스펜서의 불가지론과 같이 바르트의 불가지론도 일관성이 없다고 느끼고 있다. 그는 "알 수 없는 절대자에 관하여 허버트 스펜서가 많은 것을 알고 있는 것으로 이야기되는데, 바르트에게 있어서도 사람들은 어떻게 그가 알 수 없는 하나님에 관하여 그렇게 많이 알게 되었는지를 궁금하게 여기고 있다"고 말했다.

디키(Dickie)도 비슷한 기분으로 "초월하시는 하나님에 관해서 말할 때, 바르트는 때때로 우리가 아무것도 알 수 없는 하나님에 관하여 말하고 있는 것처럼 보인다"고 말한다. 하지만 이러한 점에서 그는 바르트에게 있어서도 강조의 변화가 있었음을 발견하고 있다. 바르트가 불가지론자가 되려고 뜻한 것은 아니지만, 그의 주장들 중에서 어떤 것들이 불가지론적인 취향을 가진 것으로 쉽게 해석될 수 있다는 사실은 부정할 수 없다. 바르트는 하나님께서 자연이나 역사 경험으로써는 알려질 수 없으며, 오직 그리스도 안에서 하나님의 자기 계시가 신앙의 응답과 만날 때만 알려질 수 있는 숨어 계신 하나님이라는 사실을 강조한다. 그러나 이러한 계시에서도 하나님은 여전히 숨어 계신 하나님으로 나타나신다. 하나님은 자신을 숨어 계신 하나님으로 언제나 계시하시며, 그의 계시를 통해 우리는 하나님께서 인간으로부터 더욱 멀리 떨어져 계신다는 사실을 전보다 훨씬 더 잘 인식하게 된다.

이것은 계시에 의해서 우리가 하나님을 알 수 없고, 결국은 우리가 알 수 없는 하나님을 대면하게 된다는 의미로 쉽게 해석될 수 있다. 그러나 바르트가 쓴 모든 글을 고려해 보면, 이것은 그가 말하고자 했던 바가 아니라는 것을 분명히 알 수 있다. 계시의 조명하에서 우리가 하나님을 숨어 계신 하나님으로 알게 된다는 그의 주장은 또한, 계시에 의하여 우리가 그의 백성들과 관계를 맺으시는 하나님에 대하여 상당한 지식을 얻을 수 있다는 관념을 배제하지 않는다. 하나님의 계시에서조차도 하나님께서는 여전히 우리에게 알 수 없는 하나님으로 남아 계신다고 바르트가 말했을 때, 그가 진정으로 의미한 것은 불가해한 하나님이다. 계시하시는 하나님은 행동하시는 하나님이다. 하나님의 계시에 의해 우리는 행동하시는 하나님을 알게 되지만, 하나님의 내적 존재에 관한 참된 지식을 얻지는 못한다. "하나님의 말씀론"에서의 다음 구절은 상당히 해명적이다. "계시된 하나님에 관한 모든 지식의 불충분성인 하나님의 불가해성은 이러한 자유(하나님의 자유)에 의존한다. 하나님의 하나 됨 안의 셋(three-in-oneness)조차도 하나님의 행동 속에서만 우리에게 계시된다. 그러므로 하나님의 하나 됨 안의 셋은 또한 우리에게 불가해하다. 따라서 하나됨 안의 셋에 관한 우리의 모든 지식은 불충분하다. 일차적으로는 성경에서, 이차적으로는 교회의 삼위일체 교리에서 우리에게 나타나는 이해의 가능성은 피조물적인 이해의 가능성이다. 그것은 하나님이 스스로 존재하신다는 이해 가능성에 대하여 상대적일 뿐 아니라, 절대적으로 그것과 분리되어 있다. 대상과의 절대적인 분리 속에 있는 전자에 대한 이해 가능성이 그래도 진리가 있는 것은 그것이 계시의 자유로운 은혜 위에 의존하기 때문이다. 이런 의미에서 하나님의 하나 됨 안의 셋은 우리가 하나님의 행동에서 알게 될 때 진리인 것이다."

C. 하나님에 관한 모든 지식의 필수 조건인 자기 계시

1. 하나님께서 자신에 관한 지식을 인간에게 전달하신다. 카이퍼(Kuyper)는, 하나님에 관한 지식으로서의 신학은 모든 다른 지식과 중요한 의미에서 다르다는 사실에 주목한다. 모든 다른 학문을 연구할 때, 인간은 자신이 연구하는 대상 위에 위치해 있어서 능동적으로 가장 적절한 방법을 사용하여 그 대상으로부터 지식을 끌어내지만, 신학에 있어서는 대상 위에 위치하는 것이 아니라 오히려 그 밑에 위치한다. 달리 말하면, 인간은 하나님께서 적극적으로 자신을 계시하실 때에만 하나님을 알 수 있다. 하나님은 우선 지식을 인간에게 전달하시는 주체이며, 인간이 계시에 의하여 자기에게 도달된 지식을 획득하고 성찰할 때만 인간을 위한 연구의 대상이 된다. 계시가 없었다면 인간은 결코 하나님에 관한 어떤 지식도 얻을 수 없었을 것이다. 또한 하나님이 자신을 객관적으로 계시하신 후에조차도 하나님을 발견하는 것은 인간의 이성이 아니라, 신앙의 눈 앞에 자신을 열어 보이시는 하나님이다. 그러나 하나님의 말씀의 연구에 성화된 인간의 이성이 적용됨으로써 인간은 성령의 인도하에 하나님에 관하여 계속 증가하는 지식을 얻을 수 있다. 바르트는 또한 하나님께서 계시의 행동 속에서 인간에게 오실 때에만 인간이 하나님을 알 수 있다는 사실을 강조한다. 그는 인간으로부터 하나님께로 가는 길은 없으며, 오직 하나님으로부터 인간에게 가는 길만이 있다고 주장하면서, 하나님은 언제나 주체이며 결코 대상이 아니라고 반복해서 말한다. 계시는 언제나 순수하고 주체적인 어떤 것이며, 하나님의 기록된 말씀과 같이 결코 객관적인 어떤 것으로는 변할 수 없으며, 그 자체로서 연구의 대상이 된다. 그것은 예수 그리스도 안에서 단번에 주어진 것이며, 그리스도 안에서 삶의 실존적인 계기 안에 있는 인간들에게로 온다. 바르트가 말한 것 속에는 진리의 요소들도 있지만, 계시론에 대한 그의 구상은 개혁파 신학에는 이질적인 것이다.

그러나 신학은 궁극적으로 하나님의 자기 계시 없이는 불가능하다는 입장이 견지되어야 한다. 또한 우리가 계시에 관하여 말할 때, 우리는 엄격한 의미에서 그 말을 사용한다. 하나님은 단순히 계시되는 수동적인 어떤 분이 아니라 능동적으로 자신을 계시하시는 분이시다. 많은 현대주의자들이 주장하는 것처럼, 하나님에 관한 지식을 계속적으로 발견할 수 있게 하는 것은 인간의 심화된 영적인 통찰이 아니라, 살아 계신 하나님 자신의 목적 있는 행동이며 자기 계시의 초자연적인 행동이다. 하나님께서 자신을 계시하시며, 그렇게 하실 때에 한해서만 우리가 하나님을 알 수 있다는 사실은 놀라운 것이 아니다. 어느 정도 이것은 인간에게 있어서도 진리이다. 심리학이 인간에 관해 상당히 철저한 연구를 해낸 후에도 알렉시스 카렐(Alexis Carrell)은 여전히 「미지의 인간」이라는 매우 확신 있는 책을 쓸 수 있었다.

바울은 이렇게 말하고 있다. "사람의 일을 사람의 속에 있는 영 외에 누가 알리요 이와 같이 하나님의 일도 하나님의 영 외에는 알지 못하느니라"(고전 2:11). 성령은 모든 것, 심지어 하나님의 깊은 사정까지도 알고 계셔서 그것을 인간에게 계시하신다. 하나님은 자신을 사람들에게 알리셨다. 하나님 자신 안에서 발견되는 하나님의 원형적인 지식과는 별도로 또한 계시에 의하여 인간에게 주어진 하나님의 모형적인 지식도 있다. 후자는 복사본이 원본에 관계되듯이 전자에 관계되며, 그렇기 때문에 똑같은 명료성과 완전성을 소유하지는 못한다. 하나님에 관한 우리의 모든 지식은 자연에서와 성경에서 나타난 하나님의 자기 계시로부터 유래한다. 결과적으로 하나님에 관한 우리의 지식은 한편으로는 모형적이고 유비적이며, 한편으로는 하나님 자신이 가지신 원형적인 지식의 복사인 까닭에 참되며 정확하다.

2. 선천적인 하나님 지식과 후천적인 하나님 지식(cognitio insita와 acquista). 일반적으로 하나님에 관한 선천적인(innate) 지식과 후천적인(acquired) 지식이 구분된다. 이것은 인간의 모든 지식이 최종적으로는 후천적인 것이기 때문에, 엄격한 논리적인 구별은 아니다. 선천적인 관념에 관한 이론은 신학적이라기보다는 철학적이다. 그 이론의 씨앗들은 이미 플라톤의 이데아론에서 발견되지만, 키케로의 「신의 본성에 관하여」(De Natura Deorum)에서는 좀 더 발전된 형태로 나타난다. 현대 철학에서 신 관념을 선천적인 것으로 가르쳤던 맨 처음 사람은 데카르트(Descartes)였다. 그는 그러한 관념이 시초부터 인간의 정신 속에서 내재해 있다는 의미에서가 아니라, 인간의 정신이 성숙하게 되면 그런 관념을 형성하는 자연적인 경향을 가진다는 의미에 있어서만 그것을 선천적인 것으로 여길 필요가 있다고 생각했다. 그 이론은 선천적이고 또한 태어나면서부터 인간의 의식 속에 내재해 있는 어떤 관념들 중에, 신 관념이 가장 뛰어난 관념이라는 형식을 가정했다. 비록 철학적인 경험론의 또다른 극단으로 갔지만, 로크(Locke)는 바로 이러한 형식에서 선천적(생득적) 관념론을 올바로 공격했다.

개혁파 신학도 마찬가지로 그런 독특한 형식의 교리를 거부했다. 그리고 어떤 개혁파 신학자들은 "선천적인 관념들"(innate ideas)이라는 명칭을 유지하고 있는 반면에 그 말 속에 다른 의미를 부여했으며, 다른 이들은 "심어진 하나님 지식"(cognitio Dei insita, 혹은 접붙여진 하나님 지식)이라고 말하기를 더 좋아했다. 한편으로 이 심어진 하나님 지식은 출생시 인간에게 내재해 있는 어떤 관념들이나 형성된 개념들 속에 있는 것이 아니며, 그것은 다른 한편으로 인간에게 하나님을 알 수 있게 해주는 단순한 능력 이상이다. 그것은 반드시 인간의 정신 조직으로부터 유래하며, 하나님의 형상으로 창조될 때에 인간에게 심어진 종교의 씨앗(semen religionis)의 영향하에서 자발적으로 획득된다는 의미에서만 선천적이며, 수고를 요하는 추론이나 논증의 과정에 의해서는 획득되지 않는 지식을 나타낸다. 그것은 형성된 대로의 인간이 필연적으로 얻는 지식으로서, 그 자체에 있어서 인간의 의지에 의하여 조건지어지는 모든 지식과는 구별된다. 반면에 후천적인 지식은 하나님의 계시를 연구함으로 얻어진다. 그것은 인간의 정신 안에서 저절로 일어나지는 않으며, 의식적이며 지속적인 연구로부터 획득된다. 그것은 인식과 묵상과 추론과 논증의 지속적인 과정에 의해서만 획득될 수 있다. 헤겔의 관념론과 현대의 진화론의 영향을 받아, 하나님에 관한 선천적인 지식이 지나치게 강조되었다. 다른 한편으로 바르트는 그러한 선천적인 지식의 존재를 부인한다.

3. 일반 계시와 특별 계시. 성경은 하나님에 관한 이중의 계시에 대하여 증거한다. 그것은 우리를 둘러싸고 있는 자연과 인간 의식, 세상의 섭리적인 통치 속에서의 계시와, 그리고 하나님의 말씀으로서 성경 안에 나타난 지식이다. 다음과 같은 구절 속에서 일반 계시가 증명된다. "하늘이 하나님의 영광을 선포하고 궁창이 그의 손으로 하신 일을 나타내는도다 날은 날에게 말하고 밤은 밤에게 지식을 전하니"(시 19:1, 2). "그러나 자기를 증거하지 아니하신 것이 아니니 곧 여러분에게 하늘로부터 비를 내리시며 결실기를 주시는 선한 일을 하사 음식과 기쁨으로 너희 마음에 만족하게 하셨느니라"(행 14:17). "이는 하나님을 알 만한 것이 그들 속에 보임이라 하나님께서 이를 그들에게 보이셨느니라 창세로부터 그의 보이지 아니하는 것들 곧 그의 영원하신 능력과 신성(神性)이 그 만드신 만물에 분명히 보여 알려졌나니 그러므로 그들이 핑계하지 못할지니라"(롬 1:19, 20). 후자에 관해서는 구약 성경과 신약 성경에서 충분한 증거를 제공한다. "여호와께서 각 선지자와 각 선견자를 통하여 이스라엘과 유다를 지정하여 이르시기를 너희는 돌이켜 너희 악한 길에서 떠나 나의 명령과 율례를 지키되 내가 너희 조상들에게 명하고 또 내 종 선지자들을 통하여 너희에게 전한 모든 율법대

로 행하라"(왕하 17:13). "그의 행위를 모세에게, 그 행사를 이스라엘 자손에게 알리셨도다"(시 103:7). "본래 하나님을 본 사람이 없으되 아버지 품 속에 있는 독생하신 하나님이 나타내셨느니라"(요 1:18). "옛적에 선지자들을 통하여 여러 부분과 여러 모양으로 우리 조상들에게 말씀하신 하나님이 이 모든 날 마지막에는 아들을 통하여 우리에게 말씀하셨으니 이 아들을 만유의 상속자로 세우시고 또 그로 말미암아 모든 세계를 지으셨느니라"(히 1:1, 2).

이러한 성경적인 자료를 근거로 하여, 자연 계시(natural revelation)와 초자연 계시(supernatural revelation)에 관하여 말하는 것이 관례가 되었다. 이와 같은 계시 개념에 적용되는 구분은 주로 인간에게 전달되는 계시의 양식에 근거한 구분이다. 그러나 역사의 과정 속에서 그것은 부분적으로는 주제-문제의 성격에 근거하여 왔다. 계시의 양식은, 계시가 자연을 통하여 즉 계시의 일반적인 법칙들과 능력들에 의하여 보이는 피조물을 통하여 전달될 때 그것은 자연적인 계시이다. 하나님께서 직접적으로든지 혹은 초자연적인 재능을 부여받은 사자들을 통해서 인간에게 말씀하실 때와 같이, 계시가 고등하고 초자연적인 방식으로 인간에게 전달될 때 그것은 초자연적인 계시이다. 계시의 본질은, 그것이 인간의 이성에 의한 자연의 연구로부터 얻어질 수 있다면 자연적인 것으로 간주될 수 있으며, 자연으로부터나 인간의 독자적 이성에 의해서 파악될 수 없을 때에는 초자연적인 것으로 간주되었다. 따라서 중세 시대에는 이성과 계시를 대조하는 일이 아주 일반적인 사항이 되었다. 개신교 신학에 있어서, 자연 계시는 종종 사실 계시(revelatio realis)로, 초자연 계시는 말씀 계시(revelatio verbalis)로 불렸는데, 그것은 전자는 사물들 속에서 나타나며, 후자는 말씀 속에서 나타나기 때문이다. 그러나 시간이 경과하면서, 자연과 초자연 계시 사이의 구분이 상당히 모호한 것으로 나타났는데, 그것은 모든 계시가 원천에 있어서, 또한 하나님의 계시로서의 내용에 있어서 초자연적이기 때문이다.

에발트(Ewald)는 「계시: 그 본질과 기록」(Revelation: its Nature and Record)이라는 책에서, 직접적인 계시로서 자연에서의 계시와, 간접적인 계시로서 충만한 의미에서의 '계시'라는 이름을 지닐 만한 가치가 있는 유일한 것으로 여겨지는 성경 안에서의 계시에 관하여 말한다. 그러나 점차적으로 통용되기 시작한 좀 더 일반적인 구별은 일반 계시와 특별 계시의 구별이다. 워필드(Warfield) 박사는 다음과 같이 두 가지를 구분한다. "일반 계시는 일반적으로 모든 지성적인 피조물에게 전달되고, 따라서 모든 인간에게 가까이 할 수 있는 것이며, 특별 계시는 하나님이 그의 구원을 알게 하시는 특별한 계층의 죄인들에게 전달된다. 전자는 하나님의 지식에 대한 피조물들의 자연적인 필요를 충족시키고 제공하는 일을 고려하며, 후자는 죄와 죄의 결과들로부터 깨어지고 손상된 죄인들을 구원하는 일을 고려한다."

창조에 기초한 일반 계시는 인간으로서의 인간에게, 한층 특별하게는 인간 이성에 전달되며, 창조 목적의 실현 가운데 하나님을 알고 그와 친교를 누리는 것이 그 목적이다. 특별 계시는 하나님의 구속의 계획 속에 근거하고 있으며, 또한 죄인으로서의 인간에게 전달되는 계시로서, 믿음에 의해서만 적절하게 이해되며 획득될 수 있고, 죄에 의해 조성된 방해에도 불구하고 인간이 창조된 목적을 보존하기 위하여 봉사한다. 구속의 영원한 계획을 고려할 때, 이 특별 계시는 때늦은 생각(after-thought)이 아니라 태초로부터 하나님의 마음속에 있었던 것이라고 해야 한다.

이 두 계시의 상호 관계에 대해서는 상당한 의견의 차이가 있었다. 스콜라주의에 의하면, 자연 계시는 인간 이성에 의한 학문적 자연 신학의 성립을 위하여 필요한 자료들을 제공했다. 그러나 그것은 사람들이 만물의 궁극적인 원인으로서의 하나님에 관한 학문적인 지식을 얻을 수 있도록 해주었지만, 삼위일체와 성육신, 구속과 같은 신비에 관한 지식은 제공해 주지 않았다. 이러한 지식은 특별 계시에 의해서 제공된다. 그것은 이성적으로는 증명할 수 없으며, 신앙으로 받아들여야 한다.

초기의 스콜라 철학자들 가운데 어떤 이들은 이해하기 위하여 믿는다(Credo ut intelligam)라는 슬로건을 따랐으며, 특별 계시의 진리들을 신앙으로 받아들인 후에, 그 특별 계시의 지식들을 이성적 논증에 의하여 이해되는 방향으로 끌어올리거나, 적어도 그러한 지식들에 대한 합리성을 증명해야 할 필요가 있는 것으로 간주했다. 그러나 토마스 아퀴나스는 특별 계시가 자연 계시의 일부분을 형성했던 진리들을 내포하고 있다는 사실에 한해서만 그것이 가능하다고 생각했다. 그의 견해로는, 초자연 계시의 진정한 내용들을 형성했던 신비들은 어떠한 논리적인 증명도 용인하지 않는 것이었다. 그러나 그는 자연 계시의 진리들과 초자연 계시의 진리들 사이에는 아무런 모순도 있을 수 없다고 주장했다. 만약 모순이 있는 것으로 보인다면, 그것은 그 사람의 철학에 잘못된 어떤 것이 있는 것이다. 그러나 초자연 계시의 근거 위에서 신앙에 의하여 세워진 구조 이외에도, 그가 자연 계시에 기초한 학문적인 신학 체계를 인정했다는 사실이 남아 있다. 사람들은 초자연 계시에 있어서는 그것이 계시되었기 때문에, 자연 계시에 있어서는 자연 이성의 조명하에서 그것이 진리로 인정되기 때문에 어떤 점에서 동의한다. 초자연 계시에 있어서는 전혀 불가능한 논리적인 증명이 자연 계시에 있어서는 자연스런 증명 방법이 된다.

　종교개혁자들은 스콜라 철학자들의 이원론을 거부했으며, 하나님의 이중적인 계시의 종합을 목표로 했다. 그들은 인간의 이성적인 능력이 순수하고 단순한 자연 계시의 근거 위에서 학문적인 신학 체계를 성립시킬 수 있다는 것을 믿지 않았다. 그 문제에 대한 그들의 시각은 다음과 같이 표현될 수 있다. 죄가 세상에 들어온 결과, 자연 속에서의 하나님의 필적(筆跡)이 심하게 손상되었으며, 중요한 어떤 문제들에 있어서는 상당히 어둡고 읽을 수 없는 것이 되어 버렸다. 게다가 인간은 영적인 문맹으로 고통을 받게 되었고, 이렇게 해서 하나님께서 원래 창조의 사역에서 기록하셨던 모든 것을 올바로 읽을 수 있는 능력을 상실하게 되었다. 문제를 개선하고 하나님의 목적이 좌절되는 것을 방지하기 위해서 하나님은 두 가지 일을 하셨다. 초자연 계시 속에서 하나님은 자연 계시의 진리들을 재공표하셨으며, 그것들에 대한 오해를 제거하시고, 인간의 현실적인 필요성에 비추어 그것들을 해석하셨으며, 초자연적인 구원의 계시 속에서 그것들을 구체화하셨다. 그리고 그것에 더하여 하나님은 중생과 성화의 사역 속에서 영적인 조명을 포함하여 인간의 영적인 맹목을 위한 치료를 제공하셨으며, 이렇게 해서 인간은 하나님에 관한 참된 지식, 즉 영생의 확신을 담은 지식을 다시 한 번 얻을 수 있게 되었다.

　합리주의의 차가운 바람이 유럽을 휩쓸고 다닐 때, 자연 계시는 초자연 계시를 희생시키면서 고취되었다. 인간은 자신의 능력과 선함에 도취되었고, 성경 속에서 그에게 말씀하시는 권위의 음성을 듣고 순종하지 않았으며, 그를 무지와 오류의 미궁에서 끌어내어 참된 지식의 맑은 대기 속으로 인도하는 인간 이성의 능력에 완전한 신뢰를 두었다. 자연 계시가 인간들에게 모든 필요한 진리를 가르치기에 매우 충분하다고 주장했던 사람들 중 몇몇은 여전히 초자연 계시의 도움에 의해서 그들이 더 빨리 진리를 배울 수 있다는 것을 인정했다. 그러나 몇몇은 초자연 계시의 내용이 이성적으로 증명되기 전까지는 그 권위가 완전하다는 사실을 부인했다. 그리고 최종적으로 어떤 형태의 이신론(理神論)은 초자연 계시의 필연성과 가능성, 실재를 부인했다. 슐라이어마허에 있어서 강조점은 객관에서 주관으로, 계시에서 종교로 옮겨졌으며, 게다가 자연 종교와 계시 종교 사이에 어떠한 구분도 없어져 버렸다. '계시'라는 용어가 아직 유지되었지만, 인간의 깊은 영적인 통찰 즉 자신의 부지런한 추구 없이는 인간에게 다가오지 않는 통찰을 지시하는 것으로서 보존되었다. 어떤 관점에서는 계시라고 불리는 것이, 다른 관점에서는 인간의 발견이라고 불릴 수도 있다. 이러한 견해는 현대 신학에 있어서 아주 특징적인 것이 되었다.

늣슨(Knudson)은 이렇게 말한다. "그러나 자연 계시와 초자연 계시에 대한 이런 구분은 이제는 대개 폐지되었다. 현재의 경향은 계시와 자연적인 이성 사이에 선명한 구분을 하지 못하며, 이성의 고매한 통찰들을 신적인 계시 그 자체로 간주하려는 것이다. 여하튼 이성의 진리들에 반대되며 권위를 용인하는 계시된 진리의 고정된 실체는 존재하지 않는다. 오늘날 모든 진리는 인간 정신에 대한 호소력에 의존하고 있다."

바르트에 의해서 강경하게 거부된 것이 바로 이러한 계시관이다. 그는 특별히 계시의 주체에 관심을 두고, 교회를 주관에서 객관으로, 종교에서 계시로 돌이키기를 원한다. 전자에서 그는 주로 하나님을 발견하는 인간의 노력을 보며, 후자에서는 예수 그리스도 안에서 "인간을 찾으시는 하나님"을 본다. 바르트는 자연 속에서 어떤 계시도 인정하지 않는다. 계시는 결코 어떤 지평선상에 존재하지 않으며, 언제나 위로부터 수직적으로 내려온다. 계시는 항상 행동하시는 하나님이며, 인간에게 전적으로 새로운 것, 즉 인간이 이전에는 알 수 없었으며, 오직 하나님이 주신 신앙에 의해서 계시의 대상을 받아들이는 사람에게만 진정한 계시가 되는 새로운 것을 인간에게 말씀하시며 가져오시는 하나님이다. 예수 그리스도는 하나님의 계시이며, 예수 그리스도를 아는 사람만이 계시에 관한 어떤 것을 온전히 알 수 있다. 계시는 은혜의 행동이며, 그 행동에 의해서 인간은 그의 죄의 상태를 의식할 뿐만 아니라, 하나님의 자유롭고 과분하시며 예수 그리스도 안에서 용서하시는 은혜를 알 수 있는 것이다.

바르트는 심지어 계시를 화해라고 부른다. 하나님은 언제나 그의 계시에서 주권적이며 자유로우시기 때문에, 계시는 인간이 언제든지 교훈을 얻을 수 있는 명백한 한계들을 가진 사실상의 현재적이며 객관적인 형태를 결코 취할 수 없다. 따라서 성경을 이차적인 의미에서의 계시가 아닌 하나님의 계시로 간주하는 것은 잘못이다. 성경은 하나님의 계시에 관한 증언이며 징표이다. 비록 종속적인 의미에서이지만 복음 설교에 있어서도 그것은 마찬가지이다.

그러나 하나님의 말씀이 삶의 실존적인 계기 속에 있는 인간에게 어떤 매개를 통해서 오든지 간에 그것은 언제나 위로부터 수직적으로 내려온, 인간에게 직접적으로 전달된 말씀으로 인정된다. 성령의 특별한 활동이 인간의 인식에 영향을 미치는데, 그것을 개별적인 성령의 증거(testimonium Spiritus Sancti)라고 일컫는다. 하나님의 계시는 예수 그리스도 안에서 단번에 주어졌다. 그러나 그것은 그의 역사적인 모습 속에서가 아닌, 그의 성육신과 죽음과 부활과 같은 영원한 세계의 능력들이 나타나는 초역사적인 모습 속에서 주어졌다. 그리고 만약 하나님의 계시가 또한 연속적이라면, 그것은 하나님께서 성경과 설교에 의해서 매개된 그리스도 안에서의 계시를 통하여, 삶의 실존적인 계기 속에 있는 개별적인 죄인들에게 계속해서 말씀하신다는 의미에서만 그러하다. 이렇게 해서 우리에게는 개개인에게 절대적인 확신으로 다가오는 계시의 단순한 번쩍임들만이 남게 되며, 또한 신학에 대한 불안정한 기초인, 예수 그리스도의 계시에 대한 오류가 있는 증거들과 징표들이 남게 된다.

바르트가 신론을 구성할 수 있는 가능성에 대하여 의심을 가지는 것은 조금도 놀랄 일이 아니다. 그것은 인류가, 하나님에 관한 어떠한 무오한 계시도 가지고 있지 않으며, 오류를 범할 수 있는 증인들의 증언을 통해서만 지식을 갖게 되기 때문이다. 인류는 그리스도 안에서 하나님의 유일한 계시와 어떤 사람들에게 임하는 특별 계시 안에서 그것의 확대된 계시도 소유하고 있지 않다.

깊은 연구를 위한 질문

어떤 의미에서 우리는 하나님이 자신을 계시하셨다는 사실에도 불구하고 숨어 계신 하나님과 알 수 없는 하나님에 관해서 말할 수 있는가? 이 점에 있어서 스콜라 철학자들과 종교개혁자들은 어떻게 다른가? 현대 신학의 입장은 무엇인가? 왜 계시가 종교에 있어서 본질적인가? 불가지론은 어떻게 무신론과 이론적으로 다른가? 전자는 후자보다 종교에 대하여 더 우호적인가? 칸트는 어떻게 불가지론을 증진시켰는가? 윌리엄 해밀턴 경의 지식의 상대성 이론은 무엇이었나? 불가지론은 실증주의에 있어서 어떤 형태를 취하는가? 그것은 이외에 어떤 다른 형태를 취하는가? 왜 어떤 이들은 바르트를 불가지론자라고 말하는가? 이러한 비난에 뭐라고 말할 수 있는가? '계시'는 능동적인 개념인가, 수동적인 개념인가? 계시 없이 신학이 가능한가? 그렇지 않다면 그 이유는 무엇인가? 선천적인 관념론이 옹호될 수 있는가? "심어진 하나님 지식(*cognito Dei insita*)"은 무엇을 의미하는가? 자연 계시와 초자연 계시는 어떻게 다른가? 일반 계시와 특별 계시의 구별이 앞의 질문과 일치하는가? 이 두 계시의 관계에 대하여 어떤 다른 견해들이 주장되었는가? 계시는 인간적인 발견과 어떻게 다른가? 바르트는 일반 계시를 믿는가? 그는 특별 계시를 어떻게 생각하는가?

III
하나님의 존재와 속성의 관계

몇몇 교의학자들은 하나님의 속성에 관하여 논의하기 전에 그분의 존재에 대하여 별개의 장(들)을 할애한다. 예를 들면, 이러한 일은 마스트리히트, 에브라르드(Ebrard), 카이퍼, 쉐드의 저작들 속에서 이루어졌다. 다른 학자들은, 하나님께서 자신을 그 속성들 속에서 계시하셨다는 사실에 비추어 하나님의 존재를 그의 속성들과 연관시켜서 고려하기를 좋아한다. 이것은 가장 일반적인 방법으로서,「순수 신학 개론」(Synopsis Purioris Theologiae)과, 투레틴, 아 마르크, 브라켈, 바빙크, 하지, 호니히의 저작들에서 사용되고 있는 방법이다. 이러한 고찰의 차이는 그들간에 심각한 기초적인 불일치가 있음을 암시하는 것은 아니다. 그들은 모두 속성들이 아무런 실재와도 일치하지 않은 단순한 이름이나 복합적인 하나님의 분리된 부분들이 아니라, 단지 하나님의 존재가 계시되며 동일시될 수 있는 필수적인 특성들이라는 사실에 동의한다. 유일한 차이는, 어떤 학자들은 다른 학자들보다 하나님의 존재와 속성들을 더욱 분명하게 구분하려고 하는 것처럼 보이는 것이다.

A. 하나님의 존재

하나님의 존재가 어떤 학문적인 정의를 용인하지 않는다는 사실은 매우 자명하다. 하나님을 논리적으로 정의하기 위해서, 우리는 하나님이 다른 개념들과 통합될 수 있는 더 높은 개념을 찾음으로써 시작하고, 그런 다음에 하나님께만 적용될 수 있는 특징들을 지적해야 할 것이다. 그러한 기원적이고 종합적인 정의는 하나님에 대하여 적용될 수 없는데, 그것은 하나님이 단일한 속(genus, 屬) 아래 포함될 수 있는 신(神)들의 여러 종(species, 種) 가운데 하나가 아니기 때문이다. 기껏해야 분석적이고 묘사적인 정의만이 가능할 뿐이다. 이것은 단순히 인격이나 사물의 특성들을 지적할 뿐이며, 본질적인 존재는 설명하지 못한다. 게다가 그러한 정의조차도 하나님을 철저하게 적극적으로 묘사할 수 없기 때문에 부분적으로만 완성될 수 있다. 하나님의 존재에 관한 정의는 하나님의 모든 알려진 속성들을 열거하는 데 있으며, 이 속성들은 특성상 매우 소극적이다.

성경은 결코 추상적인 하나님 개념을 사용하지 않으며, 언제나 하나님을 그의 피조물들과 다양한 관계 – 몇 가지의 다른 속성들을 지시하는 – 를 맺고 있는 살아 계신 하나님으로 묘사한다. 카이퍼의 「교의학」(Dictaten Dogmatiek)에서, 우리는 지혜로 인격화된 하나님이 잠 8:14에서 그의 본질에 대하여 말하는 것을 듣게 되는데, 거기에서 하나님은 자신의 속성을 네덜란드어로 'wezen'이라고 명명된 히브리 단어인 투시야흐(tushiyyach)로 말씀하신다. 그러나 네덜란드어로는 매우 모호하며 영어의 'counsel'(경륜)이라는 말이 더 좋은 단어다.

또한 벧후 1:4에서 성경이 하나님의 본성을 말하는 것으로 지적되어 왔으나, 이것은 우리가 신의 본질의 참여자로 창조되지 않았기 때문에 하나님의 본질적인 존재에 대해서는 전혀 적용될 수 없다. 하나님의 참된 본질에 대한 언급은, 하나님이 스스로 "나는 스스로 있는 자라"고 해석하셨듯이 여호와라는 이름에서 발견되었다. 이 구절에 근거해서 하나님의 본질은 존재 자체인 추상적 존재 안에서 발견되었다. 그리고 이것은 자존이나 독립적 영속성(self-permanence) 혹은 절대 독립을 의미하는 것으로 해석되어 왔다.

하나님의 본질에 대한 지시를 내포하고 있고, 또한 성경 안에서 발견되는 정의에 가장 밀접한 접근으로 반복해서 인용되는 구절은 요 4:24의 "하나님은 영이시니 예배하는 자가 영과 진리로 예배할지니라"라는 말씀이다. 그리스도의 이 말씀은 분명히 하나님의 영성을 지시한다. 이 구절들로부터 유래한 두 관념은 하나님의 참된 존재를 지시하는 것으로 신학에서 반복적으로 나타난다.

대체로 성경은 하나님의 다른 속성들을 희생시키면서 한 가지 속성만을 고양하지는 않으며, 하나님의 존재의 완전한 조화 속에서 실재하는 것으로 묘사한다. 지금은 이 속성이, 다음에는 다른 속성이 강조될 수도 있으나, 성경은 분명히 모든 속성들을 정당하게 강조하려고 한다. 하나님의 존재는 우리의 이해를 훨씬 넘어서는 깊이와 충만함, 다양성과 영광으로 특징지어지는데, 성경은 어떠한 고유한 상호 모순도 없이 그것을 영화롭게 조화된 전체로 묘사한다. 또한 이러한 삶의 충만은 하나님의 완전성을 떠나서는 어떠한 방법으로도 표현할 수 없다.

초대 교회의 몇몇 교부들은 신론에 있어서 명백히 그리스 철학의 영향 아래 있었으며, 제베르크(Seeberg)가 표현하듯이 "하나님의 존재는 절대 무속성적인 존재라는 단순히 추상적인 개념의 한계를 넘어서" 나아가지 못했다. 한동안은 신학자들이 하나님의 초월성을 강조하면서, 신적인 본질의 정의나 어떠한 적절한 지식에 대한 가능성을 부인하려는 경향이 상당히 일반적이었다. 삼위일체론에 관한 논쟁의 기간 중에는 신성(Godhead) 안에 있는 한 본질(essence)과 세 위격들(persons) 사이의 구별이 강하게 강조되었으나, 일반적으로 본질은 인간의 이해를 초월하는 것으로 느껴졌었다. 그러나 나지안주스의 그레고리우스,(Gregory of Nazianze)는 과감히 이렇게 말했다. "우리가 인식할 수 있는 한 존재(호 온)와 하나님(호 데오스)은 아무튼 다른 용어들보다 더 (신적인) 본질의 이름들인데, 이중에서도 존재가 더 선택할 만하다." 그는 이것을 절대 존재의 묘사로 여긴다. 하나님의 본질에 대한 아우구스티누스의 개념도 그레고리우스의 개념과 매우 유사하다.

중세에도 인간이 하나님의 본질에 관한 어떤 지식을 가질 수 있다는 것을 부인하거나 그러한 지식을 최소한으로 축소시키려는 경향이 있었다. 어떤 경우에는 어느 한 속성이 하나님의 본질을 가장 잘 드러내 주는 것으로 선택되었다. 그렇게 해서 토마스 아퀴나스는 하나님의 자존성을, 둔스 스코투스는 하나님의 무한성을 선택했다. 하나님의 단순성을 고려하여 하나님을 순수 행동(actus purus)으로 묘사하는 일도 꽤 일반적이 되었다. 종교개혁자들과 그들의 후예들도 역시 하나님의 본질을 불가해한 것으로 말했고, 루터는 이 점에 있어서 매우 강조했지만, 그래도 종교개혁자들은 그것에 관한 지식을 모두 배제하지는 않았다. 그들은 하나님의 통일성과 단순성, 영성을 강조했다. 벨기에 신앙고백의 언어들은 매우 특징적이다. "우리 모두는 우리가 하나님으로 부르는 한 분의 단순하며 영적인 존재가 있음을 마음으로 믿고 입으로 고백한다." 후대의 철학자들과 신학자들은 하나님의 본질을 추상적인 존재나 보편적인 실체, 순수 관념, 절대 인과율, 사랑, 인격성, 장엄한 거룩성(the numinus)에서 발견했다.

B. 하나님의 존재에 관한 인식 가능성

앞 부분에서 이미 나타난 사실은, 그의 본질적인 존재 안에 계신 하나님에 관한 인식 가능성에 대한 질문이 초대 교회 시대부터 교회 지도자들의 마음을 사로잡았다는 것이다. 초대 교회에서 중세 시대를 거쳐 종교개혁 시대에 이르기까지 하나로 일치된 견해는, 존재의 깊은 곳에 계시는 하나님이 불가해하신 분이라는 것이었다. 그리고 어떤 경우는 사용된 언어가 너무 강해서, 하나님의 존재에 관한 어떠한 지식도 허용하지 않은 것으로 보인다. 동시에, 그러한 언어를 사용한 사람들도 최소한 어떤 경우에 있어서는 하나님의 존재에 관한 상당한 지식을 가지고 있는 것으로 보인다. 고려해야 할 정확한 문제를 이해하지 못하고, "아는 것"과 "이해하는 것"을 구별하는 일을 무시하는 데서부터 쉽게 오해가 생겨날 수 있다. 스콜라 철학자들은 하나님의 존재에 관한 모든 사변들이 함축될 수 있는 세 가지 질문, 즉 하나님은 계시는가(*An sit Deus?*), 하나님은 어떤 분이신가(*Quid sit Deus?*), 하나님은 어떤 속성을 가지고 계신가(*Qualis sit Deus?*)에 관하여 말한다.

첫 번째 질문은 하나님의 존재에 관한 것이며, 두 번째 질문은 하나님의 본성이나 본질, 세 번째 질문은 하나님의 속성에 관한 것이다. 본 단원에서 주목하는 것은 특별히 두 번째 질문이다. 그런데 그 질문은, 하나님은 무엇인가, 무엇이 하나님의 내적인 본질의 특성인가, 무엇이 하나님을 하나님으로 만들었는가이다. 이 질문에 적절히 대답하기 위해서, 우리는 하나님을 이해하고, 하나님의 신적 존재에 관한 만족스런 설명을 제공해야 하지만, 이것은 전적으로 불가능하다. 유한자는 무한자를 파악할 수 없다. 소발은 강한 부정의 어조로 "네가 하나님의 오묘함을 어찌 능히 측량하며 전능자를 어찌 능히 완전히 알겠느냐"(욥 11:7)라고 질문한다. 또한 우리가 두 번째 질문을 세 번째 질문과 전적으로 별개의 것으로 생각한다면 우리의 부정적인 대답은 훨씬 더 함축적인 것이 될 것이다. 그의 속성에 나타난 하나님의 계시를 떠나서 우리는 하나님의 존재에 관한 어떠한 지식도 가질 수 없다. 그러나 하나님께서 그의 속성들 속에서 자신을 계시하시는 한, 우리는 비록 우리의 지식이 인간의 한계에 예속되어 있다 하더라도 하나님의 신적 존재에 관하여 다소 지식을 가질 수도 있다.

루터는 매우 강한 표현들을 사용하여, 우리는 하나님의 본질이나 존재에 관한 어떤 것을 알 수 없다고 주장했다. 한편으로 그는 숨어 계신 하나님(*Deus absconditus*)과 계시된 하나님(*Deus revelatus*)을 구분하며, 다른 한편으로는 우리가 계시된 하나님을 알 때, 그를 단지 숨어 계신 가운데 알 수 있을 뿐이라고 주장한다. 루터는 이 표현에서 하나님께서 그의 계시에서도 본질적으로 계신 그대로의 자신을 온전히 드러내지 않으시며, 그분의 본질은 여전히 불투명한 어둠에 싸인 채로 남아 있다는 것을 의미했다. 우리는 하나님께서 우리와 관계를 맺으실 때에만 하나님을 알 수 있다. 칼빈도 역시 하나님의 본질을 불가해한 것으로 언급했다. 그는 존재의 깊이 속에 계신 하나님은 발견될 수 없다고 주장한다. 하나님의 본성(*quid*)과 속성(*qualis*)에 관한 지식을 말하면서, 칼빈은 우리의 실제적인 관심이 후자에 놓여 있어서 전자에 대하여 숙고하는 것은 소용이 없다고 말한다. 그는 "그들의 정신은 하나님이 무엇인가(*quid sit Deus*)에 관한 문제에 고정되어 있어서, 딱딱한 사변들을 가지고 단지 장난을 하고 있지만, 그러나 그때에 우리가 실제로 알려고 힘써야 할 것은, 오히려 하나님이 어떠한 종류의 인격(*qualis sit*)이시며 무엇이 그의 본성에 적절한가에 관한 것이다"라고 말했다. 칼빈은 하나님께서 온전히 알려지실 수 없다는 것을 느끼고 있었지만, 우리가 하나님의 존재나 본성에 관한 어떤 것을 알 수 있다는 사실을 부인하지는 않는다. 그러나 이 지식은 선천적인 (*a priori*) 방법들에 의해서는 얻을 수 없으며, 단지 속성들을 통한 후천적인(*a posteriori*) 방법에 의해서만 얻을 수 있는데, 칼빈은 그것을 하나님의 본성에 관한 참된 결정으로 여긴다. 속성들은 적어도 우리에게 하나님이 어떤 분이신가에 관한 약간의 지식, 특별히 우리와의 관계 속에 계신 하나님이 어떤 분이신가에 관한 지식을 전달해 준다.

하나님의 존재에 관한 우리의 지식을 다룰 때, 철학사에서조차도 드문 쿠쟁 (Cousin)의 입장과 같은 것은 분명히 피해야 하는데, 그 입장은 존재의 깊은 곳에서조차도 하나님은 조금도 불가해하지 않으시며 본질적으로 알려지실 수 있다는 것이다. 그러나 우리는 하나님의 존재에 관한 어떠한 지식도 가질 수 없다는 해밀턴과 맨설 (Mansel)의 불가지론도 역시 피해야 한다. 우리는 하나님을 이해할 수 없고, 하나님에 관한 절대적이며 철저한 지식을 가질 수 없지만, 하나님의 존재에 관한 상대적이거나 부분적인 지식은 분명히 가질 수 있다. 하나님에 관한 이러한 지식이 가능하다는 것은 분명한 사실이다. 이것은 하나님께서 스스로 그의 도덕적인 피조물들과 일정한 관계를 맺으시고, 자신을 그들에게 계시하셨으며, 또한 이러한 지식은 인간에게 이해되기 때문이다. 그것은 사실적이고 참된 지식이며, 적어도 하나님의 절대 본성에 관한 부분적인 지식이다.

절대 존재에 관한 절대 지식과, 상대적이거나 부분적인 지식 사이에는 차이가 있다. 인간이 하나님께서 그의 피조물들과 맺으시는 그러한 관계들만을 알게 된다고는 전혀 말할 수 없다. 하나님과 인간의 관계를 알지 못하면서 이러한 관계들에 대한 적절한 개념을 갖는 것은 도무지 불가능할 것이다. 우리가 하나님의 존재에 관해서 아무것도 알 수 없고, 단지 관계들만을 알 수 있다고 말하는 것은, 도무지 하나님을 알 수 없으며 하나님을 우리의 종교의 대상으로 만들 수 없다고 말하는 것과 같다.

오르(Orr) 박사는 말한다. "우리는 절대 존재의 깊은 곳에 계시는 하나님을 알 수 없다. 그러나 우리는 하나님이 우리와 맺으시는 관계 속에서 자신을 계시하시는 한,

적어도 하나님을 알 수 있다. 그러므로 문제는, 그의 존재의 심오함 속에 계신 하나님에 관한 지식의 가능성에 관한 것이 아니라, 하나님을 세계와 우리 자신과 관계를 맺으신 분으로 알 수 있는가에 있다. 하나님은 자신의 계시 속에서, 그리고 절대적으로는 예수 그리스도 안에서 우리와 관계를 맺으셨다. 우리 그리스도인들은, 이 자기 계시를 통하여 하나님의 참 하나님 되심을 알고, 하나님의 성품과 의지를 진정으로 알게 된다고 겸손하게 주장한다. 우리가 하나님에 관하여 갖는 이 지식을 단순히 상대적 지식이라고만 말하는 것은 정확하지 않다. 그것은 또한 부분적으로는 하나님의 절대적 본성에 관한 지식이다." 마지막의 진술들은 하나님에 관한 우리의 모든 지식이 인간의 정신에 대하여 상대적일 뿐이라는 관념을 피하려고 의도된 것이기 때문에, 우리는 하나님 안에 존재하는 현실과 그 지식이 일치한다는 어떤 확신도 가지지 못한다.

C. 속성들 속에서 계시된 하나님의 존재

하나님의 단순성으로부터 하나님과 하나님의 속성들이 하나라는 귀결이 나온다. 하나님은 인간들처럼 여러 다른 부분으로 구성되어 있지 않기 때문에, 하나님의 속성이 그렇게 많은 부분으로 고려될 수는 없다. 비록 *ad*와 *tribuere*에서 유래한 명칭이 그러한 방향을 지시하는 것처럼 보인다 하더라도, 속성은 하나님의 존재에 덧붙여진 어떤 것으로는 결코 간주될 수 없다. 그것은 영원히 완전하신 하나님의 존재에 어떤 것도 덧붙여질 수 없기 때문이다. 일반적으로 신학에서는, 하나님이 자신을 우리에게 계시하신 그대로의 하나님의 속성을 하나님 자신이라고 언급하고 있다.

스콜라 철학자들은 하나님이 계시고, 또한 모든 것을 가지고 계신다는 사실을 강조했다. 하나님은 생명과 빛과 지혜와 사랑과 의를 가지고 계시며, 성경의 근거 위에서 그는 생명과 빛과 지혜와 사랑과 의이시라고 말할 수 있다. 더 나아가 스콜라 철학자들은, 하나님의 전체적인 본질은 각각의 속성들과 동일해서 하나님의 지식이 하나님이며 하나님의 의지가 하나님이라는 따위를 주장했다. 그들 중 어떤 이는 심지어 각각의 속성이 모든 다른 속성과 동일하며, 하나님 안에는 논리적인 구별이 도무지 없다고까지 말했다. 이것은 매우 위험한 극단이다. 하나님 안에 속성들의 상호 침투가 있고, 또한 그들이 조화로운 전체를 형성한다는 사실이 언급될 수 있지만, 하나님 안에 있는 모든 구별들을 배제하고, 하나님의 자존이 하나님의 무한성이며, 하나님의 지식이 하나님의 의지이며, 하나님의 사랑이 하나님의 의이며 혹은 그 반대라고 말할 때, 범신론의 방향으로 나아가게 되는 것이다.

하나님 안에 있는 모든 실제적인 구별들을 없앤 것이 유명론자들의 특성이다. 하나님에게 돌려진 속성들에 해당하는 실제적인 구별들을 가정한다면 하나님의 단순성과 통일성을 위태롭게 하지나 않을까 하고 그들은 두려워했다. 그들에 의하면, 하나님의 존재의 속성은 하나님의 존재 안에 어떠한 일치하는 실재도 없으며, 오직 우리의 생각 속에서만 존재한다. 반면에 실재론자들은 하나님의 속성들의 실재성을 주장한다. 실재론자들은 일관적으로 수행된 유명론자들의 이론이 인격적인 하나님을 범신론적으로 거부하는 방향으로 나아가고 있음을 인식하였으며, 하나님 안에 있는 속성들의 객관적인 실재를 주장하는 일을 매우 중요한 것으로 간주했다. 동시에 그들은 모든 본질이 각각의 속성 속에 있다고, 즉 "하나님은 모든 것 안의 모든 것이시며, 각각의 안에서 모든 것이 되신다"라고 주장함으로써 하나님의 통일성과 단순성을 보호하려고 노력했다. 토마스 아퀴나스는 동일한 의도를 마음속에 가지고서, 그 속성들은 하나님이 자신 안에 즉 존재의 깊은 곳에서, 계시는 모든 일을 드러내는 것이 아니라, 피조물들과 관계를 맺고 있는 것만을 드러낸다고 주장했다.

물론 우리는 신적인 본질과 신적인 속성들(완전성들)을 분리시키는 일에 대하여 경계해야 하며, 또한 그들이 서로 설정하고 있는 관계의 잘못된 개념에 대해서도 마찬가지로 맞서야 한다. 속성들은 하나님의 존재의 참된 한정들(determinations)이며, 혹은 달리 말하자면 하나님의 존재 안에 포함되어 있는 특성들이다. 쉐드는 그것을 "본질에 대한 분석적이며 근접한 묘사"로 언급한다. 어떤 의미에서 그것은 동일하며, 하나님의 속성들은 하나님이 스스로 우리에게 계시해 주시는 바와 같이 하나님 자신이다. 훨씬 더 나아가서 쉐드와 더불어, "전체의 본질은 각각의 속성 속에 있으며, 속성은 본질 속에 있다"고 말할 수도 있는 일이다.

그리고 이 둘이 서로 맺고 있는 밀접한 관련 때문에, 속성에 관한 지식은 그것과 더불어 하나님의 본질에 관한 지식을 지니고 있다고 말할 수 있다. 하나님의 본질을 스스로 존재하며 속성에 앞서는 것으로 생각하거나, 속성을 하나님의 본질에 덧붙여진 우연한 특성들로 생각하는 것은 잘못된 것이다. 하나님의 속성들은 하나님의 참된 존재 안에 내재하고 있으며, 그것과 더불어 공존하는 하나님의 본질적인 성질들(qualities)이다. 이 성질들은 하나님의 본질적인 존재의 변경이 없이는 변경될 수 없다. 그리고 그들이 본질적인 성질들이기 때문에 그들 각각은 우리에게 하나님의 존재에 관한 어떤 양상을 계시해 주고 있다.

깊은 연구를 위한 질문

하나님의 존재와 본성과 본질을 우리는 어떻게 구분할 수 있는가? 하나님의 본질적 존재에 관한 철학자들의 견해는 일반적으로 신학자들의 견해와 어떻게 다른가? 절대성과 사랑, 혹은 인격성 속에서 하나님의 본질을 찾으려는 경향에 대해 어떻게 생각하는가? 오토(Otto)가 하나님의 본질을 '거룩함'(the Holy, the Numinous)으로 특징지을 때, 그는 무엇을 의미하는가? 왜 인간은 하나님을 이해할 수 없는가? 죄는 하나님을 아는 인간의 능력에 어떤 방식으로 영향을 끼쳤는가? "숨어 계신 하나님"에 관한 루터와 바르트의 견해는 어떤 차이가 있는가? 이 점에 있어서 칼빈은 그들과 다른가? 루터는 유명론자인 오컴(Occam)의 견해를 공유하는가, 또한 그로부터 다른 관점에 있어서도 영향을 받았는가? 스콜라 철학자들과 달리 종교개혁자들은 하나님의 존재의 문제를 어떻게 생각했는가? 만약 하나님이 순수한 속성이 없는 존재였다면, 우리가 하나님에 대하여 지식을 가질 수 있었겠는가? 속성에 관한 어떠한 잘못된 견해들을 피해야 하는가? 올바른 견해는 무엇인가?

IV
하나님의 이름들

A. 하나님의 이름 개요

하나님에 관한 몇 가지의 이름을 기록할 때, 성경은 다음의 구절들 속에서처럼 단수로 하나님의 이름을 언급한다. "너는 네 하나님 여호와의 이름을 망령되게 부르지 말라"(출 20:7), "여호와 우리 주여 주의 이름이 온 땅에 어찌 그리 아름다운지요"(시 8:1), "하나님이여 주의 이름과 같이 찬송도 땅 끝까지 미쳤으며"(시 48:10), "그의 이름이 이스라엘에 알려지셨도다"(시 76:1), "여호와의 이름은 견고한 망대라 의인은 그리로 달려가서 안전함을 얻느니라"(잠 18:10). 이 경우에 "이름"은 백성들과 관계를 맺고 계신 하나님에 대한 온전한 현현을 상징하거나, 혹은 하나님과 동의어가 되는 인격에 대한 것이다. 이러한 용법은 동양적 사고에서 이름이 단순한 단어가 아니라 사물의 본성을 지시하는 표현으로 여겨지기 때문이다. 한 사람의 이름을 아는 것은 그에 대한 지배력을 갖는 것이며, 여러 신들의 이름은 그 신들에 대한 지배력을 실천하려는 주술에서 사용되었다.

그런데 가장 일반적인 의미에서의 하나님의 이름은 그분의 자기 계시다. 그것은 거룩한 존재의 깊이에서 존재하시는 것이 아니라, 특별히 인간과의 관계 속에서 자신을 드러내시는 하나님의 명칭이다. 우리를 위해서, 하나의 일반적인 하나님의 이름이 여러 측면에서 하나님의 존재를 표현하는 많은 이름으로 갈라진다. 우리가 지금 여러 형태의 이름으로 하나님을 칭할 수 있는 것(nomina indita)은 하나님이 오로지 이름 속에서(nomen editum) 자신을 계시하셨기 때문이다. 하나님의 이름들은 비록 인간의 언어에서 모든 것을 차용하며 인간과 세속적인 관계들로부터 유래된 것임에도 불구하고, 인간의 창안이 아니라 신적인 기원으로부터 나온 것이다. 그 이름들은 신인동형론적이며, 하나님이 자신을 낮추어서 인간에게 다가오시는 모습을 보여준다.

하나님의 이름은 인간적인 사고에 어려움을 형성한다. 하나님은 일시적인 모든 것 위에 무한히 높으신 불가해한 분(Incomprehensible One)이시다. 그러나 그 이름들 속에서 하나님은 유한한 모든 것에게로 내려오시며, 인간과 같이 되신다. 한편으로는 우리가 그분을 부를 수 없지만, 또 한편으로 하나님은 많은 이름을 가지고 계시다. 어떻게 이것이 설명될 수 있는가? 어떠한 이유에서 이러한 이름들이 무한하고 불가해한 하나님에게 적용되는가? 그 이름들은 인간의 고안이 아니며, 하나님의 참된 존재에 대한 인간의 통찰을 시험하려는 것이 아니라는 점을 명심해야 한다. 그 이름들은 어느 정도 신적인 존재의 계시를 포함한다는 확신과 함께 하나님 자신에 의하여 주어졌다. 세계와 그것의 모든 관계가 하나님의 계시를 의미해 왔다는 사실에 의해서 그 일이 가능하게 되었다. 불가해하신 하나님이 자신을 그의 피조물들 속에 계시하셨기 때문에, 인간이 피조물의 양식을 따라 하나님을 호칭하는 것은 불가능하다. 자신을 인간에게 알리시기 위하여 하나님은 인간의 수준으로 내려오셔야 했으며, 자신을 제한되고 유한한 인간의 의식으로 낮추어야 했으며, 인간의 언어로 말씀하셔야 했다.

만약 어떤 이들이 이야기하듯이, 하나님을 신인동형론적인 호칭으로 부르는 것이 하나님의 제한을 포함한다면, 이것은 창조 안에서의 하나님의 계시에 있어서 참으로 진리임에 틀림없다. 그런데 세계는 하나님을 계시하기보다는 은폐하고 있다. 또한 인간은 하나님께 연관되지 않고, 하나님께 대하여 반대 명제만을 형성한다. 그래서 인간은 희망이 없는 불가지론에 갇힌다.

일반적으로 하나님의 호칭에 관해서 언급되었던 것으로부터, 하나님의 이름 안에, 우리가 하나님을 독립적이며 인격적인 존재로서 지시하며 부르는 호칭들뿐만 아니라 하나님의 속성들이 포함될 수 있다는 사실이 뒤따른다. 그런데 그 속성들은 일반적으로 하나님의 속성들뿐만 아니라 삼위일체의 각각의 위격에 특성을 부여하는 것이다. 바빙크 박사는 넓은 개념에 기초하여 하나님의 이름을 구분하며, 고유의 이름들(*nomina propria*)과 본질적인 이름들 혹은 속성들(*nomina essentialia*), 아버지와 아들과 성령과 같은 위격적인 이름들(*nomina personalia*)을 구분한다. 본장에서는 첫 번째 부류만을 논의하려고 한다.

B. 구약성경에 나오는 이름들과 그 의미

1. 엘('El), 엘로힘('Elohim), 엘욘('Elyon).   구약 성경에 나온 하나님의 가장 단순한 이름은 아마도, '첫째' 혹은 '주'라는 의미에서이든지 아니면 강하고 힘이 있다는 의미를 가진 울(*'ul*)에서 유래된 엘('*El*)이라는 이름이다. 엘로힘(*'Elohim*: 단수는 *'Eloah*)이라는 이

름은 같은 어근이나 혹은 '두려움에 휩싸인'이라는 뜻의 알라('alah)라는 말에서 유래하며, 따라서 강하고 힘이 있는 자로서 혹은 두려움의 대상으로서의 하나님을 지시한다. 이 이름은 시(詩)를 제외하고는 거의 단수로 쓰이지 않는다. 복수는 강조를 의미하며, 힘의 충만을 가리키는 것으로 여겨진다. 엘욘('Elyon)이라는 이름은 '올라가다' '고양되다'를 의미하는 알라('alah)에서 유래하며, 하나님을 높고 존귀하신 분으로 명시한다(창 14:19, 20; 민 24:16; 사 14:14). 그것은 특별히 시(詩)에서 발견된다. 이 이름들은 우상들(시 95:3; 96:5)과 인간(창 33:10; 출 7:1)과 통치자(삿 5:8; 출 21:6; 22:8-10; 시 82:1)에 대해서도 사용되기 때문에, 엄밀한 의미에서는 '고유의 이름'(nomina propria)이 아니다.

2. 아도나이('Adonai). 이 이름은 앞에 나온 이름의 의미와 관련이 있다. 그것은 '둔'(딘)이나 '아단'이라는 말에서 유래되었는데, 그 뜻은 둘 다 '심판하다' '다스리다'를 의미하며, 모든 것이 종속되고 인간이 종으로 관계되어 있는 전능한 통치자로서의 하나님을 명시한다. 초기에 아도나이는 이스라엘 백성이 하나님을 불렀던 일상적인 이름이었다. 나중에 그 이름은 주로 여호와(야훼)라는 이름으로 대치되었다. 여태까지 언급된 모든 이름들은 하나님을 높고 존귀하신 분으로, 초월자 하나님으로 묘사한다. 다음의 이름들은 이 고귀한 존재가 그의 피조물들과의 관계 속으로 내려오셨다는 사실을 지시한다.

3. 샤다이(Shaddai)와 엘-샤다이('El-Shaddai). 샤다이라는 이름은 '힘(능력)이 있다'는 의미의 샤다드(shadad)라는 동사에서 유래하며, 하나님을 하늘과 땅의 모든 권세를 소유하신 분으로 가리킨다. 그러나 다른 사람들은 이 이름을 주라는 의미의 샤드(shad)라는 말에서 끌어낸다. 그것은 중요한 점에서, 창조와 자연의 하나님인 엘로힘('Elohim)과는 다르며, 그 점에 있어서 샤다이라는 이름은 하나님이 자연의 모든 권세를 복종시키며, 또한 자연의 모든 권세를 하나님의 은혜의 사역에 공헌하게 하시는 분으로 생각된다. 이 이름은 하나님의 위대성을 강조하는 반면에, 또한 하나님을 공포와 전율의 대상으로서가 아니라 복과 위로의 근원으로서 나타낸다. 이 이름은 하나님께서 믿음의 조상인 아브라함에게 나타나셨던 바로 그 이름이다(출 6:2).

4. 야훼(Yahweh)와 야훼 츠바오트(Yahweh Tsebhaoth). 초기의 이름들을 점차로 대체했던 것은 은혜의 하나님으로서 자신을 계시하시는 하나님의 이름인 야훼이다. 그것은 언제나 가장 성스럽고 가장 특수한 하나님의 이름, 즉 불가해한 이름으로 여겨져 왔다. 유대인들은 "여호와의 이름을 모독하면 그를 반드시 죽일지니라"라는 레 24:16을 읽음으로써 이 이름을 사용하는 데 대한 미신적인 두려움을 가지고 있었다. 그러므

로 성경을 읽을 때, 그들은 그 이름을 아도나이나 엘로힘으로 대체했다. 그리고 자음들을 고스란히 보존했던 맛소라 학자들은 그 자음들에다가 이 이름들 중의 하나의 모음들이나 아도나이의 모음들을 덧붙였다. 그 이름과 원래의 발음과 의미의 진정한 유래는 다소간의 모호함 속에서 상실되었다.

모세 오경은 이 이름을 '존재한다'는 뜻의 히브리어 단어인 하야(*hayah*) 동사와 연결한다(출 3:13, 14). 앞의 구절에 의존하여 우리는 그 이름이 아마도 그 동사의 고어 형태인 하와(*hawah*)로부터 유래한다고 가정할 수 있다. 형태에 관한 한, 우리는 그것을 동사의 3인칭 미완료 칼 혹은 히필형으로 간주할 수 있다. 그러나 십중 팔구는 전사이다. 그 의미는 출 3:14에서 설명되는데, "나는 스스로 있는 자이다" 혹은 "나는 스스로 존재하는 자이다"(I shall be what I shall be)로 번역된다. 이렇게 해석될 때, 그 이름은 하나님의 불변성을 지시한다. 그러나 그것은 보이는 하나님의 본질적인 존재의 불변성이라기보다는 그의 백성들에 대한 관계의 불변성이다. 그 이름은, 하나님께서 모세 시대의 백성들의 조상들인 아브라함, 이삭, 야곱의 하나님이었던 그대로 그들의 하나님이 되실 것이라는 확신을 내포하고 있다. 그것은 하나님의 계약의 충실성을 강조하며, 특히 하나님의 고유한 이름을 강조하므로(출 15:3; 시 83:19; 호 12:6; 사 42:8) 이스라엘의 하나님 이외에는 아무에게도 사용되지 않는다. 그 이름의 배타적인 성격은 그것이 복수로나 접미사로는 결코 쓰이지 않는다는 사실에서 나타난다. 그 이름의 축약된 형태는 특별히 합성 이름들 속에서 발견되는 야(*Yah*)와 야후(*Yahu*)이다.

야훼라는 이름은 흔히 츠바오트(*tsebhaoth*)라는 첨가어에 의해 강화된다. 오리겐과 히에로니무스는 야훼가 구문 상태를 용인하지 않기 때문에 이 첨가어를 동격으로 여긴다. 그러나 이러한 해석은 충분한 근거가 없으며, 이해할 수 있는 의미를 거의 지니고 있지 않다. 츠바오트라는 단어가 무엇을 의미하는지를 결정하는 것은 매우 힘들다. 여기에 특별히 세 가지 의견이 있다.

(1) **이스라엘의 군대들.** 그러나 이 견해의 정확성은 상당히 의심받을 만한 여지가 있다. 이 개념을 지지하는 것으로 인용된 대부분의 구절들은 그 핵심을 입증하지 못한다. 단지 그들 중 세 구절만이 유사한 증명을 내포하는데, 즉 삼상 4:4; 17:45; 삼하 6:2이며, 그들 중 하나인 왕하 19:31은 이 견해에 대해서는 오히려 비우호적이다. 복수형 츠바오트는 많은 이스라엘 백성들에 대하여 사용되지만, 군대는 규칙적으로 단수형으로 지적된다. 이것은 지금 고려되고 있는 이름에서 그 용어가 이스라엘의 군대를 지칭한다는 이 견해의 본래적인 관념과는 반대적인 관념이다. 게다가 적어도 선지자들

에게 "만군의 여호와"라는 이름은 전쟁의 하나님으로서의 여호와를 지칭하는 것이 아님은 분명하다. 또한 그 이름의 의미가 변했다면 무엇이 그 변화를 야기시켰는가?

(2) 별들. 그러나 천군(the host of heaven)에 관하여 말할 때, 성경은 언제나 단수형을 사용하지, 결코 복수형을 사용하지 않는다. 게다가 별들이 천군으로 불릴 때, 그들은 결코 하나님의 군대로 지칭되지 않는다.

(3) 천사들. 이러한 해석은 참조할 만한 가치가 있다. 야훼 츠바오트라는 이름은 흔히 천사들이 언급되어 있는 구절과 연결되어 발견된다(삼상 4:4; 삼하 6:2; 사 37:16; 호 12:4, 5; 시 80: 1, 4 이하; 시 89:6-8). 천사들은 하나님의 보좌를 둘러싸고 있는 군대로서 반복되어 묘사된다(창 28:12; 32:2; 수 5:14; 왕상 22:19; 시 68:17; 103:21; 148:2; 사 6:2). 이러한 경우, 단수가 일반적으로 사용되는 것은 사실이지만, 성경이 또한 천사들의 몇 가지 분류가 있었음을 지적하기 때문에 이것은 조금도 심각한 반대는 아니다(창 32:2; 신 33:2; 시 68:17). 게다가 이러한 해석은 군대적인 의미를 가지지 않으며, 왕으로서의 하나님의 영광을 표현하는 이름의 의미와 조화를 이룬다(신 33:2; 왕상 22:19; 시 24:10; 사 6:3; 24:23; 슥 14:16). 그러므로 만군의 여호와는 천사의 군대에 둘러싸여 계시며, 그의 백성들을 위하여 하늘과 땅을 다스리시며, 그의 모든 피조물로부터 영광을 받으시는 결과의 왕으로서의 하나님이다.

C. 신약 성경에 나오는 이름들과 그 해석

1. 데오스(Theos). 신약 성경도 역시 구약 성경의 이름들에 해당하는 헬라어를 가지고 있다. 엘, 엘로힘, 엘욘에 해당하는 말은 데오스인데, 신약 성경에서 하나님에게 적용되는 가장 일반적인 이름이다. 엘로힘과 같이, 그것은 엄밀하게 말했을 때 본질적인 신성을 표현함에도 불구하고 편의대로 이방의 신들에게도 사용된다. 엘욘은 휩시스토스 데오스(*Hupsistos Theos*)로 언급된다(막 5:7; 눅 1:32, 35, 75; 행 7:48; 16:17; 히 7:1). 샤다이와 엘-샤다이라는 이름은 판토크라토르(*Pantokrator*)와 데오스 판토크라토르(*Theos Pantokrator*)로 번역된다(고후 6:18; 계 1:8; 4:8; 11:17; 15:3; 16:7, 14). 그러나 좀 더 일반적으로 데오스는, 하나님께서 그리스도 안에서 그의 모든 자녀들과 각각의 자녀의 하나님으로 간주될 수 있기 때문에, 나의(*mou*, 무), 너의(*sou*, 수), 우리의(*hemon*, 헤몬), 너희의(*humon*, 휘몬)와 같은 소유격과 함께 발견된다. 따라서 구약 성경의 민족적인 개념은 종교에 있어서 개인을 위한 여지를 남겨 놓았다.

2. 퀴리오스(Kurios). 야훼라는 이름은 계 1:4, 8, 17; 2:8; 21:6; 22:13에 나오는 "알파와 오메가", "이제도 계시고 전에도 계시고 장차 오실 이", "시작과 끝", "처음과 나중"과 같은 여러 가지 종류의 묘사에 의하여 몇 번씩이나 설명된다. 그러나 신약 성경의 다른 부분에서는 70인역을 따라서 그 이름을 아도나이로 대체하였고, 퀴로스(Kuros, 능력)에서 유래한 퀴리오스로 이 말을 번역하고 있다. 이 이름이 야훼와 똑같은 의미를 가지고 있는 것은 아니지만, 하나님을 법적인 권세와 권위를 가지신 전능자와 주님, 소유자, 통치자로서 묘사한다. 이 이름은 하나님에 대해서 뿐만 아니라 그리스도에 대해서도 쓰인다.

3. 파테르(Pater). 신약 성경이 파테르(아버지)라는 하나님의 새 이름을 소개했다고 종종 언급된다. 그러나 이는 확실하지 않다. 이방 종교들에서도 신성에 관해 아버지라는 이름이 사용된다. 그것은 구약 성경에서 이스라엘에 대한 하나님의 관계를 지시하기 위하여 반복적으로 사용되고 있으며(신 32:6; 시 103:13; 사 63:16; 64:8; 렘 3:4, 19; 31:9; 말 1:6; 2:10), 이스라엘은 하나님의 아들로 불린다(출 4:22; 신 14:1; 32:19; 사 1:2; 렘 31:20; 호 1:10; 11:1). 그런 경우에 있어서 이 이름은 하나님이 이스라엘에서 세우시는 특별한 신정 정치적 관계를 표현한다. 이 이름은 신약 성경 구절들 속에서 창시자 혹은 창조자의 일반적인 의미로 사용된다(고전 8:6; 엡 3:15; 히 12:9; 약 1:18). 그밖의 다른 모든 구절들에서 이 이름은 삼위일체의 제1위격이 형이상학적이든지 혹은 중보적인 의미에 서든지 간에 하나님이 아들이신 그리스도와 맺으시는 특별한 관계나, 하나님이 그의 영적인 자녀들인 모든 믿는 자들과 맺으시는 윤리적인 관계를 잘 표현한다.

V
하나님의 속성 개요

A. 사용된 용어에 대한 평가

'속성'(attributes)이라는 명칭은 이상적이지 않다. 왜냐하면 그것은 어떤 것에 무엇을 덧붙이거나 지정한다는 개념을 시사하며, 따라서 신적 존재에 덧붙여진 어떤 것이라는 느낌을 주기 쉽기 때문이다. 의심할 바 없이 하나님께만 고유한 어떤 것을 지시할 때에는 '특성'(properties)이라는 용어가 더 좋다. 물론 어떤 속성들이 공유될 수 있다는 점에서 특성(proprium)의 절대적인 성격이 약화되는데, 그것은 어떤 속성들은 절대적인 의미에서 하나님께만 고유한 것이 아니기 때문이다. 그러나 이 용어조차도 하나님의 본질이나 본성과 그것에 고유한 것을 구분하고 있다는 암시를 포함하고 있다.

대체로 하나님의 '완전성'(perfections)이나 '덕'(virtues)이라는 용어를 쓰는 것이 바람직하다. 그러나 이 경우에 '덕'이란 용어가 순수 윤리적인 의미로 쓰이지 않았다는 것을 분명히 이해해야 한다. 그렇게 함으로써 우리는 (1) 벧전 2:9에서 쓰여진 '덕' 혹은 '미덕'(excellencies)을 뜻하는 아레테(arete)라는 성경의 용법을 따르고, (2) 하나님의 존재에 어떤 것이 덧붙여졌다는 암시를 피한다. 그의 덕은 그의 존재에 덧붙여진 것이 아니라, 그의 존재가 그의 덕의 충만(pleroma)이며, 또한 그 덕에서 존재 자체를 계시한다. 하나님의 덕은 성경에서 하나님의 존재의 속성이라고 단언되거나 혹은 하나님의 창조와 섭리와 구속의 사역 속에서 하나님에 의해 가시적으로 실천된 완전성으로 규정될 수 있다.

'속성'이라는 명칭을 계속 사용하는 것은, 이 명칭이 일반적으로 사용되고 있기 때문이며, 하나님의 존재에 어떤 것이 덧붙여졌다는 개념을 엄격하게 배제해야 한다는 분명한 이해가 있기 때문이다.

B. 하나님의 속성을 결정하는 방법

스콜라주의자들은 자연 신학의 체계를 구성할 때에, 하나님의 속성을 결정하는 세 가지 방법을 가정했는데, 그것들은 인과율의 방법(*via causalitalis*), 부정의 방법(*via negaitionis*), 우월성의 방법(*via eminentiae*)으로 묘사된다. 인과율의 방법에 의해서, 우리는 우리를 둘러싼 세계 속에서 보이는 결과들로부터 제일 원인의 관념으로, 창조에 대한 숙고로부터 전능하신 창조주의 관념으로, 세상의 도덕적 통치에 대한 관찰로부터 전능하고 지혜로운 통치자의 관념으로 나아간다. 부정의 방법에 의해서, 우리는 우리의 하나님 관념으로부터 완전 존재의 관념과는 모순되는 것으로서 피조물 속에서 발견되는 모든 불완전함들을 제거하며, 하나님에 대해서는 반대로 완전함을 돌린다. 이러한 원칙에 기초하여 하나님을 독립적이고, 무한하며, 무형적이고, 광대하며, 불멸하고, 불가해한 분으로 언급한다. 마지막으로, 우월성의 방법에 의해 결과 속에 존재하며, 원인 속에 선재하며, 또한 절대적인 의미에 있어서 가장 완전한 존재이신 하나님 안에 존재하는 원리에 따라, 인간 속에서 발견되는 상대적인 완전함들을 가장 탁월한 방식으로 하나님께 돌린다. 이 방법은 아는 존재로부터 모르는 존재로 나아가기 때문에 어떤 이들에게는 호소력이 있을 수 있지만, 교의신학의 적절한 방법은 아니다. 이 방법은 인간에게서 출발하며, 인간에게서 발견한 것으로부터 하나님에게서 발견한 것을 결론짓는다. 또한 이렇게 할 때에, 이것은 인간을 하나님의 척도로 만든다. 이것은 물론 신학적인 진행 방법은 아니다.

게다가 그것은 하나님에 관한 지식을 하나님의 말씀에서의 하나님의 자기 계시보다는 인간적인 결론 위에 기초한다. 하지만 이것은 하나님에 관한 지식의 유일하고 충분한 원천이다. 이러한 방법은 소위 자연 신학에서는 수용될 수 있겠지만, 계시 신학에서는 어울리지 않는다. 이것은 경험(experimental) 신학의 현대적인 대표자들에 의해서 제안된 방법들에 대해서도 동일하게 언급될 수 있다. 이것의 전형적인 보기는 매킨토시(Macintosh)의 저서인 「경험 과학으로서의 신학」(*Theology as an Empirical Science*)에서 찾아볼 수 있다. 그는 또한 세 가지의 진행 방법에 대해서 말한다. 우리는 하나님의 실재에 관한 우리의 직관, 즉 직접적인 경험 속에 견고하게 기초하고 있는 이성에 의거하지 않은 확실성에서 시작할 수 있다. 이 직관들 중 하나는 우리의 종교적인 의존의 대상이 우리의 절박한 요구들에 대해서 절대적으로 충분하다는 것이다. 특별히 예수님의 삶과 도처에 있는 '그리스도와 같은 것'(Christlike)으로부터 연역될 수 있다. 우리는 또한 우리의 출발점을 인간의 확실성에서가 아닌, 인간의 필요들 속에서 취할 수 있다. 실제적으로 필요한 전제는, 하나님이 인간의 종교적인 필요들에 대하여 절대적으로 충분하며 절대적으로 의존할 수 있는 분이라는 것이다. 이러한 기초 위에서 인간은 하나님의 속성론을 형성할 수 있다. 마지막으로, 좀 더 실용적인 방법을 따를 수도 있는데, 그 방법은 그들이 하는 일을 관찰함으로써, 직접적으로 인식될 수 없는 사물과 인격의 본질을 우리가 어느 정도 배울 수 있다는 원리에 의존하고 있다. 매킨토시는 세 가지 방법을 모두 다 사용할 필요가 있다고 여긴다.

리츨(Ritschl)은 우리가 하나님은 사랑이시라는 관념에서 시작하기를 원했고, 또한 하나님에 관한 이러한 가장 특징적인 사상에 내포되어 있는 것이 무엇인가를 묻게 한다. 사랑은 인격적이기 때문에 하나님의 인격성을 의미하며, 우리에게 세계와 인간의 삶을 해석하는 원리를 제공한다. 하나님이 사랑이라는 사상은 또한 하나님이 사랑의 목적을 성취할 수 있다는 확신, 즉 하나님의 의지가 세계 안에서 가장 효과적인 것이라는 확신을 담고 있다. 여기서 전능하신 창조주라는 개념이 산출된다. 또한 이러한 기초적인 사상에 의해서 우리는 하나님의 영원성을 확신하게 되는데, 그것은 하나님께서 자신의 왕국의 실현을 위하여 만물을 다스리시면서 처음부터 그 끝을 보시고 계시기 때문이다. 브라운(W. A. Brown) 박사는 어느 정도 비슷한 의미에서 "우리는 이미 그리스도 안에서의 계시로부터 획득한 하나님에 대한 개념을 분석함으로써 속성에 대한 지식을 얻게 되며, 또한 그런 개념의 독특한 특징들을 가장 명료하게 표현하는 방식으로써 그것들을 정리한다"라고 말했다.

이러한 모든 방법들은 하나님의 말씀보다는 인간의 경험에서 출발한다. 그들은 성경에 나타난 하나님의 명료한 자기 계시를 고의로 무시하고, 하나님에 관한 인간적인 발견의 개념을 강조한다. 그런 방법들을 의존하는 사람들은, 하나님을 발견할 수 있고, 또한 입증된 '과학적인 방법들'에 의해 하나님의 본성을 귀납적으로 결정할 수 있는 자신들의 능력에 대한 과장된 관념을 갖고 있다. 동시에 그들은, 성령만이 하나님의 깊은 사정을 아시며 인간에게 그것들을 계시하신다는 사실을 까맣게 잊고, 하나님에 관한 참된 지식을 얻을 수 있는 유일한 길인 하나님의 특별 계시에 대해 눈을 감아 버린다. 그들의 방법 자체가 하나님을 인간의 수준으로 끌어내리는 것이며, 하나님의 초월성을 희생하고 그의 내재성을 강조하며, 또한 하나님을 세계와 연속적으로 만드는 것이다. 그들의 철학의 최종적인 결과는 하나님을 인간의 형상으로 만드는 것이다.

제임스(James)는 종교에서의 모든 지성주의(intellectualism)를 비난하며, 스콜라 신학

형태의 철학은 학문적인 방법으로 하나님의 존재를 확립할 때 실패한 것처럼 하나님의 속성을 규명하려는 시도 또한 완전히 실패할 것이라고 주장한다. 욥기를 언급한 후에 그는 "추론은 신성에 이르는 비교적 피상적이며 비현실적인 길이다"라고 말한다. 그리고 "내가 참으로 진지하게 생각하는 것은, 순수 지성적인 과정에 의해서 직접적인 종교 경험들에 관한 구원의 진리를 증명하려는 시도는 절대로 무익하다고 결론을 내려야 한다는 점이다"라는 중요한 말로써 결론을 맺었다. 그는 인간의 실제적인 요구를 충족시키시는 하나님을 추구하는 실용적인 방법에 대하여 더 큰 확신을 가지고 있다.

그가 볼 때는 다음의 사실이 충분히 믿을 수 있다는 것이다. 즉, "인간의 관념에 친밀한 더 큰 능력이 각 인간을 초월하여 인간과 연속적인 양식으로 존재한다. 그 사실들이 요구하는 모든 것은, 그 능력이 우리의 의식적인 자아들과는 다르며, 더 큰 것이 되어야 한다. 그 능력이 다음 단계를 기대할 만큼 충분히 클 수만 있다면, 더 큰 것이라면 아무것이라도 좋다. 그것은 무한하거나 유일해야 할 필요가 없다. 그것은 생각하건대 더 크고 좀 더 신적인 자아뿐일 수도 있을 것이다. 그런데 현재적 자아는 그 신적인 자아의 불완전한 표현일 것이며, 또한 우주는 자신 안에서 실현된 어떠한 절대적인 통일성도 전혀 가지고 있지 않은 상이한 정도와 내용으로 이루어진 그런 자아들의 집합일 수도 있는 것이다." 이렇게 해서 우리는 유한한 하나님 관념을 품게 된다.

신적인 속성에 관하여 완전히 신뢰할 수 있는 지식을 획득하기 위한 유일하고도 적절한 방법은 성경에 나타난 하나님의 자기 계시를 연구하는 것이다. 우리가 자연의 연구를 통하여 하나님의 지혜와 선하심과 위대하심과 권능에 대한 약간의 지식을 얻을 수 있는 것은 사실이다. 하지만 이러한 속성에 대한 적절한 개념을 위해서는 하나님의 말씀으로 돌아가는 것이 필수적이다.

계시 신학에서 우리는 하나님의 말씀으로부터 어떤 것이 하나님의 속성인가를 배우려고 한다. 인간은 다른 연구 대상을 대하듯 하나님으로부터 지식을 이끌어낼 수 없으며, 하나님께서는 자신에 관한 지식, 즉 인간이 단지 수용하여 획득할 수 있는 지식만을 인간에게 전달하신다. 이러한 계시된 지식을 획득하고 이해하기 위해서는, 물론 인간이 하나님의 형상대로 지음 받았기 때문에 자신의 삶 속에서 유용한 유사성을 발견하는 일이 가장 중요하다. 이 방법은 완전한 존재의 관념으로부터 속성을 추론해 내었던 스콜라 철학자들의 선천적인(a priori) 방법과는 달리, 그 출발점을 추상적인 완전 존재가 아닌 신적인 자기 계시의 충만 속에서 취하며, 또한 그 빛 속에서 하나님을 알려고 하기 때문에 후천적인(a posteriori) 방법이라고 불린다.

C. 속성들의 분류

신적인 속성의 구분 문제는 오랫동안 신학자들의 주목의 대상이었다. 몇 가지 분류법이 제안되었으나, 그것들은 대체로 크게 두 가지로 분류된다. 이 분류들은 여러 명칭으로 표시되고 여러 관점들을 대표하지만, 실질적으로는 분류만 다양할 뿐 동일하다. 다음 사항은 이 분류들 중에서 가장 중요한 것이다.

1. 자연적인 속성과 도덕적인 속성으로 구분한다. 전자는 자존이나 단순성, 무한성 등과 같이 하나님의 의지와 구분되는 것으로서, 그의 소질(素質)에 속한다. 후자는 진리와 선, 자비와 정의, 거룩함 등과 같이 하나님을 도덕적인 존재로 평할 수 있게 한다. 이러한 구분에 대한 반대는, 소위 도덕적 속성이 다른 속성들과 마찬가지로 하나님 안에서 참으로 자연적이라는 것이다. 댑니(Dabney)는 이 구분을 선호하지만, 앞에서 제기된 반론을 고려하면서 용어가 적절하지 않은 점은 인정하고 있다. 그는 오히려 도덕적인 속성과 비도덕적인 속성이라고 일컫는다.

2. 절대적인 속성과 상대적인 속성으로 구분한다. 전자가 그 자체로서 고찰된 하나님의 본질에 속하는 반면에, 후자는 하나님의 창조에 연관되어 고찰된 하나님의 본질에 속한다. 전자는 자존과 무한과 영원과 같은 속성을 포함하며, 후자는 편재(omnipresence)와 전지(omniscience)와 같은 속성을 말한다. 이 구분은, 우리가 하나님이 피조물들과 맺으시는 관계들과는 완전히 독립하여 그 자신 안에 있는 그대로의 하나님에 관한 지식을 가질 수 있다는 가정에서 진행되는 것으로 보인다. 그러나 이것은 그렇지 않으며, 따라서 적절히 언급하면, 하나님의 모든 속성들은 상대적이며 하나님이 세상과 관련되어 있음을 나타내는 것이다. 스트롱은 결코 그 반대를 인정하지 않으며, 이러한 구분을 선호하고 있다.

3. 하나님의 속성을 내재적 혹은 자동적 속성과, 유출적 혹은 타동적 속성으로 구분한다. 스트롱은 이러한 구분을 전술한 구분과 결합하여, 절대적 혹은 내재적 속성과, 상대적 혹은 타동적 속성으로 일컫는다. 전자는 신적인 본질의 외부로 유출되어서 작용하는 속성들이 아니라, 무한성과 단순성, 영원성 등과 같이 내재적으로 남아 있는 속성들이며, 후자는 밖으로 흘러나가 전능과 자비와 공의 등과 같이 하나님에게 외적인 결과들을 산출하는 속성들이다. 하지만 어떤 신적인 속성들이 순수하게 내재적이라면, 그것들에 대한 모든 지식은 불가능할 것이다. 스미스(H. B. Smith)는, 모든 속성들이 반드시 내재적이며 타동적인 것이라고 말한다.

4. 가장 일반적인 구분은 비공유적(incommunicable) 속성과 공유적(communicable) 속성의 구분이다. 전자는 자존성(aseity)과 단순성, 무한성 등과 같이 피조물에서는 어떤 유비도 찾을 수 없는 속성들이며, 후자는 능력과 선과 자비와 의와 같이 인간 정신의 특성들이 어떤 유비를 가지고 있는 속성들이다. 이러한 구분은 루터파에서는 환영받지 못했지만, 개혁 교회 내에서는 항상 호응을 받고 있으며, 마스트리히트(Mastricht)와 투레틴(Turretin), 라이덴(Leyden)의 교수들의 대표적인 저작들 속에서 발견된다. 그러나 이러한 구분은 애초부터 더 이상의 특성의 규정이 없이는 유지될 수 없는 것으로 느껴졌는데, 그것은 어떤 관점에서는 모든 속성이 공유적인 것으로 불릴 수도 있기 때문이다. 신적 속성 중 어떤 것도 하나님 안에 존재하는 무한한 완전성 속에서는 공유적이 아닌 동시에, 소위 하나님의 비공유적인 속성이라 하더라도 그 희미한 흔적은 인간 속에 있다.

좀 더 최근의 개혁파 신학자들 중에는 다른 어떤 구분을 위하여 이러한 구분을 버리는 경향이 있다. 딕(Dick)과 쉐드(Shedd)와 보스(Vos)는 옛 구분을 그대로 유지하고 있다. 카이퍼(Kuyper)는 이것을 불만족스러운 것으로 표현하면서도, 대조를 위한 덕(*virtutes per antithesin*)과 종합을 위한 덕(*virtutes per synthesin*) 속에서 그것을 재산출하고 있다. 또한 바빙크는 교의학의 초판에서는 다른 방법을 따랐지만, 제2판에서는 다시 이 구분으로 돌아온다. 호니히(Honig)는 바빙크가 초판에서 사용했던 구분을 더 즐거이 따르고 있다. 마지막으로, 하지 부자(the Hodges)와 스미스(H. B. Smith)와 쏜웰(Thornwell)은 웨스트민스터 요리문답에서 제안하고 있는 구분을 따르고 있다.

속성들을 크게 둘로 분류하는 것은, 고찰하는 가운데 분명히 보았듯이 다른 모든 분류법들에도 해당되는 것이다. 그 모든 분류법은 하나님의 존재를 두 부분으로 명료하게 나눈다는, 즉 첫째로는 자기 자신 안에 있는 그대로의 하나님 곧 절대적 존재로서의 하나님을, 그 다음에 피조물과 관계된 하나님 즉 인격적인 하나님을 논의한다는 반론을 받게 된다. 신적인 속성에 관한 이러한 분류법은 통일적이고 조화로운 개념으로 귀결되지 않는다고 말할 수 있다 그러나 이러한 난점(難點)은 명명된 두 부류의 속성이 엄격하게 대등한 것이 아니라, 첫 번째 부류에 속하는 속성이 두 번째 부류에 속하는 모든 속성들을 규정한다는 사실을 명백히 이해함으로써 피할 수 있는 것이며, 따라서 하나님은 그의 지식과 지혜, 선과 사랑, 은혜와 자비, 공의와 거룩함에 있어서 유일하며, 절대적이며, 불변하며, 무한하다고 말할 수 있다. 만약 우리가 이것을 명심하고, 하나님의 속성의 어떠한 것도 인간 속에 그 흔적이 전혀 존재하지 않기 때문에 그것들이 비공유적인 것은 아니라는 것과, 또한 하나님 안에서 발견되는 것처럼 인간 속에서 그러한 속성들이 발견되기 때문에 그것들이 공유적인 것은 아니라는 사실을 기억한다면, 개혁과 신학에서 아주 익숙해진 옛 구분을 버려야 할 아무런 이유도 찾을 수 없을 것이다. 실제적으로, 그것을 유지하는 것이 오히려 바람직한 것으로 보인다.

깊은 연구를 위한 질문

하나님께 속성이라는 용어를 적용하여 사용하는 데 대하여 어떠한 이의가 있는가? 동일한 반대가 독일어 "Eigenschaften"과 네덜란드어 "eigenschappen"에도 적용되는가? 칼빈은 속성에 대하여 어떤 명칭을 사용하고 있는가? 하나님의 부분들로서 혹은 하나님께 덧붙여진 것으로서의 속성 개념에 대하여 어떠한 반대가 있는가? 중세 시대에는 속성에 대하여 어떠한 잘못된 개념들이 통용되었는가? 스콜라 철학자들은 속성을 탐구할 때에 선천적인 방법(*a priori*)이나 연역적인 방법을 따랐는가? 아니면 후천적인 방법(*a posteriori*)이나 귀납적인 방법을 따랐는가? 왜 그들의 방법은 본래부터 계시 신학에 대하여 이질적인 것이 되었는가? 속성에 대한 어떠한 분류법이 본문에서 언급된 것들에 첨가되어 제안되었는가? 완전 무결한 분류법이 실질적으로 전혀 불가능한 이유는 무엇인가? 웨스트민스터 요리문답에 의해서 어떤 구분이 제안되었는가?

VI
비공유적(非共有的) 속성
(절대 존재로서의 하나님)

신학에서 하나님을 절대 존재로 말하는 것은 상당히 일반적인 것이었다. 동시에 '절대'라는 용어는 신학보다는 철학에서 더 특징적인 것이었다. 형이상학에서 '절대자'라는 용어는 모든 존재의 궁극적인 근거를 지시하는 것이다. 그리고 유신론자도 역시 하나님을 모든 존재의 궁극적인 근거로 말하기 때문에, 때때로 철학의 절대자와 유신론의 하나님은 한 분이시며 같은 분이라고 여겨진다. 그러나 그것이 반드시 그렇지만은 않다. 사실상 절대자의 일반적인 개념은 절대자를 성경과 기독교 신학의 하나님과 동등시하려는 것을 불가능하게 한다. '절대자'라는 용어는 라틴어 *ab*(로부터)와 *solvere*(풀어 놓다)의 합성어인 압솔루투스(*absolutus*)로부터 유래하며, 따라서 조건에 관하여 자유로우며, 혹은 한계나 제한으로부터 자유로운 것을 의미한다. 이러한 기본적인 사상은 여러 가지 방식으로 해명되었는데, 그리하여 절대자는 모든 조건들로부터 자유로우며(무조건자 혹은 자존자), 모든 관계들로부터 자유로우며(완전자), 물질과 정신, 존재와 속성, 주체와 객체, 외양과 실체 같은 모든 현상적인 차이점들이나 구별들로부터 자유로운(실재자 혹은 궁극적 실재) 분으로 여겨졌다.

철학의 절대자가 신학의 하나님과 동일시될 수 있는가라는 질문에 대한 대답은 우리가 절대자에 관하여 갖는 개념에 달려 있다. 만약 스피노자(Spinoza)가 절대자를 모든 특수한 사물들이 그 속에서 단순히 순간적인 양식들을 가지고 있는 하나의 자기 생존적 존재(Self-subsistent Being)로서 인식하고, 따라서 하나님과 세계를 동일시한다면, 우리는 이러한 절대자를 하나님으로 간주하는 그의 견해에 동의할 수 없다. 헤겔은 절대자를 사상과 존재의 통일로서, 그리고 모든 관계들을 포함하며 그 속에서 현재의 모든 부조화가 완전한 동일성 속에서 해소되는 모든 사물들의 총체성으로서 보았기 때문에, 우리는 이러한 절대자를 하나님으로 간주하는 그도 역시 따를 수 없다.

또한 브래들리(Bradley)가 자기의 절대자는 무(無)에 관계되어 있고, 그것과 유한 의지 사이에는 어떤 실제적인 관계도 있을 수 없다고 말했을 때, 우리는 그의 절대자가 기독교의 하나님일 수 없다는 그의 말에 동의한다. 그것은 기독교의 하나님은 유한한 피조물과 관계를 맺으시기 때문이다. 브래들리는 종교의 하나님을 유한한 하나님 외에 다른 분으로 생각할 수가 없었다. 하지만 절대자가, 존재하는 모든 사물들의 제일 원인으로 혹은 모든 실재의 궁극적인 근거로 혹은 하나의 자존적인 존재로 규정될 때, 절대자는 신학의 하나님과 동일한 분으로 여겨질 수 있을 것이다. 하나님은 자기 충족적인 존재이기 때문에, 어떠한 필연적인 관계 속에서도 존재하지 않는 무한자이지만, 동시에 전체적으로는 그의 창조와, 또한 그의 피조물들과 자유롭게 여러 가지 관계를 맺으실 수가 있다. 비공유적인 속성이 하나님의 절대 존재를 강조하는 반면, 공유적인 속성은 하나님께서 그의 피조물들과 여러 가지 관계를 맺으신다는 사실을 강조한다. 본장에서는 다음과 같은 하나님의 속성들을 고찰할 것이다.

A. 하나님의 자존성

하나님은 자존하신다. 즉, 하나님은 자기 자신 안에 그의 존재의 근거를 가진다. 이러한 관념은 때때로 하나님을 자기 자신의 원인(*causa sui*)이라고 말함으로써 표현되지만, 이 표현은 하나님께서 자기 자신의 존재의 필연성에 의하여 필연적으로 존재하시는 무원인자이시기 때문에 거의 정확한 것은 아니다. 반면에 인간은 필연적으로 존재하지 않으며, 자기 존재의 원인을 자신의 외부에 가지고 있다. 하나님의 자존의 개념은 대개 자기 기원적인 것을 의미하는 자존성(*aseitas*)이라는 용어로 표현되지만, 개혁파 신학자들은 아주 일반적으로, 하나님은 자기 존재에 있어서 독립적일 뿐만 아니라, 그 외의 모든 것, 즉 하나님의 덕성과 명령과 사역 등에 있어서도 독립직이라는 것을 말하면서, 그 용어를 독립성(*independentia*)이라는 말로 대체했다. 피조물 안에 이러한 완전성의 희미한 흔적이 있다는 사실을 말할 수 있으나, 이것은 단지 피조물이 절대적으로 의존적이라고 할지라도 여전히 자기 고유의 독특한 존재를 가지고 있다는 의미에 불과하다. 물론 이것은 자존과는 거리가 멀다. 하나님의 이러한 속성은 일반적으로 인정되며, 철학의 절대자와 이방 종교들 속에서 암시된다. 절대자가, 자발적으로 다른 존재들과 여러 가지 관계를 맺고 있는 자존자와 모든 사물의 궁극적인 근거로서 간주될 때, 신학의 하나님과 동일시될 수 있다. 자존적인 하나님은 자신 안에서 독립적일 뿐만 아니라, 모든 것이 자기에게 의존하게 하신다. 이러한 하나님의 자존성은 여호와라는 이름 속에서 표현된다. 자존적이며 독립적인 존재로서의 하나님만이, 자신의 백성들과 맺고 있는 관계에서 영원히 동일하게 남아 있을 것이라는 확신을 줄 수 있다. 이 속성의 추가 설명은, "아버지께서 자기 속에 생명이 있음 같이 아들에게도 생명을 주어 그 속에 있게 하셨고"라고 요 5:26의 단언과, 하나님은 만물에 대해서 독립적이며 모든 만물이 그를 통해서만 존재한다는 선언(시 94:8 이하; 사 40:18 이하; 행 7:25)과, 하나님은 그의 사상(롬 11:33, 34)과, 의지(단 4:35; 롬 9:19; 엡 1:5; 계 4:11)와 권능(시 115:3)과 도모(시 33:11)에서 독립적이라는 진술들에서 볼 수 있다.

B. 하나님의 불변성

하나님의 불변성은 하나님의 자존성(aseity)과 필연적으로 동반한다. 그것은 하나님께서 그의 존재에서 뿐만 아니라 그의 완전성과 목적과 약속에 있어서 전혀 변경이 없다는 의미에서 하나님의 속성이다. 이러한 속성에 의하여 하나님은 모든 생성하는 것보다 높으며, 존재나 속성에 있어서 증감과 성쇠가 전혀 없다. 하나님의 지식과 계획, 도덕적인 원리들과 결의는 영원히 동일하다 이성조차도 하나님 안에서는 어떤 변화도 있을 수 없다는 사실을 우리에게 가르쳐 준다. 왜냐하면 변화는 더 좋아지든가 혹은 더 나빠지는 것이기 때문이다. 하나님의 이러한 불변성은 성경 구절들 속에서 분명히 언급된다(출 3:14; 시 102: 26-28; 사 41:4; 48:12; 말 3:6; 롬 1:23; 히 1:11, 12; 약 1:17). 동시에, 변화를 하나님의 속성으로 전가하는 많은 성경 구절들이 있다. 영원 속에 거하시는 하나님께서 세상의 창조로 나아가셨고, 그리스도 안에서 성육신 하셨으며, 성령 안에서 교회를 거처로 삼지 않으셨는가? 하나님은 자신을 계시하시고 숨기시는 분으로서, 오고 가시는 분으로서, 그의 의도를 후회하시며 변경하시는 분으로서, 회심 전과 후에 사람을 달리 대하시는 분으로서 묘사되지 않는가(참조. 출 32:10-14; 욘 3:10; 잠 11:20; 12:22; 시 18:26, 27)? 여기서 제시된 이의는 어느 정도 오해에 기인한다.

신적인 불변성을, 하나님 안에 아무런 운동도 없는 것으로, 부동성(immobility)을 의미하는 것으로 이해해서는 안 된다. 신학에서는 하나님을 순수 행동(*actus purus*)으로, 즉 언제나 활동하시는 분으로 말하는 것이 아주 관례적인 것이 되었다. 성경은 우리에게, 하나님께서 인간과 다중의 관계를 맺고 계신다는 사실, 즉 인간과 함께 살고 계신다는 사실을 가르쳐 준다. 하나님의 주변 즉 하나님에 대한 인간의 관계에는 변화가 있지만, 하나님의 존재와 속성과 목적, 행동의 동기와 약속에 있어서는 아무런 변화도 없다. 창조의 목적은 하나님과 함께 영원하며, 이러한 목적이 하나님의 의지의 영원 불변한 행동에 의하여 실현되었으므로 하나님 안에서는 아무런 변화도 없었다. 성육 신은 하나님의 존재나 속성, 그리고 그 목적에 있어서 아무런 변화도 가져오지 않았는 데, 그것은 하나님께서 그의 사랑하시는 아들을 세상에 보내신 것이 하나님의 영원히 선한 기쁨이었기 때문이다. 만약에 성경이 하나님의 후회와, 하나님이 의도를 변경하 시는 것과, 회개하는 죄인에 대하여 관계를 변경하시는 사실을 언급하고 있다면, 우리 는 이것이 단지 신의 감정을 사람의 감정처럼(anthropopathic) 표현한 것일 뿐이라는 사 실을 기억해야 한다.

실제로 변화는 하나님 안에 있지 않고, 인간과 그 인간이 하나님과 맺고 있는 관계 속에 있다. 펠라기우스주의자와 알미니우스주의자의 교리를 반대하고, 하나님의 불변 성을 주장하는 것은 중요한 일이다. 왜냐하면 그들은, 하나님께서 실제로는 그의 존재 에 있어서가 아니라 그의 지식과 의지에 있어서 변화에 종속되어 있기 때문에, 하나님 의 결단이 인간의 행동에 상당히 의존하고 있다고 하기 때문이다. 마찬가지로 범신론 자의 견해를 반대하고, 하나님의 불변성을 주장하는 일도 중요하다. 그것은 그들이 하 나님을 절대 존재보다는 오히려 영원히 생성하시는 분으로 여기고, 무의식적인 절대 자가 점차로 인간 속에서 의식적인 인격성으로 발전되고 있다고 생각하기 때문이다. 또한 어떤 이들은 유한하고 투쟁하며 점차로 성장하고 있는 하나님에 관하여 말하고 있는데, 이러한 오늘날의 경향에 반대하면서, 우리가 하나님의 불변성을 주장하는 것 또한 매우 중요한 일이다.

C. 하나님의 무한성

하나님의 무한성은 하나님의 속성이므로 하나님이 모든 제한으로부터 자유하시 다는 것을 나타낸다. 이러한 속성이 하나님께 속한다고 생각하므로, 우리는 하나님의 존재나 속성에 대하여 어떤 제한이 있을 수 있다는 사실을 부정한다. 그것은 하나님 께서 결코 우주나 이 시공간적인 세계에 제한되어 있지 않다는 것을 의미한다. 그것 은 하나님을 존재하는 사물의 총화와 동일시하지 않으며, 하나님께서 관계를 맺으시 는 파생적이고 유한한 사물들의 공동 존재를 부정하지도 않는다. 하나님의 무한성은 외연적이기보다는 오히려 내재적으로 인식되어야 하며, 하나님은 신체가 없으시며 따라서 외연도 없으시기 때문에, 하나님께서 전우주에 한 부분은 여기에 또다른 부분은 저기에 펼쳐져 있는 것처럼 경계가 없는 외연으로 혼동해서는 안 된다. 우리가 하나님의 무한에 대한 적극적인 관념을 형성할 수 없다는 점이 확실한 사실이라 하더라도, 그것을 단순히 소극적인 개념으로만 간주해서는 안 된다. 무한성은 하나님에 의해서만 전적으로 이해되는, 하나님 안에 있는 실재이다. 우리는 하나님의 무한성에 관한 다양한 측면들을 구분하고 있다.

1. 하나님의 절대적인 완전성. 이것은 그 자체 안에서 고려되는 신적 존재의 무한성이다. 이것은 양적인 의미에서가 아닌, 질적인 의미에서 이해되어야 한다. 이것은 하나님의 모든 공유적인 속성들을 규정한다. 무한한 권능은 절대적인 양이 아니라, 다함이 없는 능력의 잠재성이다. 또한 무한한 거룩함은 무한한 거룩의 양이 아니라, 어떠한 한계나 결핍으로부터도 질적으로 자유로운 거룩함이다. 무한한 지식과 지혜, 무한한 사랑과 의에 관해서도 동일하게 말할 수 있을 것이다. 오르(Orr) 박사는 "아마도 우리는 하나님의 무한성을 궁극적으로는 (1) 내적으로나 질적으로 어떠한 제한이나 결핍도 없다는 것과, (2) 무한한 잠재성이라고 말할 수 있을 것이다"라고 했다. 이런 의미에서 하나님의 무한성은 하나님의 신적인 존재의 완전성과 동일하다. 그것에 대한 성경적인 증거는 욥 11:7-10; 시 145:3; 마 5:48에서 보게 된다.

2. 하나님의 영원성. 시간에 연관되어 있는 하나님의 무한성은 하나님의 영원성이라고 불린다. 성경이 하나님의 영원성을 묘사하는 양식은 단순히 무궁한 세대를 통하여 지속되는 영원이다(시 90:2; 102:12; 엡 3:21). 하지만 우리는 그렇게 함에 있어서 성경이 철학의 언어가 아닌, 대중적인 언어를 사용한다는 사실을 기억해야 한다. 일반적으로 하나님의 영원성을 생각할 때, 우리는 전후로 무한히 연장된 연속과 동일한 방식으로 그것을 생각한다. 그러나 하나님의 영원성이란 사실상 시간을 초월하고 시간과는 본질적으로 다르다는 사실을 묘사하는 보편적이고 상징적인 방법일 뿐이다. 엄밀한 의미에서 영원성은 모든 시간적인 한계들을 초월하는 것이다. 그러한 의미에서 영원성이 하나님께 적용된다는 사실이 벧후 3:8에서 암시된다. 오르 박사(Dr. Orr)는 "시간은 계속하여 존재하는 대상들의 세계와 엄밀한 관련이 있다. 하나님은 시간을 채우시고 시간의 각 부분에 계시나, 그럼에도 그의 영원성은 시간 속에 존재하는 것이 아니다. 그것은 오히려 시간에 대비되는 것이다"라고 말한다. 우리의 존재는 연월일시(年月日時)로 구획되지만, 하나님의 존재는 그렇지 않다. 우리의 삶은 과거와 현재와 미래로 나누어지지만, 하나님의 삶에는 그러한 구분이 없다. 하나님은 영원한 "나는 존재한다"(I am)이시다. 하나님의 영원성은, 하나님께서 모든 시간적인 한계와 모든 순간의 연

속 위에 높이 계시고, 하나님의 존재의 전부를 하나의 나누어질 수 없는 현재 상태로 유지하고 계시는 하나님의 속성으로 정의될 수 있다. 영원과 시간의 관계는 아마도 우리의 현 상황에서는 풀릴 수 없는 것으로서, 철학과 신학에서 가장 어려운 문제들 중의 하나를 이루게 될 것이다.

3. 하나님의 공간적인 광대성. 하나님의 무한성은 또한 공간에 관해서도 증명될 수 있으므로, 하나님의 광대성(廣大性)이라고 불릴 수 있다. 그것은 하나님께서 모든 공간적인 한계를 초월하시면서도, 모든 순간의 공간에 전존재로 참여하시는 신적인 존재의 속성으로 정의될 수 있다. 이 정의는 적극적인 면과 소극적인 면이 있는데, 소극적인 측면으로는 신적인 존재에 대한 모든 공간적인 제한을 부인하고, 적극적인 면으로는 하나님께서 공간을 초월하시며 공간의 각 부분을 그의 존재 전체로 채우신다는 것을 단언한다.

'하나님의 존재 전체로'라는 말이 덧붙여진 것은, 하나님께서 공간을 통하여 흩어져 계심으로써, 하나님의 존재의 한 부분은 한 곳에 있고, 또다른 부분은 다른 곳에 계신다는 관념을 피하기 위한 것이다. 공간에서의 임재는 세 방식으로 구분된다. 신체들은 공간에 의하여 제한되므로 공간에서 제한적으로 존재하고, 유한한 영들은 모든 곳에 있지 않고 단지 어떤 규정된 곳에만 있기 때문에 한정적으로 공간 안에서 존재하며, 또한 이 둘과는 달리 하나님은 공간에 충만하게 거하시는데, 이것은 그가 모든 공간을 채우시기 때문이다. 하나님은 공간의 어떤 부분에 있어서도 떠나 계시지 않으며, 다른 부분이 아닌 한 부분에 더 계시지도 않는다.

어떤 의미에서 하나님께 적용된 '무량성'(immensity)과 '편재성'(omnipresence)이라는 용어는 동일한 것을 나타내며, 동의어로 간주될 수 있다. 그러나 주의 깊게 주목해야 할 차이점이 한 가지 있다. '무량성'은 하나님께서 모든 공간을 초월하시며, 공간의 한계에 종속되시지 않는다는 사실을 지시하지만, '편재성'은 하나님께서 그의 전존재로 모든 공간을 채우신다는 사실을 나타낸다. 전자는 초월을 강조하고, 후자는 하나님의 내재를 강조한다. 하나님은 그의 모든 피조물 즉 하나님의 모든 창조에 내재하시지만, 결코 그것에게 제한당하지는 않으신다. 하나님과 세상의 연관과 관련하여, 우리는 한편으로, 오늘날 상당히 특징적인 사고인, 하나님의 초월을 부인하거나 하나님의 존재가 실제로 모든 사물의 본질이라는 전제를 가지고 있는 범신론의 오류를 피해야 하며, 다른 한편으로, 하나님이 창조 안에 실제로 그의 권능으로(per potentiam) 임재하지만, 그의 존재와 본성으로(per essentiam et naturam)는 임재하지 않으며, 멀리서 세상에 작용하신다는 이신론적인 사고도 피해야 한다. 하나님은 세상과 구별되시고, 세상과 동일시되지는 않으나, 여전히 그의 창조의 모든 부분에 권능으로(*per potentiam*) 뿐만 아니라, 존재로서(*per essentiam*) 임재하신다.

하지만 이것은 하나님께서 그의 모든 피조물에 동등하게 임재하거나 동일한 의미로 계신다는 것을 의미하지는 않는다. 하나님의 내주의 성격은 그의 피조물의 내주의 성격과 조화된다. 하나님은 하늘에서처럼 땅에 거하시지 않고, 사람 안에서처럼 동물 안에 거하시지도 않으며, 유기적인 피조물 안에서처럼 비유기적인 피조물 안에 거하시지도 않고, 경건한 자 안에서처럼 사악한 자 안에 거하시지도 않으며, 그리스도 안에 거하시는 것처럼 교회 안에 거하시지도 않는다. 하나님께서 그의 피조물에 내주하시는 방식과, 볼 눈이 있는 자들에게 피조물들이 하나님을 계시하는 분량은 무한히 다양하다. 하나님의 편재는 성경에 명백히 계시되어 있다. 하늘과 땅이 하나님을 포함할 수 없지만(왕상 8:27; 사 66:1; 행 7:48, 49), 동시에 그는 하늘과 땅을 채우시며, 가까이 계신 하나님이시다(시 139:7-10; 렘 23:23, 24; 행 17:27, 28).

D. 하나님의 단일성(unity)

단수성(*unitas singularitatis*)과 단순성(*unitas simplicitatis*)으로 구분될 수 있다.

1. 단수성. 이 속성은 하나님의 유일성(oneness)과 독특성(unicity), 즉 하나님이 숫자적으로 한 분이라는 사실과, 그 점에 있어서 하나님께서 독특하시다는 사실을 강조한다. 이것은 단지 한 분의 신적인 존재가 존재하며, 본성상 오직 한 분만이 있을 수 있다는 것과, 다른 모든 존재들이 그로부터 나와서, 그를 통하여, 그에게로 돌아간다는 사실을 나타낸다. 성경은 우리에게 단지 한 분의 참되신 하나님이 존재한다는 사실을 몇몇 구절에서 가르쳐 준다. 솔로몬은 "세상 만민에게 여호와께서만 하나님이시고 그 외에는 없는 줄을 알게 하시기를 원하노라"라고 하나님께 간구하였다(왕상 8:60). 바울은 고린도 교인들에게 이렇게 편지했다. "그러나 우리에게는 한 하나님 곧 아버지가 계시니 만물이 그에게서 났고 우리도 그를 위하여 있고 또한 한 주 예수 그리스도께서 계시니 만물이 그로 말미암고 우리도 그로 말미암았느니라"(고전 8:6). 그는 디모데에게도 유사한 편지를 썼다. "하나님은 한 분이시요 또 하나님과 사람 사이에 중보도 한 분이시니 곧 사람이신 그리스도 예수라"(딤전 2:5). 다른 구절들은 하나님의 독특성(uniqueness)을 강조하는 것만큼 하나님의 수적인 유일성을 강조하지 않는다. 이것은 신 6:4에 잘 나타나 있다. "이스라엘아 들으라 우리 하나님 여호와는 오직 유일한 여호

와시니." 하나(one)로 번역되는 히브리어 에하드('echad)는, 또한 독일어의 'einig'와 네덜란드어 'eenig'와 같이 '유일한'(an only)으로 번역될 수 있다. 이것이 더 나은 번역이다. 카일(Keil)은 이 구절이 하나님의 수적인 유일성을 가르치는 것이 아니라, 오히려 여호와라는 이름을 받기에 합당한 독특한 하나님이시라는 사실을 가르치고 있음을 강조했다. 이것은 슥 14:9의 용어의 의미에도 적용된다. 동일한 관념이 출 15:11의 수사적인 질문에서 아름답게 표현되었다. "여호와여 신 중에 주와 같은 자 누구니이까 주와 같이 거룩함으로 영광스러우며 찬송할 만한 위엄이 있으며 기이한 일을 행하는 자가 누구니이까." 이 구절은 모든 다신론적인 하나님 개념을 배제한다.

2. 단순성. 앞에서 논의된 단일성이 하나님을 다른 존재들과 분리시켰다면, 이제 고려하게 될 속성은 신적인 존재의 내적이며 질적인 유일성을 표현하는 것이라고 할 수 있다. 하나님의 단순성에 관하여 말할 때, 우리는 단순하다는 상태나 질, 즉 결코 부분들로 나누어지지 않기 때문에 합성물도 아닌 상태를 묘사하기 위하여 그 용어를 사용한다. 이것은 하나님이 어떤 의미에서든지 합성물이 아니며, 구분을 허용하시지 않는다는 사실을 의미한다. 이것이 의미하는 바는 무엇보다도, 신성 안에 있는 세 위격이 신적인 본질이 합성된 많은 부분들이 아니고, 하나님의 본질과 속성들(perfections)은 구분되지 않으며, 게다가 속성들은 하나님의 본질에 덧붙여진 것이 아니라는 것이다. 본질과 속성이 하나이므로, 성경은 하나님을 빛과 생명으로, 의로움과 사랑으로 칭할 수 있으며, 이렇게 해서 하나님을 하나님의 속성과 동일시했다.

하나님의 단순성은 하나님의 다른 몇 가지 속성들, 즉 합성물에서처럼 어떤 것이 하나님 이전에 선재했다는 관념을 배제하는 하나님의 자존성(Self-existence)과, 또한 그의 본성이 부분들로 구성되어 있다면 하나님의 본성의 속성이라고 할 수 없는 하나님의 불변성(immutability)으로부터 추정된다. 이 속성은 중세 동안에 논의되었고, 소지니주의자들과 알미니우스주의자들에 의해 거부되었다. 성경은 그것을 명시적으로 단언하지는 않으나, 하나님을 의로움, 진리, 지혜, 빛, 생명, 사랑 등으로 언급하며, 따라서 이 속성들 각각이 그들의 절대적인 완전함 때문에 하나님의 존재와 동일하다고 지적함으로써 그것을 암시하고 있다.

최근의 신학 저서들에서 하나님의 단순성은 거의 언급되지 않는다. 많은 신학자들은 하나님의 단순성이 순전히 형이상학적인 추상으로 고려하기 때문이거나, 혹은 그 평가에 있어서 이것이 삼위일체론과 충돌되기 때문에 적극적으로 이것을 부인한다. 댑니(Dabney)는 하나님의 본질에 어떤 합성물도 없다는 사실을 믿지만, 하나님 안에 있는 본질과 속성들이 하나이며 동일하다는 점은 부인한다. 그는 그 점에서 하나님이 유한한 영들과 마찬가지로 단순하지 않다고 주장한다.

깊은 연구를 위한 질문

철학에서 우리는 어떤 다른 절대자 개념을 대하는가? 철학의 절대자는 언제나 신학의 하나님과 동일시될 수 있는가? 브래들리(Bradley)는 그 둘 사이를 어떻게 구분하는가? 제임스(James)와 실러(Schiller), 워드(Ward), 웰스(Wells)와 그 외의 사람들이 주장하는 유한한 하나님은 절대자와 어떻게 연관되는가? 하나님의 비공유적 속성은 절대자와 어떻게 연결되는가? 하나님의 불변성은 하나님 안에 있는 모든 운동을 배제하는가? 그것은 행동의 변화들과 관계들을 얼마나 배제하는가? 하나님의 절대적 완전성이 속성으로 고려될 수 있는가? 성경은 왜 하나님의 영원성을 무한한 지속으로 표현하는가? 하나님의 초월성과 내재성은 조화될 수 있는가? 현대 신학에 있어서 초월성은 흔히 어떻게 해석되었는가? 하나님의 단순성은 무엇을 의미하는가?

VII

공유적 속성
(인격적인 영으로서의 하나님)

앞 장에서 논의된 속성들이 하나님의 절대적 존재를 강조하였다면, 앞으로 고찰하게 될 속성들은 하나님의 인격적 본성을 강조한다. 그런데 공유적 속성에서는 하나님이 의식적이고, 지성적이며, 자유로우며, 도덕적인 존재, 즉 지고의 의미에서 인격적인 존재로 나타난다. 인격적인 존재가 절대라는 관념과 양립할 수 있는지의 문제는 오랫동안 철학자들이 주목했던 바였고, 여전히 논쟁의 주제가 되고 있다. 이 질문에 대한 답변은 대부분 '절대'라는 말에 적용되는 의미에 달려 있다. 이 말은 철학에서 세 가지의 다른 의미로 사용되어 왔는데, 즉 불가지론적이며, 논리적이며, 인과론적인 의미를 가리킨다. 불가지론자에게 있어서 절대자는 무관계자인 바 전혀 알려질 수가 없는데, 이는 사물들은 관계들 속에서만 알 수 있기 때문이다. 따라서 우리가 절대자에 대해서 아무것도 알 수 없다면, 거기에는 인격성도 부가될 수 없다는 것이다. 더욱이 인격이라는 것은 관계들을 떠나서는 생각할 수 없는 것이기 때문에, 인격은 그 본질에 있어서 무관계자인 절대자와는 동일시될 수 없는 것이다.

논리적인 절대에 있어서 특수자는 보편자에게 종속되며, 지고의 보편자는 궁극적인 실재이다. 스피노자(Spinoza)의 절대 실체와 헤겔(Hegel)의 절대 정신이 바로 그와 같은 것이다. 그것은 유한자 안에서 유한자를 통하여 자신을 나타내지만, 유한한 것은 아무것도 그것의 본질적인 본성을 표현할 수 없다. 이러한 절대자에 인격을 부가시키는 일은 절대자를 하나의 존재 양식으로 제한하며 절대자의 절대성을 파괴하는 일이 될 것이다. 실제로 그러한 절대나 궁극은 모든 알맹이가 빠져 버린 단순히 추상적이며 공허한 개념에 불과한 것이다. 인과론적인 관점에서 본 절대자는 자신을 만물의 궁극적인 원인으로 나타낸다. 그것은 자신 밖에 있는 어떤 것에도 의존하지 않지만, 만물이 자기에게 의존하게 만든다. 더욱이 그것은 반드시 완전한 무관계자인 것은 아니며, 유한한 피조물들과 다양한 관계들을 맺을 수 있다. 이러한 절대자의 개념이 인격의 관념과 불일치하는 것은 아니다. 게다가 우리는 철학자들의 주장에서, 그들이 언제나 인간에게서 나타나는 인격의 개념을 가지고 다루었기 때문에 하나님의 인격이 무한하며 더욱 완전한 어떤 것이라는 사실을 망각했다는 사실을 명심해야 한다. 사실상 완전한 인격은 하나님에게서만 발견되며, 우리가 사람에게서 볼 수 있는 것은 오로지 원본에 대한 제한적인 복사판에 불과한 것이다. 게다가 하나님 안에는, 인간들에게서는 어떠한 유비도 발견할 수 없는 세 인격이 존재하고 있다.

하나님의 존재를 규명하기 위하여 인용되었던 것들과 아주 비슷한 자연적인 증거 몇 가지가 하나님의 인격을 증명하기 위해서도 사용되어 왔다. (1) 인간의 인격을 설명하기 위해서는 인격적인 하나님이 요청된다. 인간은 자존적이지도 영원하지도 않으며, 시종(始終)이 있는 유한한 존재이다. 전제된 원인은 결과 전체를 충분히 설명할 수 있어야 한다. 인간은 인격적인 산물이기 때문에 인간을 창조한 능력 또한 인격적이어야 한다. 그렇지 않다면 원인에서 발견되는 어떤 것보다 더 우월한 무엇인가가 결과 속에 존재하고 있기 때문인데, 이것은 전혀 불가능한 것이다. (2) 세계는 일반적으로 하나님의 인격성을 증거한다. 세계는 그 전체적인 구조에 있어 무한한 지성과, 가장 심오하고 지고하며 다정한 감정과, 전능한 의지에 대한 명료한 흔적들을 계시한다. 따라서 부득이 이 세계로부터 인간과 같은 지·정·의의 존재이신 세계의 조성자에게로 올라가지 않을 수 없다. (3) 인간의 도덕적이며 종교적인 본성 역시 하나님의 인격성을 드러내 준다. 인간의 도덕적인 본성은 인간에게 옳은 일을 해야 한다는 의무감을 부여해 주며, 이것은 필연적으로 지고의 입법자의 존재를 암시해 준다. 게다가 인간의 종교적인 본성은 항상 인간에게 어떤 더 높은 존재와 인격적인 교제를 추구하도록 자극을 주며, 또한 모든 종교의 요소들과 활동들은 궁극적인 목표와 대상으로서 인격적인 하나님을 요청하고 있다. 심지어는 소위 범신론적인 종교들조차도 종종 무의식적으로, 인격적인 하나님에 대한 신앙을 증거해 주고 있다. 회개, 신앙과 복종, 친교와 사랑, 섬김과 희생에 대한 충성, 삶과 죽음에 대한 신뢰와 같은 모든 일들도 인격적인 하나님을 고유한 대상으로 하지 않고서는 사실상 무의미한 것이다.

하지만 이러한 모든 주장들이 진실하고 증거(testimonia)로서 얼마간의 가치가 있다고는 해도, 신학이 하나님의 인격성의 교리로서 거기에 의존하고 있는 증거들은 아니다. 신학은 증거를 위하여, 성경에 있는 하나님의 자기 계시에 의존한다. 성경에서 비록 히브리어 파님(panim)과 헬라어 프로소폰(prosopon)과 같은 말들이 '인격'의 개념에 아주 가까운 표현으로 쓰이고 있지만, '인격'이라는 용어가 하나님께 적용되지는 않는다. 동시에 성경은 한 가지 이상의 방식으로 하나님의 인격성을 증거한다. 구약과 신약 성경의 기자들에 의하여 묘사된 것처럼, 하나님의 현존은 명백히 인격적인 현존이다. 성경에 나오는 하나님의 신인동형동정론(神人同形同情論)적인 표현들을 하나님의 순수 영성과 거룩성을 방해하는 것으로 해석해서는 안 되며, 동시에 그러한 표현들이 존재에 적용될 때 인간적인 한계를 갖고 있지 않다 하더라도 인격적인 속성을 가진 진정한 인격이라는 전제를 떠난다면 옳은 것이라고 할 수 없다는 점이다. 하나님은, 인간이 함께 얘기할 수 있고, 인간들이 신뢰할 수 있으며, 고통 속에서 인간들을 붙드시며, 인간의 마음을 구원과 승리의 기쁨으로 채우시는 인격적인 분으로 철저하게 나타나신다. 따라서 성경이 증거하는 하나님의 최고 계시는 인격적인 계시이다. 예수 그리스도는 빌립에게 "나를 본 자는 아버지를 보았느니라"(요 14:9)고 말씀하실 수 있을 정도로 완전한 방법으로 아버지를 계시하셨다. 좀 더 상세한 증거들은 공유적인 속성들을 논하면서 나타나게 될 것이다.

A. 하나님의 영성

성경은 우리에게 하나님을 정의해 주지 않는다. 그 정의와 같은 것에 가장 근접한 것이 있다면, 사마리아 여인에게 하신 예수님의 말씀, 즉 "하나님은 영이시라"(요 4:24)라는 구절에서 발견할 수 있다. 이것은 적어도 하나님이 어떤 분인가(what God is)를 한 마디로 알려 주는 의미 있는 진술이다. 주님은 하나님을 단순히 어떤 영(a spirit)이라고 말씀하시지 않고, 하나님은 영(Spirit)이시라고 말한다. 이러한 명백한 진술 때문에 우리는 무엇보다도 먼저 하나님의 영성에 대하여 논의하는 일이 급선무일 것이다. 하나님의 영성을 가르침으로써 신학은 하나님이 세계로부터 구별되는 독특한 실체적 존재를 갖고 계시며, 게다가 이러한 실체적 존재는 물질이 아니고, 보이지 않으시며, 혼합이나 부가가 없다는 사실을 강조한다. 신학은 하나님 안에서 영의 완전한 개념에 속하는 모든 본질적인 특질들을 발견하며, 하나님이 자의식적이며 자기 결정적인 존재라는 사상을 내포하고 있다. 하나님은 절대적이며 순수한 의미에서 영이시기 때문에 하나님 안에는 부분들의 합성이라는 것이 결코 존재하지 않는다. 필연성의 영성의 개념은 하나님에 대하여 육체성과 같은 어떤 것을 귀속시키는 일을 배제하며, 이렇게 해서 초기 영지주의자들과 중세의 신비주의자들, 그리고 하나님께 육체를 귀속시키는 오늘날의 모든 분파주의자들의 공상을 정죄한다. 성경이 하나님의 손과 발, 눈과 귀,

입과 코에 대하여 말하는 것이 사실이지만, 이렇게 말할 때 성경은, 우리 인간의 지식을 훨씬 초월하시고, 우리로서는 사람의 방식에 따라 더듬거리는 식으로 말할 수밖에 없는 하나님에 대해 신인동형론적으로 혹은 수사학적으로 말하고 있는 것이다. 하나님께 영성을 돌리면서, 우리는 또한 하나님이 물질에 속하는 아무런 특질도 갖고 있지 않으며, 따라서 신체적인 의미로서는 분별할 수 없다는 사실을 인정한다. 바울은 하나님께 대하여 "영원하신 왕 곧 썩지 아니하고 보이지 아니하고"(딤전 1:17)라고, 또한 "만왕의 왕이시며 만주의 주시요 오직 그에게만 죽지 아니함이 있고 가까이 가지 못할 빛에 거하시고 어떤 사람도 보지 못하였고 또 볼 수 없는 이시니 그에게 존귀와 영원한 권능을 돌릴지어다"(딤전 6:15, 16)라고 말했다.

B. 지성적인 속성들

하나님은 성경에서 빛으로 나타나시며, 그 외 지성적인 삶에 있어서 완전하신 분으로 나타나신다. 이 범주는 신적 속성의 두 가지, 즉 하나님의 지식과 지혜를 포함한다.

1. 하나님의 지식. 하나님의 지식은 완전히 독특한 방식으로 하나님이 자기 자신과 또한 가능하고 현실적인 모든 것을 하나의 영원하며 가장 순수한 행위로 아시는 하나님의 속성이라고 정의될 수 있다. 성경은 하나님의 지식에 대하여 풍성하게 증거한다. 예를 들면, 삼상 2:3; 욥 12:13; 시 94:9; 147:4; 사 29:15; 40:27, 28과 같은 구절들이다. 하나님의 지식과 관련하여 몇 가지 점을 고려하면 다음과 같다.

(1) 하나님의 지식의 성질. 하나님의 지식은 몇 가지 중요한 점에서 인간의 지식과는 다르다. 그의 지식은 원형적인 지식으로서, 하나님은 우주를 시간과 공간 안에 있는 유한한 실재로서 존재하기 이전에 자기 자신의 영원한 생각 속에서 존재하는 대로 아신다는 것을 의미하며, 하나님의 지식은 우리들의 지식과 같이 외부로부터 얻어지는 것이 아니라는 사실을 의미한다. 그의 지식은 절대적 완전(absolute perfection)을 그 특징으로 하는 지식이다. 게다가 그의 지식은 논증적이거나 추론적이라기보다는 오히려 직관적이다. 그의 지식은 본유적이고 직접적이며, 관찰이나 추론의 과정에서 얻어지는 것이 아니다. 그의 지식은 완전하면서 동시적이지만 연속적이지는 않기 때문에, 하나님은 사물을 조금씩 따로따로가 아니라 동시에 전체적으로 보신다. 게다가 그의 지식은 완전하고 또한 충분히 의식적이기 때문에, 언제나 단편적이며 자주 분간할 수 없고 종종 분명한 의식의 빛을 받지 못하는 인간의 지식과는 다르다. 하나님의 지

식은 필연적인(necessary) 지식과 자유로운(free) 지식으로 구별된다. 전자는 하나님이 자신과, 있을 수 있는 모든 만물에 대하여 가지는 지식, 즉 하나님의 전능함을 의식하는 지식이다. 그 지식은 신적인 의지의 행동에 의하여 결정되는 것이 아니므로 필연적인 지식(necessary knowledge)이라고 불린다. 또한 그 지식은 어떤 신적 의지의 협동적인 행위도 없는 순수한 신적 지성의 행동이라는 사실을 고려해 볼 때, 단순한 지성의 지식임을 알 수 있다. 하나님의 자유로운 지식(free knowledge)은 하나님이 현실적인 모든 일들에 대하여 가지는 지식, 즉 과거에 존재했었고 현재에 존재하고 있으며 미래에 존재할 일들에 대하여 가지는 지식이다. 그 지식은 하나님 자신의 전포괄적이며 불변하는 영원한 목적을 가진 무한한 지식에 기초하고 있으며, 신적인 의지의 협동에 의하여 결정되므로 자유로운 지식이라고 불린다. 그 지식은 또한 통찰의 지식(scientia visionis)이라고도 불린다.

(2) 하나님의 지식의 범위. 하나님의 지식은 범위에 있어서 완전할 뿐만 아니라 포괄성에 있어서도 완전하다. 그 지식은 모든 것을 아는 것이기 때문에, 전지(全知)라 불린다. 하나님의 지식을 더 적절히 평가하기 위하여 우리는 다음과 같이 특별히 기술할 수 있다. 즉, 하나님은 자신과, 자신으로부터 나와서 자신 안에 있는 모든 일들을 아신다(내적인 지식). 하나님은 만물들을 과거, 현재, 미래에서 실제로 일어나는 그대로 알고 계시며, 그것들을 실제적인 관계들 속에서 알고 계신다. 하나님은 인간의 지식이 결코 파악할 수 없는, 사물들의 숨겨진 본질을 알고 계신다. 하나님은 단순히 삶의 외적인 나타남만을 관찰하는 인간이 보는 대로 보시지 않으며, 사람의 마음의 깊은 곳을 감찰하신다. 게다가 하나님은 현실적일 뿐만 아니라 가능한 것, 즉 하나님의 마음속에 현존하며 어떤 상황에서 일어날 수 있는 모든 일들을 아신다. 성경의 많은 구절들은 하나님의 전지를 분명히 가르친다. 하나님은 지식에 있어서 완전하시며(욥 37:16), 외모를 보시는 것이 아니라 중심(中心)을 보시며(삼상 16:7; 대상 28:9, 17; 시 139:1-4; 렘 17:10), 사람의 길을 살피시며(신 2:7; 욥 23:10; 24:23; 31:4; 시 1:6; 119:168), 그들이 거주할 곳을 아시며(시 33:13), 그들이 사는 날들을 아신다(시 37:18). 이러한 하나님의 지식에 대한 교리는 하나님을 현상 세계의 무의식적인 근거라고 주장하는 모든 범신론적인 경향들과, 하나님에 대하여 단지 제한적인 지식만을 귀속시키며 유한한 하나님을 믿는 모든 사람들, 그리고 마르키온(Marcion)과 소지니(Sozzini, Socinus)와 같은 이들을 반대하기 위하여 반드시 강조되어야 한다.

하지만 특별한 논의가 요구되는 한 가지 문제가 있다. 그것은 인간의 자유로운 행동과 거기서 일어나는 조건적인 결과들에 대한 하나님의 예지(豫知)와 관련되어 있다. 우리는 하나님이 어떻게 필연이 지배하는 곳을 미리 아시는지는 이해할 수 있지만, 인간이 자유롭게 일으키는 행동에 대한 하나님의 예지에 대하여는 생각하기가 어렵다. 이 문제의 어려움으로 인해서 어떤 이들은 자유 행동에 대한 예지를 부인했으며, 다른 이들은 인간의 자유를 부인했다. 성경은 아주 분명하게 우발적인 사건들에 대한 신적인 예지를 가르치고 있다(삼상 23:10-13; 왕하 13:19; 시 81:14, 15; 사 42:9; 48:18; 렘 2:2, 3; 38:17-20; 겔 3:6; 마 11:21). 게다가 성경은 인간의 자유에 대하여 우리에게 밝히 보여준다. 성경은 물론 문제에 관한 표현들의 어느 쪽도 부인하도록 허용하지 않는다. 우리는 여기서 한 문제에 봉착하게 되는데, 비록 우리가 그 문제에 대한 해결책을 얻을 수 있다 해도 그것을 완전히 풀 수는 없다. 하나님은 만사를 작정하셨으며, 그것들이 야기하는 정확한 순서대로 그들의 원인과 조건들에 따라 작정하셨다. 그리고 미래의 일들과 우발적인 사건들에 대한 하나님의 예지는 하나님의 작정에 의존하고 있다. 하나님의 예지에 관한 한, 이것으로 문제는 해결된다.

그러나 이제 인간의 자유 의지와 사물들에 대한 예정(predetermination)이 일치하는가 하는 문제가 제기된다. 그 대답은 물론, 자유 의지가 독단(獨斷: indifferentia)으로 간주된다면 그렇지 않다는 것이다. 그러나 이것은 인간의 자유에 대한 근거 없는 개념이다. 인간의 의지는 전혀 비결정적인 어떤 것이거나, 어느 방향으로든지 제멋대로 움직일 수 있는 허공에 매달려 있는 어떤 것이 결코 아니다. 그것은 오히려 우리의 진정한 본성에 근거를 두고, 우리의 가장 깊은 본능과 감정에 연결되어 있으며, 우리의 지적인 고찰이나 진정한 성격에 의하여 결정되는 어떤 것이다. 우리가 우리 인간의 자유를 이성적인 자기 결정(lubentia rationalis)으로 생각한다 하더라도, 우리는 그것이 신의 예지와 불일치한다고 말할 수 있는 충분한 근거를 갖고 있지 않다.

오르 박사는 "비록 우리가 이 문제를 파악하지 못하더라도 이 문제에 대한 해답은 존재한다. 부분적으로 그것은 아마도 자유를 부인하는 데 있는 것이 아니라, 자유를 새로운 개념으로 생각하는 데 있다. 결국 자유는 독단이 아니기 때문이다. 모든 이성적인 행동 속에는 행동에 대한 이유, 즉 행동을 결정하는 이유가 존재한다. 진실로 자유로운 사람은 불확실하고 변덕스러운 사람이 아니라, 신뢰할 수 있는 사람이다. 요약하면 자유는 법칙, 즉 영적인 법칙을 가지고 있는데, 전능자의 마음은 이 법칙들이 무엇인가를 알고 있다. 그러나 신비적 요소가 여전히 남아 있다는 사실이 인정되지 않으면 안 된다"라고 말했다.

예수회(Jesuit)와 루터파, 알미니우스주의 신학자들은 문제에 대한 해결책으로서 소위 매개 지식(scientia media)을 제안했다. 그 이름은 매개 지식이 하나님의 필연적인 지식과 자유로운 지식 사이의 중간 지점에 놓여 있다는 사실을 보여주고 있다. 이 지식은 그 대상이 일어날 수 있는 모든 일들이 아니라 실제로 미래에 있게 될 특별한 부류의 일들이라는 점에서 전자와는 다르며, 그 근거가 하나님의 영원한 목적이 아니라 단순히 예견된 피조물의 자유로운 행동이라는 점에서 후자와 다르다. 댑니는 "이 지식이 매개적이라고 불리는 이유는, 하나님께서 그것을 이루시기 위한 자신의 목적을 직접적으로 알고 계시기 때문이 아니라, 하나님에 의하여 예견되고 생겨난, 주어진 외적 환경하에서 우연한 이차적 요인이 행동하는 방식에 대하여 하나님께서 무한한 통찰력으로 간접적으로 그것에 이르신다고 가정하고 있기 때문이다"라고 말했다.

하지만 이는 문제에 대한 올바른 해결책이 절대 아니다. 그것은 논리적으로 서로 배치되고 있는 두 가지 일들, 즉 펠라기우스적인 의미에서의 행동의 자유와 그러한 행동에 대한 분명한(certain) 예지를 화해시키려는 시도다. 직접적으로나 혹은 간접적으로 하나님께서 결정하시지 않고, 인간의 자유로운 의지에 전적으로 의존하고 있는 행동들은 결코 신적인 예지의 대상이 될 수 없다. 게다가 매개 지식은 신적 지식을 인간의 선택에 의존하게 하며, 미래의 사건에 대한 지식의 확실성을 사실상 폐기시키며, 따라서 하나님의 전지를 암암리에 부인하기 때문에 반대해야 한다. 이 지식은 또한 행 2:23; 롬 9:16; 엡 1:11; 빌 2:13과 같은 성경 구절과도 모순된다.

2. 하나님의 지혜. 하나님의 지혜는 하나님의 지식의 한 특별한 측면으로 간주될 수 있다. 아주 분명한 것은 지식과 지혜가 밀접하게 관련되어 있지만, 동일하지는 않다는 점이다. 이 둘은 언제나 서로 동반하지는 않는다. 무식한 사람도 지혜에는 학자보다 더 뛰어날 수 있다. 지식은 학문으로부터 얻어지지만, 지혜는 사물에 대한 직관적인 통찰력으로부터 생겨난다. 지식은 이론적이지만, 지혜는 실천적이며, 지식이 어떤 특정한 목적을 달성할 수 있도록 도와준다. 양자는 인간에게 있어서는 불완전하나, 하나님에게 있어서는 절대적 완전으로 나타난다. 하나님의 지혜는, 수단을 목적에 적응시킴에서 나타나는 바 하나님의 지성이다. 그것은 하나님께서 언제나 최선의 가능한 목표를 이루시기 위하여 애쓰시며, 자신의 목적의 실현을 위하여 최선의 수단을 선택하신다는 사실을 보여준다. 스미스(H. B. Smith)는 하나님의 지혜를 "하나님께서 최선의 가능한 수단들을 이용하셔서 최선의 가능한 결과들을 산출하시는 그의 속성"이라고 규정하고 있다. 이것을 좀 더 분명하게 다시 정의해 본다면, "하나님께서 자신을

가장 영화롭게 하시는 방식으로, 자신의 지식을 자신의 목적을 달성하시는 데 적용하시는 그의 속성"이라고 부를 수 있을 것이다. 하나님의 지혜는 모든 이차적인 목적들을 포함하는 최종적인 목적임을 암시하는데, 성경에 의하면, 이 최종적인 목적은 바로 하나님의 영광이다(롬 11:33; 14:7, 8; 엡 1:11, 12; 골 1:16). 성경은 하나님의 지혜에 관하여 여러 구절에서 언급하며, 잠 8장에서는 하나님의 지혜를 인격화시켜 나타내기까지 한다. 이러한 하나님의 지혜는 특별히 창조 사역(시 19:1-7; 104:1-34)과, 섭리(시 33:10, 11; 롬 8:28), 그리고 구속 사역에서 나타난다(롬 11:33; 고전 2:7; 엡 3:10).

3. 하나님의 진실성. 성경은 하나님의 진실성(veracity)을 표현하기 위하여 몇 가지 단어를 사용하고 있는데, 구약 성경에서는 에메트, 아무나, 아멘이라는 단어를, 신약성경에서는 알레데스(알레데이아), 알레디노스, 피스티스라는 단어를 사용하고 있다. 이 말들은 하나님의 진실성이 본래적으로 진리, 진실성, 신실성과 같은 여러 의미를 포함하고 있다는 사실을 가리키고 있다. 하나님이 진리라고 불릴 때, 이 말은 가장 포괄적인 의미에서 이해되어야 할 것이다. 하나님은 우선 형이상학적인 의미에서의 진리, 즉 자신 안에 신성의 관념이 온전히 실현된 분이고, 또한 하나님으로서 마땅히 되셔야 할 모든 것이며, 이러한 의미에서 헛된 것과 거짓된 것으로 불리는 모든 것들 즉 소위 말하는 신들(gods)과는 구별된다(시 96:5; 97:7; 115:4-8; 사 44:9, 10). 하나님은 또한 윤리적인 의미에서 진리이며, 자신을 진실 그대로 계시하시기 때문에, 하나님의 계시는 절대적으로 신뢰할 수 있는 것이다(민 23:19; 롬 3:4; 히 6:18). 마지막으로, 하나님은 논리적인 의미에서 진리이며, 이러한 점에서 하나님은 사물을 그들이 실제로 존재하는 그대로 아시며, 또한 인간이 사물을 외양뿐만 아니라 실재까지 알 수 있도록 인간의 마음을 지으셨다. 이와같이 하나님의 진리는 모든 지식의 기초이다. 게다가 이 세 가지의 진리는 단지 진리의 여러 다른 측면들일 뿐이며, 하나님 안에서는 그것이 하나라는 사실을 명심해야 할 것이다.

앞에서 살펴보았듯이, 우리는 하나님의 진실성 내지는 진리를, 하나님께서 신성의 관념에 대하여 충분히 응답하시며, 그의 계시에 있어서 완전히 신뢰할 수 있으며, 사물들을 실제 있는 그대로 아시는 그의 존재의 속성이라고 정의할 수 있을 것이다. 바로 이러한 완전하심 때문에 도덕과 종교의 영역뿐만 아니라, 모든 분야의 학문적인 노력에 있어서까지도 하나님은 모든 진리의 원천이 되시는 것이다. 성경은 진리이신 하나님에 대하여 매우 강조하여 언급하고 있다(출 34:6; 민 23:19; 신 32:4; 시 25:10; 31:6; 사 65:16; 렘 10:8, 10, 11; 요 14:6; 17:3; 딛 1:2; 히 6:18; 요일 5:20, 21). 이러한 하나님의 속성에는 아직도 다른 측면이 있는데, 그것은 언제나 가장 중요한 것으로 간주되는 측면이다. 그것은 일반적으로 하나님의 신실성(faithfulness)이라 불리는데, 그것에 의하여 하나님은 언제나 그의 언약을 생각하시고, 그가 백성들과 맺은 모든 약속들을 성취하신다. 이 하나님의 신실성은 하나님의 백성에게 매우 실제적인 중요성을 지닌다. 그것은 하나님의 백성의 신뢰의 근거이며, 소망의 근거이며, 기쁨의 원인인 것이다. 그것은 그의 백성들을 자기들의 불성실로 인하여 일어나는 절망으로부터 구해 주며, 그들의 실패에도 불구하고 그들이 계속해서 행할 수 있도록 용기를 주며, 심지어 그들이 하나님의 모든 복을 잃어버렸다는 사실을 깊이 의식하고 있을 때에도 그들의 마음을 즐거운 희망으로 채워 준다(민 23:19; 신 7:9; 시 89:33; 사 49:7; 고전 1:9; 딤후 2:13; 히 6:17, 18; 10:23).

C. 도덕적인 속성들

하나님의 도덕적인 속성들은 일반적으로 가장 영광스러운 신적 속성(perfections)으로 간주된다. 하나님의 한 속성이 그 자체로 다른 속성들보다 더 완전하고 영광스러운 것은 아니며, 하나님의 도덕적인 속성들이 상대적으로 인간에 대해서 그 자체의 모든 찬란함으로 빛난다는 것이다. 그것들은 일반적으로 (1) 하나님의 선, (2) 하나님의 거룩함, (3) 하나님의 의(義)와 같은 세 가지의 제목 밑에서 다룰 것이다.

1. 하나님의 선. 이것은 일반적으로 그들의 대상에 따라 구분되는 몇 가지의 다양함을 포함하는 포괄적인 개념이다. 하나님의 선을 좀 더 제한적인 개념인 하나님의 인자라는 개념과 혼동해서는 안 된다. 우리는 어떤 것이 모든 면에서 그 관념과 부합될 때 그것을 선하다고 말한다. 따라서 우리가 하나님은 선하시다고 할 때, 그 기본적인 관념은, 하나님께서 모든 면에서 하나님으로서 마땅히 되셔야 할 모든 것이며, 따라서 '하나님'이라는 단어로써 표현된 관념과 완전히 일치한다는 것이다. 하나님은 형이상학적인 의미에서 선하시며, 스스로 절대적 완전이시며 완전한 지복(至福)이시다. 바로 이러한 의미에서 예수님은 젊은 부자에게 "하나님 한 분 외에는 선한 이가 없느니라"(막 10:18)라고 말씀하셨던 것이다. 하나님은 자기 자신 안에서 선하시기도 하지만, 자기의 피조물에 대해서도 선하시기 때문에, '모든 선의 근원'(fons omnium bonorum)이라고 불릴 수 있다. 하나님은 모든 선의 근원이시며, 성경 전체에서 다양한 방식으로 그렇게 표현된다. 시인은 "진실로 생명의 원천이 주께 있사오니 주의 빛 안에서 우리가 빛을 보리이다"(시 36:9)라고 노래했다. 피조물들이 현재에 기뻐하고 미래에 기대하는

모든 선한 일들은 다 이 다함이 없는 근원(샘)으로부터 그들에게로 흘러든다. 뿐만 아니라 또한 피조물들이 그들의 존재 목적에 부합하는 정도나 방법에 있어서는 다를지라도, 하나님은 모든 피조물들에 대하여 최고선(summum bonum)이시다. 본 단락에서 우리는 대상의 성격이 결정하는 대로, 자연히 하나님의 윤리적 선하심과 그것의 여러 다른 측면들을 강조하게 된다.

(1) 일반 피조물을 향한 하나님의 선. 이것은 하나님으로 하여금 모든 피조물들을 관대하고 인자하게 대하도록 해주는 그의 속성(perfection)이라고 정의될 수 있다. 이것은 창조주가 감각이 있는 피조물들에 대해서 그러한 피조물로 느끼시는 애정이다. 시편 기자는 "여호와께서 모든 것을 선대하시며 그 지으신 모든 것에 긍휼을 베푸시는도다 모든 사람의 눈이 주를 앙망하오니 주는 때를 따라 그들에게 먹을 것을 주시며 손을 펴사 모든 생물의 소원을 만족하게 하시나이다"(시 145:9, 15, 16)라며 그것을 노래하고 있다. 하나님의 이러한 자애로운 관심은 피조물의 행복에 대한 하나님의 돌보심에서도 드러나며, 피조물의 자연과 환경에 잘 어울린다. 물론 그것은 대상의 수용 능력에 따라서 정도를 달리한다. 한편 그것은 신자들에게 제한되지는 않으나, 신자들은 단지 하나님의 선하신 복에 대하여 합당한 감사를 나타내고 하나님을 섬기는 데 그 복을 사용하기를 염원하기 때문에, 매우 풍성하고도 충만하게 그 복을 향유하는 것이다. 성경은 시 36:6; 104:21; 마 5:45; 6:26; 눅 6:35; 행 14:17에서와 많은 구절들에서, 하나님의 이러한 선하심을 언급하고 있다.

(2) 하나님의 사랑. 하나님의 선이 그의 이 성적인 피조물들을 향하여 실행될 때, 이것은 더 고상한 사랑의 성격을 띠게 되며, 이 사랑은 또다시 그것이 한정하게 되는 대상에 따라서 구별된다. 하나님의 일반적 선과는 달리, 이것은 하나님으로 하여금 영원히 자기 전달을 하게 하는 하나님의 속성으로 정의될 수 있다. 하나님은 자신 안에서 절대적으로 선하시기 때문에, 하나님의 사랑은 절대 완전이 결여된 어떤 대상에 대해서도 완전한 만족을 찾을 수 없다. 하나님은 그 자신을 인하여 자기의 이성적인 피조물을 사랑하시는데, 그것을 달리 표현한다면, 하나님은 그들 속에서 자신과 자신의 덕과 일, 재능들을 사랑하시는 것이다. 하나님은 죄인에게도 그의 형상이 담겨 있음을 알고 계시기 때문에, 심지어 현재 죄를 지은 상태에 있는 죄인들에게서도, 비록 그들의 죄가 하나님께 혐오를 일으키는 것이라 할지라도, 완전히 그의 사랑을 철회하시지는 않는다(요 3:16; 마 5:44, 45). 동시에 하나님은 신자들을 그리스도 안에서 영적인 자녀로 여기시기 때문에, 특별한 사랑으로 신자들을 사랑하신다. 하나님은 완전하며 풍족한 의

미에서 바로 그들에게 그의 모든 은혜와 자비의 충만함으로 자신을 전달하시는 것이다(요 16:27; 롬 5:8; 요일 3:1).

(3) 하나님의 은혜. '은혜'라는 의미 깊은 단어는 히브리어 하난과 헬라어 카리스의 번역이다. 성경에 따르면, 이것은 하나님에 의해서 뿐만 아니라 인간에 의해서도 나타나는데, 한 사람이 다른 사람에게 나타내 보이는 은총을 의미한다(창 33:8, 10, 18; 39:4; 47:25; 룻 2:2; 삼상 1:18; 16:22). 이런 경우에 은총은 반드시 과분한 것이라는 것을 의미하지는 않는다. 하지만 일반적으로 은혜는, 그것을 요구할 권리가 없는 사람에게 값없이 베푸는 인자라고 언급될 수 있을 것이다. 이것은 특별히, 언급된 은혜가 하나님의 은혜인 경우를 가리키는 것이다. 인간을 향한 하나님의 사랑은 언제나 과분한 것이며, 죄인을 향하여 나타났을 때는 상실되기도 한다. 성경은 일반적으로 이 말을, 사랑을 상실했고 본성상 정죄 아래 있는 사람들에게 대한, 공로에 의하지 않는, 하나님의 선 또는 사랑을 나타내기 위하여 사용하고 있다. 하나님의 은혜는 죄인들에게 주어지는 모든 영적인 복들의 근원이다. 우리는 이와 같은 내용을 엡 1:6, 7; 2:7-9; 딛 2:11; 3:47에서 읽을 수 있다. 성경은 종종 하나님의 은혜를 구원의 은혜로 언급하고 있으나, 또한 사 26:10; 렘 16:13에서와 같이 더 넓은 의미로도 언급하고 있다. 하나님의 은혜는 죄인들에게 실제적으로 아주 중요한 의미가 있다. 은혜로 인하여 구원의 길이 그들에게 열렸으며(롬 3:24; 고후 8.9), 구원의 메시지가 세상에 선포되었던 것(행 14:3)이다. 은혜로 인하여 죄인들은 예수 그리스도 안에서 하나님의 선물을 받는다(행 18:27; 엡 2:8). 은혜로 인하여 그들은 의롭다 함을 받으며(롬 3:24; 4:16; 딛 3:7), 영적인 복으로 부요해지며(요 1:16; 고후 8:9; 살후 2:16), 궁극적으로 구원을 상속받는다(엡 2:8; 딛 2:11). 죄인들은 절대로 그들 스스로는 아무런 공로도 없음을 알고 있기 때문에, 그리스도 안에 있는 하나님의 은혜를 온전히 의지한다. 그런데 현대 신학에서는, 인간이 선천적으로 선하며 스스로를 도울 수 있는 능력이 있다는 신념으로 인하여, 은혜로 말미암는 구원의 교리가 실제적으로는 "상실된 현(弦)"이 되었고, 심지어 "은혜"라는 말은 영적인 의미가 모두 제거되었으며, 경건한 설교에서 사라지고 말았다. 그것은 단지 "우아함(graciousness)", 즉 아주 외적인 어떤 것이라는 의미로만 유지되었다. 다행한 것은, 죄에 대하여 새롭게 강조되고 있으며, 또한 하나님의 은혜의 필요성을 새롭게 인식하려고 하는 몇 가지 증거들이 존재하고 있다는 것이다.

(4) 하나님의 긍휼. 하나님의 선과 사랑의 또다른 중요한 측면은 하나님의 긍휼 혹은 자비이다. 히브리어에서 이러한 뜻으로 가장 흔히 일반적으로 사용되는 말은 헤세

드이다. 하지만 깊고 부드러운 연민을 표현하는 또다른 말이 있는데, 그것은 라함이라는 말로서, 영어 성경에서 온화한 긍휼(tender mercy)이라고 아름답게 번역되었다. 70인역 성경과 신약 성경은 하나님의 긍휼을 표시하기 위하여 엘레오스라는 헬라어를 채택하고 있다. 하나님의 은혜가 인간을 하나님 앞에 있는 죄인으로서 용서를 필요로 하는 자로 생각한다면, 하나님의 긍휼은 인간을 죄의 결과 때문에 비참한 상태에 있으며 따라서 하나님의 도우심을 필요로 하는 인간으로 바라보고 있다. 이것은 그들의 공과에 관계없이, 곤궁과 비탄에 빠진 자들에게 보여주시는 하나님의 선과 사랑으로 정의될 수 있다. 하나님은 자신의 긍휼로써 자신을 자비로운 하나님, 즉 곤궁한 가운데 있으며 또한 비탄을 떨쳐 버리려는 사람들을 불쌍히 여기시는 분으로 계시하신다. 하나님의 긍휼(인자)은 풍성하시다(신 5:10; 시 57:10; 86:5). 이스라엘의 시인들은 그 긍휼이 영원하다고 즐겨 노래했다(대상 16:34; 대하 7:6; 시 136편; 스 3:11). 신약 성경에서 이것은 종종 하나님의 은혜와 나란히 언급되는데, 특별히 인사말에서 나타난다(딤전 1:2; 딤후 1:1; 딛 1:4). 우리는 또한 이것이 하나님을 경외하는 사람들에게 보였다는 사실을 반복적으로 듣고 있다(출 20:2; 신 7:9; 시 86:5; 눅 1:50). 하지만 이것은, 사람들이 특별한 방법으로 이 긍휼을 기뻐한다 해도 이것이 그들에게 제한되어 있는 것을 의미하는 것은 아니다. 하나님의 온화한 긍휼은 하나님의 모든 피조물들 위에 임하여 있으며(시 145:9), 심지어 하나님을 경외하지 않는 사람들에게도 임하여 있다(겔 18:23, 32; 33:11; 눅 6:35, 36). 하나님의 긍휼은 하나님의 공의에 반대되는 개념으로 표현되는 것이 아니다. 하나님의 긍휼은, 예수 그리스도의 공로를 생각해 볼 때, 하나님의 엄위로운 공의와의 조화 속에서만 역사한다. 성경 안에서 이러한 의미로 사용된 다른 용어들에는 '불쌍히 여김'(pity), '자비'(compassion), '인자'(loving-kindness)가 있다.

(5) **하나님의 오래 참으심.** 하나님의 오래 참으심도 역시 하나님의 위대한 선과 사랑의 한 측면이다. 히브리어는 이것을 위하여 문자적으로 '얼굴이 긴'(long of face)이라는 의미와, 나아가서 '노하기를 더디 하시는'(slow to anger)이라는 의미를 나타내는 에레크아프라는 표현을 사용하는 반면, 헬라어에서는 마크로두미아라는 말을 사용하여 같은 의미를 표현한다. 이것은 그들의 계속적인 불순종에도 불구하고 완고한 자와 악인에 대해 참으시는 하나님의 선 혹은 사랑의 참된 측면이다. 하나님께서 이 속성을 사용하시는 동안에 죄인은 자기에게 임하는 훈계와 경고에도 불구하고 계속해서 죄를 짓는 것으로 관찰된다. 하나님의 오래 참으심은 응분의 심판이 연기되는 데서 나타나고 있다. 성경은 그의 오래 참으심에 대해서 출 34:6; 시 86:15; 롬 2:4; 9:22; 벧전 3:20; 벧후 3:15에서

언급하고 있다. 이 용어와 약간 다른 의미를 함축하고 있으면서, 비슷하게 사용되는 용어는 '관용'(forbearance)이다.

2. 하나님의 거룩함. '거룩하다'는 의미의 히브리 단어 카다쉬는 자르다, 분리하다를 의미하는 어근 카드에서 유래한다. 이것은 구약 성경에서 가장 뛰어난 종교적인 표현들 중의 하나로서, 주로 하나님께 적용되고 있다. 같은 개념이 신약 성경에서는 하기아조와 하기오스라는 말로 표현되고 있다. 이러한 사실에서 볼 때, 거룩함을 일반적으로 생각하고 있듯이 주로 도덕적인 특성이나 종교적인 특성으로 생각하는 것은 옳지 않다는 점이 밝혀지게 된다. 거룩함이 기본적으로 가지고 있는 개념은, 하나님과 어떤 사람이나 사물 사이에 존재하는 위치 혹은 관계라는 개념이다.

(1) 하나님의 거룩함의 성격. 하나님의 거룩함에 대한 성경적인 관념은 두 가지로 나타난다. 원래의 의미로 볼 때, 이것은 하나님이 그의 모든 피조물들과는 절대적으로 구별되며, 무한하신 위엄 속에서 그들 위에 높이 계신다는 사실을 나타내 준다. 그렇게 이해하게 되면, 하나님의 거룩함은 하나님의 초월적인 속성들 가운데 하나이며, 때때로 하나님의 중심적인 지고의 속성으로 언급된다. 하나님의 한 가지 속성이 다른 것보다 더 중심적이며 근본적인 것이라고 말하는 것은 합당하지 않은 것처럼 보이지만, 이러한 사실이 허용될 수 있다면, 하나님의 거룩함에 대한 성경적인 강조는 그러한 선택을 정당화하는 것처럼 보인다. 그렇지만 거룩함은 이러한 의미에서 실제로 사랑, 은혜, 자비와 같은 다른 속성들과 통합될 수 있는 도덕적인 속성이 아니라, 오히려 하나님에 대하여 서술될 수 있는 모든 것과 같은 크기를 가지고 있고, 그에 적용될 수 있는 어떤 것이라는 사실이다. 하나님은 자기를 계시하시는 모든 것 안에서, 즉 그의 공의와 진노에서처럼 그의 선과 은혜 속에서도 거룩하시다. 이것은 하나님의 '엄위로운 거룩함'(majesty-holiness)으로 불리는데, 출 15:11; 삼상 2:2; 사 57:15; 호 11:9과 같은 구절들에서 언급되고 있다.

오토(Otto)는 그의 주요 저서 「거룩함의 개념」(Das Heilige)에서, 이러한 하나님의 거룩함을 하나님 안에 있는 가장 본질적인 것으로 간주하였고, 그것을 '누미노스'(the numinous, 신성을 가진 것)라고 명명했다. 그는 이것을 하나님 안에 있는 비이성적인 부분으로 보는데, 이것은 개념적으로 사고할 수 없고, '절대적 접근 불가능성', '절대적 압도성', 혹은 '두려운 위엄'과 같은 개념을 포함하고 있다. 이것은 절대적인 자기 비하로 이끄는 절대적인 무(無)라는 감각, 즉 '피조물-의식', 혹은 '피조물-감정'을 인간 속에 불러일으킨다.

그렇지만 하나님의 거룩함은 또한 성경에서 특별히 윤리적인 측면을 가지고 있는 데, 이 단락에서는 바로 이러한 거룩함의 측면에 대해서 좀 더 직접적으로 관심을 가져야 할 것이다. 신적 거룩함에 관한 윤리적 관념은 하나님의 엄위로운 거룩함의 관념과는 분리될 수 없다. 윤리적 관념은 엄위로운 거룩함의 관념으로부터 발전했다. 하나님의 윤리적인 거룩성의 기본 관념도 역시 분리의 관념이지만, 이 경우에 있어서 이것은 도덕적인 악이나 죄로부터의 분리를 의미한다. 그의 거룩함에 의하면, 하나님은 절대로 죄와 교제하실 수 없다(욥 34:10; 합 1:13). 이런 의미에서 사용된 '거룩함'이라는 말은 하나님의 엄위로운 순결, 혹은 윤리적인 엄위를 지시하고 있다. 하지만 윤리적인 거룩함의 관념은 단순히 소극적인 것만은 아니며(죄로부터의 분리), 마찬가지로 도덕적인 탁월성 혹은 윤리적인 완전이라는 적극적인 내용도 가지고 있다. 만약 인간이 하나님의 엄위로운 거룩함에 대하여 철저한 무의미와 두려움의 감정을 가지고 반응한다면, 윤리적인 거룩함에 대해 인간의 반응은 불결의 감정, 즉 죄의식의 의미로 드러나게 될 것이다(사 6:5).

오토도 역시 다른 요소들을 강조했지만, 하나님의 거룩함 속에서 이러한 요소를 인식하였으며, 그것에 대하여 "단순한 두려움과 '전율'로부터의 피난처의 단순한 필요가, 여기서는 '불경건한' 인간이 거룩한 분의 현존 앞에서 있을 만한 아무런 가치가 없으며, 그의 전인격적인 무가치성이 심지어는 거룩함 자체를 모독할 것이라는 감정으로까지 상승되어 왔다"고 응답했다. 이러한 하나님의 윤리적인 거룩함은, 하나님께서 영원히 자기 자신의 도덕적인 탁월성을 원하시고, 유지하시며, 죄를 혐오하시고, 자신의 도덕적인 피조물들 속에서 순결을 요청하시는 하나님의 속성으로 정의될 수 있다.

(2) 하나님의 거룩함의 현현. 하나님의 거룩함은 인간의 마음에 심겨져 있으며, 양심을 통하여 말하는 도덕법 속에서, 좀 더 특별하게는 하나님의 특별 계시 속에서 계시된다. 이것은 이스라엘에 주어졌던 율법에서 현저하게 드러났다. 모든 방면에서 이 율법은 이스라엘에게 하나님의 거룩함의 관념을 새기게 하고, 거룩한 삶을 살아야 할 필요를 백성들에게 촉구하기 위해 계획되었다. 이것은 거룩한 나라, 거룩한 땅, 거룩한 도성, 거룩한 장소, 거룩한 제사장직과 같은 상징과 모형들에 의하여 쓰인 용도였다. 게다가 이것은 하나님이 율법을 준수하는 사람들에게는 상을 베푸시며, 범죄자들에게는 무서운 벌로써 심판하셨던 방식에서 계시되었다. 하나님의 거룩함에 관한 최고의 계시는 "거룩하고 의로운 자"(행 3:14)라고 불렸던 예수 그리스도 안에서 주어졌다. 그리스도는 자신의 삶으로 하나님의 완전한 거룩함을 보여주셨다. 마지막으로 하

나님의 거룩함은 또한 그리스도의 몸 된 교회에서 계시되었다. 때때로 신약에서도 나타나기는 하지만, 흔히 주목되는 바 신약 성경보다는 구약 성경에서 훨씬 더 자주 거룩함을 하나님께 돌리고 있다는 점은 현저한 사실이다(요 17:11; 벧전 1:16; 계 4:8; 6:10). 아마도 이것은, 신약에서 구속의 경륜에 있어서 거룩함을 그의 백성들에게 전달해 주는 일을 자신의 특별한 임무로 삼는 분, 즉 성 삼위일체의 제3위에게 좀 더 특별히 한정하여 사용한 사실 때문일 것이다.

3. 하나님의 의. 이 속성은 하나님의 거룩함에 밀접하게 연관되어 있다. 쉐드는 하나님의 공의(justice)를 '하나님의 거룩함의 한 양태'로 말하고 있으며, 스트롱은 그것을 단순하게 '타동적인 거룩함'(transitive holiness)이라고 부른다. 하지만 이러한 용어들은 하나님의 절대적 공의와는 달리, 일반적으로 상대적인 공의로 불리는 것에만 적용되고 있다.

(1) 의(義)의 기본적인 개념. 의의 기본적인 개념은 율법과 엄격하게 결합되어 있는 개념이다. 사람에게 이것은 그들이 순응해야 할 법이 있다는 사실을 전제로 한다. 하나님께는 복종해야 할 법이 없기 때문에 우리가 하나님의 의를 말할 수 없다고 말하기도 한다. 그러나 하나님의 위에는 법이 없다 할지라도 하나님의 참된 본성 속에는 틀림없이 한 법이 있는데, 이 법은 모든 다른 법들을 판단하는 최고의 가능한 표준이다. 일반적으로 하나님의 절대적 의와 상대적 의가 구분된다.

하나님의 절대적 의는 신의 본성의 정직(rectitude)에 의하여 하나님이 자신 안에서 무한히 의로우시다는 사실을 드러내는 것이지만, 하나님의 상대적 의는 하나님이 자신의 거룩함을 침해하는 모든 것에 대하여 자신을 지탱하시며, 또 하나님이 모든 면에서 거룩하다는 사실을 보여주시는 하나님의 속성을 말한다.

'공의'(justice)라는 용어는 바로 이러한 의(righteousness)에 대하여 좀 더 특별하게 적용된다. 공의는 특히 모든 인간을 공평하게 대하는 데에서, 즉 공적에 따라서 인간을 대하는 데에서 나타난다. 물론 하나님의 고유한 의로우심은 하나님이 자신의 피조물들을 다루실 때 보여주시는 의로우심의 기초이지만, 여기에서 특별히 고려하고자 하는 바는 후자인 하나님의 공의로 지칭되는 것이다. '의로운' 혹은 '의로우심'이라는 말에 해당되는 히브리어는 차디크와 체데크, 체다카이며, 헬라어는 디카이오스와 디카이오수네인데, 이 단어들은 모두 '표준에 대한 순응'이라는 의미를 내포하고 있다. 성경에서는 의로우심의 속성을 반복적으로 하나님께 돌리고 있다(스 9:15; 느 9:8; 시 119:137; 145:17; 렘 12:1; 애 1:18; 단 9:14; 요 17:25; 딤후 4:8; 요일 2:29; 3:7; 계 16:5).

(2) 하나님의 공의에 적용되는 구분들. 첫째로 하나님의 통치적 공의(rectoral justice)

가 있다. 이 공의는 그 이름이 보여주듯이 하나님이 자신을 선과 악의 통치자로서 나타내시는 정직성(rectitude)이다. 이것에 의하여 하나님은 지상에 도덕적인 정부를 세우셨고, 인간에게 공의로운 법을 부과하셨는데, 순종하는 자에게는 상을 약속하셨고 불순종하는 자에게는 벌을 경고하셨다. 하나님은 구약 성경에서 이스라엘의 입법자(사 33:22)로, 또한 일반적인 백성의 입법자(약 4:12)로 분명하게 나타나시는데, 그의 법은 의로운 법이었다(신 4:8). 성경은 또한 시 99:4; 롬 1:32에서 하나님의 이러한 정직하신 사역에 대하여 언급한다.

통치적 공의와 밀접하게 연결된 것이 하나님의 분배적 공의(distributive justice)다. 이 용어는 대체로 법을 시행하는 데 있어서의 하나님의 정직성을 나타내 주며, 상벌의 분배에 관계되어 있다(사 3:10, 11; 롬 2:6; 벧전 1:17). 이는 두 종류로 나누어진다.

① 보상적(補償的) 공의(remunerative justice).   이것은 인간과 천사들에게 상을 분배함에서 나타난다(신 7:9, 12, 13; 대하 6:15; 시 58:11; 미 7:20; 마 25:21, 34; 롬 2:7; 히 11:26). 이것은 피조물이 창조주 앞에서 아무런 공로도 내세울 수 없기 때문에 실제로는 엄격한 공로에 근거한 것이 아니라, 약속과 허락하심에 의하여 그 자비하심을 보여주시는 하나님의 사랑의 표현이다(눅 17:10; 고전 4:7). 하나님의 상급은 은혜로우며, 또한 하나님이 세우신 언약의 관계에서 나온 것이다.

② 응보적 공의(retributive justice).   이것은 형벌을 부과하는 일과 관계가 있다. 이것은 하나님의 진노의 표현이다. 죄 없는 세상이 있다면 이러한 공의가 시행될 곳은 아무데도 없을 것이지만, 죄로 가득 찬 세상에서는 이것은 아주 명백한 장소를 점유하고 있다. 대체로 성경은 사악한 자에 대한 벌보다는 의로운 자에 대한 보상을 강조한다. 하지만 사악한 자에 대한 처벌도 롬 1:32; 2:9; 12:19; 살후 1:8 등의 많은 구절 속에 충분하게 나타나 있다. 주목해야 할 것은, 인간은 상을 받을 만한 아무런 공로가 없으나, 자기에게 주어진 벌에 대해서는 그에 상당하는 과실이 있다는 사실이다 신적인 공의는 본래적으로 혹은 필연적으로 악을 벌하지 않으면 안 되나, 선을 보상할 의무는 없다(눅 17:10; 고전 4:7; 욥 41:11). 많은 이들이 하나님의 엄격한 형벌적인 공의(punitive justice)를 부인하며, 하나님은 죄인을 고치기 위해서 혹은 사람들의 죄를 제재하기 위해서 죄인을 벌하신다고 주장하지만, 이러한 주장들은 견지할 만한 것이 못 된다. 죄에 대한 처벌의 주된 목적은 법과 공의를 지키려는 것이다. 물론 죄인을 고치고 다른 이들이 죄를 못 짓도록 하려는 일이 부수적으로 일어날 수 있고, 더 나아가서 이차적으로 그것이 의도될 수도 있다.

D. 주권적 속성들(Attributes of Sovereignty)

하나님의 주권은 성경에서 매우 강조되고 있다. 하나님은 창조주로 나타나시고, 그의 의지는 만물의 원인으로 나타난다. 하나님의 창조적 사역에 의해서 천지와 그 안에 있는 만물들이 다 하나님께 속해 있다. 하나님은 하늘의 천군과 땅의 거민들에 대하여 절대적인 권위로 옷 입으신다. 하나님은 그의 전능한 능력으로 만물을 지탱하시며, 그들이 운명적으로 추구해야 할 목적들을 결정하신다. 하나님은 가장 절대적인 의미에서 왕으로 다스리시며, 또한 만물들은 그에게 의존하고 복종한다. 성경에 하나님의 주권에 대한 풍부한 증거가 있지만, 여기서는 가장 중요한 몇몇 구절들에 대해서만 언급하고자 한다 (창 14:19; 출 18:11; 신 10:14, 17; 대상 29:11, 12; 대하 20:6; 느 9:6; 시 22:28; 47:2, 3, 7, 8; 50:10-12; 95:3-5; 115:3; 135:5, 6; 145:11-13; 렘 27:5; 눅 1:53; 행 17:24-26; 계 19:6). 두 가지의 속성들을, 하나님의 주권적인 의지와 하나님의 주권적인 능력이라는 제목하에서 다루기로 한다.

1. 하나님의 주권적 의지

(1) 하나님의 의지의 개요. 성경은 하나님의 의지를 나타내기 위해 몇 가지 단어를 채택하고 있는데, 히브리어로는 하페츠, 체부, 라촌이라는 말이 사용되었고, 헬라어로는 불레, 델레마라는 말이 사용되었다. 신적 의지의 중요성은 성경의 여러 부분에 나타나 있다. 이것은 만물의 궁극적인 원인으로 나타난다. 모든 일이 이러한 의지에서 유래한다. 창조와 보존(시 135:6; 렘 18:6; 계 4:11), 통치(잠 21:1; 단 4:35), 선택과 유기(롬 9:15, 16; 엡 1:11), 그리스도의 고난(눅 22:42; 행 2:23), 거듭남(약 1:18), 성화(빌 2:13), 신자들의 고난(벧전 3:17), 인간의 삶과 운명(행 18:21; 롬 15:32; 약 4:15), 또한 생명에 대한 지극히 작은 것들까지도(마 10:29) 이러한 신적 의지에 속한다. 따라서 철학은 때때로 더 깊은 원인을 절대자의 존재 자체 안에서 찾으려는 경향을 보여 왔지만, 기독교 신학은 항상 하나님의 의지를 만물의 궁극적인 원인으로 인식하여 왔다. 하지만 만물의 근거를 하나님의 존재 자체 안에서 찾으려는 시도는, 일반적으로 범신론으로 귀결되었다.

하나님께 적용되는 '의지'라는 말이 성경에서 언제나 동일한 의미를 담고 있는 것은 아니다. 이것은 ① 사랑, 거룩함 등과 같은 속성을 포함하고 있는 하나님의 모든 도덕적인 본성, ② 자기 결정의 능력, 즉 행동 과정이나 계획 입안에 대한 스스로의 결정 능력, ③ 이런 활동에서 나온 것, 즉 예정된 계획이나 목적, ④ 이런 계획과 목적을 실현할 수 있는 능력(행동에의 의지 혹은 전능함), ⑤ 이성적인 피조물들을 위하여 정해진 삶의 규범을 의미한다. 이것은 주로 지금 우리가 관심을 가지고 있는 자기 결정 능력으로서의 하나님의 의지이다. 이것은 하나님의 속성으로 정의될 수 있는데, 이것에 의해 하나님은 가장 단순한 행동 속에서 최고선인 자신을 향하시며, 자기의 이름을 위해 그의 피조물들을 향하시며, 이렇게 해서 피조물들의 존재와 지속적인 실존의 근거가 되시는 것이다. 이 의지가 포함하고 있는 우주와 모든 피조물들에 관해 살펴보면, 이것은 자연히 인과율의 사상을 내포하고 있다.

(2) 하나님의 의지에 적용된 구분들. 몇 가지의 구분들이 하나님의 의지에 적용되어왔다. 하나님의 선행적 의지(antecedent will)와 결과적 의지(consequent will) 사이의 구분과, 절대 의지와 조건 의지 사이의 구분과 같은 몇 가지의 구분은 개혁파 신학에서는 거의 환영을 받지 못했다. 이러한 구분들은 오해되기 쉬울 뿐만 아니라, 실제로 반대의 의미로 해석되었다. 하지만 다른 구분들은 유용한 것으로 생각되었고, 좀 더 일반적으로 용인되었다. 다음에 나오는 구분들이 그러한 것들이다.

① 하나님의 작정적 의지(decretive will)와 교훈적 의지(preceptive will). 전자는 하나님께서 무엇을 일어나게 하실지를 의도하거나 명령하시며, 그것을 효과적으로(인과적으로) 성취하기를 의도하시든지 혹은 이성적인 피조물이 자기 마음대로 그것을 행하도록 내버려 두시든지를 의도하시는 하나님의 의지이다. 후자는 하나님이 그의 도덕적인 피조물들에게 지키라고 명령하신 의무들을 보여주는 의지이며, 동시에 그들을 위하여 정해 놓으신 삶의 규범이다. 전자는 언제나 성취되었지만, 후자는 종종 불순종되었다.

② 하시려는(eudokia) 의지와 하게 하시려는(eurestia) 의지. 이 구분은 행하는 목적과 관계되어 있을 뿐만 아니라, 행하는 기쁨이나 어떤 일이 되는 것을 보려는 소원과 관련된 것이다. 하지만 하시려는 의지가 작정적 의지와 같이 분명히 무엇이 성취되어야 하는 것을 의미하고 있다는 사실에 있어서는 앞에 나온 것과 유사하지만, 하게 하시려는 의지는 교훈적 의지와 같이 하나님이 단순히 자기 피조물들에게 행하시기를 기뻐하시는 것만을 포함하고 있다는 것이다. 유도키아라는 말을 우리가 오해하여, 하시려는 의지는 악이 아닌 선에 대하여서만 말하고 있는 것이라고 생각해서는 안 될 것이다(참조. 마 11:26). 자기 만족이나 기쁨의 요소가 항상 그 안에 있다고 말한다는 것은 옳은 것이 아니다.

③ 숨겨진(beneplacitum) 의지와 나타난(signum) 의지. 전자는 하나님이 어떤 계시나 혹은 사건 자체로써 그것을 알리실 때까지는 하나님의 숨겨진 의도 속에 구현되어 있는 하나님의 의지를 나타낸다. 그렇게 계시된 모든 의지는 나타난 의지가 된다. 이러한 구분은 하나님의 작정적 의지와 교훈적 의지 사이의 구분과 유사한 의미를 갖지만, 그러나 그렇다고는 거의 말할 수 없다. 또한 하나님의 선하신 기쁨은 하나님의 교훈적

의지에서 표현되며, 때때로 작정적 의지는 나타난 의지에 의하여 우리에게 알려진다.

④ 하나님의 비밀스런(secret) 의지와 계시된(revealed) 의지.　이것은 가장 일반적인 구분이다. 전자는 주로 하나님 안에 감추어져 있는 하나님의 작정적 의지이지만, 후자는 율법과 복음에 계시된 인지적 의지이다. 이 구분은 신 29:29에 근거하고 있다. 하나님의 비밀스런 의지는 시 115:3; 단 4:17, 25, 32, 35; 롬 9:18, 19; 11:33, 34; 엡 1:5, 9, 11에서 언급되었고, 그의 계시된 의지는 마 7:21; 12:50; 요 4:34; 7:17; 롬 12:2에서 언급되고 있다. 후자는 모든 것에 다가갈 수 있으며, 결코 우리와 떨어져 있지 않다(신 30:14; 롬 10:8). 하나님의 비밀스런 의지는 하나님이 이루시든지 허용하시기를 원하시는 모든 일에 관계하고 있으므로, 절대적으로 확고한 것이다. 계시된 의지는 인간의 의무를 규정하며, 또한 인간이 어떻게 하나님의 복을 기뻐할 수 있는가를 제시해 준다.

(3) 하나님의 의지와 자유.　하나님이 의지의 행동을 하심에 있어서 필연적으로 행동하시는가, 그렇지 않으면 자유롭게 행동하시는가라고 하는 질문이 종종 논쟁의 대상이 된다. 이 질문에 대한 대답은 주의 깊은 분별을 요한다. 필연적인 지식(*scientia necessaria*)과 자유로운 지식(*scientia libera*)이 있는 것처럼, 하나님 안에는 필연적인 의지(*voluntas necessaria*)와 자유로운 의지(*voluntas libera*)가 있다. 하나님은 스스로 필연적인 의지의 대상이시다. 하나님은 필연적으로 자신과 자신의 거룩한 본성, 그리고 신성 안에 있는 위격의 구분을 원하신다. 이것은 하나님께서 필연적으로 자신을 사랑하시며, 자신의 속성들(perfections)을 묵상하기를 기뻐하신다는 사실을 의미한다. 하지만 하나님은 아무런 강요를 받지 않으면서 그의 존재의 법칙에 따라 행동하시는데, 이 행동은 필연적이면서도 또한 최상의 자유이다. 여기에는 인과 관계의 관념이 존재하지 않고 있으며, 자기 만족이나 자기 긍정의 사상이 전면에 있는 것이 분명하다. 하지만 하나님의 피조물들은 하나님의 자유로운 의지의 대상들이다. 하나님은 자의적으로 무엇을, 그리고 누구를 창조할 것인가를, 그리고 그들이 살아갈 시대와 장소와 환경을 결정하신다. 하나님은 모든 이성이 있는 피조물의 길을 표시하시며, 그들의 운명을 결정하시고, 자기의 목적을 위하여 그들을 이용하신다. 하나님께서는 그들에게 자유를 주셨지만, 그들의 행동을 통제하신다. 성경은 이러한 하나님의 의지의 자유에 대하여 절대적인 말로 언급하고 있다(욥 11:10; 33:13; 시 115:3; 잠 21:1; 사 10:15; 29:16; 45:9; 마 20:15; 롬 9:15-18, 20, 21; 고전 12:11; 계 4:11).

교회는 언제나 이러한 자유를 수호했으며, 뿐만 아니라 이 자유가 절대적 무분별로 생각되어서는 안 된다는 사실을 강조했다. 둔스 스코투스(Duns Scotus)는 전혀 분별 없는 의지 관념을 하나님께 적용하였는데, 완전히 무분별로 움직이는 맹목적인 의지 관념은 교회에 의하여 거부되었다. 하나님의 자유는 순수한 무분별이 아니라, 이성적인 자기 결정인 것이다. 하나님은 그가 행하시는 의지에 대한 이유를 갖고 있으신데, 그것으로 인해서 하나님은 다른 목적이 아닌 그 목적을 선택하시며, 다른 목적보다 그 목적을 이루시기 위해서 일단의 수단을 선택하시는 것이다. 각 경우에 사람이 이 동기가 무엇인지 결정할 수 없다 하더라도, 하나님께서 가장 기뻐하시는 목적과 수단을 선택하신 중요한 동기는 존재한다. 대체로 하나님은 자기의 본성, 자기의 지혜나 사랑, 자기의 의나 거룩함에 반대되는 것은 아무것도 원하실 수 없다고 한다. 바빙크 박사는 지적하기를, 인간은 왜 하나님께서 다른 것보다 그 일을 더 원하셨는지 그 이유를 좀처럼 파악할 수 없고, 또 인간이 하나님의 의지보다 더 깊이 있는 사물들의 근거를 찾는 행위는 불가능하며 또한 허용될 수도 없다. 왜냐하면 그 같은 모든 시도는 하나님의 존재 자체에서 피조물의 근거를 찾고, 하나님의 의지로부터 우연성을 빼앗고, 하나님의 의지를 필연적이고 영원하고 신적인 것으로 만드는 결과를 낳기 때문이라고 했다.

(4) 하나님의 의지와 죄의 관계. 하나님의 의지의 교리는 종종 심각한 질문들을 야기시킨다. 아직까지도 도무지 해결되지 않은 채로 있으며, 아마도 인간으로서는 결코 해결할 수 없는 문제들이 여기에서 제기되었다.

① 하나님의 작정적 의지가 죄가 세상에 들어오도록 결정하였다고 한다면, 하나님은 죄의 조성자가 되며, 실제로 하나님의 도덕적인 속성에 반대되는 어떤 일을 의도하신 것이 된다고 하는 의견이 있다. 알미니우스주의자들은 이 난제를 피하기 위하여, 사람이 선택할 진로에 대한 하나님의 예지에 의해 하나님의 의지가 죄를 허용한 것이라 한다. 개혁파 신학자들은 행 2:23; 3:18과 같은 구절에 기초하여, 하나님의 작정적인 의지에 인간의 죄악된 행동이 포함된다고 주장하나, 하나님이 죄의 조성자라는 식으로 생각해서는 안 된다는 점을 언제나 주의 깊게 지적한다. 그들은 자기들이 이 문제를 풀 수 없다는 사실을 솔직하게 인정하면서도, 동시에 유용하고도 가치 있는 몇 가지 구분을 했다. 그들 대부분은, 죄에 관한 하나님의 의지는 하나님이 도덕적인 선을 행하신다는 의미에서 단순히 죄를 허용하는 의지이지, 죄를 초래하는 의지가 아니라고 주장했다. 물론 이러한 용어는 바르게 이해하기만 한다면 받아들일 만한 것이다. 죄를 허용하는 하나님의 의지에는 그것을 허용하는 확신이 담겨 있다는 사실을 명심해야 할 것이다. 다른 이들은 '의지' 혹은 '원하다'라는 용어들이 자기 만족이나 기쁨의 관념을 내포하고 있기도 하지만, 때로는 의지의 단순한 결정을 지적하기도 한다는

점과, 따라서 죄를 허용하는 하나님의 의지가 하나님이 죄에서 기쁨이나 즐거움을 취하신다는 것을 의미하지는 않는다는 사실에 주목했다.

② 또한 하나님의 작정적 의지와 교훈적 의지가 종종 상충된다고 하는 의견이 있다. 하나님의 작정적 의지는 하나님이 그의 교훈적 의지 안에서 금지하는 많은 일들을 포함하며, 또한 하나님이 그의 교훈적 의지 안에서 명령하는 많은 일들을 배제한다(참조. 창 22장; 출 4:21-23; 왕하 20:1-7; 행 2:23). 그런데 작정적 의지와 교훈적 의지를 둘 다 주장하는 것이 매우 중요하나 그것을 정확하게 이해해 보면, 사람에게는 그 둘이 구분되는 것처럼 보이지만, 하나님 안에서는 근본적으로 여전히 하나라는 점이다. 비록 문제점에 대한 완전한 해답이 지금으로서는 전혀 불가능한 것이지만, 해답에 접근하는 것이 불가능하지는 않다. 하나님의 작정적 의지와 교훈적 의지를 말할 때, 우리는'의지'라는 말을 두 가지 의미로 사용한다. 전자에 의하여 하나님은 자기가 행할 일이나 일어날 어떤 일을 결정하시며, 후자에 의하여 하나님은 우리가 의무적으로 마땅히 해야 할 일을 인간에게 계시하신다. 동시에 우리는 도덕법, 즉 우리의 삶의 규범도 역시 어떤 의미에서는 하나님의 의지가 구현된 것이라는 사실을 기억해야 할 것이다. 이것은 하나님의 거룩한 본성의 표현이며, 따라서 모든 도덕적인 피조물들에게 요청되는 것이다. 그러므로 앞서 나온 구절에 몇 마디의 말이 덧붙여져야 한다. 하나님의 작정적 의지와 교훈적 의지는, 전자에서는 하나님이 죄를 기뻐하시며, 후자에서는 하나님이 죄를 기뻐하시지 않는다는 의미에서 모순되지 않으며, 또한 전자에서는 하나님이 적극적인 결의(positive volition)로써 모든 개개인의 구원을 원하시지 않으며, 후자에서는 하나님이 그것을 원하신다는 의미에서도 모순되지 않는다. 더욱이 작정적 의지에서도 하나님은 죄를 기뻐하시지 않고, 교훈적 의지에서도 하나님께서 적극적인 결의로써 모든 개개인의 구원을 원하시는 것은 아니다.

2. 하나님의 주권적 능력. 하나님의 주권은 신적 의지뿐만 아니라, 하나님의 전능이나 혹은 하나님의 의지를 행하시는 능력에서도 표현된다. 하나님 안에 있는 능력을 가리켜서 하나님의 본성의 효과적인 에너지로, 혹은 하나님의 절대적 및 지고의 원인이 되시는 그의 존재의 속성이라 부를 수 있을 것이다. 일반적으로 하나님의 절대적 능력(*potentia Dei absoluta*)과 하나님의 질서적 능력(*potentia Dei ordinata*)을 구분한다. 하지만 개혁파 신학은 스콜라주의자들이 이해한 의미의 구분을 거절하였는데, 스콜라주의자들은 하나님께서 그의 절대적 능력에 의하여 모순을 초래하실 수 있으며, 심지어 죄를 짓고 자신을 파멸시킬 수 있다고까지 주장했다. 동시에 개혁파 신학은 그 구분이 진정한

진리를 표현해 주는 것으로 채택했으나, 항상 동일한 방식으로 기술하지는 않는다. 하지(Hodge)와 쉐드에 따르면, 절대적 능력은 이차적인 원인들의 간섭을 받지 않고 실행된 하나님의 능력인 반면, 질서적 능력은 이차적인 원인들이 질서 있게 작용함으로써 실행되었던 하나님의 능력이다. 차녹(Charnock)은 좀 더 일반적인 견해를 이렇게 진술했다. "절대적 능력은 하나님께서 행하시기를 원치는 않지만 일어날 수 있는 것을 하실 수 있는 능력이며, 질서적 능력은 하나님께서 하기로 작정하신 것, 즉 하나님께서 실행되도록 규정했거나 지명하셨던 것을 행하시는 능력으로서, 이것은 구분되는 것이 아니라 하나의 동일한 능력이다. 하나님의 질서적 능력은 하나님의 절대적 능력의 일부분인데, 그것은 만약에 하나님께서 원할 수 있는 모든 것을 행하실 능력이 없다면 하나님께서 원하시는 모든 것을 하실 만한 능력이 있을 수 없기 때문이다."

　질서적 능력은 하나님의 의지의 단순한 활동을 통하여 의도하시거나 뜻하시는 것을 무엇이든지 실현할 수 있는 하나님의 속성으로 정의될 수 있다. 하나님의 능력은 하나님의 영원한 작정에 포함된 한에서만 실제로 행사된다. 그러나 하나님의 능력의 실제적인 행사가 그 능력의 제한을 나타내는 것은 아니다. 하나님은 그럴 마음이 있으면, 그 이상의 것도 하실 수 있다. 그러한 의미에서 우리는 하나님의 절대적 능력(*potentia absoluta*)을 언급할 수 있다. 이러한 입장은 하나님의 능력이 하나님이 실제로 성취하시는 것으로 제한된다고 주장하는 슐라이어마허와 슈트라우스와 같은 사람들에 대한 반대로서 주장되어야 한다. 하지만 우리가 하나님의 절대적 능력을 주장할 때, 그릇된 오해를 막는 것이 필요하다. 성경은 한편으로 우리에게 하나님의 능력이 실제로 실현되는 것 이상으로 확대되어 있다고 가르친다(창 18:14; 렘 32:27; 슥 8:6; 마 3:9; 26:53). 그러므로 우리는 하나님이 실현시키지 않으신다고 해서 그것이 하나님에게 불가능하다고 말할 수는 없는 것이다. 그러나 한편으로 성경은 또한 하나님이 하실 수 없는 일도 많이 있다는 사실을 지적해 준다. 하나님은 거짓말과 죄를 짓는 일과 변심을 하실 수 없으며, 자신을 부인하실 수도 없다(민 23:19; 삼상 15:29; 딤후 2:13; 히 6:18; 약 1:13, 17). 하나님에게는, 그의 속성과 분리되어 있고, 본래부터 모순되는 모든 종류의 일들을 하실 수 있는 절대적 능력은 존재하지 않는다. 하나님의 전능이라는 관념은 '엘 샤다이'라는 이름에 표현되어 있는데, 성경은 그것을 분명하게 언급하고 있다(욥 9:12; 시 115:3; 렘 32:17; 마 19:26; 눅 1:37; 롬 1:20; 엡 1:19). 하나님은 창조(롬 4:17; 사 44:24)와 섭리의 사역(히 1:3), 그리고 죄인에 대한 구속(고전 1:24; 롬 1:16)에서 그의 능력을 나타내셨다.

깊은 연구를 위한 질문

하나님의 예지에 대하여 우리는 어떻게 여러 가지 다른 의미로 말할 수 있는가? 알미니우스주의자들은 이 예지를 어떻게 이해하고 있는가? 예수회(Jesuit)가 생각하고 있는 매개 지식(*scientia media*)에 대해서는 어떠한 반대 의견들이 있는가? 현대 신학이 하나님의 사랑을 하나님의 중심적이고 모든 것을 결정하는 속성으로서 강조하는 데 대하여 우리는 어떻게 판단해야 하는가? 하나님 안에 있는 "거룩함"(the Holy)이라는 오토(Otto)의 개념은 무엇을 의미하는가? 하나님의 형벌이 단순히 죄인을 고치거나 혹은 다른 사람들의 죄를 제재하려는 것이라고 주장하는 의견에 대해서는 어떤 반대 의견들이 있는가? 소지니주의자들과 크로티우스주의자들이 주장하는 하나님 안에 있는 응보적 공의(retributive justice)라는 개념은 무엇을 의미하는가? 하나님께서 그의 전능으로 모든 것을 하실 수 있다고 하는 것은 옳은 판단인가?

VIII
성 삼위일체

A. 삼위일체론의 역사

삼위일체론은 항상 난제였다. 따라서 교회가 삼위일체론을 공식화하려고 시도할 때, 그것을 합리화하여 성경적 논거들에 정당성을 얻지 못하는 해석을 하려는 유혹에 반복하여 빠졌던 것은 별로 놀라운 일이 아니다.

1. 종교개혁 이전의 시대. 예수님 당시의 유대인들은 하나님의 유일성을 강조하였는데, 이러한 강조가 기독 교회에도 전달되었다. 그 결과, 더러는 신성 안에 인격적인 구분들을 아예 무시해 버렸으며, 더러는 성 삼위일체의 제2위와 제3위의 본체적인 신성에 대하여 충분히 정의하지 못했다. 테르툴리아누스는 최초로 '삼위일체'(Trinity)라는 말을 사용하여 그 교리를 공식적으로 제시하였으나, 그 제시는 불충분하였는데, 이는 성자를 성부에 부당하게 종속시켰기 때문이었다. 오리겐은 이러한 방향으로 훨씬 더 나아가서 '본체에 관해서는' 성자는 성부에게 종속되어 있으며, 성령은 또한 성자에게 종속되어 있다고 분명하게 가르쳤다. 그는 신성의 이러한 두 위격에서 본체적인 신성을 감소시켰으며, 이렇게 해서 아리우스주의자들에게로 나아가는 디딤돌을 제공하였는데, 아리우스주의자들은 성자를 성부의 제1 피조물로, 성령을 성자의 제1 피조물로 묘사함으로써, 성자와 성령의 신성을 부인했다. 이렇게 해서 성부와 함께 성자와 성령의 동질성(consubstantiality)은 하나님의 유일성을 보존하기 위하여 희생되었으며, 신성의 세 위격들은 지위에 있어서 달라지게 되었다. 아리우스주의자들은 여전히 신성의 세 위격론의 외형을 유지하였지만, 이것은 단일신론(Monarchianism)에 의하여 완전히 희생되었는데, 한편으로는 하나님의 유일성에 대한 관심에서였고, 한편으로는 성자의 신성을 유지하기 위해서였다.

역동적 단일신론(Dynamic Monarchianism)은 예수 안에서는 인간만을, 성령 안에서는 신적인 영향력만을 보았다. 반면에 양태론적 단일신론(Modalistic Monarchianism)은 성부, 성자, 성령을 신적 본체가 계속적으로 나타난 현현의 세 모양으로 간주했다. 또한 하나님의 유일성을 간과함으로써 삼신론(Tritheism)에 떨어졌던 사람들도 있었다. 존 아스쿠나게스(John Ascunages)와 존 필로포누스(John Philoponus)와 같은 후대의 단성론자들(Monophysites) 중 어떤 이들이 이러한 오류에 떨어졌다. 중세 시대에는 유명론자인 로셀리누스(Roscelinus)가 같은 잘못으로 비판받았다. 교회는 4세기에 삼위일체론을 공식화하기 시작했다. 니케아(Nicea) 공의회(주후 325)는 성자가 성부와 동일 본질임을 선언했고, 콘스탄티노플(Constantinople) 공의회(주후 381)는, 비록 니케아 공의회와 같은 정확함은 없었지만, 성령의 신성을 주장했다. 삼위의 상관관계에 관해서는, 성자는 성부에 의해 발생하며, 성령은 성부와 성자로부터 발출한다고 공식적으로 선언했다. 동방에서는 다마스쿠스(Damascus)의 요한(John)의 저작에서, 서방에서는 아우구스티누스의 위대한 작품 「삼위일체론」(De Trinitate)에서 삼위일체론에 관한 충분한 진술들을 찾아볼 수 있다. 전자는 후자에 의해 완전히 제거된 종속의 요소들을 여전히 유지하고 있다.

2. 종교개혁 이후의 시대. 종교개혁 이후에는 삼위일체론이 더 이상 발전하지 않았으며, 초기의 몇 가지 잘못된 삼위일체론이 반복적으로 나타났을 뿐이다. 알미니우스주의자들인 에피스코피우스(Episcopius), 쿠르셀레우스(Curcellaeus), 림보르(Limborgh)는 소위 신성의 유일성을 유지하기 위하여 종속론을 다시금 부활시켰다. 그들은 다른 위격들보다 성부께 순서와 위엄과 능력에 있어서 분명한 탁월성을 귀속시켰다. 영국의 사무엘 클라크(Samuel Clarke)와 루터교 신학자인 카니스(Kahnis)도 이와 상당히 유사한 입장을 취했다. 다른 사람들은, 일종의 양태론(Modalism)을 가르침으로써 사벨리우스(Sabellius)에 의하여 지적된 길을 따랐는데, 예를 들면 스베덴보리(Emanuel Swedenborg)는 영원한 신인(神人)이 성자에게서 육신이 되었고 성령을 통하여 활동하였다고 주장했고, 헤겔은 성부를 자신 안에 계신 하나님으로, 성자를 자기 스스로를 대상화시키는 하나님으로, 성령을 자신에게 돌아가시는 하나님으로 간주했다. 슐라이어마허는 세 위격을 단지 하나님의 세 측면으로 간주했다. 종교개혁 시대의 소지니주의자들(The Socinians)은 아리우스주의자들의 노선을 따랐으나, 그리스도를 단순한 인간으로, 성령을 단순한 능력이나 영향력으로 생각함으로써 아리우스보다도 훨씬 더 벗어났다. 그들은 유니테리안파와 함께 예수님을 신적인 교사로 언급하고 성령을 내재적인 하나님과 동일시하는 자유주의 신학자들의 선구자들이었다.

끝으로, 존재론적인 삼위일체론에 관한 진술을 비지성적인 것으로 고려함으로써, 그러한 진술을 멈추고, 경륜적인 삼위일체론, 즉 구속 사역과 인간 경험 속에서 계시된 삼위일체론에 만족하여 남아 있기를 원했던 사람들이 있었는데, 그들은 모제스 스튜어트(Moses Stuart), 알렉산더(W. L. Alexander), 그리고 브라운(W. A. Brown)과 같은 사람들이다. 상당한 기간 동안 삼위일체론에 관한 관심이 약화되었으며, 신학적인 논의는 하나님의 인격에 좀 더 특별하게 집중되었다. 브루너와 바르트는 삼위일체론의 중요성에 다시 주목하게 되었다. 바르트는 삼위일체론에 관하여 전반부에서 많이 다루었는데, 계시론과 관련하여 그것을 논하였고, 그의 「교의학」에서 220쪽이나 삼위일체론에 할애했다. 실제로 그는 그 교리를 성경에서 이끌어 내었으나, 형식적으로나 논리적으로는 '하나님께서 말씀하신다'라는 단순한 문장 안에 포함된 것으로 알았다. 하나님은 계시자(성부)요, 계시(성자)이며, 계시 됨(성령)이시다. 하나님은 자신을 계시하고, 스스로 계시이며, 또한 계시의 내용이다. 하나님과 그의 계시는 동일하다. 하나님은 그의 계시 안에서도 절대적으로 자유로우시며, 주권적인 하나님으로 남아 계신다. 바르트의 이러한 견해는 사벨리우스주의의 일종은 아니다. 그것은 그가 신성 안의 세 위격을 인정하고 있기 때문이다. 게다가 그는 어떠한 종속도 허용하지 않는다. 그는 이렇게 말했다: "이처럼, 손상되지 않은 유일성 속에서 계시자, 계시, 계시 됨인 동일한 하나님에게서, 하나님 자신 안에 있는 손상되지 않은 다양성 속에서, 이 삼중적 존재 양태가 정확히 기인되었다."

B. 삼위일체인 유일신

'삼위일체'란 말은 네덜란드어 'Drie-eenheid'라는 말보다 표현이 풍부하지 않다. 이 말은 세 위격의 일체에 대한 어떤 함축성도 없으며, 단지 셋이 있다는 상태만을 나타내기 때문이다. 하지만 일반적으로 이 말은 신학의 전문 용어로서, 그러한 관념을 포함하고 있는 것으로 이해되었다. 우리가 하나님의 삼위일체에 관하여 언급할 때, 일체 속의 삼위와 삼위인 일체에 관하여 언급하고 있다는 사실은 말할 것도 없다.

1. 하나님의 인격성과 삼위일체. 앞에서 진술했듯이 하나님의 공유적 속성들은, 하나님이 자신을 이성적이며 도덕적인 존재로 계시하기 때문에 하나님의 인격성을 강조한다. 하나님의 삶은 인격적인 삶으로서 성경 속에서 우리 앞에 분명하게 나타나는데, 물론 하나님의 인격성을 주장하는 일은 매우 중요하다. 왜냐하면 그것이 없이는 진정한 의미에서 어떠한 종교도, 즉 어떠한 진정한 기도나 진정한 인격적인 사귐, 신뢰할 수 있는 의존, 확신있는 소망도 결코 존재할 수 없기 때문이다. 인간은 하나님의 형상으로 창조되었기 때문에, 우리는 우리가 인간의 인격성을 알고 있는 대로 인격성

을 묵상함으로써 하나님의 인격적인 삶을 이해할 수 있게 된다. 그러나 우리는 인간의 인격성을 하나님의 인격성을 측정하기 위한 표준으로 설정하지 않도록 주의해야 한다. 인격성의 원형태는 인간이 아닌, 하나님에게 있다. 하나님의 인격성은 원형적 (archetypal)이지만, 인간의 인격성은 모형적(ectypal)이다. 후자는 전자와 동일하지는 않지만, 그것과의 유사성의 희미한 흔적들을 내포하고 있다.

우리는, 인간은 인격적이지만 하나님은 초인격적(매우 옳지 않은 용어)이라고 말해서는 안 된다. 왜냐하면 초인격적인 것은 인격적이 아니기 때문이다. 오히려 인간에게서 불완전한 것으로 나타나는 것이 하나님 안에서는 무한한 완전으로 존재한다. 이 둘 사이에 있는 하나의 뚜렷한 차이점은 인간이 단인격적인 반면에, 하나님은 삼위격적이라는 사실이다. 그리고 이 삼위격적인 존재는 신적인 존재 안에 있는 필연성이며, 결코 하나님이 선택하신 결과는 아니다. 하나님은 삼위격적인 형태 이외의 어떤 다른 형태로는 존재하실 수 없다. 삼위일체론은 여러 가지 방법으로 논의되어 왔다. 인격성 자체의 개념으로부터 삼위일체론을 논의하는 것은 매우 일반적인 방법이다. 쉐드는 신성 안에 있는 각 위격들의 특수적 개성적 자의식과 구별하여 삼위일체 하나님의 일반적인 자의식 위에 그의 논의를 기초하고 있는데, 그것은 자의식에는 주체가 반드시 그 자신을 대상으로 알아야 하며, 또한 그것을 안다는 사실을 인식해야 하기 때문이다. 이것은 하나님이 삼위적 존재이기 때문에 하나님 안에서 가능하다. 쉐드는, 하나님이 자신의 본질에서 삼위가 아니라면, 하나님은 자기묵상, 자기 인식, 자기 교통이 될 수 없다고 말했다.

바틀렛(Bartlett)은 하나님이 필연적으로 삼위격적이라는 사실을 증명하기 위하여 흥미있는 방식으로 다양한 고찰들을 제시했다. 하나님 안에 있는 복수성을 증명하기 위한 인격성으로부터의 논증은 적어도 다음과 같은 어떤 형식을 취할 수 있다: 사람들 가운데서 자아는 비자아와의 접촉에 의해서만 의식을 일깨워 준다. 인격성은 고립 속에서는 발전하지도 존재하지도 않으며, 오직 다른 인격들과의 사귐에 의하여서만 발전하고 존재한다. 따라서 하나님 안에 있는 동등한 위격들의 사귐을 떠나서는 하나님의 인격성이 고려될 수 없는 것이다. 인간과 동물들의 접촉이 인간의 인격성을 설명해 줄 수 없음같이 하나님과 하나님의 피조물들과의 접촉도 마찬가지로 하나님의 인격을 설명할 수 없다. 하나님의 삼위의 존재에 의하여 하나님 안에는 신적인 삶의 무한한 충만함이 존재한다. 바울은 엡 3:19과 골 1:9; 2:9에서 이러한 신성의 충만함 (pleroma)에 대하여 말한다. 하나님 안에 세 위격이 존재한다는 사실을 고려해 본다면,

하나님을 한 인격으로 말하는 것보다는 하나님이 인격적이시라고 말하는 편이 더 좋을 것이다.

2. 삼위일체론에 대한 성경의 증거. 삼위일체론은 단연 계시론이다. 인간의 이성이 이 삼위일체론을 구체화하기 위하여 어떠한 사상들을 제안할 수도 있고, 또 인간들이 때때로 순전히 철학적 근거에서 하나님 안에 있는 그대로의 유일성의 관념을 버리고, 살아 있는 운동과 자기 구별의 관념을 소개하였다는 것은 사실이다. 그리고 그리스도인의 경험이 이러한 신론의 구성을 요구하는 것처럼 보이는 것도 역시 사실이다. 그러면서도 이 삼위일체론은, 경험만을 근거로 삼았다면, 알 수 없고 아무런 확신도 가질 수 없었을 교리로서, 하나님의 특별 계시에 의해서만 우리에게 전달된 것이다. 그러므로 우리가 이 교리에 관한 증거들을 수집하는 일이 가장 중요하다.

(1) 구약 성경의 증거들. 초대 교회의 어떤 교부들과 후대의 몇몇 신학자들은 하나님의 계시의 발전적인 특성을 간과하면서, 삼위일체론이 구약 성경에서 완전히 계시되었다는 표현을 사용했다. 다른 한편으로, 소지니주의자들과 알미니우스주의자들은 삼위일체론이 구약에서 전혀 발견되지 않는다는 의견을 가지고 있었다. 그러나 이 양자의 주장은 다 잘못된 것이었다. 구약 성경은 하나님의 삼위일체적인 존재에 관한 충분한 계시를 내포하고 있지 않으며, 그것에 관한 몇 가지의 암시들만을 포함하고 있다. 그리고 이것은 정확하게 기대될 수 있는 것이다. 성경은 결코 삼위일체론을 추상적인 진리로 취급하지 않으며, 다양한 관계들 속에서 삼위일체적인 삶을 살아 있는 실재로 계시하고 있다. 어느 정도는 창조와 섭리의 사역들과의 연관 속에서, 특히 구속의 사역과의 연관 속에서 그렇게 하고 있다. 삼위일체론의 가장 근본적인 계시는, 말씀들 속에서가 아닌 사실들 속에서 주어진 계시이다. 좀 더 분명하게 계시되는 정도에 따라 그 명료성이 점점 더 증가한다. 또한 삼위일체의 영화로운 현실이 역사의 사실들 속에서 점점 드러나게 될수록 삼위일체론적인 진술들은 점점 더 분명해진다. 신약 성경 속에서의 삼위일체의 더욱 충만한 계시는, 말씀이 육신이 되셨으며 성령이 교회 안에 거하시게 되었다는 사실에 기인하고 있다.

삼위일체에 대한 증거는 때때로 여호와와 엘로힘을 구분하는 사실에서, 그리고 복수적인 엘로힘에서 찾는데, 전자는 전혀 근거가 없는 것이며, 후자는 로텐버그 (Rottenberg)가 그의 책 「이스라엘의 신 관념 속에 있는 삼위일체에 관하여」(*De Triniteit in Israels Godsbergrip*)에서 여전히 주장하고 있기는 하지만, 매우 의심스러운 것이다. 하나님이 자신을 복수로 언급하고 있는 창 1:26; 11:7과 같은 구절들이 삼위일체가 아닌 위격들의 복수성만을 지적하고 있다는 사실에도 불구하고 하나님 안에서의 위격의 구별들을 내포하고 있다는 사실은 훨씬 더 그럴 듯한 이론이다. 게다가 이러한 위격의 구별에 대한 좀 더 분명한 암시들이 한편으로는 여호와와 동일시되며, 다른 한편으로는 여호와와 구별되는 여호와의 천사에 대하여 언급하고 있는 구절들(창 16:7-13; 18:1-21; 19:1-28; 말 3:1)과, 또한 말씀이나 하나님의 지혜가 인격화되어 있는 구절들(시 33:4, 6; 잠 8:12-31) 속에서 발견된다. 어떤 경우에 있어서는 한 위격 이상이 언급되며 (시 33:6; 45:6, 7; 비교. 히 1:8, 9), 다른 경우에 있어서는 하나님을 말씀하시는 자로, 메시야와 성령을 둘 다 언급하거나, 혹은 메시야를 말씀하시는 자로, 하나님과 성령을 둘 다 언급하는 것으로 나타난다(사 48:16; 61:1; 63:9, 10). 이와같이 구약 성경은, 신약 성경의 삼위일체가 좀 더 충만하게 나타나는 계시에 대한, 분명한 예견(anticipation)을 포함하고 있다.

(2) 신약 성경의 증거들. 신약 성경은 신성 속에 있는 구별들에 대한 더 분명한 계시를 담고 있다. 구약 성경에서 여호와가 자기 백성의 구원자요 구세주로 나타난다면 (욥 19:25; 시 19:14; 78:35; 106:21; 사 41:14; 43:3, 11, 14; 47:4; 49:7, 26; 60:16; 렘 14:3; 50:14; 호 13:3), 신약 성경에서는 하나님의 아들이 그러한 능력을 가지신 것으로 분명하게 나타나고 있다(마 1:21; 눅 1:76-79; 2:17; 요 4:42; 행 5:3; 갈 3:13; 4:5; 빌 3:30; 딛 2:13, 14). 그리고 구약 성경에서는 이스라엘과 자기를 경외하는 사람들의 마음 가운데 거하시는 분이 여호와이시지만(시 74:2; 135:21; 사 8:18; 57:15; 겔 43:7-9; 욜 3:17, 21; 슥 2:10, 11), 신약 성경에서는 성령께서 교회 안에 거하신다(행 2:4; 롬 8:9, 11; 고전 3:16; 갈 4:6; 엡 2:22; 약 4:5). 신약 성경은 자기 아들을 세상에 보내시는 하나님(요 3:16; 갈 4:4; 히 1:6; 요일 4:9)과, 성령을 파송하시는 성부와 성자에 대한 명백한 계시(요 14:26; 15:26; 16:7; 갈 4:6)를 제공한다. 우리는 성부가 성자에게 말씀하시며(막 1:11; 눅 3:22), 성자가 성부와 교제하시며 (마 11:25, 26; 26:39; 요 11:41; 12:27, 28), 성령이 신자들의 마음속에서 하나님께 기도하시는 것(롬 8:26)을 알 수 있다. 이렇게 삼위일체의 각 인격들은 우리들의 마음 앞에서 분명하게 나타나도록 되어 있다. 성자가 세례를 받을 때, 성부는 하늘에서 말씀하시고, 성령은 비둘기 모양으로 내려오셨다(마 3:16, 17). 마지막 대사명을 말씀하실 때, 예수님은 세 위격을 언급하셨다: "……아버지와 아들과 성령의 이름으로 세례를 주고"(마 28:19). 세 위격은 또한 고전 12:4-6; 고후 13:13; 벧전 1:2에서 서로 나란히 명명되었다. 삼위일체(tri-unity)를 언급하고 있는 유일한 구절은 요일 5:7이지만, 이 구절은 순전성이 의심스럽기 때문에, 신약 성경의 최근 비평적인 판에서는 제거되었다.

3. 삼위일체론에 관한 진술. 삼위일체론은 다양한 명제들과의 연관성 속에서 간략하게 가장 잘 논의될 수 있으며, 이 다양한 명제들은 이 점에 있어서 교회의 신앙의 개요를 구성하고 있다.

(1) **신적인 존재 안에는 유일의, 구분할 수 없는 본체가 있다**(*ousia, essentia*). 하나님은 그의 본체적 존재나 본질적 본성에 있어서 하나이시다. 초대 교회의 어떤 교부들은 '실체'(*substantia*)라는 말을 '본체'(*essentia*)와 동의어로 사용하였으나, 후대의 저자들은 라틴 교회에서 수브스탄티아(*substantia*)가 우시아(ousia, 본체)뿐만 아니라 휘포스타시스(*hypostasis*, 위격)로 번역되어 사용됨으로 해서 의미가 모호해진 사실을 고려하여 수브스탄티아를 사용하기를 피했다. 현재 '실체'(substance)와 '본체'(essence)라는 두 용어는 종종 교환적으로 사용되고 있다. 이들이 약간 다른 의미를 함축하고 있다는 사실을 명심한다면, 이것을 반대할 이유는 결코 없을 것이다. 쉐드(Shedd)는 이 용어들을 다음과 같이 구분한다: "본체(essence)는 에세(*esse*, 있다)에서 유래하며, 역동적인 존재를 나타낸다. 실체(substance)는 수브스타레(*substare*)에서 나왔으며, 존재의 잠재적인 가능성을 의미한다. 본체라는 용어는 하나님을 무한한 속성들의 총화로 묘사하며, 실체라는 용어는 하나님을 무한한 활동들의 기초적인 근거로 묘사한다. 전자는 비교적 능동적인 단어이며, 후자는 수동적인 단어이다. 전자는 비교적 정신적인 용어인 반면, 후자는 물질적인 용어이다. 우리는 물질적인 본체보다는 물질적인 실체라고 말한다." 하나님의 유일성이 이미 앞 장에서 논의되었기 때문에, 여기에서 그것을 상세히 논할 필요는 없다. 하나님의 유일성에 관한 이러한 명제는 신 6:4; 약 2:19과 같은 구절들과, 하나님의 자존과 불변, 그리고 하나님께서 생명, 빛, 진리, 의 등으로 불리실 때와 같이, 하나님께서 자신의 속성들과 동일시되고 있는 사실에 근거하고 있다.

(2) **이러한 한 신적 존재 안에는 세 위격들 혹은 개별적인 실체들**(subsistences), **즉 성부와 성자와 성령이 존재한다.** 이것은 삼위일체론을 구체화하는 것으로 언급되는 다양한 구절들에 의하여 입증되고 있다. 신성 안에 있는 이러한 구분들을 나타내기 위해서 헬라의 저자들이 일반적으로 휘포스타시스(*hypostasis*, 위격)라는 용어를 채택하였던 반면, 라틴의 저자들은 페르소나(*persona*, 인격)라는 용어를 주로 사용하였고, 때로는 수브스탄티아(*substantia*)를 사용했다. 전자는 오해를 낳기 쉽고, 후자는 모호하기 때문에, 스콜라주의 학자들은 수브시스텐시아(*subsistensia*)라는 말을 새로 만들었다. 이러한 다양한 용어들은, 이 용어들이 언제나 불충분한 것으로 느껴졌다는 사실을 지시한다. '인격'(person)이라는 단어는 단지 이러한 관념의 불완전한 표현에 불과하다는 사실이 일

반적으로 인정되었다. 통상적인 어법에서 그것은 자의식을 소유하고 있으며, 모든 변화 속에서 자신의 정체성을 의식하고 있는 각각의 이성적이며 도덕적인 개체를 나타낸다. 경험에서 우리는 인격이 있는 곳에 별개의 개체적인 본체도 있다는 사실을 알 수 있다. 모든 인격은 별개의 그리고 단독의 개체로서, 그 안에 인간적 성질이 개체화되어 있다. 하지만 하나님 안에는 서로 병립되어 있거나 분리되어 있는 세 개체자는 없으며, 단지 신적인 본체 안에 위격적인 자기 구별만이 있을 뿐이며, 그것은 속적(屬的)으로나 수적으로 하나이다. 따라서 많은 사람들은 하나님 안에 있는 세 위격들을, 사벨리우스가 가르쳤듯이 현현의 다른 세 양식이 아닌, 존재나 혹은 실존(subsistence)의 세 가지 다른 양식들로 언급하기를 좋아했던 것이다. 따라서 칼빈은 "하여간 인격이란 말을 쓸 때 나는 신적 본체 안에 있는 실존(subsistence) - 그것은 다른 둘에 연관되어 있으면서도 공유될 수 없는 특성들에 의하여 구별되는 실존 - 을 의미하고 있다"라고 말했다. 이 의견은 완전히 용인할 수 있으며, 오해를 피할 수 있는 것이지만, 이것으로 인해서 우리는 신적 존재 안의 자기 구별들이 하나님의 존재 안에서 '나'와 '너', 그리고 '그'를 함축하여 서로 인격적인 관계를 나타낸다는 사실을 간과해서는 안 될 것이다(마 3:16; 4:1; 요 1:18; 3:16; 5:20-22; 14:26; 15:26; 16:13-15).

(3) 하나님의 나누어지지 않은 전 본체(질)가 삼위의 각자에 동등하게 속한다. 이것은 신적 본체가 삼위에 분배된 것이 아니라, 그 모든 속성을 가지고서 각 위들 안에 전체적으로 있으며, 따라서 그 삼위는 본체의 수적 유일성을 가지고 있다는 사실을 의미한다. 신적 성질은 그것이 전체적으로 혹은 불가분리적으로 한 위격 이상으로 존재할 수 있다는 점에서 인적 성질과 구별된다. 사람 가운데 있는 세 인격은 성질 혹은 본체의 '종(種)'의 유일성, 즉 같은 종류의 성질 혹은 본체를 가질 뿐이나, 하나님 안에 있는 삼위는 본체의 수적 유일성을, 즉 한 본체를 소유하고 있다. 인간의 성질이나 본체는 각 사람이 가지고 있는 개체적 부분의 한 종류로 간주될 수 있기 때문에, 종(種)적 유일성이 있게 되는 것이다. 그러나 신적 본체는 나누일 수 없으며, 따라서 신성의 삼위 속에서 하나다. 신적 본체는 수적으로 하나이며 동일하다. 그러므로 삼위들 안에 있는 본체의 유일성은 수적인 유일성이다. 이러한 사실로부터 우리는 신적 본체가 삼위와 병립된 독립적 존재가 아니라는 사실을 추론할 수 있다. 그것은 삼위의 바깥에 분리하여 존재하는 것은 아니다. 만약에 사실이 그러하다면, 참된 유일성이란 있을 수가 없으며, 사신론(四神論, tetratheism)으로 이끄는 분할만이 있게 될 것이다. 위격의 구별은 신적 본체 내에 있는 것이다. 일반적으로 언급되는 것처럼 이것은 세 가지의 실

체(subsistence) 양식을 가지고 있다. 앞 장에서 말한 것에서 추론할 수 있는 또다른 결론은, 다른 위격에 대한 신성의 한 위격의 본체적인 존재에 관해서는 결코 종속이 있을 수 없으며, 따라서 위격적 위엄에 있어서 차등이 없다는 사실이다. 이것은 오리겐이나 다른 초대 교회의 교부들, 그리고 알미니우스주의자들과 클라크와 다른 성공회 신학자들의 종속론에 대항하여 주장되어야만 한다. 우리가 말할 수 있는 유일한 종속은 순서 및 관계와 관련된 종속이다. 특별히 삼위와 신적 본체의 관계를 묵상하려고 할 때, 우리가 하게 되는 모든 유추들은 실패하게 될 것이며, 우리는 삼위일체가 우리의 이해를 훨씬 초월하는 신비라는 사실을 깊이 인식하게 되는 것이다. 그것은 신성의 불가해한 영광이다. 인간적 성질이 단일한 개인에게서 구현되기에는 너무 풍부하고 완전하여, 단지 전체 인류 안에서만 그것을 적절하게 표현할 수 있는 것처럼, 신적 존재는 오직 성부와 성자와 성령의 삼중적 실존에서만 그 자신을 충분히 펼쳐 보이시는 것이다.

(4) 신적 존재 안에 있는 삼위의 실존과 활동은 분명하게 정해진 순서로 표시된다. 존재론적 삼위일체에는 분명한 순서가 있다. 위격적 실존에 있어서 성부는 첫째요, 성자는 둘째, 성령은 셋째이다. 이 순서는 시간이나 본체적 엄위에서의 어떠한 선후에 관계된 것이 아니라, 단지 기원의 논리적 순서에 있어서만 그러하다. 성부는 어떤 다른 위격에게서 태어나시거나 발원하지 않으시며, 성자는 영원히 성부에게서 나시며, 성령은 성부와 성자에게서 영원히 나오신다. 발생과 발출은 신적 존재 안에서 일어나며, 또한 위격적 실존의 방식에 관한 어떤 종속을 의미하지만, 신적 본체의 소유에 관계되는 한 아무런 종속도 의미하지 않는다. 이 존재론적 삼위일체와 그 고유한 순서는 경륜적 삼위일체의 형이상학적인 기초가 된다. 따라서 본체적 삼위일체 안에 존재하는 순서가, 좀 더 특별하게 각 위격에게 귀속되는 외향적 사역(*opera ad extra*)에 반영되어야 한다는 것은 당연하다. 성경은 분명히 이 순서를 소위 구별적 전치사(*praepositiones distinctionales*)인 에크(*ek*), 디아(*dia*), 엔(*en*)으로써 지시하고 있는데, 그 전치사들은 만물들이 성부로부터, 성자를 통하여 나와, 성령 안에 있다는 개념을 표현하는 데 사용되고 있다.

(5) 삼위가 구별되는 어떤 위격적인 속성들이 있다. 이러한 것들은 또한 내향적 사역(*opera ad intra*)이라고 불리는데, 왜냐하면 그것들은 신적 존재 안에 있는 사역들이어서 피조물에 관계하지 않기 때문이다. 그것들은 위격적 사역들이며, 삼위가 공동으로 하지 않으며, 또한 나누어 줄 수 없는 사역이다. 발생은 성부만의 행위이며, 아들 됨은 독점적으로 성자에게 속하며, 또한 발출은 오직 성령에게만 돌려진다. 내향적 사역으

로서의 이러한 사역들은, 외향적 사역 혹은 삼위일체가 외적으로 현현되는 그러한 활동들이나 결과들과는 구별된다. 이러한 것들은 결코 독점적으로 어느 한 위격의 사역들이 아니며, 항상 신적 존재 전체의 사역들이다. 동시에 하나님의 사역들의 경륜적 순서에 있어서 어떤 외향적 사역은 좀 더 특별하게 한 위격에게 돌려지며, 또다른 어떤 것은 좀 더 특별하게 다른 위격에게 돌려진다. 그것들은 모두 삼위의 공동적인 사역들이지만, 창조는 일차적으로 성부에게, 구원은 성자에게, 성화는 성령에게 돌려진다. 신적 활동들 속에 있는 이러한 순서는 하나님 안에서의 본체적인 순서를 지시하며, 또한 일반적으로 경륜적 삼위일체로 알려져 있는 것의 기초를 형성한다.

(6) 교회는 삼위일체를 사람의 이해를 초월하는 신비로 고백한다. 삼위일체는 이전에는 감취었다가 이제 계시된 진리라는 성경적인 의미에서만 아니라, 사람이 그것을 이해할 수 없으며, 또한 이해시킬 수 없다는 의미에서 신비이다. 삼위일체는 현현의 어떤 관계들이나 양식에 있어서는 이해할 수 있지만, 그 본체적인 성질에 있어서는 이해할 수 없는 것이다. 신비를 설명하기 위해 행해진 많은 노력들은 신학적이라기보다는 사색적이었다. 이렇게 해서 그들은 반드시 삼신론적(tritheistic) 혹은 양태론적(modalistic) 하나님 개념들을 도출하게 되었으며, 신적 본체의 유일성을 부정하거나, 그렇지 않으면 본체 안에 있는 위격적 구별의 실재성을 부인하게 되고야 말았다. 실제적인 어려움은, 신성 안에 있는 위격들이 신적 본체나 서로에 대해 가지는 관계에 있다. 이것은 교회가 제거할 수는 없었으나, 단지 용어의 적절한 정의에 의해 그 적절한 균형을 유지하는 일로 그것을 축소하려고 노력하는 것으로 만족할 수밖에 없었던 어려움이었다. 교회는 결코 삼위일체의 신비를 설명하려고 노력하지 않았으며, 단지 그것을 위태롭게 하는 오류들을 막는 정도에서 삼위일체의 교리를 체계화하려고 노력했을 따름이었다.

4. 그 주제를 밝히기 위해 제안된 여러 가지 유추들. 기독교의 아주 초대로부터 여러 자료들로부터 도출해 낸 유비들에 의하여, 하나님의 삼위일체적인 존재, 즉 '일체(unity)의 삼위(trinity)', '삼위의 일체'에 관해 밝혀 보려는 시도들이 이루어졌다. 이러한 시도들은 모두 결함이 있는 것이었지만, 그것들이 삼위일체적인 논의에 있어서 다소 가치가 있었다는 사실은 부인할 수 없다. 이것은 특별히 인간의 구조적 본성이나 심리학으로부터 유래한 것들에 적용된다. 인간이 하나님의 형상으로 창조되었다는 사실을 고려해 볼 때, 만약에 삼위일체적 생활의 어떤 흔적들이 피조물들 안에 존재하고 있다면, 그 가장 분명한 흔적들은 인간에게서 발견될 것이라는 사실을 가정하는 것

은 지당한 일이다.

(1) 이러한 예증들이나 유추들은 샘물이나 시냇물, 강물이나 피어 오르는 안개나 구름, 그리고 비나 비의 형태 속에 있는 눈, 얼음과 같은 것들과, 뿌리나 줄기, 가지들을 가지고 있는 나무와 같은 무생물이나 식물로부터 취해졌다. 이러한 것들과 모든 유사한 예증들은 매우 부족한 것들이다. 물론 인격의 개념은 완전히 결여되어 있다. 또한 그것들은 공통적 성질이나 실체의 보기들을 제공해 주고 있으면서도, 부분적으로나 전체적으로 각각의 그 구성적인 부분들이나 형태들에 있어서 현존하고 있는 공통적인 본체의 예들은 아니다.

(2) 좀 더 중요한 예증이나 유추들은 인간의 생활, 특별히 인간의 마음의 구성과 과정들로부터 도출된다. 이러한 것들은 인간이 하나님의 형상을 가졌다는 사실 때문에 특별히 중요한 것으로 고려되었다. 지·정·의의 심리적 일체(아우구스티누스), 정·반·합의 논리적 일체(헤겔), 주관·객관·주객관의 형이상학적 일체(쉐드) 등이 이러한 분류에 속했다. 이러한 것들은 하나 안에 어떤 세 개가 있는 것은 보여주나, 실제의 일체 속에 세 인격이 있는 것은 전혀 보여주지 못한다.

(3) 또한 사랑의 성질도 예증으로 사용되었는데, 사랑은 주체와 객체를 전제하고 이 둘의 연합을 요청하고 있기 때문에, 사랑이 완전히 작용할 때는 세 요소들이 포함되게 되는 것이다. 그러나 이 유추가 잘못되었음은 쉽게 알 수 있다. 그 이유는 이 유추가 두 위격들과 그 관계를 동등하게 두기 때문이다. 그것은 삼위를 전혀 예증해 주지 못한다. 게다가 이 예증은 특성에 관해서만 언급하며, 주체와 객체가 공통적으로 소유하고 있는 실체에 관해서는 전혀 언급하지 않는다.

C. 삼위의 각론

1. 성부 혹은 삼위일체의 제1위.

(1) 하나님께 적용된 '아버지'라는 호칭. 이 호칭은 성경에서 하나님께 대하여 언제나 같은 의미로 사용되지는 않는다. ① 때때로 아버지라는 명칭은 모든 피조물들의 근원이신 삼위일체 하나님께 적용되고 있다(고전 8:6; 엡 3:15; 히 12:9; 약 1:17). 이러한 경우들에 있어서 그 호칭은 삼위일체 하나님께 적용되고 있지만, 좀 더 특별하게는 성경이 창조의 사역을 특별히 그에게 돌리고 있는 제1위를 언급하고 있다. ② 아버지라는 호칭을 또한 하나님이 그의 구약 백성인 이스라엘에 대하여 맺고 있는 신정적 관계

를 표현하기 위하여 삼위일체 하나님께 돌리고 있다(신 32:6; 사 63:16; 64:8; 렘 3:4; 말 1:6; 2:10). ③ 신약에서 아버지라는 호칭은 윤리적인 의미에서 그의 모든 영적인 자녀의 아버지로서의 하나님을 지칭하기 위하여 사용되고 있다(마 5:45; 6:6-15; 롬 8:16; 요일 3:1). ④ 하지만 전혀 다른 의미에서, 아버지라는 호칭이 삼위일체의 제2위와 관련을 맺는 제1위에 대해서 적용되고 있다(요 1:14, 18; 5:17-26; 8:54; 14:12, 13). 제1위는 형이상학적 의미에서 제2위의 아버지다. 이는 하나님의 근원적인 아버지 됨(fatherhood)으로서, 모든 지상적인 아버지 됨은 이것의 희미한 반영(reflection)에 불과한 것이다.

(2) 성부의 독특한 특성(property). 아버지의 위격적 특성은, 소극적으로 말하자면 그가 태어나시지 않았다(unbegotten)는 것이며, 적극적으로 말하자면 성자의 발생 및 성령의 파송이 아니라는 것이다. 파송은 성자의 사역도 된다. 그러나 성자에게는 파송에 발생도 겸하지 않는다. 엄밀히 말하면, 성부께만 독점적으로 독특하게 해당되는 사역은 능동적 발생의 사역이다.

(3) 좀 더 특별하게 성부께 돌려진 외향적 사역. 하나님의 모든 외향적 사역은 삼위일체 하나님의 사역들이지만, 이 사역들 중의 어떤 것들에서 성부는 분명히 전면(前面)에 계신다. 예를 들면 다음과 같다. ① 성자 자신이 대상이었던 선택을 포함하여 구속의 역사를 계획하는 것(시 2:7-9; 40:6-9; 사 53:10; 마 12:32; 엡 1:3-6). ② 특히 초기 단계에서의 창조와 섭리의 사역들(고전 8:6; 엡 2:9). ③ 권리는 침해당하였으나, 구원의 계획 속에 계신 삼위일체를 거룩하시고 의로우신 존재로 나타내는 사역(시 2:7-9; 40:6-9; 요 6:37, 38; 17:4-7).

2. 성자 혹은 삼위일체의 제2위.

(1) 제2위에게 적용된 '성자'라는 호칭. 삼위일체 중의 제2위는 한 가지 이상의 의미에서 '아들' 혹은 '하나님의 아들'로 불린다.

① 형이상학적인 의미에서. 이는 삼위의 신성의 관념을 부인하고 예수님을 단순한 사람으로 보며 또한 그에게 적용된 '하나님의 아들'이라는 호칭을 단지 그에게 수여된 영예로운 칭호로만 간주하고 있는 소지니주의자들과 유니테리안들에 대항하여 주장되어야만 한다. 예수 그리스도가 중보자로서의 그의 지위와 사역에 관계 없이 성경에서 하나님의 아들로 나타나는 것은 아주 자명하다. (a) 성자는 성육신 전의 입장부터 하나님의 아들로 언급되고 있는데, 예를 들면 요 1:14, 18; 갈 4:4에서 그렇다. (b) 성자는 하나님 또는 아버지의 '독생자'라고 불리는데, 만일 그가 직무적·윤리적인 의미에

서만 하나님의 아들이었다면 받지 못했을 칭호다(요 1:14, 18; 3:16, 18; 요일 4:9, 비교. 삼하 7:14; 욥 2:1; 시 2:7; 눅 3:38; 요 1:12). (c) 어떤 구절들에서는 그 호칭이 그리스도의 신성을 지시하고 있다는 사실이 문맥상 아주 명백하다(요 5:18-25; 히 1장). (d) 예수님은 제자들에게 하나님을 '우리 아버지'라고 부를 것을 가르치셨으며, 동시에 자기 자신은 그를 단지 '아버지' 또는 '내 아버지'라고 칭하셨으며, 이로써 자신이 아버지와의 독특한 관계를 의식하셨음을 보여주고 있다(마 6:9; 7:21; 요 20:17). (e) 마 11:27에 의하면, 하나님의 아들이신 예수님은 하나님에 대한 독특한 지식, 즉 다른 아무도 소유할 수 없는 지식을 주장하고 계신다. (f) 유대인들은 분명히, 예수님이 형이상학적 의미에서 자신이 하나님의 아들이라고 주장하신 것으로 이해했다. 그들은 예수님이 스스로 하나님의 아들로 지칭하시는 사실을 참람하다고 생각했기 때문이다(마 26:63; 요 5:18; 10:36).

② 직무적 혹은 메시야적인 의미에서. 어떤 구절들에서 이 호칭의 의미는 앞에서 언급한 호칭의 의미와 연관되어 있다. 다음에 언급하는 구절들은 '하나님의 아들'이라는 호칭을 중보자로서의 그리스도에게 적용하고 있다. 마 8:29; 26:63(여기에서 이 의미는 다른 것과 결합되어 있다); 27:40; 요 1:49; 11:27이 있다. 이 메시야적인 아들 됨(Sonship)은 물론 그리스도의 근원적인 아들 됨과 연관이 있다. 그가 메시야로서 하나님의 아들이라고 불릴 수 있는 것은 단지 그가 하나님의 본체적이고 영원한 아들이셨기 때문이다. 또한 메시야적 아들 됨은 그리스도의 영원한 아들 됨을 반영한다. 이러한 메시야적 아들 됨의 입장으로부터, 하나님은 아들의 하나님이라고까지 불리며(고후 11:31; 엡 1:3), 또한 때때로 주와 구별하여 하나님으로 언급되고 있는 것이다(요 17:3; 고전 8:6; 엡 4:5, 6).

③ 출생적인 의미에서. '하나님의 아들'이라는 호칭은, 예수님이 자신의 출생을 하나님의 부성에 기인한 것으로 돌리고 있는 사실을 고려해 볼 때 역시 예수님에게 주어지고 있다. 그는 그의 인성을 따라서 성령의 초자연적인 사역에 의해 출생하셨으며, 그런 의미에서 하나님의 아들이다. 이는 눅 1:32, 35에 분명히 암시되어 있으며, 요 1:13에서 역시 추론될 수 있다.

(2) 성자의 위격적 실존(subsistence). 성자의 위격적 실존은, 신성 안에 있는 위격적 구별들을 여러 모로 부정하는 양태론자들(Modalists)에 대항하여 주장되어야만 한다. 성자의 위격성은 다음과 같이 구체화될 수 있다. ① 성경이 성부와 성자를 서로 동렬로 언급하는 방식은 그 어느 한편이 다른 편과 똑같이 위격적이라는 사실을 의미하며, 또한 둘 사이에 존재하는 위격적 관계를 암시하고 있다. ② '독생자'와 '맏아들'이라는 명칭은 성부와 성자의 관계가 독특하기는 하지만, 그럼에도 불구하고 대략 발생과 출

생의 관계로 표현될 수 있다는 사실을 의미한다. '맏아들'이라는 명칭은 골 1:15; 히 1:6에서 발견되며, 또한 성자의 영원한 발생의 사실을 강조하고 있다. 그것은 단지 그가 모든 창조 이전에 존재하셨다는 사실을 의미하고 있다. ③ 성경에 있는 '로고스'라는 용어의 독특한 사용도 같은 방향을 지시하고 있다. 이 용어는 우선 그와 세상의 관계를 표현하기 위함이 아니라(이것은 이차적이다), 그와 성부와의 밀접한 관계, 즉 말과 말하는 자의 관계와 같은 관계를 나타내기 위하여 성자에게 적용된다. 철학과 달리 성경은 로고스를 위격적으로 나타내며, 또한 그를 하나님의 아들과 동일시한다(요 1:1-14; 요일 1:1-3). ④ 성경은 성자를 형상 혹은 하나님의 형상이라고까지 묘사하고 있다(고후 4:4; 골 1:15; 히 1:3). 하나님은 성경에서 분명히 인격적 존재로 나타난다. 만일 하나님의 형상이라면 그도 역시 인격적이어야만 한다.

(3) 성자의 영원한 발생. 성자의 인격적 고유성은 그가 아버지에게서 영원히 나시며(간략하게는 '아들 됨'이라고 부름), 또한 성부와 함께 성령의 파송에 참여하신다는 점이다. 성자의 발생에 관한 교리는 삼위일체의 제1위와 제2위의 관계를 성경이 아버지와 아들의 관계로 표현하고 있다는 사실에 의하여 암시되고 있다. '성부'와 '성자'라는 명칭은 전자에 의한 후자의 발생을 의미할 뿐 아니라 또한 성자는 반복적으로 '독생자'라고 불리고 있다(요 1:14, 18; 3:16, 18; 히 11:17; 요일 4:9). 성자의 발생과 관련하여 다음과 같은 몇 가지 특별한 사항들은 강조할 만한 가치가 있다.

① **그것은 하나님의 필연적 행동이다.** 성자의 발생에 관하여 언급했던 최초의 사람들 가운데 한 사람인 오리겐은 그것을 성부의 의지에 의존하는 행위요, 따라서 자유로운 행위로 간주했다. 여러 시대의 다른 사람들도 같은 의견을 나타냈다. 그러나 아타나시우스와 여타의 사람들은, 성부의 선택적인 의지에 의존하는 발생은 성자의 존재를 우연적인 것이 되게 할 것이며, 따라서 그에게서 신성을 박탈하게 될 것이라는 사실을 알고 있었다. 그렇다면 성자는 성부와 동등하지 않게 되며, 동일 본질(homoousios)도 되지 못하실 것이다. 왜냐하면 성부는 필연적으로 존재하시며, 비존재(non-existent)로 생각될 수 없기 때문이다. 성자의 발생은 하나님의 필연적이며 완전히 자연적인 행위로 간주되어야만 한다. 이것은 성자의 발생이 결코 성부의 의지와 관계되어 있지 않다는 사실을 의미하지 않는다. 성자의 발생은 성부의 필연적 의지의 행위이며, 그것은 단순히 그의 동시발생적 의지(concomitant will)가 그 출생을 완전히 기뻐하실 것이라는 사실을 의미하고 있다.

② **그것은 성부의 영원한 행동이다.** 이것은 물론 앞의 사실로부터 유추된다. 만약

성자의 발생이 성부의 필연적 행위이며, 따라서 성자가 발생하지 않는 것으로 인식하는 일이 불가능하다고 한다면, 그것은 자연적으로 성부의 영원성에 참여한다. 그러나 이것은 성자의 발생이 아주 먼 과거에 완성된 행동임을 의미하는 것이 아니라, 오히려 그 발생이 무시간적(timeless) 행위, 즉 영원한 현재의 행위, 항상 계속하지만 언제나 완성된 행위임을 의미한다. 성자의 발생의 영원성은 하나님의 영원성으로부터 유래할 뿐만 아니라, 신적 불변성과 성자의 참된 신성으로부터 유래한다. 그밖에도 이 영원성은 성자의 선재성(pre-existence)이나 성부와의 동등성(equality)을 가르치는 모든 성경 구절들로부터 추론될 수 있다(미 5:2; 요 1:14, 18; 3:16; 5:17, 18, 30, 36; 행 13:33; 요 17:5; 골 1:16; 히 1:3). 시 2:7의 "너는 내 아들이라 오늘 내가 너를 낳았도다"라고 한 진술은 일반적으로 성자의 발생을 입증하기 위하여 인용되지만, 어떤 사람들에 의하면 그것은 오히려 의심스러운 적용이다(참조. 행 13:33; 히 1:5). 그들은 추측하기를, 이 말씀들이 예수님을 메시야적인 왕으로 일으키시는 것을 언급하고, 예수님을 직무적인 의미에서 하나님의 아들로 인정하고 있다고 언급하며, 또한 히 1:5에서와 같이 삼하 7:14에서 발견되는 약속과 연결될 수 있다는 것이다.

③ 그것은 성자의 신적 본질의 발생이라기보다는 위격적 실존의 발생이라고 할 수 있다. 어떤 사람들은 마치 성부가 성자의 본질을 발생하는 것처럼 말하였지만, 이것은 그가 자기 자신의 본질을 출생하셨다고 말하는 것과 동일하다. 왜냐하면 성부와 성자의 본질은 정확하게 동일하기 때문이다. 그것보다는 오히려 성부가 성자의 위격적 실존을 발생하지만, 그럼으로써 신적 본질을 온전히 성자에게 전달하신다고 말하는 편이 오히려 나을 것이다. 그러나 이렇게 함에 있어서, 우리는 성부가 먼저 제2위를 발생하셨고 그 다음에 이 위에게 신적 본질을 전달하셨다는 관념을 반대해야만 한다. 왜냐하면 그러한 관념은, 성자가 신적 본질로부터 발생되지 않았으며 무(nothing)로부터 창조되었다는 결론으로 인도하기 때문이다. 발생의 사역에는 본질의 전달이 있었는데, 그것은 하나의 불가분리적인 행동이었다. 또한 이 전달에 의해서 성자는 역시 자기 자신 안에 생명을 가지고 있다. 이러한 견해는 예수님의 진술, 즉 "아버지께서 자기 속에 생명이 있음같이 아들에게도 생명을 주어 그 속에 있게 하셨고"(요 5:26)와 일치하고 있다.

④ 그것은 반드시 영적이며 신적인 것으로 인식되어야 하는 발생이다. 성자의 발생은 필연적으로 신적 존재 안에서의 구별이나 구분을 의미하고 있다고 주장했던 아리우스주의자들에 대항하여, 교회의 교부들은 이 발생을 육체적 혹은 생물적인 방식으로 인식해서는 안 되며, 모든 분할이나 변화의 관념을 배제하는 영적이고 신적인 것

으로 간주해야만 한다는 사실을 강조했다. 발생은 신적 존재에 구별(*distinctio*)과 구분(*distributio*)을 가져오지만, 변화(*diversitas*)와 분할(*divisio*)은 가져오지 않는다(바빙크). 발생의 가장 현저한 유추는 인간의 생각과 말 속에서 발견되며, 또한 성경 자체가 성자를 로고스라고 말할 때 이 유추를 가리키고 있는 것처럼 보인다.

⑤ 성자의 발생에 대해 다음과 같은 정의가 주어질 수 있다. 성자의 발생은 삼위일체의 제1위의 신적 존재 안에서, 자기 자신과 같은 제2위의 실존의 근거가 되며, 또한 그 제2위로 하여금 어떤 분할이나 분리 또는 변화가 없이 신적 본질을 전부 소유하게 하시는 영원하며 필연적인 행위다.

(4) 성자의 신성. 성자의 신성은 초대 교회 시대에 에비온과(Ebionites)와 알로기파(Alogi), 그리고 역동적인 단일신론자들(dynamic Monarchians)과 아리우스주의자들에 의해 부인되었다. 종교개혁 시대에 소지니주의자들이 그들의 입장을 따라서, 예수님은 단지 사람에 불과하다고 말했다. 동일한 입장이 독일의 일부 신학자들, 특히 슐라이어마허나 리츨에 의해, 그리고 유니테리안파, 오늘날의 현대주의자들이나 인본주의자들에 의해 받아들여졌다. 이러한 부정은 성경의 가르침을 간과하는 사람들에 의해서만 가능한 것이었다. 왜냐하면 성경에는 그리스도의 신성에 대한 풍부한 증거들이 있기 때문이다. ① 성경은 성자의 신성을 명백하게 주장한다(요 1:1; 20:28; 롬 9:5; 빌 2:6; 딛 2:13; 요일 5:20). ② 성경은 신적인 호칭들을 그에게 적용한다(사 9:6; 40:3; 렘 23:5, 6; 욜 2:32; 비교. 행 2:21). ③ 성경은 영원한 존재(사 9:6; 요 1:1, 2; 계 1:8; 22:13), 편재(마 18:20; 28:20; 요 3:13), 전지(요 2:24, 25; 21:17; 계 2:23), 전능(사 9:6; 빌 3:21; 계 1:8), 불변성(히 1:10-12; 13:8) 등의 신적 속성들을 그에게 돌리고 있는데, 일반적으로 이 모든 속성들은 성부에게 속하는 것이다(골 2:9). ④ 성경은 성자가 창조(요 1:3, 10; 골 1:16; 히 1:2, 10), 섭리(눅 10:22; 요 3:35; 17:2; 엡 1:22; 골 1:17; 히 1:3), 사죄(마 9:27; 막 2:7-10; 골 3:13), 부활과 심판(마 25:31, 32; 요 5:19-29; 행 10:42; 17:31; 빌 3:21; 딤후 4:1), 만물들의 마지막 붕괴와 갱신(히 1:10-12; 빌 3:21; 계 21:5) 등의 신적인 사역들을 행하신다고 말한다. ⑤ 성경은 신적인 영광을 성자에게 돌리고 있다(요 5:22, 23; 14:1; 고전 15:19; 고후 13:13; 히 1:6; 마 28:19).

(5) 경륜적 삼위일체에서의 성자의 위치. 본체적 혹은 존재론적 삼위일체에서 존재의 순서가 경륜적 삼위일체에 반영된다는 사실에 주목해야만 한다. 성자는 외향적 사역에서 두 번째 위치를 차지하고 있다. 만약에 만물이 성부에게서 났다면, 그것들은 성자로 말미암는다(고전 8:6). 만약에 성부가 만물의 절대적 원인으로 나타나신다면, 성자는 중보적 원인으로 분명히 나타나고 있다. 이것은 만물이 성자로 말미암아 창조

되고 유지되는 자연계에서 적용되고 있다(요 1:3, 10; 히 1:2, 3). 그는 세상에 오셔서, 각 사람을 비추는 빛이다(요 1:9). 그것은 역시 구속의 사역에도 적용된다. 구속의 계획에 있어서 그는 스스로 자기 백성을 위해 보증이 되시며, 성부의 구속의 계획을 실행하시기로 했다(시 40:7, 8). 그는 이것을 좀 더 특별하게 그의 성육신과 고난, 그리고 죽음 속에서 실행하셨다(엡 1:3-14). 그의 기능과 관련해서 지혜와 권능(고전 1:24; 히 1:3), 긍휼과 은혜(고후 13:13; 엡 5:2, 25)의 속성들이 특별히 그에게 돌려진다.

3. 성령 혹은 삼위일체의 제3위.

(1) 삼위일체의 제3위에 적용된 호칭. 요 4:24이 하나님을 영(Spirit)이라고 언급하고 있으나, 영이라는 명칭은 좀 더 특별하게 제3위에 적용되고 있다. 영(Spirit)을 나타내는 히브리어는 루아흐(ruach)이고 헬라어는 프뉴마(pneuma)인데, 이 양자는 라틴어 '스피리투스'(spiritus)와 같이 '숨을 쉬다'는 뜻을 가진 어근에서 유래되었다. 따라서 이 말들은 또한 '호흡'(창 2:7; 6:17; 겔 37:5, 6)이나 '바람'(창 8:1; 왕상 19:11; 요 3:8)으로 번역될 수 있다. 구약은 '영'이라는 말을 일반적으로 아무런 수식어 없이 사용하거나, 혹은 '하나님의 영'이나 '주의 영'으로 언급하고 있으며, '성령'이라는 용어는 단지 시 51:11; 사 63:10, 11에서만 채택하고 있다. 그러나 신약에서 이 용어는 삼위일체 중 제3위의 훨씬 더 일반적인 칭호가 되었다. 현저한 사실은 구약이 하나님을 반복적으로 '이스라엘의 거룩하신 자'(시 71:22; 89:18; 사 10:20; 41:14; 43:3; 48:17)로 부르고 있는 반면에, 신약은 '거룩하신'이라는 형용사를 거의 하나님께 붙이지 않고 종종 성령을 특징짓는 말로 사용하고 있다는 사실이다. 이것은 십중팔구 하나님께서 특별히 성령과 그의 성화 사역 안에서 자신을 거룩하신 자로 계시하셨다는 사실에 근거하고 있다. 성령은 신자들의 마음속에 거하시며, 그들을 하나님께로 성별하여, 그들을 죄로부터 깨끗하게 하신다.

(2) 성령의 인격성. '하나님의 영' 혹은 '성령'이라는 용어는 '성자'라는 용어만큼 인격성을 암시하지는 않는다. 게다가 성령의 인격은 성자의 인격처럼 사람들 가운데에서 명백하게 인식할 수 있는 인격적 형태로 나타나지 않았다. 그 결과, 성령의 인격성은 종종 의문시되어 왔으며, 따라서 특별히 주의가 필요하다. 성령의 인격성은 초대 교회에서 단일신론자들과 성령파들(Pneumatomachians)에 의하여 부인되었다. 종교개혁 시대에는 소지니주의자들이 그들의 부정적인 입장을 따랐다. 게다가 후대에 와서는 슐라이어마허와 리츨, 유니테리안파, 오늘날의 현대주의자들과 현대의 모든 사벨

리우스주의자들이 성령의 인격성을 거부한다. 오늘날 사람들은 종종 성령의 인격성 (personality)을 의미하고 있는 것 같은 그러한 구절들이 단순히 인격화(personifications)를 포함하고 있다고 말한다. 그러나 인격화는 신약의 산문적인 글들 속에서는 드물지만 확실하게 나타나며, 또한 쉽게 인식될 수 있다. 게다가 그와 같은 설명은 분명히 이러한 구절들(요 14:26; 16:7-11; 롬 8:26) 가운데 어떤 것의 의미를 파괴한다. 성령의 인격성에 대한 성경적 증거는 아주 충분하다.

① 인격성에 적절한 칭호들이 성령에게 부여되고 있다. 비록 프뉴마(pneuma)는 중성이지만, 남성 대명사인 에케이노스(ekeinos)는 요 16:14에서 성령에 대해 사용되고, 엡 1:14에서 어떤 최고의 권위 있는 사본들은 남성 관계 대명사 호스(hos)를 사용한다. 게다가 파라클레토스(Parakletos)라는 호칭이 성령에게 적용되는데(요 14:26; 15:26; 16:7), 이 명칭은 '위로'로 번역될 수 없으며, 어떤 추상적 영향력의 이름으로 간주될 수도 없다. 이 호칭이 인격을 의미하는 것은 보혜사인 성령이 세상을 막 떠나시려는 보혜사인 그리스도와 나란히 기록되었고, 같은 호칭이 요일 2:1에 그리스도에게 적용되었다는 사실로써 암시되어 있다. 요 14:16-18에서 이 용어의 뒤에 중성어인 호(ho)나 아우토(auto)가 뒤따라 나오는 것은 사실이지만, 이것은 프뉴마(pneuma)가 사이에 끼기 때문에 그런 것이다.

② 지식(요 14:26; 15:26; 롬 8:16), 의지(행 16:7; 고전 12:11), 감정(사 63:10; 엡 4:30)과 같은 인격의 특징들이 성령에게 돌려지고 있다. 게다가 성령은 인격성에 적합한 행동들을 실행하신다. 성령은 찾으시고, 말씀하시고, 증거하시고, 명령하시고, 계시하시고, 노력하시고, 창조하시고, 간구하시고, 죽은 자를 일으키시는 등의 일을 하신다(창 1:2; 6:3; 눅 12:12; 요 14:26; 15:26; 16:8; 행 8:29; 13:2; 롬 8:11; 고전 2:10, 11). 이 모든 일을 행하시는 것은 단순한 능력이나 감화일 수 없으며, 인격이어야만 한다.

③ 성령은 자신의 인격성을 의미하는 바, 다른 인격들과 관계를 맺고 있는 분으로 나타난다. 성령은 사도들(행 15:28)과 그리스도(요 16:14), 성부와 성자(마 28:19; 고후 13:13; 벧전 1:1, 2; 유 20, 21)와 함께 나란히 기록되어 있다. 건전한 주석은 이러한 구절들에서 성령을 인격으로 간주할 것을 요구하고 있다.

④ 또한 성령이 자기 자신의 능력과 구분되고 있는 구절들이 있다(눅 1:35; 4:14; 행 10:38; 롬 15:13; 고전 2:4). 만약 이러한 구절들이 성령이 단순히 하나의 능력이라는 원리 위에서 해석된다면, 그것들은 중언적(tautological)이고 무의미하며 심지어는 불합리한 일이 되어 버릴 것이다. 이러한 예는 '성령'이라는 호칭이 '능력'이나, '감화'라는 말로

대체됨으로써 나타날 수 있을 것이다.

(3) 성령과 삼위일체의 다른 위격의 관계.　초기의 삼위일체 논쟁들은 성령이 성자와 마찬가지로 성부와 동일한 본체를 소유하고 있으며, 따라서 성부와 동일한 본체(con-substantial)라는 결론에 도달했다. 또한 성령이 성부로부터만 발출하는가, 아니면 성자에게서도 발출하는가라는 질문이 오랜 논쟁이 되어 오다가, 마침내 589년 톨레도 회의(the Synod of Toledo)에서 콘스탄티노플 신조의 라틴어 역문에 필리오케(*Filioque*, 성자로부터도)라는 말을 첨가함으로써 최종적으로 해결되었다. 문제의 해당 신조는 "우리는 성부와 성자로부터 나오시는 성령을 믿습니다"(*Credimus in Spiritum Sanctum qui a Patre Filioque procedit*)라고 하는 구절이었다. 이 성령의 발출(procession)은 간략하게 파송(spiration)이라고도 불리는데, 성령의 인격적인 특성이다. 성자의 발생(generation)에 관해 언급하고 있는 많은 것들이 성령의 파송에도 적용되고 있기 때문에, 반복할 필요는 없다. 하지만 다음에 나오는 양자 사이의 몇 가지 구분이 주목될 수 있다. ① 발생은 성부만의 사역이며, 파송은 성부와 성자 양자의 사역이다. ② 발생에 의하여 성자는 파송의 역사에 참여하지만, 성령은 이러한 능력을 얻지 못한다. ③ 논리적인 순서에 있어서 발생은 파송보다 앞서 있다. 하지만 이 모든 일이 성자에 대한 성령의 본체적 종속을 의미하는 것은 아니라는 사실을 기억해야 한다. 발생과 마찬가지로 파송에도 신적 본체 전체의 전달이 있으며, 따라서 성령은 성부, 성자와 동등하다. 성령이 성부와 성자로부터 발출했다는 교리는 요 15:26에 근거하고 있으며, 성령이 그리스도의 영과 성자의 영이라고 불리며(롬 8:9; 갈 4:6), 또한 성령이 그리스도에 의하여 세상으로 보냄을 받으셨다는 사실에 근거하고 있다. 파송은 삼위일체의 제1위와 제2위가 신적 존재 안에서 성령의 인격적 실존의 근거가 되며, 제3위로 하여금 아무런 분할이나 분리 또는 변화가 없이 온전한 신적인 본질을 소유하게 하는 영원하며 필연적인 행동으로 정의될 수 있다.

성령은 다른 위들과 가장 밀접한 관계를 맺고 있다. 성령은 성부와 성자로부터 발출하시기 때문에 다른 두 위와 가장 밀접한 관계를 맺고 있는 것으로 나타난다. 고전 2:10, 11로부터 우리는 성령이 하나님의 자의식과 동일하신 것이 아니라, 오히려 사람의 영혼이 사람과 밀접하게 연결되어 있는 것처럼 성령도 성부 하나님과 밀접하게 연관되어 있다는 사실을 추론할 수 있다. 고후 3:17을 보면, "주는 영이시니 주의 영이 계신 곳에는 자유가 있느니라"라는 말씀이 있다. 여기에서 주(그리스도)는 인격성에 대해서가 아닌, 사역의 양식에 대해서 성령과 동일시되고 있다. 동일한 구절에서 성령은 '주의 영'이라고 불리고 있다. 오순절날에 성령이 교회로 파송되셨던 사역은, 성령의 성부와 성자와의 하나 됨에 근거하고 있다. 성령은 그리스도를 대신하여 그의 지상 사역을 행하시는 일, 즉 성자가 행하셨던 것과 같이 가르치고, 선포하고, 증명하고, 증거하는 일을 위하여 파라클레토스(*Parakletos*)로 오셨다. 그런데 성자의 경우에 있어서는 이 계시적 사역이 성부와 일치하는 성자의 하나 됨에 근거하고 있었다. 마찬가지로 성령의 사역은 성령의 성부와 성자와 함께 하는 하나 됨에 기초하고 있다(요 16:14, 15). 다음 구절에 있는 예수님의 말씀을 주의하라: "그가 내 영광을 나타내리니 내 것을 가지고 너희에게 알리시겠음이라 무릇 아버지께 있는 것은 다 내 것이라 그러므로 내가 말하기를 그가 내 것을 가지고 너희에게 알리시리라 하였노라."

(4) 성령의 신성. 성령의 신성은 성자의 신성과 관련되어 채택된 증명과 아주 비슷한 방식으로 성경으로부터 입증될 수 있다. ① 신적 호칭들이 그에게 부여되고 있다(출 17:7 〈비교. 히 3:7-9〉; 행 5:3, 4; 고전 3:16; 딤후 3:16 〈비교. 벧후 1:21〉), ② 편재(시 139:7-10); 전지(사 40:13, 14 〈비교. 롬 11:34〉; 고전 2:10, 11), 전능(고전 12:11; 롬 15:19), 영원(히 9:14)과 같은 신적 속성(성품)들이 그에게 돌려지고 있다. ③ 창조(창 1:2; 욥 26:13; 33:4), **섭리적 갱신**(시 104:30), 중생(요 3:5, 6; 딛 3:5), 죽은 자의 부활(롬 8:11)과 같은 신적 사역들이 그에 의하여 수행되고 있다. ④ 신적 영광이 그에게도 역시 돌려지고 있다(마 28:19; 롬 9:1; 고후 13:13).

(5) 신적 경륜 속에서의 성령의 사역. 하나님의 일반적 경륜뿐만 아니라, 구속의 특별한 경륜 속에서 좀 더 특별하게 성령에게 돌려지는 사역들이 있다. 일반적으로 성령의 특별한 임무는 피조물의 안팎에 직접적으로 활동하심으로써 사물들을 완성에 이르게 하는 것으로 언급될 수 있다. 자기 자신이 삼위일체를 완성하는 위격이신 것처럼, 성령의 사역은 모든 분야에서 피조물들에 대한 하나님의 접촉의 완성이며, 하나님의 사역의 절정이다. 성자의 사역이 성부의 사역을 뒤따르는 것처럼, 성령의 사역은 성자의 사역을 뒤따른다. 성령의 사역이 성자의 객관적 사역과 떨어지게 되면 그릇된 신비주의로 빠지게 되기 때문에, 이러한 사실을 명심하는 일이 중요하다. 성령의 사역은 자연계에서 다음의 것들을 포함하고 있다. ① **생명의 발생.** 존재가 성부로부터, 생각은 성자로부터 나오는 것과 같이, 생명은 성령에 의해 매개된다(창 1:3; 욥 26:13; 시 33:6; 시 104:30). 이러한 점에서 성령은 창조의 사역에 마지막으로 접촉하고 계신다. ② **사람들의 일반적 영감과 자격.** 성령은 사람들의 직무적 과제, 즉 과학과 예술 등의 일을 위해 사람들에게 영감을 주며 자격을 부여하신다(출 28:3; 31:2, 3, 6; 35:35; 삼상 11:6; 16:13, 14).

구원의 영역에 있어서 성령의 사역은 훨씬 더 중요하다. 여기에서 다음과 같은 요점들이 언급될 수 있다. ① 중보적인 사역을 위하여 그리스도를 준비시키고 자격을 부여하심. 성령은 그리스도를 위해 몸을 준비하셨으며, 그리스도로 하여금 죄에 대한 희생 제물이 되게 하셨다(눅 1:35; 히 10:5-7). "오직 나를 위하여 한 몸을 예비하셨도다"라는 말씀 속에서 히브리서 기자는 70인역을 따르고 있다. 그 의미는, 당신이 한 거룩한 몸을 예비하심으로 나로 하여금 참된 제물이 될 수 있도록 하셨다는 것이다. 세례를 받으실 때에 그리스도는 성령으로 기름 부음을 받으셨으며(눅 3:22), 또한 능력을 주시는 성령의 은사들을 한없이 받으셨다(요 3:24). ② **성경의 영감.** 성령은 성경에 영감을 주셨으며, 인간에게 하나님의 특별 계시(고전 2:13; 벧후 1:21), 즉 그리스도 예수 안에 있는 구속 사역에 대한 지식을 주셨다. ③ **교회의 형성과 확장.** 성령은 교회, 즉 예수 그리스도의 신비로운 몸을 중생과 성화에 의하여 형성하시고 성장시키시며, 또한 새 생명의 원리로서 교회 안에 거하신다(엡 1:22, 23; 2:22; 고전 3:16; 12:4 이하). ④ **교회를 가르치시고 인도하심.** 성령은 그리스도를 증거하시며, 또한 교회를 모든 진리 가운데로 인도하신다. 이렇게 하심으로써 성령은 하나님과 그리스도의 영광을 나타내시며, 구세주에 관한 지식을 증가시키시며, 교회를 오류로부터 지키시며, 또한 교회가 자신의 영원한 운명을 준비하도록 하신다(요 14:26; 15:26; 16:13, 14; 행 5:32; 히 10:15; 요일 2:27).

깊은 연구를 위한 질문

이교도의 문헌은 삼위일체론에 관한 어떠한 유추들을 포함하고 있는가? 삼위일체론의 발전은 존재론적 삼위일체로부터 시작되는가, 아니면 경륜적 삼위일체로부터 시작되는가? 경륜적 삼위일체는 존재론적인 삼위일체를 떠나서 이해될 수 있는가? 어떤 이들이 삼위일체론을 구원론에 대한 서론으로 논의하고 있는 이유는 무엇인가? 헤겔의 삼위일체 관념은 무엇인가? 스베덴보리는 삼위일체를 어떻게 생각했는가? 우리는 현대 신학에서 사벨리우스주의를 찾을 수 있는가? 삼위일체를 단순히 경륜적이라고 주장하는 사실은 왜 반대되고 있는가? 삼위일체에 관한 현대 인본주의적 개념에 대해서는 어떠한 반대적인 입장들이 있는가? 바르트가 신학 서론에서 삼위일체를 취급하고 있는 이유는 무엇인가? 삼위일체론의 실제적인 중요성은 무엇인가?

제2부 하나님의 사역

I
하나님의 작정 개요

A. 신학에 나타난 작정의 교리

개혁주의 신학은 하나님께서 영원 전부터 무엇이 일어날지를 주권적으로 결정하셨으며, 또한 그의 예정의 계획에 따라 자연계와 초자연계에 걸친 그의 전창조 사역에서 그의 주권적인 의지를 작용하셨다는 의미에서 하나님의 주권을 강조한다. 그것은 바울이 말한 바 하나님은 "모든 일을 그의 뜻의 결정대로 일하시는 이"(엡 1:11)라는 말과 전적으로 일치한다. 그 때문에 하나님의 존재에 관한 논의에서 하나님의 사역에 관한 논의로 넘어감에 있어서 하나님의 작정에 관한 연구로부터 출발하는 것은 지극히 당연한 것이다. 이것은 유일하게 적절한 신학적 방법이다. 하나님의 사역에 관한 신학적인 논의는, 창조의 사역과 구속 혹은 재창조의 사역에서 하나님 안에 그 출발점을 가지고 있어야 한다. 하나님의 사역이 신학의 한 부분으로 고려되는 것은, 그것이 하나님께 관계되어 있으며, 하나님으로부터 나오는 것으로서만 그러하다.

그럼에도 불구하고 개혁주의 신학은 실제적으로 홀로 작정에 관한 교리들을 강조하는 입장에 서 있다. 루터파 신학은 훨씬 덜 신학적이며, 좀 더 인간학적이다. 그것은 일관성 있게 하나님으로부터 출발하지 않으며, 만물을 신적으로 예정된 것으로 간주하나 사물을 위로부터보다는 아래로부터 고려하려는 경향을 보인다. 또한 예정을 믿는 데 있어서도 예정을 세상에 있는 선한 것, 좀 더 특별하게는 구원의 복들로 국한하는 경향이 있다. 루터파의 많은 신학자들이 일반적으로 하나님의 작정 교리에 관하여 침묵하고 있거나 거의 침묵하고 있는 것이나 마찬가지이며, 단지 예정론만을 논의하고 또한 이것을 절대적인 것이 아닌 조건적인 예정으로서만 간주하고 있다는 것이 현저한 사실이다. 예정론에 있어서 루터파의 신학은 알미니우스주의와 매우 유사하다.

크라우스(Krauth, 미국의 루터 교회의 유력한 지도자)는 심지어 다음과 같이 말한다. "5

대 교리에 대한 알미니우스 자신의 견해는 루터파의 영향을 받아 형성되었으며, 그 본질상 루터파와 다르지 않다. 그러나 지금은 알미니우스주의로 알려진 발전된 체계 속에 있는 많은 요점들에서는 루터 교회가 그것과 아무런 유사성도 없으며, 이런 점들에서는 칼빈주의와 훨씬 더 일치한다. 그러나 펠라기우스주의를 피하기 위하여 절대 예정론으로 기울어지는 것이 필연적이라고 생각한 적은 없다. '일치 신조'는 매우 실제적인 측면에서만 5대 교리를 다루고 있으며, 칼빈주의 기초 교리의 추상적인 형식을 비난하기보다는 오히려 그러한 체계에서 논리적으로 결과되는 추론들을 반박함으로써 칼빈주의를 일체 반대하고 있다." 루터파 신학자들은 그들의 체계내에 예정론을 포함하지만, 그것을 대개 구원론과 관련하여 생각한다.

자연히 알미니우스주의 신학은 작정 교리를 부각시키지 않는다. 일반적으로 작정 교리는 보통 그것이 없음으로 인해 눈에 띈다. 포프(Pope)는 예정론을 슬쩍 비추기만 하고, 밀리(Miley)는 그것을 논의의 요점으로 소개한다. 레이먼드(Raymond)는 선택론만을 논의하였고, 왓슨(Watson)은 속죄의 범위를 다루면서 이것에 상당한 지면을 할애했다. 모두가 한결같이 절대 예정을 반대하고, 그 대신에 조건 예정으로 대체했다. 현대 자유주의 신학은 근본적으로 인간학적이기 때문에, 예정론에는 별로 관심이 없다. '위기의 신학'에서 예정론이 다시 인식되었으나, 형태에 있어서는 성경적이지도 역사적이지도 않다. 위기의 신학은 종교개혁자들에게 호소하고 있지만, 루터와 칼빈이 가르쳤던 예정론과는 상당히 거리가 멀다.

B. 신적인 작정에 관한 성경적인 명칭들

하나님의 순수 내재적 사역(*opera ad intra*: 내향적 사역)과 직접 피조물을 향한 사역(*opera ad extra*: 외향적 사역)을 구분해야 한다. 어떤 신학자들은 오해를 피하기 위하여 내재적 사역(*opera immanentia*)과 외재적 사역(*opera exeuntia*)으로 말하기를 더 좋아하며, 전자를 둘로 나누어 위격적 사역(*opera personalia*, 발생, 아들 됨, 파송)인 자신을 위한 내재적 사역(*opera immanentia per se*)과 본질적인 사역(*opera essentialia*), 즉 삼위일체 하나님의 사역인 외적 행위에 선행하는 내재적 사역(*opera immanentia donec exeunt*; 이것은 하나님의 각 위격의 사역과도 구분되며, 창조와 섭리, 구속의 사역이 실현될 때까지 하나님 안에 내재하는 사역을 말한다)으로 구분한다. 하나님의 작정은 이러한 하나님의 사역의 부류를 형성하고 있다. 이것들은 성경에서 추상적으로 묘사되지 않고, 역사적으로 실현됨으로써 우리 앞에 놓여 있다.

성경은 하나님의 영원한 작정을 위하여 몇 가지 용어들을 사용한다.

  1. 구약 성경의 용어들. 작정에서의 지적인 요소를 강조하는 몇 가지 용어들이 있는데, 그것들은 '계획하다', '충고하다'를 의미하는 야아츠로부터 파생한 에차(욥 38:2; 사 14:26; 46:11), '함께 숙고하다'를 의미하는 야사드로부터 파생한 소드(니팔형, 렘 23:18, 22), '곰곰이 생각하다', '마음에 두다', '의도하다'를 의미하는 자맘으로부터 파생한 메짐마(렘 4:28; 51:12; 잠 30:32) 등이다. 이외에도 의지적인 요소를 강조하는 용어들이 있는데, 그것들은 하페츠(성향, 의지, 선한 기쁨, 사 53:10)와 라촌(기뻐하다, 즐거워하다의 의미로서 즐거움, 선한 기쁨, 주권적인 의지를 나타낸다. 시 51:19; 사 49:8)과 같은 용어들이다.

  2. 신약 성경의 용어들. 신약 성경도 역시 상당수의 중요한 용어들을 포함하고 있다. 가장 일반적인 단어는 불레로서 일반적으로 작정을 나타내며, 또한 하나님의 의도가 계획과 숙고에 기초하고 있다는 사실을 지적한다(행 2:23; 4:28; 히 6:17). 다음으로 일반적인 단어는 델레마로서, 이 말이 하나님의 계획에 적용된 때에는 숙고적인 요소보다는 의지적인 요소를 더 강조한다(엡 1:11). 유도키아라는 단어는 좀 더 특별하게 하나님의 목적의 자유와 그것에 동반된 기쁨을 강조하지만, 항상 이러한 개념이 있는 것은 아니다(마 11:26; 눅 2:14; 엡 1:5, 9). 다른 단어들은 아주 특별한 의미에서 하나님의 도덕적인 피조물들에 관계되는 하나님의 작정 곧 예정을 지시하기 위하여 특별히 사용된다. 이 용어들은 그 주제를 논의할 때 다루어질 것이다.

C. 하나님의 작정의 성질

  하나님의 작정은 웨스트민스터 소요리문답과 같이 정의될 수 있다. "그 뜻대로 하신 영원한 경륜인데, 이로 말미암아 자기의 영광을 위하여 모든 되어가는 일을 미리 작정하신 것이다."

  1. 하나님의 작정은 하나다. 우리는 종종 하나님의 작정을 복수로 언급하지만, 그 고유한 성질상 하나님의 작정은 하나님의 단일한 행동일 뿐이다. 이것은 성경이 하나님의 작정을 프로데시스 즉 목적이나 계획으로 언급하고 있다는 사실에 의해서도 이미 암시되고 있다. 또한 그것은 하나님의 본체에 의해서도 추정된다. 그의 지식은 우리들의 지식과 같이 연속적이라기보다는 즉각적이고 동시적이며, 지식에 대한 하나님의 이해는 언제나 완전하다. 또한 지식에 기초한 작정은 단일하고 전포괄적이며 동시적인 행동이다. 영원하고 불변하는 작정으로서 그것은 다른 것이 될 수 없다. 그러므로

하나님 안에는 일련의 작정들이 있지 않으며, 단지 일어날 모든 일을 포괄하는 하나의 포괄적인 계획만이 있다. 하지만 우리의 유한한 이해력으로 인하여 그것들을 구분하지 않을 수 없는데, 우리가 종종 하나님의 작정을 복수로 언급하고 있는 사실도 이러한 이유로 설명할 수 있다. 이러한 언급 방식은, 우리가 하나님의 작정의 단일성과 우리가 이해하는 대로 다양한 작정들의 분리할 수 없는 연결성을 망각하지 않는다면 전적으로 합당한 것이다.

2. 하나님의 지식과 작정의 관계. 하나님의 작정은 하나님의 지식과 밀접한 관계가 있다. 우리가 이미 살펴본 대로, 하나님 안에는 모든 일어날 수 있는 원인과 결과를 포함하는 필연적인 지식이 있다. 이 지식은 작정을 위한 재료를 제공하며, 하나님이 그가 구체화하시려는 사상들을 이끌어 내는 완전한 원천이다. 일어날 수 있는 모든 일들에 관한 이 지식으로부터 하나님은 현명한 고찰에 의하여 인도되는 그의 완전한 의지의 행동에 의하여 자신이 실현하기 원하셨던 것을 선택하셨으며, 이렇게 해서 그의 영원한 목적을 형성하셨다. 하나님의 작정은 반대로 그의 자유로운 지식(*scientia libera*)의 원천이다. 그것은 역사의 과정에서 실현되는 일에 관한 지식이다. 하나님의 필연적인 지식이 논리적으로 작정에 선행한다면, 그의 자유로운 지식은 논리적으로 작정을 뒤따른다. 이것은 반(半)펠라기우스주의자들과 알미니우스주의자들과 같이 조건적인 예정을 믿는 사람들에 맞서 주장되어야 하는데, 그것은 그들이 하나님의 예정을 그의 예지에 의존되도록 만들기 때문이다. 하나님의 작정을 나타내기 위하여 사용된 몇몇 단어들은 하나님의 목적 안에 숙고의 요소가 있음을 보여준다. 그러나 이것으로부터, 하나님의 계획이 근시성이나 망설임을 암시하는 어떤 심사숙고의 결과라는 사실을 추론하는 것은 잘못일 것이다. 왜냐하면 그것은 하나님 안에는 맹목적인 작정이 없으며, 지성적이고 숙고적인 목적만이 있다는 사실을 단순히 암시하고 있기 때문이다.

3. 작정은 하나님과 인간 모두 관계한다. 무엇보다도 먼저 작정은 하나님의 사역에 관계한다. 그러나 그것은 하나님의 외향적인 사역(*opera ad extra*), 즉 타동적인 행동들에 제한되어서 하나님의 본질적인 존재에는 관계하지 않으며, 또한 삼위일체의 각 위의 특성으로 귀결되는 신적 존재 내의 내재적 활동에도 관계하지 않는다. 하나님은 거룩하고 의로우시기로 작정하지 않으셨으며, 또한 한 본질 안에 삼위로 존재하시거나 혹은 성자를 발생하시기로 작정하시지도 않았다. 이러한 일들은 원래 필연적이며, 하나님의 선택적인 의지에 의존하지 않는다. 하나님의 내적 존재에 본질적인 것은 작정 내용의 어떤 부분도 형성할 수 없다. 이것은 외향적인 사역(*opera ad extra* 혹은 *exeuntia*)만을 포

함한다. 그러나 작정은 주로 하나님 자신의 행동에만 관계하고 있으면서도, 하나님 자신의 행동에 제한되지는 않으며, 또한 하나님의 자유로운 피조물의 행동들도 포함한다. 또한 피조물의 행동들이 작정에 포함되어 있다는 사실은, 그 행동들이 비록 모두 동일한 방식으로 실현되지는 않을지라도 그 행동들을 절대적으로 확실하게 만든다. 어떤 일들의 경우에 하나님은 그 행동들이 일어나도록 결정하셨을 뿐만 아니라, 하나님 자신이 창조의 사역에서처럼 즉각적으로 혹은 그의 능력에 의하여 계속적으로 활동하게 하는 이차적인 원인들의 매개를 통하여 그 행동들이 일어나도록 결정하셨다. 하나님 자신은 그것들이 일어나는 것에 대한 책임을 지신다. 그러나 하나님이 그의 작정 안에 포함하심으로써 분명하게 하셨지만, 하나님이 직접 실현되도록 하지는 않으셨던 다른 일들, 즉 자신의 이성적인 피조물들의 죄악된 행동들이 있다. 이러한 행동들에 관계하는 작정은 대개 하나님의 허용적인 작정(permissive decree)이라고 불린다. 이러한 명칭은 이러한 행동들의 미래 발생(futurition)이 하나님에게 확실하지 않음을 의미하는 것이 아니라, 단순히 그가 그것들을 그의 이성적인 피조물들의 자유로운 행위에 의하여 일어나도록 허용하신다는 것을 의미한다. 하나님은 이러한 죄악된 행동들에 대해서는 어떤 책임도 지지 않으신다.

4. 행동하려는 작정은 행동 그 자체가 아니다. 작정은 사건의 미래 발생(futurition)을 확실하게 해주는 신적인 속성들의 내적 현현이나 실행이지만, 하나님의 이러한 지성적 의지의 실행을 창조와 섭리와 구속에서 그 대상들의 실현과 혼동해서는 안 된다. 창조하려는 작정은 창조 자체가 아니며, 또한 칭의하려는 작정이 칭의 그 자체는 아니다. 작정과 작정의 실행 사이에는 구분이 이루어져야 한다. 하나님이 우주에 질서를 부여함으로써 인간이 어떤 행동의 과정을 추구하는 것은, 하나님이 인간으로 하여금 그렇게 하도록 명령하는 것과는 전혀 다른 일이다. 작정은 인간에게 전달되지 않았고, 성문법의 성격도 없을 뿐만 아니라, 인간의 의지에 강요나 의무를 부과하지도 않는다.

D. 하나님의 작정의 특징들

1. 그것은 하나님의 지혜에 기초한다. 작정을 나타내는 용어들 중의 하나인 '경륜'(계획, counsel)이라는 단어는 심사숙고와 협의를 암시한다. 그것은 삼위 하나님 사이의 내적 교제에 대한 암시를 포함할 수 있다. 이전에는 하나님 안에 감춰어 있던 하나님의 신비의 계시에 대하여 언급하면서 바울은, 이것은 "이제 교회로 말미암아 하늘

에 있는 통치자들과 권세들에게 하나님의 각종 지혜를 알게 하려 하심이니 곧 영원부터 우리 주 그리스도 예수 안에서 예정하신 뜻대로 하신 것이라"(엡 3:10, 11)고 말한다. 작정의 지혜는 또한 하나님의 영원하신 목적의 실현에서 나타난 지혜에 의해 추론된다. 시편 기자는 시 104:24에서 "여호와여 주께서 하신 일이 어찌 그리 많은지요 주께서 지혜로 저희를 다 지으셨으니 주께서 지으신 것들이 땅에 가득하니이다"라고 노래한다. 동일한 사상이 잠 3:19에서 "여호와께서는 지혜로 땅에 터를 놓으셨으며 명철로 하늘을 견고히 세우셨고"라고 표현된다(참조. 렘 10:12; 51:15). 주님의 경륜의 지혜는 또한 그것이 영원히 서 있다는 사실로부터도 추론될 수 있다(시 33:11; 잠 19:21). 작정에는 인간의 이해를 초월하며, 유한한 인간에게는 설명될 수 없는 것들이 많으나, 비합리적이거나 자의적인 것은 아무것도 포함하고 있지 않다. 하나님은 현명한 통찰과 지식으로써 결정하셨다.

2. 그것은 영원하다.   하나님의 작정은 그것이 전적으로 영원 속에 놓여 있다는 의미에서 영원하다. 어떤 의미에서 하나님의 모든 행동들은 영원하다고 할 수 있는데, 그것은 신적 존재 안에는 순간들의 연속이라는 것이 존재하지 않기 때문이다. 그러나 그것들 가운데 어떤 것들, 예를 들면 창조와 칭의와 같은 것들은 시간 안에서 종결된다. 따라서 우리는 그것들을 영원적이 아닌, 하나님의 시간적인 행동들이라고 부른다. 그러나 하나님 밖에 있는 사물에 관계하면서도 작정은 그 자체로 신적 존재 내의 행동으로 남아 있기 때문에 엄격한 의미에서 영원적이다. 따라서 그것은 또한 영원의 동시성과 연속성의 성질이 있다(행 15:18; 엡 1:4; 딤후 1:9). 작정의 영원성은 또한, 작정 내의 상이한 요소들의 순서가 시간적이 아닌 논리적인 것으로서만 간주될 것을 암시한다. 실현된 사건들 속에는 참된 연대기적 순서가 있으나, 그것들에 관계된 작정 속에는 없다.

3. 그것은 효과적이다.   이것은 하나님이 스스로 자신의 능력을 직접적으로 적용함으로써 그의 작정 속에 포함된 만사를 일어나도록 결정하셨다는 것을 의미하지 않으며, 단지 그가 작정하신 것이 분명히 일어날 것이라는 것, 즉 어떤 것도 그의 목적을 훼방할 수 없다는 것을 의미한다. 하지(A. A. Hodge) 박사는 이렇게 말한다. "작정 자체는 모든 경우에 사건이 문제의 사건의 성격과 완전히 일치하는 양식으로 작용하는 원인들에 의하여 일어나게 될 것을 규정한다. 따라서 도덕적인 행위자의 자유로운 행동에 있어서 작정은 동시에 다음과 같이 규정한다. (1) 행위자가 자유로운 행위자일 것이다. (2) 그의 전례(前例)들과 문제의 행동의 모든 전례들은 그것들 그대로 일 것이다. (3)

현재의 모든 행동의 조건들은 현재의 그것들 그대로 일 것이다. (4) 그 행동은 행위자의 편에서 완전히 자발적이며 자유로울 것이다. (5) 그것은 분명히 영영히 설 것이다(시 33:11; 잠 19:21; 사 46:10)."

4. 그것은 불변적이다. 인간은 여러 가지 이유로 그의 계획들을 종종 변경한다. 계획을 함에 있어서 인간은 목적에 관한 심각성이 결여되어 있거나, 또한 그 계획이 포함하고 있는 것을 충분히 인식하지 못하며, 혹은 그것을 실행할 능력이 부족할 수 있다. 그러나 하나님 안에서는 그러한 어떤 것도 상상할 수 없다. 그는 지식이나 진실 혹은 능력에 있어서 결핍이 없으시다. 따라서 그는 무지의 실수나 혹은 그것을 실행할 수 없는 무능력 때문에 그의 작정을 변경하실 필요가 없다. 또한 그는 그것을 변경하지 않으시는데, 왜냐하면 그는 불변하시는 하나님이며, 미쁘시며, 진실하시기 때문이다(욥 23:13, 14; 시 33:11; 사 46:10; 눅 22:22; 행 2:23).

5. 그것은 무조건적이거나 절대적이다. 이것은 작정이 어떤 점에서든 작정 그 자체의 본질적인 부분이 아닌 어떤 것에 의존하지 않는다는 것을 의미한다. 작정 내의 다양한 요소들은 사실 상호간에 의존적이지만, 계획 속에 있는 어떤 것도 작정 내에 있지 않는 어떤 것에 의하여 제한되지 않는다. 계획의 실행은 방편을 필요로 하거나 어떤 조건들에 의존할 수 있지만, 그때에 이 방편들이나 조건들은 또한 작정 속에서 결정되었다. 하나님이 작정을 실행하는 방편들을 결정함이 없이 죄인들을 구원하기로 작정하시는 일은 전혀 없다. 예정된 목표에 이르는 방편들도 역시 작정되었다(행 2:23; 엡 2:8; 벧전 1:2). 작정의 절대적인 성격은 그것의 영원성이나 불변성, 그리고 하나님의 선하신 기쁨에 대한 배타적인 의존성으로부터 추론된다. 그것은 모든 반(半)펠라기우스주의자들과 알미니우스주의자들에 의하여 부인된다.

6. 그것은 보편적이거나 전포괄적이다. 작정은 물리적인 영역에서든지 도덕적 영역에서든지, 혹은 선하든지 악하든지간에, 세상에서 일어나는 모든 것을 포함한다(엡 1:11). 그것은 (1) 인간의 선한 행동들(엡 2:10), (2) 그들의 사악한 행동들(잠 16:4; 행 2:23; 4:27, 28), (3) 우연한 사건들(창 45:8; 50:20; 잠 16:33), (4) 목적과 방편들(시 119:89-91; 살후 2:13; 엡 1:4), (5) 인간의 생명의 연한(욥 14:5; 시 39:4)과 그의 거주 장소(행 17:26).

7. 죄에 관해서 그것은 허용적이다. 관례적으로 도덕적인 악에 관한 하나님의 작정은 허용된다고 말한다. 작정에 의해서 하나님은 유한한 의지에 직접 작용함으로써 인간의 죄악된 행동이 실현되도록 결정하지 않으시면서, 그 행동이 확실히 일어나도록 하셨다. 이것은 하나님께서 인간이 하나님의 계시된 의지에 거슬러서 행할 때, 인간

속에서 '인도하고 행하도록' 적극적으로 역사하시지 않는다는 것을 의미한다. 하지만 주목해야 할 점은, 이 허용적인 작정이 하나님의 의지의 통제하에 있지 않은 어떤 것을 수동적으로 허용하고 있다고는 의미하시지 않는다는 사실이다. 작정이 미래의 죄악된 행동을 절대적으로 확실하게 하나, 그 작정에서 하나님은 (1) 유한한 의지의 죄악된 자기 결정을 막지 않으실 것과, (2) 이러한 죄악된 자기 결정의 결과를 규제하고 통제할 것을 결정하신다(시 78:29; 106:15; 행 14:16; 17:30).

E. 작정 교리에 대한 반론들

앞장에서 거론되었듯이 개혁파 신학만이 작정 교리에 대해 충분히 정의하고 있다. 루터파 신학자들은 대체로 신자들이 작정으로부터 어떻게 위안을 이끌어 낼 수 있는지를 보여주기 위하여 그것을 신학적이 아닌 구원론적으로 해석한다. 펠라기우스주의자들과 소지니주의자들(Socinians)은 작정을 비성경적인 것이라고 배척하며, 반(半) 펠라기우스주의자들과 알미니우스주의자들도 호의적으로 보지 않는다: 더러는 그것을 전혀 무시하고, 더러는 그것에 반대하기 위해서만 언급한다. 그 외에 하나님의 예지에 의하여 제한되는 작정만을 주장하는 사람들도 있다. 작정에 대하여 야기된 반론은 대체로 항상 동일하다.

1. 작정 교리는 민간의 도덕적인 자유와 상반된다. 인간은 이성적인 자기 결정 능력을 가진 자유로운 행위자이다. 그는 어떤 목적들을 생각할 수 있고, 그것들을 지성적으로 선택할 수 있으며, 또한 그것들과 관련하여 그의 행동을 결정할 수 있다. 하지만 하나님의 작정은 필연성도 아울러 지니고 있다. 하나님은 모든 일들이 이루어지도록 작정하셨으며, 혹은 그가 그것을 작정하지 않으셨다 해도 적어도 그것들이 반드시 일어나도록 결정하셨다. 그는 인간을 위하여 인간의 생애의 과정을 결정하셨다. 이러한 반론에 대한 답변으로 언급될 수 있는 것은, 성경은 분명히 신적인 작정이 인간의 자유로운 행위와 상반된다는 전제 위에서 출발하고 있지 않다는 것이다. 성경은 분명히 하나님이 인간의 자유로운 행동들을 작정하셨으며, 또한 행위자들은 그에 못지않게 자유롭고, 또한 그들의 행동들에 대하여 책임이 있다는 사실을 계시하고 있다(창 50:19, 20; 행 2:23; 4:27, 28). 유대인들이 예수님을 십자가에 못 박게 될 것이라는 사실이 결정되었으나, 그럼에도 불구하고 그들은 그들의 사악한 행위 과정에서 완전히 자유로웠으며, 이 범죄에 대하여 책임을 지고 있다. 영감된 저자들이 이 문제들과 관련하

여 모순을 의식하였다는 암시가 성경에서 조금도 나타나지 않는다. 그들은 결코 두 가지를 조화시키려고 시도하지 않는다. 우리가 양 진리들을 조화시킬 수 없다 해도 이 사실에서, 여기에 모순이 있다는 가정을 삼가게 된다.

게다가 명심해야 할 일은, 하나님은 일어나야 할 모든 일을 자신의 직접적인 행동에 의해 실행되도록 작정하시지 않았다는 것이다. 신적인 작정은 단지 사건들에 대한 확실성을 가져다 줄 뿐이다. 그러나 하나님이 적극적으로 그것들을 행하심으로 해서 이전의 확실성이 자유로운 행위와의 일치 여부의 문제가 실제로 해결된다는 사실을 의미하지는 않는다. 이제 우리는 경험에 의해서, 훌륭한 인격의 소유자가 최소한 그의 자유를 침해당하지 않고 어떤 상황하에서 추구하는 그 과정에 대하여 우리가 이성적으로 확신할 수 있다는 것을 안다. 선지자 예레미야는 갈대아인들이 예루살렘을 차지할 것이라는 사실을 예언했다. 그는 다가오는 사건을 확실하게 알았지만, 갈대아인들은 자유롭게 그들 자신의 욕망을 따라 그 예언을 성취했다. 그러한 확실성은 실제로 펠라기우스적인 무관심의 자유와는 일치하지 않는데, 그러한 자유에 따르면 어떤 방식으로든 인간의 의지가 결정되는 것이 아니라 완전히 비결정적이어서, 매번의 결의에 있어서 모든 외적인 권고들에 대해서 뿐만 아니라 모든 내적인 생각과 판단들, 성향과 욕망들, 심지어는 인간의 전체적인 성격과 내적인 상태와는 반대로 결정할 수 있을 것이다. 그러나 이제 일반적으로 인식되는 바로는, 그러한 의지의 자유는 심리학적인 허구라는 사실이다. 하지만 작정은 이성적인 자기 결정의 의미에서 인간의 자유와 반드시 모순되지는 않으며, 이 자유로 인간은 자기의 이전 생각들과 판단들, 그의 성향과 욕망들, 그리고 그의 전체적인 성격과 조화를 이루어서 자유롭게 행동하게 되는 것이다. 이 자유는 또한 법칙들이 있어서, 우리가 그 법칙에 익숙하면 할수록, 자유로운 행위자가 어떤 상황 아래서 어떻게 행할 것인지 더욱 확신할 수 있게 되는 것이다. 하나님 자신이 이 법칙들을 제정하셨다. 물론 우리는 이성적인 자기 결정의 의미에서의 우리의 자유 개념 속에서 물질주의적이고 범신론적이며 합리주의적인 모든 결정론을 경계해야 한다.

예지와 마찬가지로 작정도 자유로운 행동과 모순되지 않지만, 일반적으로 반(半)펠라기우스주의자들이나 알미니우스주의자들의 유형에 속하여 있는 반대자들은 신적인 예지를 믿는다고 고백한다. 하나님은 그의 예지로 영원 전부터 모든 사건들의 확실한 미래 발생을 아신다. 그의 예지는 그의 예정에 근거하는데, 그것에 의하여 하나님은 그의 미래의 확실성을 결정하셨다. 물론 알미니우스주의자들은 사물들을 확실하게 하는 작정에 근거한 예지를 믿지 않으며, 인간의 자유 의지에 좌우되는, 따라서 불확정적인 사실들과 사건들에 관한 예지를 믿는다고 말할 것이다. 그런데 인간이 그의 자유에서조차도 다시금 확실성의 요소를 가져오는 신적으로 제정된 법칙들과 조화를 이루면서 행동한다면, 인간의 자유로운 행동에 관한 그러한 예지는 가능할 것이다. 그러나 영혼의 상태나 존재하는 조건들이나 마음에 내재하는 동기들에 관계없이 언제든지 다른 방향으로 바뀔 수 있는 무원칙적인 의지의 우연한 결정에 전적으로 의존하는 사건들을 예지하는 것은 불가능한 것처럼 보일 것이다. 그러한 사건들은 단지 있는 그대로의 가능성으로 예지될 수 있을 뿐이다.

2. 그것은 인간의 노력을 위한 모든 동기를 박탈한다. 이러한 반론이 제기되는 까닭은, 만약에 하나님이 결정하시는 대로 만사가 일어나야 한다면, 사람들은 당연히 그들이 미래에 대하여 염려할 필요가 없고 또 구원을 얻기 위하여 아무런 노력을 할 필요도 없다고 말하게 될 것이기 때문이라는 것이다. 그러나 이것은 전혀 잘못된 것이다. 그런 식으로 말하는 사람들의 경우에 이것은 대체로 게으름과 불순종에 대한 변명에 불과한 것이다. 신적인 작정은 행동의 규칙으로 사람들에게 제시되지 않으며, 또한 그러한 규칙이 될 수도 없다. 왜냐하면 섭리의 실현을 통해서, 그리고 그것의 실현 이후에만 알려지기 때문이다. 하지만 율법과 복음에 구현된 행위의 규칙들이 있는데, 이것은 인간에게 하나님이 규정하신 방편들을 사용해야 할 의무를 부과한다.

또한 이 반론은, 하나님의 작정에 의하여 결정된, 방편들과 달성되어야 할 목적 사이의 논리적인 관계를 무시한다. 작정은 인간 삶의 다양한 사건들과 함께, 논리적으로 결과들보다 선행하면서 또한 그 결과들을 야기하도록 결정된 인간의 자유로운 행동들도 포함한다. 바울과 같은 배에 타고 있었던 모든 사람들(행 27장)이 구원될 것은 절대적으로 확실한 것이었지만, 이 목적을 확고하게 하기 위하여 선원들이 선상에 남아 있어야 하였던 것도 마찬가지로 확실한 것이었다. 또한 작정이 방편과 목적 사이의 상관 관계를 제정하였고, 목적이 방편의 결과로서만 작정되었기 때문에, 그것들은 노력을 위축시키는 대신에 고무시킨다. 신적인 작정에 의하면, 성공이 수고의 보상이 될 것을 믿는 확고한 신념은 노력을 격려하며 지속시키는 촉진제가 될 것이다. 작정의 진정한 기초 위에서 성경은 우리에게 약속된 방편들을 부지런히 사용하라고 촉구한다 (빌 2:13; 엡 2:10).

3. 그것은 하나님을 죄의 조성자로 만든다. 이 견해가 사실이라면, 이것은 당연히 극복할 수 없는 반론이 될 것이다. 그것은 하나님이 죄의 조성자일 수 없기 때문이다. 이

것도 역시 성경에서(시 92:15; 전 7:29; 약 1:13; 요일 1:5), 또한 모든 죄를 금하는 하나님의 법으로부터, 그리고 하나님의 거룩성으로부터 동일하게 추론된다. 그러나 그 비난은 사실이 아니며, 작정은 단순히 하나님을, 죄의 조성자인 그들 스스로의 자유로운 도덕적 행위자의 조성자로 만들 뿐이다. 하나님은 그들의 자유로운 행동을 지탱하고, 그들의 삶의 환경을 규제하며, 그리고 그러한 자유로운 행동이 수많은 행동들(그것들 가운데 어떤 행동은 죄악된 것이다) 가운데 행해지도록 허용하시는 일을 작정하신다. 선하고 거룩한 이유들로 하나님은 이러한 죄악된 행동들을 확실하게 하시지만, 악한 욕망들이나 선택들이 인간 속에서 효과적으로 작용하도록 작정하시지는 않는다. 죄에 관한 작정은 효과적이 아닌 허용적인 작정, 즉 허용하려는 작정으로, 신적인 효능에 의하여 죄를 산출하시는 작정과는 구별되는, 죄를 허용하는 작정이다.

일반적으로 이러한 반대 의견을 거론하는 알미니우스주의자들이 가정하듯이 하나님이 잘 예방하실 수 있는 것을 단순히 수동적으로 허용할 때에도 아무런 어려움이 부가되지 않는 그러한 작정에는 어떤 난관도 부가될 수 없다. 하나님과 죄의 관계는 풀 수 없는 신비로 우리에게 남아 있다. 하지만 죄를 허용하려는 하나님의 작정이 죄가 세상으로 들어오는 것을 확실하게는 하였으나, 그것은 하나님이 죄를 기뻐하시는 것이 아니라, 죄가 아무리 그의 본성에 혐오스러운 것이라 하더라도 다만 하나님이 자기 계시를 위하여 도덕적인 악을 허용하는 것을 지혜로운 것으로 생각하셨다는 사실을 의미한다.

II
예정
(Predestination)

신적인 작정에 관한 논의를 끝내고 이제 예정에 관한 논의를 다루게 되었다. 그러나 여전히 동일한 주제를 다루고 있는 것이며, 다만 일반적인 논의에서 특수적인 논의로 바뀌는 것뿐이다. '예정'이라는 말은 항상 같은 의미로 사용되지는 않는다. 때때로 그것은 일반적인 단어인 '작정'과 동의어로 쓰인다. 다른 경우에, 예정은 그의 모든 도덕적 피조물들에 대한 하나님의 목적을 표시한다. 그러나 대개는 하나님의 주권적 선택과 의로운 유기를 말하는, 타락한 인간에 관한 하나님의 '경륜'을 나타낸다. 본 논의에서 예정은 주로 마지막 의미로 사용되고 있지만, 두 번째 의미를 완전히 배제하는 것은 아니다.

A. 예정론의 역사

예정은 아우구스티누스의 시대에 와서야 역사에서 주요한 논의의 주제가 되었다. 초대 교회의 교부들은 예정을 언급하였으나, 아직 그것에 대한 명확한 개념이 없었던 것으로 보인다. 대개 그들은 하나님이 인간의 미래의 운명을 결정하신다는 근거하에 예정을 인간 행동들에 관한 하나님의 예지로 간주했다. 이런 데서 펠라기우스가 어떤 초대 교부들의 마음을 끌 수가 있었다. 위거스(Wiggers)는 "펠라기우스에 따르면, 구원이나 저주로의 예정은 예지에 기초하고 있다. 종종 그는 절대 예정을 인정하지 않고, 모든 점에서 '조건 예정'을 인정하였다"라고 말했다. 처음에는 아우구스티누스 자신도 이러한 견해에 기울어져 있었으나, 하나님의 선하신 기쁨의 주권적 특성에 관한 깊은 성찰로 말미암아, 예정은 결코 인간 행동들에 관한 하나님의 예지에 의존하지 않으며, 오히려 신적인 예지의 기초라는 사실을 알게 되었다. 유기(reprobation)에 대한 그의 표현은 그렇게 명확하지는 않다. 그의 어떤 진술들은 예정에서 하나님이 스스로 무엇을 하실지를 미리 아시지만, 또한 모든 죄들과 같이 그가 하지 않으실 것도 미리 아실 수 있다는 뜻으로 말하고 있으며, 또한 선택을 예정의 주제들로, 유기자를 신적인 예지의 주제들로 언급하고 있다. 그러나 다른 구절들에서 그가 유기자를 예정의 주제들로 언급하고 있기 때문에, 그가 이중 예정을 가르쳤다는 사실에 대해서는 의심의 여지가 없다. 그러나 그는 하나님이 구원에 대한 것과 동일한 방식으로 저주와 그 방편들을 예정하지 않으셨다는 점과, 생명의 예정은 순전히 주권적인데 영원한 죽음으로의 예정은 역시 심판적이며 인간의 죄를 고려하고 있다는 점에서 그 차이를 인식했다.

아우구스티누스의 견해는 특별히 프랑스에서 커다란 반대에 부딪혔는데, 그곳의 반(半)펠라기우스주의자들은 구원을 위한 신적인 은혜의 필요성은 인정하면서도, 예지에 근거한 예정론을 거듭 주장했다. 그리고 아우구스티누스를 옹호하는 입장이었던 사람들은 몇 가지 중요한 점에서 양보하지 않을 수 없었다. 그들은 이중 예정론을 공정하게 평가하지 못했다. 고트샬크(Gottschalk)와 그의 몇몇 친구들만이 이것을 주장하였으나, 그 목소리는 곧 잠잠하게 되었고, 어쨌든 반(半)펠라기우스주의자들이 교회 지도자들 가운데서 우위를 점하게 되었다. 중세 말엽에 로마 가톨릭 교회가 예정론에 대하여 상당한 자유를 허용하려고 했던 것이 아주 명백했다. 그 교회 교사들이 하나님이 선택자들만이 아니라 모든 사람들의 구원을 원하셨다고 주장하는 동안에는 토마스 아퀴나스와 더불어 예정론에서 아우구스티누스주의(Augustinianism)에 서거나, 아니면 몰리나(Molina)와 더불어 그들이 최상의 것으로 생각하였던 반(半)펠라기우스주의의 노선을 따를 수 있었다. 이것은 토마스 아퀴나스처럼 절대 예정과 이중 예정을 믿었던 사람들에게서조차도 예정론이 일관되게 실행될 수 없었으며 그들의 신학의 나머지 부분도 확고해질 수 없었다는 것을 의미한다.

16세기의 종교개혁자들은 한결같이 가장 엄격한 예정론을 주장했다. 심지어 멜란히톤도 초기에는 그러했다. 루터는 절대 예정론을 받아들였지만, 모든 사람이 구원받을 것을 하나님이 원하셨다는 신념으로 인하여 그의 생애의 말년에 가서 예정론에 관한 어조를 다소 누그러뜨렸다. 예정론은 루터교의신학에서 차츰 사라져서, 이제는 완전한 유기이든 부분적인 유기이든 예정을 조건적인 것으로만 간주한다. 칼빈은 아우구스티누스주의적인 이중 예정론을 확고하게 주장했다. 동시에 그는 피기우스(Pighius)를 반박하여 예정론을 변호하면서, 죄가 세상으로 들어온 것에 관한 작정이 허용적인 작정이었으며, 또한 유기의 작정은, 하나님이 결코 죄의 조성자가 아니며 결코 그것에 대하여 책임이 없다는 뜻으로 취해야 한다는 것을 강조했다. 개혁 교회의 신앙고백서들은 풍성함과 정확성에서 약간의 차이가 있지만, 이 교리를 일관되게 수록하고 있는 것이 현저한 특징이다. 예정론에 대한 알미니우스주의의 공격의 결과로 도르트 신조(Canons of Dort)는 이 교리를 명확하고 상세하게 진술하고 있다. 알미니우스주의적 유형의 교회들에서 절대 예정론은 조건 예정론으로 대체되었다.

슐라이어마허의 시대 이후로 예정론은 완전히 다른 형태로 변했다. 종교는 절대 의존 감정(Hinneigung zum Weltall)으로, 즉 모든 인간의 결심과 행동들을 미리 결정하는 불변인인 법칙들과, 이차적인 원인들을 가진 자연 질서에 고유한 인과율(causality)에 전적으로 의존하는 하나의 의식으로 간주되었다. 그리고 예정은 자연히 세계 내에서의 보편적 인과 관계나 이러한 선결정과 동일시되었다. 오토(Otto)가 이 견해를 통렬히 비판한 것은 지나친 것이 아니었는데, 그는 "이것보다 더 사이비적인 신학적 사변의 소산물은 없을 것이며, 종교적인 개념들에 대해 이보다 더 근본적인 왜곡은 없을 것이다. 왜냐하면 그것 자체가 견고한 합리주의의 일부분이며, 동시에 '예정'의 진정한 종교적 개념의 완전한 포기이기 때문이다." 현대 자유주의 신학에서 예정론은 거의 호응을 얻지 못한다. 그것은 배척되거나, 아니면 알아볼 수 없을 정도로 변했다. 포스터(G. B. Foster)는 예정론을 결정론(determinism)이라고 낙인찍었다. 매킨토시는 예정론을 모든 사람들이 예수 그리스도의 형상에 일치되도록 하는 예정으로 묘사하였으며, 다른 이들은 그것을 어떤 직분들이나 특권들에 대한 예정으로 축소했다.

오늘날 바르트는 예정론을 다시 주목하고 있지만, 아우구스티누스와 칼빈의 예정과는 상당히 거리가 먼 해석을 했다. 종교개혁자들처럼 그도 이 교리가 하나님의 선택과 계시, 소명 등에서 하나님의 주권적인 자유를 강조하고 있다고 주장한다. 동시에 그는 예정에서 사람들의 예정된 분리를 알지 못하였으며, 선택을 특별한 선택으로 칼빈처럼 이해하지 못했다. 이것은 그의 「로마서 주석」 332쪽에서 그가 말한 것을 보아 자명하다. 따라서 캠필드(Camfield)는 「계시와 성령」이라는 제목이 붙은 그의 저서 가운데 「바르트 신학에 관한 논문」에서 이렇게 말하고 있다. "예정이 알려지지 않고, 알 수 없는 의지의 결정에 따라 일정수의 사람을 구원으로, 나머지 사람들을 저주로 선택한다는 것을 의미하지는 않는다는 사실이 강조될 필요가 있다. 그러한 사상은 예정 그 자체에 속하지 않는다." 예정은 계시와 결정의 순간에 인간을 위기로 몰아넣는다. 그것은 그가 본래 하나님과 맺고 있는 관계에서는 그를 죄인으로 정죄하며, 그러한 관계에서 그를 거부하지만, 그가 그리스도 안에서 부름을 받고, 창조 안에서 예정된 관계에서 그를 선택한다. 만약 인간이 신앙으로 하나님의 계시에 응답한다면, 그는 하나님이 그에게 의도하셨던 바대로 선택된 자이다. 그러나 만약 그가 응답하지 않는다면, 그는 유기자로 남아 있게 된다. 하지만 인간은 항상 위기 속에 있기 때문에, 무조건적인 용서와 완전한 거부가 계속해서 모든 사람에게 동시적으로 적용된다. 에서는 야곱이 될 수 있지만, 야곱 또한 다시 한 번 에서가 될 수 있다. 맥코나치(McConnachie)는 이렇게 말한다. "바르트와 그가 믿는 바 사도 바울에게는 개인은 선택이나 유기의 대상이 아니며, 오히려 선택이나 유기의 투기장(arena)이다. 두 결정은 동일한 개인 안에서 만나지만, 그러한 방식에 있어서 인간 편에서 볼 때 인간은 항상 유기자이지만, 하나님 편에서 볼 때 그는 항상 선택된 자이다…… 선택의 근거는 신앙이다. 유기의 근거는 신앙의 결핍이다. 그러나 누가 믿는 자이며, 누가 믿지 않는 자인가? 신앙과 불신앙은 하나님께 근거한다. 우리는 신비의 문들 앞에 서 있다."

B. 예정에 관한 성경의 용어들

여기서 살펴볼 용어들은 다음과 같다.

1. 히브리어 야다와 헬라어 기노스케인, 프로기노스케인, 프로그노시스. 야다라는 말은 단순히 어떤 사람이나 사물을 '알다', '인식하다'를 의미하지만, 또한 좀 더 함축적인 의미에서 '어떤 이를 사랑의 관심으로 알다', 혹은 '어떤 이를 사랑의 관심의 대상 혹은 선택적 사랑의 대상으로 삼다'라는 의미로도 사용된다. 이러한 의미에서 이 말은 선택 개념에 맞다(창 18:19; 암 3:2; 호 13:5). 신약 성경에서 프로기노스케인과 프로그노시스라는 말의 의미는 고전적 용법에 의하여 결정되는 것이 아니라, 야다의 특별한 의미에 의하여 결정된다. 그것들은 단순한 지적인 예지나 선견, 어떤 일을 단순히 미리 알고 있다는 것을 의미하지 않으며, 오히려 어떤 이를 호의로써 대하거나 어떤 이를 사랑의 대상으로 삼아서 예정의 개념에 이르게 하는 선택적 지식을 의미한다(행 2:23 〈비교 4:28〉; 롬 8:29; 11:2; 벧전 1:2). 이 단어들을 어떤 것을 미리 안다는 의미로 취하게 되면 이러한 구절들은 의미를 잃게 되는데, 이는 하나님이 모든 사람들을 그러한 의미에서 미리 아시기 때문이다. 심지어 알미니우스주의자들조차도 그 단어들에 좀 더 결정적인 의미, 즉 어떤 상태나 조건하에서 절대적인 확신으로 어떤 것을 예지한다는 의미를 부여하지 않을 수 없는 것으로 느끼고 있다. 이것은 미래의 상태에 대한 절대적인 확신을 내포하며, 바로 그런 이유로 해서 예정 개념에 매우 접근하고 있다. 이 단어들뿐만 아니라, 심지어 단순한 기노스케인조차도 어떤 경우에는 그런 특별한 의미를 가

진다(고전 8:3; 갈 4:9; 딤후 2:19).

2. 히브리어 바카르와 헬라어 에클레게스타이, 에클로게. 이 말들은 영원한 죄인들의 운명에 관한 하나님의 작정에서의 선택의 요소, 즉 선하신 기뻐하심을 동반한 선택을 강조한다. 그것들은 하나님이 일정수의 인류를 선택하여 그들을 그와의 특별한 관계 속에 두신다는 사실을 지시하는 데 사용된다. 때때로 그것들은 어떤 특권에 대한 소명, 혹은 구원에 대한 소명 개념을 내포하고 있지만, 어떤 이들이 생각하듯이 이것만이 이 말들의 전체 의미라고 생각하는 것은 잘못이다. 그것들이 일반적으로 선천적이고 영원한 선택을 언급한다는 것은 분명한 사실이다(롬 9:11; 11:5; 엡 1:4; 살후 2:13).

3. 헬라어 포오리제인과 프로오리스모스. 이 단어들은 언제나 절대 예정을 언급한다. 다른 말들과 달리 이것들은 실제로 보어를 필요로 한다. 자연히 무엇으로 예정되었는가라고 하는 의문이 야기된다. 이 말들은 항상 어떤 목적을 위한 인간의 예정을 언급하는데, 성경에 의하면 그 목적이 선할 수도 나쁠 수도 있다는 것은 분명하다(행 4:28; 엡 1:5). 하지만 그 말들이 언급하는 목적은 반드시 최종적인 목적이 아니며, 오히려 좀 더 흔하게는 시간 내의 어떤 목적이며, 최종적인 목적으로 나아가는 방편도 된다(행 4:28; 롬 8:29; 고전 2:7; 엡 1:5, 11).

4. 헬라어 프로티데나이와 프로데시스. 이러한 단어들에서는 하나님이 일정한 계획을 세우시고 확고하게 견지해 가신다는 사실에 주의하게 된다. 그것들은 인간을 구원으로 예정하시는 하나님의 목적을 분명히 언급한다(롬 8:29; 9:11; 엡 1:9, 11; 딤후 1:9).

C. 예정의 창시자와 대상들

1. 창시자. 예정의 작정은 의심할 바 없이 그 전 부분에 계획(경륜)과 의지에 있어서 한 분이신 삼위일체의 세 위격의 협력적인 행동이다. 하지만 성경에 계시된 것과 같이 구원의 경륜에 있어서 예정의 주권적인 행동은 좀 더 특별히 성부에게로 돌려진다(요 17:6, 9; 롬 8:29; 엡 1:4; 벧전 1:2).

2. 예정의 대상들. 하나님의 일반적인 작정과 구분하여 예정은 하나님의 이성적인 피조물들에게만 관계한다. 가장 흔하게 그것은 타락한 인간들을 언급한다. 하지만 그것은 또한 좀 더 넓은 의미로도 사용되는데, 우리는 그것을 예정의 모든 대상들을 포함하기 위하여 여기서 좀 더 포괄적인 의미로 사용한다. 예정은 하나님의 모든 이성적인 피조물들을 포함한다. 즉,

(1) **모든 선하고 악한 인간들.** 이들은 집단별로 뿐만 아니라, 개인별로 포함된다(행 4:28; 롬 8:29, 30; 9:11-13; 엡 1:5, 11).

(2) **선하고 악한 천사들.** 성경은 거룩한 천사들(막 8:38; 눅 9:26)과, 그들의 첫 지위를 지키지 않은 사악한 천사들(벧후 2:4; 유6)에 대하여 말할 뿐만 아니라, 선택된 천사들에 대하여 분명히 언급함으로써(딤전 5:21), 또한 선택되지 않은 천사들이 있다는 사실을 암시하고 있다. 천사들의 예정에 대하여 우리가 어떻게 생각할 수 있는가라고 하는 질문이 당연히 일어나게 된다. 어떤 이들에 의하면, 그것은 단순히 하나님이 일반적으로 거룩하게 남아 있었던 천사들을 지복의 상태로 확정되도록 결정하셨으며, 반면에 다른 천사들은 상실되도록 결정하셨다는 사실을 의미한다. 하지만 이것은 예정의 성경적 개념과 전혀 조화되지 않는다. 그것은 오히려 하나님께서 그 자신에게 충분한 이유들로 인하여 창조에 의해 부여되었고 거룩성을 유지하기에 충분한 능력을 포함하고 있는 바 은혜에 첨가하여 견인의 특별한 은혜를 어떤 천사들에게는 부여하시고 다른 천사들에게는 이 은혜를 철회하시기로 작정하셨다는 것을 의미한다.

인간들의 예정과 천사들의 예정 사이에는 차이점이 있다. ① 인간들의 예정이 타락 후 선택설(infralapsarian)로 간주될 수 있는 반면에, 천사들의 예정은 타락 전 선택설(supralapsarian)로만 이해될 수 있다. 하나님은 타락한 다수의 천사들로부터 일정수를 선택하지 않으셨다. ② 천사들은 중보자이신 그리스도 안에서 선택되거나 예정되지 않았으며, 머리 되신 그리스도 안에서 선택되거나 예정되었다.

(3) **중보자이신 그리스도.** 그리스도는 다음의 의미에서 예정의 대상이셨다. 즉, ① 성부의 성자에 대한 일반적인 사랑과 구별되는 특별한 사랑이 영원으로부터 그에게 쏠려 있다(벧전 1:20; 2:4). ② 중보자로서의 그의 자질에 있어서 그는 하나님의 선하신 기뻐하심의 대상이셨다(벧전 2:4). ③ 중보자로서 성자는, 신자들이 본받을 것인 바 하나님의 특별한 형상으로 입으셨다(롬 8:29). ④ 모든 영광으로 가득 찬 그 나라와 그 나라의 소유에 이르는 방편들을 위하여 이것들이 제정되었다(눅 22:29).

D. 예정의 부분들

예정은 두 부분, 선택과 유기, 즉 그들의 최종적인 운명이나 최종적인 운명의 실현에 도구적인 어떤 근사적 목표들에 대한 선한 자들과 악한 자들의 예정이 포함된다.

1. 선택.

(1) 선택의 성경적인 개념. 성경은 선택을 한 가지 이상의 의미로 언급한다. 즉, ① 특별한 특권들과 직무들을 위한 백성인 이스라엘의 선택(신 4:37; 7:6-8; 10:15; 호 13:5), ② 어떤 직분에 대한, 혹은 어떤 직무 수행을 위한 개인들의 선택(예컨대 모세〈출 3장〉, 제 사장들〈신 18:5〉, 왕들〈삼상 10:24; 시 78:70〉, 선지자들〈렘 1:5〉, 사도들〈요 6:70; 행 9:15〉). ③ 하나 님의 자녀와 영원한 영광의 상속자가 되도록 하기 위한 개인의 선택(마 22:14; 롬 11:5; 고전 1:27, 28; 엡 1:4; 살전 1:4; 벧전 1:2; 벧후 1:10). 마지막 항목이 여기에서 예정의 한 부분 으로 고려되는 선택이다. 그것은 하나님이 그의 주권적인 선하신 기뻐하심 속에서, 또한 인간 들 속에 아무런 예견된 공로가 없으므로 일정수의 인간들을 영원한 구원과 특별 은혜의 수령자들 이 되도록 선택하시는 하나님의 영원하신 행동이라고 정의된다. 좀 더 간략하게 그것은 예 수 그리스도를 통하여 어떤 사람들을 구원하시려는 하나님의 영원하신 목적이라고 언급될 수 있다.

(2) 선택의 특징들. 선택의 특징들은 일반적인 작정의 특징들과 동일하다.

① 선택의 작정은 하나님의 주권적인 의지, 즉 그의 신적인 선하신 기뻐하심의 표현이다. 이것은 무엇보다도 중보자이신 그리스도가 어떤 이들이 주장하듯이 선택의 강제적 원인 혹은 동작적이거나 공로적인 원인이 아니라는 사실을 의미한다. 그는 선택의 실 현의 중보적인 원인과, 신자들이 선택되는 구원의 공로적인 원인으로 불릴 수 있지만, 선택 자체의 동작적이거나 공로적인 원인은 아니다. 이것은 불가능하다. 왜냐하면 그 리스도가 스스로 예정과 선택의 대상이시기 때문이며, 또한 그가 구원의 계획에서 스 스로 중보적인 사역을 감당하셨을 때 이미 그에게 주어진 일정수가 있었기 때문이다. 선택은 논리상 화목의 계획보다 먼저 일어난다. 하나님의 선택적인 사랑은 아들의 파 송보다 앞선다(요 3:16; 롬 5:8; 딤후 1:9; 요일 4:9). 선택의 작정이 신적인 선하신 기뻐하심 에서 기원한다고 말함으로써, 예견된 신앙이나 선행과 같이 인간 속에 있는 어떤 것에 의하여 선택이 결정된다는 개념이 또한 배제된다(롬 9:11; 딤후 1:9).

② 선택의 작정은 불변적이며, 따라서 선택자의 구원을 확실하게 한다. 하나님은 자신 의 능력에 의하여, 즉 자신이 예수 그리스도 안에서 성취하시는 구원 사역에 의하여 선택의 작정을 실현하신다. 어떤 개인들이 끝까지 믿고 견인하는 것이 하나님의 목적 인데, 그는 그리스도의 객관적인 사역과 성령의 주관적인 활동에 의하여 이러한 결과 를 보증하신다(롬 8:29, 30; 11:29; 딤후 2:19). "하나님의 견고한 터는 섰으니 인침이 있어 일렀으되 주께서 자기 백성을 아신다." 또한 그 자체로 모든 신자들에 대한 풍성한 위

로의 근원이다. 그들의 최종적인 구원은 그들의 불확실한 순종에 의존하지 않으며, 하나님의 불변하시는 목적 속에서 보증을 받고 있다.

③ 선택의 작정은 영원하며, 즉 영원으로부터 있다.   이 신적인 선택은 그것이 이생에서의 하나님의 특별한 은혜의 향유를 위한 것이든지, 혹은 특별한 특권들과 책임 있는 직무들을 위한 것이든지, 혹은 이후의 영광의 상속에 대해서든지 간에, 일시(현세)적인 선택과 동일시되어서는 안 되며, 영원한 것으로 간주되어야 한다(롬 8:29, 30; 엡 1:4, 5).

④ 선택의 작정은 무조건적이다.   선택은 알미니우스주의자들이 가르치듯이 결코 예견된 신앙이나 인간의 선행에 의존하지 않으며, 신앙과 선행의 창시자이신 하나님의 주권적 선하신 기뻐하심에 전적으로 의존한다(롬 9:11; 행 13:48; 딤후 1:9; 벧전 1:2). 모든 사람들이 죄인이며 하나님의 복들을 상실하였기 때문에, 인간들에게는 그러한 구별을 위한 아무런 기초도 존재하지 않으며, 뿐만 아니라 신자들의 신앙이나 선행조차도 하나님의 은혜의 열매이기 때문에 (엡 2:8, 10; 딤후 2:21), 하나님에 의하여 예견된 이것들마저도 그러한 기초를 제공할 수가 없다.

⑤ 선택의 작정은 불가항력적이다.   이것은 인간이 어느 정도 그것의 실행을 반대할 수 없다는 것을 의미하지는 않으며, 그의 반대가 효과가 없다는 것을 의미한다. 그것은 하나님이 그의 작정의 실행에 있어서 인간의 의지를 인간의 자유 행위와 일치하지 않는 방식으로 억누르신다는 것을 의미하지도 않는다. 하지만 그것은 하나님이 인간의 영혼을 감화하거나 할 수 있어서 사람으로 하여금 이것을 의도하도록 하신다는 것을 의미한다(시 110:3; 빌 2:13).

⑥ 선택의 작정은 불의한 것으로 비난될 수 없다.   하나님이 어떤 이들에게는 은혜를 베푸시고 다른 이들은 그대로 지나치신다는 사실이 하나님께서 불의하다고 하는 비난을 정당화시키지는 않는다. 우리는 한편이 다른 한편에 대해서 주장할 권리가 있을 때에만 불의를 말할 수 있다. 만약 하나님이 죄의 용서와 영생을 모든 사람에게 빚지고 있다면, 하나님께서 단지 그들 중 제한된 사람들만을 구원하셨다는 사실은 불의한 일이 될 수 있을 것이다. 그러나 죄인은 절대로 신적인 선택으로부터 흘러 나오는 복들을 요구할 아무런 권리나 주장도 없다. 사실상 그는 이러한 복들을 상실했다. 우리는 하나님이 어떤 이들은 선택하시고 다른 이들은 지나치시는 데 대해 하나님이 설명하시도록 요청할 만한 아무런 권리도 없을 뿐만 아니라, 그가 어떤 사람은 구원하지 않으셨다 하더라도 그가 완전히 의로우시다는 점을 인정해야 한다(마 20:14, 15; 롬 9:14, 15).

(3) 선택의 목적.   이 영원한 선택의 목적은 이중적이다.

① 가장 가까운 목적은 선택자의 구원이다. 인간이 구원으로 선택된다는 사실을 분명히 하나님의 말씀에서 가르치고 있다(롬 11:7-11; 살후 2:13).

② 최종적인 목적은 하나님의 영광이다. 심지어 인간들의 구원조차도 여기에 종속된다. 하나님의 영광이 선택하시는 은혜의 최고 목적이라는 사실이 엡 1:6, 12, 14에서 매우 강조되었다. 오늘날 사회 복음은 인간이 섬김을 위하여 선택되었다는 사실을 강조하기를 좋아한다. 이것이 구원과 하나님의 영광을 위한 인간의 선택을 부인하기 위하여 의도된 것이라면, 그것은 명백하게 성경에 위배된다. 그러나 선택자들이 섬김 혹은 선행을 위하여 예정되었다는 생각 그 자체로만 놓고 보면 전적으로 성경적이지만(엡 2:10; 딤후 2:21), 이 목적은 이미 지적된 목적들에 대하여 보조적인 것이다.

2. 유기(reprobation).

우리의 신앙고백의 표준들은 유기도 언급한다. 아우구스티누스는 선택론과 마찬가지로 유기론을 가르쳤지만, 이 '난해한 교리'는 상당한 반대에 부딪혔다. 로마 가톨릭과 루터파의 대다수, 알미니우스주의자들과 감리교인들은 일반적으로 이 교리를 절대적인 형식에 있어서 거절했다. 만약에 그들이 여전히 유기에 대하여 말하고 있다면, 그것은 단지 예지에 기초한 유기일 뿐이다. 칼빈이 이 교리의 중요성을 깊이 인식하였다는 사실은 그가 유기론을 '두려운 작정'(decretum horribile)으로 언급하고 있는 사실로 보아 아주 분명하다. 그런데도 그는 자기가 중요한 성경적인 진리로 간주하였던 것을 스스로 부정할 마음은 없었다. 오늘날 개혁주의자라고 주장하는 어떤 학자들이 이 교리를 피하고 있다. 바르트는 그리스도 안에서의 하나님의 계시에 대한 인간의 거부에 의거하고 있는 유기를 가르친다. 브루너는 바르트보다는 더 성경적인 개념을 가진 것으로 보이지만, 유기론을 완전히 거부했다. 그는 유기론이 논리상 선택론으로부터 추론된다는 것을 인정하지만, 이 경우에 유기론을 성경에서 가르친 바가 없다 하여 인간 논리의 지도에 대하여 경고하고 있다.

(1) 유기론의 진술. 유기는 하나님이 그의 특별한 은혜의 작용으로 어떤 사람들을 지나가시고, 그들을 자기들의 죄에 대하여 벌하심으로 그의 공의를 드러내시기로 작정하시는 하나님의 영원하신 작정으로 정의된다. 다음의 요점들은 특별히 강조할 만한 가치가 있다.

① 유기는 두 가지 요소를 포함한다. 개혁파 신학의 가장 일반적인 표현에 따르면, 유기의 작정은 두 요소, 즉 간과(preterition, 어떤 사람들을 지나가시는 결정)와 정죄(condemnation: 지나간 사람들을 그들의 죄에 대해 처벌하시는 결정, 종종 precondemnation〈선고〉으

로 불림)를 함의한다. 이는 이중적인 목적을 구체화한다. (a) 중생시키며 구원하는 은혜를 베푸심에 있어서 어떤 이들을 지나가시는 것과, (b) 그들을 자기들의 죄에 대하여 치욕과 하나님의 분노에 해당하게 하는 것이다. 벨기에 신앙고백은 전자만을 언급하지만, 도르트 신조는 후자도 똑같이 잘 언급하고 있다. 어떤 개혁파 신학자들은 유기의 작정에서 두 번째 요소를 빼려고 한다. 댑니는 악인의 정죄를 그들의 간과의 예견되고 의도된 결과로 간주하기를 더 선호하며, 이렇게 함으로써 유기에서 그 적극적인 성격을 없애 버렸다. 딕은 정죄하려는 작정은 유기의 작정의 일부가 아닌 하나의 독립된 작정으로 간주되어야 한다는 견해를 가지고 있다. 그러나 유기의 작정으로부터 두 번째 요소를 배제하거나 그것을 다른 작정으로 간주하는 것은 타당성이 없는 것으로 보인다. 유기의 적극적 측면이 성경에서 선택의 반대로 명백히 가르쳐지고 있기 때문에, 그것을 순전히 소극적인 어떤 것으로 간주할 수 없다(롬 9:21, 22; 유 4).

하지만 유기의 작정의 두 요소들 사이의 몇 가지 구분점들에 주목해야 한다. (a) 간과는 하나님의 주권적인 행동, 즉 인간의 과실이 고려되지 않는 바 하나님의 단순한 선하신 기뻐하심의 행동인 반면, 선고(precondemnation)는 죄를 벌하시는 법적인 행동이다. 타락 전 선택론자들(Supralapsarians)조차도 정죄에서 죄가 고려된다는 점을 기꺼이 인정한다. (b) 간과의 이유는 인간이 알지 못한다. 모든 인간이 죄인이기 때문에, 간과가 죄일 수 없다. 우리는 하나님이 자신에게 충분히 선하고 지혜로운 이유들로 인하여 어떤 이들을 지나가신다고 말할 수 있을 뿐이다. 반면에 정죄의 이유는 알려져 있는데, 그것은 죄다. (c) 간과는 순전히 수동적이며, 즉 인간에 대한 어떤 행동이 없이 단순히 지나가시는 것이지만, 정죄는 효과적이며 적극적이다. 간과된 사람들은 그들의 죄로 인하여 정죄된다.

② 그러나 우리는, 선택과 유기가 둘 다 절대적으로 확실하게 인간이 예정되는 목적과 그 목적이 실현되는 방편들을 결정하는 것과 같이, 그것들 역시 선택의 경우뿐만 아니라 유기의 경우에서도 하나님이 자신의 직접적인 능력에 의하여 그가 무엇을 작정하셨든지 간에 다 일으키신다는 생각을 경계해야 한다. 이것은 하나님이 선택자의 중생과 소명, 신앙, 칭의, 성화의 조성자이시니 그들에게 직접 작용하여 그들의 선택을 실현하는 것으로 말할 수 있는 반면, 그가 또한 유기자들에게 직접 작용하여 유기자의 타락과 불의한 상태들, 죄악된 행동들에 대한 책임있는 조성자시니 그들의 유기를 실현시킨다고는 말할 수 없다는 사실을 의미한다. 하나님의 작정은 의심할 바 없이 세상으로의 죄의 개입을 확실하게 하였으나, 그가 어떤 사람들을 거룩함으로 예정하

시는 것과 같이 다른 사람들을 죄로 예정하지는 않으셨다. 또한 거룩하신 하나님으로서 그는 죄의 조성자가 되실 수 없다. 칼빈이 그의 「기독교 강요」에서 이 점에 대하여 취한 입장은 「예정에 관한 칼빈의 논문들」(Calvin's Articles on Predestination)에 있는 다음의 몇 구절에 분명히 나타나 있다.

"비록 하나님의 의지가 만물의 지고하며 제일되는 원인이고, 하나님이 사탄과 모든 불경건한 자들을 그의 의지에 복종하게 하신다 하더라도, 하나님은 죄의 원인이나 죄의 조성자라고 불릴 수 없으며, 또한 어떤 비난도 받으실 수 없다."

"사탄과 유기자들이 하나님의 비밀스런 결정들을 실행하는 하나님의 종들이며 도구들이라 할지라도 하나님은 불가해한 방법으로 그들의 악에 오염됨이 없이 그들 안에서와 그들을 통하여 역사하신다. 왜냐하면 그들의 악은, 비록 그 방식이 종종 우리에게 가려져 있다할지라도, 선한 목적을 위하여 정당하고 의로운 방식으로 사용되기 때문이다."

"모든 일들이 하나님의 뜻과 명령에 의하여 일어난다고 할지라도, 하나님이 죄의 조성자라고 말하는 자들은 무지의 중상으로 행하는 것이다. 왜냐하면 그들은 인간의 타락과 하나님의 숨겨진 정명(定命, appointments)을 구별하지 못하기 때문이다."

③ 하나님께서 어떤 사람들을 간과하시기로 결정하셨던 것은 하나님의 보통 은혜에 대한 것이 아니라, 그의 특별 은혜 곧 죄인을 성도로 변화시키는 중생의 은혜에 대한 것이었음을 유의해야 한다. 이생에서 유기자들이 하나님의 은혜를 전혀 받지 못하고 있다고 생각하는 것은 잘못이다. 하나님은 선택의 목적에 의하여 그의 자연적인 은사들의 분배를 제한하시지 않는다. 그는 선택과 유기에 의해 이러한 은사들의 양이 결정되도록 허용하지 않으신다. 유기자들은 종종 선택자들보다도 자연적인 삶의 복들을 더 크게 향유한다. 후자와 전자를 효과적으로 구분하는 것은 그들이 하나님의 중생시키시고 구원하시는 은혜의 수령자들이 되었다는 사실이다.

(2) **유기론의 증거.** 유기론은 상황의 논리로부터 자연스럽게 추론된다. 선택의 작정은 필연적으로 유기의 작정을 함축한다. 만약 무한한 지식을 소유하신 전지하신 하나님이 영원히 어떤 사람들을 구원하기로 의도하셨다면, 그는 사실상 또한 다른 사람들을 구원하지 않기로 의도하셨다. 만약 하나님이 어떤 이들을 선택하셨다면, 그는 바로 그 사실(ipso facto)에 의하여 다른 사람들을 거절하셨다. 브루너는 성경이 거절로의 신적 예정을 한 마디도 가르치지 않았다 하여 이러한 논의에 대하여 경고했다. 그러나 우리에게 성경은 문제의 논리를 반박하지 않고 정당화하는 것으로 보인다. 성경은 주로 구원의 계시이기 때문에 그것은 자연히 선택만큼 유기에 대해서 말하지는 않는다.

하지만 성경이 말하고 있는 바는 매우 충분하다(참고. 마 11:25, 26; 롬 9:13, 17, 18, 21, 22; 11:7; 유 4; 벧전 2:8).

E. 타락 전 선택설(Supralapsarianism)과 타락 후 선택설(Infralapsarianism)

예정론은 항상 같은 형식으로 제시되지는 않았다. 특별히 종교개혁 시대 이후로 알미니우스와의 논쟁 기간 중에, 타락 후 선택설과 타락 전 선택설로 명명되었던 두 가지의 다른 예정 개념이 나타났다. 이미 존재하고 있었던 차이점들은 그 당시의 신학적인 논쟁들의 결과로 인해 좀 더 강하게 규정되고 강하게 강조되었다. 데이크(Dijk) 박사에 따르면, 고려되는 두 가지의 견해들은 그들의 원래 형태에 있어서, 단순히 인간의 타락도 역시 신적인 작정 속에 포함되어 있었는지에 관한 문제에 관련된 차이점이었다. 인간의 타락을 가져왔던 인간의 첫범죄가 예정되어 있었는가? 그렇지 않으면 이것은 단순한 신적 예지의 대상이었는가? 그들의 원래 형식에 있어서 타락 전 선택설은 전자를 주장하였고, 타락 후 선택설은 후자를 주장했다. 이러한 의미에서 본다면 칼빈은 분명히 타락 전 선택론자였다.

두 설의 차이점에 대한 후대의 발전은 제네바의 칼빈의 계승자였던 베자(Beza)에게서 시작되었다. 그 발전 속에서 원래의 논쟁점은 차츰 뒤로 물러나고 다른 차이점들이 부각되었는데, 그것들 중의 어떤 것은 단순한 강조의 차이점들로 밝혀졌다.

리벳(Rivet), 월레우스(Walaeus), 마스트리히트(Mastricht), 투레틴(Turretin), 아 마르크(a Mark), 드 무어(de Moor)와 같은 후대의 타락 후 선택론자들은 모두 인간의 타락이 작정 속에 포함되어 있었다는 사실에 동의하며, 베자와 고마루스(Gomarus), 피터 마터(Peter Martyr), 잔키우스(Zanchius), 우르시누스(Ursinus), 퍼킨스(Perkins), 트위서(Twisse), 트리글란드(Trigland), 부티우스(Voetius), 부르만누스(Burmannus), 비치우스(Witsius), 컴리(Comrie)와 같은 후대의 타락 전 선택론자들 가운데 적어도 어떤 이들은 유기의 작정에서 하나님이 어떤 모양으로든지 죄를 고려하셨다는 사실에 기꺼이 동의한다. 이제 좀 더 발전된 형식의 타락 전 선택설과 타락 후 선택설에 관해 살펴보도록 하자.

1. 정확한 논쟁점. 둘 사이의 정확한 논쟁점을 바르게 파악하는 것이 반드시 필요하다.

(1) 소극적으로는, 그 차이점이 다음에서는 발견되지 않는다.

① 신적인 작정들의 시간적인 순서에 관한 상이한 견해들에서.   하나님의 작정이 하나

이며 그 전 부분에서 똑같이 영원하기 때문에, 어떤 시간적인 연속성의 원인을 작정이 포함하는 다양한 요소들로 돌리는 것은 불가능하다는 사실이 널리 인정된다.

② 인간의 타락이 작정되었는지, 아니면 단순히 신적 예지의 대상인지에 관한 어떤 본질적인 차이에서. 데이크 박사가 말하듯이, 이것은 원래의 차이점일 수 있으나, 타락이 작정되지 않고 하나님에 의하여 예지되었다고 주장하는 사람들은 이제 개혁파 신학 노선보다는 알미니우스주의자의 노선을 따르고 있다고 할 것이다. 타락 전 선택설과 타락 후 선택설은 둘 다, 타락이 신적 작정에 포함되어 있으며 간과가 하나님의 주권적인 행동이라는 사실을 인정한다.

③ 죄에 관련된 작정이 허용적인가의 문제에 관한 어떤 본질적인 차이에서. 수식하는 형용사에 대해 약간의 강조점이 다르다. 타락 전 선택론자들은 (거의 예외 없이) 죄에 관한 작정이 허용적이라는 사실을 기꺼이 인정하지만, 그것이 죄가 세상에 들어온 것을 확실하게 한다는 사실을 재빨리 덧붙인다. 또한 타락 후 선택론자들은 (거의 예외 없이) 죄가 하나님의 작정에 포함되어 있음을 인정하나, 작정이 죄에 관계되는 한, 그것이 적극적이기보다는 허용적이라는 사실을 서둘러 덧붙인다. 전자는 가끔 죄에 관한 작정에서의 적극적 요소를 지나치게 강조함으로써, 그들이 하나님을 죄의 조성자로 만들었다는 비난을 자초한다. 후자는 때때로 작정의 허용적인 성격을 지나치게 강조함으로써 작정을 단순한 허용으로 축소하여, 스스로 알미니우스주의라는 비난을 자초한다. 하지만 대체로 타락 전 선택론자들은 하나님을 죄의 조성자로 만드는 모든 작정에 관한 해석을 강하게 거절하며, 타락 후 선택론자들은 죄에 관련된 하나님의 허용적인 작정이 죄를 분명히 미래적으로 만들고 있음을 분명하고 주의 깊게 지적한다.

④ 유기의 작정이 죄를 고려하는가의 문제에 관한 어떤 본질적인 차이에서. 때때로 하나님은 사람들의 죄를 고려하지 않고 단순히 그의 주권적인 의지의 행동으로 그들을 영원한 파멸로 운명지으신 것처럼 묘사되며, 마치 폭군과 같이 하나님이 순전히 자신의 영광스러운 덕성들을 나타내시기 위해서 그의 이성적 피조물들 가운데서 많은 수를 파멸시키기로 작정하신 것처럼 묘사된다. 하지만 타락 전 선택론자들은 폭군적인 하나님 개념을 혐오하며, 적어도 그들 중 어떤 이들은 간과가 하나님의 주권적인 의지의 행동이기는 하나, 유기의 이차적인 요소, 즉 정죄는 공의의 행동이며, 분명히 죄를 고려하고 있다는 사실을 명백히 주장한다. 이는 논리적으로, 창조와 타락을 허용하는 작정보다 간과가 선행하고, 정죄는 이에 뒤따른다는 전제에서 출발한다. 이러한 입장의 논리는 의문시될 수 있지만, 그 사실은 적어도 그것을 주장하는 타락 전 선택론자들

이 하나님이 유기의 작정에서 죄를 고려하고 있다는 것을 가르치고 있음을 보여준다.

(2) 적극적으로는, 차이가 다음에 관한 것이다.

① 예정의 범위. 타락 전 선택론자들은 예정의 작정 속에, 창조하고 타락을 허용하는 작정을 포함시키지만, 타락 후 선택론자들은 그것을 하나님의 일반적인 작정에 속한 것으로 보며, 예정의 특별한 작정에서 제외시킨다. 전자에 따르면, 인간은 예정의 작정에서, 창조되고 타락된 자가 아니라 창조되고 타락될 자로 나타난다. 그러나 후자에 따르면, 그는 예정의 작정에서 이미 창조되고 타락된 자로 나타난다.

② 작정들의 논리적인 순서. 문제는, 창조하고 타락을 허용하는 작정들이 구속의 작정에 대한 수단들인가에 관한 것이다. 타락 전 선택론자들은 이성적인 정신이 계획을 할 때 목적에서 수단으로 역행하여 움직이므로 계획에서는 처음인 것이 성취에서는 마지막이라는 가정에서 논리를 전개한다. 이렇게 해서 그들은 다음의 순서를 결정한다. (a) 어떤 이성적인 피조물들의 구원과, 하나님의 마음속에 단지 가능성으로서만 존재하는 여타의 이성적 피조물들의 멸망에서 자신을 영화롭게 하려는 하나님의 작정, 특히 그의 은혜와 공의를 찬미하게 하려는 하나님의 작정. (b) 이렇게 해서 선택되고 유기된 사람들을 창조하려는 작정. (c) 그들의 타락을 허용하려는 작정. (d) 선택자를 의롭다 하고 비선택자를 정죄하려는 작정.

반면에 타락 후 선택론자들은 좀 더 역사적인 순서를 제안한다. (a) 인간을 거룩하고 복되게 창조하려는 작정. (b) 인간의 자기 의지의 자기 결정에 의하여 인간의 타락을 허용하려는 작정. (c) 이 범죄한 무리로부터 일정수를 구원하려는 작정. (d) 나머지를 그들의 죄에 대한 그들의 결정에 내버려 두며, 그들을 그들의 죄에 해당하는 공의로운 형벌에 처하시려는 작정.

③ 예정의 인격적 요소를, 창조하고 죄를 허용하려는 작정들에까지 확대하는 것. 타락 전 선택론자들에 따르면, 하나님은 창조하고 죄를 허용하려는 작정에서조차도 선택자들을 개인적으로 주목하시기 때문에, 그들에게는 하나님의 사랑받는 자들로서 그와의 특별한 관계를 떠나 있는 순간이 한순간도 없다. 반면 타락 후 선택론자들은 이러한 인격적인 요소가 창조하고 타락을 허용하려는 작정 이후에야 작정에서 나타난다고 주장한다. 이러한 작정들 자체에서 선택자들은 전체 인간들 속에 포함되어 있을 뿐, 하나님의 사랑의 특별한 대상들로서는 나타나지 않는다.

2. 타락 전 선택설의 입장.

(1) 지지하는 논증들.

① 이것은 하나님의 절대적 주권, 좀 더 특별하게는 죄에 관계된 하나님의 주권성을 강조하는 성경의 모든 구절들에 호소한다(시 115:3; 잠 16:4; 사 10:15; 45:9; 렘 18:6; 마 11:25, 26; 20:15; 롬 9:17, 19-21). 특별히 토기장이의 비유에 강조점이 주어지는데, 이것은 이 구절들 가운데 한 군데 이상에서 나타난다. 이 비유는 하나님의 일반적인 주권성을 강조할 뿐만 아니라, 좀 더 특별히 창조시에 질그릇들의 성질을 결정하시는 그의 주권성을 강조하고 있다고 한다. 이것은 롬 9장에서 바울이 창조 이전의 입장, 즉 (a) 토기장이의 일이 종종 성경에서 창조의 비유로 사용되고 있는 사실에 의하여, 또한 (b) 토기장이가 어떤 용도에 필요한 각 질그릇을 결정하고 그것들에 맞는 성격을 부여하는데, 이로 인해 질그릇이, 물을 권리가 전혀 없지만, 왜 당신이 저를 이렇게 만드셨습니까라고 묻게 된다는 사실에 의하여 지지받는 사상에 근거하여 말하는 것을 의미한다.

② 성경의 어떤 구절들이 자연이나 창조의 일반적인 사역이 잘 정돈되어서 구속 사역의 예증들을 이미 포함하고 있다는 사실을 암시하고 있음을 주목해야 한다. 예수님은 종종 영적인 일들의 설명을 위한 예시들을 자연으로부터 이끌어 내셨는데, 우리는 마 13:35에서 이것이 선지자들이 말한 바, "내가 창세부터 감추인 것들을 드러내리라"(비교. 시 78:2)고 한 예언의 성취였음을 알 수 있는 것이다. 이 말씀은, 그것들이 자연 속에 감추어져 있었으나, 예수님의 비유적인 가르침 속에서 밝혀졌다는 것을 의미하기 위해 인용되었다. 엡 3:9도 또한 세상의 창조에서 하나님의 계획이, 신약에서 구속 사역으로 나타날 그의 지혜의 나타남으로 지향되었다는 개념의 표현으로 간주된다. 하지만 이러한 구절에 의존하는 것은 적어도 매우 의심스러운 것으로 보인다.

③ 타락 전 선택론자들에 의하여 용인되는 작정들의 순서는 둘 중에서 더욱 이상적이고 논리적이며 통일된 것으로서 간주된다. 그것은 궁극적인 목적과 중간적인 방편들 사이에 존재하는 합리적인 순서를 명확하게 보여준다. 따라서 타락 전 선택론자들은 타락 후 선택론자들이 할 수 없는 답변, 즉 왜 하나님이 세상을 창조하시고 타락을 허용하시도록 작정하셨는가의 문제에 대하여 구체적인 답변을 할 수 있다. 그들은 하나님의 주권을 충분히 공정하게 다루고, 하나님을 인간의 안목에서 정당화하려는 모든 헛된 시도들을 삼갔던 반면, 타락 후 선택론자들은 주저하면서도 하나님의 행동(procedure)의 공정함을 입증하려고 시도했으나, 궁극적으로는 타락 전 선택론자들과 같은 결론, 즉 최종적으로 볼 때 타락을 허용하려는 작정은 단지 하나님의 주권적인

선하신 기뻐하심에서만 설명된다는 결론에 이르지 않을 수 없다.

④ 천사들의 예정에 관한 유추는 타락 전 선택설의 입장을 지지하는 것으로 보이는데, 이는 그것이 타락 전 선택설로써만 인식될 수 있기 때문이다. 하나님은 자신에게 충분하신 이유들로 인하여 어떤 천사들에게는 견인의 은혜를 허용하시고, 다른 천사들에게는 이것을 거두시기로 작정하셨으며, 또한 이것을 의롭게 영광의 상태에서 전자의 확정과 후자의 영원한 멸망과 연결하시기로 작정하셨다. 따라서 이것은 천사들의 타락에 관한 작정이 그들의 예정의 한 부분을 형성하고 있음을 의미한다. 또한 그 예정을 달리 생각하는 것은 불가능한 것으로 보인다.

(2) 반대 논증들.

① 타락 전 선택설은 죄의 문제를 해결하는 것 같으나, 죄 문제를 해결하지 못한다. 이 입장이 하나님께서 자신의 직접적인 효율성에 의하여 죄가 세상으로 들어오도록 작정하셨다고 감히 말한다면 이것을 해결할 수 있을 것이다. 어떤 타락 전 선택론자들은 실제로 작정들을 죄의 효과적인 원인으로 나타내지만, 이러한 사실이 하나님이 죄의 조성자가 되는 식으로는 해석되기를 원치 않는다. 그들 대부분은 하나님이 죄를 허용하기로 의도하셨다는 진술을 넘어서는 나아가려고 하지 않는다. 그런데 이것은 타락 후 선택론자들과는 달리 타락 전 선택론자들에 대해서는 아무런 반론도 되지 못한다. 왜냐하면 그들 중 아무도 이 문제를 해결하지 못하기 때문이다. 유일한 차이점은, 타락 전 선택론자가 타락 후 선택론자보다도 이 문제에 관하여 더 자부심을 갖고 있다는 것뿐이다.

② 이 견해에 의하면, 인간은 신적인 작정에서 우선 '창조되고 타락될 자'(*creabilis et labilis*)로 나타나고 있다. 작정의 대상들은 무엇보다도 단순한 가능성들, 즉 비존재적 실체들로 간주되는 인간들이다. 하지만 그러한 작정은 필연적으로 잠정적인 성격만을 가지므로 다른 작정들이 곧 뒤따라야 한다. 이러한 가능한 사람들의 선택과 유기 이후에, 그들을 창조하고 타락을 허용하려는 작정이 뒤따르며, 이것은 창조와 타락이 이제 명확히 결정된 이러한 사람들에 관한 또다른 작정, 즉 이제 신적인 목적 속에서 진정한 사람들로 나타나는 어떤 사람들을 선택하시고 나머지 사람들은 유기하시려는 작정을 동반하게 됨이 분명하다. 타락 전 선택론자들은 이것이 결코 극복할 수 없는 반대 의견은 아니라고 주장하는데, 그것은 그들의 입장에서 인간들의 실제적인 존재가 그들이 선택되고 유기될 때까지는 아직 결정되지 않은 것이 사실인 동안에도 그들이 신적인 생각 속에서 존재하기 때문이다.

③ 타락 전 선택설은 유기자의 영원한 형벌을, 선택자의 영원한 구원과 동일한 의미와 양식에서 신적인 의지의 대상으로 삼으며, 또한 영원한 파멸로 인도하는 죄를, 그리스도 안에서의 구속이 구원으로 이르는 수단이 되는 동일한 양식과 의미에서 이러한 영원한 파멸에 이르는 수단으로 삼는 것으로 언급된다. 이것이 일관적으로 실행된다면, 하나님께서는 죄의 조성자가 될 것이다. 그러나 대개 타락 전 선택론자는 작정을 그런 식으로 나타내지 않으며, 또한 작정이 하나님을 죄의 조성자로 만들도록 해석되어서는 안 된다고 분명히 주장하고 있음을 주목해야 할 것이다. 그는 예수 그리스도 안에서의 하나님의 은혜로의 예정에 관하여 말하려는 것이지, 죄로의 예정에 관해 말하려는 것이 아니다.

④ 또한, 타락 전 선택설이 유기의 작정을 선택의 작정과 같이 아주 절대적인 것으로 만든다는 주장은 반대되어야 한다. 환언하면, 그것은 유기를 순전히 하나님의 주권적 선하신 기뻐하심의 행동으로 간주하며, 인과응보의 행동으로 간주하지 않는다. 그것의 묘사에 의하면, 죄는 유기의 작정에서 고려되지 않는다. 그러나 그것이 어떤 타락 전 선택론자들에게는 사실이라 하더라도, 이것은 거의 옳지 않다. 하지만 일반적으로 그들이 간과를 하나님의 주권적 선하신 기뻐하심의 행동으로 간주하는 반면, 그들은 대개 정죄를 죄를 고려하는 신적인 고의의 행동으로 간주한다고 할 수 있다. 또한 타락 후 선택론자 자신도 유기가 인간의 죄에 수반되는 순수하고 단순한 공의의 행동이라는 개념을 주장할 수 없다. 결국 그가 만약 알미니우스의 입장을 피하기를 원한다면, 그는 유기가 하나님의 주권적인 선하신 기뻐하심의 행동이라고 선언해야 한다.

⑤ 마지막으로, 타락 전 선택론자의 체계에 기초하여 은혜와 중보자의 언약에 대한 훌륭한 교리를 해석하는 일은 불가능하다고 말한다. 언약과 언약의 중보자는 둘다 타락 후 선택론으로 생각될 수 있을 뿐이다. 이것은 일부 타락 전 선택론자들이 솔직히 인정하는 바다. 논리적으로 중보자는 죄의 개입 이후에야 비로소 신적인 작정에서 나타나며, 이것은 은혜 언약이 해석될 수 있는 유일한 관점이다. 이것은 물론 말씀의 사역에 중요한 관계가 있을 것이다.

3. 타락 후 선택설의 입장.
(1) 지지하는 견해들.
① 타락 후 선택론자들은, 선택의 대상들이 죄의 상태 가운데 있고, 그리스도와의 긴밀한 연합 가운데 있으며, 또한 하나님의 자비와 은혜의 대상들로서 나타나고 있는

성경의 구절들에 좀 더 특별히 의존한다(마 11:25, 26; 요 15:19; 롬 8:28, 30; 9:15, 16; 엡 1:4-12; 딤후 1:9). 이 구절들은 하나님의 생각 속에서 인간의 타락이 어떤 이들의 구원으로의 선택보다 앞서 갔다는 것을 암시하는 것처럼 보인다.

② 그것은 또한 그 견해의 표현 속에서, 신적인 작정들의 순서가 타락 전 선택론자들에 의하여 제안된 것보다 덜 철학적이며 좀 더 자연적이라는 사실을 주목하게 한다. 그것은 작정들의 실행에서의 역사적 순서와 조화를 이루는데, 그 순서는 하나님의 영원하신 경륜 속에서의 순서를 반영하는 것으로 보인다. 실행에서와 마찬가지로 작정에서도 인과적인 순서가 존재한다. 이 순서를 지키는 것은, 그것이 성경에서 계시된 역사적 순서를 반영하며, 하나님의 죄에 대한 관계의 문제를 해결할 수 있는 양 하지 않으므로 좀 더 온건한 것이다. 이 순서는 그 내용의 진술상 덜 불쾌하며, 실제적인 삶의 요구들과 더 조화를 이루는 것으로 간주된다.

③ 타락 전 선택론자들이 그들의 작정의 교리 구성이 두 가지 가운데서 더 논리적이라고 주장하는 반면, 타락 후 선택론자들도 그들의 입장에 대하여 동일한 주장을 한다. 댑니는 "훨씬 균형잡힌 듯한 타락 전 선택설의 체계가 실제로는 그 둘 가운데서 더 비논리적"이라고 말한다. 타락 전 선택설의 체계는 그것이 선택과 간과의 작정을 비실체들, 즉 하나님의 마음속에서조차도 단순한 가능성으로밖에는 존재하지 않으며, 아직 신적인 작정에서도 존재하지 않아서, 창조된 것으로는 생각되지 않으며 창조될 것으로만 생각되는 사람들에 대하여 언급하게 하는 점에서 비논리적이라고 지적된다. 또한 타락 전 선택설의 구성은 그것이 필연적으로 유기에서의 두 요소들, 즉 간과를 타락 이전에, 정죄를 타락 이후에 놓음으로써 그것들을 분리한다는 점에서 비논리적이라고 언급된다.

④ 끝으로 또한 주목되어야 할 사실은, 개혁 교회들이 그들의 공식적인 표준들에서 그들이 다른 견해를 결코 정죄하지 않고 항상 그것을 관용하였다 하더라도, 언제나 타락 후 선택설의 입장을 채택하였다는 점이다. 도르트 회의와 웨스트민스터 총회의 구성원들 가운데서도 높은 지위를 점하였던(양 회의의 의장들은 모두 타락 전 선택론자였음) 몇몇 타락 전 선택론자들이 있었으나, 도르트 신조나 웨스트민스터 신앙고백은 둘 다 타락 후 선택론적인 견해를 표명했다.

(2) 반대하는 의견들. 다음 사항은 타락 후 선택설에 대하여 야기되었던 가장 중요한 반대 의견들 가운데 몇 가지이다.

① 이 견해는 죄의 문제를 해결하지도 않으며, 그렇게 할 수 있다고 주장하지도 않

는다. 그러나 이것은 타락 전 선택설도 마찬가지며, 두 견해를 비교할 때, 때때로 반대 의견이 제기된다 하더라도 이것은 진정한 반대로서 간주될 수 없다. 하나님과 죄의 관련성의 문제는 두 입장이 모두 다 해결할 수 없는 것으로 입증되었다.

② 타락 후 선택설은 하나님을 죄의 조성자로 비난할 가능성에 대하여 방어하려는 훌륭한 염원에 의하여 시작할 것이나, 이렇게 할 때 항상 과녁을 빗나가게 될 위험이 있으며, 또한 그것의 몇몇 진술에서 이러한 잘못을 범했다. 그들은 하나님이 죄를 의도하셨다는 진술에 반대하며, 그 대신에 하나님이 그것을 허용하셨다고 주장한다. 그러나 그 때에 이 진술의 정확한 의미에 관한 의문이 야기된다. 하나님이 죄가 세상에 들어오는 것을 전혀 막지 않으시고 단순히 인식만 함으로써 타락이 실제로 그의 계획의 좌절이 되었다는 것을 의미하는가? 타락 후 선택론자들이 이 질문에 긍정적으로 답하는 순간에 그는 알미니우스주의자들의 진영에 들어서게 된다. 이러한 입장을 취했던 사람들도 있었으나, 그들 대부분은 그들이 일관성 있게 이 입장을 취할 수 없으며, 다만 신적 작정에서 타락을 설명해야 한다는 것은 느끼고 있다. 그들은 죄에 관한 작정을 허용적인 작정으로 언급하지만, 이 작정이 세상으로의 죄의 개입을 확실하게 하였다는 분명한 이해를 가지고 있다. 또한 왜 하나님이 죄를 허용하시기로 작정하셨으며 또한 그것을 분명히 하셨느냐라고 하는 질문이 제기된다면, 그들은 신적인 선하신 기뻐하심만을 지적할 수 있으며, 이렇게 함으로써 타락 전 선택론자들과 완전히 일치하게 된다.

③ 하나님을 방어하려는 동일한 경향이 또다른 방식으로 나타나서, 똑같은 위험에 하나님을 노출시키고 있다. 타락 후 선택설은 실제로 유기를 하나님의 공의의 행동으로 설명하고 싶어한다. 그것은 명백히 또는 암시적으로 유기가 하나님의 단순한 선하신 기뻐하심의 행동이라는 사실을 부인하려는 경향이 있다. 이것은 실제로 유기론을 조건적인 작정으로 만들고 알미니우스주의의 진영으로 나아간다. 그러나 타락 후 선택론자들은 대개 조건적인 작정을 가르치기를 원치 않으며, 스스로 이 문제에 대하여 방어적으로 표현한다. 그들 중 어떤 이들은 유기를 순전히 신적인 공의의 행동으로 간주하는 것은 잘못이라고 인정한다. 이것 또한 전적으로 옳다. 죄는, 신앙과 선행이 선택의 원인이 아닌 것과 같이, 더 이상 유기의 궁극적인 원인이 아니다. 그것은 모든 사람들이 본질상 죄와 허물로 죽었기 때문이다. 유기의 문제에 직면했을 때, 타락 후 선택론자들도 역시 하나님의 선하신 기뻐하심 속에서만 답변을 찾을 수 있다. 그들의 언어가 타락 전 선택론자들의 언어보다 더 부드럽게 들리지만, 좀 더 오해받기 쉽고, 결국 동일한 사상을 전달하는 것으로 증명된다.

④ 타락 후 선택설의 입장은 신적인 작정의 통일성에 대하여 정당하게 평가하지 않으며, 그것의 상이한 요소들을 너무 지나치게 연결되지 않는 부분들로 나타내고 있다. 우선 하나님이 세상을 그의 이름의 영광을 위하여 창조하기로 작정하셨는데, 그것은 무엇보다도, 그의 이성적 피조물들이 그들의 마음속에 심겨진 신적인 법칙에 따라 살아야 하며, 그들의 창조주를 찬양해야 한다는 것을 그가 결정했다는 사실을 의미한다. 다음으로, 그는 죄가 세상에 들어오는 타락을 허용하기로 작정했다. 이것은 원래의 계획의 좌절이거나, 아니면 적어도 그것의 중요한 수정으로 보이는데, 그것은 하나님이 더 이상 그의 모든 피조물들의 자발적인 복종에 의하여 자신을 영화롭게 하기로 작정하시지 않기 때문이다. 마지막으로, 원래의 계획의 부분적인 실행만을 의미하는 선택과 유기의 작정들이 따라온다.

4. 언급된 것으로부터 보았을 때, 우리는 타락 전 혹은 타락 후 선택설을 절대적인 반대 명제로서 간주할 수 없다고 추론할 수 있게 된다. 그들은 서로 다른 견해들로부터 동일한 신비를 고려하는데, 한 견해는 관념론적 혹은 목적론적인 순서에 주목하고, 다른 견해는 역사적인 작정들의 순서에 주목한다. 그들은 어느 정도 서로 병행하거나 병행해야 한다. 성경은 양자를 모두 지지한다. 선택과 유기와 관련하여, 타락 전 선택설은 하나님의 주권을 강조하는 구절들에서, 타락 후 선택설은 하나님의 자비와 공의를 강조하는 구절들에서 지지된다. 각 견해는 그것이 옹호하는 어떤 것이 있는데, 전자는 하나님을 정당화하려는 대신에 단순히 하나님의 주권적이고 거룩한 선하신 기뻐하심 속에 거하며, 후자는 좀 더 온건하고 부드러워서 실제적인 삶의 요구와 필요들을 고려한다. 양자는 다 필연적으로 일관적이지 않는데, 전자는 그것이 죄를 진행으로 간주할 수 없고 또한 창조의 훼방으로 간주해야 하며 허용적인 작정으로 언급하기 때문이며, 후자도 역시 궁극적으로 그것이 죄를 확실하게 하는 허용적인 작정으로 재분류해야 하기 때문이다.

그러나 그들 각자는 또한 진리의 요소를 강조한다. 타락 전 선택설에서의 진리의 요소는 다음 사항에 대한 강조에서 나타난다. 즉, 하나님의 작정은 통일적이며, 하나님은 하나의 최종적인 목적을 고려하셨으며, 어떤 의미에서는 죄를 의도하셨고, 또 창조의 사역이 하나님의 재창조 사역에 즉각적으로 채택되었다는 점이다. 또한 타락 후 선택설에서의 진리의 요소는, 하나님의 작정들에 어떤 다양성이 존재한다는 점과, 창조와 타락이 단순히 목적에 이르는 수단으로서만 간주될 수 없을 뿐만 아니라 중대한 독립적인 의미를 가지며, 게다가 죄는 진행의 요소로 간주될 수 없고, 오히려 세계 내적인 훼방의 요소로 간주되어야 한다는 점에 있다. 이러한 심오한 주제의 연구와 연결하여 우리는 우리의 이해가 제한적임을, 또한 진리의 파편들만을 붙잡고 있다는 사실을 깨닫게 된다. 우리의 신앙고백 표준들은 타락 후 선택설의 입장을 취하고 있지만, 타락 전 선택설을 정죄하지는 않는다. 이 견해가 반드시 개혁파 신학과 일치되지 않는 것은 아니다. 또한 1908년에 우리 교회(미국 개혁 교회-역자 주)에서 채택된 유트레히트(Utrecht)의 결론들은 타락 전 선택설의 견해를 네덜란드에서의 개혁 교회의 교리로 표현하는 것을 허용하지 않으나, 스스로 그 견해를 소중히 여기는 사람을 괴롭히는 것도 허용하지 않는다고 진술하고 있다.

깊은 연구를 위한 질문

하나님에게 작정에 기초하지 않은 미래의 사건들에 관한 예지가 있을 수 있는가? 하나님의 예지를 그의 작정에 기초시키는 것과는 정반대로, 오히려 하나님의 작정을 그의 예지에 기초시킨 필연적인 결과는 무엇인가? 작정들의 교리는 운명론 및 결정론과는 어떻게 다른가? 예정론은 필연적으로 보편적인 구원의 제안 가능성을 배제하는가? 선택과 유기의 작정들은 똑같이 절대적이고 무조건적인가? 아니면 그렇지 않은가? 그것들은 인간의 행동들이 결과들로서 진행되는 원인들이라는 점에서 동일한가? 예정론이 신적인 주권의 교리와, 혹은 전적 타락의 교리와, 혹은 속죄론과, 혹은 성도의 견인론과 어떻게 연관되는가? 개혁 교회는 죄로의 예정을 가르치는가?

III
창조 개요

작정들에 관한 논의는 자연히 그것들의 실행에 관한 고찰로 넘어가게 되는데, 이 것은 창조의 사역과 함께 시작된다. 창조는 시간적인 순서에서 단순한 첫째일 뿐만 아니라 논리적인 순서에서도 맨 처음의 것이다. 창조는 모든 신적인 계시의 시초이자 기 초이며, 따라서 또한 모든 윤리적이고 종교적인 삶의 기초이다. 창조론은 세계 문제의 철학적 해석으로서 성경에서 산출되지 않으며, 윤리적이고 종교적인 의미에서 인간 과 하나님과의 관계에 대한 계시로서 설명되고 있다. 그것은, 하나님이 만물의 근원이 시며 또한 만물이 그에게 속해 있고, 그에게 종속되어 있다는 사실을 강조한다. 창조 에 관한 지식은 성경으로부터만 기원하여 신앙에 의하여 용인된다(히 11:3). 하지만 로 마 가톨릭 교회는 그것이 자연으로부터도 수집될 수 있다고 주장한다.

A. 창조론의 역사

헬라 철학이 물질의 영원성을 포함하는 이원론(dualism) 속에서 혹은 세계를 하나 님의 외적인 현현으로 삼는 유출의 과정 속에서 세계를 설명하려고 시도하는 반면, 기 독 교회는 아주 시초부터 무로부터(ex nihilo)의 창조론과 하나님의 자유로운 행동으로서 의 창조론을 가르쳤다. 이 교리는 처음부터 전혀 이의 없이 받아들여졌다. 그것은 순 교자 유스티누스(Justin Martyr)와 이레네우스, 테르툴리아누스, 알렉산드리아의 클레 멘트, 오리겐과 여타의 사람들에게서 발견된다. 데오필루스(Theophilus)는 창조의 날들 이 문자적인 날들이라는 사실을 강조하였던 최초의 교부였다. 이것은 또한 이레네우 스와 테르툴리아누스의 견해였던 것 같으며, 교회의 일반적인 견해였던 것 같다. 클레 멘트와 오리겐은 창조를 나누어질 수 없는 한순간(in a single indivisible moment)에 성취되었 던 것으로 생각하였으며, 며칠 동안의 창조 사역의 묘사를 그것들의 가치나 혹은 논 리적인 연계성의 순서에서 사물들의 근원을 묘사하려는 문학적인 고안으로만 간주했다. 오리겐이 가르친 영원한 창조 개념은 일반적으로 거부되었다. 동시에 어떤 교부들은 피조된 세계가 시간 내에서 시작된다 하더라도 하나님은 항상 창조주시라는 개념을 표현했다. 삼위일체 논쟁 기간 중에 어떤 교부들은 성부의 필연적인 행동으로서의 아들의 발생과 구별하여, 세계의 창조가 삼위일체 하나님의 자유로운 행동이라는 사실을 강조했다.

아우구스티누스는 다른 이들보다 창조 사역을 더욱 상세히 다루었다. 그는 창조가 영원히 하나님의 뜻 가운데 있었으며, 따라서 하나님 안에는 아무런 변화도 없었다고 주장했다. 세계는 시간 안에서라기보다는 시간과 더불어 존재하게 되었기 때문에, 창조 이전에는 아무런 시간도 없었다. 하나님이 창조 이전에 많은 세대 동안 무엇을 하셨는가라고 하는 질문은 영원에 대한 오해에 근거하고 있다. 교회는 일반적으로 여전히 세계가 6일의 보통의 날 동안 창조되었다고 주장하였으나, 아우구스티누스는 다소 다른 견해를 제안했다. 그는 무로부터의 창조론을 강하게 변호하였으나, 창조의 두 순간, 즉 무로부터의 물질과 영들의 산출과, 물질 우주의 재조직을 구분했다. 그는 창세기의 날들이 어떤 종류의 날들이었는지를 말한다는 것이 어렵다고 보았지만, 하나님이 시간의 한순간에 만물을 창조하셨으며, 또한 날들에 관한 사고는 단순히 유한적인 지성을 돕기 위하여 소개되었던 것으로 생각하려는 경향이 분명히 있었다.

스콜라 철학자들은 영원한 창조의 가능성에 대해 상당히 많이 논의했는데, 헤일스의 알렉산더와 보나벤투라, 알베르투스 마그누스, 겐트의 헨리(Henry of Ghent)와 같은 이들과 스콜라 철학자들의 대부분은 이를 부인했으나, 토마스 아퀴나스와 둔스 스코투스, 두란두스(Durandus), 비엘(Biel)과 같은 이들과 또다른 사람들은 이를 긍정했다. 그러나 '시간 안에서 혹은 더불어'의 창조론이 결국 승리를 거두었다. 에리게나(Erigena)와 에크하르트는 예외적으로 세계가 유출(emanation)에 의해서 기원되었다고 가르쳤다. 비록 안셀름이 창조의 날들이란 우리의 현재 날들과는 다른 것으로 생각되어야 할 필요가 있다고 제안했지만, 표면적으로 그 날들은 보통의 날들로 간주되었다.

종교개혁자들은 확고히 '시간 안에서나 시간과 더불어'의 하나님의 자유로운 행동에 의한 무(無)로부터의 창조론을 주장하였으며, 창조의 날들을 6일의 문자적인 날들로 간주했다. 이러한 견해는 또한 일반적으로 16, 17세기의 종교개혁 후기 문헌들에서 주장되었는데, 마레시우스(Maresius)와 같은 소수의 신학자들은 때때로 계속적인 창조에 관하여 언급했다. 그러나 18세기에 와서 범신론과 유물론의 지배적인 영향하에서 과학은 교회의 창조론을 공격하기 시작했다. 과학은 신적인 명령에 의한 절대 기원의 개념을 진화 혹은 발전의 사상으로 대체했다. 세계는 종종 절대자의 필연적인 현현으로 묘사되었다. 세계의 기원은 수천 혹은 수백만 년 전의 미지의 과거로 밀려났다. 또한 곧이어 신학자들은 창조론을 과학이나 철학의 가르침과 조화시키려는 다양한 시도에 몰두했다. 어떤 이들은 창세기의 1장을 비유적 혹은 신화적으로 해석할 것을 제안하였고, 다른 이들은 창세기 1:1, 2의 일차적인 창조와 다음 구절의 이차적인 창조 사이에는 상당히 긴 시간이 있었다고 주장하였으며, 또다른 사람들은 창조의 날들이 사실상 오랜 시간의 기간들이 있다고 제안했다.

B. 창조론에 관한 성경의 증거

창조론에 관한 성경적인 증거는 단지 성경의 제한된 부분에서 발견되는 것이 아니라, 하나님의 말씀의 전 부분에서 발견된다. 이 증거는 해석이 의심스러운 여기저기에 흩어져 있는 구절들로 이루어지지 않고, 세계의 창조를 역사적인 사실로 언급하는 상당수의 명쾌하고 분명한 진술들로 이루어진다. 우리는 우선 창세기의 첫 두 장에서 더욱 자세한 창조 설화를 발견하게 되는데, 이것은 물질 우주의 창조가 논의될 때 더 상세히 논의될 수 있을 것이다. 이 장들은 확실히 편견 없는 독자에게는 역사적인 설화로, 그리고 역사적인 사실의 기록으로 나타날 것이다. 또한 더 이상의 다른 의미로 조명되지 않는 많은 전후 참조 구절들이 성경에 산재해 있다. 그것들은 모두 창조를 역사적인 사실로 언급하고 있다. 그것들이 발견되는 다양한 구절들은 다음과 같이 분류될 수 있다.

(1) 창조 사역에서의 하나님의 전능을 강조하는 구절들(사 40:26, 28; 암 4:13), (2) 위대하시고 무한하신 하나님으로서 자연 위에 그의 뛰어나심을 가리키는 구절들(시 90:2; 102:26, 27; 행 17:24), (3) 창조 사역에서의 하나님의 지혜를 언급하는 구절들(사 40:12-14; 렘 10:12-16; 요 1:3), (4) 창조를 하나님의 주권과 목적의 사역으로 언급하는 구절들(사 43:7; 롬 1:25), (5) 창조를 하나님의 기본적인 사역으로 언급하는 구절들(고전 11:9; 골 1:16). 가장 완전하고 아름다운 진술들 중 한 구절을 느 9:6에서 볼 수 있다. "오직 주는 여호와시라 하늘과 하늘들의 하늘과 일월 성신과 땅과 땅 위의 만물과 바다와 그 가운데 모든 것을 지으시고 다 보존하시오니 모든 천군이 주께 경배하나이다." 이 구절은 여호와가 우주의 창조주라고 강조하는 성경의 다른, 덜 광범위한 구절들의 한 전형이다(사 42:5; 45:18; 골 1:16; 계 4:11; 10:6).

C. 창조의 개념

세계의 창조에 대한 교회의 신앙은 사도신경의 첫 문장에 표현되어 있다. "전능하사 천지를 만드신 하나님 아버지를 내가 믿사오며." 이는 하나님이 그의 전능하신 능력으로 무로부터 우주를 창조하셨다는 초대 교회의 신앙의 표현이다. "천지를 만드신 하나님"이라는 표현은 신경의 원래 형태에는 포함되지 않았으나 후대에 첨가된 것이다. 그것은 성부 즉 삼위일체의 제1위에게 만물의 기원을 돌린다. 이는 만물이 성부로부터, 성자로 말미암아, 성령 안에서 나왔다는 신약 성경의 표현과 일치한다. "만드신 하나님"(조성자)이라는 단어는 헬라어 신앙고백의 형태에서는 포이에덴으로, 라틴어 형태로는 크레아토렘으로 표현된다. 분명히 이 말은 "창조자"(Creator)와 동의어로 이해된다. 초대 교회에서 "창조하다"는 "어떤 것을 무로부터 생성하게 하다"라는 엄격한 의미로 이해되었다. 성경이 언제나 히브리어 바라와 헬라어 크티제인을 절대적인 의미로 사용하지는 않았다는 사실에 주목해야 한다. 또한 성경은 이러한 용어들을 이차적인 창조를 표현하기 위해 채택했는데, 이 이차적인 창조에서 하나님은, 이미 존재하고 있었으나 지시된 결과들을 저절로 산출할 수 없었던 재료를 사용하셨다(창 1:21, 27; 5:1; 사 45:7, 12; 54:16; 암 4:13; 고전 11:9; 계 10:6). 이 용어들은 하나님의 섭리적인 인도하에서 존재하게 된 것을 묘사하기 위해서 사용되기도 했다(시 104:30; 사 45:7, 8; 65:18; 딤전 4:4).

두 개의 다른 용어들이 "창조하다"라는 용어와 동의어로 사용되었는데, 그것은 "만들다"(히브리어 아사, 헬라어 포이에인)와 "형성하다"(히브리어 야차르, 헬라어 플라소)라는 용어이다. 전자는 분명히 앞에서 지적된 세 가지의 의미, 즉 일차적 창조(창 2:4; 잠 16:4; 행 17:24), 좀 더 흔하게는 이차적 창조(창 1:7, 16, 26; 2:22; 시 89:47), 섭리의 사역(시 74:17)의 의미로 사용되고 있다. 후자는 주로 일차적인 창조(시 90:2; 이러한 사용으로는 유일한 예일 것이다)와 이차적인 창조(창 2:7, 19; 시 104:26; 암 4:13; 슥 12:1), 섭리의 사역(신 32:18; 사 43:1, 7, 21; 45:7)에서 사용되었다. 사 45:7에서는 세 단어가 모두 사용되었다.

엄격한 의미에서 창조는 하나님이 자신의 주권적인 의지에 의하여 자신의 영광을 위해, 태초에 모든 가시적이고 불가시적인 우주를, 이미 있는 재료를 사용하지 않고 생기게 하시고, 그리하여 자신과 구별되면서도 언제나 자신에게 늘 의존하는 실체가 되게 하신 하나님의 자유로운 행동으로 정의될 수 있다. 그러나 앞에서 지적된 성경의 재료를 보면, 이러한 정의가 일반적으로 일차적인 창조 혹은 즉각적인 창조로 흔히 알려진 것, 즉 창 1:1에 묘사된 창조에만 적용되는 것은 자명하다. 그러나 성경은 분명히 하나님이 해와 달과 별들, 그리고 짐승들과 사람을 창조하신 것처럼, 이미 존재하는 재료를 사용하신 경우에도 "창조하다"라는 용어를 사용한다. 따라서 많은 신학자들은 창조의 정의에 한 요소를 덧붙인다.

볼레비우스(Wollebius)는 이렇게 정의한다. "창조는 하나님께서 그의 권능과 지혜와 선하심의 영광을 드러내시기 위하여 세계와 그 안에 있는 모든 것을 일부는 무(無)로부터, 일부는 성질상 부적합한 재료로부터 산출하시는 행동이다." 그러나 그런 경우에도 그 정의는, 성경에서 창조 사역으로 묘사되는 다음과 같은 경우들을 포함하지 못한다. 즉, 하나님이 제이차적인 원인들을 통하여 사역하시는 경우(시 104:30; 사 45:7, 8; 렘 31:22; 암 4:13)와, 하나님만이 산출하실 수 있는 결과들을 생산하시는 경우이다. 주어진 이 정의는 좀 더 고려해야 할 몇 가지 요소를 포함하고 있다.

1. 창조는 삼위일체 하나님의 행동이다.　성경은 우리에게 삼위일체 하나님이 창조의 조성자이며(창 1:1; 사 40:12; 44:24; 45:12), 이 사실에서 하나님이 우상들과 구별된다(시 96:5; 사 37:16; 렘 10:11, 12)는 것을 가르친다. 성부가 창조 사역의 전면에 있지만(고전 8:6), 또한 창조 사역은 분명히 성자와 성령의 사역으로도 인식된다. 창조 사역에 대한 성자의 참여는 요 1:3; 고전 8:6; 골 1:15-17에 언급되어 있으며, 성령의 창조 사역에 대한 활동은 창 1:2; 욥 26:13; 33:4; 시 104:30; 사 40:12, 13에 언급되어 있다. 제2위와 제3위는 의존적인 능력들이나 단순한 중개자들이 아니며, 성부와 함께 독립적인 조성자들이다. 그 사역은 세 위격들 가운데 나누어지지 않으며, 비록 다른 양상이지만 전체의 사역이 각각의 위격들에게 돌려진다. 만물은 성부로부터, 성자로 말미암아, 성령 안에서 단번에 나왔다. 일반적으로 존재는 성부로부터, 사상이나 이념은 성자로부터, 생명은 성령으로부터 나온다고 말할 수 있다. 성부가 창조 사역을 주도하시기 때문에, 그것은 종종 경륜상 성부에게 돌려진다.

2. 창조는 하나님의 자유로운 행동이다.　창조는 때때로 하나님의 주권적인 의지에 의하여 결정된 자유로운 행동이라기보다는 오히려 하나님의 필연적인 행동으로 묘사된다. 옛 유출설과 그것의 현대판인 범신론적 이론들은 자연스럽게 세계를 신적인 진화의 과정에서의 한순간으로만 만듦으로써(스피노자, 헤겔), 세계를 하나님의 필연적인 행동으로 간주한다. 또한 그들이 생각하는 필연성은 신적 작정에서 유래하는 상대적인 필연성이 아니라, 하나님의 본성으로부터 즉 그의 전능으로부터(오리겐) 혹은 그의 사랑으로부터(로테) 유래하는 절대적인 필연성이다. 하지만 이것은 성경적인 입

장이 아니다. 하나님의 본성으로부터 유래하는 필연성으로 인해 본질적으로 필연적인, 하나님의 유일한 사역은 내향적인 사역(*opera ad intra*), 즉 하나님의 존재 내에서의 각 위의 사역들인 발생(generation)과 아들 됨(filiation)과 발출(procession)이다. 창조를 하나님의 필연적인 행동이라고 말하는 것은 또한 그것이 하나님의 내재적인 사역들과 같이 영원하다는 사실을 선언하는 것이다. 어떠한 필연성이 하나님의 외향적인 사역(*opera ad extra*)에 돌려진다고 하더라도, 그것은 신적인 작정과 그 결과인 사물의 성질(constitution)에 좌우된 필연성이다. 그것은 하나님의 주권적인 의지에 의존하는 필연성이어서 결코 절대적인 의미에서의 필연성이 아니다. 성경은 우리에게 하나님이 만물을 그의 의지의 의도에 따라 창조하셨으며(엡 1:11; 계 4:11), 그는 자충족적이며 결코 그의 피조물들에게 의존하시지 않는다고 가르친다(욥 22:2, 3; 행 17:25).

3. 창조는 하나님의 시간적인 행동이다.

(1) 이 점에 관한 성경의 가르침. 성경은 "태초에 하나님이 천지를 창조하시니라"라는 매우 간단한 진술로 시작한다. 모든 계층의 백성들에게 전달된 이 가르침은 일상생활의 일반적인 언어를 채택하고 있고, 철학의 기술적인 언어를 사용하지 않는다. 히브리어 베레쉬트(문자적으로 '처음에')라는 표현 자체는 불명확하기 때문에 자연히 무엇이 처음인가라는 의문이 야기된다. 절대적인 의미에서 그것은 모든 시간적인 일들, 심지어 시간 자체의 시작을 지시하는 것으로 생각하는 것이 가장 좋을 것으로 보인다. 그러나 카일(Keil)은 그것을 창조 사역의 시작을 언급하는 것으로 생각한다. 전문적으로 말하자면, 시간은 이미 하나님이 세계를 창조하실 때 이미 존재하고 있었고, 그가 '태초'라고 불리는 존재하고 있던 시간의 어떤 시점에 우주를 생성시키셨다고 가정하는 것은 옳지 않다. 시간은 모든 피조된 존재의 형태들 중의 하나일 뿐이므로 창조 전에는 존재할 수 없었다. 그런 이유 때문에 아우구스티누스는, 세계가 시간 내(*in tempore*)에서 창조되었다고 주장하기보다는 시간과 함께(*cum tempore*) 창조되었다고 말하는 것이 더 옳다고 생각했다. 성경의 첫 진술이 세계가 시작을 가지고 있다는 점을 가르쳐준다는 것에 가장 큰 의미가 있다. 성경의 다른 부분에서도 이 태초가 언급된다(마 19:4, 8; 막 10:6; 요 1:1, 2; 히 1:10). 세계가 시작이 있다는 사실은 또한 시 90:2의 "산이 생기기 전, 땅과 세계도 주께서 조성하시기 전 곧 영원부터 영원까지 주는 하나님이시니이다"라는 것과 시 102:25의 "주께서 옛적에 땅의 기초를 두셨사오며 하늘도 주의 손으로 지으신 바니이다"라는 것과 같은 말씀에서도 분명히 언급된다.

(2) 창조론에 나타나는 문제점. 창 1:1에 언급된 태초 이전에, 하나님만이 존재하셨던, 시작이 없는 영원을 전제해야 한다. 하나님의 영원한 삶에서의 이러한 공백의 시기들을 어떻게 채워야 하는가? 하나님은 세계의 창조 이전에 무엇을 하셨는가? 활동하시지 않는 하나님(Deus otiosus)을 생각하는 것은 거의 불가능하다. 그것은 그가 대개 순수 행동(actus purus)으로 생각되기 때문이다. 그는 성경에서 언제나 일하시는 분으로 묘사된다(요 5:17). 그러면 우리는 하나님이 무활동의 상태에서 활동의 상태로 옮기셨다고 말할 수 있는가? 또한 무창조적 상태에서 창조적 상태로의 전이가 그의 불변성과 어떻게 조화되어야 하는가? 그리고 만약 그가 창조하려는 영원한 목적을 가지셨다면 왜 그는 그것을 즉시 실행하지 않으셨는가? 왜 그는 그의 계획이 실행되기 전에 전체의 영원이 경과하도록 허용하셨는가? 또한 왜 그는 그의 창조 사역을 위하여 특별한 순간을 선택하셨는가?

(3) 이 문제를 위하여 제안된 해결책.

① 영원한 창조론. 오리겐, 스코투스, 에리게나, 로테, 도르너, 플라이더러(Pfleiderer)와 같은 이들에 의하면, 하나님은 영원 전부터 창조해 오셨으며, 따라서 비록 피조물이며 또한 의존적일지라도 세계는 하나님 자신과 같이 영원하다. 이것은 하나님의 전능성, 무시간성, 불변성, 사랑으로부터 논의되었으나, 이들 중 어느 것도 필연적으로 그것을 암시하거나 포함하지 않는다. 이 이론은 성경과 모순될 뿐만 아니라, 이성에도 상충된다. 그것은 (a) 영원한 창조가 용어상 모순이며, (b) 시간의 법칙에 종속되는 현세계에 적용되는 영원한 창조 개념이 시간과 영원의 동일시에 근거하기 때문인데, 이 두 개념은 본질적으로 다르다.

② 시간과 영원의 주관성(subjectivity)의 이론. 스피노자와 헤겔, 그린과 같은 관념 철학자들은 시간과 영원의 구분이 순전히 주관적이며, 인간의 유한한 입장에 기인한다고 주장한다. 따라서 그들은 우리로 하여금 더 높은 관점을 갖게 하며, 사물들을 영원의 관점에서(sub specie aeternitatis) 고려하게 한다. 우리의 의식에서는 시간적 발전(a time development)으로 존재하는 것이 신적 의식에서는 단지 영원히 완전한 전체로 존재한다. 그러나 이 이론은 앞의 것과 마찬가지로 성경과 모순된다(창 1:1; 시 90:2; 102:25; 요 1:3). 더욱이 그것은 객관적인 실체들을 주관적인 의식의 형태들로 바꾸며, 모든 역사를 환상으로 환원시킨다. 결국 시간 발전은 현실이며, 우리의 의식적인 삶과 우리를 둘러싼 자연의 삶에는 연속성이 있다. 어제 일어난 일들은 오늘 일어나고 있는 일들이 아니다.

(4) 해결책이 모색되어야 할 방향. 고려되는 문제와 관련하여 오르(Orr) 박사는 "해

결책은 시간과 영원의 관계에 관한 적합한 개념을 설정하는 데 있다"고 옳게 말한다. 그는, 그가 보는 한, 이것은 아직 만족할 만큼 성취되지 않았다고 덧붙인다. 여기서 부딪힌 상당한 문제점들은 의심할 바 없이 우리가 영원을 시간의 무한한 연장으로 지나치게 생각하고 있다는 사실에 기인하고 있는데, 예를 들면 우리가 세계의 창조 이전의 하나님의 비교적 무활동(inaction)의 시기들에 관하여 말할 때와 같은 것이다. 하나님의 영원은 무한히 연장된 시간이 아니라, 우리가 아무런 개념도 형성할 수 없는 본질적으로 다른 어떤 것이다. 하나님의 영원은 무시간적인 존재(timeless existence), 곧 영원한 현존(eternal presence)이다. 오랜 과거와 가장 먼 미래가 다 그에게 현존한다. 그는 그의 모든 사역에서 활동하시는데, 따라서 창조에서도 영원한 존재로서 활동하시며, 우리는 창조를 시간의 영역으로 들어오는 하나님의 행동으로 끌어낼 아무런 권리도 없다. 어떤 의미에서 이것은 영원한 행동으로 불릴 수 있으나, 하나님의 모든 행동들이 영원하다는 의미에서만 그러하다. 그것들은 모두 하나님의 행동들, 즉 영원에서 이루어지는 사역들이다. 하지만 이것은 성자의 발생과 같은 의미에서 영원한 것은 아니다. 왜냐하면 성자의 발생은 절대적인 의미에서 하나님의 내재적인 행동이지만, 창조는 시간적인 존재로 귀결되고 시간으로 종결되기 때문이다. 신학자들은 대개 창조를 능동적인 창조와 수동적인 창조로 구분하는데, 전자는 창조를 하나님의 행동으로, 후자는 그것의 결과인 세계의 창조됨을 나타낸다. 전자는 시간적인 연속성에 의하여 표시되지 않으나, 후자는 표시되며, 이 시간적인 연속성은 하나님의 작정에서 결정된 순서를 반영한다. 시간 내에서의 창조가 하나님 안에서의 변화를 의미한다고 하는 반대의견에 대하여 볼레비우스는 "창조는 피조물의 가능성으로부터 현실성으로의 경과이며, 창조주의 경과가 아니다"라고 설명한다.

4. 창조는 어떤 것이 무로부터 생기게 하는 행동이다.

(1) **창조론은 절대적으로 독특하다.**　세계의 기원에 대해 상당한 고찰과 함께 여러 이론들이 제안되었다. 어떤 이들은 세계가 영원하다고 선언했으나, 다른 이들은 세계 내에서 적대적인 영들의 소산물을 보았다(영지주의자들). 어떤 이들은 세계가 하나님이 형성하셨던, 이미 존재하고 있던 물질로부터 이루어졌다고 주장했으며(플라톤), 다른 이들은 세계가 신적인 본질로부터의 유출에 의하여 기원되었다고 주장했고(시리아파 영지주의자들, 스베덴보리), 또다른 이들은 세계를 만물의 숨겨진 근거인 절대자의 현상적인 나타남으로 간주했다(범신론). 이러한 인간들의 모든 헛된 사변들에 반하여 성경

적 창조론은 장엄하게 "태초에 하나님이 천지를 창조하시니라"라고 표명한다.

(2) '창조하다'를 나타내는 성경적인 용어들. 앞에서 지적된 것처럼 창조 설화에서는 세 가지의 단어들, 즉 바라와 아사, 야차르가 사용되었는데, 그것들은 성경에서 교대로 사용되고 있다(창 1:26, 27; 2:7). 바라라는 단어가 가장 중요하다. 그것의 원래 의미는 '쪼개다', '자르다', '나누다'이지만, 여기에 더하여 또한 '만들다', '창조하다'를 의미하며, 좀 더 파생적인 의미로는 '산출하다', '출생하다', '재생시키다'를 나타낸다. 그 단어 자체는 '어떤 것을 무로부터 생성하다'라는 개념을 가지고 있지 않는데, 그것은 이 단어가 섭리의 사역들에도 사용되기 때문이다(사 45:7; 렘 31:22; 암 4:13). 그러나 그것은 독특한 특성을 가지고 있어서, 항상 신적인 산출물에 관하여 사용되고, 인간적인 산출물을 위하여 사용되지 않으며, 물질을 목적격으로 취하지 않는데, 바로 그런 이유로 인하여, 하나님의 사역의 위대함을 강조하는 데 사용된다.

아사라는 단어는 좀 더 일반적으로 '행하다', '만들다'를 의미하므로, 일반적인 의미에서 '행하다', '만들다', '제조하다', '형성하다'는 의미로 사용된다. 야차르라는 단어는 좀 더 독특하게 '이미 존재하는 물질들로부터 형성하다'라는 의미이며, 토기장이가 진흙으로 그릇을 만들어 내는 데 사용된다. 신약 성경의 단어들은 크티제인(막 13:19), 포이에인(마 19:4), 데멜리온(히 1:10), 카타르티제인(롬 9:22), 카타스큐아제인(히 3:4), 플라쎄인(롬 9:20)이다. 이 단어들 중 그 자체로 '무로부터의 창조' 개념을 표현할 수 있는 단어는 없다.

(3) '무로부터의 창조'라는 용어의 의미. '무로부터 창조하거나 생성하다'라는 표현은 성경에서 발견되지 않는다. 이것은 외경의 하나인 마카베오하 7:28에서 유래한다. 무로부터(ex nihilo)라는 표현은 잘못 해석되고 비판되어 왔다. 심지어 어떤 이들은 무(nihilum)라는 단어를 세계가 창조된 어떤 재료, 즉 성질도 없고 형체도 없는 재료를 나타내는 것으로 생각했다. 그러나 이것은 너무 유치한 생각이어서 고려할 만한 아무런 가치도 없다. 다른 이들은 세계가 원인 없이 존재하게 되었다는 사실을 의미하기 위하여 '무로부터 창조하다'라는 말을 사용하였고, 그것이 일반적으로 자명한 진리로 간주되는 '무로부터는 아무것도 나오지 않는다'(ex nihilo nihil fit)라는 말과 모순되는 것으로 비판을 전개했다. 그러나 이 비판은 완전히 부당한 것이다. 하나님이 무로부터 세상을 창조하셨다고 말하는 것은, 세계가 원인 없이 존재하게 되었다고 말하는 것과 같지 않다. 하나님 자신, 혹은 좀 더 특별하게, 하나님의 의지는 세계의 원인이다. 마르텐센(Martensen)은 이렇게 표명했다. "하나님께서 세계를 창조하신 무는 그의 의지의 영원한 가능성들인데, 그것들은 모든 세계의 현실성들의 근원들이다."

라틴어 구절의 '무로부터는 아무것도 나오지 않는다'는 표현이 '원인 없이는 아무런 결과도 있을 수 없다'는 의미로 받아들여진다면, 그것의 진리는 인정될 수 있으나, 무로부터의 창조론에 대한 타당한 반대 의견으로 간주될 수는 없다. 그러나 그것이 '기존 재료로부터가 아니라면 아무것도 창조될 수 없다'는 관념을 표현하는 것으로 이해된다면, 그것은 분명히 자명한 진리로 간주될 수는 없다. 따라서 그것은 오히려 쉐드가 지적한 것과 같이, 무로부터 나오는 인간의 사상들과 의지들에 적용되지 못하는 순전히 자의적인 가정에 불과하다. 그러나 그 구절이 인간의 사역들이 관계하는 일상 경험의 진리를 표명한다 하더라도, 하나님의 전능하신 능력의 사역에 관한 그것의 진리를 입증하지는 못한다. 하지만 '무로부터의 창조'라는 표현이 오해되기 쉽고 또한 종종 오해되어 왔다는 사실을 고려해 볼 때, 기존 재료를 사용함이 없는 창조라고 말하는 것이 더 좋을 것이다.

(4) 무로부터의 창조론의 성경적인 근거. 창 1:1은 창조 사역의 시작을 기록하고 있으나, 하나님이 기존 재료로부터 세계를 생성하신 것으로 묘사하지 않는 것이 분명하다. 그것은 무로부터의 창조, 즉 엄밀한 의미의 창조였으므로, 칼빈은 창 1장에 기록된 사역의 한 부분에서만 그 용어를 적용하려고 했다. 그러나 1장의 나머지 부분에서도 하나님은 그의 능력의 말씀 즉 단순한 신적인 명령에 의하여 만물을 불러내신 것으로 묘사된다. 동일한 진리를 시 33:6, 9; 148:5에서 가르치고 있다. 가장 명백한 구절은 히 11:3이다. "믿음으로 모든 세계가 하나님의 말씀으로 지어진 줄을 우리가 아나니 보이는 것은 나타난 것으로 말미암아 된 것이 아니니라." 창조는 여기서 우리가 믿음으로만 이해할 수 있는 사실로 묘사된다. 믿음으로 우리는 세계가 하나님의 말씀 즉 하나님의 능력의 말씀인 신적인 명령으로 주조되었거나 형성되었으며, 따라서 보이는 것들 즉 이 세계의 가시적인 것들이, 나타나고 보이는 것과, 적어도 가끔씩 보이는 것들로 말미암지 않는다는 사실을 알게 된다. 이 구절에 의하면, 세계는 분명히 감각으로 지각할 수 있는 어떤 것으로 말미암지 않았다. 이와 관련하여 인용되는 또다른 구절인 롬 4:17은 "죽은 자를 살리시며 없는 것을 있는 것같이 부르시는" 하나님에 관해 언급한다. 사도가 이 구절에서 세계의 창조를 언급하지 않고 아들을 가지려는 아브라함의 소망에 대하여 언급하는 것은 사실이다. 하지만 여기서의 하나님에 대한 묘사는 일반적이며, 따라서 일반적인 적용에 속한다. 하나님은, 존재하지 않는 것을 존재하도록 하실 수 있고, 또 그것을 존재하도록 하시는 것은 하나님의 본성에 속한다.

5. 창조는 세계로 하여금 구별되면서도 항상 의존적인 존재를 부여한다.

(1) 세계는 독특한 존재다.   이것은 세계가 하나님이나 하나님의 일부분도 아니며, 하나님과는 절대적으로 구별되는 어떤 것이어서, 하나님과는 정도에서만이 아니라, 그것의 본질적인 특성들에서도 다르다는 사실을 의미한다. 창조론은, 하나님이 자존적이고 자족적이며 무한하고 영원한 반면, 세계는 의존적이고 유한하며 시간적이라는 사실을 의미하고 있다. 전자는 결코 후자로 바뀔 수 없다. 이 교리는 모든 범신론적인 이론들에 대해서 뿐만 아니라 옛 유출설에 대해서도 절대적인 방어벽이다. 우주는 하나님의 존재 형식이 아니며, 절대자의 현상적인 나타남도 아니다. 하나님은 단순한 생명이나 영혼 혹은 세계의 내적 법칙이 아니라, 세계와는 절대적으로 독립되어 있고 세계 위에 계셔서 자신의 영원히 완전한 생명을 향유하신다. 그는 기이한 일을 행하시는 초월하신 하나님이다. 이 교리는 다음과 같은 성경 구절들에 의하여 지지된다.

① 세계의 구별된 존재를 예시하는 구절들(사 42:5; 행 17:24), ② 하나님의 불변성에 관하여 언급하는 구절들(시 102:27; 말 3:6; 약 1:17), ③ 하나님과 피조물을 비교하는 구절들(시 90:2; 102:25-27; 103:15-17; 사 2:21; 22:17 등등), ④ 세계를 죄 속에 놓여 있거나 죄악된 것으로 언급하는 구절들(롬 1:18-32; 요일 2:15-17 등등).

(2) 세계는 항상 하나님을 의존한다.   하나님이 세계를 자신과 구별되게 존재하도록 하셨지만, 그는 세계의 창조 이후에 뒤로 물러가시지 않고 세계와 가장 친밀한 관계를 유지하셨다. 우주는 하나님에 의하여 태엽이 감긴 뒤 이제는 더 이상 신적인 간섭 없이 돌아가도록 내버려 둔 시계와 같은 것이 아니다. 이 이신론적인 창조 개념은 결코 성경적이지도, 과학적이지도 않다. 하나님은 피조물 위에 무한히 높이 계시는 초월적인 하나님이실 뿐만 아니라, 또한 창조의 전 부분에 임재하시며, 그의 영이 모든 세계 내에서 활동하시는 내재적인 하나님이다. 그는 그의 모든 피조물들에게 단순히 가능적으로(per potentiam)가 아닌 본질적으로 임재하시지만, 그들 각자에게 동일한 방식으로 임재하시지는 않는다. 그의 내재는, 전우주 공간에 걸쳐 있는 연장이나 혹은 부분적인 임재로서 부분적으로는 여기에, 부분적으로는 저기에 계시는 것으로 해석되어서는 안 된다. 하나님은 영이시며 그가 영이시기 때문에 그는 전체적으로 모든 곳에 현존하신다. 그는 천지에 충만하시고(시 139:7-10; 렘 23:24), 우리가 살고 기동하고 존재하는 영역을 구성하시며(행 17:28), 또한 그의 영으로 지면을 새롭게 하시며(시 104:30), 상한 심령을 가진 이들과(시 51:11; 사 57:15), 그의 전으로서의 교회 안에 거하시는 것(고전 3:16; 6:19; 엡 2:22)으로 언급된다.

초월과 내재 양자가 다 성경의 한 구절 곧 엡 4:6에 언급되어 있는데, 그곳에서 사도는 우리가 "만유 위에 계시고 만유를 통일하시고 만유 가운데 계신" 한 분 하나님과 만유의 아버지를 소유하고 있다고 말한다. 신의 내재성의 교리는 상당수의 현대 신학에서 범신론에 이르기까지 펼쳐져 있다. 세계, 특히 인간은 하나님의 현상적인 나타남으로 간주되었다. 현재 "위기의 신학"이라 불리는 것 속에서 이러한 입장에 대한 강한 반작용이 존재하고 있다. 시간과 영원 사이의 '무한한 질적 차이'를 강조하고, '전적 타자'로서의 하나님과 숨어 계신 하나님을 강조하며, 하나님과 인간 사이의 무한한 거리를 강조하는 이 신학은, 자연히 하나님의 내재를 배제하는 것으로 때때로 생각된다.

그러나 브루너는 우리에게 이것은 사실이 아니라는 점을 시켜 준다. 그는 이렇게 말한다. "우리는 또한 창조주 하나님이 그의 권능에 의하여 만물을 붙드시고 계시며, 그가 세계와 자신의 형상으로 창조된 인간들에게 그의 신성의 인을 찍어 놓았다는 사실을 도무지 모르는 것처럼, '바르트의 신학'은 하나님의 내재가 아닌 초월에 대해서만 인식하고 있는 것으로 수없이 잘못 이야기되어 왔다."

또한 바르트는 이렇게 말한다. "하나님이 밖으로부터만 그의 세계를 기동하고 계시고, 그가 물(物)자체(thing in Himself)이며 만유 안에 있는 분, 즉 유형적 무형적 만물의 창조주, 처음과 나중이 아니었다고 한다면, 하나님 자신은 죽었다." 이러한 사람들은 현대의 범신론적인 신의 내재성의 개념과, 또한 이러한 내재성에 의해서 세계가 하나님의 빛나는 계시라고 하는 사상을 아울러 반대한다.

6. 창조에서의 하나님의 궁극적인 목적.

창조 사역에서의 하나님의 궁극적인 목적에 관한 문제가 종종 논의되어 왔다. 역사의 과정 속에서 이 질문은 특별히 두 가지로 답변되어 왔다.

(1) **인간 혹은 인류의 행복.** 플라톤과 필로, 세네카와 같은 고대 철학자들은 하나님이 하나님의 선의 동기에 의해 세계를 창조하게 되었다고 주장했다. 그는 자신을 그의 피조물들에게 전달하기를 소망하셨는데, 그들의 행복은 하나님이 목적으로 삼는 것이었다. 비록 일부 기독교 신학자들이 이 사상에 동조했으나, 종교개혁 시대의 인문주의와 18세기의 합리주의를 통하여 특별히 부각되었다. 이 이론은 종종 아주 피상적인 방식으로 제시되었다. 그것이 진술된 최상의 형식은 하나님이 자신을 창조의 목적으로 삼으실 수 없다는 취지인데, 그 이유는 하나님이 자족적이며 또한 아무것도 필요로 하시지 않기 때문이다. 또한 만약 그가 자신을 목적으로 삼으실 수 없다면, 이것은 피

조물, 특히 인간에서, 그리고 궁극적으로는 사람의 최고의 행복에서만 발견될 수 있기 때문이다. 인간이나 인류의 복지 혹은 행복이 창조의 최상의 목적이 되는 목적론적인 견해는 칸트와 슐라이어마허, 리츨과 같은 유력한 신학자들의 사고에서 특징적으로 나타난다. 하지만 그러한 사상이 이 신학자들에게서 동일하게 나타나는 것은 아니다. 이 이론은 몇 가지 이유들로 인하여 만족을 주지 못한다.

① 하나님이 의심할 바 없이 창조에서 그의 선을 계시하셨는데도, 세계가 존재하지 않았다면 하나님의 선이나 혹은 사랑이 표현될 수 없었을 것이라고 말하는 것은 옳지 않다. 삼위일체 하나님 안에서의 위격적인 관계들은 사랑의 충만하고 영원한 삶에 필수적인 모든 것을 채우신다.

② 하나님이 인간을 위하여 존재하시지 않고 인간이 하나님을 위하여 존재하는 것은 아주 자명한 것이다. 하나님만이 창조주이시며 최고의 선이고, 인간은 피조물에 불과하기 때문에, 바로 그 이유로 인하여 창조의 목적이 될 수 없다. 시간적인 것이 영원한 것에서, 인간적인 것이 신적인 것에서 그 목적을 발견하지만, 그 역은 성립하지 않는다.

③ 이 이론은 사실들에 부합되지 않는다. 창조에서 발견되는 모든 것을 이 목적에 예속시키며 모든 것을 인간의 행복과 관련하여 설명하는 것은 불가능하다. 이것은 세계 내에서 발견되는 모든 고통들을 고려할 때 분명히 자명하다.

(2) 하나님의 선포적인 영광. 예수 그리스도의 교회는 창조의 참된 목적을 하나님 이외의 것에서 찾지 않고, 하나님 자신, 특별히 하나님의 고유한 탁월성의 외적인 현현에서 찾았다. 이는 하나님이 다른 것들로부터 영광을 받는 것이 궁극적인 목적이라는 의미는 아니다. 그의 도덕적인 피조물들의 찬미를 통하여 영광을 받는 것은 최고의 목적에 포함된 목적일 뿐이며, 그 자체가 그 목적은 아니다. 하나님께서는 우선 영광을 받기 위해서가 아니라, 그의 영광을 발현시키며 나타내시기 위해서 창조하셨다. 하나님의 영광스러운 속성들은 그의 창조 전체에서 드러난다. 그리고 이 드러남은 공허한 전시(show), 즉 피조물들에 의하여 찬미되는 단순한 전람으로 의도되지 않았으며, 그들의 복지와 완전한 행복을 증진시키려는 것을 목적으로 한다. 더욱이 그것은 그들의 마음을 창조주의 찬양에 조화시키고, 그들의 영혼들로부터 감사와 사랑과 찬미의 표현을 이끌어 내려고 애쓴다. 따라서 창조에서의 하나님의 최고의 목적 즉 하나님의 영광의 현현은, 예속되는 목적들로 피조물들의 행복과 구원, 그리고 감사와 찬미의 마음들로부터 받는 찬양을 포함한다. 이 이론은 다음의 고찰들에 의해 지지된다.

① 그것은 성경의 증거에 근거한다(사 43:7; 60:21; 61:3; 겔 36:21, 22; 39:7; 눅 2:14; 롬

9:17; 11:36; 고전 15:28; 엡 1:5, 6, 9, 12, 14; 3:9, 10; 골 1:16). ② 무한하신 하나님은 창조 안에서의 최고의 목적 이외에는 어떤 목적도 선택하시지 않으며, 이 목적은 하나님 안에서만 발견될 수 있다. 만약 하나님과 비교된 열국들이 물통 속의 물 한 방울이나 저울 위의 작은 먼지와 같은 것에 불과하다면, 틀림없이 하나님의 선포적인 영광은 그의 피조물들의 선보다 본질적으로 훨씬 더 큰 가치를 가지고 있다(사 40:15, 16). ③ 하나님의 영광은 그의 독립성과 주권성과 일치되는 유일한 목적이다. 모든 사람은 그가 궁극적인 목적으로 삼는 사람이나 사물에 의존한다. 만약 하나님이 그의 최종적인 목적을 피조물 가운데 있는 어떤 것으로 선택하신다면, 이것은 그를 그만큼 피조물에 의존하도록 만들 것이다. ④ 어떤 다른 목적도 창조에서의 하나님의 모든 방식들과 사역들의 진정한 목적이 될 만큼 충분히 포괄적일 수 없다. 그것은 종속되어 있는 몇 가지의 다른 목적들을 포함하는 이점을 가지고 있다. ⑤ 그것은 우주에서 실제적이고 완전하게 성취된 유일한 목적이다. 지혜로우시고 전능하신 하나님이 전적으로 혹은 부분적으로 실패하도록 운명지어진 목적을 선택하실 것이라고 상상할 수 없다(욥 23:13). 그러나 그의 피조물 대부분은 완전한 행복을 성취하지 못하고 있다.

(3) 하나님의 영광이 창조의 목적이라는 교리에 대한 반대 의견들. 다음 항목들이 이 가운데 가장 중요한 것들이다.

① 그것은 우주의 체계를 이기적인 체계로 만든다. 그러나 우리는 이기주의와, 합리적인 자기 존중이나 자기 사랑을 구별해야 한다. 전자는 타인들의 행복이나 권리들에 상관하지 않고 자신의 행복과 기쁨만을 위하는 부당하고 배타적인 관심이며, 후자는 타인들을 향한 정의, 자애와 호의와 완전하게 양립하는 자신의 행복과 복지를 추구하는 정당한 관심이다. 하나님은 그의 이름의 영광을 위한 자기 표현을 추구함에 있어서 타인들의 복지와 최고선을 경시하지 않으시며, 그것을 증진하신다. 게다가 이러한 반대 의견은 무한하신 하나님을 유한한 수준으로, 심지어는 죄인의 수준으로 끌어내리고, 전적으로 부당한 인간적인 표준들로써 하나님을 심판한다. 하나님에게 필적할 수 있는 것은 아무것도 없으며, 아무도 하나님에 반대하여 그의 권리를 주장할 수 없다. 그의 선포적인 영광을 창조의 목적으로 삼으실 때 하나님은 최고의 목적을 선택하셨다. 그러나 인간은 자신을 하나님의 모든 사역들의 목적으로 삼을 때 최고의 목적을 선택하는 것이 아니다. 인간이 그의 삶의 목적으로 인류의 복지와 하나님의 영광을 선택하였다면, 그는 더 높은 수준으로 올라갈 것이다.

마지막으로, 이러한 반대 의견은 주로 세계가 고통으로 가득 차 있으며, 하나님의 어떤 이성적인 피조물들이 영원한 파멸로 운명지어지는 사실을 고려하여 이루어진다. 그러나 이것은 하나님의 창조 사역에 기인한 것이 아니라, 창조에서의 하나님의 사역을 좌절시키는 인간의 죄에 기인한 것이다. 인간이 죄와 반역의 결과로 고통당한다는 사실이, 하나님을 이기적이라고 비난할 수 있는 근거가 될 수는 없다. 이는 모든 완악한 범죄자들에 대해서 정부가 법의 위엄과 권위를 주장하는 것이 이기적이라고 비난할 수 없는 것과 같다.

② 그것은 하나님의 자족성과 독립성에 모순된다. 하나님은 이러한 방식으로 자신의 명예를 추구함으로써, 그에게 피조물들이 필요하시다는 사실을 보여준다. 세계는 하나님을 영화롭게 하기 위하여, 즉 하나님의 영광을 더하기 위하여 창조되었다. 그러나 그렇기 때문에 분명히 하나님의 완전성은 어떤 측면에서는 결핍이 있을 것이고, 창조 사역이 이 결핍을 채우고, 신적인 완전성에 공헌하게 된다는 표현은 잘못된 것이다. 하나님이 자신의 영광을 위하여 세계를 창조하셨다는 사실이 그가 세계를 필요로 하셨다는 사실을 의미하지는 않는다. 사람들이 타인들을 위하여 행하지 않는 그 일이 결핍을 채우는 데 필수적이라는 사실은 사람들 사이에서 보편적으로 적용되지 않는다. 이것은 일용할 양식을 위하여 일하는 일상 노동자들의 경우에는 그럴 수 있으나, 자신의 천부적인 재능의 자발적인 충동을 따르는 예술가들의 경우에는 그렇지 않다.

같은 방식으로, 예술적으로 그의 사상을 창조 속에서 구현하고 그 속에서 기뻐하는 하나님 안에는, 결핍과 강요를 훨씬 초월한 선한 기뻐하심이 있다. 게다가 하나님이 그의 선포적인 영광을 창조의 궁극적인 목적으로 삼으실 때, 하나님이 주로 어떤 것을 받기를 목표로 하신다는 것은 사실이 아니다. 그가 고려하시는 최고의 목적은 영광을 받으려는 것이 아니라, 그의 손으로 하시는 사역들 속에서 하나님의 고유하신 영광을 나타내시려는 것이다. 또한 이렇게 함으로써 하나님은 하늘로 하여금 그의 영광을 선포하고, 궁창으로 하여금 그의 솜씨를 드러내며, 공중의 새들과 들의 짐승들로 하여금 그를 광대하시다 하며, 사람의 자녀들로 하여금 그를 찬양하도록 하신다. 그러나 창조주를 영화롭게 함으로써 피조물들은 그의 존재의 완전성에 아무것도 더하지 않으며, 단지 그의 위대함을 인정하고 그에게 합당한 영광을 돌리게 되는 것이다.

D. 세계의 기원에 관한 다양한 이론들

성경적인 교리가 세계의 기원에 관한 유일한 관점은 아니다. 이런 점에서 제안되였던 세 가지 서로 다른 이론들을 간략히 고찰할 필요가 있다.

1. 이원론. 이원론은 항상 같은 형태로 나타나지는 않으나, 가장 일반적인 형태 속에서 두 가지의 자존적인 원리들인 하나님과 물질을 설정하고 있는데, 이것은 서로 구별되면서도 영원히 공존하고 있다. 그러나 원래의 물질은 하나님에게 예속되어 있고, 그의 의지의 도구가 되는 소극적이고 불완전한 실체(때때로는 악)로서만 간주될 뿐이다(플라톤, 아리스토텔레스, 영지주의자들, 마니교도들). 이 이론에 따르면, 하나님은 창조주가 아니며, 단순히 세계의 구성자 혹은 건축자에 불과하다. 이 견해는 몇 가지 이유로 인하여 반대를 받는다.

(1) 이 견해가 잘못된 이유는 세계가 창조된 배경에는 어떤 실체가 있었을거라는 생각을 기본적으로 전제하기 때문이다. 하지만 무로부터는 아무것도 나오지 않는다(*ex nihilo nihil fit*). 이러한 공리는 어떤 사건도 원인 없이 일어나지 않는 경우일 때만 진실이다. 하지만 이미 존재하는 물질을 제외하고는 아무것도 창조될 수 없음을 의미한다면 그것은 거짓이다. 창조론은 원인을 배제하지 않으며, 하나님의 주권 안에서 세계의 모든 원인을 충분히 발견한다.

(2) 이 견해가 물질을 영원한 것으로 묘사하는 것은 기본적으로 불건전한 것이다. 만약 물질이 영원하다면, 그것은 한 측면(지속)에서는 무한하며 다른 측면들에서는 유한할 수 없기 때문에 무한해야만 한다. 그러나 두 무한들 혹은 절대들이 나란히 존재하는 것은 불가능하다. 절대와 상대는 동시에 존재하지만, 절대적이고 자존적인 존재는 하나만 있을 수 있다.

(3) 하나의 자존적인 원인이 완전히 모든 사실들을 설명하기에 충분할 때, 두 개의 영원한 실체들을 가정하는 것은 비철학적이다. 그런 이유로 철학은 세계의 이원론적인 설명에 만족하지 않고, 우주의 일원론적인 해석을 추구한다.

(4) 만약 이원론이 – 어떤 형태들에서 그런 것처럼 – 영원적인 악의 원리의 존재를 가정한다면, 선이 세계 내에서 악에 대하여 승리할 것이라는 보장은 절대로 이루어지지 못할 것이다. 영원히 필연적인 것은 스스로를 지탱하게끔 되어 있어서 결코 사라질 수 없는 것으로 보인다.

2. 여러 형태의 유출설. 이 이론은 세계가 신적인 존재로부터의 필연적인 유출이라고 하는 취지의 것이다. 이 견해에 따르면, 하나님과 세계는 본질적으로 하나이고, 후

자는 전자의 현상적인 현현이다. 유출 사상은 그것이 항상 같은 식으로 나타나지는 않으나 범신론적인 이론들의 특징을 이루고 있다. 이제 다시 몇 가지의 반대 의견들을 찾을 수 있다.

(1) 세계의 기원에 관한 이러한 견해는, 유한하고 불완전한 존재에게만 특징적인 진화나 성장 혹은 진보의 원리를 도덕적으로 하나님에게 적용하고, 하나님과 세계를 동일시함으로써, 하나님의 무한성과 초월성을 부인한다. 모든 가시적인 대상들은 이렇게 해서 하나님, 자연, 혹은 절대자라고 불릴 수 있는 자존적이고 무의식적이며 비인격적인 본질의 무상한 변화들에 불과하게 된다.

(2) 그것은 하나님으로부터 세계와 관련된 하나님의 자기 결정 능력을 박탈함으로써 하나님의 주권을 빼앗게 된다. 그는 피조물들이 필연적으로 유출되고 그들의 운동을 자연의 확고한 필연성에 의하여 결정하는 숨겨진 근거로 축소되었다. 동시에 그것은 모든 이성적인 피조물들로부터 그들의 상대적인 독립성과 그들의 자유, 그들의 도덕적인 특성을 박탈한다.

(3) 그것은 또한 하나님의 거룩성을 심각할 정도로 위태롭게 한다. 그것은 세상에서 일어나는 모든 일, 즉 선한 일과 악한 일에 대하여 하나님이 책임지시도록 만든다. 물론 이것은 범신론자들이 결코 피할 수 없는 그 이론의 아주 심각한 결과들이다.

3. 진화론. 진화론은 때때로 창조론을 대신할 수 있는 것처럼 언급된다. 그러나 이것은 분명히 잘못이다. 진화론은 진화하는 어떤 것을 전제로 하고, 또한 이것은 최종적으로는 영원하든지 아니면 창조되든지 해야 하며, 결국 진화론자들이 물질의 영원성의 이론과 창조론 사이에서 선택해야만 하기 때문에, 결코 절대적인 기원의 의미에서 창조를 대신할 수 없다. 기껏해야 진화론은 이미 존재하고 있던 실체들이 일정한 형태를 부여받는, 소위 제2차적인 창조를 대신하는 것 그 이상으로는 생각될 수 없다.

(1) 어떤 진화론자들, 예를 들면, 헥켈(Haeckel)과 같은 사람들은 물질의 영원성을 믿었으며, 생명의 기원을 자연 발생에다 돌렸다. 그러나 물질의 영원성에 대한 믿음은 결정적으로 비기독교적일 뿐만 아니라 심지어 무신론적이다. 또한 이것은 일반적으로 불신되고 있다. 그것의 보편적이고 분리할 수 없는 특성으로서의 힘을 소유하고 있는 물질이 세계의 설명을 위하여 아주 충분하다는 사상은 오늘날 과학 분야에서 거의 인정을 받지 못하고 있다. 유한한 부분들(원자, 전자들 따위)로 구성된 물질 우주 그 자체가 무한할 수 없고, 또한 끊임없는 변화에 종속되어 있는 그것이 영원할 수는 없는 것

으로 여겨진다. 더욱이 무의식적인 물질이나 힘이나 에너지가 생명과 인격, 즉 지성과 자유 의지를 설명할 수 없다는 사실이 점차로 분명해지고 있다. 또한 자연 발생 개념은 아직 검증되지 않았을 뿐만 아니라, 실제적으로 이 학설의 오류가 논파된 순수한 가설이다. 자연의 일반적인 법칙은 모든 살아 있는 것은 살아 있는 것으로부터 나오는 것('*omne vivum e vivo*' or '*ex vivo*')이다.

(2) 다른 진화론자들은 그들이 유신론적인 진화라고 부르는 것을 옹호한다. 이것은 대체로 자연의 불변적인 법칙들에 따라서, 그리고 물리적인 세력에 의해서만 역사하지만, 때로는 직접적으로 기적적인 개입, 예컨대 절대 시작의 경우나 생명의 시작이나 이성적이고 도덕적인 존재의 시작의 경우에서와 같이 역사하시는 하나님의 존재를 우주의 배경으로 가정한다. 이것은 종종 '임시 변통'(stop-gap) 이론이라는 조소를 받았다. 이것은 자기 발 밑에 갈라진 틈 위에 있는 자연을 돕도록 간헐적으로 하나님의 도움을 요청하는 실제로 당황한 어린이다. 이것은 성경적인 창조론도 아니며, 일관성 있는 진화론도 아니다. 왜냐하면 진화는 '내재적인 요소들에 의하여 실행된 일련의 점진적이고 진보하는 변화들'로 정의되기 때문이다(르 꽁트, Le Conte). 사실상 유신론적인 진화는 용어상 모순이다. 그것은 자연적인 진화(naturalistic evolution)가 그렇게 하듯이, 성경적인 창조론을 믿는 신앙에 대하여 파괴적이며, 또한 하나님의 창조 활동 속에 시간을 불러들임으로써 다시 한 번 진화론의 가설을 무효화한다.

이러한 두 견해 이외에도 우리는 또한 베르그송(Bergson)의 창조적 진화(Creative evolution)와 로이드 모건(C. Lloyd Morgan)의 돌발적인 진화(Emergent evolution)를 언급할 수 있다. 전자는 활력론적인(vitalistic) 범신론자로서 그의 이론은 하나님의 인격성을 부인하는 것과 관계 있으며, 후자는 결국 그가 '하나님'이라고 불릴 수 있는 어떤 궁극적인 요소를 가정하지 않으면, 결코 그의 소위 돌발적인 것들을 설명할 수 없다는 결론에 도달하게 된다.

IV
영적인 세계의 창조

A. 천사론의 역사

기독교 역사의 초기부터 천사들의 존재를 믿었다는 분명한 증거들이 있다. 천사들은 때로는 선한 것으로, 때로는 악한 것으로 간주되었다. 전자는 도덕적 자유를 부여받고, 기쁨으로 하나님을 섬기는 데 참여하고, 하나님에 의해서 인간들의 복지를 위해 일하도록 부름을 받은 고귀한 신분의 인격적인 존재로서 대우받았다. 초대 교부들 가운데 어떤 이들에 따르면, 그들은 훌륭한 영체(靈體, ethereal body)를 가졌다. 일반적으로 모든 천사들은 선하게 창조되었으나, 어떤 천사들은 자유를 남용하여 하나님으로부터 떨어졌다고 믿었다. 원래 뛰어난 지위의 천사였던 사탄은 천사들의 수장으로 간주되었다. 그의 타락의 원인은 교만과 죄악된 욕망에서 찾았으나, 그의 추종자들의 타락은 인간의 딸들에 대한 그들의 정욕에 기인한 것으로 간주되었다. 이 견해는 창 6:2의 일반적인 해석이 무엇인지에 근거한다. 선한 천사들이 신자들의 필요와 복지를 위해 사역했다는 일반적인 생각과 함께, 개교회와 개인들을 위한 수호 천사들에 관한 생각이 특별히 어떤 이들에 의하여 신봉되었다. 병이나 사고, 손실과 같은 다양한 재난들은 종종 악한 영들의 영향으로 여겨졌다. 천사들의 계급에 관한 관념이 이미 그 모습을 나타냈지만(알렉산드리아의 클레멘트), 천사들을 숭배하는 일은 부당한 일로 간주되었다.

시간이 흐름에 따라, 천사들은 인간보다 지식이 뛰어나며, 또한 거추장스럽고 조잡한 신체로부터 자유로운 복된 영들로 계속 간주되었다. 어떤 이들은 여전히 그들의 속성으로 훌륭한 영체들을 부가했으나, 그들이 어떤 신체를 가졌는지는 점점 불확실해졌다. 그들이 신체를 가지고 있다는 생각에 계속 집착했던 사람들은 천사들이 공간적인 제한에 예속되어 있다는 사실 때문에 이렇게 했던 것으로 보인다. 아레오바고의 디오니시우스(Dionysius the Areopagite)는 천사들을 세 등급으로 분류하였는데, 첫 번째 등급은 보좌들과 그룹들과 스랍들로 이루어져 있고, 두 번째 등급에는 권세와 주관자와 능력들이 속해 있고, 세 번째 등급은 통치자들과 천사장들과 천사들로 이루어져 있다. 첫 번째 등급은 하나님과 가장 가까운 교제를 나누는 것으로 묘사되고, 두 번째 등급은 첫 번째 그룹의 천사들에 의해 계몽되고, 세 번째 등급은 두 번째 그룹의 천사들에 의해 계몽되는 것으로 묘사된다. 이 분류는 후대의 몇몇 저자들에 의해 채택되었다.

아우구스티누스는 선한 천사들이 견인의 은사로 말미암은 그들의 복종에 대해 보상받았으며, 그 은사와 더불어 그 천사들이 결코 타락하지 않으리라는 확신이 있었다는 사실을 강조했다. 교만은 여전히 사탄의 타락의 원인으로 간주되었으나, 나머지 천사들이 인간의 딸들에 대한 정욕의 결과로 타락하였다는 관념은, 비록 어떤 이들에 의하여 여전히 주장되었지만, 창 6:2에 대한 더 나은 주석 작업의 영향으로 점차 사라졌다. 유익한 영향력은 타락하지 않은 천사들에게서 기인하며, 타락한 천사들은 인간의 마음을 부패시키고 이단을 자극하며 질병과 재앙을 일으키는 것으로 간주되었다. 많은 기독교 개종자들의 다신적인 경향들이 천사 숭배의 경향을 조장했다. 그러한 천사 숭배는 공식적으로 4세기에 라오디게아(Laodicea)에서 개최된 공의회에서 정죄되었다.

중세기 동안에 여전히 일부에서 천사들이 영체를 가지고 있는 것으로 생각하는 경향이 있었으나, 그들이 신체를 가지고 있지 않다는 것이 일반적인 견해였다. 출현은, 계시적인 목적을 위하여 그들이 일시적인 신체의 형태를 취했다고 가정함으로써 설명되었다. 몇 가지 사항들이 스콜라 철학자들 가운데서 논의되었다. 천사들의 창조 시기에 관한 지배적인 견해는, 그들이 물질적인 우주와 동시에 창조되었다는 것이었다. 어떤 이들은 천사들이 은혜의 상태에서 창조되었다고 주장했으나, 좀 더 일반적인 견해는 그들이 단지 본성적인 완전 상태에서 창조되었다는 것이었다. 천사들이 어떤 장소에 있을 수 있는가에 관해서는 견해 차이가 거의 없었다. 이 문제에 관한 일반적인 대답은 긍정적이었다. 비록 신체만이 공간에서 제한적이기 때문에 공간에서의 천사의 현존이 제한적이 아니라 일정한(definitive) 것이라는 점이 지적되긴 했지만 말이다. 모든 스콜라 철학자들이 천사들의 지식이 제한적이라는 데에는 동의했으나, 토마스주의자들(Thomists)과 스코투스주의자들(Scotists)은 이 지식의 본성에 관한 견해가 상당히 달랐다. 천사들이 그들의 창조 시에 주입된 지식을 받았다는 사실은 모두가 동의했으나, 토마스 아퀴나스는 둔스 스코투스가 긍정한 것과는 달리 그들이 자신의 지적인 활동에 의하여 새로운 지식을 얻을 수 있다는 것은 부인했다. 토마스 아퀴나스는 천사들의 지식이 순전히 직관적이라고 주장했으나, 둔스 스코두스는 그것이 또한 추론적일 수도 있다고 주장했다. 수호 천사들의 사상은 중세기 동안 상당히 지지받았다.

종교개혁 기간 동안에는 천사론에 관한 새로운 이론들이 나오지 않았다. 루터와 칼빈 양자는 천사들의 사역, 특별히 사탄의 존재와 능력에 관해 명확하게 이해하고 있었다. 칼빈은 사탄이 하나님의 통제하에 있으며, 때때로 하나님의 도구가 되기도 하지만, 그는 제한된 한계 안에서 활동할 수 있을 뿐이라는 사실을 강조했다. 개신교 신학자들은 대체로 천사들을 순수한 영적 존재로 간주하였으나, 잔키우스(Zanchius)와 크로티우스는 계속해서 천사들이 영체들을 가진 것으로 말했다. 선한 천사들의 사역에 관한 일반적인 견해는, 구원의 상속자들을 돌보는 것이 그들의 특별 임무라는 것이었다. 하지만 수호 천사들의 존재에 관해서는 전혀 의견의 일치가 없었다. 어떤 이들은 이 견해를 옹호했으나, 다른 이들은 그것을 반대했고, 또다른 이들은 이 문제를 회피했다. 벨기에 신앙고백(Belgic Confession)은 창조를 다루는 제12조에서 이렇게 말한다. "하나님은 또한 천사도 선하게 창조하셔서, 자기의 사자로써 선택된 사람들에게 봉사하도록 하셨다. 그런데 어떤 천사들은 하나님이 창조해 주신 탁월한 성질에서 타락하여 영원히 멸망하게 되었다. 그리고 남은 천사들은 하나님의 은혜로 시종여일 본래의 상태를 유지하고 있다. 악귀들과 악령들은 타락해서 스스로 할 수 있는 만큼 힘껏 하나님과 모든 선한 일의 원수가 되어서, 교회와 교회의 개개 회원을 유린하려고 지켜보며, 또 그들의 악한 획책으로 모든 것을 파괴하려는 살인자처럼 행한다. 그리하여= 자신의 악으로 인한 영원한 정죄를 받아 날마다 무서운 고통을 기다리게 되었다."

현재에 이르기까지 로마 가톨릭 교회는 대체로 천사들을 순수한 영들로 간주하지만, 에몬스(Emmons)와 에브라르드(Ebrard), 쿠르츠(Kurtz), 델리취 등과 같은 어떤 개신교 신학자들은 여전히 그들에게 어떤 특별한 종류의 신체를 전가하고 있다. 그러나 개신교 신학자 대다수는 그들과 반대 입장을 취한다. 스베덴보리(Swedenborg)는 모든 천사들이 원래 사람이었고 신체적인 형태로 존재하였다고 주장한다. 천사계에서의 그들의 지위는 이 세상에서의 그들의 삶에 달려 있다. 18세기의 합리주의는 대담하게 천사들의 존재를 부인하였으며, 성경이 천사들에 대하여 가르치는 바를 일종의 적응(accommodation)으로 설명했다. 어떤 현대 자유주의 신학자들은 천사론에서 표현된 근본 관념을 유지할 만한 가치가 있는 것으로 간주한다. 그들은 천사론 속에서 하나님의 보호하심과 돌보심, 그리고 도우심의 상징적인 나타남을 발견한다.

B. 천사들의 존재

모든 종교들은 영적인 세계의 존재를 인정한다. 그들의 신화들은 신들과 반신들

(half-gods), 영들, 악마들, 수호신들, 영웅들 등에 대해 말한다. 특별히 페르시아인들 사이에서 천사론이 발전되었으며, 많은 비평 학자들은 유대인들의 천사론이 페르시아인들로부터 유래되었다고 주장한다. 그러나 이는 입증되지 않은, 매우 의심스러운 이론이다. 그것은 천사들이 처음부터 나타났다는 하나님의 말씀과도 조화가 되지 않는다. 게다가 그 주제에 관하여 특별히 연구하였던 어떤 훌륭한 학자들은 페르시아의 천사론이 히브리인들의 천사론으로부터 유래한 것이라는 결론에 도달했다. 교회는 언제나 천사들의 존재를 믿어 왔으나 현대 자유주의 신학에 이르러서는 이러한 믿음을 버렸다. 비록 현대 신학이 천사 개념이 우리에게 "구속사에서 하나님의 생생한 능력, 곧 그의 백성들, 특히 '소자들'에 대한 특별 섭리(providentia specialissima)"를 우리에게 강하게 새겨 주기 때문에 아직 유용한 것으로 간주하긴 하지만 말이다. 비록 라이프니츠나 볼프(Wolff), 그리고 칸트와 슐라이어마허와 같은 사람들이 천사계의 존재 가능성을 인정하였고, 그들 중 어떤 이들은 심지어 이것을 합리적인 논증으로 증명하려고 시도했지만, 철학이 천사들의 존재를 증명하거나 반증할 수 없음은 아주 명백하다. 그러므로 철학에서 성경으로 돌아가게 되는데, 성경은 천사들의 존재를 증명하기 위해서 체계적으로 시도한 적은 전혀 없지만, 성경 전체에 걸쳐서 천사들의 존재를 이야기하며, 역사서들에서 반복적으로 활동하는 천사들을 볼 수 있다. 하나님의 말씀의 권위 앞에서 고개를 숙이는 사람은 천사들의 존재를 결코 의심할 수 없다.

C. 천사들의 본성

이러한 제목하에 몇 가지 요점들을 고찰할 필요가 있다.

1. 하나님과는 달리 그들은 피조된 존재들이다.　천사들의 창조는 때때로 부인되어 왔지만, 성경에서 명백하게 가르치고 있다. 천군의 창조를 언급하는 그런 구절들(창 2:1; 시 33:6; 느 9:6)이 별무리의 창조를 언급하기보다 천사들의 창조를 언급한다는 것은 확실하지 않으나, 시 148:2, 5과 골 1:16은 분명히 천사들의 창조를 언급한다(비교. 왕상 22:19; 시 103:20, 21). 그들의 창조 시기는 명확하게 정할 수 없다. 그들이 만물 이전에 창조되었다는 욥 38:7에 근거한 어떤 이들의 견해는 실제로 성경에서 전혀 뒷받침되지 않는다. 우리가 아는 한, 어떠한 창조 사역도 천지의 창조를 선행하지 않았다. 실제로 욥 38:7은 그들이 별들과 같이 세계의 형성시에 있었다고 시적으로 가르치지만, 그들이 천지의 제1차 창조 이전에 존재했다고 가르치는 것은 아니다. 하늘들의 창조가

첫째날에 완성되었고 천사들의 창조는 그닐의 사역의 단순한 일부분이라는 관념도 역시 입증되지 않은 가설이다. 그러나 창 1:2의 진술이 땅에만 적용된다는 사실은 그 가설을 지지하는 것처럼 보인다. 아마도 하늘들의 창조는 땅의 창조와 마찬가지로 어떤 한순간에 완성되지는 않았을 것이다. 그것들이 일곱째날 이전에 창조되었다는 것이 유일하게 안전한 진술로 보인다. 이것은 적어도 창 2:1; 출 20:11; 욥 38:7; 느 9:6과 같은 구절에서 추론된다.

2. 그들은 영적이고 무형적인 존재들이다.　이것은 항상 논란되어 왔다. 유대인들과 많은 초대 교부들은 천사들이 공기나 혹은 불 같은 신체를 가진 것으로 생각했다. 그러나 중세 교회는 그들이 순수한 영적 존재라는 결론에 도달했다. 하지만 그 후에도 로마 가톨릭 교회와 알미니우스의자들, 심지어 루터 교회, 개혁 교회 신학자들까지도 천사들이 가장 정교하고 순결한 어떤 신체성을 가진 것으로 생각했다. 그들은 순수 영적이고 무형적인 성질의 개념을, 형이상학적으로 생각할 수 없으며 또한 피조물의 개념과는 맞지 않는 것으로 간주했다. 그들은 또한 천사들이 공간적인 제한에 예속되어 있고, 이곳에서 저곳으로 옮겨 다니며, 때때로 인간에 의하여 목격된다는 사실에 호소했다. 그러나 이러한 모든 주장들은 성경의 명백한 진술들(마 8:16; 12:45; 눅 7:21; 8:2; 11:26; 행 19:12; 엡 6:12; 히 1:14)에 빛을 잃고 만다. 그들은 살과 뼈가 없고(눅 24:39), 결혼하지 않으며 (마 22:30), 매우 제한된 공간에서 다수로 존재할 수 있으며(눅 8:30), 보이지 않는다(골 1:16), 시 104:4(비교. 히 1:7); 마 22:30; 고전 11:10과 같은 구절들에서 천사들의 신체성이 증명되지 않는다. 그들이 어떤 경우에 취했던 신체들이 실제적인 것인지 아니면 순전히 외견적인 것인지는 말하기가 어렵지만, 이것은 에스겔의 예언과 요한계시록에 나타난 천사들에 관한 상징적인 묘사나 그들의 신체적인 형태로 나타남에 의해서도 입증되지 않는다. 그러나 비록 시공간에서 사람보다 더 자유롭지만 그들은 피조물이며, 따라서 유한하고 한정적이라는 것은 분명하다. 우리는 그들이 어느 곳이나 채우고 있으며(*ubi repletivum*) 어느 곳이나 차지하고 있다(*ubi circumscriptivum*)고 생각하지 않으며, 단지 어느 곳에 한정되어 있다(*ubi definitivum*)고 생각할 수 있다. 그들은 동시에 둘 혹은 그 이상의 장소에 있을 수 없다.

3. 그들은 이성적이고 도덕적이며 불멸하는 존재들이다.　이것은 그들이 지성과 의지를 부여받은 인격적인 존재임을 의미한다. 그들이 지성적인 존재들이라는 사실은

그들이 영들이라는 사실로부터 즉시 추론할 수 있겠으나 성경에서도 명백하게 가르치고 있다(삼하 14:20; 마 24:36; 엡 3:10; 벧전 1:12; 벧후 2:11). 전지하지는 않지만 그들은 지식에 있어서 인간을 능가한다(마 24:36). 게다가 그들은 도덕적인 본성들을 소유하고 있으며, 따라서 도덕적인 의무감 아래에 있어서 순종에 대해서는 보상을 받고 불순종에 대하여서는 처벌을 받게 된다. 성경은 '거룩한 천사들'로 충성되이 남아 있는 천사들을 언급하며(마 25:31; 막 8:38; 눅 9:26; 행 10:22; 계 14:10), 거짓말과 죄를 지음으로 타락한 천사들도 묘사한다(요 8:44; 요일 3:8-10). 선한 천사들은 또한 그들이 죽음에 예속되어 있지 않다는 의미에서 불멸한다. 그런 점에서 하늘의 성도들도 그들과 같은 것이라고 하였다(눅 20:35, 36). 이 모든 것에 더하여 그들에게 큰 권세가 부여되었다. 그들은 하나님의 군대, 즉 힘있는 용사들의 무리를 이루며, 항상 주의 명령을 준행할 준비가 되어 있다(시 103:20; 골 1:16; 엡 1:21; 3:10; 히 1:14). 그리고 악한 천사들은 사탄의 군대를 이루어 주의 사역을 파괴하려고 한다(눅 11:21; 살후 2:9; 벧전 5:8).

4. 그들은 일부는 선하고 일부는 악하다. 성경에서 천사들의 원상태에 관한 내용은 아주 미미하다. 하지만 우리는 하나님의 창조 사역의 끝에 하나님께서 그가 만드신 모든 것을 보시고 보시기에 심히 좋았다고 한 것을 읽을 수 있다. 더구나 요 8:44; 벧후 2:4; 유 6은 천사들의 원래의 선한 상태를 전제로 한다. 선한 천사들은 딤전 5:21에서 택하심을 받은 천사들이라고 불린다. 그들은 모든 천사들이 받은 바 자신들의 지위를 충분히 유지할 수 있게 해주는 은혜에 더하여 특별한 견인의 은혜를 받았는데, 그것에 의하여 그들은 자신들의 지위를 더욱 견고히 하게 되는 것이다. 천사들의 타락의 시기와 특성에 관한 쓸모없는 사변들이 많이 있었다. 하지만 개신교 신학은, 선한 천사들이 그들의 원지위를 지켰고 그들의 지위를 견고히 하였으며 이제는 죄를 지을 수 없다는 것을 아는 정도에서 대체로 만족하고 있다. 그들은 거룩한 천사들로 불릴 뿐만 아니라, 빛의 천사들로도 불린다(고후 11:14). 그들은 언제나 하나님의 얼굴을 뵙고(마 18:10), 하나님의 뜻을 행하는 우리의 본보기로서(마 6:10), 불멸하는 생명을 소유하고 있다(눅 20:36).

D. 천사들의 수와 조직

1. 천사들의 수. 성경은 천사들의 수에 관해 명확하게 이야기하고 있지 않으나, 그

들이 강한 군대를 이루고 있다는 사실은 아주 분명히 언급한다. 그들은 거듭 천군 혹은 하나님의 군대로 불리는데, 이 용어 자체는 이미 상당한 수를 지적하고 있다. 신 33:2에서 우리는 "여호와께서 시내 산에서 오시고……일만 성도 가운데에 강림하셨고"라는 구절을 읽으며, 시 68:17에서는 시인이 "하나님의 병거는 천천이요 만만이라 주께서 그 중에 계심이 시내 산 성소에 계심 같도다"라고 노래하고 있다. 예수님이 더러운 귀신에게 물었을 때 그 귀신은 "내 이름은 군대니 우리가 많음이니이다"(막 5:9)라고 대답했다. 로마 군대(legion)는 항상 동일하지는 않았고, 그 병력수가 시대에 따라 줄곧 3,000명에서 6,000명 사이에서 수시로 변했다. 겟세마네에서 예수님은 그를 잡으러 온 무리에게 "너는 내가 내 아버지께 구하여 지금 열두 군단 더 되는 천사를 보내시게 할 수 없는 줄로 아느냐"(마 26:53)라고 말했다. 또한 마지막으로, 계 5:11에는 "내가 또 보고 들으매 보좌와 생물들과 장로들을 둘러 선 많은 천사의 음성이 있으니 그 수가 만만이요 천천이라"라는 구절이 있다. 이런 자료들을 볼 때, 천사들은 수많은 무리, 즉 강한 군대를 이루고 있다고 말하는 것이 가장 안전할 것이다. 그들은 인류와 같은 조직을 이루지는 않는데, 그것은 그들이 결혼하지도 않고, 하나로부터 다른 하나를 낳지 않는 영들이기 때문이다. 태초에 천사들이 수적으로 충만하게 창조되었으며, 그들의 등급은 아무런 증가도 없었다.

2. 천사들의 등급. 천사들은 유기체를 이루지 않는다 하더라도 어떤 식으로든지 분명히 조직되어 있다. 이것은 '천사'라는 일반 명칭과 나란히 성경이 천사들의 다른 등급들을 표시하기 위하여 어떤 특별한 이름들을 사용하고 있다는 사실에서 추정된다. 우리가 일반적으로 고등한 영들을 지칭하기 위하여 사용하는 '천사'라는 명칭은, 성경에서는 성질의 명칭(nomen naturae)이 아니라 직무적인 명칭(nomen officii)이다. 히브리어 말라크는 단순히 사자를 의미하며, 또한 사람들에 의하여(욥 1:14; 삼상 11:3) 혹은 하나님에 의하여(학 1:13; 말 2:7; 3:1) 보내어진 사자를 의미한다. 헬라어 앙겔로스도 역시 종종 인간들에게 적용된다(마 11:10; 막 1:2; 눅 7:24; 9:51; 갈 4:14). 성경에 나오는 모든 영적인 존재들을 위한 일반적이고 구별된 명칭은 없다. 그들은 하나님의 아들들(욥 1:6; 2:1; 시 29:1; 89:6), 영들(히 1:14), 성도들(시 89:5, 7; 슥 14:5; 단 8:13), 순찰자들(단 4:13, 17, 24)로 불린다. 하지만 천사들의 여러 등급을 지칭하는 몇 가지 특징적인 명칭들이 있다.

(1) 그룹(Cherubim). 그룹들은 성경에서 반복해서 언급된다. 그들은 낙원의 입구를 지키며(창 3:24), 속죄소를 응시하고(출 25:18; 시 80:1; 99:1; 사 37:16; 히 9:5), 하나님이

땅으로 내려오시는 병거를 구성한다(삼하 22:11; 시 18:10). 겔 1장과 계 4장에서 그들은 다양한 형태의 생물로 묘사된다. 이러한 상징적인 묘사들은 단순히 그들의 뛰어난 능력과 위엄을 나타내는 데 사용된다. 그들은 다른 피조물들보다 훨씬 더 하나님의 능력과 위엄과 영광을 계시하며, 에덴 동산과 성막과 성전, 그리고 하나님의 이 땅으로의 강림에서 하나님의 거룩함을 수호할 운명을 타고났다.

(2) 스랍(Seraphim). 천사들과 관련된 어떤 계급은 사 6:2, 6에서만 언급된 스랍들이다. 그들 역시 상징적으로는 인간의 형태로 묘사되지만, 여섯 날개가 있어서 둘로는 얼굴을 가리고 둘로는 발을 가리며 둘로는 주의 명령을 신속히 수행한다. 그룹들과는 달리 스랍들은 하늘 임금의 보좌를 둘러선 종들로서 수종을 들고 있으며, 그를 찬양하고, 또한 그의 명령을 수행하기 위하여 준비하고 있다. 그룹들이 강한 자들인 반면에, 그들은 천사들 가운데 존귀한 자들이라 할 수 있다. 그룹들은 하나님의 거룩성을 수호하고, 스랍들은 화해의 목적을 위해 봉사하며, 이렇게 해서 인간이 하나님께 바르게 나아갈 수 있도록 준비시킨다.

(3) 통치자(Principalities)와 능력(powers)과 보좌(thrones)와 주관자들(dominions). 이미 언급한 것 외에도 성경은 어떤 계층의 천사들에 관하여 언급하는데, 그들은 천사계에서 통치자와 능력들(아르카이와 엑수시아이, 엡 3:10; 골 2:10), 보좌들(드로노이, 골 1:16), 주관자들(큐레오테토이, 엡 1:21; 골 1:16), 능력들(듀나메이스, 엡 1:21; 벧전 3:22)과 같은 권위의 자리들을 점하고 있다. 이러한 칭호들은 상이한 종류의 천사들을 지칭하지 않으며, 단순히 천사들의 여러 서열 혹은 위계를 지칭한다.

(4) 가브리엘과 미가엘. 다른 모든 천사들과는 달리 이 두 천사는 이름으로 언급된다. 가브리엘은 단 8:16; 9:21; 눅 1:19, 26에서 나타난다. 대다수의 주석가들은 그를 피조된 천사로 간주하지만, 이들 중 어떤 이들은 가브리엘이라는 이름이 고유의 이름이라는 사실을 부인하고, 그것을 하나님의 사람, 즉 천사의 동의어를 의미하는 일반 명사라고 여긴다. 그러나 이것은 견지될 수 없는 입장이다. 어떤 초대와 후대의 주석가들은 그를 비창조된 존재로 보았고, 어떤 이들은 심지어 그가 성삼위의 제3위이며, 미가엘은 제2위일 것이라고 주장했다. 그러나 문제의 구절을 단순하게 읽어 보면 이러한 해석의 불가능성을 쉽게 알 수 있다. 그는 계 8:2에서 하나님 앞에 서 있는 것으로 언급되는 일곱 천사들 가운데 하나일 것이다(비교. 눅 1:19). 하나님의 계시를 전달하고 해석해 주는 것이 그의 특별한 임무였던 것으로 보인다.

미가엘(문자적으로, '하나님이 누구와 같으냐?')이라는 명칭은 삼위일체의 제2위를 의미하는 것으로 해석되어 왔다. 그러나 이것은 가브리엘을 성령과 동일시하지 않는 것과 같이 견지될 수 없다. 미가엘은 단 10:13, 21; 유 9; 계 12:7에서 언급된다. 그가 유 9에서 '천사장'이라 불리며, 계 12:7에 그러한 표현이 사용된다는 사실을 보았을 때 그가 천사들 중 중요한 위치를 차지하고 있는 것으로 보인다. 다니엘서의 구절들은 미가엘이 그들 중에 우두머리인 사실을 지시한다. 사람들은 그를, 이스라엘의 적들과 영계의 악령들에 대항하여 여호와의 싸움을 싸우는 용감한 전사로 알고 있다. '천사장'이라는 칭호가 경우에 따라서는 가브리엘과 소수의 다른 천사들에게도 적용된다.

E. 천사들의 직무

천사들의 직무는 일반적인 직무와 특별한 직무로 구분될 수 있다.

1. 그들의 일반적인 직무. 이것은 그들이 밤낮 하나님을 찬양하는 일이다(욥 38:7; 사 6장; 시편 103:20; 148:2; 계 5:11). 성경은 그들이 그리스도의 탄생 때와 같이 들릴 수 있게 찬양한다고 표현하지만, 우리는 천사들의 이러한 전언과 노래에 대한 어떤 개념도 형성할 수 없다. 죄가 세상에 들어온 이후로 그들은 구원의 상속자들을 섬기도록 보내졌다(히 1:14). 그들은 한 죄인의 회심을 기뻐하고(눅 15:10), 신자들을 지키며(시 34:7; 91:11), 소자들을 보호하고(마 18:10), 교회에 임재하며(고전 11:10; 딤전 5:21), 교회로부터 하나님의 은혜의 풍성함을 배우고(엡 3:10; 벧전 1:12), 신자들을 아브라함의 품으로 인도한다(눅 16:22). 어떤 천사들이 개개의 신자들의 수호 천사로서 섬긴다는 생각은 성경에서 뒷받침될 만한 근거가 전혀 없다. 마 18:10의 진술은 너무 일반적이어서 설득력이 없으나, 특별히 소자들을 돌볼 책임을 맡은 일군의 천사들이 있음을 지적하는 것으로 여겨진다. 이러한 생각은 행 12:15으로도 입증되지 않는데, 이 구절은 단순히 초대 교회의 어떤 제자들이 수호 천사를 믿었다는 사실만을 보여주기 때문이다.

2. 그들의 특별한 직무. 천사들의 특별한 직무는 인간의 타락으로 인해 필요하게 되었으며, 하나님의 특별 계시 속에서 중요한 요소를 이루고 있다. 그들은 종종 하나님의 특별 계시를 중개하며, 그 백성들에게 복을 전달하고, 하나님의 원수들에 대해 심판을 수행한다. 그들의 활동은 족장들의 시대, 율법 수여 시대, 포로와 회복의 기간, 주님의 탄생과 부활과 승천과 같은 구원의 경륜의 위대한 전환점에서 가장 부각된다. 하나님의 특별 계시 기간이 끝났을 때, 천사들의 특별한 직무는 주님의 재림 때에만

다시 떠맡기 위해 종결되었다.

F. 악한 천사들

1. 그들의 기원. 선한 천사 이외에 또한 하나님을 대적하고 그의 사역을 대항하는 악한 천사들이 있다. 그들 역시 하나님의 피조물들이지만, 그들은 악한 천사로 창조되지 않았다. 하나님은 그가 만드신 모든 것을 보셨고, 그것은 참으로 좋았다(창 1:31). 성경에는 어떤 천사들이 그들의 원지위를 지키지 아니하여 그들이 창조된 원상태에서 타락하였다는 것을 분명히 암시하는 두 구절이 있다(벧후 2:4; 유 6). 이 천사들의 특별한 죄는 계시되지 않았으나, 대개 그들이 하나님에 반항하여 자신을 높여 최고의 권위를 넘보았던 점에 있는 것으로 생각되었다. 이런 야망이 사탄의 생애에서 중요한 역할을 하였고 그를 타락으로 이끌었다면, 왜 그가 사람을 이 특별한 관점에서 유혹하였으며, 또한 사람 안에서 있을 수 있는 유사한 야망에 호소함으로써 그를 유혹하여 파멸하려고 하였는지를 즉시 설명할 수 있을 것이다.

어떤 초대 교부들은 타락의 원인을 설명하면서 사탄과 그를 추종하는 귀신들을 구분했다. 사탄의 타락의 원인은 교만에서 발견되지만, 천사계에서의 좀 더 일반적인 타락의 원인은 육체적인 정욕이었다(창 6:2). 하지만 창 6:2에 대한 그러한 해석은 중세기 동안에 점차로 사라졌다. 이것을 고려하면 몇몇 현대의 주석가들이 벧후 2:4와 유 6에 대한 해석에서 그러한 관념을 되풀이하고 있다는 것은 상당히 놀라운 일인데, 마이어(Meyer)와 알포드(Alford), 마요르(Mayor), 볼렌베르그(Wohlenberg)와 같은 주석가들이 그러하다. 하지만 그것은 천사들의 영적인 본성과, 마 22:30이 의미하려고 하는 것과 같이 천사들에게는 성적인 삶이 없다고 하는 사실과는 반대되는 설명이다. 더구나 그런 해석에서 우리는 천사계의 이중 타락, 즉 첫째는 사탄의 타락, 그리고 둘째는 상당히 나중 사건으로서 지금 사탄을 섬기는 귀신들의 군대로 귀결되는 타락을 가정해야 할 것이다. 사탄이 그의 타락에서 그와 더불어 다른 천사들을 끌어내었다고 하는 편이 훨씬 좋을 것 같다.

2. 그들의 우두머리. 사탄은 성경에서 타락한 천사들의 인정된 우두머리로 나타난다. 그는 원래 천사계에서 아주 유력한 천사장들 중의 하나였으나, 하나님을 반역하여 타락한 천사들의 지도자가 되었던 것으로 보인다. '사탄'이라는 명칭은 그를 우선 인

간이 아닌 하나님의 '적대자'로서 시적한다. 그는 하나님의 손으로 지으신 창조의 면류관인 아담을 공격하여 파멸을 초래함으로써 아볼루온(파괴자)이라 불리는데, 예수님이 회복의 사역을 행하실 때 예수님을 공격했다. 죄가 세상에 들어온 이후로 그는 하나님의 백성들을 계속적으로 정죄하는 디아볼로스(고발자)가 되었다(계 12:10). 그는 성경에서 죄의 창시자로 묘사되며(창 3:1, 4; 요 8:44; 고후 11:3; 요일 3:8; 계 12:9; 20:2, 10), 타락한 무리의 인정된 우두머리로서 나타난다(마 25:41; 9:34; 엡 2:2). 그는 자기와 함께 타락한 천군들의 지도자로 존재하면서, 그들로 하여금 그리스도와 그의 나라에 대하여 필사적으로 대항하도록 한다. 그는 또한 거듭 '이 세상 임금'(요 12:31; 14:30; 16:11)과 '이 세상의 신'(고후 4:4)으로 불린다. 이것은 그가 세상을 다스린다는 의미가 아니다. 이는 하나님이 세상을 다스리시며, 하나님이 그리스도에게 모든 권세를 주셨기 때문이다. 그러나 세상이 하나님으로부터 도덕적으로 분리되어 있다는 점에서 사탄이 이 사악한 세상을 지배하고 있다고 말할 수 있다. 이것은 엡 2:2에 명백히 지적되어 있는데, 이 구절에서 그는 "공중의 권세 잡은 자, 곧 지금 불순종의 아들들 가운데 역사하는 영"으로 불린다. 그는 초인적이지만 신적인 것은 아니며, 큰 능력을 가지고 있지만 전능하지는 않으며, 큰 영향력을 행사하지만 제한되어 있고(마 12:29; 계 20:2), 무저갱으로 던져질 운명에 있다(계 20:10).

3. 그들의 활동. 선한 천사들과 같이 타락한 천사들도 역시 초인적인 능력을 소유하고 있으나, 그 능력의 사용은 슬프게도 선한 천사들의 사용과는 반대된다. 후자는 영원히 하나님을 찬양하고 그의 전쟁을 치르고 하나님을 충성되게 섬기지만, 어둠의 권세들인 천사들은 열심으로 하나님을 비난하고 하나님과 그의 기름 부음받은 자를 대적하여 싸우며, 하나님의 사역을 파괴한다. 그들은 하나님에게 끊임없이 반항하며, 선택된 사람들을 눈멀게 하고 그릇 인도하려고 하며, 또한 죄인들을 자극하여 악을 행하게 한다. 그러나 그들은 패배한 절망적인 영들이다. 그들은 이제 지옥과 어둠의 구덩이에 결박되어서 아직 한 곳에 제한되어 있지는 않더라도, 칼빈이 말한 것처럼 그들은 그들이 가는 곳마다 사슬을 질질 끌고 다니는 것이다(벧후 2:4; 유 6).

V
창조에 대한 성경의 설명

A. 창조에 대한 성경의 설명

히브리인들뿐만 아니라 다른 민족들도 물질의 우주의 기원과, 근원적인 혼돈 (chaos)이 우주나 혹은 거주할 수 있는 세계로 변화된 방식의 기원에 관한 그들 나름의 기사들을 가지고 있다. 그 기사들 중 어떤 것들은 성경의 기록과 유사한 흔적들을 드러내 주지만, 훨씬 더 현저한 차이점들을 포함하고 있다. 그것들은 대체로 이원론적이거나 다신론적인 요소들이 특징이며, 현세계를 신들 사이의 격렬한 투쟁의 결과로 묘사하는데, 성경 기사의 단순성과 건전성(Sobriety) 같은 것은 도무지 찾아볼 수 없다. 그것에 관하여 상세히 논의하기 전에 몇 가지 요점을 짚고 넘어가는 것이 좋을 것이다.

1. **성경이 세계의 창조를 관조하는 관점.** 하늘들의 창조에 관하여 언급하면서도 창조설화가 영적인 세계에 더 이상 관심갖지 않는 것은 중요한 일이다. 그것은 물질 세계에 관해서만 관계하며, 물질 세계를 주로 인간의 거주지와 인간 활동의 무대로 묘사한다. 그것은 영들과 같이 보이지 않는 실체들을 다루지 않고, 보이는 것들을 다룬다. 또한 이러한 일들은 인간의 감각으로써 감지할 수 있기 때문에 신학에서 뿐만 아니라 여타의 과학이나 철학에서도 논의의 대상이 되고 있다. 그러나 철학이 이성의 조명에 의하여 만물의 기원과 본성을 이해하려고 하는 반면에, 신학은 하나님으로부터 출발하며 창조 사역에 관한 그의 특별 계시에 의하여 인도를 받으며 모든 것을 그와의 연관 속에서 고려한다. 창조 설화는 하나님의 자기 계시의 시작이며, 인간을 포함한 만물이 그와 맺고 있는 기본적인 관계를 우리에게 알게 해준다. 그것은 모든 시대의 사람들이 성경의 나머지 부분을 구속의 계시로 합당하게 이해할 수 있도록 하기 위하여 인간의 원래 지위를 강조한다. 그것은 완전한 철학적 우주기원론을 제공하려고 의도하지는 않으나, 합당한 우주 기원론의 구성을 위한 중요한 요소들을 포함하고 있다.

2. **창조 기사의 기원.** 창조 설화의 기원에 관한 문제가 반복적으로 야기되어 왔는데, 그것에 관한 관심이 바벨론의 창조 신화의 발견에 의하여 다시 새롭게 되었다. 우

리에게 알려진 이 신화는 바벨론의 도시에서 형성되었다. 그것은 말둑(Marduk)을 최고의 신으로 하는 여러 신들의 계보에 관해 이야기한다. 그만이 원시 용인 티아맛(Tiamat)을 이길 만큼 충분한 힘을 가지고 있어서, 사람들이 경배하는 세계의 창조주가 된다. 창세기의 창조 설화와 바벨론 신화 사이에는 몇 가지의 유사점들이 있다. 창세기는 7일을 말하고, 바벨론 기사는 7개의 서판에 배열되어 있다. 양 기사들이 모두 하늘의 창조를 넷째 날에, 사람의 창조를 여섯째 날에 연결시킨다. 이 유사성들의 어떤 것은 거의 중요하지 않으며, 두 기사의 차이점들이 훨씬 중요하다. 히브리 기사의 순서는 바벨론의 그것과 많은 점에서 다르다. 하지만 가장 큰 차이점은 두 기사의 종교적 개념들에서 발견된다. 성경의 기사와 구분되는 바벨론의 기사는 신화적이고 다신적이다. 신들의 수준은 높지 않으며, 음모와 계략을 꾸미고 싸운다. 또한 말둑은 악한 세력들을 이기고 혼돈을 질서로 환원시키기 위해 혼신의 힘을 쏟아붓는 오랜 싸움 끝에야 비로소 승리한다. 반면에 창세기에서 우리는 가장 숭고한 유일신론과 마주치게 되며, 하나님께서 우주와 모든 피조된 것들을 그의 능력의 말씀만으로 불러내시는 것을 본다.

바벨론 기사가 발견되었을 때, 많은 학자들은 적어도 두 가지의 다른 가능성이 있음을 주의하지 않고, 성경의 기사가 바벨론 자료로부터 유래하였다고 성급하게 추측했다. 그런데 그 두 가지의 다른 가능성은 ① 바벨론 신화는 창세기 설화의 개악된 모조품이라는 것이나, 혹은 ② 양자가 다 공통적인 좀 더 원시적인 자료로부터 유래한 것일 수 있다는 것이었다. 그러나 이 문제가 어떻게 답변되든지 간에 그것은 설화의 기원 문제를 해결하지 못한다. 문서화되었든지 혹은 구전으로였든지 간에 어떻게 원본이 존재하게 되었는가? 어떤 이들은 그것을 단순히 사물의 기원에 관한 인간적인 성찰의 자연적 산물로 간주한다. 그러나 이러한 설명은 다음 사실들을 고려해 볼 때, 매우 불합리하다. ① 창조의 사상은 불가해하다. ② 과학과 철학은 둘 다 똑같이 무로부터의 창조론을 반대한다. ③ 우리는 세계가 하나님의 말씀으로 지음받았다는 사실을 신앙으로만 이해할 수 있다(히 11:3). 그러므로 우리는 창조 설화가 모세나 혹은 고대의 족장들 가운데 한 사람에게 계시되었다는 결론에 이르게 된다. 만약 이 계시가 모세 이전의 것이라고 한다면 그것은 한 세대에서 다음 세대로 (구전이든 문서로든) 전승으로 내려왔으며, 아마도 그것의 원본의 순수성의 일부를 상실하였으나 성령의 인도하심을 통하여 마침내 순수한 형태로 성경의 첫째 책으로 편입되었던 것이다.

3. 창 1:1, 2의 해석. 어떤 이들은 창 1:1을 전(全)창조 설화의 제목이나 표제라고 간

주한다. 그러나 이것은 세 가지 이유로 반대되는데, ① 다음에 이어지는 설화가 히브리 접속사 와우(그리고)로 첫 절과 연결되고 있는데, 이 접속사는 첫 절이 표제일 때는 가능할 수 없기 때문이며, ② 그런 전제 위에서는, 원래적 직접적 창조가 무엇이든지 간에 그런 기사는 전혀 없기 때문이며, ③ 이어지는 절들이 하늘의 창조에 관한 아무런 기사도 포함하고 있지 않기 때문이다. 더 일반적으로 받아들여지는 해석은 창 1:1이 히브리어로는 '천지'라고 불리는 우주의 기원적이고 직접적인 창조를 기록하고 있다는 것이다. 이 표현에서 '하늘'이라는 단어는, 하나님의 영광이 가장 완전한 형태로 계시되는 사물들의 보이지 않는 질서를 언급하고 있다. 그것이 구름들이나 별들에 관한 것이거나 간에 우주적인 하늘들을 묘사하는 것으로는 간주될 수 없는데, 왜냐하면 이것들은 창조 주간의 둘째 날과 넷째 날에 창조되었기 때문이다. 그런데 2절에서 기자는 땅의 원 상태를 묘사한다(비교. 시 104:5, 6). 물질의 원 창조가 첫째 날의 사역의 일부분을 형성하였는지, 그렇지 않으면 시간의 더 짧거나 더 긴 기간에 의하여 이것이 분리되었는지는 논쟁적인 문제이다. 그 둘 사이에 긴 기간을 끼워 넣는 사람들 가운데 어떤 이들은, 세계는 원래 천사들의 거주지였으나 천사계의 타락으로 인하여 파괴되었으며, 그 다음에 개선되었고, 사람들을 위한 적합한 거주지로 바뀌게 되었다고 주장한다. 우리는 다른 부분에서 이 회복설을 다루게 될 것이다.

B. 창조 6일간의 사역들

한순간에 무로부터 우주의 창조 이후에 존재하는 혼돈은 6일간의 연속 기간에 차츰 질서 있는 우주, 즉 거주할 수 있는 세계로 바뀌게 되었다. 각각의 날들의 사역이 지적되기 전에 창조의 날들의 길이에 관한 문제를 간단하게 논의하고자 한다.

1. 그 날들이 긴 기간들이었다는 이론에 관한 고찰. 어떤 학자들은 지질학적인 기간들과 조화시키기 위하여 창 1장의 날들이 오랜 기간이었다고 주장한다. 이 날들이 24시간의 보통의 하루가 아니었다는 의견은, 메신저(E. C. Messenger)가 「진화와 신학」 (*Evolution and Theology*)이라는 그의 저명한 연구에서 상세히 보여주듯이, 고대 기독교 신학에서 전적으로 낯선 것은 아니었다. 그러나 이 날들을 보통의 하루로 간주하지 않으려고 했던 어떤 교부들은 창조의 전사역이 시간의 한순간에 끝났으며, 그 날들은 한정적인 인간들이 잘 이해할 수 있도록 하기 위하여 창조 사역의 묘사를 순서적인 형식

으로 용이하게 해주는 단순한 상징적 구조의 틀로 구성되었다고 하는 견해를 표명했다. 창조의 날들이 오랜 기간이었다는 견해가 최근에 다시 등장하게 되었으나, 그것은 주석적인 연구의 결과로서가 아닌 과학 발전의 영향에 기인한 것이다. 19세기 이전에 창조의 날들은 가장 일반적으로 문자적인 날들로 간주되었다. 그러나 물론 인간의 해석은 오류를 범할 수 있고, 후대 연구들의 조명하에 개정될 필요가 있다. 만약 전통적인 주석이 그 자체가 해석인 과학이론들뿐만 아니라, 잘 확립된 사실들과 모순된다면, 재고와 재해석이 자연히 타당하게 될 것이다. 그러나 가정된 지질학적인 기간들은 과학계에서조차도 일반적으로 잘 확립된 사실로 결코 인정되지 않기 때문에, 가정된 지질학적 기간들에서 표면의 변화가 일어난다는 것은 거의 주장될 수 없다. 해리스와 밀리, 베텍스(Bettex), 케이싱크(Geesink)와 같은 기독교 신학자들은 창세기의 날들을 지질학적인 날들이라고 추정하며, 쉐드와 하지는 창조 기록과 암석들의 증거 사이의 현저한 일치에 주목하고 있고, 창조의 날들을 지질학적인 기간들로 간주하는 경향이 있다.

창세기의 날들을 긴 기간으로 생각하는 것이 주석적으로 가능한지에 관한 문제가 야기된다. 그런제 히브리어 욤이 성경에서 항상 24시간의 기간을 표시하지 않는다는 사실과, 창조 기사에서조차도 항상 같은 의미로 사용되지는 않는다는 점이 인정되어야 한다. 그것은 어둠과 구별되는 빛(창 1:5, 16, 18)을 의미하거나 빛과 어둠을 함께(창 1:5, 8, 13 등) 의미할 수 있다. 혹은 6일을 합한 기간을 의미하거나(창 2:4), 혹은 환난(시 20:1)과 진노(욥 20:28), 형통(전 7:14), 구원(고후 6:2)과 같은 어떤 특징적인 성격에 의해 그 전체 기간이 표현된 막연한 기간을 의미할 수 있다. 이제 어떤 이들은 성경이 창조의 날들이 막연한 기간이라는 사상을 뒷받침하고 있다고 주장하면서 다음 항목에 유의한다.

(1) 태양이 넷째 날이 되어서야 창조되었기 때문에 이전의 날들의 길이는 아직 태양과 지구의 관계에 의해 결정될 수 없다. 이것은 완전한 사실이지만, 핵심을 입증하지는 못한다. 하나님은 분명히 넷째 날 이전에도 빛과 어둠의 어떤 규칙적인 변화를 정하셨는데, 그렇게 측정된 날들이 나중의 날들보다 더 긴 기간이었다고 가정하기 위한 어떤 근거도 존재하지 않는다. 어떻게 빛이 태양에 집중된 후에 지구의 공전 속도가 더 크게 증가했다고 가정될 수 있는가?

(2) 언급된 날들은 하나님의 날들, 즉 원형적인 날들이며, 이에 비해 인간들의 날은 단지 모형적인 복사에 불과하다. 하나님에게는 천년이 하루와 같다(시 90:4; 벧후 3:8). 그러나 이 주장은 시간과 영원의 혼동에 기초하고 있다. 내향적(ad intra)인 하나님에게

는 날들이 없으며, 영원히 거하시고, 모든 시간의 척도로부터 초월하여 계신다. 이것은 또한 시 90:4과 벧후 3:8에서 말하고 있는 사상이다. 하나님이 아시는 유일한 실제적 날들은 이 시공간 세계의 날들이다. 하나님께서, 시간이 일·주·월·년으로 측정되는 이 세계에 존재하는 시간의 한계를 초월하여 계시다는 것 때문에 하루를 24시간의 하루라고 하는 것이나 10만 년의 기간이라고 하는 것이나 매한가지라고 어떻게 추정되는가?

(3) 제7일, 즉 하나님께서 그의 일로부터 안식하셨던 날이 현재에 이르기까지 지속되고 있고, 따라서 수천 년의 기간으로 간주되어야 한다고들 한다. 그것은 하나님의 안식일이며, 안식일은 결코 끝나지 않는다. 이 논증은 유사한 혼동을 나타낸다. 하나님께서 시간의 어떤 시점에서 창조 사역을 시작하셨고, 6일 후에 그것을 멈추었다는 일반 개념은, 자기 안에 계시는 하나님에 대해서는 적용되지 않으며, 그의 창조 활동의 시간적 결과들에만 적용된다. 그는 영원히 변함없이 동일하시다. 그의 안식일은 무한정 연장된 기간이 아니며, 영원하다. 반면에 창조 주간의 안식일은 다른 날들과 길이가 동일한 하루였다. 하나님은 그날을 사람을 위한 안식의 날로 따로 정하시고, 그날에 안식하셨으며, 그날을 복되게 하시고 거룩하게 하셨다(출 20:11). 이것은 창조의 시간에서 오늘에 이르기까지의 전기간에는 거의 적용되지 않는다.

2. 그 날들이 문자적인 날들이라는 견해에 관한 고찰.　유력한 견해는 언제나 창세기 1장의 날들이 문자적인 날들로 이해되어야 한다는 것이다. 어떤 초대 교회의 교부들은 그날들이 창조 사역이 완성된 시간을 실제로 지적한 것으로는 여기지 않았으며, 오히려 창세기의 저자가 창조 설화에, 실제로 시간의 한순간에 완성된 창조 사역을 인간의 이해를 위하여 순차적인 형식으로 묘사한 문학적인 형식으로 간주했다. 신학자들이 창조의 날들을 오랜 지질학적인 시대들과 동일시하려는 경향을 보이기 시작하였던 것은 단지 비교적 새로운 지질학과 고생물학이 광대한 지구의 연대에 관한 이론들을 내세우게 되었던 이후였다. 오늘날 그들 중 어떤 이들은 창세기 1장의 날들이 오랜 지질학적인 기간들이라는 주장을 확증된 사실로 간주하며, 다른 이들은 다소 이 입장을 견지하는 경향이 있으나 상당히 주저하고 있다. 하지와 쉘던(Sheldon), 판 오스터제이, 댑니와 같은 이들 중 어떤 이는 이 견해에 전적으로 반대하지는 않으나, 모두가 이 날들에 관한 해석이 주석적으로 불가능하지는 않다 해도 의심스러운 것이라는 데 동의하고 있다.

카이퍼와 바빙크는 첫 삼일간은 다소 다른 기간들이었다 하더라도 마지막 삼일간
은 분명히 보통의 날들이었다고 주장한다. 그들은 물론 첫 삼일간의 지질학적인 기간
들로는 간주하지 않는다. 보스는 그의 「개혁 교의학」(*Gereformeerde Dogmatiek*)에서 창조
의 날들이 보통의 날들이었다는 입장을 변호한다. 헵(Hepp)은 그의 「칼빈주의와 자연
철학」(*Calvinism and the Philosophy of Nature*)이라는 책에서 같은 입장을 취한다. 노르체이
(Noortzij)는 그의 책(*Gods Woord en der Eeuwen Getuigenis*)에서 창 1장의 히브리어 욤(날)이
보통의 날 이상의 어떤 것을 지시할 수 없다고 단언하면서, 창세기의 저자가 '날'이라
는 개념에는 아무런 중요성도 두지 않고, 그것을 역사적 순서로 지시하기 위해서가 아
닌 하나님의 위대한 구속 목적의 조명하에 피조물들의 영광을 묘사하기 위하여 단순
히 창조 설화의 구조틀의 한 부분으로서만 소개하고 있다고 주장한다. 따라서 안식일
은 인간이 그의 진정한 운명에 도달하는 위대한 절정이다. 이 견해는 우리에게 오히려
어떤 초대 교부들의 입장을 강하게 생각나게 해준다.

이것을 위하여 인증된 논거들은 알더스(Aalders)가 그의 책(*De Eerste Drie Hoofdstukken
van Genesis*)에서 보여준 것처럼 아주 확신에 넘치는 것은 아니다. 이 구약 학자는 창 1:5
에 근거하여, 창 1장의 욤이라는 용어가 단순히 어둠의 기간과 구별되는 빛의 기간을
나타낸다고 주장하는데, 그러나 이 견해는 반복된 표현, "저녁이 되고 아침이 되니"라
는 표현에 대한 상당히 부자연스러운 해석을 포함하는 것으로 보인다. 그런데 이것은
"아침에 앞서 저녁이 있었다"라고 해석되어야 한다. 또한 알더스 박사에 따르면, 성경
은 비록 그 날들의 정확한 길이를 결정할 수 없고, 첫 삼일간의 날들이 마지막 삼일간
의 날들과 다소간 다르다고 해도 분명히 창조의 날들이 보통의 날들이라는 사상을 옹
호하고 있다.

창 1장의 '날'이라는 용어의 문자적인 해석이 다음의 고찰들에서 옹호되고 있다.

(1) 주된 의미에서 욤은 자연적인 날을 나타내는데, 그것은 이 말이 문맥상 필요치
않다면 단어의 일차적인 의미를 떠나서는 안 된다고 하는 주석상의 정당한 원칙이다.
노르체이 박사는 이 말이 단순히 지상의 인간에게 알려진 것과 같은 '날' 이외의 결코
어떤 것을 의미하지 않는다는 사실을 강조한다.

(2) 창세기의 저자는 각각의 날들에 "저녁이 되고 아침이 되니"라고 하는 말들을 덧
붙임으로써 문자적인 해석에 대한 우리의 입을 단단히 봉하는 것으로 보인다. 언급된
각각의 날들은 단지 하루 저녁과 아침, 즉 수천 년의 기간에는 거의 적용될 수 없는 기
간으로 이루어진다. 또한 창조 기간들이 특별한 날들, 즉 하루의 긴 낮과 하루의 긴 밤

으로 이루어진 각각의 날들이라고 한다면, 길고 긴 밤 동안에 모든 식물들은 어떻게 될 것인가라고 하는 질문이 당연히 제기된다.

(3) 출 20:9-11에서 이스라엘은 6일 동안 일하고 제7일에는 안식하라는 명령을 받는데, 그것은 여호와가 6일 동안 천지를 지으시고 제7일에는 안식하셨기 때문이다. 건전한 주석은 '날'이라는 단어가 어떤 의미에서는 두 경우를 다 취해야 할 필요가 있는 것으로 본다. 게다가 안식을 위하여 제정된 안식일은 틀림없이 문자적인 날이었고, 다른 날들도 같은 날이었을 것으로 추측된다.

(4) 마지막 3일간은 분명히 보통의 날들이었는데, 그것은 그 날들이 태양에 의하여 일상적인 방법으로 결정되었기 때문이다. 우리가 앞선 날들이 길이에 있어서 마지막 3일간과 다르다고 절대적으로 확신할 수 없으나, 100만 년의 날들이 보통의 날들과 다른 것처럼, 그날들이 앞의 날들과 절대적으로 다른 것 같지는 않다. 예를 들어서 빛과 어둠의 분리를 위해 왜 그렇게 긴 기간이 필요한지에 관한 물음도 제기될 수 있다.

3. 각각의 날들의 사역. 창조 사역에서 명확한 단계, 즉 각각의 날들의 사역이 다음의 사역으로 진행되고 그것을 준비하며, 그 전체 날들의 사역은 창조의 모든 것이 하나님의 영광을 위해 쓰이도록 하는 중요한 책임을 맡은, 하나님의 손으로 지은 면류관인 인간의 창조에서 종결하게 되는 것을 볼 수 있다.

(1) **첫째 날.** 첫째 날에는 빛이 창조되었고, 빛과 어둠의 분리에 의하여 낮과 밤이 구성되었다. 첫째 날의 이 창조의 빛은 태양이 넷째 날에 가서야 창조된다는 사실로 인하여 조소를 받았으나, 과학 그 자체가 빛은 태양으로부터 나오는 실체가 아니며 활동적인 전자들에 의하여 생산된 에테르(ether) 파장들로 이루어져 있다는 사실을 입증함으로써 그 조소를 침묵시켰다. 또한 창세기가 태양을 빛(오르)이라 하지 않고, 과학이 발견한 것과 같이 광명(마오르)이라고 한 사실을 주목하라. 빛이 모든 삶의 조건이라는 사실을 고려하면, 그것이 가장 먼저 창조되었어야 하는 것이 거의 당연한 일이다. 또한 하나님은 동시에, 빛을 낮이라 어둠을 밤이라 부르시면서 빛과 어둠의 교대의 규칙을 제정하셨다. 그러나 우리는 이 교대가 어떻게 일어났는지는 알 수 없다. 각각의 날들의 사역에 관한 기사는 "저녁이 되고 아침이 되니"라고 하는 말들로써 종결된다. 그 날들은 저녁에서 저녁으로 계산되지 않고 아침에서 아침으로 계산된다. 12시간 후에 저녁이 있었고, 또 12시간 후에 아침이 있었다.

(2) **둘째 날.** 또한 둘째 날의 사역도 분리의 사역이었는데, 궁창은 위의 물과 아래

의 물을 나눔으로써 이루어졌다. 위의 물은 구름들이었는데, 어떤 이들이 생각하는 것과 같은 유리 바다(계 4:6; 15:2)와 생명의 강(계 22:1)은 아니다. 어떤 이들은 그것이 궁창을 단단한 둥근 지붕으로 묘사한다는 전제 위에서 모세의 기사를 불신하였으나, 이것은 전적으로 부당하다. 왜냐하면 히브리어 라키아는 전혀 단단한 둥근 지붕을 의미하지 않으며, 우리말의 '넓은 공간'과 같은 의미의 말이기 때문이다.

(3) **셋째 날.** 그 분리는 바다와 마른 땅의 분리로 계속해서 이어진다(참고. 시 104:8). 그에 더하여 초목들의 식물계가 확립되었다. 크게 세 종류, 즉 일상적인 방식으로는 서로 열매를 맺지 못하는 꽃이 없는 식물들인 데쉐와, 씨 맺는 채소들과 곡물로 구성된 에세브(채소), 종류대로 열매를 맺는 과일 나무인 에츠 페리가 언급된다. 여기에서 다음 사항이 주목되어야 한다. 즉, ① "땅은 풀을 내라"라고 하나님께서 말씀하셨을 때, 이 말씀은 무기 물질이 자신의 고유한 힘으로 식물적인 생명으로 발전되라고 하는 말이 아니라는 것이다. 하나님이 땅 위에 생명의 원리를 심으신 것은 바로 능력의 말씀이었으며, 이렇게 해서 그것은 풀과 잡목과 나무들을 산출할 수 있었다. 그것이 창조의 말씀이라는 사실은 창세기 2:9에서 분명하다. ② 땅이 그 종류대로 씨를 맺는 풀과 잡목들을 내고, 씨 맺는 열매 맺는 나무들을 그 종류대로 내라는 진술(12절)은 분명히, 다른 종류의 식물들이 하나님에 의하여 창조되었기 때문에 어떤 것을 다른 종들로부터 발전시키지는 않았다는 사상을 옹호한다. 각각 그 종류대로 씨를 내었으며, 따라서 단지 그 종류만을 생산할 수 있었다. 물론 진화론은 이러한 주장들 둘 다에 있어서 부정적이지만, 두 가지의 자발적인 생성과 한 종으로부터 다른 종으로의 발전은 증명되지 않았고, 지금은 신빙성이 거의 없어진 가정이라는 것을 염두에 두어야 할 것이다.

(4) **넷째 날.** 해와 달과 별들은 다양한 목적에 쓰이기 위한 광명으로 창조되었다. 즉 ①낮과 밤을 나누기 위하여, ② 징조, 즉 기본적인 시점들을 지시하고, 날씨의 변화를 예시하며, 중요한 미래 사건들과 다가오는 심판들의 징조로 사용되기 위하여, ③ 계절과 날들과 연한, 즉 계절의 변화와 연한의 계속, 특별한 절기의 규칙적인 반복을 이루게 할 목적으로 사용되기 위하여, ④ 땅을 비추는 빛으로 사용되어, 땅 위에서의 유기적 생명 발전이 가능하도록 하기 위하여.

(5) **다섯째 날.** 이날에는 공중과 물에 거하는, 새와 물고기들이 창조되었다. 새와 물고기들은 그들의 기관 구조가 상당히 닮았기 때문에 같은 부류에 속한다. 게다가 그것들은 단단한 땅과 구분되는 움직이는 요소를 공통적으로 가지고 있는 불안정성과 기동성으로 특징지어진다. 그것들은 또한 그들의 번식 방법에서도 일치한다. 또한 그

것들이 종류대로, 즉 종(種)들대로 지음받았다는 사실을 주목하라.

(6) **여섯째 날.** 이날에는 창조 사역의 절정이 이루어졌다. 동물들의 창조와 연고 나하여 "땅은 내라"라고 하는 표현이 한 번 이상 사용되었는데, 이것은 다시 (3)에서 지적되었던대로 해석되어야 한다. 동물들은 땅으로부터 저절로 발전되지는 않았으며, 하나님의 창조 명령에 의하여 생겨났다. 우리는 분명히 25절에서 하나님이 땅의 짐승들과 가축과 땅의 모든 기는 것들을 그 종류대로 만드셨다는 사실을 알고 있다. 그러나 그러한 표현이 자연적인 발전을 언급한다 하더라도 그것은 진화론과는 조화되지 않는데, 왜냐하면 진화론은 동물들이 광물계로부터 직접적으로 발전되었다고 가르치지 않기 때문이다. 인간의 창조는 그것에 선행하는 엄숙한 계획, 즉 "우리가 우리의 모양을 따라 우리의 형상대로 사람을 만들자"라고 하는 계획에 의하여 구별되는데, 이것은 놀랄 일이 아니다. 앞서 있는 모든 것은 단순히 인간, 즉 하나님의 면류관적인 사역이자 창조의 왕의 등장을 위한 준비에 불과하며, 또한 인간은 하나님의 형상으로 운명 지어져 있기 때문이다. 첼렘(형상)과 데무트(모양)라고 하는 단어는 정확하게 같은 것을 지칭하지는 않지만, 그런데도 교환적으로 사용된다. 사람이 하나님의 형상으로 지음받았다고 할 때, 이것은 하나님의 원형이요 사람은 모형이라는 사실을 의미하는 것이며, 또한 인간이 하나님의 모양을 따라 창조되었다고 덧붙일 때, 이것은 단순히 그 형상이 모든 방식에서 원형과 같다는 사고를 더하여 준다. 전 존재에 있어서 인간은 하나님의 참된 형상이다.

제7일로 나아가기 전에 창조의 첫 3일간의 사역과 두 번째 3일간의 사역 사이에 분명한 평행선이 존재하고 있음을 주목함이 좋을 것이다.

첫째 날
빛의 창조

넷째 날
발광체의 창조

둘째 날
궁창의 창조와 물들의 분리

다섯째 날
공중의 새들과 바다의 물고기들의 창조

셋째 날
물들과 마른 땅의 분리와 사람과 짐승이
살 수 있는 거주지로서의 땅의 준비

여섯째 날
들의 짐승들과 육축들, 모든 기는 것들과
인간의 창조

(7) **일곱째 날.** 제7일에 하나님이 안식한 것은 우선 소극적인 요소를 포함한다. 하나님은 그의 창조 사역을 멈추셨다. 그러나 이것에 적극적인 요소, 즉 하나님이 그의 완성된 사역을 기뻐하셨다는 사실이 덧붙여져야 한다. 그의 안식은 작품을 완성하고 난 후의 예술가의 안식과 같았으며, 이제는 심오한 감탄과 기쁨으로 그것을 응시하시고 그의 작품에 관한 관조 속에서 완전한 만족을 발견하신다. "하나님이 그 지으신 모든 것을 보시니 보시기에 심히 좋았더라." 그것은 하나님의 목적에 응답하였고, 신적인 이상에 일치했다. 따라서 하나님은 그의 창조를 향유하시는데, 그 속에서 그는 그의 영화로운 속성에 관한 성찰을 인식하신다. 그의 빛나는 얼굴은 창조 위에서 빛나고 은총의 소나기를 내리신다.

4. 창 2장은 창조의 두 번째 기사가 아니다. 창 2장이 두 번째의 독립적인 창조 기사를 포함한다고 가정하는 것은 진보된 고등 비평에서는 아주 일반적인 일이다. 첫 번째 기사는 엘로힘 기자(Elohist)의 작품으로, 두 번째 기사는 여호와 기자(Jehovist)의 작품으로 간주된다. 두 기사가 일치하지 않고 여러 점에서 모순된다고들 한다. 첫 번째 기사와 달리 두 번째 기사에서는 땅이 식물들을 창조하기 이전에 마르고, 인간이 동물들보다 먼저, 그것도 남자와 여자가 아닌 홀로 창조되며, 그 후에야 하나님이 사람을 위한 적당한 동반자들인가를 알아보시기 위하여 동물들을 창조하시지만, 그 점에서 그것들이 실패함을 아시고 남자를 돕는 배필로서 여자를 창조하시고는 마침내, 하나님이 준비해 놓으신 동산에 사람을 두셨다. 그러나 이것은 분명히 창 2장에 대한 완전한 오해이다. 창 2장은 창조 설화가 아니며, 그러려고도 하지 않는다. 창세기에서 10번 발견되는 엘레 톨레도트라는 표제는 결코 사물들의 생성이나 기원을 언급하는 것이 아니며, 항상 그들의 생성들, 즉 그들의 후대 역사를 언급하고 있다. 그 표현은 역사가 아직 발생들의 묘사였을 때로부터 시작되는 것이다. 창 2장은 인간의 역사에 관한 묘사를 시작하며, 그 자료를 이 목적에 맞게 배열하고 아무런 연대기적 고찰 없이 저자의 목적에 필요한 대로, 앞 장에서 언급된 것의 많은 부분을 반복하고 있을 뿐이다.

5. 창조 설화를 과학적 발견들과 조화해 보려는 시도.
(1) **관념적 혹은 비유적인 해석.** 이것은 설화의 문자보다는 관념에 더 우위에 둔다. 이것은 창세기 1장을 하나님의 창조 사역의 시적인 묘사로 간주하며, 다른 관점에서 창조 사역을 묘사한다. 그러나 ① 설화가 역사의 기록으로 의도되었고 성경에서도 분

명히 그렇게 간주되고 있음은 자명하다(참조. 출 20:11; 느 9:6; 시 33:6, 9; 145:2-6). ② 창 1
장은 "히브리의 시로서 인정될 만한 거의 모든 요소가 부족하다"(스트롱). ③ 이 설화는
계승되는 역사와 분리되지 않고 연결되며, 따라서 가장 자연스럽게 그 자체로 역사적
인 것으로 간주된다.

(2) 현대 철학의 신화적인 이론.　현대 철학은 앞의 입장보다 더 나아간다. 그것은 역
사적인 창조 설화뿐만 아니라 창조 사상까지 거절하며, 창 1장의 내용을 종교적인 교
훈을 담고 있는 신화로 간주한다. 여기에는 아무런 의도적인 비유가 존재하지 않으며,
종교적인 핵이나 핵심을 가진 순수한 신화적인 표현만이 있다고 한다. 이 이론도 역시
창 1장이 역사적 설화임을 분명하게 보여주고 있다는 사실에 상반되며, 위에서 언급
된 성구들에서도 분명히 신화로 간주되지 않는다.

(3) 회복설(The restitution theory).　어떤 신학자들은 회복설을 채택함으로써 창조
설화와 지구 연구에 관한 과학적 발견들을 조화시키려고 했다. 그것은 찰머스(Cha-
lmers)와 버클랜드(Buckland), 와이즈맨(Wisemann), 델리취에 의하여 지지되었으며, 창
1:1에 언급된 일차적 창조와 창 1:3-31에 묘사되어 있는 이차적 창조 사이에 오랜 시
간이 흘렀다고 가정한다. 이 긴 기간은 아마도 '혼돈하고 공허하여'라는 말들로 묘사
된 파멸로 귀결되는 몇 가지의 천재지변으로 표현되었다. 그렇다면 2절은 "또 땅이 혼
돈하고 공허하게 되었다"라고 읽어야 한다. 이 파멸에 이어 회복이 따라오는데, 그때
하나님은 혼돈을 질서, 즉 인간을 위한 거주 세계로 변화시켰다. 이 이론은 지구의 다
른 지층들에 관해 일부 설명이 가능하나, 연속적인 동물들의 창조가 있었고 이어서 거
대한 파멸들이 있었다고 가정되지 않으면 암석들 속의 화석에 대해서 전혀 설명해 주
지 못한다. 이 이론은 과학계 내에서는 결코 지지 받지 못하며, 성경에서도 아무런 지
지를 받지 못한다. 성경은 땅이 혼돈하고 공허하게 되었다가 아니라 하였다라고 말한
다. 또한 히브리어 하예타가 '되었다'로 번역될 수 있다 하더라도, "혼돈하고 공허하며"
라는 말들은 정형화되지 않은 상태를 나타내며, 파멸로부터 유래하는 상태를 나타내
지는 않는다. 델리취는 이 이론에다 지구가 원래는 천사들의 거주지였으며, 천사계에
서의 타락이 2절에서 언급된 혼돈으로 귀결되는 파멸의 원인이었다고 하는 사상을 결
합했다. 이런저런 이유로 이 견해는, 성경의 여러 구절들을 들어 지지하는 오늘날 세
대주의자들 가운데서 상당한 옹호를 받고 있다(사 24:1; 렘 4:23-26; 욥 9:4-7; 벧후 2:4). 그
러나 이 구절들을 주의 깊게 읽어 보면, 그것들이 전혀 문제의 핵심을 지적하고 있지
않다는 사실을 충분히 확신할 수 있게 된다. 게다가 성경은 하나님이 6일 동안에 천지

와 '그 가운데 있는 모든 것들'을 창조하셨다고 우리에게 가르쳐 준다(창 2:1; 출 20:11).

(4) 조화설. 이것은 창조의 날들이 수천 년의 기간들이었다고 가정함으로써 성경과 과학을 조화하려고 한다. 창조의 날들에 관하여 논의할 때, 이에 관해 언급한 것에 덧붙여, 우리는 이제 지구의 지층들이 긍정적으로 그것의 기원사에서 오래되고 연속적인 기간들을 지시한다는 사상은 단순히 지질학자들의 이론이며, 근거 없는 일반론에 기초한 이론이라는 사실을 말할 수 있다. 다음의 고찰들에 주목할 수 있다.

① 지질학은 연륜이 짧을 뿐만 아니라, 아직도 관념적인 사고에 예속되어 있다. 그것은 주로 선천적(a priori)이거나 연역적인 추론의 산물이기 때문에, 귀납적인 학문으로 고려될 수 없다. 스펜서는 그것을 '비논리적인 지질학'으로 불렀고 그 방법들을 조롱했으며, 헉슬리는 그것의 대전제들이 '입증되지 않고 입증할 수 없는' 것이라고 말한다.

② 현재까지 그것은 지구의 표면을 파헤치는 그 이상은 거의 아무것도 하지 못했으며, 그것도 아주 제한된 장소들에서 이루어진 것이다. 따라서 그것의 결론들은 종종 불충분한 자료들에 근거한 단순한 일반론이다. 어떤 장소에서 관찰된 사실들은 다른 곳에서 발견된 것들과 상반된다.

③ 비록 그것이 지구의 전 부분에 있는 거대한 지역들을 탐험했다 하더라도 그것은 지구의 현재 상황에 관한 우리의 지식만을 증가시킬 수 있으며, 결코 지구의 과거사에 관한 온전히 신뢰할 만한 정보를 줄 수는 없을 것이다. 현재의 상황과 생활에서 관찰된 사실들에 기초하여 한 국가의 역사를 기록할 수는 없다.

④ 지질학자들은 한때, 암석의 지층들이 전 지구에 걸쳐 동일한 순서로 발견되었으며, 각 지층의 형성에 필요하였던 시간의 길이를 측정함으로써 지구의 나이를 정할 수 있을 것이라는 전제를 내세웠다. 그러나 (a) 암석들의 순서는 여러 지역에 따라서 다른 것으로 밝혀졌고 (b) 다른 지층들의 형성에 필요하였던 시간을 결정하기 위해서 이루어졌던 실험들은 완전히 다른 결과들을 가져왔으며, (c) 모든 이전 시대의 물리 화학 작용을 평가하는 데 있어서 오늘날의 물리 화학 작용이 안전한 인도자라고 하는 라이엘(Lyell)의 균일설(the uniformitarian theory)은 신뢰할 수 없는 것으로 밝혀졌다.

⑤ 광물적이고 기계적인 조성에 의하여 여러 지층이나 암석들의 시대를 결정하려는 시도가 실패했을 때, 지질학자들은 화석을 측정하는 요소로 만들기 시작했다. 고생물학(Palaeontology)은 실제로 중요한 주제가 되었으며, 라이엘의 균일설의 영향을 받아 진화의 중요한 증거로 발전되었다. 단순히 어떤 화석들이 다른 것들보다 더 오래되었다고 가정되었으며, 어떤 근거에서 그런 과정이 나왔느냐는 문제가 제기되면 그것들

이 더 오래된 암석들에서 발견된다고 답할 뿐이다. 이는 순환 논법으로, 평범한 추론에 불과하다. 암석들의 연대는 그것들이 포함하고 있는 화석들에 의해서 결정되고, 화석들의 연대는 그것들이 발견되는 화석들에 의해서 결정된다. 그러나 화석들은 언제나 같은 순서로 발견되지 않으며, 때때로 그 순서가 역전되기도 한다.

⑥ 현재 지질학에 의해서 측정되는 화석들의 순서는 창조 설화로부터 기대되는 순서와 일치하지 않는다. 따라서 지질학 이론들을 받아들이는 것조차도 성경과 과학을 조화하려는 목적에 이바지하지 못한다.

6. 창조론과 진화론. 오늘날 자연스럽게 진화론이 창조론에 어떤 영향을 미치는지에 관한 질문이 제기된다.

(1) 진화론은 창조론을 대신할 수 없다. 어떤 이들은 진화 가정이 세계 기원에 관한 설명을 제공하는 것처럼 이야기하지만, 이것은 그런 일을 하지 못하기 때문에 분명히 잘못이다. 진화는 발전이며, 모든 발전은 어떤 것이 발전되어 나오는 한 실체나 원리나 힘의 이전 존재를 전제로 한다. 비 존재는 존재로 발전할 수 없다. 물질과 힘은 도무지 무로부터 진화할 수 없다. 진화론자들은 태양계의 기원을 설명하기 위하여 일반적으로 성운설(nebular hypothesis)에 의존하는데, 이것은 오늘날의 과학에서 혹성설(planetesimal)로 대체되었다. 그러나 이것들은 문제를 한걸음 더 뒤로 물러나게 할 뿐이며 그것을 해결하지 못한다. 진화론자들은 물질이 영원하다는 이론에 의존하거나, 창조론을 받아들여야만 한다.

(2) 자연 진화론은 창조 설화와 조화되지 않는다. 만약 진화가 세계의 기원을 설명하지 못한다고 하더라도, 적어도 원시 물질로부터의 사물들의 발전을 합리적으로 설명하여 현재의 (사람을 포함하여) 동물과 식물의 종(種)들의 기원과, 또한 감각과 지성, 도덕성, 종교와 같은 다양한 삶의 현상들은 설명해야 하지 않는가? 그것은 필연적으로 창조 설화와 상충되는가? 이제 자연 진화가 확실히 성경 기사와 모순된다는 것은 자명한 사실이다. 성경은 식물과 동물들이 전능자의 창조 명령에서 출현했다고 가르쳐 주지만, 진화론에 따르면 그것들은 자연 발전 과정에 의하여 무기물의 세계로부터 진화했다. 성경은 하나님이 식물과 동물들을 그 종류대로 창조하셨으며, 그것들이 자신의 종들을 재생산할 수 있도록 그 종류대로 씨를 맺게 하셨다고 표현하지만, 진화론은 자연에 내재하는, 한 종으로부터 다른 종들로의 발전을 이끄는 자연의 힘을 지적한다. 창조 설화에 따르면, 채소와 동물의 왕국과 사람은 단 한 주 만에 산출되었지만,

진화론은 그들을 수백만 년의 과정을 거친 점진적인 발전의 산물로 간주한다. 성경은 인간을 그의 등장 초기에 최고의 위치에 서 있는 것으로 묘사하고, 그 후에 죄의 파괴적인 영향력에 의하여 낮은 수준으로 내려온 것으로 묘사하지만, 진화론은 반대로 원시 인간을 짐승과 거의 다를 바 없는 것으로 묘사하며, 인류는 자신의 고유한 능력에 의하여 최고의 존재 수준에까지 이르게 되었다고 주장한다.

(3)자연 진화론은 잘 확립된 것이 아니며, 사실들을 설명하지 못한다. 앞에서 언급된 상충은 진화론이 잘 확립된 사실이라면 심각한 문제가 될 것이다. 어떤 이들은 그러하다고 생각하며 또한 확신을 가지고 진화의 이론에 관하여 이야기한다. 그러나 다른 이들은 정확하게 진화는 여전히 가설에 불과하다는 사실을 우리에게 상기시켜 준다. 암브로스 플레밍(Ambrose Fleming)과 같은 위대한 과학자조차도 "진화라는 용어와 연결된 관념들을 면밀히 분석해 보면, 그것들이 실체와 존재의 문제에 관한 철학적이거나 과학적인 해결책으로서는 불충분한 것으로 보인다"고 말했다. 진화론자들의 진영에 만연되어 있는 불확실성은 진화론이 가설에 불과하다는 것의 실증적인 증거이다. 게다가 진화의 원리에 아직도 집착해 있는 많은 사람들은 그들이 진화의 작용 방법을 이해하지 못한다는 사실을 솔직히 인정하고 있다. 한때 다윈은 모든 문제에 대한 열쇠를 제공하였던 것으로 생각되었으나, 이제 그 열쇠는 오히려 일반적으로 쓸모 없게 되었다. 다윈주의의 체계를 지지하는 용불용설, 생존 경쟁, 자연 도태, 후천적 형질의 유전과 같은 기초 기둥들은 차례차례 제거되었다.

바이스만(Weissman), 드 브리스(De Vries), 멘델(Mendel), 바테슨(Bateson)과 같은 진화론자들이 모두 다윈주의 건물의 붕괴에 공헌했다. 노르덴스키울드(Nordenskioeld)는 그의 책 「생물학사」(History of Biology)에서 '다윈주의의 해체'를 확실한 사실로 말하고 있다. 덴너트(Dennert)는 우리를 다윈주의의 임종 자리로 부르며, 오툴(O'Toole)은 "다윈주의는 죽었고, 조문객들의 애도도 시체를 다시 살릴 수는 없다"고 말한다. 모턴(Morton)은 '진화론의 파산'을 이야기하고, 프라이스(Price)는 '유기적 진화의 유령'에 관하여 말한다. 그리고 다윈주의는 종의 기원을 설명하는 데 실패하였으며, 진화론자들은 더 좋은 설명을 제공할 수 없었다. 멘델의 법칙은 변종들(variations)은 설명할 수 있지만 새로운 종의 기원은 설명하지 못한다. 그것은 실제로 자연 과정에 의한 새로운 종의 발전을 지적하지 못한다. 어떤 이들은 드 브리스의 돌연변이론, 혹은 로이드 모건(Lloyd Morgan)의 돌발적인 진화론이 그 길을 지적한다고 주장하나, 이들 중 어느 것도 순수하고 단순한 자연 발전에 의한 종의 기원의 성공적인 설명으로 증명되지 않았다. 이제 드 브리스의 돌연변이종들(the mutants)은 특정적이 아니라 오히려 다양하기 때문에, 새로운 종의 시작으로 간주될 수 없다. 또한 모건은 하나님으로 불릴 수 있는 어떤 창조적인 능력을 의지하지 않고서는 그의 돌발 인자들을 설명할 수 없다는 사실을 인정하지 않을 수 없음을 느끼고 있다. 모턴은 "사실상, 창조론 이외에는 오늘날 물러서지 않을 수 있는 기원론이란 존재하지 않는다"라고 말했다.

진화 가설은 몇 가지 점에서 실패하고 있다. 그것은 생명의 기원을 설명할 수 없다. 진화론자들은 자연 발생에서 그 설명을 찾았으나, 그것은 이제 폐기된, 입증되지 못한 전제이다. 생명은 선행적인 생명으로부터만 나올 수 있다는 것은 과학에서 잘 확립된 사실이다. 더구나 진화론은 한 종이 다른 독특한 (변종과는 구분되는 유기적인) 종을 생산한다는 하나의 실례도 제시하지 못한다. 바테슨은 1921년에 "우리는 종의 변이가 어떻게 발생하는지 알지 못한다. 종종 고려되는 많은 종류의 변종들을 우리는 매일 목격하지만, 종의 기원을 보지는 못한다……. 한편 진화에 대한 우리의 신앙이 확고 부동하더라도 우리는 종의 기원에 관해 인정받을 만한 설명을 하지 못한다"고 말했다. 진화는 인간의 기원에 의하여 제기되는 문제를 성공적으로 대처하지 못했다. 인간의 육체적인 태생이 짐승에서 기원한다는 것을 증명하려는 시도도 성공하지 못했다. 「과학의 개요」(The Outline of Science)의 저자이며 지도적인 진화론자인 톰슨(J. A. Thomson)은 인간은 실제로 결코 동물 즉 사나운 야수와 같이 보이는 피조물이 아니었으며, 첫 인간은 큰 비약에 의해서 영장류로부터 인간으로 갑자기 뛰어올랐다고 주장한다. 이 주장은 인간 생명의 정신적 측면을 설명할 수 없다. 지성과 자의식, 자유와 양심, 종교적 영감을 부여받은 인간의 영혼은 풀리지 않는 수수께끼로 남아 있다.

(4) 유신론적 진화론은 성경에 비추어 볼 때 지지될 수 없다. 어떤 기독교 과학자들과 신학자들은 그들이 창조적 진화론이라고 부르는 것을 받아들임으로써 성경에서 가르치는 창조론과 진화론을 조화시키려고 시도한다. 그것은 하나님을 제거하려는 시도에 맞선 주장이며, 하나님을 모든 발전의 전과정의 배후에 계신 전능한 일꾼으로 전제한다. 진화는 단순히 자연의 발전 속에서 역사하시는 하나님의 방법으로만 간주된다. 유신론적 진화론은 실제로, 하나님이 절대로 필요한 경우를 제외하고는 기적적으로 개입하시지 않는 진화의 과정, 즉 자연 발전 과정에 의하여 세상(우주)을 창조하셨다는 결론에 이르게 된다. 그것은 세계의 절대적인 시작은 하나님의 직접적인 창조 활동으로부터만 유래할 수 있다는 사실을 기꺼이 인정하며, 또한 어떤 자연적인 설명도 찾을 수 없다면, 생명과 인간의 기원에서의 하나님의 직접적인 개입을 인정할 것이

다. 그 속에 필연적으로 기독교석인 어떤 것이 없는데도 그것은 기독교적 진화론으로 환영받았다. 다른 방식으로는 진화론에 반대했던 많은 이들이, 그것이 과정 속에서 하나님을 인정하고 또한 성경적인 창조론과 조화될 수 있다는 전제로 인하여 그것을 환영했다. 따라서 교회와 주일학교에서 유신론적 진화론을 자유롭게 가르치고 있다. 그러나 사실상 그것은 매우 위험한 잡종이다. 용인된 의미에서 유신론도 자연주의도 아니며, 창조도 진화도 아니기 때문에, 그 명칭은 용어상 모순된다. 또한 많은 통찰이 필요하지 않아도 페어허스트(Fairhurst) 박사의 "유신론적 진화론은 영감된 권위의 책으로서의 성경을 무신론적인 진화와 같이 파괴하고 있다"는 신념이 옳다는 것은 쉽게 알 수 있다.

자연 진화와 같이 그것은 현재의 거주할 수 있는 세계가 나타나는 데에는 수백만 년이 걸렸으며, 또한 하나님은 동·식물의 다양한 종들을 하나씩 창조하신 것이 아니라 그것들이 스스로 자기의 종류를 생산했고, 적어도 육체적인 측면에서의 인간은 짐승의 후손이며, 따라서 낮은 수준에서 그가 등장하였고, 또한 성경적인 의미에서의 타락이란 없었고, 다만 위로 향상되는 과정에서의 인간들의 반복된 과실들만이 있었으며, 죄는 인간의 동물적인 본능과 욕망들로부터 유래하는 약점에 불과하여 범죄를 구성하지 않으며, 따라서 구속은 인간의 낮은 성향들을 극복하려는, 인간 속에 있는 더 높은 요인들에 관한 점진적으로 증가하는 통제에 의해 발생했으며, 기적들은 자연 세계나 영적인 세계에서 일어나지 않고, 또한 중생과 회심, 성화는 단순히 자연적 심리학적인 변화들에 불과하다고 가르친다. 환언하면, 그것은 성경의 진리를 절대적으로 뒤집어엎는 이론이다.

오늘날의 어떤 기독교 학자들은 베르그송의 「창조적 진화」(Creative Evolution)가 하나님을 도외시하기를 원하지 않는 사람들에게 권할 만하다고 생각한다. 이 프랑스의 철학자는 생의 활력(élan vital), 즉 세계 내적인 삶의 충동을 모든 생명의 작동 원리와 근거로 가정한다. 이 생명의 원리는 물질로부터 솟아나오는 것이 아니며, 오히려 물질을 만드는 원인이다. 그것은 물질에 충만하여, 본질적으로 죽어가는 것에 대하여 생명력으로 작용함으로써 그것의 타성과 저항을 극복하고, 또한 새로운 물질이 아닌 물질 고유의 목적에 적합한 새로운 운동을 창조함으로써, 예술가가 창작하듯이 많은 것을 창조한다. 그것은 지향적이고 목적적이다. 또한 의식적이기는 하지만, 예상된 계획이 아무리 가능할지라도 그것에 따라 활동하지는 않는다. 그것은 진화가 움직이는 방향과 마찬가지로 진화 자체를 결정한다. "모든 개별적인 것들과 모든 종들이 하나의 실험이 되는" 이러한 지속적으로 창조하는 생명은 베르그송의 하나님, 즉 능력이 제한되어 있고 비인격적으로 나타나는 어떤 유한한 하나님이다. 비록 헤르만이 "아마도 우리는 그가 인격적으로 이루어진 '이상적인 사물들의 경향'일 것이라고 생각한 점에서 크게 빗나가지 않을 것이다"라고 말했지만 말이다. 하스(Haas)는 베르그송을 유신론자라기보다는 활력론적인 범신론자(vitalistic pantheist)라고 말한다. 어쨌든 그의 하나님은 전적으로 세계 내재적인 어떤 하나님이다. 이 견해는 현대 자유주의 신학자들에게 특별히 호소력이 있으나, 유신론적 진화론보다는 창조 설화과 덜 조화를 이룬다.

깊은 연구를 위한 질문

창조론의 진정한 대안은 무엇인가? 창조론의 중요성은 어디에 있는가? 창 1장은 사물들의 기원에 관한 과학적인 연구와 어떤 관련이 있다고 생각하는가? 성경은 세상이 창조되었던 시간을 어떤 식으로 결정하는가? 하나님과 세상의 상호 관계에 관하여 피해야 할 극단은 무엇인가? 성경은 언제나 광범위하게 용인된 과학 이론들과의 조화 속에서 해석되어야 하는가? 오늘날 과학계에서 진화론의 지위는 어떠한가? 다윈의 진화론의 특징적인 요소는 무엇인가? 당신은 오늘날의 진화론에 대한 광범위한 배척을 어떻게 설명하겠는가? 베르그송의 창조적 진화나 한스 드리쉬(Hans Driesch)의 신활력론(Neo-vitalism)은 기계적 우주관에 어떤 영향을 미치고 있는가? 어떤 점에서 유신론적인 진화가 자연 진화보다 더 발전된 것인가?

VI

섭리

(Providence)

기독교 유신론은, 하나님과 세상을 이신론적으로 분리하는 것과, 하나님과 세상을 범신론적으로 혼동하는 양자를 다 반대한다. 따라서 창조론은 곧바로 섭리론으로 이어지는데, 거기에서는 하나님과 세계의 관계에 대한 성경적인 견해가 분명하게 규정된다. '섭리'라는 용어가 성경에서 발견되지는 않으나, 그럼에도 불구하고 섭리론은 분명히 성경적이다. 그 단어는 헬라어 프로노이아에 해당하는 라틴어 프로비덴티아(*providentia*)을 의미하지만, 차츰 다른 의미도 갖게 되었다. 예견은 한편으로는 미래에 대한 계획들과 관련되며, 다른 한편으로는 이 계획들의 실제적인 실현과 관련되었다. 이렇게 해서 '섭리'라는 단어는 하나님이 그의 통치의 목적을 위하여 마련하신 준비와, 그의 모든 피조물들의 보존과 통치를 의미하게 되었다. 이것은 이제 신학에서 일반적으로 사용되는 의미이지만, 신학자들이 채택하는 유일한 의미는 아니다. 투레틴은 그 용어가 넓은 의미에서 ① 예지(foreknowledge), ② 예정(foreordination), ③ 작정된 사물들의 효율적인 통치를 나타낸다고 정의한다. 하지만 일반적인 용법에서 이것은 대체로 마지막의 의미로 제한된다.

A. 일반적인 섭리

1. 섭리론의 역사.   섭리론과 관련하여 교회는, 세계가 우연에 의해 다스려진다는 에피쿠로스 학파의 견해와, 세계가 운명에 의해 다스려진다는 스토아적인 입장을 둘 다 반대했다. 아주 초기부터 신학자들은 하나님이 세계를 보존하고 다스린다는 견해를 취했다. 하지만 그들이 만물의 신적인 통제에 대해 늘 동일한 절대 개념을 가진 것은 아니었다. 양자 사이의 밀접한 관계로 인하여 섭리론의 역사는 주로 예정론의 역사를 따랐다. 초대 교부들은 그 주제에 관한 아무런 명확한 견해도 제시하지 않았다. 스

토아적인 운명론에 반대하고 하나님의 거룩성을 보존하려는 욕망에서 그들은 종종 인간의 자유 의지를 지나치게 강조했으며, 따라서 죄와 관련된 하나님의 절대적인 통치를 부인하는 경향을 나타냈다. 아우구스티누스는 섭리론을 발전시켰다. 운명론과 우연론에 반대하여 그는 만물이 하나님의 주권적이며 지혜로우시며 선하신 의지에 대하여 보존되고 다스려진다는 사실을 강조했다. 그는 하나님의 섭리와 관련하여 아무런 유보 조항도 만들지 않았으나, 세상에 똑같이 존재하는 선과 악에 대한 하나님의 통치를 주장했다. 제2원인의 실재성을 방어함으로써 그는 하나님의 거룩성을 보호하였고, 인간의 책임성을 확인했다.

중세 동안에는 신적 섭리의 주제에 관하여 거의 논의가 없었다. 어떤 공의회에서도 섭리론에 관한 견해가 표명되지 않았다. 만사를 하나님의 의지에 종속시켰던 아우구스티누스의 견해가 지배적이었다. 하지만 이것은 어떤 반대 의견들도 없었다는 의미는 아니다. 펠라기우스주의는 섭리를 자연적인 삶에 제한하였으며, 도덕적인 삶을 제외했다. 또한 반(半)펠라기우스주의자들도 그들과 전부 일치하지는 않았으나 같은 노선을 취했다. 어떤 스콜라 철학자들은 하나님의 보존을 그의 창조 활동의 계속으로 간주하였으나, 다른 이들은 그 둘 사이를 실제적으로 구분했다. 토마스 아퀴나스의 신적 섭리론은 주로 아우구스티누스의 섭리론을 따랐으며, 하나님의 속성에 의해 결정된 하나님의 의지가 만물을 보존하고 다스린다고 주장하였으나, 둔스 스코투스나 비엘(Biel), 오컴과 같은 유명론자들은 만물이 하나님의 자의적인 의지에 의존하게 만들었다. 이것은 우연의 법칙의 사실상의 소개였다.

종교개혁자들은 대체로 아우구스티누스의 섭리론에 동의했으나 세세한 점에서는 다소 달랐다. 루터는 일반적인 섭리를 믿었으나, 칼빈만큼 하나님의 일반적인 세계 보존과 다스림을 강조하지는 않았다. 그는 주로 구원론적인 측면에서 섭리론을 강조했다. 소지니주의자들(Socinians)과 알미니우스주의자들은, 비록 같은 정도는 아니었으나, 행동을 개시하고 자신의 삶을 통제하는 인간의 독자적인 능력을 강조함으로써 하나님의 섭리를 제한했다. 세상의 지배권이 실제로 하나님의 손에서 인간의 손으로 넘어갔다. 18, 19세기에 섭리는, 하나님이 창조 사역 이후 세계로부터 스스로 물러나셨다고 묘사하였던 이신론에 의하여, 그리고 하나님과 세상을 동일시하고 창조와 섭리 간의 구분을 철폐하고 제2원인의 실재를 부인하였던 범신론에 의해 실제적으로 배제되었다. 한편 이신론은 이제 과거의 일로 간주될 수 있으나, 세상의 주도권에 관한 이신론의 견해는 세상이 엄격한 법칙에 의하여 움직인다는 자연과학적 입장에서 계속되고 있다. 또한 하나님의 내재성에 관해 범신론적으로 생각하는 현대 자유주의 신학에서도 신적 섭리론이 배제된다.

2. 섭리의 개념.

섭리란 창조주가 모든 그의 피조물을 보존하시고, 세계에서 일어나는 모든 일에서 활동하시며, 만물을 그들의 지정된 목적으로 인도하시는 신적 에너지의 지속적인 실행이라고 정의할 수 있다. 이 정의는 섭리에 세 가지 요소, 즉 보존(preservation: *conservatio, sustentatio*)과 협력(concurrence 혹은 cooperation: *concursus, co-operatio*), 그리고 통치(government: *gubernatio*)가 있음을 지시한다. 칼빈과 하이델베르크 요리문답, 그리고 가장 최근의 일부 교의학자들(댑니, 하지 부자, 딕, 쉐드, 맥퍼슨)은 두 가지 요소만을 언급한다. 하지만 이것은 그들이 협력의 요소를 배제했다는 것이 아니라, 단지 그들이 그것을 하나님이 세계를 보존하고 다스리는 양식을 지시하는 다른 두 요소들에 포함되어 있는 것으로 간주하고 있음을 의미한다. 맥퍼슨은 위대한 루터교 신학자들 중 어떤 이들만이 삼중적인 구분을 채택했다고 생각하는 것 같다. 그러나 이 점에서 그는 잘못 생각했는데, 17세기 이래로 네덜란드 교의학자들의 저서에서 이러한 구분은 아주 일반적이기 때문이다(마스트리히트, 아 마르크, 드 무어, 브라켈, 프랑켄, 카이퍼, 바빙크, 보스, 호니히). 그들은 이신론과 범신론 양자의 위험을 막기 위해서 협력의 요소를 더 부각시키기를 원했기 때문에 옛 구분을 탈피했다. 그러나 섭리의 세 요소를 구분함에도 불구하고 이 세 요소들이 결코 하나님의 사역에서 분리되지 않음을 기억해야 한다. 보존이 존재에 관한 것이고, 협력이 활동에 관한 것이며, 통치가 만물의 인도에 관한 것이라도, 이것이 결코 배타적인 의미로 이해되어서는 안 된다. 보존에도 역시 통치의 요소가 있고, 통치의 요소에도 협력의 요소가 있으며, 협력에도 보존의 요소가 있다. 범신론은 창조와 섭리를 구분하지 않지만, 유신론은 이중적인 구분을 강조한다: ① 창조는 이전에 존재하지 않았던 것을 존재로 부르는 것이지만, 섭리는 이미 존재로 부름받은 것을 지속시키거나 지속하게 하는 것이다. ② 창조에서는 창조주와 피조물의 협력이 있을 수 없으나, 섭리에서는 제1원인과 제2원인의 협력이 있다. 성경에서 이 두 가지는 항상 구분된다.

3. 섭리의 성격에 관한 오해들.

(1) 섭리를 예지나 혹은 예지와 예정을 합한 것으로 제한하는 것. 이러한 제한은 어떤 초대 교부들에게서 발견된다. 하지만 사실은 우리가 하나님의 섭리를 언급할 때,

일반적으로 그의 예지나 예정을 전혀 염두에 두지 않고 단순히 세상에서의 그의 계획의 실현을 위한 그의 지속적인 활동을 염두에 두고 있다는 것이다. 우리는 이것이 하나님의 영원한 작정과 분리될 수 없다는 사실을 인정하지만, 또한 그 양자가 구분될 수 있으며, 그렇게 되어야 한다는 점을 느끼고 있다. 그 양자는 종종 내재적인 섭리와 초월적인 섭리로 구분되어 있다.

(2) **신적인 섭리의 이신론적인 개념.** 이신론에 따르면, 세상에 대한 하나님의 관심은 보편적이지도 특별하지도 영구적이지도 않으며, 단지 일반적인 성질의 것이다. 창조시에 하나님은 그의 모든 피조물들에게 어떤 양도할 수 없는 특성들을 분여(分與)하셨고, 그것들을 불변하는 법칙들 아래 종속시켰으며, 그것들의 운명을 그 자체의 고유한 능력들에 의하여 작용하도록 내버려 두셨다. 한편 하나님은 세상에 나타나는 특정한 동인들에 대해서가 아니라, 그가 제정하셨던 일반적인 법칙들에 대해 일반적인 감시만을 단순히 수행하신다. 세상은 하나님이 작동시키시는 기계에 불과하며, 하나님이 매일매일 운행하시는 배는 전혀 아니다. 이러한 이신론적인 섭리 개념은 펠라기우스주의의 특징적인 것이며, 일부 로마 가톨릭 신학자들에 의하여 채택되었고, 소지니주의에 의하여 보증되었으며, 알미니우스주의의 근본적인 오류들 가운데 하나에 불과하다. 섭리는, 18세기의 이신론자들에 의하여 철학적인 의상을 걸쳤으며, 19세기에는 변할 수 없는 엄격한 법칙에 의하여 지배되는 자연의 획일성(uniformity)을 강하게 주장하는 진화론과 자연과학의 영향 아래에서 새로운 형태로 나타났다.

(3) **신적 섭리에 대한 범신론적 견해.** 범신론은 하나님과 세상 사이의 구분을 인정하지 않는다. 그것은 관념론적으로 세상을 하나님 안에 흡수시키든지, 아니면 유물론적으로 하나님을 세상에 흡수시킨다. 어떠한 경우에도 그것은 창조를 위한 여지를 남겨놓지 않으며, 또한 진정한 의미에서의 섭리를 제거한다. 범신론자들이 섭리에 관하여 말하는 것은 사실이지만, 그들이 말하는 섭리는 단순히 자연의 과정과 동일하며, 결코 하나님의 자기 계시, 즉 어떤 의미에서든지간에 제2원인의 독립적인 작동을 위한 여지를 남겨두지 않는 자기 계시에 불과하다. 이러한 견지에 의하면 초자연은 불가능하거나, 그렇지 않으면 오히려 자연과 초자연이 동일하게 되어서, 인간 속에 있는 자유로운 인격적 자기 결정 의식은 기만이고, 도덕적 책임은 상상력에서 나온 허구이며, 기도와 종교적 예배는 미신이 된다. 신학은 항상 범신론의 위험을 격퇴하는 데 아주 주의하였으나, 19세기 동안에 이것의 오류는 하나님의 내재론으로 위장하여 상당수의 현대의 자유주의 신학에서 그 입장을 확고히 하는 데 성공했다.

4. 신적 섭리에 대한 반론들.

(1) 신적 섭리에 관한 성경의 가르침. 성경은 다음과 같은 영역에 대한 하나님의 섭리적인 통치를 분명히 가르친다: ① 우주 전체에 대하여(시 103:19; 단 5:35; 엡 1:11), ② 물리적인 세계에 대하여(욥 37:5, 10; 시 104:14; 135:6; 마 5:45), ③ 동물계에 대하여(시 104:21, 28; 마 6:26; 10:29), ④ 국가들의 일에 관하여(욥 12:23; 시 22:28; 66:7; 행 17:26), ⑤ 인간의 출생과 삶의 운명에 관하여(삼상 16:1; 시 139:16; 사 45:5; 갈 1:15, 16), ⑥ 인간의 삶의 외적인 성공과 실패에 관하여(시 75:6, 7; 눅 1:52), ⑦ 외관상 우연적이거나 사소한 일에 관하여(잠 16:33; 마 10:30), ⑧ 의로운 자의 보호에 있어서(시 4:8; 5:12; 63:8; 121:3; 롬 8:28), ⑨ 하나님의 백성들의 필요를 채워 주시는 데 있어서(창 22:8, 14; 신 8:3; 빌 4:19), ⑩ 기도에 응답하는 데 있어서(삼상 1:19; 사 20:5, 6; 대하 33:13; 시 65:2; 마 7:7; 눅 18:7, 8), ⑪ 사악한 자를 적발하여 벌하시는 데 있어서(시 7:12, 13; 11:6).

(2) 일반 섭리와 특별 섭리. 신학자들은 대체로 일반 섭리와 특별 섭리를 구분하는데, 전자는 하나님의 우주 전체에 대한 통치를 나타내며, 후자는 전체와 관련된 그 각 부분에 대한 그의 돌보심을 나타낸다. 이들은 두 종류의 섭리가 아니라, 두 가지 상이한 관계 속에서 수행되는 동일한 섭리다. 하지만 '특별 섭리'라는 용어는 좀 더 특별히 함축된 의미가 있어서, 어떤 경우에는 그의 이성적인 피조물에 대한 하나님의 특별한 배려를 언급한다. 심지어 어떤 이들은 하나님과 아들로서의 특별한 관계를 맺는 사람들과 관련되어 있는 아주 특별한 섭리(*providentia specialissima*)를 언급한다. 특별 섭리들은, 기도의 응답이나 위험으로부터 구원이나 절망적인 상황에서 은혜와 도움이 다가오는 모든 경우 등에서처럼, 사건들의 질서 속에서의 특별한 결합들(combinations)이다.

(3) 특별 섭리의 부정. 일반 섭리 즉 일반 법칙들의 고정된 체계하에서의 세계의 다스림을 기꺼이 인정하면서도, 하나님이 역사의 세세한 부분들이나 인간 삶의 사건들, 그리고 특별히 의로운 자의 경험에 관계하시는 특별 섭리가 있다는 사실을 부인하는 사람들이 있다. 어떤 이들은 하나님이 너무나 위대하셔서 인생의 아주 작은 일들에는 관계하지 않으신다고 주장하는 반면, 다른 이들은 자연 법칙이 하나님의 손을 묶고 있으므로 하나님은 전혀 그렇게 하실 수 없다고 주장하며, 따라서 그들은 하나님이 인간의 기도에 응답한다는 말을 들을 때 의미심장한 미소를 짓는다. 이제 특별 섭리와 일정한 자연 법칙들의 관계가 문제를 일으킨다는 사실을 부인할 필요는 없다. 동시에 언급되어야 할 것은 그것은, 하나님이 일상사에 관여하시지 않고 또 관여하실 수도 없고, 기도에 응답하실 수도 없으며, 위기에서 구원하실 수도 없으며, 인간을 위해 기적

적으로 개입하실 수도 없다고 말하는 아주 빈약하고 피상적이며 비성경적인 하나님 개념을 포함하고 있다는 것이다. 통치자가 단순히 일반 원칙만을 설정하고 특별한 원칙들에 아무런 주의를 기울이지 않았거나, 혹은 사업가가 자신의 사업의 세세한 일들을 살펴보지 않았다면, 그는 곧 실패하게 될 것이다. 성경은 삶의 가장 미미한 일상사조차도 하나님의 다스림 속에 있다고 가르친다.

자연 섭리와 특별 섭리의 특별한 작용을 조화할 수 있느냐의 문제와 관련하여, 우리는 오직 다음 항목들을 지적할 수 있다. ① 자연 법칙들은 모든 현상계와 작용들을 절대적으로 통제하는 자연의 능력들로 묘사되어서는 안 된다. 그것들은 실제로는, 자연의 능력들이 작용하는 방식에서 발견되는, 다양성 속의 획일성에 대한 종종 인간의 불충분한 묘사에 불과하다. ② 하나님과는 독립적으로 활동하고, 실제로 하나님이 세상 과정에 개입하시는 것을 불가능하게 하는 폐쇄 체계로서의 자연 법칙들에 관한 유물론적인 개념은 절대적으로 잘못된 것이다. 우주는 인격적인 기초를 가지고 있으며, 자연의 획일성은 단수히 인격적인 행위자에 의하여 규정된 방법에 불과하다. ③ 소위 자연 법칙들은 모든 조건들이 동일하기만 하다면 동일한 결과들을 산출한다. 결과들은 일반적으로 단 하나의 능력의 결과들이 아니라, 자연의 능력들의 결합이다. 심지어 사람도 자연의 한 능력과 어떤 다른 능력 또는 능력들을 결합함으로써 결과들을 변경시킬 수 있지만, 이러한 능력들의 각각은 그것의 법칙들과 엄밀하게 일치할 때 작용한다. 또한 이것이 사람에게 가능하다면, 그것은 하나님에 대하여서는 더 무한적으로 가능하다. 모든 종류의 결합에 의하여 하나님은 가장 다양한 결과들을 산출할 수 있다.

B. 보존

1. 보존 교리의 기초. 보존 교리를 위한 증거는 직접적이며 추론적이다.

(1) 직접적인 증거. 만물에 대한 신적인 보존을 성경의 여러 구절들에서 명백하고 분명하게 가르치고 있다. 다음 구절들은 거론될 수 있는 많은 구절들 가운데서 단지 소수에 지나지 않는다(신 33:12, 25-28; 삼상 2:9; 느 9:6; 시 107:9; 127:1; 145:14, 15; 마 10:29; 행 17:28; 골 1:17; 히 1:3). 자기 백성들을 보존하시는 주님에 관하여 언급하는 구절들은 매우 많다(창 28:15; 49:24; 출 14:29, 30; 신 1:30, 31; 대하 20:15, 17; 욥 1:10; 36:7; 시 31:20; 32:6; 34:15, 17, 19; 37:15, 17, 19, 20; 91:1, 3, 4, 7, 9, 10, 14; 121:3, 4, 7, 8; 125:1, 2; 사 40:11; 43:2; 63:9; 렘 30:7, 8, 11; 겔 34:11, 12, 15, 16; 단 12:1; 슥 2:5; 눅 21:18; 고전 10:13; 벧전 3:12; 계 3:10).

(2) 추론적인 증거. 신적 보존 관념은 하나님의 주권 교리에서 추론된다. 이것은 오직 절대적인 것으로 생각될 수 있을 뿐이며, 어떤 것이 하나님의 의지와 독립적으로 존재하거나 일어났다면 이것은 절대적일 수 없을 것이다. 이것은 전우주와 그 안에 있는 모든 것이 그 존재와 행동에 있어서 절대적으로 하나님께 의존하고 있다는 조건하에서만 주장될 수 있다. 이것은 또한 피조물의 의존적인 성격으로부터 추론된다. 이것은 피조물, 즉 자체의 고유한 힘에 의해서는 지속적으로 존재할 수 없는 존재의 특징이다. 이것은 그것의 존재와 지속의 근거를 창조주의 의지 속에 두고 있다. 능력의 말씀으로 세계를 창조하셨던 하나님만이 그것을 그의 전능에 의하여 붙드실 수 있다.

2. 신적인 보존의 적당한 개념.

보존 교리는, 영적이든지 아니면 물질적이든지간에 모든 피조된 실체들이 하나님의 존재와는 구별되는 진정하고 영적인 존재를 소유하고 있고, 또한 하나님으로부터만 유래한 능동적이고 수동적인 속성들을 가지고 있으며, 또한 그들의 능동적인 능력들은 단순히 외양적인 것이 아닌 진정한 효과를 제2의 원인으로 갖고 있어서 그것들이 자신들에게 고유한 결과들을 산출할 수 있다는 전제 위에서 전개된다. 이렇게 해서 이 교리는, 항상 분명하지는 않으나 실제로는 계속적인 창조 개념을 가지고서 세상과 구별된 존재를 부인하고, 하나님을 우주의 유일한 동인으로 삼는 범신론을 경계한다. 그러나 이 교리는 이러한 피조된 실체들을 자존적인 것으로 간주하지는 않는데, 그것은 자존이 하나님의 배타적인 속성이며, 모든 피조물들이 그들의 지속적인 근거를 자신이 아닌 하나님에게 두고 있기 때문이다. 이것으로부터 추론되는 사실은 그들이 하나님의 단순히 소극적인 행위에 의해서가 아닌, 신적 능력의 적극적이고 지속적인 수행에 의하여 계속해서 존재하게 된다는 것이다. 하나님의 능력은, 창조에서 실행된 능력과 마찬가지로, 적극적으로 만물을 붙드시는 데서도 작용한다. 비록 하나님이 섭리를 시행하실 때 스스로 피조물의 본성에 순응하신다고 말할 수 있겠지만, 만물을 존재와 행동에서 유지하시는 하나님의 사역의 진정한 성격은 하나의 신비이다. 쉐드와 함께 우리는 "물질 세계에서는 하나님이 물질적인 특성들과 법칙들 안에서 그것들을 통하여 직접적으로 활동하신다. 정신 세계에서 하나님은 정신의 특성들 속에서 그것들을 통하여 직접적으로 활동하신다. 보존은 결코 창조를 거스르는 것이 아니다. 하나님은 그가 창조에서 제정하셨던 것을 섭리에서 깨뜨리시지 않는다"라고 말할 수 있다. 보존은 하나님이 그가 창조하신 만물들과 더불어 그가 그것들에게 부여하신 특성들과 능력들을 함께 유지하시는 하나님의 계속적인 사역으로 정의될 수 있다.

3. 신적인 보존에 관한 잘못된 개념들.

하나님의 이러한 사역의 성격은 언제나 바르게 이해되지 않았다. 신적 보존에 관해서 피해야 할 두 가지 견해가 있다.

(1) 그것이 순전히 소극적이라는 것. 이신론에 따르면, 신적 보존은 하나님이 그의 손으로 지으신 만물을 파괴하지 않으신다는 데 있다. 창조에 의하여 하나님은 물질에 어떤 특성들을 부여하셨고, 그것을 불변하는 법칙들 아래에 놓으셨으며, 그 다음에는 그것을 외부로부터의 모든 지원이나 감독으로부터 독립하여 스스로 작동하도록 내버려 두셨다는 것이다. 이것은 비합리적이고 비종교적이며 비성경적인 표현이다. 그것은 비합리적이다. 자기 생존(self-subsistence)과 자기 유지(self-sustenation)는 오직 창조주의 특성을 나타내는 비공유적 속성인데, 하나님께서 자기 생존을 피조물에게 전달하셨다는 것을 의미하기 때문이다. 피조물은 결코 스스로 유지될 수 없으며, 날마다 창조주의 전능하신 능력에 의해 유지되어야 한다. 따라서 피조된 존재들을 멸절시키는 것은 하나님 편에서의 적극적인 전능의 행동을 필요로 하지 않을 것이다. 유지의 철회만으로도 파멸을 초래할 것이다. 이 견해는 비종교적이다. 그것은 하나님을 그의 창조로부터 멀리 떨어지게 함으로써 종교의 죽음을 말하여 왔다는 사실을 분명히 증거한다. 이는 비성경적이기도 하다. 그것이 하나님을 완전히 그의 창조 밖에 두고 있으나, 성경은 많은 구절들에서 우리에게 하나님은 그의 손으로 지으신 만물들에서 초월하실 뿐만 아니라 내재하신다고 가르치고 있기 때문이다.

(2) 그것이 계속적인 창조라는 것. 범신론은 보존을 계속적인 창조로 묘사한다. 따라서 피조물들과 제2의 원인들은 실제적이거나 계속적인 존재를 가지지 않으며, 각각의 연속적인 순간에 만물의 숨겨진 근거인 신비스러운 절대자로부터 유출하는 것으로 생각된다. 범신론자들이 아닌 어떤 이들은 보존과 비슷한 견해를 가지고 있다. 데카르트는 그런 보존 개념을 위한 토대를 설정하였고, 말브랑슈(Malebranche)는 이것을 유신론(theism)과 일치하는 최극단까지 밀고 나갔다. 조나단 에드워즈(Jonathan Edwards)조차도 이것을 원죄에 관한 그의 저서에서 부차적으로 가르치고 있으며, 이렇게 해서 범신론을 가르칠 만큼 위험스럽게 다가간다. 이러한 보존의 견해는 제2원인을 위해서는 아무런 여지도 남기지 않기 때문에, 필연적으로 범신론에 이르게 된다. 이 견해는, 우리가 진정한 자기 결정적인 행동의 원인들이며 따라서 도덕적인 행위자들이라

는 사실을 확신시켜 주는 우리의 원래적이고 필연석인 직관들에는 반대된다. 게다가 이 견해는 자유 행위와 도덕적 책임성, 도덕적 통치의 뿌리에 타격을 가함으로써, 종교 그 자체의 뿌리에 타격을 가하는 것이다. 어떤 개혁파 신학자들은 또한 '계속적인 창조'라는 용어를 사용하지만, 그렇게 함으로써 현재 고찰 중인 보존 교리를 가르치는 것을 의미하지는 않는다. 그들은 단순히 세계가 그것을 창조하였던 동일한 능력에 의하여 유지되고 있다는 사실을 강조하기를 바랄 뿐이다. 그런 표현이 오해를 유발할 수 있다는 사실을 고려한다면, 그런 표현은 피하는 것이 더 좋을 것이다.

C. 협력(Concurrence)

1. 신적인 협력 개념과 그것에 대한 성경의 증거.
(1) **정의와 설명.** 협력은 미리 제정된 그들의 작용 법칙에 따라 그들을 행동하게 하고 정확하게 행동하게 하는, 모든 종속적인 능력을 소유한 신적인 능력의 작용으로 정의될 수 있다. 어떤 이들은 인간이 관계되는 한, 그 작용을 도덕적으로 선하고, 따라서 칭찬할 만한 인간 행동들에 제한하려는 경향이 있으나, 다른 이들은 좀 더 논리적으로 그것을 모든 종류의 행동들로 확장하려는 경향을 가지고 있다. 이 교리가 두 가지 사항을 의미한다는 사실이 처음부터 주목되어야 한다. ① 자연의 능력들은 스스로, 즉 자신의 고유한 능력으로는 작동하지 않으며, 하나님이 각각의 피조물의 행위에서 직접적으로 작용하신다는 것. 이것은 이신론적인 입장에 맞서 주장되어야 한다. ② 제2원인들은 실제적이어서, 단순한 하나님의 작용적인 능력으로 간주될 수 없다는 것. 그것은 제2원인들이 실제적이며, 또한 우리가 제1원인과 제2원인들의 협동이나 협력에 관하여 적절히 말할 수 있다는 조건에서만 그러하다. 이것은 하나님이 세계에서 활동하는 유일한 동인(행위자)이라고 하는 범신론적인 관념에 맞서 강조되어야 한다.
(2) **신적인 협력에 대한 성경적 증거.** 성경은 하나님의 섭리가 피조물의 존재뿐만 아니라, 그 행동들이나 작용들에도 관계한다는 사실을 분명히 가르친다. 인간이 독립적으로 활동하지 않고, 하나님의 의지에 의하여 통제된다는 일반적인 진리는 성경의 여러 구절들에서 나타난다. 요셉은 창 45:5에서 그의 형들이 아닌 하나님이 그를 애굽에 보냈다고 말한다. 출 4:11, 12에서는 주님은 그가 모세의 입과 함께 있을 것이며 그가 무엇을 말할지를 가르쳐 주겠다고 말씀하고 있으며, 수 11:6에서 하나님은 여호수아에게 자기가 이스라엘의 적들을 물리치실 것이라고 하는 확신을 주신다. 잠 21:1은

우리에게 "왕의 마음이 여호와의 손에 있음이……그가 임의로 인도하시느니라"라고 가르쳐 준다. 또한 스 6:22은 여호와께서 "앗수르 왕의 마음을 저희(이스라엘)에게로 돌이키셨다"고 한다. 신 8:18에서 이스라엘은 그들에게 부를 얻을 능력을 주신 이가 여호와라는 사실을 깨닫게 되었다. 좀 더 특별하게는 악한 것 안에도 어떤 종류의 신적인 협력이 있다는 사실이 성경으로부터 분명히 드러난다. 삼하 16:11에 따르면, 여호와께서 시므이로 하여금 다윗을 저주하도록 명하셨다. 주님은 또한 앗수르를 "내 진노의 막대기요 그 손의 몽둥이는 내 분노"라고 부르신다(사 10:5). 게다가 그는 아합의 예언자들의 입에다 거짓말하는 영들을 넣으셨다(왕상 22:20-23).

2. 피해야 할 오류들. 이 교리와 관련하여 경계해야 할 몇 가지 오류가 있다.

(1) 신적 협력이 결코 특정한 행위를 결정하지 않고 단지 능력의 일반적 전달이라는 것. 예수회와 소지니주의자들, 그리고 알미니우스주의자들은 신적인 협력이 단지 일반적이고 평범한 협력이며, 따라서 특별한 목적으로 행동을 지향하게 하는 것은 제2원인이라고 주장한다. 그것은 행동하도록 재촉하나, 완전히 불확정한 방식으로 하는 모든 원인들에 대해 공통적이다. 그것은 제2원인을 자극하면서도, 특별한 종류와 양식을 결정하도록 내버려 둔다. 그러나 이것이 사실이라면, 하나님의 계획을 좌절시키는 것은 인간의 능력에 있게 되며, 제1원인은 제2원인에 예속되게 될 것이다. 인간이 주도권을 쥘 것이고, 어떠한 신적인 섭리도 없을 것이다.

(2) 신적 협력은 인간이 일부를 행하고 하나님이 일부를 행하는 그런 성격과 같은 것이라는 것. 하나님과 인간의 협력은 때때로 자기 역할을 하면서 마차를 함께 끄는 한 쌍의 말의 연대적인 노력에 비유된다. 이것은 사역의 분배에 대한 잘못된 견해이다. 사실상 각각의 행동은 고스란히 다 하나님의 행동이며 피조물의 행동이다. 신적인 의지에 독립되는 것은 아무것도 없으며, 그것이 순간순간 하나님의 뜻에 의하여 결정되는 한, 하나님의 행동이다. 또한 하나님이 그것을 피조물의 자기 행동을 통하여 실현하시는 한, 인간의 행동이다. 여기에 상호 침투(interpenetration)가 있으나 상호 제한(mutual limitation)은 존재하지 않는다.

(3) 협력 속에서 하나님의 사역과 인간의 사역은 대등하다는 것. 이것은 이미 앞에서 언급한 사실에 의해 배제되었다. 하나님의 사역은, 언제나 인간이 그가 행하는 모든 일에서 하나님을 의존하기 때문에 우선권이 있다. "나를 떠나서는 너희가 아무것도 할 수 없다"라고 하는 성경의 진술은 각 분야의 노력에 적용된다. 양자의 정확한 관계는

다음에 언급하는 신적인 협력의 특징들 가운데에서 가장 잘 지적되고 있다.

3. 신적인 협력의 특징들.

(1) 그것은 시간적이 아니라 논리적인 의미에서 선행적이고 선결정적이다. 하나님이 단순히 자기의 행동을 연결하시는 피조물 안에는 어떠한 자기 활동의 절대적인 원리도 없다. 모든 경우에 행동하며 움직이려는 충동은 하나님으로부터 나온다. 피조물이 활동하기 전에 신적인 에너지의 영향이 있음에 틀림없다. 특별히 주목되어야 할 것은 이 영향은 피조물의 활동에서 종결되지 않고, 피조물 그 자체에서 종결된다는 것이다. 하나님은 자연 속에 있는 만물들이 미리 결정된 목적의 방향으로 활동하고 움직이게 하신다. 이렇게 해서 제2원인들인 그의 이성적 피조물들이 기능하도록 하시며 촉구하시는데, 그들에게 일반적인 방식으로 에너지를 공급하고, 또 그들에게 어떤 특정한 행동들을 하도록 활력을 불어넣어서 그렇게 하신다. 그는 모든 것을 모든 사람 가운데서 역사하시며(고전 12:6), 또한 이러한 점에서 만사를 그 마음의 원대로 역사하신다(엡 1:11). 그는 이스라엘에게 부를 얻는 능력을 주셨고(신 8:18), 신자들이 그의 선하신 기쁨에 따라서 의도하고 행하도록 역사하신다(빌 2:13). 펠라기우스주의자들과 온갖 반(半)펠라기우스주의자들은 대체로 피조물이 신적인 능력의 유입 없이는 행동할 수 없다는 사실을 기꺼이 인정하려고 하지만, 이것은 어쨌든 행동의 특징을 결정지을 만큼 그렇게 특징적인 것은 아니라고 주장한다.

(2) 신적인 협력은 또한 동시적인 협력이다. 피조물의 활동이 시작된 후에 그것이 계속되려면 하나님의 효과적인 의지가 매순간 그것과 동반하여야 한다. 피조물이 하나님의 능력과 의지와 독립적으로 활동하는 단 한순간도 존재하지 않는다. 우리가 살고 기동하고 우리의 존재를 갖는 것은 하나님 안에서만 가능하다(행 17:28). 이 신적인 활동은 매순간 인간의 행동과 동반하지만, 결코 인간의 자유를 빼앗지는 않는다. 행동은 자유로운 인간의 행위, 즉 그가 책임을 져야 하는 행위로 남아 있다. 이 동시적인 협력은 제1원인(*causa prima*)과 제2원인(*causa secunda*)의 동일시로 귀결되지는 않는다. 진정한 의미에서 그 작용은 양 원인의 산물이다. 인간은 행동의 진정한 주체이며, 여전히 그러하다. 바빙크는 나무가 타는 사실, 즉 하나님만이 나무가 불타는 원인이 되시지만, 표면상으로는 이 불탐은 하나님에게 전가될 수 없고, 오직 주체로서의 나무에게 전가될 수 있을 뿐이라는 사실을 지적함으로써 이것을 예증했다. 이 동시적인 행동이 선행적이고 선결적인 협력과 분리될 수는 없지만 그것과 구별되어야 한다는 사실은

자명하다. 엄격하게 말한다면, 선행적인 협력과 구분하여 그것은 피조물이 아니라 그것의 활동에서 종결된다. 피조물에서 종결되지 않기 때문에 그것은 이론적으로 아무런 윤리적 관계를 가지고 있지 않은 것으로 해석될 수 있다. 이것은 예수회가 신적 협력을 동시적인 것으로만 가르치고, 선행적이거나 선결정적인 것으로는 가르치지 않는다는 사실과, 또한 어떤 개혁파 신학자들이 선행적인 협력을 사람들의 선한 행실에만 국한시키고, 그밖의 것에 대해서는 동시적인 협력을 가르치는 것으로 만족했다는 사실을 설명해 준다.

(3) 마지막으로, 신적 협력은 직접적인 협동이다. 세상을 다스림에 있어서 하나님은 그의 목적 실현을 위하여 온갖 수단들을 사용하시지만, 신적 협력에서는 그렇게 활동하시지 않는다. 그가 불로써 평지의 도시들을 멸하실 때, 이것은 그가 수단들을 사용하신 신적 통치의 행동이다. 그러나 동시에 그것은 불이 떨어져서 태우고 멸하게 하시는 그의 직접적인 협력이다. 이렇게 해서 하나님은 인간에게 능력을 주시고, 그의 행동을 결정하시며, 줄곧 그의 행동들을 유지하시면서 인간 속에서 또한 역사하신다.

4. 신적 협력과 죄.

펠라기우스주의자들과 반(半)펠라기우스주의자들, 그리고 알미니우스주의자들은 이 섭리론에 대하여 강한 반론을 제기한다. 그들은 일반적일 뿐만 아니라, 인간의 특정한 행동들을 예정하는 선행적인 협력은 하나님을 죄에 대해 책임 있는 조성자로 만든다고 주장한다. 개혁파 신학자들은 여기에서 제기된 문제의 어려움을 잘 알고 있지만, 도덕적 피조물들의 자유로운 행동들에 대한 하나님의 절대적인 통치를 부인함으로써 그 어려움을 회피하려고 하지 않는다. 왜냐하면 이것이 성경에서 명백하게 가르치고 있기 때문이다(창 45:5; 50:19, 20; 출 10:1, 20; 삼하 16:10, 11; 사 10:5-7; 행 2:23; 4:27, 28). 그들은 다음과 같이 가르치지 않으면 안 된다. (1) 죄악된 행동들은 신적인 통제하에 있고, 하나님의 선결정과 목적에 따라서 일어나지만, 그러나 오직 신적인 허용에 의해서만 일어나기 때문에, 하나님은 효과적으로 인간이 범죄하도록 하시지는 않는다(창 45:5; 50:20; 출 14:17; 사 66:4; 롬 9:22; 살후 2:11). (2) 하나님은 종종 죄인의 죄악된 활동들을 억제하신다(창 3:6; 욥 1:12; 2:6; 시 76:10; 사 10:15; 행 7:51), (3) 하나님은 자신의 목적을 위하여 선을 장려하고 악을 억누르신다(창 50:20; 시 76:10; 행 3:13).

하지만 이것은 그들 모두가 다음과 같은 문제에 답하는 데 일치하였다는 것을 의미하지는 않는다. 즉, 그 문제는 피조물을 특정한 행동으로 효과적으로 배치하고 선결정하며, 또한 그것이 그러한 행동을 하도록 하는 피조물의 행동 능력에 대한 직접적이고 즉각적이며 물리적인 활성화 작용이 있는가에 관한 것이다. 예를 들면, 댑니는 낮은 수준의 창조에서는 그러한 물리적 협력을 인정하면서도, 자유로운 행위자들에 대하여서는 그것을 부정한다. 하지만 대다수의 사람들은 자유로운 도덕적 존재들의 경우에도 마찬가지로 그것을 주장한다. 심지어 댑니조차도 모든 피조물들의 행동에 대한 하나님의 통치가 확실하고 주권적이며 효과적이라는 데 동의함으로써, 다른 사람들과 같이 죄에 대한 하나님의 책임성의 문제에 봉착하지 않을 수 없다. 그는 다음의 말로써 그의 결론을 맺고 있다.

"그런데 이것은 죄악된 행동들에 관한 하나님의 목적의 섭리적 발전에 대한 나의 묘사이다. 하나님이 아시는 그러한 상황들 앞에 끊임없이 각 영혼을 두시는 것처럼 그의 다양한 지혜와 능력에 의하여 자유로운 행위자 주변에 사건들과 대상들을 배치시키고 모으는 것은, 자신의 고유하고 자유로운 행동을 가진 각 영혼이 하나님의 계획에 의하여 요청되는 오직 그 일을 행하도록 하기에는 충분히 객관적인 동기가 될 것이다. 그리하여 그 행동은 인간만의 것이 된다. 비록 그 행동의 발생이 하나님에 의하여 효과적으로 보장되었지만 말이다. 그것에 관한 하나님의 관심은 거룩한데, 왜냐하면 먼저 그것의 발생을 보장하기 위해 배치하는 데 있어서 하나님의 모든 인격적 행동이 거룩하기 때문이며, 두 번째는 그의 목표와 목적들이 거룩하기 때문이다. 하나님은 행동의 죄악성을 위해 행동의 죄를 의도하시지는 않으며, 단지 그 행위가 수단이 되는 결과를 의도하실 뿐인데, 결과는 언제나 그의 거룩성에 합당한 것이다."

하지만 상당히 대다수의 개혁파 신학자들은 문제의 협력(*concursus*)을 주장하고, 죄악된 행동의 질료(*materia*)와 형상(*forma*) 사이를 구분하며, 또한 인간에게만 배타적으로 후자를 전가함으로써 그 난제를 해결하려고 한다. 신적인 협력은 인간을 고무시키고 그를 특정한 행동에 대하여 효과가 있도록 결정하지만, 행동에 형상적인 특성을 부여하고 따라서 그 죄악된 특성에 대하여 책임을 지는 것은 인간이다. 이러한 해결책들 가운데 어떤 것도 완전한 만족을 줄 수 있다고는 할 수 없기 때문에 하나님과 죄의 관계에 관한 문제는 여전히 신비로 남아있다.

D. 통치

1. 신적 통치의 성격.   신적인 통치는 하나님이 신적인 목적의 성취를 보장하기 위해 만

물을 목적론적으로 다스리시는 하나님의 지속적인 행동이라고 정의될 수 있다. 이 통치는 단순히 신적 섭리의 일부가 아니라, 보존이나 협력과 같이 그 전체이나, 여기서는 하나님이 창조에서 만물을 인도하는 것, 즉 그의 이름의 영광을 위한 목적의 견지에서 고려된다.

(1) 신적 통치는 우주의 왕이신 하나님의 통치이다. 오늘날 많은 사람들이 왕이신 하나님 개념을 낡은 구약적 개념으로 간주하여 신약적인 아버지 하나님 개념으로 대체한다. 신적 주권의 관념은 신적 사랑의 관념을 위해 자리를 비워 주어야 한다. 이것은 성경에서 진보된 하나님 관념과 조화를 이루는 것으로 생각되고 있다. 그러나 더 높은 수준으로 발전하는 신적 계시는 점차 왕이신 하나님 개념을 버리도록 하며, 그 대신 아버지 하나님 개념을 대체하려는 의도가 있다고 생각하는 것은 잘못된 것이다. 이는 이미 예수님의 가르침에 나타나는 하나님 나라 개념의 탁월성에 의해 그릇된 것임이 판명되었다. 또한 이것이 특별하고 제한된 하나님의 왕권 개념만을 포함한다고 한다면, 복음서에서의 아버지 하나님 개념도 역시 동일한 제한과 한계들에 예속되어 있다고 응답될 수 있을 것이다. 예수님은 하나님의 보편적인 아버지 됨을 가르치지 않는다. 더욱이, 신약 성경도 역시 다음 구절들에서 하나님의 보편적인 왕권을 가르치고 있다(마 11:25; 행 17:24; 딤전 1:17; 6:15; 계 1:6; 19:6). 그는 왕이시고 아버지이시며, 하늘과 땅의 모든 권세의 근원이시며, 왕 중의 왕이요 만 주의 주이시다.

(2) 신적 통치는 그가 통치하시는 피조물들의 본성에 적합한 통치이다. 물리적 세계에서 하나님은 자연 법칙들을 제정하셨으며, 하나님은 바로 이 법칙들을 수단으로 하여 물리적 우주의 통치를 관장하신다. 정신적 세계에서 하나님은 정신의 특성들과 법칙들을 통하여 중보적으로, 성령의 직접적인 활동을 통하여 직접적으로 그의 통치를 관장하신다. 도덕적 행위자들의 통치와 통제에서 그는 상황과 동기들, 교훈, 권면, 모범 등과 같은 모든 종류의 도덕적 요소들을 사용하시지만, 또한 성령의 인격적인 활동에 의하여 지성과 의지와 마음에 직접적으로 활동하신다.

2. 신적 통치의 범위. 성경은 이 신적 통치가 보편적임을 명백히 선언한다(시 22:28, 29; 103:17-19; 단 4:34, 35; 딤전 6:15). 그것은 실제적으로 태초로부터의 그의 모든 사역들, 과거가 현재와 미래의 모든 것을 포괄하는 하나님의 영원한 목적의 수행이다. 그러나 그것은 일반적이면서도 또한 특수한 것들에까지 미친다. 가장 하찮은 일들(마 10:29-31)과 우연으로 보이는 일들(잠 16:33), 그리고 사람들의 악한 행실들(행 14:16)과

마찬가지로 그들의 선한 행실들(빌 2:13), 이와 같은 모든 일들이 신적인 통제 아래에 있다. 하나님은 이스라엘의 왕이시지만(사 33:22), 또한 열국을 통치하신다(시 47:9). 그의 통치로부터 벗어날 수 있는 것은 아무것도 없다.

E. 특별 섭리들 혹은 기적들

1. 기적들의 성격. 섭리는 일반적으로 일반 섭리(*providentia ordinaria*)와 특별 섭리 (*providentia extraordinaria*)로 구분된다. 일반 섭리에서, 하나님은 서로 다른 결합들에 의해 결과들을 변경시킬 수 있지만, 자연 법칙들과의 엄격한 조화 속에서 제2원인들을 통하여 역사하신다. 그러나 특별 섭리에서, 그는 직접적으로 혹은 일반 섭리 사역에서의 제2원인들의 중개 없이 역사하신다. 맥퍼슨은 "기적이란 일반적인 산출 수단을 쓰지 않고 이루어진 어떤 것, 즉 적어도 일반적인 방식에서의 제2원인들의 중개 없이 제1원인에 의하여 직접적으로 산출된 결과들이다"라고 말하고 있다. 기적적인 행동에서 독특한 것은 그것이 하나님의 초자연적인 능력의 실행으로부터 유래한다는 것이다. 또한 물론 이것은 그것이 자연 법칙들에 따라 행동하는 제2원인들에 의하여 발생하지 않는다는 것을 의미한다. 만약 제2원인들에 의한 것이었다고 한다면 그것은 초자연적이지 않을 것이며, 즉 기적이 될 수 없을 것이다. 만약 하나님이 기적의 수행에 있어서 때때로 자연에 내재한 힘들을 사용하였다면, 그는 기대하지 못했던 결과들을 산출하기 위하여 보통에서 벗어난 방식으로 그것들을 사용하셨고 또한 바로 이것이 기적을 이루었던 것이다. 모든 기적은 자연의 기존 질서를 초월하지만, 우리는 비록 기적의 정도는 구분할 수 없다 하더라도 기적의 종류들은 구분할 수 있을 것이다. 완전히 자연을 초월함으로써 어떤 방편들과 결코 연결되지 않는 기적들이 있다. 그러나 또한 방편이 사용되지만 그러한 방편들의 일상적인 결과들과는 완전히 다른 어떤 결과를 초래하는 식의 방편에 반하는(*contra media*) 기적들이 있다.

2. 기적들의 가능성. 기적들은 자연 법칙들을 깨뜨리는 것을 의미한다는 이유로 반대되어 왔다. 어떤 이들은 아우구스티누스와 함께, 그것들이 우리가 알고 있는 자연에 대한 단순한 예외들이라고 가정하고, 또한 자연에 대해 지금보다 더 충분한 지식을 가진다면 그것들을 완전히 자연적인 방식으로 설명할 수 있을 것이라는 사실을 암시함으로써 난점을 피하려고 했다. 그러나 이 입장은 유지될 수 없는데, 각각 서로 모순

되는 두 종류의 자연 질서를 가정하고 있기 때문이다. 한 질서에 의하면 항아리 속의 기름은 감소하지만, 다른 질서에 의하면 기름은 감소하지 않는다. 또한 한쪽에서는 차츰 소비될 것이지만, 다른 쪽에서는 빵이 늘어날 것이다. 아마도 한 체계가 다른 체계보다 더 우월하다고 가정되어야 하는데, 그것은 만약 그렇지 않다고 한다면, 거기에 충돌만이 있을 것이고 아무것도 일어나지 않을 것이기 때문이며, 반대로 사실이 그러하다고 한다면 열등한 질서가 차츰 압도되어서 사라질 것으로 보이기 때문이다. 더구나 그것은 기적으로부터 그것의 예외적인 특성을 제거하지만, 성경의 각 장마다 기적들은 예외적인 사건들로 나타나고 있다.

의심의 여지 없이 자연에는 어떤 획일성이 있으며, 자연계에는 제2원인들의 작용을 조절하는 법칙들이 존재한다. 그러나 이것은 자연에서의 하나님의 일반적인 사역 방법을 나타낼 뿐이라는 것을 기억해야 한다. 제2원인들을 통해서 질서 있게 역사하시는 것이 그의 선하신 기쁨이다. 그러나 이것이 그가 기존 질서를 떠나실 수 없으며 또한 그가 그것을 고려하시는 목적에 대하여 바람직한 것으로 생각하신다면 단일한 의지에 의하여 자연적인 원인들로부터 유래하지 않는 특별한 결과를 산출할 수 없다는 의미는 아니다. 하나님께서 기적을 행하실 때, 그는 초자연적인 방식으로 특별한 결과들을 산출하신다. 이것은 기적들이 자연을 초월함을 의미한다. 우리는 또한 기적들이 자연을 거스르는 것이라고 말할 수도 있을 것이다. 옛 개혁파 신학자들은 그것들을 자연 법칙들의 파괴 혹은 깨뜨림으로 말하기를 주저하지 않았다. 때때로 그들은 어떤 기적에 있어서 자연의 질서가 일시적으로 정지되었다고 말했다. 브루인(Bruin) 박사는 이 견해가 옳다고 그의 책(*Het Christelijk Geloof en de Beoefening der Natuur-wetenschap*)에서 주장하였으며, 볼티에(Woltjer)와 덴너트, 바빙크의 견해들을 예외로 취급했다. 그러나 그 옛 용어의 정확성은 불확실하다고 봐야 할 것이다. 기적이 행해질 때 자연 법칙들은 깨어지지 않으며, 하나님의 더 높은 뜻의 표명에 의하여 특별한 지점에서 교체된 것이다. 자연의 힘들은 폐지되거나 정지되지 않으며, 단지 특별한 지점에서 자연의 힘들을 능가하는 어떤 힘에 의하여 효과가 없을 뿐이다.

3. 성경의 기적들의 목적. 성경의 기적들은 아무렇게나 행해진 것이 아니고 명확한 목적을 가지고 행해진 것으로 생각될 수 있다. 그것들은 단순한 이적들, 즉 경이를 유발하는 힘의 전시들이 아니라 계시적인 중요성을 띠고 있다. 세상으로의 죄의 유입으로 인한 죄의 파멸과 창조의 갱신을 위하여 사건들의 과정에서 하나님의 초자연적인

개입이 필요하게 되었다. 하나님께서 우리에게 성경 곧 그의 축자적인 특별 계시와, 예수 그리스도 안에서의 그의 최고의 실재적인 계시를 주신 것은 기적으로 말미암았다. 그 기적들은 구속의 경륜, 즉 그것들이 종종 예표하고 상징하는 구속과 연결된다. 그것들은 하나님의 창조적 사역을 파괴하려는 것이 아니라, 오히려 하나님의 창조 사역을 회복하려는 것이다. 따라서 우리는 기적의 순환들이 구속사의 특별한 기간들, 특별히 그리스도의 공적 사역과 교회의 설립 시기와 연결됨을 발견한다. 이 기적들은 아직 물리적 우주의 회복으로 귀결되지 않았다. 그러나 마지막 때에는 또다른 기적들이 뒤따라 나올 것이며, 하나님의 영광을 위한 자연의 갱신, 즉 새 하늘과 새 땅에서의 하나님 나라를 최종적으로 건설하는 것으로 귀결될 것이다.

깊은 연구를 위한 질문

신적 섭리론은 순수 항목(articulus purus)인가, 아니면 혼합 항목(articulus mixtus)인가? 이 교리를 최초로 발전시킨 교부는 누구인가? 루터와 칼빈은 그들의 신적 섭리 개념에 대한 이해가 어떻게 다른가? 알미니우스주의자들이 이 교리에 있어서 소지니주의자들의 입장을 받아들이고 있다는 사실을 어떻게 설명할 수 있겠는가? 하나님이 세계에서 유일하고 참된 원인이라고 하는 어떤 개혁파 신학자들의 주장을 우리는 어떻게 판단해야 하는가? 제2원인들은 무엇이며, 그것들이 진정한 원인들이라고 주장하는 것이 왜 중요한가? 신적 협력의 교리는 인간의 자유 행위와 모순되지 않는가? 아우구스티누스의 기적 개념은 무엇인가? 왜 기적을 주장하는 것이 중요한가? 기적들은 자연적인 설명을 인정하는가? 그것들은 자연 법칙들의 정지를 의미하는가? 특별히 성경에 나타난 기적들의 중요성은 무엇인가? 기적들은 지금도 일어날 수 있는가? 그것들이 여전히 일어나고 있는가? 로마 가톨릭 교회는 기적들에 대하여 어떻게 주장하는가?

Louis Berkhof

인간론

제1부 원시 상태의 인간

I
인간의 기원

A. 교의학에서 인간론이 차지하는 위치

신학, 곧 하나님의 관한 연구는 필연적으로 인간학, 곧 인간에 관한 연구로 나아간다. 인간은 피조물의 면류관일 뿐만 아니라 하나님의 각별한 보호의 대상이다. 성경에 나타난 계시는 인간에게 주어진 것일 뿐만 아니라 인간에게 특별한 관심을 기울이는 계시이다. 이 계시는 추상적인 하나님의 계시가 아니라 피조물 특히 인간과 관련된 계시이다. 이 계시는 하나님과 인간의 관계에 관한 기록으로, 특히 하나님이 인간을 위하여 준비하셨고 또 준비하시는 구속의 계시이다. 다시 말하면, 인간은 성경에서 중심적인 위치를 차지하고 있을 뿐만 아니라, 하나님과 관계를 맺고 있는 인간에 관한 지식이 성경을 바르게 이해하는 데 필수적이다. 인간론은 신론 바로 뒤에 와야 한다. 그 이유는 신론 이후의 모든 교의학 논의는 인간론에 관한 지식을 전제로 해서 전개되기 때문이다. 그러나 교의학적인 인간론을, 인간을 연구 대상으로 삼는 모든 학문을 포괄하는 일반적인 인간학 혹은 인류에 관한 학문과 혼동해서는 안 된다. 후자는 인류의 기원 및 역사, 인류 일반 그리고 특정한 인종의 생리학적 구조와 정신적 특징들, 인종학적·언어학적·문화적·종교적 발전 등을 취급한다. 신학적 인간학은 다만, 성경이 인간에 대하여 말하는 내용 및 인간과 하나님의 관계가 어떠하며, 어떠해야 하는가를 취급한다. 신학적 인간학은 성경만을 그 근거로 인정하며, 인간의 경험이 가르치는 내용들을 하나님의 말씀의 빛 안에서 해석한다.

B. 인간의 기원에 관한 성경의 서술

성경은 인간의 기원에 관하여 이중적으로 서술한다. 하나는 창 1:26, 27이며, 하나는 2:7, 21-23이다. 고등 비평에 의하면, 창세기 기록자는 두 개의 설화, 즉 창 1:1-2:3과 창 2:4-25을 짜맞추었는데, 이 두 기록은 독립된 것이요 모순된 것이라고 한다. 레이들로(Laidlaw)는 「성경의 인간론」(*The Bible Doctrine of Man*)에서 창세기의 저자가 두 개의 자료를 사용했음을 인정하면서도, 이 두 자료가 각기 다른 두 개의 창조 이야기라는 점은 거부한다(pp. 25f.). "두 번째 이야기에 창조에 관한 기록이 없다는 단순한 이유 때문에 첫 번째 기록과는 다른 기록이라고 보는 견해는 옳지 않다"고 그는 말한다. 창 2:4의 "여호와 하나님이 천지를 창조하신 때에 천지의 창조된 대략이 이러하니라"에 등장하는 "대략이 이러하니라"라는 표현이 창세기에서 빈번히 쓰이는 용법임을 고려할 때, 2장의 기록이 1장의 그것과는 다른 어떤 내용을 담고 있음을 알 수 있다. 이 표현은 언제나 기원 또는 시작을 가리키기보다는 가족의 역사를 가리킨다. 첫 번째 기록은 만물의 창조를 그 일어난 순서대로 서술한 반면, 두 번째 기록은 피조물과 인간의 관계를 다루고 있는 바, 하나님의 창조 사역에서 인간 창조가 차지하는 연대기적 순서에 대해서는 아무런 언급도 하지 않고 있다. 다시 말하면, 두 번째 기록은 인간 창조에 앞서 창조된 것들이 피조물의 왕인 인간의 적합한 주거지를 준비하는 데 기여하고 있음을 보여준다. 그것은 또한 인간이 식물과 동물들로 둘러싸인 하나님의 피조물 안에서 차지하는 위치가 무엇이며, 그 역사는 어떻게 시작되었는가를 보여준다. 인간의 창조는 다른 생물들과는 구별되는 몇 가지 특징을 가지고 있다.

1. 인간의 창조 앞에는 하나님의 거룩한 경륜(counsel)이 선행된다. 영감을 받은 기자는 인간의 창조를 기록하기 전에 하나님의 경륜(계획)에 관하여 말한다. "우리의 형상을 따라 우리의 모양대로 우리가 사람을 만들고"(창 1:26). 교회는 일반적으로 "우리"라는 복수형이 하나님의 삼위일체적 실존을 가리키는 것으로 해석해 왔다. 그러나 일부 학자들은 위엄(majesty)의 복수로 간주하고, 다른 학자들은 천사들까지도 그 안에 포괄하는 교제의 복수로 해석한다. 또 어떤 학자들은 자기 높임의 복수로 해석하기도 한다. 이 세 가지 해석 가운데, 첫 번째 해석은 타당성이 희박하다. 그 이유는 위엄의 복수는 훨씬 후에 나타나는 용법이기 때문이다. 두 번째 해석은 불가능하다. 그 이유는 그 해석을 받아들이게 되면 천사들이 하나님과 공동 창조주가 되고, 인간이 천사의 형상을 따라 만들어졌다는 말이 될 수 있기 때문이다. 이것은 비성경적인 생각이다. 세 번째 해석은 전혀 근거가 없다. 그 해석에 대해서는 아무런 이유도 제시되지 않고 있다. 하나님 안에 일종의 복수성이 존재한다는 이유 이외에 그 같은 자기 높임이 복수로 표현되어야 할 이유가 어디 있는가?

2. 인간 창조는 엄밀한 의미에서 하나님의 직접적인 사역이었다. 인간 창조에 관한 기록 앞에 나오는 서술에서 사용된 몇 가지 표현들은 어떤 의미에서는 만물의 창조가 간접적 창조임을 보여준다. 다음과 같은 표현에 주목하라. "땅은 풀과 씨 맺는 채소와 각기 종류대로 씨 가진 열매 맺는 과목을 내라," "물들은 생물로 번성하게 하라," "땅은 생물을 그 종류대로 내라." 이 표현들을 "하나님이 사람을 창조하셨다"는 표현과 비교해 보라. 앞의 표현들에 나타난 간접적 창조의 암시가 여기서는 전혀 나타나지 않는다. 하나님의 인간 창조는 어떤 의미에서든지 간접적이 아니었음이 명백하다. 하나님이 인간의 몸을 만드실 때 먼저 존재하던 물질을 사용한 것은 사실이나, 그것조차도 영혼 창조시에는 배제되었다.

3. 하등 동물과는 달리 인간은 하나님의 형상을 따라 창조되었다. 물고기, 새, 짐승은 그 종류대로, 즉 종 특유의 고유한 특성에 따라 창조되었다. 그러나 인간은 그같이 창조되지 않았다. 더욱이 하등 동물들의 형상으로 창조되지는 않았다. 인간에 관하여 하나님은 이렇게 말씀하신다. "우리의 형상을 따라 우리의 모양대로 우리가 사람을 만들고……." 이 말이 함의(含意)하는 바에 대해서는 인간의 원래의 상태를 다룰 때 논의될 것이다. 다만 여기서는 이 말씀이 인간 창조의 독특성을 보여준다는 사실만 확인하고 넘어가자.

4. 인간의 본성의 두 가지 다른 요소들은 명백히 구분된다. 창 2:7에서는 몸의 기원과 영혼의 기원이 명백히 구분된다. 몸은 흙으로 형성되었다. 몸을 만들 때 하나님은 먼저 존재하는 물질을 사용하셨다. 그러나 영혼의 창조는 먼저 존재하는 물질을 재료로 하여 이루어진 것이 아니다. 그것은 새로운 생산이다. 여호와께서 "생기를 그 코에 불어넣으시니 사람이 생령이 된지라." 이 간단한 어구에서 인간의 이중적 본성이 명백해진다. 이와 같은 인간의 이중적 본성은 전 12:7; 마 10:28; 눅 8:55; 고후 5:1-8; 빌 1:22-24; 히 12:9과 같은 다른 본문의 지지도 받는다. 두 요소는 몸과 하나님이 불어넣으신 생명의 숨 혹은 생령이며, 양자가 결합됨으로써 "살아 있는 영혼(soul)" 곧 "살아 있는 존재"가 되었다.

5. 인간은 즉시 높은 지위에 올랐다. 인간은 모든 피조물의 왕으로 등극하며, 모든 하등한 피조물들을 지배하는 권세를 부여받는다. 동시에 인간에게는 그의 통제하에 있는 모든 자연과 모든 피조된 존재들을 자신의 뜻과 목적에 복종시킬 의무와 특권이 부여되었는데, 그 목적은 그와 그의 영광스러운 통치를 통하여 전능하신 창조주와 우주의 주를 영화롭게 하기 위함인 것이다(창 1:28; 시 8:4-9).

C. 인간의 기원에 관한 진화론의 견해

인간의 기원을 해명하기 위하여 제창된 다양한 이론들 가운데 진화론이 가장 막강한 위치를 차지하고 있으므로 진화론을 간략히 살펴보자.

1. 진화론의 주장. 진화론은 언제나 같은 형식을 취하는 것은 아니다. 진화론은 때때로 인간이 현존하는 유인원류(類人猿類) 가운데 어느 한 종(種)의 직접적인 후손인 듯이 말하다가도, 어떤 때는 인간과 고등한 원숭이류가 같은 조상에게서 나왔다고 말하기도 한다. 그러나 이 점에 있어서 상호간에 아무리 다른 입장을 취한다 하더라도, 철저한 자연주의적 진화론에 의하면, 인간이 생득적인 힘에 의하여, 전적으로 통제되는 완전히 자연적인 과정에 의하여 하등 동물의 몸과 혼으로부터 유래했다는 점에 있어서는 의견의 일치를 보고 있다. 진화론의 가장 주도적인 특징 가운데 하나는 동물의 세계와 인간과의 철저한 연속성을 강조하는 것이다. 진화론은 이 점에 있어서 어떠한 불연속성도 용납하지 않는다. 그 이유는 연속성이 깨지면 이론 자체가 치명타를 입기 때문이다. 전적으로 새롭고 예측 불가능한 일이란 진화의 과정에서는 있을 수 없다. 현재 인간에게서 발견될 수 있는 모든 것은 만물의 근원이 되는 원배종(原胚種) 안에 이미 잠복해 있을 뿐이다. 진화의 과정 전체가 처음부터 끝까지 생래적인 힘의 통제를 받는다. 많은 신학자들의 지지를 받는 유신론적 진화론은 사실상 진화를 하나님의 사역 방식으로 생각하고 있음이 다를 뿐이다. 때로, 진화는 비유기적 피조물과 유기적 피조물, 비이성적 피조물과 이성적 피조물의 간격을 좁히기 위해서 하나님이 택하신 한 형식으로 나타나기도 한다. 그러나 하나님의 특별한 사역은 진화론이 메우지 못하는 간격을 허용하고 있으며, 이에 대한 해명을 위해서 어떤 새로운 것을 요청하고 있는데, 이것은 결코 진화론은 아니다. 때로는 오직 인간의 몸만이 진화의 과정에 의하여 하등 동물로부터 파생된 것이요, 하나님이 그의 몸에 합리적인 영혼을 부여해 주셨다고 주장하기도 한다. 이 입장은 특히 로마교회의 애호를 받고 있다.

2. 진화론에 대한 반론. 인간이 하등 동물로부터 진화론적으로 유래되었다는 이론에 대하여 몇 가지 반론이 제기될 수 있다.

(1) 신학자 관점에서 제기되는 가장 강력한 반론은 진화론이 하나님의 말씀의 명백한 가르침에 위배된다는 것이다. 성경은 인간이 유인원류로부터 발전되어 오는 과정에 있는 존재가 아니라 하나님의 직접적이고 특별한 창조 행위의 산물임을 더할 수

없이 분명하게 보여준다. 창 2:7은 하나님이 인간을 흙으로 지으셨음을 강조한다. 일부 신학자들은 성경의 가르침과 진화론을 조화시키려는 열심으로, 이 말씀이 하나님께서 인간의 몸을 결국 흙에 지나지 않는 동물의 몸으로 지으셨다는 뜻으로 해석되어야 한다고 주장한다. 그러나 이런 해석은 전혀 근거가 없는 것이다. 왜냐하면 "흙으로"라는 일반적인 표현이 저자가 사용한 특별한 용법을 벗어나서 해석자의 자의로 사용될 수는 없는 일이기 때문이다. 더욱이 이 해석은 창 3:19과도 조화되기 어렵다. "네가 흙으로 돌아갈 때까지 얼굴에 땀을 흘려야 먹을 것을 얻으리니 네가 그것에서 취함을 입었음이라. 너는 흙으로 돌아갈 것이니라." 이 말씀은 인간이 이전의 동물의 상태로 돌아가리라는 뜻은 결코 아니다. 짐승과 인간이 똑같이 흙으로 돌아간다(전 3:19, 20). 마지막으로 고전 15:39을 보자. "육체는 다 같은 육체가 아니니 하나는 사람의 육체요 하나는 짐승의 육체요."

성경은 인간의 영혼이 분명히 하나님께서 직접 나온다고 말한다(창 2:7). 따라서 그것은 어떤 선재하는 실체의 자연적인 발전으로 간주될 수 없다. 엘리후의 말이 그것을 완벽하게 입증한다. "하나님의 영이 나를 지으셨고 전능자의 기운이 나를 살리시느니라"(욥 33:4). 더욱이 성경은 건널 수 없는 거대한 틈에 의하여 인간이 하등한 피조물로부터 즉각 분리되었다고 말한다. 그는 하나님의 형상으로 창조된 자로서, 높은 지적·도덕적·종교적 단계에 즉각 올라서서 하등 피조물에 대한 지배권을 부여받은 존재인 것이다(창 1:26, 27, 31; 2:19, 20; 시 8:5-8). 그러나 인간은 죄를 짓고 타락함으로써, 그에게 부여된 높은 지위를 박탈당했으며, 퇴보의 과정에 굴복한 결과, 때로는 야수성(野獸性)의 상태로 떨어지기도 했다. 이상과 같은 입장은 진화론적 가설이 가르쳐 주고자 하는 것과는 정반대되는 것이다. 진화론적 가설에 따르면, 인간은 생성 첫 단계에서는 가장 낮은 단계에 있다가, 야수성을 약간 벗어 버린 상태를 거쳐, 마침내는 가장 높은 단계에 오르게 되었다는 것이다.

(2) 두 번째의 강력한 반론은 진화론이 사실에 의하여 적절히 뒷받침을 받지 못한다는 점이다. 앞에서도 이미 지적한 바와 같이 일반적인 의미에 있어서의 진화론은, 종종 확립된 학설로서 나타나기도 하지만, 아직까지는 입증되지 못한 가설적 성격을 지니고 있음을 시인해야 한다. 진화론자들은 유전설을 굳게 신봉하고 있다고 단언하면서도, 유전의 방법에 대해서는 완전히 확신할 수 있는 것은 아니라고 말하는 것을 주저하지 않는다. 다윈이 자신의 글을 발표했을 때, 사람들은 진화의 과정을 해명하는 열쇠가 발견되었다고 생각했다. 그러나 시간이 지남에 따라서 그 열쇠는 자물쇠를 열

수 없음이 입증되었다. 다윈은 자신의 이론이 전적으로 획득된 형질을 전수(傳受)할 수 있는 가능성에 의존하고 있다고 말했다. 그런데 바이스만의 생물학 이론의 핵심 가운데 하나는 획득된 형질은 유전되지 않는다는 것이다. 그의 견해는 이후의 유전학 연구에 의하여 충분히 입증되었다. 획득된 형질의 유전이라는 가정에 기초하여 다윈은 종의 진화를 확신을 가지고 주장했으며, 동시에 원시 세포로부터 인간에게까지 이르는 연속적인 발전을 구체화했다.

그러나 드 브리스(De Vries), 멘델(Mendel) 및 기타 생물학자들의 실험은 다윈의 견해를 논박한다. 다윈이 말한 점진적이고 눈에 띄지 않는 변화는 드 브리스가 주장한, 갑작스럽게 그리고 예기치 않게 발생하는 돌연변이를 받아들일 수밖에 없었다. 다윈은 몇 갈래 방향으로 끝없이 진행되는 변화를 가정했으나, 멘델은 변화 또는 변이는 종 밖에 있는 기관에서는 일어나지 않으며, 어떤 일정한 법칙에 복종하는 것도 아니라고 주장했다. 동시에 현대의 세포학은 유전된 형질의 전달자인 유전 인자와 염색체 연구를 통하여 이 개념을 확증했다. 진화론자들이 말하는 이른바 새로운 종은 사실상 새로운 종이라기보다는 다만 같은 종에 속한 변종에 지나지 않는 것임이 입증되었다. 노르덴스키월드(Nordenskioeld)는 「생물학의 역사」(History of Biology)에서 통속적으로 잘 알려진 유전학 연구 결과를 다음과 같이 인용함으로써 사실을 밝히고 있다. "현대 유전학 연구가 가져온 헤아릴 수 없이 많은 사실들 때문에 종의 형성에 관하여 무질서하리만큼 많은 견해들이 쏟아져 나오고 있는 실정이다." 탁월한 진화론자들은 오늘날 종의 기원은 전적으로 신비에 싸여 있다고 솔직히 시인한다. 사정이 이러하다면, 진화론자들은 인간의 기원에 대하여 말할 자격이 없다고 해도 과언은 아닐 것이다.

다윈은 다음과 같은 다섯 가지 가설에 근거하여 인간이 유인원류로부터 진화되어 왔다는 주장을 전개했다. ① 인간과 고등 동물의 구조상의 유사성, ② 태생학(胎生學)적 논증, ③ 퇴화 기관으로부터의 논증, ④ 혈액 검사에 근거한 논증, ⑤ 고생물학적 논증. 그러나 이 논증들 가운데 어느 것도 소기의 증명을 해내지 못하고 있는 실정이다. 구조상의 유사성에 근거한 논증은 유사성이 오직 한 가지 방법으로만 설명된다고 부당하게 가정한다. 그러나 하나님이 동물 세계를 창조하실 때, 어떤 특징적인 형식을 이 세계 전체의 기본형으로 만드심으로써 다양성 속에 통일성이 자리할 수 있게 했을 가능성은 얼마든지 있는 것이다. 그것은 마치 위대한 음악가가 하나의 주제 위에 대곡(大曲)을 작곡하고 이 주제를 그 곡 안에 거듭 반복하면서 반복할 때마다 변주(變奏)를 도입하는 것과도 같다. 전생(前生, preformation)의 원리가 유사성을 적절하게 설명한다.

태생학적 유사성도 이 원리에 따라 설명할 수 있다.

최근의 생물학 연구는 발생적 관계 이외의 어떠한 구조적 유사성도 동종성(同種性) 혹은 유전성을 입증하지 못한다는 방향으로 나아가고 있는 것 같다. 퇴화 기관에 관하여 말한다면, 이미 여러 과학자들이 그 기관의 퇴화성에 대하여 의심을 표명한 바 있다. 그 기관은 이제는 무용지물로 전락한 잔재이기는커녕, 인간의 유기적 생체 내에서 뚜렷한 목적을 가지고 있다. 원래 형태의 혈액 검사가 동물의 피와 인간의 피 사이에 어떤 유사성을 지시하고 있기는 하지만, 유전적 관계를 입증해 주지는 않는다. 왜냐하면, 혈액 검사에는 피의 일부인 죽은 혈청이 사용되는 반면, 유전 인자의 담지자는 적혈구와 백혈구를 포함한 피의 응결부(凝結部)이기 때문이다. 분광기(分光器)를 사용하여 피 전체를 검사하는 더욱 최근의 연구는 동물의 피와 인간의 피가 본질적으로 다르다는 사실을 보여준다. 고생물학적 논증도 별로 설득력이 없기는 마찬가지이다. 인간이 유인원류의 후손이라면 중간형(intermediate forms)이 어딘가에 존재할 것이다. 그러나 다윈은 이 빠진 고리를 발견해 내지 못했다. 뿐만 아니라 다양한 종들 사이에 있어야 할 수천 개의 빠진 고리들도 역시 찾지 못하고 있다. 흔히 인간의 원시 조상이 오래전에 죽어 없어져 버렸다는 말을 하기도 한다. 그것이 사실이라면 그들의 모습이 화석으로라도 발견될 수는 있었을 것이다.

오늘날 일부 과학자들은 원시인의 뼈를 발견했다고 주장하기도 한다. 그들은 우리를 위하여 고대 원시인들을 재구성해 냈다. 사실상 우리가 보고 있는 것은 재구성된 자바인(피테칸트로푸스 에렉투스), 하이델베르그인(호모 하이델베르겐시스), 네안데르탈인(호모 네안데르탈렌시스), 크로마뇽인, 필트다운인 등과 같은 환상의 사진을 보고 있을 따름이다. 어떤 이들은 이처럼 재구성된 원시인 상을 진지하게 받아들이기도 하지만, 사실상 그것들은 별반 가치 없는 것들일 뿐이다. 하나의 원시인 상을 만들기 위해 근거로 사용된 뼈는 두서너 개밖에 안 되고, 그것도 어떤 경우에는 멀리 흩어져 있으므로 한 몸에 속한 뼈라고 단정할 수도 없거니와, 기껏해야 그 뼈들을 재구성한 과학자들의 재간을 보여줄 뿐이다. 경우에 따라서는, 문제되고 있는 뼈들이 인간에게 속한 것인지 짐승에게 속한 것인지조차도 단정하기 어렵다. 런던 대학의 해부학 교수인 우드(Wood) 박사는 소책자 「인간의 선조」(Ancestry of Man)에서 이같이 말한다. "소위 인류학이라는 것은 사실상 상상 속에 등장하는 그림들을 형상화하고 채색하며 그려 내는 작업에 지나지 않는다."

오늘날 가장 탁월한 과학자 가운데 한 사람인 플레밍은 이렇게 말한다. "결론적으로 말하자면, 인간의 것으로 가정된 모든 알려진 현존하는 화석들을 어떤 유인원류나 다른 포유동물로부터 현존하는 참 인간의 형태에까지 이르는 일직선적인 발전의 과정으로 정리할 수는 없다는 점이다. 그 같은 정리가 가능하고 참되다고 말하는 어떤 가정이나 진술도 부정확한 것이다. 어린이들이 읽는 통속 잡지나 기타 간행물들에 '인간의 사촌' 또는 '인간의 가장 가까운 친척'이라는 제목이 붙은 고릴라나 침팬지 그림을 싣거나, 종종 그럴듯이 야만인의 얼굴을 가진 완전한 상상의 산물인 기괴한 '자바인'을 게재하는 것은 그릇된 일이요, 말할 수 없이 해로운 일이다. 이런 일들을 행하는 자는 무지 혹은 의도적인 곡해의 죄를 범하는 것이다. 설교자들은 강단에서 회중에게 인간이 동물의 선조로부터 진화론적으로 시작되었다고 말해서는 안 된다"(The Origin of Mankind, p.75).

바로 이 지점에서 그의 무력감이 가장 극적으로 표현되었다. 온갖 노력에도 불구하고 그는 인간의 정신, 지성(의 발전), 언어, 양심, 종교의 기원을 설명하는 데 실패하고 말았다. 이 점에 대하여는 좀 더 상세한 설명이 요구되나 여기서는 필요하지 않다고 판단된다. 덴너트(Dennert)와 바티슨(Batison)을 비롯한 많은 학자들이 여전히 유전설을 신봉하고 있으나, 그들도 다윈이 주장한 진화 방식은 완전히 실패라고 간주한다. 그러나 그들은 아무런 대안도 찾지 못했다. 이 말은 그들에게도 진화론이 이미 과학이 아닌 일종의 철학적 이론에 지나지 않는다는 것이 자명해졌음을 뜻한다.

바티슨은 이렇게 말한다. "다윈의 진화론 체계는 루크레티우스나 라마르크의 체계와 같은 것이다 …… 우리는 지금 17세기에 보일(Boyle)이 취했던 바로 그 입장을 취하고 있는 셈이다." 스코트(D. H. Scott) 박사의 견해도 비슷하다. 영국 과학발전협회장 취임 연설에서 그는 이렇게 말한다. "모든 것은 또다시 융점(融點)에 와 있다……그런데 진화론은 과학적으로 확립된 사실이 아니냐는 의문이 제기될 수 있다. 아니다!……그것은 마땅한 대안이 없기 때문에 믿을 수밖에 없는 신앙 행위에 불과하다." 물론 그는 창조론을 그 대안으로 생각한 것은 아니다. 한 걸음 더 나아가, 그는 자연과학은 또다시 다윈 이전의 혼란으로 돌아가고 있다고 말한다.

에어랑겐의 플라이쉬만(Fleischmann) 박사는 이렇게 말한다. "다윈의 이론은 단 하나의 사실도 입증되지 못하고 있다……그것은 순전히 상상의 산물에 지나지 않는다." 키드(B. Kidd) 박사의 단언은 이보다 훨씬 더 강하다. "다윈주의는 놀라운 가정과 미증유의 무지의 복합체이다." 플레밍, 도슨, 켈리, 프라이스와 같은 과학자들도 진화론을 단호히 거부하고 창조론을 받아들이기를 주저하지 않는다. 윌리암 도슨 경(Sir William

Dawson)은 이렇게 말한다. "내가 인간의 기원에 관하여 아는 것이라고는 성경에 기록되어 있는 바, 하나님이 인간을 창조하셨다는 것뿐이다. 나는 그 이상 아무것도 모른다. 그 이상의 것을 아는 사람을 만난 일도 없다." 플레밍은 또한 이렇게 말한다. "현재까지 알려진 과학의 지식이 우리에게 말해 줄 수 있는 것은 고작해야 인간이 어디서, 어떻게 그리고 언제 시작되었는지 알 수 없다는 사실뿐이다. 우리에게 어떤 참 지식이 온다면, 그것은 아마 현재 인간학이 아닌 다른 근거에서 기인하는 것일 것이다."

D. 인간의 기원과 인류의 통일성

1. **인류의 통일성에 대한 성경의 증언.** 성경은 온 인류가 한 쌍의 부부에게서 유래했다고 가르친다. 창세기 앞 부분은 분명히 이 사실을 가르쳐주고 있다. 하나님은 아담과 하와를 인류의 시조로 만드셨으며, 그들에게 생육하고 번성하여 땅에 충만하라고 명령하셨다. 더욱이 계속되는 창세기의 서술을 읽어 보면, 그 이후 홍수 사건 이전까지의 세대들은 최초의 부부와 중단됨이 없는 유전적 관계를 맺고 있음을 보게 된다. 그러므로 인류는 하나의 특별한 통일성, 즉 모든 인간이 동일한 인간의 본성을 공유하고 있다는 의미에서의 통일성을 구성하고 있을 뿐만 아니라 유전적 혹은 계통적 의미의 통일성을 공유하고 있다. 사도 바울은 행 17:26에서 이 점을 적절히 지적한 바 있다. "인류의 모든 족속을 한 혈통으로 만드사." 이와 같은 통일성은 인류 최초의 범죄에 있어서나 그리스도 안에서의 인류의 구원에 있어서도 그 기초가 되고 있다(롬 5:12, 19; 고전 15:21, 22). 이와 같은 인류의 통일성은 쉐드와 같이 현실주의적으로 이해해서는 안 된다. 쉐드(Shedd)는 이렇게 말한다. "인간의 본성은 최초의 개별적 인간들 안에서 그리고 그들과 더불어 창조된 특수한 혹은 일반적인 본질로서 개체화된 것이 아니라, 일반적인 세대를 통해 각 부분으로 나누어지고, 그 부분들이 다시 종의 특수한 분리된 개인들을 형성한다. 한 특수한 본질이 번식을 통하여 수백만의 개별적 본질 또는 인격으로 변형된다. 개인은 공동의 덩어리에서 분리된 부분적인 본성으로서, 인간의 본성이 지니는 모든 속성을 가진 하나의 특별한 인격을 구성한다." 이 이론에 대한 반론은 다른 장에서 취급될 것이다.

2. **인류의 통일성에 대한 학문적 증언.** 학문은 여러 가지 방법으로 인류의 통일성에 관한 성경의 증언을 뒷받침한다. 과학적인 인간이 언제나 인류의 통일성을 신봉했던

것은 아니다. 고대 그리스인들은 자동발생설(autochtonism)을 신봉했다. 이 입장에 따르면, 인간은 일종의 자동적인 발생에 의하여 땅에서 올라왔다고 한다. 그러나 이 이론에는 뒷받침할 만한 근거가 없기 때문에 곧 불신당하고 말았다. 아가씨즈(Agassiz)는 여러 개의 창조의 중심점을 상정하는 '복수아담론'(The Theory of the Coadamites)을 제창했다. 또한 이미 1655년 페이레리우스(Peyrerius)는 아담이 창조되기 이전에 인간들이 이미 있었다고 가정하는 '전아담론'(The Theory of the Preadamites)을 발전시켰다. 이 이론은 윈첼(Winchell)에 의하여 부활되었다. 그는 인류의 통일성을 부인하지는 않았으나, 아담을 인류의 시조로보다는 유대인의 시조로 간주했다.

최근 플레밍은, 확고한 태도는 아니지만, 주전 5500년 아담이 등장하기 전에 그보다 열등한 인류가 이미 존재하고 있었다는 가설은 그럴 만한 이유가 있다는 견해를 피력한 바 있다. 그들은 아담보다는 열등하지만, 동물들과는 다른 능력을 이미 가지고 있었다는 것이다. 뒤에 등장한 아담은 한층 더 위대하고 고상한 권능을 부여받아, 아마도 다른 모든 현존하던 인류를 창조주 하나님에게 순종하도록 이끌었을 것이며, 그러면서도 아담 자신이 하나님께 충성하는 일에 실패함으로 인하여, 마침내 하나님은 아담이 실패한 일을 이루도록 하기 위하여 인간이면서도 인간보다 탁월한 후손을 보내기로 약속하셨다고 한다. 플레밍이 지지했던 견해는 "의심할 여지 없이 코카서스족은 아담족, 곧 홍수 후에도 살아 남았던 하나님을 경외하는 자들 - 노아와 그의 딸들 - 로부터 정상적인 계통을 통하여 내려온 후예들이라"는 것이다. 그러나 이 이론들은 성경의 지지를 받지 못하며, 행 17:26과 인간의 배반과 구원에 관한 모든 성경의 가르침에 위배된다. 더욱이 과학은 다음과 같이 인류의 통일성을 뒷받침하는 논증을 전개한다.

(1) **역사로부터의 논증.** 인류의 제(諸)전통은 공통적으로 그 기원과 시조를 중앙아시아에서 찾는다. 인류 이동의 역사는 하나의 단일 중심으로부터 인류가 흩어져 나왔음을 보여준다.

(2) **언어학으로부터의 논증.** 언어를 연구해 보면 인류가 같은 기원에서 시작된다는 것을 알 수 있다. 인도-게르만어족에 속한 언어들을 추적하면 하나의 공통된 원시 언어까지 올라갈 수 있는데, 이 원시 언어의 잔재가 여전히 산스크리트어에 남아 있다. 더욱이 고 애굽어가 인도-유럽어족과 셈어의 교량 역할을 했음을 보여주는 증거가 있다.

(3) **심리학으로부터의 논증.** 영혼은 인간의 구성적 본성 중 가장 중요한 부분이다.

심리학은 어느 부족이나 국가에 속해 있건 모든 사람의 영혼이 동일하다는 사실을 분명히 보여준다. 인간들은 동일한 동물적 욕망, 본능, 격정, 동일한 경향과 능력, 그리고 오직 인간에게만 속한 고상한 자질, 지적이고 도덕적인 특징들을 공유하고 있다.

(4) 자연과학 혹은 생리학으로부터의 논증. 비교 생리학자들의 공통된 판단은 인류가 오직 하나의 단일한 종으로 구성되어 있다는 것이다. 종족들간의 차이란 이 하나의 종 안에서의 다양성으로 간주된다. 과학이 인류가 한 쌍의 부부로부터 유래했음을 입증하는 것은 아니다. 그러나 그것이 있을 수 있는 하나의 가능성이라는 점은 충분히 보여준다.

깊은 연구를 위한 질문

창 1장과 2장이 서로 다르고 다소 모순된다는 견해에 대하여 어떻게 논박할 수 있겠는가? 인간이 땅 위에 등장하기 수백만 년 전에 이미 세계가 존재했다는 생각은 타당한 생각인가? 유신론적 진화론이라는 가설은 인간의 기원에 관한 성경의 기록과 조화되는가? 적어도 인간의 몸만은 동물로부터 유래한 것이라는 생각은 성경과 부합하는가? 이 점에 대하여 진화론의 입장은 타당성이 있는가? 인간의 영혼의 기원에 관하여 진화론이 증명한 바는 무엇인가? 진화론에 있어서 인간 타락 교리는 어떤 위치를 차지하는가? 인류의 통일성의 교리가 갖는 신학적 의미는 무엇인가?

II
인간의 구성적 본질

앞 장은 다소 서론적 성격을 띤 장으로서, 엄격히 말하면 교의학적인 체계적 인간론 서술의 핵심적인 부분은 아니다. 바로 이 점 때문에 조직신학에 관한 많은 논문들이 인간의 기원에 관하여 하나의 독립된 장을 할애하지 못한다. 그러나 인간의 기원에 관한 논의를 여기 삽입하는 것은 바람직한 일이라고 하겠다. 왜냐하면 그것은 이후 내용의 기초가 되는 것이기 때문이다. 본장에서는 인간 본성의 필수적인 구성 요소들과 인류를 구성하고 있는 개인들의 영혼의 기원 문제를 고찰하게 될 것이다.

A. 인간 본성의 구성적 요소들

1. 이분설과 삼분설. 신자들은 인간이 두 부분 곧 몸과 영혼으로 구성되어 있다고 생각하는 경향이 있다. 이 견해를 소위 이분설이라고 한다. 이와 함께 인간이 세 부분 곧 몸과 혼과 영으로 구성되어 있다고 생각하는 경향이 있다. 그것을 삼분설이라고 한다. 삼분법적인 인간관은 그리스 철학에서 유래했다. 그리스 철학에서는 인간의 몸과 영혼의 관계를 물질적 우주와 신의 관계를 유비로 설명했다. 신이 제3의 본질 또는 중간적 존재를 통해서 물질계와 서로 교류할 수 있는 것처럼, 인간의 영도 제3의 중간적 요소인 혼을 통해서만 몸과 살아 있는 관계를 맺을 수 있다는 것이다. 혼은 한편으로는 비물질적인 것으로 간주되면서도 다른 한편으로는 몸에도 적응할 수 있는 능력을 지닌다. 혼이 이성(nous) 혹은 영을 소유하고 있는 한 불멸의 존재로 간주되지만, 몸에 관계하는 한에 있어서는 육적이요, 또한 죽음을 면할 수 없는 존재가 되는 것이다. 가장 잘 알려져 있는 조악(組惡)한 형태의 삼분설은 몸을 인간 본성의 물질적인 부분으로, 혼을 동물적인 생명의 원리로, 그리고 영을 하나님과 관계하는 합리적이고 불변하는 요소로 간주하는 것이다.

삼분법적인 인간관은 기독교 역사 초기의 그리스 및 알렉산드리아 교부들의 강력한 지시를 받았다. 정확히 동일한 형태는 아니지만 알렉산드리아의 클레멘트, 오리겐, 닛사의 그레고리우스도 대체로 같은 입장을 취한 바 있다. 그러나 아폴리나리우스가 이 견해를 이용하여 예수의 완전한 인성을 손상시키고 난 뒤부터는 불신당하기 시작했다. 그럼에도 불구하고 일부 그리스 교부들은 삼분설을 지지했으나, 아타나시우스 및 데오도레는 명백히 삼분설을 거부했다. 라틴 교회의 지도적인 신학자들은 인간의 본성을 이중적으로 구분하는 입장을 취했다. 이와 같은 입장은 아우구스티누스의 심리학에 잘 나타나 있다. 이 입장은 중세 시대에 보편적으로 신봉되던 입장이기도 하다. 일부 군소 신학자들이 삼분설을 지지하기도 했으나, 종교개혁 때도 이 견해는 그대로 유지되었다. 로마교회는 스콜라주의의 판단에 의존했으나, 개신교 진영에서는 다른 목소리가 들려 왔다. 19세기에 들어서면서 루스, 올스하우젠, 베크, 델리취, 아우베를렌, 윌러, 화이트, 허드 등과 같은 독일 및 영국의 신학자들이 여러 가지 형태로 삼분설을 부활시켰다. 그러나 그와 같은 노력은 신학계의 지지를 별로 받지 못했다. 이 이론을 지지하는 학자들도 프쉬케(psuche)의 본질에 관하여, 그리고 그것이 인간 본성의 다른 구성 요소들과 맺고 있는 관계에 관하여 의견의 일치를 보지 못하고 있다. 델리취는 그것을 영의 유출이라고 보는 반면, 베크, 윌러, 허드는 그것을 영과 몸의 접촉점으로 간주한다. 델리취는 자기의 입장을 확고하게 규정하지 않은 채 유보적 입장을 취하고 있으며, 베크와 윌러는 성경의 인간관이 근본적으로 이분법적이라는 점을 인정한다. 그들은 인간이 세 개의 독립된 요소로 구성되어 있다는 의미에서 삼분설을 지지하는 것이 아니다. 이 같은 신학적인 견해들 외에도, 19세기와 20세기 전반에 절대적 유물론과 절대적 관념론이라는 철학적 견해들이 등장한 바 있다. 전자는 정신을 물질로 환원시켰으며, 후자는 몸을 정신으로 환원시켰다.

2. 인간 본성의 구성 요소에 관한 성경의 가르침. 성경에 지배적으로 나타나는 인간 본성에 관한 논의는 명백히 이분법적이다. 성경은 한편으로는 인간의 본성을 하나의 통일체로 볼 것을 가르치면서, 독립된 두 요소로 구성된 이원적 존재로 보는 것은 타당하지 않다고 말한다. 각 요소는 서로 평행선을 달리는 상관(相關) 없는 실재가 아니라, 연합하여 하나의 단일한 유기체를 형성하는 실재이다. 그리스 철학 및 그 이후 몇 명의 철학자들의 글에서 발견되는, 인간 본성의 두 요소가 서로 평행선을 달린다는 생각은 성경과는 아주 낯선 것이다. 성경은 인간 본성의 복합성을 인정하면서도 인간 본성을 두 개의 주체로 나누지는 않는다. 모든 인간의 행위는 전인(全人)적인 행위다. 영

혼이 죄를 짓는 것이 아니라 인간이 죄를 짓는 것이다. 몸이 죽는 것이 아니라 인간이 죽는 것이다. 영혼만이 아니라 몸과 영혼이 아울러 그리스도 안에서 구원받는 것이다.

이와 같은 통일성은 인간의 복합적 구조를 나타내는 최초의 고전적인 성경 본문인 창 2:7에서 이미 발견된다. "여호와 하나님이 흙으로 사람을 지으시고 그 코에 생기를 불어넣으시니 사람이 생령이 된지라." 이 구절 전체가 인간을 다루고 있다: "하나님이 사람을 지으시고 …… 사람이 생령이 된지라." 하나님의 인간 창조 사역을 하나의 기계론적 과정, 곧 그가 먼저 흙으로 몸을 지으시고 난 이후에 혼을 그 속에 불어넣으신 것으로 해석해서는 안 된다. 하나님은 몸을 구성하실 때, 자신의 영을 불어넣으면 곧 생령이 되도록 형성하셨다(욥 33:4; 32:8). 여기에 등장하는 "생령"이라는 단어는 우리가 보통 떠올리는 것과 같은 의미를 가지지 않는다. 우리가 보통 생각하는 의미는 구약 성경에서는 생소한 개념이다. 이 단어는 살아 있는 존재로서의 전인을 묘사한다. 똑같은 히브리어 네페쉬 하야(살아 있는 혼 혹은 존재)는 창 1:21, 24, 30에서는 동물에 적용되었다. 그러므로 이 구절은 인간이 두 요소로 구성되어 있음을 지시하면서도 그 유기적 통일성을 강조한다. 이것이 성경 전체를 꿰뚫고 있는 기본 사상이다.

그러면서도 동시에 이 구절은 인간의 본성의 이중적 구성에 대한 증거를 가지고 있는 것도 사실이다. 그러나 이 구절에서 우리는 물질적 요소로서의 몸과 영적 요소로서의 혼을 나누는 후일의 이분법을 기대하지 않도록 주의해야 한다. 이 이분법은 그리스 철학의 영향하에 사용되기에 이르렀다. 신약적인 의미에 있어서의 혼과 몸의 대립은 아직까지 구약에서는 발견되지 않는다. 사실상 히브리어에는 하나의 유기체로서의 몸을 가리키는 단어가 없다. 구약에서 두 요소를 구분하는 것은 그 성격이 다른 것이다. 레이들로는 「성경의 인간론」에서 이렇게 말한다. "(구약의) 대조는 하등한 것과 고등한 것, 지상의 것과 천상의 것, 동물적인 것과 신적인 것 사이의 대조임이 명백하다. 그것은 두 요소라기보다는 두 요인으로서 '인간이 생령이 되었다'는 하나의 단일한 조화된 결과를 이룬다." 이것이 바로 창 2:7이 의도하는 것이었음은 분명하다(비교. 욥 27:3; 32:8; 33:4; 전 12:7).

구약에는 인간의 열등한 요소 또는 그 부분을 지칭하는 다양한 단어들이 나온다. "육체", "흙", "뼈", "배", "기질" 등이 그것이다. 또한 흙집이라는 은유적 표현도 사용된다(욥 4:19). 한편 몇 개의 단어들, 예컨대 "영", "혼", "마음", "정신"과 같은 단어들은 고등한 요소를 지칭한다. 구약에서 신약으로 넘어오면 우리 모두에게 낯익은 대립적 표현들-"몸과 혼", "육과 영"-을 만난다. 여기 사용된 헬라어는 물론 그리스 철학에 의하여 형성된 개념들이시만, 70인역을 거쳐 신약으로 넘어오면서 구약적인 의미를 부여받았다. 이와 함께 물질적인 것과 비물질적인 것의 대립적 개념도 같이 도입되었다.

삼분론자들은 성경이 하등의 혹은 물질적인 요소에 부과하여 인간 본성의 두 구성 요소들, 곧 혼(히 - 네페쉬, 헬 - 프쉬케)과 영(히 - 루아흐, 헬 - 프뉴마)을 말하고 있다는 사실을 자신들의 주장의 전거로 내세운다. 그러나 이런 용어들이 성경에 빈번히 사용되고 있다고 해서 그것들이 인간 본성의 다양한 양상들보다는 구성적 부분들을 지칭한다고 결론내리는 것은 부당하다. 성경을 주의 깊게 연구해 보면, 이 단어들이 교호적으로 사용되고 있음을 알고 있다. 두 단어가 모두 인간의 고등한 또는 영적인 요소를 각기 다른 각도에서 지칭하고 있음을 알 수 있다. 그러나 여기서 지적해 두어야 할 것은 이와 같은 성경의 구분은, 혼은 동물계와 관련되는 인간 안에 있는 영적 요소요 영은 더 높은 영적인 세계와 하나님에게 관련되는 영적 요소라고 주장하는 철학적인 구분과는 다른 것이라는 점이다. 다음과 같은 사실들은 철학적인 구분법을 강력히 반박한다. 루아흐-프뉴마와 네페쉬-프쉬케는 짐승의 세계에도 적용되었다(전 3:21; 계 16:3). 프쉬케라는 단어는 심지어 여호와를 지칭하는 단어로도 사용되었다(사 42:1; 렘 9:9; 암 6:8; 히 10:38). 생명이 끊어져 육체로부터 이탈한 영혼도 프쉬카이(*psuchai*)라고 불렸다(계 6:9; 20:4). 최고의 종교적 행사도 프쉬케의 일로 간주되었다(막 12:30; 눅 1:46; 히 6:18, 19; 약 1:21). 프쉬케를 잃는 것은 모든 것을 잃는 것이었다.

성경은 분명히 두 용어를 교호적으로 사용한다. 눅 1:46, 47의 병행어법을 주목하라: "내 영혼이 주를 찬양하며 내 마음이 하나님 내 구주를 기뻐하였음은." 인간을 가리키는 표현 형식이 어느 곳에서는 "몸과 혼"으로(마 6:25; 10:28), 어느 곳에서는 "몸과 영"(전 12:7; 고전 5:3, 5)으로 나타난다. 죽음은 혼을 포기하는 것으로 묘사되기도 하고(창 35:18; 왕상 17:21; 행 15:26) 영을 포기하는 것으로 묘사되기도 한다(시 31:5; 눅 23:46; 행 7:59). 더욱이 혼과 영이 다 같이, 죽은 자의 비물질적인 요소를 가리키는 용어로 사용되었다(벧전 3:19; 히 12:23; 계 6:9; 20:4). 성경의 구분은 다음과 같다: "영"이라는 단어는 인간 안에 있는 영적 요소로서 몸을 통제하는 생명과 행동의 원리를 가리킨다. 반면에 "혼"이라는 단어는 같은 요소로서 인간 안에 있는 행위의 주체를 가리킨다. 그러므로 이 단어는 구약에서 인칭 대명사로 쓰이기도 한다(시 10:1, 2; 104:1; 146:1; 사 42:1; 비교. 눅 12:19). 몇몇 경우에서는 좀 더 구체적으로 감정의 자리로서의 내적 생명을 가리키기도 한다. 이 모든 의미들이 창 2:7과 부합한다. "여호와 하나님이……생기를 그 코에 불어넣으시니 사람이 생령이 되니라." 그러므로 인간은 영을 가진 혼이라고 할 수 있을 것이다. 이처럼 성경은 "몸과 혼 또는 영"이라는 두 개의 구성 요소를 말한다. 성경의 표현은 인간의 자의식과도 조화를 이룬다. 인간은 자신이 물질과 영으로 구성되어 있다는 사실은 의식하지만, 아무도 영과 구분되는 혼을 소유하고 있다는 사실을 의식하지는 못한다.

통상적인 이분설적인 성경의 표현과는 충돌되는 듯이 보이는 두 구절이 있다. "평강의 하나님이 친히 너희를 온전히 거룩하게 하시고 또 너희의 온 영과 혼과 몸이 우리 주 예수 그리스도께서 강림하실 때에 흠 없게 보전되기를 원하노라"(살전 5:23). "하나님의 말씀은 살았고 활력이 있어 좌우에 날선 어떤 검보다도 예리하여 혼과 영과 및 관절과 골수를 찔러 쪼개기까지 하며 또 마음의 생각과 뜻을 판단하나니"(히 4:12). 그러나 여기서 우리는 다음의 몇 가지 사실에 주목해야 한다. ① 예외적인 언명은 성경의 유비, 곧 성경의 통상적인 표현법에 비추어서 해석하는 것이 건실한 주석의 원리이다. 이 사실을 염두에 두면서 삼분설을 옹호하는 일부 학자들은 이 구절들이 반드시 자신들의 주장을 뒷받침해 주지는 않는다는 점을 시인한다. ② 영과 혼이 나란히 언급되었다고 해서 성경이 두 개의 실체를 가리킨다고 생각해서는 안 된다. 마 22:37은 예수께서 마음과 혼과 정신을 세 개의 독립된 실체로 간주하고 있다는 주장을 입증해 주지 않는다. ③ 살전 5:23에서 바울은 보완적인 표현을 통하여 "평강의 하나님이 친히 너희를 온전하게 하시리라"는 표현을 강조하고 싶었을 따름이다. 이 표현 안에는 인간 실존의 다양한 국면들이 요약되어 있으며, 바울은 거리낌없이 영과 혼을 나란히 언급한다. 왜냐하면 성경이 이 두 요소를 명백히 구분하고 있기 때문이다. 바울은 여기서 두 개의 다른 실체를 생각하지 않고 있음이 분명하다. 왜냐하면 다른 곳에서 바울은 인간이 두 부분으로 구성되어 있다고 말하기 때문이다(롬 8:10; 고전 5:5; 7:34; 고후 7:1; 엡 2:3; 골 2:5). ④ 히 4:12의 말씀을 내적 인간을 꿰뚫는 하나님의 말씀이 인간의 영과 혼이 마치 두 개의 다른 실체이기라도 하듯이 양자를 분리한다는 의미로 이해해서는 안 된다. 이 말씀은 단지 마음의 사유와 의도를 나누고 있을 뿐이다.

3. 몸과 혼의 관계. 몸과 혼의 관계는 여러 가지 방법으로 표현될 수 있으나, 여전히 그 중심적인 내용은 비밀에 싸여 있다. 다음과 같은 이론들이 제시되고 있다.

(1) 일원론. 몸과 혼은 원초적인 동일한 실체로 구성되어 있다고 가정하는 이론들이 있다. 유물론에 따르면, 이 원초의 동일 실체는 물질이요, 영의 물질의 산물이라고 한다. 절대적 관념론과 유심론에 의하면, 원초의 실체는 영이요, 이 영이 물질 안에서

스스로를 객관화한다는 것이다. 물질은 영의 산물이다. 이 같은 일원론에 대해서는 몸과 혼은 서로 환원될 수 없는 다른 것이라고 반론을 제기할 수 있다.

(2) 이원론. 어떤 이론들은 물질과 영이라는 본질적인 이원성을 전제하고 양자의 상호관련성을 다양한 방법으로 설명하기도 한다. ① 기회 원인론(Occasionalism): 데카르트의 이원론에 의존하는 이 이론은 물질과 영은 각기 독립된 법칙에 따라 작용하며, 이 법칙들은 서로 워낙 판이한 것이어서 어떤 협동 행위의 가능성도 있을 수 없다는 것이다. 양자가 협동하는 듯이 보이는 것은 어느 한 편이 작용할 때, 하나님이 직접 개입하여 다른 한 편에 그에 상응하는 행위를 산출해 내는 것이라는 기회 원인론의 원리에 따라 설명한다. ② 병행론(Parallelism): 라이프니츠는 예정 조화론을 제창했다. 이 이론도 역시 물질적인 것과 영적인 것은 아무런 직접적인 교류가 없다는 가정에 근거한다. 그러나 기회 원인론에서처럼 하나님이 끊임없이 개입하여 협동 행위를 산출한다고는 생각하지 않는다. 그 대신에 예정 조화론은 몸과 혼이 서로 완벽하게 상응하도록 하나님이 몸과 혼을 만드셨다고 말한다. 몸 안에 운동이 발생하면 이에 상응하는 운동이 사전에 이미 확립되어 있는 원리에 따라 영혼 안에서도 발생한다. ③ 실재론적 이원론: 실재론적 이원론에 따르면, 몸과 혼은 상호 작용이 가능한 독특한 두 실체라고 한다. 그러나 두 실체의 상호 작용 방식은 여전히 인간의 연구 대상이 될 수 없는 신비로 남아 있다. 양자간의 연합은 생명의 연합이라고 할 수 있다. 양자는 유기적으로 서로 연관이 있다. 혼은 몸에 작용하고 몸은 혼에 작용한다. 어떤 몸의 행위들은 혼의 의식적인 작용에 의존하고 있는 반면, 어떤 행위들은 그렇지 않다. 혼의 작용은 현실의 삶 속에서 그 수단이 되는 몸과 관련이 있다. 그러나 혼이 사후에도 계속해서 의식적으로 존재하고 활동한다는 사실에 근거해 볼 때, 혼은 몸이 없이도 작용할 수 있다. 이 견해는 확실히 성경의 관점과 조화를 이룬다. 오늘날 심리학의 큰 흐름은 분명 유물론의 방향으로 나아가고 있다. 그 가장 극단적인 형태는, 혼과 정신, 심지어 의식까지 거부하는 행동주의에서 찾을 수 있다. 연구의 대상으로 남은 것은 인간의 행위뿐이다.

B. 개인의 영혼의 기원

1. 영혼의 기원에 관한 역사적 견해들. 그리스 철학은 영혼의 기원에 대하여 많은 관심을 기울였으며, 기독교 신학에도 결정적인 영향을 끼쳤다. 혼의 본질, 기원, 계속적인 존재 등에 관한 끊임없는 논의가 있어 왔다. 플라톤은 혼의 선재와 윤회를 믿었다.

초대 교회 때는 알렉산드리아 학파만이 혼의 선재에 관한 교리를 주장했다. 오리겐은 이 견해를 대표하는 선두 주자였으며, 이 관점을 시간 이전의 타락 개념과 연결시켰다. 이 밖에도 다른 두 견해가 등장하여 기독 교회에 영향을 주었다. 창조설은 개인이 탄생할 때 하나님이 새 영혼을 창조하신다고 주장한다. 이 생각은 동방 교회를 지배했으며, 서방 교회에서도 일부 지지자들을 확보할 수 있었다. 히에로니무스와 픽타비움의 힐라리우스가 그 대표적인 지지자들이었다. 서방 교회에서는 영혼 유전설이 점차 뿌리를 내렸다. 이 견해에 의하면, 인간의 영혼뿐만 아니라 몸까지도 유전된다는 것이다. 이 입장은 인간의 본성이 그 전체성에 있어서 하나님에 의하여 창조되었으며, 인류가 번식해감에 따라 점차 개별화되어 왔다고 주장하는 현실주의적 이론과도 잘 어울린다. 유전설을 최초로 서술한 사람은 테르툴리아누스였으며, 그의 영향 아래 이 이론은 북아프리카와 서방 교회에서 지지를 받았다. 이 이론은 당시 교회에서 널리 받아들여지고 있던 죄의 전이론(轉移論)과도 잘 부합되었다. 레오 교황은 그것을 가톨릭 신앙의 가르침이라고 불렀다. 이 이론은 동방에서는 별로 받아들여지지 않았다.

아우구스티누스는 두 견해 사이에서 어느 편을 선택할 것인가의 문제를 놓고 고심했다. 초기의 스콜라 신학자들도 유보적인 입장을 취했다. 그러나 그들은 창조설이 더 개연성이 있다고 보았다. 그리고 시간이 지남에 따라 개인의 영혼은 창조된 것이라는 방향으로 의견이 집약되었다. 페트루스 롬바르두스의 말을 빌리면, "교회는 영혼이 몸에 주입되는 순간에 창조되는 것이라고 가르쳤다." 토마스 아퀴나스는 한 걸음 더 나아가 이렇게 말한다. "지적인 혼이 계보를 통해 유전된다는 것은 이단적인 가르침이다." 이 견해가 로마 가톨릭 교회의 주도적인 입장이 되었다.

종교개혁 시대 이후로 신교도들 간에는 견해 차이가 나타났다. 루터는 유전설을 선호했고, 이것이 향후 루터 교회의 지도적 입장이 되었다. 반면에 칼빈은 창조설을 단적으로 선호했다. 창 3:16의 주석에서 그는 이렇게 말한다. "일부 작가들의 꾸며 낸 이야기에 근거하여 영혼이 최초의 부모로부터 유전되어 왔다고 말할 필요는 없다." 종교개혁 시대 이후로 이 생각이 개혁 교회의 공통된 입장이 되었다. 그렇다고 해서 이 법칙에 예외가 있을 수 없다는 말은 아니다. 뉴 잉글랜드 신학의 조나단 에드워즈와 홉킨스는 유전설을 선호했다. 율리우스 밀러는 「기독교 죄론」(*The Christian Doctrine of Sin*)에서 영혼의 기원을 설명하면서 시간 이전의 타락설과 혼의 선재설을 옹호하는 주장을 개진했다.

2. 선재설. 오리겐, 스코투스 에리게나, 율리우스 밀러와 같은 일부 사변 신학자들은 인간의 영혼은 현재 상태와는 다른 일종의 전(前) 상태에 존재하고 있었는데, 그 전 상태에 어떤 사태가 발생하여 현재와 같은 상태 안에 영혼이 존재하게 되었다는 것이다. 오리겐은 인간이 현재와 같은 물질적인 실존 상태에 있게 됨으로써 물리적이고 도덕적인 불평등과 불규칙성에 종속하지 않을 수 없게 된 것은 전(前)실존의 상태에서 범한 죄 때문이라는 견해를 피력했다. 스코투스 에리게나도 죄가 시간 이전의 상태에 있던 인류 세계에 찾아온 이후로 죄인으로서의 일생을 시작하게 되었다는 것이다. 율리우스 밀러도 죄의 보편성의 교리와 개별적인 죄책을 조화시키기 위하여 이 이론을 원용했다. 그의 주장에 따르면, 전(前)실존의 상태에서 각 개인이 범죄했음이 분명하다는 것이다.

이 이론은 몇 가지 반론에 직면한다. ① 이 이론은 성경적·철학적 근거가 없다. 적어도 이 부류에 속한 몇 가지 형태의 주장은 분명히 이교 철학에서 가르치고 있는 물질과 정신의 이원론의 영향을 받아 영혼에 대한 처벌을 몸과 관련시키고 있다. ② 이 이론은 몸을 우연의 산물로 본다. 혼은 원래 몸이 없이 존재했는데, 나중에 몸을 부여받았다는 것이다. 인간은 몸이 없어도 완전한 존재라는 것이다. 이와같이 하여, 인간과 천사의 구별은 없어지고 말았다. ③ 이 이론은 인류의 통일성을 파괴한다. 모든 개체로서의 혼들이 현재의 생명으로 들어오기 오래전부터 이미 존재했다고 가정하기 때문이다. 개별적인 혼들은 인류를 구성하지 않는다. ④ 이 이론은 인간의 의식의 지지를 받지 못한다. 인간에게는 그와 같은 전(前)실존에 대한 기억이 전혀 없다. 인간에게는 또한 인간의 몸이 감옥이라거나 혼에 대한 처벌의 장소라는 느낌이 전혀 없는 것이다. 사실상 인간은 몸과 혼의 분리를 부자연스러운 것으로서 두려워할 뿐이다.

3. 유전설. 이 이론에 의하면, 인간의 영혼은 몸과 함께 혈통을 통하여 전이(轉移)된다고 한다. 즉, 그것은 부모에 의해 자식에게 유전된다는 것이다. 초대 교회 때는 테르툴리아누스, 루피누스, 아폴리나리우스, 닛사의 그레고리우스 등이 유전설을 주장했다. 루터 이후에는 유전설이 루터 교회의 지도적인 견해가 되었다. 개혁 교회에서는 스미스(H. B. Smith)와 쉐드(Shedd)가 이 입장을 선호한다. 스트롱(A. H. Strong)도 이 입장을 취한다.

(1) 유전설을 지지하는 논증. 몇 가지 논증이이 이론을 뒷받침하는 논거를 제시한다. ① 우선 이 이론은 성경의 지지를 받는다. (a) 하나님은 오직 한 번 인간의 코에 생

기를 불어넣으시고 이후의 종의 전파는 인간에게 일임하셨다(창 1:28; 2:7), (b) 하와의 혼의 창조는 아담의 혼의 창조 안에 포함되었다. 왜냐하면 그녀는 남자에게 속해 있고 (고전 11:3), 그녀의 혼의 창조에 관해서는 아무런 언급이 없기 때문이다(창 2:23). (c) 하나님께서는 인간을 창조하신 뒤에 창조 사역을 중단하셨다(창 2:2). (d) 후손들은 조상의 허리에서 날 것이라고 말씀하셨다(창 46:26; 히 7:9, 10; 참고. 요 3:6; 1:13; 롬 1:3; 행 17:26 등). ② 이 이론은 식물 및 동물의 생명의 유비에 의해서도 뒷받침을 받는다. 이 유비에서 숫자의 증가는 직접적인 창조물이 끊임없이 증가함을 통해서가 아니라 부모의 혈통 또는 그 줄기로부터 새로운 개체들이 자연적으로 파생되어 나옴으로써 이루어지기 때문이다 (그러나 시 104:30을 보라). ③ 이 이론은 또한 정신적 특징과 가족의 개성이 유전된다는 사실의 뒷받침을 받기도 한다. 가족의 특징은 종종 신체의 유사성과 같이 눈에 띄게 나타나는 수가 있는데, 이와 같은 유전은 교육이나 모범 등을 통해서는 설명이 되지 않는다. 그 이유는 부모가 살아서 자식을 기르지 않는 경우에도 그 특징이 나타나기 때문이다. ④ 마지막으로 이 이론은, 몸의 문제라기보다는 혼의 문제라고 할 수 있는 도덕적·영적 부패의 유전을 설명할 때도 최적의 기초가 된다. 유전설을 현실주의 이론과 결부시켜서 원죄를 설명하는 일은 흔히 있는 일이다.

(2) 유전설에 대한 반론. 이 이론에 대하여 몇 가지 반론이 제기될 수있다. ① 유전설은 영혼의 단순성이라는 철학적 교리와 배치된다. 혼은 구분될 수 없는 순수한 영적 실체이다. 영혼이 유전되었다고 말하게 되면, 인간의 영혼이 자녀의 영혼과 부모의 영혼으로 분리되었다는 추론이 나온다. 뿐만 아니라 자녀의 영혼이 아버지에게서 온 것인가 아니면 어머니에게서 온 것인가 하는 어려운 문제가 대두된다. 아니면 어머니와 아버지로부터 모두 온 것인가? 그렇다면 영혼은 일종의 복합체인가? ② 이상에 제기된 난점을 피하려면, 다음과 같은 세 가지 이론 가운데 어느 한 이론에 의존하지 않으면 안 된다. (a) 자녀의 영혼이 선재했다. (b) 혼이 남자의 정자나 여자의 난자에 이미 잠복해 있었다. 이것은 유물론이다. (c) 혼은 부모에 의해 탄생되었다. 곧, 어떤 의미에서는 부모가 혼을 창조했다. ③ 유전설은 최초의 창조가 있은 후에 하나님이 오직 간접적으로만 활동하신다는 가정으로 나아간다. 6일간에 걸친 창조 사역 후에 그의 창조 사역은 중단되었으므로 하나님이 영혼의 창조를 계속하신다는 생각은 하나님과 세상의 관계에 부합하지 않는다고 한다. 그러면 제2의 원인들에 영향을 받지 않는 중생의 교리는 어떻게 성립되는가? ④ 유전설은 현실주의 이론과 잘 접목이 된다. 왜냐하면 그 길만이 원초의 죄책을 해명하는 유일한 길이기 때문이다. 이와 같은 방법으로

유전설은 모든 영혼들이 수적(數的)으로 동일성을 가지고 있다는 지지하기 어려운 입장을 확립했다. 동시에 유전설은 어째서 인간들이 오직 아담이 처음 범한 죄에 대해서만 책임을 지고, 그가 그 후에 범한 죄들과 그 이후의 선조들이 범한 죄에 대해서는 책임을 지지 않는가라는 문제에 대하여 만족할 만한 답변을 주지 못했다. ⑤ 마지막으로, 방금 언급된 형식에 따르면, 그리스도론에 있어서 극복하기 어려운 난점이 나타난다. 만일 아담 안에서 인간의 본성 전체가 범죄했고, 따라서 인간 본성의 모든 부분이 실제로 범죄했다면, 그리스도의 인성도 또한 범죄하여 죄책을 지고 있다는 결론을 피할 길이 없다. 왜냐하면 그리스도의 본성도 아담 안에서 범죄한 셈이 되기 때문이다.

4. 창조설. 이 견해에 따르면, 각 개인의 영혼은 하나님의 직접적인 창조물로 간주되어야 한다. 영혼은 하나님의 직접적인 창조 사역에 기인한다. 물론 언제 하나님이 영혼을 창조하시는지는 정확히 말하기 어렵다. 영혼은 순수하게 창조되지만, 부패한 육체와 연합된다. 그렇다고 해서 영혼이 육체와 분리되어 먼저 창조되고 그 후에 육체와 접촉함으로써 오염되었다는 말은 아니다. 그와 같은 생각은 죄란 육체적인 그 무엇이라는 생각을 전제한다. 창조설이 의미하는 바는 다만, 영혼은 하나님의 창조 행위에 의해 존재하게 되었으면서도 태아의 심령적 생명, 곧 부모의 생명 안에서 미리 형성되었으며, 따라서 그 생명을 위로나 밖으로부터가 아닌 인류 전체를 짓누르고 있는 복합적인 죄 아래서 그리고 그 안에서 획득했다는 것이다.

(1) 창조설을 지지하는 논증. 다음과 같은 논증들은 창조설을 지지하는 중요한 논증들이다. ① 이 이론은 유전설보다 성경의 지배적인 표현들과 부합한다. 원초적인 창조에 관한 서술은 몸의 창조와 영혼의 창조를 엄격히 구분한다. 하나는 땅에서 취한 반면, 다른 하나는 하나님으로부터 온 것이다. 이와 같은 구분은 몸과 혼이 다른 실체로 표현되어 있을 뿐만 아니라 각각 다른 기원을 가진 것으로 서술된 성경의 중심 개념이다(전 12:7; 사 42:5; 슥 12:1; 히 12:9; 비교. 민 16:22). 히브리서의 본문에 대해 유전설 신봉자인 델리취까지도 이렇게 말한다. "이보다 더 창조설을 확실하게 지지하는 본문은 없다." ② 이 이론은 유전설보다 인간 영혼의 본질에 더 잘 부합한다. 창조설은 모든 기독교인이 일반적으로 인정하고 있는 인간 영혼의 비물질성·영성·불가분성을 잘 드러내 준다. 반면에 유전설은 본질의 파생을 말하는 바, 이는 일반적으로 알려져 있는 것처럼 필연적으로 본질의 구분 또는 분리를 암시한다. ③ 이 이론은 그리스도론에서 유전설이 빠질 수밖에 없었던 함정을 피하면서 그리스도의 인성에 관한 성경의 표

현을 더 바르게 평가하고 있다. 그리스도는 참된 인성을 가지신 진정한 인간이셨으며, 구체적인 몸과 혼을 가지고 계셨으며, 여자에게 태어나셨고, 모든 면에서 우리와 같은 자이나 죄는 없으신 분이시다. 그는 모든 다른 인간들과 같이 아담이 범한 죄의 책임과 오염을 나누어 가지신 분이 아니다. 이 같은 일은 가능했다. 그는 아담 안에서 범죄한 본질을 수적으로 공유하지 않으셨기 때문이다.

(2) 창조설에 대한 반론. 창조설은 다음과 같은 반론에 직면한다. ① 가장 강력한 반론은 스트롱에 의하여 다음과 같이 제기되었다. "창조설은 만일 영혼이 원래 부패 성향을 소유하고있는 것을 뜻한다면, 하나님을 도덕적인 악의 직접적인 창시자로 만들게 된다. 만일 이 이론이 영혼이 순수하게 창조되었다고 주장하게 되면, 하나님은 도덕적인 악의 간접적인 조성자가 된다. 왜냐하면 이 이론은 하나님이 영혼을 몸에 집어넣어 필연적으로 부패시킨 장본인이라고 가르치기 때문이다." 이것은 그야말로 심각한 난점이며, 일반적으로 결정적인 창조설 반대 논증으로 인식되고 있다. 아우구스티누스는 창조론자들이 이 같은 함정을 피해야 한다고 주의를 환기시켰다. 그러나 창조론자들이 유전론자들처럼 원죄를 완전히 유전의 문제로 간주하고 있는 것은 아니라는 점을 기억해야만 할 것이다. 아담의 후손들이 죄인인 이유는 그들이 죄악된 육체와 접촉했기 때문이 아니라 하나님이 그들에게 아담이 불순종한 죄를 전가시켰기 때문이다. 그 결과 하나님은 그들로부터 원의(原義)를 거두셨고, 죄의 오염이 뒤따랐다. ② 창조설은 지상의 아버지가 다만 자식의 몸만을 낳은 것으로 간주한다. 그는 자식의 가장 중요한 부분은 낳지 않았다. 따라서 아버지가 자식을 낳았다는 사실은 부모의 지적·도덕적 특성이 자식에게 재현되는 현상을 설명해 주지 못한다. 더욱이 이런 입장을 취함으로써 이 이론은 인간보다는 동물에게 더 고상한 번식 능력을 부여했다. 왜냐하면 동물들은 종별로 스스로 번식하기 때문이다. 이 관찰은 별로 중요한 관찰은 못된다. 부모와 자식간의 지적·도덕적 유사성은 반드시 유전에 근거하여 설명될 필요는 없는 것이기 때문이다. 영혼에 관한 우리의 지식은 여전히 결함이 너무 많기 때문에, 절대적으로 확실한 단언을 내리기는 어렵다. 그러나 이 유사성은 부분적으로는 부모의 본보기 안에서, 부분적으로는 영혼에 미치는 몸의 영향을 통해서, 그리고 또 부분적으로는 하나님이 모든 영혼을 똑같이 창조하신 것이 아니라 한 영혼마다 몸에 적합하게 적응하는 영혼으로 만드심으로써 몸과 연합하여 복합적인 관계에 들어가도록 하셨다는 논증을 통하여 설명될 수 있다. ③ 창조설은 하나님이 현재 세계와 관계하시는 방식과, 세계 안에서 사역하시는 방식과 조화되지 않는다. 그 이유는 창조설이 하

나님의 직접적인 창조를 가르침으로써, 하나님이 지금은 2차적 원인을 통해 사역하시며 이제는 창조 사역을 중단하셨다는 사실을 무시하기 때문이다. 이 반론은 이신론적 세계관을 갖지 않은 자들에게는 별로 설득력이 없다. 하나님이 세계 안에서 창조 사역을 중단하셨다는 생각은 타당성이 없는 이론이다.

5. 결론.

(1) 이 문제에 관하여 논의하는 것은 주의를 요한다. 양 진영의 논증이 모두 일리가 있다는 사실을 인정해야 한다. 이 사실에 비추어 볼 때, 아우구스티누스가 양자를 조화시키는 데 어려움을 겪었다는 사실이 십분 이해가 간다. 성경에는 아담을 제외한 인간 영혼의 기원에 대한 직접적인 언급이 나와 있지 않다. 어느 한 편을 지지하는 두서너 곳의 성경 본문을 가지고 결론을 내리기는 어렵다. 이 문제를 명석하게 밝혀주는 성경의 가르침이 없기 때문에 이 문제에 대해 논의할 때는 각별한 주의가 필요하다. 우리는 기록된 내용 이상을 넘어서는 안 된다. 몇몇 신학자들은 이 같은 이론들이 모두 진리의 단편을 가지고 있다는 점에 의견의 일치를 보고 있다. 심지어 도르너(Dorner)는 위에 언급한 세 가지 이론이 모두 제각각 전체 진리의 한 양상을 보여 준다는 생각을 제시한 바 있다. "유전설은 일반적인 의식을, 선재설은 자의식 또는 분리된 영원한 신적 사유로서의 인격의 관심을, 그리고 창조설은 신(神) 의식을 보여준다."

(2) 창조설의 한 형태가 선호를 받을 만하다. 창조설의 한 형식을 선호하는 이유는 ① 그것이 유전설이 빠진 극복하기 어려운 철학적 난점을 만나지 않기 때문이며, ② 유전설이 빠져 들어간 그리스도론의 오류를 피할 수 있기 때문이며, ③ 그것이 우리의 언약 개념과 조화를 이루기 때문이다. 동시에 우리가 확신하는 것은, 인간 영혼을 창조하실 때 하나님의 창조 행위는 새로운 개인을 낳는 자연적 과정과 아주 밀접하게 관련되어 있는 것으로 고려되어야 한다는 점이다. 그렇다고 해서 창조설이 모든 난점을 다 해소했다는 말은 아니다. 그러나 적어도 창조설은 다음과 같은 오류들을 경계하는 데 유익하다. ① 영혼이 구분된다는 생각. ② 모든 인간이 수적으로 동일한 실체에 속해 있다는 생각. ③ 그리스도께서 아담에게 부여된 것과 동일한 본질을 수적으로 취했다는 생각.

III
하나님의 형상으로서의 인간

A. 인간 안에 있는 하나님의 형상에 관한 역사적인 견해들

성경에 의하면, 인간은 하나님의 형상으로 창조되었기 때문에 하나님과 관련을 맺고 있는 존재이다. 이 진리의 흔적은 심지어 이방 문헌에서도 발견된다. 바울은 아테네인들을 향하여 아테네 시인들 가운데 일부는 인간을 하나님의 후손으로 말하고 있음을 지적했다(행 17:28). 초대 교회의 교부들은, 인간 안에 있는 하나님의 형상이 주로 인간의 합리적이고 도덕적인 성품들 그리고 거룩을 향한 염원 등으로 구성되어 있다고 생각했다. 그러나 일부 교부들은 신체적인 특성들까지도 포함시켰다. 이레네우스와 테르툴리아누스는 하나님의 "형상"(image)과 "모양"(likeness)을 구분하여, 전자를 신체적 특징에서 찾는 반면, 후자는 영적인 특성에서 찾았다. 그러나 알렉산드리아의 클레멘트와 오리겐은 어떠한 신체적 유비 개념도 거부하면서, "형상"이라는 단어는 인간의 인간다운 특성을 가리키는 반면, "모양"이라는 단어는 본래적으로 인간에게 주어지지 않은 자질들로서, 계발되기도 하고 상실되기도 하는 것이라고 생각했다. 이 견해는 아타나시우스, 힐라리우스, 암브로시우스, 아우구스티누스에게서도 발견된다. 펠라기우스와 그의 추종자들에 의하면, 형상은 인간이 이성으로 구성되어 하나님을 알 수 있다거나, 인간이 자유 의지를 가지고 있어서 선택할 수 있고 선을 행할 수 있으며, 하등한 피조물을 다스릴 수 있는 필연적인 능력을 가지고 있다는 등의 사실에서 찾을 수 있다고 한다.

이와같이 형상과 모양을 구분하는 경향은 똑같은 방법은 아니지만, 사변 신학자들에게서도 발견할 수 있다. 곧, 형상은 이성과 자유라는 지적 능력을 포함하는 것으로 인식되고 있는 반면, 모양은 원의(原義)를 뜻하는 것으로 인식되었다. 이 같은 구분에다 또 하나의 구분이 첨가되었다. 곧, 인간에게 주어진 자연적인 은사 즉 인간의 본질 그 자체에 속한 그 어떤 것을 가리키는 하나님의 형상과, 인간의 하급한 본질을 제어하는 초자연적인 선물이라는 의미에서의 하나님의 모양의 구분이 그것이다. 이 원의가 인간 창조와 더불어 인간에게 주어진 것인가, 아니면 하나님께 대한 일시적인 순종에 대한 보답으로 주어진 것인가 하는 문제에 대해서도 견해 차이가 있다. 이 원의에 근거하여 인간은 영생을 얻을 수 있었다. 개혁파 신학자들은 형상과 모양의 구분을 반대했으며, 원의를 하나님의 형상 안에 포함된 것인 동시에 원래의 상태에 있는 인간의 본질 그 자체에 속한 것으로 간주했다.

그러나 루터와 칼빈은 서로 견해가 달랐다. 루터는 하나님의 형상을 인간의 합리적이고 도덕적인 능력과 같은 인간의 자연적인 재능에서 찾지 않고 오직 원의 안에서만 찾았다. 그러므로 그는 그것을 인간이 죄를 범할 때 완전히 상실된 것으로 보았다. 반면에 칼빈은 하나님의 형상은 다른 모든 본질을 능가하는 모든 인간 본성의 부분들을 포함한다고 생각하면서 다음과 같이 말한다. "따라서 하나님의 형상이라는 용어는 아담이 부여받은 완전성을 지칭하는 바 명료한 지성, 이성에 복종하는 지성, 적절히 통제된 감성, 창조주가 부여한 모든 탁월하고 찬탄할 만한 재능들을 가리킨다. 물론 하나님의 형상의 자리는 정신과 마음, 혼과 그 능력이지만, 육체의 모든 부분 가운데 다소라도 영광의 빛이 비취지 않은 부분은 있을 수 없다."

하나님의 형상은 자연적인 재능과 원의라고 불리는 영적인 자질들, 곧 참된 지식, 의, 거룩 등도 포함한다. 죄로 인하여 하나님의 형상 전체가 손상을 입었다. 그러나 완전히 소실된 것은 영적인 자질들뿐이다. 소지니주의자들과 일부 알미니우스주의자들은 하나님의 형상이 하등 피조물에 대한 인간의 지배를 뜻한다고 가르쳤다. 슐라이어마허는 원래의 완전성이라는 상태와 원의의 상태가 필수적인 교리라는 사실을 부인했다. 슐라이어마허는 도덕적 완전성이나 의 또는 거룩함은 발전의 결과이므로 인간이 의와 거룩한 상태로 창조되었다는 말은 용어상 모순을 빚는 것이라고 생각했다. 그러므로 인간 안에 있는 하나님의 형상은 신적인 것을 수납하는 모종의 능력이요, 거룩한 이상에 응답하고 하나님의 형상에까지 자라가는 능력이다. 마르텐센과 카프탄과 같은 현대 신학자들이이 같은 사상을 견지했다.

B. 인간 안에 있는 하나님의 형상에 관한 성경상의 자료

하나님의 형상에 관한 성경의 가르침에는 다음과 같은 서술이 포함되어 있다.

1. "형상"과 "모양"은 동의어적으로 사용되고 있기 때문에 두 개의 다른 실체를 가리키지 않는다. 창 1:26에서는 두 단어가 다 사용되고 있는 반면, 27절에서는 형상만이 사용

되고 있다. 이것은 이 한 단어만으로도 전 개념을 표현하기에 부족함이 없었다는 사실을 보여준다. 창 5:1에서는 "모양"이라는 단어만 사용되었으나 3절에서는 두 단어가 다 사용되었다. 창 9:6에서는 "형상" 하나만으로도 완전한 개념을 표현하고 있다. 신약 성경에서는 고전 11:7에서 "형상"과 "영광", 골 3:10에서는 "형상"이라는 단어만이, 약 3:9에서는 "형상"(likeness, 창 1:26에서는 "모양"으로 번역된 단어)이 사용되었다. 이 두 단어가 성경에서 교호적으로 사용된 것은 명백하다. 이것은 인간이 하나님의 모양으로 창조되었으며, 이 모양은 그가 후천적으로 부여받은 어떤 것이 아니라는 것을 의미한다. 통상적으로 "모양"이 "형상"에 첨가된 것은 형상의 완전성을 표현하기 위한 것이라는 견해가 있다. 다시 말하면, 하나님 안에 있는 원형적인 것이 창조에 의하여 인간 안에서 모형적인 것이 되었다는 것이다. 하나님은 원형이요, 인간은 모형이다. 즉, 인간은 하나님의 형상을 지니고 있을 뿐만 아니라 바로 하나님의 형상 그 자체라는 것이다. 이 사실은 고전 11:7에 명백히 나타난다. 그러나 이는 또한 인간이 하나님의 형상을 지녔다고 말할 수 없다는 의미는 아니다(비교. 고전 15:49). 어떤 학자들은 창 1:27의 전치사의 차이 - "우리의 형상을 따라 우리의 모양대로" - 를 중요시하기도 한다. 뵐(Boehl)은 이 차이를 전거로 삼고 인간이 하나님의 영역으로서의 형상 안에서 창조되었다는 생각을 주장했으나, 이것은 전혀 근거 없는 생각이다. 첫 번째 전치사인 히브리어 '뻬'는 의심할 여지 없이 영어의 in이라는 의미로 사용되었고, 두 번째 전치사인 '레'는 분명히 영어의 after로 사용되었다. 골 3:10에서는 하나님의 "형상을 좇아"("after the image" of God)로 전치사가 뒤바뀌어 있고, 창 5:3에서도 창 1:26에 사용된 전치사가 뒤바뀌어 있음을 주목하라.

2. 인간이 하나님의 형상으로 창조되었다고 했을 때의 하나님의 형상은 일반적으로 "원의"라고 불리는 것, 좀 더 구체적으로 말해서 참된 지식과 의와 거룩을 내포한다. 하나님은 인간을 "매우 선하게"(창 1:31) 그리고 "정직하게"(전 7:29) 만드셨다. 신약 성경이 인간이 그리스도 안에서 회복되었다고 말할 때는, 인간이 원래의 상태 곧 타락하기 이전의 상태로 돌아감을 의미하는 것이다. 그리스도 안에서 회복된 인간의 상태는 그 안에서 의지가 완전한 평형을 이루면서 자리하는, 선하지도 않고 악하지도 않은 어떤 중립적인 상태를 가리키는 것이 아니라, 참된 지식(골 3:10)과 의와 거룩(엡 4:24)의 상태를 가리킨다. 이 세 가지 요소가 원의를 구성하며, 이 원의가 죄 때문에 상실되었다가 그리스도 안에서 다시 획득되었다. 이것은 하나님의 도덕적 형상 또는 좀 더 좁은 의미의 형상이라고 할 수 있다. 인간이 하나님의 도덕적 형상으로 창조되었다는 말은 인간의

원래 상태가 적극적인 거룩의 상태였으며, 무지나 도덕적 중립의 상태는 아니었음을 시사해주는 것이다.

3. 그러나 하나님의 형상은 죄로 인하여 상실된 원래의 지식, 의, 거룩에만 제한되어서는 안 되고, 인간의 자연적 본질에 속한 요소들까지도 포함해야 한다. 다시 말하면, 인간을 인간되게 하는 것, 곧 지적 능력, 자연적인 감정, 도덕적인 자유 등과 같은 요소들까지도 하나님의 형상에 포함된다. 하나님의 형상으로 창조된 인간은 합리적이고 도덕적인 성품을 지니고 있는데, 이것들은 죄 때문에 소실되지 않았다. 만일 이 요소들까지 소실되었다면, 인간은 더 이상 인간이라고 불릴 수 없을 것이다. 하나님의 형상에 속한 이 부분이 물론 죄로 인해 손상을 입은 것은 사실이지만, 인간이 죄 때문에 타락한 이후에도 여전히 인간에게 남아 있는 것이다. 인간은 타락한 후에도 그의 영적인 상태와는 상관없이 여전히 하나님의 형상으로 불린다(창 9:6; 고전 11:7; 약 3:9). 살인죄의 극악성은 그것이 하나님의 형상에 대한 공격이라는 점에 있다. 이상과 같은 성경 구절에 근거하여 볼 때 인간이 하나님의 형상을 완전히 상실했다는 주장은 지지하기 어렵다.

4. 하나님의 형상에 포함된 또 하나의 요소는 영성이다. 하나님은 영이시다. 따라서 인간 안에 있는 이 요소가 하나님의 형상으로서의 인간 안에 나타나는 것은 당연한 일이다. 이 점은 인간 창조 이야기에 잘 나타나 있다. 하나님이 "생기를 그 코에 불어넣으시니 사람이 생령이 되니라"(창 2:7). "생기"는 인간의 생명의 원리이다. "생령"은 인간의 본질 그 자체를 지칭한다. 영혼은 몸과 연합해 있을 뿐만 아니라 몸에 적응한다. 그러나 영혼은 필요할 경우에는 몸이 없이도 존재한다. 따라서 우리는 인간을 영적인 존재라고 할 수 있으며, 그런 의미에서도 하나님의 형상인 것이다.

이 점과 관련하여 제기되는 질문은 인간의 몸도 형상의 일부를 구성하느냐 하는 것이다. 이 질문에 대해서는 긍정적인 답변을 할 수 있을 것이다. 성경은 단지 인간의 영혼만이 아니라 인간이 하나님의 형상으로 창조되었다고 말하고 있으며, "생령"으로서의 인간은 몸이 없이는 완전한 존재가 될 수 없다고 말한다. 더욱이 성경은 살인을 몸의 파괴라고 말하는 동시에(마 10:28) 인간 안에 있는 하나님의 형상에 대한 공격이라고 말한다(창 9:6). 우리는 몸을 구성하고 있는 물질 안에서 하나님의 형상을 찾을 필요는 없다. 오히려 하나님의 형상은 영혼의 자기 표현의 적합한 수단으로서의 몸 안에서 발견되어야 한다. 결국은 몸도 영적인 몸, 곧 완전히 영의 통제를 받는 몸, 완전한 영혼의 도구가 되도록 되어 있다.

5. 하나님의 형상이 가진 또 하나의 요소는 불멸성이다. 성경은 오직 하나님만이 불

멸성을 가지고 있다고 말한다(딤전 6:16). 이 사실은 인간의 불멸성을 부정하는 것처럼 보인다. 그러나 성경은 어떤 의미에서는 인간도 불멸한다는 사실을 명백히 보여준다. 이것은 곧 오직 하나님만이 본질적인 자질로서의 불멸성을 자기 자신 안에 가지고 계시며, 인간은 하나님에게서 온 선물로서 불멸성을 가지고 있다는 것이다. 인간이 불멸의 존재로 창조되었다는 말은 그의 영혼이 끝없는 실존을 부여받았을 뿐만 아니라 자기 자신 안에 육체적인 죽음의 씨앗을 지니고 있지 않으며, 원래 상태의 인간은 죽음의 법칙에 종속되지 않았다는 뜻이다. 죽음은 죄에 대한 형벌로서 찾아온 것이며(창 2:17), 이 죽음에는 육체적 또는 신체적 죽음이 포함되어 있음을 창 3:19이 분명히 밝혀주고 있다. 바울은 죄가 죽음을 세상에 가져왔으며(롬 5:12; 고전 15:20, 21), 죽음은 죄의 삯으로 간주되어야 한다고 말한다(롬 6:23).

6. 하등 동물에 대한 인간의 지배가 하나님의 형상의 일부를 형성하는가의 문제에 대해서는 여러 가지 견해가 제기되고 있다. 이 같은 현상은 성경이 이 문제에 관하여 분명한 입장을 보여주지 않는다는 사실로 미루어 볼 때, 별로 놀라운 일은 못 된다. 어떤 이들은 문제가 되고 있는 인간의 지배를 인간에게 위임된 직분으로 간주하고 형상의 일부로는 간주하지 않는다. 성경은 인간이 하나님의 형상으로 창조되었다는 것과 하등 동물을 지배하는 자로 창조되었다는 사실을 동시에 말한다(창 1:26). 인간의 지배권은 인간에게 부여된 영광과 명예이다(시 8:56).

C. 하나님의 형상으로서의 인간

성경에 따르면, 인간의 본질은 그가 하나님의 형상이라는 사실에 있다. 하나님의 형상으로서의 인간은 모든 다른 피조물로부터 구별되며, 모든 피조물의 왕의 입장에 선다. 성경은 인간이 하나님의 형상을 따라 그 모양대로 창조되었으며(창 1:26, 27; 9:6; 약 3:9), 인간을 하나님의 형상이요, 하나님의 형상을 지닌 자라고 말한다(고전 11:7; 15:49). "형상"과 "모양"은 여러 가지 방법으로 구분되었다. 어떤 이들은 "형상"은 몸을, "모양"은 영혼을 가리킨다고 생각했다. 아우구스티누스는 전자는 지성을, 후자는 도덕적 기능을 가리킨다고 주장했다. 벨라민(Bellarmin)은 "형상"은 인간의 자연적인 재능을 가리키는 것으로, "모양"은 초자연적으로 인간에게 첨가된 것으로 간주했다. 어떤 학자들은 "형상"은 천부적으로 하나님께 순응하는 마음을 가리키는 반면, "모양"은 후천적으로 획득된, 하나님께 순응하는 마음을 가리킨다고 보았다. 그러나 앞 장에서 지적한 바와 같이 두 단어는 동일한 개념을 표현하는 바, "모양"은 "형상"과 가장 근접하고 유사한 것을 보완적으로 지칭하는 개념이다. 두 단어가 공통적으로 가리키는 개념은 하나님의 형상 그 자체이다. 인간 안에 있는 하나님의 형상에 관한 교리는 신학에서 매우 중요한 의미를 지닌다. 왜냐하면 그 형상은 인간과 그의 하나님의 관계에서 가장 특징적인 것을 표현하고 있기 때문이다. 인간이 하나님의 형상이라는 사실 때문에 인간은 동물 및 다른 피조물과 다른 것이다. 성경은 심지어 천사들도 그 같은 영예를 누리지 못한다고 말한다. 천사는 다만 하나님의 형상을 닮은 것처럼 보일 뿐이다.

칼빈은 이렇게 말한다. "천사들이 하나님의 형상으로 창조된 것은 사실이다. 그 이유는 그리스도께서 말씀하신 것처럼(마 22:30), 우리의 지고(至高)의 완전성은 천사와 같은 존재가 되는 것을 의미하기 때문이다"(『기독교 강요』, I. 15. 3). 그러나 이 위대한 개혁자는 이 점에 있어서 예수님의 말씀이 지닌 본뜻에 충분히 유의하지 못했다. 많은 경우에 있어서 천사들이 하나님의 형상으로 창조되었다는 가정은, 형상을 인간의 도덕적이고 지적인 자질을 가리키는 것으로 보는 입장에 근거한다. 그러나 형상은 인간의 몸을 포함하며, 하급 피조물에 대한 그의 지배를 포함한다. 천사들은 피조물의 주인으로 언급된 일이 없고, 다만 구원을 유업으로 얻을 자들을 섬기는 영으로 제시되어 있을 따름이다. 다음에 열거한 견해들이 인간 안에 있는 하나님의 형상에 관한 가장 중요한 개념들이다.

1. 개혁파의 입장. 개혁 교회는 칼빈의 입장을 따르면서, 루터파나 로마교회보다 훨씬 더 포괄적인 하나님의 형상 개념을 가지고 있다. 그러나 개혁파에 속한 신학자들이라고 해서 형상에 관한 세부적인 내용에 있어서까지 모두 일치하는 것은 아니다. 예컨대 댑니(Dabney)는 하나님의 형상이, 인간의 본성에 절대적으로 필요한 것을 의미하지는 않는다고 말한다. 그 이유는, 만일 그렇지 않으면 형상의 손실은 인간 본성의 파괴를 의미하게 되기 때문이다. 물론 그것은 인간의 타락에 의해서이다. 반면에 맥퍼슨(McPherson)은 하나님의 형상이 인간의 필수적인 본질에 속한다고 단언하면서 "만일 개신교 신학이 죄를 하나님의 형상이나 그 형상에 속한 어떤 것의 상실을 뜻하지 않으면 안 된다는 생각에 사로 잡히지만 않았어도 많은 혼란과 불필요하고 설득력이 없는 교리적인 정교함을 피할 수 있었으리라고 단언한다. 만일 형상이 상실되었다면, 인간은 더 이상 인간일 수가 없었을 것이다"라고 했다. 이 두 가지 입장은 전혀 상반되는 입장인 것처럼 보인다. 다른 차이점들도 개혁 신학에서 드러나고 있다. 어떤 학자

들은 하나님의 형상을 의와 거룩이라는 도덕적 자질들에 국한시키고 있으며, 어떤 이들은 도덕적이고 이성적인 인간의 본성을 포괄하는 개념으로 이해하고 있는 반면, 또 어떤 이들은 몸까지도 포함시킨다. 칼빈은 하나님의 형상의 적절한 자리가 영혼이라고 말한다. 그는 또한, 물론 형상의 영광의 빛의 일부가 몸에도 비친다고 말한다. 그는 형상은 특히 죄로 인해서 상실된 인간의 본질의 원초적 순전성을 뜻하는 것으로서, 참된 지식과 의와 거룩을 통하여 자신을 드러낸다고 말한다. 동시에 그는 "하나님의 형상이 모든 다른 동물들을 능가하는 인간의 본성을 모두 포괄한다고 말한다"(「기독교 강요」, I. 15. 3). 이와 같은 포괄적인 하나님의 형상 개념이 개혁 신학의 지배적인 경향이 되었다. 그러므로 비치우스(Witsius)는 이렇게 말한다. "하나님의 형상은 선행성(antecendenter)에 있어서는 인간의 영적이고 불멸하는 본성을, 형식(formaliter)에 있어서는 인간의 거룩을, 결과(consequenter)에 있어서는 그의 지배를 뜻한다." 이와 매우 유사한 견해가 투레틴(Turretin)에 의해서도 표명된 바 있다.

요약해서 말한다면, 다음과 같이 정리할 수있다. 하나님의 형상의 구성 요소는 (a) 인간의 혼 또는 영, 즉 단순성·영성·불가시성·불멸성과 같은 자질들, (b) 합리적인 인간의 신체적인 힘과 기능들, 즉 다양한 기능을 갖춘 지성과 의지, (c) 참된 지식과 의와 거룩을 통하여 나타나는 인간 본성의 지적이고 도덕적인 순전성(엡 4:24; 골 3:10), (d) 물질적 실체로서가 아닌, 불멸성을 공유하는 영혼의 적절한 기관으로서, 동시에 하급 피조물을 지배하는 도구로서의 인간의 몸, (e) 땅에 대한 인간의 지배 등이다. 소지니주의자들을 반대하는 일부 개혁파 신학자들은 정반대 방향으로 나아가서, 이 지배가 형상에 속한 것이 아니라 하나님의 특별한 사역의 결과라고 주장했다. 하나님의 형상이 인간의 본질에 속하는가 속하지 않는가라는 문제에 대하여, 개혁파 신학은 단연코 하나님의 형상은 인간의 본질을 구성한다고 말한다. 그러나 개혁파 신학은 하나님의 형상을, 인간 영혼의 본질적 자질과 능력, 즉 인간이 인간인 한 잃어버릴 수 없는 하나님의 형상 안에 있는 요소들과, 잃어버려도 여전히 인간으로 남는 요소들 곧 영혼의 선한 도덕적 자질과 그 능력으로 구분한다. 이 같은 좁은 의미에 있어서의 하나님의 형상은 이른바 원의(原義)와 동일시된다. 죄 때문에 상실할 수 있고 또 상실된 것은 형상의 도덕적 완전성이다.

2. 루터파의 입장. 루터파의 형상 개념은 개혁파의 그것과 현저하게 다르다. 루터는 때때로 넓은 형상 개념을 가지고 있는 듯이 이야기했지만, 사실상은 매우 제한된

개념을 가지고 있었다. 17세기와 심지어 오늘날도 일부 루터파 신학자들은 하나님의 형상을 좀 더 넓은 의미로 생각하고 있긴 하지만, 대다수의 루터파 신학자들은 하나님의 형상을, 원초적으로 부여받은 영적인 자질들 곧 소위 원의(原義)에 한정시켰다. 결국 그들은, 한편으로는 천사들과 구분되면서 동시에 동물들과도 구분되는 인간의 본질적인 속성을 충분히 인지하지 못했다. 이 형상을 소유한 인간은 역시 그 형상을 소유한 천사들과 같다. 천사와 인간의 공통적인 요소를 고려할 때, 양자의 차이점은 별로 중요하지 않다. 인간은 죄 때문에 하나님의 형상을 상실했으며, 이제 인간과 동물의 차이는 종교적인 혹은 신학적인 의미를 갖지 않는다. 동물과 인간의 차이는 하나님의 형상에 있었는데, 이것을 인간은 완전히 상실하고 만 것이다. 이 같은 사실을 고려해 볼 때, 루터파가 유전설을 선택하여 인간의 영혼이 동물의 그것과 같이 생식을 통해 발생한다고 생각하는 것은 자연스러운 결론이다. 그러므로 루터파는 인류의 도덕적 통일성을 말하는 일이 거의 없다. 루터파는 다만 인류의 육체적 통일성과 오로지 육체적인 죄의 전파만을 강조하고 있을 따름이다. 바르트는 개혁파의 입장보다는 루터파의 입장에 서서 하나님과 인간 사이의 "접촉점", 곧 일종의 하나님에의 순응성에서 하나님의 형상을 찾고 있으며, 이 형상이 죄로 인하여 파괴되었으며, 나아가서는 없어져버렸다고 말한다.

3. 로마 가톨릭의 입장. 로마교회도 하나님의 형상에 관한 사상에 있어서 완전한 의견의 일치를 보지 못하고 있다. 여기서는 다만 로마교회에서 통용되는 진술만을 말하고자 한다. 그들의 주장에 따르면, 하나님이 창조시에 인간에게 영혼의 영성, 의지의 자유, 육체의 불멸과 같은 천부적인 은사들을 주셨다고 한다. 영성, 자유, 불멸성 등은 천부적으로 부여된 것으로서, 그 자체가 이미 하나님의 자연적인 형상을 구성한다. 뿐만 아니라 하나님은 인간의 자연적인 능력을 서로 적응시켜서 하등한 능력이 고등한 능력에 순복하도록 만드신다. 이렇게 해서 이룩된 조화를 의(justitia) 곧 자연적 의라고 부른다. 그러나 이 경우에 있어서도 인간 안에는 하등한 탐욕과 정욕이 이성과 양심이라는 고등한 능력에 반역하는 자연적인 경향이 남아 있는 것이다. 육욕이라고 불리는 이 경향은 그 자체가 죄는 아니다. 그러나 그것이 의지의 동의를 얻어 자발적인 행위로 바뀌면 죄가 된다. 인간이 하급 욕망을 절제할 수 있도록 하기 위해서 하나님은 자연적인 은사(dona naturalia)에다 초자연적 은사 (dona supernaturalia)를 첨가했다. 이 초자연적인 은사들에는 원의라는 첨가된 은사(donum superadditum)가 포함되는데, 이것은 원

래의 인간의 구성으로 볼 때는 낯선 의라고 할 수 있는 것으로서, 창조된 직후 즉각 또는 창조 이후 어느 때인가 자연적인 재능을 적절히 사용할 때에 후천적으로 주어지는 것이다. 원의라는 첨가된 은사를 포함하는 이 초자연적인 은사들은 죄로 인하여 상실되었으나, 그렇다고 해서 인간의 본질적 특성이 파괴된 것은 아니다.

4. 하나님의 형상에 관한 다른 견해들.　소지니주의자들과 알미니우스주의자들에 따르면,하나님의 형상은 오직 인간의 하등 동물에 대한 지배만을 의미한다는 것이다. 재세례파는 유한한 땅 위의 피조물인 최초의 인간은 아직 하나님의 형상은 아니라고 한다. 인간은 중생에 의하여 비로소 하나님의 형상이 된다. 펠라기우스주의자들과 대다수의 알미니우스주의자들과 합리주의자들은 한결같이 하나님의 형상을 오직 인간의 자유로운 인격 안에서, 그의 이성적인 성격 안에서, 그의 윤리적·종교적 성품, 그리고 하나님과 친교하며 사는 운명 안에서 발견한다.

D. 하나님의 형상인 인간의 원래의 상태

하나님의 형상과 인간의 원래의 상태는 밀접한 관계가 있으므로 양자를 같이 고찰해야 한다.여기서 다시 한 번 인간의 원래의 상태에 관한 역사적인 견해들을 구분해 볼 필요가 있다.

1. 개신교의 입장.　개신교는 인간이 상대적으로 완전한 상태, 곧 의와 거룩의 상태로 창조되었다고 가르친다. 그러나 이것은 인간이 인식 가능한 최고의 탁월한 상태에 이미 도달했다는 의미는 아니다. 일반적으로 그는 순종을 통해서 더 높은 수준의 완전성에 도달하도록 창조되었다고 말한다. 인간은 각 부분에 있어서는 완전하나, 정도에 있어서는 아직 완전하지 않다는 것이다. 그의 상태는 예비적이고 잠정적인 상태로서, 더 큰 완전성과 영광에 이를 수도 있고, 타락으로 치달을 수도 있다. 인간은 선천적으로 하나님의 형상의 면류관이라고 할 수 있는 원의를 부여받았는데, 그러므로 인간은 적극적인 거룩한 삶을 살 수 있는 것이다. 이 의의 상실은 이상적인 상태에 있는 인간의 본질 그 자체에 속한 어떤 것을 상실했음을 뜻한다. 인간은 그것을 상실하고도 여전히 인간으로 남는다. 그러나 이상적인 의미에 있어서의 형상은 상실될 수 없다. 그것이 상실되면 인간으로 남을 수 없기 때문이다. 바꾸어 말해서, 그 형상의 상실은 인

간 본성의 타락과 손상을 의미한다. 더욱이 인간은 불멸의 존재로 창조되었다. 이 사실은 영혼에만 해당하는 것이 아니라 전인(全人)에 해당한다. 그러므로 이것은 영혼만이 지속적으로 실존한다는 뜻일 수 없다. 이것은 또한 인간이, 죽음의 포로가 될 가능성을 넘어서는 존재로 창조되었다는 의미는 아니다. 이 말은 천상의 천사들과 성도들에게나 해당하는 말이다. 그러나 하나님의 형상으로 창조된 인간은 자신 안에 죽음의 씨앗을 지니고 있는 것은 아니며, 그의 원초적인 본질에서 볼 때, 필연적으로 죽게 되어 있는 것도 아니다. 죽음의 희생물이 될 가능성이 배제된 것은 아니지만, 그는 범죄하지 않는 한 죽음을 겪지 않아도 되게 되어 있었다. 여기서 우리가 염두에 두어야 할 것은, 인간의 원초적인 불멸성은 순전하게 부정적이고 물리적인 것이 아니라 적극적인 동시에 긍정적인 것이라는 사실이다. 그것은 하나님과 교제하는 삶이며, 지극히 높으신 자의 은총을 향유하는 것이다. 죽음이 하나님으로부터의 분리인 동시에 그의 진노에의 복종인 것과 마찬가지로, 이것도 성경이 가르쳐주는 근본적인 인생관이다. 이 영적인 생명을 상실하면 죽음을 부르게 되며, 결국은 육체적 죽음을 맞게 된다.

2. 로마 가톨릭의 입장. 당연히 로마교회는 인간의 원래의 상태에 관하여 약간 다른 견해를 가지고 있었다. 그들의 주장에 따르면, 원의는 순진한 인간의 본성에 속하는 것이 아니라 초자연적으로 첨가된 것이다. 창조시에 인간은 단순히 인간 본성 그 자체가 지닌 모든 자연적인 능력과 기능을 부여받았으며, 이 능력들은 자연적 의(*justitia naturalis*)를 통해서 서로 완벽하게 조화를 이룬다. 그는 죄가 없을 뿐만 아니라 순전한 상태에서 살았다. 그러나 사물의 본질상, 하급한 욕망과 격정이라는 자연적인 경향은 이성과 양심이라는 고급한 능력에 반역하기 마련이다. 육욕(concupiscence)이라고 불리는 이 경향은 그 자체가 죄는 아니지만, 쉽게 죄의 기회 또는 그 연료가 된다(비교. 롬 7:8; 골 3:5; 살전 4:5). 그러므로 원래 상태의 인간은 본질상 적극적인 거룩성이 없는 상태일 뿐만 아니라 죄도 없는 상태이다. 비록 죄를 야기시키는 경향은 있지만 말이다. 그러나 이제 하나님께서 인간의 자연적인 구성 요소에 원의라는 초자연적인 은사를 첨가함으로써 인간은 하등한 기질과 욕망을 적절하게 통제할 수 있게 되었다. 인간은 타락함으로써 원의를 상실했다. 그러나 인간의 원초적인 구성 요소는 손상받지 않은 상태로 남아 있었다. 지금 자연인은 죄에 대하여 강한 집착을 보여주고 있기는 하지만 원의를 부여받기 전에 아담이 처했던 바로 그 상태에 있는 것이다.

3. 합리주의적인 견해들. 펠라기우스주의자들, 소지니주의자들, 알미니우스주의자들, 합리주의자들, 그리고 진화론자들은 한결같이 적극적인 거룩의 상태라는 개념을 거부한다. 처음 네 부류의 사람들은, 인간이 순진(純眞)하고 도덕적인 면이나 종교적인 면에서 중립적인 존재로 창조되었으나, 자유 의지를 부여 받음으로써 선과 악 그 어느 방향으로도 향할 수 있게 되었다고 한다. 진화론자들은 인간이 야만의 상태보다는 약간 진보된 원시적인 상태에서 생애를 시작한다고 말한다. 인간은 자신의 자유로운 선택에 의하여 자신의 성품을 선택하며, 거룩함이란 악에 대한 싸움에서 승리했을 때 획득되는 것이다. 문제의 성질로부터 생각해 볼 때, 아담은 거룩의 상태로 창조되지 않았다는 것이다. 더욱이 펠라기우스주의자들과 소지니주의자들과 합리주의자들은 인간은 죽을 수밖에 없는 존재로 창조되었다고 말한다. 죽음은 죄가 세상에 들어온 결과로서 찾아온 것이 아니라 단순히 인간의 구성 요소의 종결부일 뿐으로, 원초적인 상태에 있었던 아담도 죽었다는 것이다.

깊은 연구를 위한 질문

델리취는 인간의 혼과 영을 어떻게 구분하고 있는가? 허드는 원죄·개종·성화를 해석할 때, 삼분법적인 인간관을 어떻게 활용하고 있는가? 루터파는 주로 유전설을, 개혁파는 주로 창조설을 주장한다는 사실은 무엇을 말해주는가? 창조설이 사실상 인류의 통일성을 파괴한다는 반론에 대해서는 어떻게 생각하는가? 실재론(realism)에서 주장하는 인간 본성의 수적 통일성에 대하여 제기되는 반론들은 어떤 것들인가? 선재설·유전설·창조설은 사실상 영혼의 기원에 관한 진리의 각기 다른 양상에 지나지 않는다는 도르너의 견해에 대해서는 어떻게 생각하는가? 로마교회는 "형상"과 "모양"을 어떻게 구분하고 있는가? 그들은 타락에 의하여 의 또는 자연적 의가 상실되었다고 보는가, 아니면 그 반대인가? 하나님의 형상을 인간의 원의에 제한시키는 루터파 신자들은 창 9:6과 약 3:9을 어떻게 설명하고 있는가?

IV
행위 언약 속에 있는 인간

인간의 원래의 상태, 곧 무흠의 상태(*status integritatis*)에 관한 논의는 하나님과 인간과 관계, 특별히 인간의 종교 생활의 기원과 본질을 고찰함으로써 완결된다. 오늘날 그리스도인의 삶과 마찬가지로 이 상태에서의 최초의 인류의 삶도 언약 안에 뿌리를 박고 있었다. 이 언약은 다양한 명칭 곧 자연의 언약, 생명의 언약, 에덴의 언약, 행위의 언약 등으로 불린다. 처음에 빈번히 사용되던 첫 번째 호칭은 점차 사용되지 않게 되었다. 그 이유는 이 표현이 마치, 이 언약이 인간과 하나님의 자연적 관계의 일부인 듯한 인상을 주기 때문이다. 두 번째와 세 번째 호칭도 구체적인 호칭은 될 수 없다. 그 이유는 이 두 호칭이 확실히 생명의 언약인 동시에, 창 3:15이 보여주는 바와 같이 에덴 동산에 그 기원을 두고 있는 은혜의 언약에도 적용되기 때문이다. 그러므로 "행위의 언약"이라는 명칭이 가장 적절하다.

A. 행위 언약 교리에 관한 역사적 고찰

행위 언약의 교리에 관한 역사는 비교적 짧다. 초대 교회 교부들의 글에서는 언약 개념이 거의 발견되지 않는다. 그러나 그러한 언약 개념이 내포하고 있는 요소들 곧 시험적 명령, 선택의 자유, 죄와 죽음의 가능성 등은 모두 언급되었다. 아우구스티누스는 그의 주저 「하나님의 도성」에서 아담과 하나님의 관계를 언약(testamentum, pactum)으로 명명한다. 그러나 다른 학자들은 잘 알려져 있는 구절인 호 6:7로부터 원초의 언약 관계를 추론해 낸다. 스콜라 신학자들의 문헌과 종교개혁자들의 글에도 후일 행위 언약의 교리를 구성하게 될 모든 요소들이 이미 내포되어 있었으나 아직 교리로까지는 발전하지 않았다. 이들의 글 안에 아담의 죄가 후손에게도 전가된다는 것을 지시하는 표현이 발견되기도 하지만, 전반적으로 볼 때, 죄의 전이(轉移)는 계약적인 의미에서보다는 현실주의적인 의미에서 이해되었다. 쏜웰(Thornwell)은 칼빈의 「기독교 강요」를 분석한 글에서 이렇게 말한다. "마땅히 나타나야 할 계약적인 표현은 아직 파악되지 않았고, 다만 신비적인 현실주의가 그 자리를 대신하고 있다." 은혜 언약 교리의 발전이 행위 언약 교리의 발전에 선행하였으며, 사실상 그 기초를 놓았다. 성경이 분명히 언약의 형태로 구원의 방법을 제시하고 있다는 사실을 고려할 때, 바울이 로마서 5장에서 아담과 그리스도를 평행적으로 비교하고 있다는 사실이 무흠의 상태를 일종의 언약으로 이해하는 기회를 제공했다는 것은 충분히 있을 수 있는 일이다. 헤페(Heppe)에 의하면, 구원의 방법을 계약적으로 표현한 최초의 저술은 불링거(Bullinger)의 「기독교 개요」(*Compendium of the Christian Religion*)였다. 올레비아누스(Olevianus)가 잘 발전된 계약 신학의 실질적인 창시자였다. 그의 신학 안에서 처음으로 언약의 개념이 모든 신학 체계의 구성적이며 결정적인 원리가 되었다.

계약 신학은 스위스와 독일의 교회로부터 네덜란드와 영국 제도(諸島)와 특히 스코틀랜드로 파급되었다 네덜란드에서 처음으로 계약 신학을 표방한 사람들은 고마루스, 트렐카티우스, 라벤스페르거 그리고 특히 클로펜부르그(Cloppenburg)였다. 클로펜부르그는 코케이우스의 스승으로 간주된다. 그러므로 "계약 신학의 아버지"가 코케이우스라는 견해는 정확한 것이 못 된다. 코케이우스의 특징은 그 당시 유행하던 철학적인 신학 연구 방법을 좀 더 성경적인 방법으로 대체했다는 사실에서 찾을 수 있다. 그의 뒤를 이은 사람이 부르만누스와 비치우스였다. 코케이우스와 그의 추종자들만이 행위 언약 교리를 받아들인 것은 아니다. 부티우스, 마스트리히트, 아 마르크, 드 무어 등도 행위 언약 교리를 받아 들였다. 위페이즈(Ypeij)와 더르무(Dermout)의 지적에 따르면, 그 당시 행위 언약 교리를 거부하는 것은 이단으로 간주되었다. 소지니주의자들은 행위 언약 교리를 전면 거부했다. 그 이유는 그들이 아담의 죄가 후손에게 전가된다는 교리를 믿지 않았기 때문이다. 에피스코피우스, 림보르크, 베네마, 그리고 J. 알팅과 같은 일부 알미니우스주의자들도 같은 입장을 취했다. 18세기 중엽 네덜란드에서 언약의 교리가 망각되어갈 무렵, 컴리와 홀티우스가 이 교리를 다시 한 번 교회의 주목을 받게 했다.

스코틀랜드에서는 언약에 관한 몇 권의 중요한 저서들이 등장했다. 그 가운데 대표적인 것으로는 피셔(Fischer)의 「현대 신학의 정수」(*Marrow of Modern Divinity*)가 있다. 볼, 블레이크, 깁, 그리고 보스턴 등도 언약에 관한 저술을 발표했다. 워커(Walker)는 "스코틀랜드의 옛 신학의 특징은 언약 신학이라고 할 수 있을 것이다"라고 말한다. 행위 언약 교리는 웨스트민스터 신앙고백서와 스위스 일치 신조(*Formula Consensus*

Helvetica)에서도 발견된다. 행위 언약 교리가 로마 가톨릭과 루터파 신학에서 거의 주목을 받지 못했던 데에는 그만한 이유가 있다. 그 이유는 그들이 아담의 죄가 후손에게 직접 전가된다는 입장을 견지하고 있었기 때문이다. 뉴잉글랜드 신학이 받아들인 합리주의 및 플라케우스(Placaeus)의 간접적 전가론의 영향으로 인해 언약 교리는 그 위광을 잃어갔다. 심지어는 두데스(Doedes)와 판 오스터제이와 같은 네덜란드의 보수주의 신학자들까지도 이 교리를 거부했고, 뉴잉글랜드에서는 명맥을 오래 유지할 수 없었다. 스코틀랜드의 상황도 별로 나을 것이 없었다. 휴 마틴은 「구속론」(*The Atonement*)에서 "계약 신학이 무시를 당하고 있는 현재의 상황은 가까운 교회의 장래를 위해서도 결코 바람직한 현상이 아니다"라고 말한다. 미국에서는 하지, 쏜웰, 브레큰리지, 댑니와 같은 장로교 신학자들이 이 교리를 그들의 신학에서 적절히 취급하기는 했으나, 그들이 소속된 교회에서는 생명력을 상실하고 말았다. 네덜란드에서는 카이퍼와 바빙크의 영향 아래 계약 신학의 부흥이 있었고, 하나님의 은총을 통하여 이 신학은 계속하여 네덜란드 교인들의 마음과 정신 속에 살아 있다.

B. 행위 언약 교리의 성경적 기초

행위 언약을 부인하는 자들은이 언약의 성경적 기초를 주의 깊게 살펴볼 필요가 있다.

1. 언약의 요소들은 이미 초기의 서술에 나타나 있다. 물론 "언약"이라는 용어가 창세기의 처음 3장에 등장하지 않는 것은 사실이지만, 이 부분에 언약 교리의 구성을 위해 필요한 자료들이 없는 것은 아니다. 그것은 곧 "삼위일체"라는 용어가 없다고 해서 성경에 삼위일체 교리가 없다고 추론할 수는 없는 것과도 같다. 언약에 필요한 모든 요소들이 성경에 언급되어 있다. 그 요소들이 있다면, 이 교리를 체계적으로 연구하여 상호 연관성을 밝히고 적절한 이름을 부여하는 것은 정당한 시도라고 할 수 있다. 아담과 하와의 경우에 쌍방이 거론되어 있고, 조건이 설정되었으며, 순종에 대한 보상의 약속이 명백히 천명되었고, 범죄에 대한 형벌이 제시되었다. 여기서 쌍방이 동의에 도달했다거나 아담이 조건을 받아들였다는 기록이 없지 않느냐는 반론이 제기될 수도 있다. 그러나 이것은 충분히 반박될 수 있는 반론이다. 노아와 아브라함의 경우 인간이 동의하고 수납했다는 기록은 없다.

하나님과 인간은 계약을 맺을 때 동등한 입장에서 맺는 것이 아니다. 하나님의 모든 언약은 인간에게 주권적으로 부과되는 특징이 있다. 하나님은 인간을 절대적으로 주권적인 입장에서 다루신다. 동시에 하나님은 하나님의 은총을 누리기 위하여 인간이 실행해야 하는 조건들을 설정할 완전한 권리를 가지고 있다. 더욱이 아담은 자연적인 관계 안에서 하나님께 순종할 의무를 가진다. 언약 관계가 확립되면, 이 순종은 자기 이해의 문제가 된다. 하나님은 인간과 언약 관계에 들어가실 때 언제나 조건을 설정하신다. 그리고 이 조건들은 언제나 매우 은혜로운 조건들이다. 그러므로 이와 같은 견지에서 본다면, 하나님은 인간이 그 조건들에 동의하리라고 기대할 만한 완전한 권리를 가지고 계신 것이다. 에덴 동산에서 맺은 계약의 경우에 있어서도 하나님이 일방적으로 언약을 선포하고 계시지만, 아담이 완전한 상태에서 살고 있다는 사실은 그가 그 언약을 받아들였다는 추론에 대한 충분한 근거가 된다.

2. 영생의 약속이 있었다. 어떤 학자들은 그와 같은 약속에 대한 성경상의 증거가 없지 않느냐고 반문한다. 물론 그와 같은 약속이 명백히 문자적으로 명시되어 있는 것은 아니다. 그러나 그 약속은 불순종의 결과가 죽음이라는 사실에 명백히 암시되어 있다. 죽음이 찾아오리라는 경고는 순종할 경우에는 죽음이 찾아오지 않는다는 것이요, 생명이 지속되리라는 것을 뜻한다. 여기서 다시, 이 말씀이 의미하는 바는 아담의 자연적인 생명이 지속된다는 뜻일 뿐, 성경이 말하는 영원한 생명을 의미하는 것은 아니라는 반론이 제기될 수 있다. 그러나 이와 같은 반론에 대하여, 성경이 말하는 생명은 하나님과 교제하는 생명이요, 아담이 소유한 생명도 바로 이 생명이었다는 반박이 가해질 수 있다. 그러나 여기서 말하는 생명은 실수할 수 있는 생명이다. 만일에 아담이 시험을 통과했다면, 이 생명은 그대로 보존되었을 뿐만 아니라 실수할 수 없는 더 고차적인 단계로 올라섰을 것이다. 바울은 롬 7:10에서, 계명 즉 율법은 생명에 이르게 하는 것이라고 명백히 말한다. 하지(Hodge)는 이 절에 대하여 주석하면서 이렇게 말한다. "율법은 원래 생명을 확보하기 위하여 고안되었고 번안(飜案)되었다." 이 점은 롬 10:5; 갈 3:13에서도 명백히 표현되었다. 불멸의 생명에 대한 이 영광스러운 약속은 아담과 하나님의 자연적 관계에는 전혀 암시되어 있지 않다. 이 자연적 관계는 다른 기초 위에 서 있다. 그러나 여기서 어떤 적극적인 것, 곧 하나님의 특별한 겸비함이 있다는 사실을 인정하는 것은 언약의 원리를 받아들이는 것이다. "행위 언약"이라는 용어가 적절한 용어인가에 대해서는 의심의 여지가 있을 수 있다. 그러나 언약 개념 그 자체에 대해서는 어떤 설득력 있는 반론도 제기될 수 없다.

3. 근본적으로 은혜 언약은 우리의 확실한 보증이신 그리스도께서 하신 원초적 협약을 실행하는 것에 지나지 않는다. 그는 하나님의 뜻을 자유롭게 수행하셨다. 그는 자신을

율법 아래 두심으로써 구원을 얻는 자들을 구원하셨다. 따라서 그들은 더 이상 율법을 행함으로써 구원을 얻는 위치에 있지 않게 되었다. 그가 오셔서 아담이 할 수 없었던 일을 하셨다. 그것도 언약적 동의하에서 그리하셨다. 이처럼 은혜 언약이 그리스도와 관련하여 생각할 때 원초적 협약(original agreement)을 실행에 옮기는 것이라면, 원초적 협약은 언약의 성질을 띠는 것이었음이 분명하다. 동시에 그리스도께서 행위 언약의 조건을 충족시켰기 때문에 이제 인간은 원초적 협약의 열매를 예수 그리스도에 대한 믿음 안에서 거둘 수 있을 것이다. 이제 우리에게는 두 가지 길이 있다. 두 길이 다 생명의 길이다. 하나는 율법의 길이다. "율법의 의를 행하는 자는 그로 말미암아 살리라." 그러나 인간은 이 길에서는 더 이상 생명을 찾을 수 없다. 다른 하나는, 율법의 요구를 완성하심으로써 영생의 복을 부여해 주실 수 있는 예수 그리스도를 믿는 길이다.

4. 아담과 그리스도의 대비. 칭의의 교리와 관련하여 바울이 롬 5:12-21에서 제시하고 있는 아담과 그리스도의 대비는 아담이 그리스도와 같이 언약의 머리라는 가정 위에서만 설명될 수 있다. 바울에 의하면, 칭의의 본질적인 요소는 하나님의 의가 인간의 어떤 공로에도 의존하지 않고 인간에게 전가된다는 것이다. 그는 이를 아담의 범죄가 우리에게 전가되는 방법과 완전히 평행을 이루는 것으로 소개하고 있다. 여기서 자연스럽게 대두되는 결론은 아담 또한 그의 후손들과 언약의 관계에 있다는 것이다.

5. 호세아 6:7. 호 6:7에는 다음과 같은 구절이 있다. "그들은 아담처럼 언약을 어기고." 이 해석을 반대하려는 시도들이 있었다. 어떤 학자들은 "아담에서"라는 해석을 제시했다. 이 해석이 의미하는 바는 아담이라고 불리는 어느 장소에서 잘 알려진 어떤 범죄가 있었다는 것이다. 그러나 전치사가 이 해석을 반대한다. 더욱이 성경은 아담이라는 장소에서 저질러진 범죄가 무엇인지 구체적으로 언급하지 않는다. 흠정역은 "사람들처럼"이라는 해석을 제시하고 있는데, 이는 "인간적인 방법으로"라는 뜻이다. 그러나 원어에는 복수형이 없으며, 따라서 이 해석은 별 의미가 없는 것이라는 반론이 제기될 수 있다. 인간이 인간적이지 않은 방법으로 범죄하는 일은 있을 수 없기 때문이다. 결국 "아담처럼"이라는 해석이 가장 무난한 해석이다. 같은 용법이 욥 31:33의 병행 어구에서도 사용되고 있다. 이 용법은 미국 개정 역본(ARV)에서 채택했다.

C. 행위 언약의 요소들

다음의 요소들은 구별되어야만 한다.

1. 언약의 당사자들. 한쪽에는 삼위일체 창조주이시며 주이신 하나님이 있다. 다른 한쪽에는 그의 의존적 피조물인 아담이 있다. 이 두 당사자는 이중적인 관계를 맺고 있다.

(1) 자연적인 관계. 하나님이 인간을 창조하셨다는 사실 그 자체가 하나님과 인간 사이에 자연적인 관계가 수립되었음을 의미한다. 이 관계는 토기장이와 질그릇, 절대적 주권과 그 같은 주장을 할 수 없는 주체와의 관계를 의미한다. 사실상 양자 사이의 거리가 너무 멀기 때문에 이 비유는 적절한 표현이 될 수 없다. 그러므로 서로 친교하는 삶은 도저히 불가능한 것처럼 보인다. 하나님의 피조물인 인간은 자연히 율법 아래 있으며, 율법을 지킬 의무가 있다. 그러므로 율법을 범했을 때 형벌을 받는 것은 당연한 일이지만, 율법을 지켰다고 해서 보상을 요구할 권리가 본래적으로 주어져 있는 것은 아니다. 요구되는 모든 것을 준행해도 인간은 여전히 무익한 종이라는 고백을 하지 않을 수 없는 것이다. 왜냐하면 그는 마땅히 해야 할 일을 한 것뿐이기 때문이다. 이와 같은 자연적인 관계에서는 인간이 아무것도 공로로 내세울 수 없다. 하나님과 인간 사이의 무한한 거리는 서로의 교제가 차단된 듯이 보이게 하지만, 인간은 분명히 그와 같은 교제를 위하여 창조되었다. 교제의 가능성은 이미 창조시에 인간이 하나님의 형상으로 창조되었다는 사실 안에 제시되었다. 이 같은 자연적인 관계 안에서 아담은 인류의 조상인 것이다.

(2) 언약 관계. 하나님은 처음부터 절대적인 주권자이자 율법 수여자인 동시에 자신에게 의존하는 피조물의 행복과 안녕을 추구하는 자로서 자신을 드러내신다. 그는 인간의 차원으로 낮아지셔서 자신을 친구로 계시하셨으며, 인간이 순종함으로써 자신의 상태를 증진시킬 수 있게 하셨다. 자연적 관계에 덧붙여서 하나님은 적극적인 명령을 세우심으로써 은혜 가운데 언약 관계를 확립시키셨다. 그는 인간과 법적인 계약을 맺으셨다. 여기에는 인간의 피조성에 암시된 모든 요구와 의무가 포함되어 있을 뿐만 아니라 새로운 요소도 동시에 첨가되었다. ① 아담은 인류의 대표적인 머리로서 모든 후손들을 위해 행동할 수 있다. ② 그는 자발적으로 하나님의 뜻에 순종하는가를 결정짓기 위해서 일시적인 시험을 받았다. ③ 그는 순종할 경우에 영생을 누리게 된다는 약속을 보장받았다. 동시에 하나님의 은혜로운 배려에 의거하여 일정한 조건적인 권리를 획득했다. 이 계약에 근거하여 아담은 자신과 자신의 후손들을 위하여 순종의 방법을 통한 영생을 얻었다.

2. 언약의 약속. 행위 언약에 의하여 주어지는 위대한 약속은 영생의 약속이다. 행

위 언약을 부인하는 자들은 일반적으로 성경에 그 같은 약속이 없다는 사실에서 부인의 근거를 찾는다. 성경에 아담에게 영생이 약속되었음을 보여주는 명시적인 기록이 없는 것은 사실이다. 그러나 형벌의 경고가 주어졌다는 사실은 그 약속도 있었음을 암시해 준다. "네가 먹는 날에는 정녕 죽으리라"는 주의 말씀은, 아담이 먹는 것을 억제했다면 죽지 않고 죽음의 가능성을 넘어서 끌어올림을 받게 되리라는 것을 암시해 주고 있다. 여기서 암시된 약속의 의미는, 순종할 경우에 아담에게 그 이전과 같이 평범한 자연적인 삶을 계속해서 영위할 수 있도록 허용할 것이라는 의미는 분명히 아닐 것이다. 그 이유는 그런 삶은 이미 창조시에 주어진 것으로서, 순종에 대한 보상으로 간주될 수 없는 것이기 때문이다. 여기 주어진 약속은 최고의 상태에까지 발전된 영구적인 복락과 영광이다.

사실상 아담은 적극적인 거룩한 상태로 창조되었으며, 죽음의 법칙에 종속되지 않는다는 의미에서 불멸하는 존재이다. 그러나 그는 이제 겨우 자신의 삶의 과정을 시작하는 단계에 있을 뿐이다. 그는 그를 위해 예비된 최고의 특권을 아직 소유하지 못하고 있는 상태에 있다. 그는 아직 실수하고 범죄하고 죽을 가능성을 넘어서지 못하고 있는 상태에 있다. 그는 아직 가장 높은 수준의 거룩함을 소유하지 못하고 있으며, 삶을 완전히 향유하지도 못하고 있다. 인간 안에 있는 하나님의 형상은 여전히, 인간이 하나님께 대하여 범죄할 수 있는 가능성과, 선에서 악으로 이행할 수 있는 가능성, 그리고 죽음의 법칙에 복종할 수 있는 가능성에 의해 제약받고 있다. 행위 언약 안에 있는 생명의 약속은 아담을 제약하고 있던 모든 생명의 제약을 제거해주시겠다는 약속이요, 그의 삶을 최고의 완전성에까지 끌어올리겠다는 약속이다. 롬 7:10에서 계명은 생명에 이르게 하는 것이라고 바울이 말했을 때, 여기서 말하는 생명은 완전한 의미에 있어서의 생명을 의미한다. 행위 언약의 원리는, 이 일들을 행하는 자는 그로 인하여 산다는 것이다. 이 원리는 성경에 여러 번 반복된다(레 18:5; 겔 20:11, 13, 20; 눅 10:28; 롬 10:5; 갈 3:12).

3. 언약의 조건. 행위 언약의 약속은 무조건적으로 주어지는 것이 아니다. 이 약속의 조건은 절대적으로 완전히 순종하는 것이었다. 그것은 곧 하나님의 율법이 요구하는 것이기도 하다. 선악과를 따먹지 말라는 명령은 완전한 의미에 있어서의 순종의 시험임이 명백하다. 물론 인간은 인간의 마음비에 새겨진 하나님의 도덕법에 예속되어 있다. 인간은 이 사실을 본능적으로 안다. 그러므로 그것은 특별한 시험을 통해서 초

자연적으로 계시되어야 할 성질의 것은 아니다. 특별히 아담이 알고 있던 도덕법이란 십계명과 같은 것이었다. 그러나 그 형식은 달랐다. 현재의 형태의 도덕법은 죄에 관한 지식을 전제하기 때문에 주로 부정적 성격이 강한 것이다. 그러나 아담의 마음속에서는 그 법이 긍정적인 것이었기 때문에 죄의 가능성을 의식하지 않는 것이었다. 그러므로 부정적인 성격의 명령이 첨가되었다. 더욱이 아담의 시험이 순전한 순종의 시험이 되도록 하기 위하여, 하나님은 자연스러움과 합리성을 지니고 있는 것으로 아담에게 인식된 명령에, 어떤 의미에서는 독단적이면서도 공정한 명령을 부가하셨다. 이처럼 율법의 요구는 하나의 초점에 집중되었다. 여기서 해결되어야 할 중요한 문제는 인간이 절대적으로 하나님께 순종할 것인가 아니면 자기 자신의 판단에 따를 것인가라는 점이다. 바빙크는 이렇게 말했다. "아담에게 제시된 하나님의 시험적 명령은 다음과 같은 논법으로 나타나는데, 하나님이냐 인간이냐, 하나님의 능력이냐 자기 자신의 생각이냐, 절대적인 복종이냐 자립적인 탐구냐, 믿음이냐 의심이냐 하는 것이다."

4. 언약의 형벌. 여기서 경고되고 있는 형벌은 죽음이다. 이것의 의미는, 성경에서 사용되고 있는 이 용어의 일반적인 의미와, 형벌이 시행될 때 범죄자에게 가해지는 악을 면밀하게 살피면 알 수 있다. 가장 포괄적인 의미에 있어서의 죽음은 육체적이고 영적인 영원한 죽음을 포함한다. 성경에 나타난 근본적인 죽음의 개념은 존재의 소멸이 아니라 생명의 근원으로부터의 분리를 뜻하며, 그로부터 초래되는 몸의 해체, 비참 그리고 저주를 뜻한다. 근본적으로 죽음이란 영혼이 하나님으로부터 분리되는 것이요, 영적인 비참함 속에 자신을 드러내는 것이요, 마침내는 영원한 죽음에 이르러 끝나는 것이다. 그러나 여기에는 몸과 혼의 분리 및 그로 인한 몸의 해체도 포함된다. 분명한 것은 형벌의 시행이 최초의 범죄 직후에 시작되었다는 것이다. 영적인 죽음이 즉각 들어왔으며, 죽음의 씨앗이 몸 안에서 활약하기 시작했다. 형벌의 완전한 시행이 즉각 뒤따르지 않고 보류되었다. 그 이유는 하나님이 즉각 은혜와 회복의 경륜을 시작하셨기 때문이다.

5. 언약의 상징. 언약의 상징에 대해서는 성경에 분명한 정보가 없다. 따라서 이 문제에 대해서는 다양한 견해들이 제시되고 있다. 어떤 학자는 네 가지를 언급한다. 곧 생명나무, 선악과, 낙원, 안식일이 그것이다. 또 어떤 이들은 세 가지를 제시하며, 어떤 이들은 두 종류의 나무와 낙원을 제시하며, 혹자는 생명나무와 낙원을, 혹자는

생명나무만을 제시하기도한다. 마지막 견해가 가장 보편적인 견해이며, 성경의 지지를 받는 유일한 견해인 것 같다. 우리는 이 나무의 열매를, 마술적으로나 의학적으로 아담의 몸 안에 들어가 불멸성을 만들어내는 것으로 생각해서는 안 된다. 그러나 이 열매는 어떤 방법으로든 생명의 선물과 관계 있는 것은 분명하다. 여러 가지 가능성을 두고 생각해 볼 때, 생명나무는 하나님께서 지정하신 생명의 상징이었던 것만은 분명하다. 그 결과 아담이 약속을 어겼을 때, 이 상징에 접근하는 것이 금지되었던 것이다. 그러므로 창 3:22은 상징적으로 이해해야 한다.

D. 행위 언약의 현재 상태

행위 언약이 아직도 유효한가 아니면 아담이 타락할 당시 폐기되었는가 하는 문제에 대해서는 알미니우스주의자들과 개혁 신학자들 사이에 주목할 만한 견해 차이가 있다.

1. 알미니우스주의. 알미니우스주의자들은 이 법적 계약은 아담이 타락할 당시 폐기되었다고 하면서 다음과 같이 말한다. ① 약속은 취소되고 약정은 파기되었다. 약정이 없는 곳에 의무가 있을 수 없다. ② 인간의 순종이 불가능한 일이 되었고, 하나님의 은혜를 통해서도 소정의 의무를 완수하도록 하는 것 또한 불가능한 일임이 판명된 이상 하나님은 인간의 순종을 강요하지 않으신다. ③ 부패한 피조물에게 거룩하고 분열됨이 없는 사랑을 요구한다는 것은 하나님의 지혜와 거룩함과 위엄을 손상시키는 일이다. 그들의 주장에 따르면, 하나님은 새로운 계약과 율법을 세우셨는데, 그것은 믿음과 복음적 순종의 법으로서, 인간은 자신의 능력이 손상을 입었음에도 불구하고 일반적인 충분한 은총의 도움을 힘입어 이 법을 지킬 수 있다.

그러나 다음과 같은 사항들은 이 견해에 불리하다. ① 하나님께 대한 인간의 의무는 결코 단순히 언약의 요구에만 제한되는 것이 아니라, 근본적으로 하나님과의 자연적인 관계에 뿌리를 두고 있다. 이 자연적인 관계가 언약 관계 안에 통합된다. ② 인간의 무능력은 자기 유도적이다. 그러므로 그것은 인간에게 그의 정당한 의무를 면제시켜 주지 못한다. 인간의 자기 부과적인 한계, 즉 범죄적이며 자발적인, 하나님에 대한 적대감이, 인간에게 뜨겁고 사랑에 넘친 봉사를 요구할 권리를 우주의 주권적인 통치자에게서 박탈해 가는 것은 아니다. ③ 알미니우스주의의 가장 큰 모순은 죄인은 범죄함으로써 의로운 의무로부터 완전히 면제되었다는 주장이다. 인간은 범죄하면 할수록 더욱더 죄의 노예가 되어 선한 것을 할 수 없게 될 뿐만 아니라, 이 노예 상태에 더 깊이 빠짐으로써 선에 대한 능력을 상실하고 더욱더 무책임한 인간이 되어 갈 수밖에 없는 것이다. 인간이 어느 정도 범죄의 상태에 깊이 들어가면, 마침내 모든 도덕적 책임을 상실하고 마는 것이다.

2. 개혁주의의 입장. 심지어 일부 개혁파 신학자들까지도 법적인 언약이 폐기되었다고 말하면서 이에 대한 증거를 히 8:13에서 찾는다. 여기서 자연스럽게 제기되는 문제는 행위 언약을 과거의 일로 간주할 수 있는가, 또는 어느 정도까지 그렇게 간주할 수 있는가, 곧 그것은 여전히 유효한 계약인가 하는 것이다. 일반적으로 의견의 일치를 보고 있는 부분은 어떠한 인간의 법적 입장의 변화도 율법의 권위를 폐기할 수 없으며, 하나님이 피조물에게 요구하신 순종의 요구는 인간의 타락과 그 파멸적인 결과에도 불구하고 종결된 것은 아니며, 죄의 삯은 여전히 사망이며, 완전한 순종은 언제나 영생을 약속하고 있다는 점들이다.

(1) 행위 언약은 폐기되지 않았다. ① 하나님과 인간의 자연적 관계가 이 언약 안에 포함되어 있는 한 그렇다. 인간에게는 언제나 완전한 순종의 요구가 부여되어 있는 것이다. ② 계속해서 죄를 범하는 자들에 대한 저주와 형벌에 관한 한 그렇다. ③ 조건적 약속이 여전히 유효한 한 그렇다. 하나님은 이 약속을 거두실 수도 있었다. 그러나 하나님은 그렇게 하지 않으셨다(레 18:5; 롬 10:5; 갈 3:12). 그러나 인간이 타락한 이후에 아무도 이 조건에 순응할 수 없다는 사실은 명백하다.

(2) 행위 언약은 폐기되었다. ① 은혜 언약 아래 있는 자들을 위한 새로운 긍정적인 요소를 내포하는 한에 있어서 그렇다. 그렇다고 해서 그것이 단순히 무시된다는 의미는 아니다. 중보자가 자기 백성을 위하여 그 요구 조건을 충족시켰기 때문이다. ② 영생을 얻는 수단으로서 그렇다. 인간이 타락한 이후에 이 언약은 그 힘을 상실했다.

제2부 죄의 상태 안에 있는 인간

I
죄의 기원

세상에 존재하는 악의 기원에 관한 문제는 언제나 철학과 신학의 가장 난해한 문제 중 하나였다. 따라서 이 문제가 주목받는 것은 자연스러운 일이다. 악의 힘은 크고 보편적인 것으로서, 인간의 삶 전반에 드리워져 있는 어두운 그림자일 뿐만 아니라 일상적으로 체험되는 현실이기 때문이다. 철학자들은 늘 긴장하며 악의 기원에 관한 문제에 직면하여 그 해답을 얻기 위해 노력해왔다. 특히 세상에 있는 도덕적인 악이 그들의 주요 관심사였다. 어떤 이들에게는 악이 삶 자체의 일부였기 때문에 이 문제에 대한 해결책을 사물의 자연적인 구조에서 찾았다. 그러나 한편 어떤 학자들은 악은 자율적인 기원을 가지고 있어서 현재나 과거를 막론하고 인간의 선택에 좌우된다고 생각했다. 이 관점이 하나님의 말씀에 계시된 진리에 좀 더 가깝다.

A. 죄의 기원에 관한 역사적 견해들

초대 교회의 교부들은 죄의 기원에 관하여 명확한 입장을 밝히지는 않았다. 그러나 죄가 낙원에서의 아담의 의도적인 범죄와 그로 인한 타락에서 시작되었다는 생각은 이미 이레네우스의 글에서도 발견된다. 이와 같은 입장은 곧 악을 물질 안에 내재한 것이요, 동시에 신보다 한 단계 낮은 반신 반인의 조물주 산물로 보는 영지주의에 대립되는 것으로 곧 교회의 주도적인 입장이 되었다. 인간의 영혼은 물질과 접촉하는 순간 악한 것이 된다. 이같은 주장은 죄가 지니는 의도성과 윤리성을 파괴한다. 오리겐은 자신의 선재설을 통해서 이 같은 주장을 폈다. 그의 주장에 따르면, 인간의 영혼은 선재의 상태에서 의도적으로 범죄했으며, 따라서 모든 사람들은 이미 죄의 상태로 세상에 들어온다고 한다. 이와 같은 플라톤적인 관점은 너무나 많은 난점을 내포하고 있기 때문에 폭넓게 받아들여질 수 없었다. 그러나 18세기와 19세기에는 뮐러, 뤼

커르트를 비롯하여 레싱, 셸링, J. H. 피히테와 같은 철학자들이 이 견해를 지지했다. 일반적으로 3세기와 4세기의 그리스의 교부들은 아담의 죄와 후손의 죄의 연계성을 부인하는 입장을 취한 반면, 라틴 교부들은 인간의 현재의 죄의 상태가 낙원에서 범한 아담의 첫 번째 범죄 안에서 설명될 수 있다는 입장을 취했다. 동방 교회의 가르침은 마침내 양자간의 연계성을 전적으로 거부하는 펠라기우스주의로 나아갔고, 서방 교회의 가르침은 우리가 모두 아담 안에서 죄책을 짊어지고 있을 뿐만 아니라 부패했다는 사실을 강조하는 아우구스티누스주의로 나아갔다.

반(半)펠라기우스주의는 아담과의 연계성을 인정했으나, 그와 같은 연계성은 다만 죄의 오염을 설명하는 것에 지나지 않는다는 주장을 전개했다. 중세 시대에는 연계 사상이 일반적으로 받아들여졌다. 연계 사상은 아우구스티누스주의적으로 해석되는 때도 있었으나, 반(半)펠라기우스주의적인 방법으로 해석되는 때가 더 많았다. 종교개혁자들은 아우구스티누스의 견해를, 소지니주의자들은 펠라기우스주의를, 그리고 알미니우스주의자들은 반(半)펠라기우스주의를 받아들였다. 합리주의와 진화론 철학의 영향 아래 인간의 타락 교리와 그것이 인류에게 끼친 영향이 무시되었다. 죄라는 개념이 악이라는 개념으로 대치되었으며, 이 악을 설명하기 위해 여러 가지 방법이 동원되었다. 칸트는 악을 설명이 불가능한 초감각적 영역에 속한 것으로 간주했다. 라이프니츠에게 있어서 악이란 우주에 필연적인 제약을 가하는 것이었다. 슐라이어마허는 악의 기원을 인간의 감각적 본성에서 찾았으며, 진화론자는 점진적으로 발전되어가는 도덕 의식에 대한 하등한 성벽(경향)의 반발에서 찾았다. 반면, 리츨은 인간의 무지(無知)에서 악의 기원을 찾았다. 바르트는 악의 기원을 예정의 신비라고 말한다. 죄는 타락에서 유래한다. 그러나 타락은 역사적 사건이 아니다. 그것은 초역사에 속한 사건이다. 아담이 최초의 죄인이었던 것은 사실이나, 그의 불순종이 세상의 죄의 원인은 아니다. 인간의 죄는 여하튼 그의 피조성과 관련되어 있다. 낙원의 이야기는 인간이 반드시 죄인이 될 필요는 없다는 낙관적인 관점을 제공한다.

B. 죄의 기원에 관한 성경적 근거

성경에서는 세상의 죄가 하나님의 율법을 범한 것으로 명백히 규정된다. 인간은 본성적으로 이미 범법자로 묘사된다. 따라서 다음과 같은 의문이 일어난다. 인간은 그의 본성을 어떻게 획득했는가? 그 점에 있어서 성경이 계시하는 진리는 어떤 것인가?

1. 하나님은 죄의 조성자로 간주될 수 없다.   하나님의 영원한 작정(decree)은 죄악이 세상에 들어왔음을 명백히 선언한다. 그러나 이것을, 하나님이 죄를 만드신 자로서 죄에 대해서 책임을 져야 한다는 의미로 이해해서는 안 된다. 성경은 이 해석을 단호히 거부한다. "하나님은 악을 행하지 아니하시며 전능자는 결코 불의를 행하지 아니하시고"(욥 34:10). 그는 거룩하신 하나님이다(사 6:3). 따라서 그의 안에는 불의가 전혀 없다(신 32:4; 시 92:16). 그는 악에게 미혹될 수 없으며, 친히 아무도 시험하지 않으신다(약 1:13). 하나님은 인간을 창조하실 때, 선하게 그리고 자신의 형상대로 창조하셨다. 그는 적극적으로 죄를 미워하시며(신 25:16; 시 5:4; 11:5; 슥 8:17; 눅 16:15), 그리스도 안에서 인간을 죄로부터 구원하기 위한 길을 제시하셨다. 이 모든 말씀들에 비추어 볼 때, 하나님이 죄를 만드신 자라고 말하는 것은 하나님을 모독하는 것이다. 그러므로 죄를 사물의 본질 안에 이미 내재해 있는 하나의 필연성으로 생각하는 결정론적인 견해를 거부하지 않으면 안 된다. 그러한 견해들은 하나님이 죄의 조성자임을 암시하고 있는 것으로, 인간의 책임을 말하는 성경의 관점과 양심의 소리에 반대된다.

2. 죄는 천사의 세계에서 시작되었다.   성경에 따르면, 죄의 기원은 창 3장의 인간의 타락에까지 거슬러 올라가지 않으면 안 된다. 이와 동시에 천사의 세계에서 일어난 일에 주목해야 한다. 하나님은 일군의 천사들을 창조하셨다. 이들이 창조주의 손에서 나올 때는 모두 선했었다(창 1:31). 그러나 천사의 세계에 타락이 있었고, 이때 일군의 천사들이 하나님으로부터 떨어져 나왔다. 이 타락의 정확한 때는 명시되어 있지 않으나, 요 8:44에서 예수님은 마귀를 태초부터 살인자라고 규정하셨으며(카타 아르케), 요한은 요일 3:8에서 마귀가 처음부터 범죄했다고 말했다. 지배적인 견해는 이 카타 아르케가 인류 역사의 시초를 가리킨다는 것이다. 천사들의 타락을 초래한 죄에 대해서는 아무런 언급이 없다. 딤전 3:6에 보면, 바울이 디모데에게 새로 입교한 자를 감독으로 세우지 말라고 권고하면서 그 권고의 이유를 "교만하여져서 마귀를 정죄하는 그 정죄에 빠질까" 두렵기 때문이라고 말한다. 여기서 가능한 추론은 천사를 타락시킨 것은 권능과 권위에 있어서 하나님과 같이 되고자 하는 교만의 죄일 것이라는 것이다. 이 생각은 유 6절의 지지를 받는다. 여기 보면, 타락한 천사들이 "자기 지위를 지키지 아니하고 자기 처소를 떠난" 것으로 되어 있다. 그들은 자기들에게 할당된 몫, 그리고 자기들에게 위탁된 통치와 권세에 만족하지 않았다. 하나님과 같이 되려는 그들의 욕망이 바로 그들이 특별히 받았던 시험이라면, 이를 통해 인간이 왜 이 점에서 그토록 큰 유혹을 받는지 알 수 있다.

3. 인류 안에 있는 죄의 기원. 인류의 역사 안에 있는 죄의 기원에 관하여 성경이 가르치는 교훈은 아담이 낙원에서 범죄함과 더불어 죄가 시작되었다는 것이요, 따라서 죄는 인간의 고의적인 행위라는 것이다. 영의 세계로부터 온 유혹자는 인간이 하나님께 반역함으로써 하나님과 같이 될 수 있다고 속삭였다. 아담은 이 유혹에 넘어가 금단의 열매를 따먹음으로써 최초의 죄를 범했다. 그러나 문제는 아담이 단순히 하나의 죄를 범했다는 사실에서 끝나지 않았다. 왜냐하면 그 최초의 죄로 인해서 아담은 죄의 노예가 되었기 때문이다. 이 죄는 영원한 부패를 동반했다. 이 부패는 인류의 연대성 때문에 아담뿐만 아니라 모든 그의 후손들에게도 영향을 미쳤다. 인류의 조상은 타락함으로써 그의 후손에게 부패한 본성을 물려주었다. 죄는 거룩하지 않은 근원에서 시작되어 일종의 더러운 강물을 이루면서 모든 세대의 인류에게 흘러내려가, 그것이 접촉하는 모든 사람과 사물을 부패시킨다. 그러므로 다음과 같은 욥의 질문은 매우 적절한 것이라고 하겠다. "누가 깨끗한 것을 더러운 것 가운데서 낼 수 있으리이까 하나도 없나이다"(욥 14 : 4).

그러나 이것이 전부는 아니다. 아담은 인류의 조상으로서 범죄했을 뿐만 아니라 모든 후손의 대표적인 머리로서 범죄했다. 그러므로 그의 죄책도 후손들에게 전해짐으로써 모든 인류의 후손이 죽음의 형벌을 받지 않을 수 없게 되었다. 이와 같은 의미에서 아담의 죄는 모든 사람의 죄라고 할 수 있는 것이다. 이것이 바로 바울이 롬 5:12에서 가르치는 내용이다. "그러므로 한 사람으로 말미암아 죄가 세상에 들어오고 죄로 말미암아 사망이 들어왔나니 이와 같이 모든 사람이 죄를 지었으므로 사망이 모든 사람에게 이르렀느니라"(롬 5:12). 모든 사람이 죄를 범했다는 말씀은 모든 사람들이 아담 안에서 죄를 범했다는 뜻이요, 그리하여 모든 사람이 죽음의 형벌을 받게 되었다는 뜻이다. 이 죄는 단순한 부패로서의 죄를 말하는 것이 아니라, 처벌이 뒤따르는 죄책으로서의 죄를 말하는 것이다. 하나님은 모든 사람이 아담 안에서 죄책을 짊어진 죄인이라고 판단하신다. 그것은 그 방법에 있어서 모든 신자들이 예수 그리스도 안에서 의롭다고 판단받는 것과 같다.

이것이 바로 다음과 같이 바울이 선언한 말의 의미다. "그런즉 한 범죄로 많은 사람이 정죄에 이른 것 같이 한 의로운 행동으로 말미암아 많은 사람이 의롭다 하심을 받아 생명에 이르렀느니라 한 사람의 순종하지 아니함으로 많은 사람이 죄인된 것 같이 한 사람의 순종하심으로 많은 사람이 의인이 되리라"(롬 5:18, 19).

C. 최초의 범죄 또는 인간 타락의 본질

1. 형식적 특성. 순전히 형식적인 의미에서만 말한다면, 인간의 최초의 죄는 선악을 분별하는 지식을 알게 하는 나무의 열매를 따먹은 것으로 되어 있다. 우리는 이 나무가 어떤 종류의 나무인지 모른다. 그것은 야자수일 수도 있고, 무화과 나무일 수도 있고, 다른 어떤 나무일 수도있다. 나무 열매 그 자체에는 아무런 해가 없었다. 그 열매를 따먹는 것 자체가 죄일 수는 없다. 왜냐하면 그것 자체가 도덕법을 어기는 것은 아니기 때문이다. 만일 하나님께서 "선악을 알게 하는 나무의 열매는 먹지 말라"(창 2:17)는 명령을 내리지 않으셨다면, 열매를 따먹는 행위가 죄가 되지 않았을 수도 있다. 그 나무가 선악을 알게 하는 나무라고 불리게 된 이유가 무엇인가에 대해서는 일치된 의견이 없다. 가장 쉽게 이해할 수 있는 해석은 그 나무를 그렇게 부른 것은, 그 나무 열매를 먹을 때 실제적인 선과 악을 알게 하는 지식이 먹는 자에게 부여된다는 것이다. 그러나 이 주장은 인간이 그것을 먹음으로써 선악을 아는 일에 하나님과 같이된다는 성경의 표현과 조화되지 않는다. 그 이유는 하나님은 악을 범하신 분이 아니요, 따라서 악에 관한 실제적인 지식을 소유하고 계신 분이 아니기 때문이다.

이 같은 견해보다는 그것이 ① 인간의 미래 상태가 선한가 악한가를 계시해 주고 ② 자기 자신에게 선한 것과 악한 것을 판별하는 기준을 하나님이 정하실 것인가, 아니면 인간 자신이 결정할 것인가를 보여주기 때문에 선악을 알게 하는 나무라는 명칭이 붙은 것이라고 보는 것이 더 가능성이 있는 해석이다. 어떤 방식으로 이 명칭을 설명하든 간에 나무의 열매를 먹지 말라는 하나님의 명령은 인간의 순종을 시험하기 위한 목적으로 주어진 것이라는 사실이다. 그것은 순수하게 순종을 시험하는 명령이다. 그 이유는 하나님께서 금지의 명령을 어떤 방법으로도 정당화하지도, 또한 설명하지도 않고 있기 때문이다. 아담은 순종하는 태도로 기꺼이 자신의 뜻을 하나님의 뜻에 굴복시켜야만 했다.

2. 본질적이고 중요한 특성. 인간의 최초의 죄악은 죄의 전형(典型)으로서, 이를 통해서 참된 죄의 본질이 드러난다. 이 죄의 본질은 아담이 자신과 하나님을 대립하는 위치에 두었다는 것, 자신의 뜻을 하나님의 뜻에 굴복시키는 것을 거부했다는 것, 하나님께서 자신의 삶의 여정을 지배하도록 하지 못했다는 것, 하나님의 손에서 그 지식을 능동적으로 빼앗아 옴으로써 미래를 스스로 결정하도록 했다는 것에 있다. 사실상 하나님에게 무엇인가를 절대적으로 주장할 권리가 없고 다만 행위 언약의 조건을 충

족시킴으로써 비로소 하나님께 무엇을 요구할 수 있었던 인간은, 하나님과의 관계를 끊어버리고 마치 자신이 하나님을 능가할 수 있을 것처럼 행동했던 것이다. 하나님의 명령이 인간의 권리를 침범했다는 생각은, 사탄의 질문에 대하여 "만지지도 말라"(창 3:3)고 대답했던 하와의 마음속에 이미 자리잡고 있었다. 하와는 하나님의 명령이 불합리한 것이었음을 강조하고자 했음이 분명하다. 인간은 자신에게 하나님을 능가하는 권리가 있다는 가정에서 출발하여 자기 자신 안에서 새로운 중심을 찾음으로써 창조주에게 반역하기 시작했던 것이다. 이렇게 인간은 하나님과 같이 되려고 했으며, 명령을 주신 하나님의 선한 의도를 의심했다. 자연히 인간의 최초의 죄에서 몇 가지 다른 요소들을 구별해 낼 수 있다. 그것은 지성에서는 불신앙과 교만을, 의지에서는 하나님과 같이 되려는 욕망을, 그리고 감정에서는 금단의 열매를 먹음으로써 찾아오는 거룩하지 못한 만족감을 드러낸 것이다.

D. 유혹에 의하여 초래 된 최초의 타락

1. 유혹의 절차. 인간의 타락은 뱀의 유혹으로부터 시작되었다. 뱀은 인간의 마음속에 불신과 불신앙의 씨앗을 심어 놓았다. 유혹자의 의도는 언약의 머리인 아담을 타락시키는 것이었으나 먼저 하와를 선택했다. 여기에는 다음과 같은 몇 가지 이유들이 내포되어 있었을 것이다. ① 그녀는 언약의 머리가 아니었기 때문에 아담과 같은 정도의 책임 의식은 없었을 것이다. ② 그녀는 하나님의 명령을 직접적으로가 아니라 간접적으로 받았으므로 쉽게 논증과 의심에 넘어갈 수 있었을 것이다. ③ 그는 아담의 마음에 가장 접근하기 쉬운 통로였을 것이다. 유혹자가 밟은 과정은 아주 뚜렷했다. 제일 먼저 그는 하나님의 선한 의도에 의문을 제기하면서, 그의 명령이 사실상 인간의 자유와 권리를 침범하는 것이라는 의견을 피력했다. 하와의 답변에서 자기가 뿌린 씨앗이 뿌리를 내린 것을 확인한 유혹자는 범죄함이 죽음을 초래한다는 사실을 부인하면서, 불신앙과 교만의 씨앗을 추가로 뿌렸다. 그의 말에는, 그 명령이 인간을 굴복시키려는 이기적인 목적에 의하여 자극된 것이라는 의미가 함축되어 있었다. 그는 선악과를 따먹음으로써 인간이 하나님과 같이 될 수 있다고 단언했다. 이처럼 한껏 기대를 부풀려놓고 하와로 하여금 그 나무를 주목해서 바라보도록 부추겼다. 그녀가 나무를 오래 바라보면 볼수록 열매는 더 탐스러워 보였다. 마침내 욕망이 그녀를 지배했을 때, 그녀는 열매를 따먹고 남편에게도 주었다. 그리고 그도 먹었다.

2. 유혹에 대한 해석. 타락의 역사적 성격을 해명하려는 시도가 빈번히 행해졌고 지금도 행해지고 있다. 어떤 학자들은 창 3장 전체를 인간의 자기 기만과 점진적인 변화를 나타내는 일종의 비유로 간주한다. 바르트와 브루너는 인간의 원초적인 상태와 타락에 관한 이야기를 일종의 신화로 간주한다. 창조와 타락은 모두 역사에 속한 것이 아니라 초역사에 속한 것이다. 따라서 양자는 모두 인식 불가능한 것이다. 창세기의 이야기는, 인간이 지금은 어떤 선도 행할 수 없고 죽음의 법칙에 굴복하고 있지만, 그것이 전부는 아니라는 것을 가르쳐주는 이야기일 뿐이라는 것이다. 인간은 하나님과 교제하는 삶을 통해 죄와 죽음으로부터 자유로워질 수있다. 낙원에서의 삶은 우리를 위하여 묘사된 것이며, 아담을 통해서 예표된 자 곧 그리스도 안에서 우리에게 주어질 삶을 예표하는 것이다. 그러나 그 삶은 인간이 지금 살고 있는 삶이 아니요, 역사가 시작된 이래 지금까지 살아온 삶도 아니다. 낙원은 우리가 지시할 수 있는 어떤 확정된 장소가 아니라 하나님이 주가 되시는 곳을 말하며, 인간과 모든 다른 피조물들은 의지를 가진 하나님의 피조물이다. 과거의 낙원은 역사의 창백한 빛 저편에 있다.

바르트는 이렇게 말한다. "인간의 역사가 시작되었을 때, 인간의 시간이 시작되었을 때, 인간이 모든 것을 장악한 시간과 역사가 시작되었을 때, 낙원은 사라지고 말았다." 브루너도 비슷한 맥락에서 다음과 같이 말한다. "창조에 대하여 언제, 어떻게, 그리고 어디서 그 사건이 발생했는지 말할 수 없는 것처럼, 타락도 마찬가지다. 창조와 타락은 모두 역사적인 가시적 현실 저편에 있다."

창세기 설화의 역사성을 부인하지 않는 어떤 학자들은 적어도 뱀을 문자적인 의미의 동물로 간주해서는 안 된다고 말한다. 그것은 단지 탐심, 성적인 욕망, 탈선한 이성, 사탄 등을 지칭하는 이름 또는 상징으로 받아들여야 한다고 주장한다. 또 어떤 학자들은 적어도 뱀에 관한 이야기는 상징적으로 받아들여야 한다고 한다. 그러나 이런 해석들과 기타 이와 유사한 해석들은 성경의 지지를 받기 어렵다. 창 3:1-7을 전후한 문단들은 역사적 서술임이 명백하다. 성경 기자들은 이 부분을 역사적 사실로 이해했다 (욥 31:33; 전 7:29; 사 43:27; 호 6:7; 롬 5:12, 18, 19; 고전 5:21; 고후 11:3; 딤전 2:14). 그러므로 우리에게는 설화의 핵심 부분을 차지하는 이 부분이 상징적으로 해석되어야 한다고 가정할 권리가 없는 것이다. 더욱이 뱀은 창 3:1에 언급한 들짐승들의 목록에 속해 있다. "뱀"을 "사탄"으로 대치시키는 것도 바람직한 해결책은 못 된다. 창 3:14, 15의 형벌은 문자적인 의미의 뱀을 전제하며, 바울도 뱀을 다른 어떤 것으로도 대치시키지 않는다 (고후 11:3). 뱀이 상징적인 어떤 것을 교활한 행위를 통하여 말했다고 상정하는 것은 가능한 일이지만, 뱀이 창 3장에 기록된 그대로 대화를 주도했다고 가정하는 것은 어려울 것 같다. 뱀의 말을 포함한 대화 전체는 창 3장에 언급되지 않은 어떤 초자연적인 세력을 상정해야만 설명될 수 있다. 성경은 뱀이 사탄의 도구에 지나지 않으며, 진정한 유혹자는 사탄이라는 사실을 강력히 시사하고 있다. 뱀을 통하여 역사한 사탄이 후에는 인간과 돼지를 통해서도 역사했다(요 8:44; 롬 16:20; 고후 11:3; 계 12:9). 뱀은 사탄의 적절한 도구로서 죄를 의인화한 것이요, 죄의 교활하고 기만적인 성격과 사람을 죽이는 독침과도 같은 성격을 상징한 것이다.

3. 유혹에 의한 타락과 인간의 구원 가능성. 인간의 타락이 외부로부터 오는 유혹에 의해 이루어졌으므로, 외부의 유혹에 의해 타락한 것이 아닌 자신의 내적 본성의 유혹에 따라 타락한 천사와는 달리 인간에게는 구원의 가능성이 제시될 수 있었다는 견해가 있다. 그러나 이 점에 대해서는 아무것도 확실하게 말할 수 있는 것이 없다. 그러나 유혹의 의미가 무엇이든지 간에 아담과 같이 거룩한 존재가 어떻게 죄를 범하고 타락할 수 있는가를 설명하는 것만으로는 부족한 것이 사실이다. 유혹이 거룩한 인간 안에서 어떻게 접촉점을 발견할 수 있는가라는 문제에 대해서 우리는 알 수 없다. 더욱이 천사들의 세계에서 죄가 기원했다는 것도 설명하기 어렵다.

E. 죄의 기원에 관한 진화론적인 설명

당연한 귀결이지만 철저한 진화론은 타락의 교리를 용납하지 못한다. 많은 자유주의 신학자들은 진화론과 맞지 않는다는 이유로 타락의 교리를 거부한다. 데니, 고어, 오르와 같은 일부 보수주의 신학자들은 진화론적인 인간의 기원론을 조심스럽게 받아들이면서, 어떤 의미에서는 진화론적인 설명 안에도 인간의 타락을 인정할 수 있는 여지가 있다고 말한다. 그러나 여기서 우리가 주목해야 할 사실은 그들 모두가 한결같이 타락의 이야기를 윤리적 체험이나 고난과 죽음으로 종결된, 역사 초기의 어떤 실제적인 도덕적 파멸을 신화적으로 또는 상징적으로 표현한 것으로 받아들이고 있다는 사실이다. 아무튼 그들은 타락의 이야기를 에덴 동산에서 있었던 실제적인 역사적 사건으로 받아들이지 않는다는 것이다. 테너트(Tennant)는 「죄의 기원과 전파」(*The Origin and Propagation of Sin*)라는 제하의 헐시언 강좌(Hulsean Lectures)에서 진화론의 관점에서 죄의 기원을 상세하고 흥미있게 서술하고 있다. 그는 인간의 죄를 동물 계열의 선조로부터 끌어낼 수 없다는 사실을 분명하게 깨닫는다. 왜냐하면 동물들은 죄가 없기 때문이다. 이것은 바꾸어 말하자면, 인간이 동물로부터 물려받은 충동과 속성과 욕망과 자질이 죄라고 불릴 수 없음을 의미한다. 그의 가정에 의하면, 이와 같은 것들은 죄의 도구는 될 수 있을지언정 도덕적 인식이 인간 안에서 깨어날 때까지는 실제적인 죄가 될 수 없다. 이와 같은 자질은 양심의 소리와 윤리적 규제에 반하여 인간의 행위를 결정할 때 다른 힘에 의해 통제받는다. 그의 주장에 따르면, 인간은 발전되어감에 따라 비결정론적(자유적) 의지(indeterminate will)를 가진 윤리적인 존재가 되었다. 그러나 그는 진화의 법칙이 지배하는 곳에서 어떻게 그러한 의지가 가능한가에 대해서는 아무런 설명도 하지 않는다. 그는 다만 이 의지를 죄의 원인으로 간주하고 있을 뿐이다. 그는 죄를 "사유와 단어와 행위를 통하여 표현된 의지의 행위로서, 각 개인의 인간의 양심에 반하는 것이요, 옳고 그름에 대한 그의 관념에 반하는 것이요, 도덕법과 하나님의 뜻에 관한 그의 지식에 반하는 것이다"라고 규정한다. 인류가 발달함에 따라 윤리적 표준은 더욱더 정밀해지고 죄의 가증함은 늘어간다. 죄악된 환경이 죄로부터 벗어나는 것을 더 어렵게 한다. 이와 같은 테넌트의 견해는 일반적인 의미의 인간의 타락의 여지를 주지 않는다. 사실상 테넌트는 모든 교회의 위대한 신앙고백에서 채택되고 있는 타락의 교리를 명백히 반대하고 있다. W. H. 존슨은 이렇게 말한다. "테넌트에 대한 비평가들의 일치된 생각은 이 이론이 죄의 행위들을 구별할 뿐만 아니라, '내가 죄악 중에 출생하였으며, 사망의 법이 내 몸에 있다'고 선언하고 회개하는 마음의 부르짖음을 포용할 여지를 남겨 두지 않고 있다는 것이다."

F. 최초의 죄의 결과

인간의 최초의 범죄는 다음과 같은 결과를 초래했다.

1. 최초의 죄악에 즉각적으로 동반했기 때문에 엄격한 의미에서는 사실상 결과라고도 부를 수 없는 것은 인간 본성의 전적인 타락이다. 그의 죄는 그의 전인(全人)에 전염됨으로써 그의 본성 가운데 영향을 받지 않고 남아 있는 부분이 없게 되었다. 그리하여 인간의 몸과 영혼의 모든 권능과 기능이 손상을 입게 되었다. 성경은 이와 같은 인간의 전적 타락을 말하고 있다(창 6:5; 시 14:3; 롬 7:18). 여기서 말하는 전적인 타락은, 인간이 모든 가능성에 있어서조차 완전히 타락했음을 의미하는 것은 아니다. 의지 안에서는 이 타락이 영적인 무능력으로 나타났다.

2. 전적인 타락과 밀접하게 관련된 것은 성령을 통하여 하나님과 교제를 나누는 삶을 상

실해 버린 것이다. 이것은 전적인 부패와 동전의 앞뒷면처럼 같은 것이다. 이 두 진술을 종합해서 표현하면, 인간이 원의라는 의미의 하나님의 형상을 상실했다는 말이 된다. 그는 참된 생명과 복의 근원으로부터 단절되었으며, 그 결과로 영적인 죽음이 초래되었다(엡 2:1, 5, 12; 4:18).

3. 인간의 실제적인 조건의 이와 같은 변화는 그의 의식에 반영되어 있다. 무엇보다도 먼저 부패했다는 생각이 수치심과, 아담과 하와가 벗은 부분을 가리려는 시도를 통해 나타났다. 그 다음으로는 죄책감이 있었다. 이것은 송사하는 양심과, 그 양심의 자극을 받아 하나님을 두려워하는 마음으로 나타났다.

4. 최초의 죄로부터 영적인 죽음뿐만 아니라 육체적인 죽음까지도 초래되었다. 인간은 죽을 수 없는(*posse non mori*) 상태로부터 죽지 않을 수 없는(*non posse non mori*) 상태로 하강했다. 그는 범죄함으로써, 원래 그가 취함을 입었던 흙으로 되돌아갈 운명에 처하게 된 것이다(창 3:19). 바울은 한 사람으로 말미암아 사망이 세상에 들어왔으며(롬 5:12), 죄의 삯은 사망이라고 말한다(롬 6:23).

5. 이 변화에는 거주지의 변화가 필연적으로 초래된다. 인간은 낙원으로부터 추방되지 않으면 안 되었다. 왜냐하면 낙원은 하나님과 교제하는 장소를 표현할 뿐만 아니라, 인간이 하나님께 신실하게 순종하는 생활을 계속할 때 인간에게 베풀기로 약속한 더 충만한 생명과 복의 상징이었기 때문이다. 그는 생명나무에 접근하는 것도 금지당했다. 그 나무는 행위 언약 안에 약속된 생명의 상징이었기 때문이다.

깊 은 연 구 를 위 한 질 문

죄의 기원에 관해서 제시된 다양한 이론들은 무엇인가? 죄가 천사의 세계로부터 유래했다는 성경상의 증거는 무엇인가? 타락 설화에 대한 풍유법적 해석은 성경적인 근거가 있는 것인가? 진화론에는 타락을 인정할 만한 여지가 있는가? 하나님은 인간의 타락을 의도적으로 조장하셨는가, 아니면 다만 허용하셨는가? 개혁파 교리는 하나님을 죄의 조성자로 삼고 있는가? 인간의 영혼이 선재의 상태에서 범죄했다는 생각을 반대하는 견해로는 어떤 것들이 있는가? 일반적인 인류의 영적인 상태를 최초의 인류의 순종 또는 불순종에 근거하여 결정하는 하나님의 시도는 정당한가? 인간의 범죄가 초역사적이라는 바르트와 브루너의 주장의 의미는 무엇인가? 행위 언약의 교리가 개혁 교회 밖에서는 별로 환영받지 못하는 이유는 무엇인가? 오늘날 이 교리가 전반적으로 무시당하는 이유는 무엇인가? 이 교리를 계속해서 강조하는 것이 중요한 이유는 무엇인가?

II
죄의 본질적 특성

죄는 인간의 삶 중 가장 슬프고 보편적인 현상들 중 하나다. 죄는 인류의 공통된 경험의 일부이다. 그러므로 죄는 인간의 삶의 현실을 의도적으로 외면하지 않는 모든 자들의 주목을 받지 않을 수 없다. 어떤 이들은 잠시 동안이나마 인간이 본질적으로 선하다는 환상을 품고, 선한 사회의 윤리적인 표준에 도달하지 못한 개별적인 말과 행위는 단순한 결점과 약점에 불과한 것으로서 인간이 그것들에 대해 책임질 필요는 없으며, 교정 수단을 사용하면 언제든지 고칠 수 있는 것들이라고 말한다. 그러나 시간이 지남에 따라 모든 외적인 개혁의 수단들이 모두 실패하고 나면, 그리고 한 가지 악을 눌러도 또다른 악이 솟아오르는 현실을 경험하고 나면 그들은 마침내 좌절하고 만다. 그들은 마침내 자신들이 싸워온 대상이 깊은 질병의 어떤 증후들에 지나지 않는다는 사실을 깨닫고, 자신들이 직면하고 있는 죄의 문제가 단순한 개별적인 행위로서의 죄에 국한된 것이 아니라 훨씬 더 크고 깊은 차원의 문제, 곧 인간의 본성에 내재한 악의 문제라는 결론에 도달한다. 이것이 바로 이 장에서 다루고자 하는 문제이다.

현재의 많은 현대주의자들은 인간의 본래적인 선함을 가르친 바 있는 루소의 원리가 계몽주의 시대의 가장 해로운 가르침 가운데 하나였다는 사실에 의견의 일치를 보고 있다. 그들은 지금 죄 문제를 좀 더 현실주의적으로 볼 것을 요구하고 있다. 그리하여 월터 호턴은 현실주의적 신학을 제창하면서 일부 마르크스주의의 원리들을 받아들일 것을 요청하고 있다. 그는 이렇게 말한다. "정통주의 기독교는 전인류의 곤경에 대한 심원한 통찰을 제시한다고 생각한다. 인류가 직면한 기본적인 어려움은 의지의 왜곡, 곧 거룩한 신뢰를 배반함이다. 이것이 곧 죄다. 어떤 의미에서 죄는 한 세대에서 다음 세대로 유전될 수 있는 근본적인 질병이다. 이 같은 사실들을 확증하기 위해서 교부들과 개혁주의 신학자들은 현실주의자의 입장에서 말했으며, 자신들의 견해를 입증하기 위해 많은 경험적 증거들을 수집할 수 있었다." 죄란 현실적인 것이며, 이 세상에서 사는 동안 아무도 피할 수 없다는 사실에 비추어 볼 때, 신학자들뿐만 아니라 철학자들도 죄 문제를 붙들고 싸웠다는 사실은 조금도 이상하지 않다. 물론 철학에서는 죄의 문제라기보다는 악의 문제라는 형태로 논의되고 있다. 성경의 죄관을 말하기 전에 먼저 중요한 철학적인 죄 이론들을 간략히 개관해보자.

A. 악의 본질에 관한 철학적인 이론들

1. 이원론. 이것은 그리스 철학에서 통용되던 견해들 중 하나다. 이 이론은 영지주의라는 이름으로 초대 교회에 들어왔다. 이 견해는 영원한 악의 원리의 존재를 가정하면서 인간 안에서 영은 선의 원리를 대표하고, 몸은 악의 원리를 대표한다고 주장한다. 이 이론을 비판할 수 있는 관점이 몇 가지 있다. ① 영원한 동시에 하나님의 뜻으로부터 독립된 무엇이 하나님 밖에 있다는 생각은 철학적으로 불가능한 원리다. ② 이 이론은 죄를 순전히 물리적이고 인간의 의지와는 무관한 어떤 것으로 만듦으로써 죄의 윤리성을 박탈하며 그로써 죄라는 개념 자체를 파괴한다. ③ 또한 죄를 물리적 필연성으로 표현함으로써 죄에 대한 인간의 책임을 말살시킨다. 이 이론에 따르면, 죄로부터 벗어날 수 있는 유일한 방법은 몸을 벗어나는 것뿐이다.

2. 죄는 단순히 결여의 문제라는 이론. 라이프니츠에 의하면 현존의 세계는 가능한 최선의 세계다. 그 안에 죄가 존재하는 것은 불가피하다. 죄의 원인이 하나님이라고 볼 수는 없다. 그러므로 그것은 단순한 부정이나 결여로 보아야 한다. 죄에 대해 어떤 유효한 원인을 상정할 필요는 없다. 피조물은 유한한 존재이므로 죄는 불가피하다. 이 이론에서 죄는 필요악이 된다. 왜냐하면 피조물은 필연적으로 유한한 존재요, 죄는 이같은 유한성의 불가피한 결과이기 때문이다. 하나님을 죄의 원인으로 만들지 않으려는 이 이론의 시도는 성공할 수 없다. 왜냐하면 죄가 어떤 유효한 원인도 요구하지 않는 단순한 부정이라고 할지라도 하나님은 여전히 인간의 유한성의 원인이기 때문이다. 더욱이 이 이론은 도덕적 악과 육체적 악을 구별하지 않는다. 죄를 인간에게 임한 하나의 불행에 지나지 않는 것으로 보기 때문이다. 결과적으로 이 이론은 악과 죄의 부패에 대한 인간의 의식을 약화시킴으로써 죄 의식을 파괴하고 인간의 도덕적 책임을 박탈해 간다.

3. 죄는 하나의 환상에 지나지 않는다는 이론. 라이프니츠와 마찬가지로 스피노자도 죄를 단순한 하나의 결함이요, 인간이 의식하는 한계로 여겼다. 그러나 라이프니츠가 이 같은 한계로부터 일어나는 악의 개념을 필연적인 것으로 본 반면, 스피노자는 그

결과로서 나타나는 죄에 대한 인식은 모든 것을 하나님의 영원한 관점 아래서(*sub specie aeternitatis*) 보지 못하는 인간의 지식의 불충분성을 보여줄 뿐이라고 주장한다. 인간의 지식이 충분하여 하나님 안에서 모든 것을 볼 수 있게 되면, 그에게는 죄 의식이 없어진다. 그에게 죄란 비실존에 지나지 않는 것이다. 그러나 이 이론은 죄를 순전히 부정적인 어떤 것으로 나타냄으로써, 인류의 보편적 경험이 가장 확신을 가지고 증거하는 죄의 가공할 만한 적극적인 결과들을 설명하지 못한다. 이 이론을 철저하게 전개하게 되면, 모든 윤리적 구분이 철폐되며, "도덕적 성품", "도덕적 행위" 등과 같은 개념은 무의미한 문구들로 전락하고 만다. 사실상 이 이론은 인간의 삶 전체를 하나의 환상으로 전락시킨다. 왜냐하면 인간의 지식, 경험, 양심의 증거 등이 모두 충분하지 못한 것에 지나지 않는 것이 되고 말기 때문이다. 뿐만 아니라, 이 이론은 가장 위대한 지성이 종종 가장 큰 죄인일 때가 있고 사탄은 모든 존재들 가운데 가장 큰 존재라는 인류의 경험과도 상반된다.

4. 죄는 인간의 감각적 본성으로 인한 신(神) 의식의 결여라는 이론. 이 이론은 슐라이어마허의 견해다. 그는 인간의 죄 의식은 그의 신 의식에 의존한다고 말한다. 인간 안에서 신 의식이 싹트면, 그는 그 즉시 그의 하등한 본성이 그것에 반항하는 것을 의식한다. 이 같은 반항은 그의 존재의 구성 곧 그의 감각적 본성 또는 영혼의 육체적 기관과의 관계로부터 일어난다. 그러므로 이것은 생득적(生得的)인 불완전함으로서, 인간은 이를 죄와 죄책으로 경험한다. 그렇다고 해서 하나님이 죄의 원인이라는 말은 아니다. 단지 인간이 이를 죄라고 잘못 인식하는 것뿐이다. 죄는 객관적으로 실존하는 것이 아니라, 단지 인간의 의식 안에 있는 것이다. 그러나 이 이론은 인간을 체질적으로 악한 존재로 만든다. 악은 인간이 원초적 상태였을 때도 이미 나타났다. 왜냐하면 신 의식은 그 당시에도 인간의 감각적 본성을 통제할 만큼 강하지 못했기 때문이다. 인간이 이 악을 죄라고 그릇 판단했다고 주장하면서 죄와 죄책을 순전히 주관적인 것으로 만드는 이 이론은 성경과 철저히 반대되는 것이다. 슐라이어마허는 이 같은 결론을 피하고자 했으나, 하나님을 죄의 원인으로 만드는 결과가 나왔다. 왜냐하면 하나님이 인간의 감각적 본성을 만드신 자가 되기 때문이다. 이 이론은 사실을 충분히 파악하지 못한 귀납법적 추론에 근거하고 있다. 그 이유는 이 이론이 탐심, 질투, 교만, 중상 등과 같은 인간의 가증한 많은 죄악이 그의 육체적 본성이 아닌 영적 본성에 속한 것이라는 사실을 고려하지 않기 때문이다. 더욱이 금욕주의는 감각적 본성을 약화시킴으로써 필연적으로 죄의 힘을 약화시킬 수 있으며, 인간은 나이가 많아져서 감각이 약해

지면 덜 죄악된 존재로 바뀔 수 있으며, 유일한 구원자는 죽음이며, 악마 자신을 포함한 해체된 영혼들은 죄가 없다는 매우 엉뚱한 결론에 이르게 된다.

5. 죄란 무지로 인한 하나님에 대한 신뢰의 결여 또는 하나님 나라에 대한 반역이라는 이론. 슐라이어마허와 마찬가지로 리츨도 죄를 인간의 의식이라는 관점에서만 이해해야 한다는 사실을 강조했다. 기독교의 빛 밖에 있는 자, 구속의 경험을 여전히 반대하는 자들에게는 죄에 관한 지식이 없다. 하나님의 구속 사역의 영향을 받아, 인간은 자신에게 하나님에 대한 신뢰가 결여되어 있다는 사실과 최고선으로서의 하나님 나라를 반대한다는 사실을 의식하게 된다. 죄는 하나님의 율법에 대한 인간의 태도에 의해 결정되지 않고, 나라를 설립하려는 하나님의 목적과 어떤 관계를 맺는지에 따라 결정된다. 인간은 하나님의 목적을 자신의 목적으로 만드는 일에 실패한 것을 자신의 죄책으로 돌리고 있으나 하나님은 그것을 단지 무지의 소치로 돌리실 뿐이다. 그것은 무지에 지나지 않으므로 용서받을 수 있는 것이다. 이와 같은 리츨의 견해는 아는 것이 덕이라는 그리스의 격언을 연상시킨다. 이 견해는 죄는 무엇보다도 하나님의 율법을 어기는 것이요, 따라서 인간을 하나님 앞에 죄에 대한 책임이 있는 자, 마땅히 저주를 받을 자로 간주하는 성경의 입장과 완전히 배치된다. 더욱이 죄는 무지라는 생각은 기독교인의 경험과도 배치된다. 죄 의식이라는 짐을 진 자는 그렇게 생각하지 않는다. 기독교인은 무지한 가운데 범한 죄를 용서받았다는 사실뿐만 아니라, 성령을 모독하는 죄를 제외한 다른 모든 죄들을 용서받았다는 사실에 대해서도 또한 감사하는 것이다.

6. 죄는 이기심이라는 이론. 뮐러와 스트롱이 이 견해를 취한다. 이 입장을 취하는 어떤 학자들은 이기심을 단순히 이타주의 또는 인애에 반대되는 것으로 생각하기도 한다. 또 어떤 이들은 그것을 가장 사랑할 대상으로 하나님이 아닌 자아를 선택한 것을 의미한다고 생각한다. 이 이론은 특별히 이기심을, 하나님의 자리에 자아를 대치시킨 것으로 생각했다는 점에서 지금까지 열거한 이론들 중 가장 낫다고 할 수 있다. 그러나 이 이론 또한 완전히 만족스러운 이론은 아니다. 모든 이기심이 죄이며, 모든 죄 안에는 이기심이 내포되어 있지만, 이기심이 죄의 본질이라고 볼 수는 없다. 죄는 하나님의 율법과의 관계에서 볼 때에만 바르게 정의될 수 있다. 그런데 지금까지 고찰한 이론들에는 이 같은 생각이 결여되어 있다. 더욱이 많은 죄 안에는 이기심이 결코 지배적인 원리가 되지 않는 경우가 있다. 가난에 시달린 아버지가 아내와 자식들이 먹을 것이 없어서 수척해져 있는 광경을 보고 그들을 구하고자 하는 일념으로 도둑질을 감행했을 때, 이 행위를 순전한 이기심으로만 볼 수는 없다. 이 경우에는 자기라는 관념

이 전혀 결여되어 있다고 해도 과언이 아니다. 하나님에 대한 증오심, 완악한 마음, 불신앙 등도 모두 혐오스러운 죄악들이다. 그러나 이것들은 이기심이라고 할 수 없다. 사욕이 없는 것이나 인애함이 덕의 전부라는 견해는 이 이론의 필연적인 결과인 것처럼 보이지만, 적어도 어느 한 형식에 있어서는 반드시 그렇지만은 않다. 어떤 행위의 실천이 우리의 본성의 어떤 요구를 충족시키고 만족시킨다고 해서 그 행위를 덕이라고 단정할 수는 없다. 더욱이 정의, 신뢰, 겸손, 참음, 인내, 그리고 기타 덕들은 인애의 한 형식으로서 뿐만 아니라 생득적으로 탁월한 덕으로서, 그리고 다른 사람의 행복의 증진을 위해서 뿐만 아니라 그들 자신을 위해서 계발될 수도 실천될 수도 있다.

7. 죄는 인간 본성의 하등한 성향이 점진적으로 발전하는 도덕 의식과 대립하는 것을 의미한다는 이론. 앞 장에서 지적한 것처럼 이 이론은 테넌트가 헐시언 강좌에서 발전시킨 이론이다. 이 이론은 진화론을 기반으로 구성한 죄론이다. 동물적인 단계에서 유래한 자연적 충동과 생득적인 자질은 죄의 실체를 형성한다. 그러나 그것들이 점차 깨어나는 인류의 도덕 의식과 비교될 때 그것이 실제로 죄가 된다. 맥도웰(McDowell)과 피스크(Fiske)의 이론도 이와 같은 흐름 안에 있다. 테넌트가 제시한 이론은 성경적인 인간관과 진화론적 인간관의 중간 입장에서, 전자로 기울어졌다가 후자로 기울어졌다가 한다. 그의 이론의 전제는, 인간은 도덕 의식이 깨어나기 전에 이미 자유 의지를 가지고 있기 때문에 도덕적 이상 앞에 섰을 때 선택을 할 수 있다는 것이다. 그러나 그는 진화의 과정에서 자유롭고 불확정한 의지가 생성되는 과정에 대해서는 아무런 설명도 하지 않는다. 이 이론은 죄를 도덕법을 어기는 것에 한정시킨다. 도덕적 이상에 대한 인식이 뚜렷한 인간이 도덕법을 어기게 되면, 양심에 의해 악으로 정죄받는다. 사실상 이 이론은 진화론에 구(舊)펠라기우스주의의 죄 개념을 접목시킨 것에 지나지 않는 것으로서, 펠라기우스주의가 직면했던 모든 비판을 그대로 받을 수밖에 없다.

이 모든 이론들이 안고 있는 근본적인 결점은, 죄가 본질적으로 하나님으로부터 분리되고, 하나님과 반대되는 것이며, 하나님의 법을 어기는 것이라는 점을 고려하지 않고 죄를 정의하려고 했다는 점이다. 죄는 언제나 인간과 하나님의 관계 및 인간과 도덕법에 나타난 하나님의 뜻과의 관계 안에서 정의되어야 한다.

B. 성경적 죄 개념

1. 죄는 악의 구체적인 형식이다. 오늘날 악에 대해서는 많이 이야기하지만, 상대적으로 죄에 대해서는 거의 말하지 않는다. 이것은 잘못된 현상이다. 모든 악이 죄는 아니다. 죄는 물리적인 악, 곧 어떤 해로운 것 또는 재난 등과 혼동되어서는 안 된다. 죄 뿐만 아니라 질병도 악이라고 말할 수 있다. 그러나 이때 "악"이라는 단어는 두 가지 전혀 상반된 의미로 사용된다. 물리적인 영역 위에 윤리적인 영역이 있으며, 선과 악의 비교는 윤리적인 영역에 적용되는 것이다. 동시에 우리는 이 영역 안에서만 죄를 말할 수 있다. 심지어는 이 영역에 있어서도 "죄"를 아무런 조건 없이 "악"으로 대치할 수는 없다. 왜냐하면 죄는 악보다 구체적인 개념이기 때문이다. 죄는 도덕적 악이다. 성경에서 죄를 지칭하는 데 사용된 대부분의 명칭은 윤리적인 의미를 가진다.

하타드는 과녁을 맞추지 못하고 정도에서 이탈한 행위를 가리킨다. 아벨과 아본은 정직과 바름이 결여된 것, 정해진 길에서 떠난 것을 말한다. 페샤는 올바른 권위에 복종하기를 거부하거나 거역하는 것, 율법을 적극적으로 범한 것, 언약을 깨뜨린 것을 의미한다. 레샤는 악하고 죄악된 마음으로 율법을 떠난 것을 말한다. 더욱이 아샴은 죄책을, 마알은 불성실함과 반역을, 아벤은 허무함을, 아바는 본성의 왜곡과 뒤틀림을 의미한다. 이에 상응하는 헬라어들, 예컨대 하마르티아, 아디키아, 파라바시스, 파라프토마, 아노미아, 파라노미아 등도 같은 개념을 가리킨다.

이 같은 단어들이 사용된 용례들과 성경이 죄에 대하여 말하는 방식을 보게 되면, 죄가 윤리적 성격을 띠고 있음을 명확하게 알 수 있다. 죄는 불시에 인간에게 덮쳐서 인간의 삶에 독을 주고 그의 행복을 파멸로 이끈 재난이 아니라, 인간이 의도적으로 따르기로 선택한 악한 길이요 미증유의 재난을 동반한 길이다. 근본적으로 죄는 우리가 책임을 질 수 없는 연약성, 실수, 불완전성과 같은 수동적인 어떤 것이 아니라, 하나님을 적극적으로 반대하는 것이요 그의 율법을 적극적으로 범하는 것으로서 소위 죄책(guilt)이라고 불리는 것이다. 죄는 인간의 자유롭지만 악한 선택이다. 이것이 하나님의 말씀이 가르치는 평범한 진리이다(창 3:1-6; 사 48:8; 롬 1:18-32; 요일 3:4). 진화론의 철학을 구약 연구에 적용한 일부 학자들은 윤리적 죄의 개념이 비로소 발전된 것은 선지자 시대에 이르러서였다고 말한다. 그러나 이 견해는 성경의 앞부분의 책들이 죄에 대하여 말하는 것과 상치(相値)된다.

2. 죄는 절대성을 갖는다. 윤리적인 범주에서 선과 악의 대비는 절대적이다. 선과

악 사이에 중립 지대는 없다. 각각의 영역 안에서 정도의 차이는 있을 수 있으나 선과 악을 가로지르는 계단은 없다. 그 둘 사이의 전이(轉移)는 양적이라기보다는 질적인 성격을 갖는다. 선한 도덕적 존재는 단순히 자신의 선을 축소시킴으로써 악하게 되는 것이 아니라 근본적인 질적인 변화, 곧 죄로 향함으로써 악하게 되는 것이다. 죄는 선의 정도가 적은 것을 말하는 것이 아니라 적극적인 악을 말한다. 성경은 이 사실을 분명히 가르친다. 하나님을 사랑하지 않는 자는 그 행위에 의하여 악으로 규정된다. 성경은 어떤 형태의 중립성도 말하지 않는다. 성경은 악인에게 의로 돌이킬 것을 강요하며, 때로는 의인이 악으로 떨어진다고 말하기도 한다. 그러나 성경은 의인이든 악인이든 어떤 중립적 위치에 있다고는 전혀 말하지 않는다. 인간은 옳은 편에 서든지 그릇된 편에 서든지 둘 중 선택하지 않으면 안 된다(마 10:32, 33; 12:30; 눅 11:23; 약 2:10).

3. 죄는 언제나 하나님과 하나님의 뜻과 관련되어 있다. 옛날의 교의신학자들은 하나님과 그의 뜻과의 관계를 생각하지 않고는 죄에 대한 바른 관념을 가질 수 없다는 사실을 깨달았다. 따라서 그들은 이 양상을 강조하면서 죄란 "하나님의 율법에 이르지 못하는 것"이라고 말했다. 이것이 의심할 여지 없이 죄에 대한 바른 공식적 정의인 것은 물론이다. 그러나 여기서 다음과 같은 의문이 일어난다. 도대체 율법의 구체적인 내용은 무엇인가? 율법이 요구하는 것은 무엇인가? 이 질문에 대해서 바른 답변을 발견할 수 있다면, 죄의 구체적인 실질적 내용을 결정할 수 있을 것이다. 한 가지 의심할 수 없는 사실은, 가장 중심적인 율법의 요구는 하나님을 사랑하는 것을 의미한다는 사실이다. 실질적인 관점에서 도덕적 선이 하나님을 사랑하는 것을 의미하는 것이라면, 도덕적 악은 그 반대의 의미를 갖는다. 악은 하나님으로부터 분리되는 것이요, 하나님에 반대되는 것이며, 하나님을 미워하는 것이다. 이것은 생각과 말과 행동을 통해 하나님의 율법을 끊임없이 범하는 것으로 나타난다. 다음과 같은 본문은 성경이 죄를 하나님과 그의 율법 – 마음판에 기록한 것이든 아니면 모세가 기록한 것이든 – 과의 관계 안에서 생각하고 있음을 보여준다(롬 1:32; 2:12-14; 4:15; 약 2:9; 요일 3:4).

4. 죄는 죄책과 부패를 포함한다. 죄책(guilt)은 율법 또는 도덕적 요구를 어긴 행위에 대해서 처벌 또는 정죄를 받게 되는 상태를 말한다. 이는 죄가 정의 또는 율법의 형벌을 초래하는 관계를 표현한다. 그러나 그렇게 이해하는 경우에도 이 단어의 의미는 이중적이다. 그것은 죄인의 생득적인 자질 곧 그의 결점, 죄성 등을 가리키는 것으로서, 그를 처벌하기에 합당한 것이다. 댑니는 이를 "잠재적 죄책"(potential guilt)이라고 불렀다. 이것은 죄로부터 분리될 수 없으며, 개인적으로 죄인이 아닌 사람에게서는 찾을

수 없으며, 영구적인 것으로서, 일단 성립되면 용서에 의하여 제거될 수 없는 것이다. 그러나 그것은 또한 댑니가 말한 바와 같이, 정의를 충족시켜 주고 죄의 값을 지불해 주는 의무, 곧 "실제적 죄책"(actual guilt)을 가리킬 수도 있다. 죄책은 인간 안에 생득적으로 존재하는 것이 아니라, 율법 수여자가 법적으로 제정한 것이다. 죄책에 대한 형량을 정하는 것 역시 율법 수여자이다. 죄책은 율법의 정당한 요구를 직접 또는 대속적으로 충족시켜 줌으로써 제거된다. 많은 사람들이 죄는 죄책을 포함한다는 견해를 부인하나, 이는 죄에 대해서 처벌이 뒤따를 것을 경고하는 현실적 상황과 부합되지 않으며, 성경의 평범한 진술과도 어긋난다(마 6:12; 롬 3:19; 5:18; 엡 2:3).

부패(pollution)는 모든 신자에게 생득적으로 임하는 것이다. 이것은 모든 개인의 삶에 나타나는 현실이다. 부패는 죄책이 없이는 생각할 수 없다. 그러나 법적인 관계 안에 포함되어 있는 죄책은 직접적인 부패 없이도 생각할 수 있다. 그러나 죄책에는 항상 부패가 따른다. 아담 안에서 죄책을 진 자는 결과적으로 부패한 본성을 가지고 태어난다. 다음과 같은 구절들이 죄의 부패를 단적으로 드러낸다(욥 14:4; 렘 17:9; 마 7:15-20; 롬 8:5-8; 엡 4:17-19).

5. 죄는 마음 속에 거한다. 죄는 혼의 어느 한 기관에 거하는 것이 아니라 마음에 거한다. 성서 심리학은 마음이 영혼의 중심적 기관으로서, 여기서 인간의 삶이 시작된다고 말한다. 죄는 이 중심으로부터 나와서 지성, 의지, 감성, 나아가서는 육체를 포함하는 전인(全人)에게 영향을 미치고 작용한다. 죄의 상태에 있는 전인은 하나님의 불쾌함의 대상이다. 죄는 인간의 의지에 기원하지만 의지는 인간의 의지적인 본성 또는 의지적인 행위를 가리키지 않는다는 말은 나름대로 일리가 있다. 죄가 세상에 들어왔을 때, 실제적인 의지의 밑바닥에는 마음의 성향이 이미 자리잡고 있었다. 이 견해는 다음과 같은 성경 본문에 완전히 부합한다(잠 4:23; 렘 17:9 : 마 15:19, 20; 눅 6:45; 히 3:12).

6. 죄는 단순히 외적인 행위만을 가리키지 않는다. 죄는 겉으로 드러나는 행위만을 가리키는 것이 아니라 죄악된 습관과 영혼의 죄악된 상태까지도 가리킨다. 이 세 가지는 다음과 같은 방법으로 서로 관련되어 있다. 죄악된 상태는 죄악된 습관의 기초가 되고, 이것들은 다시 죄악된 행위로 나타난다. 그러나 거듭되는 죄의 행위는 죄악된 관습을 낳는다는 말도 또한 사실이다. 인간의 죄악된 행위와 성벽은 부패한 본성 안에서 언급되고 설명된다. 앞 문단에서 열거한 본문들이 이 견해를 지지한다. 그 이유는 그 본문들은 인간의 상태와 조건이 철저하게 죄악된 것임을 명백히 입증하고 있기 때문이다. 자연인의 생각과 감정이 "육신적"인 것으로 불릴 수 있으며 동시에 죄가 되는

가에 대해서는 마 5:22, 28; 롬 7:7; 갈 5:17, 24 등을 참고하라. 결론적으로 말해서, 죄는 행위와 성벽(기질)과 상태에 있어서 하나님의 도덕법에 순응하지 못한 것이라고 말할 수 있을 것이다.

C. 펠라기우스주의의 죄관

펠라기우스주의 죄관은 이상에서 말한 것과는 판이한 모습을 띤다. 단 한 가지 유사한 점이 있다면 그것은 펠라기우스주의자들도 죄를 하나님의 율법과의 관계 안에서 보고 있으며, 율법을 범한 것으로 보고 있다는 점이다. 그러나 모든 다른 특별한 세부 사항에 있어서는 성경 및 아우구스티누스주의의 개념과 판이하게 다른 양상을 보여준다.

1. 펠라기우스주의의 죄관의 서술. 펠라기우스는 인간의 자연적 능력에서 이론의 출발점을 찾는다. 그의 근본적 전제는 하나님이 인간에게 선한 일을 하도록 명령하셨다는 것이다. 이 말은 곧 인간에게 선한 일을 할 수 있는 능력이 있음을 의미한다. 이 말은 또한 인간에게 절대적인 의미의 자유가 있음을 의미한다. 따라서 그는 선한 것에 대해서 긍정적으로 결단할 수도, 부정적으로 결단할 수도 있다. 인간은 악을 행할 수도, 선을 행할 수도 있다는 것이다. 이 결단은 인간 안에 있는 어떤 도덕적인 성품에 따라 이루어지는 것이 아니다. 왜냐하면 의지는 완전하게 비결정적인 것이기 때문이다. 한 인간이 선을 행하느냐 아니면 악을 행하느냐는 것은 순전히 그의 자유롭고 독립된 의지에 달려 있다. 그러므로 여기서 도출되는 결론은 개인의 도덕적 발전이라는 것은 있을 수 없다는 것이다. 선과 악은 인간의 개별적인 행위 안에 자리한다. 이 같은 기본 전제에서 죄에 관한 펠라기우스의 교리적 가르침이 자연스럽게 나온다. 죄는 개별적인 의지의 행위만을 의미한다. 죄악된 본성이라든지 죄악된 성품 따위는 존재하지 않는다. 죄는 완전히 자유로운 의지에 의하여 의도적으로 악을 선택하는 것이다. 선을 선택하고 따르는 것도 마찬가지다.

그러나 이 입장에 따르면, 아담은 적극적인 거룩함의 상태로 창조된 것이 아니라 도덕적인 중립의 상태로 창조되었다는 결론에 이르게 된다. 아담의 상태는 도덕적 성품을 가지고 있지 않았다. 그러나 그는 악의 길을 선택함으로써 죄인이 되었다. 죄가 개별적인 의지의 행위를 의미하는 것으로 인식되는 한, 생식(출산)에 의하여 죄가 전이된다는 개념은 무의미한 것이 된다. 죄악된 성품은, 만일 그런 것이 존재한다면, 아버지에게서 아들에게로 전이될 수 있겠으나 죄의 행위는 전이되지 않는다. 성격상 이같은 일은 일어날 수 없다. 아담은 최초의 죄인이었다. 그러나 그의 죄는 어떤 의미에서도 후손들에게 전이되지 않았다. 원죄라는 것은 없다. 어린 아이들은 중립의 상태에서 태어난다. 그들 주위를 둘러싼 악한 보기들에 의해 불리한 입장에 있는 무리들을 제외하고는 아담이 시작했던 것과 같은 입장에서 시작하는 것이다. 그들의 길은 그들 자신의 선택에 좌우된다. 죄의 보편성은 모든 경험적 증거에 의해서 인정된다. 죄가 보편화되는 것은 그들이 죄를 모방하기 때문이며, 습관적으로 죄에 빠지기 때문이다. 엄격히 말한다면, 펠라기우스주의에 의거하면, 죄인이란 없으며, 단지 개별적인 죄의 행위만이 있을 수 있을 뿐이다. 여기서 인류의 종교사는 전적으로 불가능한 개념이 되고 만다.

2. 펠라기우스주의의 죄관에 대한 반론. 펠라기우스주의의 죄관에 대해서는 몇 가지 심각한 반론이 제기될 수 있는데, 그 가운데 중요한 것을 열거해 보면 다음과 같다.

(1) 인간은 오직 자신이 할 수 있는 일에 대해서만 책임을 진다는 기본적인 전제는 양심과 하나님의 말씀의 증거에 완전히 모순된다. 인간이 죄를 많이 범하면 범할수록 선을 행하는 능력이 쇠퇴하는 것은 부인할 수 없는 사실이다. 그는 더욱더 크게 죄의 노예가 되어간다. 펠라기우스의 이론에 의하면, 이것은 인간의 책임이 감소되어가는 것을 의미한다. 그러나 이 말은 죄 그 자체가 죄에 대한 책임을 면제해 줌으로써 죄의 희생자들을 점차적으로 구원한다는 말과 다를 바 없다. 죄가 많으면 많을수록 그의 책임은 줄어든다. 양심은 이 같은 입장에 반대한다. 바울은 롬 1:18-32에 묘사된 완고한 죄인들은 사실상 책임이 없는 자들이라고 말하지 않고 마땅히 죽어야 할 자들이라고 말한다. 예수님은 자유를 자랑하는 사악한 유대인들에 대해 말한다. 그들은 예수님을 죽이려고 시도함으로써 자신들의 사악성을 드러냈으며, 자신들이 죄의 노예임을 입증했다. 그들은 예수님의 말씀을 이해하지 못했다 그 이유는 그들이 그의 말을 듣지 않고 죄 가운데 죽게 되어 있었기 때문이다(요 8:21, 22, 34, 43). 그들은 죄의 종이었으나 그래도 책임은 지니고 있었다.

(2) 인간이 본성적으로 도덕적인 존재로 창조되었다는 사실을 부인하게 되면, 인간은 동물의 수준으로 떨어진다. 펠라기우스의 견해에 의하면, 의식적인 의지의 선택이 아닌 인간의 삶 속에 나타나는 모든 행위는 도덕적 성격을 박탈당한다. 그러나 인간의 의식 일반은 선과 악의 비교가 인간의 성벽·욕망·기분·감정에 적용되고 이 같은 것들은 모두 도덕적 성격을 갖는다는 사실을 증거한다. 펠라기우스주의에서 죄와 덕은 인

간에게 덧붙여진 표피적인 부가물에 지나지 않으며, 인간의 내적 본성과 아무런 상관도 없는 것이 되고 만다. 다음과 같은 성경의 본문은 분명히 이와는 다른 견해를 제시한다: 렘 17:9; 시 51:6, 10; 마 15:19; 약 4:1, 2.

(3) 인간의 성품에 의해서 결정되지 않는 의지의 선택은 심리학적으로 불가능할 뿐만 아니라 윤리적으로도 무가치하다. 인간의 선행이 우연히 발생한 것이라면, 그리하여 인간이 악을 행할 때에도 그 행위에 대하여 아무런 설명도 할 수 없는 것이 사실이라면, 간단히 말해서 인간의 행위가 그의 성품의 표현이 아니라면, 그것은 도덕적 가치를 상실하고 만다. 어떤 행위가 거기에 부합하는 도덕적 가치를 갖기 위해서는 성품에서 그 원인을 찾을 수 있어야 한다.

(4) 펠라기우스의 이론은 죄의 보편성을 만족스럽게 설명하지 못한다. 부모와 조부모의 악한 행위도 진정한 설명이 될 수 없다. 악하게 행동하는 본보기를 보고서야 비로소 인간은 범죄할 수 있다는 추상적인 개념으로는 모든 인류가 실제로 범죄한 이유를 설명하지 못한다. 의지가 한결같이 죄의 방향으로만 향하고 결코 그 반대 방향으로 향하지 않는 이유를 어떻게 설명할 수 있는가? 죄를 범하는 일반적인 성향에 근거하여 설명하는 것이 더 자연스럽다.

D. 로마 가톨릭의 죄관

트렌트 공의회의 규범들과 법령들이 죄론에 대해서 다소 애매모호한 입장을 취하는 것이 사실이지만, 로마 가톨릭의 지배적인 죄관은 다음과 같이 표현할 수 있을 것이다: 실제적인 죄는 의식적인 의지의 행위에 있다. 하나님의 의지에 부합하지 않는 성벽과 습관이 죄의 성격을 가지고 있는 것은 사실이지만, 그것들은 엄격한 의미에서 죄라고 부를 수는 없는 것이다. 죄의 이면에 자리 잡은 정욕(concupiscence)은 낙원에 있던 인류를 지배했으며, 원의라는 첨가된 은사(donum superadditum)의 상실을 초래했다. 그러나 그 정욕은 죄라고 부를 수 있는 것은 아니고, 단지 죄의 연료라고 할 수 있는 것이다. 아담의 후손들의 죄악성은 일종의 부정적인 상태로서, 원래부터 있어야 할 것 곧 원의의 결핍을 말하는 것으로, 이는 인간의 본성에 속한 것은 아니다. 어떤 본질적인 것의 결여는, 일부 학자들이 주장하는 것처럼, 자연적 의가 상실될 때뿐이다.

이 견해에 대해서는 펠라기우스의 이론에 대하여 제기된 반론들이 그대로 적용될 수 있을 것이다. 그 반론들을 다시 한 번 되새겨 보는 것만으로 충분하다. 죄가 의지의 의도적인 선택과 외적 행위에 있다고 주장한다는 점에서 볼 때, 펠라기우스주의에 대해 제기되었던 반론을 그대로 적용할 수 있을 것이다. 원의가 인간의 자연적 본성에 첨가된 것이요 원의의 상실이 인간의 본성의 훼손을 의미하는 것은 아니라는 말은, 인간 안에 나타난 하나님의 형상에 관하여 논의할 때 이미 지적된 것처럼, 비성경적인 개념이다. 성경에 따르면, 정욕은 실제적인 죄요, 많은 죄악된 행위들의 뿌리이다. 성경적인 죄관을 고찰할 때 이미 이 점은 충분히 다루었다.

깊은 연구를 위한 질문

철학은 죄의 기원을 해명하는 일에 성공했는가? 성경은 죄가 원래부터 윤리적인 자질을 지니고 있지 않다는 견해를 제시하고 있는가? 죄는 단순한 결핍에 지나지 않는다는 견해에 대해서는 어떻게 생각하는가? 죄를 하나의 실체라고 보는 것은 타당한 생각인가? 이 견해를 주장한 자는 누구인가? 이 죄는 죄인과 상관없이 존재하는가? 죄는 언제나 하나님의 율법에 의해 판단해야 한다는 생각에 대해서는 어떻게 생각하는가? 바울이 인간의 죄악된 본성을 가리킬 때 "죄의 몸"이라든지 "육신"이라는 단어를 사용하는 것은 고대 그리스의 이원론을 옹호하기 때문인가? '죄'라는 말 대신에 '악'라는 말을 사용하는 현대의 경향은 추천할 만한 것인가? 죄에 대한 사회적 해석이 의미하는 바는 무엇인가? 이 해석은 죄의 근본적인 성격을 바르게 파악한 것인가?

III
죄의 전이

성경과 경험은 죄가 보편적인 현상임을 증거한다. 성경은 죄의 보편성을 아담의 타락을 통해 설명한다. 이제 두 가지 초점, 곧 죄의 보편성, 그리고 아담의 타락과 인류와의 상관관계에 주목할 차례다. 죄의 보편성에 대해서는 별반 이론(異論)이 없으나, 아담의 죄와 후손의 죄의 관계에 대해서는 다른 견해가 제시되었다.

A. 역사적 개관

1. 종교개혁 이전. 변증가들의 글에는 원죄에 관한 사상이 뚜렷하게 나타나 있지 않으나 이레네우스와 테르툴리아누스의 글에는 인간의 죄악된 상황이 아담의 타락의 결과라는 견해가 명료하게 나타나 있다. 그러나 아담의 죄가 후손에게 전가(imputation)된다는 교리는 그들에게도 생소한 것이었다. 테르툴리아누스는 실재론적 인류관을 가지고 있었다. 온 인류는 잠재적으로 그리고 수적으로 아담 안에 현존해 있었다. 그러므로 아담이 범죄했을 때 그들도 범죄했으며, 아담이 부패했을 때 그들도 부패했다. 인간의 전체적인 본성이 아담 안에서 범죄했으므로, 그 본성이 개별화된 개인의 본성도 이미 범죄한 것이다. 그리스 철학의 영향을 깊이 받은 오리겐은 이와는 다른 견해를 가지고 있었다. 그는 아담의 죄와 후손의 죄의 상관성을 인정하지 않았다. 그는 인류의 죄성에 대한 설명을 주로 선재(先在, pre-temporal) 상태에 있던 개개 영혼들의 개인적인 죄에서 찾았다. 그러나 그는 생성의 신비에 대해서도 이야기했다.

아우구스티누스는 테르툴리아누스의 실재론적 개념을 공유했다. 그는 "전가"(imputation)라는 용어를 사용하긴 했으나, 여전히 아담의 죄책이 후손에게 직접 또는 즉각적으로 전가된다고 보지는 않았다. 그의 원죄론은 그리 선명하지 않다. 이는 그가 유전설과 창조설 사이에서 선뜻 어느 한 편을 선택하지 못하고 있음을 의미한다. 그는 모든 사람이 아담 안에 배아(胚芽)로 현존하면서 실제로 범죄했다는 점을 강조하면서, 인간의 대표인 아담 안에서 범죄했다는 견해에 매우 근접한 생각을 가지고 있었다. 그러나 그의 주된 강조점은 죄의 부패가 전이된다는 것이었다. 아담의 죄는 번식을 통해 전해지며, 이처럼 아담의 죄가 전이되는 것은 그의 죄에 대한 처벌이기도 했다. 위거스(Wiggers)는 이 생각을 다음과 같이 매우 간명하게 표현한다. "온 인류의 본성이 부패한 것은 최초의 인간에 대한 의로운 형벌이었다. 최초의 인간 안에 모든 사람이 이미 현존해 있었다." 아우구스티누스의 논적이었던 펠라기우스는 아담의 죄와 그의 후손의 죄 사이의 이와 같은 상관성을 거부했다. 펠라기우스의 견해에 의하면, 번식을 통하여 죄가 증대되어 간다는 생각은 영혼 기원에 관한 유전설을 의미하는 것으로서 이단적인 오류였다. 아담의 죄가 아담 자신이 아닌 다른 사람에게 전가된다는 이론은 하나님의 정직성에 위배되는 것이었다.

교회는 펠라기우스의 견해를 거부했으며, 스콜라 신학자들은 일반적으로 아우구스티누스가 제안한 입장을 따랐다. 따라서 그들은 아담의 죄책보다는 아담의 죄의 부패가 전이된다는 사실을 강조했다. 위고 성 빅토르(Hugo St. Victor)와 페트루스 롬바르두스(Peter Lombard)는 사실상의 정욕이 생식 행위를 할 때 정자를 더럽히며, 그리하여 몸과 연합되어 있는 영혼도 더럽힌다고 주장했다. 안셀름, 헤일스의 알렉산더, 보나벤투라는 아담과 그의 후손 사이의 상관성을 실재론적으로 생각했다. 온 인류는 배아로서 아담 안에 현존해 있었으며, 따라서 그 안에서 죄를 범했다. 그의 불순종은 전 인류의 불순종이었다. 이와 동시에 출생은 죄악된 본성의 전이에 필수적인 조건(sine qua non)으로 간주되었다.

보나벤투라 및 그 이후에 등장한 다른 학자들은 원초의 죄책과 오염을 뚜렷이 구분했다. 여기 나타난 근본적인 사상은 아담의 죄책이 그의 모든 후손들에게 전가된다는 것이다. 아담은 원의의 상실을 감내하지 않으면 안 되었으며, 그리하여 하나님의 불쾌함을 촉발시켰다. 그 결과 그의 모든 후손들은 원의를 박탈당했고, 그리하여 하나님의 진노의 대상이 되었다. 뿐만 아니라 아담의 죄의 오염은 모종의 방법을 통해 후손에게 전해졌으나 어떤 방법으로 전이되었느냐 하는 문제에 대해서는 스콜라 신학자들 사이에서 쟁점이 되었다. 그들은 유전론자들은 아니었고, 따라서 결국 악의 거처라고 할 수 있는 영혼은 출생을 통해 아버지에게서 아들에게로 전이된다고 말할 수가 없었다. 그래서 생득적인 악이 전이된다는 사실을 해명하기 위해서는 무언가 더 많은 설명이 필요하다고 생각하게 되었다. 어떤 이들은 그것이 몸을 통하여 전이된다고 생각했다. 영혼이 몸과 접촉하는 순간 몸이 영혼을 오염시킨다는 것이다. 이 설명 안에 위험이 도사리고 있다고 본 다른 학자들은, 모든 인간은 아담이 원의를 부여받기 이전의 상태로 태어나서, 고삐 풀린 육과 영 사이에서 전개되는 투쟁에 종속된다고 설명한다. 토마스 아퀴나스에게서 실재론적인 경향이 약간 그 외양을 달리하면서 더 강력하게 나타났다. 그는 인류가 유기체임을 지적하면서, 몸의 한 지체, 예컨대 손의 행위가 전인의 행위로 간주되듯이 인류라는 유기체에 속한 한 지체의 죄는 전(全) 유기체에 전가되는 것이라고 말한다.

2. 종교개혁 이후. 종교개혁자들은 원죄의 본성에 대하여 스콜라 신학자들과 입장을 달리했다. 그러나 그들의 전이 개념은 별반 새로운 것이 없었다. 인류의 대표로서의 아담, 그의 죄책의 후손에의 "직접적인" 전가 같은 사상이 그들의 글에 뚜렷이 나타나지 않았다. 루터에 의하면, 우리가 하나님 앞에서 죄인으로 간주되는 것은 아담으로부터 물려받은 죄가 우리 안에 내주하기 때문이다. 칼빈도 이와 비슷한 맥락에서 말한다. 칼빈의 주장에 따르면, 아담이 인류의 조상이자 뿌리이기 때문에 모든 그의 후손들은 부패한 본성을 가지고 태어난다고 한다. 아담의 죄책(죄에 대한 책임)과 그들 자신의 생득적인 부패성이 후손들에게 죄로서 전가된다. 계약 신학이 발전하면서 아담이 인류의 대표라는 생각이 전면에 등장했으며, 죄책의 전이와 죄의 부패의 전이를 엄격히 구분하기에 이르렀다. 계약 신학은, 우리의 선천적인 부패성이 하나님 앞에서 죄책을 구성한다는 사실을 부인하지 않으면서, 아담의 죄책이 그가 계약의 머리로서 대표한 모든 인류에게 "즉각적으로" 전이된다는 사실을 강조했다.

소지니주의자들과 알미니우스주의자들은 아담의 죄가 후손에게 전가된다는 개념을 거부했다. 소뮈르 학파의 플라케우스(Placeus)는 "간접적 전가론"을 옹호했다. 모든 직접적 전가론을 부인한 그는, 우리는 아담으로부터 죄악된 본성을 물려받았기 때문에 마치 원초적인 죄를 범한 것처럼 간주되어야 한다는 것이다. 이 주장은 개혁 신학계에서는 다소 새로운 주장이었다. 리벳(Rivet)은 어렵지 않게 이에 대한 증거를 충분히 제시했다. 이어서 발생한 "간접적" 전가론과 "직접적" 전가론 사이의 논쟁은 서로를 절대적인 교리로 간주했다. 그리하여 문제는 인간이 하나님 앞에서 죄인으로 드러나는 것은 그에게 전가된 아담의 죄 때문만인가 아니면 인간의 내재적인 죄 때문인가라는 문제로 비화되었다. 전자는 개혁 교회의 교리는 아니었다. 그리고 후자는 플라케우스 이전에는 개혁 교회에서 가르쳐진 바 없는 교리였다. 후자의 가르침은 뉴잉글랜드 신학에 들어와서 신(新)학파(뉴 헤이븐) 신학의 특징이 되었다. 현대 자유주의 신학에서는 아담의 죄가 후손에게 전이된다는 교리를 전적으로 불신한다. 이 신학은 세상의 악을 그 자체가 죄가 될 수는 없는 동물적인 유전을 통해 전이되는 것으로 설명하는 것을 더 좋아한다. 이상하게도 자유주의 신학을 격렬하게 반대했던 바르트와 브루너도 인류의 보편적인 죄성을 아담의 죄의 결과로 간주하지 않는다. 역사적으로 말한다면, 아담의 죄는 최초의 죄인으로서만 독특한 위치를 차지하고 있을 따름이다.

B. 죄의 보편성

악의 본질과 악이 어떻게 시작되었는가에 대해서는 견해 차이가 있으나 인간의 마음에 악이 존재한다는 사실을 부인하는 자는 별로 없다. 심지어 펠라기우스주의자들과 소지니주의자들도 죄의 보편성을 기꺼이 인정한다. 그러므로 죄의 보편성은 모든 사람의 주목을 끄는 문제라고 할 수 있다.

1. 종교사와 철학사는 죄의 보편성을 입증한다. 종교사는 죄의 보편성을 증명한다. "인생이 어찌 하나님 앞에 의로우랴"라는 욥의 질문은 특별 계시의 영역 안에서 뿐만 아니라 특별 계시 밖의 이방인의 영역에서도 제기되는 질문이다. 이교들도 보편적인 죄 의식과 지고의 존재와의 화해의 필요성을 입증하고 있다. 신들이 분노했기 때문에 모종의 방법으로 그들을 진정시켜야 한다는 것은 일반적인 감정이다. 동시에 보편적인 양심의 소리라는 것도 있어서, 인간이 이상(理想)에 이르지 못하고 있으며, 어떤 지고의 능력 앞에서 저주받은 상태에 있다는 사실을 증거한다. 희생 제물의 피가 흐르는 제단, 특히 아이들의 희생 제사가 드려지는 제단에서는 악행에 대한 참회가 거듭되었으며, 악으로부터 구원해 달라는 기도가 드려졌다. 이 모든 일들이 죄 의식을 지칭한다. 선교사들은 어디에 가든지 이 같은 현상을 발견한다. 철학사도 같은 사실을 지적한다. 초기 그리스 철학자들은 이미 도덕적 악의 문제를 붙들고 씨름했으며, 그 시대 이후로 어떤 저명한 철학자도 이 실상을 무시할 수 없게 되었다. 그들은 모두 조심스럽게 죄의 보편성을 인정했으나, 그것을 설명할 수는 없었다. 18세기에는 피상적인 낙관론이 유행하면서 인간의 생득적인 선을 꿈꾸었으나, 이 낙관론은 어리석게도 실상을 무시했으며, 칸트의 날카로운 비판을 받았다. 많은 자유주의 신학자들이 이 낙관론의 유혹을 받아 인간이 생득적으로 선하다는 것을 복음의 진리인 양 선포했다. 그러나 오늘날은 많은 자유주의 신학자들도 낙관적인 인간관을, 지난 세대의 가장 위험한

오류 가운데 하나로 간주하고 있다. 분명한 것은 인생의 실상들이 그 같은 낙관주의를 뒷받침해주지 않는다는 점이다.

2. 성경은 죄의 보편성을 명확히 가르친다. 성경에 있는 직접적인 진술들은 인간의 보편적 죄성을 지시한다(왕상 8:46; 시 143:2; 잠 20:9; 전 7:20; 롬 3:1-12, 19, 20, 23; 갈 3:22; 약 3:2; 요일 1:8, 10). 몇몇 성경 본문은 죄는 인간이 태어날 때부터 인간이 짊어지고 나오는 것이요, 따라서 인간의 본성에 아주 일찍부터 현존해 있는 것이기 때문에 단순히 인간이 그것을 모방한 결과라고는 볼 수 없다고 한다(시 51:5; 욥 14:4; 요 3:6). 엡 2:3에서 바울은 에베소 교인들에게 그들이 "다른 이들과 마찬가지로 본질상 진노의 자녀"라고 말한다. 이 문단에서 "본질상"이라는 단어는 후천적으로 획득된 것과는 달리 원래 태어날 때부터 가지고 태어난 어떤 것을 가리킨다. 그러므로 죄는 원초적인 어떤 것으로서 모든 사람이 그 안에 참여하고 있으며, 이것이 그들을 하나님 앞에서 죄인으로 만든다. 더욱이 성경에 의하면, 개인적이고 의식적인 선택을 하지 않는 자들에게도 죽음이 임한다(롬 5:12-14). 이것이 암시하는 것은 죄는 도덕적 인식이 깨어나기 전에 유아 때부터 이미 존재한다는 것이다. 유아들도 죽는다. 그것은 그들에게도 죄가 효력을 행사하기 때문이다. 그것은 곧 죄의 원인이 그들에게도 존재함을 의미한다. 마지막으로 성경은 모든 사람들이 저주 아래 있으며, 따라서 그리스도 예수 안에 있는 구속을 필요로 한다고 가르친다. 어린 아이들도 결코 예외가 될 수는 없다. 앞에 인용한 구절들과 요 3:3-5; 요일 5:12을 참조하라. 이 말은 어느 정도 의를 인간에게서 기인한 것으로 돌리고 있는 구절들과 모순되지 않는다(마 9:12, 13; 행 10:35; 롬 2:14; 빌 3:6; 고전 1:30). 이 의는 시민적 의, 의식법적인 또는 언약적인 의, 율법의 의, 또는 그리스도 예수 안에 있는 의라고 할 수 있다.

C. 아담의 죄와 인류의 죄의 관계

1. 관련을 부인하는 견해. 어떤 이들은 아담의 죄와 인류의 죄 사이의 인과 관계를 전적으로 또는 부분적으로 부인한다.

(1) 펠라기우스주의자들과 소지니주의자들은 우리의 죄와 아담의 죄 사이에 여하한 필연적인 관계가 있다는 사실을 철저하게 부인한다. 최초의 죄는 어디까지나 아담의 죄일 뿐, 그의 후손과는 무관하다. 그들이 인정하는 것은 고작해야 아담이 보여 준

악한 행위를 따르는 것이 우리들의 죄라는 것이다.

(2) 반(半)펠라기우스주의자들과 초기 알미니우스주의자들은 인간이 아담으로부터 선천적인 무능력을 물려받았는 바, 이 무능력에 대하여 인간은 책임이 없다고 말한다. 그러므로 인간은 죄에 대한 책임을 질 필요가 없는 것이다. 뿐만 아니라 죄에 대한 치유책을 어느 정도는 제시해야 할 의무가 하나님께 있다. 웨슬리파 알미니우스주의자들은 이같은 선천적인 부패에는 죄책(guilt)도 포함된다고 인정한다.

(3) 신(新)학파(뉴 헤이븐) 이론은 인간은 선천적으로 죄를 지을 수 있는 경향을 지니고 태어나며, 이 때문에 그의 도덕적 선호성은 한결같이 그릇된 방향으로 나아가게 된다. 그러나 이 경향은 죄라고 부를 수는 없는 것이다. 왜냐하면 죄는 언제나 전적으로 율법을 의식적이고 의도적으로 범함으로써 성립되는 것이기 때문이다.

(4) 위기 신학은 인류의 죄의 연대성을 강조한다. 그러나 죄가 낙원에서 아담이 행한 행위에서 기인한다는 것은 부인한다. 타락은 선(先) 역사(pre-history) 혹은 초(超) 역사(super history)에 속한 것이며, 역사적인 아담이 현장에 나타났을 때 타락은 이미 과거의 일이 되고 말았다. 그것은 하나님의 예정의 비밀이기도 하다. 타락의 이야기는 일종의 신화이다. 하나님과 교제하는 가운데 죄 없는 삶이 가능하다는 점을 인간에게 찾아 볼 수 있는 한에 있어서 아담은 그리스도의 모형이다. 브루너는 이렇게 말한다. "아담 안에서 모든 사람이 죄를 범했다. 이것은 성경의 선언이다. 그러나 어떻게 그 일이 가능한가? 성경은 그 점에 대해서는 우리에게 아무런 언질도 주지 않는다. 원죄 교리는 덧붙여진 것이다."

2. 관련을 설명하는 다양한 이론들.

(1) 실재론. 아담의 죄와 그의 후손들의 죄책 및 부패의 관련성을 설명한 최초의 이론은 실재론이다. 이 이론에 따르면, 인간의 본성은 포괄적으로 뿐만 아니라 수적으로도 단일한 단위를 구성한다는 것이다. 아담은 온 인류의 본성을 가지고 있었으며, 아담 안에서 이 본성은 자발적인 배교의 행위를 통해 스스로 부패했다. 개체로서의 인간은 구별된 실체가 아니라 동일한 일반적인 실체의 다양한 표현에 지나지 않는다. 그것들은 수적으로 하나이다. 이 같은 보편적인 인간의 본성은 아담 안에서 부패했고 죄책을 짊어졌다. 결과적으로 아담의 후손 안에서 그것이 개별화되었다는 것은, 그것이 존재하기 시작할 무렵부터 부패했고 죄책을 짊어지기 시작했다는 뜻이다. 이것은 바꾸어 말하면, 모든 인간들이 인간 본성이 개별화되기 전에 실제로 범죄했다는 뜻이다.

일부 초대 교회 교부들과 일부 스콜라 신학자들이 이 이론을 받아들였으며, 최근에는 쉐드 박사의 옹호를 받고 있다. 그러나 이 이론은 몇 가지 반론에 직면해 있다.

① 이 이론은 인간의 영혼을 아담 안에 있던 일반적인 영적 실체의 개별화로 봄으로써 영혼의 실체가 유물적인 성격을 띤 것으로 이해했으며 결국 일종의 유물론으로 떨어졌다. ② 이 이론은 양심의 증거와 상반되는 것이며, 인간의 인격성을 충분히 옹호해 주지 못한다. 모든 인간은 자신이 분리된 인격임을 의식하고 있으며, 따라서 인간은 일반적인 실존이라는 대양에서 출렁이는 파도 이상의 존재이다. ③ 이 이론은 아담의 후손들이 아담이 지은 첫 번째 죄에 대해서만 책임이 있고, 그가 그 후에 지은 죄와 아담 이후의 수많은 세대를 거쳐 내려오면서 그들의 선조들이 지은 죄에 대해서는 왜 책임을 지지 않아도 되는지를 설명하지 못한다. ④ 동시에 이 이론은 그리스도께서 아담 안에 있는 죄에 대해서 무죄한 이유를 설명하지 못한다. 그 이유는 이 이론을 철저하게 관철하려면, 그리스도께서도 아담 안에서 실제로 범죄한 본성을 그대로 가지고 있다는 말을 하지 않을 수 없기 때문이다.

(2) 행위 언약 교리. 행위 언약 교리는 아담이 그의 후손과 이중적인 관계에 서 있다는 것을 전제한다. 곧, 아담은 그의 후손의 자연적 머리일 뿐만 아니라 행위 언약 안에 있는 모든 인류의 대표적 머리이다.

① 자연적인 관계. 아담은 자연적인 관계에 있어서 모든 인류의 조상이다. 그는 하나님에 의해 창조되었으므로 변화에 굴복하지 않으면 안 되었다. 그에게는 불변의 상황을 요구할 권리가 없었다. 그에게는 하나님께 순종할 의무가 부여되어 있었으나, 이와 같은 순종이 그에게 어떤 보상을 보장해주는 것은 아니었다. 그러나 그는 죄를 범하면 부패와 처벌을 받아야 했으며, 그 죄는 오직 자신의 것일 뿐, 후손에게 돌아갈 성질의 것은 아니었다. 댑니의 주장에 따르면, 비슷한 것이 비슷한 것을 낳는다는 법칙처럼 그의 부패가 그의 후손에게 전해졌을 것이다. 그러나 아마도 – 불필요한 사변인 것 같지만 – 아담의 후손들은 이 부패에 대해서 책임을 질 수 없었을 것이다. 그들은 다만 아담이 인류에 대해 맺고 있는 자연적인 관계에 비추어서만이 아담 안에서 죄책을 짊어지고 있었을 것이다. 개혁 사상은 이 같은 해석과는 궤를 달리한다.

② 언약 관계. 아담이 후손과의 관계에서 맺고 있는 자연적인 관계에 하나님은 은혜스럽게도 몇 가지 적극적인 요소를 포함한 언약 관계를 첨가했다. ⒜ 대표의 요소. 하나님의 명령에 따르면 이 언약 안에서 아담은 혼자 서는 것이 아니라 모든 후손의 대표로서 선다. 결과적으로 말해서 그는 양친이라는 의미에서 뿐만 아니라 계약이라

는 의미에서도 인류의 대표다. (b) 시험의 요소. 이 계약과는 별도로 아담과 그의 후손들은 끊임없이 죄를 범하는 위험과 함께 계속적인 시험의 상태에 빠져 있다. 그러나 계약은 일정한 기간 동안 인내하면 영원한 거룩함과 복락의 상태에 있게 되는 복을 받을 수 있다는 것이다. (c) 보상 또는 처벌의 요소. 계약상의 조건에 따르면, 아담은 계약의 조건을 완수할 경우 영생을 요구할 권리를 획득할 수 있었고, 아담뿐만 아니라 그의 후손들도 이 복을 향유했을 것이다. 체결된 언약은, 정상적으로만 작용했다면, 인류에게 헤아릴 수 없는 유익을 주었을 것이다. 그러나 인간이 불순종할 경우에 언약의 작용이 전도되어 파멸적인 결과가 나타날 가능성도 있었다. 언약의 명령을 위반함으로써 죽음이 초래되었다. 아담은 불순종의 길을 선택했으며, 죄로 인하여 자신을 부패시켰고, 하나님 앞에서 죄책(죄에 대한 책임)을 짊어지게 되었으며, 그 결과로서 죽음이라는 선고를 받게 되었다. 그는 인류의 계약적 대표였기 때문에 그의 불순종은 모든 그의 후손들에게 영향을 끼쳤다. 하나님은 의로운 판단 안에서 언약의 머리가 범한 최초의 죄에 대한 죄책을 계약적으로 그와 관계되어 있는 모든 자들에게 전가시키신다. 그 결과 그들은 부패하고 타락한 상태에서 출생하며, 이 같은 내적인 부패는 죄책을 포함한다. 이 교리는 아담이 처음 범한 죄만이 우리에게 전가되고 그가 향후에 범한 죄와 우리의 다른 선조들의 죄가 우리에게 전가되지 않는 이유를 설명해 주며, 예수님의 무죄성을 옹호한다. 왜냐하면 그는 인간이 아니었고, 따라서 행위 계약 안에 있지 않았기 때문이다.

(3) **간접적 전가론.** 간접적 전가론은 아담의 죄의 죄책이 그의 후손들에게 직접 전가된다는 것을 부인하면서 다음과 같이 말한다. 아담의 후손들은 자연적인 출생 과정을 통해 자신들의 내적인 부패를 물려받았으며, 아담과 함께 공유하고 있는 생득적인 부패성 때문에 그들도 역시 배역의 죄에 대한 책임을 짊어지게 되었다. 그들이 아담 안에서 죄책을 짊어졌기 때문에 부패한 상태로 태어난 것이 아니라, 부패했기 때문에 죄책을 진 자로 간주된 것이다. 그들의 조건이 그들의 법적인 신분에 의존하고 있는 것이 아니라, 그들의 법적인 신분이 그들의 조건에 근거하고 있는 것이다. 플라케우스가 옹호한 이 이론은 젊은 비트링가(Vitringa)와 베네마(Venema), 몇 명의 뉴잉글랜드 신학자들과 장로교회 안의 신(新)학파 신학자들의 지지를 받았다. 이 이론에 대해서도 몇 가지 반론이 제기될 수 있다.

① 어떤 사물은 그것 자체의 결과에 의하여 중개될 수 없다. 아담의 후손들이 태어날 때부터 안고 태어나는 생득적인 부패는 이미 아담의 죄의 결과이다. 그러므로 그것

은 그들이 아담의 죄책을 짊어지고 있다는 교리의 근거로 사용될 수 없다. ② 이 이론은 아담의 죄책과 부패가 모든 후손들에게 전이되는 객관적인 근거를 제시하지 못한다. 그러나 이 이론은 객관적인 법적 근거 위에 수립되어야 한다. ③ 이 이론을 철저히 전개하려면, 모든 이전 세대의 죄가 다음 세대에게 간접적으로 전가되어야 한다는 사실을 가르치지 않으면 안 된다. 왜냐하면 죄들은 누적되면서 다음 세대로 전이되기 때문이다. ④ 이 이론을 밀고 나가면, 죄책을 수반하지 않는 도덕적 부패 곧 그 자체만으로는 처벌받을 필요가 없는 부패가 있을 수 있다는 가정이 성립한다. ⑤ 마지막으로, 아담의 후손들 안에 현존하는 생득적인 부패가 다른 어떤 것을 설명하는 법적인 근거로 간주된다면, 어떤 간접적인 전가도 필요 없게 된다.

IV
인류의 삶에 나타난 죄

A. 원죄

인간은 죄악된 상태와 조건 안에서 태어난다. 이 상태를 신학에서는 원죄(*peccatum originale*)라고 부른다. 원죄에 해당하는 영어 'original sin'은 네덜란드어 'erfzonde'보다 적절한 단어다. 그 이유는, 엄격히 말해서 'erfzonde'는 원죄에 해당하는 것을 다 포괄하지 못하기 때문이다. 원죄는 원초의 죄책을 말하는 것이 아니다. 왜냐하면 이 죄책은 선천적으로 물려받는 것이 아니라 전가되는 것이기 때문이다. 이 죄를 원죄라고 부르는 이유는 (1) 그것이 인류의 원초적인 뿌리로부터 파생되는 것이기 때문이요 (2) 또한 그것이 태어날 때부터 인간의 생명 안에 현존하는 것으로서, 인간이 모방한 결과가 아니기 때문이며 (3) 또한 그것이 인간의 삶을 오염시키는 모든 실제적인 죄들의 내적 뿌리가 되기 때문이다. 그러나 어쨌든 이 용어를 죄는 인간 본성의 원초적인 구성 요소에 속하는 것이므로 하나님이 인간을 죄인으로 창조하셨다는 생각을 가리키는 것으로 오해하지 않도록 주의해야 한다.

1. 역사적 개관. 초대 교회 교부들은 원죄에 관하여 명확한 가르침을 주고 있지 않다. 그리스의 교부들에 의하면, 인류의 육적인 부패는 아담에게서 유래한 것이지만 그것이 죄는 아니며, 따라서 그것에 대한 죄책을 말할 필요는 없다고 한다. 의지의 자유는 타락의 영향을 직접 받는 것이 아니라 선천적으로 물려받은 신체적 부패에 의해 간접적으로 영향을 받는다. 그리스 교회에 명백히 나타난 경향은 원죄를 단호하게 거부한 펠라기우스주의에 이르러 절정에 달했다. 라틴 교회에서는 이와는 다른 경향이, 특히 테르툴리아누스에게 나타났다. 그에 있어서 영혼의 숫자가 불어난다는 것은 죄가 불어나는 것을 의미했다. 그는 원죄를 죄의 오염 또는 부패가 유전되는 것을 의미하는 것으로 보았다. 그는 인간에게 어느 정도 선이 있을 수 있다는 가능성을 부인하지 않았다. 암브로시우스는 테르툴리아누스보다 한 걸음 더 나아가 원죄를 하나의 상태로 간주하면서, 생득적인 부패와 결과로서의 인간의 죄책을 구분했다. 인간의 자유

의지는 타락으로 인하여 약화되었다.

아우구스티누스에 이르러 원죄의 교리는 더 완전하게 발전되었다. 아우구스티누스에 의하면, 육체적이고 도덕적인 인간의 본성은 아담의 죄로 인해 완전히 부패했으므로 인간이 할 수 있는 일이란 죄를 범하는 것밖에는 없다는 것이다. 선천적인 부패 또는 원죄는 아담의 죄에 대한 도덕적인 처벌이다. 인간의 본성은 이와 같은 성질을 가지고 있기 때문에 자연 상태의 인간은 오직 악만을 범할 뿐이다. 그는 실질적인 의지의 자유를 상실하였으며, 원죄는 처벌을 내포한다. 이 죄 때문에 인간은 이미 저주 아래 있다. 원죄는 부패일 뿐만 아니라 죄책이다.

반(半)펠라기우스주의는 아우구스티누스의 견해가 지니고 있는 절대성에 반대했다. 이 견해는 온 인류가 아담의 타락에 관여했으며, 인간의 본성은 유전적인 죄에 의해서 오염되었고, 온 인류는 본질상 악을 향하고자 하는 성향을 가지고 있으며, 하나님의 은혜를 떠나서는 어떤 선행도 이룩할 수 없다는 사실은 인정했으나, 인간이 전적으로 타락했다는 사실과 원죄의 죄책, 그리고 자유 의지의 상실은 인정하지 않았다. 이 입장은 중세 시대의 지배적인 견해가 되었다.

그러나 일부 탁월한 중세 스콜라 신학자들은 원죄 관념에 대해서는 아우구스티누스의 입장을 따랐다. 원죄에 대한 안셀름의 견해는 아우구스티누스의 견해와 완전히 조화를 이룬다. 그는 원죄 안에 온 인류의 본성의 죄책이 포함된다고 말하면서, 원죄는 아담이 범한 하나의 행위 때문에 형성된 것이요, 이로 인하여 인간의 본성이 생득적으로 부패했으며, 이 부패성이 후손에게 전이되었고 죄를 범하는 성향으로 나타났다고 주장했다. 이 죄에는 거룩함을 향한 자기 결정 능력(실질적인 의지의 자유)의 상실이 포함되었고, 인간을 죄의 노예로 만들었다. 스콜라 신학자들 사이에서 통용되던 견해는, 원죄란 적극적인 어떤 것이 아니라, 있어야 할 어떤 것의 결여 곧 원의(原義)의 결여를 말한다는 것이다. 그러나 어떤 학자들은 적극적 요소 곧 악을 향한 성향을 첨가했다. 토마스 아퀴나스는 실질적인 요소라는 측면에서 보았을 때, 죄는 정욕이라고 주장했다. 그러나 형식적인 요소라는 측면에서 본다면, 원의의 결여라고 할 수 있다. 원죄 안에는 원의의 구성 요소를 이루던 조화가 상실되었으며, 그런 의미에서 원죄는 본성의 무기력이다.

일반적으로 말해서, 개혁파 신학자들은 아우구스티누스의 입장에 동의한다. 그러나 칼빈은 두 가지 점에서 아우구스티누스와 입장을 달리한다. 하나는 원죄가 순전하게 부정적인 어떤 것은 아니라는 것이요, 다음은 원죄가 인간의 감각적 본성에 국한된 것이 아니라는 것이다. 종교개혁 당시 소지니주의자들은 펠라기우스주의자들을 따라서 원죄를 부인하는 입장을 취했 다. 17세기의 알미니우스주의자들은 개혁 신앙과 결별을 선언하고, 반(半)펠라기우스주의의 원죄관을 받아들였다. 그 이후 유럽과 미국에서 다양한 견해들이 개신교 진영 안에서 제창되었다.

2. 원죄의 두 요소. 원죄는 두 요소로 구성된다.

(1) 원초의 죄책 (Original guilt). "죄책"(guilt)이라는 단어는 죄와 정의의 상관성, 또는 옛 신학자들이 말하는 것처럼 율법상 형벌과의 상관성을 말한다. 죄책이 있는 자는 율법과 법적인 관계에 놓인다. 죄책은 두 가지 의미를 가진다. 죄의 책임(*reatus culpae*)과 형벌적 책임(*reatus poenae*)이 그것이다. 투레틴이 "잠재적 죄책"이라고 명명한 전자는 어떤 행위 또는 상태의 고유한 도덕적 죄상(ill-desert)을 가리킨다. 이것은 죄의 본질에 속하는 것이며, 죄악성의 필수적인 구성 요소가 되는 것이다. 이것은 스스로 죄악을 범한 자들에게 영구히 부과되는 것이다. 이것은 용서에 의해 제거되는 것이 아니며, 예수 그리스도의 공로에 의거한 칭의에 의해 제거되는 것도 아니며, 단순한 사면(赦免)에 의해 제거되는 것은 더더구나 아니다. 인간의 죄는 의롭다 칭함을 받은 뒤에도 생득적으로 처벌받아야 할 것으로 남는다. 이 같은 의미의 죄책은 다른 사람에게 전이될 수 없다.

그러나 우리가 신학에서 죄책을 말할 때는 통상적으로 후자의 의미를 갖는다. 이것은 마땅히 받아야 할 형벌 또는 스스로 결단하여 율법을 범한 데 대한 하나님의 의를 충족시켜야 할 의무를 말한다. 이 같은 의미의 죄책은 죄의 본질에 속하는 것이 아니라, 오히려 율법의 법적 제재와의 관계를 말하는 것이다. 도덕적 관계를 무시한 모든 행위에 대해서 제재가 따르지 않았다면, 율법에서 떠난 모든 행위는 죄가 될 것이지만 형벌에 대한 책임은 포함하지 않았을 것이다. 이 같은 의미의 죄책은 개인적이든 대리적이든 공의를 충족시킴으로써 제거될 수 있을 것이다. 그것은 한 사람에게서 다른 사람에게로 전이될 수 있으며, 다른 사람이 대신 취할 수도 있을 것이다. 그것은 칭의에 의해 신자로부터 그 죄책이 제거됨으로써 생득적으로는 마땅히 처벌을 받아야 할 것이지만 실제로는 처벌을 받지 않아도 되는 것이다. 반(半)펠라기우스주의자들과 옛 알미니우스주의자들(또는 항변파들)은 원죄 안에 죄책이 포함된다는 견해에 반대했다. 인류의 계약의 머리로서 아담이 범한 죄에 대한 죄책은 모든 그의 후손에게 전가된다. 이것은 성경이 가르치는 바와 같이 죄에 대한 형벌로서의 죽음이 아담으로부터 그의 모든 후손에게로 전이된다는 사실에서 분명해진다(롬 5:12-19; 엡 2:3; 고전 15:22).

(2) **원초의 오염**(Original pollution).   원초의 오염은 두 가지 사실을 포함한다. 곧, 원의의 결여와 적극적 악의 존재가 그것이다. 여기서는 두 가지 사실에 주목해야 한다. ① 원초의 오염은 일부 그리스 교부들과 알미니우스주의자들이 말한 바와 같이 단순한 하나의 질병이 아니라, 진정한 의미의 죄다. 여기에는 죄책이 따른다. 이것을 부인하는 자는 원초의 부패에 관한 성경적 개념이 없는 자들이다. ② 이 오염은 인간의 영혼에 주입된 일종의 실체로 간주되어서는 안 되며, 형이상학적인 의미에 있어서 실제의 변화라고 간주해서도 안 된다. 이는 마니교도들과 종교개혁 시대의 인물인 플라키우스가 범한 오류였다. 영혼의 실체가 범죄했으면, 그것은 중생에 의하여 새로운 실체로 대치되어야 한다. 그러나 이런 사태는 일어나지 않았다. ③ 그러나 그렇다고 해서 이것이 단순한 결여도 아니다. 아우구스티누스는 마니교도들과 논쟁하는 가운데, 죄가 실체라는 사실을 부인하면서 죄는 일종의 결여라고 단언한다. 그는 죄를 선의 결여(*privatio boni*)라고 말한다. 그러나 원죄는 부정적인 것일 뿐만 아니라, 죄를 향한 생득적인 적극적 성질이다. 이 같은 원초의 오염은 전적인 부패 또는 전적인 무능력으로 간주될 수 있다.

(3) **전적 부패**(Total depravity).   생득적인 오염은 그것이 지닌 침투적 성격에 비추어 볼 때, 전적 부패라고 말할 수 있다. 이 표현은 빈번히 오해되고 있으므로 주의 깊은 관찰이 필요하다. 소극적인 의미에서, 이것은 ① 모든 인간이 그 가능성에 있어서 철저하게 타락했다는 의미는 아니며, ② 죄인에게 하나님의 뜻에 관한 내적인 지식, 또는 선과 악을 분별하는 양심이 없다는 의미는 아니며, ③ 죄인이 종종 다른 사람 안에 나타난 덕스러운 행위나 성격을 칭송하지 않는다거나 이웃과의 관계에 있어서 사심 없는 애정과 의지를 표현할 수 없다는 의미도 아니며, ④ 모든 거듭나지 않은 인간이 생득적인 죄악성 때문에 온갖 유형의 죄에 빠진다는 말은 아니다. 위에 제시한 몇 가지 가능성은 사실상 서로 모순되는 것들이 많다.

적극적인 의미에서는 ① 생득적인 부패가 인간의 성품의 모든 부분 곧 영혼과 육체의 모든 기능과 능력에까지 확대되었다는 것이고, ② 죄인 안에는, 하나님과의 관계에서 볼 때, 영적으로 선한 것이 아무것도 없고, 다만 부패만이 있을 뿐이라는 것을 의미한다. 펠라기우스주의자들과 소지니주의자들과 17세기의 알미니우스주의자들은 이 같은 전적 부패를 부인했다. 그러나 이것은 성경이 명백하게 가르치고 있는 사상이다(요 5:4-2; 롬 7:18, 23; 8:7; 엡 4:18; 딤후 3:2-4; 딛 1:15; 히 3:12).

(4) 전적 무능력(Total inability). 전적 부패가 인간의 무능력에 끼친 효과를 놓고 생각할 때, 그것은 전적인 무능력이라고 부를 수 있다. 그러나 이 점에 대해서도 역시 주의를 요한다. 자연인이 전적으로 무능하다는 말은 자연인이 선을 행할 수 없다는 의미는 아니다. 개혁파 신학자들은 인간이 ① 자연적인 선, ② 시민법적인 선 또는 의, ③ 외적인 종교적 선을 행할 수 있다는 사실은 인정한다. 심지어는 거듭나지 않은 자들도 어느 정도의 덕을 소유할 수 있으며, 그것을 사회 관계 그리고 동료들의 신실한 감사와 인정을 받을 만한 많은 행위와 감정을 통해서 나타낼 수 있으며, 어느 정도는 하나님의 인정을 받을 수도 있다는 것이다. 그러나 이와 동시에 이와 같은 행위와 감정을 하나님과의 관계 안에서 살펴보았을 때 근본적인 결함이 있는 것이 드러나게 되는데, 그 결함이란 그것이 하나님을 사랑하는 마음에서, 또한 하나님의 뜻을 존중하는 마음으로 이루어지는 것이 아니라는 것이다.

인간의 부패를 전적 무능력이라고 할 때는 다음과 같은 두 가지 의미가 내포되어 있다. ① 거듭나지 않은 죄인은 아무리 작은 행위일지라도 근본적으로 하나님의 인정을 받고 하나님의 거룩한 율법의 요구에 반응하는 행위를 할 수 없다. ② 그는 근본적으로 죄와 자아를 선호하는 태도를 바꿀 수 없으며, 그 같은 변화를 위한 조치를 취할 수조차 없다. 한 마디로 말해서, 그는 어떠한 영적인 선도 행할 수 없다. 성경은 이 생각을 충분히 지지한다(요 1:13; 3:5; 6:44; 8:34; 15:4, 5; 롬 7:18, 24; 8:7, 8; 고전 2:14; 고후 3:5; 엡 2:1, 8-10; 히 11:6).

그러나 펠라기우스주의자들은 인간의 도덕적 능력이 죄로 말미암아 손상되었다는 사실을 부인하면서, 인간이 도덕적으로 충분한 능력을 지니고 있다고 생각한다. 알미니우스주의자들은 은혜의 능력을 말하면서, 하나님이 모든 사람들에게 보통 은혜를 주셨으므로 그들은 하나님께 돌이켜 믿음을 가질 수 있다고 주장한다. 신(新)학파 계열의 신학자들은 조나단 에드워즈의 역작 「의지론」(On the Will)에 근거하여 자연적인 능력과 도덕적인 능력을 구분한다. 그들의 가르침이 의미하는 바는, 인간은 타락한 상태에서도 영적인 선을 행하는 데 필요한 모든 자연적인 능력을 소유하고 있으나(예컨대 지성, 의지 따위), 도덕적 능력, 곧 자연적인 기능들에 적절한 방향을 제시하는 능력, 곧 하나님을 기쁘게 하는 방향으로 향하는 능력은 결여되어 있다는 것이다. 이 같은 구분을 발전시키면, 인간은 의도적으로 악한 존재라는 결론에 도달한다. 이 점은 강조되어 마땅하다. 그러나 신(新)학파 신학자들은, 인간이란 자신이 원하기만 하면 영적인 선을 행할 수 있는 존재라고 단언한다. 이를 바꾸어 말하면, 그들이 말하는 "자연적 능력"이란 결국 실제적인 영적인 선을 행하는 능력이다.

일반적으로 자연적 능력과 도덕적 능력을 구분하는 것은 바람직한 일이 못 된다. 그 이유는 ① 이 같은 생각은, 인간은 하나님에 의해 요구받은 일을 행할 능력이 없다고 일관성 있게 가르치는 성경의 교훈과 일치하지 않는다. ② 영적인 선을 행할 수 있는 기능을 소유하고 있는데도 그것을 행할 능력이 없다는 것은 본질적으로 애매모호하고 오해되기 쉬운 말이다. ③ "자연적"이라는 단어는 "도덕적"이라는 단어의 적절한 대립 개념이 아니다. ④ 여기서 사용된 용어가 이 같은 구분이 말하고자 하는 중요한 특징을 정확히 표현하지 못한다. 이 같은 구분이 말하고자 하는 바는, 도덕적인 것은 육체적이거나 체질적인 것은 아니라는 것이요, 어떤 기능의 결여는 기능의 부패한 도덕적인 상태나 마음의 성향의 결여와는 다른 것이라는 점이다.

3. 원죄와 인간의 자유.   인간의 전적 무능력의 교리와 관련하여, 그렇다면 원죄는 자유의 상실 곧 자유 의지(*liberum arbitrium*)의 상실을 의미하는가라는 질문이 제기된다. 이 질문에 대한 답변은 부정적인 의미나 긍정적인 의미에서 모두 가능하므로 신중히 이루어져야 한다. 어떤 의미에서 인간은 자유를 상실했다. 그러나 또 어떤 의미에서는 자유를 상실하지 않았다. 자유로운 동인(動因)을 천부적으로 소유하고 있다는 점에서, 곧 인간의 영혼이 가지고 있는 지배적인 성향과 성품에 완전히 일치하여 자신이 원하는 것을 선택할 수 있다는 의미에서 인간에게는 선택의 자유가 부여되어 있다. 인간은 그가 책임적인 도덕적 행위자가 되는 데 필요한 구조적 기능들을 상실한 것은 아니다. 그에게는 여전히 이성, 양심, 그리고 선택의 자유가 있다. 그에게는 지식을 획득하고 도덕적인 특징과 의무를 느끼고 인식하는 능력이 있으며, 그의 감정·성향·행위는 자발적이어서, 자신에게 적절한 것을 선택하기도 하고 거부하기도 한다. 뿐만 아니라 그에게는 동료들과의 관계에서 선하고 우호적이며 인애롭고, 정당한 것을 감득(感得)하고 행할 능력이 있다.

그러나 인간은 실질적인 자유를 상실했다. 다시 말하면, 인간에게는 원초적이고 도덕적인 구조적 요소와 조화를 이루면서 최고선의 방향으로 진로를 결정할 수 있는 합리적 능력이 결여되어 있다. 인간에게는 선천적으로 억제하기 어려운 편견에 사로잡혀 악을 지향하려는 성향이 있다. 인간에게는 영적인 탁월함을 인식하고 사랑하거나, 영적인 일들 곧 구원에 속한 하나님의 일을 추구하고 행하는 능력이 결여되어 있다. 아우구스티누스적이며 칼빈주의적인 이 같은 입장은 펠라기우스주의와 소지니주의의 입장과 완전히 대립되는 것이며, 부분적으로는 반(半)펠라기우스주의와 알미니우스주의와도 대립되는 것이다. 그 본질에 있어서 펠라기우스주의적이라고 할 수 있는 현대의 자유주의가, 인간이 이처럼 참된 의와 거룩함의 방향으로 자신의 일생을 결정하는 능력을 상실했다고 보는 교리를 격렬히 반대하면서, 옳고 선한 것을 인간이 선택할 수 있다고 자랑하는 것은 자연스러운 일이다. 반면에 변증 신학(바르트주의)은 인간의 전적인 무능력을 강조하면서, 인간에게는 하나님께로 향할 수 있는 어떤 가능성도 주어져 있지 않다는 입장을 취한다. 죄인은 죄의 노예이므로, 아마도 반대 방향으로는 전혀 향할 수 없을 것이라는 생각이다.

4. 위기 신학과 원죄. 여기서 위기 신학 또는 바르트주의의 원죄론을 간략하게 정의하고 넘어가는 것이 좋을 것 같다. 월터 로우리는 이렇게 말한다. "바르트는 타락에 관해서는 많은 이야기를 하고 있으나 '원죄'에 관해서는 아무 말도 하지 않는다. 인간이 타락했다는 사실을 말하는 것은 어렵지 않다. 그러나 이 타락은 역사 안에서 볼 수 있는 사건이 아니라, 형이상학적인 의미의 원역사(*Urgeschichte*)에 속한 형이상학적 의미의 사건이다." 브루너도 최근의 저서 「반역하는 인간」(*Man in Revolt*)에서 이 문제에 대하여 말한다. 그는 전통적이고 교회적인 의미의 원죄론을 받아들이지 않는다. 아담이 처음 범한 죄는 모든 그의 후손들의 죄를 설명하는 근거가 될 수 없다. 이 죄는 또한 후손에게 전이되어 그들의 모든 실제적인 죄의 뿌리가 되는 죄악된 상태를 초래하는 것도 아니다. "죄는 상태가 아니라 행위이다. 심지어 죄인이 되는 것도 상태가 아니라 행위이다. 왜냐하면 그것은 하나의 인격이 됨을 의미하기 때문이다." 이러한 브루너의 가정에 따르면, 전통적인 견해는 바람직하지 못한 결정론의 요소를 가지고 있으며, 따라서 인간의 책임을 충분히 옹호해 주지 못한다. 그러나 그가 원죄론을 반대한다고 해서 원죄론 안에 담겨 있는 진리를 모조리 무시한다는 말은 아니다. 브루너는 인류의 죄의 연대성, 영적인 본질과 성격이 부모에게서 자녀에게로 전이되는 것을 강조한다. 그러나 그는 죄의 보편성을 원죄가 아닌 다른 어떤 것으로부터 찾는다. 하나님이 창조하신 인간은 단순히 하나의 인간이 아니라 다른 사람들과의 관계 안에서 창조된 존재요, 다른 사람들과 교제하도록 만들어진 존재이다. 고립된 개인이란 하나의 추상 개념에 지나지 않는다. "창조 안에서 우리가 차지하는 위치란 하나의 개별화된, 그리고 분절(分節)된 단위로서 많은 지체들을 가진 한 몸이다." 한 지체가 고통을 받으면 다른 지체들도 함께 고통을 받는다.

그는 계속해서 이렇게 말한다. "그것이 우리의 기원이라면, 이 기원에 대한 우리의 반대는 개체로서의 개인의 경험이 될 수 없다. 분명한 사실은 각 개인은 한 개인으로서 죄인이라는 것이다. 그러나 동시에 그는 통일된 연대성 안에서 전체를 형성한다. 다시 말하면, 전체로서의 실제적인 인간성이라는 몸을 형성한다." 그러므로 범죄함에 있어서도 연대성이 있다. 인류는 하나님으로부터 분리되었다. 그러나 죄의 연대성을 부인하는 것은 이미 그것 자체가 죄의 본질에 속한 것이다. 아담의 최초의 죄의 결과로 인하여 인간은 지금 죄인이다. 그러나 인간이 지금 죄인이라는 사실이 그의 개별적인 죄의 행위의 원인이라고 간주해서는 안 된다. 그와 같은 인과 관계가 용인될 수 없는 이유는, 인간이 범하는 모든 죄가 하나님을 향한 새로운 결단이기 때문이다. 인간이 죄인이라는 진술은 인간이 죄의 상태나 조건에 있다는 말이 아니라, 인간이 실제적으로 하나님에 대한 반역에 가담하고 있다는 뜻이다. 우리는 아담과 같이 하나님으로부터 떠났으며, "이 같은 반역을 범하는 자는 그것을 끊임없이 되풀이할 수밖에 없는데, 그 이유는 그것이 습관이 되었기 때문이 아니라 그것이 이 행위가 지닌 특징적인 성격이기 때문이다." 인간은 이 길을 거꾸로 올라갈 수 없다. 그는 다만 이 길을 따라가면서 끊임없이 죄를 범할 수 있을 뿐이다. 성경이 말하는 죄는 언제나 하나님을 떠나는 것이다. "'죄인이 된다'는 개념 자체 안에서 이 행위는 인간의 전(全) 실존을 결정하는 행위로 인식된다." 브루너의 사고 안에는 토마스 아퀴나스의 실재론적 시각이 많이 반영되어 있다.

5. 전적 부패와 전적 무능력에 대한 반론.

(1) 도덕적 의무에 모순된다. 전적 타락과 무능력에 대한 가장 명백하고 가장 개연성이 있는 반론은 그것이 도덕적 의무와 모순된다는 것이다. 인간은 필요한 능력을 부여받지 않은 일에 대해서 책임질 필요가 없다는 것이다. 그러나 이 원리가 일반적으로 함의하는 내용은 하나의 오류다. 이 주장은 하나님이 인간의 본성에 부과하신 한계에서 비롯된 무능력에 대해서는 적용될 수 있으나, 앞 장에서도 언급한 것과 같이, 도덕과 종교의 영역에는 적용되지 않는다. 여기서 논의되는 무능력은 자기가 부과한 것이며, 도덕적 기원을 가진 것으로, 하나님이 인간에게 부과하신 어떤 한계에 기인한 것이 아니다. 인간은 아담 안에서 행한 왜곡된 선택으로 말미암아 무능력하게 되었다.

(2) 실천을 가능하게 하는 모든 동기를 제거한다. 두 번째 반론은 전적 부패와 전적 무능력의 교리가 실천을 위한 모든 동기를 제거하고 은혜의 수단을 사용하기 위한 모

든 합리적인 전거를 파괴한다는 것이다. 어떤 주어진 목적을 성취할 수 없다는 사실을 우리가 안다면, 그 같은 성취를 위하여 천거된 수단을 사용해야 할 이유가 어디 있는 것인가? 성령의 조명을 받아 자기 자신의 자연적 무능력을 진정으로 의식하는 죄인은 행위의(義)를 중단하게 된다. 이것은 반드시 필요한 일이다. 그러나 이 일은 자연인에게는 적용되지 않는다. 왜냐하면 그는 철저하게 자기 의에 사로잡힌 자이기 때문이다. 뿐만 아니라 무능력의 교리가 하나님이 제정하신 은혜의 수단을 사용하는 것을 무시하도록 조장하는 것은 결코 아니다. 이 원리에 근거한다면, 농부가 이렇게 말할 수도 있다. "나는 추수할 수가 없으니 왜 내 밭을 경작해야 한단 말인가?" 그러나 이것은 전적으로 어리석은 일이다. 인간의 모든 노력과 결과는 인간이 통제할 수 없는 여러 가지 원인이 복합적으로 작용한 결과이다. 은혜의 수단을 사용하는 성경적 근거는 다음과 같은 것이다. 하나님은 수단의 사용을 명령하신다. 하나님이 제정하신 수단은 목적에 합당한 것이다. 통상적으로 볼 때, 정해진 수단을 사용하지 않으면 목적은 성취되지 않는다. 하나님은 소정의 수단을 사용하여 은혜를 베푸실 것을 약속하셨다.

(3) 개종을 지연시킨다. 전적 부패와 전적 무능력의 교리는 개종을 지연시킨다는 견해가 제기되고 있다. 어떤 사람이 자기의 마음을 변화시킬 수 없다고 믿고 회개하고 복음을 믿지 않는다면, 그는 단지 수동적으로만 자신의 삶의 방향이 바뀔 때를 기다리고 있을 수밖에 없을 것이다. 물론 전적 타락설을 신봉하는 자들 가운데 이 같은 태도를 취하는 자들도 없지는 않을 것이다. 그러나 전반적으로 보면, 이 교리는 전혀 다른 결과를 낳는다. 죄에 매우 친숙한 죄인들은 삶을 자유롭게 변화시키는 능력이 자신에게 있음을 의식하는 경우, 변화를 마지막 순간까지 미루고자 하는 유혹을 받을 것이다. 그러나 매우 바람직한 어떤 일이 자기 자신의 능력을 넘어서서 존재한다는 사실을 의식하는 경우, 그는 본능적으로 자신 밖에 있는 그 힘의 도움을 갈구할 것이다. 구원을 그와 같은 방법으로 생각하는 자는 위대한 영혼의 의사에게 도움을 요청할 것이며, 자신의 무능력을 시인할 것이다.

B. 자범죄(Actual Sin)

로마 가톨릭과 알미니우스주의자들은 원죄 개념을 최소화하면서, 세례를 통하여 원죄를 씻는다거나 충분한 은혜에 의하여 원죄의 심각성이 흐려진다는 교리를 발전시켰다. 그들은 자범죄를 강조한다. 펠라기우스주의자들, 소지니주의자들, 현대 자유주의자들, 그리고 이상하게 들릴지 몰라도 위기 신학까지도 오직 자범죄만을 인정한다. 그러나 위기 신학은 죄를 단수와 복수로 모두 언급함으로써, 일부 학자들은 부인하고 있는 죄의 연대성을 인정하고 있다. 개혁 신학은 언제나 원죄 및 원죄와 자범죄의 관계에 적절한 주의를 기울였다

1. 원죄와 자범죄의 관계. 원죄는 인류의 대표인 아담의 자유로운 행위 곧 하나님의 율법을 범한 그의 행위와 이로 인한 인간 본성의 부패에서 유래하는 것으로서, 인간으로 하여금 하나님의 처벌을 받지 않을 수 없도록 만든다. 하나님 앞에서 아담이 범한 죄는 모든 후손의 죄였다. 그리하여 그들은 태어날 때부터 죄인으로 태어나며, 죄책의 상태와 오염된 상황에 처해 있는 것이다. 원죄는 인간의 오염된 자질 또는 상태이다. 모든 인간은 아담 안에서 죄책을 짊어지고 있으며, 그 결과 부패하고 타락한 본성을 지니고 태어나는 것이다. 그리고 이 같은 내적인 부패가 모든 자범죄의 거룩하지 못한 원천이다. 자범죄(*peccatum actuale*)라는 말을 할 때, 실제적(actual, *actuale*)이라는 형용사는 포괄적인 의미로 사용된다. '자범죄(실제적 죄)'라는 용어는 몸을 통하여 행해진 외적인 행위들만을 지칭하는 것은 아니다. 이 단어는 원죄에서 유래하는 모든 의식적인 사유와 의지를 가리킨다. 그것은 인간의 선천적인 본성 및 경향과 구분되는 개별적인 죄의 행위를 가리킨다. 원죄는 하나요, 자범죄는 다양하다.

자범죄는 마음속에서 이루어지는 특별한 의식적인 의심이나 악한 계획 또는 마음속에 자리잡고 있는 특별한 의식적인 욕망이나 탐욕 같은 내적인 자질을 말한다. 그러나 그것은 동시에 속임, 도둑질, 간음, 살인 등과 같은 외적인 행위를 가리키기도 한다. 원죄의 존재를 부인하는 자들은 많으나, 인간의 삶에 나타나는 자범죄의 존재를 부인하는 자들은 거의 없다. 그렇다고 해서 모든 사람들이 한결같이 같은 깊이의 죄의식을 가지고 있는 것은 아니다. 오늘날 "죄 의식의 상실"에 관한 이야기들이 심심치 않게 들린다. 그러나 현대주의자들은 우리가 죄 의식은 상실했을지라도 죄들에 대한 의식 곧 명백한 자범죄 의식은 살아 있다고 주장한다. 그러나 한 가지 의심할 수 없는 사실은, 사람들이 경각심을 불러일으킬 만큼 거룩하신 하나님을 거역한 죄의 혐오성에 대한 의식을 상실했다는 것이다. 그들은 죄를 단지 동료 인간들의 인권을 침해한 것으로만 생각했다. 그들은 죄가 빈번히 자신들의 반역하는 정신을 충동하여 하나님 앞에서 죄책을 짊어지지 않을 수 없도록 만들며, 하나님의 심판을 받지 않을 수 없도록 만든다는 사실을 간파하지 못하고 있다. 위기의 신학이 한 여러 가지 공헌 가운데 하나는 하

나님께 반역하는 죄 곧 하나님과 같아지려는 반역적 시도라는 의미의 죄가 얼마나 심각한 것인가를 일깨웠다는 점에 있다.

2. 자범죄의 분류. 자범죄를 단일하게 그리고 종합적으로 구분한다는 것은 사실상 불가능한 일이다. 자범죄는 그 종류와 정도가 매우 다양하며, 어느 한 가지 관점에 포괄시킬 수 없는 성질의 것이다. 로마 가톨릭은 대죄(大罪)와 소죄(小罪)를 구분했으나, 어떤 죄가 크고 작은지를 결정하는 것은 대단히 어려운 일이라는 점은 인정했다. 로마 가톨릭이 이와 같은 구분을 한 근거는 갈 5:21이다. "이런 일을 하는 자는 하나님의 나라를 유업으로 받지 못할 것이요." 사람이 대죄를 범하는 것은 중요하다고 생각되는 어떤 일에 있어서 하나님의 뜻을 의도적으로 범하는 경우이다. 이 죄는 그를 영원한 형벌을 받는 위치로 이끌어 간다. 소죄를 범하는 것은, 심각할 정도로 중요한 죄가 아닌 문제에 있어서 하나님의 율법을 범하거나, 율법을 범하는 행위가 완전히 자발적인 것이 아닐 경우이다. 그 같은 죄는 쉽게 용서받을 수 있고, 심지어는 죄의 고백이 없어도 용서가 가능하다. 대죄에 대한 용서는 고해 성사를 통해 얻을 수 있다. 이 구분은 성경적인 구분은 아니다. 그 이유는, 성경에 의하면, 모든 죄는 본질적으로 불법(anomia)이요, 영원한 형벌을 받아 마땅한 것이기 때문이다. 더욱이 이 같은 구분은 실제 생활에 해로운 결과를 끼칠 수 있다. 왜냐하면 이 같은 구분법을 받아들일 경우, 한편으로는 불확실한 감정 곧 병적인 두려움의 감정을 배태할 수 있기 때문이요, 한편으로는 근거없는 방종을 초래할 수 있기 때문이다.

성경은 부과되는 죄책의 다양한 정도에 비례하여 죄의 유형을 구분한다. 구약 성경은 악의로 범한 죄와, 무지나 연약성이나 실수로 인하여 부지중에 범한 죄를 구분한다(민 15: 29-31). 전자는 희생 제사를 통해 구속될 수 없는 죄로서 심각한 형벌을 받게 되는 반면, 후자는 구속될 수 있는 것으로서 관대한 처분을 받을 수 있는 것이다. 이 같은 구분법에 내포된 원리는 여전히 적용된다. 악이 내포되어 있음을 충분히 알면서도 고의적으로 범한 죄는, 무지나 사태에 대한 그릇된 개념 또는 성격상의 연약성으로 인하여 범한 죄보다 훨씬 크고 가증스러운 것이다. 그러나 후자도 역시 실제적인 죄이며, 하나님 앞에서 죄책을 면할 수 없는 것이다(갈 6:1; 엡 4:18; 딤전 1:13; 5:24). 신약 성경은 한걸음 더 나아가서, 어느 만큼 빛을 소유하고 있느냐에 따라 죄의 정도를 결정한다. 이방인들도 죄책을 지고 있으나, 하나님의 계시를 받고 복음 사역의 특권을 누리고 있는 자들은 더 큰 죄책을 짊어지게 되는 것이다(마 10:15; 눅 12:47, 48; 23:34; 요 19:11;

행 17:30; 롬 1:32; 2:12; 딤전 1:13, 15, 16).

3. 용서 받을 수 없는 죄. 몇몇 성경 구절은 용서받을 수없는 죄에 대해서 말한다. 이 죄에 대해서는 마음을 변화시키는 것이 불가능하며, 기도해도 소용 없다. 이 죄는 일반적으로 성령을 모독하는 죄라고 불린다. 주님은 마 12:31, 32과 이와 상응하는 병행 구절에서 이 죄에 대해서 명백하게 말씀하셨으며, 히 6:4-6; 10:26, 27 그리고 요 5:16은 이 죄에 대해서 명백히 언급하고 있다.

(1) **이 죄에 관한 근거 없는 견해들.** 용서받을 수없는 죄의 본질에 관해서는 아주 많은 의견들이 제기되고 있다. ① 히에로니무스와 크리소스톰은 이 죄를 오직 그리스도께서 지상에 계실 때에 한하여 지을 수 있는 죄라고 간주하면서, 그리스도께서 성령의 능력을 통하여 기적을 행하셨음을 마음속으로 확신하면서도 그 기적을 인정하기를 거부하고 그것을 사탄의 소유로 돌리는 행위를 말한다고 주장했다. 그러나 히브리서와 요한일서가 보여주는 바와 같이 이런 제한은 전혀 근거가 없는 것이다. ② 아우구스티누스, 루터 교회 내의 멜란히톤 학파에 속한 교의학자들, 몇몇 스코틀랜드 신학자들(거스리, 찰머스)은 마지막까지도 회개하지 않는 죄(*impoenitentia finalis*)를 지칭하는 것으로 보았다. 이와 관련하여 최근에 나타난 비슷한 견해로는, 이 죄는 계속되는 불신앙을 의미하는 것이요, 믿음으로 예수 그리스도를 끝끝내 받아들이기를 거부하는 태도를 말한다는 견해가 있다. 이 가정에 의하면, 회개하지 않고 불신앙의 상태에서 죽은 자는 이 죄를 범했다는 결론에 이르게 된다. 그러나 성경에 의하면 이 죄는 매우 특별한 성격을 띠고 있다. ③ 성도의 견인(堅忍)을 거부하는 후기 루터파 신학자들은 오직 중생한 사람들만이 이 죄를 범할 수 있다고 말하면서 그 근거를 히 6:4-6에서 찾는다. 그러나 이 주장은 비성경적인 입장으로서, 무엇보다도 도르트 신조는 거듭난 자가 성령을 거스르는 죄를 범할 수 있다고 가르치는 자들이 범한 오류를 거부하고 있다.

(2) **이 죄에 관한 개혁파의 견해.** "성령을 거스르는 죄"라는 명칭은 너무나 일반적인 것이다. 그러므로 성령을 거스르는 죄 가운데도 용서받을 수 있는 죄가 있다(엡 4:30). 성경은 "성령을 거슬러 말하는 것"에 대하여 특별히 언급한다(마 12:32; 막 3:29; 눅 12:10). 이 죄는 분명히 현세에 범한 죄로서, 회심과 용서를 불가능하게 만든다. 이 죄는 증거와 확신이 있음에도 불구하고, 그리스도 안에 나타난 하나님의 은혜에 관한 성령의 증거를 의식적으로, 악의를 가지고, 그리고 고의적으로 거부하고, 중상함과 동시에 질시와 증오심에 사로잡혀서, 그것을 어둠의 권세 잡은 자의 일로 돌리는 행위를

말한다. 이 죄는 객관적으로 그리스도 안에 나타난 하나님의 은혜의 계시와 성령의 강력한 사역을 전제로 한다. 동시에 주관적으로는 정직하기만 하면 진리를 부인하지 못할 만큼 강하게 성령의 조명을 받아서 지적으로 확신하는 상태를 전제로 한다. 이 죄는 진리를 의심하거나 단순히 부인하는 것을 의미하지 않고, 다만 마음의 확신과 양심의 조명과 마음의 판결에 반하여 행동하는 것을 의미한다. 인간은 이 죄를 범함으로써 의도적으로 그리고 악의로, 명백한 하나님의 사역을 사탄의 영향과 작용으로 돌리는 것이다. 이는 곧 결정적으로 성령을 중상하는 것이며, 성령이 악의 심연에서 나온 영이요, 진리는 거짓말이요, 그리스도는 사탄이라고 대담하게 선언하는 것이다. 이것은 성령의 인격성에 대항하는 죄라기보다는, 객관적으로 그리고 주관적으로 그리스도 안에 나타난 하나님의 은혜와 영광을 드러내는 성령의 공적 사역을 거스르는 죄이다.

성령을 거스르는 죄의 뿌리는 의식적으로 그리고 의도적으로 하나님과 모든 거룩한 것들을 증오하는 것이다. 이 죄가 용서받을 수 없는 이유는, 이 죄의 죄책이 그리스도의 공로를 능가하기 때문이거나 죄인이 성령의 새롭게 하는 권능을 넘어설 수 있기 때문이 아니라, 죄의 세계 안에도 하나님이 세우시고 유지하시는 법칙들과 준칙들(Ordinances)이 있기 때문이다. 이 특별한 죄의 경우에 문제되는 법칙은, 이 죄가 모든 회개를 거부하고 양심을 마비시키며 죄인을 완고하게 만듦으로써, 죄를 용서받을 수 없는 것으로 만든다는 점이다. 이 죄를 범하는 자들에게서 우리는 하나님에 대한 공공연한 증오, 하나님과 모든 거룩한 것에 대하여 도전하는 태도, 거룩한 것을 조롱하고 비방하기를 즐기는 태도, 자신들의 영혼의 복리와 미래의 삶에 대한 절대적인 무관심을 발견하게 된다. 이 죄 뒤에 회개가 뒤따르지 않는다는 사실을 고려할 때, 우리가 확신할 수 있는 것은, 이 죄를 범한 사실을 두려워하며 다른 사람들에게 기도를 요청하는 자들은 이 죄를 범하지 않은 것이라는 사실이다.

(3) 이 죄에 대하여 언급하는 서신의 구절에 대한 논평.　　복음서를 제외하고는 이 죄의 명칭이 구체적으로 나타난 곳이 없다. 그러므로 히 6:46; 10:26, 27, 29과 요일 5:16의 구절들이 이 죄를 말하고 있는 것인가에 대해서는 의문이 일어날 수밖에 없다. 어쨌든 이 구절들이 용서받을 수 없는 죄에 대해서 말하고 있는 것만은 분명하다. "그러므로 내가 너희에게 이르노니 사람의 모든 죄와 훼방은 사하심을 얻되 성령을 모독하는 것은 사하심을 얻지 못하겠고"(마 12:31). 이 본문은 용서받을 수 없는 죄가 하나임을 말한다. 이 본문과 서신들에 나타나는 본문들은 같은 내용을 가리키는 것으로 보는 것이 타당하다. 그러나 히 6장은 이 죄의 개체적인 특별한 한 형식을 가리키는 것

으로서, 성령이 비상한 은사와 권능으로 나타났던 사도 시대에만 특별히 있을 수 있었던 어떤 사건을 가리킨다고 보는 것이 옳을 것이다. 이 점을 염두에 두지 않으면, 매우 강한 표현을 가진 이 본문이 성령에 의해서 거듭난 자들에게도 적용되는 것으로 오해될 수 있다. 히 6:4-6이 평범한 현세적 믿음을 통해 할 수 있는 경험을 초월하는 경험을 말하고 있지만, 반드시 마음속에 중생의 은총이 있는가를 시험하는 구절은 아니라는 사실을 염두에 둘 필요가 있다.

깊은 연구를 위한 질문

아담이 계약의 머리라는 개념에 대해서는 어떤 반론이 제기되고 있는가? 아담의 죄가 후손에게 전가된다는 것을 뒷받침하는 성경 구절은 어떤 것인가? 플라케우스의 간접적 전가론은 아미랄두스의 보편적 속죄론과 관계 있는 이론인가? 댑니는 직접적 전가론에 대해서 어떤 반론을 전개했는가? 생득적 죄론은 원죄론과 동일한 것인가, 아니면 어떻게 다른가? 펠라기우스주의와 반(半)펠라기우스주의와 알미니우스주의는 각각의 원죄론에 있어서 어떻게 다른가? 원죄론은 유아 구원론에 어떻게 영향을 끼쳤는가? 성경은 단순히 원죄의 결과로서 타락했다고 가르치고 있는가? 원죄론과 세례에 의한 중생과는 어떤 관계에 있는가? 현대 자유주의 신학에 있어서 원죄론이 차지하는 위치는 어떤 것인가? 바르트 신학이 원죄를 부인하는 것을 어떻게 설명할 수 있는가? 당신은 위의 내용에 언급된 것 이외에 자범죄의 목록을 더 첨가할 수 있는가?

V
죄의 형벌

죄는 매우 심각한 문제다. 하나님은 죄를 심각하게 생각하신다. 그러나 인간은 종종 죄를 가볍게 여긴다. 죄는 하나님의 율법을 어기는 것일 뿐만 아니라, 위대한 율법의 수여자를 공격하는 것이며, 하나님을 반역하는 것이다. 죄는 하나님의 보좌의 기초를 형성하는(시 97:2) 신성 불가침의 하나님의 의를 침범하는 것이요, 우리의 모든 삶을 거룩하게 살도록 요구하는 하나님의 흠 없는 거룩함에 도전하는 것이다(벧전 1:16). 그러므로 하나님께서 죄에 대해 처벌하시는 것은 당연하다. 근본적인 의미에서 하나님은 이렇게 말씀하신다. "나 여호와 너의 하나님은 질투하는 하나님인즉 나를 미워하는 자의 죄를 갚되 아비로부터 아들에게로 삼사 대까지 이르게 하거니와"(출 20:5). 하나님께서 현세와 내세에 죄를 처벌하신다는 것을 성경은 다양하게 입증하고 있다.

A. 자연적인 형벌과 적극적인 형벌

하나님께서 죄에 대해 내리시는 형벌은 보통 자연적인 형벌과 적극적인 형벌로 나누어진다. 형벌은 죄의 자연스러운 결과이며, 피할 수 없는 것이다. 즉 형벌은 죄의 자연스럽고 필연적인 결과이다. 인간은 회개와 용서를 통해 이 형벌에서 면제될 수 없다. 어떤 경우에는 이 형벌이 하나님께서 우리가 임의로 사용할 수 있도록 허락하신 방편을 통해 감소되기도 하고 제지되기도 한다. 그러나 또 어떤 경우에는 지난날의 우리의 범죄를 끊임없이 상기시켜주는 역할을 하기도 한다. 게으른 사람은 가난해지고, 술주정뱅이는 자신과 가족의 멸망을 자초하고, 간음자는 역겹고 치유될 수 없는 질병을 자초하며, 범법자는 감옥 문을 떠나서도 새로운 삶을 시작하기 어려울 만큼 수치를 당한다. 이 같은 형벌에 대해서 성경은 여러 곳에서 말한다(욥 4:8; 시 9:15; 94:23; 잠 5:22; 23:21; 24:14; 31:3).

그러나 적극적인 형벌도 있다. 이것은 좀 더 일반적이고 법적인 의미의 형벌이다.

이 형벌은 자연적인 삶의 법칙과 위대한 율법 수여자의 적극적인 율법을 전제로 한다. 이 법에는 제재 규약이 첨가되어 있다. 이 형벌은 범법의 본질에서 자연스럽게 나오는 형벌이 아니라, 거룩한 법령에 의하여 범법에 가해지는 형벌이다. 이것은 거룩한 율법에 의하여 부과되는 것으로서 절대적 권위를 지니고 있는 것이다. 성경이 통상적으로 말하는 형벌은 이것을 지칭한다. 특히 구약에서 말하는 형벌은 이것을 뜻한다. 하나님께서는 이스라엘에게 상세한 법전을 주셔서 시민 생활과 윤리 생활과 종교 생활을 영위해 나가도록 하셨다. 동시에 하나님은 범법을 할 때마다 형벌을 가하도록 법을 제정하셨다(비교. 출 20-23). 이 율법의 많은 시민법적인 조항들과 종교적인 조항들은 그 형식에 있어서는 이스라엘만을 위한 것으로 되어 있으나, 이 법령들 안에 구현되어 있는 근본적인 원리들은 신약 시대에도 적용된다.

성경이 말하는 죄의 형벌에 관하여 살피기 전에, 우리는 먼저 하나님께 고의적으로 반역하는 행동이 낳는 자연적이고 필연적인 결과가 어떤 것이며, 이 범죄에 대하여 하나님이 부과하신 법적인 형벌은 어떤 것인가를 살펴볼 필요가 있다. 그런데 일부 유니테리안들과 만인구원론자들, 그리고 현대주의자들은 죄악된 행위에 뒤따르는 결과들을 제외하고는 어떤 형태의 죄에 대한 형벌의 존재도 부인한다. 형벌이란 거룩한 존재가 사건의 옳고 그름에 따라 선언하는 선고가 아니라, 일반적인 법칙의 작용에 지나지 않는다는 것이다. J. F. 클라크, 데이어, 윌리엄슨, 워싱턴 글래든 등이 이 입장을 취했다. 글래든(Washington Gladden)은 이렇게 말한다. "옛날의 신학은 이 형벌을 미래의 삶 속에 법적인 과정을 통하여 죄인에게 부과되는 고난을 의미하는 것으로 해석했다 …… 새로운 신학이 가르치는 바와 같이 죄에 대한 형벌은 죄의 자연스러운 결과를 의미한다 …… 죄에 대한 형벌도 죄다. 사람이 무엇으로 심든지 심은 대로 거두는 법이다."

이 개념은 새로운 것은 아니다. 이 개념은 단테의 마음속에도 이미 있었던 것이다. 그의 유명한 시에서 지옥의 고통은 죄의 결과를 상징한다. 셸링도 이 점을 염두에 두고서, 세계사는 곧 세계에 대한 심판이라고 했다. 그러나 성경이 풍부히 증거하는 바는 이것이 전적으로 비성경적인 개념이라는 것이다. 성경이 말하는 형벌은, 결코 인간이 범한 죄의 자연적인 결과는 아니다. 출 32:33; 레 26:21; 민 15:31; 대상 10:13; 시 11:6; 75:8; 사 1:24, 28; 마 3:10; 24:51 등의 구절은 모두 죄에 대한 형벌을 하나님의 직접적인 행위로 간주한다. 앞에 소개한 견해에 따르면 보상이나 형벌 따위는 존재하지 않는다고 한다. 덕이나 악이 이미 형벌을 내포한다. 더욱이 이 입장에 따르면, 고난을 형벌로 볼 이유가 없어지고 만다. 왜냐하면 그것은 죄책을 거부하기 때문이다. 정확하게 말한다면, 죄책이 있을 때 고난은 형벌이 되는 것이다. 많은 경우에 있어서, 가혹한 형벌을 받는 것은 죄책이 있기 때문이 아니라, 술주정뱅이나 사기꾼 같은 자들의 식구라는 아무런 죄도 없는 이유 때문일 때가 많은 것이다. 마지막으로, 이 견해에 따르면, 천국과 지옥은 미래 형벌의 장소가 아니라 현세 안에서의 마음의 상태 또는 환경을 말한다. 워싱턴 글래든은 이 입장을 명백히 표현했다.

B. 형벌의 본질과 목적

"형벌"이라는 단어는 벌, 속죄, 고통을 의미하는 라틴어 포에나(*poena*)에서 파생했다. 그것은 어떤 그릇된 행동 때문에 가해지는 고통 또는 고난을 의미한다. 좀 더 구체적으로 말하면, 그것은 율법을 범함으로써 침범당하는 공의를 수호하기 위해서 율법 수여자가 직접·간접적으로 가하는 고통 또는 손실이라고 정의될 수 있다. 형벌은 하나님의 의 또는 형벌적 정의에서 유래하는 것으로서, 이를 통하여 하나님은 자기 자신을 거룩한 자로 주장하시며, 모든 이성적인 피조물들에게 필연적으로 거룩함과 의를 요구하신다. 형벌은 죄 때문에 자연적으로 그리고 필연적으로 가해지는 벌을 말한다. 사실상 그것은 하나님의 본질적 공의에 기인하는 일종의 빚이다.

죄의 형벌에는 두 가지 유형이 있다. 죄에는 필연적으로 형벌이 따른다. 이 경우에서 죄는 하나님과 인간의 분리를 야기하며, 죄책과 오염을 동반하고, 두려움과 수치스러움으로 마음을 가득 채운다. 그러나 율법 수여자에 의해서 외부로부터 인간에게 부과되는 형벌도 있다. 예컨대 현세에서 받는 온갖 재난이나 미래에 지옥에서 받는 형벌이 그것이다. 그런데 이제 죄에 대한 형벌의 목적 또는 대상이 무엇인가라는 문제가 제기된다. 이 점에 대해서는 주목할 만한 견해 차이가 있다. 죄에 대한 형벌은 전에 해를 끼친 자에 대한 단순한 보복의 차원에서 이해해서는 안 된다. 다음은 형벌의 목적에 관한 세 가지 주목할 만한 견해들이다.

1. 거룩한 의 또는 정의의 수호. 투레틴은 이렇게 말한다. "하나님에게 정의라는 속성이 존재한다면, 죄에 대하여 형벌을 가하는 것은 마땅하다." 법은 더 이상의 고찰에 관계 없이, 죄가 지닌 과오만으로도 벌써 형벌을 가할 것을 요구한다. 이 원리는 인간의 법과 하나님의 법을 운용할 때 모두 적용된다. 정의는 범법자를 처벌할 것을 요청한다. 율법의 배후에는 하나님이 서 있다. 그러므로 형벌의 목적은 위대한 율법 수여

자의 의와 거룩함의 수호라고 할 수 있다. 하나님의 기룩함은 필연적으로 죄에 대항하며, 이와 같은 대항은 죄를 처벌하는 데서 그 모습이 드러난다. 이 원리는 모든 인간에게 그 행한 대로 갚으시는 의로운 심판자이신 하나님에 관하여 말하는 모든 성경 본문의 기초를 이루고 있다. "그는 반석이시니 그가 하신 일이 완전하고 그의 모든 길이 정의롭고 진실하고 거짓이 없으신 하나님이시니 공의로우시고 바르시도다"(신 32:4). "하나님은 악을 행하지 아니하시며 전능자는 결코 불의를 행하지 아니하시고 사람의 일을 따라 갚으사 각각 그의 행위대로 받게 하시나니"(욥 34:10, 11). "주께서 각 사람이 행한 대로 갚으심이니이다"(시 62:12). "여호와여 주는 의로우시고 주의 판단은 옳으니이다"(시 119:137). "나 여호와는 사랑과 정의와 공의를 땅에 행하는 자(라)"(렘 9:24). "각 사람의 행위대로 심판하시는 이를 너희가 아버지라 부른즉 너희가 나그네로 있을 때를 두려움으로 지내라"(벧전 1:17). 하나님의 의와 거룩함을 옹호하고 하나님의 존재의 표현인 율법을 보호하는 것이 죄의 형벌이 갖는 일차적인 목적임이 분명하다. 그러나 어떤 견해는 다른 것을 전면에 내세운다.

2. 죄인을 교정하는 것. 오늘날 전면에 크게 부각되고 있는 견해는, 죄인의 처벌을 가차없이 요구하는 형벌적 정의가 하나님에게는 없으며, 하나님은 죄인에게 분노하는 것이 아니라 죄인을 사랑하며, 죄인에게 역경을 주시는 것은 다만 그를 교화시키고 그를 아버지의 집으로 돌이키게 하기 위함일 뿐이라는 것이다. 형벌과 징계를 구분하지 않는 것은 비성경적인 견해이다. 죄의 형벌은 율법 수여자의 사랑과 긍휼에서가 아니라 그의 정의에서 온다. 형벌이 부과된 뒤에 교정이 따른다 하더라도 그것은 형벌 그 자체 때문이 아니라 다만 하나님의 은혜로운 작용의 열매로서 오는 것이며, 또한 하나님은 이 은혜를 통하여, 죄인에게 그 자체가 악인 것을 유익한 것으로 바꾸어 놓는다. 징계와 형벌은 구분되어야 한다. 한편으로 성경은 하나님이 자기 백성을 사랑하고 징계하신다고 가르친다(욥 5:17; 시 6:1; 94:12; 118:18; 잠 3:11; 사 26:16; 히 12:5-8; 계 3:19). 다른 한편으로는 그가 행악자를 미워하고 처벌하신다고 가르친다(시 5:5; 7:11; 나 1:2; 롬 1:18; 2:5, 6; 살후 1:6; 히 10:26, 27). 더욱이 형벌이 교정적인 것이 되기 위해서는 의로운 것으로, 곧 정의에 입각한 것으로 간주되어야 한다. 이 이론에 따르면, 이미 교정된 죄인은 더 이상 처벌될 수 없으며, 인간에게는 교정의 가능성이 주어져 있다. 결국 사탄에게도 형벌이 있을 수 없으며, 사형이라는 형벌은 폐지되어야만 하고, 영원한 형벌이란 있을 수 없다는 말이 된다

3. 인간이 죄를 범하는 것을 억제함. 오늘날 보편화된 또 하나의 이론은, 어떤 죄인

이 범한 것과 비슷한 죄를 다른 사람이 범하는 것을 억제함으로써 사회를 보전하기 위하여 형벌이 가해져야 한다는 것이다. 가정과 국가와 세상의 도덕적인 정부에서 이러한 목적이 실행되고 있는 것은 분명한 사실이다. 그러나 이것은 하나님이 형벌을 가하실 때 자비롭게 뒤따르는 부수적인 결과에 지나지 않는다. 이것이 하나님이 형벌을 가하는 이유가 될 수는 없다. 사회의 유익을 위하여 개인을 처벌하는 것은 정의롭지 못하다. 사실상 죄인은 언제나 자기 죄 때문에 처벌되며, 이것이 부차적으로 사회를 유익하게 할 수 있을 뿐이다. 여기서 다시 어떤 형벌도 그 자체가 의롭고 바르지 못하면 억제 효과가 없다는 말을 할 수 있다. 형벌을 받는 자가 마땅히 형벌을 받을 만하다는 사실이 명백할 때, 비로소 형벌은 선한 효력을 발휘한다. 이 이론이 참되다면, 어떤 범법자가 형무소에 갇혀 있을 때, 그를 처벌함으로써 다른 사람들을 죄에서 돌이키게 할 수 없다면 그를 내보내야 한다. 더욱이 형벌을 기꺼이 견디고자 하는 마음만 있으면 범죄하려고 할지도 모른다. 이 견해에 따르면, 형벌은 과거에 뿌리 박고 있지 않고, 전적으로 예기되는 것일 뿐이다. 이 관점에 근거해서는 형벌이, 회개하는 심정으로 지난날의 죄들을 회고하면서 고백하는 것을 가능하게 하는 현상을 설명하기 어렵다. 다음의 성경 구절들을 참고하라(창 42:21; 민 21:7; 삼상 15:24, 25; 삼하 12:13; 24:10; 스 9:6, 10, 13; 느 9:33-35; 욥 7:21; 시 51:14; 렘 3:25). 그런 예들은 이밖에도 얼마든지 들 수 있다. 위에 제시한 두 가지 이론에 반대하면서 주장할 수 있는 것은, 죄를 처벌하는 것은 그 일차적인 목적에 있어서 첫째 견해가 옳지만, 형벌을 가하는 것은 개인과 사회를 위하여 유익한 결과들을 낳을 수 있다는 사실이다.

C. 죄에 대한 실제적 형벌

낙원에서 하나님이 인간에게 경고하신 형벌은 사망이다. 여기서 말하는 죽음은 몸의 죽음을 말하는 것이 아니라, 전인으로서의 인간의 죽음 곧 성경적인 의미에서의 죽음을 말한다. 성경은 육체적 죽음, 영적 죽음, 그리고 영원한 죽음을 구분하는 우리의 통상적인 생각을 지지하지 않는다. 성경은 죽음을 종합적인 관점에서 생각하며, 죽음을 하나님으로부터의 분리로 간주한다. 인간이 범죄하는 날, '형벌은 사실상 집행된 것으로 보아야 한다. 그러나 형벌의 완전한 시행은 하나님의 은혜에 의하여 잠시 유보되었다. 어떤 사람들은 비성경적인 방법으로 이 같은 죽음의 구별을 성경에 도입하면서, 육체적인 죽음은 죄에 대한 형벌이 아니라 인간의 신체 구조상으로 볼 때 지극히 자연스러운 결과라고 말한다. 그러나 이같은 예외적인 생각은 비성경적이다. 성경은 우리에게 죄에 대해서는 형벌이 가해질 것을 경고하고 있는데, 이 형벌은 종합적인 의미에 있어서의 죽음을 의미한다. 성경은 죽음이 죄를 통하여 세상에 들어왔으며(롬 5:12), 죄의 삯은 사망이라고(롬 6:23) 말한다. 죄에 대한 형벌에 육체적 죽음이 포함되는 것은 사실이다. 그러나 사실상 여기는 그 이상의 것이 포함되어 있다. 그것을 우리는 다음과 같이 정리할 수 있을 것이다.

1. 영적인 죽음. 죄가 이미 죄에 대한 형벌이라는 아우구스티누스의 주장은 깊은 진리를 담고 있다. 그 의미는, 인간이 태어날 때부터 본래 가지고 있는 죄악된 상태와 조건은 그 자체로써 이미 죄에 대한 형벌의 일부분을 구성한다는 것이다. 이와 같은 상태와 조건은 죄의 직접적인 결과이지만, 동시에 경고된 형벌의 일부분이기도 하다. 죄는 인간과 하나님을 분리시킨다. 이 같은 분리는 죽음을 의미한다. 살아 계신 하나님과 교제할 때만 인간은 참된 삶을 살 수 있다. 죄가 세상에 들어옴으로써 초래된 죽음의 상태 안에서 우리는 죄책을 짊어지지 않을 수 없으며, 이 죄책은 예수 그리스도의 구속 행위를 통해서만 제거될 수 있다. 그러므로 율법을 범한 결과로 초래되는 고통을 짊어지는 것은 우리의 의무이다. 자연인은 어디를 가든지 처벌에 대한 강박 관념을 벗어나지 못한다. 양심은 끊임없이 그의 죄책을 상기시켜 주며, 형벌에 대한 두려움이 종종 마음을 사로잡기도 한다. 영적인 죽음은 죄책을 의미할 뿐만 아니라 오염을 의미하기도 한다. 죄는 언제나 인간을 부패시키는 일종의 영향력이며, 우리의 죽음의 일부이기도 하다. 우리는 선천적으로 하나님 앞에 불의할 뿐만 아니라 거룩하지 못한 존재이다. 이 같은 거룩하지 못함이 사고와 언행에서 그 모습을 드러낸다. 그것은 독으로 오염된 샘이 인생의 시냇물을 더럽히듯이 우리 안에서 작용한다. 만일 하나님의 보통 은혜의 억제력이 없었다면 인간의 사회 생활은 전혀 불가능할 것이다.

2. 삶의 고통 죄가 이 세상에 들어옴으로써 초래되는 삶의 고통도 죄에 대한 형벌의 일부가 된다. 죄는 인간의 삶 전체를 교란시킨다. 인간의 육신적인 삶은 연약성과 질병의 포로가 되어 있으며, 그로 인해 불안과 쓰라린 고통이 초래된다. 그의 정신 생활도 그를 좌절하게 만드는 갖가지 방해 거리 때문에 고통을 겪는다. 이로 인하여 그는 종종 삶의 기쁨을 빼앗기고, 일상적인 의무를 담당할 기력을 상실하며, 때로는 정신적인 균형을 완전히 잃고 만다. 그의 영혼 자체가 이미 갈등하는 사상·열정·욕망의 전투장이 되고 만다. 의지는 지성의 판단을 따르기를 거부하고, 열정은 지적인 의지의 통제를 벗어나 제멋대로 날뛴다. 참된 삶의 조화가 파괴되고, 저주스러운 분열된 삶

의 모습이 드러난다. 인간은 해체의 상태에 들어가며, 이때 아주 독초와도 같은 고통이 뒤따른다. 한 걸음 더 나아가서, 피조물 전체가 허무한 것과 부패의 굴레에 굴복한다. 진화론자들은 자연을 "피로 물든 약육 강식의 현장"이라고 우리에게 가르쳤다. 파괴적인 힘은 지진·태풍·돌풍·화산 폭발·홍수를 통해서 표현되며, 이와 같은 것들이 인류에게 미증유의 불행을 가져온다. 오늘날 많은 사람들은 이 같은 사건 속에서 하나님의 손길을 읽지 않으며, 그 재난들이 죄에 대한 형벌의 일부라고 생각하지 않는다. 그러나 이 같은 사건들은 일반적인 의미의 하나님의 형벌이라고 보아야 한다. 그러나 이 같은 재난들을 개별화시켜서, 재난이 일어난 지역에 사는 사람들이 범한 심각한 죄에 대한 특별한 형벌이라고 해석해서는 안 된다.

그러나 한편으로는 하늘에서 불이 내려와 멸망한 소돔과 고모라 사건이 보여주는 바와 같이, 죄와 재난의 인과 관계를 무시하는 것도 바람직하지느 않다. 우리는 언제나 집단적 책임 의식을 느껴야 하며, 하나님께서 어느 도시, 구역, 그리고 국가들을 재난으로 벌하시는 데는 그만한 이유가 있다고 생각해야 한다. 오히려 하나님이 더 자주 진노하고 불쾌히 여김으로써 이들을 벌하시지 않는 것이 이상한 일이다. 예수께서 갈릴리인들에게 임했던 재난에 대하여 말씀하시면서 그들이 범죄했음이 분명하다는 사실을 말했던 것을 주목할 필요가 있다. "너희는 이 갈릴리 사람들이 이같이 해받음으로 다른 모든 갈릴리 사람보다 죄가 더 있는 줄 아느냐 너희에게 이르노니 아니라 너희도 만일 회개하지 아니하면 다 이와 같이 망하리라 또 실로암에서 망대가 무너져 치어 죽은 열여덟 사람이 예루살렘에 거한 다른 모든 사람보다 죄가 더 있는 줄 아느냐 너희에게 이르노니 아니라 너희도 만일 회개하지 아니하면 다 이와 같이 망하리라"(눅 13:2-5).

3. 육체적인 죽음. 몸과 영혼의 분리도 또한 죄의 형벌의 일부이다. 주께서 형벌을 경고하실 때 이 점을 염두에 두셨던 것은 다음의 본문을 보면 분명하다. "너는 흙이니 흙으로 돌아갈 것이니라"(창 3:19). 이 주장은 롬 5:12-21과 고전 15:12-23에 나타난 바울의 논증에서도 분명해진다. 교회의 입장은 언제나, 육체적인 죽음을 포함하여 완전한 의미에 있어서의 죽음은 죄의 결과인 동시에 죄의 형벌이라는 것이었다. 죄의 삯은 사망이다. 펠라기우스주의는 죄와 죽음의 연관성을 부인했으나, 418년에 개최된 북아프리카의 카르타고 총회는 "첫 사람 아담은 죽을 수밖에 없는 존재로 창조되었으므로, 아담이 범죄했든 하지 않았든 상관없이, 아담이 죽은 것은 죄의 삯이 아니라 자연의 필연성 때문이다"고 주장하는 자를 파문했다. 소지니주의자들과 합리주의자들

은 펠라기우스의 오류를 답습했다. 더욱 최근에는 죄는 인간의 도덕적·영적 발전에 있어서 필수적인 하나의 계기라고 주장하는 칸트파, 헤겔파, 그리고 리츨파 신학자들에 의해서 이 오류가 반복되고 있다. 이 견해는 또한 현재의 자연과학의 지지를 받고 있다. 자연과학에 의하면, 죽음은 유기체로서의 인간의 몸에 자연적으로 일어나는 현상이라고 한다. 그러므로 인간은 필연적으로 죽지 않을 수 없다는 것이다. 그러나 인간의 유기체가 7년마다 한 번씩 새로운 몸으로 바뀐다는 사실과, 아주 늙어서 기력이 완전히 쇠잔해져서 죽는 사람은 비교적 소수에 불과하다는 사실은 이 같은 자연과학적 견해에 의문을 제기한다. 사실상 훨씬 많은 사람들이 질병과 사고 때문에 죽는다. 이 견해는 인간이 죽음을 자연적인 어떤 것으로 생각하지 않고, 죽음을 소속되어 있는 어떤 것으로부터 자연스럽지 못한 방법으로 분리되는 것으로 간주하고 두려워한다는 경험적 사실과도 부합되지 않는다.

4. 영원한 죽음. 이 죽음은 영적인 죽음의 절정이요 완성이라고 볼 수 있다. 현재의 속박이 제거되고 죄로 인한 부패가 완성된다. 하나님의 진노가 저주받은 자에게 임한다. 인간이 생명과 기쁨의 근원이신 하나님과 완전히 분리된다. 이것은 가장 두려운 의미에 있어서의 죽음이다. 인간의 외적인 조건은 악한 영혼의 내적인 상태에 부합한다. 양심의 고통과 더불어 육체적 고통도 뒤따른다. 고통의 연기는 영원토록 솟아오른다(계 14:11). 이 문제에 대한 좀 더 상세한 논의는 종말론에 속한 문제이다.

깊은 연구를 위한 질문

많은 현대 자유주의자들이 죄에 대한 적극적인 형벌을 부인하는 이유는 무엇인가? 죄에 대한 형벌이 전적으로 죄의 자연적인 결과를 말한다는 입장은 타당한 것인가? 이 입장에 대해서 당신은 어떤 반론을 제기할 수 있는가? 죄의 형벌은 하나님의 율법과 의를 수호하는 것이라는 주장을 반대하는 보편적인 견해를 설명해 보라. 죄를 처벌하는 것은 억제와 교정 수단으로서의 기능을 가지고 있다고 보는가? 성경적인 죽음관은 무엇인가? 성경의 죽음관이 육체적 죽음을 포함하고 있다는 것을 성경적으로 증명할 수 있는가? 영원한 죽음의 교리는 죄의 처벌이 단순히 교정 또는 억제 수단이라는 사상과 부합하는가?

제3부 은혜 언약 안에 있는 인간

I
언약의 명칭과 개념

A. 명칭

1. 구약에서. '언약'에 해당하는 히브리어는 언제나 베리트인데, 이 말의 어원은 확실하지 않다. 통상적으로는 '자르다'는 의미를 가진 히브리어 동사 바라에서 파생된 것으로 추측한다. 이런 추측에 의거하면, 창 15:17에서 거론된 의식이 언약과 관련이 있는 것으로 보인다. 그러나 어떤 학자들은 '묶는다'는 뜻을 가진 아시리아어 베리투에서 파생된 것으로 보기도 한다. 어원의 문제는 언약 교리를 세우는 데 별로 중요한 것은 아니다. 베리트는 쌍방간에 자발적으로 이루어지는 합의 또는 어느 한 편이 다른 편에게 부과하는 약정을 의미한다. 이 말의 정확한 의미는, 어원이나 개념의 역사적 발전에 의존하는 것이 아니라, 단순 언약의 쌍방에 의존한다. 어느 한 편이 복종하는 입장에 서고 다른 한 편보다 말을 적게 하는 입장을 취할 때, 언약은 어느 한 편이 다른 편에게 부과하는 약정의 성격을 띤다. 이때 베리트는 호크(정해진 법령 혹은 규례)와 동일한 의미로 사용된다(출 34:10; 사 59:21; 렘 31:36; 33:20; 34:13). 여기서 카라트 베리트(언약을 맺다)는 '함께'를 뜻하는 암 및 벤과 함께 쓰일 뿐만 아니라 라벧(~에게)과도 함께 쓰인다(수 9:6; 사 55:3; 61:8; 렘 32:40). 따라서 하나님과 인간은 동등한 당사자가 아니기 때문이다. 하나님은 자신의 법령을 인간에게 부과하시는 주권자이시다.

2. 신약에서. 70인역에서 베리트는 신 9:15(마르투리온)과 왕상 11:11(엔토레)을 제외한 모든 본문에서 디아데케로 번역되었다. 디아데케는 네 개의 본문을 제외하면 모두 이 용법으로만 사용되었다. 이 단어가 일반적인 헬라어 용법에서 언약을 가리키는 단어로 사용되지 않고 단지 하나의 약정 곧 양도 계약서를 가리키며, 한 걸음 더 나아가 유언 또는 유언장을 가리킬 뿐이었다는 사실을 염두에 두고 볼 때, 이 같은 용법은 좀

특이하다고 할 수 있다. 언약에 해당하는 일반적인 단어는 순데케이다. 번역자들은 언약 개념 대신에 다른 개념을 대치시키려는 의도를 가지고 있었던 것인가? 그런 의도는 전혀 없었다고 보는 것이 타당할 것이다. 왜냐하면 사 28:15에서 번역자들은 두 단어를 동의어적으로 사용하고 있으며, 이 문맥에서 디아데케는 분명히 조약 또는 약정을 의미하고 있기 때문이다. 그들이 이 의미를 디아데케에 부가하려고 했던 것은 틀림없는 일이다. 그러나 다음과 같은 질문이 여전히 남는다. 그들은 무엇 때문에 순데케라는 용어를 피하고, 합의보다는 일방적인 약정이라는 의미를 가진 단어를 사용했는가? 모든 가능성을 고려해 볼 때 그 이유는, 헬라 세계에 있어서 순데케를 통해 표현된 언약 개념은 상당 부분 언약 당사자들의 법적 동등성에 근거하고 있으며, 이 개념을 수정하지 않고 성경적 사상에 끼워맞출 수는 없었다는 사실에 있다고 볼 수 있다. 언약을 체결할 때 우선권이 하나님께 있다는 개념과, 하나님이 자신의 언약을 주권적으로 인간에게 부과하신다는 개념은 일반적인 헬라어에는 없는 개념이다: 그러므로 단어의 교체는 불가피한 일이었다.

이와 같이 하여 디아데케라는 단어는 많은 다른 단어들과 같이 하나님의 생각을 담는 그릇이 되면서 새로운 의미를 부여받았다. 이 같은 변화는, 이 단어의 신약 성경상의 용법과 관련시켜 볼 때, 매우 중요한 의미를 지닌다. 어떤 번역이 이 단어의 적절한 번역인가 하는 점에 대해서는 많은 견해들이 제시되고 있다. 이 단어가 들어있는 네덜란드역 및 흠정역 가운데 절반은 "언약"으로, 그리고 절반은 "유언"으로 번역되었다. 그러나 ARV역(미국 개정역본)은 히 9:16, 17을 제외하고는 일관성있게 "언약"으로 번역했다. 그러나 여기서 다음과 같은 질문이 불가피하게 일어난다: 이 단어의 신약적인 의미는 무엇인가?

일부 학자들은 이 단어가 신약 성경에서 사용될 때는 양도(증여) 또는 유언이라는 의미로 사용된다고 주장하는 반면, 또 어떤 학자들은 몇 군데에서는 유언을 의미하지만 대다수의 구절들에서는 언약 개념이 전면에 부각된다고 주장한다. 후자가 올바른 견해임은 두말할 나위도 없다. 신약의 용법은 대체로 70인역의 용법과 일치한다. 관련 구절들을 주의 깊게 살펴보면 히 9:16, 17에서만 "유언"으로 번역하고 있는 ARV역이 바른 번역이라는 사실을 알 수 있다. 히브리서의 본문을 제외하면 어느 성경 구절도 이 단어를 유언으로 이해하고 있지 않음을 알 수 있다. 심지어 고후 3:6, 14도 마찬가지다. 몇몇 신약 번역본이 그렇게 많은 곳에서 "언약(covenant)"을 "유언(testament)"으로 대치시키고 있다는 사실은 다음 세 가지 원인으로 설명될 수 있다. (1) 계약에 있어서 하나님의 우선권을 강조하려는 의도, (2) 가능한 한 히 9:16, 17과 조화를 이루며 이 단어를 번역하고자 하는 전제, (3) 디아데케를 일관성 있게 "유언(testamentum)"으로 번역하고 있는 라틴어 역본의 영향.

B. 개념

언약 개념은 구속의 계시를 통해서 이 개념이 공식적으로 사용되기 전에, 이미 역사에서 발전되었다. 하나님께서 노아 및 아브라함과 언약을 맺기 전에 이미 인간들 사이에서 언약이 이루어지고 있었다. 인간들은 이 같은 준비 과정을 거쳐서, 죄로 분열된 세상에서 언약을 맺는다는 것이 어떠한 것인지 이해할 수 있었고, 하나님이 계시를 통하여 인간과의 관계를 언약 관계로 제시할 때 그것을 곧 알 수 있었다. 그렇다고 해서 언약 개념이 인간에게서 시작되었다거나, 하나님이 자신과 인간의 상호 관계를 서술하기 위하여 이 개념을 빌려다 쓰셨다는 말은 아니다. 오히려 정반대로 말할 수 있다. 모든 언약 생활의 원형은 하나님의 삼위일체적인 존재 안에서 발견된다. 인간 안에서 발견되는 것은 이 원형의 희미한 모형에 지나지 않는다. 하나님이 인간의 삶을 이와 같은 언약 관계의 삶으로 제정하셨기 때문에 언약 개념은 사회 생활의 여러 가지 기둥들 가운데 하나가 되는 것이며, 이렇게 해서 언약 관계가 이미 발전된 이상, 하나님은 공식적으로 이 관계를 자신과 인간의 실존하는 관계의 표현으로 소개하셨다. 하나님과 인간의 언약 관계는 아브라함과의 계약이 공식적으로 맺어지기 훨씬 이전부터, 곧 태초부터 존재했다.

베리트는 종종 인간들 사이의 언약을 가리킬 때 사용되지만, 여기에도 언제나 종교적 개념이 포함되어 있다. 언약은 두 사람 이상의 당사자들 사이에서 이루어지는 조약 또는 협정을 의미한다. 아마도 사람들 사이에서 맺어지는 협정은, 두 당사자가 동등한 입장에 서서 서로가 지켜야 할 의무와 조건들을 자발적으로 주의 깊게 설정하는 것일 것이다. 그러나 하나님과 인간 사이에서 맺어지는 약정 또는 양도 계약서는, 우월한 위치에 있는 자가 열등한 위치에 있는 자에게 부과하고, 열등한 자는 그것을 그대로 받아들이는 것을 의미한다. 이와 같은 약정을 할 때에는 하나님 앞에서 행하는 의식이 뒤따르기 마련이며, 이 의식을 통해서 약정은 구속력을 갖게 된다. 계약 관계에 있는 쌍방이 정해진 약정에 근거하여 어떤 약속을 이루기로 맹세한다. 두 당사자가 동등하지 못하다고 해서 하나님과 인간이 언약을 맺을 수 없다고 말해서는 안 되며, 동시에 은혜 언약이란 언약의 형식으로 표현된 구원의 약속을 말하는 것에 지나지 않는다고 생각해서도 안 된다. 이와 같이 생각하게 되면 우리는 성경에 나타난 언약 개념을 바르게 이해할 수 없다.

행위 언약과 (그 이후의 사건의 전개가 보여주는 바와 같이) 은혜 언약은 그 기원에 있어서 일방적이며, 하나님이 제정하신 약정의 성격을 띠고 있는 것이며, 하나님이 두 경우 모두 우선권을 쥐고 계시는 것이다. 그러나 그럼에도 불구하고 이는 엄연한 언약이다. 하나님은 은혜로써 이 세상에 내려오셔서 인간이 되셨으며, 인간을 어느 정도 동등한 입장에서 존중해 주신다. 그가 자신의 요구를 설정하시며 친히 약속을 주신다. 인간은 이렇게 해서 하나님이 임의로 부과한 의무를 부여받으며, 복을 받는다. 행위 언약에 있어서, 인간은 선으로 부여받은 은사들을 사용하여 그 요구를 충족시킬 수 있다. 그러나 은혜 언약에 있어서는 다만 성령의 거듭나고 성화시키는 영향력을 통해서만 그 조건들을 충족시킬 수 있다. 하나님이 인간 안에 작용하실 때 인간은 의지를 갖게 되고 행동하게 된다. 하나님은 은혜로써 자신이 인간에게 요구하는 모든 것을 주신다. 이것을 은혜 언약이라고 부르는 이유는 이것이 비할 데 없는 하나님의 은혜의 계시이기 때문이며, 인간은 이 은혜에 따르는 복을 하나님의 선물로 받기 때문이다.

II
구속 언약

A. 개별적 논의

은혜 언약의 당사자들은 여러 가지 다양한 방법으로 표현된다. 어떤 학자들은 언약의 당사자를 삼위일체 하나님과 인간으로 말하기도 한다. 여기서 인간은 아무런 조건이 붙지 않을 때도 있고, 때로는 "죄인", "선민", "그리스도 안에 있는 인간"이라는 한 정어가 붙을 때도 있다. 다른 학자들은 삼위일체를 대표하는 성부 하나님과 선민을 대표하는 그리스도를 언약의 당사자라고 보기도 한다. 뿐만 아니라 코케이우스(Coccejus) 이래 어떤 학자들은 두 개의 언약을 말한다. 곧 성부와 성자 사이에 체결된 구속 언약 (*pactum salutis*)과, 이 언약에 근거해서 맺어진 하나님과 선민 또는 택함을 받은 죄인 사이에 맺어진 은혜 언약을 구분한다. 조직신학적인 입장에서 보면, 언약의 당사자를 하나님과 인간이라고 보는 것보다는 성부와 성자로 보는 것이 더 적합한 것은 사실이다. 이 표현은 롬 5:12-21과 고전 15:21, 22, 47-49의 지지를 받고 있으며, 구속 언약과 은혜 언약이 서로 떼려야 뗄 수 없는 상관 관계에 있음을 강조한다. 이 표현은 그리스도 안에서의 언약의 통일성을 말하고 있는데, 보스턴, 깁, 딕, A. 카이퍼, H. 카이퍼, A. 카이퍼 2세 등의 지지를 받고 있다.

한편 세 번째 견해는 앞의 두 견해보다 더 명료하고 이해하기 쉽다. 그러므로 이 견해는 언약 교리를 논의할 때 훨씬 더 도움이 될 것이다. 이 견해는 다른 견해에 뒤따르는 혼란을 피할 수 있고, 마스트리히트, 아 마르크, 투레틴, 비치우스, 헤페, C. 하지, A.A. 하지, 쉐드, 보스, 바빙크, 호니히 등과 같은 다수의 개혁파 신학자들의 지지를 받는다. C. 하지는 이렇게 말한다. "두 견해를 각각 주장하는 학자들 사이에 교리적인 차이는 없다. 다시 말하면, 모든 성경상의 사실들을 인용하여 하나님과 (하나님의 백성의 대표로서의) 그리스도 사이에 맺어진 언약에 관하여 말하는 자들과, 두 개의 언약을 말하는 자들 사이에 차이점은 사실상 없다." 그렇다면 전체를 포괄하는 세 번째 표현 양식이 가장 바람직하리라는 것은 어렵지 않게 알 수 있다. 그러나 이 견해를 따를 때,

우리는 쉐드(Shedd)가 한 말에 주목해야 한다. "구속 언약과 은혜 언약을 구분하는 이같은 생각이 성경의 뒷받침을 받는 것은 사실이지만, 그렇다고 해서 행위 언약에 대립되는 두 개의 별개의 독립된 언약이 있다는 말은 아니다. 은혜 언약과 구속 언약은 하나의 복음적인 긍휼의 언약의 두 양상에 지나지 않는다."

B. 구속 언약에 대한 성경적 근거

슥 6:13에 보면 "평화의 의논"(counsel of peace)이라는 표현이 나온다. 코케이우스를 비롯한 일단의 학자들은 이 구절에서 성부와 성자 사이에 맺어진 협정을 발견했다. 그 것은 분명히 오류였다. 그 이유는 이 구절이 메시야의 왕적 사역과 제사장적 사역의 연합을 말하고 있는 본문이기 때문이다. 이 명칭이 지닌 성경적 특성이 무엇인지는 분명하지 않으나, 실제로 있었던 평화 회의에서 유래한 것이 아님은 틀림없다. 영원한 의논의 교리는 다음과 같은 성경 본문들에 근거하고 있다.

1. 성경은 구원의 계획이 하나님의 영원한 공포 또는 하나님의 의논에 포함되어 있음을 명백히 지적하고 있다.(엡 1:4 이하; 3:11; 살후 2:13; 딤후 1:9; 약 2:5; 벧전 1:2 등) 어떤 의미에서 보면 구원의 경륜 안에서 일의 분담이 이루어지고 있다고 할 수 있다. 성부는 발기자(發起者)요, 성자는 집행자요, 성령은 적용자이다. 이는 삼위일체 세 위격 사이의 자발적인 동의의 결과일 수 있다. 그러므로 삼위 상호간의 관계는 언약의 형식을 띠고 있는 것이다. 사실상 삼위일체의 삶 안에서 우리는 역사적 언약의 원형 곧 완전한 의미에 있어서의 언약, 동등한 입장에 서 있는 당사자들, 참된 의미에 있어서의 순데케를 발견할 수 있다.

2. 많은 성경 구절들은 죄인을 위한 하나님의 구원 계획이 영원할 뿐만 아니라 언약의 본질을 구성하고 있음을 보여준다.(엡 1:4; 3:9, 11) 그리스도께서는 자신이 세상에 오기 전에 이미 아버지께서 자신에게 주신 약속에 관하여 말씀하실 뿐만 아니라, 자신이 아버지로부터 부여받은 사명에 관하여 거듭 이야기하고 있다(요 5:30, 43; 6:38-40; 17:4-12). 롬 5:12-21과 고전 15:22은 그리스도께서 대표적 머리, 곧 언약의 머리라고 말한다.

3. 언약의 본질적 요소들 곧 계약의 당사자들, 약속, 조건이 갖추어진 곳에는 언약이 있다. 시 2:7-9에는 당사자들과 약속이 언급되어 있다. 이 구절이 메시야 구절이라는 사실은 행 13:33; 히 1:5; 5:5이 지지한다. 시 40:7-9 역시 메시야에 관한 구절이라는 사실을 신약성경이 지지한다. 이 구절에서 메시야는 죄에 대한 희생 제물이 되어야 한다

는 하나님의 뜻을 행할 준비가 갖추어져 있음을 밝힌다. 그리스도는 아버지가 자신에게 부과하신 과업에 관하여 거듭 이야기한다(요 6:38, 39; 10:18; 17:4). 눅 2:29의 말씀은 특히 중요하다. "내 아버지께서 나라를 내게 맡기신 것 같이 나도 너희에게 맡겨." 여기 사용된 동사는 디아티데미인데, 여기서 유언, 유언장, 또는 언약을 통해 지명한다는 의미를 가진 디아데케가 파생되었다. 더욱이 요 17:5에서 그리스도는 아버지께 보상을 요구하고 있으며, 요 17:6, 9, 24 및 빌 2:9-11에서는 자신의 백성과 자신의 미래의 영광을 아버지께서 자신에게 주신 보상으로 말하고 있다.

4. 두 개의 구약의 본문을 연결하면 언약 개념이 메시야와 관련되어 있음이 드러난다. 시 89:3은 삼하 7:12-14에 근거하고 있는데, 히 1:5은 이 구절이 메시야에 관한 구절임을 뒷받침하고 있으며, 사 42:6에서 언급된 사람은 주의 종이다. 시 89:3과 사 42:6을 연결하면, 여기서 말하는 종이 단순히 이스라엘만은 아니라는 결론을 얻게 된다. 더욱이 어떤 구절에서는 메시야가 하나님을 자신의 하나님으로 말하고 있으며, 이렇게 함으로써 언약 개념을 사용하고 있는 것이다(시 22:1, 2; 40:8).

C. 구속 언약에서의 성자

1. 구속 언약에서 그리스도가 차지하는 공적인 위치. 구속 언약에서 그리스도께서 차지하는 위치는 이중적이다. 첫째로, 그는 보증(엥구오스)이시다. 이 단어는 히 7:22에서만 사용되고 있는데, 그 어원은 분명하지 않다. 따라서 어원은 이 단어의 의미를 해명하는 데 별 도움을 주지 못한다. 그러나 이 단어의 의미가 불확실한 것은 아니다. 보증인은 제삼자가 법적 의무를 완수할 것을 책임지는 자이다. 그리스도는 구속 언약을 통해서, 자기의 백성들이 받아야 할 형벌을 대신 받음으로써 그들의 죄를 대속할 것과 그들을 향한 율법의 요구를 충족시켜 줄 것을 책임지셨다. 그는 범죄한 인간의 자리를 대신 차지함으로써 마지막 아담이 되었고, 아버지께서 자기에게 주신 모든 자들의 대표 곧 언약의 머리가 되었다. 구속의 언약에서 그리스도는 보증인인 동시에 머리이다. 그는 자기 백성의 책임을 스스로 짊어지셨다. 그는 구속 언약에서 자연스럽게 발전되어 나오는 은혜 언약에서도 보증인이 되신다. 여기서 다음과 같은 질문이 제기된다. 평화의 의논에 있어서의 그리스도의 보증은 조건적인가, 아니면 무조건적인가?

로마의 법은 두 가지 형태의 보증을 말하고 있다. 조건적 보증(*fidejussor*)과 무조건적 보증(*expromissor*)이다. 전자는 조건적이요, 후자는 무조건적이다. 전자는 피보증자가 조건을 충족시키지 못하는 한에 있어서 제삼자를 대신하여 지불 책임을 지는 보증이다. 지불이 완결될 때까지 죄책의 부담이 지불이 완결될 때까지 피보증자에게 남는다. 그러나 후자는 피보증자의 채무를 완전히 부담하기로 조건 없이 떠맡는 보증으로서, 죄책을 짊어진 자의 책임을 단번에 경감시켜 주는 것이다. 코케이우스와 그의 학파의 주장에 따르면, 평화의 의논에서 그리스도는 조건적 보증이 되신 것이며, 따라서 구약의 신자들은 완전한 죄 사함을 누리지 못한다. 그들은 롬 3:25를 근거해서 구약의 신자들에게는 오직 파레시스 곧 죄의 간과(看過)만 있을 뿐이며, 아페시스 곧 완전한 용서는 그리스도께서 죄를 구속하신 때에야 비로소 이루어졌다고 말한다.

그러나 코케이우스 학파를 반대하는 자들은, 그리스도께서 조건 없이 자기 백성이 충족시켜야 할 조건을 충족시키셨으며, 그렇게 함으로써 특별한 무조건적 보증의 의미에서 보증인이 되셨다고 주장한다. 이것이 가장 타당한 입장이라고 할 수 있다. 그 이유는 (1) 구약에 나타난 구원의 지식이 신약 시대만큼 완전하고 명료하지는 않으나, 구약의 신자들도 완전한 칭의 또는 용서를 받았기 때문이다. 구약의 신자들의 입장과 신약의 신자들의 입장은 본질적으로 다르지 않다(시 32:1, 2, 5; 51:1-3, 9-11; 103:3, 12; 사 43:25; 롬 3:3, 6-16; 갈 3:6-9). 코케이우스의 입장은 선조 림보(*Limbus Patrum*)를 주장하는 로마 가톨릭을 연상시킨다. (2) 코케이우스의 이론은, 죄인의 구원을 위한 요건을 준비하는 하나님의 사역이 불분명한 인간의 불순종에 의존하는 것으로 이해하고 있는데, 이것은 전적으로 부당한 생각이다. 죄인이 스스로 지불해야 하는 것이 여전히 가능하기나 한 듯이 그리스도를 조건적인 보증인으로 이해하는 것은 잘못된 생각이다. 죄인의 구원을 위해 하나님이 제시하신 방법은 절대적이다. 그렇다고 해서 하나님께서 죄인이 믿음으로 의롭다 함을 받기까지는 그를 개인적으로 죄책을 짊어진 자로 간주하지 않는다는 말은 아니다. (3) 코케이우스가 자신의 이론의 전거로 삼고 있는 롬 3:25에서 사도 바울이 파레시스(간과한다 또는 지나간다)라는 단어를 사용하고 있는 이유는, 구약 시대에 개인으로서의 죄인이 완전한 죄 사함을 받지 못하기 때문이 아니라, 옛 시대에는 죄 사함이 파레시스의 형태를 취하기 때문인 바, 이 형태를 취하는 이유는 아직 그리스도 안에서 죄에 대한 형벌이 적절히 시행되지 않았고, 그리스도의 절대적인 의가 아직 십자가 위에서 나타나지 않았기 때문이다.

2. 구속 언약이 그리스도에게 있어서 취하는 형식. 구속 언약은 은혜 언약의 영원한 기초이며, 죄인과 관련하여 생각할 때 은혜 언약의 영원한 원형이지만, 그리스도에게

있어서는 은혜 언약이라기보다는 행위 언약이다. 원초의 언약의 율법이 그리스도에게 적용되었을 때 율법의 요구들을 충족시킴으로써 영생이 획득될 수 있었다. 마지막 아담으로서의 그리스도는 신실한 순종에 대한 보답으로서 죄인을 위한 영생을 획득한 것이요, 결코 무조건적인 은혜의 선물로서 획득한 것이 아니다. 모든 인류의 대표이며 보증인으로서 그리스도께서 행하신 모든 일을 행할 의무가 인류에게는 없는 것이다. 행위는 이미 행해졌다. 공로에 대한 보상도 주어졌다. 이제 신자들은 그리스도께서 완수하신 사역의 열매에 은혜를 통하여 참여하는 자가 되었다.

3. 언약 안에 있는 그리스도의 사역은 선택의 작정에 의해 제한된다. 어떤 학자들은 구속 언약과 선택을 동일시했다. 그러나 이것은 명백한 오류이다. 선택은, 그리스도 안에 있는 영원한 영광의 상속자들이 되도록 예정된 사람들을 선별하는 것을 지칭한다. 반면에 구속의 의논은 죄인을 위하여 은혜와 영광이 준비되는 방법과 수단을 말한다. 선택은 그리스도와 관계가 있으며, 그리스도를 제외하고는 생각할 수 없다. 사실상 신자들은 그리스도 안에서 선택된다고 말할 수 있기 때문이다. 어떤 의미에서는 그리스도 자신이 선택의 대상이다. 그러나 구속의 의논에서는 그리스도가 계약의 당사자들 가운데 하나이다. 성부는 그리스도를 자기 백성의 보증인으로 다루신다. 논리적으로 말해서 선택은 구속의 의논에 선행한다. 그 이유는 그리스도의 보증적 사역은 그의 구속과 같이 특별한 것이기 때문이다. 선행하는 선택이 없다면, 구속은 보편적인 것이 되었을 것이다. 더욱이 이것을 바꾸는 것은, 그리스도의 보증이 선택의 근거라는 말이 된다. 그러나 성경은 전적으로 하나님의 선하신 기쁨에 근거한 선택을 말한다.

4. 그리스도께서 사용하신 성례와 언약의 관계. 그리스도께서는 구약과 신약의 성례들을 사용하셨다. 그리스도에게 있어서 성례의 의미와 신자들에게 있어서 성례의 의미가 같지 않은 것은 분명한 사실이다. 그리스도에게 있어서의 성례는 구속의 은총의 상징이나 보증이 아니며, 구속의 신앙을 강화시켜 주는 도구도 아니다. 지금 본장에서 말하는 것처럼 구속 언약과 은혜 언약을 구분하면, 그리스도에게 있어서의 성례는, 모든 가능성을 고려해 볼 때, 은혜 언약보다는 구속 언약의 성례라고 할 수 있다. 그리스도께서는 율법의 요구를 충족시키기 위하여 구속 언약을 취하셨다. 율법의 요구들은 그리스도께서 세상에 오셨을 때 일정한 형식을 갖추고 있었으며, 적극적인 종교적 규례를 포함하고 있었다. 성례는 이 율법의 일부를 형성하고 있었으며, 그 결과 그리스

도는 그들에게 스스로를 복종시키지 않으면 안 되었다(마 3:15). 이와 동시에 그 성례들은 아버지께서 아들에게 주신 약속의 인(印)의 역할을 했다.

이와 같은 주장에 대해서, 성례란 사실상 죄를 제거하고 영적인 생활을 보양(保養)하기 위한 적절한 상징과 인이라고 반박을 가하는 사람들도 있을 것이다. 그러나 이런 의미는, 죄가 없고 따라서 영적인 보양을 필요로 하지 않는 그리스도에게는 적용되지 않는다. 그리스도께서 지상에 계실 때 행하신 공적 사역을 살펴 보면, 어느 정도는 이 반론에 대처할 수 있다. 그는 개인적인 죄가 없으셨고 따라서 죄를 제거하기 위한 어떤 성례도 필요하지 않았지만 자기 백성을 위하여 그들의 죄책을 짊어짐으로써 죄인이 되셨다(고후 5:21). 그리하여 성례는 그가 구속 사역을 완성하신 후에 아버지의 약속을 따라서 이 짐을 제거하는 것을 상징하게 되었다. 다시 말하면, 우리에게 요구되는 바와 같은 의미에 있어서의 구원적 신앙을 그리스도께서 행사한다고 말할 수는 없을지라도, 중보자로서의 그리스도는 성부의 약속을 받아들이고 약속을 성취하시는 성부를 신뢰함으로써 좀 더 넓은 의미의 신앙을 행사해야만 했다. 그리고 성례는 그의 인성에 관한 한, 이 신앙을 강화하기 위한 정표와 인으로서 작용할 수 있었다.

D. 구속 언약의 요구 사항들과 약속들

1. 요구 사항들. 성부는 이 언약에서 자기 백성의 머리와 보증인 그리고 마지막 아담으로 나타나신 성자에게, 아담의 죄와 성부께서 그에게 주신 자들의 죄를 보상하며 율법을 지키고 그의 모든 영적인 후손들을 위하여 영생을 확보함으로써, 아담이 실패했던 일을 이루도록 요구하셨다. 이 요구 사항에는 다음과 같은 특별 항목들이 포함되어 있었다.

(1) 그는 여자의 몸에서 탄생함으로써 인성을 취하고 현세적인 관계에 들어가지 않으면 안 된다. 그는 또한 죄는 없으나 인간의 연약성을 취해야만 한다(갈 4:4, 5; 히 2:10, 11, 14, 15; 4:15). 그가 인류의 일원이 되는 것은 절대적으로 필요했다.

(2) 하나님의 아들로서 율법보다 우월하신 그는 자신을 율법 아래 두어야만 했다. 그는 율법과의 자연적일 뿐만 아니라 형벌적이고 계약적인 관계 안에 들어가지 않으면 안 되었다. 그로써 죄에 대한 값을 지불하고, 그 공로로써, 선택된 자를 위하여 영생을 획득하지 않으면 안 되었다(시 40:8; 마 5:17, 18; 요 8:28, 29; 갈 4:4, 5; 빌 2:68).

(3) 그는 보상으로서 자기 백성을 위한 죄 사함과 영생을 얻은 후, 자신이 공로로서

얻은 열매를 그들에게 적용하지 않으면 안 되었다. 그 열매는 완전한 죄 사함, 그리고 성령의 강력한 작용을 통한 삶의 변화이다. 이렇게 함으로써 그는 신자들이 자신들의 삶을 하나님께 드려야 한다는 것을 확실하게 하시는 것이다(요 10:16; 요 16:14, 15; 17:12, 19-22; 히 2:10-13; 7:25).

2. 약속들. 성부의 약속은 그의 요구 사항들과 부합한다. 성부께서는 성자에게 자신의 위대하고 포괄적인 과업을 완수하는 데 필요한 모든 것을 약속하셨다. 이 약속에는 다음과 같은 사항들이 포함된다.

(1) 그는 아들에게 그의 적절한 장막이 될 몸을 준비해 주실 것이다. 이 몸은 부분적으로는 하나님의 직접적인 사역에 의해 준비되므로 죄의 오염에서 면제될 것이다 (눅 1:35; 히 10:5).

(2) 그는 그에게 그의 과업을 완수하는 데 필요한 은사와 은혜를 주시고 특별히 성령을 무한히 부어 주심으로써 메시야 사역을 담당하도록 기름 부어 주실 것이다. 이 약속은 특별히 그가 세례를 받을 때에 성취되었다(사 42:1, 2; 61:1; 요 3:31).

(3) 성부는 성자께서 사역을 수행하는 것을 지원하실 것이며, 그를 사망의 권세에서 구원하시고, 그렇게 함으로써 그가 사탄의 지배를 깨뜨리고 하나님 나라를 세우는 것을 가능하게 하실 것이다(사 42:1-7; 49:8; 시 16:8-11; 행 2:25-28).

(4) 성부는 성자가 완성하신 사역에 대한 보상으로서 성령을 보내셔서, 그의 영적인 몸을 형성하시고 교회를 가르치고 인도하며 보호하게 하실 것이다(요 14:26; 15:26; 16:13; 행 2:33).

(5) 성부께서는 그가 완수하신 사역에 대한 보상으로 수많은 씨를 주실 것이다. 이 씨는 그 숫자가 너무 많아서 아무도 헤아릴 수 없을 것이며, 궁극적으로 모든 나라와 모든 언어에 속한 사람들이 이 나라 안에 들어올 것이다(시 22:27; 72:17)

(6) 성부께서는 그에게 하늘과 땅의 모든 권세를 주심으로써 세상과 그의 교회를 다스리게 하실 것이다(마 28:18; 엡 1:20-22; 빌 2:9-11; 히 2:59). 그는 마지막으로 그를 중보자로 세우시고, 하나님의 아들로서 창세 전부터 성부와 함께 가지고 있던 영광을 그에게 주실 것이다(요 17:5).

E. 구속 언약과 은혜 언약의 관계

다음과 같은 요점들은 구속 언약과 은혜 언약과의 관계를 말한다.

1. 구속의 의논은 역사적인 은혜 언약의 영원한 원형이다. 이 사실에 근거하여 많은 학자들이 두 언약을 하나로 묶는다. 전자는 영원하다. 후자는 시간 안에서 실현된다는 의미에서 임시적이다. 전자는 성부와 (언약의 보증인이며 택함받은 자의 머리이신) 성자 사이의 협약인 반면, 후자는 삼위일체 하나님과, 보증인이신 그리스도 안에 있는 택함받은 죄인 사이에 맺어진 언약이다.

2. 구속의 의논은 은혜 언약의 굳고 영원한 기초다. 성부와 성자 사이에 영원한 평화의 의논이 없었다면, 삼위 하나님과 죄인 사이에도 협약은 없었을 것이다. 구속의 의논은 은혜 언약을 가능하게 한다.

3. 구속의 의논은 결론적으로 은혜 언약을 유효하게 한다. 왜냐하면 그 안에는 은혜 언약을 확립하고 시행할 방편이 제시되어 있기 때문이다. 오직 믿음을 통해서만이 죄인은 언약의 복을 얻을 수 있다. 구속의 의논 안에서 신앙의 길이 열린다. 죄인 안에서 믿음을 산출해 내는 성령은 성부께서 그리스도에게 약속하신 것이며, 그리스도께서는 믿음을 통하여 사는 길을 보장하셨다.

"구속 언약은 성자를 선택받은 자의 머리와 구주로 주시는 성부와, 성부께서 자기에게 주신 자들을 자원하여 대신하시는 성자 사이에서 맺어진 협정이다"라고 정의할 수 있다.

III

은혜 언약의 성질

은혜 언약의 성질에서 다루어야 할 주제들은 은혜 언약과 행위 언약의 차이, 언약의 당사자들, 언약의 내용, 언약의 특징, 언약에서 그리스도가 차지하는 위치 등이다.

A. 은혜 언약과 행위 언약의 비교

1. 유사점. 두 언약은 일반적인 성격에 있어서 유사한 점들을 공유하고 있다. 두 언약은 다음과 같은 점에서 일치한다. (1) **창시자.** 창시자는 하나님이시다. 하나님만이 그같은 언약을 세우실 수 있다. (2) **계약의 당사자들.** 계약의 당사자는 하나님과 인간이다. (3) **외적 형식, 곧 조건과 약속.** (4) **약속의 내용, 곧 영생.** (5) **일반적 목적, 곧 하나님의 영광.**

2. 차이점. (1) 행위 언약에서는 하나님이 창조주이자 주로서 나타나는 반면, 은혜 언약에서는 구속주와 아버지로서 나타난다. 전자가 하나님의 사랑과 인애로부터 유발된 것이라면, 후자는 하나님의 긍휼과 특별 은혜로부터 유발된 것이다. (2) 행위 언약에서의 인간은 하나님과 바른 관계를 맺고 있는 하나님의 피조물로서의 인간인 반면, 은혜 언약에서는, 타락하여, 오직 확실한 보증인이 되시는 그리스도 안에서만 언약의 당사자로 나타날 수 있는 죄인으로 나타난다. (3) 행위 언약은 가변적인 인간의 불확실한 순종을 조건으로 하고 있는 반면, 은혜 언약은 중재자로서의 그리스도의 절대적이고 확실한 순종을 조건으로 하고 있다. (4) 행위 언약에서는 율법을 지키는 것이 생명의 길이다. 은혜 언약에서는 예수 그리스도를 믿는 것이 생명의 길이다. 행위 언약에서 요구되는 믿음은 율법의 의의 일부분인 반면, 은혜 언약에서는 믿음이 예수 그리스도 안에서 하나님의 은혜를 받는 기관이다. (5) 행위 언약은 부분적으로는 본성적으로 감지할 수 있다. 왜냐하면 하나님의 율법이 인간의 마음에 기록되었기 때문이다. 그러나 은혜 언약은 특별한 적극적인 계시를 통하여서만 알려질 수 있다.

B. 언약의 당사자들

행위 언약에 있어서와 마찬가지로 은혜 언약에 있어서도 하나님은 언약의 첫 당사자로서 언약을 주도하시며, 두 번째 당사자가 자신과 맺게 될 관계를 은혜 안에서 결정하신다. 그러나 하나님은 은혜 언약에서 단순히 주권적이고 인애로운 하나님으로서 뿐만 아니라, 기꺼이 죄를 용서하시며 죄인에게 자신과의 복된 교제를 회복시키시는, 은혜로우시며 용서하시는 아버지로 나타난다.

두 번째 당사자를 정확히 결정하는 일은 쉽지 않다. 일반적으로는 하나님께서 타락한 인간과 은혜 언약을 체결하셨다고 말한다. 역사적으로 보면, 아브라함의 시대에 이르기까지는 하나님이 언약의 당사자를 제한하셨다는 어떠한 증거도 보이지 않는다. 그러나 시간이 지남에 따라서 이 새로운 언약 관계는 모든 인류를 포괄하지 않는다는 사실이 분명해졌다. 하나님이 공식적으로 아브라함과 언약을 맺으셨을 때, 하나님은 그것을 아브라함과 그의 후손에게 제한시키셨다. 결과적으로 언약의 정확한 한계가 무엇인가라는 질문이 일어나게 된다.

개혁파 신학자들이 이 질문에 모두 똑같이 답변하는 것은 아니다. 어떤 학자들은 하나님이 죄인들과 언약을 맺으셨다고 말한다. 그러나 이 말에는 어떤 제한 조건도 더해 있지 않다. 그러므로 그것은 만족할 만한 답변이 되기 어렵다. 또 어떤 학자들은 하나님이 아브라함 및 그의 후손 즉 그의 자연적인 후손들, 특별히 영적인 후손들과 언약을 맺으셨다고 주장한다. 좀 더 일반적인 용어로 말하면, 신자와 그의 후손들과 언약을 맺으셨다는 것이다. 그러나 개혁파 신학자들 대부분은 하나님이 택한 자들 또는 그리스도 안에서 택함을 받은 죄인들과 언약 관계에 들어가셨다고 말한다. 초기와 후기의 대표적인 계약 신학자들 또한 이 입장을 취했다. 심지어는 불링거조차도 "하나님의 언약은 아브라함의 후손 전체 곧 신자들을 포함한다"고 말한다. 그는 이 사실이 갈 3장에 있는 "씨"에 대한 바울의 해석과 일치한다는 사실을 발견했다. 동시에 그는 또한 신자들의 자녀들이 어떤 의미에서는 언약 안에 포함된다고 말한다. 한편 우르시누스와 더불어 하이델베르크 요리문답의 공저자인 올레비아누스는 하나님이 "수많은 죄인들 가운데 은혜로써 양자로 맞아들여 믿음을 주신 모든 자들과" 언약을 맺으셨다고 주장한다. 마스트리히트, 투레틴, 오웬, 깁, 보스턴, 비치우스, 아 마르크, 프랑켄, 브라켈, 컴리, 카이퍼, 바빙크, 하지, 보스와 같은 신학자들도 같은 입장을 취한다.

그런데 이제 다음과 같은 질문이 일어난다. 많은 난관이 뒤따름에도 불구하고 이 신학자들이 언약을 선택받은 자와 맺은 것으로 말하는 이유는 무엇인가? 그들은 이런 어려움을 인식하지 못했는가? 그들의 저서를 살펴볼 때, 그들이 난관을 분명히 인식하고 있었음은 사실이다. 그러나 언약은 가장 깊은 의미에서, 곧 신자들의 삶 속에서 실현되는 것이므로, 깊이 숙고하는 것이 필요하다고 생각했다. 어떤 의미에서는 신자가 아닌 사람들도 언약에 참여하고 있는 것은 사실이지만, 그들의 참여는 부차적일 뿐이며, 하나님과 교제하는 삶 속에서 완전히 실현되는 것과는 비교할 수 없는 것에 지나지 않는다. 다음과 같은 점들을 고려할 때, 이 주장은 일리가 있다고 할 수 있다.

1. 구속 언약과 은혜 언약을 동일시하고, 양자를 분리하는 시도를 비성경적인 것으로 간주하는 자들은 자연히, 언약을 무엇보다 먼저 성부께서 성자에게 주신 모든 자들의 대표적인 머리이신 그리스도와 맺은 것으로 생각한다. 이 언약에 있어서 그리스도는 택함받은 자의 보증인이 되심으로써 그들의 완전한 구속을 보장해 주셨다. 사실상 구속 언약에서는 오직 택함을 받은 자들만이 고려의 대상이 된다. 상황은 두 언약을 구분하지만, 두 언약의 상관성을 강조하면서 구속 언약을 은혜 언약의 영원한 기초로 보는 자들의 경우와 별로 다를 것이 없다. 양자를 동일시하는 경우에도, 선택받은 자 안에서 영광을 받고 완성된 하나님의 은혜가 여전히 고려의 대상이 되고 있기 때문이다.

2. 심지어는 아브라함과 약속을 맺는 역사에서도 이 언약을 성경의 다른 부분과 면밀히 비교한 개혁파 신학자들은 근본적으로 은혜 언약이란 그리스도 안에 있는 자들과 맺은 언약이라는 풍부한 증거를 발견하지 않을 수 없었다. 성경은 아브라함의 후손을 이중적으로 생각한다. 이 생각은 창 21:12에서 시작된다. 이 본문에서 하나님은 "이삭에게서 나는 자라야 네 씨라 칭할 것임이니라"고 말씀하심으로써 이스마엘을 아브라함의 후손에서 제외시킨다. 바울은 이 본문을 해석하면서 이삭을 약속의 자녀라고 말한다. 그가 말하는 "약속의 자녀"는 단순히 약속된 자녀라는 의미가 아니다. 다시 말하면, 그 자녀는 평범한 의미에서 태어난 자녀가 아니라, 약속에 따라서 하나님의 초자연적인 작용에 의해 태어난 자녀라는 것이다. 이와 더불어 바울이 말하는 약속의 자녀는, 약속이 그에게 속해 있다는 의미도 아울러 갖는다. 바울에 의하면 "이삭에게서 난 자라야 네 씨라 칭하리라"는 말씀은 "곧 육신의 자녀가 하나님의 자녀가 아니라 오직 약속의 자녀가 씨로 여기심을 받느니라"(롬 9:8)는 뜻이다. 이와 같은 생각이 갈 4:28에 표현되어 있다. "형제들아 너희는 이삭과 같이 약속의 자녀라." 이와 동시에 그리스도인들은 약속된 복의 후손이기도 하다(갈 4:30). 이는 갈 3:16에서 바울이 말한 것과도 완전히 일치한다. "이 약속들은 아브라함과 그 자손에게 말씀하신 것인데 여럿을

가리켜 그 자손들이라 하지 아니하시고 오직 하나를 가리켜 네 자손이라 하셨으니 곧 그리스도라." 그러나 그 씨는 그리스도에게 국한되지 않고, 모든 신자들을 포함한다. "너희가 그리스도께 속한 자면 곧 아브라함의 자손이요 약속대로 유업을 이을 자니라"(갈 3:29). 스트롱(W. Strong)은 「두 언약론」(Discourse of the Two Covenants)에서 언약의 수립에 관하여 다음과 같이 보충하여 말한다. 언약은 (1) 첫째 아담, 그리고 직접적으로 둘째 아담인 그리스도와, (2) 그리스도 안에서 모든 신자들과 (3) 그리스도 안에서 그들의 후손들과 맺어졌다.

3. 언약 개념을 이해하려면 또다른 요소가 고려되어야 한다. 개혁파 신학자들은 행위 언약과 은혜 언약의 대조를 깊이 의식하고 있었다. 그들의 주장에 의하면, 행위 언약에 있어서는 언약의 보상이 인간의 불확실한 순종에 의존하고 있었고, 그 결과 실현에까지 이를 수 없었다. 그러나 은혜 언약에 있어서는 약속의 완전한 실현이 전적으로 예수 그리스도의 완전한 순종에 의해 확보된다. 언약의 실현은 하나님의 은혜의 작용을 통해 확보된다. 그러나 이 같은 확보는 물론 그 은혜에 참여하는 자들에게 제한된다. 그들은 알미니우스주의자들과 신(新)율법주의자들에 대항하여 언약의 이 같은 양상을 강조해야 할 사명을 느꼈다. 알미니우스주의자들과 신(新)율법주의자들은 언약을 새로운 형태의 행위 언약으로 변화시키면서, 구원이 인간의 행위에 근거한 것 곧 믿음과 복음적 순종에 따라 좌우된다고 주장했다. 이러한 이유 때문에 개혁파 신학자들은 구속 언약과 은혜 언약의 밀접한 상관성을 강조했으며, 심지어는 믿음이 은혜 언약의 조건이 된다고 말하기를 주저하기까지 했다. 워커의 주장에 따르면 일부 스코틀랜드 신학자들은 두 언약을 구분하는 것을 반대했는데, 그 이유는 그들이 그와 같은 구분하는 사고 안에서 "신율법주의의 경향이 있음"을 보았기 때문이다. "화해의 언약(즉, 구속의 언약과 구별되는 의미에서의 은혜의 언약)으로서 신율법주의의 경향이 유형 교회의 외형에 나타나서, 구주와 직접적인 만남을 갖기 위해서 반드시 통과해야 하는 법정의 역할을 할 뿐만 아니라 하나님과 살아 있는 연합을 가능하게 하는 믿음을 얻는 통로 구실을 한다"고 보았기 때문이다.

4. 무엇보다도 중요한 것은 개혁파 신학이 언약을, 목적을 섬기는 수단으로가 아니라 목적 그 자체로, 우호의 관계로 생각했다는 점이다. 곧 언약은 수많은 외적인 특권들, 인간에게 조건적으로 부과된 일련의 약속들, 인간에게 제공된 선이 아니라 조건없이 주어진 복, 영적인 목적을 위하여 하나님의 은혜로써 증진된 특권들, 하나님의 선물인 믿음을 통하여 받아들인 약속, 성령이 마음에 작용함으로써 적어도 원리적으

로는 실현된 선을 의미한다. 개혁 신학은 이 모든 것이 언약 개념 안에 포함되며, 언약의 복이 실제로 구원받은 자들 안에서 실현된다고 생각하기 때문에, 당연히 은혜 언약을 하나님과 택함받은 자 사이에 맺어진 것임을 강조한다. 그러나 개혁파 신학은 언약이 좀 더 넓은 국면을 가지고 있다는 사실을 부정하지 않는다.

보스 박사는 이 점에 대해서 다음과 같이 말한다. "그렇다고 해서 그 의미가 언약의 운용이 선택에서 시작된다든지, 택함을 받지 않은 모든 이들은 언약 관계 밖에 있다는 말이 아님은 분명하다. 그 의미는, 언약에 대한 인식이 강화됨에 따라 선택에 대한 확신이 자라나며, 언약이 완전히 실행될 때, 선택에서 시작되는 절대적이고 전포괄적인 하나님의 약속은 말씀과 성례의 관계 안에서 고려되어야 하며, 마지막으로 언약의 성질의 완전한 실현은 하나님의 참된 자녀 안에서 비로소 이루어지는 것으로서, 선택보다 더 넓은 범위를 차지하는 것은 아니라는 것이다. 특별히 두 번째 요점에 주의를 기울여야 한다. 하나님의 언약이 시행되는 모든 곳에서는 믿음 안에서 언약에 뒤따르는 모든 복에 참여할 권리가 있다는 사실을 확신할 수 있다. 뿐만 아니라 하나님께서 택함을 받은 자를 통해 언약의 내용을 전부 이루시리라는 엄숙한 증거와 인(印)이 상존한다."

언약이 택함을 받은 자 안에서 완전히 실현된다는 개념은 완전히 성경에 부합하는 내용이다(렘 31:31-34; 히 8:8-12). 뿐만 아니라 이 개념은 은혜 언약이 구속 언약과 맺고 있는 관계와도 완전히 일치한다. 만일 구속 언약에 있어서 그리스도가 택함받은 자만을 위한 보증인이 된다면, 은혜 언약의 실질적인 내용은 택함받은 자들에게 제한되지 않을 수 없다. 성경은, 은혜 언약은 행위 언약과는 달리 파기될 수 없는 언약으로서, 이 언약에 나타난 하나님의 약속은 반드시 실현된다고 말한다(사 54:10). 이 언약은 조건적인 언약이 아니다. 만일 조건적이라면, 은혜 언약으로서의 특수성은 상실되고 말 것이기 때문이다. 이 점은 행위 언약에도 적용된다. 그러나 은혜 언약은 인간의 불확실한 순종에 의존하지 않고 오직 하나님의 절대적인 신실성에만 의존한다는 점에서 행위 언약과는 다른 것이다. 언약의 약속이 실현되는 것은 오직 택함받은 자의 삶 속에서일 뿐이다.

그러나 이제 다음과 같은 질문이 일어나게 된다. 이 개혁파 신학자들은 선택받지 못한 모든 자들이 철저하게 은혜 언약 밖에 있는 것이라고 생각하고 있는 것인가? 브라켈은 분명히 이 입장을 취한다. 그러나 그의 입장이 개혁파 신학자의 다수를 포괄하는 것은 아니다. 개혁파 신학자들 대부분은 택함받은 자만을 포함하는 은혜 언약이라는 것은 순전히 개인적인 개념에 지나지 않는다고 보면서, 성경상의 언약 개념이 유기적 개념임을 강조한다. 그들은, 신약과 구약에 나타난 하나님의 특별 계시에 따르면, 역사적 현상으로서의 언약은 여러 세대를 거쳐 내려오면서 공고해졌고 동시에 언약의 삶을 완전히 구현하지 못한 자들도 포함하기에 이르렀다는 사실을 깨달았다. 언약의 이러한 양상을 말할 때마다 그들은 언약이 신자들 및 그들의 후손과 맺어진 것이라는 사실을 강조하기를 게을리하지 않았다.

그러나 여기서 염두에 두어야 할 것은, 언약의 두 번째 당사자에 대한 이와 같은 묘사가 언약이 신자들의 자질을 조건으로 하여 맺어진 것은 아니라는 사실을 의미한다는 것이다. 왜냐하면 믿음은 언약의 열매이기 때문이다. 그러므로 바빙크 박사의 다음과 같은 말은 옳다. "그러나 은혜 언약은 믿음에 선행한다. 믿음은 언약의 조건이 아니라 언약 안에 있는 조건이다. 곧, 믿음은 언약이 지닌 다른 모든 복들을 얻고 누리는 길이다." "신자들과 그들의 후손들"이라는 표현은 언약의 한계를 실제적으로 적절하게 규정하는 말이다. 언약이 지닌 이 두 양상에 대해서는 곧 다루게 될 것이다. 은혜 언약은 진노하신 하나님과, 죄를 범했으나 택함을 받은 죄인 사이에 맺어진 은혜로운 협정이며, 이 언약 안에서 하나님은 그리스도를 믿는 믿음을 통한 구원을 약속하시며, 죄인은 믿음으로써 이 약속을 받아들이고 신앙과 순종의 삶을 살 것을 약속하는 것이라 할 수 있다.

C. 은혜 언약의 내용

1. 하나님의 약속. 모든 다른 약속을 포함하는 하나님의 주된 약속은 다음과 같은 되풀이되는 말 속에 포함되어 있다. "내가 너와 네 후손의 하나님이 되리라"(창 17:7). 이 약속은 언약 생활의 새로운 단면을 도입하면서 언약의 갱신에 대하여 말하는 신구약의 몇몇 구절 안에서 발견된다(렘 31:33; 32:38-40; 겔 34:23-25, 30, 31; 36:25-28; 37:26, 27; 고후 6:16-18; 히 8:10). 이 약속은 마침내 새 예루살렘이 하늘에서 하나님으로부터 내려오고 하나님의 장막이 사람들 가운데 거할 때 완전히 실현된다. 결과적으로 마지막 약속의 음성을 우리는 계 21:3에서 듣는다. 이 장엄한 약속은 하나님과 언약 관계를 맺고 있는 자들이 기쁨에 넘쳐서 "여호와는 나의 하나님"이라고 외칠 때마다 거듭거듭 울린다. 이 한 가지 약속 안에 다음과 같은 부가적인 약속들이 포함된다. (1) 다양한 현세적인 복에 대한 약속. 이 약속은 종종 영적인 복들을 상징한다. (2) 양자 됨과 영생에 대한 청구권을 포함하는 칭의의 약속. (3) 구속 사역과 모든 구원의 복을 완전

하고 조건 없이 적용하는 성령의 약속. (4) 무궁한 생명 안에서 궁극적으로 누리게 되는 영화에 대한 약속(비교. 욥 19:25-27; 시 16:11; 73:24-26; 사 43:25; 렘 31:33, 34; 겔 36:27; 단 12:2, 3; 갈 4:5, 6; 딛 3:7; 히 11:7; 약 2:5).

2. **인간의 반응.** 이와 같은 하나님의 약속에 대한 인간의 동의 또는 반응은 다양한 형태를 취하기 마련이며, 어떤 형태로 반응하느냐 하는 것은 어떤 약속인가에 따라 결정된다. (1) 일반적으로 언약의 하나님과 개인으로서의 신자 또는 집단적인 의미에 있어서 신자들의 관계는 남편과 아내, 신랑과 신부, 아버지와 자녀들 간의 밀접한 관계로 비유된다. 이것이 의미하는 바는 언약의 복을 공유하는 자들은 참되고 신실하고 성별되고 헌신된 사랑으로 반응한다는 것이다. (2) "나는 네 하나님이 되리라"는 일반적인 약속에 대해서 인간은 "나는 당신의 백성에 속하겠습니다"라고 말함으로써 반응하며, 이 같은 결심과 더불어 하나님의 백성과 자리를 함께 한다. (3) 칭의, 죄 사함, 양자됨, 그리고 영생의 약속에 대해서 인간은 예수 그리스도에 대한 구속 신앙, 현세에서나 내세에서나 그를 신뢰하겠다는 결단, 그리고 하나님께 대한 순종과 성별의 삶을 통하여 반응한다.

D. 은혜 언약의 특성들

1. **그것은 은혜로운 언약이다.** 이 언약은 은혜로운 언약이라고 말할 수 있다. 왜냐하면 (1) 이 언약 안에서 하나님께서 우리에게 부과된 의무의 실행을 직접 보증해 주시기 때문이다. (2) 하나님 자신이 자신의 아들의 인격을 통하여 보증을 제공하시고, 아들이 공의의 요구를 충족시켜 주시기 때문이다. (3) 하나님은 성령의 작용에 의해서, 계시된 은혜를 통하여 인간에게 능력을 주셔서, 하나님과의 언약에 근거하여 부과한 책임을 수행하는 삶을 살게 하신다. 언약은 하나님의 은혜에서 시작되었으며, 하나님의 은총에 힘입어 시행되었으며, 하나님의 은혜에 의하여 죄인들의 삶 속에 구현되었다. 죄인에게 있어서는 처음부터 끝까지 은혜이다.

2. **그것은 삼위일체적인 언약이다.** 은혜 언약에는 삼위 하나님이 작용하신다. 이 언약은 성부의 선택하시는 사랑에 그 기원을 두고 있으며, 아들의 보증 계약 관계에 법적인 근거를 두고 있으며, 성령의 효과적인 적용에 의해서만 죄인들의 삶 속에 완전히 구현될 수 있다(요 1:16; 엡 1:1-14; 2:8; 벧전 1:2).

3. **그것은 영원한, 따라서 파기되지 않는 언약이다.** 이 언약이 영원한 언약이라는 말

은 과거의 영원을 말하는 것이다(창 17:19; 삼하 23:5; 히 13:20). 만일 우리가 은혜 언약과 구속 언약을 구분하지 않는다면 과거의 영원도 은혜 언약에 포함될 것이다. 이 언약이 영원하다는 사실은 파기될 수 없다는 뜻을 함축하는 것이다. 그것이 파기될 수 없다는 의미에서 히 9:17은 이 언약을 유언이라고 부르는 것이다. 하나님은 영원히 그의 언약에 충실하시며, 선택받은 자 안에서 언약을 완전히 실현시키실 것이다. 그러나 이 말은 인간이 언약 관계를 깨뜨릴 수 없다는 의미는 결코 아니다.

4. 그것은 특별한, 그리고 보편적이 아닌 언약이다. 이 말의 의미는 (1) 일부 만인구원론자들이 주장하는 것처럼 이 언약은 모든 사람들 안에서 실현되지는 않을 것이다. 동시에 이 언약은 펠라기우스주의자들과 알미니우스주의자들과 루터주의자들처럼 모든 사람들의 삶 속에서 실현되는 것도 아니다. (2) 외적인 언약 관계에 있어서도 이 언약은 복음이 선포되는 모든 사람들에게 확장되는 것은 아니다. 왜냐하면 그들 가운데 상당수는 언약 관계 안에 들어가려고 하지 않기 때문이다. (3) 모든 사람에게 언약이 제공되지는 않는다. 왜냐하면 많은 개인들과 국가들은 구원의 길에 익숙하지 못하기 때문이다. 일부 옛 루터주의자들은 언약을 보편적이라고 말했는데, 그 이유는 아담, 노아와 그의 가족, 심지어 사도들의 시대에도 이 언약이 인류 전체에 주어진 적이 있었기 때문이다. 그러나 아담과 노아가 언약을 대표적으로 받았다고 생각할 이유는 없다. 사도들이 온 세상을 모두 복음화시킨 것은 아니다. 무스쿨루스, 폴라누스, 볼레비우스와 같은 일부 개혁과 신학자들을 비롯한 일련의 학자들은 일반적 언약(*foedus generale*)과 특별하고 영원한 언약(*foedus speciale ac sempiternum*)을 구분한다. 그러나 그들은 이 같은 구분을 함에 있어서 하나님이 인간과 동물을 포함하는 모든 피조물과 더불어 체결한 일반적인 언약을 염두에 두고 있는 것이다. 이 언약은 노아의 언약을 가리킨다. 신약 시대의 언약은 구약 시대의 언약과는 달리 유대인에게만 한정되지 않고 모든 나라를 향해 확장된다는 의미에서 보편적이라고 할 수 있다.

5. 그것은 그 시행의 형식은 변할지라도, 본질은 시대를 초월한 동일성을 갖는다. 이 같은 생각은, 구약의 성도들은 신약의 성도들과 다른 방법으로 구원받았다고 주장하는 것과 대립된다. 예를 들면, 펠라기우스주의자들과 소지니주의자들은 하나님이 그리스도의 모범과 교훈을 통해서 구약의 내용을 보완하셨다고 주장한다. 로마 가톨릭에서는 구약의 성도들이 그리스도께서 하데스에 내려가실 때까지 선조 림보(*Limbus Patrum*)에 있었다고 주장한다. 코케이우스의 후계자들은 구약의 신자들이 죄의 간과만을 경험했을 뿐, 죄의 사유함은 경험하지 못했다고 주장한다. 오늘날의 세대주의자

들은 언약을 여러 개로 구분하면서(스코필드 7개, 밀리간 9개), 각 언약의 특수성을 유지할 필요가 있음을 강조한다. 언약이 시대의 변화와 상관없이 통일성을 지니고 있다는 사실은 다음과 같은 점들에 의하여 입증된다.

(1) 언약의 핵심은 구약과 신약을 막론하고 동일하다. "내가 너의 하나님이 되리라." 이는 아브라함 언약의 본질적인 내용인(창 17:7) 동시에, 시내 언약(출 19:5; 20:1), 모압 광야에서의 언약(신 29:13), 다윗 언약(삼하 7:14), 그리고 새 언약(렘 31:33; 히 8:10)의 본질적인 내용이기도 하다. 이 언약은 언약의 내용 전체를 포괄하는 핵심을 담고 있으며, 가장 완전한 언약의 복을 보장하고 있다. 그리스도께서는 하나님이 아브라함, 이삭, 야곱의 하나님이라고 불린다는 사실로부터 이 족장들이 영생을 소유하고 있다고 추론한다(마 22:32).

(2) 성경은 인간을 구원하는 복음은 오직 하나라고 가르친다. 복음은 은혜 언약의 계시 이외의 다른 것이 아니기 때문에 언약은 오직 하나뿐이다. 이 복음은 모(母) 약속 안에 이미 나타났으며(창 3:15), 아브라함에게 선포되었을 뿐만 아니라(갈 3:8), 어떤 유대주의적 복음으로도 대치될 수 없는 것이다(갈 1:8, 9)

(3) 마침내 바울은 유대주의자들에게 반대하면서, 아브라함이 구원을 얻은 방법은 유대인이든 헬라인이든 신약의 신자들이 구원을 얻은 방법과 같다고 말한다(롬 4:9-25; 갈 3:7-9, 17, 18). 그는 아브라함을 신자들의 아버지라고 말하면서, 동시에 아브라함과 맺은 언약이 여전히 유효하다고 말한다. 롬 4장과 갈 3장의 논증에 따르면, 율법이 언약을 폐기하거나 변경시킬 수 없다고 한다(비교. 히 6:13-18).

(4) 언약의 중재자는 어제나 오늘이나 영원토록 동일하다(히 13:8). 이 언약 외에 다른 곳에서는 구원이 있을 수 없다(요 14:6). 다른 이로서는 구원을 얻을 수 없나니 천하 인간에 구원을 얻을 만한 다른 이름을 우리에게 주신 일이 없다(행 4:12). 아브라함에게 약속된 씨는 그리스도이다(갈 3:16). 그리스도와 동일시되는 자들이 언약의 상속자들이다(갈 3:16-29).

(5) 언약 안에 나타난 구원의 길이 동일하다. 성경은 시종 동일한 조건을 강조한다(창 15:6; 비교. 롬 4:11; 히 2:4; 행 15:11; 갈 3:6, 7; 히 11:9). 신자들이 소망하는 약속의 성취도 또한 동일하다(창 15:6; 시 51:12; 마 13:17; 요 8:56). 성례도 형식에 있어서는 다르지만, 신약 시대와 구약 시대가 의미에 있어서는 본질적으로 같다(롬 4:11; 고전 5:7; 골 2:11, 12).

(6) 언약의 내용은 조건적인 동시에 무조건적이다. 언약이 조건적인가 아니면 무조건적인가라는 질문이 항상 제기된다. 이 질문에 대해 대답하려면 주의 깊은 관찰이 필요하

다. 답변의 내용은 어떤 관점에서 언약을 보느냐에 따라 좌우된다.

어떤 의미에서는, 언약은 무조건적이다. 은혜 언약 안에는 공로의 의미를 가진 조건은 없다. 죄인은 회개하고 믿음을 갖도록 권고 받는다. 그러나 믿음과 회개가 언약의 복을 받는 공로가 될 수는 없다. 이 점은 로마 가톨릭 및 알미니우스주의와 대립되는 입장이다. 은혜 언약이 조건적이라고 할 때는 인간이 언약이 요구하는 바를 자기의 힘으로 성취해야 한다는 의미는 아니다. 언약의 요구 앞에 선 인간은 자신의 의무를 수행하는 데 필요한 능력을 오직 하나님으로부터만 얻을 수 있다. 어떤 의미에서 생각해 보면, 하나님 자신이 택함받은 자 안에서 조건을 성취하신다. 언약 안에 있는 조건은 영생을 누리도록 선택된 자들에게는 일종의 약속이며, 하나님의 선물이다. 마지막으로 이 언약이 조건적이라는 말은 언약에 내포된 하나하나의 복을 받는 것이 조건에 따라 좌우된다는 의미는 아니다. 믿음은 칭의의 필수 불가결한 조건(*conditio sine qua non*)이라고 말할 수 있다. 그러나 거듭날 때 믿음으로 받아들이는 것 그 자체는 그리스도 안에 있는 하나님의 은총의 작용에 근거한다.

다른 의미에서는, 언약은 조건적이라고 불릴 수 있다. 언약이 조건적이라는 말도 일리 있는 말이다. 언약의 기초를 살펴볼 때, 우리는 언약이 예수 그리스도의 보증에 근거하고 있음을 알 수 있다. 은혜 언약을 소개하기 위해서 그리스도는 자신의 능동적이고 동시에 수동적인 순종을 통하여, 행위 언약이 규정한 조건들을 충족시켜야 했고 실제로 충족시키셨다. 다시 말하면, 언약은 인간이 최초로 의식적인 언약 관계 안에 들어가 실제로 생명의 교제를 갖는다는 의미에서 조건적이다. 이 같은 믿음에 따라 좌우되는 것이다. 그러나 이 믿음은 하나님의 선물이다 여기서 하나의 조건으로서의 믿음은 마음의 영적인 활동으로서의 믿음을 말한다. 오직 믿음을 통해서만이 우리는 언약의 복을 의식적으로 누릴 수 있다. 언약의 삶에 대한 우리의 실험적인 지식은 전적으로 믿음의 행사에 달려 있다. 믿음의 삶을 살지 않는 자는 그의 의식에 관한한 사실상 언약 밖에 있는 셈이다. 만일 우리가 언약의 삶의 시작뿐만 아니라 점진적인 전개 그리고 완성까지도 고려한다면, 성화도 믿음과 함께 하나의 조건으로 간주할 수 있을 것이다. 그러나 양자가 모두 언약 안에 있는 것이다.

개혁 교회는 종종 은혜 언약과 관련하여 "조건"이라는 말을 사용하는 것을 반대했다. 그 이유는 주로 알미니우스주의 때문인데, 곧 알미니우스주의는 "조건"이라는 단어를 비성경적인 의미로 사용했으며, 따라서 성경적인 의미를 밝히는 일에 실패했던 것이다. 앞에서 말한 내용을 염두에 두고 생각해 보면, 은혜 언약과 관련하여 조건이라는 말을 사용하는 것은 완전히 정당한 일이다. 왜냐하면 ① 성경이 분명히 가르치는 바에 따르면, 언약 생활에 들어가는 것은 믿음을 그 조건으로 한다(요 3:16, 36; 행 8:37; 롬 10:9). ② 성경은 종종 언약의 자녀들에게 경고를 발한다. 그러나 이 경고는 조건을 무시하는 자들, 곧 언약의 길을 걷기를 거절하는 자들에게 적용된다. ③ 아무런 조건도 없다면, 오직 하나님만이 언약에 매이게 되며, 인간을 매는 언약의 조항은 없어지고 만다(그러나 겔 20:37을 비교하라). 그 결과, 은혜 언약은 언약으로서의 특성을 상실하고 만다. 왜냐하면 모든 언약은 두 당사자로 구성되기 때문이다.

(7) 언약은 어떤 의미에서는 유언이라고도 불릴 수 있다. 유언은 하나의 절대적인 선언이요 어떤 조건도 붙지 않는 것이라면 "유언"이라는 단어를 언약에 적용하는 것이 과연 옳은가라는 문제가 제기된다. 디아데케를 유언으로 번역하는 것이 정당화될 수 있는 것처럼 보이는 본문은 오직 한 곳, 곧 히 9:16, 17이다. 이곳에서는 그리스도가 유언자로 등장한다. 그리스도께서 죽음으로써 유언으로 간주된 은혜 언약이 효력을 발휘하게 된다. 언약의 복은 유언에 의해 양도되며, 유언상의 양도는 그리스도의 죽음과 더불어 집행된다. 이 부분은 언약이 명시적으로 유언으로 표현된 유일한 구절이다. 그러나 신자들이 유언의 방식으로 언약이 지닌 영적인 복을 받는다는 사상은 히 9:16, 17과는 약간 다르긴 하지만 몇몇 구절에 시사되어 있다. 히브리서와 이 구절들의 차이점이라면, 유언자가 그리스도가 아니라 하나님으로 되어 있다는 점이다. 구약과 신약에서 모두, 특히 신약에서는 신자들이 양자로 입적되는 방법을 통하여 그리고 도덕적으로 거듭남으로써 하나님의 자녀들이 되었다고 말한다(요 1:12; 롬 8:15, 16; 갈 4:4-6; 요일 3:1-3, 9).

이제 상속자 됨과 기업의 개념은 아들 됨의 개념과 자연적으로 관계가 있으며, 이 개념들이 성경에서 자주 발견된다고 해서 조금도 이상할 것이 없다. 바울은 "자녀이면 또한 상속자라"고 말한다(롬 8:17; 비교. 롬 4:14; 갈 3:29; 4:1, 7; 딛 3:7; 히 6:17; 11:7; 약 2:5). 이 구절들에 근거해 볼 때, 언약과 언약의 복이 성경에서 기업으로 표현되고 있음은 의심할 여지가 없는 것이다. 그러나 이 표현은 다시 유언의 개념에 근거하고 있는 셈이지만, 유언과 다른 점은 언약의 확증이 유언자의 죽음을 의미하지는 않는다는 것이다. 신자들은 (죽으실 수 없는) 하나님의 상속자들이다. 그들은 동시에 그리스도와 함께 상속자가 된 자들이기도 하다 (롬 8:17). 죄인에게 있어서 언약은 유언적인 측면을 가지고 있으며, 그러므로 기업으로 간주될 수 있다.

그러나 여기서 다음과 같은 문제가 제기된다. 이 같은 성격이 그리스도에게도 적용되는가 하는 것이다. 우리가 그리스도와 함께 유업을 이을 자라는 사실을 고려하면, 이 질문에 대해서 긍정적으로 답변해야 할 것 같은 생각도 든다. 그러면 그리스도도 상속자인가? 눅 22:29에 있는 진술에 근거해 본다면 이 질문에 대해서도 긍정적으로 답변해야 할 것 같다. 여기서 말하는 기업은 그리스도의 중보자로서의 영광이다. 이 영광을 그는 아버지로부터 기업으로 받았으며, 또한 이 영광을 자기에게 속한 모든 자들에게 전하신다. 그러나 언약에 유언적인 측면이 있는 것은 사실이지만, 이것은 어디까지나 하나의 양상에 지나지 않는 것이며, "언약은 어디까지나 언약"이라는 개념을 배제하지는 못하는 것이다.

이 언약이 유언으로 불릴 수 있는 이유는 ① 전체적으로 볼 때 그것은 하나님의 선물이며, ② 신약의 언약 시대가 그리스도의 죽음과 더불어 시작되었고, ③ 확고하고 깨어질 수 없는 것이요, ④ 그것을 통하여 하나님 자신이 인간에게 요구한 바를 주시기 때문이다.

그러나 이 말이 언약에는 쌍무적인 요소가 없고 절대적으로 편무적(일방적)이라는 뜻은 아니다. 두 당사자가 제아무리 동등하지 못하다 하더라도, 하나님은 인간의 수준으로 내려오셔서 은혜를 통하여 인간을 언약의 두 번째 당사자로 삼아 주시는 것이다. 절대적인 의미의 편무 계약이란 말 자체가 모순(*contradictio in adjecto*)이다. 이와 함께 이 계약의 편무성을 강조하는 신학자들은 하나님과 인간이 서로 타협하는 중간 입장에서 만나는 것이 아니라, 하나님이 인간에게 내려오셔서 은혜로 인간과 계약을 수립하시고, 자신이 요구하는 모든 것을 주시며, 인간은 오직 언약이 주는 유익을 받는 것뿐이라는 점을 강조한다. 그러나 언약의 쌍무적 성격은 유지되어야 한다. 왜냐하면, 물론 하나님이 작용하셔서 자신의 기쁘신 뜻대로 원하고 행할 수 있게 하시는 것은 사실이지만, 인간은 실제로 믿음과 회개를 통해서 언약의 요구를 충족시키는 것으로 나타나기 때문이다.

E. 그리스도와 은혜 언약의 관계

그리스도는 성경에서 언약의 중보자로 표현된다. 헬라어 메시테스는 고전 헬라어에는 등장하지 않고 필로와 후기 헬라 저자들에게서 발견되는 단어다. 70인역에서는 욥 9:33에 단 한 번 등장할 뿐이다. 영어의 Mediator, 네덜란드어의 Middelaar, 독일어의 Mittler는 단순히 두 당사자 사이에서 중재하는 자 또는 일반적인 의미의 중개자를 연상하게 만든다. 그러나 성경상의 개념은 이보다 훨씬 더 깊다. 그리스도가 중보자라는 말은 여러 가지 의미를 가진다. 그리스도께서 하나님과 인간 사이에 개입하시는 것은 화평을 청하고 화평을 이루도록 설득하기 위함일 뿐만 아니라, 전권을 위임 받고 화평을 이루는 데 필요한 모든 일을 수행하기 위한 것이다. 신약 성경에서 메시테스가 사용되는 것은, 그리스도의 이중적인 중보자직 곧 보증과 들어가게 하는(프로사고게, 롬 5:2) 직책에 대해서 말하는 것을 정당화해 준다. 신약 성경에서는 이 단어가 엥구오스와 동등하게 사용된다. 그러므로 이 단어는 자기 몸에 죄인의 죄책을 짊어짐으로써 죄인과 율법의 형벌적 관계를 종결짓고 죄인들을 하나님과의 바른 법적인 관계에 들어가도록 하신 그리스도를 가리킨다. 이것이 히 8:6; 9:15; 12:24에 등장하는 이 단어의 의미다. 히 7:22에서는 엥귀오스라는 용어가 그리스도에게 적용된다. 그러나 한 구절에서는 이 단어가 평범한 의미의 "중개자" 곧 두 당사자 사이에 개입하여 양자를 화목시키도록 부르심을 받은 자라는 의미를 가진다(딤전 2:5).

여기서 그리스도는 자신의 희생 제사에 근거하여 하나님과 인간을 하나로 묶는 역할을 수행하는 중보자로 표현된다. 메시테스라는 단어에 암시된 그리스도의 사역은 이중적이다. 그는 객관적인 법적 영역에서 그리고 주관적인 도덕적 영역에서, 하나님에게 속한 일과 인간에게 속한 일을 수행한다. 전자에서 그리스도는 죄책을 속함으로써 하나님의 의로운 불쾌함을 달래시며, 아버지가 자신에게 주신 자들을 위하여 간구하시며, 그들의 인격과 봉사를 하나님이 받으실 만한 것으로 만들어 주신다. 후자에서 그리스도는 하나님에 관한 진리, 그리고 인간들이 하나님과 맺고 있는 관계와 하나님이 받으실 만한 조건들에 관한 진리를 인간들에게 보여주시며, 인간들을 설득하고 능력을 주어서 진리를 받아들이도록 만드시며, 모든 삶의 상황에서 신자들을 지도하고 지원하심으로써, 신자들의 구원을 완성시키신다. 이 일을 이루실 때 하나님은 인간의 사역을 도구로 사용하신다(고후 5:20).

IV
언약의 이중적 국면

은혜 언약에서의 계약 당사자들에 관해 말하며, 언약을 두 각도에서 고찰할 수 있다는 사실이 암시된 적이 있다. 언약에는 두 가지 국면이 있다. 여기서 다음과 같은 질문이 제기된다. 이 두 국면은 서로 어떤 관계를 맺고 있는가? 이 질문에 대해서는 여러 가지 각도에서 답변이 가능하다.

A. 외면적 언약과 내면적 언약

어떤 학자들은 외면적 언약과 내면적 언약을 구분한다. 외면적 언약에서는 인간의 신분이 전적으로 일정한 외적인 종교적인 의무를 수행하는가의 여부에 따라 결정된다. 만일 인간이 다소 로마 가톨릭적인 의미에서 하나님이 요구하시는 바를 행하면 그는 완전히 정당한 신분을 얻게 된다. 이스라엘에게 있어서 이 언약은 국가적 형태를 취했다. 외면적 언약을 가장 철저하게 수립한 사람은 토머스 블레이크(Thomas Blake)였다. 외면적 언약과 내면적 언약이 항상 동일하게 구분되었던 것은 아니다. 어떤 학자들은 세례를 외면적 언약에, 그리고 신앙고백과 성찬은 내면적 언약에 관련시킨 반면, 다른 이들은 세례와 신앙고백은 외면적 언약에 속한 것으로, 그리고 성찬은 내면적 언약의 성례에 속한 것으로 생각했다. 그러나 문제는 이러한 표현이 성경의 지지를 받을 수 없는 이원론적인 언약 개념이라는 점이다. 이러한 표현에서는 외면적 언약에 내면적 언약이 침투해 들어갈 수 없다. 그 결과, 구속 신앙이 없어도 인간이 온전히 정당한 입장을 취할 수 있다는 인상을 준다. 그러나 성경은 그런 의미의 언약에 대해서 말하지 않는다. 물론 언약에는 외면적 특권과 복이 있고 이 복만을 누리는 자들이 있는 것은 사실이지만, 그러나 이러한 사례들은 이례적인 것으로서 체계화될 수 없는 것들이다. 외면적 언약과 내면적 언약은 사실상 구분될 수 없다.

이상에서 말한 내용을 이와 관련된 또 하나의 견해, 곧 은혜 언약에는 외적인 국면과 내적인 국면이 있다는 견해(마스트리히트 등)와 혼동해서는 안 된다. 이 견해에 따르면, 어떤 이들은 참된 영적인 방법으로 언약상의 책임을 받아들이는 한편, 어떤 이들은 다만 입으로만 하는 외적인 고백만으로 받아들임으로써 언약에 참여한다. 마스트리히트는 가룟 유다와 마술사 시몬과 같은 사람들을 후자의 전형적인 본보기로 든다. 이 견해에 따르면, 선택받지 않고 거듭나지 않은 자는 단순히 언약에 부가적으로 첨가된 자들에 지나지 않으며, 우리가 그들을 언약의 자녀로 간주하는 것은 우리가 인간을 보는 눈에 그만큼 결함이 있기 때문이다. 그러나 그들은 하나님 앞에서는 언약의 자녀들이 아니다. 그들은 언약 안에 있는 자들이 아니며, 따라서 언약 파기자들도 될 수 없는 것이다. 이 견해는 어떤 의미에서, 유형 교회의 회원인 선택받지 못한 자들과 거듭나지 못한 자들이 하나님 앞에서도 언약의 자녀들인지, 따라서 언약 파기자가 될 수 있는지에 대한 문제의 해답을 제공하지 못한다.

B. 언약의 본질과 시행

다른 이들, 예컨대 올레비아누스와 투레틴은 언약의 본질과 시행을 구분한다. 투레틴에 의하면, 언약의 본질은 내적 부르심과 이 부르심을 통해 형성된 무형 교회에 해당한다. 언약의 시행은 외적 부르심과 말씀을 통해 외적으로 부르심을 받은 유형 교회에 해당한다. 언약의 시행은 다만 말씀 선포를 통한 구원의 시행, 그리고 선택받지 못한 많은 자들을 포함하여 교회 안에 참여하는 자들이 누리는 다른 특권들로 구성된다. 그러나 언약의 본질은 언약이 규정하고 있는 모든 복을 영적으로 수납하고 그리스도와 더불어 연합하는 것을 의미하며, 선택받은 자들에게만 적용된다. 이와 같은 구분은 어느 정도 타당성을 지니고 있는 것이 사실이지만, 완전하게 논리적이고 명료한 것은 아니다. 본질과 형식은 대립 명제를 구성할 수 있지만, 본질과 시행은 그렇지 않다. 양자는 투레틴이 말한 바와 같이 무형 교회와 유형 교회를 지칭할 수 있으며, 올레비아누스가 말한 바와 같이 언약의 궁극적인 목적 또는 실현과 언약의 선언을 지칭할 수 있다. 그러나 전자의 의미로 본질과 시행의 구분을 이해한다면 차라리 본질과 계시의 구분을 말하는 것이 더 낫다. 한편 후자의 의미로 이해한다고 하더라도 언약 실현의 목적과 수단의 구분으로 이해하는 것이 더 낫다. 여기서도 역시 택함을 받지 않은 자는 하나님 앞에서 하나님의 자녀인가 아닌가, 또는 하나님의 자녀라면 어느 정도까지 하나님의 자녀인가라는 문제가 계속 해결되지 않은 채로 남는다.

C. 조건적 언약과 절대적 언약

퀼만(Koelman)과 같은 학자들은 조건적 언약과 절대적 언약을 구분한다. 퀼만에 따르면, 외면적 언약과 내면적 언약을 구분하는 것은 언약이 하나임을 전제하는 것이다. 다만 "외면적" 혹은 "내면적"이라는 용어는 모든 사람들이 똑같은 방법으로 언약 안에 있는 것이 아님을 암시할 뿐이다. 어떤 이들은 다만 외면적 고백을 통하여 외면적 특권을 향유하며, 다른 이들은 마음으로 그것을 받아들임으로써 구원의 복을 향유한다. 이와 마찬가지로 어떤 사람이 외면적으로 그리고 조건적으로 언약 안에 있다는 말은, 그들이 실질적으로 언약 안에 있지 않다는 말이 아니라, 그들이 언약의 조건을 충족시키지 못하면 약속된 언약의 복에 참여하지 못한다는 뜻이다. 이 같은 표현은 일리가 없는 것은 아니지만, 퀼만의 경우에 있어서처럼 외면적 언약과 내면적 언약을 관련시키다 보면 두 개의 언약을 받아들이는 오류에 처할 위험이 있다. 특별히 이것은 퀼만이 신약 시대에 하나님은 모든 나라들과 모든 왕국들을 언약 안에 포함시키셨다고 주장할 때 위험하다.

D. 순수한 법적인 관계와 생의 친교로서의 언약

카이퍼, 바빙크, 호니히와 같은 개혁 신학자들은 언약의 두 측면을 이야기한다. 외적인 측면과 내적인 측면이다. 보스 박사는 좀 더 구체적인 용어를 사용하여, 순수한 법적 관계로서의 언약과 생(生)의 친교로서의 언약을 구분한다. 언약에 법적이고 윤리적인 측면이 있는 것은 분명한 사실이다. 언약은 두 당사자 사이에 맺어진 협약으로서, 상호간에 지켜야 할 조건과 규약을 갖는다. 그러므로 언약은 일단 법적인 영역에 있는 것이다. 이와 같은 의미의 언약은, 목적 곧 언약이 지시하는 조건 또는 실질적인 이상을 실행하기 위해 아무 일도 하지 않을 때도 존재할 수 있다. 이 협약 아래 사는 당사자들은 언약 안에 있는 것이다. 왜냐하면 그들은 자신들이 동의한 상호 규약에 복종하고 있기 때문이다. 법적인 영역에서는 모든 것이 순전히 객관적인 방법으로 통제된다. 이 영역에서 결정적인 요인은 단지 이미 확립된 관계일 뿐, 당사자가 그 관계에 대하여 취한 태도가 아니다. 이 관계는 당사자가 좋아하든 싫어하든 상관없이 언약 안에 존재한다. 이 구분을 근거로 해서 다음과 같은 질문에 답해야 한다. 은혜 언약 안에 있는 자는 누구인가? 법적인 관계 안에서 질문을 한다면 다음과 같은 질문이 될 것이다. 언약 안에서 살 의무를 가진 자는 누구이며, 그들이 이 의무를 행하리라는 것을 누구로부터 기대할 수 있는가? 신자들과 그들의 자녀들이 바로 이에 대한 답변이 된다. 그러나 언약을 친교로 보고 질문을 한다면 다음과 같은 질문이 된다. 이 법적인 관계는 누구 안에서 그리스도와의 살아 있는 연합에 들어가는가? 그 답변은 신앙의 원리를 부여받은 자, 곧 선택받은 자가 될 것이다.

이 구분은 성경의 지지를 받는다. 언약이 법적 영역 안에 있는 객관적인 협약이라는 사실을 지지하는 본문을 구태여 인용할 필요는 없다. 그 이유는, 그 같은 협약은 두 당사자가 하나님의 현존 앞에 있다고 생각하고 그들의 상호 관계에 영향을 미칠 어떤 일들을 완수하기로 동의하든지, 아니면 어느 한 편이 규정된 조건을 충족시키는 경우 다른 편에게 일정한 보상을 해주기로 약속하는 경우에 이루어지는 것이기 때문이다. 은혜 언약이 그와 같은 협정이라는 점은 성경의 충분한 뒷받침을 받고 있다. 믿음을 조건으로(창 15:6; 비교. 롬 4:3 이하, 20 이하; 합 2:4; 갈 3:14-28; 히 11장) 영적이고 영원한 복이 약속된다(창 17:7; 12:3; 사 43:25; 겔 36:27; 롬 4:5 이하; 갈 3:14, 18). 그러나 완전히 실현된 언약은 생의 친교 이상의 것이라는 점 또한 분명한 사실이다. 이 사실이 상징적으로 표현된 것은 하나님이 아브라함과 언약을 수립하실 때 제사로 드린 쪼갠 동물들 사이로 지나가신 사건 안에 표현되어 있다(창 15:9-17). 다음과 같은 구절들도 이 사실을 지지한다. 시 25:14; 89:33, 34; 103:17, 18; 렘 31:33, 34; 히 8:10-12; 겔 36:25-28; 고후 6:16; 계 21:2, 3.

여기서 죄인이 법적인 관계로서의 "언약의 띠" 안에 있는 것과 언약의 교제 안에 사는 것은 어떤 관계가 있는 것인가라는 질문이 제기된다. 양자는 모종의 내적 연관성 없이 나란히 병존하는 것이 아니라 아주 밀접하게 연결되어 있어서, 어떤 형태의 이원론도 용납하지 않는 것으로 간주해야 한다. 어떤 자가 자발적으로 언약 관계를 취한다면 양자는 병존하는 것이 틀림없다. 그렇지 않으면 관계는 잘못된 것이다. 그러나 언약 안에서 태어난 자의 경우에는 문제가 훨씬 더 복잡하다. 둘 중의 어느 하나가 독립적으로 존재할 수 있는가? 그와 같은 경우에 있어서 언약은 단순한 법적 관계에 지나지 않는 것인가? 그리하여 이 관계 안에서는 단지 의무 조항이 언약 관계가 지니는 영광스러운 실재를 대신하는 것인가? 언약 관계가 살아 있는 교제를 산출하리라는 기대를 할 만한 타당한 근거가 있는 것인가? 자기 스스로 믿을 능력이 없는 죄인에게 있어서도 언약은 살아 있는 현실일 수 있는가? 이 질문에 대해서 언약 관계가 언약의 삶을 산출하리라는 것은 하나님의 뜻임이 틀림없다는 결론을 내릴 수 있다. 그리고 하나님 자신이 직접 신자들의 후손에 관한 약속을 통하여 이 일이 모든 개개인에게서가 아니라 집단적인 의미의 언약의 후손 안에서 일어날 것이라는 사실을 보증해 주신다. 하나님의 약속에 근거하여 우리가 믿을 수 있는 바는, 신실하게 언약이 시행될 때, 일반적인 의미의 언약 관계는 언약의 삶 속에서 완전히 실현되리라는 것이다.

E. 법적 관계로서의 언약의 회원이 되는 자격

법적인 관계로서의 언약의 회원의 자격을 논할 때 염두에 두어야 할 사실은, 이와 같은 의미의 언약은 단순히 요구와 약속의 체계, 마땅히 충족되어야 할 요구들, 실현되어야 할 약속들을 말하는 것임과 동시에, 외적인 법적 관계가 언약의 하나님과 긴밀한 교제를 나누는 삶이라는 영광스러운 현실을 동반한다는 타당한 기대까지 포함한다는 점이다. 이와 같은 포괄적인 언약 개념만이 언약의 의미를 충분하게 표현한다.

1. 언약에 있어서의 성인(成人)들. 성인들은 믿음과 고백을 통하여 자발적으로 이 언약에 들어갈 수 있다. 성인들의 경우에는 그들의 고백이 거짓된 고백만 아니면 법적인 언약 관계에 들어가는 것과 생의 친교로서의 언약에 들어가는 것은 서로 일치한다. 그들은 어떤 외적인 의무들을 수행하고 미래에 구원적 신앙을 실행할 것을 약속할 뿐만 아니라, 자신들이 살아 있는 믿음을 가지고 언약을 받아들이고, 그 신앙 안에 계속 거할 것을 바라고 의도한다. 그들은 단번에 완전한 언약 생활에 들어간다. 이것은 그들이 언약에 들어가는 유일한 길이기도 하다. 신앙고백을 단순히 외면적 언약과 관련시키는 자들은 명시적으로 또는 암시적으로 이 진리를 거부하는 셈이다.

2. 언약에 있어서의 신자의 자녀들. 태어날 때부터 언약에 들어가는 신자의 자녀들의 경우에는 물론 상황이 다소 다르다. 경험적으로 볼 때, 그들은 태어날 때부터 법적인 관계로서의 언약 관계에 들어가지만, 그렇다고 해서 그들이 즉각 생의 친교로서의 언약에 들어가는 것은 아니다. 더욱이 언약 관계가 그들의 삶 속에서 완전히 실현된다는 말도 아니다. 그러나 그들의 경우에 있어서도 언약이 의무만을 지시하는 외적 의무와 특권을 동반하는 단순한 법적인 관계에만 머물러 있지는 않고 또한 않으리라고 확신을 갖는 것은 타당하다. 이 확신은 하나님이 구원적 은혜로써 언약의 자녀의 마음에 역사하셔서 그들을 살아 있는 언약의 지체들로 변화시켜 주시리라는, 절대적으로 신뢰할 만한 하나님의 약속에 근거하고 있다. 언약은 단순히 구원을 제공하는 것뿐만 아니라 복음을 믿으리라는 약속과 더불어 구원을 제공한다는 것 이상의 의미를 가진다.

언약에는 "언제, 어디서, 그리고 어떤 방법으로든지 원하시기만 하면" 언약의 자녀들 안에 역사하시는 하나님의 약속에 근거하여 구원적 신앙이 언젠가는 그들의 마음속에 역사하리라는 확신이 뒤따른다. 언약의 자녀들은 언약의 교제에 반하는 삶을 살지 않는 한, 언약의 삶 안에 있다고 추정해야 할 것이다. 경우에 따라서는 이 삶이 아직 존재하지 않는다거나 그들의 삶 속에서 한 번도 실현되지 않았다고 말할 수도 있다.

하나님의 약속은 신자들의 후손들에게 집단적으로 주어진 것이요, 개별적으로 주어진 것은 아니다. 언약을 계속 지키시고 신자들의 자녀들을 통하여 그것을 완전히 실현시키시리라는 하나님의 약속은 하나님이 모든 신자들의 자녀들을 한 사람도 빠짐없이 구원하시리라는 뜻은 아니다. 신자들의 자녀라 할지라도 불신앙 안에 계속해서 거한다면, 바울이 롬 9:6-8에서 경고한 말씀을 염두에 두어야 할 것이다. 이스라엘인이라고 해서 모두 이스라엘이 아니듯이 신자의 자녀라고 해서 모두 약속의 자녀는 아니다. 언약의 자녀들도 거듭남과 회개의 체험은 필요하다. 인간이 언약 안에 있다고 해서 구원의 확신이 뒤따르는 것은 아니다. 언약의 자녀들이 자라서 분별할 수 있는 나이가 되면, 물론 참된 신앙고백을 통해 자발적으로 언약상의 책임을 받아들이는 것은 그들에게 달려 있다. 이 일에 실패한다는 것은, 엄격히 말해서, 그들이 언약 관계를 거부하는 것이다. 그러므로 신자들의 자녀들이 서 있는 법적 관계는 생의 친교로서의 언약에 선행하며, 언약 실현의 수단이 된다. 그러나 목적에 대한 수단으로서의 언약의 의미를 강조할 때, 우리는 하나님의 요구와 이에 뒤따르는 인간의 의무를 배타적으로 강조하기보다는 언약의 자녀들의 마음속에 있는 하나님의 은혜의 효과적인 작용의 약속을 강조해야 한다. 만일 언약의 책임만을 배타적으로 강조하고, 언약 안에서 하나님이 우리에게 요구하시는 모든 것을 주신다는 사실 곧 하나님의 약속이 그의 모든 요구 사항들을 포괄한다는 사실을 적절히 강조하지 않는다면, 우리는 알미니우스주의의 함정에 빠질 수 있다.

3. 언약 안에 있는 거듭나지 않은 자. 지금까지 전개해 온 논리에 따르면, 거듭나지 않은 자들도 언약 안에 있을 수 있다. 이스마엘과 에서는 원래 언약 안에 있었다. 엘리의 악한 자녀들도 언약의 자녀였다. 예수님과 사도들의 시대의 대다수 유대인들도 언약의 백성에 속하여 언약의 약속들을 공유하고 있었다. 그러나 그들은 선조 아브라함의 신앙을 따르지 않았다. 그러므로 여기서 다음과 같은 의문이 제기된다. 그들이 언약의 자녀라는 말은 어떤 의미인가? 카이퍼 박사의 말을 빌리면, 그들은 실제로 언약 관계 안에 있지만 필연적으로 언약에 참여하는 자들은 아니라는 것이다. 바빙크 박사

의 말을 빌리면, 그들은 언약 안에 있지만(*in foedere*), 인약에 속한 것은(*de foedere*) 아니라고 한다. 언약 안에서 그들이 차지하는 입장에 대해서는 다음과 같이 말할 수 있다.

(1) 그들은 그들의 책임에 관한 한 언약 안에 있다. 그들은 하나님과의 법적인 언약 관계 안에 있기 때문에 회개하고 믿을 의무가 있다. 만일 그들이 돌이켜 하나님께로 돌아와 믿음으로 그리스도를 구주로 영접하지 않으면, 그들이 분별할 수 있는 나이가 된 뒤에는 언약을 파기한 자로 심판받게 될 것이다. 그러므로 그들이 하나님과 맺고 있는 특수한 관계는 책임의 부가를 의미하는 것이다.

(2) 그들이 언약 관계 안에 있다는 말은, 하나님이 신자들 및 그들의 후손들과 언약을 수립하셨을 때, 하나님이 주신 약속을 주장할 수 있다는 것을 의미한다. 바울은 심지어 자신의 악한 동족들에 대해서도 이렇게 말한다. "그들에게는 양자 됨과 영광과 언약들과 율법을 세우신 것과 예배와 약속들이 있고"(롬 9:4). 일반적으로 하나님은 이 언약 관계에 있는 자들로부터 택함받은 자들을 모으신다.

(3) 그들은 언약에 대해서 순종해야 한다는 의미에서 언약 안에 있다. 그들은 언약의 요구에 따르는 삶을 살도록 끊임없이 훈계받고 권고받는다. 교회는 그들을 언약의 자녀들로 취급하며, 그들에게 언약의 인을 제공하고, 그들이 이것들을 적절히 사용할 수 있도록 훈계한다. 그들은 처음으로 저녁 식사에 초대받은 손님들이며, 하나님 나라의 자녀들이다. 그들에게 먼저 말씀이 선포된다(마 8:12; 눅 14:16-24; 행 13:46).

(4) 그들은 공통적인 언약의 복에 관한 한 언약 안에 있다. 그들은 성령의 거듭나게 하는 영향력을 체험하지는 못하지만 어떤 특별한 성령의 작용과 영향에는 순종한다. 성령은 그들과 함께 특별한 방법으로 노력하며, 그들에게 죄를 확신시키고, 그들을 어느 정도 깨우쳐주며, 보통 은혜의 복으로 그들을 부요하게 한다(창 6:3; 마 13:18-22; 히 6:4-6).

언약은 영원하고 파기될 수 없는 것으로서 하나님은 이 언약을 깨뜨리지 않으시지만, 언약 안에 있는 자가 그것을 깨뜨릴 수는 있다는 것을 명심해야 한다. 법적인 언약 관계 안에 있는 자는 언약의 삶에 아직 들어오지 않을지라도 여전히 언약의 일원이다. 그는 언약 요구 사항들을 충족시키지 않으면 죄책이 성립되고 언약 파기자가 된다(렘 31:32; 겔 44:7). 이는 단순히 일시적이 아닌 궁극적인 언약의 파괴가 어떻게 이루어지는가를 설명한다. 그러나 성도들이 언약에서 떨어져 나가는 일은 없다.

V

언약의 여러 세대

A. 여러 세대에 관한 바른 개념

이 문제와 관련하여 먼저 떠오르는 질문은, 세대(시대, dispensations)는 둘 혹은 셋으로 구분해야 하느냐, 아니면 세대주의자들처럼 일곱 또는 그 이상으로 나누어야 하느냐 하는 것이다.

1. 세대주의의 견해. 스코필드에 의하면, "세대라 함은 하나님의 어떤 특정한 계시에 인간이 순종하는가의 여부를 시험받는 시대를 말한다." 그는 「진리의 말씀의 올바른 구분」(*Rightly Dividing the Word of Truth*) 20쪽에서 다음과 같이 말한다. "각각의 세대는 자연인에 대한 새로운 시험으로 시작했다가 심판으로 끝나는 특색을 지닌다. 곧 인간은 시험에서 실패하는 것이다." 모든 세대는 그 자체만이 가지는 특징을 가지고 있고 이 특징은 너무 뚜렷한 것이기 때문에 어느 한 세대가 다른 세대와 혼합되는 일은 있을 수 없다. 스코필드는 이와 같은 세대를 일곱 개로 구분한다. 무죄의 세대, 양심의 세대, 인간 통치의 세대, 약속의 세대, 율법의 세대, 은혜의 세대, 그리고 천국의 세대.

하나님의 마음이 얼마나 변덕스러우면 인간을 향한 그의 뜻을 일곱 번이나 바꾸었겠느냐라는 질문에 대해서 프랭크 게벨린은 다음과 같이 답변한다. "우왕좌왕한 편은 하나님이 아니다. 세대는 일곱 개로 나누어지지만 이 일곱 개의 세대들은 원리상으로는 모두 하나이다. 다시 말하면, 일곱 개의 세대들이 모두 순종의 시험이라는 공통된 특징을 가지고 있다. 인간이 첫 번째 세대에 의해 부과된 조건들을 지킬 수 있었다면, 다른 여섯 개의 새로운 조건들은 필요하지 않았을 것이다. 그러나 인간은 실패했다. 그러나 하나님은 죄책을 짊어진 인간을 추방하기보다는 인간을 향하여 긍휼의 마음을 가지고 인간이 새로운 조건하에서 새롭게 시험받을 수 있게 하셨다. 이와같이 하여 각 세대는 실패로 끝남과 동시에 하나님의 긍휼을 새롭게 보여주게 된다."

이 견해에 대해서는 다음과 같은 심각한 반론이 제기된다.

(1) 성경에 등장하는 용어인 세대(경륜, 오이코노미아, 눅 16:24; 고전 9:17; 엡 1:10; 3:2, 9;

골 1:25; 딤전 1:4)가 여기서는 비성경적인 의미로 사용되었다. 이 단어는 청지기의 입장에서 하는 관리·정돈·운영을 의미하는 것이지, 시험 또는 시련의 때를 의미하는 것이 아니다.

(2) 이와 같은 구분은 매우 자의적인 것이다. 이 사실은 세대주의자 자신도 빈번히 세대들이 중복된다고 말하고 있는 사실에서도 분명해진다. 두 번째 세대가 양심의 세대라고 불리지만, 바울에 의하면 양심은 바울 당시의 이방인들 사이에서도 감시자의 역할을 하는 것으로 이해되었다(롬 2:14, 15). 세 번째 세대는 인간 통치의 세대라고 불린다. 그러나 인간은 하나님을 위하여 세상을 통치하라는 계명이 아니라 땅에 충만하라는 계명에 불순종하여 심판을 자초한 것이다. 네 번째 세대는 약속을 그 특징으로 하는 세대이며 율법이 수여됨으로써 종언되는 것으로 상정된다. 그러나 바울은 약속이 율법을 폐하지 못하는 바, 사도 바울 당시도 예외는 아님을 분명히 말한다(롬 4:13-17; 갈 3:15-29). 이른바 율법의 세대는 영광스러운 약속으로 충만하며, 은혜의 세대는 삶의 척도로서의 율법을 폐기하지 못한다. 은혜는 행위 언약에서 규정하고 있는 것과 같이, 구원의 조건으로서의 율법, 율법의 저주, 그리고 외적인 세력으로서의 율법으로부터의 자유를 말할 뿐이다.

(3) 이 이론에 따르면 인간은 끊임없는 시험 속에 있는 것이 된다. 인간은 첫 번째 시험에 실패했으며, 그 결과 영생이라는 보상을 상실했다. 그러나 하나님은 인간을 불쌍히 여기셨으며, 긍휼하심 가운데 새로운 시험을 주셨다. 인간이 실패할 때마다 하나님은 긍휼히 여기시는 마음으로 새로운 시련을 주셨으며, 따라서 인간은 끊임없는 시험 속에 있게 되었다. 그러나 이 말은 공의로우신 하나님이 완전히 참된 행위 언약의 조건에 자연인을 붙들어 매어 두신다는 의미는 아니다. 이 말은 다만, 인간의 구원을 원하시는 긍휼과 자비의 하나님이, 인간에게 항상 새로운 조건들을 부여해 주심으로써 인간이 하나님께 순종하는 여부를 재평가하고, 그리하여 인간이 영생을 얻을 기회를 거듭 주신다는 것을 의미한다. 이같은 표현은 성경적이지 않다. 왜냐하면 성경은 타락한 인간이 여전히 시험 가운데 있다고는 말하지 않고 있기 때문이다. 성경은 인간이 완전히 타락하여 하나님께 순종할 수 없을 뿐만 아니라 구원에 있어서는 절대적으로 하나님께 의존하고 있다고 가르친다. 약간 다른 의미에서 세대주의자였던 불링거의 다음과 같은 말은 옳다. "첫 세대에 있어서의 인간은 '시험 아래' 있었다. 이 세대는 저 세대와는 철저하고 절대적인 의미에서 다르다고 할 수 있다. 왜냐하면 현재 인간은 시험 아래 있지 않기 때문이다. 인간이 시험 아래 있다고 말하는 것은 은총의 교리를

뿌리째 뒤흔드는 통속적인 오류이다. 인간은 시련과 시험을 받은 결과, 파멸에 이를 수밖에 없는 존재임이 입증되었다."

(4) 이 이론은 성경의 유기적 연관성을 깨뜨림으로써 파멸적인 결과를 초래한다. 어느 한 세대에 속하는 성경의 구절들은 그 세대에 속한 사람들에게만 규범적 의미를 갖고, 다른 세대에 속한 사람들에게는 아무런 관계도 없는 것이 되고 만다. 찰스 C. 쿡은 이렇게 말한다. "구약 성경에는 기독교인에게 적용되어야 할 믿음과 실천의 규범이 하나도 없다. 상징과 예언의 형식을 통하여 가르쳐진 넓은 의미의 구원 계획 안에 포함된 내용을 제외하고는 어느 한 가지 약속도 기독교인에게 주어진 것이 없는 것처럼, 그를 속박하는 명령도 하나도 없다." 이 말은 구약에서 어떤 교훈도 끌어낼 수 없다는 뜻은 아니다. 성경은 두 책으로 나누어진다. 하나는 구약과 신약의 일부를 포함하는 왕국의 책으로서 이것은 이스라엘에게 주신 것이요, 다른 하나는 신약의 나머지 부분을 포괄하는 부분으로서 교회의 책이라고 불리며 이것은 우리에게 적용되는 것이다. 세대들은 서로 뒤섞일 수 없기 때문에 율법의 세대 안에는 하나님의 은혜의 계시가 없으며, 은혜의 계시 안에는 신약의 하나님의 백성들에게 적용되어야 할 율법의 계시가 없다는 결론에 이르게 된다. 지면만 허락한다면 이 입장이 그릇되다는 것을 입증하는 일은 어려운 일이 아니다.

2. 3세대 이론. 이레네우스는 언약을 세 개로 구분했다. 첫째 언약은 마음에 새긴 율법이 그 특징을 이루는 언약이요, 둘째 언약은 시내 산에서 주어진 외적인 명령으로서의 율법이 그 특징을 이루는 언약이요, 셋째는 성령의 작용에 의하여 마음속에서 회복된 언약이다. 결과적으로 그는 세 단계의 세대 개념을 말한 셈이다. 코케이우스는 은혜 언약을 세 시대로 구분했다. 첫째는 율법 이전의 시대요, 둘째는 율법 아래의 시대요, 셋째는 율법 이후의 시대이다. 결과적으로 그는 모세 이전과 모세 이후의 언약의 시행을 구분했다. 그런데 율법이 주어지기 이전과 이후의 언약의 시행에는 주목할 만한 차이점이 있는 것이 사실이지만, 차이점보다는 유사점이 더 크기 때문에, 모세의 사역과 이와는 뚜렷이 대조되는 그리스도의 사역이 연합하여 언약을 시행한다는 생각은 옳지 않다. 여기서 다음과 같은 차이점에 유의해야 한다.

(1) **언약의 은혜적 성격을 표현함에 있어서.** 족장 시대에는 언약이 지닌 은혜적 성격이 그 이후의 시대보다 더 뚜렷하게 표현되었다. 약속이 전면에 부각되었다(롬 4:13; 갈 3:18). 그러나 이 점을 지나치게 강조하여, 모세 이전 시대에는 도덕적이고 의식적인 규범이 하나님의 백성들에게 부과되지 않았다거나 율법의 세대 동안에는 전혀 은

혜로운 약속이 없었다고 말해서는 안 된다. 모세 시대 이전에도 율법의 내용이 강조되었으며, 희생 제사가 요구되었다는 점에 주의해야 한다. 은혜의 약속들은 모세 이후의 시대에 더 풍부하게 발견된다. 유일한 차이점은 이것이다. 이스라엘에게 있어서 율법은 행위 언약의 요구를 명료하게 상기시키는 것이었기 때문에 율법의 길을 구원의 길로 오해할 수 있는 위험이 늘 뒤따랐다. 이스라엘의 역사는 이스라엘이 이 위험을 피하지 못했음을 보여준다.

(2) 복의 영적인 성격을 강조함에 있어서.   언약의 복이 가지는 영적인 성격은 족장 시대에 더 명료하게 드러났다. 아브라함, 이삭, 그리고 야곱은 약속의 땅에서 이방인과 나그네로 거했다. 언약이 약속한 현세적인 복이 아직 이루어지지 않았다. 그러므로 후일 유대인들이 그렇게 했던 것처럼 물질적인 복에만 일방적으로 관심을 가질 우려는 없었다. 초기의 족장들은 현세의 물질적인 소유물이 가지는 상징적인 의미를 더 명백하게 이해하고 있었으므로 천상의 도성을 추구했다(갈 4:25, 26; 히 11:9, 10).

(3) 언약의 보편적인 목적을 이해함에 있어서.   언약의 보편적인 목적은 족장 시대에 더 분명히 나타났다. 아브라함은 그의 후손을 통해서 세상의 모든 나라들이 복을 받을 것이라는 약속을 받았다(창 22:18; 롬 4:13-17; 갈 3:8), 유대인들은 점차적으로 이 중요한 사실을 망각하고 언약의 복이 유대 나라에만 국한된 것으로 생각했다. 그러나 후기의 선지자들은 언약의 보편성을 강조함으로써 언약의 세계성을 새롭게 각성시켰다.

이와 같은 차이점이 있는 것은 사실이지만, 몇 가지 점에서 모세 이전 시대와 모세 이후 시대는 일치하고 있으며, 동시에 기독교 시대와 차이점을 보이고 있다. 이 두 시대의 차이점은 다만 정도의 차이에 지나지 않지만, 이 두 시대가 신약 시대와 비교할 때 보여 주는 차이점은 현격한 바가 있다. 신약의 시대와는 대조적으로 구약의 두 시대는 다음과 같은 점에서 일치한다.

(1) 아직 이 세상에 오지 않은 후손으로서의 중보자를 예시함에 있어서.   구약 성경 전체가 장차 오실 메시야를 예시한다. 이 같은 예시는 원복음, 족장들에게 주어진 약속, 모세의 의식 전체, 그리고 선지자들의 메시지의 핵심적 특징을 형성하고 있다.

(2) 의식과 모형을 통하여 그리스도를 예표함에 있어서.   율법이 주어진 후에 이런 의식과 예표들의 분량이 늘어난 것은 사실이지만, 이 시대 이전에도 이 예표들은 이미 있었다. 가인과 아벨의 시대에 이미 희생 제사가 있었으며, 이 제사는 예수 그리스도의 위대한 희생 제사를 예시하는 속죄적 성격을 가지고 있었다. 제사장으로 섬기는 자

들은 큰 대제사장의 오심을 예표한다. 구약과는 달리 신약은 예시적으로 기념적이다.

(3) 하나님과 언약 관계에 있는 초기 공동체들을 통하여 언약의 영적인 실재에 참여하게 될 자들의 운명을 예시함에 있어서. 거룩한 땅에서의 족장들의 순례의 삶, 애굽에서의 노예 생활, 가나안 입성은 더 높은 영적인 일들을 예시한다. 신약에 있어서는 이 모든 모형들이 완성되면서 중단된다.

이상과 같은 논의를 통하여 볼 때, 두 시대 또는 두 언약의 시행, 곧 신약과 구약을 구분하는 두 시대론의 입장에서, 구약을 은혜 언약의 계시 안에서 다시 세부적으로 몇 개로 나누는 것은 바람직한 일이라고 할 수 있다.

B. 구약 시대(세대)

1. 최초의 언약의 계시. 최초의 언약의 계시는 원복음이라고 할 수 있는 창 3:15에서 발견된다. 어떤 학자들은 이 부분이 언약에 대한 언급이라는 사실을 부인한다. 이 부분이 어떤 공식적인 언약의 수립을 말하지 않는다는 사실은 의심할 여지가 없다. 그 같은 언약의 수립에 대한 계시는 언약 개념이 역사적으로 발전된 이후에 비로소 뒤따를 수 있었다. 그러나 창 3:15이 언약의 정수(精髓)를 담고 있는 것은 사실이다. 다음과 같은 점에 주목할 필요가 있다.

(1) 언약을 맺을 때 늘 그렇듯이, 하나님께서는 뱀과 여자 사이에 증오심을 두심으로써 관계를 맺으셨다. 타락은 인간으로 하여금 사탄과 동맹을 맺게 했다. 그러나 하나님은 인간과 사탄의 우호 관계를 증오로 바꾸고 인간과 자신의 관계를 다시 수립함으로써, 새롭게 형성된 이 동맹 관계를 깨뜨리신다. 인간의 회복은 성화를 이룩하는 은총을 약속한다. 왜냐하면 오직 그 같은 은총을 통해서만이 사탄과 인간의 우정이 증오로 바뀔 수 있기 때문이다. 하나님 자신이 거듭나게 하는 은총을 통해서 상황을 역전시키셨다. 모든 가능성을 검토해 볼 때, 하나님은 즉각 최초의 조상의 마음속에서 언약의 은혜를 이루셨다. 하나님이 구속의 능력을 통하여 인간의 마음속에 사탄을 증오하는 마음이 일어나게 하셨다는 말은 하나님께서 인간 편을 선택하셨으며, 사탄과의 싸움에서 인간의 협력자가 되셔서 사실상 공격적이면서도 방어적인 언약을 수립하셨다는 뜻이 된다.

(2) 하나님과 인간 사이 그리고 사탄과 인간 사이의 이와 같은 관계는 개인들에게

만 국한되지 않고 그들의 후손에게도 확대된다. 언약은 유기적으로 작용하며 여러 세대를 포함한다. 이 점이 언약 개념의 본질적인 요소 가운데 하나이다. 인간의 후손이 있을 뿐만 아니라 뱀 곧 악마의 후손도 있어서, 양자 사이에 길고 긴 싸움이 전개될 것이며, 마침내는 인간의 후손이 승리할 것이다.

(3) 이 싸움은 분명한 모습으로 전개될 것이다. 여자의 후손의 발꿈치가 상하겠지만, 뱀의 머리는 훨씬 크게 상할 것이다. 뱀은 발꿈치를 물었으나 이것 때문에 오히려 뱀은 머리에 큰 위험을 당하게 될 것이다. 여자의 후손이 고난을 당할 것이나, 뱀이 지닌 치명적인 독침은 오히려 자기 머리를 상하게 할 것이다. 대표적인 의미에서 여자의 후손을 뜻하는 그리스도의 죽음은 사탄의 패배를 의미하게 될 것이다. 구속의 예언은 원복음에서는 비인격적인 것으로 나타나 있으나, 그럼에도 불구하고 이 예언은 메시야 예언이다. 궁극적으로 분석해 들어가 보면, 여자의 후손은 인성을 취하시고 십자가 위에서 죽임을 당하심으로써 사탄과의 싸움에서 결정적인 승리를 거두신 그리스도이다. 아담과 하와가 이 진리를 모두 이해하지 못한 것은 말할 것도 없다.

2. 노아와 맺은 언약. 노아와 맺은 언약은 일반적인 성격을 지닌 것이 틀림없다. 하나님은 땅 위의 모든 육체를 홍수로 멸망시키지는 않을 것이며, 심음과 거둠, 추위와 더위, 겨울과 여름, 낮과 밤의 반복이 계속될 것이라고 약속하셨다. 자연의 세력은 재갈 물림을 당하고, 악의 세력은 통제되며, 인간은 인간과 짐승의 폭력으로부터 보호받게 될 것이다. 이 언약은 자연적인 복만을 약속하는 언약이기 때문에 종종 자연의 언약 또는 보통 은혜의 언약이라고 부른다. 이 언약을 은혜 언약과 전혀 무관하다는 의미로 받아들이지 않는 한 이 용어를 구태여 반대할 필요는 없다. 양자는 다르긴 하지만 아주 밀접한 관계를 맺고 있다.

(1)**차이점.** 다음과 같은 차이점들에 유의해야 한다. ① 은혜 언약은 주로 - 전적이라고는 말할 수 없지만 - 영적인 복에 속한 것인 반면, 자연의 언약은 단지 지상의 일시적인 복만을 인간에게 약속하고 있다. ② 가장 넓은 의미에 있어서의 은혜 언약에는 신자들과 그들의 후손들만이 포함되고 오직 선택받은 자들의 삶 속에서만 완전히 실현되는 것인 반면, 노아와 맺은 언약은 그 시초에 있어서 보편적일 뿐만 아니라 계속해서 전포괄적으로 남게 된다. 아브라함과 계약이 체결될 때까지는 은혜 언약의 인(印)이 없었다. 그러나 노아의 언약은 무지개의 상징을 통해서 확증되었는데, 이 인은 후일 은혜 언약과 관련되어 나타난 인과는 전혀 다른 것이었다.

(2) **연관성.** 앞에서 언급한 차이점들에도 불구하고 두 언약 사이에는 아주 밀접

한 상관성이 있다. ① 자연의 언약도 하나님의 은혜에 그 기원을 두고 있다. 이 언약을 통하여 하나님은 은혜 언약에 있어서와 마찬가지로 인간에게 값없는 은혜를 베푸실 뿐만 아니라 죄로 인해 상실된 복까지도 주신다. 인간에게는 선천적으로 이 언약 안에 약속된 자연적인 복을 주장할 권리가 없는 것이다. ② 자연의 언약도 은혜 언약에 근거하고 있다. 자연의 언약이 특별히 노아와 그의 후손과 더불어 체결된 이유는, 노아의 가족을 통해서 은혜 언약이 실현될 명백한 증거가 있었기 때문이다(창 6:9; 7:1; 9:9, 26, 27). ③ 이 언약은 은혜 언약에 필수적으로 뒤따르는 부록과도 같은 것이다. 창 3:16-19에 나타난 은혜 언약의 계시 그 자체가 이미 지상의 일시적인 복을 지시한다. 이 복은 은혜 언약의 실현을 위해서 반드시 필요한 것들이다. 노아의 언약에서는 이 같은 복이 지닌 일반적 성격이 강조되며, 이 복이 지속될 것을 강조한다.

3. 아브라함과 맺은 언약. 아브라함에 이르러서 우리는 은혜 언약에 관한 구약의 계시에 있어서 새로운 시대에 들어가게 된다.

(1) 아브라함 때까지는 어떠한 공식적인 은혜 언약의 수립도 없었다. 창 3:15에 이미 이 언약의 요소들이 내포되어 있었지만, 그것은 공식적인 상호간의 언약 수립은 아니었다. 이 구절은 언약에 대해서 명시적으로 말하지 않는다. 아브라함과의 언약의 체결은 제도적 교회의 시작을 의미한다. 아브라함 이전 시대에는 이른바 "가정 교회"가 존재했었다. 이때도 참된 종교가 가족을 통해서 표현되었고, 신자들의 모임도 있었으나, 교회라고 말할 수 있고 세상으로부터 구별된 신자들의 모임은 없었다. "하나님의 아들들" 또는 "사람의 아들들"은 있었으나, 이들은 아직까지 분명하게 구분되지는 않고 있었다. 그러나 아브라함 시대에 와서 할례가 인 치는 의식, 회원의 상징, 믿음으로 말미암는 의의 인으로 제도화되었다.

(2) 아브라함과 상호 언약이 수립됨으로써 특별한 구약의 언약 수행이 시작되었으며, 인간이 언약의 당사자임이 완전히 명백해지고, 믿음을 통하여 하나님의 언약에 반응해야 한다는 사실이 분명해졌다. 성경이 강조하는 핵심적인 사실은 아브라함이 하나님을 믿으니 이것이 그에게 의로 여겨진 바 되었다는 것이다. 그의 신앙의 위대성은 소망이 끊어진 상태에서도 믿었다는 것, 곧 언약의 성취가 육체적으로 불가능한 것처럼 보인 상황에서도 약속을 신뢰했다는 점에 있다.

(3) 은혜 언약의 영적인 복은 이전 그 어느 때보다도 아브라함과 수립한 언약에서 명백해진다. 아브라함과 맺은 언약에 대한 가장 상세한 해설은 롬 3, 4 장과 갈 3장에 있다. 이 장들은 관련된 창세기의 구절에 대해서 아브라함이 언약을 통하여 의롭다 함

을 받았으며, 여기에는 죄 사함, 하나님의 가족에 양자로 편입됨, 성화와 영원한 영광을 위한 성령의 은사들이 포함되어 있다는 것을 가르쳐 준다.

(4) 아브라함과 맺은 언약은 이미 상징적 요소를 지니고 있다. 한편으로 이 언약은 가나안 땅, 헤아릴 수 없이 많은 후손들, 대적으로부터의 보호와 대적에 대한 승리를 포함하는 현세적인 복을 말하고 있다. 다른 한편으로는 영적인 복도 아울러 지시하고 있다. 그러나 여기서 염두에 두어야 할 일은, 전자(현세적인 복)가 후자(영적인 복)와 협동 관계에 있는 것이 아니라 전자가 후자에 종속되어 있다는 점이다. 이 현세적인 복들은 그 자체가 목적이 아니라 영적인 천상의 복을 상징하고 예표하는 역할을 한다. 영적인 약속들은 아브라함의 자연적인 후손들에게서 실현되는 것이 아니라, 아브라함의 발자취를 따르는 자들에게서 실현된다.

(5) 하나님이 아브라함과 수립하신 은혜 언약에 근거하여 아브라함은 빈번히 은혜 언약의 머리로 간주된다. 그러나 "머리"라는 단어는 모호하고 오해의 소지가 많은 단어이다. 아브라함이 은혜 언약의 대표적 머리라는 말은 아담이 행위 언약의 대표적 머리라는 말과는 다르다. 그 이유는 첫째, 아브라함과 맺은 언약은 아브라함 시대 이전에 살면서도 은혜 언약 안에 있던 신자들을 포괄하지 못하기 때문이며, 둘째, 그는 우리를 위한 약속들을 받을 수도 없었고, 우리 대신 하나님을 믿음으로써 약속에 수반하는 의무에서 우리를 해방시켜 주지 못했기 때문이다. 은혜 언약 안에 대표적인 머리가 있다면, 그는 그리스도 한 분뿐이다. 그러나 엄격히 말한다면, 구속 언약과 은혜 언약이 하나라는 전제하에서만 우리는 그리스도를 언약의 머리라고 할 수 있다. 아브라함을 언약의 머리라고 할 때는 언약이 아브라함과 더불어 비로소 공식적으로 수립되었고, 언약이 그의 자연적인 후손과 특히 영적인 후손을 통하여 계속되리라는 약속을 그가 받았기 때문이다.

바울은 그를 "믿는 모든 자의 조상"(롬 4:11)이라고 말한다. 여기서 "조상"이라는 말이 상징적으로 이해되고 있음이 분명하다고 할 수 있는 이유는, 신자들이 영적인 생명을 아브라함으로부터 받지 않았기 때문이다. 하지 박사는 그의 로마서 주석에서 이렇게 말한다. "조상이라는 단어는 공동체적 특성을 갖는다. 이 단어는 종종 어떤 학파나 계층의 수뇌 또는 창시자에게 적용된다. 이렇게 볼 경우, 이 단어의 성격은 이 단어가 지시하는 사람과의 관계에서 결정된다. 창 4:20, 21에서와 같이……신자들이 아브라함의 자녀라고 불리는 이유는 이 단어가 가지는 종교적 성격 때문이다. 다시 말하면, 그는 성경에서 대표적인 신자(the believer)의 위치를 점유하고 있기 때문이며, 그에게 이르러서 유대인이나 이방인을 막론하고 모든 하나님의 자녀들을 포괄하는 은혜 언약이 다시 수립되었기 때문이다. 이와 동시에 하나님의 모든 자녀들은 그의 후손으로서, 그에게 약속된 복을 유업으로 물려받았기 때문이다.”

(6) 마지막으로 우리가 기억해야 할 사실은, 신약 시대에 사는 우리를 위한 규범이 되는 구약의 언약 계시가 이루어진 무대는 시내 언약이 이루어졌던 곳이 아니라 아브라함의 언약이 수립된 곳이라는 점이다. 시내 언약은 일종의 막간(interlude)이다. 시내 언약은, 이스라엘의 신정적인 삶과 관련하여 율법의 요구를 중요시하며 모든 유형의 의식과 형식 때문에 은혜 언약의 참된 성격인 무조건적이고 은혜로운 성격이 약화되는 시대에 적용된다(비교. 갈 3장). 이와는 대조적으로 아브라함의 언약에서는 약속과 이에 부응하는 믿음이 강조된다.

4. 시내 언약. 시내 언약은 아브라함의 언약과 본질적으로 동일하나 형식에 있어서는 다소 다르다. 이 점이 항상 인식되는 것은 아니다. 현재의 세대주의자들이 이 점을 항상 인식하고 있는 것도 아니다. 그들은 이 언약이 형식에 있어서 뿐만 아니라 본질에 있어서도 다른 언약임을 강조한다. 스코필드는 이 언약을 법적인 언약, 즉 "조건적인 모세의 행위 언약"이라고 말한다. 이것은 다시 말하면, 시험의 초점이 구원의 조건으로서의 법적 순종이라는 것이다. 이 언약이 행위 언약이라면, 그것이 은혜 언약이 아님은 분명하다. 빈번히 이 언약이 완전히 새로운 언약으로 간주될 수 있는 이유는, 바울이 되풀이하여 이 언약과 약속이 대립 명제를 형성하는 것으로 말하고 있기 때문이다(롬 4:13 이하; 갈 3:17). 그러나 여기서 주목해야 할 사실은, 바울이 아브라함의 언약과 시내 언약 전체를 대비시키고 있는 것이 아니라, 이 언약 안에서 그 기능을 발휘하는 율법과 율법에 대한 유대인들의 오해를 대비시키고 있다는 점이다. 유일한 예외는 갈 4:21인데, 여기서 두 언약이 대조된다. 그러나 이 대조는 아브라함의 언약과 시내 언약의 대조가 아니다. 이 구절에서는 시내에서 시작되어 지상의 예루살렘을 중심으로 가지는 언약과, 하늘에서 시작되어 위의 예루살렘을 그 중심으로 가지는 언약, 곧 자연적인 언약과 영적인 언약이 대조되고 있을 뿐이다.

성경에는 아브라함과 맺은 언약이 시내 언약으로 대체된 것이 아니라 계속해서 유효하다는 뚜렷한 증거가 있다. 심지어는 호렙 산에서조차도 주님은 이스라엘 백성들에게 아브라함과 맺은 언약을 상기시킨다(신 1:8). 주님이 금송아지를 만든 이스라엘 백성들을 멸망시키고자 하셨을 때, 모세는 아브라함과 맺은 언약에 의지하여 그들을 위하여 탄원한다(출 32:13). 그는 또한 거듭 그들에게, 죄를 회개하고 하나님께 돌아오기만 하면 하나님께서는 아브라함과 맺은 인약을 기억하실 것이라고 외친다(레 26:42; 신 4:31). 두 언약은 통일성을 지니고 있는 것으로 표현된다(시 105:8-10). "그는 그의 언약 곧 천대에 걸쳐 명령하신 말씀을 영원히 기억하셨으니 이것은 아브라함과 맺은 언약이고 이삭에게 하신 맹세이며 야곱에게 세우신 율례 곧 이스라엘에게 하신 영원한 언약이라." 이 같은 통일성은 갈 3장의 바울의 언약의 본질을 임의로 변경시키지는 않으며, 율법은 약속의 은혜로운 목적을 대치시키기 위한 의도를 가진 것이 아니라 그것을 이루는 것을 돕는 데 목적이 있는 것임을 강조한다(갈 3:15-22). 만일 시내 언약이 진실로 행위 언약이라면, 이 언약 안에서는 법적인 순종이 구원의 길이 된다. 그렇게 되면 이 언약은 이스라엘에게는 하나의 저주가 된다. 왜냐하면 행위를 통해 구원을 얻을 수 없는 백성에게 율법이 부과되었기 때문이다. 그러나 성경은 이 언약을 사랑하시는 성부께서 이스라엘에게 부여하신 복으로 말하고 있다(출 19:5; 레 26:44-45; 신 4:8; 시 148:20). 아브라함의 언약과 시내 언약은 본질적으로 같은 언약이다. 그러나 시내 언약은 몇 가지 특징을 가지고 있다.

(1) **시내 산에서 언약은 진정한 의미의 국가적 언약이 되었다.** 이스라엘의 시민 생활은 언약과 밀접하게 연결되어서 서로 분리할 수 없었다. 넓은 의미에서 본다면 국가와 교회는 하나이다. 교회 안에 있는 것은 국가 안에 있는 것이요, 국가 안에 있는 것은 또한 교회 안에 있는 것이다. 교회를 떠나는 것은 국가를 떠나는 것이다. 영적인 파문 같은 것은 규정되어 있지 않았다. 사실상 파문은 죽음으로써 공동체와의 관계가 끊어지는 것을 의미했다.

(2) **시내 언약에는 행위 언약의 엄격한 요구를 적극적으로 생각나게 하는 기능이 포함되어 있었다.** 율법이 강력하게 전면에 대두됨으로써, 다시 한 번 최초의 언약의 법적인 요소를 생각나게 했다. 그러나 시내 언약은 행위 언약의 갱신을 의미하는 것이 아니다. 이 언약에 있어서 율법은 은혜 언약에 굴복한다. 이 같은 사실은 십계명 서론에 이미 암시되어 있다(출 20:2; 신 5:6; 롬 3:20; 갈 3:24). 시내 산에서 조건적인 요소가 첨가된 것은 사실이지만, 이 요소는 이스라엘의 구원과 관련된 것이 아니라, 국가 안에서 이스라엘 백성들이 차지하는 신정적 위치를 말하는 것이며, 율법을 순종하는 데 따르는 외적 복의 향유를 의미하는 것이었다(신 28:1-14). 율법은 은혜 언약과 관련하여 이중적 목적을 갖는다. ① 죄 의식을 증가시킨다(롬 3:20; 4:15; 갈 3:19). ② 그리스도께 인도하는 초등교사의 역할을 한다(갈 3:24).

(3) **이스라엘 국가와 맺은 언약에는** 상세한 **의식적(儀式的)·모형적 기능이 포함되어 있**

다. 이는 어느 정도는 초기 시대에 이미 현존해 있었다. 그러나 시내 산에서 소개되었을 때는 새로운 의미를 부여받았다. 제사장직이 별도로 규정되었으며, 상징과 모형을 통한 지속적인 복음의 전파가 도입되었다. 이 상징과 모형들은 두 가지 다른 양상을 띤다. 하나는 백성에게 부과되는 하나님의 요구이며, 다른 하나는 백성에게 주어지는 하나님의 구원의 메시지다. 유대인들은 후자를 보지 못하고, 전자에만 주의를 집중시켰다. 그들은 점점 잘못된 방향으로 나아가 언약을 행위 언약으로 간주했으며, 상징과 모형들을 행위 언약의 부록 정도로만 생각했다.

(4) 시내 언약에 있어서의 율법은 삶의 규범으로서의 기능을 가지고 있었기 때문에 하나님의 한 율법이 세 가지 다른 양상들을 띠게 되었다. 곧 도덕법, 시민법, 그리고 의식적 혹은 종교적 율법으로 구분되었다. 시민법은 간단히 말해서 도덕법의 원리들을 이스라엘 백성의 사회적·시민적인 삶의 구체적인 영역에 적용한 것이다. 백성들의 사회적·시민법적인 관계도 언약 관계를 반영해야 했다.

시내 언약에 대해 주목할 만한 몇 가지 다른 견해들이 있다.

(1) 코케이우스는 십계명 안에서 구체적으로 이스라엘에 적용된 은혜 언약의 요약적인 표현을 보았다. 백성들이 이 같은 국가적인 은혜의 언약을 수립한 후에 신앙을 버리고 금송아지를 만들었을 때, 하나님은 같은 은혜 언약에 속한 것이면서도 좀 더 엄격하고 거친, 의식적(儀式的) 예배의 형태를 가진 법적 언약을 제정하셨다. 이렇게 해서 은혜의 계시는 특별히 십계명에, 그리고 굴종의 계시는 의식법에 나타났다. 시내 언약이 있기 전에 선조들은 약속 아래 살았었다. 희생 제사도 있었으나 의무는 아니었다.

(2) 어떤 이들은 율법을 이스라엘과 맺은 행위 언약의 형식으로 간주했다. 하나님은 이스라엘이 율법을 지킴으로 말미암아 생명을 얻게 하실 의도는 없으셨다. 왜냐하면 이 일은 사실상 전적으로 불가능한 일이기 때문이다. 하나님은 다만 그들이 힘을 다 기울여 본 후 자신들의 무능력을 깨닫도록 하시려는 것뿐이었다. 애굽을 떠났을 때, 이스라엘 백성들은 주께서 명령한 일들을 모두 행할 수 있으리라고 생각했다. 그러나 시내 산에서 그들은 곧 그 일들을 행할 수 없다는 것을 깨달았다. 그들이 죄책감을 갖게 되었을 때, 비로소 여호와께서는 아브라함과 맺으셨던 은혜 언약을 그들과도 맺으셨는데, 이 언약에 의식법까지도 포함되어 있었던 것이다. 이 같은 논리는 코케이우스의 논리와 정반대되는 입장이다. 의식법 안에서도 은혜의 요소가 발견된다. 이 견해는 시내 언약을 "조건적인 모세의 행위 언약"(스코필드)으로 간주하면서 의식법 안에 장차

오실 그리스도의 구속이 예시되어 있다고 보는 현재의 세대주의자들의 입장과 어느 정도 일치한다.

(3) 한편 다른 이들은 하나님이 시내 산에서 세 개의 언약을 세우셨다고 주장한다. 국가적 언약, 자연 또는 행위의 언약, 은혜의 언약이다. 첫 번째 언약은 모든 이스라엘 백성들과 수립된 것으로, 아브라함으로부터 시작된 특별한 계열을 계속해서 이어 주는 언약이다. 이 언약 안에서 하나님은 외적인 순종을 요구하면서 현세적인 복을 약속하신다. 두 번째는 십계명을 주심으로써, 행위 언약을 반복하는 것이었다. 세 번째는 의식법을 주심으로써, 아브라함과 맺은 은혜 언약을 갱신하는 것이었다.

이상과 같은 견해들은 몇 가지 이유로 반론에 직면하지 않을 수 없다. ① 이 견해들은 모든 언약의 숫자를 늘림으로써 성경에 반대되는 입장을 취한다. 물론 시내 산의 언약이 다양한 양상을 지니고 있는 것은 사실이지만, 시내 산에서 여러 개의 언약이 수립되었다고 생각하는 것은 비성경적이다. ② 이 견해들은 십계명과 의식법에 부당한 제약을 가함으로써 오류를 범하고 있다. 의식법이 이중적 양상을 가지고 있음은 분명하다. 이와 동시에 십계명도 율법의 요구를 전면에 내세움으로써 은혜 언약에 굴종하고 있음이 분명하다.

C. 신약 시대(세대)

신약 시대에 관하여는 많은 말이 필요 없다. 다음과 같은 점들을 주목하면 될 것이다.

1. 신약에 계시된 은혜 언약은 본질적으로 구약의 신자들이 하나님과 맺던 관계를 지배했던 것과 동일하다. 현대의 세대주의자들처럼 두 시대를 대조되는 것으로 파악하는 것은 근거 없는 일이다. 롬 4장과 갈 3장은 이를 분명히 보여준다. 때때로 신약의 언약을 새 언약이라고 부르는 이유는 이 언약의 시행이 구약의 시행과는 몇 가지 점에서 구체적으로 다르기 때문이다. 다음과 같은 설명이 이 점을 좀 더 분명히 해줄 것이다.

2. 신약 시대는 보편적이라는 점에서, 곧 모든 국가들에게 확장된다는 점에서 구약 시대와 다르다. 은혜 언약은 원래부터 보편적이었다. 자국주의(自國主義, particularism)는 아브라함과 함께 시작되었으며, 시내 언약에서 계속되고 강화되었다. 그러나 이 자국주의는 영구적인 것이 아니라, 그 본래의 기능을 완수한 뒤에는 없어지기로 되어 있는 것이었다. 율법 시대에도 이방인들이 이스라엘 백성에게 합류하여 언약의 복을 함께

누리는 것이 가능했다. 그리스도께서 희생 제사를 드렸을 때 아브라함의 복이 열국(列國)으로 흘러 나갔다. 그리하여 먼 곳에 있는 백성들이 가까이 나아올 수 있었다.

3. 신약 시대는 언약의 은혜적 성격을 더욱 강조한다. 약속이 전면에 부각된다. 사실상 은혜 언약 안에서 하나님께서 조건 없이 자신이 요구하는 바를 주신다는 사실이 분명해진다. 이 같은 관점에서 보면 새로운 시대는 바울이 롬 4장과 갈 3장에서 분명히 말한 바와 같이 시내 언약보다는 아브라함과 맺은 언약과 더 밀접한 관계가 있는 것이 사실이다. 그렇다고 해서 율법 시대 동안 은혜로운 약속이 없었다는 말은 아니다. 바울은 고후 3장에서 율법의 기능과 복음의 기능을 특별히 비교한다. 그러나 여기서 바울이 특별히 염두에 두고 있는 율법의 기능은 시내 언약을 행위 언약으로 바꾼 후기 유대인들의 율법 이해를 전제로 한 것이다.

4. 마지막으로 신약 시대는 구약 시대보다 더 부요한 복을 가져온다. 하나님의 은혜의 계시는 말씀이 육신이 되어 "은혜와 진리가 충만하여" 인간 가운데 거하실 때 절정에 달했다. 성령이 교회에 쏟아 부은 바 되었으며, 그리스도 안에 있는 하나님의 은혜의 충만함으로부터 신자들은 영적이고 영원한 복을 받게 된다. 현재의 은혜 언약의 시대는 그리스도의 재림시까지 계속될 것이다. 그리스도께서 재림하시면 언약 관계는 하나님과 친밀한 교제를 나누는 삶 속에서 실현될 것이다.

깊은 연구를 위한 질문

언약 교리가 도입됨으로써 개혁 신학의 진리 표현 방식이 어떤 영향을 받았는가? 이 교리가 개혁 신학 밖에서 별다른 호응을 받지 못한 이유는 무엇이라고 생각하는가? 누가 이 교리를 처음으로 도입했는가? 코케이우스의 계약 신학의 특징은 무엇인가? 일부 학자들이 구속 언약과 은혜 언약을 단일한 언약으로 취급하는 이유는 무엇인가? 이 두 언약을 별개의 것으로 취급하는 학자들의 의도는 무엇인가? 언약 개념을 일종의 법적인 허구라고 생각하고 경솔하게 거부하는 경향에 대해서는 어떻게 응답해야 하는가? 동일한 언약에서 어떻게 그리스도가 당사자인 동시에 보증인이 될 수 있는가? 은혜 언약은 단순한 외적인 관계에 지나지 않는다는 블레이크의 견해를 어떻게 논박할 수 있겠는가? 내면적 언약과 외면적 언약을 구분하는 생각에 대해서는 어떤 반론이 제기될 수 있는가? 카이퍼가 그리스도만이 은혜 언약의 두 번째 당사자라고 주장하는 이유는 무엇인가? 그는 어떤 의미에서 은혜 언약을 영원한 언약으로 간주하는가? 오늘날의 전천년설이 언약과 세대의 수를 늘리는 경향에 대해서는 어떻게 생각하는가? 현대 세대주의자들의 기원은 어디서 찾을 수 있는가? 세대주의는 구약과 신약의 관계를 어떻게 생각하고 있는가?

Louis Berkhof

기독론

제1부 그리스도의 위격(位格)

I
기독론의 역사

A. 인간론과 기독론의 관계

인간론과 기독론은 아주 밀접하다. 인간론은 하나님의 형상으로 창조되고 참된 지식, 의, 거룩성을 부여받았지만 하나님의 율법을 고의로 범함으로써 그 참된 인성을 상실하고 죄인으로 변모해 버린 인간을 다룬다. 인간론은 인간을 그 본래적 영광의 흔적의 일부가 여전히 있는 하나님의 지극히 특권적인 피조물로서, 그러나 그 창조시의 권리, 참된 자유, 원의(原義)와 거룩성을 상실한 존재로 묘사하고 있다. 이는 인간론이 단순히, 또는 일차적으로 인간의 피조성에 주의를 기울일 뿐 아니라, 그 죄성(罪性)에 주의를 집중함을 의미한다. 그것은 인간의 타락에서 비롯된 하나님과 사람간의 "윤리적인" 거리를 강조하는데, 그것은 인간도 천사도 다리를 놓을 수 없는 것으로서 그 자체가 사실상 하나님의 도움을 구하는 부르짖음이다.

기독론은 그와 같은 부르짖음에 대해 부분적으로 응답한다. 기독론은 그리스도 안에서 간격을 메우고 거리를 좁히는 하나님의 객관적 사역을 우리에게 일깨워 준다. 그것은 그리스도 안에서 율법의 제조건을 충족시킴으로써 신인(神人)간의 장벽을 타파하고 인간을 당신과의 복된 교제의 신분으로 회복시키기 위하여 인간에게로 나아오시는 하나님을 보여준다. 인간론에서 이미, 당신과의 복된 교제의 삶을 공급하기 위해 하나님께서 몸소 친교의 언약을 은혜로 예비하신 사실에 주의를 기울이고 있지만, 그 언약은 오직 그리스도 안에서 그를 통해서만 효력이 있다. 따라서 언약의 중보자 되신 그리스도에 관한 교리가 반드시 뒤따라야 한다. 구약 성경에서 인류의 구속주로 예표(豫表)되고 예언된 그리스도는 때가 차매 오셔서 사람들 가운데 함께 거하시고 영원한 화목을 성취하셨다.

B. 종교개혁 이전의 기독론

1. 칼케돈 공의회까지. 초기 기독교 문헌에는 그리스도는 사람과 하나님으로, 사람의 아들(人子)과 하나님의 아들로 분명하게 나타난다. 그리스도의 무죄하신 성품이 단언되었으며 예배받기 합당한 대상으로 존중을 받았다. 당연히, 동시에 하나님이며 인간이신 그리스도상(像)에서 야기되는 문제점이나 그 속에 내포된 난점들이 초대 교회의 신자들에게는 충분히 인식되지 않았고, 단지 논쟁 과정 중에 조금씩 깨닫게 되었다. 유일신론을 특히 강조하는 유대교가 초대 교회의 유대계 기독교인들에게 현저한 영향력을 행사한 것은 매우 당연한 일이었다. 에비온파(혹은 그 일부)는 유일신론을 위해 그리스도의 신성을 부정할 수밖에 없다고 생각했다. 그들은 그를 요셉과 마리아의 아들인 단순한 인간으로 보았는데, 그가 세례받으실 때 그 위에 임한 성령으로 말미암아 메시야 자격을 얻었다고 생각했다.

초대 교회에는 이와 유사한 노선 위에 기독론을 구축한 다른 종파들이 있었다. 그 로고스 교리가 신약의 다른 내용들과 상반된다는 이유에서 요한의 글을 거부했던 알로기파(Alogi)도 예수님을 단순한 인간으로 보았고(비록 기적적인 동정녀 탄생은 인정했지만), 그리스도께서 세례시에 그의 위에 강림하여 초자연적인 권능을 부여했다고 가르쳤다. 이것은 또한 역동적 단일신론자들(Dynamic Monarchians)의 입장과 대체로 일치했다. 그 주된 대표자인 사모사타의 바울(Paul of Samosata)은 예수님과 로고스를 구별했다. 그는 예수님을 마리아의 몸에서 출생한, 여느 사람들과 다름없는 인간으로 보았고, 로고스를 비인격적인 신적 이성으로 보았는데, 이 로고스는 그리스도의 세례 당시부터 그의 속에 온전히 거함으로써, 그에게 주어진 위대한 사명을 감당할 수 있게 했다고 가르쳤다. 이와 같은 부인에 비추어 볼 때, 그리스도의 신성을 변호하는 것은 초기 변증가들의 과업의 하나가 되었다.

그리스도의 인성을 고수하기 위해 신성을 희생시킨 사람들이 있는가 하면, 그 반대의 경우도 있었다. 영지주의자(Gnostics)는, 물질을 영혼과 정면 대립되는 것으로 보았던 헬라인들의 이원론적 관념과 지상의 사물들을 거대한 우주적 구속 과정의 풍유적 표현(allegorical representation)으로 보는 신비주의 전통에 깊은 영향을 받았다. 그들은 하나님의 가시적 현현인 성육신 사건을 거부했는데, 왜냐하면 이는 영과 물질의 직접적인 접촉을 내포하기 때문이었다. 하르낙에 의하면, 그들 대다수는 그리스도를 천부와 동질적인 영으로 간주했다. 혹자는 그리스도가 수세시에 인간 예수 위에 강림했지만 그가 십자가에 달리기 전에 다시 떠나갔다고 주장했고, 다른 사람들은 그가 단지 환영적(幻影的)인 몸을 취했다고 생각했다.

양태론적 단일신론자들(Modalistic Monarchians)도 역시 그리스도의 인성을 부인했는데, 일부는 그 신성을 위해서였고, 일부는 신 존재(Divine Being)의 단일성을 보전하기 위해서였다. 그들은 그를 단지 한 하나님의 양태 내지는 현현으로 보았으며, 하나님의 위격의 구별을 인정하지 않았다. 반(反)영지주의자들과 알렉산드리아의 교부들은 그리스도의 신성을 변호하는 입장을 취했지만, 변호 과정에서 그를 성부에게 종속된 존재로 묘사하는 오류를 완전히 탈피하지 못했다. 심지어 테르툴리아누스도 일종의 종속론을 설파했는데, 주저없이 본체의(as to essence) 종속을 주장했던 오리겐이 특히 그러했다. 이는 그리스도를 신성인 로고스와 구별하고, 하나님은 아니지만 인간보다 뛰어난 시간 이전적(pre-temporal)이고 초인적인 피조물 곧 피조물의 첫 열매로 보았던 아리우스주의로 나아가는 디딤돌이 되었다. 아타나시우스는 아리우스의 주장에 반대하여, 성자는 성부와 동질이고 동일 본체라는 입장을 강력하게 변호했는데, 이 입장이 321년 니케아 공의회에서 공식 채택되었다. 반(半)아리우스주의는 성자가 성부와 유사한 본체를 가졌다고 선언함으로써 중도적 노선을 제안했다.

성자의 신성 교리가 공식적으로 확립되자, 자연히 그리스도 안에 병존하는 양성(兩性)간의 관계에 대한 의문이 제기되었다. 아폴리나리스(Apollinaris)는 그 문제에 대한 해답을 제시했다. 그는 인간을 육, 혼, 영으로 나누는 헬라의 삼분법적 인간관을 받아들이면서, 로고스가 인간 내부의 영(프뉴마)의 자리(그는 이를 죄의 처소로 간주했다)를 차지하셨다는 입장을 취했다. 그의 주된 관심사는 그리스도의 참된 신성을 희생시키지 않으면서 그 인격의 단일성을 보전하는 데 있었다. 그러나 그는 구세주의 완전한 인성을 포기함으로써 목적을 달성했고, 그 결과 그의 견해는 381년 콘스탄티노플 공의회에서 명백히 정죄되었다. 아폴리나리스가 주장했던 쟁점들 중의 하나는 그리스도의 인격의 단일성이었다. 이것이 실제로 위험에 처하게 되었음은 그리스도의 양성의 구별을 과장했던 안디옥 학파의 입장에서 분명하게 나타났다.

몹수에스티아의 테오도레(Theodore of Mopsuestia)와 네스토리우스(Nestorius)는 그리스도의 완전한 인성을 강조했고, 그 안의 로고스의 내재를 신자들도 정도 차이는 있지만 똑같이 누리는 단순한 도덕적 내주로만 이해했다. 그들은 그리스도 안에 하나님과 함께 사람을, 곧 하나님과 연합하고 하나님의 목적에 동참하지만 단일한 인격적 생명의 하나 됨에서는 그와 하나가 아닌 사람을 보았던 것이다. 즉, 두 인격으로 구성된 한 중보자를 보았다. 알렉산드리아의 키릴(Cyril of Alexandria)은 이에 반대하여 그리스도 인격의 단일성을 강조했고, 그의 반대자들은 그가 양성을 부인했다고 생각한다. 아마 반대자들이 오해한 것 같지만, 유티케스(Eutyches)와 그 일파는 그리스도의 인성이 신성에 의해 흡수되었거나 양성이 융합하여 단일한 본성이 되었다는, 그리스도의 양성을 부인하는 입장을 취하면서 그 근거로 키릴을 인용했다. 451년의 칼케돈 공의회는 이들 양극단의 견해를 전부 정죄하고, 위(인격)의 단일성(unity)과 양성을 함께 주장했다.

2. 칼케돈 공의회 이후. 유티케스파의 오류는 얼마 동안 단성론자들(Monophysites)과 단의론자들(單意論者, Monothelites)에 의해 지속되었지만, 결국 교회는 이를 극복했다. 그리스도의 인성을 전혀 비인격적인 것으로 간주하는 좀 더 큰 위험성은 비잔티움의 레온티우스(Leontius of Byzantium)에 의해 제거되었는데, 그는 이를 비인격적(impersonal)이 아니라 인격 내적(in personal)인 것 즉 그 인격적 실존이 성자의 인격 내에 거한다고 설명했다. 동방 교회의 기독론의 최고봉이었던 다마스쿠스의 요한(John of Damascus)은 그리스도 안에서 신성과 인성의 침투(circumincession) 즉 신적 속성이 인성에 전달되어 인성이 신화(神化)하는 일이 발생하므로 하나님께서 육신으로 고난받으셨다고 말할 수 있다는 사상을 추가했다. 그는 인성을 로고스의 일개 기관이나 도구의 위치로 격하시키는 경향을 드러내지만, 그럼에도 양성간에 협력이 있다는 것과, 한 위(인격)가 각 본성으로 행동하고 의지를 나타낸다(비록 인적 의지는 항상 신적 의지에 복종하지만)는 것을 인정한다.

서방 교회에서는 우르겔라의 주교 펠릭스(Felix)가 양자설(adoptionism)을 변호했다. 그는 그리스도를 신적 본성(즉, 로고스) 면에서는 문자 그대로 하나님의 독생자로 간주했지만, 인적 측면에서는 단지 양자로 선택받음으로써 하나님의 아들이 된 것으로 생각했다. 그는 인자(人子)가 잉태 때부터 하나님의 아들의 위의 단일성 안으로 올려졌다는 사실을 강조함으로써 인격의 단일성을 보전하고자 했다. 이로써 자연적인 친자성(親子性)과 양자성(養子性) 사이에 구별이 지어졌는데, 후자는 그리스도의 자연적 출생에서 시작되지 않고 그의 세례시에 시작되어 부활에서 완성되었다. 그리스도가 하나님의 양자 되신 것은 영적 출생에 의한 것이었다. 교회는 이 같은 견해가 그리스도의 위(位)의 단일성을 더욱 위태롭게 함을 간파하여, 794년 프랑크푸르트 대회에서 이 설을 정죄하였다.

중세에는 그리스도의 위격에 관한 교리에 추가된 것이 거의 없었다. 그리스도를 본받음에 대한 강조, 각종 속죄론, 미사 교리의 발달 등의 다양한 영향으로 인해 교회는 그리스도의 완전한 인성을 굳게 고수했다. 매킨토시(Mackintosh)는 "그리스도의 신성은 인간적 행위와 수난을 무한적 가치의 수준으로 고양시킨 무한한 공동 행위로 나타났다"고 평한다. 그러나 스콜라 신학자들 중에는 기독론에 있어서 가현설적 그리스도관을 개진하는 자들이 있었다. 페트루스 롬바르두스(Peter the Lombard)는, 그리스도는 그 인성적 측면에서는 아무것도 아니라고 말하기를 주저하지 않았다. 그러나 이 같은 허무주의는 교회에 의해 정죄되었다. 토마스 아퀴나스는 몇 가지 새로운 논점을 부각시켰다. 그에 의하면 로고스의 위격은 성육신에서 합성(composite)되었으며, 인성과의 연합은 인성이 독립적인 인격에 도달하지 못하도록 "방해"했다. 그리스도의 인성은 로고스와의 연합 덕분에 이중의 은혜를 받았으니, (1) 단회적 은혜(gratia unionis)는 인성에 특별한 권위를 부여하여 심지어 예배의 대상이 되도록 했고, (2) 지속적 은혜(gratia habituals)는 하나님과의 관계 면에서 인성을 지탱했다. 그리스도의 인간적 지식은 이중이었으니 곧 주입된 지식과 획득된 지식이었다. 그리스도 안에는 두 의지가 있지만, 궁극적 원인은 신적 의지에 속하고, 인간적 의지는 언제나 그것에 종속된다.

C. 종교개혁 이후의 기독론

1. 19세기까지. 종교개혁은 그리스도의 위격 교리에 하등 중대한 변화를 초래하지 않았다. 로마 가톨릭 교회와 개신교회는 모두 칼케돈 공의회에서 공식화된 기독론에 동의했다. 그들의 중대하고 뿌리 깊은 견해차는 다른 점에 있었다. 루터파의 기독론에는 특별히 언급할 만한 특징이 하나 있다. 성만찬에서의 그리스도의 육체적 임재에 관한 루터의 교리는 루터파 특유의 속성간의 교류(communicatio idiomatum)를 도출했는데, 그 요지는 "그리스도의 양성은 제각기 상대편으로 침투하며(perichoresis), 그의 인성은 신성의 속성들에 참여한다"는 것이다. 전능, 전지, 편재의 속성들이 성육신 당시에 그리스도의 인성에 전달되었다고 주장되었다. 당연히 이러한 전달이 예수님의 지상 생활에 대해 우리가 아는 바와 어떻게 조화될 수 있는지에 대한 질문이 제기된다. 루터파 신학자들은 이에 대해 의견 차이를 드러냈다. 혹자는 그리스도께서 성육신 당시 부여받았던 신적 속성들을 보류했거나 혹은 경우에 따라 사용하셨다고 주장했고, 다른 사람들은 그가 전(全)지상 생활 동안 이를 계속 소유했지만 이를 은폐했거나 단지 은밀히 사용하셨다고 주장했다. 오늘날 어떤 루터파 신학자들은 아예 본 교리를 포기하려는

경향을 보이고 있다.

개혁파 신학자들은 이 같은 루터파 교리에서 일종의 유티케스주의 내지는 그리스도의 양성의 혼합을 간파했다. 개혁파 신학에서도 속성간의 교류를 가르치고 있지만, 그 인식 방법에서 차이를 보인다. 개혁파 신학은 성육신 후에 양성의 제특성이 그리스도의 한 위격으로 귀속될 수 있다고 믿는다. 그리스도의 위격은 전지하지만 동시에 단지 제한된 지식을 가졌다고 말할 수 있고, 편재하지만 또한 일정한 시공간에 한정되어 있다고 할 수 있다. 그래서 제2 스위스 신앙고백(Second Helvetic Confession=스위스 일치 신조)에서 다음 조항을 볼 수 있게 되었다: "그러므로 우리는 한 분이고 동일하신 우리 주 예수 안에 두 본성 즉 신성과 인성이 있다는 것을 인정하며, 양자는 밀접하게 결속 내지 합일되어 있기 때문에 삼키우거나 혼동되거나 혼합되지 않고 한 위격 속에 합일 내지 결합되었다(양성의 특성들은 안전하게 그대로 보존되면서)라고 말한다. 따라서 우리는 둘이 아닌 한 분 우리 주 그리스도께 예배하는 것이다……. 그러므로 우리는 그리스도 안의 신성이 고난을 당했다거나 그리스도께서 그 인성으로 아직 세상에 계시며 또한 모든 곳에 계신다고 생각하거나 가르치지 않는다."

2. 19세기. 19세기 초에 이르러 그리스도의 위격에 관한 연구에 일대 변혁이 일어났다. 그 전까지의 출발점은 주로 신학적이었고, 그 결과 기독론은 신 중심적(theocentric)이었다. 그러나 18세기 말이 되면서 역사적 예수에서 좀 더 가깝게 출발하면 더 나은 연구 결과를 얻을 수 있다는 확신이 점차 높아졌다. 그리하여 소위 "기독론의 제2기" 시대가 도래하게 되었다. 새로운 관점은 인간학적이었고, 결과는 인간 중심적(anthropocentric)인 기독론이었다. 그것은 교회의 신앙에 파괴적이었다. 복음서 기자들이 묘사한 역사적 예수와, 신학 사상가들의 풍성한 상상력의 소산이며 오늘날 교회의 신조 속에 그 상(像)이 반영되어 있는 신학적 그리스도 사이에 광범하고 유해한 구별이 생겨났다. 초자연적 그리스도가 인간 예수에게 자리를 내주었고, 양성 교리는 신적 인간(divine man) 교리로 대체되었다.

슐라이어마허는 새로운 발전의 선두 주자였다. 그는 그리스도를 인성이 이상적 완성의 단계에까지 승화된 새로운 피조물로 간주했다. 그러나 그의 그리스도는 인간의 수준을 넘어선 존재라고는 거의 말할 수 없다. 그의 인격의 독특성은, 그가 신성과 완전하고 단절 없는 일체감을 가질 뿐 아니라, 그 무죄한 완전성의 성품 속에 인간의 운명을 온전히 인식하고 있다는 사실에 있다. 그의 지고한 위엄은 그 속에 나타난 특별한 신적 임재, 즉 그의 독특한 신 의식(God-consciousness)으로 설명된다. 헤겔의 그리스도관은 그의 범신론적 사상 체계의 일부였다. 말씀이 육신이 되었다는 구절을 그는 하나님께서 인간성 속에 구체화되었다는 뜻으로 해석했고, 따라서 성육신은 사실상 신인간의 일체성의 표현이었다. 그가 보기에 그리스도의 성육신은 단지 인종적 발전 과정의 최고 단계였다. 사람들은 예수를 단지 인간적 교사로 간주하지만 신앙으로써, 그가 신적 존재이며 그가 세상에 오심으로써 하나님의 초월성이 내재성으로 변화했음을 인식하게 된다. 여기서 우리는 기독론 속에서 인간적 요소와 신적 요소가 범신론적으로 동일시되는 실례를 보게 된다.

이와 비슷한 견해는 겸허설(Kenotic theories)에서도 찾아볼 수 있다. 본 이론은 그리스도의 위격 교리의 구조적 개선을 위하여 괄목할 만한 시도를 하고 있다. 케노시스(kenosis)라는 용어는 그리스도께서 "자기를 비워(ekenosen) 종의 형체를 취했다"고 가르치는 빌 2:7에서 유래한 것이다. 케노시스주의자들은 본문을 로고스가 문자 그대로 자신을 인간의 차원에까지 (완전히 혹은 일부분) 축소 내지 무력화시키심으로써 인간이 되셨고, 그후 지혜와 능력을 증가시켜 마침내 다시 하나님이 되었다는 의미로 해석했다. 이 이론은 다양한 형태로 나타났는데, 그 중 가장 철저한 것이 게스(Gess)의 이론으로서, 얼마 동안 상당한 인기를 모았다. 그것은 그리스도의 인성의 사실성과 진정성을 보전하면서, 부요하면서도 우리를 위해 가난하게 되셨던 그의 위대한 겸비를 강하게 부각시켰다. 그러나 이것에는 신인(神人)간의 구분선의 범신론적 철폐가 함축되어 있다. 중도파(Mediating school)의 가장 중요한 대변자였던 도르너(Dorner)는 이 견해에 강력히 반대했고, 그 대신 점진적 성육신론을 제안했다. 그는 그리스도의 인성을, 신성에 대한 특별한 수용성(收容性)을 갖춘 새로운 인간성으로 이해했다. 하나님의 자기를 내어주심의 원리인 로고스가 이 인성과 결합하셨는데, 결합 정도는 점차 증가하는 인성의 신성 수용도에 따라 단계마다 결정되었고, 부활에서야 최종 단계에 도달했다. 그러나 이는 옛 네스토리우스파 이단의 새롭고 교묘한 재현에 불과하다. 그것은 두 인격으로 구성된 그리스도를 가르치고 있다.

슐라이어마허를 제외하고 현대 신학에 가장 큰 영향을 미친 인물은 알브레히트 리츨이었다. 그의 기독론은 그리스도의 위격보다는 사역에서 출발한다. 그리스도의 사역이 그 위격의 존엄성을 결정한다. 그는 일개 인간이었지만, 그가 이룩한 업적과 행한 봉사의 견지에서 볼 때 그에게 신적 속성을 돌리는 것이 정당하다. 그는 그리스도의 선재(先在), 성육신, 동정녀 탄생 교리를 배제했는데, 왜냐하면 이는 기독교 공동체의 신앙의식과 아무런 접촉점도 없기 때문이다. 그리스도는 하나님 나라의 창시자로서, 하나님의 목적을 자신의 목적으로 삼았으며, 이제는 어떻게든 사람들을 기독교 공동체로 인도하고 오직 사랑을 동기로 하는 생활을 영위하도록 이끄신다. 그는 자신의 교훈, 모범, 독특한 감화로써 인간을 구원하시며, 따라서 하나님으로 호칭받을 자격이 있다. 이것은 사실상 사모사타의 바울의 이론의 재현이다.

근대의 범신론적 내재성(內在性) 관념에 기초하여 오늘날의 기독론은 종종 철두철미하게 자연주의적 방식으로 서술되고 있다. 표현은 크게 달라도, 근본 사상은 신인간의 본질적 합일이라는 점에서 대체로 동일하다. 현대 신학에서 그리스도의 양성 교리는 자취를 감추었고, 대신 신인간의 범신론적 동일시(identification)가 자리 잡았다. 근본적으로 모든 인간은 신적이다. 왜냐하면 그들은 그 속에 신적 요소를 포함하고 있기 때문이다. 그리고 그들은 모두 다 하나님의 아들로서, 그리스도와 정도 차이만이 있을 뿐이다. 현대의 기독론은 한결같이 이 같은 신인간의 연속성의 원리에 기초하고 있다. 그리고 바르트와 그의 동조자들은 바로 이 원리에 반대하여 목소리를 높이고 있는 것이다. 오늘날 신학계의 일단에서는 양성 교리로 복귀하려는 조짐이 일어나고 있다. 미클럼(Micklem)은 그의 「신앙론」(*What is the Faith?*)에서 자신은 다년간 그리스도의 단일 인격과 양성 교리를 포기해야 한다고 자신 있게 주장해 왔지만, 이제는 그것이 오해에 기인했음을 깨닫게 되었다고 고백한다.

깊은 연구를 위한 질문

초기 수 세기 동안의 기독론 논쟁의 배경은 무엇이었는가? 로스켈리누스(Roscelinus)와 아벨라르(Abelard)가 재현시킨 고대의 오류는 무엇이었는가? 아벨라르의 제자들 중에 유행했던 기독론적 허무주의(Christological Nihilism)는 무엇이었는가? 페트루스 롬바르두스는 그리스도를 어떻게 이해했는가? 스콜라 신학자들은 어떤 새로운 논점을 전면에 부각시켰는가? 루터파 기독론의 공식적 견해는 어디에서 발견되는가? 일치 신조(formula of Concord)의 외관상 모순되는 표현들을 어떻게 설명할 수 있는가? 신적 속성을 인성에 귀속시킬 수 있다는 루터파의 견해에 대해 어떠한 반론이 있는가? 빌 2:5-11에 대한 루터파와 개혁파의 해석상 차이점은 무엇인가? 개혁파 기독론과 루터파 기독론의 차이점은 무엇인가? 최근의 기독론과 과거의 기독론간의 주된 차이점은 무엇인가? 케노시스론에 대해 어떠한 반론이 제기되는가? 현대 기독론에서 비판받을 만한 특징은 무엇인가? 바르트와 브루너의 그리스도관은 어떠한가?

II
그리스도의 명칭과 성질

A. 그리스도의 명칭

여기서 간략한 논의를 요하는 것으로 특히 다섯 종류의 명칭이 있다. 그것들 중 일부는 그의 성질을, 일부는 그 직분을, 일부는 그가 세상에 와서 해야 하는 사역을 묘사하고 있다.

1. 예수. 예수라는 이름은 히브리어 여호수아(Jehoshua, Joshua, 수 1:1; 슥 3:1), 또는 예수아(Jeshua, 스 2:2; 포로기 이후의 역사서에 규칙적으로 등장하는 형태)의 헬라어 형이다. 구세주를 의미하는 이 일상적 이름의 유래는 미상이다. 일반적으로 받아들여지고 있는 견해는 그것이 어근 야샤'(yasha', 히필형은 hoshia', 구원하다)에서 파생되었다는 것이지만, 여호수아가 예수아로 바뀐 경위는 설명하기가 쉽지 않다. 아마도 단순히 구속을 의미하는 부정사에서 파생된 호세아가 원형이었을 수 있다(참조. 민 13:8, 16; 신 32:44). 미완료형을 표시하는 알파벳 요드가 구속의 확실성을 표현하기 위해 첨가된 듯하다. 이는 마 1:21에 나오는 이름의 해석과 가장 잘 일치된다. 또다른 견해로는 여호(Jeho: 여호와)와 슈아(shua: 도움)에서 파생된 합성어(Gotthilf)라는 것이다(참조. 카이퍼, *Dict. Dogm*). 그 명칭은 구약 성경 속에 잘 알려진, 예수님의 두 유형에 나타나 있다.

2. 그리스도. 예수가 메시야의 사적인 명칭이라면, 그리스도는 공적 명칭에 해당된다. 이는 구약 성경의 마쉬아흐('기름 붓다'의 의미인 마샤흐에서 파생)와 동격어이며, 따라서 "기름 부음받은 자"를 의미한다. 구세대에는 왕과 제사장들이 정규적으로 기름 부음받았다(출 29:7; 레 4:3; 삿 9:8; 삼상 9:16; 10:1; 삼하 19:10). 왕은 "여호와의 기름 부음 받은" 자로 호칭되었다(삼상 24:10). 선지자에게 기름 붓는 경우가 오직 한 군데(왕상 19:16) 기록되어 있지만, 시 105:15과 61:1도 이를 가리키는 듯하다. 이들 직분자들에게 부은 기름은 하나님의 성령을 상징했고(사 61:1; 슥 4:1-6), 기름 부음은 성별된 인물에게 성령이 임하는 것을 의미했다(삼상 10:1, 6, 10; 16:13, 14).

기름 부음은 (1) 직분에 임명함, (2) 기름 부은 바 된 자의 신성한 관계 및 결과적인 신성불가침성의 확립(삼상 24:6; 26:9; 삼하 1:14), (3) 성령을 기름 부음받은 자에게 전달함(삼상 16:13; 참조. 고후 1:21, 22)의 가시적 상징이었다. 구약은 시 2:2; 45:7에서, 신약은 행 4:27; 10:38에서 주님의 기름 부음받음에 대해 언급하고 있다. 이전에는 시 2:6; 잠 8:23도 여기 포함되었지만, 오늘날 히브리어 학자들은 이 구절들에서 사용되는 나삭의 의미가 "기름 붓다"보다는 "세우다" 쪽이라고 주장한다. 그러나 그 경우에도 그 단어는 기름 부음이 상징하는 첫 번째 의미의 실제성을 가리킨다(참조. 사 11:2; 42:1). 그리스도는 영원 전에 그의 직분에 임명되셨지만, 역사적으로 볼 때 그의 기름 부음은 그가 성령으로 잉태되었을 때(눅 1:35)와 그가 특히 수세시 성령을 받으셨을 때(마 3:16; 막 1:10; 눅 3:22; 요 1:32; 3:34)였다. 그것은 그리스도께 그의 위대한 사명을 감당할 자격을 부여했다. '그리스도'라는 명칭은 처음에는 관사가 딸린 보통 명사로서 주(the Lord)께 적용되었지만, 점차 고유 명사로 관사 없이 사용되었다.

3. 인자(人子). 구약 성경에서 이 명칭은 시 8:4; 단 7:13 및 에스겔서에서 빈번히 사용된다. 또한 외경인 에녹서 46장; 64장과 에스드라스 2서 13장에도 나타난다. 오늘날 이 명칭의 신약적 용법을 다니엘서의 구절에 의거하여 이해하는 방식이 일반적이다. 그러나 다니엘서의 경우는 아직 명칭이 아닌 단지 묘사어일 뿐이다. 후대에야 묘사어에서 명칭으로 변이되었는데, 이는 에녹서의 저작 당시에는 이미 확정된 것이 분명하다. 이는 예수님의 가장 일상적인 자기 칭호였다. 그는 자신을 부를 때 이 명칭을 40회 이상 사용했지만, 다른 사람들은 이 명칭을 거의 사용하지 않았다. 복음서에서 유일한 예외는 요 12:34이지만, 이는 예수님의 말씀을 간접적으로 인용한 것이다. 그리고 신약의 다른 부분에서는 오직 스데반과 요한이 이 명칭을 사용했다(행 7:56; 계 1:13; 14:14).

보스 박사는 그의 저서 「예수의 자기 계시」(The Self-Disclosure of Jesus)에서 이 명칭의 용례를 네 가지로 구분하고 있다: (1) 인자의 종말론적 도래를 분명히 언급하는 구절들. 예컨대 마 16:27, 28; 막 8:38; 13:26 및 병행 구절들. (2) 특별히 예수님의 고난, 죽음, 그리고 (때로는) 부활에 관한 구절들. 예컨대 마 17:22; 20:18, 19, 28; 12:40 및 병행 구절들. (3) 예수님의 천국적인 초자연적 측면과 선재성을 강조하는 제4복음서의 구절들. 예컨대 1:51; 3:13, 14; 6:27, 53, 62; 8:28 등. (4) 예수님의 인성을 엿볼 수 있는 몇몇 구절들. 막 2:27, 28; 요 5:27; 6:27, 51, 62. 왜 예수께서 이 명칭을 선호하셨는지는 단정짓기 힘들다. 전에는 일반적으로 이 명칭은 예수께서 그의 메시야직을 드러내기보다 은폐하기 위해 사용한 비밀 칭호로 간주되었다. 이 같은 설명은 복음서의 종말론적 요소와 유대인들의 묵시 문학 속에서의 명칭의 사용례를 좀 더 세밀히 고찰하면서 폐기되었다.

달만(Dalman)이 다시 한 번 이 개념을 부활시켜서 이 칭호를 "사용자의 인성을 확증하는 명칭 아래 메시야성(性)을 의도적으로 은폐하려는 시도"로 간주했다. 그 증거로 추정되는 구절이 마 16:13; 요 12:34이다. 그러나 이는 의심스럽다. 특히 뒤의 구절은 백성들이 이 이름을 메시야적으로 이해했음을 보여준다. 보스 박사는 예수께서 이 명칭을 선호하신 것은 아마도 그것이 메시야직에 대한 일체의 가능한 유대교적 악용으로부터 가장 거리가 먼 용어이기 때문일 것으로 생각한다. 자신을 인자로 부르심으로써 예수님은 메시야직에 그 자신의 천국 중심적(heaven-centered) 정신을 불어넣으셨다. 그리고 이로써 그가 자신의 인격과 사역을 높이 고양시키신 것은 그의 초기 제자들이 그를 가장 천국적인 명칭으로 부르기를 주저했던 것과 모종의 연관성이 있다.

4. 하나님의 아들. 구약 성경의 다양한 경우에 "하나님의 아들"이란 명칭이 사용되었다: ① 이스라엘 민족(출 4:22; 렘 31:9; 호 11:1), ② 이스라엘의 직분자들, 특히 다윗 가문의 약속된 왕(삼하 7:14; 시 89:27), ③ 천사들(욥 1:6; 2:1; 38:7; 시 29:1; 89:6), ④ 일반적으로 경건한 사람들(창 6:2; 시 73:15; 잠 14:26). 이스라엘 중에서 그 이름은 신정적(神政的) 의미를 획득했다. 우리는 신약에서 예수께서 이 명칭을 전용하셨고 다른 사람들도 이를 그에게 돌리는 것을 보게 된다. 이 명칭이 예수께 적용될 경우 4가지의 다른 의미로 사용되는데, 이는 성경에서 항상 구별되는 것은 아니며 간혹 복합적으로 사용된다.

(1) 직분적 또는 메시야적 의미. 그리스도의 성질보다는 직위를 묘사하는 경우, 메시야는 하나님의 상속자와 대표자라는 의미에서 하나님의 아들로 호칭될 수 있었다. 귀신들이 예수님을 그같이 불렀을 때 이를 메시야적 의미로 이해했음이 분명하다. 마 24:36; 막 13:32도 이 같은 의미로 사용된 것으로 보인다. 심지어 예수님의 세례와 변화시에 들린 음성에 포함된 명칭도 그같이 해석될 수 있지만(마 3:17; 17:5; 막 1:11; 9:7; 눅 3:22; 9:35), 아마도 좀 더 깊은 의미를 지닌 듯하다. 메시야적 의미가 삼위일체적 의미와 결합된 구절도 몇 군데 보인다((2) 이하를 보라).

(2) 삼위일체적 의미. 이 명칭은 때때로 그리스도의 본질적 신성을 나타내는 데 사용된다. 그 자체로는 선재적 아들 됨(sonship)을 가리키며, 이는 그리스도의 인간적 삶

과 메시야로서의 공식적 소명을 완전히 초월하는 개념이다. 이 같은 용례는 마 11:27; 14:28-33; 16:16과 병행 구절들; 21:33-46과 병행 구절들; 22:41-46; 26:63과 병행 구절들에서 찾아볼 수 있다. 이 구절들 중에서 메시야적 아들 됨의 개념은 다소 정도 차이를 보인다. 또한 우리는 요한복음의 몇 구절에서 존재론적·메시야적 아들 개념 이 상호 결합되어 있음을 보게 되는데, 본문에서 예수님은 자신이 하나님의 아들이심 을 (비록 이 명칭을 직접 사용하지 않지만) 명백히 암시하고 있다(6:69; 8:16, 18; 23; 10:15, 30; 14:20 등). 서신서에서 그리스도는 빈번하게 형이상학적 의미에서 하나님의 아들로 호 칭되고 있다(롬 1:3; 8:3; 갈 4:4; 히 1:1; 기타 다수). 현대 자유주의 신학에서는 관례적으로 그리스도의 형이상학적 아들됨을 부인하고 있다.

(3) 출생적 의미. 또한 그리스도는 그의 초자연적 출생에 의해 하나님의 아들로 호 칭된다. 이 같은 적용례는 그의 인성의 기원을 하나님의 직접적·초자연적 부성(父性) 에서 찾는 누가복음의 유명한 구절(1:35)에 나타나고 있다. 보스 박사도 마 1:18-24; 요 1:13에서 동일한 취지로 사용된 증거를 발견했다. 그리스도의 동정녀 탄생과 초자연적 잉태를 믿지 않는 현대 자유주의 신학에서는 당연히 이러한 의미를 부인하고 있다.

(4) 윤리-종교적 의미. 신약에서는 이 같은 의미에서 믿는 자들에게 '아들들'이나 '하나님의 자녀들'이란 명칭을 사용하고 있다. 마 17:24-27의 '하나님의 아들'은 윤 리-종교적 의미로 예수께 적용되었다고 해석할 수 있다. 이는 본문에서 베드로도 성 전세가 면제된 것으로 서술되었는지 그렇지 않았는지 그 여부에 달려 있다. 특별히 현 대 자유주의 신학은 이 같은 의미에서 이 명칭을 예수께 적용한다. 이 신학은 예수님 의 아들 됨은 오직 윤리-종교적인 것이며, 그 제자들보다 다소 높은 지위를 점하고 있 다 해도 본질상 동일한 것으로 간주한다.

5. 주(Kurios). '주'라는 이름은 70인역 구약 성경에서는 하나님께 적용되는데, (1) 여호와와 동격어로, (2) 아도나이의 번역으로, (3) 인간적 경칭을 하나님께 적용시킨 것 으로(주로 아돈, 수 3:11; 시 97:5) 쓰인다. 신약 성경에서도 이 명칭이 그리스도께 사용될 경우, 다소 유사하게 삼중적 의미로 쓰인다. (1) 정중하고 존경하는 인사 형식(마 8:2; 20:33), (2) 그리스도의 신성과 권위 개념을 내포하지 않은 단순한 소유권과 권위의 표 현(마 21:3; 24:42), (3) 권위의 최고 함축어로서, 승귀된 인격을 표현하여 사실상 "하나 님"과 동의어(막 12:36, 37; 눅 2:11; 3:4; 행 2:36; 고전 12:3; 빌 2:11). 어떤 경우에는 이 명칭 의 정확한 의미를 설정하기 어렵다. 의심의 여지 없이 그리스도의 승천 이후에는 이

명칭이 가장 고양된 의미로 적용되었다. 그러나 그 의미가 부활 이전에도 사용된 실례가 있는데, 이 경우에 이미 그 명칭의 특수한 신적 의미에 도달했다(마 7:22; 눅 5:8; 요 20:28). 이 명칭이 예수께 사용된 기원과 발전 과정에 대해서는 학자들간에 상당한 견해차가 있다. 모든 반론에도 불구하고, 예수께 적용된 본 명칭이 구약에 뿌리를 두고 있음은 의심의 여지가 없다. 본 명칭의 개념 역사에서 불변적인 한 가지 요소는 권위 있는 소유권이라는 개념이다. 바울 서신은 추가적으로 그 권위와 소유권이 이전에 획득한 권리들에 의거한다는 개념을 제시한다. 이 요소가 이렇게 일찍 복음서에 나타나는지는 의심스럽다.

B. 그리스도의 성질

가장 초기로부터 (좀 더 구체적으로 칼케돈 공의회 이래) 교회는 그리스도의 양성 교리를 신앙으로 고백해 왔다. 이 공의회는 인간인 동시에 하나님인 위격에 대한 문제점을 해결하지 못하고, 단지 오류로 분명히 인정되는 몇몇 해결책을 타개하려 했다. 그리고 교회는 단일 위격의 양성 교리를 받아들였는데, 그 비밀을 완전히 이해하기 때문이 아니라, 그것이 하나님의 말씀에 의해 계시된 신비임을 직시했기 때문이었다. 그 이래로 이는 인간의 이해를 훨씬 초월하는 신앙 조항으로서 교회 내에 존속했다. 본 교리에 대한 합리주의적 공격이 끊길 틈이 없었지만, 교회는 그것이 거듭 반(反)이성적인 것으로 언명되었음에도 확고부동하게 이 진리를 신앙으로 고백했다. 이 고백에서는 신구교가 보조를 같이했다.

그러나 18세기 말부터 이 교리는 집요한 공격의 표적을 받게 되었다. 이성의 시대의 출범으로 이성에 명백히 위배되는 성경의 권위를 받아들이는 것은 무가치한 것으로 선언된 것이다. 이 새로운 판관(判官)에게 호감을 주지 못하는 것들은 오류로서 쉽게 난도질당했다. 철학자와 신학자들은 각기 양성 교리를 대신할 만한 사상을 교회에 제공하기 위해 그리스도가 제기한 문제점을 해결하기 위해 노력했다. 그들은 인간 예수에서 출발했는데, 한 세기 동안의 심혈을 기울인 연구의 결과가 예수에게서 신적 요소를 갖춘 일개 인간을 발견하는 데 그치고 말았다. 그들은 예수를 그들의 주(主)요 하나님으로 인식하는 데 이르지 못한 것이다.

슐라이어마허는 그를 지고한 신의식(神意識)의 소유자로, 리츨은 신적 가치를 지닌 인간으로, 벤트(Wendt)는 하나님과 부단한 내면적 사랑의 교제를 나누는 인간으로,

바이슐락(Beyschlag)은 신성으로 충만한 인간으로, 샌데이(Sanday)는 잠재 의식 속에 신성이 관류(貫流)하는 인간으로 묘사했다 - 그러나 그리스도는 단지 일개 인간으로 남는 것이다. 오늘날 하르낙으로 대표되는 자유주의 학파, 바이스와 슈바이처로 대표되는 종말론 학파, 좀 더 최근의 부세(Bousset)와 키르솝 레이크(Kirsopp Lake)로 대표되는 비교종교학파는 모두 그리스도에게서 참된 신성을 박탈하고 그를 인간 차원으로 축소시키는 점에서 일치한다.

첫째 학파에서는 우리 주님을 단지 위대한 도덕적 스승으로, 둘째 학파에서는 묵시적 선지자로, 셋째 학파에서는 승귀(昇貴)할 운명을 타고난 비할 데 없는 지도자로 인식한다. 그들은 교회가 믿는 그리스도를 헬레니즘이나 유대교, 혹은 양자의 결합의 산물로 간주한다. 그러나 오늘날 이전 세기의 인식론의 전체계가 의문시되고 있고, 궁극적 진리의 해석을 위한 인간 이성의 충족성에 대해 심각한 의구심이 제기되는 실정이다. 계시가 새로이 강조되고 있다. 그리고 바르트, 브루너, 에드윈 루이스(Edwin Lewis), 나다니엘 미클럼(Nathaniel Micklem)과 같은 영향력 있는 신학자들이 다시금 양성 교리를 신앙고백하기를 주저하지 않고 있다. 칼케돈 공의회에서 공식화되고 우리의 표준적 신앙고백서(Confessional Standards) 속에 있는 그대로의 본 교리를 주장하는 것은 지극히 중요한 일이다.

1. 그리스도의 신성에 대한 성경의 증거. 그리스도의 신성에 대한 광범위한 거부를 고려할 때 이를 입증하는 성경적 증거를 철저히 아는 것이 아주 중요하다. 그 증거는 너무나 많아서, 성경을 무오한 하나님의 말씀으로 받아들이는 사람이라면 그 누구도 이 점에 대해 의심할 수 없다. 신적 명칭, 속성, 사역 및 그에게 귀속된 신적 명예로부터 유래되는 성경적 증거에 대한 일상적 분류는 삼위일체론에 관한 장에서 다룰 것이다. 최근의 역사 비평학의 조류에 비추어 다소 다른 배열을 따르고자 한다.

(1) 구약 성경. 혹자는 구약에 신적 메시아에 대한 예언이 포함되어 있지 않다고 주장하기도 하지만, 이는 다음의 구절들에 비추어 볼 때 전혀 성립하지 않는다: 시 2:6-12(히 1:5); 45:6, 7(히 1:8, 9); 110:1(히 1:13); 사 9:6; 렘 23:6; 단 7:13; 미 5:2; 슥 13:7; 말 3:1. 최근의 몇몇 역사 학자들은 초인적 메시야 교리가 기독교 이전 유대교의 고유한 사상이었다는 사실을 강력히 주장하고 있다. 혹자는 심지어 신약의 몇 부분의 초자연적 기독론을 이로써 설명하고 있다.

(2) 요한과 바울 문서에서. 요한과 바울이 그리스도의 신성을 가르친다는 사실을

부정하기란 전혀 불가능하다고 판명되었다. 그리스도의 인격에 관한 가장 승화된 견해는 요한복음에서 발견된다(요 1:13, 14, 18; 2:24, 25; 3:16-18, 35, 36; 4:14, 15; 5:18, 20, 21, 22, 25-27; 11:41-44; 20:28; 요일 1:3; 2:23; 4:14, 15; 5:5, 10-13, 20). 비슷한 견해를 바울 서신과 히브리서에서도 찾아 볼 수 있다(롬 1:7; 9:5; 고전 1:1-3; 2:8; 고후 5:10; 갈 2:20; 4:4; 빌 2:6; 골 2:9; 딤전 3:16; 히 1:1-3, 5, 8; 4:14; 5:8 등). 비평 학자들은 이 문서들이 밝히 가르치는 교리를 여러 가지 방법으로 회피하려 했는데, 예컨대 요한복음의 역사성과 바울 서신 중 많은 부분의 진정성을 부정하거나, 요한, 바울, 히브리서의 표현을 부당한 해석으로 간주하되 요한의 글과 히브리서는 특히 필로의 로고스론의 영향을 받은 것으로 보고, 바울 서신은 동일한 영향을 받았거나 그의 개종 전 유대교적 견해의 영향 아래 있는 것으로 치부함으로써, 또는 선재적·천상적 인간으로 보는 요한의 그리스도관보다 바울의 그리스도관을 저급한 것으로 간주함으로써 소기의 목적을 이루려고 했다.

(3) 공관복음서. 혹자는 오직 공관 복음만이 참된 그리스도 상을 제시해 준다고 주장한다. 그것들은 제4복음서의 이상화된 그리스도상과 대립되는 참된 인간적·역사적 예수상을 묘사하고 있다고 한다. 그러나 공관 복음의 그리스도가 요한복음의 그리스도와 마찬가지로 참된 신적 존재임은 명약관화한 것이다. 그는 시종일관 초자연적 인격체로서, 인자이면서 하나님의 아들로 나타나고 있다. 그의 성품과 사역이 그의 (신적 존재라는) 주장을 정당화해 준다. 특별히 다음의 구절들에 유의하라: 마 5:17; 9:6; 11:1-6, 27; 14:33; 16:16, 17; 28:18; 25:31 이하; 막 8:38 및 유사한 병행 구절들. 워필드 박사의 「영광의 주」(*The Lord of Glory*)는 이 문제에 관해 매우 유익한 책이다.

(4) 예수의 자의식(自意識). 최근 들어 예수의 자의식으로 돌아가서, 그가 자신의 메시야 됨이나 하나님의 아들 됨을 의식하지 못했다고 주장하는 신학 사조가 일어났다. 당연히 복음서에 기록된 예수님의 말씀을 통하지 않으면 그의 의식에 관한 지식을 얻을 수 없는데, 그 말씀들이 예수님의 본심을 정확히 표현하고 있지 않다고 부인하는 것은 언제든지 가능한 것이다. 복음서의 증언을 받아들이는 사람은 예수께서 자신이 하나님의 참 아들 되심을 의식하고 계셨음을 결코 의심할 수 없다. 다음의 구절들이 이를 증거한다: 마 11:27(눅 10:22); 21:37, 38(막 12:6; 눅 20:13); 22:41-46(막 13:35-37; 눅 20:41-44); 24:36(막 13:32); 28:19. 이 구절들 중 몇몇은 예수님의 메시야적 자의식을 입증하며, 다른 구절들은 그가 가장 지고한 의미에서 하나님의 아들 됨을 자각하셨다는 사실을 입증한다. 마태복음과 누가복음에는 예수께서 삼위일체의 제일위(第一位)를 '내 아버지'로 부르신 구절들이 나온다: 마 7:21; 10:32, 33; 11:27; 12:50; 15:13; 16:17;

18:10, 19, 35; 20:23; 25:34; 26:29, 53; 눅 2:49; 22:29; 24:49. 요한복음에는 하나님의 아들 됨의 의식이 더욱 뚜렷이 나타난다: 요 3:13; 5:17, 18, 19-27; 6:37-40, 57; 8:34-36; 10:17, 18, 30, 35, 36 및 기타 구절들.

2. 그리스도의 참된 인성에 대한 성경의 증거.

그리스도의 인성의 실재성(영지주의)과 자연적 완전성(가현설, 아폴리나리우스주의)을 부인하던 시대가 한때 존재했지만, 오늘날에는 그 누구도 예수 그리스도의 참된 인성을 심각하게 문제삼지 않고 있다. 사실상 오늘날에는 그의 참된 인성에 대한 극단적 강조, 즉 그리스도 인간설(humanitarianism)이 부단히 득세해 가는 추세이다. 많은 사람들이 여전히 그리스도께 귀속시키는 유일한 신적 요소는 단지 그 인성의 완전함뿐이다. 의심의 여지 없이 이 같은 현대의 추세 중 일부는 그리스도의 신성에 대한 일방적 강조에 대한 거부 반응이다. 사람들은 때로 신적 그리스도를 경외하느라고 인간적 그리스도를 망각한다. 예수님의 인간적 성장과 한계를 인정함으로써 그의 인성의 실재성과 완전성을 견지하는 것은 매우 중요한 일이다. 그의 참된 인성을 가릴 정도로 신성의 광채를 부각시키지 말아야 한다. 예수님은 자신을 사람으로 칭하셨고, 다른 사람들도 그같이 부르고 있다(요 8:40; 행 2:22; 롬 5:15; 고전 15:21).

가장 일반적인 예수님의 자기 호칭인 '인자'는 그 속뜻이 무엇이든지간에 그의 진정한 인성을 명시하고 있음이 분명하다. 더구나 주께서 육신으로 오셨거나 나타나셨다고 기록되어 있다(요 1:14; 딤전 3:16; 요일 4:2). 이 구절들에서 '육신'은 인성을 의미한다. 성경은 예수께서 인성의 근본 요소인 물질적 몸과 이성적 정신을 소유하셨음을 분명히 명시하고 있다(마 26:26, 28, 38; 눅 23:46; 24:39; 요 11:33; 히 2:14). 또한 예수께서 일반적인 인간 성장의 법칙과 인간으로서 필요한 것과 고난에 예속되어 있었음을 보여 주는 구절들도 있다(눅 2:40, 52; 히 2:10, 18; 5:8). 그가 인간의 일반적인 경험을 똑같이 겪으셨음이 자세히 서술되어 있다(마 4:2; 8:24; 9:36; 막 3:5; 눅 22:44; 요 4:6; 11:35; 12:27; 19:28, 30; 히 5:7).

3. 그리스도의 무죄한 인성에 관한 성경의 증거.

우리는 그리스도께 자연적 완전성뿐 아니라 도덕적 완전성 즉 무죄성도 돌린다. 이 말은 그리스도께서 범죄를 피하실 수 있었고(potuit non peccare), 실제로 피하셨을 뿐 아니라, 인성과 신성의 근본적 결속으로 인해 범죄하실 수 없었음(non potuit peccare)을 의미한다. 말티뇨(Martineau), 어빙(Irving), 멘켄(Menken), 홀스텐(Holsten), 플라이더러(Pfleiderer)는 그리스도의 무죄성을 부인했지만, 성경은 다음의 구절들에서 이 사실을 명확히 증거한다(눅 1:35; 요 8:46; 14:30; 고후 5:21; 히 4:15; 9:14; 벧전 2:22; 요일 3:5). 그리스도는 사법적으로는 죄로 삼은 바 되셨지만, 윤리적으로는 유전적 부패와 자범죄로부터 자유로우셨다. 그는 도덕적 과오를 범하신 적이 없다. 또한 제자들과 함께 "우리 죄를 사하여 주소서"라고 기도하시지 않는다. 그는 그의 대적들에게 자신을 죄로 책잡아 보라고 도전하실 수 있다. 심지어 성경은 그를 이상적 인간의 구현체로 묘사하고 있다(히 2:8, 9; 고전 15:45; 고후 3:18; 빌 3:21). 더욱이 예수께서 애용하신 '인자'라는 명칭은 그가 인성의 완전한 이상에 부합되는 분임을 암시한다.

4. 그리스도의 양성의 필요성. 앞의 내용에 비추어 볼 때, 오늘날 많은 사람들이 그리스도의 양성을 상정할 필요성을 느끼지 못하고 있는 듯하다. 그들에게 있어 예수는 일개 인간에 불과하다. 그러나 그들은 동시에 그에게 신적 가치를 귀속시키거나 그 안에 하나님의 내재나 성령의 내주하심으로 인한 신성의 존재를 인정해야 할 당위성을 느꼈다. 그리스도의 양성의 필요성은 성경의 속죄론에 절대 필요하다는 사실에서 비롯된다.

(1) 그의 인성의 필요성. 인간이 범죄하였으므로 형벌도 인간이 당하는 것이 필연적이다. 더욱이 형벌의 감내에는 육신과 영혼의 고통이 포함되는데, 이는 오직 인간만이 할 수 있는 일이다(요 12:27; 행 3:18; 히 2:14; 9:22). 그리스도는 인성을 취하시되 그 모든 본질적 속성뿐 아니라 타락 후 인성이 처했던 일체의 연약성도 취하심으로써, 인간이 겪은 타락의 밑바닥에까지 떨어질 필요가 있었다(히 2:17, 18). 동시에 그는 무죄한 인간이어야 했다. 왜냐하면 스스로 죄인이고 자기의 생명을 상실한 인간은 타인을 위해 속죄할 수 없음이 분명하기 때문이다(히 7:26). 오직 인류의 고통을 체험적으로 알고 일체의 시험을 극복한 진정한 인간인 중보자만이 인간의 모든 경험·환난·유혹을 체휼하실 수 있고(히 2:17, 18; 4:15-5:2), 그 추종자들의 완벽한 인간적 모범이 되실 수 있는 것이다(마 11:29; 막 10:39; 요 13:13-15; 빌 2:5-8; 히 12:2-4; 벧전 2:21).

(2) 그의 신성의 필요성. 하나님의 구원 계획에서 중보자가 또한 참 하나님이어야 함은 절대 필수적이었다. 이것이 필요한 이유는, ① 그가 무한히 값진 희생 제사를 드리고 하나님의 율법에 온전히 순종하기 위해, ② 그가 하나님의 진노를 구속적으로 감당함으로써, 다른 사람들을 율법의 저주로부터 해방시키기 위해, ③ 이미 성취하신 사역의 성과를, 믿음으로 그를 영접하는 사람들에게 베푸실 수 있기 위해서였다. 파산된

삶에 짓눌린 인간은 죄삯을 지불할 힘도, 하나님께 온전히 순종할 능력도 없다. 그는 하나님의 진노를 당할 수밖에 없으며, 구속의 은혜가 아니라면 영원히 진노 아래 있어야 하겠지만, 이로부터 탈출구를 스스로 개척하기까지 인내할 능력을 갖추지 못한 존재이다(시 49:7-10; 130:3).

깊은 연구를 위한 질문

구약의 어떤 인물들이 '예수'라는 이름을 가졌으며, 그들은 어떠한 측면에서 구세주의 예표가 되었는가? 소유격이나 대명사 접미어가 붙지 않은 단순한 '메시야' 칭호가 구약 성경에 있는가? 달만은 유대 묵시 문학 속에 이 명칭들이 출현하는 것을 어떻게 설명하는가? 구약 성경에서 '여호와의 기름 부음받은 자', '그의 기름 부음받은 자', '나의 기름 부음받은 자'라는 표현은 항상 의미가 동일한가? 신자들이 그리스도의 기름 부음에 참여한다는 사상은 어디에서 유래하였는가? '인자(Son of Man)'의 어원으로 추정되는 아람어 명칭은 단순히 '사람'을 뜻한다는 견해를 어떻게 생각하는가? 예수께서 단지 미래적인 의미에서 그 명칭을 사용하셨다는 바이스와 슈바이처의 견해를 어떻게 생각하는가? 예수께서 이를 가이사랴 빌립보에서의 베드로의 신앙고백 이전에도 사용하셨는가? 자유주의 신학자들은 예수님을 오직 종교-윤리적 의미에서만 하나님의 아들로 인정하는 그들의 입장을 성경 내용과 어떻게 조화시키는가? 주(*Kurios*)라는 명칭의 기원에 대한 일반적인 견해는 무엇인가? 부세와 다른 자유주의 신학자들이 개진한 이론은 무엇인가? 양성 교리에 대한 반론을 설명하라. 이 교리는 필수적인가? 아니면, 이를 대신할 만한 다른 교리가 있는가? 양자설, 겸허설, 점진적 성육신론, 리츨의 견해, 샌데이의 이론에 대해 어떤 반론이 있는가?

III

그리스도의 일위성(一位性)
(The Unipersonality of Christ)

주후 451년 칼케돈 공의회는 그리스도의 위격에 관한 교회의 신앙을 공식화하면서, 그에 관해 "양성을 인정하되 두 본성은 혼동되거나 변화하거나 구분되거나 분리되지 않으며(inconfusedly, unchangeably, indivisibly, inseparably), 양성의 구별은 연합으로 인해 결코 말소되지 않고 오히려 각각의 성(性)의 특징이 보존되고, 두 위격으로 분할되거나 구분되지 않고, 하나의 위격과 실체로 합치된다"라고 선언했다. 이 공식적 진술은 대체로 소극적이며, 많은 이단 사설들에 대항하여 단지 진리의 보수를 추구하고 있다. 이는 그리스도의 위격에 대한 초대 교회의 신앙을 명확히 진술하고 있지만, 그 속에 포함된 신비 곧 자연적 설명이 불가능한 비밀을 설명하려고 노력하지 않고 있다. 역사의 중심되는 위대한 기적은, 바르트의 표현을 빌린다면, 한 인격 안에 신인(God and man)이라는 최고 역설의 형태로 그 모든 위엄 가운데 나타났다. 우리는 단지 예수님의 실체에 관해 배우지만, 그가 그 같이 되신 경위는 설명하고자 시도하지 않는다.

선포된 위대한 진리는 하나님의 영원한 독생자께서 몸소 인성을 입으셨다는 것이지, 브루너가 상기시키듯이 인간 예수가 신성을 획득했다는 것이 아닌 것이다. 칼케돈 공의회의 선포는 하나님으로부터 인간으로의 운동 과정을 증거하며, 그 역(逆)의 과정이 아니다. 그 후 여러 세기가 지났지만, 교회는 몇 군데 세부 설명을 제외하면 사실상 칼케돈 신조를 벗어나지 않고 있다. 교회는 언제나 성육신을 설명 불가능한 하나의 신비로 인정했다. 그리고 이는 금후에도 불변할 것인데, 그 이유는 이것이야말로 기적 중의 기적이기 때문이다. 세월이 경과하면서 예수 그리스도의 인격에 대한 심리학적 설명이 수 차 시도되었지만 전부 실패할 수밖에 없었다. 왜냐하면 그는 하나님의 아들로서, 그 자신이 하나님인데, 하나님을 심리학적으로 설명하기란 불가능하기 때문이다. 다음의 항목들에서 교회의 공식 교리를 약술하고자 한다.

A. 그리스도의 위격에 관한 교회의 입장

1. 성질(Nature)과 위격(Person)의 용어 정의. 본 교리를 올바로 이해하기 위해서 여기에 사용되는 '성질'과 '위격'의 정확한 의미를 파악해야 한다. '성질'은 어떤 사물로 그 같이 되게끔 하는 본질적 속성들의 총합을 의미한다. 성질은 누구나 공통적으로 갖는 실체(Substance)와, 그에 딸린 일체의 근본적 특성들로 이루어져 있다. '위격(인격)'은 이성을 부여받은 완전한 실체이며, 따라서 그 자신의 행위를 책임질 수 있는 주체이다. 인격(personality)은 성질의 근본적·필수적 부분이 아니라, 요컨대 그것이 지향하는 목표이다. 위격(인격)은 성질에 무엇을 부가한 것 즉 독립적 실존, 개체(individuality)이다. 그런데 로고스가 인격화되지 않은, 즉 독자적으로 존재하지 않는 인성을 취하신 것이다.

2. 교회적 견해의 명제적 진술.
(1) 중보자 속에는 오직 한 인격, 곧 불변하시는 로고스가 존재한다. 로고스는 그리스도의 인격(위격)의 기초가 되신다. 그러나 중보자의 인격을 오직 신적인 것으로 말하는 것은 잘못이다. 성육신을 통해서, 그는 양성으로 이루어진 복합적 인격이 되셨다. 그는 신인(God-man)인 것이다.

(2) 그리스도의 인성 자체가 하나의 인간 인격(human person)을 구성하지는 않는다. 로고스는 인간 인격을 택하시지 않고(그랬다면 중보자 속에 두 인격이 존재하게 될 것이다) 단순히 인성을 취하셨다. 브루너는, 우리가 죄악된 인격을 소유하고 있는 시점에 예수 그리스도께서 로고스의 신적 인격을 소유하고 계시다(또는 차라리 신적 인격이다)는 사실이야말로 그의 인격의 신비라고 선언하고 있다.

(3) 동시에 그리스도의 인성을 비인격적(비위격적)이라고 말하는 것은 부정확하다. 이는 오직 인성이 그 나름의 독립된 실존을 소유하지 않고 있다는 의미에서만 사실이다. 그러나 엄밀하게 말할 때 그리스도의 인성은 한순간도 비인격적인 적이 없었다. 로고스는 인성을 취하여 자신의 인격적 존재성에 참여하게 하셨다. 인성은 로고스의 인격 내에서 그 인격적 존재를 갖는다. 요컨대 그것은 비인격적이라기보다 내(內)인격적(in-personal)이다.

(4) 바로 그 때문에 그리스도의 인성을 미완성 내지는 불완전하다고 말하는 것은 부당하다. 그의 인성은 그 성질에 속한 모든 본질적 특성들을 빠짐없이 구비하고 있을

뿐 아니라 또한 하나님의 아들의 위격 안에서 개체 곧 위격적 실재(실존)를 가지고 있다.

(5) 이 위격적 실존은 의식 및 자유 의지와 혼동되어서는 안 된다. 그리스도의 인성이 본래적·독자적으로 위격적 실존을 소유하지 않았다는 것이 곧 의식과 자유 의지도 갖지 않았음을 의미하는 것은 아니다. 교회는 이들 요소가 위격보다는 성질에 속한다는 입장을 견지하고 있다.

(6) 영원 전부터 신성을 소유하신 한 신적 인격께서 인성을 취하셨으며, 지금은 양성을 모두 소유하고 계신다. 이 사실은 신적 인격이 인성을 취하신 사실은 인정하면서도 양성이 일종의 신인성(神人性)인 제3의 무엇(tertium quid)으로 융해 내지 혼합되었다고 생각함으로써 양성의 완전성을 위태롭게 만드는 자들에 맞서 주장되어야 한다.

B. 그리스도의 일위성에 대한 성경의 증거

일위이성(一位二性)의 교리는 인간 이성을 초월하는 것이다. 그것은 초감각적 실재와 불가해한 신비의 표현이며, 우리의 지각이 미치는 인간사 속에서는 유사성을 발견할 수 없고 인간 이성에 의해 지지받을 수 없기 때문에, 오직 하나님의 말씀의 권위를 믿는 신앙으로 받아들일 수밖에 없다. 그 때문에, 이 문제에 관한 성경의 교훈에 특히 주의를 기울일 필요성이 배가 되는 것이다.

1. 성경에는 이위성(二位性)을 지지하는 증거가 없다. 우선 매우 중요한 소극적 고려 사항이 있다. 만일 예수님 안에 이중적 인격이 존재했다면, 당연히 성경에서 그에 관한 모종의 증거를 발견할 수 있을 것이다. 그러나 그에 대한 단 한 가지 증거도 없다. 중보자의 신성과 인성 사이에는 하나님의 삼위간에 한 위가 다른 위에게 말하고 있는 바 '나'와 '너'의 구별이 전혀 없다(시 2:7; 40:7, 8; 요 17:1, 4, 5, 21-24). 더욱이 예수님은 창 1:26; 3:22; 11:7에서 하나님께서 하시듯 자기를 칭하실 때 복수형을 사용하시지 않았다. 혹 요 3:11이 이 같은 실례로 보일지 모른다. 본문의 복수형은 특별한 경우지만, 아마도 니고데모와 그가 대표하는 무리에 대립되는 예수님과 그의 무리를 가리키는 것으로 보인다.

2. 성경에서 이성(二性)은 일위(一位)에 연합되어 있다고 묘사되어 있다. 그리스도의 두 성(性)을 언급하는 성경 구절들이 있지만, 그 구절들에서 오직 한 인격만을 뜻하고 있음이 극히 분명하다(롬 1:3, 4; 갈 4:4, 5; 빌 2:6-11). 몇몇 구절에서는 두 성이 연합되어 있는 것으로 서술되어 있다. 성경 어느 곳에서도 추상적인 신성이나 어떤 신적 능력이

인성과 결합되었다거나 인성에 현현했다고 가르치지 않고, 언제나 구체적인 신성 곧 하나님의 아들이라는 신적 인격이 인성과 연합되었다고 가르친다(요 1:14; 롬 8:3; 갈 4:4; 9:5; 딤전 3:16; 히 2:11-14; 요일 4:2, 3)

3. 한 위격이 양성의 어느 한 쪽에 관련되는 것으로 서술되어 있다. 한 성(性)의 속성들이 위격에 귀속되는 것으로 서술하면서도 그 위격을 다른 성에서 유래된 칭호로 부르는 일이 반복되고 있다. 한편으로는 인적 속성과 행동이 위격에 귀속된 것으로 서술하면서, 위격을 신적 칭호로 부르고 있다(행 20:28; 고전 2:8; 골 1:13, 14). 다른 한편으로는 신적 속성과 행동이 위격에 귀속된 것으로 서술하면서, 그 위격을 인간적 칭호로 부르고 있다(요 3:13; 6:62; 롬 9:5).

C. 일위(一位)에 이성(二性)이 연합된 결과

1. 신성에는 근본적 변화가 없다. 창조와 성육신 교리는 항상 하나님의 불변성에 대하여 문제를 야기했다. 이 점은 불변성에 관한 논의에서 이미 지적되었다. 이 문제의 해결책이 무엇이든지간에, 신성은 성육신에서 하등 근본적 변화를 겪지 않았음이 주장되어야 할 것이다. 이는 또한 신성은 손상받지 않음, 곧 고난과 죽음에 처할 수 없고, 무지에서 자유롭고, 연약과 유혹에 흔들리지 않음을 의미한다. 성육신이 하나의 인격적 행동(personal act)이었다는 사실을 강조하는 것은 바람직하다. 신성이 육신을 취했다기보다는 하나님의 아들의 위격이 성육신하셨다고 표현하는 것이 더욱 바람직하다. 개혁파 신학자들이 때때로 신성이 성육신했다고 표현할 때 그들은, 스콜라 신학의 용어를 빌린다면, "직접적이 아니라 간접적으로(not immediately but mediately)" 표현하는 것이다. 즉, 그들은 신성을 절대적이고 본래적인 것으로 간주하지 않고, 하나님의 아들의 위격 속에 거하는 것으로 간주한다. 성육신의 결과로 신적 구세주가 무지·연약·시험·고난·죽음을 당할 수 있게 되었지만, 그의 신성 안에서가 아니라 인성을 갖추심으로써 파생적으로 그같이 되셨다는 것이다.

2. 성육신의 결과인 삼중 교류(三重交流).

(1) 속성 간의 교류(communicatio idiomatum). 이 말은 신인 양성의 제 속성들이 이제는 위격의 속성이 되었고, 따라서 위격에 귀속되어 있음을 의미한다. 그 위격은 전능·전지·편재한다고 할 수 있지만, 동시에 비애와 제한된 지식과 능력의 소유자요, 인

간적 결핍과 비참에 얽매여 있다고 묘사할 수도 있는 것이다. 우리는 이 용어를 신성의 고유한 무언가가 인성으로 전달되었다거나 또는 그 역의 경우를 뜻하는 것으로 이해하지 않도록 주의해야 하며, 또한 양성의 상호 침투가 일어나서 신성이 인성화되고 인성이 신성화되는(로마 가톨릭 교회의 견해) 것으로 이해하지 않아야 한다. 신은 인간의 연약에 참여하실 수 없고, 인간은 신의 본질적 속성의 어느 부분에도 참여할 수 없는 것이다.

(2) 업적 또는 사역의 교류(communicatio apotelesmatum or operationum). 이것은 그리스도의 구속 사역과 특히 그 사역의 최종 결과(apotelesma)가 신인적 성격을 띤다는 의미다. 이를 분석하면 그 의미를 다음과 같이 말할 수 있다. ① 그리스도의 구속 사역의 동력인(動力因, causa efficiens: 아리스토텔레스의 4원인설의 하나로 행위자를 의미함-역주)은 그리스도 안에 있는 하나의 분할되지 않은 위격적 주체이다. ② 구속 사역은 이성(二性)의 협력에 의해 이루어진다. ③ 각 성은 제각기 나름의 특별한 동력(energeia)을 가지고 사역한다. ④ 이에 불구하고 그 결과는 구분되지 않는 단일체로서 나타나는데, 왜냐하면 그것은 단일 위격이 행한 일이기 때문이다.

(3) 은사 또는 은혜의 교류(communicatio charismatum or gratiarum). 이 말은 그리스도의 인성이 처음 존재할 때부터 모든 부요하고 영광스러운 각종 은사로 치장하였음을 의미한다. 예를 들면, ① 탁월한 은혜(gratia eminentiae)로 호칭되기도 하는, 신적 로고스의 위격과 연합하는 은혜(gratia unionis cum persona tou Logou). 이를 통해 인성은 모든 피조물보다 더 높이 고양되며, 심지어 찬미의 대상이 된다. ② 성령의 은사, 특히 지성·의지·능력으로 구성된 지속적 은혜(gratia habitualis). 이로써 그리스도의 인성은 모든 이지적 피조물 위에 높이 고양된다. 특히 그의 범죄 불가능성(impeccability, non posse peccare)도 여기서 거론되어야 할 것이다.

3. 신인(神人)은 기도의 대상이다. 연합의 또다른 결과는 양성으로 현존하시는 중보자가 우리의 기도의 대상이 되신다는 것이다. 여기서 유의할 것은 예배의 영예(honor adorationis)는 인성 자체에 속한 것이 아니며, 단지 본질상 경배받을 만한(adorabilis) 신적 로고스와의 연합 때문에 인성에 속해 있다는 사실이다. 우리는 예배의 대상과 근거를 구별해야 한다. 우리의 종교적 예배 대상은 신인인 예수 그리스도이지만, 그 근거는 로고스의 위격에 있는 것이다.

D. 그리스도의 일위성의 신비

이성(二性)의 일위(一位) 속의 연합은 우리가 이해할 수 없는 신비이며, 바로 그 때문에 종종 부정되기도 한다. 그것은 때로, 인간 내부에 영육이 결합되어 있음과 비교된다. 인간은 물질과 영혼의 두 실체로 구성되어 있는데, 양자는 극히 밀접히 결합되어 있지만 혼합되어 있지 않으며, 중보자도 그러하다. 인간의 경우, 결합의 원리인 인격은 육체가 아닌 영혼 속에 자리잡고 있다. 중보자의 경우에는 인성이 아닌 신성 속에 자리잡고 있다. 영과 육의 상호 영향력 행사가 하나의 신비이듯이 그리스도 안의 양성의 관계와 그 상호 영향력의 구조도 그러하다. 육체와 영혼 속에서 일어나는 모든 일이 그 인격에 귀속되듯이 그리스도의 양성 내에서 발생하는 모든 일은 그 위격(인격)에 귀속된다.

때때로 어떤 사람을 그의 영적 요소로 부르면서 동시에 육신에 속한 속성으로 묘사하며, 그 반대의 경우도 있다. 이와 유사하게 그리스도를 그의 신성을 따라 호칭하면서 동시에 인성적 측면으로 묘사하거나, 그 반대의 경우가 왕왕 발생한다. 육신이 그 영혼과 결합하는 것이 그에게 명예이듯, 그리스도의 인성이 로고스의 위격과 연합하는 것도 그러하다. 물론 그 같은 비교는 미흡하다. 그것은 신성과 인성, 무한과 유한의 연합을 제대로 설명하지 못한다. 심지어 단일 위격 내의 두 영적 성질(spiritual natures)의 연합도 제대로 예시하지 못하고 있다. 인간의 경우, 육체는 물질적이고 영혼은 영적이다. 그것은 경이로운 결합이기는 하지만, 그리스도 안에서 양성의 연합만큼 놀라운 것은 아니다.

E. 루터파의 속성 간의 교류론

1. 루터파의 입장. 루터파는 속성 간의 교류(*communicatio idiomatum*)에서 개혁파와 차이를 보이고 있다. 그들은 실제적 이전(移轉, transference)에 기초하여 한 성(性)의 속성이 다른 성(性)에게 귀속된다고 가르치며, 오직 그 같은 이전에 의해서만 위격의 참된 단일성을 보전할 수 있다고 생각한다. 이 입장은 양성의 제 속성들을 그 위격에 귀속시킬 수 있다는 사실을 부정하지 않지만, 위격의 단일성의 보전을 위해 다른 요소를 덧붙이고 있다. 그들은 이 교리를 언제나 동일 형태로 진술한 것은 아니었다. 루터와 몇몇 초기 루터파 신학자들은 종종 신성에서 인성으로, 인성에서 신성으로의 쌍방적

교류를 말했다. 그러나 본 교리의 후속적 발전 과정에서 인성에서 신성으로의 전달은 이내 무시되었고, 오직 신성에서 인성으로의 방향만이 강조되었다. 곧 더욱 큰 제한이 뒤따랐다.

루터파 정통 신학자들은 하나님의 사역적 속성(operative attributes, 전능, 편재, 전지)과 정적 속성(quiescent attributes, 무한, 영원 등)을 구별하면서, 오로지 전자만이 인성으로 이전되었다고 가르쳤다. 그들은 모두 성육신 당시에 전달이 일어났다는 데에 의견을 같이했다. 그러나 이같은 이론이 전지·편재한 인간이 아닌 복음서의 그리스도상(像)과 어떻게 조화될 수 있느냐에 관해 자연히 의문이 제기되었다. 이 점에 관해서는 의견이 엇갈리고 있다. 혹자는 그리스도께서 그의 겸비의 기간 중에도 이들 속성을 반드시 행사하셨지만 은밀하게 하셨다고 주장했고, 다른 사람들은 그 같은 사용은 신적 위격의 의지에 달려 있었는데, 그는 겸비의 기간 동안 자발적으로 그 속성들을 정지시키셨다고 주장했다.

본 교리에 대한 반대가 루터파 내부에서 거듭 분출했다. 그것은 루터 자신이 그처럼 밝히 가르쳤던 그리스도의 생애에서의 진정한 인간으로서의 성장 개념과 모순된다고 지적되었다. 그 위대한 종교개혁자가 속성 간의 교류론에 집착한 이유로는, 일부는 그의 신비주의적 성향이, 또한 일부는 그리스도의 육체적 임재에 관한 그의 가르침이 제시되고 있다.

2. 루터파의 교리에 대한 반론. 루터파의 속성 간의 교류에 대해서는 심각한 반론이 제기될 수 있다.

(1) 성경적 근거가 없다. 만일 이것이 요 3:13과 같은 진술에서 유추된 것이라면 일관성을 유지하기 위해, 당연히 고전 2:8로부터 고난받는 능력이 신성에게 전달되었다는 결론이 도출되어야 할 것이다. 그러나 루터파는 그 같은 결론 직전에서 후퇴했다.

(2) 그리스도의 신성과 인성의 융합을 함축하고 있다. 루터파는 마치 본성에서 속성을 추출해 낼 수 있고, 본성이 분리되어 있는 동안 속성을 전달할 수 있는 듯이 말하지만, 실제와 속성은 불가분의 것이다. 신적 속성이 인성에 전달될 경우, 인성 자체가 더 이상 존재하지 않게 된다. 편재와 전지의 속성은 인성과 병존할 수 없다. 그 같은 전달은 신성과 인성의 혼합을 초래하는데, 성경은 양자를 엄격히 분리시키고 있다.

(3) 현재 루터파에서 일반적으로 수용하는 교리 형태로는, 본 교리가 모순에 떨어지게 된다. 만일 신적 속성이 인성에 전달된다면, 인적 속성도 신성에 전달되어야 한

다. 그러나 루터파는 감히 그 정도까지 완전히 나아가지 않고 논리의 중간에서 머무르고 있음이 분명하다.

(4) 복음서에서 발견되는 겸비 기간 동안의 성육신한 그리스도상(像)과 일치되지 않는다. 복음서가 그리는 상은 편재·전지한 인간의 모습이 아니다. 이 같은 불일치에 대한 루터파의 해명은 전(全)기독 교회의(심지어 루터파에서도 일부의) 호응을 얻는 데 실패하였다.

(5) 사실상 성육신 교리를 파괴한다. 루터파는 성육신(incarnatio)과 자기 비움(exinanitio)을 구별한다. 로고스는 오직 전자의 주체이다. 그는 인성으로 하여금 충만한 신성의 내주를 수용할 수 있게 하고 인성에 몇몇 신적 속성을 전달하신다. 그러나 이같이 함으로써 그는 사실상 인성을 신성에 동화시킨 결과 말소시키게 되고, 오직 신성만이 남게 되는 것이다.

(6) 또한 사실상 겸비의 신분과 승귀의 신분의 구별을 철폐시키고 있다. 브렌츠(Brenz)는 심지어 양자는 시기적으로 이어지지 않고 그리스도의 지상 생애 동안 공존했던 신분들이라고 말한다. 이러한 난점을 피하기 위해서 루터파는 자기 비움의 교리를 그가 사실상 자신을 비우셨거나 또는 신적 속성들을 중지시키셨다는 의미로 도입했다(비움의 주체는 로고스가 아니라 신인이다). 혹자는 그리스도께서 신적 속성들을 부단히 그러나 은밀히 사용하신 것으로, 또다른 사람들은 간헐적으로(intermittent) 사용하신 것으로 주장했다.

F. 여러 형태의 겸허설(Kenosis Doctrine)

19세기 중엽에 이르러 겸허설 중에서 새로운 형태의 기독론이 출현했다. 그것은 특히 루터파의 호응을 얻었으며, 또한 몇몇 개혁파 신학자들에 의해 환영받았다. 그것은 루터파와 개혁파의 차이를 좁히려는 노력의 일단을 보여준다. 이 새로운 견해의 옹호자들은 그리스도의 인성의 사실성과 진정성을 제대로 평가하고, 그의 자기 부인과 자기 희생의 위대함을 강조하려 하였다.

1. 교리의 내용. 신학에서 케노시스(kenosis)라는 용어는 이중적 의미로 쓰인다. 원래 그것은 루터파 신학자들이 로고스가 아닌 신인의 자기 제한(self-limitation: 자신을 낮추기 위해 그의 신적 속성의 실제적 활용을 제한하는 것) 행위를 지칭하기 위해 사용했다. 그러나

겸허론자들의 교설에서 그것은, 로고스가 성육신 당시 그의 이행적(移行的, transitive) 속성 또는 모든 속성들을 박탈당하시고 단순한 잠재성(potentiality)의 상태로 위축되었다가 인성과 연합하면서 신인(神人)적 인격으로 다시 발전하였음을 의미했다. 본 교리의 주요 형태들은 다음과 같다.

(1) **토마시우스, 델리취, 크로스비(Crosby)의 이론.**   토마시우스는, 절대 권능·거룩·진리·사랑과 같은 하나님의 절대적·본질적 속성과 전능·편재·전지와 같이 신성에 비본질적인 상대적 속성을 구별했고, 로고스는 스스로 참된 인성을 취하기 위해 그 신적 자의식을 견지하면서도 후자의 속성을 포기했다고 주장하고 있다.

(2) **게스(Gess)와 비처(H. W. Beecher)의 이론.**   이것은 훨씬 더 철저한 이론이다. 라투셰(La Touche)는 이를 "하나님의 자살(divine suicide)에 의한 성육신"으로 묘사한다. 로고스는 그의 모든 신적 속성을 철저히 무력화(無力化)했기 때문에 그의 지상 생애 동안 문자 그대로 그 우주적 기능과 영원적 의식을 중지했다. 그의 의식은 순수한 인적 영혼의 의식으로 화했고, 그 결과 그리스도 안의 인적 영혼의 자리를 대신할 수 있었으니, 실제로 그같이 되었다. 그리하여 그리스도의 참된 인성이 그 범죄 가능성에까지 보장되었다는 것이다.

(3) **에브라르드의 이론.**   에브라르드는, 성육신한 로고스가 인간의 영혼의 자리를 대신했다고 주장한 게스의 주장에 동조한다. 영원하신 아들이 영원의 모습(form of eternity)을 포기하셨고, 완전한 자기 제한으로써 인간적 생명 중심(life-center)의 존재 양식을 취하셨다. 그러나 그는 이 같은 자기 축소가 로고스의 완전한 무력화에 이르지는 않는다고 보았다. 신적 특성은 유지되었지만, 신인은 그것을 인간적 존재 방식에 적합한 시간 내적인 형태(time-form)로 소유하셨다는 것이다.

(4) **마르텐센과 고어(Gore)의 이론.**   마르텐센은 성육신한 로고스 속에, 비(非)교류적인 두 생명 중심에서 기원한 이중적 삶이 존재하였다고 가정했다. 그는 하나님의 품 안에 계셨으므로 삼위일체적 생활과 창조주와 유지자(Sustainer)로서 세계와의 우주적 관계성을 유지하셨다. 그러나 이와 동시에 무력화된 로고스였던 그는 인성과 연합되어 있었으므로, 자신의 삼위일체적·우주적 기능을 전혀 인지하지 못했고, 오로지 인성적 기능이 받아들일 수 있는 의미로서만 자신의 하나님 됨을 인식하셨다는 것이다.

2. 본 교리에 관해 추정되는 성경적 근거.   겸허론자들은 그들의 교리를 지지하는 성구로서 특히 빌 2:6-8을 들고 있으며, 또한 고후 8:9; 요 17:5도 인용하고 있다. '케노

시스'라는 용어는 빌 2:7에 나오는 주동사 에케노센에서 유래되었다. 미국 개역성서 (American Revised Version)에서는 이 말을 '자기를 비워(emptied Himself)'로 번역하고 있다. 워필드 박사는 이를 오역이라고 주장한다. 이 동사는 신약 성경에서 오직 네 번 (롬 4:14; 고전 1:17; 9:15; 고후 9:3) 나온다. 이 구절들에서 모두 비유적으로 사용되는데, '헛것이 되고(make void)', '헛되지(of no effect)', '헛된(of no account)', '자랑이 헛되지(of no reputation)'를 의미하고 있다. 우리가 이 단어를 이같이 이해한다면, 본문의 의미는 단순히 그리스도께서 자기를 비우시고 명성을 포기하시며 그의 신적 특권도 주장하지 않고 종의 형체를 취하셨다는 것이 된다. 그러나 비록 이 단어의 문자적 의미를 받아들인다 해도 그것이 겸허설을 지지해 주지는 않는다. 만일 그가 포기하신 것을 하나님의 본체(모르페 데우)로 보고 본체(모르페)를 엄밀하게 신격의 본질적 또는 특수적 속성으로 간주한다면, 겸허설을 지지하게 될 것이다.

아마도 모르페는 그같이 해석되어야 하겠지만, 동사 에케노센은 본문에서 하나님의 본체(모르페 데우)를 받지 않고, 하나님과 동등됨(에이나이 이사 데오이)을 받는 것이다. 그리스도께서 종의 형체를 취하신 사실은 하나님의 본체의 포기를 내포하지 않는다. 전자와 후자의 양자택일적 교환은 일어나지 않았다. 비록 그리스도께서 하나님의 본체로서 선재하셨지만, 그는 하나님과의 동등됨을 결코 포기할 수 없는 귀중한 그 무엇으로 여기지 않으시고, 자기를 비우사 종의 형체를 취하신 것이다. 그러면 그의 종 되심이 함축하는 의미는 무엇인가? 그것은 복종하도록 요구되는 예속의 신분을 말한다. 그 반대의 경우는 사람이 명령권을 갖는 주권의 신분이다. 하나님과의 동등됨이란 어떤 존재 방식(mode of being)을 의미하지 않고 하나의 신분(state)으로서, 그리스도는 이를 다른 신분으로 바꾸신 것이다.

3. 겸허설에 대한 반론.

(1) 본 이론은 하나님과 인간이 절대적으로 차이 나지 않고 한쪽이 다른 쪽으로 변형될 수 있다는 범신론적 개념에 기초하고 있다. 헤겔의 생성(becoming)의 개념이 하나님께 적용되었고, 절대적 구분선이 말소되었다.

(2) 그것은 말 3:6; 약 1:17에서 명백히 가르치고 있고, 또한 신(神) 개념 자체에 내포되어 있는 하나님의 불변성 교리에 정면 배치된다. 절대성과 가변성은 상호 배타적이며, 성경의 하나님은 분명히 가변적인 신이 아니다.

(3) 그것은 삼위일체의 사실상의 파괴를 의미하며, 따라서 우리가 믿는 참 하나님

을 제거해 버린다. 자기의 신적 속성들을 비우신, 인간화된 싱자는 더 이상 삼위일체적 생활 안에 거하는 신적 존재일 수 없다.

(4) 그것은 신적 존재 방식, 신적 속성과 신적 본질의 관계를 너무 느슨한 것으로 가정함으로써, 전자에 관해 논할 때 마치 그것이 후자와 쉽게 분리될 수 있는 듯이 말한다. 이것은 전적으로 오도적(誤導的)이며, 가톨릭의 화체설이 정죄받은 바로 그 오류를 내포하고 있다.

(5) 그것은 본래 해결하고자 의도했던 문제를 해결하지 못한다. 본 이론은 위격의 단일성과 주님의 인성의 실재성을 보전하려 했다. 그러나 위격의 단일성이 인간 영혼과 공존하는 인적 로고스를 가정함으로써 확보되지 않음이 분명한 것이다. 또한 인간 영혼을 무력화된 로고스로 대치시킴으로써 인성의 실재성이 보전되는 것도 아니다. 케노시스론자들이 제시한 그리스도는 신도 인간도 아닌 존재이다. 워필드 박사의 표현을 따른다면, 그의 인성은 "단지 위축된 신성(just shrunken deity)"인 것이다.

겸허설은 한때 독일에서 크게 풍미했지만, 이제는 그곳에서 거의 사멸되어 버렸다. 이 이론이 독일에서 퇴조하기 시작하자 영국에서 포리스트(D. W. Forrest), 워커(W. L. Walker), 포사이스(P. T. Forsyth), 고어, 오틀리(R. L. Ottley), 매킨토시 등의 지지를 얻게 되었다. 오늘날은 거의 지지받지 못하고 있는 실정이다.

G. 점진적 성육신론(Theory of Gradual Incarnation)

도르너는 케노시스론을 논박한 최초, 최대의 인물 중의 하나였다. 그는 케노시스론의 오류를 피하면서도 그리스도의 인성을 공평하게 다루는 별도의 이론을 제안하기 위한 과업에 착수했다. 그는 그 해답으로서 점진적(gradual or progressive) 성육신론을 제안했다. 그에 의하면, 성육신은 예수님의 잉태 순간에 완성된 행위가 아니라, 로고스가 궁극적으로 완전한 연합이 실현되는 부활의 시기까지 자신을 독특하고 대표적인(사실상 새로운 피조물) 인간 예수 그리스도에게 연합시켜 가는 점진적 합일 과정이었다. 연합의 결과는 단일 의식과 단일 의지를 갖춘 신인이었다. 로고스는 이 신인에 인격성을 공급하지 않고 신적 특성(divine quality)을 부여하신 것이다. 본 이론은 전혀 성경적으로 지지받지 못하는데, 성경은 항상 성육신을 과정이 아닌 순간적 사실로 묘사하고 있다. 본 이론은 논리적으로 네스토리우스주의나 중보자 안의 두 위격론[二位論]으로 귀착

된다. 그리고 인격의 참된 좌소(座所)를 인간 예수 안에서 찾기 때문에 우리 주님의 참된 선재성과 정면 배치된다. 이 교리의 가장 중요한 지지자로는 로테(Rothe)와 보본(Bovon)이 있다.

그리스도의 위격에 관한 고대의 이론과 현대 이론의 결정적 차이점은, 도르너의 이론에서 나타나듯이, 후자가 하나님의 위격적 생활의 한 특수한 양식으로 생각되는 로고스의 위격과, 본질상 독특하게 신적이신 구체적 인간 그리스도의 인격을 구별한다는 사실에 있다. 현대 신학의 견해에 의하면, 그리스도의 자아를 구성하는 것은 로고스가 아니라 인간 예수님이다. 예수님의 인격은 의식 유형과 윤리적 성장 면에서 볼 때 인간적이지만, 동시에 신성에 대한 독특한 수용성을 가졌고, 따라서 인성 자체가 일반적인 우주적 표출인 성육신 사건의 참된 극치인 것이다.

이는 샌데이가 그의 저서 「고대와 현대의 기독론」(Christologies Ancient and Modern)에서 제안하고 있는 이론, 곧 예수님 안의 인성과 신성을 공평하게 다루기 위해 예수님의 인격을 심리학적으로 설명하고자 한 시도의 경우에도 해당된다. 그는 잠재 의식이야말로 모든 신성의 내주 또는 인간 영혼에 대한 신적 행동의 고유한 좌소라고 강조하면서, 성육신한 그리스도의 경우에도 이와 동일한 또는 상응하는 잠재의식적 자아가 신격의 좌소가 된다고 주장하고 있다. 평상적인 예수님의 의식은 인간적 의식이었지만 때때로 잠재의식적 자아로부터 신적 의식이 분출되어 나오곤 했다는 것이다.

이 이론은 당연히 신랄한 비판을 받았다. 이 이론은 인간 생활에서 소유하지 않은 잠재 의식적 측면을 중요시하며, 신성이 그리스도의 인격 속의 어떤 특정한 장소에 위치할 수 있다고 잘못 가정하고, 자신의 신성을 오직 간헐적으로 인식하는 존재로 그리스도를 묘사하는데, 이는 비성경적이다. 이 이론은 그리스도의 인격(위격)을 심리학적으로 설명하려는 시도의 어리석음을 다시 한 번 보여준다. 샌데이 이외에 현대 기독론의 더욱 유력한 대표자로는 쿤체(Kunze), 쉐더(Schaeder), 캘러(Kaehler), 모벌리(Moberly), 뒤 보스(Du Bose)가 있다.

깊은 연구를 위한 질문

18세기에 기독론에 일어난 변화는 무엇이었는가? 오늘날 그리스도의 신성에 대한 광범위한 부인에 어떤 요인들이 기여했는가? 부정적 비평가들은 그리스도의 신성을 입증하는 성경 구절들을 어떻게 취급하는가? 자유주의 예수학파(Liberal-Jesus-School)는 사실과 조화되는, 제법 그럴 듯한 예수상을 제공하는 데 성공하고 있는가? 역사적 예수와 신앙의 그리스도의 차이점은 무엇이며,

그것은 어떤 목적에 이용되는가? "하나님 또는 인간의 양사 택일은 좋지 않다(*aut Deus auto homo non bonus*)"는 논증은 어떠한가? 그리스도의 인성의 실재성은 때때로 어떻게 위협받는가? 그리스도의 자의식은 단일한가, 아니면 이중적인가? 그리스도의 의지는 하나인가, 아니면 둘인가? 예수님의 메시야 의식은 어떠한 논거에서 부인되는가? 이를 변호할 수 있는 방도는? 예수님은 메시야 직분을 단지 미래에 소유하게 될 명예직으로 여기셨는가? 종말론 학파는 자유주의 학파보다 장점이 있는가? 그리스도의 양성의 연합 개념에 있어서 개혁파와 루터파와 가톨릭의 차이점은 무엇인가? 일치 신조(*Formula Concordiae*)는 이를 어떻게 가르치고 있는가? 기센 튀빙겐(Giessen-Tuebingen) 논쟁의 내용은 무엇인가? 칸트, 헤겔, 슐라이어마허는 양성의 연합을 어떻게 생각하는가? 케노시스론의 어떤 측면에 헤겔의 영향력이 나타나고 있는가? 현대의 신 내재성 관념은 최근의 기독론에 어떤 영향을 미쳤는가? 샌데이의 심리설은 받아들일 만한 이론 체계인가?

제2부 그리스도의 신분

I
비하의 신분
(The State of Humiliation)

A. 서론: 그리스도의 신분 교리 개요

1. 신분과 상태의 의미 구분. "신분(state)"이라는 단어가 때로는 "상태(condition)" 와 동의어로 사용되지만, 이를 그리스도께 적용시킬 경우에는 상대보다는 관계 (relationship)를 의미하고 있음을 유의해야 할 것이다. 일반적으로 신분과 상태는 다음 과 같이 구별된다. 신분은 어떤 사람의 생활의 지위(position or status)이며, 특히 법적인 관계를 가리키지만, 상태는 그의 존재 양식 특히 생활 환경에 의해 결정되는 양식을 의미한다. 법정에서 유죄 판결을 받은 사람은 유죄(혹은 정죄) 신분이 되며, 통상적으로 뒤이어 투옥 상태와 이에 수반되는 일체의 박탈과 불명예를 경험하게 된다. 신학적으 로 볼 때, 중보자의 신분에는 그 결과로 나타나는 상태도 포함되는 것으로 일반적으로 간주되고 있다.

사실상 비하(卑下)와 승귀(昇貴)의 상이한 단계들을 논할 때, 일반적으로 신분보다 상태를 더욱 부각시키는 경향이 보인다. 그러나 신분은 둘 중에 더욱 근본적이며, 또 한 그같이 간주되어야 한다. 비하 신분의 기간 동안 그리스도는 생활 규범으로서만 아 니라 행위 언약의 조건인 율법 및 심지어 그 저주 아래 처해 계셨다. 그러나 승귀 신분 의 기간 동안에, 그는 행위 언약이 조건을 충족시키고 죗값을 지불하셨기 때문에, 율 법으로부터 자유로우신 것이다.

2. 그리스도의 신분 교리 변천사. 그리스도의 신분 교리는 이미 개혁자들의 글과 심 지어 초기 교부들의 저작 속에서 그 흔적을 발견할 수 있지만, 실질적으로는 17세기 에 시작되었다. 그것은 처음에는 루터파에서 그들의 속성 간의 교류론을 복음서에 묘 사된 그리스도의 겸비와 조화시키려고 하면서 발전시켰지만, 곧 개혁파 진영도 이를

채택했다. 그러나 양 진영은 신분의 참된 주체(subject)가 누구인가에 대해서 의견을 달리했다. 루터파는 이를 그리스도의 인성으로 보았지만, 개혁파는 중보자의 위격으로 보았다. 심지어 루터파 신학자들 간에도 본 주제에 대해 상당한 견해차가 있었다. 중보자의 신분 개념은 슐라이어마허의 영향으로 점차 신학에서 자취를 감추었다. 그의 범신론적 성향은 창조주와 피조물의 구분선을 사실상 철폐해 버렸다. 강조점은 초월 신으로부터 내재 신으로 옮겨갔고, 그의 율법 곧 의(義)의 판단 기준인 주권적 하나님은 사라져 버렸다. 사실상 객관적 의의 개념은 신학으로부터 추방되었고, 이 같은 상황 하에서 중보자의 신분과 같은 법적 지위 개념을 주장하기란 거의 불가능해졌다. 더 나아가 그리스도의 신성을 배척하기까지 인성만을 강조하고 그의 선재와 부활을 부정하는 데 이르자 그리스도의 비하와 승귀에 대한 일체의 논의가 무의미해졌다. 그 결과, 오늘날의 수많은 교의학 관계 서적에서 그리스도의 신분에 관한 장(章)은 찾아볼 수 없게 된 것이다.

3. 중보자의 신분의 수효. 중보자의 신분이 몇 가지인지에 관해서는 견해가 엇갈리고 있다. 혹자는 만일 중보자의 위격을 신분의 주체로 상정한다면, 논리상 세 가지 신분 내지 존재 양식으로 나눌 수 있다고 주장한다: 영원하신 신적 존재로서의 선재적 신분(pre-existent state), 현세적·인간적 존재로서의 지상적 신분(earthly state), 승귀되고 영화(榮化)된 천상적 신분(heavenly state). 그러나 우리는 오직 신인으로서의 그리스도와 관련지어서만 그의 위격의 비하와 승귀를 논할 수 있기 때문에, 단지 두 신분을 논하는 것이 바람직하다. 개혁파 신학자들은 그리스도의 선재적 신분에서 그의 비하와 승귀의 미리 나타남(anticipation)을 발견하고 있다: 비하는 그가 구원의 언약(pactum salutis)에서 우리의 구원을 위해 공로를 세우시고 그 일을 집행하실 것을 자원해서 담당하신 점에서, 승귀는 장래 우리의 중보자 되실 그가 성육신 이전에 누리셨던 영광(참조. 요 17:5)에서 미리 나타나는 것이다. 두 신분은 고후 8:9; 갈 4:4,5; 빌 2:6-11; 히 2:9에 명확히 기록되어 있다.

B. 비하의 신분

개혁 신학에서는 빌 2:7, 8에 근거하여 그리스도의 비하를 두 요소로 구분한다. (1) 케노시스(exinanitio, 비움)는 그가 우주의 주권적 통치자로서의 신적 위엄을 포기하고 종의 형체로 인성을 취하신 사실을 의미한다. (2) 타페이노시스(tapeinosis〈humiliation〉, 비하)

는 그가 율법의 요구와 저주에 굴복하시고 수치스럽게 죽기까지 일생을 행동과 고난으로 순종하신 것을 의미한다. 빌립보서의 구절에 근거해 볼 때 비하 신분의 본질적, 핵심적 요소는 천지의 주재이시고 최고의 입법자이신 분께서 그 백성들을 위해 율법의 계약적·형벌적 조항을 이행하고자 스스로 율법 아래 속하신 사실에 있다. 이로써 그는 우리 죄를 법적으로 책임지게 되었고 율법의 저주 아래 놓이셨던 것이다. 갈 4:4에 "율법 아래 나시고"라는 말로 간결하게 표현된 구세주의 신분은 비하의 제 단계에 상응하는 상태 속에 반영되어 있다. 루터파 신학은 그리스도의 비하를 8단계로 보지만, 개혁파 신학에서는 일반적으로 단지 5단계로 말한다: (1) 성육신, (2) 고난, (3) 죽음, (4) 장사 지냄, (5) 음부에 내려가심.

1. 그리스도의 성육신과 탄생. 이러한 큰 제목 아래 몇 가지 요점을 주목해야 한다.

(1) 성육신의 주체. 인성을 입으신 분은 삼위일체 신이 아니라 제2위 신이었다. 그 같은 이유에서, 하나님이 인간이 되셨다는 표현보다 말씀이 육신이 되셨다는 표현이 더 바람직하다. 동시에 삼위 각자가 성육신 때에 능동적으로 일하셨음을 명심해야 한다(마 1:20; 눅 1:35; 요 1:14; 행 2:30; 롬 8:3; 갈 4:4; 빌 2:7). 이것은 또한 성육신이 단순히 로고스에게 발생한 사건이라기보다, 그가 능동적으로 이루신 업적이었음을 의미한다. 성육신을 로고스의 탄생과 구별하여 논할 경우, 이 역사적 사실에 대한 그의 능동적 참여가 강조되고 또한 그의 선재성이 전제된다. 선재한 적이 없는 존재의 성육신을 논하기란 불가능하기 때문이다. 이 선재 사실은 성경이 밝히 가르치고 있다. "태초에 말씀이 계시니라 이 말씀이 하나님과 함께 계셨으니 이 말씀은 곧 하나님이시라"(요 1:1). "내가 하늘로써 내려온 것은"(요 6:38), "우리 주 예수 그리스도의 은혜를 너희가 알거니와 부요하신 이로서 너희를 위하여 가난하게 되심은 그의 가난함으로 말미암아 너희를 부요하게 하려 하심이라"(고후 8:9), "그는 근본 하나님의 본체시나 하나님과 동등됨을 취할 것으로 여기지 아니하시고 오히려 자기를 비어 종의 형체를 가지사 사람들과 같이 되셨고"(빌 2:6-7), "때가 차매 하나님이 그 아들을 보내사 여자에게서 나게 하시고 율법 아래에 나게 하신 것은"(갈 4:4). 선재하는 성자가 인성을 취하시고 몸소 인간의 혈과 육을 입으신 것은 인간의 제한된 이해력을 뛰어넘는 기적이다. 그것은 무한자가 유한의 관계 속에 들어오실 수 있고 실제로 들어오신 것과, 초자연이 어찌하든지 현세의 역사적 삶 속에 개입할 수 있음을 밝히 보여준다.

(2) 성육신의 필연성. 스콜라 신학 시대 이래로 성육신을 구속 개념 속에 포함시킬

지, 이미 창조 개념 안에 포함된 것으로 간주할지에 대한 논란이 제기되어 왔다. 통속적 표현으로는, 이는 하나님의 아들이 인간의 타락이 없었음에도 육체로 오실 것인가의 문제였다. 도이츠의 루페르트(Rupert of Deutz)는 주께서 죄와는 무관하게 성육신하셨다고 명료하고 적극적으로 주장한 첫 인물이었다. 그의 견해에 헤일스의 알렉산더와 둔스 스코투스가 동조했지만, 토마스 아퀴나스는 성육신의 이유는 죄가 세상에 들어온 데에 있다는 입장을 견지했다. 종교개혁자들은 이 견해를 지지했으며, 개신교는 인간의 원죄로 인해 성육신이 불가피해졌다고 가르쳤다. 그러나 오지안더(Osiander), 로테(Rothe), 도르너, 랑게, 판 오스터제이(Van Oosterzee), 마르텐센, 에브라르드, 웨스트코트(Westcott) 등의 몇몇 루터파와 개혁파 신학자들은 정반대의 견해를 주장했다.

그들이 내세우는 논리는 다음과 같다: 성육신같이 엄청난 사실은 우연적일 수 없으며, 사람의 우발적이고 독단적인 행위의 결과인 범죄가 그 원인이 될 수 없다. 그것은 하나님의 원초적 계획 속에 포함되었음이 분명하다. 타락 전 종교와 타락 후 종교는 본질적으로 차이가 날 수 없다. 만일 중보자가 현재 필요하다면, 타락 전에도 또한 필요했음이 분명하다. 더욱이 그리스도의 사역은 속죄와 구원 사역에만 국한되지 않는다. 그는 중보자이신 동시에 머리 되신다. 그는 창조의 처음(아르케)이자 마침(텔로스)이다(고전 15: 45-47; 엡 1:10, 21-23; 5:31, 32; 골 1:15-17).

그러나 성경이 변함없이 성육신을 인간의 죄를 전제로 하는 것으로 서술하고 있다는 점을 유의해야 한다. 눅 19:10; 요 3:16; 갈 4:4; 요일 3:8; 빌 2:5-11과 같은 구절들의 설득력은 쉽사리 무너지지 않는다. 종종 주장되는 성육신이 본유적으로 하나님께 합당하고 필요하다는 사상은, 하나님의 영원한 세계내적(世界內的) 자기 계시라는 범신론적 관념에 떨어지기 쉽다. 본 견해에 부담되는 것으로 생각되는 신적 계획과 관련된 문제점은, 이를 영원의 관점 하에서(*sub specie aeternitatis*) 고찰한다면 전혀 문제되지 않는다. 하나님께는 오직 하나의 계획이 있는데, 여기에는 태초부터 죄와 성육신이 포함되어 있다. 물론, 결국 성육신은 구원의 전(全) 사역과 마찬가지로, 죄로 인하지 않고 하나님의 기쁜 뜻대로 일어난 것이다. 그리스도께서 우주적 의의를 가지신다는 사실은 부정할 필요가 없지만, 이 역시 엡 1:10, 20-23; 골 1:14-20에 기록된 그의 구속적 의의와 연관되어 있는 것이다.

(3) 성육신으로 초래된 변화. 말씀이 육신이 되셨다는 말은 로고스가 전에 향유했던 지위를 포기하셨다는 의미가 아니다. 그 본질적인 존재면에서 로고스는 성육신 이전이나 이후에 완전히 동일했다. 요 1:14에 나오는 동사 에게네토("말씀이 육신이 '되어'")

는 로고스가 육체로 변화했고 따라서 그 본성을 변질시키셨다는 의미가 아니라, 단지 그가 특수한 성격을 취하셨다는 것 곧 원래적 본성을 변질시키지 않고 추가적 형식을 획득하셨음을 의미함이 분명하다. 그는 무한 불변하는 하나님의 아들로 계속 남으셨다. 다시 말해서, 말씀이 육신이 되었다는 진술은 그가 인간의 인격(human person)을 취하셨음이 아니고, 또한 반대로 단지 인간의 육체(human body)를 입으셨다는 의미도 아니다. 본문에서 사르크스(육신)는 육체와 영혼으로 구성된 인성(human nature)을 의미한다. 이 단어는 롬 8:3; 딤전 3:16; 요일 4:2; 요이 7(비교. 빌 2:7)에서 다소 유사한 의미로 쓰이고 있다.

(4) 성육신으로 그리스도는 인류의 일원(一員)이 되셨다. 재세례파의 교설에 반대하여 우리의 신앙고백은 그리스도가 그의 인성을 모친의 실체로부터 취하셨다고 확언한다. 재세례파의 지배적 견해는 주께서 그의 인성을 하늘로부터 가져오셨고, 마리아는 단지 그것이 통과한 도관(導管)이었다는 것이었다. 이 견해대로라면, 그의 인성은 진실로 새로운 피조물이어서 우리의 인성과 비슷하지만 유기적 관련성은 갖지 않는다. 이 견해에 대한 논박의 중요성은 쉽게 알 수 있다. 만일 그리스도의 인성이 우리와 같은 혈통에서 나오지 않고 단지 유사하기만 했다면, 그의 중보를 우리의 행복을 위해 이용해야 할 만한 관계가 그와 우리 사이에 성립되지 않는 것이다.

(5) 초자연적 잉태와 동정녀 탄생으로 실현된 성육신. 우리의 신앙고백은 그리스도의 인성이 "인간적 수단에 의하지 않고 성령의 능력으로 복된 동정녀 마리아의 태중에 잉태되었음"을 확언하고 있다. 이것은 그리스도의 탄생이 결코 평범하지 않은 초자연적 출생이었고, 그로 인해 "하나님의 아들"이란 칭호를 얻으셨음을 강조한다. 예수님의 탄생에서 가장 중요한 요소는 성령의 초자연적 역사였다. 오직 이로써만 동정녀 탄생이 가능했기 때문이다. 성경은 이러한 특수성을 마 1:18-20; 눅 1:34, 35; 히 10:5에서 언급하고 있다. 예수님의 잉태와 관련된 성령의 역사는 이중적이었다.

① 성령은 마리아의 뱃속에 잉태된 존재의 동력인(動力因, efficient cause)이었으며, 따라서 인간적 행위가 동력인이 되는 것을 배제했다. 이것은 탄생되신 분이 인간적 인격이 아니라, 행위 언약에 포함되지 않고 따라서 죄책으로부터 자유로운 하나님의 아들의 인격이었다는 사실과 완전히 조화된다.

② 성령은 그리스도의 인성을 수태 그 즉시 성화시켰고, 이로써 죄의 오염으로부터 해방시키셨다. 우리는 성령께서 이 성화 사역을 어떻게 이루셨는지 정확하게 알지 못한다. 왜냐하면 죄의 오염이 부모로부터 자식에게 전달되는 경로가 아직 충분히

이해되지 못한 상태이기 때문이다. 그러나 성령의 성화시키는 감화력이 예수님의 잉태에만 국한되지 않고 전 생애에 걸쳐 지속되었음을 유의해야 할 것이다(요 3:34 : 히 9:14).

오직 이 같은 그리스도의 초자연적 잉태를 통해서 그의 동정녀 탄생은 가능했다. 동정녀 탄생의 교리적 근거가 되는 성구는 다음과 같다: 사 7:14; 마 1:18, 20; 눅 1:34, 35. 갈 4:4도 이를 지지한다. 본 교리는 가장 초대 교회 당시부터 신앙고백되었다. 우리는 이를 이미 사도신경의 원형에서 발견하며, 더 나아가 로마 가톨릭과 개신교의 모든 위대한 신앙고백에서 찾아볼 수 있다. 오늘날 본 교리가 거부당하는 것은 성경적 증거의 결여나 교회적 재가의 부족으로 인함이 아니라, 만연되고 있는 반(反)초자연주의적 풍조에 기인한다. 교리의 근간이 되는 구절들은 전혀 설득력 없는 비평학적 논리로 간단히 도외시당하고 있다. 그 기사의 진실성이 재론의 여지 없이 입증되고 있음에도 말이다. 그리고 다른 신약 저자들이 동정녀 탄생에 대해 침묵하고 있는 것은 그들이 기적적 탄생으로 추정되는 사실에 접하지 못했음을 입증한다고 근거 없는 추측을 한다. 동정녀 탄생 설화의 발생 및 유포 경위를 설명하기 위해 각종 기발한 시도가 있었다. 혹자는 이를 히브리 전승에서, 다른 사람들은 이방 전승에서 찾고 있다.

여기서 이 문제에 대해 논의할 여지가 없으므로 다음의 저서들을 참조하기 바란다: 메첸의 「그리스도의 동정녀 탄생」(The Virgin Birth of Christ), 오어(Orr)의 「그리스도의 동정녀 탄생」(The Virgin Birth of Christ), 스위트(Sweet)의 「예수 그리스도의 출생과 유년기」(The Birth and Infancy of Jesus Christ), 쿠크(Cooke)의 「바울은 동정녀 탄생을 알고 있었는가?」(Did Paul Know the Virgin Birth?), 노울링(Knowing)의 「동정녀 탄생」(The Virgin Birth).

간혹 동정녀 탄생이 교리상으로 중요한 주제인지에 대한 의문이 제기되기도 한다. 브루너는 자신이 이 문제에 전혀 관심이 없다고 천명하고 있다. 그는 그리스도의 기적적 탄생 교리를 거부하고 그것은 순수 자연적인 사건이라고 주장하지만, 자기 견해를 면밀하게 변호하는 일에는 그리 관심을 보이지 않는다. 더욱이 그는 "동정녀 탄생 교리는 마치 그 보전 여부에 교의학적 이해 관계가 달려 있는 듯이 보이지 않았더라면 오래전에 포기되었을 것이다"라고 말한다. 바르트는 동정녀 탄생의 기적성을 인정하고, 여기에서 하나님이 인간이 되기 위해 자신을 낮추심으로써 새로운 출발점을 창조적으로 선정하신 증거를 발견한다. 그는 또한 이에서 교리적 의의를 찾아내고 있다. 그에 의하면, '죄의 유전'은 부계(父系)를 통해 진행되는 것이므로, 그리스도는 마리아에게서 출생하심으로써 '피조성'을 취하셨고, 동시에 인간 아버지가 없기 때문에 '죄의 유전'을 모면할 수 있었다는 것이다. 동정녀 탄생의 교리적 중요성에 대한 의문에 대해, 만일 그 일에 모종의 목적이 없었다면, 하나님께서 그리스도를 그처럼 비상한 방식으로 출생하게 하셨을 이유가 없다고 답변할 수 있는 것이다.

그 교리적 목적은 다음과 같다: ① 그리스도는 메시야 및 하나님의 메시야적 아들이 되어야만 했다. 따라서 그가 여자에게서 나실 뿐 아니라, 인간의 의지의 소산이 아니라 하나님으로부터 나실 필요가 있었다. 육으로부터 난 것은 육이다. 아마도 예수의 이 놀라운 출생은 요한이 요 1:13을 기록할 때 그의 생각의 배경이 된 듯하다. ② 만일 그리스도께서 인간에게서 나셨다면 그는 행위 언약에 포함되고, 그 자신이 인류의 원죄에 포함된 일개 인간에 불과하였을 것이다. 그러나 그의 주체·자아·인격은 아담에게서 유래하지 않았으므로 행위 언약에 포함되지 않고 죄책으로부터 자유로우시다. 그리고 죄책으로부터 자유롭기 때문에 그의 인성도 출생 이전이나 이후나 죄악의 오염으로부터 자유로울 수 있었다.

(6) 성육신 자체가 그리스도의 비하의 일부분이다. 성육신 자체는 그리스도의 비하의 일부인가, 아닌가? 루터파에서는 성육신(incarnatio)과 비움(exinanitio)을 구별함으로써 이를 부정하고, 그들의 부정의 근거를, 비하는 지상 생애에만 국한되지만 그의 인성은 천국에서도 계속된다는 사실에 두고 있다. 그는 지금도 인성을 지니고 계시지만, 더 이상 비하의 신분에 처해 계시지 않다. 이 문제에 대해서는 심지어 개혁파 신학자들 사이에도 다소 견해차가 있었다. 이 문제는 잘 분별해서 답변해야 할 것으로 보인다. 추상적 의미로서의 성육신, 곧 하나님께서 그리스도 안에서 인성을 입으신 단순한 사실은 비록 겸비의 행동(act of condescension)이었지만, 그 자체가 비하(humiliation)는 아니었다(카이퍼는 그렇게 생각하지만). 그러나 로고스가 '육'을 취하신 것, 즉 죄의 오염으로부터는 자유롭지만 타락 이래로 연약·고난·죽음 아래 매인 인성을 입으신 것은 분명히 비하였다. 이 사실은 롬 8:3; 고후 8:9; 빌 2:6, 7 등의 구절에 함축되어 있는 것으로 보인다.

2. 구세주의 고난. 그리스도의 고난과 관련하여 몇 가지 요점이 강조되어야 한다.

(1) 그는 전 생애 동안 고난 받으셨다. 예수께서 그의 생애 말기에 와서야 그의 임박한 고난에 관해 말씀하기 시작하셨다는 사실에 비추어, 종종 말년의 고통이 그가 받으신 고난의 전부였다고 생각하기 쉽다. 그러나 그의 전 생애가 곧 고난의 일생이었다. 그것은 만군의 주의 종된 생활이었고, 무죄하신 이가 날마다 죄인들과 어울려야 했던

삶이며, 죄로 저주받은 세상에서 하나님의 거룩한 자가 영위해야 했던 삶이었다. 그로서는 순종의 길이 곧 고난의 길이었다. 그는 사탄의 반복된 공격과 동족의 증오와 불신, 원수들의 핍박으로 고통당하셨다. 그는 홀로 포도즙 틀을 밟으셨으므로 그의 고독감은 극심했고 책임감은 압도적이었을 것임이 분명하다. 그의 고난은 성별된 고난으로서 끝이 가까워질수록 더욱 가혹해졌다. 성육신에서 시작된 고난은 그의 생애 끝의 대수난(*passio magna*)에서 마침내 절정에 도달했다. 그때 죄에 대한 하나님의 진노 일체가 그의 일신에 지워졌던 것이다.

(2) 그는 육신과 영혼으로 고난 받으셨다. 오직 구세주의 육체적 고난만이 주목 대상이 되었던 시기가 있었다. 그의 고난의 정수를 이루었던 것은 맹목적인 육체의 고통 자체가 아니라, 영혼의 고뇌와, 그가 짊어지신 인류의 죄악에 대한 중보자적 의식에 수반된 고통이었다. 후에는 육체적 고난의 중요성을 과소평가하는 것이 관례가 되었는데, 왜냐하면 죄란 본질상 영적인 것이므로 순전히 영적 고난으로만 속죄 받을 수 있다고 생각되었기 때문이다. 이 같은 치우친 견해들은 지양되어야 한다. 육체와 영혼이 모두 죄의 영향을 입었으며, 형벌은 양쪽에 모두 부과되어야 하는 것이다. 더욱이, 성경은 그리스도께서 영육 간에 고난 받으셨다고 밝히 가르친다. 그는 겟세마네 동산에서 고뇌하셨는데, 거기서 그의 영혼은 "심히 고민하여 죽게" 되었고, 또한 그는 매 맞고 채찍질당한 후 십자가에 못 박히셨다.

(3) 그의 고난의 원인은 다양했다. 요컨대 그리스도의 모든 고난은 그가 죄인들을 대신하셨다는 사실에 기인한 것이었다. 그러나 우리는 몇 가지 근접한 원인들을 구별할 수 있을 것이다: ① 우주의 주재였던 분이 비천한 지위, 심지어 종이나 노예의 지위, 또한 선천적 명령권을 가지신 분이 복종의 의무 아래 놓이셨다는 사실. ② 순결하고 거룩한 분이 죄악되고 오염된 환경 속에서 날마다 죄인들과 교제해야 했고, 그의 동시대인들의 죄로 인해 그가 짊어져야 했던 엄청난 죄책을 끊임없이 기억하셨다는 사실. ③ 그의 생애의 시초부터 마지막에 그에게 엄습할 극한적 고난을 완전히 알았고 명확히 기대하심. 그는 자기가 장차 당할 일을 정확히 아셨는데, 전망은 지극히 어두운 것이었다. ④ 마지막으로 생활의 빈곤, 마귀의 시험, 동족의 증오와 배척 및 그가 당해야 했던 냉대와 박해들.

(4) 그의 고난은 독특했다. 우리는 때때로 그리스도의 '일상적' 고난에 관해 말하는데, 이때 우리는 이 세상에서 일상적인 비극의 원인들로부터 비롯된 고난을 염두에 두게 된다. 그러나 우리는 구세주의 고난의 원인이 우리들보다 훨씬 많음을 기억해야 한

다. 더구나 이들 일반적 고난들도 그리스도의 경우에는 특출한 성격을 가졌고, 따라서 독특한 것들이었다. 그의 고난 받는 능력은 그의 이상적 인간성, 윤리적 완전성, 공의, 거룩, 진실에 대한 판단력에 비례했다. 그 누구도 예수님만큼 고통, 비애, 도덕적 사악의 통렬한 아픔을 절감할 수 없을 것이다. 그러나 이 같은 비교적 일반적인 고난 외에도 하나님께서 우리의 불의로 홍수처럼 그를 뒤덮게 하심으로써 일어난 고난도 있었다. 구세주의 고난은 순수 자연적이었을 뿐 아니라 하나님의 적극적 행위의 결과이기도 했다(사 53:6, 10). 구세주가 당하신 좀 더 특수한 고난으로는 광야에서의 시험, 겟세마네와 골고다에서의 고뇌를 들 수 있다.

(5) 시험 중에 당하신 고난. 그리스도께서 당한 시험들은 그의 고난의 필수적인 일부였다. 그것들은 고난으로의 도상에서 만난 시험들이었다(마 4:1-11과 병행 구절; 눅 22:28; 요 12:27; 히 4:15; 5:7, 8). 그의 공적 사역은 시험 기간과 함께 시작되었고, 그 후에도 시험은 겟세마네의 어둔 밤에 이르기까지 수시로 반복되었다. 오직 인간들의 시험과 유혹에 참여하심으로써 예수님은 진정 동정하시는 대제사장이 되사 인정과 승리의 완전성에 도달하실 수 있었다(히 4:15; 5:7-9). 죄 지을 수 없는 분이 시험당하는 상황을 상상하기 곤란하지만, 예수께서 마지막 아담으로서 받으신 시험의 실재성을 과소 평가하지 않아야 할 것이다. 이 난점을 해결하기 위해 다양한 설명이 제시되었다. 예를 들면, 예수님의 인성에는 첫 아담의 경우와 마찬가지로 범죄의 순수 추상적인 가능성(nuda possibilitas peccandi)이 있었다거나(카이퍼), 예수님의 거룩성은 시험을 통해서만 성장하고 유지되는 도덕적인 거룩성이었다거나(바빙크), 그리스도께서 시험받으신 내용 자체는 전적으로 합법적이며 온전히 자연적인 본능과 욕구에 호소하는 부류의 것이었다(보스)는 등의 설명이 있다. 그러나 이 모든 해명에도 불구하고, 실제적으로(in concreto) 범죄하거나 심지어 죄 지을 충동조차 가질 수 없는 분이 그럼에도 불구하고 어떻게 진짜 시험에 떨어질 수 있는가에 대한 문제는 여전히 남는다.

3. 구세주의 죽음. 구세주의 고난은 마침내 죽음으로 끝맺고 말았다. 이와 관련하여 다음의 사항들이 강조되어야 할 것이다.

(1) 그의 죽음의 범위. 이 점과 관련하여 그리스도의 죽음을 논할 때, 우리는 제일 먼저 당연히 육체적 죽음 곧 영육의 분리를 염두에 두게 된다. 동시에 우리는 성경에 기록된 죽음의 개념은 이것이 전부가 아님을 기억해야 한다. 성경은 죽음에 대해 종합적 견해를 취하고 있는데, 육체적 죽음은 단지 그 나타남의 한 형태로 간주된다. 죽음

은 하나님으로부터의 분리이지만, 이 분리를 상이한 두 가지 측면에서 고찰할 수 있다. 인간은 죄로 인해 하나님으로부터 분리되었고, 그 자연적 결과가 사망이므로, 심지어 죄가 곧 사망이라고까지 말할 수 있다. 그러나 예수께서 죽음에 굴복하게 된 경위는 그와 달랐는데, 왜냐하면 그는 개인적으로 범죄를 행하지 않으셨기 때문이다.

이 점에 있어서는 죽음은 단지 죄의 자연적 귀결에 그치지 않고, 무엇보다 사법적으로 부과된 형벌이라는 점을 명심해야 한다. 그것은 하나님께서 인간에게서 삶의 좋은 것들과 행복을 거두시고 그 대신 진노로 임하시는 것을 의미한다. 그리스도의 죽음은 이 같은 사법적 관점에서 고찰되어야 한다. 하나님께서 법적으로 중보자에게 사망의 형벌을 내리셨으니, 왜냐하면 후자가 자원하여 인류의 범죄의 대가를 지불하기로 하셨기 때문이다. 그리스도는 인성을 타락 이래로 추가된 일체의 연약성과 함께 취하셨고, 이로써 죄악을 제외하고는 모든 면에서 우리와 같이 되셨으므로, 결과적으로 사망이 처음부터 그의 속에서 역사했고 그가 당하신 수많은 고난 속에 나타났던 것이다. 그는 슬픔의 사람이었고 질고를 아는 분이었다.

하이델베르크 요리문답은 "그가 지상에서 사신 전 기간 동안, 특히 생애 말년에 그가 몸과 영혼으로 온 인류의 죄에 대한 하나님의 진노를 담당하셨다"라고 정확히 진술하고 있다. 이 같은 고난에 그의 십자가 죽음이 뒤따랐다. 그러나 이것은 전부가 아니었으니, 그가 겟세마네 동산에서 고투하실 때와 십자가 상에서 "나의 하나님 나의 하나님 어찌하여 나를 버리시나이까"라고 부르짖으셨을 때 그는 육체적 죽음뿐 아니라 영원한 죽음까지 당하신 것이다(비록 이는 내포적⟨intensive⟩ 측면에서였지 외연적 ⟨extensive⟩ 측면은 아니었지만). 짧은 기간에 그는 죄에 대한 무한한 진노를 담당하시고 마침내 승리하셨다. 이것은 오직 그의 승귀된 본성 덕택에 가능했다.

그러나 우리는 이 점에 대해 오해하지 않아야 할 것이다. 그리스도의 경우 영원한 죽음은 로고스와 인성 사이의 연합의 와해나, 신성이 하나님으로부터 버림받거나, 천부의 신적 사랑이나 기쁨을 중보자의 위격으로부터 거두어감을 의미하지 않는다. 로고스는 육신이 무덤 속에 있는 동안에도 인성과 여전히 연합되어 있었고, 신성은 하나님으로부터 버림받을 수 없었으며, 중보자의 인격은 언제나 하나님의 은총의 대상으로 남아 있었다. 그것은 중보자의 인간적 의식 속에 하나님으로부터 버림 받은(God-forsakenness) 느낌으로 나타났다. 이 말은 인성이 잠시 동안 신적 로고스와 연합에서 유래하는 의식적 평안과 하나님께 사랑받고 있다는 느낌을 상실하고, 자기 위에 임해 오는 충만한 신적 진노를 고통스럽게 인식했음을 함축하고 있다. 그러나 절망은 없었으니, 가장 암담한 순간에 하나님이 자기를 버렸다고 부르짖으면서도 그의 기도는 하나님을 향하고 있었던 것이다.

(2) 그의 죽음의 사법적 성격. 그리스도께서 자연적이거나 우발적인 죽음을 맞지 않고 자객의 손에 살해당하지도 않고, 법정의 판결에 의해 돌아가시는 것이 절대 필수적이었다. 그는 불법자로 간주되고 범죄자로 정죄되어야 했다. 더구나 로마인 재판관에 의해 재판되고 선고당하는 것은 하나님의 섭리적 계획이었다. 로마인들은 법과 재판 방면에는 특출했고, 세상에서 최상의 사법권을 대표하고 있었다. 로마인 재판관 앞에서 받는 재판은 예수님의 무죄를 밝히 드러낼 것이 뻔한데, 실제로 그같이 되었고, 따라서 그가 자기의 범죄로 인해 정죄되신 것이 아님이 명약관화해졌다. 그것은, 주께서 말씀하신 대로, "그가 산 자의 땅에서 끊어짐은 마땅히 형벌 받을 내 백성의 허물을 인함이라"는 사실을 증거해 준다. 그리고 로마인 재판관이 그분의 무죄하심에도 불구하고 유죄 판결을 내렸을 때 그는 또한 자신과 자신이 원용했던 인간적 공의를 정죄한 것이지만, 동시에 하나님의 은혜로 움직이고 그의 이름으로 공의를 집행하는 지상 최고의 사법적 권력의 대표자로서 예수께 판결을 내린 것이다. 빌라도의 판결은 비록 근거는 전혀 달랐지만 또한 하나님의 판결이었다. 그리스도께서 참수되거나 돌에 맞아 돌아가시지 않은 것도 의미심장한 일이다. 십자가 형은 유대의 형벌이 아닌 로마의 형벌이었던 것이다. 그것은 지극히 악명 높고 수치스러운 형벌로 간주되었으므로 로마 시민들에게는 허락되지 않고, 오직 찌꺼기같은 존재들, 곧 가장 무가치한 범죄자와 노예들에게만 적용되었다. 그 같은 죽음을 겪으심으로써 예수님은 율법의 가장 극한적인 요구를 충족시키셨다. 동시에 그는 저주받은 죽음을 당하심으로써 그가 우리를 위해 저주가 되셨다는 사실을 실증하신 것이다(신 21:23; 갈 3:13).

4. 구세주의 장사(葬事). 그리스도의 죽음은 그의 비하의 마지막 단계로 보일지 모른다(특히 십자가 상에서 하신 말씀들 중 하나인 "다 이루었다"를 볼 때). 그러나 그 말씀은 필시 그의 능동적 고난 즉 그 자신이 능동적 역할을 담당하신 고난을 가리키는 것이다. 이것은 실제로 그의 죽으심과 함께 종결되었다. 그의 장사도 그의 비하의 일부였음이 분명하다. 특히 다음의 사항들에 유의하라. (1) 인간이 자기가 유래했던 흙으로 돌아가는 것은 성경에서 죄의 형벌의 일부로 묘사되고 있다(창 3:19). (2) 성경의 몇몇 구절은 구세주가 무덤에 계신 것도 비하의 한 형태였음을 암시해 준다(시 16:10; 행 2:27, 31; 13:34, 35). 그것은 무섭고 음침하며 부패의 장소였던 음부(hades)로 내려가심이었다(비록 그곳

에서도 그는 썩지 않으셨지만). **(3)** 매장은 아래로 내려가는 것이므로, 따라서 비하의 일종이다. 시체의 매장은 죄인의 비하를 상징하기 위해 하나님께서 제정하신 풍습이다. **(4)** 구원의 객관적 사역의 제 단계와 그리스도의 사역의 주관적 적용 순서 사이에는 일치점이 있다. 성경은 죄인이 그리스도와 함께 매장되었다고 말한다. 그런데 이는 옛사람을 벗는 것이지, 새사람을 입는 행위에 속하지 않는다(참조. 롬 6:16). 따라서 예수님의 매장도 그의 비하의 일부분을 구성하는 것이다. 더욱이, 그의 장사는 단순히 예수께서 실제로 죽으셨음을 입증할 뿐 아니라, 구원받은 자들에게서 무덤의 공포를 제거하며, 그들을 위해 무덤을 성화하는 역할도 하는 것이다.

5. 구세주께서 음부로 내려가심.

(1) 사도신경(Apostolic Confession)에 나타난 본 교리.   사도신경은 주님의 고난, 죽음, 장사 지냄을 고백한 후 뒤이어 '지옥(음부)에 내리우사'라고 진술한다. 이 문구는 다른 구절들만큼 초기부터 보편적으로 신경 속에 포함되지 않았었다. 그것은 아퀼레이아 양식(Aquileian form)의 신경에서 최초로 사용되었다(*descendit in inferna*, 주후 390년경). 헬라인들 가운데 혹자는 '지옥(inferna)'을 '음부(hades)'로, 또 혹자는 '하계(下界, lower parts)'로 번역했다. 이 용어들이 발견되는 몇몇 양식의 신경들은 그리스도의 매장을 언급하지 않았음에 비해, 로마와 근동 양식의 신경에서는 대체로 매장은 언급하되 음부에 내려가심을 빠뜨리고 있다. 루피누스(Rufinus)는, '장사되고'라는 표현 속에는 음부로 내려가셨다는 개념도 포함된다고 지적한다. 그러나 후대의 로마 양식의 신경에서는 매장에 관한 진술 다음에 문제의 진술이 추가되고 있다. 칼빈은, '장사되고' 다음에 이를 삽입한 사람들은 뭔가 추가적인 내용을 뜻하였으리라고 정확하게 논급하고 있다. 명심할 것은, 이 구절들이 성경 속에는 나오지 않으며, 따라서 사도신경의 다른 조항들만큼 성경의 직접적 진술에 기초하고 있지 않다는 사실이다.

(2) 이 표현의 성경적 근거.   이 문제에서 특히 고려 대상이 되는 네 구절이 있다.

① 엡 4:9. "올라가셨다 하였은즉 '땅 아래 낮은 곳'으로 내리셨던 것이 아니면 무엇이냐." 이 구절에서 근거를 구하는 사람들은 '땅 아래 낮은 곳'을 음부와 동의어로 간주한다. 그러나 이는 미심쩍은 해석이다. 사도 바울은 그리스도의 올라가심은 내려가심을 전제로 한다고 변론하고 있는 것이다. 그런데 본문에서 올라가심의 반대는 성육신이다(참조. 요 3:13). 고로 대다수의 주석자들은 이 표현을 단순히 지상(the earth)을 가리키는 것으로 이해한다. 이 표현은 아마 시 139:15에서 유래되었을 것으로 보이며,

좀 더 구체적으로는 성육신을 가리킨다.

② 벧전 3:18, 19. 본문은 그리스도께서 "육체로는 죽임을 당하시고 영으로는 살리심을 받으셨으니 그가 또한 영으로 옥에 있는 영들에게 선포하시니라"고 진술한다. 이 말은 음부로 내려 가신 사실과 그 목적을 진술하고 있는 것으로 추측된다. 본문에 기록된 영은 그리스도의 영혼으로 이해되며, 선포하심은 그의 죽음과 부활 사이에 일어난 일이어야 한다. 그러나 이 같은 해석은 앞의 해석과 마찬가지로 불가능한 것이다. 본문에 기록된 영은 그리스도의 영혼이 아니라 생명을 주시는 성령(quickening Spirit)이며, 그리스도는 바로 이 영을 의지하여 복음을 선포하셨다. 본문에 대한 개신교의 일반적 해석은, 그리스도께서 영으로 노아를 통해, 홍수 전에 살았던 불순종하는 자들에게(그들은 베드로전서가 기록될 당시에는 음부에 갇힌 상태였고 따라서 이와 같이 불릴 수 있었다) 복음을 선포하셨다는 것이다. 바빙크는 이 같은 해석은 지지될 수 없다고 생각하고, 본문은 승천을 가리키며, 승천 자체가 옥에 갇힌 영들을 향한 풍부하고 개선적이며 힘 있는 복음 전파였다고 주장했다.

③ 벧전 4:4-6. 특히 6절은 다음과 같다. "이를 위하여 죽은 자들에게도 복음이 전파되었으니 이는 육체로는 사람으로 심판을 받으나 영으로는 하나님을 따라 살게 하려 함이니라." 이와 관련하여 사도는 독자들에게 남은 일생을 육적으로 인간의 정욕을 따라 살지 말고, 비록 이전 친구들을 불쾌하게 하고 그들의 비방을 받는 한이 있어도 하나님의 뜻을 따라 살아야 한다고 경고하고 있다. 왜냐하면 그들은 산 자와 죽은 자를 심판할 것을 준비하고 계시는 하나님께 자신들의 행위를 직고하게 될 것이기 때문이다. 복음이 선포된 '죽은 자'들은 선포될 당시에는 아직 죽지 않았음이 분명한데, 왜냐하면 이 선포의 목적의 일부는 육체로는 사람처럼 심판을 받는 것이기 때문이다. 이는 그들이 세상에서 살아 있는 동안에만 일어날 수 있다. 아마도 저자는 앞장에서 언급한 옥에 갇힌 바로 그 영을 가리키고 있는 듯하다.

④ 시 16:8-10 (비교. 행 2:25-27, 30, 31). 여기서 특히 고려 대상이 되는 것은 10절이다. "이는 주께서 내 영혼을 스올(음부)에 버리지 아니하시며 주의 거룩한 자를 멸망시키지 않으실 것임이니이다." 피어슨(Pearson)은 이 구절로부터 그리스도의 영혼이 부활 전에 지옥(하데스)에 계셨다고 결론짓는데, 왜냐하면 본문이 그것(영혼)이 그곳(스올)에 남겨지지 않았다고 말하고 있기 때문이라는 것이다. 그러나 우리는 다음의 사실에 주목해야 한다: (a) 히브리어에서 네페쉬(영혼)는 종종 인칭 대명사로 사용되며, 스올은 죽은 상태를 의미하는데 사용된다. (b) 만일 본문에서 이 단어들을 그 같이 이해할

경우, 그것은 명백한 동의어 병행법(parallelism)의 실례가 된다. 본문이 나타내는 사상은 예수께서는 사망의 권세에 내맡겨지지 않으셨다는 것이다. (c) 이는 행 2:30, 31에 기록된 베드로의 해석과 행 13:34, 35에 기록된 바울의 해석과 완벽하게 조화된다. 양자 모두 예수님의 부활을 입증하기 위해 본 시편을 인용하고 있다.

(3) 사도신경 구절의 상이한 해석들.

① 로마 가톨릭 교회는 이를, 그리스도께서 사후에 구약의 성도들이 그의 구속의 계시와 적용이 나타나기를 기다리는 장소인 선조 림보(Limbus Patrum)로 내려가셔서 복음을 선포하시고 그들을 천국으로 인도하셨다는 의미로 해석한다.

② 루터파는 음부로 내려가심을 그리스도의 승귀의 첫 단계로 간주한다. 그리스도께서는 사탄과 흑암의 세력들에게 자신의 승리를 드러내사 완성시키시며 그들에게 유죄 판결을 선고하시기 위해 하계(下界)로 내려가셨다. 루터파 신학자들 중 혹자는 이 개선의 진군을 그리스도의 죽음과 부활 사이의 일로 간주하며, 다른 사람들은 부활 후의 일로 생각한다.

③ 성공회는 그리스도의 육체는 무덤 속에 있었지만, 영혼은 음부에, 좀 더 구체적으로는 의인들의 영혼의 거처인 낙원에 내려가사 진리를 좀 더 완전히 설명해 주셨다고 주장한다.

④ 칼빈은 이 구절을 비유적으로 해석하여, 그리스도께서 실로 지옥과 같은 고통을 겪으신 십자가의 고난을 가리키는 것으로 해석한다. 하이델베르크 요리문답도 이와 유사하다. 개혁파의 통상적인 견해로는, 이 문구가 십자가의 고난뿐 아니라 겟세마네의 고뇌도 가리킨다.

⑤ 성경이 문자적인 그리스도의 지옥행을 가르치고 있지 않음은 확실하다. 더욱이, 이 견해에 대한 치명적 반론이 엄존하고 있다. 그는 육체로 지옥에 내려가셨을 수는 없는데, 왜냐하면 몸은 무덤 속에 있었기 때문이다. 만일 그가 실제로 지옥에 내려가셨다면, 아마도 영혼만 내려갔을 것이며, 이는 그의 인성의 단지 절반만이 그의 비하(또는 승귀) 단계에 참여했음을 의미한다. 더구나 그리스도께서 아직 죽은 자들 가운데에서 부활하시지 않은 동안은 루터파가 생각하는 바와 같은 개선 행진의 시기가 될 수 없었다. 끝으로, 그리스도는 죽으실 때에 그의 영혼을 천부께 의탁하셨다. 이것은 그가 무덤에서 부활하시기까지의 기간 동안 능동적으로 행하시기보다 수동적 상태로 계셨음을 시사하는 듯하다.

대체로 다음의 두 사상을 결합시켜 이해하는 것이 가장 바람직할 것으로 보인다:

(a) 그리스도는 죽으시기 전에 겟세마네와 십자가상에서 지옥의 고통을 맛보셨다. (b) 그는 죽음이라는 가장 낮은 비하의 상태에 들어가셨다.

깊은 연구를 위한 질문

아담이 타락했을 때 그의 신분과 상태는 어떻게 상호 연관되었는가? 말씀이 육신이 되신 경우는 어떠했는가? 신분과 상태는 죄인들의 구속에서는 어떻게 피차 연관되는가? 사람의 신분과 상태는 언제나 일치되는가? 비하의 신분을 어떻게 정의할 수 있는가? 카이퍼가 출생 신분(*status generis*)과 제한 신분(*status modi*)를 구별한 의도는 무엇인가? 그는 비하의 신분을 어떤 단계들로 구별하는가? 마태복음, 누가복음 외에 동정녀 탄생에 대한 성경적 증거가 있는가? 본 교리의 교리적 내용은 무엇인가? 동정녀 탄생 개념의 신화적 기원설은 그 타당성이 입증되었는가? 그리스도께서 율법에 복종하신 일을 어떻게 이해할 것인가? 그리스도는 그의 비하 기간 동안 중보자로서 어떠한 법적 관계에 놓이셨는가? 그리스도의 인성은 본질적으로 사망의 법에 굴복하였는가? 그리스도의 영원한 죽음에는 죄인들의 영원한 죽음에 포함되는 모든 요소들이 구비되어 있는가? 구세주의 매장을 그가 실제로 죽으셨다는 증거로 어떻게 인식할 수 있는가?

II

승귀의 신분
(The State of Exaltation)

A. 승귀의 신분에 관한 일반적 고찰

1. 승귀의 주체와 성질. 앞에서 이미 지적했듯이, 루터파와 개혁파 신학 사이에는 그리스도의 신분의 주체에 대해 견해차가 있다. 루터파는 비하와 승귀 신분의 주체는 로고스가 아닌 그리스도의 인성이라고 주장한다. 따라서 그들은 그리스도의 비하에서 성육신을 배제시키며, 비하의 신분은 "그리스도께서 잠시 동안 그의 인성이 위격의 연합으로 인해 얻으신 신적 위엄의 완전한 발휘를 포기하시고(참되게, 실제적으로, 그러나 자유 의사로) 한 비천한 인간으로서 신적 위엄과 전혀 동떨어진 낮은 삶을 인내하셨다(세상을 대신하여 고난받고 죽으시기 위해)"는 사실에 있다고 주장한다. 그들은, 제일 먼저 음부에 내려가셨을 때 승귀의 신분이 하계(lower world)에 나타났고, 더 나아가 부활과 승천에서 현세(this world)에 드러났으며, 하나님 우편에 앉으셨을 때 완성되었다고 주장하고 있다. 그렇다면 승귀는 성육신 당시 자기에게 전달되었지만 인성이 오직 가끔 은밀하게 사용했던 신적 속성들을 완전히 발휘하신 사실에 있는 것이다.

반면에 개혁파 신학은 신인인 중보자의 위격을 승귀의 주체로 간주하면서도, 승귀가 일어난 것은 인성이었다고 강조한다. 신성은 비하나 승귀가 불가능하다. 승귀에서 신인이신 예수 그리스도는 (1) 계약적·형벌적 측면에서 율법의 지배를 벗어나셨고, 그 결과, 행위 언약의 조건이 되는 율법의 무거운 요구와 저주를 벗어 버리셨다. (2) 율법과의 형벌적 관계를 공의적 관계로 대신하셨으며, 죄인들을 위해 획득하신 구원의 복을 중보자의 자격으로 소유하셨다. (3) 이에 합당한 명예와 영광으로 관 쓰셨다. 승귀는 죄의 저주가 탕감된 그의 상태 안에도 나타나야 했다. 그의 승귀는 또한 그의 영화(榮化)이기도 했다.

2. 성경적이고 합리적인 그리스도의 승귀. 그리스도의 승귀에 대한 성경적 증거는 풍부하다. 복음서의 기사는 그리스도의 비하 다음에 승귀가 뒤따랐음을 밝히 보여주

고 있다. 이를 증명하는 고전적 성구가 빌 2:9-11이다. "이러므로 하나님이 그를 지극히 높여 모든 이름 위에 뛰어난 이름을 주사 하늘에 있는 자들과 땅에 있는 자들과 땅 아래 있는 자들로 모든 무릎을 예수의 이름에 꿇게 하시고 모든 입으로 예수 그리스도를 주라 시인하여 하나님 아버지께 영광을 돌리게 하셨느니라." 이외에도 막 16:19; 눅 24:26; 요 7:39; 행 2:33; 5:31; 롬 8:17, 34; 엡 1:20; 4:10; 딤전 3:16; 히 1:3; 2:9; 10:12 등의 구절을 들 수 있다.

두 신분 사이에는 밀접한 관계가 있다. 승귀 신분은 비하 신분의 공의로운 결과로 간주되어야 한다. 그리스도는 중보자의 자격으로 율법의 계약적·형벌적 요구를 만족시키사 죄의 형벌을 치르시고 영생의 공로를 쌓으셨다. 그러므로 그의 칭의와 상급이 뒤따랐던 것은 당연한 일이었다. 그는 공적 인물이었고 그의 사역을 공개적으로 이루셨으므로, 마땅히 승귀도 공개적으로 이루어져야 했다. 그리스도의 승귀는 삼중적 의미를 내포하고 있다. 매 단계는 그리스도께서 율법의 요구를 충족시키셨음과 따라서 상급을 받으실 자격이 있다는 하나님의 사실상의 선언이었다. 처음 두 단계도 역시 모범적인 의미를 내포했는데, 그것은 신자들의 생활 속에 발생할 일을 상징하였기 때문이다. 그리고 끝으로, 네 단계 모두가 섭리적으로 신자들의 완전한 영화(榮化)를 위한 도구가 되었다.

3. 현대 자유주의 신학과 승귀 신분. 물론 현대 자유주의 신학에서는 그리스도의 일생에서 승귀의 신분이 있음을 전혀 인정하지 않는다. 이 신학은 그리스도의 신분에 대한 법적 개념을 포기하였을 뿐 아니라, 구세주의 일생에서 일체의 초자연적 요소를 배제했다. 라우쉔부쉬(Rauschenbusch)는 그의 「사회 복음의 신학」(*Theology for the Social Gospel*)을 그리스도의 죽음에 대한 논의로 끝맺고 있다. 매킨토시는 "죽은 육체의 재생, 그 기적적 변화와 '천국'으로의 최종적 승천이라는 일상적·전통적인 예수 '부활' 개념을 받아들임에 있어서 발생하는 난점들은 과학적 사고 습관의 소유자들에게는 사실상 해결 불가능한 것이다……. 그것(그리스도의 육신)은 다른 모든 시체들과 달리 부패되지 않았다고 주장하는 사람들에게는 이를 입증해야 할 부담이 해소되지 않은 채로 여전히 남아 있다."

베퀴드(Beckwith)는 성경, 특히 바울의 글에서 그리스도의 승귀를 말하고 있음을 인정하면서도, "만일 우리가 사도 바울의 승귀 관념을 현대의 등가어(等價語)로 번역한다면, 그가 그리스도는 삼라만상의 모든 세력과 모든 합리적 존재자들의 인지된 질서보다 우월하시며 심지어 천부를 제외한 천상적 세력들보다 우위에 계심을 말하고 있음을 알 수 있을 것이다"라고 주장한다. 그리고 조지 버먼 포스터(George Burman Foster)는 노골적으로 선포한다. "정통 교리에 의하면 하나님의 아들이 그의 신적 영광을 포기했다가 후에 다시 취하셨다. 곧, 스스로 어떤 신적 속성을 멀리했다가 다시 받아들이셨다는 것이다. 그 원의도는 좋다. 즉, 자비로운 하나님이 우리를 돌보시며, 우리의 일용할 인간적 양식을 신경쓸 만큼 세심하시다는 것이다. 아마도 정통 교리의 형식은 그 교리가 처음 생겨난 당시에는 필요했겠지만, 현대인이라는 저 무서운 존재는 이와 아무런 관계도 가질 수 없는 것이다."

B. 승귀 신분의 네 단계

개혁 신학은 그리스도의 승귀를 네 단계로 구별하고 있다.

1. 부활.

(1) 부활의 성격.   그리스도의 부활은, 그가 다시 사셨고 영육이 재결합되었다는 단순한 사실에 있는 것이 아니었다. 이것이 함축된 의미의 전부라면, 그는 "잠자는 자들의 첫 열매"(고전 15:20)나 "죽은 자들 가운데서 먼저 나신 자"(골 1:18; 계 1:5)라고 불리실 수 없을 것이다. 왜냐하면 그 이전에도 다시 살아난 자들이 있었기 때문이다. 차라리 부활은 영육이 생명 있는 유기체로 재결합하면서 인성이 영육 면에서 공히 그 원초적인 능력과 완전성을 회복했고, 심지어 더욱 높이 승화되었다는 점에 있는 것이다. 성경이 가르치고 있는 일반적 부활시에 신자들의 육체에 일어나는 변화로부터 유추해 보면, 그리스도께 반드시 일어났음직한 변화의 단서를 얻을 수 있다. 바울은 고전 15:42-44에서, 신자들의 장래의 몸은 썩지 않고(부패가 불가능함), 영광스러우며(천상의 광채로 빛남), 강하고(능력과 아마도 새로운 기능으로 충만), 신령할 것이라고(비물질적이거나 영체적(ethereal)인 것이 아니라 영에 합당한 성령의 완벽한 도구가 됨) 우리에게 말하고 있다. 우리는 복음서의 기사에서 예수님의 몸이 현저하게 변화되었고, 그 결과 쉽게 인식되지 않았으며 놀랍게도 갑작스럽게 출현하실 수 있었음과(눅 24:31, 36; 요 20:13, 19; 21:7) 그럼에도 그것은 물질적이고 지극히 실제적인 몸이었음(눅 24:39)을 알게 된다. 이것은 고전 15:5과 모순되지 않는데, 왜냐하면 '혈과 육'은 인성의 현재적인 물질성과 필멸성(必滅性)과 부패성을 묘사하는 말이기 때문이다. 그러나 신자들 안에서 발생하는 변화는 육체적인 동시에 영적이다. 이와 비슷하게, 그리스도의 변화도 육적인 동시에

영적이었다. 그 속에서 어떠한 종교적·윤리적 변화가 일어났는지는 알 수 없지만, 그는 미래의 천상적 환경에 완벽하게 부합하는 새로운 품성을 부여받으신 것이다. 그는 부활하심으로써 살려주는 영(고전 15:45)이 되셨다. 그리스도의 부활은 삼중적 의미를 가진다. ① 그것은 최후의 대적이 정복되고 첫값이 지불되었으며 생명이 약속된 조건이 충족되었다는 천부의 선언이었다. ② 그것은 그리스도의 신비적 몸의 지체들에게 장차 일어날 일 곧 칭의, 신생, 미래의 복된 부활을 상징했다(롬 6:4, 5, 9; 8:11; 고전 6:14; 15:20-22; 고후 4:10, 11, 14; 골 2:12; 살전 4:14). ③ 그것의, 중생, 최후의 부활과 도구 적으로 연결되어 있다(롬 4:25; 5:10; 엡 1:20; 빌 3:10; 벧전 1:3).

(2) **부활 사건의 주체.** 죽은 자들로부터 부활한 다른 사람들과는 달리 그리스도는 스스로의 능력으로 다시 사셨다. 그는 스스로 부활이자 생명이라고 칭하셨으며(요 11:25), 생명을 버리고 다시 취할 권세를 자신이 가졌다고 선언하셨으며(요 10:18), 심지어 그의 몸된 성전을 다시 짓겠다고 예언하셨다(요 2:19-21). 그러나 부활은 그리스도만의 단독적 사역이 아니었다. 그것은 종종 일반적으로 하나님의 능력으로 돌리고 있으며(행 2:24, 32; 3:26; 5:30; 고전 6:14; 엡 1:20), 좀 더 구체적으로는 천부의 소관으로 돌리고 있다(롬 6:14; 갈 1:1; 벧전 1:3). 그리고 만일 부활을 하나님의 역사로 볼 수 있다면, 당연히 성령도 그 속에서 일하신 것이다. 모든 외향적 사역(*opera ad extra*)은 삼위일체 하나님의 사역이기 때문이다. 더구나 롬 8:11에도 이 같은 의미가 함축되어 있다.

(3) **부활 교리에 대한 반론들.** 큰 반론 하나는 육체 부활 교리에 대한 것인데, 곧 육체는 사후에 분해되며, 그 다양한 구성 입자들은 다른 동식물과 인체를 구성하게 된다는 것이다. 시간이 지남에 따라, 모든 몸의 일부를 구성했던 이들 미립자들을 전부 복원한다는 것은 불가능하다. 매킨토시는 질문한다. "예수의 지상적 몸을 구성했던 탄소, 산소, 질소 및 여타의 원소들은 어떻게 되었을까?" 그러나 이는 부활이 설명할 수 없는 사건이다. 그것은 기적인 것이다. 그러나 그와 동시에, 부활체와 매장되었던 몸이 동일하다고 해서 양자가 정확히 동일한 입자로 구성되어야 함은 아니라는 사실을 유념해야 한다. 우리 신체 구조는 끊임없이 변하지만, 그 동일성은 보전되는 것이다.

바울은 고전 15장에서 무덤에 내려간 몸과 부활한 몸의 본질적인(essential) 동일성을 주장하지만, 동시에 형태는 변화한다고(form changes) 역설하고 있다. 사람이 밭에 뿌린 씨앗은 죽음의 과정을 거친 후 다시 살아난다. 그러나 그가 밭에 뿌린 씨앗과 일정한 시간 후 수확한 곡식은 같지 않다. 하나님은 각각의 씨앗에 고유의 몸을 부여하신다. 죽은 자의 부활도 이와 마찬가지다. 아마도 신체의 본질을 구성하고 그 정체성

(identity)을 보전하는 모종의 핵이나 배종이 존재하는 깃 같다. 고전 15:35-38에서 사도가 주장하는 논리에는 그와 유사한 점이 함축되어 있는 것으로 보인다. 부활에 대한 참으로 근본적인 반론은 그 초자연성에 대한 것임을 유의해야 할 것이다. 부활을 용납하지 못하게 방해하는 것은 증거의 결여가 아니고, 기적이란 있을 수 없다는 근본적 신조이다. 심지어 자유주의 학자들도 예수님의 부활만큼 충분히 입증되는 사건이 없음을 인정하고 있다(물론 혹자는 이를 부인한다). 그러나 현대의 학자들에게 이는 대수롭지 않은 일이다. 래쉬달 박사(Dr. Rashdall)는 말한다. "비록 이보다 50배나 더 강력한 증거가 있다 해도 다른 어떤 가설도 이보다는 더 가능성이 있을 것이다." 그러나 오늘날 수많은 저명한 학자들이 자기들은 기적이 일어날 수 없다고 단언할 위치에 있지 못하다고 솔직하게 선언하고 있다.

(4) 부활 사실을 달리 설명하려는 시도들.　반(反)초자연주의자들은 반론을 전개할 때 항상 복음서의 부활 기사와 충돌하게 된다. 빈 무덤과 부활 후의 예수님의 출현 기사는 그들의 논리에 대한 도전인데, 그들은 부활 사실을 인정하지 않고 이를 설명해 보려고 시도한다. 다음의 시도들은 그중 가장 중요한 것들이다.

① 허위설(The falsehood theory).　이 설의 요지는 제자들이 무덤에서 시체를 도둑질한 후 주님이 부활했다고 선전하는 교묘한 속임수를 행했다는 것이다. 무덤을 경비했던 병사들은 이 이야기를 유포하도록 명령받았으며, 이미 켈수스(Celsus)가 빈 무덤을 설명할 때 이 설을 강조했다. 물론 이 설은 초기의 증인들인 사도, 여인들, 5백여 형제들 및 다른 사람들의 보고의 진실성을 논박하고 있다. 그러나 심약한 제자들이 적대자로 가득 찬 세상을 향해 그 같은 허위를 농(弄)할 만한 용기를 가졌을 가능성은 극히 희박한 것이다. 그들이 그 같이 속 보이는 거짓말을 고난당하면서까지 유지했으리라고는 도저히 믿을 수 없다. 더구나, 오직 부활의 사실성이 아니고서는 그들이 그리스도의 부활을 증거하면서 보인 불굴의 용기와 능력을 설명할 길이 없다. 이 같은 고려 결과, 본 견해는 곧 포기되었다.

② 기절설(The swoon theory).　이 설은 예수께서 진짜 죽으신 것이 아니라 단지 기절하신 것인데 죽으신 것으로 오인되었다고 주장한다. 그러나 이는 자연히 대답하기 곤란한 몇 가지 문제점을 야기한다. 그처럼 많은 사람들이 속은 것과 군병이 찌른 창이 예수님을 죽이지 못했음을 어떻게 설명할 것인가? 예수께서 탈진된 채로 어떻게 무덤에서 바위를 굴려 내고 예루살렘으로부터 엠마오로 걸어갔다가 돌아오실 수 있었을까? 어떻게 제자들이 그를 환자로 대하지 않고 능력 있는 생명의 주(Prince of Life)로 대했

을까? 그리고 그 후 예수님은 어떻게 되셨을까? 승천도 부활과 함께 당연히 배제된다. 그렇다면 그는 어떤 미지의 장소로 돌아가서 여생을 은밀하게 사신 것인가? 이 설은 수많은 불합리성을 내포하고 있기 때문에 심지어 슈트라우스(Strauss) 조차 이를 조소거리로 삼았다

③ 환상설 (The vision theory).   이것은 두 가지 형식으로 제안되었다.

(a) 혹자는 순수 주관적 환상설을 주장한다. 제자들은 흥분된 심리 상태 속에서 구세주와 그의 귀환을 골똘히 생각한 나머지, 마침내 자기들이 그를 보았다고 실제로 생각하기에 이르렀다. 불씨는 신경과민에 흥분성 기질인 막달라 마리아에게 옮겨졌고, 곧 불꽃이 타오르고 널리 번져갔다. 이것은 오랫동안 환영받았던 설이지만, 이 역시 수많은 난제에 봉착되어 있다. 제자들은 부활을 기대하지 않았는데 그 같은 환상이 어떻게 일어났을까? 제자들은 기도나 묵상에 몰두하는 대신 일반 직업에 종사하려 했는데 어떻게 환상이 일어났을까? 주관적 환상이 일어나기 위해 필요했던 환희나 황홀경의 체험이 사흘째에 이미 시작될 수 있었을까? 제자들이 그 같은 환상 중에라면 천상적 영광의 후광으로 둘러싸인 모습이거나 혹은 전에 보았던 그대로 자기들과의 친교를 새롭게 하려고 열심 내는 예수님을 보지 않았을까? 주관적 환상이 여러 사람들에게 동시다발적으로 나타나는가? 환상 가운데 한 대화는 어떻게 설명해야 할 것인가?

(b) 이 이론의 지나친 허약성을 감안한 일단의 학자들은 또다른 수정안을 제안했다. 그들은 제자들이 본 것은 하나님께서 그들이 계속 복음을 전파하도록 설득하기 위해 기적적으로 보이신 참된 객관적 환상이었다고 주장한다. 이는 앞서의 난제들 중 몇 가지를 피할 수 있는 것이 사실이지만, 새로운 난관에 봉착하게 된다. 이 설은 초자연을 인정하고 있다. 만일 초자연이 논리상 필요하다면, 모든 사실들을 확실하게 설명해 주는 부활은 왜 받아들이지 못하는가? 더욱이 이 설은 하나님이 보이신 이들 환상이 사도들을 오도하기 위한 것이었다고 믿도록 요청한다. 하나님은 속임수로 당신의 목적을 수행하려 하시는가?

④ 신화설 (Mythical theories).   새로운 신화학파(mythical school)가 등장해서 환상설과 유령설을 포기하거나 최소한 배제해 버리고, 바벨론 및 기타 근동 국가들로부터 유대교에 도입된 개념들의 도움으로 부활 전설을 설명하려 하고 있다. 이 학파에서는 고대 근동 종교의 신화 속에는 부활 기사와 유사한 내용이 포함되어 있을 뿐 아니라, 사실상 부활 기사가 이교 신화에서 유래되었다고 주장한다. 이 설은 몇 가지 형태로 제안되었지만, 어느 것이나 모두 근거가 없다는 점에서 동일하다. 그것은 복음서 기사를

이교 신화와 연결짓는, 과정상의 엄청난 독단성으로 특징지어지며, 양자를 연결하는 데 실패했다. 더욱이, 이 설은 성경에 나타난 사실들을 철저하게 무시하고 있다.

(5) **부활의 교리적 의미.** 우리가 그리스도의 육체 부활을 믿거나 아니면 한갓 관념적 부활을 믿거나 간에 거기에 어떤 차이가 있는가 하는 의문이 일어날 것이다. 현대 자유주의 신학 측에서는 예수님의 부활은 영적 생존으로서의 의미를 제외하고는 기독교인의 신앙에 아무런 참된 중요성을 갖지 못한다고 생각한다. 육체 부활에의 믿음은 본질적인 것이 아니며, 기독교에 아무런 영향도 미치지 않고 생략해 버릴 수 있다고 한다. 바르트와 브루너의 견해는 이와 다르다. 그들은 부활의 역사성을 믿고 있다. 그러나 그것은 단지 역사의 문제로서, 역사가가 재능껏 다룰 일이지 신앙의 대상은 아니라고 주장한다. 중요한 요소는 부활 사건에서 신성이 역사의 과정 속으로 뚫고 들어온 것과, 이로써 예수님의 미지성(未知性, incognito)이 제거되고 하나님께서 당신을 계시하셨다는 사실이다. 역사가들은 이를 서술할 능력이 없지만, 신자들은 이를 믿음으로 받아들인다.

부활 신앙은 분명히 교리적으로 중요하다. 예수님의 육체 부활을 부인하면 성경 저자들의 진실성도 공격하지 않을 수 없는데, 그것은 그들이 부활을 분명히 사실로 서술하고 있기 때문이다. 이는 부활이 성경의 신빙성에 대한 우리의 믿음에 영향을 미침을 의미한다. 더구나 그리스도의 부활은 증거적 가치를 갖는 것으로 묘사되고 있다. 그것은 그리스도가 하나님께서 보내신 선생(요나의 표적)이며 하나님의 참 아들이셨음(롬 1:4)에 대한 결정적인 증거였다. 그것은 또한 영생의 사실에 대한 최고의 증거였다. 더욱 중요한 것은 부활이 구속 사역의 핵심, 따라서 복음의 핵심에 하나의 구성 요소로서 관계하고 있다는 사실이다. 그것은 하나님의 교회의 위대한 기초성 중 하나다. 그리스도의 속죄 사역이 효력을 가지려면 죽음이 아닌 생명으로 종결되어야 했다. 더 나아가, 그것은 그리스도의 완성된 사역에 대한 천부의 추인이자 그것을 열납하셨다는 공적 선언이었다. 그 속에서 그리스도는 율법의 지배를 벗어나셨다. 끝으로, 부활은 다시 사시고 승귀하신 예수께서 교회의 머리와 우주적 주님으로서 새로운 삶에 들어가심이었다. 이것은 그가 자신의 구속 사역의 성과를 베푸실 수 있게 해주었다.

2. 승천.

(1) 그리스도의 승천은 성경에서 부활만큼 뚜렷하게 부각되어 있지 않다. 이는 필시 승천보다는 부활이 예수님의 생애에 있어 진정한 전환점이었기 때문인 듯하다. 어

떤 의미에서 승천은 부활의 필수적 보충이며 완성이었다고 할 수 있다. 그리스도의 더 높은 영광의 단계로의 전이는 부활에서 시작되어 승천으로 완전하게 되었다. 이는 승천이 독립적 의의를 갖지 못한다는 의미가 아니다. 비록 승천에 관한 성경적 증거가 부활만큼 풍부하지는 않지만 그래도 충분한 것이다. 누가는 이에 관해 두 차례 반복하여 기록하고 있다(눅 24:50-53; 행 1:6-11). 마가는 16:19에서 이에 관해 언급하지만, 이 구절은 논란의 여지가 있다. 예수께서 돌아가시기 전에 수 차례 이에 관해 말씀하셨다(요 6:62; 14:2, 12; 16:5, 10, 17, 28; 17:5; 20:17). 바울은 이를 거듭 언급했으며(엡 1:20; 4:8-10; 딤전 3:16), 히브리서는 승천의 중요성에 주의를 환기시키고 있다(1:3; 4:14; 9:24).

(2) 승천의 성질. 승천은 중보자의 위격이 그 인성을 좇아 지상에서 하늘로 가시적으로 올라가신 사건으로 정의할 수 있다. 그것은 한 장소에서 다른 장소로 움직이는 지역 이동이었다. 물론, 이 말에는 천국도 지상과 마찬가지로 하나의 장소라는 의미가 함축되어 있다. 그러나 예수님의 승천은 단순한 장소 이동에만 그치지 않고 그리스도의 인성의 좀 더 진전된 변화도 포함했다. 이제 인성이 천국적 영광의 충만함으로 진입했고, 천상의 생활에 완전히 적응하게 된 것이다. 최근의 어떤 기독교인 학자들은 천국을 장소가 아닌 상태로 간주하며, 따라서 승천을 지역적 의미로 생각하지 않는다. 그들은 그리스도께서 열한 제자들이 보는 앞에서 순간적으로 올라가셨음은 인정하려 하지만, 이를 오직 우리 인성이 현재의 삶보다 훨씬 고차적인 영적 질서로 승화되는 과정을 상징하는 것으로 본다. 그러나 다음의 사항들을 고려할 때, 지역적 개념이 더 지지된다.

① 성경에서 천국은 피조물(천사, 성도, 그리스도의 인성)들의 처소로 묘사된다. 이들은 모두 어떤 식으로든 공간과 관련되어 있다. 오직 하나님만이 일체의 공간적 관련성을 초월하신다. 물론 천상적 공간에서 통용되는 법칙은 지상적 공간에서 통용되는 것과는 다를 것이다.

② 하늘과 땅은 성경에서 거듭 병렬적으로 쓰인다. 이로 미루어 볼 때, 만일 한 쪽이 장소라면 다른 쪽도 장소이어야 한다. 장소와 상태를 그 같이 병치시키는 것은 불합리한 일이다.

③ 성경은 우리가 천국을 하나의 장소로 생각하도록 가르친다. 몇몇 구절들은 천국은 위에, 지옥은 아래에 있다고 생각하게 한다(신 30:12; 수 2:11; 시 139:8; 롬 10:6, 7). 만일 단어의 의미대로 양자를 지역적 실체로 보지 않는다면 이는 무의미할 것이다.

④ 구세주께서 천국에 들어가심이 승천으로 묘사되고 있다. 제자들은 구름이 가리

위 보이지 않게 될 때까지 예수님의 승천을 지켜보았다. 이와 동일한 지역 개념적 색채는 히브리서 기자의 심중에도 있었다(히 4:14).

(3) 루터파의 승천관. 루터파의 승천관은 개혁파와 상이하다. 그들은 이를 지역 이동이 아닌 상태 변화, 즉 그리스도의 인성이 성육신 당시에 전수받은 신적 속성(divine perfections)을 완전히 향유하고 활용하심으로써 영원히 편재하시게 된 것으로 간주한다. 그리스도께서 하나님 우편에 앉으셨다는 개념에 대해 그들은 이 우편(단지 권능을 상징하는)이란 도처에 편재한다고 주장한다. 그러나 모든 루터교인들이 그리스도의 인성의 편재성이라는 주제에 있어 생각이 일치되는 것은 아니다. 더러는 이를 완전히 부정하며, 더러는 승천으로 그리스도의 편재가 초래되었지만 승천에는 공간적 이동도 포함되며 그리스도는 이로써 그의 가시적 존재를 지상으로부터 철수시키셨다고 믿고 있다.

(4) 승천의 교리적 의미. 바르트는 승천이 언급된 빈도나 강조된 정도에 있어 부활보다 훨씬 미달하며 오직 부활에서 하나님 우편에 앉으시기까지의 자연적 이동과정으로 나타나고 있다는 사실을 볼 때, 승천이 기독교 신조의 주요 조항 중에 한 자리를 차지한 사실에 대한 의문이 당연히 제기된다고 지적한 바 있다. 그는 바로 이 이동에서 승천의 참된 의미를 발견하고 있다. 따라서 그는 승천을 가시적인 승귀, 곧 제자들의 목전에서 발생한 '공간적 수직 상승'으로 강조하려 하지 않는다. 왜냐하면 그것은 하나님 우편(이는 장소가 아니다)에 앉는 방법이 되지 못하기 때문이다. 그에게는 동정녀 탄생과 부활이 단순히 그리스도의 계시의 표지로 생각되었듯이, 표적과 기사로서의 승천도 단지 "하늘과 땅의 모든 권세의 소유자이신 예수 그리스도의 부활로써 나타난 계시의 표지(pointer)인 것이다."

승천은 삼중적 의미를 갖는다.

① 그것은, 그리스도의 제사가 하나님께 드려진 희생으로서 지성소에서 그에게 통째로 드려져야 했음과, 천부께서 그리스도의 중보 사역을 충분하다고 인정하사 천국적 영광에 들어오도록 허락하셨음과, 중보자의 나라(Kingdom of the Mediator)는 유대인의 나라가 아닌 보편적 국가였다는 선언을 명확히 구체화했다.

② 그것은, 이미 그리스도와 함께 하늘에 앉았고(엡 2:6) 그와 같이 영원히 거하도록 예정된(요 17:24) 모든 신자들의 승천을 예고하며, 또한 인간의 원래적 지배권(Kingship)의 첫 회복을 계시했다는(히 2:7, 9) 점에서 역시 예시적인 사건이었다.

③ 끝으로 그것은, 그리스도 안에 있는 사람들을 위한 처소를 예비하는 일에도 또

한 기구적이었다. 주님 자신이 제자들을 위한 처소를 예비하기 위해서 아버지께 가야 할 필요성을 지적하신 바 있다(요 14:2, 3).

3. 하나님 우편에 앉으심.

(1) **성경적 증거.** 그리스도께서 대제사장 앞에서 심문당하실 때 그는 자신이 장차 권능의 우편에 앉으리라고 예언하셨다(마 26:64). 베드로는 그의 설교에서 이 사실을 언급했다(행 2:33-36; 5:31). 이 두 구절에서 여격인 테 덱시아이(우편)는, 비록 앞절(64절)은 지역으로 해석하는 편이 우세하지만, 좀 더 일반적인 도구적 의미로 이해되어야 할 것이다. 이 단어는 엡 1:20-22; 히 10:12; 벧전 3:22; 계 3:21; 22:1에서도 언급되고 있다. 이 구절들 외에도 그리스도의 왕적인 통치에 관해 언급하는 몇 구절이 있다(롬 14:9; 고전 15:24-28; 히 2:7, 8).

(2) **우편에 앉으심[座定]의 의미.** "하나님의 우편"이라는 표현은 당연히 신인동형론적(神人同形論的)이며 문자적으로 해석할 수 없다. 여기서 사용되는 표현은 시 110:1, "내가 네 원수들로 네 발판이 되게 하기까지 너는 내 오른쪽에 앉아 있으라"에서 유래한 것이다. 왕의 오른쪽에 앉는다는 것은 단순히 명예의 표시이지만(왕상 2:19), 통치에의 참여, 그리고 결과적으로 명예와 영광에의 참여를 상징하기도 한다. 그리스도의 경우, 그것은 의심의 여지없이 중보자가 교회와 우주에 대한 지배권을 받으신 것과 그에 합당한 영광에 참여하게 되었음을 가리키는 것이었다. 이 말은 지금까지는 그리스도가 시온의 왕(King of Zion)이 아니었다는 말이 아니라, 이제 공식적으로 신인(神人)으로 취임하신 것과, 교회와 하늘과 땅의 통치권을 받으사 장엄하게 그에게 위임된 권세를 실제로 집행하기 시작하신 것을 의미한다. 이것은, 그리스도의 하나님 우편에 앉으심은 "그가 천지를 다스리도록 임명받으신 것과 그에게 위임된 지배권의 소유를 정식으로 허락받으신 것, 그리고 이를 오직 한 번만이 아니라 심판하기 위해 재림하시기까지 계속 소유하도록 허락받으셨다"는 말과 동일하다는 칼빈의 지적과 완전히 일치한다. 그리스도가 하나님 우편에 앉으셨다고 한 성경의 표현으로부터 승천하신 부활주의 생활은 휴식의 생활일 것으로 유추하는 것은 명백히 잘못이다. 그것은 끊임없이 활동하는 생활인 것이다. 성경의 진술은 다양하다. 그리스도는 하나님 우편에 앉으신(sitting) 것으로 묘사되고, 또한 단순히 하나님 우편에 계신(being) 것으로(롬 8:34; 벧전 3:22), 또는 서 계신(standing) 것으로(행 7:56), 심지어 일곱 금 촛대 사이를 걸어다니시는(walking) 것으로 묘사된다. 또한 하나님 우편에 앉으셨다는 개념에서 자연스럽게 도

출되는 그의 왕적 위엄과 통치에 대한 강조로 인해, 그가 하늘에 계시는 동안 수행하시는 사역은 오직 통치적인 것이요 따라서 예언적이거나 제사장적인 것이 아니라고 결론짓는 것도 마찬가지로 잘못일 것이다.

(3) 앉으신 동안의 그리스도의 사역. 그리스도께서 하나님 우편에 앉아 계시는 동안 단지 피동적으로 신적 주권, 능력, 위엄, 영광을 받아 누리는 데 그치지 않고 능동적으로 그의 중보 사역을 계속 수행하고 계신다는 사실이 마땅히 강조되어야 한다.

① 성경은 매우 빈번하게 그리스도의 앉으심을 그의 왕적 통치와 연결짓고 있으므로, 당연히 그의 왕적 사역을 먼저 고찰해야 한다. 그는 그의 성령으로 교회를 통치하고 보호하시며, 또한 그가 임명한 직분자들을 통해 다스리신다. 그의 수하에는 천상의 모든 세력들이 집결되어 있다. 천사들은 그의 사자로서 항상 성도들에게 그의 복을 전하고 주변의 위험으로부터 보호할 준비를 하고 있다. 그는 자연계의 모든 세력과 하나님의 나라에 대적하는 모든 세력들에 대해 권위를 행사하시며, 최후의 원수를 굴복시키실 때까지 계속 통치하실 것이다.

② 그러나 그의 사역은 왕적 통치에만 국한되지 않는다. 그는 멜기세덱의 반차를 계승한 영원한 대제사장이다. 그가 십자가 위에서 "다 이루었다"고 외치셨을 때, 그는 그의 제사장 사역이 끝났음을 뜻하지 않고 단지 그의 능동적 고난이 종결되었음을 말씀한 것이다. 성경에서도 그리스도의 하나님 우편에 앉으심이 그의 제사장 사역에 연결되고 있다(슥 6:13; 히 4:14; 7:24, 25; 8:1-6; 9:11-15, 24-26; 10:19-22; 요일 2:2). 그리스도는 끊임없이 하나님의 사죄 은혜의 허락을 위한 충분한 근거로서 천부께 그의 완성된 제물을 드리고 계신다. 그는 부단히 그의 제사 사역을 적용하시며, 이를 죄인들의 칭의와 성화에 유효하게 하신다. 더 나아가, 그는 그의 백성들을 위해서 항상 중보하시며, 그들이 그의 완성된 희생 제사에 근거하여 용납되고 세상에서 안전하게 보호되며 그들의 기도와 봉사가 하나님께 열납되도록 간구하신다. 루터파는 그리스도의 중보 기도가 소리와 실상(*vocalis et realis*)이라는 사실을 강조한다. 그러나 개혁파는 그것이 일차적으로 그리스도께서 천부와 함께 인간의 본성 속에 임재해 계신다는 데에 기인한다는 사실과, 기도란 탄원이기보다는 적법한 요구 제시로 간주되어야 함을 강조한다.

③ 그리스도는 또한 성령을 통하여 그의 예언 사역을 계속하신다. 제자들을 떠나가시기에 앞서, 그는 그들의 기억을 돕고 새로운 진리를 가르치며 그들을 모든 진리로 인도하고 그리스도의 충만함으로 부요하게 하기 위해 성령을 보내신다고 약속하셨다(요 14:26; 16:7-15). 그 약속은 오순절 날 실현되었고, 그날 이후 그리스도는 성령 안에

서 여러 모양으로 우리의 큰 선지자로서 역사하셨으니, 성경의 영감으로, 사도들과 하나님의 말씀의 사역자들의 설교로, 교회를 인도하사 진리의 기둥과 터로 삼으심으로, 그리고 신자들의 마음과 삶 속에 진리를 실현시키심으로써 일하고 계신다.

4. 그리스도의 육체적 재림.

(1) 승귀의 한 단계로서의 재림. 때때로 그리스도의 재림은 마치 하나님 우편에 앉으심이 최후의 정점이기나 하듯이 그의 승귀 단계에서 생략된다. 그러나 이는 잘못이다. 정점은 인간의 손에 수난당하신 그분이 심판주의 자격으로 재림하실 때 도달하는 것이다. 그 자신이 이를 중보자적 특권이라고 말씀하셨고(요 5:22, 27) 사도들도 이같이 증거했다(행 10:42; 17:31). 심판주로서의 그리스도의 임명을 증거하는 구절들 외에도 그의 심판 행위에 관한 몇몇 언급이 성경에 나온다(마 19:28; 25:31-34; 눅 3:17; 롬 2:16; 14:9; 고후 5:10; 딤후 4:1; 약 5:9).

(2) 재림을 가리키는 성경적 용어. 예수 그리스도의 장래 재림을 가리키는 몇 가지 용어가 있다. 파루시아는 이중 가장 일반적인 것이다. 그 원래 의미는 단순히 "임재"(presence)이지만, 또한 '임재에 앞선 강림'(a coming preceding a presence)을 뜻하기도 한다. 이 용어를 예수 그리스도의 재림에 연관시켜서 사용할 경우에는 후자의 의미로 통용된다(마 24:3, 27, 37, 39; 고전 15:23; 살전 2:19; 3:13; 4:15; 5:23; 살후 2:1; 약 5:7, 8; 벧후 3:4). 두 번째 용어가 아포칼립시스인데, 이는 재림이 예수 그리스도의 나타남(revealing)이 되리라는 사실을 강조한다. 이 단어는 예전에 감추었던 어떤 것(여기서는 예수 그리스도의 감추어진 영광과 위엄, 살후 1:7; 벧전 1:7, 13; 4:13)을 드러냄을 의미한다. 세 번째 용어는 에피파네이아로서, 주님의 영광스러운 출현(appearing)을 의미한다. 그것이 함축한 뜻은, 드러나는 것이 뭔가 영광스러운 존재라는 것이다(살후 2:8; 딤전 6:14; 딤후 4:1-8; 딛 2:13).

(3) 그리스도의 재림 방식. 혹자는 그리스도의 재림을 과거의 사건으로 보고, 그의 재림 약속은 그가 성령으로 강림하셨을 때 성취되었다고 주장한다. 그들은 요 14-16장의 약속을 언급하면서 '파루시아'는 단순히 '임재'를 의미하는 것으로 해석한다. 그런데 어떤 의미로는 그리스도께서 성령으로 정말 재림하셨으며, 오늘날 성령으로 교회 안에 임재해 계신다고 할 수 있다. 그러나 이는 영적 재림이었고, 이에 반해 성경은 그리스도의 육체적·가시적 재림을 대망하도록 가르치고 있는 것이다(행 1:11). 심지어 오순절 이후에도 그리스도의 재림을 기대하도록 교훈하고 있다(고전 1:7; 4:5; 11:26; 빌 3:20; 골 3:4; 살전 4:15-17; 살후 1:7,10; 딛 2:13; 계 1:7).

(4) **그의 재림의 목적.** 예수 그리스도는 세상을 심판하고 그의 백성들의 구원을 완성시키기 위하여 재림하실 것이다. 생사 간에 인간과 천사들이 그 앞에서 그들의 행위에 관한 기록에 의해 심판받을 것이다(마 24:30, 31; 25:31, 32). 재림은 악인에게는 무서운 심판으로, 그러나 성도에게는 영원한 영광의 복으로 임할 것이다(마 25:33~46). 그는 악인들에게는 영벌을 선고하시지만, 그의 백성들은 정식으로 자기 소유로 인정하시고, 그의 영원한 나라의 완전한 희락으로 인도하실 것이다. 이것은 예수 그리스도의 완성된 승리의 표지가 될 것이다.

(5) **재림 교리에 대한 반론.** 예수 그리스도의 재림에 대한 유력한 반론은 그의 육체 부활 교리에 대한 반론과 궤를 같이한다. 만일 육체 부활과 승천이 없다면, 하늘로부터의 육체적 재림도 있을 수 없다. 양자는 똑같이 불가능해지며, 이와 관련한 성경의 가르침은 단지 미개한 시대의 생경한 표현에 불과하게 된다. 예수께서는 분명히 당시의 세속적 견해를 취하셨고, 이는 미래에 관한 그의 예언적 말씀 속에 반영되어 있다. 우리가 진술하고 소망할 수 있는 유일한 재림은 권능으로 지상에 윤리적 왕국을 세우기 위해 오시는 재림인 것이다.

깊은 연구를 위한 질문

그리스도의 부활에 관해 어떠한 역사적 증거가 있는가? 고전 15:8은 부활 후 주님의 출현이 주관적 환상이었음을 입증하는가? 부활 기사의 형성에 어떤 신화들이 개입된 것으로 추정되는가? 다음 구절들은 예수님의 부활 후 상태에 관해 어떠한 시사를 하고 있는가? (고전 6:17; 고후 3:17, 18; 딤전 3:16; 롬 1:3,4; 히 9:14; 벧전 3:18). 영체(소마 프쉬키콘), 신령한 몸(소마 프뉴마티콘), 육체(소마 테스 사르코스)의 차이는 무엇인가? 신약 성경에서 '영'과 '영적'은 '몸'(body)과 '육체적'(bodily)과 대립 개념인가? 과학적 사고로는 천국을 하나의 장소로 생각하는 것이 불가능한가? 성경에서 '하늘'과 '하늘의'는 장소보다 상태를 가리키는가? 현대 신학에서는 천국을 단지 사후에 들어가게 되는 하나의 상태로 간주하는가? 그 같은 입장은 엡 2:6에 의해 실제로 지지되는가? 구약은 승천과 하나님 우편에 앉으심에 관해 언급하고 있는가? 그리스도의 인성의 편재성에 관한 루터파의 교리에 대해 어떠한 중대한 반론이 있는가? 성경은 그리스도의 재림이 임박한 것으로 간주하도록 가르치는가?

제3부 그리스도의 직분

I
서론 : 선지자직
(The Prophetic Office)

A. 직분에 대한 일반적 서설(序說)

1. 직분 개념의 변천사.   그리스도의 사역은 관례적으로 선지자직, 제사장직(priestly office), 왕직(Kingly office)의 세 직분으로 나뉜다. 초기 교부들 중 몇몇이 이미 그리스도의 상이한 직분들에 관해 언급했지만, 중보자의 세 직분을 구별하는 일의 중요성을 인식한 사람은 칼빈이었다. 칼빈은 그의 「기독교 강요」(Institutes)에서 별도의 장(章)을 할애하여 주의를 환기시켰다. 루터파 신학자들 중에는 게르하르트(Gerhard)가 세 직분론을 전개한 첫 인물이었고, 퀜스테트(Quenstedt)는 삼분법을 오히려 비본질적인 것으로 간주했고, 몇몇 루터파 신학자들이 선지자직과 제사장직을 합침으로써 오직 두 직분론으로 구별했던 사실에 주의를 환기시켰다. 종교개혁 이래로 이 구별은 신학의 불문율의 하나로서 일반적으로 채택되었지만, 직분들 간의 상대적 중요도나 상호 관계에 대해서는 전체적 합의가 도출되지 않았다. 어떤 사람은 선지자직을, 다른 사람은 제사장직을 우선시하였으며, 심지어 왕직을 최우선시하는 사람들도 있었다.

여기에 연대적 계승 개념을 적용하여 그리스도는 지상 사역 기간 동안에는 선지자로, 십자가상의 마지막 고난과 죽음에서는 제사장으로, 하나님 우편에 앉으신 지금은 왕으로서 사역하신다고 생각한 사람들도 있었다. 그러나 다른 사람들은 그가 비하 신분과 승귀 신분에 걸쳐서 그의 삼중적 직분을 행하신 것으로 생각되어야 한다는 사실을 올바로 강조했다. 소지니주의자들은 실제로 오직 두 직분만을 인정하였으니, 그리스도는 세상에서는 선지자의 직분을 행하셨고, 천국에서는 왕의 직분을 행하신다고 했다. 그들 역시 제사장으로서의 그리스도를 말하지만, 제사장 사역을 왕적 사역에 포함시켰고, 따라서 그의 지상적 제사장직을 인정하지 않았다.

루터파 내에서 그리스도의 세 직분론에 대하여 상당한 반론이 일어났다. 에르네스티(Ernesti)는 제기된 반론들을 요약 정리하고 있다. 그에 의하면, 구별은 순전히 인위적인 것으로서, 선지자, 제사장, 왕이라는 용어가 성경에서는 앞의 구별 속에 함축된 의미로 사용되고 있지 않으며, 그리스도의 사역에서 어느 한 기능을 다른 기능과 명확히 구별하기가 불가능하다는 것, 그리고 성경에서 그리스도께 적용되는 용어는 오직 비유적 의미로 사용되기 때문에, 이 용어가 갖는 엄밀한 의미로 그리스도의 사역의 특정한 일부를 지칭하려 해서는 안 된다는 것이다. 이에 대한 답변은, 용어 사용에 대한 비판은 거의 설득력이 없다는 것이다. 왜냐하면 그것들은 구약 성경 내에서 선지자·제사장·왕의 직분에 있으면서 그리스도를 예표했던 인물들을 지칭하는 데 사용되었기 때문이라는 것이다.

정말로 중요한 오직 하나의 비판은, 그리스도 안에서 세 직분이 한 인격 속에 연합되어 있다는 사실에서 비롯된 것이다. 그 결과 그리스도의 직분적 사역의 상이한 기능들을 엄밀하게 구별할 수 없게 된다. 중보자적 사역은 언제나 전(全) 인격의 사역이다. 하나의 사역이 어느 한 직분에 국한될 수는 없다. 후대의 루터파 신학자들 중 라인하르트, 두덜라인, 슈토르, 브레트슈나이더(Bretschneider) 등이 직분의 구별을 거부했다.

리츨도 이에 반대하면서, 오해의 소지가 있는 '직분'(office) 대신 '소명'(vocation)을 사용해야 한다고 주장했다. 그는 더 나아가 그리스도의 왕적 기능(또는 활동)이 우선적인 것이며 제사장적·예언자적 기능은 이차적·종속적인 것으로 간주하면서, 전자는 인간과 세계의 관계를, 후자는 인간과 신의 관계를 명시한다고 했다. 그는 더 나아가 비하와 승귀의 양대 신분에 걸쳐 동등하게 예언자적 왕직과 제사장적 왕직이 역설되어야 한다고 강조했다. 해링은 리츨을 따라 세 직분론을 거부하고 소명 개념을 강조했다. 현대 신학은 직분 개념 전체를 거부하는데, 그 이유는 기존 학계의 용어에 대한 혐오 및 그리스도를 하나의 직분적 인물(official character)로 이해하려 하지 않는 데 있다. 현대 신학은 이상적인 인간, 타인을 사랑하는 조력자, 큰 형님으로서의 그리스도 상(像)에 매혹된 나머지, 그를 공식적 중보자로 생각하기를 꺼린다. 왜냐하면 이는 그를 비인간화하게 될 것으로 여겼기 때문이다.

2. 구별의 중요성. 그리스도의 세 직분의 구별은, 이를 그의 두 신분에 일관되게 적용하는 것이 언제나 용이하거나 성공적이지 못했음에도 불구하고, 가치 있고 계속 유지되어야 한다. 그리스도께서 삼중적 직분을 위해 기름 부음받으신 사실은 인간이 원

초적으로 이 삼중직과 사역을 위해 창조되었다는 사실로 설명된다. 하나님에 의해 피조된 원래의 인간은 선지자, 제사장, 왕적 존재였고, 지식과 오성(悟性), 공의와 거룩함, 그리고 하등 피조물에 대한 지배권을 부여받았다. 죄는 인간의 삶 전체에 영향을 미쳤고, 무지, 맹목, 오류, 비진리로서만 아니라 불의, 범죄, 도덕적 감염 및 이에 덧붙여 비참, 죽음, 파멸의 모습으로 나타났다. 따라서 우리의 중보자인 그리스도는 선지자·제사장·왕이 되실 필요가 있었던 것이다. 그는 선지자로서는 인간과 교제하는 하나님을 대표하고, 제사장으로서는 하나님의 임재 앞에 선 인간을 대표하며, 왕으로서는 통치하시고 인간의 본래적 지배권을 회복시키신다. 합리주의에서는 단지 그의 선지자직만을 인정하며, 신비주의측은 제사장직만을, 천년왕국설(Chiliasm)은 왕직만을 일방적으로 강조하고 있다.

B. 선지자직

1. 선지자의 성경적 개념.

(1) 성경에서 사용된 용어. 선지자를 지칭하는 구약의 용어는 나비, 로에, 호제의 세 가지다. 나비의 원래 의미는 불명확하지만, 출 7:1과 신 18:18 등의 구절들로 미루어 볼 때 이 용어가 하나님으로부터 메시지를 받아 백성들에게 전하도록 파송된 사람을 의미함이 분명하다. 로에와 호제는 선지자가 특히 환상의 형태로 하나님의 계시를 받은 경우를 강조한다. 이 단어들은 상호 교환적으로 사용된다. 다른 명칭으로는 '하나님의 사람', '주의 사자', '파수꾼'이 있다. 이들 명칭은 선지자가 주님의 특별한 일에 종사하고 있고, 동족의 영적 안위를 보살핀다는 의미를 함축하고 있다. 신약에서는 프로와 페미의 복합어인 프로페테스가 사용된다. 여기서 전치사 프로(앞에)는 시간적인 의미가 아니며, 따라서 프로페미는 '미리 말하다'(speak beforehand)가 아니고 '말을 발하다'(speak forth)를 의미한다. 선지자란 하나님으로부터 받은 말씀을 발하는 사람이다. 이상의 칭호들을 종합해 보면, 선지자란 사물을 직시하는 자, 즉 계시를 받고, 하나님의 일(특히 사자로서)에 종사하며, 그의 이름으로 말하는 사람임을 알 수 있다.

(2) 이 개념 속에 결합된 두 요소. 고전적 성구인 출 7:1과 신 18:1은 선지자의 기능이 두 요소, 곧 수동적 기능과 능동적 기능, 또는 수용적(receptive) 기능과 생산적(productive) 기능으로 구성됨을 보여준다. 선지자는 꿈, 환상, 또는 언어적 전달의 형태로 하나님의 계시를 받으며, 이를 백성들에게 구전으로 또는 예언적 행위로써 가시적

으로 전달한다(민 12:6-8; 사 6; 렘 1:4-10; 겔 3:1-4, 17). 두 요소 중 수동적 요소가 더욱 중요한 것은 그것이 능동적 요소를 좌우하기 때문이다. 선지자는 받지 않은 계시는 줄수 없고, 받은 것보다 더 전할 수도 없다. 그러나 능동적 측면도 필수적인 것은 계시를 받은 사람이라고 반드시 선지자인 것은 아니기 때문이다. 아비멜렉, 바로, 느부갓네살 등의 계시를 받은 사람들을 생각해 볼 일이다. 한 사람이 선지자가 되기 위한 구성 요건은 신적 계시를 타인들에게 전달하기 위한 하나님의 소명과 지시에 있다.

(3) 선지자의 임무. 선지자의 임무는 하나님의 뜻을 백성들에게 드러내는 것이었다. 이것은 가르침, 권면, 훈계, 영광스러운 약속, 엄한 책망의 형태로 이루어질 수 있었다. 그들은 백성들의 목양적(牧羊的)인 훈계자이며, 특히 윤리적·영적 측면에서 율법을 해석하는 자들이었다. 무의미한 형식주의에 항거하고 도덕적 의무를 강조하며 영적 봉사의 필요성을 역설하고 진리와 정의를 증진시키는 것이 그들의 임무였다. 만일 백성들이 의무의 길을 벗어나면 그들은 동족을 율법과 증거된 말씀으로 돌이키고, 악인에게 임할 주의 진노를 선포할 사명이 있었다. 그러나 그들의 사역은 또한 미래에 관한 하나님의 은총의 약속과 긴밀하게 연관되어 있었다. 하나님께서 당신의 선민들을 위해 예비해 두신 영광스러운 일들을 생생하게 묘사하는 것은 그들만의 특권이었다. 또한 성경에서 분명한 것은 이스라엘의 참된 선지자들은 장차 임할 큰 선지자의 예표가 되었다는 점과(신 18:15; 참조. 행 3:22-24), 그가 이미 구약 시대에 그들을 통해 역사하셨다는 사실이다(벧전 1-11).

2. 그리스도의 선지자적 사역의 구분. 그리스도는 다양한 방식으로 선지자의 직무를 수행하신다.

(1) 성육신 이전과 이후. 소지니주의자들은 그리스도의 선지자적 사역을 그의 공적 사역 기간으로 국한시킨 점에서 오류를 범했다. 그는 심지어 구약 시대에도 주의 천사들의 특별 계시로, 그가 계시의 영으로 임했던 선지자들의 교훈으로(벧전 1:11), 그리고 신자들의 영적 깨달음[照明]으로 선지자의 일을 하신 것이다. 그는 잠 8장에서는 사람의 자녀들을 가르치는 의인화 한 지혜로서 나타난다. 그리고 성육신 후에는 그의 교훈과 이적, 사도들과 하나님의 말씀의 사역자들의 설교로, 그리고 내주하는 성령으로서 신자들에게 허락하신 조명과 감화로 그의 선지자 사역을 수행하신다. 그는 성령의 역사를 통해 하늘에서 그의 선지자 사역을 계속하고 계신다. 그의 가르침은 언어적인 동시에 실제적(factual)이다. 즉, 그는 언어적 전달로서만이 아니라 성육신, 속죄의

죽음, 부활, 승천 등 계시된 사실들로써, 심지어 구약 시대에는 예표와 의식, 구속사의 기적, 그리고 이스라엘 민족에 대한 섭리적 인도의 형태로 가르치셨다.

(2) 직접 방식과 간접 방식으로. 그는 그의 선지자직을 직접적으로, 곧 구약 시대에는 주의 천사로서, 그리고 성육신하신 후에는 그의 교훈과 모범으로써(요 13:15; 빌 2:5; 벧전 2:22) 수행하셨다. 또한 구약의 선지자들과 신약의 사도들의 교훈을 매개로 하여, 오늘날에는 복음 사역자들을 도구로 하여 신자들 안에 내주하는 성령을 통해 간접적으로 역사하신다. 이는 또한 그가 선지자 사역을 객관적·외적으로, 또는 그리스도의 영으로 일컬어지는 성령을 통해 주관적·내적으로 수행하심을 의미한다.

3. 그리스도의 선지자직의 성경적 증거. 성경은 여러 모양으로 그리스도의 선지자 직을 증거하고 있다. 그는 신 18:15에서 한 사람의 선지자로 예언되었는데, 행 3:22, 23에서는 이 구절을 그리스도에게 적용하고 있다. 그는 눅 13:33에서 자신을 선지자로 호칭하신다. 더 나아가 그는 성부에게서 받은 메시지를 전한다고 주장하시며(요 8:26-28; 12:49, 50; 14:10, 24; 15:15; 17:8, 20), 미래의 일을 예언하시고(마 24:3-35; 눅 19:41-44), 독특한 권위로써 말씀하신다(마 7:29). 그의 권능의 사역은 그의 메시지를 확증해 주었다. 이 모든 점으로 미루어 볼 때, 백성들이 그를 선지자로 인정하였음은 이상한 일이 아니었다(마 21:11, 46; 눅 7:16; 24:19; 요 3:2; 4:19; 6:14; 7:40; 9:17).

4. 그리스도의 선지자 직에 대한 현대 신학의 강조. 르낭(Renan), 슈트라우스, 카임(Keim)으로 대표되는 구(舊) 자유주의와 플라이더러, 바이넬(Weinel), 베른레(Wernle), 브레데(Wrede), 율리허(Juelicher), 하르낙, 부세 등으로 대표되는 후기 자유주의를 막론하고, 교사로서의 예수님 상에 주안점을 두는 것이 자유주의 신학의 주된 특징의 하나이다. 교사로서의 그의 중요성이 그의 인격과 사역의 다른 측면들은 배제한 채 강조되고 있다. 그러나 이들 두 자유주의 분파 간에는 매우 현저한 차이가 있다. 구 자유주의에 의하면 예수님의 모든 중요성은 그의 가르침에서 유래되지만, 후기 자유주의에 의하면 그의 교훈에 권위를 부여하는 것은 그 독특한 인격에 있다. 이는 의심의 여지 없이 환영할 만한 진전이지만, 성과는 겉보기만큼 크지 않다. 라 투셰가 지적했듯이, "사실상 그의 교훈보다 인격의 참된 중요성을 인정한다는 것은 계율에 의한 교육보다 모범에 의한 교육을 더 중시하는 것에 불과하다." 어쨌든 그리스도는 단지 위대한 선생에 불과한 셈이다. 오늘날 현대주의는 전적으로 이 같은 자유주의 학파의 지배하에 놓

여 있다. 심지어 바르트의 신학에서도 현대 신학과 매우 유사한 강조점이 엿보인다.

월터 로우리(Walter Lowrie)는 정확하게 지적하고 있다: "계시자(Revealer)로서의 중보자상에 치중하는 것이 바르트 신학의 특징이다." 우리는 계시가 곧 화해라는 바르트와 브루너의 말을 거듭 접하고 있다. 때로 그들은 성육신 자체를 이미 화해인 것으로 간주하고 있는 것처럼 보인다. 그리고 다시 화해가 곧 계시라고 주장하는 것이다. 계시에 관한 최근의 심포지움에서 바르트는 말했다: "예수 그리스도가 곧 계시이다. 왜냐하면 그는 그의 존재상(in His existence) '화해'이기 때문이다. …… 예수 그리스도의 존재가 곧 화해인 것이며, 따라서 그는 여기 갈라진 심연을 연결하시는 분인 것이다."

십자가는 종종 절대 모순의 계시요, 현세와 내세 간의 최후의 투쟁으로 정의된다. 따라서 제르베(Zerbe)는, 바르트에게 있어서 그리스도의 죽음은 세상 죄를 위한 제2위 하나님의 속죄가 아니고 "인간에게 보낸 하나님의 메시지로서, 진실로 최후의 메시지이며 근본적인 부정(否定)이며 일체의 인간적 가능성(특히 종교적인)에 대한 심판"이었다고 지적한다. 그러나 바르트 신학에서 중보자는 일차적으로 계시자임이 사실이지만, 이것이 그의 희생적 속죄적 사역을 정당하게 평가하지 못하고 있다는 의미는 아니다. 시드니 케이브(Sydney Cave)는 심지어 그의 「그리스도 사역론」(The Doctrine of the Work of Christ)에서 다음과 같이 지적한다. "바르트에게 십자가는 기독교 메시지의 핵심이다. '모든 것이 그의 죽으심의 광채 안에서 빛나며 그에 의해서 조명된다.'"

II

제사장직

(The Priestly Office)

A. 제사장의 성경적 개념

1. 성경에서 사용된 용어들. 제사장을 의미하는 구약의 용어는 거의 예외 없이 코헨이다. 유일한 예외는 우상을 섬기는 제사장들에 관한 구절들로서(왕하 23:5; 호 10:5; 습 1:4), 여기서는 크마림이 사용되고 있다. 코헨의 원의미는 불명확하다. 초기에는 그것이 교직자뿐 아니라 세속 관리를 의미했을 가능성도 있다(참조. 왕상 4:5; 삼하 8:18; 20:26). 이 용어는 언제나 명예롭고 책임 있는 지위에 있고 타인에게 권위를 행사하며, 거의 예외 없이 교직자를 지칭하는 데 사용되었음이 분명하다. 제사장에 해당되는 신약의 용어는 히에류스인데, 원래 '강한 자'를 의미했고, 후에 '거룩한 자', 하나님께 드려진 사람을 뜻하게 된 것으로 보인다.

2. 선지자와 제사장의 차이점. 성경은 선지자와 제사장 사이에 포괄적이지만 중대한 구별을 짓고 있다. 양자는 모두 하나님에 의해 임명받았다(신 18:18 이하; 히 5:4). 그러나 선지자는 백성 앞에서 하나님의 대리인이자 사자로서 그의 뜻을 해석하도록 임명되었다. 그는 일차적으로 종교적 교사였다. 이와 반대로, 제사장은 하나님 앞에서 인간을 대표했다. 그는 하나님께 가까이 나아가고 백성들을 위해 말하고 행동할 특권이 있었다. 구약 시대의 제사장들이 교사도 겸임했던 것이 사실이지만, 그들의 가르침은 선지자와 상이했다. 선지자가 윤리적·영적인 의무, 책임, 특권을 강조했음에 비해, 제사장은 하나님께 올바로 나아가기 위한 요건인 의식(儀式)의 준행을 강조했다.

3. 성경에 명시된 제사장의 직능. 제사장의 참된 특징을 보여주고 그의 사역을 부분적으로 설명한 고전적 구절이 히 5:1이다. 여기에는 다음의 요소들이 예시 되어있다: (1) 제사장은 사람들 가운데에서 그들의 대표자로 선택되었다. (2) 그는 하나님이 임명

하셨다(참조. 4절). (3) 그는 하나님께 속한 일, 곧 종교적인 일을 인간을 위해 수행한다. (4) 그의 특별한 일은 죄를 속하기 위해서 헌물과 희생 제물을 드리는 것이다. 그러나 제사장의 직분에는 그 이상의 요소가 포함되어 있다. 그는 또한 백성들을 위하여 중보 기도했으며(히 7:25), 그들을 하나님의 이름으로 축복했다(레 9:22).

4. 그리스도의 제사장직에 관한 성경의 증거. 구약 성경은 장차 오실 구속주 (Redeemer)의 제사장직을 예언, 예시하고 있다. 이에 대한 명백한 언급이 시 110:4과 슥 6:13에 기록되어 있다. 더구나 구약의 제사장직, 특히 대제사장 직분은 명백하게 제사 장인 메시야의 예표인 것이다. 신약에서는 오직 한 책 히브리서만이 그를 제사장으로 칭하고 있지만, 그 호칭은 수 차 반복되고 있다(3:1; 4:14; 5:5; 6:20; 7:26; 8:1). 동시에 신 약의 다른 많은 책들도 그리스도의 제사장 사역에 관해 기록하고 있는 바, 이는 이 주 제에 관한 항목에서 살펴볼 것이다.

B. 그리스도의 제사장적 사역

성경에 의하면 그리스도의 제사장적 사역은 이중적이었다. 그의 최우선적 사명은 세상 죄를 속하기 위해 온전히 충분한(all-sufficient) 희생 제사를 드리는 것이었다. 죄를 속하기 위해 예물과 희생 제물을 드리는 것은 제사장의 직분에 속하는 일이었다.

1. 성경에 나타난 제사 개념. 성경에서 제사 개념은 매우 중요하다. 이 개념의 기원 과 발전에 관해 다양한 가설이 제시되었는데, 다음 항목들은 그 중 가장 비중 있는 것 들이다.

(1) 선물설(The gift-theory). 이 설은 희생 제사가 원래 선한 관계의 확립과 은총의 확보를 위해 신에게 드려진 선물이었다고 주장한다. 이것은 매우 저급한 신 관념에 기 초한 것으로서, 성경적 신 묘사와 불일치한다. 더구나 왜 예물이 항상 도살된 짐승의 형태로 바쳐지는지를 설명하지 못하고 있다. 성경이 하나님께 선물을 드리는 일에 대 해 기록함이 분명하지만(히 5:1), 단지 감사의 표현일 뿐 하나님의 호의를 구하려는 목 적은 아닌 것이다.

(2) 성례적 교제설(The sacramental-communion theory). 이 설에 의하면, 신성을 지 닌 것으로 여겨지는 동물을 숭배하는 토템 신앙적 관념에 기초하고 있다. 엄숙한 의식

에서 그 같은 동물이 인간을 위한 음식이 되기 위해 도살되며, 인간은 이로써 문자 그대로 그의 신을 먹고 그 신적 품성에 동화되는 것이다. 그러나 창세기에는 그 같이 전혀 비(非)영적이고 터무니없이 물질적인 견해를 암시하는 구절이 전무(全無)하다. 그것은 성경의 전반적인 서술과 판이한 것이다. 물론, 후대에 몇몇 이교도들이 그 같은 견해를 취하지 않았으리라는 말은 아니지만, 이를 제사의 본래적 취지로 간주함은 전혀 근거가 없는 것이다

(3) 숭배설(The homage-theory). 이 설은 희생 제사가 본래 숭배와 의존의 표시였다고 주장한다. 인간은 죄책감이 아닌 의존감에 의해, 그리고 하나님께 숭배를 표하려는 욕망에서 그와 더욱 밀접한 교제를 추구하게 되었다는 것이다. 이 이론은 노아나 욥의 제사와 같은 초기의 제사들의 사실과 부합되지 않으며, 이 숭배를 하필 짐승을 죽이는 형태로 행해야 했는지를 설명하지 못하고 있다.

(4) 상징설(The symbol-theory). 이 설은 제사를 하나님과의 교제 회복의 상징으로 간주한다. 짐승을 죽이는 것은 오직 피를 얻기 위함인데, 피는 생명의 상징으로서 제단 위에 부으며, 이는 하나님과의 생명의 교제를 의미한다(카일). 이 이론은 노아와 욥의 제사와 분명히 부합되지 않으며, 이삭을 제물로 드린 아브라함의 경우와도 불일치한다. 또한 왜 후대에 짐승을 도살하는 행위를 그 같이 중요시했는지도 설명해주지 못하고 있다.

(5) 속죄설(The piacular theory). 이것은 희생 제사를 원래 속죄적이었던 것으로 간주한다. 이 가설에 입각한다면, 짐승을 죽이는 근본 취지는 제사 드리는 자의 죄를 대신 속하려는 것이었다. 성경에 비추어 볼 때 이 이론은 선호할 만한 가치가 있다. 하나님께 대한 감사나 교제의 표현과 같은 요소들이 제사 속에 내포될 지 모르나, 속죄 요소도 마찬가지로 포함될 뿐 아니라 가장 탁월한 요소라는 것은 다음의 고찰들에 의해 지지된다: ① 기록된 노아의 번제의 효능은 속죄적인 것이었다(창 8:21). ② 욥의 제사의 동기는 그의 자녀들의 범죄함에 있었다(욥 1:5). ③ 본 이론은, 희생 제사가 규칙적으로 도살된 짐승의 형태로 드려진 것과, 그것들이 고난과 죽음을 함축하는 피를 흘렸다는 사실을 설명해 준다. ④ 본 이론은 이교 국가에서 일반적으로 성행했던 제사는 분명히 속죄적인 것으로 간주되었다는 사실과 완전히 조화된다 ⑤ 더 나아가, 이는 장차 오실 구원주에 대한 의심할 여지 없는 몇몇 약속들이 모세 이전 시대에 존재했다는 사실과 완벽하게 일치된다. 속죄적 희생 개념이 그 당시에 출현하기에는 너무 이르다고 생각하는 사람들은 이 사실을 유념해야 할 것이다. ⑥ 끝으로, 본 이론은 속죄적

요소가 가장 부각되고 있는 모세의 제사 의식이 도입되었을 당시, 전혀 새로운 것으로 여겨지지 않았다는 사실과 잘 부합한다. 속죄적 요소가 모세 이전의 희생 제사 속에도 존재했다고 믿는 사람들 간에 이러한 제사 유형의 기원에 대한 의견 상의 차이가 있다. 혹자는 하나님께서 직접 명령하여 이를 제정하셨다고 생각하며, 다른 사람들은 인간의 자연적 충동과 이에 결부된 성찰의 결과로 생겨났다고 주장한다. 성경에는 그처럼 이른 시기에 하나님이 인간에게 희생 제사로 당신을 섬기도록 명하셨다는 내용의 특별한 기록은 나오지 않는다. 심지어 타락 이전에도 인간이 본능의 내적 충동을 따라 제사로 감사와 헌신을 표현하였을 가능성이 있다. 그러나 타락 이후의 속죄적 (expiatory) 제사는 오직 하나님의 지시로만 시작될 수 있었던 것으로 보인다.

A. A. 하지 박사의 논증은 상당한 설득력이 있다. 그는 다음과 같이 지적한다: (1) 보이지 않는 하나님께 물질적인 헌물을 드리고, 특히 그의 이성 없는 피조물을 도살함으로써 그의 환심을 사려는 시도의 타당성 내지는 개연적 효용성에 관한 개념이 자연 발생적으로 인간의 마음 속에 떠올랐으리라고는 믿을 수 없는 일이다. 처음부터 모든 본능적 정서나 이성적 추론은 이를 배제하는 쪽으로 일어났을 것이 분명하다. (2) 하나님께서 인간을 구원하기로 하셨다는 가정 위에서 본다면, 그가 인간들이 당신께 나아오고 그 은혜를 얻는 방법과 같이 중요한 문제에 관해 아무런 지시도 하시지 않았으리라고는 생각할 수 없다. (3) 인간이 월권적인 예배나 봉사 방법을 사용할 때, 하나님께서 질투의 신으로서 나타나신다는 것은 모든 시대의 하나님의 자기 계시에 공통적으로 나타나는 특징이다. 그는 한결같이 예배와 봉사의 방법을 그 수용 방식과 함께 지시 할 주권적 권리를 주장하신다. (4) 사실상, 아담의 가문에서 용납될 만한 예배의 기록된 첫 실례가 피 흘리는 희생 제사였고, 하나님은 이를 열납하심으로써 인정하셨다. 그것은 예배의 첫 행위로서 드려졌고, 드려지는 즉시 하나님에 의해 특별히 열납되었다(창 4:3, 4). 모세의 제사는 분명히 하나님께서 제정하신 것이다.

2. 그리스도의 제사 사역의 상징과 예표. 그리스도의 제사 사역은 모세의 희생 제사 속에 상징되고 예시되었다. 이 제사들과 관련하여 다음의 사항들에 주목해야 할 것이다.

(1) 속죄적·대속적 성격. 구약 제사에 관해 다양한 해석이 지금까지 제안되었다: ① 하나님을 기쁘시게 하고 감사를 표명하며 그의 진노를 달래기 위한 예물이었다. ② 본질상 인간과 하나님의 친교를 상징하는 제사 양식이었다. ③ 죄의 가증함을 고백하기 위해 하나님께서 지정하신 수단이었다. ④ 그것이 대속 관념을 구체화하는 한, 실제

적 순종대신 순종에의 소원과 구원에의 열망의 표현인 제사를 통해 하나님께서 죄인을 받아들이신다는 상징적 표현이었다. 그러나 성경은 이스라엘 중에서 드린 모든 동물 제사가 속죄적이었음을(비록 이 특징이 한결같이 부각된 것은 아니지만) 입증한다. 그것은 속죄제와 속건제에서 가장 현저하게 나타났고, 번제의 경우에는 덜 현저했으며, 화목제의 경우 가장 미약하게 나타났다. 이 제사들에 나타난 속죄 요소의 존재는 다음의 사실에서 나타나고 있다: ① 레 1:4; 4:29, 31, 35; 5:10; 16: 7; 17:11 등의 명백한 진술. ② 케이브의 반론에도 불구하고, 죄와 죄책의 전이(轉移)를 상징하는 행위가 분명한 안수(레 1:4; 16:21, 22). ③ 죄를 덮는 행위로서 제단과 속죄소에 피 뿌리는 것(레 16:27). ④ 거듭 기록된 희생 제사의 효과, 즉 제사 드리는 자의 사죄 체험 (레 4:26, 31, 35). 신약의 증거들도 쉽게 추가할 수 있겠지만 이로써 충분할 것이다.

(2) 예표적·예언적 성격. 모세의 제사는 의식적·상징적이었을 뿐 아니라, 영적·예표적 의미도 있었다. 그것은 예언의 성격을 띠고 있었으며 율법 내에서 복음을 상징했다. 그것은 예수 그리스도의 대속적 고난과 그의 속죄 죽음을 예시하는 것을 목적으로 했다. 제사와 그리스도의 관계는 이미 구약 속에 암시되어 있다. 시 40:6-8에는 메시야가 다음과 같이 말씀하는 것으로 소개되고 있다. "제사와 예물을 기뻐하지 아니하시며 번제와 속죄제를 요구하지 아니하신다 하신지라 그 때에 내가 말하기를 내가 왔나이다 나를 가리켜 기록한 것이 두루마리 책에 있나이다 나의 하나님이여 내가 주의 뜻 행하기를 즐기오니 주의 법이 나의 심중에 있나이다 하였나이다." 이 구절에서 메시야는 구약 제사들을 그 자신의 위대한 희생 제사로 대신하신다. 그림자는 그것이 희미하게 드러냈던 실상이 나타나면 사라져 버리는 것이다(히 10:5-9).

신약에는 모세의 제사가 더욱 탁월한 예수 그리스도의 제사의 예표였다는 사실을 암시하는 수많은 실례가 나타난다. 구약 제사들이 그리스도와 그 사역의 예표임을 보여주는 분명한 암시와, 심지어 명시적인 표현이 골 2:17에 나오는데, 본문에서 사도는 모세 율법의 전(全) 체계를 염두에 두고 있음이 분명한 것이다(히 9:23, 24 ;10:1: 13:11, 12). 몇몇 구절에서는 그리스도께서 구약의 제사가 그 드린 자들에게 미칠 효력을 좀 더 고차원적 의미에서 성취하셨으며, 그 방법은 유사하다고 가르치고 있다(고후 5:21; 갈 3:13; 요일 1:7). 그는 "하나님의 어린 양"(요 1:29)으로 불리며 (이는 사 53장과 유월절 양에서 유래된 명칭임이 분명하다), "흠 없고 점 없는 어린 양"(벧전 1:19)으로, 심지어 우리를 위해 희생되신 "우리의 유월절 양"(our Passover)으로 호칭된다(고전 5:7). 그리고 모세의 제사는 예표적인 것이었으므로, 자연히 예수 그리스도의 위대한 속죄 제사의 본질에 관해 어느 정도 조명해 준다. 그라프-벨하우젠 학파(Graf-Wellhausen school)의 영향 하에 있는 대단히 많은 학자들이 구약 제사의 형벌적·대속적 성격을 부인하고 있다(비록 그들 중 혹자는 비교적 구약 시대 후기에 이 같은 성격이 때때로 제사에 나타났음을 충분한 근거 제시 없이도 기꺼이 인정하고 있지만).

(3) 그 목적. 앞에서 서술한 것에 비추어 볼 때 구약 제사는 이중적 목적이 있다고 할 수 있다. 신정적·계약적 관계 면에서는 그것은 범법자가 부주의와 범죄로 인해 박탈당했던 신정 국가의 일원으로서 누렸던 외적 지위와 특권을 회복하기 위한 목적으로 지정된 방편이었다. 그것은 원래 도입되었던 때의 취지와 정신과는 상관없이 소기의 목적을 달성했다. 그러나 제사 자체가 도덕적 범죄를 속하기에 유효한 것은 아니었다. 그것은 도덕적 죄를 대속하고 윤리적 오염을 제거할 수 있는 참된 제사가 아니었고, 단지 장차 임할 실상의 그림자에 불과했던 것이다. 히브리서 기자는 장막에 관해 말하면서 다음과 같이 지적한다. "이 장막은 현재까지의 비유니 이에 따라 드리는 예물과 제사는 섬기는 자를 그 양심상 온전하게 할 수 없나니"(히 9:9). 그는 다음 장에서 그것들이 능히 제사 드리는 자들을 온전하게 할 수 없으며(10:1), 죄를 없이하지 못함(10:4)을 지적하고 있다. 영적 관점에서 보면, 그것은 그리스도의 대속적 고난과 죽음의 예표였으며, 오직 참된 회개와 하나님의 구원 방법에 대한 믿음으로써 드려질 때에만 하나님의 용서와 용납을 얻을 수 있었던 것이다. 그것은 오직 오실 구속주와 약속된 구원에 이스라엘 백성이 주의를 고정시킬 경우에만 구원적 의미를 갖게 되었다.

3. 그리스도의 제사 사역의 성경의 증거. 성경에 서술된 그리스도의 제사장적 사역의 표현들 중 현저한 것은, 그리스도가 제사장인 동시에 희생 제물로서 나타나고 있다는 사실이다. 이것은 우리가 그리스도에게서 발견하는 실상과 완전히 조화된다. 구약에서 양자는 필연적으로 분리되어 있었고, 이런 점에서 이 예표들은 불완전했다. 그리스도의 제사장적 사역은 히브리서에 가장 명확하게 서술되어 있는데, 여기서 중보자는 하나님이 임명하신, 우리의 유일한 참되고 영원하며 완전하신 대제사장으로서 우리를 대신하여 희생당하심으로써 참되고 완전한 구속을 쟁취하신 분으로 묘사되어 있다(히 5:1-10; 7:1-28; 9:11-15, 24-28; 10: 11-14, 19-22; 12:24와 특히 5:5; 7:26; 9:14). 본 서신은 그리스도를 제사장으로 호칭하는 유일한 책이지만, 그의 제사장적 사역은 바울 서신 속에도 분명히 서술되어 있다(롬 3:24, 25; 5:6-8; 고전 5: 7; 15:3; 엡 5:2). 동일한 서술을 요한의 책에서도 발견할 수 있다(요 1:29; 3:14, 15; 요일 2:2; 4:10). 놋뱀의 상징은 중요

하다. 놋뱀 자체에 독이 있는 것은 아니지만 죄의 구현체(具現體)를 상징했듯이, 죄 없으신 한 분 그리스도께서도 우리를 위해 죄가 되셨다. 뱀을 높이 든 것이 온역의 제거를 의미했듯이, 그리스도를 십자가에 매달아 들어올린 것은 죄의 제거를 가져왔다. 그리고 뱀을 믿음으로 바라보는 사람이 치료받았던 것과 같이, 그리스도를 믿는 신앙에는 영혼의 구원에 이르는 치료의 능력이 있는 것이다. 베드로의 서술(벧전 2:24; 3:18)과 그리스도 자신의 진술(막 10:45)은 앞의 내용과 일치한다. 주님은 그의 고난이 대속적이었다고 우리에게 밝히 말씀하신다.

4. 현대 신학에서의 그리스도의 제사장적 사역. 전장(前章)에서 말했듯이 그리스도의 직분론은 오늘날의 신학에서 크게 환영받지 못하고 있다. 사실상 현대 신학은 일반적으로 본 교리의 결여로 특징지어지는 것이다. 성경이 그리스도를 선지자, 제사장, 왕으로 부르고 있음은 거의 부인할 수 없지만, 그리스도께 적용되는 이 용어들은 그리스도의 사역의 상이한 제 측면들의 수효만큼의 비유적 표현에 불과하다는 것이 일반적인 견해다. 그리스도는 참 선지자, 제사장, 왕으로 간주되지 않는다. 만일 그리스도의 사역의 제 측면들 중 어느 한 쪽을 탁월한 것으로 꼽는다면, 제사장적 측면보다는 선지자적 측면이다. 현대 정신은 직분적 그리스도 상에 대해 지극히 적대적이며, 자기 부인적·자기 희생적인 예수는 열렬히 사랑해도 그의 공식적 제사장직은 절대 인정하지 않는다. 이 점을 참작할 때, 제일 먼저 성경이 예수님을 참된 제사장으로 간주하고 있음을 강조해야 한다. 단지 그림자와 예표에 불과했던 구약의 제사장들에 비할 때, 그는 유일하고 참된 제사장(the only real priest)으로 호칭될 수 있는 것이다. 그는 사람들에게 진리로, 곧 구약에 나오는 모든 그림자들의 실체로 계시되셨고, 따라서 구약 제사장직의 실체이기도 한 것이다. 히브리서 7장은 그의 제사장직이 아론의 직분보다 훨씬 뛰어나다는 사실을 강조하고 있다. 결론적으로, 마치 문학과 예술에 헌신하는 사람들을 종종 제사장으로 부르듯, 그를 단지 어떤 비유적 의미에서만 제사장이라고 추측한다면 이는 통탄할 오류인 것이다. 이는 '제사장'이라는 용어의 전혀 부당한 용법이며, 성경과 전혀 무관한 일이다. 여호와께서 "네가 영원히 멜기세덱의 반차를 따르는 제사장이라"(히 5:6)고 말씀하셨을 때 그는 메시야를 참된 제사장으로 임명하신 것이다.

III

속죄의 원인과 필요성

그리스도의 제사장직이 중요하고 핵심적인 부분이 속죄이지만, 이는 물론 중보(inter-cession) 없이는 완성될 수 없다. 지상에서의 그의 희생 사역은 하늘 성소에서의 그의 봉사를 필요로 하는 것이다. 양자는 구세주의 제사장직의 보완적인 두 부분이다. 본장과 다음 세 장에서는 종종 "복음의 정수"로 불리는 속죄 교리에 관해 논의하고자 한다.

A. 속죄의 동인(動因, Moving Cause)

1. 하나님의 기쁘신 뜻. 때때로 속죄의 동인이 죄인들을 향한 그리스도의 긍휼적 사랑에 있는 듯이 묘사되기도 한다. 그는 너무나 선하고 자애로운 주님이어서, 죄인들이 소망 없이 버림받으리라는 생각을 몹시 혐오하셨다. 그래서 그는 자신을 그들 대신 희생물로 드리사 자기 생명을 내버림으로써 죗값을 지불하셨고, 이로써 노하신 하나님을 진정시키셨다. 간혹 이 견해는 그리스도의 숭고한 자기 희생으로 인해 그를 찬양하도록 자극하지만, 동시에 그 같은 대가를 요구하고 받아내신 하나님을 비난하게 만든다. 다른 경우에, 이는 사람들이 하나님은 제쳐 놓고 그리스도께 무제한적 찬양을 돌리게 되는 원인이 되기도 한 다이 같은 묘사는 분명히 전혀 잘못된 것이며, 형벌 대속적 속죄론(penal substitutionary doctrine of the atonement)의 반대자들에게 이 교리는 하나님의 삼위일체적 생활의 분열을 전제로 한다는 구실을 제공해주고 있다. 이러한 견해에 의하면, 그리스도는 분명히 그의 합당한 몫을 받으시지만, 하나님은 당신의 명예를 박탈당하는 것이다.

성경에 의하면, 속죄의 동인은 대리적 속죄로써 죄인을 구원하려는 하나님의 기쁘신 뜻에서 발견된다. 그리스도 자신이 하나님의 기쁘신 뜻의 소산이다. 그가 하나님의 기쁘신 뜻을 준행하기 위하여 세상에 오시리라고 예언되었고, …… "그의 손으로 여호와의 뜻을 성취하리로다"(사 53:10). 그의 탄생 시에 천사들은 "지극히 높은 곳에서는 하나님께 영광이요 땅에서는 기뻐하심을 입은 사람들 중에 평화로다"(눅 2:14)라고 노래했다. 요 3:16의 영광스러운 메시지는 "하나님이 세상을 이처럼 사랑하사 독생자를 주셨으니 이는 그를 믿는 자마다 멸망하지 않고 영생을 얻게 하려 하심이라"이다. 바울은 그리스도께서 "하나님 곧 우리 아버지의 뜻을 따라 이 악한 세대에서 우리를 건지시려고 우리 죄를 대속하기 위하여 자기 몸을 드리셨다"(갈 1:4)고 증거하며, 또다시 "아버지께서는 모든 충만으로 예수 안에 거하게 하시고 그의 십자가의 피로 화평을 이루사 만물 곧 땅에 있는 것들이나 하늘에 있는 것들이 그로 말미암아 자기와 화목하게 되기를 기뻐하심이라"(골 1:19, 20)고 말한다. 이와 비슷한 다른 구절들을 어렵지 않게 추가할 수 있을 것이다.

2. 하나님의 전횡적인 의지가 아님. 이 하나님의 기쁘신 뜻을 전횡적 의지로 간주해야 할지, 아니면 하나님의 성질 자체에 뿌리를 두고 신적 속성들과 조화되는 것으로 간주해야 할지에 대한 의문이 제기될 것이다. 둔스 스코투스는 그것을 단지 하나님의 절대 주권의 전횡적 표현에 불과한 것으로 묘사했다. 그러나 대리적 속죄로써 죄인을 구원하시려는 하나님의 기쁘신 뜻은 하나님의 사랑과 공의에 근거하고 있다고 보는 것이 훨씬 더 성경적이다. 버림받은 죄인들에게 피할 길을 제공한 것은 하나님의 사랑이었다(요 3:16). 그리고 이 길이 하나님도 "의로우시며 또한 예수 믿는 자를 의롭다 하려"(롬 3:26) 하기 위해서 본질상 율법의 요구를 충족시키도록 요청된 것은 하나님의 공의 때문이었다. 우리는 롬 3:24, 25에서 양 요소의 결합을 목도하게 된다. "그리스도 예수 안에 있는 속량으로 말미암아 하나님의 은혜로 값 없이 의롭다 하심을 얻은 자 되었느니라 이 예수를 하나님이 그의 피로써 믿음으로 말미암는 화목 제물로 세우셨으니 이는 하나님께서 길이 참으시는 중에 전에 지은 죄를 간과하심으로 자기의 의로우심을 나타내려 하심이니." 이 같은 서술은 전횡적 의지를 생각할 수 없게 한다.

3. 사랑과 공의의 결합. 이 문제에서 일체의 치우침을 피해야 한다. 만일 속죄를 오직 하나님의 공의에 기초한 것으로 묘사한다면, 속죄의 동인인 하나님의 사랑을 올바로 평가하지 못하고, 속죄 만족설(satisfaction theory)을 오직 당신의 영광에만 관심을 가진 보복적 신 관념을 함축하는 것으로 묘사하려 하는 반대론자들에게 빌미를 제공하게 된다. 이와 반대로, 만일 속죄를 순전히 하나님의 사랑의 표현으로 간주한다면, 그의 공의와 진실을 올바로 평가하지 못하게 될 뿐 아니라 그리스도의 고난과 죽음을

불가해한 수수께끼로 축소시키게 된다. 하나님께서 당신의 독생자를 가혹한 고난과 수치스러운 죽음에 내어주신 것은 단지 그의 사랑의 원리만으로는 설명될 수 없다.

B. 속죄의 필요성에 관한 역사적 견해들

이 문제에 관해서는 상당한 의견 차가 있다. 다음의 입장들로 구분할 수 있다.

1. 속죄는 불필요했다. 중세의 유명론자(唯名論者)들은 이를 순전히 전횡적인 것으로 간주했다. 둔스 스코두스에 의하면, 그것은 본질상 필연적인 것이 아니라 하나님의 전횡적 의지에 의해 결정되었다는 것이다. 그는 그리스도의 고난의 무한한 가치를 부인하고, 이를 단지 하나님께서 기꺼이 받고자 하셨던 적당한 속전(贖錢)에 해당하는 것으로 간주했다. 그의 의견으로는, 하나님은 다른 형태의 속전을 받으시거나 심지어 속전을 요구함이 없이도 구속 사역을 행하실 수 있었으리라는 것이다. 소지니도 속죄의 필요성을 부인했다. 그는 죄는 처벌받아야 한다는 절대 불변의 신적 공의를 부정함으로써 그 같은 필요성의 근본 요건을 제거해 버렸다. 그에게 있어서 하나님의 공의란, 단지 그의 윤리적 형평성과 공정함을 의미했고, 이로써 그의 사역에는 하등 부패나 사악이 끼어들 수 없었다고 보았다.

크로티우스(Hugo Grotius)는 하나님의 율법은 그의 의지의 적극적 제정이어서 완화하거나 아예 폐기해 버리는 것이 가능하다는 사상에 기초하여 소지니(Sozzini)의 부인에 합류했다. 알미니우스파는 이 점에 있어서 그와 견해를 같이했다. 이들 모두가 하나님께서 그의 은혜를 드러내시는 데 있어서 법에 의거해야 할 필요성을 부정했고, 그는 보상을 요구함이 없이도 죄를 사하실 수 있다고 주장했다. 현대 신학에 지배적 영향을 미친 슐라이어마허와 리츨은 법적 속죄 개념과 완전히 단절했다. 그들은 신비설과 도덕 감화설의 옹호자로서 객관적 속죄 사실을 부인하였고, 따라서 함축적으로 그 필요성도 부정했다. 그들과 현대 자유주의 신학 일반에 있어서 속죄(atonement)는, 단지 죄인의 도덕적 상태를 변화시킴으로써 초래된 하나 됨(at-one-ment) 내지는 화해로 화(化)한 것이다. 혹자는 도덕적 필요성은 말하지만, 법적 필요성은 하등 인정하지 않는다.

2. 속죄는 상대적으로 혹은 가설적으로 필요했다. 아타나시우스, 아우구스티누스, 아퀴나스와 같은 가장 우수한 교부들 몇몇이 속죄의 절대적 필요성을 부인하고 단지 가설적 필요성만을 인정했다. 이리하여 토마스 아퀴나스는 일면 안셀름과 견해를 달리

했을 뿐 아니라, 또다른 일면 둔스 스코투스와도 차이를 보였다. 프린시펄 프랭크스 (Principal Franks)는 루터, 츠빙글리, 칼빈 모두가 안셀름의 속죄 절대 필요론(doctrine of the absolute necessity of the atonement)을 피하고, 단지 하나님의 주권적 자유 의지, 즉 신적 명령에 근거한 상대적 내지 가설적인 필요성만을 인정했다고 지적한다. 이 같은 견해에 제베르크, 모즐리(Mosley), 스티븐스(Stevens), 매킨토시, 바빙크, 호니히(Honig) 등이 동조하고 있다(참조. 투레틴의 「그리스도의 속죄」(The Atonement of Christ), p. 14).

칼빈은 다음과 같이 지적한다: "우리의 중보자가 될 분이 참 하나님이자 참 사람인 것은 우리에게 지극히 중요하다. 만일 그 필요성에 대해 질문한다면, 그것은 일반적으로 소위 단순한 또는 절대적인 필요성이 아니라 신적 작정(divine decree)으로부터 기원된 것으로, 인간의 구원이 여기에 달린 것이다. 우리에게 무엇이 최선의 것인지는 우리의 자비로운 천부께서 결정하셨다." 그러므로 하나님께서 다른 조건 없이 주권적으로 죄를 용서하기로 결정하셨기 때문에 속죄는 필요하다. 이러한 입장은 자연히 인간의 구속을 준비함에 있어서 하나님의 자유의지의 비중을 격상시키는 구실이 되었다. 베자, 잔키우스, 트위서(Twisse)와 같은 후대의 신학자들도 이 견해에 동조했지만, 부티우스에 의하면 베자는 말년에 자기의 견해를 바꾸었다고 한다.

3. 속죄는 절대적으로 필요했다. 이미 초대 교회의 이레네우스가 속죄의 절대적 필요성을 가르쳤고, 중세의 안셀름이 그의 「왜 하나님은 인간이 되셨는가?」(Cur Deus Homo?)에서 이 입장을 역설했다. 일반적으로 개혁파 신학은 이 견해로 확고한 편향성을 보이고 있다. 베자의 말년의 견해가 어느 쪽이었든지, 부티우스, 마스트리히트(Mastricht), 투레틴, 아 마르크(á Marck), 오웬 등의 학자들이 한결같이 속죄의 절대적 필요성을 주장했고, 또한 그 근거를 하나님의 공의, 곧 그가 필연적으로 죄와 죄인에 대해 당신의 거룩함을 주장하시고 범죄자에게 합당한 형벌을 내리시는 도덕적 속성에 두고 있음은 분명하다. 그들은 이를 하나님께서 죄를 용서하시고 동시에 그의 공의를 만족시킬 수 있는 유일한 방법으로 간주하고 있다. 이는 또한 우리의 표준적 신앙고백들이 취하는 입장이기도 하다. 이 견해는 의심할 나위 없이 가장 만족스럽고, 성경의 가르침과 가장 잘 조화되는 것으로 보인다. 이 견해에 대한 부정에는, 신 존재의 고유한 속성의 하나로서 인정되는 하나님의 형벌적 공의에 대한 부정이 실제로 내포되는 것이다(물론 종교개혁자들은 이를 부정할 의사가 추호도 없었겠지만).

C. 속죄의 필요성의 증거

속죄의 필요성에 대한 증거는 대부분 추론적 성격을 띠고 있지만, 그럼에도 불구하고 상당히 중요하다.

1. 하나님은 그의 신적 의와 거룩함으로 인해, 그의 무한한 위엄에 대한 도전을 단순히 묵과하실 수 없고 죄를 반드시 처벌해야만 한다는 것은 성경의 자명한 교훈으로 여겨진다. 우리는 죄인을 결단코 면죄하지 않으리라는 말씀을 반복하여 발견하게 된다(출 34:7; 민 14:18; 나 1:3). 그는 신적 증오심으로 죄를 미워하시며, 그의 전 존재가 이를 대적하신(시 5:4-6; 나 1:2; 롬 1:18). 바울은 롬 3:25, 26에서 죄인을 의롭게 하면서 하나님도 의로우시기 위해 그리스도께서 죄의 속죄 제물로 바쳐질 필요가 있었다고 변론한다. 중요한 것은 하나님의 공의가 유지되어야 한다는 사실이다. 이는 속죄의 필요성이 하나님의 본성으로부터 유래되었다는 사실을 극명하게 보여준다.

2. 이는 두 번째 논증으로 직결된다. 하나님의 본성 속에 내재된 신적 율법의 위엄과 절대 불변성으로 인해 그는 죄인에게 대가를 요구하시지 않을 수 없었다. 율법의 위반에는 필연적으로 형벌이 수반된다. 그것은 소지니의 생각처럼 하나님의 자유 의지의 소산이 아니고, 그의 본성 자체에 근거한 것이기 때문에 결코 어길 수 없는 법칙이다(마 5:18). 율법의 일반적 원리는 "이 율법의 모든 말씀을 실행하지 아니하는 자는 저주를 받을 것이라"(신 27:26)는 구절에 표현되어 있다. 그런데 만일 하나님께서 죄인이 율법의 요구를 충족시킬 능력이 없는데도 그를 구원하기를 원하신다면, 그는 죄인의 칭의를 위한 근거로서 대리적 만족을 준비하셔야만 했다.

3. 속죄의 필요성은 또한 진리의 신이시며 거짓말하실 수 없는 하나님의 정직성에서 기인한다. "하나님은 사람이 아니시니 거짓말을 하지 않으시고 인생이 아니시니 후회가 없으시도다 어찌 그 말씀하신 바를 행하지 않으시며 하신 말씀을 실행하지 않으시랴"(민 23:19). 바울은 말한다: "사람은 다 거짓되되 오직 하나님은 참되시다 할지어다"(롬 3:4). 그가 인간과 행위 언약을 맺으셨을 때 그는 불순종의 대가(형벌)는 죽음이 될 것을 정하셨다. 이 원리는 성경의 다른 여러 구절들(겔 18:4; 롬 6:23) 속에 표현되어 있다. 하나님의 신실성은 형벌의 집행을 요구하며, 만일 죄인이 구원받으려면 형벌이 대리자의 생명에 집행되어야만 하는 것이다.

4. 동일한 결론이 죄책으로서의 죄의 성질로부터 도출될 수 있다. 만일 죄가 단순히 도덕적 연약성이고 인간 이전 상태의 잔재로서 점진적으로 더 고차원적인 인간성

에 복속하게 되는 것이라면 속죄는 불필요할 것이다. 그러나 성경에 의하면, 죄란 그보다 더욱 가증한 그 무엇이다. 소극적으로는 불법이고, 적극적으로는 하나님의 율법을 범하는 것이어서, 죄책이 따르게 되고(요일 3:4; 롬 2:25, 27), 죄책은 범죄자를 율법에게 빚진 자로 만들어 개인적 또는 대리적 속죄를 필요로 하는 것이다.

5, 하나님께서 직접 예비하신 희생 제물의 경이적 위대성도 역시 속죄의 필요성을 함축하고 있다. 하나님은 당신의 독생자를 쓰라린 고난과 부끄러운 죽음을 겪도록 내어주신 것이다. 그런데 하나님께서 이를 아무런 필요 없이 행하셨으리라고는 생각조차 할 수 없다. A. 하지 박사는 정확히 지적한다: "만일 이 희생이 이루고자 계획했던 목표의 절대적 필요성에 미달되는 것이었다면, 다시 말해서 죄인의 구원을 위한 유일한 가능한 방편이 아니었다면 이는 가장 애석하게도 부적절한 헛수고에 그치고 말았을 것이다. 하나님께서 당신의 아들을 단순한 의지 문제의 무자비한 희생물로 삼지 않으셨음이 확실하다." 또한 갈 3:21에서 바울이, 만일 율법이 생명을 줄 수 있었다면 그리스도는 희생되지 않았으리라고 변론한 구절은 주목할 만한 가치가 있다. 성경은 그리스도의 고난이 필수적이었다고 명백히 기록하고 있다(눅 24:26; 히 2:10; 8:3; 9:22, 23).

D. 속죄 절대 필요에 대한 반론

하나님께서 죄를 용서하실 수 있기 위해 보상(만족)을 요구하셨고, 달리 길이 없었으므로 당신의 독생자를 세상 죄를 위한 희생 제물로 삼으셨다는 사상에 대해 특히 두 가지 반론이 심심찮게 제기되고 있다.

1. 이것은 하나님을 인간보다도 못한 존재로 만든다. 사람은 자기에게 잘못을 범한 사람들을 용서할 수 있고 종종 그같이 하지만, 위의 견해에 의하면 하나님은 보상이 이루어지기까지는 용서하실 수 없게 된다. 이는 그가 죄악된 인간보다도 선과 자비가 부족하다는 말이 된다. 그러나 이 반론을 제기하는 사람들은 자기가 당한 부당한 처사를 무리 없이 잊어버릴 수 있는 사사로운 개인과 하나님이 단순 비교될 수 없다는 사실을 인식하지 못하고 있다. 그는 온 세상의 심판주이시며, 그 자격으로 율법을 지탱하고 엄정한 재판을 시행하실 의무가 있다. 재판관이 개인적으로는 매우 친절하고 관대하며 아량이 넓을 수 있어도, 공적 자격으로는 법의 올바른 준수를 감시해야 하는 것이다. 더구나 이 반론은 하나님께는 불순하고 타락한 인간을 위해 구원의 길을 제시할 의무가 없으며 완전한 공의로써, 그 스스로가 택한 운명에 떨어지도록 버려두실 수

있다는 사실을 철저히 무시하고 있다. 인류 가운데 상당수를, 그리고 그 안에서 인류 자체를 구원하려는 하나님의 결정의 근거는 오직 그 기쁘신 뜻에서만 발견할 수 있다. 그 안에 계시된 죄인을 향한 사랑은 보상에 대한 그 어떤 고려에서 촉발된 것이 아니라, 전적으로 주권적이고 자유로운 것이었다. 중보자 자신은 본질상 속죄 여하에 따라 좌우될 수 없는 하나님의 사랑의 선물이었다. 그리고 끝으로, 하나님 자신이 속죄를 이루셨음을 잊어서는 안 될 것이다. 그는 당신의 대적들을 구원하기 위해서 그 독생자를 내어주는 엄청난 희생을 치러야만 하셨던 것이다.

2. 방금 고찰한 반론은 종종 또 하나의 반론과 보조를 같이하여 제기되는데, 곧 속죄의 절대 필요론은 하나님의 삼위일체적 생활의 분열을 가정하는 것이며, 이는 매우 기괴한 발상이라는 것이다. 「예수의 지상 기간」(*In the Days of His Flesh*)의 저자인 데이비드 스미스(David Smith)는 말한다. "그것(형벌 만족설)은 하나님과 그리스도 사이에 간격을 설정하고, 하나님을 공의의 집행을 요구하는 근엄한 재판관으로 묘사하고, 그리스도는 그의 법적 요구에 개입하여 이를 만족시키고 그의 의로운 분노를 진정시키는 가련한 구세주로 묘사한다. 그들은 죄인에 대한 태도나 수행하는 역할에 있어서 차이가 난다. 하나님은 화해의 객체이시고, 그리스도는 화해의 주체이시다. 하나님은 형벌을 내리시고, 그리스도는 당하신다. 하나님은 빚을 독촉하시고 그리스도는 지불하신다."

이 반론도 하나의 오해에 기초하고 있으니, 이는 삼위일체 하나님보다 그리스도만이 그들의 구원의 유일한 창시자인 것처럼 가르치고 찬송하는 기독교인들에게 적어도 일단의 책임이 있는 오해이다. 성경은 삼위일체 하나님께서 죄인들을 위해 값없이 구원을 제공하셨다고 가르치고 있다. 그 무엇도 하나님을 강요하지 않았다. 성부께서는 자기 아들을 희생 제물로 삼으셨고, 성자께서는 기꺼이 자신을 드리셨다. 성부와 성자 간에는 아무런 분열도 없었고, 오직 가장 아름다운 조화만이 있었다(참조. 시 40:6-8; 눅 1:47-50, 78; 엡 1:3-14; 2:4-10; 벧전 1:2).

IV
속죄의 성질

여기에 제시된 속죄 교리는 형벌 대속설(penal substitutionary doctrine) 또는 만족설(satisfaction doctrine)인데, 이는 하나님의 말씀에서 명확히 가르치는 것이다.

A. 속죄의 형벌 대속설

본 견해에 관한 논의에서 몇 가지 사항들을 강조해야 한다.

1. 속죄는 객관적(objective)이다. 이 말은 속죄의 일차적 영향은 속죄 받은 당사자에게 임한다는 의미다. 만일 어떤 사람이 잘못을 저지르고 보상한다면, 이 보상은 그 피해자에게 지불하고자 의도한 것이지 가해자를 향한 것이 아니다. 여기서 고찰하고 있는 경우에, 속죄는 하나님의 마음을 누그러뜨리고 그로 하여금 죄인과 화목하게 하려고 의도되었음을 의미한다. 의심할 나위 없이 이것이 본래적 개념이지만, 이는 또한 우리가 죄인 편에서 하나님과 화해하는 문제를 논할 수 없음을 뜻하지는 않는다. 성경은 한 군데 이상에서 이같이 논하고 있다(롬 5:10; 고후 5:19, 20). 그러나 이것이 곧 죄인이 속죄 받았다고 하는 것, 즉 하나님께서 보상 내지 배상하셨다거나 죄인을 위해 대속하셨다고 말하는 것과 동등한 의미가 아님을 명심해야 한다. 심지어 죄인이 화목하게 된다고 말하는 경우에도 이는 이차적인 그 무엇으로 이해되어야 하는 것이다. 화해되신 하나님께서 그 화해를 받아들인 죄인을 의롭다 하시며 또한 성령으로 그의 마음속에서 역사하시기 때문에 죄인도 하나님으로부터의 사악한 이탈을 포기하고, 이로써 그리스도의 완전한 속죄의 열매에 참여하게 되는 것이다. 달리 말하면, 그리스도께서 하나님과 죄인을 화해시킨다는 사실은 결과적으로 죄인 편의 반사 행동을 가져오며, 그 덕분으로 죄인은 하나님과 화해되었다고 말할 수 있게 되는 것이다. 그리스도에 의한 객관적 속죄는 성취된 사실이고, 이제는 죄인들로 하여금 그 속죄를 받아들이고 하나님께 대한 그들의 적의를 멈추도록 인도하는 것이 오늘날 그리스도의 대사들

의 사명이기 때문에, 화해의 이차적·주관적 측면이 성경 속에 제법 두드러지게 서술되고 있는 것은 이상한 일이 아니다. 속죄의 객관적 성격에 관한 이러한 진술이 가장 전면에 부각되는 것은, 그것이 속죄 만족설을 받아들이는 사람들과 다른 설을 선호하는 사람들 사이의 주된 견해차를 보여주기 때문이다. 그런데 이 같은 속죄 관념이 성경적으로 지지되는가에 대해서 의문이 제기된다. 성경 속에서 풍부한 지지 성구를 발견할 수 있다. 다음의 사항들에 주목하라.

(1) 제사장직의 근본적 성격이 명백하게 그 방향을 가리키고 있다. 선지자들은 사람들 중에서 하나님을 대표했지만, 제사장들은 그들의 제사적·중보적 사역을 통해 하나님의 존전에서 사람을 대표했으며, 따라서 하나님을 지향했다. 히브리서 기자는 이를 다음과 같이 표현하고 있다. "대제사장마다 사람 가운데서 취한 자이므로 하나님께 속한 일에 사람을 위하여 예물과 속죄하는 제사를 드리게 하나니"(5:1). 이 말 속에는 다음의 요소들이 포함되어 있다: ① 제사장은 인간을 대표할 수 있도록 사람들 가운데에서 선택된 인류의 일원(一員)이다. ② 그는 사람들을 위해, 즉 그들의 이익을 위해 행하도록 임명되었다. ③ 그는 하나님께 속한 일, 곧 하나님 지향적이고 하나님에게서 끝나게 되는 일에서 사람을 대표하도록 임명되었다. 이는 제사장의 사역이 일차적으로 하나님을 향한 것이라는 사실을 분명하게 보여준다. 이는 제사장 사역이 인간에게 반사적 영향을 미치지 않는다는 의미는 아니다.

(2) 동일한 진리가 제사의 일반적 개념 속에 함축되어 있다. 제사는 명백히 객관적 지향성(reference)을 갖는다. 이방인의 제사도 인간이 아닌 신에게 드리며, 신에게 효력을 발생한다고 생각되었다. 성경적 제사 개념은 그 객관적 지향성에 있어 이와 동일하다. 구약 제사는 일차적으로 속죄를 위해 하나님께 드렸지만, 동시에 헌신과 감사의 표현이기도 했다. 따라서 피는 바로 하나님의 존전에서 드려야 했다. 히브리서 기자는 "하나님께 속한 일"은 "예물과 속죄하는 제사"를 드리는 것이라고 말한다. 욥의 친구들은 주께서 "너희의 우매한 대로 너희에게 갚지 아니하도록" 번제를 드리도록 요구받았다(욥 42:8). 희생 제사는 하나님의 진노를 진정시키는 수단이었던 것이다.

(3) 히브리어 키페르(피엘형)는 죄나 죄인을 가림(covering)으로써 죄를 속한다는 것을 나타내고 있다. 희생 제물의 피가 하나님과 죄인 사이에 개입되며, 이를 보시고 하나님의 진노가 비켜 지나 가신다. 그러므로 그것은 하나님의 진노로부터 죄인을 보호하는 효과가 있다. 70인역 구약과 신약 성경에서는 힐라스코마이와 힐라스모스라는 단어가 이와 관련된 의미로 사용되고 있다. 동사는 "(하나님의) 호의를 얻다"이고, 명사는

"진정시킴" 또는 "진정시키는(달래는) 수단"을 의미한다. 그것은 객관적 성격을 지닌 단어다. 고전 헬라어에서 그것은 종종 하나님(데오스)의 목적격과 연계되어 사용된다(성경에는 그 용례가 나오지 않지만). 신약에서는 죄의 목적격(하마르티아스)과 연계되거나(히 2:17) 전치사 페리와 죄의 소유격(하마르티온)과 같이 사용된다(요일 2:2; 4:10). 앞 구절은 히브리어 키페르의 용법에 비추어 볼 때 가장 잘 해석되며, 나중 구절은 비슷하게 해석되거나 목적어 데온과 연계하여 이해될 수 있다. 성경에는 하나님의 진노와 죄인에게 노하시는 하나님께 관한 허다한 구절들이 있기 때문에, 우리는 극히 정당하게 하나님과의 화해를 말할 수 있다(롬 1:18; 갈 3:10; 엡 2:3; 롬 5:9). 롬 5:10과 11:28에서 죄인들은 피동적 의미로 "하나님의 원수들(에크드로이)"이라고 불리는데, 이는 그들이 하나님께 적대한다는 의미가 아니라 하나님의 거룩한 분노의 대상임을 시사하는 것이다. 앞의 구절에서 이 의미는 그 앞절(9절)과의 관련성에 의해 요청되며, 나중 구절에서는 에크드로이(원수들)가 아가페토이('하나님을 사랑하는 자들'이 아니라 '하나님의 사랑을 받는 자들'을 의미)와 대비된다는 사실로서 요청되고 있다.

(4) 카탈라쏘와 카탈라게는 '화해하다', '화해'를 의미한다. 이는 적의를 우의로 변화시키는 행위를 가리키며, 우선적으로 객관적 의미를 띠고 있음이 분명하다. 가해자는 그 자신과 화해하지 않고, 그가 피해를 입힌 사람과 화해한다. 이는 마 5:23, 24에 분명하게 명시되어 있다. "그러므로 예물을 제단에 드리려다가 거기서 네 형제에게 원망 들을 만한 일이 있는 것이 생각나거든 예물을 제단 앞에 두고 먼저 가서 형제와 화목하고(이는 문맥상 "네 형제를 너 자신과 화해시켜라"로 이해할 수밖에 없고, 이는 객관적이다) 그 후에 와서 예물을 드리라." 본문에서는 가상적인 피해를 입힌 장본인이 직접 불화의 씨앗을 제거하도록 요구받고 있다. 그는 요구되는 여하한 보상을 해서라도 그 형제와 화해해야 한다. 이를 그리스도의 사역과 관련시켜 볼 때, 여기서 고찰된 용어들은 어떤 경우에는 사법적 요구를 제거함으로써 하나님과 죄인 간의 법적 관계의 변화 초래를 분명히 명시하고 있다. 고후 5:19에 의하면, 하나님께서 세상을 자기와 화목하게 하셨음은 저희 죄를 저희에게 돌리지 않으신 사실에 의해 분명해진다. 이는 인간 속에 어떤 도덕적 변화가 일어났음을 뜻하지 않고, 단지 율법의 요구가 충족되었으며 하나님께서 만족하신다는 사실을 가리킨다. 롬 5:10, 11에 나오는 "화목"은 오직 객관적 의미로만 이해될 수 있는데, 왜냐하면 ① 그것은 그리스도의 죽음으로 초래되었다고 말하고 있기 때문이다. 반면에 주관적 화해는 성령의 역사의 결과이다. ② 그것은 우리가 아직 원수되었을 때, 즉 여전히 하나님의 진노의 대상이었을 때 이루어졌다. ③ 그것

은 11절에서 우리가 받은 객관적인 어떤 것으로 묘사되어 있다.

(5) 루트론과 안티루트론도 마찬가지로 객관적 용어이다. 그리스도는 고엘(해방자)이다(행 20:28; 고전 6:20; 7:23). 그는 죄인들을 하나님의 응보적 공의의 요구로부터 구속하신다. 죄의 삯은 죄인의 대표자인 그리스도에 의해 하나님께 지불되었다. 명백히, 성경은 속죄의 성격을 객관적인 것으로 이해하는 우리의 입장의 정당성을 충분히 뒷받침하고 있다. 더 나아가, 엄밀하게 말하면 속죄는 그 단어의 정확한 의미에 있어서 항상 객관적인 것이다. 주관적 속죄 같은 것은 존재하지 않는다. 속죄에서 피해자 측에 배상하는 것은 언제나 가해자 측이다.

2. 그것은 대리적 속죄다.

(1) "대리적 속죄(vicarious atonement)"의 의미.   직접적(personal) 속죄와 대리적 속죄는 차이가 있다. 우리는 특히 그리스도의 속죄와 관련하여 양자 간의 차이점에 관심이 있다. 만일 인간이 하나님으로부터 타락하여 멀어지면 그 자신이 하나님께 보상할 의무를 지게 된다. 그러나 그는 오직 범죄에 결부된 형벌을 영원히 받음으로써만 자신의 죄를 속할 수 있다. 그것이 하나님께서 엄격한 공의로써 요구하셨을 일이고, 만일 죄인에 대한 사랑과 긍휼로 마음이 동하지 않았더라면 이를 요구하셨을 것이다. 그러나 그는 실제로는 예수 그리스도를 인간의 대리자로 세우셨고, 이 대리자가 죄를 대속하고 인간을 위해 영원한 구원을 성취하신 것이다. 쉐드 박사는 이 문제에서 다음의 차이점에 주의를 환기시키고 있다. ① 직접적 속죄는 죄 지은 측이 제공하지만, 대리적 속죄는 피해자 측이 제시한다. ② 직접적 속죄는 자비라는 요소를 배제한 것이지만, 대리적 속죄는 가장 숭고한 형태의 자비이다. ③ 직접적 속죄는 영원히 진행 단계(making)이어야 하며 따라서 구원을 가져올 수 없지만, 대리적 속죄는 화해와 영생으로 인도한다.

(2) 대리적 속죄의 가능성.   모든 주관적 속죄설의 지지자들은 대리적 속죄 개념에 대해 강력한 반론을 제기하고 있다. 그들은 의로우신 하나님께서 도덕적 범죄자들을 향한 당신의 진노를 전혀 무죄한 측에게 돌리사 그 무죄한 자를 마치 죄인인 양 사법적으로 대우했다는 것은 상상할 수 없다고 생각한다. 이 점에 진정한 난점이 있음은, 특히 그것이 모든 인간적 추론과 상반(相反)되는 듯하다는 사실에 비추어 볼 때, 의심의 여지가 없다. 우리는 금전적 채무의 이전 가능성을 결론지을 수 있다. 만일 어떤 인정 많은 사람이 타인의 금전적 빚을 갚겠다고 제의한다면 그 지불은 받아들여져야 하

며, 채무자는 일체의 채무로부터 사실상 해방된다. 그러나 어떤 사람이 타인의 범죄를 대신 속죄하겠다고 제의하는 경우에는 이와 다르다. 그것이 합법화되려면 입법자가 명백하게 이를 허용하고 공인하지 않으면 안 된다. 법적으로 이는 관대(relaxation)로 불리며, 죄인 편에서는 사면(remission)으로 알려져 있다. 재판관은 이렇게 할 필요는 없으나 허용할 수는 있다. 그러나 그럴 경우에는 일정한 조건하에서만 가능하다.

① 죄 지은 측이 형벌을 끝까지 받음으로써 의로운 결말을 가져올 수 없는 처지에 놓여 있을 때. ② 형벌의 이전이 무고한 제삼자의 권리와 특권을 침해하거나 그들에게 고통과 결핍을 주지 않을 때. ③대신 형벌 받는 당사자가 이미 법에 저촉된 상태가 아니고, 그의 모든 봉사가 정부에 신세를 진 일이 없을 때, ④범죄자 측이 자기 죄를 의식하고, 대리인이 자기를 위해 대신 고통 받는다는 사실을 인식할 때. 이상의 조건들을 두고 볼 때, 형벌적 채무의 이전은 인간 세상에서는 전혀 불가능한 것은 아니라 해도 거의 가능성이 없다. 그러나 그리스도의 경우는 특수한데, 왜냐하면 그의 상황은 유례를 찾아볼 수 없고, 위에서 거론한 모든 조건들을 구비하고 있기 때문이다. 거기에는 하등 불의한 점이 없다.

(3)그리스도의 대리적 속죄의 성경적 근거. 성경은 분명하게 그리스도의 고난과 죽음이 대리적이었으며, 그가 죄인들을 대신하셨고 그들의 죄가 그에게 전가되어 형벌이 이전되었다는 점에서 엄밀한 의미에서 대리적이었다고 가르친다. 이는 부쉬넬이 그리스도의 "대리적 희생"에 관해 말할 때 의도한 바와 전혀 다르다. 그에게는 그것이 단지 그리스도께서 우리의 죄악을 "그의 감정으로 담당하셨고, 친구로서의 동정심으로 우리의 불운에 개입하게 되었으며, 그 자신과 심지어 생명까지도 (하나님의) 자비를 회복하기 위하여 희생하셨다. 요컨대 그는 우리 질병을 짊어지신 것과 동일한 의미로 우리 죄를 담당하신 것이다." 그리스도의 고난은 단지 친구된 자격으로 동정하는 의미를 넘어선, 세상 죄를 짊어지신 하나님의 어린 양의 대속적 고난이다. 이에 관한 성경적 증거는 다음과 같이 분류될 수 있다.

① 구약 성경은 제단에 드려진 희생 제물을 대리적인 것으로 보도록 가르친다. 이스라엘 사람이 주께 제물을 가져오면, 그는 희생 제물의 머리 위에 손을 얹고[按手] 자기 죄를 고백했다. 이 행위는 죄가 봉헌물로 이전되었음을 상징했으며, 그것이 봉헌자의 죄를 속하기에 합당하게 만들었다(레 1:4). 케이브와 다른 학자들은 이 행위를 단순히 봉헌의 상징으로 간주한다. 그러나 이 같은 해석은 안수 행위가 어떻게 희생 제물을 속죄에 합당하도록 만드는지 설명해 주지 못한다. 또한 레 16:20-22에 기록

된 속죄 염소에 행하는 안수가 갖는 의미에 관해 성경이 가르치고 있는 것과 조화되지 않는다. 손을 얹은 후에 죽음이 제물 위에 대리적으로 가해졌다. 이 말의 의미는 레 17:11의 고전적 문구 속에 명확히 명시되어 있다. "육체의 생명은 피에 있음이라 내가 이 피를 너희에게 주어 제단에 뿌려 너희의 생명을 위하여 속죄하게 하였나니 생명이 피에 있으므로 피가 죄를 속하느니라." 보스 박사는 다음과 같이 지적한다. "희생으로 드려진 동물은 죽음당할 때, 드린 자가 당해야 할 죽음을 대신한다. 그것은 벌금을 대신하는 벌금인 것이다(It is forfeit for forfeit)." 그 같이 드려진 제물들은 예수 그리스도께서 단번에 드리신 큰 제사의 예표였다.

② 성경에는 우리 죄가 그리스도의 "담당하신 바" 되었고 그가 죄나 불법을 '담당하셨음'을 말하는 몇몇 구절들이 있다(사 53:6, 12; 요 1:29; 고후 5:21; 갈 3:13; 히 9:28; 벧전 2:24). 그러므로 성경을 근거로, 우리 죄가 그리스도께 전가되었다고 말할 수 있다. 이는 우리의 죄악성(罪惡性)이 그에게로 이전된다는 뜻이 아니고(이는 본질상 전혀 불가능하다), 우리의 죄책이 그에게 전가되었다는 의미다. A. A. 하지 박사는 다음과 같이 말한다. "죄란 (a) 형식적 본성 면에서는 법을 어기는 것[不法]으로(요일 3:4), (b) 행위자 속의 고유한 도덕적 성질로(macula: 오염)(롬 6:11-13), (c) 형벌 받을 법적 책임(reatus)에 관하여 생각될 수 있다. 이 마지막 의미에 있어서만 한 사람의 죄를 다른 사람이 짊어진다고 말하게 되는 것이다." 고로, 엄밀하게 말하면 형벌 불가피성으로서의 죄책은 그리스도께 전가되었으며, 이는 죄인의 인격 속의 본유적인 것이 아니고 객관적 실체인 연고로 이전될 수 있는 것이다.

③ 죄인을 위한 그리스도의 사역과 관련하여 전치사 페리, 휘페르, 안티가 사용되는 몇몇 구절들이 있다. 대속 개념은 첫 번째 전치사에 의해서는 가장 적게 표현되고, 마지막 전치사에 의해 가장 많이 표현된다. 그러나 휘페르와 안티를 해석함에 있어서도 주로 문맥에 의존해야 할 것은, 휘페르의 실제 의미는 '……를 위하여'이지만 대속 개념을 표현할 수 있고(몇몇 경우에는 실제로 그 같이 사용된다), 반면에 안티는 '……의 대신에'를 의미하지만, 항상 그 같은 의미로만 쓰이는 것은 아니기 때문이다. 다이스만(Deissmann)에 의하면, 매우 흥미롭게도 휘페르가 '……를 대신하여'의 의미로 사용된 비문(碑文)이 발견되었다고 한다. 13절에서도 이와 유사한 용례를 찾아볼 수 있다. 롬 5:6-8; 8:32; 갈 2:20; 히 2:9 등의 구절에서는 '……대신에'를 의미하는 것으로 보이지만, '……를 위하여'로 해석될 수도 있다. 그러나 갈 3:13; 요 11:50; 고후 5:15에서는 분명히 '……대신에'를 의미한다. 로버트슨(Robertson)은, 본문을 부당하게 왜곡하지 않는 한 이러

한 의미를 제거할 수 없다고 지적한다. 전치사 안티는 마 2:22; 5:38; 20:28; 막 10:45에서 명백하게 '……대신에'의 의미로 사용되고 있다. 로버트슨에 의하면, 본문에서 단어의 다른 의미로 사용되기란 불가능하다. 동일한 개념이 딤전 2:6에서도 나타난다.

(4) 대리적 속죄 개념에 대한 반론. 대리적 속죄 개념에 대해 몇 가지 반론이 제기되고 있다.

① **형벌 문제를 대신함은 불법이다.** 금전적 채무의 경우 대리 지불은 허용될 수 있을 뿐 아니라 반드시 받아들여야 하며, 동시에 원채무자 측의 일체의 의무를 면제시켜 준다는 사실이 일반적으로 인정되고 있다. 그러나 형벌적 채무는 너무나 개인적인 문제이므로 그같은 이전이 일체 허용되지 않는다고 주장된다. 그러나 금전 이외의 문제에 있어서도 대리를 할 수 있는 법 규정이 있는 것이 분명하다. 아모(Armour)는 그의 저서 「속죄와 율법」(*Atonement and Law*)에서 그 같은 경우를 세 가지 지적하고 있다. 첫 번째는 법이 요구하는 공공의 이익을 위한 직무의 대리, 두 번째는 국가를 위해 요구되는 병역의 의무의 대리, 세 번째의 경우에 관해 그는 "심지어 범죄의 경우에도, 모든 국가에서 사람들이 이해하고 집행하는 법률은, 규정된 형벌이 그 성격상 대리인이 이미 담당하고 있는 의무들과 충돌을 일으키지 않고 감당해 낼 수 있는 일체의 경우에 대리인이 대신 감당할 수 있도록 규정하고 있다." 비록 무죄한 사람이 범죄자를 대신하여 그에게 부과된 형벌을 대신 감당하도록 허용되는 실례를 드는 것이 쉽지 않지만, 법이 대리의 원리(principle of substitution)를 인정하고 있음은 명약관화하다. 이는 상기 (2) 항에 언급된 모든 요구사항을 충족시키는 사람을 발견하기란 통상적으로 불가능하다는 사실로써도 충분히 설명된다. 그러나 이들 요구 사항을 다 충족시키는 사람을 찾을 수 없다는 사실이 예수 그리스도께서 이를 충족시킬 수 없다는 증거는 아니다. 실제로 그는 그 같이 하실 능력이 있었고, 그 같이 행하셨으며, 따라서 합당한 대리인이었다.

② **무죄한 사람이 악인을 위해 대신 고난 받고 있다.** 형벌 대리적 속죄론에 의하면, 그리스도께서 "의인으로서 불의한 자를 대신"(벧전 3:18)하여 고난 받으신 것이 틀림없는 사실이지만, 이는 대리적 속죄론에 대한 반론으로서는 거의 주장될 수 없다. 그것이 종종 제시되고 있는 형태로는 거의 설득력이 없음이 분명하다. 이 교리가 무죄한 자로 하여금 악인의 범죄 결과를 뒤집어쓰고 고통당하게 하므로 받아들일 수 없다고 말하는 것은 하나님의 도덕적 통치 일반에 대한 항변에 해당되는 것이다. 실생활에서도 무죄한 사람이 종종 타인의 범죄의 결과로 고난당한다. 더욱이 이 같은 형태의 반

론은 소위 속죄설로 불리는 일체의 이론들에 대해 제기될 수 있는 것이, 그 이론들은 한결같이 그리스도의 고난을 어떤 의미에서 인류의 죄악의 결과인 것으로 묘사하고 있기 때문이다. 종종 어떤 윤리적 행위자가 사적으로 직접 행하지 않고서는 그 어떤 죄에 대해 합당하게 책임질 수 없다고 말하지만, 인생의 실상은 이와 정반대이다. 다른 사람을 고용하여 범죄를 저지르게 한 사람은 그 자신이 책임을 지게 되며, 이는 모든 종범자(從犯者)들의 경우에 적용된다.

③ **성부께서 불공정의 죄를 범하셨다.**　모든 반론들이 사실상 동일한 논지의 변형인 듯하다. 세 번째 반론은 두 번째 반론을 좀 더 법률적 형식으로 바꾸었을 뿐 사실상 동일한 것이다. 여기서는 대리적 속죄설은 성부께서 인류의 죄를 속하기 위해 단순히 그 아들을 희생시키신 점에서 그의 편에 불공정성(injustice)이 내포되어 있다고 주장한다. 이 같은 반론은 이미 아벨라르에 의해 제기되었지만, 몇 가지 관련된 사실을 간과하고 있다. 구속의 계획을 구상하신 분은 성부가 아니라 삼위일체 하나님이었다. 신격(神格, Godhead) 내의 삼위(三位) 간에는 신성한 합의가 이루어졌다. 그리고 이 계획에서 성자는 자원하여 죄의 형벌을 당하고 신적 율법의 요구를 만족시키는 사역을 담당하신 것이다. 그뿐 아니라, 그리스도의 희생 사역은 또한 중보자이신 그리스도에게 무한한 유익과 영광을 가져다주었다. 그에게 그것은 허다한 자손, 진심으로 드리는 예배, 그리고 영광스러운 왕국을 의미했다. 그리고 끝으로, 이 반론은 부메랑과 같은 역할을 하는데, 왜냐하면 그것은 아벨라르처럼 객관적 속죄의 필요성을 부정하는 모든 사람들에게 올무가 되어 돌아오며, 그 이유는 그들 모두가 성부께서 그 아들을 세상에 보내사 유익하지만 "그러나 불필요한" 모진 고통과 수치스러운 죽음을 당하게 하셨다는 견해에 동의하기 때문이다. 이야말로 진정 잔인한 일이었으리라!

④ **대리적 속죄를 정당화할 만한 연합이란 존재하지 않는다.**　만일 어떤 대리인이 범죄자의 죄과를 제거하려면 그들 사이에는 그러한 과정을 정당화할 만한 실질적인 연합 관계가 존재해야 한다는 주장이 있다. 대리인과 그가 대리하는 사람들 사이에 모종의 선행적(先行的) 연합이 있어야 함은 인정할 수 있지만, 그것이 반론자들이 생각하듯 반드시 어떤 유기적인 연합이어야 된다는 견해는 용인될 수 없다. 사실 요구되는 연합은 유기적이기보다 오히려 법적인 것이어야 하며, 그 같은 연합을 위한 준비가 구속 계획 중에 이루어졌던 것이다. 영원의 심연 속에서 새 언약의 중보자께서 그의 백성들, 곧 성부께서 그에게 주신 사람들의 대리자로서의 직임을 기꺼이 맡으셨다. 계약관계가 설정되었고, 그는 이를 의지하여 그들의 보증인이 되셨다. 이것이 그리스도와

그의 백성 간의 가장 근본적인 연합이었고, 이를 토대로 하여 역사의 흐름 속에서 그리스도와 그의 교회 간의 유기적 연합으로 장차 성취될 모종의 신비적 연합이 평화의 의논(counsel of peace) 중에 이상적으로 형성되었던 것이다. 따라서 그리스도는 그의 백성들의 법적 대리자 역할을 하실 수 있었고, 또한 그들과 신비적으로 하나이므로 그들에게 구원의 복을 전달하실 수 있는 것이다.

3. 속죄는 그리스도의 능동적·수동적 순종을 포함한다. 그리스도의 순종은 통례상 능동적 순종과 수동적 순종으로 구별된다. 그러나 양자를 구분함에 있어서 분명하게 알 것은 양자는 분리될 수 없다는 사실이다. 양자는 구세주의 일생의 모든 시기마다 동반적으로 나타난다. 양자는 부단히 상호 침투하고 있다. 그리스도께서 자발적으로 자신을 고난과 죽음에 내어주신 것은 그의 능동적 순종의 측면이었다. 그는 친히 말씀하신다: "이를 내게서 빼앗는 자가 있는 것이 아니라 내가 스스로 버리노라"(요 10:18). 반면에 그리스도께서 율법에 복종하여 생활하신 것은 그의 수동적 순종의 측면이었다. 그가 종의 형체로 행하신 것은 그의 고난의 중요한 요소 중 하나였다. 그리스도의 능동적이고 수동적인 순종은 유기체적 전체의 상호 보완적인 부분들로 간주되어야 한다. 이를 논하려면 그리스도께서 율법과 맺고 계신 삼중 관계, 곧 자연적·계약적·형벌적 관계를 고려해야 한다. 인간은 이들 관계 각각에 있어서 실패했다. 그는 율법을 그 자연적·계약적 측면에서 준행하지 못했고, 이제는 하나님의 은총을 복구하기 위하여 죄의 값을 지불할 만한 처지에 놓여 있지도 않다. 그리스도는 그의 성육신으로 자연스럽게 첫 번째 관계로 진입하셨지만, 두 번째와 세 번째 관계는 오직 대리적으로 들어가셨다. 그리고 여기에서 우리가 특별히 관심이 있는 것은 바로 이 측면들이다.

(1) 그리스도의 능동적 순종. 중보자 되신 그리스도는 죄인을 위하여 영생을 획득하기 위해, 아담이 완전한 상태에서 가졌던 계약 관계에 들어가셨다. 이것은 그리스도께서 영생을 획득하기 위한 전제인 계약적 측면의 율법 준수를 내용으로 하는 그의 능동적 순종의 성립 요건이다. 그리스도의 능동적 순종은 그의 수동적 순종이 하나님께 받음직하게 되도록, 곧 하나님의 열납 대상이 되게 하기 위해서 필요했다. 그리스도의 고난에 대한 하나님의 평가가 죄인들의 고난에 대한 평가와 차이가 나는 것은 오직 이에 기인한다. 더구나, 만일 그리스도가 능동적 순종을 하시지 않았더라면, 그의 인성은 하나님의 공의로운 요구에 미달되었을 것이며, 그는 타인을 위해 속죄하실 수 없었을 것이다. 끝으로, 만일 그리스도가 오직 인간에게 부과된 형벌만을 받으셨다

면, 그의 사역의 열매에 참여하는 사람들은 타락 전 아담의 위치에 남았을 것이다. 그리스도는 죄인들을 위하여 죄 용서 이상의 공로를 쌓으셨다. 갈 4:4, 5에 의하면, 그들은 영생의 조건으로서의 율법으로부터 해방되었고, 하나님의 양자가 되었으며, 아들로서 또한 영생의 상속자가 되었다(갈 4:7). 이 모든 일이 일차적으로 그리스도의 능동적 순종을 조건으로 한다. 그리스도를 통하여 율법의 의(義)가 믿음의 의로 대체되었다(롬 10:3, 4), 바울은 그리스도의 사역에 의해 "우리에게 율법의 요구가 이루어"졌고(롬 8:3, 4) 우리가 "그 안에서 하나님의 의가" 되었다고(고후 5:21) 선언하고 있다.

안셀름에 의하면, 그리스도의 순종적 삶은 아무런 구속적 의미를 갖지 못하는데, 왜냐하면 그는 스스로 이 같은 삶을 영위할 의무를 하나님께 지고 있었기 때문이다. 오직 구세주의 고난만이 하나님께 대한 요구권을 구성하며, 죄인의 구원의 요체가 된다고 했다. 이와 다소 유사한 논리를 좇아 17세기 알미니우스파의 피스카토르(Piscator), 리처드 왓슨(Richard Watson), 데이비스(R. N. Davies) 및 다른 알미니우스파 신학자들은 그리스도의 능동적 순종에 우리가 부여하는 바와 같은 구속적 의의가 있음을 부인하고 있다. 그들의 부인은 특히 다음의 두 가지 고려 사항에 근거하고 있다.

① 그리스도는 인간이 된 자신을 위해 능동적으로 순종해야 하셨다. 그는 율법 아래 계셨으므로 스스로 이를 준수해야 할 의무가 있으셨다. 이에 대한 답변으로, 그리스도는 비록 인성을 지니셨지만 아직 여전히 신적 위격이셨고, 그 자신이 계약적 측면에서의 율법 곧 행위 언약에서 생명의 조건이 되는 율법에 얽매이지 않으셨다. 그러나 그는 마지막 아담으로서 첫 아담을 대신하셨다. 첫 아담은 본성상 하나님의 율법 아래 놓여 있었고, 이를 준수하는 행위 자체가 아무런 보상을 요구할 권리를 제공해 주지 않았다. 오직 하나님께서 은혜로써 그와 언약을 맺으시고, 순종할 경우에는 생명을 약속하셨으니, 곧 율법을 준행하는 것이 그 자신과 후손들이 영생을 얻기 위한 조건이 되었던 것이다. 그리고 그리스도께서 자원하여 마지막 아담이 되사 계약 관계에 들어가셨을 때, 자연히 그와 성부께서 그에게 주신 자들에게 율법 준수가 동일한 의미를 갖게 되었다.

② 하나님은 죄인에게 단지 양자 택일, 곧 율법에의 순종이나 형벌에의 굴복 중 하나만을 요구하실 수 있으며, 둘 다 요구하지는 않으신다. 만일 율법을 순종한다면, 형벌은 부과될 수 없고, 형벌이 집행되면 그 이상 요구할 수 없게 된다. 그러나 이 논리에는 오해를 초래하는 약간의 혼동이 있다. 타락 전 아담의 경우에 적용되었던 이 같은 "양자택일(either…or)"의 규칙은, 그가 범죄함으로써 율법의 형벌적 관계에 들어간 그 즉시 적용되지 않게 된 것이다. 하나님은 인간에게 계속 순종을 요구하셨지만, 이

에 덧붙여 과거의 범죄에 대해 죗값을 치를 것을 요구하셨다. 이러한 이중적 요구를 만족시키는 것이 죄가 세상에 들어온 이후 생명을 얻는 유일한 길이 되었다. 만일 그리스도께서 단지 율법을 지키시기만 하고 죗값은 치르지 않으셨다면, 그는 죄인들을 위한 영생의 권리를 쟁취하실 수 없었을 것이다. 그리고 만일 그가 율법의 원초적 요구를 충족시키지 못한 채 단지 죗값만을 치르셨다면, 그는 인간을 타락 전 아담의 입장에 처하게 하셨을 것이며, 인간은 여전히 순종으로써 영생을 얻어야 하는 문제에 직면했을 것이다. 그러나 그리스도는 그의 능동적 순종으로써 그의 백성들이 그 같은 단계를 넘어서도록 인도하셨고, 그들에게 영생을 요구할 권리를 허락하셨다.

(2) 그리스도의 수동적 순종. 중보자 되신 그리스도는 또한 우리 대신 죗값을 지불하기 위해 율법에 대한 형벌적 관계에 들어가셨다. 그의 수동적 순종으로 그 자신의 고난과 죽음으로 죗값을 치르사 그의 온 백성들의 채무를 탕감하셨다. 이미 서술했던 그리스도의 고난은 그에게 우발적으로 임하거나 순전히 자연적인 환경의 결과로서 발생한 것이 아니었다. 그것은 우리의 대표자이신 그에게 법적으로 부과된, 따라서 진실로 형벌적인 고난이었다. 이들 고난의 구속적 가치는 다음의 사실들에 기인한다: 그것은 오직 자신의 신성의 효력으로 형벌을 끝까지 견디어내고, 이로써 자유를 얻을 수 있는 신적 인격체가 감내하신 고난인 것이다. 대가를 지불하고 저주를 담당하신 분의 무한대한 가치에 비추어 볼 때, 그것은 근본적으로 또한 철저하게 하나님의 공의를 만족시켰다. 그것은 확실히 도덕적 고난이었다. 왜냐하면 그리스도께서 자원하여 이를 담당하셨으며, 그 과정에 있어서 철저히 무흠하고 거룩하셨기 때문이다. 그리스도의 수동적 순종은 사 53:6; 롬 4:25; 벧전 2:24; 3:18; 요일 2:2에 특별히 잘 기록되어 있고, 그의 능동적 순종은 마 3:15; 5:17, 18; 요 15:10; 갈 4:4, 5; 히 10:7-9에, 그리스도를 우리의 의로 가르치는 구절은 롬 10:4; 고후 5:21; 빌 3:9에, 그리고 그가 우리를 위하여 영생, 양자 됨, 영원한 유업을 획득한 사실은 갈 3:13, 14; 4:4, 5; 엡 1:3-12, 5:25-27에 기록되어 있다. 알미니우스파는 그리스도께서 그의 수동적 순종으로 우리를 위해 사죄를 성취하셨음을 기꺼이 인정하려 하지만, 그가 또한 하나님의 적극적 용납, 양자 됨, 그리고 영생을 우리를 위해 공로로서 취하셨음은 인정하려 하지 않는다.

B. 속죄 만족설 또는 형벌 대리적 속죄설에 대한 반론

많은 신학 분파에서 본 속죄 교리가 환영받지 못하고 있다. 이에 대한 반론은 항상 존재해 왔고, 특히 오늘날 반대가 심하다. 주된 반론은 다음과 같다.

1. 그 같은 속죄는 전혀 불필요하다. 혹자는 그 같은 속죄는 전혀 불필요한데, 그 이유는 죄는 죄책(guilt)이 아니기 때문에 속죄할 필요가 없거나, 혹은 우리의 천부이시며 본질상 사랑의 신이신 하나님의 자유로운 죄 용서에 장애란 있을 수 없기 때문이라고 주장한다. 만일 사람이 보상을 요구하거나 받지 않고도 회개하는 자를 용서할 수 있고, 또한 종종 그같이 한다면, 우리의 완전한 모범이신 하나님도 분명히 그같이 하실 수 있고, 또한 하실 것이다. 이것이 순수 주관적인 속죄설을 옹호하는 모든 사람들의 공통된 논리이다. 그러나 성경이 분명히 죄를 불법으로 간주하도록 가르치고 있음과, 죄는 불법이므로 그것은 인간을 신적 진노에 예속시키며 신적 형벌에 노출되게 함을 답변으로서 제시할 수 있다. 더구나, 하나님께서 구속적 사랑으로 천하 만민을 사랑하시는 기초가 되는 그의 보편적 부성(父性, Fatherhood of God) 개념은 전혀 비성경적이다. 만일 하나님이 아버지시라면 동시에 그는 재판장이시기도 하며, 그가 사랑의 하나님이면 동시에 공의와 거룩의 하나님이기도 한 것이다. 하나님의 속성들 중에 어느 하나가 다른 속성들을 좌우하고 그 표현 여부를 결정짓는 속성은 없다. 끝으로, 인간이 사적 개인으로서는 할 수 있는 일도 재판관의 자격으로 행할 때에는 항상 해낼 수 있는 것이 아닌 것이다.

2. 그 같은 속죄는 하나님의 속성을 훼손할 것이다. 앞의 반론과 밀접하게 연결되는 것이, 그 같은 속죄는 하나님의 속성을 훼손하리라는 주장이다. 그의 공의가 훼손되는 것은 그가 죄인을 대신하여 무죄한 자를 벌하시기 때문이며, 사랑이 훼손되는 것은 그가 당신의 진노를 달래기 위해 피를 요구하는 엄격, 가혹, 무자비한 존재로 나타나시기 때문이며, 사죄 은총이 훼손되는 것은 그가 용서할 능력이나 의지를 보이시기에 앞서 보상을 요구하시기 때문이다. 그러나 그리스도는 자원하여 죄인들을 대신하신 것이므로, 이 같은 대신은 하나님 편에는 아무런 불의도 내포하지 않는다. 만일 하나님이 긍휼과 자비에 의하지 않고 오직 엄격한 공의로써 행하셨더라면 그는 죄인이 자기 죄중에 멸망하도록 버려두셨을 것이다. 더구나, 속죄 만족설에 의하면 하나님의 사랑과 사죄 은총이 보상이 이루어지기까지는 흘러나올 수 없다고 말하는 것은 전혀 당치 않은 것이다. 왜냐하면 하나님께서 친히 배상금을 지불하셨고 그 아들을 내어주심으로써 이미 당신의 무한한 사랑과 사죄 은혜를 입증하셨기 때문이다. 심지어 그의 사랑은

죄인들의 회개보다 선행(先行)하여, 회개를 고취하신다.

3. 그 같은 속죄는 진노의 불가능한 이전(transfer)을 가정한 것이다. 본 속죄설에 의하면, 하나님께서 죄인에 대한 당신의 진노를 중보자에게 옮기셨는데 이는 있을 수 없으며, 또한 죄인이 받을 그리스도에게로 옮기셨는데 이는 명백한 불법이라는 반론이 있다. 그러나 이에 대한 답변은, 하나님의 진노는 우리가 사람들 중에서 보는 것과 같이 개인적 보복의 성격을 지닌, 그래서 증오심의 대상을 전혀 무죄한 타인에게 옮기기 곤란한 부류의 것이 아니라는 점이다. 그것은 죄에 대한 하나님의 거룩한 불쾌감인데, 죄의 허물이 제거되지 않는 한 죄인도 그 대상이 되는 것이다. 또한 형벌 채무로서의 죄가 예수 그리스도께로 옮겨지면 죄에 대한 하나님의 진노도 마찬가지로 옮겨질 것은 극히 당연한 일이다. 더구나 그리스도께로의 형벌의 이전을 명백한 불법이라고 할 수 없는 것은 그가 사실상 자신과 그의 백성을 동일시하셨기 때문이다. 그는 한 집단의 책임적 우두머리로서, 그와 같이 연합해서 하나의 합법적인 법인체(法人體, corporate body)를 구성하고 있는 무리를 위하여 보상을 이루신 것이다. 하지에 의하면, 이 책임적 연합은 (1) 그가 자발적으로 그의 백성의 법적 책임을 담당하심으로써, (2) 하나님께서 그의 보호자 됨(sponsorship)을 인정하심으로써, (3) 그가 우리의 인성을 취하심으로써 성립되었다.

4. 복음서는 그 같은 속죄를 가르치지 않고 있다. 혹자는 성경이 대리적 속죄를 전혀 가르치고 있지 않으며, 설혹 가르친다 해도 복음서만은 분명히 가르치지 않고 있다고 주장한다. 그리고 결국 중요한 것은 바울의 말이 아니라 예수님의 가르침이라고 한다. 우리는 이 문제에 관해 장황하게 논의할 필요는 없다. 왜냐하면 우리는 이미 성경 속에 대리적 속죄를 명시하는 풍부한 증거가 있음을 입증했기 때문이다. 복음서에는 서신서만큼 이 교리가 명확하게 부각되어 있지 않은 것이 사실이지만, 이는 크로포드(Crawford)의 말을 빌린다면, "우리 주님이 그의 생애와 죽음을 통해서 하신 개인적 사역의 목적은 속죄를 충분히 전파(full preaching)하는 것이 아니라, 이를 전파하기 위해 속죄를 완전히 성취(full accomplishment)하는 것이었다"는 사실에서 기인되는 것이다. 그러나 복음서에도 그에 대한 충분한 증거 구절이 포함되어 있다(마 20:28; 요 1:29; 3:16; 10:11; 15:13; 마 26:27; 요 6:51).

5. 그 같은 교리는 부도덕하며 백해 무익하다. 또한 본 속죄설은 그 실제적 경향에 있어서 부도덕하고 유해하다는 주장이 있다. 그것은 도덕률의 권위를 침식하며, 개인적 성화를 지향할 인간의 의무와 자극을 파괴하지는 않아도 약화시킨다고 지적되고 있다. 이러한 반론은 이미 바울의 시대에 자유 은혜의 교리에 대해 제기되었던 것이다. 그러나 이 비난이 사실이 아닌 것이, 본 교리는 다른 어떤 이론보다도 율법의 엄위성을 견지하고, 구속된 죄인이 율법에 완전히 복종해야 할 의무를 조금도 약화시키지 않기 때문이다. 오히려 본 교리는 죄의 극단적 불법성을 강조하고, 하나님과 예수 그리스도의 형용할 수 없는 사랑을 보여주며, 인생의 투쟁에 있어서 하나님의 도우심과 그리스도 안에서 우리의 부족한 봉사가 열납됨을 확증함으로써 개인적 성화를 향한 유인(誘因)이 되고 있다.

V
속죄의 제반 이론들

속죄는 명백히 객관적이고 신(神) 지향적인 것이므로, 엄밀하게 말해서 그리스도의 사역의 본래적 의도를, 하나님께 대한 죄인의 태도를 적의에서 친애(親愛)로 변화시키기보다 하나님의 진노와 형벌이 죄인들을 피해 지나가는 것으로 서술하는 이론들만을 본장(本章)에서 고찰할 수 있을 것이다. 전혀 주관적이고, 그리스도의 사역을 오직 죄인의 도덕적 상태에만 영향을 미치는 것으로 인식하는 이론들은, 엄격한 논리상 고찰 대상에서 제외해야 할 것이다. 그 같은 이론들은 아마 화해 이론으로 간주할 수는 있어도, 속죄 이론으로는 거의 보기 힘들다.

밀리(Miley)는 사실상 속죄 이론은 두 가지에 불과하다고 주장한다. 그는 죄 용서의 객관적 근거가 되는 속죄는 일정한 요건에 부합되어야 하며, 그것이 속죄의 성격을 자연스럽게 결정짓게 된다고 지적하고 있다. 이 요건은, 죄는 반드시 처벌해야 한다는 절대적 공의의 요구나 윤리적 통치의 이익을 보전할 의무로서의 공의의 재판직에 기인되어야 한다. 앞의 경우는 만족설(배상설, satisfaction theory)로 귀결되고, 뒤의 경우는 통치설(governmental theory)로 귀결되는데, 밀리는 후자를 선호했고, 감리교도들도 일반적으로 이를 크게 환영했다.

알프레드 케이브는, 그리스도의 죽음을 죄인에게 선고된 형벌의 대신으로 간주하는 초기 알미니우스파의 이론과, 그리스도의 사역의 참된 의미를 그의 대리적 회개에서 찾는 맥리어드 캠벨(McLeod Campbell)의 이론을 역시 객관적인 것으로 간주한다. 그리고 이 두 이론에 모두 객관적 요소가 포함되어 있음은 의심의 여지 없이 사실이다. 그러나 이 이론들 외에 순수 주관적인 이론들도 몇몇 있다. 비록 이들은 엄밀히 말해 속죄 이론에 들지 않지만, 나름대로 많은 신학 분파에서 속죄 이론으로 간주하고 있기 때문에 고려될 필요성이 있다. 다음의 항목들은 가장 중요한 이론들이다.

A. 초대 교회의 제 이론

초대 교회의 속죄 이론으로서 간략하게 언급할 만한 것은 두 종류가 있다.

1. 사탄 속전설(The Ransom-To-Satan Theory). 이것은 그리스도의 죽음이 인간에 대한 사탄의 정당한 요구권을 무효화하기 위해 사탄에게 지불한 속전이었다는 기묘한 개념에 근거하고 있다. 본 이론의 주요 옹호자의 하나인 오리겐은 "사탄은 거래에서 속았다. 왜냐하면 결과적으로 그는 거룩하신 그리스도의 임재를 견디어낼 수 없었고, 따라서 그를 계속 자기의 소유로 장악할 수 없었기 때문이다"라고 주장했다. 본 이론은 비록 형식은 일치하지 않았지만 초기 교부들 중 몇 사람들에 의해 지지받았다. 본 이론은 매우 끈질긴 것임이 판명되었는데, 왜냐하면 그 반향음(反響音)이 안셀름의 시대에도 이어졌기 때문이다. 그러나 그것은 너무나 부조리한 것이었기 때문에 학구적 지지의 결핍으로 인해 점차 자취를 감추었다. 매킨토시는 본 이론을 초대 교회의 통속적인(exoteric) 이론으로 부르고 있다.

2. 총괄갱신설(總括更新設, The Recapitulation Theory). 그리스도의 죽음이 하나님의 공의를 만족시키고, 이로써 인간을 해방시켰다는 사상도 표명했던 이레네우스는, 그러나 총괄갱신설, 곧 오르(Orr)의 표현대로 한다면 "그리스도께서 자신 안에, 죄인된 우리들의 신분의 단계들을 포함하는 인생의 모든 단계를 총괄갱신하신다"는 이론을 주창했다. 그의 성육신과 인간으로서의 삶을 통해 그리스도는 아담이 범죄함으로써 처음 인류를 이끌었던 경로를 역전시키셨고, 이로써 인류 생활의 새로운 누룩이 되셨다. 그는 믿음으로 자신과 연합하는 사람들에게 불멸성을 부여해 주시고, 그들의 삶에 윤리적 변화를 이루시며, 그의 순종으로 말미암아 아담의 불순종을 보상하셨다. 이것은 매킨토시의 말에 의하면, 초대 교회의 심오한(esoteric) 이론이었다.

B. 안셀름의 속죄 만족설(Satisfaction Theory: Commercial Theory)

안셀름의 이론은 역시 만족설로 알려져 있는 종교개혁자들의 이론과 간혹 동일시되기도 하지만, 양자는 차이가 있다. 혹자는 이를 '상거래설(the commercial theory)'로 부름으로써 이에 대한 타인들의 부정적 편견을 유발하려고 했다. 안셀름은 속죄의 절대 필요성을 하나님의 본성 자체에 둠으로써 강조했다. 그에 의하면, 죄는 피조물이 하나님께 마땅한 영광을 돌리지 않는 데 있다. 인간의 범죄로 인해 하나님은 당신의 영광을 도둑질당했고, 따라서 이를 요구할 필요가 발생했다. 이는 다음 둘 중의 한 가지 방법으로 이루어질 수 있었다. 즉, 형벌에 의하거나 만족(보상)에 의해서, 하나님은 그의 자비로 인해 만족의 방편을 추구하셨는데, 그것은 좀 더 구체적으로는 그의 아들을 선물로 내어주심으로써 이루어졌다. 그것이 유일한 방도였음은, 요구되는 만족이 무한대의 것이었기 때문이다. 그리스도는 율법에 복종하셨지만, 이는 그의 인간된 의무였을 뿐, 그에게 아무런 공로도 되지 못했다. 그러나 그는 이에 추가하여 그의 의무를 실행하는 과정의 일환으로서 고난받고 죽으셨다. 그런데 그는 무죄하신 분이며, 고통과 죽음을 겪을 등등 의무가 없었으므로 그는 이로써 하나님께 무한한 영광을 돌리게 되었던 것이다. 이것은 그리스도에게는 의무 이상의 일이었으며 보상을 받을 만했고, 실제로 그 같이 되었다. 그러나 하나님의 아들이신 그리스도는 자신을 위해서 아무것도 필요로 하시지 않았으므로 보상은 죄 용서와 복음 계명을 준수하는 모든 사람들에 대한 장래의 복락의 형식으로 죄인들에게 이전되었다. 안셀름은 비교적 완전한 속죄 이론을 만들어낸 최초의 인물이었고, 또한 여러 면에서 그의 이론은 올바른 방향을 지시하고 있다. 그러나 이는 몇 가지 비평에 노출되어 있다.

1. 본 이론은 속죄의 필요성에 대한 서술 면에서 일관성을 잃고 있다. 본 이론은 그 필요성의 근거를 표면적으로는 죄와 타협할 수 없는 하나님의 공의에 두지 않고, 벌충이나 보상을 요구하는 하나님의 명예에 두고 있다. 실제로 그는 '사법(私法, private law)' 내지는 관습적 원리를 출발점으로 하고 있는데, 그에 의하면 피해자 측은 자기가 적합하다고 생각하는 여하한 보상도 요구할 수 있다. 그러나 속죄의 필요성에 대해서는 오직 공법(公法, public law)의 견지에 입각하여 논리를 전개하고 있다.

2. 본 이론은 그리스도께서 고난당하심으로써 죄의 형벌을 감내하셨으며, 그의 고난은 엄밀하게 대리적이었다는 개념을 받아들일 여지가 없다. 그리스도의 죽음은 단순히 성부의 영광을 위하여 자발적으로 바쳐진 선물일 뿐이다. 그것이 타인들의 과오를 보상하는 잉여 공로를 이룬다는 것인데, 이는 사실상 로마 가톨릭의 고해 성사 교리를 그리스도의 사역에 적용시킨 것이다.

3. 그 이론적 구도 또한, 구원을 오직 하나님의 영광을 위한 유형적 공헌으로 생각되는 그리스도의 죽음에만 배타적으로 근거시키고, 그의 능동적인 순종을 속죄 사역에 기여하는 요소로 받아들이지 않는다는 점에서 일방적이며, 따라서 미흡하다. 오로지 그리스도의 죽음에만 강조가 집중되며, 그의 생활의 구속적 의미는 제대로 평가되

지 못하고 있다.

4. 안셀름의 진술에서는 단지 그리스도의 공로가 인간에게 외면적으로 이전되는 사실만이 나타난다. 여기에는 그리스도의 사역이 인간에게 전달되는 방식은 명시되지 않고 있다. 그리스도와 신자 사이의 신비적 연합이나 그리스도의 의를 받아들이는 행위로서의 신앙에 대해서는 아무런 암시도 없다. 모든 행사가 비교적 상거래처럼 보이기 때문에 종종 상거래설로 부르는 것이다.

C. 도덕 감화설(The Moral Influence Theory)

본 이론은 아벨라르가 안셀름에 대한 반론으로서 처음 제창한 이래 많은 열렬한 지지자를 확보했다. 영(Young), 모리스, 부쉬넬, 스티븐스, 데이비드 스미스 및 여러 신학자들에 의해 형태는 다르게 제안되었지만 근본 사상은 항상 대동소이하다. 근본 사상은 죄인들에게 필연적으로 보상을 요구하는 그러한 신성의 원리는 존재하지 않으며, 그리스도의 죽음을 죄에 대한 보상으로 간주하면 안 된다는 것이다. 그것은 단지 그의 죄 많은 피조물들과 고통을 함께 나누시며 그들의 고뇌와 슬픔을 직접 담당하시는 하나님의 사랑의 현시에 불과했다. 이 고난은 신적 공의를 충족시키는 것이 아니라, 인간의 마음을 유화시키고 회개로 이끄시는 하나님의 사랑을 계시하는 역할을 했다. 그것은 하나님에게는 그들의 죄를 용서하지 못하도록 막는 장애물이란 존재하지 않음을 죄인들에게 확증해 준 것이다. 하나님은 이를 보상 없이도 하실 수 있을 뿐 아니라, 심지어 이를 갈망하신다. 그의 유일한 요구는 죄인들이 참회하는 마음으로 당신께 나아오는 것이다. 본 이론에 대해서는 다음의 반론이 제기될 수 있다.

1. 본 이론은 성경의 명백한 교훈과 상치된다. 성경은 그리스도의 속죄 사역을 일차적으로 하나님의 사랑을 나타내기 위함이 아니라 그의 공의를 만족시키기 위해 필요한 것으로 기록하고 있으며, 그의 고난과 죽음을 화해적이고 형벌적인 것으로 간주하고, 죄인은 믿음으로 그리스도의 의를 자신의 것으로 삼기까지는 그리스도의 희생 사역의 도덕적 감화를 입을 수 없다고 가르친다.

2. 그리스도의 십자가가 의심의 여지 없이 하나님의 사랑의 최고 현시임이 사실이지만, 그것은 오직 그리스도의 고난과 죽음을 죄인의 구원을 위해서 절대 필요한 것으로 간주하는 형벌 대리적 속죄설의 견지에서 보아야 한다. 그러나 도덕 감화설에 의하면, 그것은 단지 인간에게 감화를 주기 위한 목적에서 행해진 것으로서, 하나님은 이

를 다른 여러 가지 방법으로 하실 수 있고, 따라서 필연적인 것이 아니었다는 것이다. 그리고 만일 그것이 필연적인 것이 아니었다면, 그것은 하나님의 사랑의 진정 잔인한 현현이었다(용어의 모순이지만). 그리스도의 고난과 죽음은, 그것이 죄인을 구원할 유일의 길이었어야 비로소 하나님의 사랑의 현현이었던 것이다.

3. 본 이론은 속죄에서 객관적 성격을 박탈해 버리며, 따라서 더 이상 실제적인 속죄설이 되지 못한다. 그것은 기껏해야 일면적인 화해설에 불과하다. 실제로 본 이론은 균형을 잃었는데, 주관적 화해는 오직 객관적 화해의 기초 위에서만 가능하기 때문이다. 그것은 속죄 그 자체를 그리스도와 연합한 신자의 생활 속에 나타난 효과에 기인하는 것으로 간주함으로써, 하나님의 인간 구원 방식과 인간의 구원 체험을 사실상 혼동하고 있다.

4. 끝으로, 본 이론은 그 자체의 원리에 의해 실패하고 있다. 필연적인 고난, 즉 다른 방법으로는 성취할 수 없는 모종의 구원 목적을 이루기 위한 고난이 깊은 인상을 주게 된다는 것은 분명히 사실이다. 그러나 전혀 불필요하고 요청된 바도 없는 자발적인 고난의 효과는 전혀 딴판인 것이다. 사실상 본 이론은 기독교인의 양심상 찬성 받지 못하는 것이다.

D. 모범설(The Example Theory)

본 이론은 16세기에 소지니주의자들이, 그리스도께서 인류의 죄악을 대신 속죄하셨다는 종교개혁의 교리에 반대하여 주장했다. 그 근본 원리는 하나님께서는 죄의 처벌을 절대적으로 용서없이 요구하는 응보적 공의란 존재하지 않는다는 것이다. 그의 공의는 그가 아무런 보상도 요구하지 않고, 인간을 용서하지 못하도록 방해하지 않는다. 그리스도의 죽음은 죄를 속하지 못했으며, 또한 하나님의 마음을 움직여 죄를 사하게 하지도 못했다. 그리스도는 사람들에게 영생의 길이 되는 믿음과 순종의 방법을 계시하시고, 그 자신의 삶과 죽음을 통해 참된 모범을 보이사 그들도 이 같은 삶을 살도록 감화하심으로써 인간을 구원하신다. 이 같은 견해는 사실상 그리스도의 죽음과 죄인의 구원 사이에 아무런 직접적 관계도 설정하지 않고 있다. 오직 그리스도의 죽음은 그가 죽기까지 순종하신 대가로 죄인들에게 영생을 부여할 권세를 받으셨다는 사실의 견지에서만 인간의 죄를 속한다고 볼 수도 있다고 주장한다. 이 이론은 여러 가지 이유에서 논박당할 소지가 있다.

1. 그것은 몇 가지 고대 이단설의 사실상의 부활이자 조합이다: 인간의 타락을 부인하고 스스로를 구원할 수 있는 인간의 선천적 능력을 주장하는 펠라기우스주의와, 인간 예수가 그의 순종하심으로 인해 하나님의 메시야적 아들로 택정되었다고 믿는 양자론(養子論, adoptionist doctrine)과, 하나님의 전횡적 의지를 강조하는 스코투스주의(둔스 스코투스를 추종함) 및 그리스도의 모범이 가지는 구원 효과에 대한 몇몇 초대 교부들의 강조의 혼합인 것이다. 그 결과, 본 이론은 이들 각 견해에 대해 제기되는 모든 반론의 포화에 노출되어 있다.

2. 본 이론은 그리스도를 특출한 자질을 타고난 일개 인간으로 인식하는 점과 하나님의 말씀에서 그처럼 강조되는 죄의 불법성을 전적으로 무시하는 점, 그리스도의 삶의 구속적 의의에 대한 편중된 강조 및 그리스도의 죽음을 순교자적 죽음으로 묘사하되 십자가 위에서 그가 겪으신 순교자답지 않은 고뇌를 해명하고 있지 못한 점 등에서 철저히 비성경적이다.

3. 본 이론은 성육신 사건 이전 시대의 사람들과 유아들의 구원에 관해 설명하는 데 실패하고 있다. 만일 그리스도의 생애와 고난이 단지 그 모범성에 의해서만 인간을 구원한다면, 그리스도의 탄생 이전에 살았던 사람들과 유아적에 죽은 사람들은 이로부터 어떠한 유익을 얻을 수 있는가에 대한 의문이 자연히 제기되는 것이다. 그러나 성경에는 그리스도의 사역의 효력은 또한 과거 소급적이며, 어린 아이들도 그의 속죄적 죽음의 혜택에 참여한다는 명백한 증거가 있다.

4. 더구나 성경에서 그리스도도 또한 하나의 모범으로 묘사되고 있는 것은 분명한 사실이지만, 그가 어디에서도 불신 죄인들이 본받아야 하고 그래야만 구원을 받게 되는 모범으로 묘사된 적은 없다. 그러나 이는 본 이론의 필수적 가정인 것이다. 그리스도의 모범은 오직 그의 백성들만이 따를 수 있는데, 그들도 겨우 약간 근접할 수 있을 뿐이다. 그는 우리의 모범이 되실 수 있기에 앞서 우리의 구주이다.

E. 통치설(The Governmental Theory)

통치설은 종교개혁자들의 속죄론과 소지니주의자들의 견해 사이의 타협안으로서 의도되었다. 본 이론은 하나님의 공의는 필연적으로 율법의 모든 요구를 충족시키도록 요구한다는 사실을 부정한다. 율법은 단지 하나님의 의지의 소산이며, 그는 이를 당신이 좋으실 대로 변경하거나 심지어 취소하실 수 있다. 엄격한 공의의 견지로 보면 죄인은 영원한 죽음에 처해야 하겠지만, 그 선고는 엄격하게 집행되지 않는다. 왜냐하면 신자들은 풀려나고 있기 때문이다. 그들은 엄격한 보상이 없이도 형벌을 모면한다. 그리스도는 참으로 확실한 보상을 하셨지만, 이는 단지 인간이 받아야 할 형벌의 명목적인 대응물로서, 하나님께서 그 자체로 기쁘게 열납하셨던 어떤 것에 불과했다. 만일 하나님께서 하실 수 있었음에도 왜 형벌을 전부 면제해 주시지 않았느냐고 질문한다면, 그 답변은 우주의 도덕적 통치자인 그분이 당신의 도덕적 통치를 지탱하시기 위해서, 율법의 불가침성과 죄에 대한 당신의 거룩한 불쾌감을 표명해야만 했다는 것이다. 본 이론은 크로티우스가 최초로 주장했고, 워들로우(Wardlow)와 몇몇 뉴잉글랜드 신학자들이 채택하였으며, 또한 데일(Dale). A. 케이브, 크레이턴(Creighton) 등의 학자들의 최근 저서에서 지지되고 있다. 그에 대한 반론은 다음과 같다.

1. 본 이론은 명백히 거짓된 원리에 의거하고 있다. 그에 의하면, 율법은 하나님의 참된 본성의 표현이 아니고, 단지 그의 전횡적 의지의 표출이어서 변화할 수밖에 없다. 그리고 소위 형벌의 목적은 공의의 충족이 아니라, 단지 인간이 장래에 율법을 범하지 못하도록 방지하는 것이다.

2. 본 이론 속에는 그리스도가 받으신 형벌은 또한 신적 통치를 유지하는 데 도움이 된다는 진리적 요소가 포함되어 있지만, 속죄의 주된 목적을 성경적으로 보아 단지 부차적 목적으로 간주될 수밖에 없는 것으로 뒤바꾸는 오류를 범하고 있다.

3. 본 이론은 하나님을 하찮은 존재로 묘사한다. 그는 원래 인간이 범죄하지 못하도록 하기 위해 위협하시는 신이며, 또한 그 위협했던 판결을 집행하시지 않고, 그리스도께 부과된 형벌로써 이를 대신하신다. 그리고 이제 또다시 그리스도를 영접하지 않는 사람들을 협박하고 있다. 그러나 그가 실제로 그의 협박을 실천하리라고 어떻게 확신할 수 있겠는가?

4. 본 이론은 또한 그리스도의 속죄를 하나님의 의의 필연적 계시와 율법의 형벌 집행, 죄인과 하나님 간의 화해를 위한 희생, 죄인의 구원을 위한 공로적 원인으로 묘사하고 있는 성경과 상반된다.

5. 도덕 감화설이나 모범설과 마찬가지로 본 이론 역시 구약의 성도들이 어떻게 구원받았는지를 설명하지 못한다. 만일 그리스도께 부과된 형벌이 단지 인간으로 죄짓지 않게 하려는 목적이었다면, 그것은 과거 소급적 의의를 조금도 갖지 못했을 것이다. 그렇다면 구약 시대의 사람들은 어떻게 구원받았고 하나님의 도덕적 통치는 어떻게 유지되었을까?

6. 끝으로, 본 이론 역시 자체의 원리상 실패하고 있다. 형벌의 실제적 집행은 죄인에게 깊은 인상을 줄 것이고, 만일 인간의 범죄 여부가 그의 자연적 상태 하에서도 다만 그의 의지에 달린 것이라면(이는 사실이 아니다), 실제적 억제책 역할을 할 것이다. 그러나 그 같은 인상은 율법에 대한 하나님의 높은 관심을 보이기 위한 의도에서 계획된, 단지 거짓된 공의의 과시로써는 거의 생겨나지 않을 것이다.

F. 신비설(The Mystical Theory)

신비설은 속죄가 오직 인간에게 영향을 미쳐서 그 안에 변화를 초래하는 것으로 본다는 점에서 도덕 감화설과 같다. 동시에 인간 속에 일어난 변화를 일차적으로 의식적 생활의 도덕적 변화가 아니라 신비적으로 잠재 의식적 생활 속에 일어난 좀 더 심오한 변화로 생각한다는 점에서 다르다. 이 이론의 기본 원리는, 성육신 사건 당시 신적 생명이 인성을 신성의 수준에까지 고양시키기 위해 인적 생명 속에 들어갔다는 것이다. 그리스도는 생래적(生來的) 부패성과 도덕적 죄악으로의 경향을 지닌 인성을 소유하셨지만, 성령의 감화로 이 같은 부패성이 실제적 범죄로 나타나지 않도록 보호되었고, 점진적으로 인성을 순화시키셨으며, 사망 시에 이 같은 본래적 타락성을 완전히 근절시키사 이를 하나님과 재결합시키셨다. 그는 인류의 생활에 변화시키는 누룩으로서 들어오셨고, 그 결과 빚어진 변화가 그의 구속을 이루고 있는 것이다. 이것이, 세부적 진술의 차이는 있어도, 사실상 슐라이어마허, 에드워드 어빙(Edward Irving), 멘켄(Menken), 스티어(Stier)의 이론인 것이다. 심지어 콜브뤼게(Kohlbruegge)도 어느 정도 이를 수용하는 경향을 보인다. 그러나 이것에는 다음의 난점들이 있다.

1. 이 이론은 인간의 죄책에 관해 설명하지 않고 있다. 성경에 의하면, 인간은 자신의 부패로부터 정화되기 위해 죄과를 제거받아야 한다. 그러나 신비설에서는 죄과를 도외시해 버리기 때문에 오직 죄의 부패성을 제거하는 데에만 관심이 있다. 그것은 칭의에 관해 무지하고, 구원을 주관적인 성화로 인식한다.

2. 이 이론은 우주의 자연적 질서를 하나님의 의지와 본성의 완전한 표현으로 보고 죄를 단지 아무런 허물도 없고 벌 받을 이유도 없는 세계 내적인 도덕적 악의 세력으로만 생각하며, 형벌을 죄에 대한 하나님의 개인적 진노의 계시가 아닌 위반자에 대한 대자연의 이법(理法)의 단순한 반작용 정도로 간주하는 등 잘못된 원리에 의거하고 있다.

3. 이 이론은 그리스도가 죄의 오염과 유전적 타락에 참여하는 것으로 기술하고, 그의 죽으심의 필연성을 그 자신의 본성의 죄악 됨에서 유추하는 점에서(전부 다 이같이 주장하는 것은 아니다) 성경과 상반된다. 이같이 함으로써 본 이론은, 그리스도를 바로 그 무죄성 덕분에 죄인을 대신하여 죗값을 지불하실 수 있었던 무죄한 구세주로 간주할 수 없게 한다.

4. 이 이론은 성육신 사건 이전에 살았던 사람들이 예수 그리스도의 구속에 어떻게 참여할 수 있는지에 대한 답변을 제공해 주지 못한다. 만일 그리스도께서 실제적 방식으로 그의 지상 여정(地上 旅程)의 기간 동안 죄의 부패성을 축출하셨고 지금도 그같이 행하신다면, 그리고 인간의 구원이 이 같은 주관적 과정에 의존하는 것이라면 구약의 성도들이 이 구원에 어떻게 참여할 수 있었겠는가?

G. 대리 회개설(The Theory of Vicarious Repentance)

맥리어드 캠벨(McLeod Campbell)의 본 이론은 동정설(theory of sympathy) 내지 동일시설(theory of identification)로 호칭되기도 한다. 그것은 만일 인간이 적절히 회개할 능력을 가졌다면(실상은 그렇지 않았다) 완전한 회개가 죄의 충분한 속죄에 효력이 있었으리라는 근거 없는 가설에서 유래하고 있다. 그런데 그리스도는 인류를 위하여 필수적인 회개를 하나님께 드리셨고, 그 같이 하심으로써 용서의 모든 조건들을 충족시키셨다. 그의 사역은 실제로 인간을 위한 죄의 대리적 고백에 있었다. 자연히 그리스도의 죽음과 이 대리적 회개 및 고백 간의 연관성에 관한 의문이 제기된다. 그리고 그 답변은, 그리스도께서 그의 고난과 죽음으로써 성부의 정죄에 동정적으로 참여하셨고, 죄의 가증됨을 드러내셨고, 또한 죄를 정죄하셨다는 것이다. 그리고 이는 성부에 의해 우리 죄악의 완벽한 고백으로 간주되었다는 것이다. 이러한 죄의 정죄(유죄 판결)는 또한 하나님께서 죄악된 인류에게 요구하시는 거룩성을 사람 속에 조성하는(produce) 것으로 평가된다. 이 이론에는 다음과 같은 문제점이 있다.

1. 인간 되신 그리스도께서 우리의 고통과 시험, 그리고 우리의 무력감에 동정적으로 참여하실 수 있다는 것은 쉽게 이해할 수 있다. 그러나 성육신을 통해서 그가 어떻게 "우리의 죄에 대하여" 우리와 동료 의식(fellow-feeling)을 공유하실 수 있게 되었는지 불분명하다. 그는 무죄하셨고, 그의 생활에서 부패시키는 세력인 죄와는 전혀 무관하셨으며, 따라서 자신을 도덕적인 의미에서 죄인들과 전혀 동일시하실 수 없었던 것이다.

2. 성경에 의하면, 그리스도께서 그가 구원하기 위해 오신 죄인들을 동정하셨음을 인정할 수 있지만, 이 동정은 분명히 그의 구속 사역의 전부 혹은 심지어 가장 중요한 부분으로 묘사되고 있지 않다. 일체의 강조점은, 그가 죄인들이 받아야 할 형벌을 대신 받으셨고 순종의 생활로 율법의 요구를 충족시키셨다는 사실에 집중되고 있다. 그러나 본 이론은 하나님의 응보적 공의와 죄의 불법성을 인정하면서도, 형벌적 대속의 필연성과 가능성을 부인하고, 죄인들을 위한 그리스도의 사역이 그들을 위한 그의 고난에 있지 않고 그들의 죄에 대한 대리적 고백에 있다고 주장한다.

3. 본 이론은 그릇된 원리, 즉 죄는 필연적으로 인간을 처벌받게 만들지는 않는다는 것과, 하나님의 공의와 거룩성이 객관적 속죄를 요구하는 것은 당연한 일이 아니라는 것, 그리고 구속적 도움을 받아야 할 유일한 필요성은 인간이 진정으로 회개할 능력을 가지고 있지 않다는 사실에서 비롯된다는 명제에 입각하여 전개되고 있다.

4. 끝으로, 본 이론이 내포하는 것과 같은 대리적 회개는 실제로 용어상의 모순이다. 회개란 극히 주관적인 것이어서, 타당성을 갖기 위해서는 개인적이어야 한다. 그것은 개인적 죄 의식의 소산이며, 그 효과 또한 개인적인 것이다. 그같이 대리적인 회개가 타인들을 어떻게 회개할 의무로부터 면제시켜 주는지 이해하기 힘들다. 더구나, 이 이론은 아무런 성경적 기초가 없다.

VI
속죄의 목적과 범위

A. 속죄의 목적

속죄는 하나님과 죄인의 관계, 구원의 중보적 창시자인 그리스도의 신분과 상태, 그리고 죄인의 신분과 상태에 섭리적으로 영향력을 행사했다.

1. 하나님과 관련된 속죄의 효과.   우선 속죄가 불변적인 하나님의 내적 존재성에 아무런 변화도 초래하지 않았음을 강조해야 한다. 일어난 유일한 변화는, 하나님과 그분의 속죄하시는 사랑의 대상인 인간의 관계의 변화였다. 그분은 당신의 사법적 진노의 대상이었던 자들과 화해하신 것이다. 이 말은, 그들의 죄를 희생 제사로 덮어서 그의 진노가 비켜 지나갔다는 의미다. 속죄를 하나님의 사랑의 동인(動因, moving cause)으로 생각해서는 안 된다. 왜냐하면 그것은 이미 나타난 하나님의 사랑의 발현이기 때문이다. 종종 만족설에 입각하여, 하나님은 당신의 정당한 요구가 충족되기까지 죄인을 사랑하실 수 없다고 서술되고 있다. 그러나 그 경우에는 이미 그리스도가 하나님의 사랑의 선물이었다는 사실이 도외시된 것이다(요 3:16). 동시에 속죄가 계약적·형벌적 측면에서 하나님의 공의와 율법의 요구를 전부 만족시킴으로써, 죄인의 용서와 하나님의 구속적 사랑의 발현을 가로막는 장애물을 제거하였음은 틀림없는 사실이다.

2. 그리스도와 관련된 속죄의 효과.   속죄는 중보자인 그리스도께 다양한 상급을 확보해 주었다. 그는 생명을 주시는 영, 죄인들의 구원의 복을 위한 마르지 않는 원천이 되신 것이다. 그는 다음과 같은 것을 받았다.
(1) 현재의 메시야적 영광을 포함해서 그의 영광에 속하는 모든 것.   그래서 그는 그의 대제사장적 기도 중에 이미 자신의 사역의 완성을 예감하시고 다음과 같이 기도하셨다. "아버지여 창세 전에 내가 아버지와 함께 가졌던 영화로써 지금도 아버지와 함께 나를 영화롭게 하옵소서"(요 17:5).

(2) 그가 그의 백성들에게 나누어 주신 충만한 은사와 은혜.   그래서 시 68:18은 다음과 같이 기록하고 있다. "주께서 높은 곳으로 오르시며 사로잡은 자들을 취하시고 선물들을 사람들에게서 반역자들로부터도 받으시니 여호와 하나님이 그들과 함께 계시기 때문이로다." 바울은 엡 4:8에서 이 구절을 그리스도께 적용하고 있다.

(3) 그의 신비적 몸을 이루고 속죄 사역의 성과의 주관적 적용을 위한 성령의 은사.   이는 오순절 날 행한 베드로의 설교에서 분명히 나타난다. "하나님이 오른손으로 예수를 높이시매 그가 약속하신 성령을 아버지께 받아서 너희가 보고 듣는 이것을 부어 주셨느니라"(행 2:33).

(4) 그의 소유와 통치 아래 놓여지게 된 땅과 세계.   이것은 그에게 주어진 약속의 하나였다. "내게 구하라 내가 이방 나라를 네 유업으로 주리니 네 소유가 땅 끝까지 이르리로다"(시 2:8). 이 약속의 성취는 히 2:6-9에 분명히 명시되어 있다.

3. 죄인에 대한 속죄의 효과.

(1) 속죄는 죄인의 구원을 가능하게 하였을 뿐 아니라 이를 실제로 견고하게 했다.   이 점에서 개혁파는 로마 가톨릭, 루터파, 알미니우스파 및 보편 속죄를 가르치는 모든 분파와 입장을 달리하고 있다. 후자들은 그리스도의 속죄는 단지 구원을 가능하게 했을 뿐, 구원받은 사람들의 구원을 확고하게 하지 못했다고 주장한다. 그러나 개혁파는 속죄가 그 의도한 사람들에 대한 구속 사역의 적용을 공로적으로 획득했고, 따라서 그들의 완전한 구원을 견고하게 했다고 가르치고 있다.

(2) 속죄는 속죄 받은 자들을 위해 다음과 같은 유익을 확보했다.

① 칭의를 통한 정당한 사법적 지위.   이것에는 사죄, 양자 됨, 영원한 기업의 권리가 포함되어 있다.

② 중생과 성화를 통한 신자들과 그리스도의 신비적 연합.   이에는 옛사람이 점진적으로 쇠하고, 그리스도 예수 안에서 지음 받은 새사람을 점차 옷 입는 과정이 포함된다.

③ 예수 그리스도를 통한 하나님과의 친교, 개인적 영화(榮化), 그리고 새롭고 완전한 세계에서 영생을 향유하는 그들의 최종적 복락.   이 모든 것은 형벌 대속적 속죄론에 대해 그처럼 빈번히 제기되었던 반론, 곧 이 이론은 윤리적 방향성이 없고 구속된 자의 도덕적 생활을 위한 기초가 되지 못한다는 비난을 명확히 제거시켜 준다. 오히려 본 이론이야말로 성령의 역사로써 신자의 마음속에 군건히 뿌리 박은 진정한 도덕적 생활의 확실한 근거를 제시하는 유일한 교리라고 말할 수 있다.

B. 속죄의 범위

1. 정확한 논쟁점. 여기서 우리가 논의하는 문제는,

(1) 그리스도께서 이루신 만족이 그 자체로서 모든 사람들을 구원하기에 충분한가 아닌가는 논의할 문제가 아니다. 이 사실은 누구나 인정하고 있기 때문이다.

(2) 구원의 유익이 모든 사람들에게 실제로 적용되는지 어떤지도 아닌데, 왜냐하면 보편 속죄론을 가르치는 절대 다수가 모든 사람들이 실제로 구원 받는다고는 믿지 않고 있기 때문이다.

(3) 복음을 믿는 모든 사람들에게 회개와 믿음을 전제로 하여 구원의 신실한(*bona fide*) 제공이 허락되느냐 않느냐도 아닌데, 왜냐하면 개혁 교회는 이를 전혀 의문시하지 않기 때문이다.

(4) 그리스도의 죽음의 성과 중 어떤 요소가 선택되지 않은 자들의 하나님의 백성과의 교제 덕택에 그들에게 유익이 생기는지 그렇지 않은지도 아닌 것은, 많은 개혁파 신학자들이 이에 관해 분명하게 가르쳤기 때문이다.

이와는 달리, 문제점은 속죄의 의도(구상)와 관련되어 있다. 성부께서 죄의 대속을 위하여 그리스도를 파송하신 것과 그리스도가 이 세상에 오신 것은 오직 택함받은 자들만을 구원할 의도에서였는가? 아니면 모든 사람을 구원할 의도에서였는가? 이것이 문제이며, 문제점은 오직 이것뿐이다.

2. 개혁파 신학의 입장. 개혁파의 입장은 그리스도께서 실제로 그리고 확실히, 선택받은 사람들만을 구원하기 위하여 죽으셨다는 것이다. 이는 그가 자신의 구속 사역의 혜택을 실제로 베풀어 주신 사람들만을 구원하려는 목적에서 죽으셨다는 말과 동일하다. 개혁파임을 자처하는 여러 분파들 가운데 이러한 입장을 수정하려는 다양한 시도가 있었다. 네덜란드 알미니우스주의자는 그리스도는, 비록 모든 사람이 구원받지는 않겠지만, 가능한 모든 사람들을 예외없이 구원하려는 목적에서 죽으셨다고 주장했다. 그들에게 구원은 아담보다도 낮은 조건 곧 믿음과 복음적 순종이라는 조건으로 제공되는 것이니, 이 조건은 하나님께서 만인에게 주신 보통 은혜 또는 충분한 은혜(common or sufficient grace) 덕분으로 충족시킬 수 있는 것이다. 개혁파 만인구원론자들(Calvinistic Universalists)은 개혁파와 알미니우스파의 사이의 조정을 추구했다. 그들은 하나님의 이중적 작정(decree)을 구별하였다.

(1) 그리스도를 믿는다는 조건으로 그의 대속적 죽음으로써 모든 사람들을 구원하기

위해 그를 세상에 보내려는 작정. 그러나 하나님은 아무도 그리스도를 믿음으로 영접하지 않을 것이므로 이 계획이 실패할 것을 내다보시고, 첫 번째 작정에 이어 두 번째 작정을 하셨다.

(2) 그들의 마음속에 믿음을 일으키고 그들의 구원을 견고하게 하기 위해 일정 수의 선택자들에게 특별한 은혜를 베풀려는 작정. 이 모호하고 매우 불만족스러운 견해는 소뮈르(Saumur) 학파(캐머런, 아미랄두스, 테스타르두스)와 워들로우, 존 브라운(John Brown), 제임스 리처즈(James Richards)와 같은 영국 신학자들이 주장했다. 에몬스(Emmons), 테일러(Taylor), 파크(Park), 비먼(Beman)등의 뉴잉글랜드 신학자들도 다소 유사한 견해를 주장했다. 스코틀랜드의 매로우파(Narrow-men: 18세기 초 스코틀랜드에서 일어난 칼빈주의의 한 분파-역주)는 그리스도가 오직 택함받은 자들을 구원하기 위해 죽으셨다고 주장한 점에서는 완전히 정통적이었지만, 그 중 혹자는 속죄에 관해 좀 더 보편구원론적인 표현을 사용했다. 그들은 그리스도가 모든 사람들을 위해 죽지는 않았지만(did not die), 그는 모든 사람들을 위한 죽음 상태(is dead) 곧 모든 사람들에게 유효한(available) 죽음 상태에 있다고 주장한다. 하나님의 희사적 사랑은 보편적이어서, 그로 하여금 모든 사람들에게 선물과 허락을 베풀게 하였으며, 이것이 곧 구원의 보편적 제시의 근거이다. 그러나 그의 선택적 사랑은 특별한 것이어서, 오직 택함받은 자들만의 구원을 초래한다. 매로우파의 대표적인 인물로는 혹(Hog), 보스턴(Boston)과 두 사람의 어스킨(Erskines)을 들 수 있다.

3. 제한 속죄론의 증명. 다음의 증명들이 제한 속죄론의 근거로 제시될 수 있다.

(1) 제일 먼저, 하나님의 계획은 언제나 확실히 유효하며 인간의 행위로 인해 좌절될 수 없다는 일반론이 개진될 수 있다. 이것은 우리 주 예수 그리스도의 죽음으로써 인간을 구원하려는 계획에도 적용된다. 만일 모든 사람들을 구원하는 것이 하나님의 의도였다면, 이 목적은 인간의 불신앙에 의해 좌절될 수 없었을 것이다. 모든 면에서 오직 제한된 수효만이 구원받는다는 것이 인정된다. 따라서 그들이 하나님께서 구원하기로 결정하신 유일한 자들이라는 결론이 도출된다.

(2) 성경은 반복해서, 그리스도께서 위하여 그 목숨까지 버리신 사람들을 매우 명확히 한정시켜 묘사하는 방식으로 제한하고 있다. 그가 위해서 고난받고 죽으신 사람들은 '그의 양'(요 10:11, 15), '그의 교회'(행 20:28; 엡 5:25-27), '그의 백성'(마 1:21), '택하신 자들'(롬 8:32-35) 등으로 다양하게 호칭되고 있다.

(3) 그리스도의 희생 사역과 중보 사역은 단지 그의 속죄 사역의 다른 두 측면이어

서 어느 한 쪽의 범위가 다른 쪽보다 더 넓을 수 없다. 그런데 그리스도는 다음의 말씀에서 그의 중보 사역을 매우 명확하게 한정짓고 있다. "내가 비옵는 것은 세상을 위함이 아니요 내게 주신 자들을 위함이니이다"(요 17:9). 만일 그가 실제로 만민을 위해서 죗값을 지불하셨다면 왜 그의 중보 기도를 제한시키시겠는가?

(4) 그리스도께서 만민을 구원하기 위해 죽으셨다는 교리는 논리적으로 절대적 만인구원론(absolute universalism), 즉 사실상 모든 사람들이 구원받는다는 교리로 연결됨을 또한 지적해야 한다. 그리스도께서 죗값을 지불하시고 죄과를 제거하신 사람들이 바로 그 죄과로 인해 버림받는 것은 불가능하다. 알미니우스주의자는 그들의 중도적 입장에 머물러 있을 수는 없고 오히려 그 논리의 극단까지 나아갈 수밖에 없다.

(5) 만일 혹자들이 말하듯 속죄는 보편적이지만 그 적용에 있어 특수적이라고 한다면, 즉 그는 만민의 구원을 가능하게 하셨지만 실제로는 단지 한정된 수효만을 구원하신다고 한다면, 구원의 획득과 실제적 수여 사이에는 불가분의 관계가 있음을 지적해야 한다. 성경은 명료하게, 그리스도의 속죄 사역의 목적과 효과는 단지 구원을 가능하게 할 뿐 아니라, 신인(神人) 간에 화해시키며 인간으로 영원한 구원(허다한 사람들이 얻는 데 실패했던)을 실제로 소유하게 하려는 데 있다고 가르친다(마 18:11; 롬 5:10; 고후 5:21; 갈 1:4; 3:13; 엡 1:7).

(6) 그리고 만일 하나님과 그리스도의 목적이 명백히 인간의 신앙과 순종 여하에 달린 조건부적인 것이라고 주장한다면, 성경이 분명히 그리스도께서 그의 죽음으로써 신앙, 회개 및 성령 역사의 다른 모든 열매를 그의 백성을 위하여 획득하셨다고 가르친다는 사실에 주목해야 할 것이다. 결과적으로 이것들은 단순히 인간의 의사에 의해 성취 여부가 좌우되는 조건이 아닌 것이다. 속죄도 마찬가지로 구원을 얻기 위해 요구되는 모든 조건들을 확실하게 충족시키고 있다(롬 2:4; 갈 3:13, 14; 엡 1:3,4; 2:8; 빌 1:29; 딤후 3:5, 6)

4. 제한 속죄론에 대한 반론. 이 반론은 다음과 같이 분류될 수 있다.

(1) 그리스도께서 세상을 위해 죽으셨다는 성구들이 있다(요 1:29; 3:16; 6:33, 51; 롬 11:12, 15; 고후 5:19; 요일 2:2). 본 구절들에 근거한 반론은 여기서 사용된 '세상'이라는 단어의 의미를 '인류를 구성하는 모든 개인들'로 보는 부당한 가정으로부터 출발한다. 만일 이 가정이 틀린다면, 이에 기초한 반론은 무의미해질 것이다. 그런데 성경적으로 '세상'은 다양한 의미를 지니고 있음이 지극히 명백한 것인데, 이는 다음의 구절들을 일람하기만 해도 확실히 입증될 것이다(눅 2:1; 요 1:10; 행 11:28; 19:27; 24:5; 롬 1:8; 골 1:6).

또한 이 단어를 사람에 대해 사용할 경우에도 항상 모든 사람들을 포괄하는 것은 아니다(요 7:4; 12:19; 14:22; 18:20; 롬 11:12, 15). 이 구절들 중 몇몇은 절대로 모든 사람들을 지칭할 수 없다. 만일 요 6:33, 51에서 그 같은 의미로 사용되었다면, 그리스도께서 실제로 모든 사람들에게 생명을 주신다는, 즉 만민을 전부 구원하신다는 결론에 도달한다. 이는 반대론자들 자신의 믿음을 넘어서는 것이다. 롬 11:12, 15의 경우, '세상'이 전체 포괄적 개념이 될 수 없는 것은 문맥상 이스라엘이 명백히 제외되기 때문이다. 그리고 앞의 가정에 입각하면, 이 구절도 본래 의도를 넘어서서 그리스도의 구속 사역의 결실이 실제로 모든 사람에게 적용된다는 의미가 되는 것이다.

그러나 우리는 이들 구절에서 '세상'이라는 용어, 구약 성경의 자국주의(particularism)는 지나간 일이고 신약 성경의 세계주의(universalism)에게 길을 내주었음을 명시하기 위해 때때로 사용되었다는 사실의 증거를 발견하게 된다. 복음의 복이 열방에게로 확산되었다(마 24:14; 막 16:16; 롬 1:5; 10:18). 아마도 이것이 요 1:29; 6:33, 51; 고후 5:19; 요일 2:24 같은 구절들 속의 '세상'을 해석하기 위한 단서가 될 것이다. 쉐드 박사는, 이 단어가 마 26:13; 요 3:16; 고전 1:21; 고후 5:19; 요일 2:2 등의 구절에서는 '모든 민족'을 의미하는 것으로 추정하지만, 다른 구절들의 경우에는 신자들의 세계 내지는 교회를 지칭한다고 주장하고 있다(요 6:33, 51; 롬 4:13; 11:12,15). 카이퍼와 판 안델(Van Andel)도 몇몇 구절에서는 이것이 그 단어의 의미인 것으로 추측하고 있다.

(2) 위에서 언급한 구절들과 밀접하게 연관된 것이 그리스도는 모든 사람들을 위해 죽으셨다고 진술한 구절들이다(롬 5:18; 고전 15:22; 고후 5:14; 딤전 2:4, 6; 딛 2:11; 히 2:9; 벧후 3:9). 이 각 구절은 당연히 문맥에 비추어 고려되어야 한다. 예를 들어, 롬 5:18과 고전 15:22의 '모든'이나 '모든 사람들'은, 아담 안에 있는 사람들과 대비하여 오직 그리스도 안에 있는 사람들만을 포함한다는 것이 문맥상 명백히 나타난다. 만일 이 구절들의 '모든'을 한정된 의미로 해석하지 않을 경우, 본문은 모든 사람들의 구원을 가능하게 하셨을 뿐 아니라 실제로 예외없이 전부 구원하신다는 의미가 된다. 이로써 알미니우스주의자는 다시금 본의 아니게 절대 만인구원론자의 진영에 강제로 편입당하게 될 것이다. 이와 비슷한 의미 제한은 고후 5:14; 히 2:9(10절도 참조)의 해석에도 적용되어야 한다. 그렇지 않으면 본문은 너무 많은 것을 입증하다가 자연히 아무것도 입증하지 못하는 결과를 초래할 것이다. 이 구절들에서 '모든'은 단순히 그리스도 안에 있는 모든 사람들인 것이다. '모든 사람들에게 구원을 주시는' 하나님의 은혜의 나타남을 말하고 있는 딛 2:11의 경우, 문맥상 '모든' 사람은 실제로 모든 부류의 사람들을 지칭

하는 것이 분명하다. 만일 '모든'의 의미를 한정하지 않는다면, 본문 역시 만인구원론을 가르치게 된다. 딤전 2:4-6; 히 2:9; 벧후 3:9은 유대인과 이방인들이 모두 구원받기를 원하는 계시된 하나님의 뜻에 관해 언급하고 있지만, 보편적인 속죄 의도에 관해서는 아무것도 함축하고 있지 않다. 심지어 보편 속죄론을 신봉하는 모제스 스튜어트(Moses Stuart)조차 '모든'이란 단어를 이 경우들에 보편적인 의미로 받아들일 수 없음을 시인하고 있다.

(3) 제한 속죄 개념에 역행하는 듯이 보이는 세 번째 부류의 구절들은 그리스도께서 위하여 죽으신 자들이 구원 얻는 데 실패할 가능성을 함축하고 있다고 지적되는 것들로 이루어져 있다. 제일 먼저 롬 14:15과 고전 8:11의 병행 구절을 거론할 수 있다. 주석자들 중에 혹자는 본문이 영원한 멸망을 의미하지 않는다고 주장하지만, 그러나 그 의미에 더 가깝다. 사도는 그저 교회 내에서 더 강한 형제들의 사랑 없는 행위를 강렬하게 부각시키려는 의도였다. 그들이 더 약한 형제들에게 상처를 입히고 걸림돌이 되며, 그들의 양심을 유린함으로써 영적 침체에 빠지게 만든 듯하며, 만일 계속할 경우 그 자연적 귀결은 영적 파멸일 것이다. 그리스도께서 그 같은 사람들을 구원하기 위해 자기 생명을 속전으로 내어주셨는데, 그들은 자기 행위로써 형제들을 멸망시키려 했다. 실제로는 이 같은 멸망이 따라오지 않을 것은, 하나님의 은혜가 그들을 세울 것이라는 롬 14:4의 말씀을 볼 때 분명하다. 그러므로 본문은 쉐드 박사의 표현처럼 "일어나지 않고 일어날 수도 없는 어떤 일을 논리 전개를 위해 가정"하는 경우로서, 고전 13:13; 갈 1:8의 경우와 같다. 다소 유사한 또다른 구절로는 벧후 2:1과 히 10:29을 들 수 있다. 이 구절들에 관한 가장 타당성 있는 설명은 피스카토르(Piscator)와 네덜란드 주해서의 해석으로 스미튼(Smeaton)이 제시하고 있는 설명이다. 즉, "이들 거짓 교사들은 그들 자신의 말과 (실제) 사랑의 판단을 따라 묘사되고 있다. 그들은 스스로 구속받은 자로 자처했고, 그들이 교회 내의 교제에 머물러 있는 동안에는 교회에 의해 그 같이 판단받았다."

(4) 끝으로 구원의 신실한 제공에서 유래된 반론이 있다. 우리는 하나님께서 복음 아래 살고 있는 모든 사람들을 가식없이, 즉 신실하게 믿도록 부르시며, 믿고 회개하면 구원을 제공하신다고 믿는다. 그런데 알미니우스주의자는 그 같은 구원의 제공이, 그리스도는 오직 선택받은 자들만을 위하여 죽으셨다고 믿는 자들에 의해 이루어질 수 없다고 주장한다. 이 반론은 이미 도르트 회의에서 제기되었지만, 그 정당성을 인정받지 못했다. 그에 대해서 다음과 같은 답변을 제시할 수 있다.

① 믿음과 회개를 통한 구원의 제공은 하나님의 은밀한 계획, 좀 더 구체적으로 말해서 그리스도를 죄의 대속을 위해 내어주시려는 그의 의도의 계시로는 볼 수 없다. 그것은 단지 믿음으로 그리스도를 영접하는 모든 사람들에 대한 구원의 약속이다.

② 이 제공은 그것이 보편적인 한, 언제나 신앙과 회심을 조건으로 한다. 더 나아가, 그것은 오직 성령의 역사로만 사람의 마음속에 이루어질 수 있는 신앙과 회개 여하에 달린 것이다.

③ 구원의 보편적 제공은, 그리스도께서 복음을 듣는 모든 사람들을 위해 속죄를 행하셨으며 하나님은 진실로 각 사람을 구원하려 하신다는 선언에 달려 있지 않다. 그것은 (a) 본질상 모든 사람들을 구원하기에 충분한 그리스도의 속죄 사역의 설명, (b) 그리스도께 나아가는 데 요구되는 회개와 믿음의 본질 묘사, (c) 참된 회개와 믿음으로 그리스도께 나오는 사람마다 구원의 복을 얻으리라는 선언에 있는 것이다.

④ 죄인의 구속에 관한 하나님의 작정과 보편적 구원의 제공으로 표현된 그의 선언적 의지를 조화시키는 일은 설교자의 소임이 아니다. 그는 단지 만인에게 복음을 차별 없이 전파함으로써 주님의 뜻을 수행하는 것이 의무인 주님의 전권 대사에 불과하다.

⑤ 쉐드 박사는 다음과 같이 지적한다. "그리스도의 속죄 혜택이 보편적으로 제공되는 것은 하나님의 기쁘신 뜻에서 비롯된 것이다(겔 33:11). …… 하나님은 단지 그것을 기뻐하신다는 이유만으로도, 기뻐하시는 그 일을 선택받지 못한 사람들에게 행하도록 정당하게 요구하실 수 있다. 하나님의 소원은 간과(看過)의 신적 작정으로 변경되지 않는다." 또한 그는 매우 유사한 진술을 투레틴의 책에서 인용하고 있다.

⑥ 구원의 보편적 제공은 복음에 반대하는 인간의 반항심과 완악성을 드러내고 모든 변명의 빌미를 제거하는 역할을 한다. 그것이 없었더라면, 죄인들은 만일 자기들에게 하나님의 은사가 제공되기만 했다면 그들도 이를 기꺼이 받아들였으리라고 변명할 것이다.

5. 속죄의 좀 더 넓은 의미. 선택된 자들을 위한(오직 그들만을 위한) 그리스도의 속죄에 좀 더 넓은 의미가 함축되어 있지 않은가에 대한 질문이 제기될 수 있을 것이다. 스코틀랜드 신학에서는 그리스도가 어떤 구원 외적인 의미에서 선택되지 못한 자들을 위해서도 죽으신 것인지 아닌지가 빈번히 신학적 논의 대상이 되었다. 그것은 러더퍼드(Rutherford), 브라운(Brown), 더럼(Durham), 딕슨(Dickson) 등 몇몇 옛 신학자들에 의해 논의되었지만, 결론은 부정적이었다. 워커(Walker)는 말하기를, "그들은 그리스도의 죽음이 세계(또는 세계들)를 구원하기에 본유적으로 충분하다고 주장한 것이 사실이지

만, 그것은 그리스도의 목적 내지는 성취와 전혀 무관한 것이었다. 그리스도께서 모든 사람들을 위하여(for all) 충분하게 죽으셨다는 명제는 찬성 받지 못했는데, 왜냐하면 위하여(for)가 현실적 대리의 어떤 실재성(reality)을 함축하고 있는 것으로 여겨졌기 때문이다." 더럼은 유기된 자들에게 수여되어 그들이 누리는 여하한 (하나님의) 자비도 그리스도의 죽음의 적절한 결실 내지는 획득물로 간주하길 거부했지만, 동시에 그리스도의 죽음의 결과로서 어떤 혜택이 악인들에게도 반드시 미치게 된다고(비록 이것을 그들에게 복으로 간주할 수 있을지 의심스러우나) 주장했다. 이는 러더퍼드와 질레스피(Gillespie)의 입장이기도 했다.

스코틀랜드의 매로우파는 그리스도께서 오직 택정된 자들만을 구원하기 위하여 죽으셨다고 주장하면서도, 보편적인 구원의 제공으로부터 유추하여, 그리스도의 사역에는 또한 좀 더 넓은 의미가 내포되어 있다고 결론지으면서, 그들 자신의 표현대로 하면 "성부 하나님은 오직 버림받은 인류를 향한 당신의 값없는 사랑으로 인하여 그 아들 예수 그리스도께 속한 모든 사람들에게 선물과 허락을 베푸셨다"고 했다. 그들의 이론에 의하면, 모든 죄인들은 은혜 언약의 본질상이 아닌 집행상 그리스도의 유언에 따른 유산 수령인(legatee)들이지만, 유언은 오직 선택받은 자들의 경우에만 효력을 발휘한다. 그들의 입장은 스코틀랜드 교회에 의해 정죄되었다. 몇몇 개혁파 신학자들은, 비록 그리스도는 오직 선택받은 사람들을 위해 죽으셨지만 그리스도의 십자가의 많은 유익이 실제적으로(또한 하나님의 계획에 의해) 그리스도를 믿음으로 영접하지 않은 사람들의 유익이 된다고 주장한다. 그들은 보통 은혜의 복들도 그리스도의 속죄 사역에서 유래하는 것으로 믿고 있다.

엡 1:1과 골 1:20을 보건대, 그리스도의 속죄 사역은 천사들의 세계에서도 의미가 있는 것으로 보인다. 하늘에 있는 것과 땅에 있는 것들이 머리 되시는 그리스도 안에서 통일되며(아나케팔라이오사스다이, 엡 1:10) 십자가의 피로써 하나님과 화평을 이룬다(골 1:20). 카이퍼는 사탄의 반역으로 인해 우두머리를 잃어버린 천사계(天使界)가 그리스도를 머리로 해서 재조직되었다고 주장하고 있다. 이것은 천사계와 인간 세계를 단일한 머리 아래 화합 내지는 결속시킬 것이다. 물론, 그리스도는 그가 교회의 머리가 되시듯이 유기체적 의미에서 천사들의 머리가 되시는 것은 아니다. 끝으로, 그리스도의 속죄 사역은 새롭고 영화(榮化)된 인류의 합당한 처소요 의가 거하는 신천 신지와, 저급한 피조물들도 함께 누릴 영광스러운 자유를 가져올 것이다(롬 8:19-22).

VII
그리스도의 중보 사역

그리스도의 제사장 사역은 십자가 위에서 자신을 희생 제물로 바치신 일에만 국한되지 않는다. 때때로 그리스도는 땅에서는 제사장이셨지만 하늘에서는 왕이라는 서술이 나오는 데, 이는 그의 제사장 사역이 이미 끝난 듯한 인상을 준다. 그러나 그것은 전혀 잘못이다. 그리스도는 지상의 대제사장이었을 뿐 아니라 동시에, 특히 천상의 대제사장이시다. 심지어 그는 하나님 우편에서 천국의 위엄 중에 좌정해 계신 동안에도 "성소와 참 장막에서 섬기는 이시라 이 장막은 주께서 세우신 것이요 사람이 세운 것이 아니니라"(히 8:2). 지상에서 그는 단지 그의 제사장 사역을 시작하였고, 천상에서 이를 완성하고 계신다. 그는 엄격한 의미에서 장차 임할 실체의 그림자에 불과한 지상의 제사장들의 하나로 간주되지 않는다(히 8:4). 그는 참된 성소에서(이스라엘의 장막은 불완전한 그림자에 불과하다) 봉직하는 참된 제사장이다. 동시에 그는 오늘날 보좌에 앉으신 제사장으로서, 아버지와 우리 사이의 중보자(Intercessor)가 되신다.

A. 그리스도의 중보 사역에 대한 성경의 증거

1. 그리스도의 중보 사역의 예표. 그리스도의 제사적 사역이 일차적으로 놋제단에서 수행된 제사 기능과 그 위에 놓인 제물로 상징되었던 것에 비해, 그의 중보 사역은 성소의 금단(金壇) 위에 날마다 드려진 분으로 예표되었다. 끊임없이 올라가는 향연(香煙)은 이스라엘의 기도를 상징할 뿐 아니라 또한 우리의 크신 대제사장의 대제사장적 기도의 예표였다. 이 분향이라는 상징적 행위는 놋제단 위에 제사드리는 행위와 무관하지 않고 매우 밀접하게 관련되어 있었다. 그것은 좀 더 중요한 속죄 제사의 피뿌리는 행위와 연관되어 있었다. 피는 분향단이라고도 불린 금단 뿔에 바르고 휘장에 뿌렸으며, 대(大)속죄일에는 지성소 안에까지 가지고 들어가서 속죄소에 뿌렸다. 이같은 피의 사용은, 그룹 사이에 좌정하신 하나님께 드려진 희생 제사를 상징했다. 지

성소는 분명히 네모 반듯한 도성, 하늘의 예루살렘의 상징과 예표였다. 놋제단에서의 제사와 금단에서의 상징적 중보 행위 간에는 또다른 연관성이 존재한다. 향을 오직 번제단에서 취한 불 붙은 숯으로 피운다는 것은 중보가 희생 제사에 기초하고 있고, 그외에는 달리 효과가 없음을 암시하는 것이다. 이것은 천상에 계시는 그리스도의 중보 사역이 그가 이미 이루신 제사 사역에 근거하고 있고, 오직 그 기초 위에서만 용납될 수 있음을 명백하게 보여준다.

2. 신약 성경에 나타난 그리스도의 중보 사역. 파라클레토스라는 용어가 그리스도께 사용되고 있다. 이 용어는 오직 요 14:16, 26; 15:26; 26:7; 요일 2:1에만 나온다. 요한 복음에서는 어느 경우에나 "보혜사(Comforter)"로 번역되고 있지만, 요한일서에 기록된 유일한 구절에는 "대언자(Advocate)"로 번역되어 있다. 형태는 수동형이므로 웨스트코트(Westcott)의 말에 의하면, "원래는 단지 '타인의 곁에 부름 받은 자'를 의미하고, 이차적으로 그에게 조언하거나 조력한다는 의미"이다. 그는 이 단어가 고전 헬라어, 필로(Philo)의 글, 랍비의 글에서 그 같은 의미로 사용된다고 지적하고 있다. 그러나 많은 동방 교부들은 이를 능동적 의미로 보고 '위로자'로 번역함으로써, 단어의 단지 이차적인 적용에 불과한 의미를 그것이 요일 2:1의 경우와는 걸맞지 않음을 인식하면서도 부당하게 부각시켰다. 그 경우 이 단어는 도움을 요청받은 사람, 대언자, 타인의 소송 사건을 위해 변론하며 또한 그에게 현명한 조언을 하는 자를 의미하게 된다. 자연히 그 같은 대언자의 일은 위로를 가져올 것이며, 따라서 그는 또한 이차적 의미로서 위로자(Comforter: 보혜사)로 불릴 수 있다.

그리스도께서 우리의 대언자로 명시적으로 호칭된 경우는 오직 요일 2:1뿐이지만, 요 14:16에서도 암시적으로 그 같이 호칭되고 있다. "내가 아버지께 구하겠으니 그가 또다른 보혜사를 너희에게 주사 영원토록 너희와 함께 있게 하시리라"라는 약속에는 그리스도도 또한 하나의 보혜사였음을 분명하게 함축하고 있다. 요한복음에서는 이 단어를 정식으로 성령께 적용시키고 있다. 따라서 그리스도와 성령이라는 두 대언자가 있는 셈이다. 그들의 사역은 일부는 같고 일부는 상이하다. 그리스도께서 지상에 계셨을 때 그는 제자들의 대언자로서 세상에 대해 그들을 변호하셨고 그들에게 현명한 조언을 베푸셨는데, 이제는 성령께서 교회 안에서 그 일을 계속하고 계신다. 여기까지는 사역이 일치하지만, 차이점도 존재한다.

우리의 대언자이신 그리스도는 고소자(참소자, accuser) 사탄에 맞서 성부 앞에서 신자들의 소송을 변호하시는 데 비해(슥 3:1; 히 7:25; 요일 2:1; 계 12:10), 성령은 세상에 대해 신자들의 소송을 변호하실 뿐 아니라(요 16:8), 신자들에게 그리스도의 큰 뜻을 간곡히 부탁하고 그들에게 지혜로운 조언을 베푸신다(요 14:26; 15:26; 16:14). 요컨대 그리스도는 하나님께 우리의 소송을 변호하시지만, 성령은 우리에게 하나님의 대의(大義)를 변호하신다고도 말할 수 있다. 그리스도의 중보 사역에 관해 말하는 신약의 다른 구절로는 롬 8:24; 히 7:25; 9:24이 있다.

B. 그리스도의 중보 사역의 성질

그리스도의 중보 사역은 그 필수적인 기초를 이루는 그의 속죄적 희생과 분리될 수 없음이 분명하다. 그것은 단지 그리스도의 제사장 사역의 연장으로서, 이를 완결하는 것이다. 그리스도의 제사 사역과 비교할 때 그의 중보 사역은 그다지 주목받지 못하고 있다. 심지어 복음주의 계통에서도 아마도 본의 아니게 구세주가 지상에서 성취하신 사역이 현재 천국에서 하시는 일보다 월등히 중요하다는 인상을 때때로 주고 있다. 구약에서 성전에서 수행하는 매일의 직무는 중보 사역을 상징하는 분향에서 절정에 도달했고, 대(大)속죄일의 연례적 의식은 대제사장이 속죄의 피를 가지고 휘장 안으로 들어갈 때 최고조에 달했다는 사실이 거의 이해되고 있지 않은 듯하다. 또한 중보 사역이 충분히 이해되고 있다고 말할 수도 없다. 필시 이것이 기독교인들이 이에 주목하지 못하는 광범한 폐단의 원인과 또한 그 결과인 듯하다. 지배적인 의견은, 그리스도의 중보는 오직 그가 그 백성들을 위해 드린 기도에만 있다는 것이다. 이것이 그리스도의 중보 사역의 중요한 일부를 구성하고 있음을 부인할 수 없지만, 그것이 전부는 아닌 것이다. 기억해야 할 근본적 요점은 중보의 직무가 속죄와 분리되어서는 안 된다는 것으로서, 양자는 그리스도의 구속 사역의 두 측면일 뿐이며, 또한 양자는 하나로 융합된다고 말할 수 있다.

마틴(Martin)은, 성경에서 양자가 끊임없이 병행되어 나타나며 지극히 밀접하게 연관되어 있기 때문에 다음과 같이 지적하는 것을 당연하게 생각했다. "중보의 본질은 속죄이며, 속죄는 본질상 중보이다. 또는 역설적 표현을 좀 더 온건하게 변경한다면, 속죄는 참되다(단순히 피동적인 인내가 아닌 진정한 희생과 봉헌이다.) 왜냐하면 그것은 본질상 능동적이고 무류한 중보이기 때문이다. 반면에, 중보는 참된 중보이다(단지 영향력의 행사만이 아닌 법적·대표적·제사적 중보이다). 왜냐하면 그것은 본질상 갈보리에서 일단 완성되었고, 이제는 하늘에서 영속적으로 드려지며 열납되고 있는 속죄 또는 대리적 봉헌이기 때문이다." 이 말을 분석해 보면, 그리스도의 중보에서 다음과 같은 요소들을 발견하게 된다.

1. 대속죄일에 대제사장이 온전한 희생 제사와 함께 지성소에 들어가서 이를 하나님께 드린 것 같이, 그리스도도 그의 온전한, 흠 없는, 충족한 희생과 함께 하늘의 지성소에 들어가서 이를 아버지께 드리셨다. 그리고 대제사장이 가슴에 이스라엘 지파를 상징적으로 달고[胸牌] 성소에 들어가 하나님 존전으로 나아갔듯이, 그리스도도 그의 백성들의 대표자로서 나아오사 하나님 존전에서 인류를 복권시키셨다. 이 사실에 대해 히브리서 기자는 다음과 같이 기록한다. "그리스도께서는 참 것의 그림자인 손으로 만든 성소에 들어가지 아니하시고 바로 그 하늘에 들어가사 이제 우리를 위하여 하나님 앞에 나타나시고"(히 9:24). 개혁파 신학자들은 그리스도의 온전한 제사가 하나님 앞에서 영원히 있다는 것은 그 속에 예수 그리스도의 완전한 속죄를 끊임없이 상기시키는 중보적 요소를 내포하고 있기 때문이라는 사실에 종종 주목했다. 그것은 마치 유월절의 피와 같은 것으로서, 주님은 다음과 같이 말씀하셨다. "그 피가 너희가 사는 집에 있어서 너희를 위하여 표적이 될지라 내가 피를 볼 때에 너희를 넘어가리니 재앙이 너희에게 내려 멸하지 아니하리라"(출 12:13).

2. 속죄의 경우와 마찬가지로 중보에도 법적 요소가 포함되어 있다. 그리스도는 속죄를 통해 율법의 모든 정당한 요구를 만족시키셨고, 따라서 그가 속전을 대신 지불해 주신 사람들에 대한 여하한 법적 고소도 정당성을 상실하게 된다. 그러나 참소자 사탄은 항상 선택받은 사람들에 대한 고소에 힘을 쏟고 있는데, 그리스도는 이 모든 참소에 대해 그의 완성된 사역을 보이심으로써 대처하신다. 그는 그의 백성들을 위한 보혜사요 대언자로서, 그들에 대한 일체의 고소에 답변하신다. 이 사실은 '보혜사'(파라클레테)라는 명칭으로만 아니라, 롬 8:33, 34에 기록된 바울의 다음과 같은 말로써도 알 수 있다. "누가 능히 하나님의 택하신 자들을 고발하리요 의롭다 하신 이는 하나님이시니 누가 정죄하리요 죽으실 뿐 아니라 다시 살아나신 이는 그리스도 예수시니 그는 하나님 우편에 계신 자요 우리를 위하여 간구하시는 자시니라." 본문에는 명백하게 법적 요소가 드러나고 있다(참조. 슥 3:1, 2).

3. 그리스도의 중보 사역은 우리의 법적 지위에 관계될 뿐 아니라 우리의 도덕적 상태 즉 점진적 성화와도 관련된다. 우리가 성부께 그리스도의 이름으로 기도할 때, 그리스도는 우리의 기도를 거룩하게 하신다. 기도에 이러한 요소가 필요한 것은 기도

가 때로는 너무나 미흡하고 사소하며 피상적이고 심지어 불성실한 데 비해 이를 들으시는 분은 거룩함과 위엄에 있어서 완전하신 분이기 때문이다. 우리의 기도를 받으심 직하게 만드시는 것 외에도 그는 하나님의 나라에서 우리가 행하는 봉사를 성화하신다. 이 역시 필요한 것은, 우리의 봉사의 동기가 종종 순전하지 못함을 의식하며, 설혹 동기가 순수할 경우에도 그것이 하나님이 열납하실 만한 완전성과는 전혀 거리가 먼 것을 알기 때문이다. 죄의 암영이 그 모두 위에 드리워져있다. 그래서 베드로는 다음과 같이 말한다. "사람에게는 버린 바가 되었으나 하나님께는 택하심을 입은 보배로운 산 돌이신 예수께 나아가 너희도 산 돌 같이 신령한 집으로 세워지고 예수 그리스도로 말미암아 하나님이 기쁘게 받으실 신령한 제사를 드릴 거룩한 제사장이 될지니라"(벧전 2:4, 5). 그리스도의 중보적 직무는 동시에 그의 백성들을 위한 보호의 직무이기도 하다. 그는 어려울 때, 시험당할 때, 유혹에 빠질 때 그들을 도우신다. "우리에게 있는 대제사장은 우리 연약함을 동정하지 못하실 이가 아니요 모든 일에 우리와 똑같이 시험을 받은 이로되 죄는 없으시니라. 그가 시험을 받아 고난을 당하셨은즉 시험 받는 자들을 능히 도우실 수 있느니라"(히 4:15; 2:18).

4. 끝으로, 중보 사역 속에는 하나님의 백성들을 위한 기도의 요소도 있다. 만일 중보가 그리스도의 속죄 사역과 한 가지라면, 결과적으로 중보의 기도는 하나님께 속한 일(히 5:1), 곧 구속 사역의 완성과 관계될 수밖에 없다. 이 요소가 포함됨은 요 17장의 중보적 기도를 볼 때 분명한데, 여기서 그리스도는 그가 사도들 및 그들의 전도로 자신을 믿게 될 사람들을 위하여 간구한다고 밝히 말씀하고 계신다. 그리스도께서 심지어 우리가 기도 생활을 게을리할 때에도 우리를 위해 기도하시며, 우리의 생각이 못 미치거나 기도 중에 종종 빠뜨리는 영적 필요들도 성부께 간구해 주신다는 것, 그리고 우리가 미처 의식하지도 못하는 위험들과 감지하지 못한 우리를 노리는 대적들에 대항하여 우리를 보호하기 위해 기도하신다는 것은 생각하기만 해도 위로가 되는 사실이다. 그는 우리의 믿음이 멈추지 않고 끝까지 승리하도록 기도하신다.

C. 그가 중보하시는 사람과 주제

1. 그가 중보해 주시는 사람. 앞서 말했듯이, 중보 사역은 단지 그의 구속적 제사장 사역의 보완이며, 따라서 그 범위가 같다. 그리스도는 그가 대속하신 모든 사람들을 위해 중보하시며, 또한 오직 그들만을 위해 중보하신다. 이는 속죄의 제한성으로부터 유

추될 수 있고, 또한 롬 8:34; 히 7:25; 9:24 등의 구절에서도 알 수 있는데, 여기서 우리는 한결같이 신자들을 가리킨다. 더구나 요 17장에 기록된 대제사장으로서의 기도에서 예수께서는 그의 직계 제자들과 "또 그들의 말로 말미암아 나를 믿는 사람들"(요 17:9, 20)을 위하여 기도한다고 말씀하신다. 9절에서 그는 그의 대제사장적 기도의 제한성에 관해 매우 명확히 천명하고 있다. "내가 그들을 위하여 비옵나니 내가 비옵는 것은 세상을 위함이 아니요 내게 주신 자들을 위함이니이다." 또한 20절을 볼 때 그는 당시의 신자뿐 아니라 이미 믿었거나 혹은 장래에 언젠가 믿게 될 자를 막론하고 모든 택함받은 자들을 위해 중보하심을 알 수 있다. 중보자(intercessor)는 자기에게 주어진 사람들 하나하나를 기억하고 계신다(눅 21:32; 계 3:5). 루터파는 모든 사람들을 위한 그리스도의 일반적 중보와 오직 택한 자들만을 위한 특별 중보를 구별한다. 그들은 그 근거로서, 원수들을 위한 그리스도의 기도를 기록하고 있는 눅 23:34을 들고 있다. 그러나 그 기도는 그리스도의 공식적 중보 사역의 일부로 간주되지 않아도 무방하다. 댑니는 이를 중보 기도로 간주하면서, 나중에 이 기도의 대상이 바뀌었다고 믿지만, 이 기도를 단지 원수를 위해 기도하도록 제자들에게 가르치신 것과 같은 기도, 즉 자행된 엄청난 죄악에 대한 임박한 무서운 형벌을 피하기 위한 기도로 이해하는 것도 마찬가지로 가능한 것이다(참조. 마 5:44).

2. 그가 중보하시는 주제들. 그리스도께서는 중보해야 할 대단히 많은 기도 제목을 가지고 계신다. 우리는 그가 기도하시는 주제들 가운데 몇 가지를 단지 간략하게 제시할 수 있을 뿐이다. 그는 아직 자신에게 나아오지 않은 선택받은 사람들이 은혜의 신분으로 들어가도록, 이미 나아온 사람들이 나날이 짓는 죄를 용서받도록, 즉 칭의의 열매가 계속 그들에게 베풀어지는 체험을 하도록, 신자들이 사탄의 참소와 시험에서 보호되도록, 성도들이 점차 성화하도록(요 17:17), 그들의 천국과의 영적 교통이 지속되도록(히 4:4, 16; 10:21, 22), 하나님의 백성들의 봉사가 열납되도록(벧전 2:5), 그리고 마침내 그들이 천국에서 영원한 기업을 받게 되도록(요 17:24) 위하여 기도하신다.

D. 그의 중보의 특징

그리스도의 중보 사역에는 특히 주목할 만한 세 가지 특징이 있다.

1. 그의 중보의 일관성. 우리는 과거에 우리를 위해 객관적 사역을 완성하였을 뿐

아니라 그의 백성들을 위해 날마다 이미 성취된 희생의 열매를 확실히 개별적으로 베푸시는 구세주를 필요로 한다. 무수히 많은 사람들이 한꺼번에 그의 보살핌을 필요로 하고 있으며, 한순간만 돌보시지 않으면 그들에게는 치명적일 것이다 그러므로 그는 항상 깨어서 경성하신다. 그는 그들의 모든 소원에 주목하시며, 그들의 기도 중 어느 한 가지도 놓치지 않으신다.

2. 그의 중보의 권위성. 그리스도를 하나님의 보좌 앞에서 아버지께 자기 백성들을 위해 은총을 구걸하는 탄원자로 묘사하는 것은 전혀 잘못이다. 그의 기도는 피조물이 조물주께 올리는 탄원(petition)이 아니라 아들이 아버지께 하는 당당한 요구(request)이다. "그의 동등한 권위, 능력 있고 유효한 중보에 대한 의식은 그가 성부께 무언가 구하시거나 구하겠다고 말씀하실 때마다 항상 동등한 관계로서 요구한다는 의미의 단어 에로토, 에로테소를 사용하고(요 14:16; 16:26; 17:9, 15, 20) 아이테오나 아이테소를 사용하시지 않았다는 사실에서 잘 나타난다." 그리스도는 권위있는 중보자로서, 합법적으로 요구하실 수 있는 분으로 성부 앞에 나타나신다. 그는 "아버지여 내게 주신 자도 나 있는 곳에 나와 함께 있기를 원하옵나이다"(요 17:24)라고 하실 수 있는 분이다.

3. 그의 중보의 효력. 그리스도의 중보적 기도는 결코 실패함이 없다. 나사로의 무덤 앞에서 그는 성부께서 항상 그의 기도를 들으신다는 확신을 표명하셨다(요 11:42). 그의 백성들을 위한 중보기도는 그의 속죄 사역에 근거하고 있다. 그는 그가 요구하시는 모든 것을 받을 만한 공로를 이루셨고, 이 점에 그의 기도의 유효성에 대한 확신이 근거하고 있다. 그의 기도는 그가 원하시는 모든 일을 이루어 낼 것이다. 하나님의 백성들은 그들이 성부 앞에서 이같이 강력한 중보자(대언자)를 모시고 있다는 사실에서 위로를 얻을 수 있을 것이다.

VIII

왕직
(The Kingly Office)

그리스도는 성 삼위일체의 제2위이며, 영원하신 성자로서, 당연히 모든 피조물에 대한 하나님의 통치에 참여하신다. 그의 보좌는 하늘에 세워졌고, 그 나라는 만유를 통치한다(시 103:19). 이 왕은 그리스도께서 그의 신성(divine nature)으로서만 아니라 신인(Theanthropos)의 자격으로서 행사하셨던 수여적·경륜적인 중보자로서의 왕직과는 다르다. 후자는 그리스도께서 고유적 권리에 의해 소유하신 왕직이 아니라 수여받은 것이었다. 그것은 하나님의 아들되신 그의 통치 아래 전에는 놓여 있지 않았던 새로운 영역에 속한 것이 아니었으니, 그 같은 영역이란 아무 데서도 발견될 수 없기 때문이다. 오히려 그것은 딕(Dick)의 표현대로 한다면 "새로운 형식을 부여받고 새로운 외관을 취하고 새로운 목적을 위해 행사되는" 그리스도의 본래적 왕직이었다. 일반적으로 우리는 그리스도의 중보자적 왕직을 천지 만물을 하나님의 영광과 그의 구원 계획의 수행을 위하여 통치하는 그의 직무적 권력으로 정의할 수 있다. 그러나 우리는 은혜의 왕국(regnum gratiae)과 권능의 왕국(regnum potentiae)을 구별해야 할 것이다.

A. 그리스도의 영적 왕직

1. 이 왕직의 성격. 그리스도의 영적 왕직은 은혜의 왕국, 곧 그의 백성과 교회에 대한 그의 왕적 통치를 의미한다. 그것은 영적 왕국과 관련되어 있으므로 영적인 왕직이다. 그것은 신자들의 심령과 생활 속에 정립된 중보자의 통치권이다. 더욱이 그것은 그의 백성들의 구원이라는 영적 목적에 직접적·즉각적으로 연결되어 있다는 점에서 영적이다. 끝으로, 그것은 폭력이나 외부적 수단에 의하지 않고, 진리, 지혜, 공의, 거룩, 은혜, 자비의 영이신 성령에 의해 통치된다는 점에서 영적인 것이다. 이 왕직은 교회의 회집, 정치, 보호, 완성 속에 나타난다. 성경은 여러 군데에서 이에 관해 언급하고

있다(시 2:6; 45:6, 7〈참조, 히 1:8, 9〉; 132:11; 사 9:6, 7; 렘 23:5, 6; 미 5:2; 슥 6:13; 눅 1:33; 19:27, 38; 22:29; 요 18:36, 37; 행 2:30-36 및 기타). 이 왕직의 영적 성격은 무엇보다도 그리스도가 교회의 머리로 반복해서 호칭된다는 사실에서 암시되고 있다(엡 1:22; 4:15; 5:23; 골 1:18; 2:19). 이 용어는 그리스도께 적용될 경우, 사실상 '왕'(권위로 자신을 감싼 우두머리의 비유적 표현)과 동의어로 쓰이지만(고전 11:3; 엡 1:22; 5:23), 다른 경우에는 문자적·유기체적 의미로 쓰인다(엡 4:15; 골 1:18; 2:19 및 부분적으로 엡 1:22). 이 단어가 이 같은 유기체적 의미를 함축하지 않고 사용된 경우란 없다(고전 11:3은 예외). 두 개념은 극히 밀접하게 연계되어 있다. 그리스도는 교회를 유기적·영적 방식으로 왕으로서 통치하실 수 있다. 양자 간의 관계는 다음과 같이 명시할 수 있다.

(1) 그리스도의 머리 되심은 그와 그의 몸된 교회 사이의 신비적 연합을 나타내며, 따라서 존재의 영역에 속한다. 그러나 그의 왕직은 그가 권위로 옷 입으셨음을 암시하며, 법적 영역에 속한다.

(2) 그리스도의 머리 되심은 그의 왕직에 종속되어있다. 교회의 머리로서 그리스도께서 교회에 부어 주시는 성령 역시 그가 교회 내에서, 그리고 교회에 대하여 그의 왕권을 행사하는 수단이다. 오늘날 전천년주의자들(Premillenarians)은 그리스도가 교회의 머리 되심은 강력하게 역설하지만 그의 왕 되심은 일반적으로 부인하고 있다. 이것은 그가 교회의 주권적 통치자가 아니며 교직자들은 교회를 다스림에 있어서 그를 대리하지 않는다는 말과 동일한 것이다. 그들은 그리스도가 교회의 왕이심을 인정하지 않을 뿐 아니라, 아마 그가 권리상으로는 소유하셨지만 아직 현실화되지 않은 법적인 왕직을 제외하고는 그의 현재적 왕직을 전면 부정한다. 이와 동시에 그들의 실천은 이론보다 더 나은 것이, 그들은 실생활 면에서는 이율배반적으로 예수 그리스도의 권위를 인정하고 있기 때문이다.

2. 그리스도가 통치하시는 왕국. 이 왕국의 특징은 다음과 같다.

(1) **속죄 사역에 근거하고 있다.** 은혜의 왕국은 하나님의 창조 역사에서 기원하지 않고, 이 이름이 시사하듯 그의 구속적 은혜에 기원하고 있다. 누구도 자기가 인간이기 때문에 이 왕국의 시민이 되는 것은 아니다. 오직 구속받은 자들만이 그 같은 명예와 특권을 누린다. 그리스도는 그의 백성들을 위해 속전을 지불하셨고, 그의 성령으로 말미암아 그들에게 자신의 완전한 희생의 공로를 베푸신다. 그 결과, 이제 그들은 그리스도께 속해 있고, 그를 자신들의 주님이자 왕으로 인정하는 것이다.

(2) 영적 왕국이다.　구약 시대에는 이 왕국이 이스라엘 신정 국가로 예시되었다. 심지어 구약 시대에도 이 왕국의 실재성은 오직 신자들의 내면 생활 속에서 발견할 수 있었다. 하나님이 왕, 입법자, 재판관이 되시고, 지상적 군주는 단지 크신 왕을 대신하여 그의 뜻을 준행하고 심판을 집행하기 위해 임명된, 여호와의 대리자에 불과했던 이스라엘 민족 국가는, 특별히 신약 시대에 나타나기로 예정되었던 그 영광스러운 실체의 상징과 그림자와 예표에 불과했다. 새 시대의 도래와 함께 구약의 모든 그림자는 지나가 버렸는데, 그 중에는 신정적 왕국도 포함되었다. 이스라엘의 모태로부터 왕국의 영적 실체가 출현하였고, 구약적 신정 체제와는 독립된 존재 형태를 취했다. 따라서 왕국의 영적 성격은 구약보다 신약 성경에서 훨씬 더 명확히 부각되고 있다. 그리스도의 은혜의 왕국은 신약 성경에서 하나님의 나라(kingdom of God) 또는 천국(kingdom of heaven)으로 부르고 있는 것과 동일하다. 그리스도는 이 나라의 중보자적 왕이시다.

전천년주의자들은 복음서에서 사용되는 하나님의 나라와 '천국'을 다른 두 실체, 즉 하나님의 우주적 왕국과 미래에 임할 그리스도의 중보자적 왕국을 의미하는 것으로 그릇되게 가르치고 있다. 그들의 지도자들 중 혹자가 인정하지 않을 수 없다고 생각했듯이, 이 두 용어는 복음서에서 상호 교환적인 의미로 사용되고 있음이 분명하다. 이는 마태와 누가가 종종 예수님의 동일한 말씀을 기록할 때, 전자는 예수께서 '천국'이라는 표현을 사용하신 것으로 기록하고 있는 데 비해 후자는 이를 하나님의 나라로 대체시키고 있다는 사실에서 잘 나타난다(마 13장; 막 4장; 비교. 눅 8:1-10). 왕국의 영적 특성은 몇 가지 방식으로 표출된다. 소극적 측면에서는, 그 왕국이 유대인의 외적·자연적 왕국이 아님이 분명히 명시되어 있다(마 8:11, 12; 21:43; 눅 17:21; 요 18:36). 적극적 측면에서는, 그 왕국은 중생함으로써만 들어갈 수 있고(요 3:3, 5), 마치 땅에 뿌린 씨앗(막 4:26-29)이나 겨자씨(막 4:30) 및 누룩(마 13:33)과 같다고 성경은 가르친다. 그것은 사람들의 마음 속에 있으며(눅 17:21), "성령 안에 있는 의와 평강과 희락"(롬 14:17)이며, 이 세상에 속하지 않은 진리의 왕국이다(요 18:36, 37). 이 왕국의 백성들은 심령이 가난하고, 온유하며, 긍휼히 여기고, 화평하게 하며, 마음이 청결하고, 의에 주리고 목마른 자로 묘사되고 있다. 하나님의 중보자적 왕국의 실재성을 부인하고, 그것은 예수 그리스도의 재림시에 재건될 신정 국가의 형태를 취하리라고 주장하는 사람들에 대항하여 왕국의 영적 성격을 강조해야 할 것이다.

하나님의 나라를 단순히 교육, 입법, 사회 개혁과 같은 인간의 노력에 의해 정립되는 새로운 사회적 상태, 윤리적 목표의 영역으로 간주하려는 오늘날의 추세와 관련하여, '하나님의 나라'는 언제나 동일한 의미로만 사용되는 것이 아님을 유의해야 할 것이다. 근본적으로 이 용어는 어떤 구체적 개념보다 추상적 개념, 곧 죄인들의 마음속에 확립되고 인정된 하나님의 통치를 의미한다. 이 사실을 명확히 이해하면, 모든 인간적 노력과 단순한 형식들의 헛됨을 즉시 알 수 있을 것이다. 하나님의 통치는 단지 인간적 노력으로는 단 한 사람의 마음속에도 확립될 수 없으며, 또한 그 누구도 그 같은 통치를 인정할 수 없을 것이다. 하나님께서 죄인들의 마음속에 당신의 통치를 확립하시는 정도만큼, 그분은 당신이 다스리시고 최대의 특권과 엄선된 복을 베푸시는 왕국을 스스로 창조해 나가신다. 그리고 사람이 하나님의 통치에 응답하고 왕국의 율법을 순종하는 정도에 비례하여 새로운 환경이 자연스럽게 조성될 것이다. 사실, 만일 현재 천국의 시민된 사람들이 삶의 모든 영역에서 왕국의 법을 실제로 지키려한다면, 이 세상은 심히 달라져서 거의 알아볼 수 없게 될 것이다. 이 모든 진술에 비추어 볼 때, 하나님의 나라라는 용어는 성경에서 매우 다양한 의미 – 예컨대, 하나님 또는 메시야의 왕직(마 6:10)과 이 통치가 미치는 영역 및 그 결과로 조성된 환경(마 7:21; 19:23, 24; 8:12), 하나님 또는 메시야의 통치에서 유래하는 복과 특권의 총합(마 13:44, 45)과 그리스도 안에서 하나님의 통치의 승리적 절정을 표시하는 사물의 상태(마 22:2-14; 눅 14:16-24; 13:29) – 를 나타내기 위해 사용되고 있다는 것은 전혀 놀라운 일이 아니다.

(3) 현재적이고 미래적인 왕국이다. 그것은 일면 사람들의 심령과 생활 속에 현존하고 끊임없이 성장해가는 영적 실체로서, 끊임없이 확대되어가는 영역에 영향력을 미치고 있다. 예수님과 사도들은 그 왕국이 이미 그들의 시대에 임한 것으로 분명히 말하고 있다(마 12:28; 눅 17:21; 골 1:13). 이 사실은 오늘날 대다수의 전천년주의자들에 맞서 역설되어야 한다. 반면에 그것은 또한 미래에 임할 소망이며 종말론적 실체인 것이다. 사실상 이들 양자 중에서 왕국의 종말론적인 측면이 더 현저하게 부각된다(마 7:21, 22; 19:23; 22:2-14; 25:1-13, 34; 눅 22:29, 30; 고전 6:9; 15:50; 갈 5:21; 엡 5:5; 살전 2:12; 딤후 4:18; 히 12:28; 벤후 1:11). 본질상 미래적 왕국은 현재적 왕국과 마찬가지로 사람들의 마음속에 확립되고 인정된 하나님의 통치에 기인할 것이다. 그러나 예수 그리스도께서 영광 중에 재림하실 때, 이 확립과 인정이 완성되고, 왕국의 숨겨졌던 능력이 밝히 드러나며 그리스도의 영적 통치는 가시적이고 장엄한 모습으로 완결될 것이다. 그러나 현재적 왕국이 거의 감지할 수 없게 미래적 왕국으로 발전되어 나가리라고 추정하는 것은 잘못이다. 성경은 분명하게 미래적 왕국의 도래에 앞서 큰 변혁이 일어날 것을 밝히 교훈하고 있다(마 24:21-44; 눅 17:22-37; 21:5-33; 살전 5:2, 3; 벧후 3:10-12).

(4) 교회와 완전히 일치되지는 않지만 밀접히 관련되어 있다. 그 왕국의 시민권은 무형 교회의 회원권(membership)과 같다. 그러나 그 작용 범위는 교회보다도 더욱 광범한데, 이는 이 왕국이 생의 모든 방면을 관할하는 것을 목표로 하기 때문이다. 유형 교회는 가장 중요하고 하나님이 직접 제정하신, 왕국의 유일한 외적 조직체다. 동시에 그것은 지상에서 하나님의 나라를 확장하기 위해 하나님께서 허락하신 탁월한 수단이다. '하나님의 나라'라는 용어가 때로는 유형 교회와 사실상 동의어로 사용되기도 한다는 사실에 유의해야 한다(마 8:12; 13:24-30, 47-50). 교회와 왕국은 구별되어야 하겠지만, 전천년주의자들의 방식을 따라 구분해서는 안 된다. 그들은 왕국을 본질상 이스라엘 왕국으로 보고, 교회는 현(現)시대에 유대인들과 이방인들로부터 회집된 그리스도의 몸으로 간주한다. 그러나 이스라엘은 구약 시대의 교회였고, 그 영적 본질상 신약 교회와 단일체를 구성하는 것이다(행 7:38; 롬 11:11-24; 갈 3:7-9, 29; 엡 2:11-22).

3. 이 왕직의 기간.

(1) 그 시작. 이 점에 관해서는 의견이 구구하다. 철저한 전천년주의자들은 그리스도의 현재적인 중보자적 왕직을 부정하고, 그가 재림하여 천년왕국의 도래를 선포하신 후에야 중보자로서 보좌에 좌정하실 것으로 믿는다. 그리고 소지니주의자들은 그리스도는 승천하시기까지는 제사장도 왕도 아니었다고 주장한다. 교회가 일반적으로 용인하는 입장은 그리스도께서 영원 전에 중보자적 왕으로서 임명되셨고, (아담의) 타락 직후부터 왕으로서 사역하기 시작하셨다는 것이다(잠 8:23; 시 2:6). 구약 시대에 그는 일부는 사사들을 통해, 일부는 예표적인 왕들을 통해 그의 왕적 임무를 수행하셨다. 그러나 비록 그가 성육신 이전부터 중보자로서 통치하도록 허락 받으셨어도, 그는 승천하여 하나님 우편에 앉으시기까지는, 공개적으로 또한 정식으로 그의 보좌에 앉아 그의 영적 왕국을 출범시키지 않으셨다(행 2:29-36; 빌 2:5-11).

(2) 끝. 지배적 견해에 의하면, 교회에 대한 그리스도의 영적 왕직은 비록 세계의 종말로 그 행사 방식에 중대한 변화를 겪겠지만, 그 근본적 특성에 있어서는 영원히 계속될 것이다. 그리스도의 영적 왕직의 기한의 영원함은 다음의 구절들에 밝히 나타나 있는 것으로 보인다: 시 45:6(비교. 히 1:8); 72:17; 89:36, 37; 사 9:7; 단 2:44; 삼하 7:13, 16; 눅 1:33; 벧후 1:11. 하이델베르크 요리문답에서도 그리스도를 '우리의 영원하신 왕'으로 부르고 있다. 벨기에 신앙고백 제27조도 이와 비슷하다. 더욱이, 그리스도의 왕직과 머리됨(headship)은 서로 불가분하게 연결되어 있다. 후자는 전자에 종속

되어 있고, 때로는 전자를 포함하는 것으로 명확히 묘사되어 있다(엡 1:21, 22; 5:22-24). 그러나 확실한 것은 그리스도가 결코 교회의 머리됨을 그만두시지 않으리라는 점이다. 끝으로, 그리스도가 멜기세덱의 반차를 따른 영원한 대제사장이라는 사실도 그의 영적 왕직의 임기의 영원함을 지지하는 것으로 보이는데, 왜냐하면 그의 중보자 직분은 결국 한 덩어리이기 때문이다. 그러나 딕과 카이퍼는 그리스도의 이 같은 왕직은 그가 그의 백성들의 구원을 성취하실 때 끝나리라고 주장한다. 그들이 근거로 삼는 유일한 구절은 고전 15:24-28이지만, 이 구절은 그리스도의 영적 왕직이 아닌 우주에 대한 그의 통치직을 가리키는 것이다.

B. 우주에 대한 그리스도의 왕직

1. 이 왕직의 성격. 우리는 권능의 왕국(*regnum potentiae*)이라는 용어를 신인인 예수 그리스도께서 우주를 다스리시고 만유를 교회의 유익을 위하여 섭리적·사법적으로 통치하신다는 의미로 이해한다. 중보자는 우주의 통치자로서, 개인, 사회 집단, 민족들의 운명을 그가 자기 피로 구속하신 백성들의 영적 성장, 점진적 정화 및 궁극적 완성을 촉진하는 방향으로 이끌어 가신다. 또한 그는 그 같은 자격으로 그의 백성들을 세상에서 당하는 온갖 위험으로부터 보호하시며, 모든 대적들을 굴복시키고 멸하심으로써 자기의 의를 보전하신다. 우리는 이 같은 그리스도의 왕직에서 인간의 원래적 왕직의 첫 회복을 보게 된다. 그리스도께서 오늘날 그의 피로 값주고 사신 교회의 유익을 위하여 개인과 민족들의 운명을 다스리고 계신다는 사상은 그가 현재 '하늘 보좌로 도피해 계신 자(a refugee)'라는 개념보다 훨씬 위안을 주는 것이다.

2. 권능의 왕국과 은혜의 왕국의 관계. 우주에 대한 그리스도의 왕직은 그의 영적 왕직에 종속된다. 기름 부음받은 왕으로서 하나님의 영적 왕국을 세우고 통치하며 모든 적대 세력들로부터 보호하는 것이 그리스도의 의무이다. 그는 이 일을, 죄의 세력 아래 있고 일체의 영적 노력을 방해하는 데 전심하고 있는 세상에서 수행하셔야 한다. 만일 그 세상을 통제하실 수 없다면, 세상은 쉽사리 그의 모든 노력을 좌절시킬 것이다. 그러므로 하나님은 그에게 세상을 다스릴 권세를 주셨고, 그는 세상의 모든 통치자와 권세와 운동을 제어할 수 있게 되어, 세상에서 그의 백성들을 위한 안전한 교두보를 확보하고 일체의 흑암의 세력들에 대항하여 그들을 보호하실 수 있는 것이다. 이 모든 세력들은 그의 목적을 위해 강제로 봉사하게 된다. 그리스도의 자애로운 통치 하

에서는 심지어 인간의 분노마저도 하나님을 찬양하기 위한 재료가 되는 것이다.

3. 이 왕직의 기간. 그리스도는 하나님 우편으로 들리우심 받았을 때 우주에 대한 이 왕직을 정식으로 위임받으셨다. 그것은 그의 노고에 대해 미리 약속되었던 상급이었다(시 2:8, 9; 마 28:18; 엡 1:20-22; 빌 2:9-11). 이러한 임직은 신인의 승귀의 일부분이었다. 이 임직으로 그가 하나님의 아들로서 이미 소유하시지 않은 다른 능력이나 권세를 받았거나 그의 통치 영역이 확장된 것은 아니었다. 그러나 중보자이신 신인이 이 같은 권세의 주인이 되었고, 그의 인성이 이 같은 왕적 통치권의 영광에 참여하게 된 것이다. 더욱이 이제는 세계의 통치가 예수 그리스도의 교회의 유익을 위해 봉사하게 되었다. 그리스도의 이러한 왕직은 원수들에 대해 완전히 승리하고 심지어 사망이 철폐되기까지 계속될 것이다(고전 15:24-28). 만물이 완성될 때 신인(神人)이 특별한 목적을 위해 그에게 부여되었던 권세를 포기하게 될 것은 더 이상 그것이 필요하지 않을 것이기 때문이다. 그는 자신의 사명을 하나님께 반납함으로써 하나님은 만유 중의 만유가 되실 것이다. 목표는 달성되었으니, 인류는 구속되고 이로써 인간의 원래적 왕직이 회복된 것이다.

깊은 연구를 위한 질문

구약 성경에서 선지자로서의 그리스도는 누구에게서 예시되셨는가? 참 선지자와 거짓 선지자를 구별하는 방법은 무엇이었는가? 선지자와 제사장의 교사적 측면에서의 차이점은? 멜기세덱의 반차를 따른 제사장직의 특징은 무엇이었는가? 가인과 아벨의 제사는 속죄적이었는가? 자우엣(Jowett), 모리스, 영, 부쉬넬은 어떤 근거에서 모세의 제사의 대리적이고 예표적·예언적 성격을 부정하는가? 속죄(atonement), 화목 제물(propitiation), 화목(reconciliation), 구속(redemption)의 차이가 무엇인가? 속죄의 객관성에 대해 광범위하게 유포된 반감을 어떻게 설명할 수 있는가? 속죄의 필요성을 반박하기 위해 어떠한 논리가 제시되고 있는가? 인간들 간에는 형벌의 대리가 사실상 불가능한 이유는 무엇인가? 구원의 보편적 제공은 필연적으로 보편 속죄를 내포하는가? 현대 자유주의 신학에서는 속죄 교리가 어떻게 다루어 지는가? 성경에 나타난 두 보혜사(파라클레토이)는 누구누구이며, 그들의 사역의 차이점은 무엇인가? 그리스도의 중보 사역의 성격은 어떠한가? 우리의 중보적 기도는 그리스도의 중보적 기도와 같은가? 그리스도는 영원히 '유대인의 왕'으로 호칭되는가? 전천년주의자들은 그리스도의 현재적 영적 왕직만을 부인하는가? 아니면 그의 우주에 대한 왕직도 부인하는가?

Louis Berkhof

구원론

I
구원론 개요

A. 구원론과 앞 항목들의 관계

구원론은 구원의 복들을 죄인에게 전달하는 것과, 하나님의 은혜와, 하나님과의 긴밀한 교제의 생활로 회복되는 것을 다룬다. 구원론은, 인류의 생명과 힘과 행복의 근원으로서의 하나님 및 인간이 현재와 미래에 있어서 전적으로 하나님에게 의존한다는 것을 인식하는 것을 전제로 한다. 구원론은 회복, 구속, 갱신을 다루고 있으므로, 하나님의 형상대로 창조된 인간의 본래의 상태와 그 후 죄가 세상에 들어옴에 따른 인간과 하나님의 관계의 파괴라는 관점에서 조명될 때에만 적절히 이해될 수 있다. 더욱이 구원론은 죄인의 구원을 영원 전부터 하나님이 아시는 전적인 하나님의 사역으로 다루고 있다. 따라서 우리의 사고는 타락된 인간에게 구속이 예비된 영원한 평화의 의논과 은혜의 언약까지 거슬러 올라가야 한다. 또한 구원론은 구속의 중보자로서 그리스도의 사역이 완결되었다는 가정에서 전개된다. 따라서 기독론과 구원론은 매우 밀접한 관계가 있다.

어떤 사람들, 예를 들면 하지와 같은 사람은 기독론과 구원론을 "구원론"이란 표제하에서 함께 다루고 있다. 이러한 경우 기독론은 객관적인 것으로서 주관적인 구원론과 구별된다. 구원론의 내용들을 정의하는데 있어서 구원론이 구원의 획득(appropriation of salvation)을 다루고 있다고 언급하는 것보다는 구속 사역의 적용(application of the work of redemption)을 다루고 있다고 언급하는 것이 바람직하다고 생각된다. 이 문제는 인간학적이 아니라 신학적으로 연구되어야 한다. 인간의 사역보다는 하나님의 사역이 명백히 전면에 부각되어야 한다. 포프(Pope)는 구속 사역의 적용이라는 용어의 사용을 반대하고 있다. 이 용어를 사용함에 있어서 "우리는 그리스도의 완결된 사역이 은혜의 선택이라는 고정된 목적에 따라 개인에게 적용된다고 주장하는 예정론자들의 오류에 빠질 위험이 있기 때문이다." 칼빈주의자들이 이 용어를 선호하는 것은 바로 이러한 이유 때문이다. 하지만 포프를 공정하게 평가하기 위해서는 포프가 구원의 획득이라는 용어도 반대한다는 것이 함께 언급되어야 할 것이다. 포프는 이 용어가 그리스도의 속죄 조항을 개인에 의한 자유로운 수용과 거부의 문제로 규정함으로써 펠라기우스주의를 포함하는 또다른 극단으로 치우칠 위험이 있다고 주장한다. 그는 "구속의 시행(administration of redemption)"이라는 용어를 선호하는데, 이것은 훌륭한 용어다.

B. 구원의 순서(Ordo Salutis)

독일어권에서는 구원의 획득(Heilsaneignung), 네덜란드어권에서는 구원의 수단 (Heilsweg), 또는 구원의 순서(Orde des Heils), 영어권에서는 구원의 길(way of Salvation)이라는 용어가 사용되고 있다. 구원의 순서(ordo salutis)란, 그리스도 안에서 행해진 구원의 사역이 죄인들의 심령과 삶에 주관적으로 실현되는 과정을 서술하는 용어다. 구원의 순서는 구속 사역의 적용에 있어서 성령의 다양한 활동들을 논리적인 순서로 또한 이들을 상호 연관 하에 서술하는 것을 목적으로 한다. 구원의 순서에서는 인간이 하나님의 은혜를 획득하는 데 있어서 무엇을 행하는가가 아니라 하나님께서 이를 적용하는 데 무엇을 행하시는가를 강조한다. 펠라기우스주의자들이 이러한 견해를 거부하리라는 것은 당연하다.

종종 구원의 순서를 단순화시키려는 시도는 정당한 한계를 넘어서 전개되기도 한다. 바이츠재커(Weizsaecker)는 구원의 순서에 단지 인간의 심령 속에 역사하는 성령의 사역들만 포함시켰으며, 부르심 혹은 칭의는 이 범주에 포함될 수 없다고 주장했다. 가장 저명한 리츨파 교의학자인 카프탄(Kaftan)은 전통적인 구원의 순서는 내적인 통일성을 갖추지 못하고 있으며, 따라서 이는 마땅히 폐지되어야 한다고 주장한다. 그는 부르심을 은혜의 한 방편인 말씀이라는 표제하에 다루고 있다. 또한 그는 중생, 칭의, 신비적인 연합을 그리스도의 구속적 사역이라는 표제하에 다루고 있으며, 회심과 성화는 기독교 윤리학의 영역으로 분류하고 있다. 결과적으로 오직 신앙만이 남게 되며, 오직 신앙만이 구원의 순서를 구성한다. 그는 구원의 순서가 구원을 위해 인간에게 요구되는 것, 즉 오직 신앙만을 포함시켜야 한다고 주장한다. 이는 순전히 인간학적 견해로 아마도 능동적 신앙에 대한 루터교 신학의 지나친 강조에 기인하고 있다고 설명할 수 있을 것이다.

우리는 구원의 순서를 언급하는데 있어서 하나님의 은혜를 죄인 각자에게 적용하는 사역이 단일한 과정이라는 사실을 잘 알고 있다. 다만 이 과정에서 다양한 활동들이 구분될 수 있다는 것과, 구속을 적용하는 사역이 명확하고 합리적인 질서로 진행된다는 것, 그리고 하나님은 단 한 번의 행위로 죄인에게 완전한 구원을 이루어 주시는 것은 아니라는 사실을 강조할 뿐이다. 만약 하나님께서 단 한 번의 행위로 완전한 구원을 이루어 주셨다면 하나님의 자녀들은 하나님의 구속 사역의 모든 국면과 신적인 충만함을 인식할 수 없었을 것이다. 또한 우리는 종종 구속 사역의 다양한 활동들을 서술하는 성경보다 훨씬 더 제한된 의미로 그 용어들을 사용한다는 사실을 간과하지 않는다.

성경은 과연 명확한 구원의 순서를 제시하고 있는가라는 질문이 제기될 수 있다. 이 질문에 대한 답변은, 성경이 완벽한 구원의 순서를 명시적으로 제시하고 있지는 않지만 그러한 순서에 대한 충분한 기초를 제공해 준다는 것이다. 구원의 순서와 관련된 성경 구절로는 롬 8:29, 30에서의 바울의 말을 들 수 있다. 일부 루터교 신학자들은 행 26:17, 18을 근거로, 구속의 적용에 있어서의 다양한 활동들을 나열하고 있는데, 이것은 다소 자의적인 해석이라고 여겨진다. 성경은 비록 명확한 구원의 순서를 제시해주지는 않더라도 우리가 그러한 질서를 추론할 만한 두 가지 사항을 지니고 있다.

(1) 성경은 그리스도의 사역을 개별적 죄인들에게 적용하는 데 있어서 성령의 활동과 이들에게 분여되는 구원의 복들을 매우 풍부하게 나열하고 있다. 하지만 성경은 교의학에서 사용된 용어를 그대로 사용하지 않으며, 종종 다른 명칭을 사용하거나 비유들을 활용하고 있다. 게다가 성경은 이제는 교의학의 전문 용어가 된 용어들을 좀 더 넓은 의미로 사용하고 있다. 성경에서 "중생", "부르심", "회심", "갱신"과 같은 단어는 항상 인간의 내면에서 야기되는 총체적인 변화를 지칭한다.

(2) 성경은 여러 절에서 다양한 방식으로 구속 사역에 있어서의 상이한 활동들의 상호 관계를 지시해 주고 있다. 성경은, 우리가 의롭다 함을 얻는 것이 믿음에 의한 것이요 행위에 의한 것이 아니라는 것(롬 3:30; 5:1; 갈 2:16-20), 칭의된 자로서 우리는 하나님과 화평을 누리고 그에게 나아가게 되었다는 것(롬 5:1, 2), 우리는 의의 종이 되기 위해, 그리고 거룩함의 열매를 거두기 위해 죄로부터 해방되었다는 것(롬 6:18, 22), 우리가 양자 되었을 때 우리는 우리에게 확신을 주시는 성령을 받고 그리스도와 함께 상속자가 되었다는 것(롬 8:15-17; 갈 4:4, 5, 6), 믿음은 하나님의 말씀을 들을 때 난다는 것(롬 10:17), 율법에 대하여 죽는다는 것은 하나님에 대하여 사는 삶을 초래한다는 것(갈 2:19, 20), 우리가 믿을 때에 하나님의 성령으로 인치심을 받는다는 것(엡 1:13,

14), 믿음으로 하나님의 의를 얻었으므로 우리가 그리스도의 고난과 부활의 권능에 참여한다는 것(빌 3:9, 10), 그리고 우리가 하나님의 말씀으로 거듭나게 되었다는 것(벧전 1:23)을 가르쳐 준다. 상기 구절들과 이와 유사한 많은 구절들은 구속 사역의 다양한 활동들의 상호 관계를 제시해 주며, 구원의 순서를 구성하기 위한 기초를 제공해준다.

성경이 구속 사역의 적용에 따르는 정확한 순서를 자세히 서술하고 있지 않기 때문에 구원의 순서에 대한 상이한 의견들이 존재할 수도 있다. 실제로 교회들은 구원의 순서에 대해 일치된 견해를 가지고 있지 않다. 구원의 순서에 관한 교리는 종교개혁의 산물이다. 이와 유사한 어떤 것도 스콜라 철학에서는 발견할 수 없다. 종교개혁 이전의 신학에서는 구원론 자체가 공정하게 다루어지지 않았었다. 구원론은 하나의 구별된 항목을 구성하지 못하고, 그 구성 요소들은 다른 제목하에 상이한 항목들에서 논의되었다. 페트루스 롬바르두스나 토마스 아퀴나스와 같은 저명한 스콜라 신학자들도 성육신에 관한 논의에서 교회론과 성례론으로 곧바로 넘어간다. 이들에 있어서 구원론은 신앙론(de Fide)과 회심론(de Poenitentia) 등 단지 2장으로만 구성되어 있다. 선행(bona opera)에 관한 부분도 각별한 관심의 대상이 되었다. 개신교가 로마 가톨릭의 신앙관, 회심관, 선행관을 비판하고 이를 대치하는 것을 출발점으로 삼고 있으므로 개혁자들의 관심이 그리스도 안에서의 새로운 삶의 기원과 전개에 있는 것은 당연하다. 칼빈은 구원의 순서의 다양한 항목들을 체계적인 방법으로 분류한 최초의 인물이다. 하지만 카이퍼가 지적했듯이 그의 분류는 형식적인 면에서 볼 때 하나님의 활동보다는 인간의 행동을 강조하고 있으므로 다소 주관적이다. 후에 개혁파 신학자들은 이러한 결점을 바로잡았다. 다음에 나오는 구원의 순서들은, 종교개혁 이후 다양한 교회들을 특징짓는 구원의 방편에 관한 핵심 개념들을 반영해주고 있다.

1. 개혁파의 견해. 개혁파 신학의 구원의 순서는, 인간의 영적인 상태는 그의 지위, 즉 율법과의 관계에 의존하며, 죄인은 오직 예수 그리스도의 전가된 의를 근거로 하여, 인간을 타락시키고 파괴적인 죄의 영향력에서 구원받을 수 있다는 가정에서 출발한다. 개혁 교회의 구원론은 성부께서 그리스도에게 주신 사람들과 그리스도와의 구원의 언약(pactum salutis)에서 성립된 신비적 연합을 출발점으로 한다. 그 구원의 언약에 의해서 그리스도의 소유가 된 사람들에게는 그리스도의 의가 영원히 전가된다. 이렇게 법적인 요소가 도덕적인 요소보다 우선하고 있으므로 맥코비우스(Maccovius), 컴리(Comrie), 카이퍼 1세와 2세(A. Kuyper Sr.와 Jr.)는 구원의 순서를 중생이 아니라 칭의에서

시작하고 있다. 그들은 '칭의'라는 명칭을 하나님의 영원한 경륜 속에서 그리스도의 의가 선택받은 자에게 관념적으로 전가되는 것에 적용시킨다. 한 걸음 더 나아가 카이퍼 박사는 루터교인들과 개혁주의자들의 차이가 루터교인들은 믿음을 통한(per fidem) 칭의가 그리스도의 사역을 완성시키는 것으로 제시하는 반면, 개혁주의자들은 그리스도의 의를 통한(per justitam Christi) 칭의를 가르친다는 점에 있다고 주장한다. 하지만 대부분의 개혁파 신학자들은 구원의 언약에서 그리스도의 의의 전가를 전제로 하면서도 구원의 순서에서는 오직 이신칭의(以信稱義)만을 논의하고 있다. 이들은 그리스도의 의의 전가의 문제를 믿음에 대한 논의와 연관시켜서 혹은 믿음에 대한 논의 직후에 다룬다. 그들은 구원의 순서를 중생 혹은 부르심에서 시작함으로써 그리스도의 구속 사역의 적용이 초기부터 하나님의 사역이라는 사실을 강조한다. 이신칭의 다음에는 회심의 문제가 다루어지게 되는데, 여기에서는 중생의 사역이 죄인의 의식 영역까지 침투하여 그가 자아와 세상 및 사탄에게서 돌이켜 하나님께로 나아가는 과정이 서술된다. 회심은 회개와 믿음을 포함한다. 하지만 믿음의 중요성으로 인해 이 항목은 일반적으로 별개의 항목으로 다루어지는 경향이 있다. 믿음은 칭의를 중개하기 때문에 믿음에 대한 논의는 자연히 칭의에 대한 논의로 발전하게 된다. 그리고 칭의는 인간이 하나님과 새로운 관계를 맺게 하며, 양자됨의 은사를 수여하고, 인간으로 하여금 새로운 복종을 야기시키고, 인간이 내면으로부터 하나님의 뜻을 실행할 수 있게 하므로, 칭의 다음에는 성화에 대한 논의가 고찰된다.

바빙크(Bavinck)는 구원의 복을 세 부류로 분류한다. 바빙크는, 죄(sin)는 행위 언약(covenant of works)의 파기, 하나님 형상의 상실, 타락의 힘에 대한 복속을 포함하기 때문에 죄책(guilt)과 부패(오염)와 비참이라고 언급함으로써 자신의 논의를 출발시키고 있다. 그리스도는 자신의 고난, 율법의 모든 요구의 성취, 사망에 대한 승리를 통해 우리를 이 세 가지로부터 구원하셨다. 결과적으로 그리스도의 복은 다음 세 부류로 구분될 수 있다. (1) 그리스도는 칭의에 의해 인간과 하나님의 관계, 인간과 다른 피조물의 관계를 회복시키셨다. 여기에는 죄의 용서, 양자됨, 하나님과의 화목, 영광스러운 자유가 포함된다. (2) 그리스도는 중생, 내적 부르심, 회심, 갱신(renewal), 성화에 의해 하나님의 형상으로 인간을 새롭게 하신다. (3) 그리스도는 자신의 영원한 기업을 위해 인간을 보호하시며, 인간을 고통과 사망에서 구원하시고, 보존, 견인, 영화에 의해 인간이 영원한 구원을 소유하게 하신다. 첫 번째 부류의 복은 성령의 조명에 의해 분여되며, 믿음에 의해 수용되고, 우리의 양심을 자유롭게 한다. 두 번째 부류의 복은 성령의 중생시키시는 사역에 의해 분여되며, 우리를 새롭게 하고, 죄의 세력에서 우리를 구속한다. 세 번째 부류의 복은 우리의 완전한 구속의 보증으로서 성령의 보호하시고 인도하시며 인치시는 사역에 의해 우리에게 분여되며, 우리의 몸과 영혼을 비참과 사망의 권세에서 구원한다. 첫 번째 부류의 복은 우리를 선지자로, 두 번째 부류의 복은 우리를 제사장으로, 세 번째 부류의 복은 우리를 왕으로 기름 붓는다. 첫 번째 부류의 축복은 우리로 하여금 십자가에서 우리의 죄를 대속한 그리스도의 완성된 사역을 돌아보게 하며, 두 번째 부류의 복은 대제사장으로서 아버지 우편에 앉아 계신 하늘에 계신 살아 있는 주님을 바라보게 하고, 세 번째 부류의 복은 모든 대적들을 복종시키고 자신의 나라를 아버지께 양도할 예수 그리스도의 재림을 대망하게 한다.

개혁파 신학에서 구원의 순서를 논의할 때 우리는 다음과 같은 몇 가지 사항에 유의해야 한다.

(1) 모든 용어들이 항상 동일한 의미로 사용되는 것은 아니다. 일반적으로 칭의는 소위 이신칭의에 제한되는 법이지만, 어떤 경우에는 예수 그리스도의 부활시 선택된 자에 대한 객관적인 칭의와 구원의 언약에서의 그리스도의 의의 전가를 표현하기 위해 사용되기도 한다. 또 중생이라는 단어는 일반적으로 새로운 생명의 원리를 인간에게 분여하는 하나님의 행위를 나타내고 있지만, 경우에 따라서는 신생 즉 새 생명의 현현을 나타내기 위해서 사용되기도 하며, 17세기 신학에서는 회심 혹은 심지어 성화와 동의어로 사용되기도 했다. 개중에는 중생을, 온전한 회심(conversion proper) 즉 능동적 회심과 구분하여, 수동적 회심이라고 정의하는 자들도 있다.

(2) 여타의 구분들에도 주목해야 할 것이다. 우리는 하나님의 법적인 행동과 재창조적인 행동 - 전자는 칭의로서 신분을 변환시키는 것이며, 후자는 중생 및 회심으로서 죄인의 상황을 변환시키는 것이다 - 그리고 잠재 의식에서의 성령의 사역(중생)과 의식 영역에서의 성령의 사역(회심), 옛사람을 벗어 버리는 데 관련되는 것들(회개, 옛사람을 십자가에 못 박음)과 새사람을 입는 데 관련되는 것들(중생과 부분적으로는 성화가 이에 해당함), 마지막으로 구속 사역의 시작(중생과 온전한 회심에서의)과 구속 사역의 연장(매일 매일의 회심과 성화)을 구분해야 한다.

(3) 구속 사역의 적용에 있어서의 다양한 운동들을 고찰할 때, 먼저 하나님의 법적인 행동이 재창조적 행동의 기초가 되며, 따라서 칭의는 다른 모든 것들보다 시간적으로 우선하지는 않을지라도 논리적으로 우선한다는 것, 잠재 의식에 있어서의 하나님의 은혜의 사역이 의식 영역에서의 은혜의 사역보다 선행한다는 것, 즉 중생이 회심보

다 선행한다는 것, 하나님의 법적인 행동(죄 사함과 양자됨을 포함하는 칭의)은 항상 의식에 전달되며, 하나님의 재창조적인 행동 중에서 중생은 잠재 의식에서 일어난다는 것을 기억해야 한다.

2. 루터파의 견해. 루터파는 선택, 신비적 연합, 그리스도의 의의 전가의 교리들을 부정하지는 않지만, 이 세 가지 항목 중 어느 것으로부터도 논의를 시작하지 않는다. 그들은 죄인의 심령과 삶에서의 구속 사역의 주관적인 실현이 하나님의 은혜의 작용이라는 사실을 충분히 인식하고 있다. 하지만 그들은 하나님 편에서(*a parte Dei*) 행해지는 것들보다는 인간 편에서(*a parte hominis*) 행해지는 것들을 더욱 강조하는 구원의 순서를 제시하고 있다. 이들은 우선 신앙을 하나님의 은사라고 생각하지만, 동시에 신앙을 인간 편에서의 능동적 원리 즉 인간의 행위로 이해하여 구원의 순서에 결정적인 요인으로 제시하고 있다.

피퍼(Pieper)는 "구원의 획득"(Heilsaneignung)에 관한 모든 것은 인간에게 복음에 대한 신앙이 생성되는 데 달려있다"고 말한다. 카프탄이 신앙을 구원의 순서 전체라고 규정한 점은 이미 앞에서 언급된 바 있다. 루터파가 이렇게 신앙을 능동적 원리로 강조하는 것은 루터의 종교개혁이 이신칭의의 교리 – 이는 종종 종교개혁의 결정적 원리라고 불리곤 한다 – 를 전면에 부각시켰다는 사실에 기인한다. 피퍼에 의하면, 루터파는 하나님께서 그리스도 안에서 세상과 화목하게 되었다는 사실을 모든 논의의 출발점으로 삼는다. 하나님은 인간에게 이 사실을 복음 안에서 선포하시며, 인간이 죄의 용서 즉 그리스도 안에서 객관적으로 이루어진 칭의를 주관적으로 획득하도록 요청하신다. 이러한 부르심에는 항상 일정한 정도의 조명과 자극이 작용하게 되며, 따라서 인간은 성령의 구원하는 활동에 저항하지 못하게 하는 능력을 부여받는다. 이러한 과정에서 회개가 일어날 수도 있고, 회개는 성령이 죄인에게 구원의 은혜를 시여하는 중생을 야기시킬 수도 있을 것이다.

하지만 이 모든 것, 즉 부르심과 조명과 회개와 중생은 단지 예비적인 것에 불과하며, 엄밀한 의미에서는 아직 은혜의 언약의 복들이 아니라고 볼 수 있다. 이것들은 그리스도와의 생동적 관계 없이도 체험될 수 있으며, 단지 예비적인 것에 불과하며, 엄밀한 의미에서는 아직 은혜의 언약의 복들이 아니라고 볼 수 있다. 이것들은 그리스도와 생동적 관계 없이도 체험될 수 있으며 단지 죄인을 그리스도에게로 인도하는 기능만 수행한다. "중생은 자신에게 행사되는 감화력에 대응하는 인간의 행위에 따라 결정되며" 따라서 "인간의 저항이 점증되거나 감소함에 따라 단번에 혹은 점진적으로 발생할 수도 있다."

중생 안에서 인간은 구원의 믿음을 수여받고, 이 믿음으로 그리스도에 의해 객관적으로 주어진 죄의 용서 즉 칭의를 획득하게 되며, 하나님의 자녀로 인정받고, 그리스도와 신비적으로 연합하게 되고, 순종의 삶의 생동적 원리 즉 갱신과 성화의 영을 받게 된다. 이 모든 복들을 '영구적으로' 소유하기 위해서는 지속적인 믿음 – 인간 편에서의 능동적 믿음 – 이 필요하다. 인간이 지속적으로 믿는다면 그는 평화와 기쁨, 생명과 구원을 누린다. 하지만 만약 인간이 믿는 것을 중단한다면 이 모든 것들은 의심스럽고 불확실하고 잘못되게 될 것이다. 따라서 신자에게는 지금 소유하고 있는 모든 것을 상실할 가능성이 항상 존재한다.

3. 로마 가톨릭의 견해. 로마 가톨릭의 신학에서는 교회론이 구원의 순서에 대한 논의보다 선행한다. 어린 아이들은 영세에 의해 중생되지만, 성년이 되어서 비로소 복음에 접한 사람들은 마음을 조명하고 의지를 강화시키는 "충족 은혜"(*gratia sufficiens*)를 받게 된다. 인간은 충족 은혜에 저항하거나 동의할 수 있다. 만약 그가 이 은혜에 동의하면 이 은혜는 "협력 은혜"(*gratia co-operans*)로 변환되며, 이로써 인간은 칭의를 예비하는 데 협력하게 된다. 칭의에 대한 예비 과정은 다음 7단계로 구성되어 있다. (1) 하나님의 말씀을 믿음으로 수용함, (2) 자신의 죄악된 상태를 자각함, (3) 하나님의 자비를 소망함, (4) 하나님을 사랑하기 시작함, (5) 죄를 혐오함, (6) 하나님의 계명을 순종하겠다고 결단함, (7) 영세를 희망함.

여기에서 믿음은 중심을 차지하지 않고 단지 여타의 예비 과정들 중 일부분에 불과하다. 신앙이란 단지 교회의 교리들에 대한 지적인 동의만을 의미하며(*fides informis*), 주입된 은혜(*gratia infusa*)에 의해 부여된 사랑을 통해서만(*fides caritate formata*) 칭의의 능력을 획득하게 된다. 따라서 신앙은 단지 위에 열거한 예비 과정 중 첫 번째 과정으로, 모든 칭의의 기초이자 근거가 된다는 점에서만 칭의적 신앙으로 명명할 수 있다. 이러한 예비 과정 후에 칭의 자체가 영세에 의해 이루어지게 된다. 칭의는 죄의 용서에 뒤따르는 은총과 초자연적인 덕목들의 주입으로 이루어진다. 죄의 용서의 분량은 죄가 실제로 극복되는 정도에 비례한다.

여기서 우리는 칭의가 값없이 주어지며, 선행된 예비 과정에 의해 획득되지 않는다는 것에 주목해야 한다. 칭의의 은사는 계명을 지키고 선행을 함으로써 보존된다.

인간은 주입된 은혜에 의해 선행을 할 수 있고, 따라서 차후의 모든 은혜와 영생에 합당한 공로 - 실제적 공로(*meritum de condigno*) - 를 이룰 수 있는 초자연적 능력을 부여받게 된다. 따라서 하나님의 은총은 인간에게 구원에 합당한 능력을 부여하는 데 그 목적이 있다고 볼 수 있다. 하지만 인간이 죄의 용서를 계속 보유하게 될지는 확실하지 않다. 칭의의 은사는 불신앙뿐만 아니라 중죄로 인해 상실될 수도 있다. 하지만 이 경우, 칭의의 은사는 참회, 고백, 사죄 선언, 보속 행위로 구성된 고해 성사에 의해 다시 획득할 수 있다. 죄 의식과 영원한 형벌은 사죄 선언에 의해 제거되지만, 현세적인 형벌은 단지 보속 행위에 의해서만 소멸될 수 있다.

4. 알미니우스주의자들의 견해. 알미니우스주의자들이 주장하는 구원의 순서는, 외면적으로는 구속 사역을 하나님께 귀속시키지만, 실질적으로는 하나님의 구속 사역이 인간의 태도와 행위에 부수적이다. 하나님은 인간을 위해 구원의 가능성을 열어 놓았지만, 그 기회의 이용 여부는 인간에게 달려 있다. 알미니우스주의자들은 그리스도의 속죄를 "온 세상의 죄에 대한 제물과 만족(satisfaction)"(포프), 즉 인류 개개인의 죄에 대한 제물과 만족으로 이해한다. 알미니우스주의자들은 아담의 죄책은 그의 모든 후손들에게 전가되며, 인간은 본성상 완전히 타락했고, 따라서 어떠한 영적인 선도 행할 수 없다는 사실을 부인한다. 그들은 인간의 본성이 타락의 결과로 손상되고 부패했다는 것은 의심의 여지가 없지만, 여전히 인간의 본성은 영적으로 선하며, 따라서 하나님께 돌아갈 수 있다고 믿는다. 하지만 죄인된 인간 본성의 사악한 편견, 완고함, 나태로 인해 하나님은 인간에게 자비로운 도움을 베푸신다. 하나님은 인간에게 그가 선택하기만 하면 완전한 영적 복과 구원을 획득할 수 있게 하시는 충족 은혜를 베푸신다. 복음은 인간 모두에게 무차별적으로 제공되며, 단지 그들에 대해 도덕적인 감화력만 행사하게 되고, 그들은 복음을 거부할 수도 있고 이에 순종할 수도 있다. 만약 인간이 복음에 순종한다면 그들은 회개와 신앙을 통해 그리스도께 나아가게 된다.

이러한 영혼의 운동은 칼빈주의에서처럼 중생의 결과가 아니라 소위 은혜의 상태를 예비하는 것에 불과하다. 그들의 신앙이 진정으로 그리스도 안에 정착할 때 신앙은 그리스도의 공로로 인해 그들에게 의로 전가된다. 이것은 그리스도의 의가 그들의 것으로 전가된다는 의미가 아니라, 그리스도가 인간을 위해 행하신 것이라는 관점에서 순종, 정직한 마음, 선으로의 경향의 원리를 포함한 이들의 신앙이 완전한 순종 대신 용인되며 의로 간주된다는 의미다. 인간은 이러한 근거로 칭의되는데, 알미니우스의 도식에 따르면, 칭의란 일반적으로 그들의 죄가 용서되었다는 의미일 뿐, 의로운 자로 용인되었다는 것을 의미하는 것은 아니다. 알미니우스주의자들은 이를 다음과 같이 표현하고 있다. "그리스도의 공로에 기초하여 죄를 용서받을 수 있지만, 하나님 편에서의 인정은 율법이나 복음에 순종하는 것에 기인한다. 신앙은 칭의에 기여할 뿐만 아니라 죄인들을 중생시키는 데에도 기여한다. 신앙은 인간에게 복음적 순종의 은혜를 보증하며, 일생 동안 계속된다면 견인의 은혜를 야기할 수도 있다. 하지만 하나님의 은혜는 항상 거부될 수도 있고 잘못될 수도 있다."

웨슬리적 혹은 복음주의적 알미니우스주의자들은 17세기 알미니우스주의에 전적으로 동의하지는 않는다. 그들의 입장은 기존의 알미니우스주의보다는 칼빈주의와 유사하지만, 알미니우스주의보다 더 비논리적이다. 그들은 아담의 죄책이 아담의 모든 후손들에게 전가되었다는 것을 인정하는 동시에 모든 인간이 그리스도 안에서 칭의되었고 이러한 죄책이 출생 시 단번에 제거되었다고 주장한다. 또 그들은 자연 상태에서 인간이 도덕적으로 완전히 타락했음을 인정하면서도 현재는 성령을 통해 그리스도의 사역이 보편적으로 적용되고 있으므로 인간은 자연 상태에 실존하지 않고, 죄인은 하나님의 은혜에 협력할 수 있다는 것을 강조한다. 그들은 죄인의 갱신과 성화를 야기시키는 "초자연적인"(supernatural, hyperphysical) 은혜의 사역의 필요성을 강조한다. 더 나아가 그들은 그리스도인의 완성 또는 완전한 성화가 현세에서 이루어진다는 교리를 가르친다.

한 가지 더 언급할 것은, 알미니우스는 인간이 하나님과 협력할 수 있는 능력을 부여 받은 것이 공의의 사건이라고 이해했지만, 웨슬리는 이를 순전한 은혜의 사건으로 이해했다는 것이다. 이러한 입장들이 오늘날 흔히 접촉할 수 있는 알미니우스주의의 모습이다. 이러한 입장들을 감리교 외 대부분의 교회들, 그리고 특별히 오늘날 특정 교파에 소속되지 않은 다수의 교회들로부터 발견할 수 있다.

II
성령의 사역 개관

A. 성령의 사역으로의 전환

앞에서 이미 논의한 바와 같이 기독론에서 구원론으로 전환할 때 객관적인 것에서 주관적인 것으로, 즉 하나님께서 "우리를 위해" 그리스도 안에서 성취하시고 희생 제물의 측면에서는 완성된 사역으로부터, 하나님께서 시간이 지남에 따라 신자들의 마음과 생활 속에 실현시키시고 신자들이 협력하도록 허용하고 기대하시는 사역으로 전환하게 된다. 또 본 교리를 구성할 때도 성경의 인도를 받아야 한다. 바빙크 박사는 여기서 발생하는 다음과 같은 난점에 주목한다. 즉, 성경은 한편으로 모든 구속 사역이 그리스도 안에서 완결되어 인간이 행해야 할 일은 아무것도 없다고 가르치지만, 또 한편으로는 실제적으로 결정적인 일은 인간 안에서 인간을 통해 성취되어야 한다고 가르치는 것처럼 보인다는 점이다.

구속의 수단에 관한 성경의 가르침에는 자력 구원(autosoteric)과 타력 구원(heterosoteric)의 요소가 모두 존재하는 듯하다. 따라서 모든 종류의 편협성을 경계하며, 한편으로는 펠라기우스주의, 반(反)펠라기우스주의, 알미니우스주의, 신(新)율법주의 등 율법 준수주의의 위험을 피하면서, 다른 편으로는 율법폐기론(Antinomianism)의 극단 – 이것은 니골라당, 알렉산드리아의 영지주의자들, 자유의 영의 형제단(Brethren of the Free Spirit), 좀 더 열광적인 형태의 재세례파, 아그리콜라의 추종자 모라비아 교도들, 플리머스 형제단의 일부 등과 같은 종파들에서, 때로는 특정한 교리로, 때로는 단순히 교리적인 경향으로 출현하고 있다 – 을 피해야 한다.

율법 준수론자들은 미리 예견된 인간편에서의 태도나 행위에 의한 것이 아니라 하나님께서 원하는 대로 구원받을 자와 구원받지 못할 자를 무오하게 결정하시는 하나님의 주권적 선택의 교리를 부정한다. 그들은, 그리스도께서 대속적 죽음에 의해 구원을 가능하게 하셨을 뿐만 아니라 그리스도께서 생명을 바친 사람들 모두에게 실질적으로 구원을 보장하여 영생이 가장 절대적인 의미에서 하나님의 자유로운 선물이며 영생을 수여함에 있어서 인간의 공로가 배제된다는 것을 부정한다. 그들은, 갱신하는 은혜 없이도 인간이 자신을 구원할 수 있으며(펠라기우스주의), 하나님의 은혜에 도움을 받지 않아도 구원을 성취할 수 있다고(반펠라기우스주의와 알미니우스주의) 주장한다.

반면에 때로 극단적 칼빈주의에게 지지받기도 하는 율법폐기론자들은, 우리의 죄가 그리스도에게 전가될 때 그리스도는 개인적으로 죄인이 되고, 그리스도의 의가 우리에게 적용될 때는 우리가 개인적으로 의롭게 되어 하나님은 우리에게서 더 이상 죄를 찾지 않으신다고 주장한다. 그들은, 신자들과 그리스도의 연합은 "동일화의 결합"(union of identity)으로서 신자들은 모든 면에서 그리스도와 합일된다는 것, 또한 죄인의 구속이 이미 십자가상에서 완성되었기 때문에 성령의 사역이란 매우 피상적인 것이며, 더욱 극단적인 입장에서는 이미 모든 것이 하나님의 영원한 결정에서 이루어진 것이기 때문에 그리스도의 사역 자체도 불필요하다는 것, 죄인은 그리스도의 부활 안에서 구속의 경륜 안에서 칭의되었고 따라서 신앙에 의한 칭의는 불필요하며 칭의에서는 다만 이미 성취된 칭의의 선언을 받기만 한다는 것, 신자들은 행위 언약의 조건으로서 뿐만 아니라 생활의 규범으로서의 율법에서 해방된다는 것을 주장한다. 그들은 실제로 성령의 인격과 사역, 그리고 경우에 따라서는 그리스도를 통한 객관적 속죄까지도 부인한다. 속죄와 칭의는 영원 전에 이루어진다. 완고한 죄인은 하나님께서 자신에게 분노하고 있다는 그릇된 가정에 의해 잘못 행동하고 있다. 따라서 그에게는 단지 이러한 사실을 알려주기만 하면 된다. 게다가 그는 어떠한 죄를 범하든지 그와 하나님의 일치는 절대 불변한다는 사실을 절실히 깨달아야 한다.

성경은 창조와 구속의 사역에는 일정한 경륜이 있음을 가르친다. 성경은 창조에는 성부를, 구속에는 성자를, 성화에는 성령을 언급하는 것을 정당화해 준다 성령은 자신의 고유한 인격을 가지고 있을 뿐만 아니라 고유한 사역 방식을 가지고 있다. 따라서 우리는 구원에 합당한 공로를 세우신 그리스도의 사역과 이를 적용하는 성령의 사역을 구별해야 한다. 그리스도는 하나님의 공의의 모든 요구를 성취하셨고 모든 구원의 복에 합당한 공로를 세우셨다. 하지만 그리스도의 사역은 아직 끝나지 않았다. 그리스도는 자신이 생명을 바친 사람들로 하여금 자신이 공로로 세운 모든 것들을 소유하게 하기 위해서 지금도 하늘에서 그 사역을 계속하신다. 구속을 적용하는 사역조차도 그리스도의 사역이라고 볼 수 있다. 다만 이는 그리스도께서 성령을 매개로 하여 성취하시는 사역이다. 구속을 적용하는 사역이 구속의 경륜에서는 성령의 사역으로 부각되고 있지만, 이는 잠시라도 그리스도의 사역과 분리될 수 없다. 이 사역은 예수 그리스도의 구속 사역에 근거하여 이를 완성시키며, 구속의 주체들의 협력 없이 수행될 수 없다. 그리스도 자신도 다음과 같은 말을 통해 이들의 밀접한 관계를 지적해 주셨다. "그러나 진리의 성령이 오시면 그가 너희를 모든 진리 가운데로 인도하시리니 그가 스스로 말하지 않고 오직 들은 것을 말하시며 장래 일을 너희에게 알리시리라 그가 내 영광을 나타내리니 내 것을 가지고 너희에게 알리시겠음이라"(요 16:13, 14)

B. 성령의 일반 사역과 특별 사역

성경은 성령의 모든 사역이 예수 그리스도의 구속 사역의 일부가 되는 것은 아니라는 것을 명백히 가르친다. 하나님의 아들이 구속의 중보자가 될 뿐만 아니라 창조의 중개자도 되듯이, 성령도 성경에 기록된 대로 구속의 사역뿐만 아니라 창조의 사역에서도 활동한다. 물론 구원론에서는 성령의 구속 사역에만 관심을 두지만, 성령에 좀더 적절한 이해를 위해서는 성령의 좀 더 일반적인 활동들에 대해 고찰하는 것이 바람직하다고 여겨진다.

1. 성령의 일반 사역. 구약 성경에서는 신약 성경만큼 삼위의 구분이 명확하게 계시되지 않는다는 것은 주지의 사실이다. "하나님의 영"이라는 용어는 구약에서 사용될 때는 항상 인격을 지칭하는 것은 아니다. 심지어 인격적인 개념이 명확히 나타나는 곳에서도 거룩한 삼위일체 하나님의 세 번째 인격을 지칭하고 있다고는 볼 수 없는 경우도 있다. 이 용어는 하나님의 숨결을 나타내기 위해서(욥 32:8; 시 33:6), 어떤 경우에서는 "하나님"과 동의어로(시 139:7, 8; 사 40:13) 사용되었다. 또한 생명의 힘, 즉 피조물들이 살아가게 하는 하나님의 고유한 원리를 독특한 방식으로 지칭할 때 사용되고 있다. 피조물 안에 거하며 피조물의 존재 기반인 영(숨)은 하나님으로부터 유래하며, 피조물을 하나님과 결합하게 한다(욥 32:8; 33:4; 34:14-15; 시 104:29; 사 42:5). 하나님은 "모든 육체의 영의 아버지"라고 불린다(민 16:22; 27:16; 히 12:9). 어떤 경우에는 하나님의 영이 단지 능력뿐만 아니라 인격이라는 것이 명약관화하게 나타날 때도 있다. 성령이 최초로 언급되는 구절, 즉 창 1:2에서는 이미 이러한 생명을 부여하는 기능이 주목되며, 창 2:7에서는 이 기능을 인간의 창조와 연관하여 설명하고 있다. 하나님의 영은 생명을 부여하며, 하나님의 창조 사역을 완성시킨다(욥 33:4; 34:14, 15; 시 104:29, 30; 사 42:5). 생명의 기원, 유지, 발전이 성령의 사역에 의존하고 있다는 것은 구약에서 명

확하게 나타난다. 성령이 떠나가는 것은 죽음을 의미한다.

비범한 능력의 행사, 강한 힘과 비상한 용기로 이룬 업적들도 역시 하나님의 영과 연관되어 있다. 하나님께서 이스라엘의 구원을 위해 세우신 사사들은 비상한 능력과 특출한 힘과 용기를 가진 사람들이었지만, 그들의 업적은 자신들에게 기인한 것이 아니라 그들에게 임한 여호와의 초자연적인 권능에 기인한 것이다. "여호와의 신이 그에게 (강력하게) 임하셨다"는 표현이 반복해서 나타나고 있다(삿 3:10; 6:34; 11:29; 13:25; 14:6, 19; 15:14). 그들은 하나님의 영에 의해 이스라엘 백성을 구원할 수 있었다. 또한 지적인 영역에서도 성령의 활동들이 인지되고 있다. 엘리후는 "사람의 속에는 영이 있고 전능자의 숨결이 사람에게 깨달음을 주시나니"(욥 32:8)라고 말한다. 지적인 통찰력, 즉 인생의 문제들을 이해할 수 있는 능력은 성령의 조명에 기인하는 것으로 서술된다. 또한 예술적 기교의 향상도 주의 영에 기인하는 것으로 이해되고 있다(출 28:3; 31:3; 35:30 이하). 특별한 재능을 부여받은 사람들은 성막을 짓거나 제사장의 옷을 장식할 때 정교한 일을 수행할 수 있는 자격이 부여되었다(참조. 느 9:20). 또한 주의 영은 다양한 직무를 감당하기 위한 능력을 부여하는 자로 제시되고 있다. 성령은 이스라엘 백성을 통치하고 재판하는 일에 모세를 보조하도록 선출된 70명의 장로들에게 임재했다(민 11:17, 25, 26). 이들은 자신들의 소명을 입증하도록 일시적으로 예언의 영을 받기도 했다. 여호수아는 주의 영을 소유하여 모세의 후계자로 선택되었다(민 27:18). 사울과 다윗이 왕으로 기름 부음을 받았을 때 주의 영이 그들에게 강림해서 중요한 과업을 수행할 수 있는 능력을 부여해 주었다(삼상 10:6, 10; 16:13, 14).

마지막으로 하나님의 영은 계시의 영으로서 선지자들 가운데서 활동했다. 다윗은 "여호와의 영이 나를 통하여 말씀하심이여 그의 말씀이 내 혀에 있도다"(삼하 23:2)라고 말한다. 느헤미야는 느 9:30에서 "그러나 주께서 여러 해 동안 참으시고 또 주의 선지자들을 통하여 주의 영으로 그들을 경계하시되 그들이 듣지 아니하므로 열방 사람들의 손에 넘기시고도"라고 증언한다. 에스겔은 여호와의 영에 의한 환상을 말하고 있다(11:24). 슥 7:12에는 "그 마음을 금강석 같게 하여 율법과 만군의 여호와가 그의 영으로 옛 선지자를 통하여 전한 말을 듣지 아니하므로 큰 진노가 나 만군의 여호와께로부터 나왔도다"라고 기록되어 있다(참조. 왕상 22:24; 벧전 1:11; 벧후 1:21).

2. 성령의 일반 사역과 특별 사역의 관계. 성령의 일반 사역과 특별 사역 사이에는 유사성이 존재한다. 일반 사역을 통해 성령은 유기체적이며 지적이며 도덕적인 모든

삶을 시작하게 하고 유지시키고 강화하고 인도한다. 성령은 이러한 일을 상이한 방식으로, 또 그 대상에 맞도록 수행하신다. 성령의 특별 사역에도 이와 유사해 보이는 점들이 있다. 성령은 구속의 영역에서도 신생을 일으키고, 이를 열매 맺게 하며, 발전하도록 인도하며, 하나님의 섭리에 도달하게 한다. 하지만 이러한 유사성에도 불구하고, 창조의 영역에서의 성령의 사역과, 구속 혹은 재창조의 영역에서의 성령의 사역 간에는 본질적인 차이점이 있다.

창조의 영역에서, 성령은 자연적 창조의 생명을 시작하고 유지시키고 발전시키고 인도하며, 삶과 사회 생활에 있어서 타락시키고 파멸시키는 죄의 세력을 일시적으로 제한하고, 인간에게 공동 생활에 있어서 일정한 질서와 예의를 유지하고, 상호 관계에 있어서 외면적인 선과 의를 행하며 그들이 부여받은 천부적 재능을 발전시킬 수 있는 능력을 부여한다.

반면, 구속 및 재창조의 영역에서, 성령은 위로부터 출생하고 위로부터 양육되며 위에서 완성될 새 생명, 즉 지상에서 살지만 원리상 천상적 생명을 시작시키고 유지시키고 발전시키며 인도한다. 특별 사역을 통해 성령은 죄의 권세를 극복하고 분쇄하며, 하나님의 형상대로 새롭게 하시며, 하나님께 영적으로 순종할 수 있게 하고, 세상의 소금과 빛이요, 인생의 모든 영역에서 영적 발효소가 되게 한다. 창조 영역에서의 성령의 일반 사역은 나름대로의 독자적인 중요성을 지니고 있지만 구속 사역에 예속적이다. 선택받은 자의 전생애, 심지어는 중생 이전의 생애도 최종적인 하나님의 뜻을 이루기 위해 하나님에 의해 결정되고 지배된다. 이들의 자연적인 삶은 중생할 경우에 하나님의 목적에 부응될 수 있도록 규제되고 있다.

C. 하나님의 은혜의 시여자로서의 성령

하나님께서 죄인들의 구원을 위해 예비한 언약이 은혜의 언약이라 명명되고, 언약의 중보자가 "충만한 은혜"로 출현해서 우리가 그의 충만으로부터 "은혜 위에 은혜"를 받을 수 있다(요1:16-17)고 말하듯이, 성령도 그가 "그리스도의 은혜"를 취해 우리에게 제공해 준다는 점에서 "은혜의 영"이라고 명명될 수 있다.

1. "은혜"의 성경적 용법. "은혜"라는 단어는 성경에서 모두 동일한 의미로 사용되지 않고, 다양한 의미를 지니고 있다. 구약 성경에는 카난이라는 어근에서 나온 켄(형용

사는 카눈)이라는 단어가 있다. 이 명사는 '자비로움, 혹은 아름다움'을 의미하는 경우도 있지만 (잠 22:11; 31:30), 일반적으로는 '은혜'(favour) 혹은 '호의'(good-will)라는 의미로 사용되었다. 구약 성경에는 하나님이나 사람 앞에서 은혜를 입는다는 표현이 반복적으로 나타난다. 이 경우 은혜란 호의나 복을 베푸는 것을 포함한다. 이렇게 볼 때 은혜란 추상적 원리가 아니라, 친절한 행위들을 통해 나타나는 능동적이며 활동적인 원리라는 것을 알 수 있다(창 6:8; 19:19; 33:15; 출 33:12; 34:9; 삼상 1:18; 27:5; 에 2:7). 여기서 가장 근본적인 것은, 자비롭게 베풀어지는 복이란 "값없이" 주어지는 것이지, 권리나 공로는 전혀 고려되지 않는다는 것이다. 카이레인(기뻐하다)에서 파생된 카리스란 신약 성경의 단어는 본래 즐거운 표정, '사랑스러움', '호감', '흡족함'을 나타내고 있는데, 눅 4:22; 골 4:6에서도 이러한 의미로 사용되고 있다. 하지만 이 단어는 이러한 의미보다는 눅 1:30; 2:40,52; 행 2:47; 7:46; 24:27; 25:9에서와 같이 '은혜', '호의'라는 뜻으로 널리 알려져 있다. 이는 우리 주님의 친절이나 덕행을 의미하거나(고후 8:9) 하나님에 의해 현현되고 베풀어진 은혜를 의미하기도 한다(고후 9:8에는 물질적 복이 언급됨; 벧전 5:10). 더 나아가서 이 단어는, 그러한 은혜를 받은 자들의 마음에서 일어나는 감정을 표현하는데 사용되어 '감사', '사의'라는 뜻도 가지고 있다(눅 4:22; 고전 10:30; 15:57; 고후 2:14; 8:16; 딤전 1:12).

하지만 카리스란 단어가 출현하는 신약 성경 대부분의 구절에서 이 단어는 인간의 심령 안에서 성령을 매개로 일어나는 하나님의 무상적 사역을 표현하고 있다. 때때로 은혜가 선천적인 것으로 언급되기도 하지만, 실제로 은혜는 성령의 내재적 사역에 의한 하나님의 복의 능동적 전달이요, "은혜와 진리가 충만한" 자의 충만에서 연유하는 것이다(롬 3:24; 5:2, 15, 17,20; 6:1; 고전 1:4; 고후 6:1; 8:9; 엡 1:7; 2:5, 8; 3:7; 벧전 3:7; 5:12).

2. 구속 사역에서의 하나님의 은혜. 하나님의 은혜를 구속 사역과 관련해서 논의하려면 우리는 다음 몇 가지 사항들을 기억해야 할 것이다.

(1) 첫째, 은혜는 하나님의 속성이요, 신적 완전성 중 하나다. 은혜는 죄와 허물의 상태에 있는 인간에 대해 베풀어지는 하나님의 자유롭고 주권적이며 무한한 호의 혹은 사랑으로 죄의 용서 및 죄의 형벌로부터의 구원에서 표현된다. 은혜는 하나님의 공의와는 구분되는, 하나님의 자비와 관련된다. 이는 가장 근본적인 의미의 구속적 은혜이다. 은혜는 하나님의 선택 목적, 죄인의 칭의, 그리고 그의 영적 갱신의 궁극적 요인이요, 모든 영적이고 영원한 복들의 풍성한 원천이다.

(2) 둘째, '은혜'라는 단어는 하나님께서 인간의 구원을 위해 그리스도 안에서 행한 객관적 예비를 지칭할 때 사용된다. 중보자로서의 그리스도는 하나님의 은혜의 화신이다. "말씀이 육신이 되어 우리 가운데 거하시매 은혜와 진리가 충만하더라"(요 1:14). 바울은 그리스도의 현현을 염두에 두고 "모든 사람에게 구원을 주시는 하나님의 은혜가 나타나"(딛 2:11)라고 말했다. 하지만 이 용어는 그리스도가 어떤 분이신 것과 그리스도가 죄인을 위해 세우신 공로를 나타내는 데에도 사용된다. 바울은 자신의 편지를 끝맺는 인사말 부분에서 "우리 주 예수 그리스도의 은혜"를 반복해서 언급하는데, 여기서 바울은 그리스도가 은혜의 공로적 요인이 된다는 점을 염두에 두고 있다. 요한은 "율법은 모세로 말미암아 주어진 것이요 은혜와 진리는 예수 그리스도로 말미암아 온 것이라"고 말한다(요 1:17; 참조. 엡 2:7)

(3) 셋째, "은혜"라는 단어는 구속 사역의 적용에 있어서 성령에 의해 발현되는 하나님의 은혜를 지칭하기 위해 사용된다. 은혜는 우리가 칭의시에 받는 용서, 즉 하나님에 의해 값없이 주어진 용서를 의미한다(롬 3:24; 5:2, 21; 딛 3:15). 하지만 이와 함께 은혜는 하나님의 은혜의 모든 은사들, 구원의 복들, 성령의 사역을 통해 신자들의 마음과 생활 속에서 역사하는 영적인 은혜들에 대한 포괄적인 명칭으로 사용되기도 한다(행 11:23; 18:27; 롬 5:17; 고전 15:10; 고후 9:14; 엡 4:7; 약 4:5, 6; 벧전 3:7). 더욱이 은혜가 단순히 수동적인 것이 아니라 능동적인 힘과 능력, 수고하는 것이라는 사실을 나타내는 명백한 표현들도 존재한다(고전 15:10; 고후 12:9; 딤후 2:1). 이러한 의미로 사용될 때 은혜는 성령과 동의어처럼 사용되어, 행 6:5, 8에서는 '성령의 충만'과 '은혜와 권능의 충만'이 거의 구별없이 사용되고 있다. 히 10:29에서 성령은 "은혜의 영"이라고 불린다. 하나님의 은혜를 죄인에게 적용시키는 것에 관한 성경적 교훈과 관련되어 교회에서는 은혜론이 전개되었다.

3. 교회에서의 은혜론. 하나님의 은혜에 관한 성경의 교훈은, 하나님께서 인간 편에서의 어떠한 선천적 공로도 고려하지 않고 자유롭고 주권적으로 인간에게 복을 베푸신다는 것; 인생의 모든 복은 자비롭고 관대하며 오래 참으시는 하나님께 기인한다는 것; 그리고 특별히 구원 사역의 모든 복들은 하나님으로부터 값없이 주어지며, 결코 예상된 인간의 공로에 의해 결정되지 않는다는 사실을 강조한다. 이는 다음과 같은 바울의 말 속에서 가장 명백하게 표현되고 있다. "너희는 그 은혜에 의하여 믿음으로 말미암아 구원을 받았으니 이것은 너희에게 난 것이 아니요 하나님의 선물이라 행위

에서 난 것이 아니니 이는 누구든지 자랑하지 못하게 함이니라"(엡 2:8, 9). 그는 구원이 행위에 의한 것이 아니라는 사실을 매우 강조한다(롬 3:20-28; 4:16; 갈 2:16).

이 교리는 적지 않은 저항을 불러일으켰다. 우리는 초대 교부들 특히 동방 교회의 교부들에게서 바울의 강조와는 조화될 수 없는 도덕주의의 경향을 만나게 된다. 동방 교회에서 나타난 이러한 경향은 결국 펠라기우스주의로 귀결되고 말았다. 펠라기우스의 은혜 개념은 다소 생소하다. 위거스(Wiggers)에 의하면, 펠라기우스는 은혜를 다음과 같이 이해했다. (1) "선을 행할 수 있는 능력(possibilitas boni)과 특별히 자유 의지 자체", (2) "덕목의 실천을 좀 더 용이하게 하는 계시, 율법, 그리스도의 모범", (3) "우리 자신의 의지로, 또한 율법과 계명을 통한 하나님의 도움 및 하나님에게 돌아오는 자의 과거의 죄에 대한 용서를 통해 죄를 자제할 수 있는 능력", (4) "기독교인의 오성이 조명되고 덕목의 실천을 좀 더 용이하게 하는 초자연적 감화력."

펠라기우스는 인간의 의지에 대한 하나님의 영의 "직접적" 사역을 인정하지 않고, 다만 조명된(계몽된) 양심을 통한 의지에의 "간접적" 사역만 인정했다. 그의 견해에 의하면, 하나님의 은혜의 활동은 배타적이지는 않지만, 외적이며 자연적인 것이다. 펠라기우스의 견해와 대립되는 아우구스티누스의 견해는 종종 "은혜의 신학"이라고 명명된다. 아우구스티누스는 은혜라는 단어가 좀 더 광범위한 의미로 사용될 수 있으며(자연 은혜), 타락 이전의 상태에서는 하나님의 은혜로 인해 아담이 자신의 고결함을 보전할 수 있었다는 것을 인정하면서도, 아우구스티누스는 항상 은혜는 타락한 인간에 대한 하나님의 선물로 죄의 용서와 인간 본성의 갱신과 성화로 나타난다는 점을 강조한다. 인간의 전적 타락이라는 관점에서 아우구스티누스는 이러한 은혜가 구원에 절대적으로 필요한 것이라고 생각했다. 이 은혜는 선택받은 자들 안에 내주하며 역사하는 성령의 사역에 의해 역사하며, 모든 구원의 복들의 원리가 된다. 아우구스티누스는 작동적(operating) 혹은 선행적(prevenient) 은혜와, 협력적(co-operating) 혹은 후속적(subsequent) 은혜를 구분한다. 전자는 의지로 하여금 선을 택할 수 있도록 하며, 후자는 이미 능력이 부여된 의지가 선을 행하는 데 협력한다. 반(反)펠라기우스주의와 투쟁하는 과정에서 아우구스티누스는 하나님의 은혜의 전적으로 무상적이며 불가항력적인 측면을 강조했다.

차후의 투쟁 과정에서 아우구스티누스의 은혜론은 부분적인 승리만 획득했다. 제베르크(Seeberg)는 "따라서 '오직 은혜만으로'라는 교리가 승리하게 되었다. 하지만 아우구스티누스의 예정론은 폐기되었다. 예정의 불가항력적 은혜는 세례라는 성례적 은혜에 의해 시야에서 사라지게 되었다"라고 말한다. 중세 시대에는 스콜라주의자들이 은혜라는 주제에 대해서 상당한 관심을 두었지만, 은혜론의 세부 사항에 있어서는 의견이 일치되지 않았다. 개중에는 아우구스티누스적인 은혜관에 접근하는 자들도 있고, 반(反)펠라기우스적 은혜관을 지닌 자들도 있었다. 일반적으로 우리는 스콜라주의자들이 은혜를 성사들을 통해 매개되는 것으로 이해했으며, 은혜론을 공로의 교리와 연관시켜서 결국 은혜론을 심각하게 손상시켰다고 말할 수 있다. 죄인에게 보여준 하나님의 호의로서의 은혜 개념보다는, 영혼의 한 속성으로서 창조되지 않거나 (성령과 같이) 성령에 의해 인간의 마음속에 역사하는 것으로 이해된 은혜 개념에 강조점이 두어졌다. 이 주입된 은혜는 기독교적 덕목들의 전개에 있어서 필수적이며, 인간으로 하여금 하나님 앞에서 공로를 얻게 하여 그 이상의 은혜를 받게 한다. 하지만 인간은 견인의 은혜를 받을 수 있는 공로를 세울 수는 없다. 견인의 은혜는 하나님의 값없는 선물로서만 주어진다. 스콜라주의자들은 아우구스티누스처럼 은혜론과 예정론 사이의 논리적 연관성을 주장하지 않았다.

종교개혁자들은 아우구스티누스의 은혜관으로 회귀했지만 아우구스티누스의 성례주의는 수용하지 않았다. 종교개혁자들은 죄인에게 보여주는 하나님의 무상적인 호의로서의 은혜 개념을 다시 한 번 강조하고, 이를 죄인 편에서의 어떠한 공로도 배제한다는 관점으로 서술했다. 스미튼(Smeaton)은 "은혜란 용어는 아우구스티누스적 의미에서는 성령의 사역에 의해 야기되는 내면적 사랑의 수행을 암시하고, 스콜라주의 신학에서는 영혼의 특성, 즉 내적인 천부적 재능과 믿음, 소망, 사랑의 주입된 습성들을 의미했지만, 현재는 좀 더 성경적이고 좀 더 광범위한 의미로 하나님의 마음속에 있는 값없고 효과적인 호의로 이해되었다"고 말했다. 종교개혁자들은 '은혜'를 칭의와 관련시켜서 사용했지만, 다른 것들과의 관련 속에서 이들은 종종 '은혜'라는 용어 대신에 '성령의 역사'라는 어구를 사용했다. 종교개혁자들이 은혜를 성령의 내적인 구원 사역이라는 의미로 강조한 반면, 칼빈은 특별히 보통 은혜(common grace)가 하나님의 호의이기는 하지만 구원의 능력을 가지지 못한다는 것을 강조했다. 퀴퍼 박사(H. Kuiper)의 「칼빈의 보통 은혜론」(*Calvin on Common Grace*)이라는 위대한 교리사적 연구에 의하면, 칼빈은 보통 은혜를 보편적 보통 은혜(universal common grace)와 일반적 보통 은혜(general common grace), 언약적 보통 은혜(covenant common grace)로 구분했다.

알미니우스주의자들은 바로 이 점에서 종교개혁의 교리에서 이탈하고 있다. 알미니우스주의자들에 의하면, 하나님은 모든 인간에게 충분한 (보통) 은혜를 제공하며, 이로 인해 인간은 회개하고 믿을 수 있다는 것이다. 만약 인간 의지가 성령에 일치하고 협력하여 실제로 회개하고 믿는다면 하나님은 인간에게 복음적인 순종이라는 추가적 은혜와 견인의 은혜를 주신다. 따라서 하나님의 은혜의 사역은 인간 의지의 동의 여부에 의존하게 된다. 불가항력적 은총이라는 것은 없다. 스미튼은 이미 인용된 저서에서 "이들은, 모든 사람은 순종하거나 저항할 수 있다; 회심의 요인은 성령이 아니라, 일치하거나 협력하는 인간의 의지다; 바로 이것이 회심의 요인이라고 주장했다"고 말한다. 소뮈르 학파의 아미랄두스(Amyraldus)는 하나님의 일반적인 명령과 관련시켜서 죄인은 도덕적인 능력을 결여하고 있지만 신앙할 수 있는 천부적인 능력을 소유하고 있다고 주장하는데, 이는 실제로 알미니우스주의자들의 입장을 개선한 것이라고는 볼 수 없다. 이러한 잘못된 아미랄두스의 구분이 에드워즈(Edwards), 벨라미(Bellamy), 풀러(Fuller) 등에 의해 뉴잉글랜드(미국)에 소개되었다. 아미랄두스의 제자 패용(Pajon)은 구원의 회심에 있어서 죄인에 대한 성령의 내적인 조명 사역의 필요성을 부인했다. 그는 오직 그 자체로 확실한 관념들의 충족성을 지니고 있는 오성이 외적 계시의 빛에 의해 감명을 받는 것이 구원에 필요한 유일한 것이라고 이해했다.

워버튼(Warburton) 주교는 「은혜론, 즉 성령의 직분과 사역」(*The Doctrine of Grace, or the Office and Operations of the Holy Spirit*)이라는 저서에서, 구원 은혜를 이미 널리 인정된 의미로 이해하지 않고, 은혜라는 용어를 사도 시대의 성령의 특별한 사역에 제한시키고 있다. 또한 융크하임(Junckheim)은 자신의 주요 저서에서, 죄인의 회심에 있어서 하나님의 초자연적인 역사를 부인하고, 말씀의 도덕적 능력이 모든 것을 성취한다고 주장했다. 영국의 감리교 부흥 운동과 미국의 대각성 운동은 비록 어떤 경우에 있어서는 알미니우스주의가 가미되어 있지만, 구원 은혜론을 회복시켰다. 슐라이어마허에 있어서는 죄책의 문제가 실제적으로 존재하지 않는다. 이는 그가 죄책의 객관적 존재를 부인하는데 기인한다. 따라서 그는 하나님의 구원의 은혜를 전혀 알지 못했다. 매킨토시는 "이 중요한 성경적 진리(죄인에 대한 하나님의 자비)에 대해 슐라이어마허는 대부분 침묵하거나 단지 피상적 방식으로만 언급하는데, 이 경우에도 그가 이를 제대로 이해하지 못했다는 것을 알 수 있다."

또한 하나님의 은혜론은 리츨의 신학에 의해 빛을 잃게 되었다. 게다가 자유주의 신학이 하나님의 구원 은혜의 필요성에 주의하지 못하는 것은, 인간의 선함에 대한 강조와 함께 자유주의 신학의 주요 특징이기도 하다. 은혜라는 단어는 점점 많은 신학자들의 문서나 언어에서 사라져 갔고, 오늘날 대다수의 신자들은 은혜라는 용어를 단지 친절 혹은 호의 정도로만 이해하고 있다. 심지어 오토(Otto)조차도 그의 저서 「거룩함의 관념」(*The Idea of the Holy*)에서 사람들이 그 용어의 좀 더 심오한 의미를 인식하지 못하고 있다고 주의를 환기시켰다. 위기의 신학은 하나님의 은혜의 필요성을 새롭게 강조한다는 점에서 많은 공헌을 했고, 그 결과 그 용어가 다시 사용될 수 있게 되었다.

깊은 연구를 위한 질문

구원의 순서의 어떤 요소가 첫 3세기 동안 강조되었는가? 이 시기들은 어느 정도로 도덕주의와 예식주의로의 경향을 보여주는가? 칭의론은 어떻게 이해되었는가? 아우구스티누스는 이를 어떻게 이해했는가? 그의 신앙 개념은 무엇인가? 그는 은혜를 몇 가지로 구분하는가? 그의 체계에서 은혜는 모든 공로를 배제하는가? 그는 구원의 은혜를 상실될 수 있는 것으로 이해했는가? 스콜라주의자들은 칭의론을 어떻게 제시했는가? 율법폐기론자들은 구원의 순서를 어떻게 다루고 있는가? 합리주의자들이나 경건주의적 신율법주의자들은 이를 어떻게 이해했는가? 성경에서는 구원 사역 이외에 다른 사역들이 성령의 사역으로 간주되고 있는가? 성경에서 '은혜'라는 말이 지니는 상이한 의미는 무엇인가? 이는 구속 사역과 관련해서 무엇을 나타내고 있는가? 역사상 자유 의지론과 은혜론의 관계는 어떠했는가?

III
보통 은혜
(Common Grace)

성령의 일반 사역과 관련되어 보통 은혜라는 주제에 유의하여야 한다. 하지만 개혁파 신학은 알미니우스주의와는 달리, 보통 은혜를 구원론의 일부분으로 다루지 않는다는 것을 명심해야 한다. 동시에 개혁파 신학은 창조의 영역에서의 성령의 사역과 구속의 영역에 있어서의 성령의 사역이 서로 긴밀하게 연관된다는 것을 인식하고 있으며, 따라서 이들을 마치 별개의 것처럼 다루어서는 안 된다고 생각한다.

A. 보통 은혜

1. 본 교리가 다루는 문제. 보통 은혜론은 이 세상에는, 모든 복을 지닌 기독교적 삶 이외에, 구속적이지는 않지만 진·선·미의 특징을 보여주는 자연적 삶의 과정이 존재한다는 사실에서 출발한다. 모든 세계가 죄의 저주 아래 놓여 있다는 것을 생각한다면 이 세계 안의 비교적 질서 있는 삶은 어떻게 설명될 수 있는가? 어째서 땅은 가시나 엉겅퀴를 내지 않고 풍부하고 값진 소산을 산출하고 있는가? 죄인이 하나님과 자연계, 그리고 선악의 차이에 대한 약간의 지식을 소유하며, 덕목들이나 '외면적으로 선한 일'을 얼마간 고려한다는 것을 어떻게 설명할 것인가? 자연인이 부여받은 특별한 재능들이나 은사들, 그리고 그리스도 안에 있는 새로운 생명이 전적으로 결핍된 사람들에 의한 과학 및 예술의 발전을 어떻게 설명할 것인가? 모든 곳에서, 특히 기독교를 전혀 접촉하지 못한 사람들의 종교적 열망들을 어떻게 설명할 것인가? 중생하지 못한 자가 진리를 말할 수 있고 다른 사람들에게 선을 행할 수 있으며 외면적으로는 고결한 생을 살아갈 수 있는 근거는 무엇인가 하는 질문들이 제기되게 된다. 보통 은혜론은 이러한 질문들에 해답을 주고자 한다.

2. 이 문제에 관한 아우구스티누스의 입장. 아우구스티누스는 '은혜'라는 단어를 구원 은혜에만 한정시키지 않고 좀 더 폭넓게 사용하기는 했지만, 보통 은혜론을 가르치지는 않았다. 그는 아담이 타락 이전에 향유한 은혜에 대해 언급했으며, 심지어 인간에게 생명이 주어진 것, 감정적이고 이성적인 존재로 살아가는 것을 은혜라고 부를 수 있다고도 했다. 하지만 펠라기우스가 은혜를 인간의 천부적 능력과 율법과 복음, 그리스도의 모범, 하나님의 자비로운 감화력에 의한 오성에의 조명이라고만 규정하는 반면, 아우구스티누스는 인간의 전적인 무능력을 역설하고, 마음을 조명해 줄 뿐만 아니라 사역적 및 협력적 은혜로써 인간 의지에 직접 영향을 주는 내적 갱신의 능력으로서 하나님의 은혜로의 절대적 의존을 강조했다. 아우구스티누스는 은혜라는 용어를 거의 이 의미로만 사용했으며, 이 은혜를 개별적 선행의 필수 조건이라고 인식했다.

펠라기우스주의자들이 이방인들도 '천부적 자유의 능력을 통해' 자애롭고 분별력 있으며 순결하고 절제적인 도덕적 생활을 영위한다고 지적했을 때, 아우구스티누스는 소위 이러한 덕목들은 신앙에서 유래한 것이 아니므로 죄라고 답변했다. 아우구스티누스는 이방인도 그 자체로 선한 행동, 좀 더 기준을 낮춘다면 심지어 칭송받을 만한 행동까지도 수행할 수 있다는 사실을 인정한다. 하지만 그는 중생하지 못한 사람들의 이러한 행동들은 하나님에 대한 사랑의 동기나 신앙으로부터 유래된 것이 아니며, 올바른 목적 즉 하나님의 영광에도 부합되지 못하기 때문에 죄라고 간주한다. 그는 그러한 행동들이 인간 안에 있는 자연적 선의 열매라는 것을 부인한다.

3. 중세 시대에 전개된 견해. 중세 시대에는 '죄와 은혜'라는 대비가 중심적 위치를 차지했다. 자연과 은혜의 대비는 로마 가톨릭 신학에서 주요한 역할을 차지하고 있는 또다른 대비 즉 '자연과 초자연'의 대비에 기초한다. 타락 이전의 상태에서 인간은 본래적 의(義)라는 초자연적 은사를 부여받았는데, 이는 좀 더 하위의 본성을 제어하는 기능을 수행했다. 타락의 결과 인간은 이 초자연적 은사를 상실하게 되었지만, 인간의 실제적 본성은 여전히 남아 있거나 극히 일부분만 영향을 받았을 뿐이다. 죄악된 편견이 발전되었지만, 이로써 인간의 진선미 가치의 산출이 불가능하게 된 것은 아니다. 하지만 하나님의 은혜의 주입이 없다면 이 모든 것도 영생을 획득하기에는 충분하지 못하다. 자연과 초자연의 대비와 관련해서 로마교회는 도덕적 덕목들과 신앙적 덕목들을 구분한다. 도덕적 덕목이란 겸손, 순종, 온유, 관용, 절제, 순결, 근면 등과 같이 인간이 자신의 노력과 시의적절한 하나님의 은혜의 도움으로 스스로 획득할 수 있는 덕

목들이며, 신학적 덕목들이란 믿음, 소망, 사랑 등 성화적 은혜에 의해 인간에게 주입되는 덕목들이다. 재세례파와 소지니파는 자연과 은총의 문제로 고심했다. 전자가 자연을 희생하고 은혜를 고양시켰다면, 후자는 은혜를 희생하고 자연을 고양시켰다.

4. 종교개혁자들과 개혁파 신학자들의 입장. 다른 교리들과 마찬가지로 이 문제에 있어서도 루터의 입장은 로마 가톨릭의 영향을 완전히 벗어나지 못한다. 루터는 죄와 은혜라는 아우구스티누스적인 대비를 재차 강조하기 시작했지만, 그는 하위의 영역과 상위의 영역, 즉 지상 영역과 천상적 영역을 날카롭게 구분한다. 그는 타락한 인간은 본성상 비록 영적인 선을 전혀 행할 수 없다고 하더라도, 하위의 영역 즉 지상적 영역에서는 선하며 칭찬받을 만한 행동을 수행할 수 있다고 주장했다. 아우크스부르크 신앙고백은 아우구스티누스에 호소하여 다음과 같이 가르친다. "인간의 의지는 시민적 의를 행하고 이성이 도달할 수 있는 것들을 선택할 수 있는 자유를 가지고 있다. 하지만 하나님의 의를 이룰 수 있는 능력은 없다." 이 조문에서는 아우구스티누스의 작품 중 자연인이 행할 수 있는 현세에 관련된 선한 일들이 열거된 부분이 인용되고 있다. 츠빙글리는 죄를 죄책보다는 타락(오염)으로 간주했고, 따라서 하나님의 은혜를 용서하는 은혜보다는 성화시키는 은혜라고 이해했다. 이러한 성화시키는 감화력은 얼마간 이방 세계에도 침투하는 바 세계 안에 존재하는 진선미의 근거가 된다.

칼빈은 루터나 츠빙글리의 입장에 동의하지 않았다. 칼빈은, 자연인은 '스스로는' 어떤 선한 일도 행할 수 없으며, 구원 은혜의 특수성을 강력하게 주장했다. 그는 특별 은혜 개념과 병행해서 보통 은혜론을 전개했다. 보통 은혜란 모든 사람에게 공유되는 은혜이지만 인간 본성을 용서하지도, 정화시킬 수도, 죄인을 구원할 수도 없다. 보통 은혜는 파괴적인 죄의 세력을 억제하며, 우주의 도덕적 질서를 얼마간 유지하여 질서 있는 삶이 가능하도록 하고, 인간에게 다양한 은사들과 재능들을 분여하며, 과학과 예술의 발전을 증진시키며, 어린아이들에게 막대한 복들을 부어 준다. 칼빈 이후 보통 은혜론은 종종 반대에 부딪치긴 했지만 개혁파 신학에서는 일반적으로 인정된 교리이다. 하지만 이 교리를 발전시키기 위한 아무 시도도 오랫동안 행해지지 않았다. 이는 아마도 합리주의의 등장과 보급으로 해서, 특별 은혜만 강조할 필요성이 있었다는 데 기인하고 있을 것이다. 현재에 이르기까지 카이퍼와 바빙크는 어느 누구보다도 보통 은혜론을 발전시키는 데 많은 기여를 했다.

B. 보통 은혜(일반 은총)의 명칭과 개념

1. 명칭. 이제 논의될 은혜를 '보통 은혜'라고 부르는 것은 칼빈에게서 유래되었다고 볼 수 없다. 퀴퍼 박사는 「칼빈의 보통 은혜론」이라는 저서에서, 칼빈의 저서들 중에서는 '보통(common)'이라는 형용사가 '은혜'라는 명사와 결합된 경우가 단지 네 번만 나오고 이 중에서도 두 번은 구원 은혜를 언급하고 있다고 주장한다. 하지만 후기 개혁 신학에서는 보통 은혜(*gratia communis*)라는 명칭이, 인류의 일부분 즉 선택된 자들에게만 제한되는 특별 은혜(*gratia particularis*)와 대비되어 모든 인류에게 확대, 적용되는 은혜를 표현하기 위해 광범위하게 사용되었다. 시간이 흐름에 따라, '보통'(*communis*)이라는 단어에 대한 다양한 해석이 가능해졌다. 네덜란드 신학에서는 이 단어가 종종 '일반적인'(general)과 동의어로 인식되게 되었고, 그 결과 네덜란드에서는 '일반 은혜'(*algemeene gerade*)로 말하는 것이 관례가 되었다. 하지만 엄격히 말해서 *communis*란 단어가 어떤 의미에서는 일반적이라는 의미도 지니고 있지만, 은혜에 적용될 때는 이 은혜가 공유(共有)적이라는 사실, 즉 모든 피조물이나 모든 인간 혹은 복음의 통치하에 있는 사람들이 공통으로 소유하고 있다는 사실을 강조한다. 따라서 퀴퍼 박사는 보통 은혜를 칼빈이 언급한 세 가지 구분에 따라 분류한다. (1) 모든 피조물에게 적용되는 보편적인 보통 은혜, (2) 모든 인간과 인류 각자에게 적용되는 일반적인 보통 은혜, (3) 선택된 자든 아니든 계약의 영역 안에서 살아가는 모든 사람들에게 공통적인 언약적 보통 은혜.

개혁파 신학자들이, 일반적이지 못한 은혜, 즉 외적인 보편적 부르심을 포함해서 복음의 통치하에 살고 있는 사람들의 외적인 특권들도 '보통 은혜'에 포함시키고 있다는 것은 명약관화하다. 동시에 이들은, 이러한 은혜는 일반적인 보통 은혜와 구분되는 것으로 구속의 경륜에 속한다고 주장한다. 마지막으로, 보통 은혜라는 용어가 양적인 해석뿐만 아니라 질적인 해석을 받아야 하며, 실제로 그러한 해석을 받아왔다는 것에 주목해야 한다. 이는 평범하다(ordinary)는 의미에서 보통 은혜를 의미할 수 있다. 성령의 특별 사역과 구분되는 통상적이며 평범한 사역이 보통 은혜라고 명명된다. 성령의 자연적이고 일상적인 사역이 이례적이며 초자연적인 사역과 대비될 수 있다. 이것이 웨스트민스터 신앙고백 10장 4절과 웨스트민스터 대요리 문답에 있는 '보통(common)'이라는 용어의 의미다. 알렉산더(W. L. Alexander)는 복음 하에서 생활하는 사람들이 향유하고 있는 보통 은혜에 대해, "이렇게 부여된 은혜는 모든 사람들에게 공통으로 주어진다는 점에서가 아니라, 일상적인 효과를 산출하기는 해도 실제적인 구원의 능력을 결여할 수도 있다는 의미에서 보통이다(common)"라고 선언한다. 이렇게 이해한다면 하나님의 은혜는 일반적이거나 보편적이지는 않지만 보통일 수 있다.

2. 개념. 보통 은혜와 특별 은혜의 구분은 하나님의 한 속성으로서의 은혜 개념에는 적용되지 않는다. 하나님에게는 두 종류의 은혜가 있는 것이 아니라 오직 한 종류의 은혜만 있다. 하나님은 자신의 완전성(속성)으로 인해, 분수에 넘치는 심지어 상실당하기까지 한 호의를 인간에게 베풀어 주신다. 하지만 하나님의 한 가지 은혜가 상이한 은사와 사역들로 나타나게 된다. 하나님의 은혜는, 죄책, 타락(오염), 그리고 죄의 형벌의 감면과 죄인들의 궁극적인 구원을 목표로 하고 이를 성취하는 하나님의 자비로운 사역에서 가장 풍성하게 나타난다. 하지만 이는 하나님의 은혜의 최고의 사역이기는 하지만 유일한 표현은 아니다. 인간이 자연적 복들을 상실했고 사형 선고하에 있음에도 불구하고 하나님이 현세에서 인간에게 부어 주시는 자연적 복에서도 하나님의 은혜는 나타난다. 하나님의 은혜는 하나님이 이 세계 안에서 죄의 발전과 파괴적인 영향력을 억제하고 인류 전체, 그리고 인류를 구성하고 있는 개인들의 자연적 삶을 유지, 발전시키고 풍요롭게 하기 위해 행하시는 모든 행동들 속에서 찾아볼 수 있다. 이러한 자연적 복이 인간 전체에 대한 하나님의 은혜의 발현들이라는 것이 강조되어야 한다. 어떤 사람들은 하나님의 선하심, 친절하심, 자비로움, 오래 참음의 표현이라고 말하는 것을 더 좋아한다. 하지만 이들은 하나님이 우선 '은혜로우신' 분이 아니라면 '죄인'에게 선하고 친절하며 호의적일 수 없다는 사실을 망각한다.

보통 은혜라는 용어는 일반적으로 인류 전체에게 공통적인 은혜를 표현하기 위해 사용되고 있지만, 선택받은 자든 선택받지 못한 자든 복음 아래 살고 있는 모든 자들에게 공통적인 은혜를 나타내기 위해서도 사용되고 있다. 여기에는 선택받은 자나 선택받지 못한 자 양자 모두에게 임하는 외적인 복음적 부르심이나 내적인 조명, 그리고 히 6:4-6에 기록되어 있는 성령의 은사 등이 있다. 하지만 이러한 특권들이 선택받은 자나 유기된 자 모두에게 차별없이 향유될 수 있으며, 구원 은혜라는 의미에서의 특별 은혜를 구성하지 못한다는 점에서만 보통 은혜라고 불릴 수 있다. 좀 더 일반적인 범주의 보통 은혜와는 달리, 이들은 필연적으로 구원으로 인도하는 하나님의 은혜에 속하지는 않지만 구원론적인 과정과 연관되어 있다. 때로 이들은 '특별' 은혜라고 불리어지기도 하지만, 여기서 '특별'이라는 말은 '구원적'이라는 말과 동의어는 아니다. 일반적으로 우리는 보통 은혜를 언급할 때 다음 두 가지 내용을 염두에 두고 있다. (1) 심령을 갱신하지 않고 일반 계시와 특수 계시를 통해 인간에게 도덕적 영향력을 행사하여 죄를 억제하고, 사회 생활에서 질서가 유지되며, 시민적 의가 증진되도록 하는 성령의 일반 사역, (2) 햇빛과 비, 먹을 것과 마실 것, 주거와 의복 등과 같이 하나님께서 그분이 원하시는 대로 모든 사람에게 무차별적으로 분여하는 일반적인 복들.

다음과 같은 특별 은혜와 보통 은혜의 차이점들에 유의해야 한다.

(1) 특별 은혜의 범위는 선택에 의해 결정된다. 특별 은혜는 선택받은 자에게 제한된다. 하지만 보통 은혜는 이와 같은 제한이 없고, 모든 인간에게 무차별적으로 허용된다. 선택과 유기의 결정은 보통 은혜에 결정적인 영향을 주지 못한다. 선택받은 자들이 선택받지 못한 자들보다 더 큰 분량의 보통 은혜를 받는다고는 말할 수 없다. 사악한 자가 오히려 더 많은 양의 보통 은혜를 소유하고, 따라서 경건한 자들보다 인생의 자연적 복을 더 많이 향유한다는 사실은 상식적인 것이며 종종 관찰되는 현상이다.

(2) 특별 은혜는 죄책과 죄의 형벌을 제거하고, 인간의 내면적 삶을 변화시키며, 성령의 초자연적 사역을 통해 죄의 부패로부터 점차 그를 정화시킨다. 특별 은혜의 역사는 항상 구원을 야기한다. 반면 보통 은혜는 죄책을 제거하지도 못하고, 인간 본성을 갱신할 수도 없으며, 단지 죄의 부패력을 규제하며 죄의 결과를 어느 정도 완화시킬 뿐이다. 보통 은혜는 어떤 형태에 있어서는(외적 부르심과 도덕적 조명) 구속의 경륜과 밀접한 관련이 있고 구원론적인 측면도 가지고 있지만, 죄인을 구원할 수는 없다.

(3) 특별 은혜는 불가항력적이다. 이것은 특별 은혜가 인간으로 하여금 자신의 의지에 반하여 믿도록 강제하는 결정론적인 힘이라는 뜻이 아니라, 인간의 심령을 변화시킴으로써, 인간이 구원에 이르도록 예수 그리스도를 완전히 영접하고 하나님의 의지에 순종할 수 있게 해준다는 뜻이다. 보통 은혜는 저항할 수 있으며, 실제로 항상 저항을 받고 있다. 롬 1장과 2장에서 바울은 이방인들이나 유대인들이 그들이 소유한 빛에 따라 살아가지 않는다고 말한다. 쉐드는 "보통 은혜에서는 신앙과 회개로의 부르심이 언제나 비효과적이다 왜냐하면 인간은 신앙과 회개를 싫어하고 죄의 노예가 되기 때문이다"라고 말한다. 보통 은혜는 인간의 심령을 변화시키지 못하므로 구원에 이르게 할 수 없다.

(4) 특별 은혜는 영적이고 재창조적 방식으로 역사하여 인간의 본성 전체를 갱신하고, 인간이 예수 그리스도 안에 있는 구원의 제의를 기꺼이 받아들일 수 있도록 하며,

영적인 열매를 맺게 한다. 이와는 대조적으로 보통 은혜는 일반적인 방식으로 인간이 진리를 좀 더 수용하도록 하며, 의지에게 동기를 제공하고, 인간의 자연적 열망들에 호소하는 등 단지 합리적이고 도덕적인 방식으로만 역사한다. 따라서 특별 은혜는 직접적이며 초자연적인 반면, 보통 은혜는 간접적이라고 말할 수 있다. 왜냐하면 특별 은혜는 성령의 직접적 힘으로 인간의 심령에 직접 역사하지만, 보통 은혜는 일반 계시나 혹은 특별 계시의 진리를 통해서, 그리고 도덕적 설득에 의해서 이루어지는 성령의 간접적 사역의 산물이기 때문이다.

이러한 보통 은혜 개념은 알미니우스주의적 개념과는 구분되어야 한다. 알미니우스주의자들은 보통 은혜를 구원의 순서에서의 연결 고리로 이해하고, 보통 은혜에 구원의 의미를 부여한다. 그들은 하나님의 보통 은혜로 인해, 중생하지 못한 자도 어느 정도의 영적인 선을 행할 수 있으며, 신앙과 회개 속에서 하나님에게 돌아갈 수 있고, 예수를 영접하여 구원에 이를 수 있다고 주장한다. 이들은 여기서 더 나아가서, 진리의 심령에의 조명과 권면적 감화력으로 인해 보통 은혜는 죄인으로 하여금 예수 그리스도를 영접하고 신앙과 회개로써 하나님께로 나아가게 하며, 죄인이 고집스럽게 성령의 역사에 저항하지 않는 한 결국 이 목적을 이룰 것이라고 주장한다. 도르트 신조는 이를 염두에 두고, "부패한 자연인이 보통 은혜와 타락 이후 그에게 잔존한 은사들을 잘 활용함으로써 더 큰 은혜 즉 복음적 은혜 혹은 구원 은혜 그리고 구원 자체를 획득할 수 있다"고 가르치는 자들의 오류를 거부한다고 언명한다.

C. 보통 은혜와 그리스도의 속죄 사역

여기서 보통 은혜의 발현이 어떤 방식으로든 그리스도의 속죄 사역과 연관되어 있지 않겠는가 하는 질문이 제기되는 것도 당연하다. 우리가 알고 있는 한 카이퍼(Kuyper) 박사는 그러한 연관을 인정하지 않는다. 카이퍼에 의하면, 보통 은혜의 근원은 창조의 중보자요 세상에 와서 모든 사람을 비추는 그리스도다. 이는 보통 은혜의 복들이 창조 사역에 기원한다는 것을 의미한다. 하지만 이것은, 어떻게 거룩하고 공의로운 하나님께서 모든 것을 상실한 죄인들에게 그들이 그리스도의 의에 참여하지 않고 끝까지 회개를 거부할 때에도 은혜와 호의를 베풀어 줄 수 있느냐 하는 질문에 대한 답변으로는 충분하지 못하다. 어떻게 하나님은 죽음과 정죄 선고를 받은 자들에게 이러한 창조의 복을 계속 베풀어 주시는가? 선택받은 자들에 관한 한 그리스도의 십자가가 이 질문에 대한 답변이 될 것이다. 하지만 유기된 자는 어떠할까? 여기에 대해서는 아마도 (1) 보통 은혜는 죄책을 제거하지 못하고, 따라서 용서를 포함하지 않으며 (2) 보통 은혜는 정죄 선고를 해제하는 것이 아니라 다만 그 집행을 연기할 뿐이라는 두 가지 사실로 인해, 보통 은혜를 인간에게 분여하는 데 있어서는 특별한 법적 근거를 가정할 필요가 없다고 말할 수도 있을 것이다. 아마 하나님께서 그의 진노의 계시를 연기하면서 "멸망받게 될 진노의 그릇들을 오래 참기를 원한다는" 것이 보통 은혜의 복들에 대한 충분한 설명이 될 것이다.

개혁파 신학자들은 일반적으로, 회개하지 않는 자와 유기된 자들도 그리스도의 속죄의 피로 말미암아 이러한 복들을 받을 수 있게 됐다고 말하기를 주저한다. 하지만 이들은 그리스도의 죽음으로 인해 주요한 자연적 혜택들이 인류 전체에게 부가되었으며, 불신자와 회개하지 않는 자와 유기된 자도 이러한 혜택을 공유(共有)한다고 믿는다. 성경에 기록된 각 언약의 시행에 있어서 은혜의 언약은 영적인 복뿐만 아니라 물질적인 복도 가져오고, 이런 물질적인 복이 일반적으로 불신자들에게도 공유되고 있는 듯하다. 커닝엄(Cunningham)은 "인간이 집합적으로 서로에 대해 맺고 있는 상호관계로 인해 많은 복들이 그리스도의 죽음으로부터 부수적으로 혹은 우발적으로 인류에게 부어진다"라고 말한다. 이는 당연한 일이다. 만약 그리스도께서 세기가 거듭되는 동안 인류 가운데서 선택받은 자들을 점차적으로 불러서 구원하시고자 한다면, 하나님께서 오래 참고, 악의 진행을 저지하고, 인간의 자연적인 능력을 발전시키고, 인간의 마음속에 시민적인 의 혹은 사회 안에서의 외면적인 도덕과 선한 질서에 대한 갈망이 일어나게 하고, 인류 전체에게 무한한 복을 부어 주실 필요가 있다.

하지 박사는 "인류와 같이 출생에 의해서 번식되고 서로 연합하여 생활하고 있는 종족 중 일부를 구원하려는 어떠한 계획이 그 목적을 성취하려면, 구원받지 못한 여타의 모든 구성원들의 신분과 운명에 반드시 영향을 주게 된다"라고 서술한다. 하지는 캔들리시(Candlish) 박사를 인용하여 "타락(배교) 후 최후의 심판까지 인류의 전역사는 유기된 자들에 대한 인내의 시대이다. 이 시대에서는 항구적으로 그들의 신분과 운명에 영향을 주는 물리적이고 도덕적인 많은 복들이 심지어 이방인에게도 베풀어지며, 특별히 기독교 공동체의 유식하고 품위 있는 시민들에게 더 많이 베풀어진다. 그리스도를 매개로 하여 그들에게 베풀어졌고 지금도 베풀어지고 있는 이러한 복들은 처음부터 그들을 위해 제정되었음이 틀림없다"라고 말한다.

이렇게 그리스도의 속죄 사역으로부터 간접적으로 유래하는 인류의 일반적인 복들은 하나님께서 예견하신 것이요, 관련된 모든 사람들을 위한 복으로 제정하신 것이다. 물론 그리스도의 사역에 있어서 하나님의 의도가 인류 전체의 일시적인 복락이 아니라 선택받은 자의 구속과 우선적이며 직접적인 관련을 맺고 있다는 것은 분명한 사실이다. 그럼에도 불구하고 하나님의 의도에는 부차적이고 간접적으로는 인류에게 무차별적으로 베풀어지는 자연적 복들이 포함되어 있다. 자연인이 저주와 죽음 이외에 다른 것을 받는다면, 그것은 모두 그리스도의 구속 사역의 간접적 결과이다.

D. 특별 은혜와 보통 은혜의 관계

1. 특별 은혜와 보통 은혜는 본질적으로 다른가, 아니면 양적으로 다른가? 알미니우스주의자들은 충분한 (보통) 은혜 외에 복음적 순종의 은혜를 인정하지만, 이 두 가지 은혜는 질적인 차이보다는 양적인 차이가 있을 뿐이라고 단언한다. 이들은 모두 하나님의 구원 사역의 일부를 이루고 있다는 점에서 구원론적이다. 보통 은혜는 인간이 회개하고 신앙할 수 있게 하지만, 특별 은혜는 의지와 협력하여 인간으로 하여금 회개하고 신앙할 수 있게 한다. 양자는 모두 저항될 수 있으며, 따라서 특별 은혜조차도 필연적으로 구원에 효과적인 것은 아니다. 반면, 개혁파 신학은 보통 은혜와 특별 은혜의 본질적인 차이를 주장한다. 특별 은혜는 초자연적이고 영적이다. 이는 죄책과 죄의 부패를 제거하고, 정죄 선언을 해제한다. 반면 보통 은혜는 자연적이다. 보통 은혜의 일부는 구원 은혜와 밀접한 관련이 있지만, 죄를 제거하거나 인간을 해방시키지 못한다. 보통 은혜는 다만 죄의 외면적인 발현을 억제하고, 외면적인 도덕과, 예의, 사회 안의 선한 질서, 그리고 시민적인 의, 과학과 예술의 발전 등을 증진시킨다. 보통 은혜는 영적인 영역이 아니라 자연적인 영역에서만 역사한다. 따라서 보통 은혜와 특별 은혜는 현세에서는 서로 밀접한 관계를 맺고 있지만, 이들은 양적으로가 아니라 본질적으로 구분되는 것이라고 말해야 한다. 보통 은혜가 아무리 크다고 할지라도 죄인을 그리스도 예수 안에 있는 새로운 삶으로 인도할 수 없다. 하지만 보통 은혜는 때때로, 예를 들면, 일시적인 신앙의 경우에서처럼 특별 은혜의 발현과 거의 구분될 수 없는 형태로 발현될 수도 있다. 쉐드(Shedd) 박사는 "선택받지 못한 자는 보통 은혜를 받는다. 보통 은혜는 인간의 의에 의해 좌절되지 않는다면, 인간의 의지를 움직일 수 있다. 만약 죄인이 적대적인 입장을 취하지 않는다면 보통 은혜는 구원 은혜와 동일하다"라고 말하는데, 이는 특별 은혜와 보통 은혜의 본질적인 차이를 염두에 두고 있지 않은 듯하다.

그는 각주에서 "보통 은혜가 죄인에 의해 저항받지 않을 경우 중생의 은혜와 동일하다는 것은 보통 은혜가 죄인에 의해 '지지'받을 때 중생의 은혜와 동일하다는 의미가 아니다. 첫 번째 경우에는 하나님이 중생의 유일한 주체이다. 그러나 두 번째 경우에는 그렇지 않다"고 말한다. 이는 루터 신학을 상기시켜 준다. 하지만 저자의 의도는 분명하지 않다. 그는 다른 곳에서 죄인의 무저항을 성령의 사역에 귀속시키기 때문이다.

2. 보통 은혜와 특별 은혜 중 어느 것이 우선적인가? 이 질문에 대해서는 양자 중에 어느 것도 다른 것에 대해 시간적으로 우선하지 않다고 답변해야 한다. 창세기 3장은 양자는 모두 타락 이후 동시에 작용하기 시작했다는 것을 밝혀주고 있다. 하지만 보통 은혜가 이 세계 안에서 작용할 때 특별 은혜를 보조하기 때문에 논리적 우선성은 특별 은혜에 두어야 한다.

3. 보통 은혜는 독립적인 목적이 있는가? 보통 은혜가 부분적으로 그리스도의 구속 사역에 목적이 있다는 것은 의심할 여지가 없다. 보통 은혜는 선택받은 자의 삶과 교회의 발전에 있어서 하나님의 계획을 집행하도록 보조한다. 그러나 이러한 목적 외에도 보통 은혜는 인류를 위해 자연의 숨은 힘들을 발견하고 개발하며, 인류 안에 잠재되어 있는 능력과 재능을 발전시킴으로써 인간의 하위 피조물에 대한 지배를 증대시켜서 하나님께 영광을 돌리게 하는 독립적인 목적을 가지고 있다.

4. 특별 은혜와 보통 은혜는 각기 서로 구별된 영역을 갖는가? 어떤 의미에서 특별 은혜는 조직된 교회 내에서 그 자신의 독특한 영역을 가지고 있으며 – 하지만 필연적으로 조직된 교회에 한정되는 것은 아니다 – 보통 은혜도 모든 사람에게 부여되기 때문에 교회 안에서도 역사한다고 말할 수 있다. 양자는 모두 이 세계 안에서 역사한다. 하지만 보통 은혜가 좀 더 통상적인 의미에서 자연계와 현세에 관련된다고 하면, 특별 은혜는 새 창조의 일들과 관련된다. 이들은 서로에게 영향을 주지 않을 수 없다. 보통 은혜는 교회를 풍요롭게 한다. 교회는 보통 은혜의 열매들을 중생한 삶의 영향 아래 둠으로써 이를 좀 더 높은 수준으로 고양시킨다.

E. 보통 은혜가 역사하는 수단들

보통 은혜가 역사하는 몇 가지 수단들이 구분될 수 있다. 칼빈은 보통 은혜의 억제력에 관해 언급하면서 이러한 수단들의 일부를 시사해 준다. "따라서 아무리 인간들이 자신의 불순한 행위를 위장하려고 하더라도, 어떤 사람들은 단지 수치심 때문에, 어떤 사람들은 법에 대한 두려움 때문에 수많은 종류의 사악한 행위를 수행하는 것으로부터 억제된다. 어떤 사람들은 정직한 생활이 자신의 이익에 가장 유익이 된다고 간주하여 이를 열망하는 반면, 어떤 사람들은 승진하여 자신의 지위로 인해 부하들이 의무를 다하도록 한다. 따라서 하나님은 본성을 내면적으로는 순결하게 만들지 않을지라도 그의 섭리로써 본성의 왜곡을 억제하여 그것이 행동화되는 것을 막으신다"(기독교 강요, II. 3. 3). 다음은 보통 은혜가 역사하는 주요한 수단들이다.

1. 하나님의 계시의 빛. 이것은 근본적인 수단이다. 이것 없이는 다른 수단은 불가능하며, 만약 가능하다 하더라도 적절하게 기능할 수 없다. 우리는 여기서 우선, 자연을 비추며 출생한 모든 사람을 비추는 하나님의 계시의 빛을 염두에 둔다. 이는 그 자체로 보통 은혜의 열매이며, 또한 자연인의 양심을 인도하는 역할을 수행함으로써 보통 은혜를 좀 더 발현하도록 하기 위한 수단이 된다. 바울은 본성으로 율법의 일을 행하는 이방인들에 대해 "이 사람은 율법이 없어도 자기가 자기에게 율법이 되나니 이런 이들은 그 양심이 증거가 되어 그 생각들이 서로 혹은 고발하며 혹은 변명하여 그 마음에 새긴 율법의 행위를 나타내느니라"(롬 2:14-15)라고 말한다. 칼빈은 이 구절을 주석하면서, 그러한 이방인들은 "그들 심령에 무엇이 정의롭고 무엇이 불의한지, 무엇이 정직하고 무엇이 부정직한지를 구분할 수 있는 분별력과 판단이 새겨져 있다는 것을 입증해 준다"고 말한다. 하지만 여기에 덧붙여, 보통 은혜는 좀 더 엄밀한 의미에서는 보통 은혜보다는 특별 은혜의 열매라고 볼 수 있는 하나님의 특별 계시의 빛 안에서도 역사한다고 말할 수 있을 것이다.

2. 정부. 정부도 보통 은혜의 열매인 동시에 수단이라고 말할 수 있다. 롬 13장에 의하면, 권세들은 사회 안의 선한 질서를 유지시키기 위해 하나님으로부터 임명된다. 이들을 거역하는 것은 하나님의 명령을 거역하는 것이다. 바울은 통치자를 "하나님의 사자가 되어 네게 선을 이루는 자"(롬 13:4)라고 말한다. 통치자는 인간의 양심에 의해 지지되며(5절) "공연히 칼을 가지지 아니하였다." 이 점에 대해 벨기에 신앙고백서는 "우리는 인간의 타락으로 인해, 우리의 은혜로우신 하나님께서 왕, 군주들, 통치자를 임명하여 세계가 일정한 법률과 정책들에 의해 통치되고, 궁극적으로는 인간들의 방종이 억제되고, 모든 일들이 선한 질서와 예의를 통해 수행되기를 원하셨다고 믿는다"라고 선언한다.

3. **여론.** 인간의 심령을 비추는 본성의 빛은 하나님의 특별 계시에 의해 재강화될 때 하나님의 법과 외적으로 일치하는 여론을 형성하게 한다. 그리고 이는 여론의 심판에 매우 민감한 사람들의 행위에 커다란 영향을 미친다. 물론 여론은 하나님의 계시의 영향 하에서 형성될 때에만 보통 은혜의 수단이 될 수 있다. 사람들의 행위가 양심에 의해서 혹은 본성의 빛과 일치하여 행동하는 하나님의 말씀에 의해 통제되지 않는다면, 여론은 악을 위한 강력한 수단이 될 것이다.

4. **하나님의 징벌과 보상.** 하나님은 섭리적 도구들을 통해 현세에서의 인간의 불의에 벌을 주고, 하나님의 법에 외면적으로 일치된 행동에 보상하는데, 이러한 섭리적 도구들은 현세에서의 악을 억제하는 중요한 기능을 수행한다. 징벌은 억제력이 있으며, 보상은 장려하는 역할을 한다. 이러한 수단들을 통해 이 세계 안에서의 도덕적 선이 상당히 장려된다. 많은 자들은 주님을 두려워하기 때문이 아니라, 선이 자체로서 보상을 가져오고 자신들의 이익에 부합되기 때문에 악을 회피하고 선한 것을 추구하게 된다.

F. 보통 은혜의 열매

앞 부분에서 이미 본성의 빛 중 우리에게 위탁된 것은 오직 하나님의 보통 은혜를 통해서만 계속 역사한다는 것이 암시되었다. 이는 그것 없이는 여타의 다른 것을 상정할 수 없는 가장 중요한 보통 은혜의 열매이다. 여기에는 다음과 같은 열매들을 열거할 수 있다.

1. **선고 집행이 유예된다.** 하나님은 죄인에게 사형을 선고하셨다. 선악과에 대해 언급하면서 하나님은 "네가 (그것을) 먹는 날에는 정녕 죽으리라"고 말씀하셨다. 인간은 이를 따 먹었고, 사형 선고가 어느 정도 수행되었지만, 동시에 완전히 수행된 것이 아니라는 것은 명백하다. 보통 은혜로 인해 하나님은 죄인에게 사형 선고를 즉시 완전히 집행하지 않고, 인간의 자연적 생명을 연장시켜서 회개할 시간을 주셨다. 하나님은 죄인의 생명을 단번에 끊어 버리지 않고 회개할 기회를 주어서 모든 구실을 제거하고, 마지막까지 죄를 고집하는 자들에게 도래할 하나님의 저주를 정당화하신다. 하나님께서 이러한 원리로 움직이신다는 것은 풍부한 성경적 근거를 가지고 있다(사 48:9; 렘

7:23-25; 눅 13:6-9; 롬 2:4; 9:22; 벧후 3:9).

2. 죄의 억제. 보통 은혜의 역사로 인해 개인과 사회 생활에서의 죄가 억제된다. 인류의 삶에 들어온 부패의 요소가 파괴적인 역할을 수행하는 것이 당분간은 허용되지 않는다. 칼빈은 "하지만 우리는 우리의 본성의 타락에도 불구하고 이를 정화시키지는 않을지라도 이를 내적인 규제하에 두는 하나님의 은혜가 작용할 여지가 있다는 것을 고려해야 한다. 만약 주님께서 모든 사람으로 하여금 정욕 가운데 방종하게 생활하도록 내버려 두셨다면 바울이 고소하는 모든 범죄를 자신의 본성이 범할 수 없다고 증명할 사람은 한 사람도 없다"(시 14:3 이하를 롬 3장과 비교할 것)고 말한다. 이러한 규제는 내적일 수도 있고 외적일 수도 있으며 양면적일 수도 있지만, 심령을 변화시키지는 못한다. 성경에는 회개하지 않는 자와 다투시며(창 6:3; 사 63:10; 행 7:51) 궁극적으로 떠나시는 성령의 역사(삼상 16:14; 히 6:4, 6)가 기록되어 있고, 어떤 경우에는 하나님께서 이들을 자신의 마음의 정욕대로 내버려 두신다는 사실(시 81:12; 롬 1:24, 26, 28)이 언급되어 있다. 이와 같은 구절들 이외에, 하나님께서 다양한 방식으로 죄를 억제하신다는 사실을 명백히 시사하고 있는 구절들도 존재한다(창 20:6; 31:7; 욥 1:12; 2:6; 왕하 19:27, 28; 롬 13:1-4).

3. 진리, 도덕, 종교의 보존. 보통 은혜로 인해 인간은 진·선·미에 대한 분별력을 보존하고 있으며, 종종 놀랄 만한 정도로 이들의 진가를 인정하고 진리, 도덕, 심지어 일정 형태의 종교에 대한 열망을 보여주게 된다. 바울은 "그 양심이 증거가 되어 그 생각들이 서로 혹은 고발하며 혹은 변명하여 그 마음에 새긴 율법의 행위를 나타내는"(롬 2:15) 이방인들에 대해 언급한다. 바울은 심지어 사악한 생활을 영위하는 사람들에 대해, 이들이 하나님에 대한 진리를 알았으나 불의로 진리를 막고 진리를 거짓 것과 바꾸었다고 말한다(롬 1:18-25). 하나님을 경외하지 않는 아덴 사람들에게는 "아덴 사람들아 너희를 보니 범사에 종교성이 많도다"라고 말했다(행 17:22). 도르트 신조는 이에 대해 다음과 같이 천명한다. "하지만 타락 이후 인간에게는 어렴풋하게나마 본성의 빛이 남아 있어서 인간은 하나님과 자연계, 선악의 차이에 대한 지식을 일부 소유하고, 덕목과 외면적인 선한 행동에 어느 정도의 관심을 가지게 된다. 하지만 이러한 본성의 빛은 인간을 하나님의 구원 지식과 진정한 회심으로 인도하기에는 너무도 불충분하다. 따라서 인간은 심지어 자연적이며 시민적인 일들에 있어서조차도 이를 올바르게

활용할 수 없다. 뿐만 아니라 인간은 다양한 방식으로 이러한 본성의 빛을 전적으로 모독하고 불의로 방해하며, 따라서 하나님 앞에서 변명할 수 없게 된다."

4. 외면적 선과 시민적 의의 수행. 보통 은혜는 인간으로 하여금 소위 시민적 의 (*justitia civilis*) – 종교적 문제에서의 올바른 것과는 구분되는, 세속사 혹은 통상적인 사건에서의 의로운 일, 사회적 관계에서의 자연적 선행들, 비록 영적인 특성은 결여하고 있지만 하나님의 법과 외면적으로 객관적으로 조화를 이루는 일들 – 의 수행을 가능하게 한다. 이는 개혁주의 신학의 신앙고백과 일치한다. 벨기에 신앙고백서 14조는, '진정한' 선을 수행하는 데 있어서 인간의 무능력이라는 표제를 가지고 있다. 이 조문은, 인간은 원래의 탁월한 은사들의 흔적을 소유할 뿐이며 이로써 그는 그 자신을 변명할 수 없게 된다고 하여, 인간이 스스로 영적인 선, 구원을 일으키는 선을 행할 수 있다고 주장하는 펠라기우스적 오류를 거부하고 있다. 도르트 신조도 이와 유사한 논조로 "따라서 모든 인간은 죄악 중에 잉태되었고 본성상 저주의 자녀들이며, 구원을 일으키는 선을 행할 수 없다"고 천명한다.

하이델베르크 요리문답 제8문은 중생하지 않고는 어떤 선도 행할 수 없다고 천명하는데, 이 용어들이 절대적인 용어들이라는 사실은 부인될 수 있다. 우르시누스 (Ursinus) 자신의 주석을 통해서 우리는 우르시누스가 인간은 시민적 선을 행할 수 있다는 사실을 부인할 의도를 가지고 있지 않으며, 다만 인간이 요리 문답 제91문에서 명시된 선행을 행할 수 없다고 주장한다는 것을 명백히 알 수 있다. 개혁파 신학자들도 일반적으로 중생하지 못한 자들이 자연적 선과 시민적 선, 그리고 외면적인 종교적 선을 행할 수 있다고 주장한다. 하지만 그들은 중생하지 못한 자들의 이러한 선행이 하나님께서 명령한 선행들로서 실질적인(material) 관점에서 볼 때는 선하지만, 이러한 선행은 올바른 동기에서 유래하지 않고 올바른 목적을 지향하지 못하므로 공식적인 (formal) 관점에서는 선이라 명명될 수 없다는 사실에 주목한다. 성경은 중생하지 못한 자의 선행이 선하고 의로운 행위라고 반복해서 언급한다(왕하 10:29, 30; 12:2[대하 24:17 – 25과 비교]; 14:3, 14-16, 20, 27[대하 25:2와 비교]; 눅 6:33; 롬 2:14, 15).

5. 자연적 복들. 인간이 현세에서 받는 모든 자연적 복들은 보통 은혜에 기인한다. 인간은 하나님의 모든 복들은 상실했지만, 날마다 하나님의 선하심의 징표들을 풍성하게 받고 있다. 성경에서는 하나님께서 선한 은사들을 모든 인간에게 차별없이, 즉

선인이나 악인, 선택된 자나 유기된 자에게 풍성하게 부어 주신다는 구절들을 찾아 볼 수 있다(창 17:20[18절과 비교]; 39:5; 시 145:9, 15, 16; 마 5:44, 45; 눅 6:35, 36; 행 14:16, 17; 딤전 4:10). 그리고 이러한 은사들은 선한 자들뿐만 아니라 악한 자들을 위해서도 복으로 예비된 것이다. 성경에 비추어 볼 때, 하나님께서 선한 은사들을 유기된 자에게 주시기는 하지만 이들에게 복 주시지 않는다는 입장은 지지될 수 없다. 창 39:5에는 "그가 요셉에게 자기의 집과 그의 모든 소유물을 주관하게 한 때부터 여호와께서 요셉을 위하여 그 애굽 사람의 집에 복을 내리시므로 여호와의 복이 그의 집과 밭에 있는 모든 소유에 미친지라"라고 기록되어 있다. 그리고 마 5:44, 45에서 예수님은 제자들에게 "너희를 박해하는 자를 위하여 기도하라 이같이 한즉 하늘에 계신 너희 아버지의 아들이 되리니"라고 권면한다. 이것은 오직 한 가지 사실, 즉 하나님은 하나님을 저주하는 자도 복 주신다는 것을 의미한다(눅 6:35, 36; 롬 2:4).

G. 개혁파 신학의 보통 은혜론

위에서 제시된 보통 은혜론에 대한 반론들이 몇몇 사람들에 의해 제기되어 왔고 지금도 제기되고 있다. 그중 중요한 것을 간추려서 요약하면 다음과 같다.

1. 알미니우스주의자들은 보통 은혜론에 만족하지 못한다. 이 교리는 충분히 전개되지 못했다고 생각하기 때문이다. 이들은 보통 은혜를 구원 과정에서 필수적인 부분으로 이해한다. 이 보통 은혜야말로 인간으로 하여금 회개하고 예수 그리스도를 믿어 구원에 이르게 하며, 비록 인간에 의해 좌절되기도 하지만 인간을 신앙과 회개로 인도하기 위해 충분한 은혜이다. 그렇게 의도되지 않은 은혜, 그리고 실제적으로 인간에게 구원을 제공할 수 없는 은혜는 용어상 모순적이다. 따라서 웨슬리적 알미니우스주의자인 포프는 "칼빈주의적 신학 체계 안에서 보통 은혜의 개념은 특별 은혜라기보다는 보편적인 은혜요, 필히 혹은 최소한 실제적으로는 구원을 야기시킬 수 없도록 의도된 은혜"라고 규정하고, 이를 "감화력의 낭비"라고 말한다. 더 나아가서 그는 "은혜는 시혜자의 구원 의도를 포함하지 않는다면 은혜가 아니다"라고 말한다. 하지만 성경은 이렇게 은혜라는 용어의 사용을 제한시키고 있지 않다. 창 6:8; 19:19; 출 33:12, 16; 민 32:5; 눅 2:40과 다른 구절들은 소위 구원 은혜를 언급하는 것도 아니고, 알미니우스주의자들의 충족 은혜를 언급하는 것도 아니다.

2. 때때로, 보통 은혜에 관한 개혁주의 신학적 교리가 보편 속죄 교리를 포함하고

있으며 따라서 알미니우스 진영에 속한다고 주장되기도 한다. 하지만 이러한 주장에는 충분한 근거가 없다. 개혁파 신학은 예수 그리스도의 속죄의 피를 통하여 모든 사람을 구원하는 것이 하나님의 목적이라고 말하지도 않으며, 이를 암시하지도 않는다. 이러한 반론은 특히 복음의 보편적인 선포를 문제시하는데, 이 복음의 보편적인 선포는 보편 속죄론에 기초할 때에만 성립될 수 있다는 것이다. 도르트 회의 시기에 알미니우스주의자들은, 개혁파 신학자들은 제한 속죄의 교리로 인해 복음을 만인에게 차별없이 설교할 수 없다고 주장했다. 하지만, 도르트 회의는 여기에 모순이 있다고 보지 않는다. 도르트 신조는 제한 속죄를 가르치지만, 동시에 복음의 보편적 선포를 요구한다. 그리고 이것은 성경과 완전히 일치하고 있다. 성경은 한편으로 그리스도께서 오직 선택받은 자들을 위해서 속죄하셨다는 것을 가르치며(요 10:15; 행 20:28; 롬 8:32, 33; 참조. 요 17:9), 또 한편에서는 복음적 부르심이 모든 사람들에게 차별없이 확장되어야 함을 가르친다(마 22:2-14; 28:19; 막 16:15, 16). 만약 신앙과 회개를 조건으로 하는 무차별적이며 신실한 구원의 제공은 제한 속죄의 교리와 완전히 조화될 수 없다는 반론이 제기된다면, 우리는 어떤 교리의 진위가 성경의 다른 교리와 조화시킬 수 있는 우리의 능력에 의존하지 않는다고 답변함으로써 이를 인정할 수 있다.

3. 보통 은혜론에 대한 또다른 반론은, 이 교리가 하나님께서 유기된 죄인들에게도 호의적인 성향을 가지고 계시다는 것을 전제로 한다는 것이다. 하지만 사람에게는 하나님의 의도를 추정할 권리가 없다. 이러한 비난은 선택과 유기라는 하나님의 영원한 경륜에서 출발한다. 하나님은 선택받은 자에게 구원으로 인도하는 사랑, 은혜, 자비, 오래 참음을 계시하신다. 하지만 하나님은 유기를 역사적으로 실현하는 과정에서는 멸망으로 인도하는 혐오와 냉대와 진노만을 표현하신다는 것이다. 이는 하나님의 내적인 생명에 대한 과도한 합리주의적 단순화로, 하나님의 자기 계시를 충분히 고려하지 않고 있다. 우리는 이 주제를 언급할 때 매우 신중해야 하며, 하나님의 은밀한 경륜으로부터의 대담한 추론들보다는 성경의 명백한 진술들에 의해 인도받아야 한다. 하나님께는 사람이 논리적인 범주로 제한할 수 없는 그 이상의 것들이 있다. 선택받은 자들은 현세에 있어서 오직 하나님의 사랑의 대상이며, 어떠한 의미에서도 저주의 대상이 될 수는 없는가? 모세가 "우리는 주의 노에 소멸되며 주의 분내심에 놀라나이다"(시 90:7)라고 말할 때 그는 유기된 자를 언급하고 있는가? 아들에게 순종하지 않는 사람들에게 하나님의 진노가 머무른다는 예수님의 진술은, 모든 사람들이 그리스도의 자비로운 통치에 순종할 때, 그리고 그때야 비로소 하나님의 진노가 그들에게서 제

거된다는 것을 암시하고 있지 않은가? 그리고 바울은 에베소 교인들에게 그들이 "다른 이들과 같이 본질상 진노의 자녀였다"(엡 2:3)라고 말하지 않았던가? 선택받은 자들이 항상 그리고 유일하게 하나님의 사랑의 대상이 되지는 않는다는 것은 명약관화하다. 그리고 하나님의 구속적 사랑의 대상이 된 자들이 어떤 의미에서는 하나님의 진노의 대상으로 간주될 수 있다면, 하나님의 진노의 대상이 된 사람들이 어떤 의미에서 하나님의 호의를 공유한다고 말하지 못할 이유는 무엇인가? 재판관인 아버지가 범죄자로 자신 앞에 서있는 아들을 혐오하고, 그에게 법적인 처벌을 집행하지 않을 수 없다고 생각하지만, 그가 정죄 아래 있는 동안 그를 동정하고 친절한 행위를 베풀어 줄 수도 있다. 하나님에게 이것이 불가능하다고 단정할 이유는 무엇인가? 워싱턴 장군은 그 앞에 선 반역자들을 증오하고 이들에게 사형 선고를 내렸지만, 동시에 이들을 자신의 식탁에서 진수성찬으로 대접하여 동정을 베풀어 주었다. 하나님이라고 해서 정죄된 죄인들을 동정하시고 그들에게 호의를 베풀어 줄 수 없겠는가? 이에 대한 대답은 아주 분명하다. 왜냐하면 하나님께서 모든 사람들에게 무한한 복을 부어 주시며, 이러한 복이 하나님의 호의적 성향의 표현이라는 것을 성경이 명백히 가르치고 있기 때문이다. 다만 이 호의적 의향이, 그들의 죄를 용서하고 선고를 해제시키며 그들에게 구원을 허락하시는 적극적인 의지를 의미하는 것은 아니다. 다음 구절들은 하나님의 호의적 의향을 제시해 준다(잠 1:24; 사 1:18; 겔 18:23, 32; 33:11; 마 5:43-45; 23:37; 막 10:21; 눅 6:35; 롬 2:4; 딤전 2:4). 만약 이러한 구절들이 하나님의 호의적 성향을 입증해주지 못한다면, 모든 언어는 의미를 잃고 하나님의 계시는 이 주제에 의존하지 않게 될 것이다.

4. 재세례파는 보통 은혜론을 반대한다. 왜냐하면 이 교리는 자연계의 선한 요소를 인정하는 것이며, 이것은 그들의 근본 입장과 정면으로 배치되기 때문이다. 이들은 자연적 피조물을 경멸하고, 아담이 흙으로 만들어진 존재라는 사실을 강조하며, 자연적 질서에서 불순한 것만 본다. 그리스도는 사물의 새로운 초자연적인 질서를 확립했으며, 단순히 새롭게 되었을 뿐만 아니라 완전히 새사람이 된 중생한 사람은 이 질서에 속하게 된다. 중생한 사람은 주위의 세계와 공통점이 없으며, 따라서 이 세계의 삶에 참여하지 말아야 한다. 즉 맹세를 해서도 안 되며, 전쟁에 참여해서도 안 되며, 어떠한 세속적인 권위도 인정하지 않으며, 세상적인 의복을 피해야 한다. 이러한 입장에 의하면, 구원 은혜 이외의 다른 은혜는 존재할 수 없다. 이 견해는 라바디에주의(Labadism), 경건주의, 모라비아 형제단 그리고 다른 소종파들이 따르고 있다. 보통 은혜를 부인하는 바르트의 입장은 이러한 노선을 따르고 있는 것처럼 보인다. 바르트에

게 있어서 피조성과 죄성이 실제적으로 동일하다는 것은 놀라운 일이 아니다.

브루너(Brunner)는 바르트의 견해를 다음과 같이 요약한다. "그리스도를 유일한 하나님의 구원 은혜로 인정함으로써, 세계 창조 이후 역사하며 세계를 보전하시는 사역에서 우리에게 계시되는 창조적이며 보전적인 은혜는 존재하지 않게 된다. 만약 이러한 은혜가 존재한다면 우리는 둘 혹은 세 종류의 은혜를 인정해야 하며, 이는 필히 그리스도의 유일성과 모순되게 될 것이다……이와 유사하게 새 창조는 어떠한 경우에서도 완성이 아니라 이전의 것을 완전히 폐지함으로써 성취되는 교체요, 옛사람을 새 사람으로 대체하는 것이다. 은혜는 자연을 폐기하지 않고 오히려 완성시킨다(*gratia non tollit naturam sed perficit*)는 명제는 어떠한 의미에서도 진리일 수 없으며, 오히려 이단의 우두머리(arch-heresy)다." 브루너는 이러한 견해를 부인하며, 이 점에 있어서 그는 개혁파 신학 계열에 서 있다.

깊은 연구를 위한 질문

은혜에 대한 히브리어와 헬라어 용어들이 항상 구원 은혜를 나타내는가? 이들이 소위 '보통 은혜'를 나타내기 위해 사용된 적이 있는가? 보통 은혜론은 보편 속죄론을 전제하는가? 이는 인간이 본성상 하나님의 진노의 대상이라는 사실을 부인하는 것인가? 이는 인간의 전적 부패와, 영적인 선에 있어서 인간의 무능력을 부인하는가? 자연인이 행할 수 있는 선이 인간적인 관점에서 선인가, 혹은 하나님의 관점에서 선인가? 보통 은혜론이 세계와 하나님 나라의 대립을 파기시켰는가? 그렇지 않다면 어떻게 이를 설명하겠는가?

IV
신비적 연합

칼빈은, 죄인이 그리스도와 연합되지 않는다면 그리스도의 구속 사역의 구원의 혜택들에 참여할 수 없다는 사상을 반복적으로 서술하여 이를 매우 중요한 진리로 강조한다. 아담이 옛 인간의 대표자라면 그리스도는 새 인간의 대표자이다. 은혜의 언약의 모든 복은 언약의 중보자이신 그리스도로부터 유래한다. 심지어 우리가 받은 하나님의 구원 은혜의 첫 번째 복 자체도 중보자의 인격과의 연합을 이미 전제로 한다. 바로 여기서 우리는 특별 은혜의 사역 및 복과, 보통 은혜의 사역 및 복 간의 가장 대표적인 차이점 중 하나를 발견할 수 있다. 보통 은혜가 그리스도 안에 있는 것으로 간주되지 못한 사람들, 즉 그리스도와 연합되지 못한 사람들도 향유될 수 있는 것이라면, 특별 은혜는 그리스도와 연합된 자들에게만 부여되며 향유될 수 있는 것이다. 신자가 받은 모든 복들은 그리스도로부터 유래한 것이다. 따라서 예수님은 보혜사의 오심에 대해 언급하면서 제자들에게 "그가 내 영광을 나타내리니 내 것을 가지고 너희에게 알리시겠음이라"(요 16:14)라고 말씀하실 수 있었다. 주관적으로, 그리스도와 신자의 연합은 신비적이며 초자연적인 방식으로 성령에 의해 이루어지며, 바로 그러한 이유로 신비적 연합(*unio mystica*)이라고 불린다.

A. 신비적 연합의 본질

루터교인들은 신비적 연합의 교리를 '인간론적'인 것으로 취급하며, 따라서 신비적 연합이 신앙에 의해 확립되는 것으로 이해한다. 따라서 이들은 구원론 후반부에서 이를 언급한다. 하지만 이러한 방식으로 개혁파 신학의 신비적 연합 개념을 공정하게 다룰 수 없다. 왜냐하면 이는 신비적 연합의 영원한 기초와 그리스도 안에서의 객관적인 실현은 전혀 무시한 채 우리 삶에서의 주관적인 실현만 취급하며, 그렇게 함으로써 신비적 연합에 있어서 우리의 개인적이며 자각적인 참여만을 다루고 있기 때문이다. 반면 개혁파 신학은 그리스도와 신자의 연합을 '신론적(神論的)'으로 다루고 있으며, 따라서 이 중요한 주제를 좀 더 공정하게 취급한다. 개혁파 신학은 신비적 연합이라는 용어를 그리스도와 신자의 주관적인 연합뿐만 아니라, 그 연합 배후에 있으며 이의 기초가 되는 연합 - 신자들과 그리스도의 연합은 이 연합의 궁극적인 표현에 불과하다 - 즉 구속의 경륜에서 그리스도와 그의 소유가 된 자들의 언약적 연합 및 그 영원한 경륜에서 관념적으로 확립된 신비적 연합, 그리고 그리스도의 성육신과 구속 사역에서 객관적으로 성취되는 연합에 대한 통칭으로 사용한다.

1. 구속의 경륜에서 그리스도와, 성부께서 그에게 주신 자들의 언약적인 연합. 평화의 의논(counsel of peace)에서 그리스도는, 새로운 인류를 구성하며 그들의 죄에 대한 속전을 지불하고 율법에 완전히 순종하며 그들로 하여금 영생을 확보하게 하심으로써 하나님 앞에서의 의를 확립하고자, 자발적으로 선택받은 자의 머리와 보증이 되셨다. 이 영원한 언약에서 그의 백성의 죄는 그리스도에게 전가되었고, 그의 의는 그의 백성에게 전가되었다. 구속의 경륜에서 이렇게 그리스도의 의가 그의 백성에게 전가되는 것을 때때로 영원 전의 칭의라고 서술하기도 한다. 바로 이것이 우리의 이신칭의의 영원한 기초이며, 우리가 모든 영적인 복들과 영생의 은사를 받는 근거이다. 따라서 이는 구원론 전체의 기초이며, 구속사역의 적용에 있어서 첫 번째 단계들인 중생과 내적 부르심의 기초가 된다.

2. 구속의 경륜에서 관념적으로 확립된 생명의 연합. 첫 번째 아담의 경우에 있어서 아담과 그의 후손 간에는 언약적 연합뿐만 아니라 자연적·생물학적 연합이 존재했다. 아담과 그의 모든 후손 간에는 공동 생활의 유대가 있었다. 그리고 이러한 유대로 인해 만약 행위 언약들의 복들이 실현되었더라면 이 복들은 유기적 방식으로 인류 전체에 이전될 수 있었을 것이다. 이와 다소 유사한 상황이 구원의 언약의 대표자(머리)로서 마지막 아담의 경우에도 통용될 수 있다. 첫 번째 아담처럼 마지막 아담은, 서로 아무 관련 없는 개인들의 연합이 아니라 그로부터 생명을 받고 영적인 유대로 연합되어 있으며 따라서 영적인 유기체를 구성하고 있는 남녀 모든 사람들의 몸을 대표했다. 교회인 이 몸은 관념적으로 이미 구원의 언약에서 그리스도와 연합되어 형성되었으며, 이 연합으로 인해 그리스도의 공로에 의한 모든 복들이 그리스도가 대표하고 있는 모든 사람들에게 유기적 방식으로 전해질 수 있게 되었다. 그들은 그리스도의 생명을 공

유하고 있는 영화로운 몸, 새 인간으로 간주되었다. 이 연합이 역사적으로 실현되었을 때 그리스도는 "볼지어다 나와 및 하나님께서 내게 주신 자녀라"(히 2:13)라고 말씀하실 수 있다.

3. 그리스도 안에서 객관적으로 실현된 생명의 연합. 구원의 언약에서 확립된 법적 혹은 대표적 연합으로 인해 그리스도는 그의 백성의 대리자로서 성육신하여, 그의 백성을 위한 모든 복을 베풀 수 있는 공로를 세우셨다. 그의 자녀들도 혈육에 참여한 자들이었으므로 "그도 또한 같은 모양으로 혈과 육을 함께 지니심은 죽음을 통하여 죽음의 세력을 잡은 자 곧 마귀를 멸하시며 또 죽기를 무서워하므로 한평생 매여 종 노릇하는 모든 자들을 놓아 주려 하심이니"(히 2:14, 15). 그리스도는 이미 그의 백성들과, 보증인과 중보자, 머리와 대리자로 관계를 맺으셨기 때문에, 그들을 위한 구원의 공로를 세울 수 있었다. 모든 교회는 머리이신 그리스도 안에 포함되었다. 객관적 의미에서 교회는 그리스도와 함께 십자가에 못 박혔고, 그리스도와 함께 죽었으며, 그리스도와 함께 죽은 자 가운데서 부활하였고, 그리스도와 함께 천상에 앉게 되었다. 구원 은혜의 모든 복들은 그리스도 안에서 교회를 위해 예비되었고, 인간은 여기에 어떠한 것도 첨가할 수 없다. 인간은 이제 성령의 사역에 의한 이들의 주관적 적용을 기다리는데, 이 사역은 그리스도의 공로에 의해 획득되며 역사 속에서 점진적으로 실현되었다.

4. 성령의 사역에 의해 주관적으로 실현된 생명의 연합. 그리스도의 사역은 그가 그의 백성을 위해 구원의 공로를 세워서 구원의 복들을 실제적으로 소유했을 때 종결되지 않았다. 그는 구속의 경륜에서 그의 모든 백성들이 이 모든 복들을 소유하도록 하셨으며, 그리스도에게서 모든 것을 취하여 우리에게 전해 주는 성령의 사역을 통해 이를 행하신다. 우리는 교회 안에서의 신비적 연합의 주관적 실현을 원자론적으로 사고하여, 마치 지금 여기서 각 죄인들을 그리스도에게 나아가게 함으로써 이 연합이 이루어지는 것처럼 이해해서는 안 된다. 이 주관적 실현은 그리스도론적 관점에서 이해되어야 한다. 객관적으로 모든 교회는 그리스도 안에 있고, 머리이신 그로부터 탄생한다. 교회는 부분이 전체에 우선하는 기계가 아니라, 전체가 부분에 우선하는 유기체이다. 각 부분들은 성령의 중생 사역을 통해 그리스도로부터 나오며, 그리스도와 생동적 관계를 지속적으로 유지한다. 예수께서는 "나는 포도나무요 너희는 가지라 그가 내 안에, 내가 그 안에 거하면 사람이 열매를 많이 맺나니 나를 떠나서는 너희가 아무것도

할 수 없음이라"(요 15:5)라고 말씀하심으로써 이러한 유기적 관계에 주목하게 하신다. 이 말씀에 의하면, 신비적 연합을 인간의 그리스도에 대한 신앙적인 수용의 열매라고 언급함으로써, 신앙이 그리스도의 충만으로부터 우리에게 부어지는 언약의 복들 중 하나라는 것을 부인하고, 인간이 예수 그리스도와 생동적인 관계에 돌입하기 위해 부분적 혹은 전체적으로 자신의 힘으로 이루어야 하는 조건이라고 말하는 것은 부당하다는 것이 명약관화하다. 신앙은 우선 하나님의 은사이며, 그리스도 안에 숨겨져 있는 보물의 일부분이다. 신앙은 우리가 그리스도 안에서 우리에게 주어진 것을 소유하게 하고 모든 영적인 풍요함의 근원인 그리스도와 복된 연합을 점점 더 자각적으로 향유할 수 있도록 한다.

신비적 연합은, 그리스도가 그들의 생명과 힘, 복과 구원의 근원이 되게 하는, 그리스도와 그의 백성 간의 친밀하고 생동적이며 영적인 연합으로 정의될 수 있다. 이것이 매우 친밀한 연합이라는 것은 성경에서 사용된 비유들 가운데 풍성하게 나타난다. 이는 포도나무와 가지(요 15:5), 건물의 기초와 건물(벧전 2:4, 5), 남편과 아내(엡 5:23-32), 머리와 몸의 지체들(엡 4:15, 16)의 연합이다. 심지어 이러한 비유들조차도 그 실재를 충분히 표현하지 못한다. 이것은 모든 이해를 초월하는 연합이다. A. A. 하지는 "이 연합에 대한 신학적인 전문 용어는 '신비적'이다. 왜냐하면 이는, 그 관계의 긴밀성이나 변화시키는 능력에 있어서나 그 지대한 결과에 있어서, 모든 지상적 관계의 유추를 초월하기 때문이다"라고 말한다. 만약 구원의 순서에서 신비적 연합의 주관적 측면을 가장 먼저 논의하려고 한다면, (1) 주관적 측면을 관념적으로는 구속의 경륜에서, 객관적으로는 그리스도의 사역 안에서, 이에 선행된 연합과 연관시켜 고려하는 것이 바람직하고, (2) 구원의 순서는 연대기적이라기보다는 논리적이라는 것을 기억해야 할 것이다. 신자는 '새로운 피조물'(고후 5:17) 또는 오직 그리스도 안에서만 '의롭다 함을 받은 자'(행 13:39)이기 때문에, 그리스도와의 연합은 신앙에 의한 중생과 칭의에 논리적으로 선행한다. 하지만 연대기적으로 볼 때는 우리와 그리스도가 연합되는 시점이 바로 우리의 중생과 칭의의 시점이다.

B. 신비적 연합의 성격

앞에서 우리는 '신비적 연합'이란 용어가 그리스도와 신자들의 다양한 측면들(법적·객관적·주관적)을 포함하는 광범한 의미로 사용될 수 있다는 것을 살펴보았다. 하지만 좀 더 일반적인 의미에서 신비적 연합은 그 연합의 정수, 즉 성령의 사역에 의한 주관적 실현만을 의미한다. 바로 이러한 측면이 구원론에서 전면으로 부각되는 것은 당연한 일이다. 이제부터는 이러한 주관적 연합과 관계되는 것만을 언급하겠다. 주관적 연합의 주요 특징들은 다음과 같다.

1. 유기적 연합. 그리스도와 신자들은 한 몸을 형성한다. 이 연합의 유기적 성격은 요 15:5; 고전 6:15-19; 엡 1:22, 23; 4:15, 16; 5:29, 30과 같은 구절들에 잘 나타나 있다. 이러한 유기적 연합에서 그리스도는 신자들을 돌보며, 신자들은 그리스도를 섬긴다. 몸의 각 지체는 다른 부분에 의해 섬김을 받고, 이를 섬기며, 모든 지체는 분리될 수 없는 연합으로 전체를 섬기고 있다.

2. 생동적 연합. 이 연합에 있어서 그리스도는 신자들의 몸 전체에 생명을 부여하고 이를 지배하는 원리가 된다. 바로 그리스도의 생명이 신자 안에 내주하며 이들을 소생시킨다. 즉 바울의 표현을 빌린다면 그들 안에 '그리스도의 형상이 이루어진다'(갈 4:19). 이 연합에 의해서 그리스도는 신자들의 삶의 구성적 원리가 되며, 그들의 삶을 하나님께로 인도한다(롬 8:10; 고후 13:5; 갈 4:19, 20).

3. 성령에 의해 중재되는 연합. 성령은 특별한 자격으로 주어졌으며, 중보자의 보상의 일부로 예수 그리스도의 영적인 몸을 형성하기 위해 오순절 날 부어졌다. 성령을 통해 그리스도는 이제 신자들 안에 내주하시며, 이들을 자신과 연합시키시고 이들을 거룩한 연합으로 결합시키신다(고전 6:17; 12:13; 고후 3:17, 18; 갈 3:2, 3).

4. 상호 작용을 내포하는 연합. 가장 최초의 행동은, 신자들을 중생시키며 신앙을 일으킴으로써 자신과 연합시키는 그리스도의 행동이다. 반면 신자도 역시 신앙의 자각적 행위를 통해 자신을 그리스도와 연합시키며, 성령의 영향하에서 지속적인 신앙으로 이 연합을 계속 유지한다(요 14:23; 15:4, 5; 갈 2:20; 엡 3:17).

5. 개인적 연합. 모든 신자는 개인적으로 직접 그리스도와 연합되어 있다. 교회 안에 있는 생명이 그리스도를 통해 신자 각자에게 부어진다는 주장은 비성경적이다. 왜냐하면 이는 성례주의적이며, 범신론적 요소를 지니고 있기 때문이다(로마 가톨릭, 슐라이어마허, 다수의 현대 신학자들). 중생한 신자는 직접적으로 그리스도와 연합되어 있으며, 자신의 생명은 그리스도로부터 직접 받은 것이다. 성경은 항상 그리스도와의 결속을 강조한다(요 14:20; 15:1-7; 고후 5:17; 갈 2:20; 엡 3:17, 18).

6. 변혁적 연합. 이 연합에 의해서 신자들은 '그리스도의 인성을 따라' 그리스도의 형상대로 변화된다. 그리스도는 그의 백성 안에, 어떤 의미에서는 그와 더불어 일어났

던 것을 모방(replica) 혹은 재현(reproduction)시킨다. 객관적으로 그리고 주관적인 의미에서 이들은 그리스도와 함께 고난을 당하고 십자가를 지며 십자가 처형을 당하고 새로운 생명으로 부활하게 된다. 이들은 그들의 주님의 경험에 어느 정도 참여하게 된다 (마 16:24; 롬 6:5; 갈 2:20; 골 1:24; 2:12; 3:1; 벧전 4:13).

C. 신비적 연합에 대한 오류

신비적 연합에 대한 다음 몇 가지 오류들에 유의해야 한다. 신비적 연합에 대한 오류들은 비합리적이며 따라서 중요하지 않다고 간주해서는 안 된다. 이 오류들은 기독교적 삶의 올바른 이해를 위협할 수 있다.

1. 합리주의적 오류. 신비적 연합을 로고스이신 그리스도와 모든 피조물의 연합이나 혹은 모든 인간의 영 안에 있는 하나님의 내재와 동일시하려는 합리주의자들의 오류를 범하지 말아야 한다. 스트롱(A. H. Strong)은 캠벨(Campbell)의 저서 「내주하는 그리스도」(The Indwelling Christ)를 인용하는 부분에서 다음과 같이 기술한다: "그리스도의 자연에 내주하심은 인간에서의 하나님의 내재에 대한 근거가 된다……인간은 그리스도 밖에 있을 수 있지만 그리스도는 인간 밖에 있을 수 없다. 그리스도는 자신을 배척하는 자를 포기하지 않는다." 이 견해에서는 신비적 연합이 구원론적 의미를 상실한다.

2. 신비적 오류. 또다른 위험스러운 오류는, 신비적 연합을 신자와 그리스도의 동일시로 이해하는 신비주의자들의 오류이다. 이 견해에 의하면, 이 연합에는 일종의 본질의 연합의 요소가 있어서 한편의 인격이 다른 편의 인격과 합일되어, 그리스도와 신자가 더 이상 구분된 인격들로 존재하지 않게 된다는 것이다. 일부 루터주의자들도 이러한 극단으로 나아가고 있다. 어떤 극단주의자는 "나는 그리스도 예수이며, 살아 있는 하나님의 말씀이다. 나는 무죄한 고난을 받아 너를 구속했다"라고 서슴없이 말하기까지 했다.

3. 소지니적·알미니우스적 오류. 소지니주의자들과 알미니우스주의자들의 가르침에서 우리는 정반대의 극단을 발견할 수 있다. 이들은 신비적 연합을 스승과 제자 간, 친구들 간에 존재하는 단순한 도덕적 연합, 사랑과 공간의 연합이라고 규정한다. 그러한 연합에서는 그리스도의 생명과 신자의 생명 간에 어떠한 상호 침투도 존재하지 않게 된다. 여기에는 단지 그리스도에 대한 사랑의 추종, 그리스도에 대해 자유로이 드리는 선의의 봉사, 하나님 나라의 메시지에 대한 즉각적 수용만이 포함되어 있을 뿐이

다. 이 연합은 우리 안에서의 그리스도의 내주를 필요로 하지 않는다.

4. 성례주의적 오류. 로마 가톨릭 교회나 일부 루터파, 그리고 성공회 고교회파에 의해 대표되는 성례주의적 오류는 회피되어야 할 또다른 오류이다. 스트롱은 이러한 오류가 "신비적 연합의 본질에 대한 가장 유해한 오류일 것"이라고 말한다. 이 견해는 하나님의 은혜를 실체적으로 규정하고, 교회는 그 저장소이며, 성례들 안에서 이전될 수 있다고 주장한다. 따라서 이들은, 성례는 이 연합을 이미 전제로 하고 있으며 따라서 이 연합을 가져올 수 없다는 사실을 완전히 무시한다.

D. 신비적 연합의 중요성

1. 우리는 신비적 연합을 우리가 그리스도 안에 있는 풍성한 것들의 참여자가 되기 위한 법적인 근거로 언급하지 않는다. 그리스도의 공로는 우리가 그리스도 안에 있지 않으면 우리에게 전가될 수 없다고 서술되곤 한다. 우리가 그리스도와 하나가 될 때만 이러한 전가가 타당하게 될 것이라는 것이다. 그러나 이는, 우리와 그리스도의 법적인 연합과, 우리와 그리스도의 영적인 연합을 구분하지 못하고, 구속의 교리의 가장 근본적인 요소 즉 칭의론을 허구화하는 견해이다. 칭의는 항상 기존 조건이 아니라, 은혜로운 전가에 의한 하나님의 선포 즉 죄인의 기존 상황과는 일치될 수 없는 하나님의 선포이다. 우리가 받는 모든 특별 은혜의 법적 근거는 그리스도의 의의 값없는 전가에 기초한다.

2. 하지만 죄인은 자신이 아무것도 소유하지 못하며 모든 것을 그리스도로부터 값없이 받는다는 사실을 자각적으로 성찰해야 한다. 이는 신비적 연합의 중재로 인해 발생한다. 죄인이 성령의 사역에 의해 새롭게 되었을 때 이 연합은 성취되지만, 그는 신앙의 자각적인 활동이 시작될 때까지는 이를 인지하지도, 적극적으로 계발하지도 못한다. 신앙의 활동이 시작될 때 그는 자기 의는 전무하지만 의가 자신에게 전가되어 그가 하나님 앞에서 의롭게 되었다는 사실을 인식하게 된다. 하지만 여기에 첨가되어야 할 것이 있다. 즉 죄인은 자신의 내면 깊숙한 곳에서 곧 잠재 의식에서 그리스도에 대한 의존감을 느껴야 된다. 바로 그때 그는 그리스도와 결합되고, 그 결과 그가 받은 모든 은혜가 그리스도로부터 부어진다는 것을 경험하게 된다. 이렇게 발생한 그리스도에 대한 지속적인 의존감은 모든 자기 의에 대한 교정 수단이 된다.

3. 그리스도와의 신비적인 연합은 영혼뿐만 아니라 몸에서도 지속적으로 변혁시

키는 그리스도의 생명력을 보증해 준다. 영혼은 점진적으로 그리스도의 형상을 새롭게 된다. 바울은 "영광에서 영광에 이르니 곧 주의 영으로 말미암음이니라"(고후 3:18)고 표현한다. 그리고 몸은 현세에서 새롭게 된 영혼의 적절한 도구가 되도록 성별되고, 마침내 그리스도의 영화된 형상으로 일으킴을 받게 될 것이다(빌 3:21). 신자들은 그리스도 안에 있음으로써, 그리스도가 그의 백성을 위해 획득한 모든 복에 참여한다. 그리스도는 신자들에게는 영생하도록 솟아나는 무궁한 샘물이다.

4. 이 연합으로 인해 신자들은 그리스도와 교제한다. 그리스도가 그의 백성의 수고와 고통, 유혹에 참여했듯이 이들은 그리스도의 경험에 참여하게 된다. 그리스도의 고통은 그의 추종자들의 삶에서 일부 재현되고 완성된다. 그들은 그리스도와 함께 십자가에 못 박혔으며, 새로운 생명으로 그와 함께 일어난다. 그리스도의 최종적인 승리 역시 그들의 승리가 된다(롬 6:5, 8; 8:17; 고후 1:7; 빌 3:10; 벧전 4:13).

5. 마지막으로, 그리스도와 신자의 연합은 모든 신자들의 영적인 연합, 즉 성도 간의 교제의 기초가 된다. 신자들은 동일한 영에 의해 고무되고, 동일한 사랑으로 채워지며, 동일한 신앙으로 세워지고, 동일한 전투에 참여하며, 동일한 목표를 지향한다. 이들은 모두 그리스도와 그의 교회, 하나님과 그의 나라에 관한 일에 관심을 둔다(요 17:20, 21; 행 2:42; 롬 12:15; 엡 4:2, 3; 골 3:16; 살전 4:18; 5:11; 히 3:13; 10:24, 25; 약 5:16; 요일 1:3, 7).

깊은 연구를 위한 질문

그리스도와의 연합에 적용될 때 '신비적'이라는 단어의 의미는? 법적인 영역에서의 은혜와 도덕적 영역에서의 은혜의 관계는 어떠한가? 우리는 죄인이 그가 그리스도 안에 주관적으로 연합되기 전에는 하나님의 특별 은혜의 복의 참여자가 될 수 없다는 주장에 대해 어떻게 답변해야 하는가? 신앙이 그리스도와의 연합을 일으키지만 중생은 이 연합의 열매라는 점에서 신앙이 중생보다 선행한다는 주장에 대해서는 어떻게 답변할 것인가? 신비적 연합은 인간의 개성을 억압하는가, 아니면 이를 보존하는가(엡 4:13을 참조할 것)? 모든 신자들은 이 연합으로 동등한 혜택을 입는가? 이 연합이 해소될 수 없는 것이라면 요 15:1-7은 어떻게 이해되어야 하는가? 신자와 그리스도의 연합에 대한 슐라이어마허의 견해는 무엇인가?

V

부르심 일반과 외적(外的) 부르심

A. 부르심을 처음에 논의하는 이유

부르심과 중생의 순서에 대한 문제는 자주 논의되고 있으며, 때로 이러한 논의는 분별 없이 전개되어 많은 오해를 받아 왔다. '부르심'과 '중생'이라는 용어는 항상 동일한 의미로 사용되는 것은 아니다. 결과적으로, 한편으로는 부르심이 중생에 선행되며, 한편으로는 중생이 부르심에 우선한다고 주장할 수 있게 된다. (1) 성경과 표준적 신앙고백서에서 발견되는 진술들, (2) 개혁파 신학자들에 의해 일반적으로 추종된 순서들, (3) 말씀을 통한 외적 부르심이 중생과 내적 부르심에 선행한다는 주장을 지지하는 이유들을 간략히 살펴볼 것이다.

1. 성경의 진술들. 성경적 순서는 이미 우리가 잘 알고 있는 몇몇 구절들에서 제시되고 있다. 우선 겔 37:1-14의 마른 뼈들의 환상이 있다. 에스겔이 이스라엘 집의 마른 뼈에 대해 예언하는 동안 생기는 그 속에 들어갔다. 이 구절은 이스라엘 집의 국가적 회복과 영적 부흥을 언급하고 있으며, 아마도 죽은 자의 부활에 관한 일말의 암시도 내포하고 있을 것이다. 이 구절에서는 예언의 말씀이 이스라엘 백성의 새로운 생명의 생성보다 선행하는 것으로 기록되어 있다. 물론 이는 양자가 인과론적으로 관련되어 있다는 의미는 아니다. 루디아의 회심을 언급하고 있는 행 16:14은 매우 시사적이다. 바울이 설교시 주님은 루디아의 마음을 열어서 그가 말하는 것에 주목하게 한다. 마음이 열리는 것보다는 외적인 부르심이 선행되고 있으며, 그 후 내적 부르심이 일어난다. 두 가지 부르심에 대한 통일성이 명확히 나타나고 있다. 롬 4:17에서의 바울의 언명이 자주 이와 연관되어 언급되지만, 이 구절은 본 주제와 관련된다고 생각될 수 없다. 왜냐하면 이 구절은 하나님의 말씀의 설교에 의한 내적 혹은 외적 부르심을 언급하지 않고, 만물을 존재하게 하신 하나님의 창조적 명령이나, 없는 것을 있는 것같이 부르며 죽은 자들에게까지 미치는 하나님의 명령을 진술하고 있기 때문이다. 또 다른 구절은 약 1:18 즉 "그가 그 피조물 중에 우리로 한 첫 열매가 되게 하시려고 자기

의 뜻을 따라 진리의 말씀으로 우리를 낳으셨느니라"에서 발견된다. 여기에 언급된 진리의 말씀이 전도의 말씀이라는 것은 의심할 여지가 없으며, 이 말씀이 새로운 생명보다 선행하며 어떤 의미에서는 이의 도구가 된다고 주장할 수 있다.

마지막으로, 잘 알려진 벧전 1:23이 있다. 여기에서 베드로는 신자들에 대해 "너희가 거듭난 것은 썩어질 씨로 된 것이 아니요 썩지 아니할 씨로 된 것이니 살아 있고 항상 있는 하나님의 말씀으로 되었느니라"고 언급한다. 25절에 비추어 볼 때 여기서 언급된 말씀은 독자들 가운데 설교된 복음의 말씀 바로 그것이다. 베드로의 이 말은, 설교의 말씀이 중생보다 선행하며 중생과 도구적으로 연관된다는 것을 암시해 주고 있다. 이러한 구절들에 비추어 볼 때, 성인(成人)의 경우, 말씀의 설교에 의한 외적인 부르심이 일반적으로 중생보다 선행한다는 결론이 완전히 입증되고 있다. 이 구절들이 또한, 내적인 부르심이 새로운 생명이 주입보다 선행한다는 주장도 정당화시키고 있는지의 여보는 추후에 논의하고자 한다.

2. 표준적 신앙고백서에 나타난 견해. 우리의 표준적 신앙고백서들도 역시 성인의 경우 말씀의 설교가 중생보다 선행한다는 것을 암시해 주고 있다. 하지만 이 신앙고백서들은 오늘날 우리가 사용하는 제한된 의미에서의 중생이라는 단어를 사용하고 있지 않다는 것을 명심해야 한다. 벨기에 신앙고백서 24조는 "우리는 하나님의 말씀을 듣고 성령의 사역으로 인해 이 참된 신앙이 인간 안에 일어나며 인간을 중생시키고 새로운 인간으로 만들며 새로운 삶을 살게 하고 죄의 속박으로부터 그를 해방시킨다고 믿는다"라고 말한다. 신앙은 말씀을 들음으로써 인간 안에 생성되고, 중생 즉 회심과 성화에서의 인간의 갱신을 일으킨다. 도르트 신조 3장과 4장, 11조와 12조에서는 좀 더 상세히 진술하고 있다. "그러나 하나님께서 선택된 자 안에서 하나님의 기쁘신 뜻을 성취할 때, 혹은 그들 안에서 진정한 회심을 일으킬 때, 하나님은 복음이 외적으로 그들에게 선포되게 하시고 성령에 의해 그들의 마음을 강하게 조명하여 그들이 하나님의 영에 관한 일들을 바르게 이해하고 분별하게 할 뿐만 아니라 동일한 중생의 영에 의해 인간의 가장 깊은 심중에 침투한다……그리고 이것이 바로 성경에서 높이 찬양되고 새로운 피조물로 명명된 중생이니, 곧 죽은 자의 부활이요, 하나님께서 우리의 조력 없이 우리 안에서 행하시는 갱신의 사역이다. 그러나 이는 단순히 외적인 복음 설교나 도덕적인 감화의 방식으로, 혹은 하나님께서 자기 역할을 수행하신 후 중생의 여부 혹은 회심의 여부에 대한 선택이 인간의 능력에 맡겨지는 그러한 방식으로는 성취되지 않는다." 이 조문들에서 '중생', '회심'이라는 단어들은 상호 교환적으로 사용

되었다. 하지만 이 단어들이 외적인 생의 표현들에 있어서의 변화들뿐만 아니라 영혼의 지배적 성향에서의 근본적인 변화를 지칭한다는 것은 명약관화하다. 그리고 이러한 변화는 오직 복음 설교만으로, 혹은 최소한 부분적으로라도 복음 설교에 의해 야기될 수 있다. 따라서 중생보다는 복음 설교가 선행한다.

3. 개혁파 신학자들이 일반적으로 채택한 순서. 개혁파 신학자들 중에는, 비록 극소수가 반대의 입장을 취하고 있지만, 부르심을 중생 이전에 배치하는 것이 관례로 되어 있다. 심지어 맥코비우스(Maccovius), 부티우스, 컴리와 모든 '타락 전 선택론자'들조차도 통상적인 순서를 따른다. 개혁파 신학자들이 일반적으로 부르심을 중생 이전에 배치시킨 이유는 다음과 같다.

(1) 은혜 언약의 교리. 그들은 은혜 언약을 하나님께서 무한한 자비로 죄인들에게 베푸시는 위대하고 포괄적인 선, 즉 모든 구원의 복을 포괄하는 선과 중생으로 이해한다. 하지만 이 언약은 복음과 불가분 연관되어 있다. 이는 그리스도께서 살아 있는 중심인 복음에서 선포되고 알려지며, 따라서 복음 없이는 존재하지 못한다. 복음이 알려지지 않은 곳에서는 언약도 실현되지 못한다. 복음이 설교되는 곳에서 하나님은 그의 언약을 확립하고 그의 은혜를 영화롭게 한다. 복음의 설교와 언약의 집행은 성령의 구원 사역, 그리고 그리스도에 의해 성취된 구원에의 신자들의 참여보다 선행한다.

(2) 그리스도의 사역과 성령의 사역의 관계에 대한 개념. 재세례파는 이 관계를 공정하게 다루지 못했다. 그리스도와 그의 구속 사역은 복음 안에서 우리에게 제시된다. 그리고 성령이 죄인에게 전해 주려고 하는 모든 것은, 하나님과 인간의 중보자로서 우리 구원의 공로적 원인이신 그리스도로부터 유래한다. 따라서 성령은 자신의 사역을 복음 설교와 결합시키고, 구속의 신적인 메시지가 제시되는 곳에서만 구원적 방식으로 역사한다. 성령은 복음에서 제시된 그리스도와 분리되어서는 역사하시지 않는다.

(3) 재세례파의 신비주의에 대한 반론. 재세례파들은 중생이 인간 본성의 갱신뿐만 아니라 전적으로 새로운 창조를 성취시킨다는 가정에서 출발한다. 그리고 그들은 만약 이와 같다면 자연적 창조에 속하는 어떠한 것도, 예를 들면 하나님의 말씀을 인간에게 전달하는 인간의 언어조차도 새로운 생명을 죄인에게 전달하는 도구가 될 수 없다고 생각한다. 이들은 중생 그 자체가 말씀을 수단으로 사용하는 것을 배제한다고 본다. 왜냐하면 말씀은 결국 죽은 문자에 불과하기 때문이다. 이러한 신비주의적 경향은 개혁파 신학자들에 의해 강력한 반대를 받았다.

(4) 성인(成人)의 영적인 갱신과 관련된 경험. 유아기에 사망한 언약의 어린이들이

중생되었고 따라서 구원받는다는 것은 이미 정설로 굳어진 견해이지만, 성인들이 중생의 은혜의 참여자가 되는 시기에 대해서는 의견이 일치되지 않는다. 개중에는, 모든 선택된 어린이들은 세례받기 전에 중생되고, 새 생명은 성인에게서 오랜 기간 동안 감추어져 있다고 주장하는 부티우스의 견해를 따르는 자들도 있다. 하지만 대부분은 이 입장을 취하지 않고, 생명이 현존한다면 어떤 방식으로든 발현될 것이라고 주장한다. 그들은 경험으로, 대다수의 사람들은 수년간 복음을 들은 이후에야 비로소 새로운 생명의 형적이 나타난다는 것을 알게 되었다.

4. 외적 부르심이 중생에 선행한다는 주장의 근거들.

(1) **진술의 명료성.** 외적 부르심과 내적 부르심은 본질적으로 하나다. 하지만 이것들은 주의 깊게 구분될 수 있으며, 구분되어야 한다. 어느 하나에 대한 논의가 다른 것에 직접적으로 관련되지 않을 수도 있다. 복음을 통한 외적 부르심이 성인의 경우 논리적으로 중생보다 선행하느냐의 여부에 대해서는 일말의 의심도 존재하지 않지만 내적 부르심과 중생의 순서에 대해서는 논란의 여지가 있다. 따라서 외적 부르심을 먼저 다루고 내적 부르심을 중생과 연관해서 다루는 것이 바람직하다고 여겨진다.

(2) **외적 부르심의 예비적 성격.** 만약 구원의 순서가 그리스도에 의해 성취된 구속의 효과적인 적용을 취급한다는 가정에서 출발한다면, 우리는 하나님의 말씀에 의한 외적 부르심은 엄격히 말해서 구원의 순서의 한 단계라고는 말할 수 없다는 것을 즉시 알 수 있다 외적 부르심에 성령이 사역이 동반되어 내적이고 효과적인 부르심으로 전이되지 않는다면 이는 단지 선행적·예비적 의미만 지니게 된다. 일부 개혁파 신학자들은, 외적 부르심은 영원한 선택과 하나님의 구원 은혜에서 유래하지 않고 하나님의 보통 선(善)에서 유래하며, 때로 인간의 심령을 조명하기도 하지만 심령을 하나님의 구원 은혜로 충만하게 하지 못한다는 점에서 이를 보통 은혜로 언급하고 있다.

(3) **외적 부르심의 일반적 성격.** 구원의 순서 안의 성령의 다른 모든 사역이 선택된 자에게만 한정되지만, 복음에 의한 외적 부르심은 좀 더 넓은 관계를 지니고 있다. 복음이 설교되는 어느 곳이든 부르심은 선택받은 자나 유기된 자 모두에게 임한다. 이는 선택된 자들을 신앙과 회개로 인도할 뿐만 아니라, 죄인 일반에게 하나님의 사랑을 계시하는 목적을 성취한다. 이로 인해 하나님께서 모든 이성적 피조물의 순종을 요구하시고 죄의 발현을 억제하며, 시민적 의, 외면적 도덕성, 심지어 종교적인 행사까지도 장려한다.

B. 부르심 일반

외적 부르심이 일반적인 부르심의 한 측면에 불과하기 때문에 우리는 외적 부르심을 논의하기 전에 이를 간략히 고려해야 한다.

1. 부르심의 주체. 부르심은 삼위일체이신 하나님의 사역이다. 이는 우선 아버지의 사역이다(고전 1:9; 살전 2:12; 벧전 5:10). 하지만 아버지는 아들을 통해 모든 일을 행하신다. 그리고 이 부르심은 또한 아들에게 속하기도 한다(마 11:28; 눅 5:32; 요 7:37; 롬 1:6). 그리고 그리스도는 말씀과 성령으로 부르신다(마 10:20; 요 15:26; 행 5:31, 32).

2. 사물을 통한 부르심과 말씀을 통한 부르심. 개혁파 신학자들은 일반적으로 말씀을 통한 부르심(*vocatio verbalis*)과 사물을 통한 부르심(*vocatio realis*)을 구분하고 있다. 이들은 사물을 통한 부르심을, 하나님의 일반 계시 즉 복음의 계시가 아닌 율법의 계시를 통해 인간에게 임하여 하나님을 자신의 창조주로 인정하고 경외하고 영광을 돌리게 하는 외적 부르심이라고 규정한다. 이 부르심은 언어보다는 사물 즉 자연과 역사, 그들이 생활하고 있는 환경, 그들의 삶의 경험과 흥망성쇠로써 그들에게 임한다(시 19:1-4; 행 16:16, 17; 17:27; 롬 1:19-21; 2:14, 15). 이 부르심은 그리스도에 대해서는 전혀 무지하며, 따라서 구원으로 인도할 수 없다. 동시에 이 부르심은 죄의 억제, 자연적 삶의 발전, 사회 안의 선한 질서의 보존과 연관되어 있어서 매우 중요하다. 이는 우리가 지금 관심을 두고 있는 부르심은 아니다. 구원론에서는 오직 말씀을 통한 부르심만이 고려된다. 이는 하나님께서 그리스도 예수 안에서 제공된 구원을 수용하도록 죄인을 초청하는 하나님의 은혜로운 행위로 정의될 수 있다.

3. 말씀을 통한 부르심의 여러 개념들. 말씀을 통한 부르심은 이 용어 자체에서 나타나듯 하나님의 말씀의 설교를 통해 인간에게 임하는 하나님의 부르심이다. 로마 가톨릭 교회에 의하면 이는 세례의 집행을 통해 인간에게 임하게 된다. 사실 이들은 성례를 인간을 그리스도께로 인도하는 가장 중요한 수단으로 이해하며, 따라서 복음 설교는 부차적인 중요성을 지닌다고 주장한다. 설교단이 아니라 제단이 결정적으로 중요하다. 시간이 경과함에 따라, 복음적 부르심은 어떤 경우에는 효과적이지만 어떤 경우에는 효과적이지 않은 이유가 무엇인가 하는 질문에 대한 여러 의견들이 출현했다. 펠라기우스는 이 질문에 대한 해답을 인간의 자유 의지 속에서 찾았다. 인간은 본성적으로 완전한 자유 의지를 가지고 있으므로 그는 자신이 원하는 대로 복음을 수용하거나 거부할 수 있으며, 따라서 구원의 복을 획득할 수도 있고 그렇지 못할 수도 있다는

것이다. 반면에 아우구스티누스는 이 질문에 대한 해답을 하나님의 은혜의 사역의 차이에서 찾았다. 그는 "전에는 저항했던 사람에서의 하나님의 부르심에 대한 들음은 하나님의 은혜 자체에서 나온다. 따라서 그가 더 이상 저항하지 않을 때 덕목에 대한 사랑이 그의 내부에서 점화된다"라고 말한다. 반(半)펠라기우스주의는 양자를 중재하고, 아우구스티누스적인 자유 의지의 거부나 펠라기우스적인 하나님의 은혜의 경시를 회피하려고 했다. 이들은 인간 안에 스스로 선한 열매를 맺을 수 있는 덕목의 씨앗들의 현존을 가정했으며, 씨앗들이 자라나기 위해서는 하나님의 은혜의 결실하게 하는 영향력을 필요로 한다고 주장했다. 여기에 필요한 은혜는 만인에게 값없이 주어지므로, 인간은 이 은혜의 도움으로 복음적 부르심을 수용하고 구원에 이를 수 있다. 따라서 구원의 부르심은 인간이 하나님의 은혜의 도움을 받아 이를 수용한다면 효과적이 될 것이다. 이 견해는 로마 가톨릭 교회의 주된 교리가 되었다. 후에 로마 가톨릭 교인 일부는 - 여기에는 벨라민(Bellarmin)이 가장 중요한 인물이다 - 복음적 부르심을 수용하는 것은 인간이 처한 환경에 의존하게 된다는 적합주의(congruism)를 도입했다. 환경이 적합하다면 즉 유리하다면, 인간은 이를 받아들일 것이고, 그렇지 못하면 그는 이를 거부할 것이다. 물론 환경의 성격은 선행적 은혜의 사역에 크게 의존한다.

　루터는, 율법은 회개를 일으키지만 복음적 부르심은 성령의 선물을 가져온다는 사상을 전개했다. 성령은 말씀 안에 있고, 따라서 부르심은 그 자체로 항상 충족하며, 그 의도에 있어서 항상 효과적이다. 이 부르심이 목적하고 의도한 결과를 성취하지 못하는 이유는, 인간이 많은 경우 걸림돌을 두고 있다는 사실에 기인한다. 따라서 결과는 인간의 부정적인 태도에 따라 결정된다. 일부 루터교인들이 여전히 외적 부르심과 내적 부르심에 대해 언급하고는 있지만, 이들은 외적 부르심은 내적 부르심과 분리되어 임할 수 없다고 주장한다. 부르심의 효과적인 성격을 강조하는 것은 재세례파가 이를 무시하는 데 기인했다. 재세례파는 하나님의 말씀을 은혜의 수단으로 인정하지 않고, 소위 내적인 말씀, '내적인 빛'과 성령의 조명을 강조한다. 이들에게는 외적인 말씀이란 죽이는 문자에 불과하며, 내적인 말씀은 영과 생명이다. 이들의 체계에서는 외적 부르심은 아무런 의미도 갖고 있지 않다.

　외적 부르심과 내적 부르심의 구분은 이미 아우구스티누스에게서 발견되고, 칼빈에 의해 차용되었으며, 따라서 개혁파 신학에 있어서는 두드러진 특징이 되었다. 칼빈에 의하면, 복음적 부르심은 그 자체로는 효과적이 아니며, 성령이 말씀을 인간의 심령에 구원적으로 적용시킬 때 성령의 사역에 의해 효과적이 된다는 것이다. 이는 오직 선택받은 자의 심령과 삶에만 적용된다. 따라서 인간의 구원은 처음부터 하나님의 사역이다. 하나님은 구원 은혜로써 인간이 복음적 부르심에 주목하게 하는 것이 가능할 뿐만 아니라, 인간이 이를 주목하게 하여 구원에 이르게 한다. 알미니우스주의자들은 이러한 입장에 만족하지 못했고, 다시 로마 가톨릭 교회의 반(半)펠라기우스주의로 복귀했다. 이들에 의하면 복음의 보편적인 선포는 보편적 충족 은혜를 수반한다 – "현실적으로 보편적으로 베풀어지는 은혜로운 도움은 만인이 이를 선택만 하면 영적인 복들을 완전히 소유하고 궁극적으로 구원에 이르게 한다." 구원의 사역은 다시 한 번 인간에게 의존하게 된다. 이는 펠라기우스적인 입장으로의 합리주의적 복귀의 시작으로, 구원에 이르게 하는 성령의 내적인 사역의 필요성을 전적으로 부인하고 있다.

C. 외적 부르심

성경은 '외적'이라는 용어를 사용하지 않지만, 효과적이지 않은 부르심을 명백하게 언급하고 있다. 이는 막 16:15, 16의 "또 이르시되 너희는 온 천하에 다니며 만민에게 복음을 전파하라 믿고 세례를 받는 사람은 구원을 얻을 것이요 믿지 않는 사람은 정죄를 받으리라"와 같은 지상 명령에 전제되어 있다. 마 22:2-14에서의 혼인 잔치 비유는 초청받은 사람들의 일부가 오지 않았다는 것을 가르쳐 주고 있으며, 잘 알려진 말씀, 즉 "청함을 받은 자는 많되 택함을 입은 자는 적으니라"로 결론을 맺고 있다. 이와 동일한 교훈이 큰 잔치 비유에서도 나타난다(눅 14:16-24). 다른 구절들은 명백히 복음의 거부에 대하여 언급하고 있다(요 3:36; 행 13:46; 살후 1:8). 또 일부 사람들이 불신앙의 죄를 범하고 있다고 말함으로써, 불신앙의 죄를 언급하고 있는 구절들도 있다(마 10:15; 11:21-24; 요 5:40; 16:8, 9; 요일 5:10). 외적인 부르심은 죄인에게 죄의 용서와 영원한 생명을 얻기 위하여 그리스도를 신앙으로 받아들일 것을 간절하게 권면하며, 그리스도 안에 있는 구원을 제시하고 제공하는 것이다.

1. 외적 부르심의 구성 요소.
(1) 복음의 사실과 구속의 교리의 제시. 그리스도 안에 계시된 구원의 방법들이 상호 관련하에 명백히 제시되어야 한다. 하나님의 구속 계획, 그리스도의 구원 사역, 성령의 갱신과 변혁적 역사들, 이 모든 것이 상호 관계 속에서 해석되어야 한다. 하지만 구속의 교리를 아무리 잘 제시한다 하더라도 이것이 복음적 부르심을 구성하는 것은

아니라는 것을 명심해야 한다. 이는 복음적 부르심에 근본적이며 매우 중요한 요소이다. 하지만 이는 그 부르심의 전체는 아니다. 개혁파 신학에 의하면 다음의 요소들도 역시 복음적 부르심을 구성한다.

(2) 회개와 신앙 안에서 그리스도를 영접하는 초청. 구원의 방법의 진술 다음에는 회개하고 믿으라는, 즉 신앙으로 그리스도를 영접하라는 간절한 초청(고후 5:11, 20), 심지어는 엄중한 명령(요 6:28, 29; 행 19:4)이 뒤따라야 한다. 하지만 이렇게 그리스도께 나아가는 것이 부흥 운동가들이 말하는 피상적인 의미로 이해되지 않도록, 요청되는 회개와 신앙의 진정한 본질이 명백히 제시되어야 한다. 죄인은 스스로 진정으로 회개하고 신앙할 수 없으며, 바로 하나님께서 그 안에서 "그의 기쁘신 뜻을 위해 의도하고 역사하신다"는 사실이 명백하게 제시되어야 한다.

(3) 용서와 구원의 약속. 외적 부르심은 자력으로가 아니라, 성령에 의해 그들의 심령 가운데 역사하는 하나님의 은혜의 능력으로 인해, 그 조건들에 동의하는 모든 자들을 받아들인다는 약속을 포함하고 있다. 은혜에 의해 그들의 죄를 회개하고 신앙으로 그리스도를 영접하는 사람들은 사죄와 영생의 확신을 가진다. 이 약속은 결코 절대적인 것이 아니며, 항상 조건적이라는 것을 기억해야 한다. 어느 누구도 하나님에 의해 진정으로 일어난 신앙과 회개라는 방식 이외에 약속의 성취를 기대할 수 없다.

이러한 요소들이 외적인 요소에 포함된다는 사실로부터, 복음을 거부하는 자들은 어떤 사실과 관념을 믿기를 거부할 뿐만 아니라 이 부르심에 관련된 성령의 일반 사역에 저항하는 것이며, 따라서 완고한 불순종의 죄를 범하고 있다는 것을 알 수 있다. 복음을 영접하기를 거부함으로써 그들의 책임은 증대되며, 심판날에 자기들에게 임할 진노를 쌓고 있다(롬 2:4, 5). 상기의 요소들이 외적인 소명에 포함된다는 것은 다음 구절들을 통해 명백히 나타난다. ① 행 20:27에 의하면, 바울은 하나님의 모든 경륜의 선포를 부르심의 일부라고 이해한다. 엡 3:7-11에서 바울은 자신의 독자들에게 자신이 선포한 것들 중 일부를 상세히 열거한다. ② 회개와 신앙으로의 부르심의 실례들은 겔 33:11; 막 1:15; 요 6:29; 고후 5:20과 같은 구절에서 발견된다. ③ 그리고 약속은 요 3:16-18, 36; 5:24, 40과 같은 구절에서 나타나고 있다.

2. 외적 부르심의 특징.

(1) 일반적 또는 보편적이다. 이는 구(舊)루터파 신학자들 중 일부가 주장하듯이, 부

르심은 예를 들면 아담의 시대, 노아의 시대, 사도들의 시대들과 같이 과거에 한 번 이상 만인에게 실제로 임했다는 의미로 이해되어서는 안 된다. 맥퍼슨은 "이러한 종류의 보편적인 부르심은 사실이라기보다는 어떤 목적을 위해 창안된 이론에 불과하다"고 말한다. 이러한 진술에서는 '일반적'·'보편적'이라는 용어가, 복음적 부르심이 일반적 혹은 보편적이라고 언급할 때와는 다른 의미로 사용되고 있다. 게다가 그 진술은 부분적으로 사실에 모순된다. 외적 부르심은 복음이 설교를 듣는 만인에게 차별 없이 임한다는 점에서만 일반적이다. 이는 어느 시대, 국가 혹은 계급에 한정되지 않는다. 이는 의로운 자와 불의한 자, 선택받은 자와 유기된 자 모두에게 임한다. 다음 구절은 이 부르심의 일반적 성격을 입증해 주고 있다. "너희 모든 목마른 자들아 물로 나아오라 돈 없는 자도 오라 너희는 와서 사 먹되 돈 없이, 값 없이 와서 포도주와 젖을 사라"(사 55:1; 또는 6, 7절 참조). 이 구절을 오직 영적으로 자격을 갖춘 죄인들만이 부르심을 받았다고 해석할 수도 있다. 그러나 분명히 사 45:22의 "땅의 모든 끝이여 내게로 돌이켜 구원을 받으라 나는 하나님이라 다른 이가 없느니라"에 대해서는 이렇게 말할 수 없다. 어떤 사람들은 마 11:28 – "수고하고 무거운 짐 진 자들아 다 내게로 오라 내가 너희를 쉬게 하리라" – 에서의 예수님의 초청이 진정으로 자신의 죄에 관심을 두고 진정으로 회개하는 자들에게만 한정된다고 해석하기도 한다. 하지만 그러한 제한을 설정할 이유가 없다. 성경의 마지막 책은 아름다운 일반적인 초청으로 결론을 맺고 있다. "성령과 신부가 말씀하시기를 오라 하시는도다 듣는 자도 오라 할 것이요 목마른 자도 올 것이요 또 원하는 자는 값없이 생명수를 받으리라 하시더라"(계 22:17). 복음적 초청이 일부 학자들이 주장하듯 선택된 자에게 제한되지 않는다는 것은 시 81:11-13; 잠 1:24-26; 겔 3:19; 마 22:2-8, 14; 눅 14:16-24 등과 같은 구절들에 잘 나타나 있다.

이 부르심의 일반적 특성을 도르트 신조에서 가르치고 있다. 하지만 이 교리는 개혁 교회 내에서의 개인들이나 일부 집단들의 반대에 봉착해 왔다. 17세기 스코틀랜드 교회의 일부는 구원의 무차별적 초청과 제의(offer)를 부정하였으며, 개중에는 이를 유형 교회에 한정시키려 했던 자들도 있다. 이들에 대항하여, 보스턴(Boston)이나 어스킨(Erskine)과 같은 매로우(Marrow)파 사람들은 외적 부르심의 일반적 성격을 변호했다. 네덜란드에서는 18세기에 이에 관한 논쟁이 가열되었다. 보편적 제공을 주장하는 사람들은 '새로운 빛'의 설교가로 불리게 되었고, 특별한 제의 즉 어느 정도 특별 은혜의 형적을 나타내는 자, 따라서 선택받은 자 중에 속하는 자로 간주되는 자들에게 외적 부르심이 제공된다는 주장을 설파하는 자들은 '옛 빛'의 설교자로 인식되었다. 오늘날까지도 우리는, 복음의 일반적인 초청과 제의가 자주 예정론과 제한속죄론 등 즉 마땅히 설교자가 출발점으로 삼아야 할 교리와 모순된다는 반대에 부딪치게 된다. 하지만 성경은, 이 교리들이 아무리 중요하다고 할지라도 복음이 설교자가 이를 출발점으로 삼아야 한다고 가르치지는 않는다. 설교자의 출발점과 보증은 왕의 위임령, 즉 "너희는 온 천하에 다니며 만민에게 복음을 전파하라 믿고 세례를 받는 사람은 구원을 얻을 것이요 믿지 않는 사람은 정죄를 받으리라"(막 16:15, 16)라는 말씀에 의존한다. 게다가 복음을 설교함에 있어서, 일부 신학자들이 강요하듯, 선택받은 자들에게 대상을 한정한다는 것은 불가능하다. 설교자는 누가 선택받았는지를 알 수 없다. 예수님은 이를 알고 계셨지만, 구원의 제의를 제한하시지 않았다(마 22:3-8, 14; 눅 14:16-21; 요 5:38-40). 만약 구원의 보편적 교리가, 하나님께서 복음을 듣는 모든 자들을 구원하도록 의도하셨고 그리스도가 실제로 각 개인의 죄를 위해 속죄했다는 선언을 포함한다면, 이 교리는 개혁파 신학의 예정론 및 제한속죄론과 실제적으로 모순될 것이다. 하지만 복음적 초청은 이러한 선언을 포함하지 않는다. 이는 신앙으로 그리스도를 영접하라는 은혜로운 부르심이요, '조건적인' 구원 약속이다. 그 조건은 오직 선택받은 자들에게만 성취되며, 따라서 이들만이 영생을 소유한다.

(2) 진실한(*bona fide*) 부르심이다. 외적 부르심은 진실한 부르심, 즉 진지하게 의도하신 부르심이다. 이는 부르심이 받아들여지지 않을 것이라고 기대하며 제시하신 초청이 아니다. 하나님께서 죄인들을 불러 신앙을 영접하게 하실 때, 하나님은 이를 간절히 소망하신다. 그리고 하나님께서 회개하고 믿는 자들에게 영생을 약속하실 때 그의 약속은 신뢰할 만한 것이다. 이는 하나님이 본성, 즉 하나님의 성실함에서 비롯된다. 하나님께서 말씀과는 다른 의도를 가지고 있다. 즉 하나님은 죄인에게 회개하고 믿고 구원에 이르기를 간청하고 있지만 실제로는 이를 바라고 있지 않다고 생각하여 하나님을 이중적이며 기만적이라고 말하는 것은 분명 신성모독이다. 외적인 부르심의 진실함은 다음과 같은 성격 구절로 입증될 수 있다. 민 23:19; 시 81:13-16; 잠 1:24; 사 1:18-20; 겔 18:23, 32; 33:11; 마 21:37; 딤후 2:13. 도르트 신조는 3장과 4장 8조에서 이를 명백히 천명한다. 이렇게 진실한 구원 제의에 대한 반론들이 존재했다.

① 어떤 반론은 **하나님의 정직함**에서 출발한다. 이 교리에 의하면, 하나님은 죄의 용서와 영생을 하나님께서 이러한 선물들을 주기로 의도하지 않은 자들에게 제의한다는 것이다. 이 교리가 이 점에 있어서 진정한 난점에 봉착한다는 것을 부인할 수는 없다. 하지만 이는 우리가 하나님의 작정적(decretive) 의지와 교훈적(preceptive) 의지를

조화시키려 할 때 언제나 부딪치게 되는 난점이요, 반론자들도 해결할 수 없고 자주 무시해 왔던 난점이다. 하지만 우리는 양자가 실질적으로 모순된다고 가정할 수 없다. 하나님의 작정적 의지는 가장 확실히 일어날 것(이는 하나님께서 이 모든 것을 기뻐하신다는 의미가 아니다. 이를테면 모든 종류의 죄를 생각해 보라)을 결정하는 것이며, 하나님의 교훈적 의지는 하나님이 보시기에 기쁘신 것들을 인간에게 가르쳐 주는 인생의 법칙이다. 더욱이 하나님은 죄인들에게 무조건적으로 죄의 용서와 영생을 제공하는 것이 아니라 오직 신앙과 회심의 방법으로써만 이를 제공하며, 그리스도의 의가 만인을 위하여 의도된 것은 아닐지라도 만인에 대해 충분하다는 사실을 명심해야 한다.

② 두 번째 반론은 **인간의 영적 무능**에서 출발한다. 인간은 본성상 신앙도 회개도 할 수 없다. 따라서 이를 인간에게 요구한다는 것은 인간을 조롱하는 것이라는 주장이다. 하지만 이러한 반론에 대해 영적인 일들에 관한 인간의 무능은 하나님을 섬기기를 거부하려는 것에 근원을 두고 있다는 것을 기억해야 한다. 인간이 스스로 회개하고 그리스도를 믿을 능력이 있다면 많은 사람들이 이를 원할 것이라는 것은 실제의 상황과 배치된다. 믿지 않는 자는 믿으려 하지 않는 자다(요 5:40). 게다가 인간에게 회개와 그리스도에 대한 신앙을 요구하는 것은 인간들에게 율법을 준수하라고 요구하는 것처럼 합리적이다. 인간의 영적 무능을 근거로 구원의 보편적 제공을 반대하는 자들 중 일부는, 심지어 죄인을 율법의 요구 앞에 두고 율법을 행하도록 주장하기까지 하는데, 이는 큰 모순이다.

3. 외적 부르심의 중요성. 하나님께서 유기된 자들을 포함하는 모든 인간에게 차별 없이 구원을 제의하는 이유에 대한 질문이 제기될 수 있다. 이러한 외적 부르심은 다양한 목적을 가지고 있다.

(1) 하나님은 외적 부르심을 통해 죄인에 대한 권리를 보유하신다. 우주의 주권자로서 하나님은 인간의 섬김을 받을 만한 자격이 있다(이는 절대 권리의 문제다). 그리고 인간이 죄로 하나님으로부터 일탈하고 이제는 자신의 정당한 주권자에게 영적으로 순종할 수 있는 능력을 소유하지 못하지만 인간의 의도적인 범죄가, 이성적 피조물에게 섬김을 받으실 하나님의 권한을 폐지시키지는 못한다. 절대적 순종을 요구할 하나님의 권리는 남아 있으며, 하나님은 이 권리를 율법과 복음 안에서 주장하신다. 인간에 대한 하나님의 권리는 신앙과 회개로의 부름에도 나타나고 있다. 만약 인간이 이 부르심에 응답하지 않는다면 그는 하나님의 정당한 요구를 무시하고 경멸하여 자신의 죄

를 증대시키는 것이다.

(2) 외적 부르심은 죄인을 회심으로 인도하는 하나님에 의해 제정된 방법이다. 다시 말하면, 이는 하나님께서 모든 민족으로부터 선택된 자들을 모으시는 방법이다. 어느 누구도 선택된 자를 가려낼 수 없으므로, 외적 부르심은 보편적·일반적이어야 한다. 이는 선교사들이 파송되어 복음을 듣는 자들에게 그리스도가 그들 개개인을 위해 죽으셨고 하나님께서 개개인을 구원하도록 의도하셨다는 확신을 줄 수 있다는 뜻이 아니다. 선교사들은 다만 그리스도께서 죄인들을 위해 죽으셨으며, 그리스도는 이들을 자신에게 나오라고 초청하며, 진정으로 자신의 죄를 회개하고 산 믿음으로 그리스도를 영접하는 모든 자에게 구원을 제의한다는 기쁜 소식들을 전해 줄 수 있을 뿐이다.

(3) 외적 부르심은 하나님의 거룩함, 선, 긍휼을 계시한다. 하나님은 자신의 거룩함으로 어디서나 죄인들을 설득하여 죄를 단념시키고, 선함과 자비를 통해 파멸을 경고하고, 사형 집행을 연기하며, 구원의 제의로 그들을 복 주신다. 이 은혜로운 제의가, 그 자체로 죄인에 대한 복이요, 일부 신학자들이 생각하듯 저주가 아니라는 사실은 명약관화하다. 이는 죄인에 대한 하나님의 긍휼을 계시하며, 하나님의 말씀에서도 분명히 이렇게 제시되고 있다(시 81:13; 잠 1:24; 겔 18:23, 32; 33:11; 암 8:11; 마 11:20-24; 23:37). 동시에 인간이 이를 거절하여 복조차도 저주로 바꿀 수 있다는 것도 사실이다. 이는 죄인의 책임을 고양시키며, 받아들여지지 않는다면 심판을 증대시킬 것이다.

(4) 마지막으로, 외적인 부르심은 하나님의 의를 두드러지게 한다. 자연에서의 하나님의 계시가 죄인들의 변명을 봉쇄하는 기능을 수행한다면(롬 1:20), 구원의 방법에 대한 계시에 있어서는 더욱더 타당하게 된다. 죄인들이 하나님의 오래 참으심을 경멸하고 은혜로운 구원의 제의를 거절한다면 그들의 타락과 죄는 심히 막중해지며, 이들을 정죄하는 하나님께서 의롭다는 사실이 가장 단적으로 표현되게 된다.

깊은 연구를 위한 질문

어떤 경우에 개혁파가 중생이 외적 부르심보다 선행한다고 추측하는가? 개혁파는 외적 부르심을 언약론과 어떻게 연결시키고 있는가? 알미니우스주의자들이 도르트 회의에서, 개혁 교회는 하나님이 진지하게 죄인을 무차별적으로 부르신다는 것을 모순 없이 가르칠 수 없다고 주장하는 이유는 무엇인가? 로마 가톨릭 교인들은 말씀에 의한 부르심을 어떻게 이해하는가? 부르심에 관한 루터파의 개념은? 말씀은 그 자체로 영적인 변화를 야기시키기에 충분하며 성령은 이를 영접하는 데 있어서 방해물을 제거할 뿐이라고 주장하는 것은 타당한가?

VI
중생과 유효한 부르심

A. 중생에 대한 성경적 용어와 그 의미

1. 고려되어야 할 용어. '중생'(팔링게네시아)이라는 헬라어는 오직 마 19:28과 딛 3:5에서만 발견되며, 딛 3:5은 기독교인 개개인에 있어서 신생의 시작에 대해 언급하고 있다. 시작이라는 개념은 일반적으로는 동사 겐나오(요 3:3에서는 아노덴과 함께 사용) 혹은 합성어인 아나겐나오로써 표현된다. 이 단어들은 '낳다, 다시 낳다, 출생하다'라는 뜻으로 사용된다(요 1:13; 3:3, 4, 5, 6, 7, 8; 벧전 1:23; 요일 2:29; 3:9; 4:7; 5:1, 4, 18). 한 구절, 즉 약 1:18에서는 아포퀴에오(낳다, 생산하다)라는 단어가 사용된다. 더욱이 새로운 생명의 생성이라는 개념은 크티조(창조하다; 엡 2:10), 이 창조의 산물은 카이네 크티시스(새 피조물; 고후 5:17; 갈 6:15) 혹은 카이노스 안트로포스(새사람; 엡 4:24)로 표현된다. 마지막으로, 수조오포이에오(함께 살리다, 소생시키다)라는 단어도 두 번 사용되고 있다(엡 2:5; 골 2:13).

2. 이 용어들의 의미. 이 용어들은 다음과 같이 중요한 의미가 있다. (1) 중생은 하나님의 창조 사역이므로, 이 사역에서 인간은 완전히 수동적이며 인간의 협력이 전혀 필요하지 않다. (2) 하나님의 창조 사역은 새로운 생명을 생성하고, 이로 인해 인간은 그리스도와 함께 살아나 부활의 삶에 참여하게 되며, 따라서 새로운 피조물이라고 불리게 된다. "그리스도 예수 안에서 선한 일을 위하여 지으심을 받은 자니 이 일은 하나님이 전에 예비하사 우리로 그 가운데서 행하게 하려 하심이니라"(엡 2:10). (3) 중생에서는 두 요소, 즉 '새 생명의 발생'(generation)과, 새로운 생명이 감추어진 심연에서 표출되는 '출생'(bearing)을 구분해야 한다. 전자는 영혼 안에 새로운 생명의 원소(原素, principle)가 주입되는 것이며, 후자는 이 원소가 행동으로 나타나는 것이다. 이러한 구분은 중생을 적절하게 이해하기 위해 매우 중요하다.

B. 신학에서 중생이라는 용어의 용법

1. 초대 교회와 로마 가톨릭 신학에서. 초대 교회에서는 중생이라는 용어가 엄밀하게 정의되지 않았다. 이는 죄를 씻는 것과 밀접하게 연관된 변화를 지칭하기 위해 사용되었으며, 중생과 칭의는 명확히 구분되지 않았다. 세례적 은혜와 동일시된 중생은 죄의 용서를 지칭하는 용어로 이해되었고, 도덕적인 갱신의 개념도 배제하지 않는다. 아우구스티누스조차도 이를 날카롭게 구분하지 않는다. 하지만 그는 중생과 회심을 구분하고 있다. 아우구스티누스에 있어서 중생은 죄의 용서와 더불어 심령의 변화의 '발단'을 포함하며, 중생 후에는 회심이 뒤따른다. 그는 중생을 인간이 협력할 수 없고 저항할 수 없는 하나님의 단독적 사역이라고 이해했다. 물론 펠라기우스에게 있어서 '중생'은 새로운 본질의 출생이 아니라, 세례시 죄의 용서, 진리에 의한 마음의 조명, 하나님의 약속에 따른 의지에의 자극만을 의미한다. 이미 아우구스티누스에게서 나타난 중생과 칭의의 혼동은 스콜라주의에 있어서는 좀 더 명백해졌다. 사실 중생보다는 칭의가 좀 더 우월한 개념이 되었고, 칭의는 중생을 포함하는 것으로, 그리고 하나님과 인간이 협력할 수 있는 행동으로 이해되었다. 일반적으로 표현하면, 칭의는 은혜의 주입 즉 새로운 피조물로서의 출생 혹은 중생, 그리고 죄의 용서, 이와 관련된 죄책의 제거를 포함한다. 하지만 이 두 가지 요소 중 어느 것이 논리적으로 우선적인가 하는 문제에 대해서는 여러 의견이 존재했다. 토마스 아퀴나스에 의하면 은혜의 주입이 우선적이며, 죄의 용서는 여기에 기초한다. 하지만 둔스 스코투스에 의하면 죄의 용소가 우선적이며, 이것이 은혜의 주입에 근거가 된다. 양자는 (사제의) 의식을 통해서 (*ex opere operato*) 성취된다. 토마스 아퀴나스의 견해가 교회에서 우세했다. 오늘날까지도 로마 가톨릭 교회에서는 중생과 칭의가 혼동되고 있는데, 이는 칭의가 법정적 행위가 아니라 갱신의 행동 혹은 과정으로 이해되고 있다는 사실에 기인하고 있다. 칭의에서 인간은 의롭다고 '선언되는' 것이 아니라 '의롭게 된다.' 윌머즈는 『기독교 지침서』(*Handbook of the Christian Religion*)에서, "칭의는 영적인 갱신과 중생이므로, 죄는 칭의에 의해 실제적으로 파괴되며, 종교개혁자들이 주장하듯이 단순히 덮어지거나 더 이상 전가되지 못하는 것이 아니다"라고 주장한다.

2. 종교개혁자들과 개신교회. 루터는 중생과 칭의의 혼동에서 완전히 벗어나지 못했다. 게다가 그는 중생 혹은 새로운 출생을 상당히 광범위한 의미로 언급했다. 칼빈도

역시 이를 새로운 생명을 생성시키는 하나님의 행동 이외에 회심(회개와 신앙)과 성화를 포함하는, 인간이 갱신되는 전 과정을 나타내는 용어로 매우 포괄적으로 사용했다. 일부 17세기 저자들은 중생과 회심을 구분하지 못하고 두 용어를 상호 교환적으로 사용하며, 중생을 부르심 즉 유효한 부르심 아래 두었다. 도르트 신조도 두 단어를 동의어로 사용하고 있으며, 벨기에 신앙고백서도 중생을 좀 더 광범한 의미로 언급하고 있는 듯하다. 중생이라는 용어의 이러한 포괄적인 사용은 종종 혼동을 초래하고 매우 필요한 구분들을 무시하게 한다. 예를 들면, 중생과 회심이 동일시되는 반면, 회심에서 인간은 어느 정도 하나님에게 협력하지만 중생은 하나님의 단독적 사역으로 선언된다. 중생과 칭의의 구분은 이미 명백해졌지만, 중생을 좀 더 제한적인 의미로 사용하는 것이 점차 필수적이고 통상적인 관례가 되었다. 투레틴은 두 종류의 회심을 구분한다. 첫 번째는 '습관적인' 또는 수동적인 회심으로서, 영혼의 성향 혹은 습성을 창출하는 것으로 이는 '중생'이라고 명명하는 것이 더 타당하다고 주장한다. 두 번째는 '실제적' 또는 '능동적' 회심으로서, 여기서 나온 습관이나 성향이 신앙과 회개에서 능동적이 되는 것이다.

오늘날 개혁파 신학은 중생이라는 단어를 좀 더 제한적인 의미로, 즉 죄인이 새로운 영적인 생명을 부여받고 새 생명의 원소가 처음으로 행동화되는 하나님의 행위를 나타내는 용어로 사용한다. 이렇게 생각할 때 중생은 "재발생(begetting again)"과, 생명이 발현되는 "새 출생(new birth)" 양자를 포함하게 된다. 하지만 중생이라는 용어의 문자적인 의미와 엄격히 조화될 수 있도록, 중생이라는 용어를 이러한 새 생명의 첫 번째 발현과는 구분시켜서, 단지 영혼 안에서의 새 생명의 주입(implanting)을 지칭하기 위하여 사용하는 것이 좋다. 현대 자유주의 신학에서 중생은 전혀 다른 의미를 지니고 있다. 슐라이어마허는 중생의 두 측면 즉 회심과 칭의를 구분하고, 중생에서는 "공동체에서 공유되는 기독교적 정신에 의해 새로운 종교적 인식이 신자 안에 생성되며, 새 생명 즉 성화가 예비되게 된다"고 주장한다. '공동체의 기독교 정신'이란 그리스도를 통해서 신적인 생명이 교회에 부어진 결과인데, 슐라이어마허는 이를 성령이라고 부른다. 현대적인 견해는 다음과 같은 유츠(Youtz)의 말에 잘 표현되어 있다. "현대적인 해석은 중생의 개념을 다시 상징적인 방식으로 이해하는 경향이 있다. 우리의 윤리적 실재들은 변화된 성격을 다룬다. 따라서 중생은 절대적으로 새로운 형이상적인 기원이라기보다는 급진적이며 생동적이고 윤리적인 변화를 의미한다. 중생은 영적인 생활의 자연적인 발전 과정에서의 중요한 단계이며, 도덕적인 과정으로의 근본적인 재조정이다."

종교 심리학자들은 일반적으로 중생과 회심을 구분하지 않는다. 이들은 중생을, 인생에 대한 태도가 자아 중심에서 타인 중심으로 변화되는 과정으로 이해한다. 이는 우선 잠재 의식에서 일어나지만, 초자연적인 요소를 필연적으로 포함하는 것은 아니다. 제임스(James)는 "회심하고 중생하고 은혜를 받고 종교를 체험하고 확신을 얻는다는 많은 표현들은 종교적 실재들을 더욱 확고히 포착함으로써, 지금까지 분열되고 의식에서 잘못되고 열등하며 불행하다고 자각한 자아가 통일되고, 의식적으로 바르고 우월하며 행복하다고 자각하는 자아로 변환되는 점진적 혹은 돌발적인 과정을 나타내는 어구들이다"라고 말한다. 클라크(Clark)에 의하면 "학자들은 회심에 있어서 세 가지 단계를 구분하는 데 동의한다. (1) 신학에서는 '죄책'이라 명명되며, 제임스에 의하면 영혼의 병이라고 정의된, '격정과 스트레스' 혹은 죄의식 혹은 내적인 불일치감의 기간. (2) 전환점을 이루는 정서적 위기. (3) 평화, 안식, 내면적인 조화, 하나님에게 열납된다는 의식에 의해 수반되는 긴장 완화의 과정과 빈번히 일어나는 다양한 종류의 근육적·감각적 반사 작용들."

C. 중생의 본질

중생의 본질과 관련되어 몇 가지 그릇된 견해들이 존재한다. 하나님의 재창조 사역이 긍정적 조건들을 서술하기 전에 이들을 먼저 언급하는 것이 좋겠다.

1. 그릇된 견해들.

(1) 중생은, 원죄를 실체로 이해하여 중생시 다른 실체에 의해 대체되어야 한다고 생각하는 종교개혁 시대의 플라키우스 일리리쿠스(Flacius Illyricus)나 고대의 마니교도들이 주장하듯 인간 본성의 실체의 변화가 아니다. 어떠한 새로운 물질적인 씨앗이나 싹이 인간에게 이식되는 것은 아니다. 영혼의 기능에 있어서는 어떠한 첨가나 감소도 없다.

(2) 중생은 한 가지 혹은 그 이상의 영혼의 기능의 변화가 아니다. 중생은, 예를 들면 일부 복음주의자들이 생각하듯 하나님의 일에 대한 혐오의 제거를 통한 정서적 생활(감정이나 마음)의 변화, 혹은 합리주의자가 생각하듯이 죄로 어두워진 마음에의 조명을 통한 지성의 변화만을 의미하지 않는다. 중생은, 성경적인 의미로 이해한다면, 영혼의 중심적이며 모든 것을 통제하는 기관으로 생명의 원천인 인간의 마음(heart)에 영향을

준다. 이것은 중생이 인간 본성 전체에 영향을 준다는 것을 의미한다.

(3) 또 중생은 재세례파나 다른 열광적인 종파들이 주장하듯, 인간의 본성 전체나 부분에 있어서 완전한 변화가 아니다. 이들은 중생한 자들이 더 이상 죄를 짓지 않는다고 주장한다. 중생은 인간의 본성 전체에 영향을 주지만, 성령의 역사에 의해 인간 안에 야기되는 모든 변화를 뜻하지는 않는다. 즉 중생은 회심과 성화를 포함하지 않는다.

2. 중생의 긍정적 특성. 중생에 관해서 다음과 같은 긍정적 서술을 할 수 있다.

(1) 중생이란 인간 안에 새로운 영적 생명의 원소(principle)를 주입하고 성령의 영향 아래 하나님의 방향으로 움직이는 생명을 탄생시키는 변화로, 영혼의 지배적 성향이 근본적으로 변화하는 것이다. 원리적으로 이 변화는 전인적으로 일어난다: 지성(고전 2:14, 15; 고후 4:6; 엡 1:18; 골 3:10), 의지(시 110:3; 빌 2:13; 살후 3:5; 히 13:21), 그리고 감정과 정서(시 42:1, 2; 마 5:4; 벧전 1:8).

(2) 중생은 전인적으로, 즉 지성적·정서적·도덕적으로 즉시 영향을 주는 인간 본성의 즉각적인 변화다. 중생이 즉각적인 변화라는 주장에는 다음 두 가지 의미가 내포되어 있다. ① 중생은 로마 가톨릭 교인들이나 모든 반(半)펠라기우스주의자들이 가르치듯이 인간이 영혼 안에서 점진적으로 예비되는 사역이 아니다. 생명과 사망 사이에는 중간 단계가 존재하지 않는다. 인간은 살든지 혹은 죽든지 양자 택일이다. ② 중생은 성화처럼 점진적인 과정이 아니다. 일부 개혁파 신학자들이 중생을 성화까지도 포함하는 용어로 사용해 온 것은 사실이지만, 이는 구원의 순서가 오늘날처럼 완전히 전개되지 못한 시대에 있었던 일이다.

(3) 중생을 가장 제한된 의미로 이해한다면 잠재 의식에서 나타나는 변화이다. 이는 인간에 의해 직접적으로는 인식될 수 없는 하나님의 은밀하고 불가사의한 사역이다. 변화는, 중생과 회심이 동시에 발생하는 경우가 아니라면, 인간이 변화를 즉시 인식할 수 없는 상태에서 일어난다. 이후에도 인간은 '단지 그 결과로서만' 이를 인식할 수 있다. 이는 기독교인이 오랫동안 회의와 불확실성과 투쟁해야 하는 한편으로, 또한 점진적으로 이것들을 극복할 수 있고 확신에 이를 수 있다는 사실을 설명해 준다.

3. 중생의 정의. 현재 사용되는 중생에 관한 상기 진술로부터 중생을 두 가지 방식으로 정의할 수 있다. 가장 엄격한 의미에서 우리는 중생을 "새 생명의 원소가 인간에게 심겨지고 영혼의 지배적 성향이 거룩하게 되는 하나님의 행위"(Regeneration is that act of God by which the principle of the new life is implanted in man, and the governing disposition of the soul is made holy.)라고 말할 수 있다. 하지만 "재발생"의 개념뿐 아9니라 새 출생의 개념을 포함하기 위해서, 본 정의에 "이러한 새로운 성향의 최초의 거룩한 활동이 확보되어 있다"라는 문장을 보충해야 할 것이다.

D. 외적 부르심에 관련된 유효한 부르심과 중생

1. 외적 부르심과 불가분의 관계성. 하나님의 부르심은 하나이며, 따라서 외적 부르심과 내적 혹은 유효한 부르심의 구분은 이러한 하나의 부르심이 두 가지 측면을 가진다는 사실에 주목하는 것에 불과하다. 하지만 이는 이 두 가지 측면이 항상 연합되고 항상 동반된다는 것을 의미하는 것은 아니다. 우리는 "내적 부르심이 항상 말씀의 들음과 동시에 일어난다"고 주장하는 루터파의 주장에 동의할 수 없다. 오히려 우리는 상기 진술이 내적 부르심이 성인에게 임하려면 이것이 말씀의 설교에 의해 중재되어야 한다는 것을 의미한다고 본다. 동일한 말씀이 외적 부르심에서 들려지고, 내적 부르심에서 심령에 유효하게 된다. 성령의 강력한 작용을 통해 외적 부르심은 즉시 내적 부르심으로 전이된다. 하지만 내적 부르심은 외적 부르심과 긴밀하게 연관되며 이와 한 단위를 이루고 있지만 차이점들이 존재한다. (1) 내적 부르심은 성령의 사역에 의해 구원적으로 적용된 말씀에 의한 부르심이다(고전 1:23, 24; 벧전 2:9). (2) 이는 강력한 부르심, 즉 구원에 이르게 하는 유효한 부르심이다(행 13:48; 고전 1:23, 24). (3) 이는 회개없이 일어난다. 즉 변화될 수 없고, 결코 철회될 수 없는 부르심이다(롬 11:29).

2. 내적 부르심의 특징. 다음과 같은 특징에 주목할 필요가 있다.
(1) 도덕적 설득과 성령의 강력한 사역이 결합되어 일어난다. 내적 부르심에 있어서 (중생과 구분되는) 하나님의 말씀의 창조적 방식으로 역사하느냐 혹은 도덕적 설득으로 역사하느냐 하는 질문이 제기될 수 있다. 하나님의 말씀이 때때로 창조적 방식으로 역사한다는 것은 의심할 여지가 없다(창 1:3; 시 33:6, 9; 147:15; 롬 4:17[이 구절은 다르게 해석될 수도 있다]). 그러나 이 구절들은 하나님의 권능의 말씀, 하나님의 주권적 명령을 언급하며 우리가 지금 관심을 두고 있는 설교의 말씀은 언급하고 있지 않다. 하나님의 영은 설교 말씀을 통해 도덕적 설득의 방식으로만 역사하며, 그 설득을 효과적이 되게 하여 인간으로 하여금 하나님의 말씀을 경청하도록 한다. 이는 오성과 의지에게 말하는 말씀의 본질에서 유래한다. 하지만 이러한 도덕적 설득이 내적 부르심의 전체를 구

성하는 것은 아니라는 것을 기억해야 한다. 여기에, 말씀을 심령에 적용시키는 성령의 강력한 사역이 첨가되어야 한다.

(2) 인간이 의식 영역에서 역사한다. 이 점은 앞서 말한 것과 긴밀히 연관된다. 설교의 말씀이 창조적으로 역사하지 않고 오직 도덕적이며 설득적 방식으로만 역사한다면 그것은 오직 인간의 의식 영역에서만 역사할 수 있다. 이는 오성에게 말하며, 성령은 진리에 대한 영적 통찰력을 오성에게 부여하고 오성을 통해 의지에 효과적으로 영향을 주어, 죄인은 하나님께 돌아오게 된다. 내적 부르심은 필연적으로 회심을 일으킨다. 즉 자각적으로 죄에서 돌이켜 거룩한 방향으로 나아가게 한다.

(3) 목적론적이다. 내적 부르심은 목적론적 성격을 가지고 있다. 내적 부르심은 일정한 목적, 즉 성령께서 선택된 자를 인도하고 있는 위대한 목표로, 그리고 이 최종적 목적지로 가는 도상에 있는 중간 단계들로 인간을 부른다. 이는 예수 그리스도와의 교제(고전 1:9), 복의 유업(벧전 3:9), 자유(갈 5:13), 평화(고전 7:15), 거룩함(살전 4:7), 하나의 소망(엡 4:4), 영생(딤전 6:12), 하나님의 나라와 영광(살전 2:12)으로의 부르심이다.

3. 중생과 유효한 부르심의 관계.

(1) 17세기 신학에서의 양자의 동일시. 17세기 신학이 유효한 부르심과 중생을 동일시하거나 완전히 동일시하지 않더라도 최소한 중생이 부르심에 포함되는 것으로 이해한다는 것은 주지의 사실이다. 일부 옛 신학자들은 부르심에 관해서는 별개의 장(章)을 가지고 있었으나, 어느 누구도 중생을 별개의 항목으로 다루지 않았다. 웨스트민스터 신앙고백 10장 2절에 의하면 유효한 부르심은 중생을 포함한다. 이 견해는 바울이 중생이라는 단어를 단 한 번 사용하고, 롬 8:30에서 알 수 있듯이 중생을 부르심 안에 포함되는 것으로 이해했다는 사실에 기인한다. 게다가 어떤 의미에서는 부르심과 중생이 인과적으로 연관되어 있다고 볼 수 있다. 하지만 부르심이 중생을 포함한다거나 중생과 인과적으로 관계된다고 말할 때, 우리는 전문적인 의미에서의 내적 혹은 유효한 부르심이 아니라, 창조적 부르심까지도 포함하는 일반적 부르심에 관심을 두고 있다는 것을 기억해야 한다. 종교개혁 이후의 시대에서는 죄인의 삶에서 은혜의 사역의 발단을 지칭하기 위해 중생보다 부르심이라는 용어를 광범하게 사용했는데, 이는 하나님의 말씀과 은혜의 사역 간의 긴밀한 관계를 강조하기 위한 것이었다. 그리고 부르심이라는 용어가 사도 시대에 성행한 것은, 선교적 시대에 교회에 모이게 된 사람들의 경우에 있어서는 중생과 유효한 부르심이 일반적으로 동시적이었으며, 그 변화

가 하나님으로부터의 강력한 부르심으로서의 의식 생활 가운데 반영되었다는 사실에 기인한다. 하지만 진리를 체계적으로 서술하기 위해서 우리는 부르심과 중생을 조심스럽게 구분해야한다.

(2) 중생과 유효한 부르심의 차이. 엄격한 의미에서 즉 "재발생"으로서의 중생은 인간의 잠재의식에서 발생하며, 인간이 이에 대해 취할 수 있는 어떠한 태도와도 독립되어 있다. 반면 부르심은 의식을 대상으로 하며 의식생활의 일정한 성향을 내포하고 있다. 이는 중생은 안으로부터 역사한다면, 부르심은 밖에서 유래한다는 사실에 기인하는 것이다. 유아들의 경우, 우리는 부르심보다는 중생에 대해 언급하게 된다. 더욱이 중생은 창조적이며 초자연적인 성령의 사역으로, 이로써 인간은 다른 상태로의 전이, 즉 영적인 사망의 상태에서 영적인 생명의 상태로 옮겨지게 된다. 반면 유효한 부르심은 목적론적이며 새로운 생명을 이끌어 내며 하나님의 방향으로 나아가게 한다. 이는 새로운 성향이 발현되게 하며 새 생명을 활동하게 한다.

(3) 부르심과 중생의 관련 순서. 우리가 다음의 단계들에 주목한다면 이들의 관련 순서를 가장 잘 이해할 수 있다. ① 논리적으로 볼 때 말씀의 설교에서의 외적 부르심(유아의 경우는 제외)은 일반적으로 새 생명이 인간의 영혼 속에 생성되는 성령의 사역에 선행하거나 이와 동시에 일어난다. ② 이때 창조적 말씀으로 하나님은 새 생명을 생성시키시고, 영혼의 내적 성향을 변화시키시며, 마음을 조명하고, 감정을 고양시키시며, 의지를 새롭게 한다. 하나님의 이러한 행위 안에서 인간으로 하여금 영혼을 구원하게 하는 하나님의 말씀을 들을 수 있는 귀가 심어지게 된다. 이것이 엄격한 의미에서의 중생이다. 여기서 인간은 전적으로 수동적이다. ③ 영적인 귀를 가진 후 죄인은 이제 복음 안에서의 하나님의 부르심을 듣게 되며, 효과적으로 이를 마음에 받아들이게 된다. 저항하고 싶은 열망이 순종하고 싶은 열망으로 변화되고, 죄인은 성령의 사역을 통해 하나님의 말씀의 설득력에 감화된다. 이것이 설교 말씀의 도구를 통해 하나님의 영에 의해 효과적으로 적용되는 유효한 부르심이다. ④ 마지막으로, 이러한 유효한 부르심은, 진리를 통해 영혼 안에 탄생된 새로운 성향이 최초로 거룩하게 발현되도록 한다. 새 생명이 발현되기 시작하고, 심겨진(주입된) 생명은 새로운 출생을 일으킨다. 이는 좀 더 넓은 의미에서의 중생의 사역의 완성이요, 회심으로 전환되는 시점이다.

이제 이러한 논리적 순서가 모든 경우에 적용될 수 있는 시간적 순서로 이해하는 우(愚)를 범치 말아야 한다. 새 생명은 종종 유아들이 복음의 부르심을 들을 수 있게 되기도 전에 그 마음속에 심겨지기도 한다. 하지만 이들은 복음이 설교되는 곳에서만 새로운 생명을 받을 수 있다. 물론 새 생명을 생성시키는 하나님의 창조적 부르심은 항상 존재한다. 복음의 집행하에 사는 사람들이 경우에 있어서는 그들이 분별력을 갖추기 오래전, 즉 유효한 부르심이 의식에 침투하기 오래전에 중생의 씨앗을 가질 가능성도 많다. 하지만 중생된 자로서 이들이 수년 동안 심지어 성장한 이후에도 여전히 죄 가운데 생활하며 그들 안에 있는 새로운 생명의 증거를 전혀 보여주지 못하리라고는 생각할 수 없다. 반면 언약의 집행하에 생활하지 않았던 자들은 중생과 유효한 부르심 사이에 시간적 간격을 상정할 필요가 없다. 유효한 부르심에서 이들은 자신의 갱신을 인식하게 되고, 즉시 중생의 씨앗이 새로운 생명으로 발육하는 것을 발견하게 된다. 이는 중생, 유효한 부르심, 회심이 모두 동시에 일어남을 의미한다.

E. 중생의 필요성

1. 현대 신학자들은 그 필요성을 부인한다. 현대 자유주의적 신학자들은 이러한 방식으로 교회에서 이해된 중생의 필요성을 부정한다. 인간의 본성은 선하다는 루소의 주장과 중생은 서로 모순된다. 본성상 선한 인간에게 근본적인 생의 변화 및 완전한 전환점이란 결국 개악(改惡)을 의미하는 것이다. 자유주의자들은 구원을 인격(품성, character)의 관점에서 언급한다. 그들이 알고 있는 중생이란, "영적인 생활의 자연적 발전에서 중요한 단계 혹은 도덕적 과정으로의 급진적 재조정"(유츠)으로 이해되는 중생이다. 이들 중 다수는 일련의 도덕적 갱신 과정을 설파하며, 특히 에머튼(Emerton)은 다음과 같이 말했다. "구속이란 이렇게 획득되고 증명되고 견고하게 된 인격이다. 이 단어를 더 이상 훌륭하게 정의할 수 없을 것이다. 이는 좀 더 상위적인 자아의 지배로 인한 좀 더 하위적인 자아의 구속이다. 이는 영적인 것이 물질적인 것을 구속하는 것이며, 모든 인간 안에 있는 신적인 것이 동물적인 것을 구속하는 것이다."

2. 이는 인간의 자연 상태에 대한 성경적 가르침에서 유래한다. 거룩함, 하나님의 법에의 일치는 하나님의 호의를 보증하고 양심의 평화와 하나님과의 교제를 누리기 위한 필수불가결한 조건이다(히 12:14). 성경에 의하면, 지금 인간은 성향과 행동에 있어서 이렇게 필수 불가결한 거룩함과는 정반대이다. 인간은 허물(원죄)과 죄로 인해 죽었다고 서술되며(엡 2:1), 이러한 상황으로 인해 생명의 회복이 그에게 가장 긴요한 것

이다. 급진적 내적 변화, 즉 영혼의 성향 전체가 전환되는 변화가 필수적이다.

3. 이는 성경에서 명백히 천명되고 있다.   성경은 우리가 중생의 필요성에 대해 회의하지 않도록 명백한 진술로 이를 천명하고 있다. 예수님은 "진실로 진실로 네게 이르노니 사람이 거듭나지 아니하면 하나님의 나라를 볼 수 없느니라"(요 3:3)라고 말씀하신다(5-7절도 참조할 것). 구주 예수님의 이러한 말씀은 절대적이며 예외가 있을 수 없다. 동일한 진리가 바울의 진술 속에서도 명백히 나타나고 있다. 예를 들면, "육에 속한 사람은 하나님의 성령의 일들을 받지 아니하나니 이는 그것들이 그에게는 어리석게 보임이요, 또 그는 그것들을 알 수도 없나니 그러한 일은 영적으로 분별되기 때문이라"(고전 2:14), "할례나 무할례가 아무것도 아니로되 오직 새로 지으심을 받는 것만이 중요하니라"(갈 6:15)와 같은 구절들이 있다(렘 13:23; 롬 3:11; 엡 2:3, 4도 참조할 것).

F. 중생의 효과적 원인

이는 세 가지 근본적으로 다른 견해가 존재하며, 다른 모든 견해들은 이 세 가지 견해의 변형들이다.

1. 인간 의지.   펠라기우스적 개념에 의하면 중생은 오직 인간 의지의 행위요, 자기 개혁과 실제적으로 동일시된다. 이와 약간 차이가 나지만, 이는 또한 현대 자유주의 신학의 견해이기도 하다. 이 견해에 대한 변용으로는 반(半)펠라기우스주의와 알미니우스주의가 있는데, 이들은 중생을 최소한 부분적으로라도 인간의 행위로 이해하고, 인간이 진리를 통해 적용되는 신적 감화력과 협력하는 것이라고 주장한다. 이는 중생에 대한 신인협동적인 이론이다. 양자는 모두, 성경에 명백히 나타나 있는 인간의 전적 타락과(요 5:42; 롬 3:9-18; 7:18, 23; 8:7; 딤후 3:4) 하나님께서 의지를 움직이게 하신다는 성경적 진리(롬 9:16; 빌 2:13)를 부인한다.

2. 진리.   이 견해에 의하면, 동기(motive)들의 체계로서 성령에 의해 인간 의지에 제시된 진리는 불결함으로부터 거룩함으로의 직접적 변화의 요인이다. 이는 라이먼 비처(Lyman Beecher)와 찰스 피니의 견해였다. 이는 성령의 사역과 설교자의 사역은 오직 양적인 차이가 있을 뿐이라고 주장한다. 양자는 설득을 통해서만 역사할 수 있다. 하지만 이 이론은 매우 불만족스러운 것이다. 진리는 이를 사랑할 때에만 거룩함의 동기가 될 수 있다. 하지만 자연인은 진리를 사랑하지 않고 이를 미워한다(롬 1:18, 25). 따라서 외부적으로 제시된 진리는 중생의 효과적인 원인이 될 수 없다.

3. 성령. 가장 적절한 견해는 모든 시대의 교회의 견해로서, 성령이 중생의 효과적 원인이라는 것이다. 이는 성령이 인간의 심령에 직접 역사하며 영적인 상태를 변화시킨다는 뜻이다. 이 사역에서는 여하한 죄인의 협력도 존재하지 않는다. 이는 직접적이고 단독적인 성령의 사역이다(겔 11:19; 요 1:13; 행 16:14; 롬 9:16; 빌 2:13). 따라서 중생은 신인협력적으로 이해될 수 없다. 하나님만이 역사하시며 죄인은 어떠한 역할도 수행할 수 없다. 물론 이는 인간이 구속 사역의 후기 단계에서도 협력하지 못한다는 의미가 아니다. 여기서 인간이 협력한다는 것은 성경을 통해 분명히 제시되고 있다.

G. 중생의 수단으로서 하나님 말씀의 사용

하나님의 말씀이 중생의 수단으로 이용되는가 혹은, 자주 질문이 제기되듯, 중생이 직접적인가 간접적인가 하는 질문이 발생하게 된다.

1. 질문의 취지. 오해를 피하기 위해서는 조심스런 구분이 행해져야 한다.

(1) 옛 개혁파 신학자들이 중생의 직접적 성격을 주장했을 때 이들은 '직접적'이라는 용어를 오늘날과 같은 의미로 사용하지 않았다. 소뮈르(Saumur)학파의 대표자들 중 카메론(Cameron), 패용(Pajon)과 같은 일부 신학자들은, 중생에서 성령이 초자연적으로 매우 강력하게 인간의 마음 즉 지성을 조명하기 때문에, 의지는 실천적 판단의 유력한 명령을 따르지 않을 수 없다고 가르쳤다. 성령은 지성에만 직접적으로 역사하고, 이를 통해 간접적으로 의지에 역사한다. "이들에 따르면 인간 의지에 직접적인 성령의 사역은 존재하지 않는다." 이들에 대해 개혁파 신학자들은 일반적으로 중생에서 성령은 지성을 매개로 할 뿐만 아니라 "인간 의지에 직접적으로 역사한다"는 사실을 강조했다. 오늘날 직접적 혹은 간접적 중생의 논의는 이와 연관되기는 해도 약간 다르다. 이는 하나님의 말씀이 중생 사역의 수단으로 활용되느냐는 질문이다.

(2) 우리는 먼저 질문의 정확한 형태에 유의해야 한다. 이는 하나님께서 창조적 말씀으로 인해 중생을 일으키느냐는 질문이다. 또 하나님이 새사람의 "신적(神的) 발생"과 구분되는 새 출생 즉 새 생명의 최초의 거룩한 활동을 일으키는 데 있어서 진리의 말씀 즉 전도의 말씀을 사용하느냐는 질문도 아니다. 정확한 질문은, 하나님께서 새 생명을 불어넣는 데 있어서 도구와 수단으로써 성경 말씀 혹은 설교 말씀을 사용하느냐는 것이다. 이 문제에 관한 논의는 종종 적절한 분별력 없이 행해지곤 했다.

2. 부정적인 답변을 지지하는 이유. 쉐드 박사는 "성령의 영향력은 진리의 영향력,

인간이 인간에 미치며 여하한 다른 수단과 방법을 통한 영향력과 구분되어야 한다. 성령의 에너지는 인간 영혼 자체에 직접 역사한다. 이는 영에 대한 영의 영향력이요, 삼위의 인격들이 인간의 인격에게 미치는 영향력이다. 진리, 동료 인간, 그 어떤 것도 영혼의 본질 자체에 영향을 미칠 수 없다"고 말한다. 다음에 나열한 이유들은 이러한 견해를 지지해 주고 있다.

(1) 중생은 영적으로 죽은 죄인이 생명으로 복귀되는 창조적 행위이다. 하지만 복음의 진리는 오직 도덕적·설득적 방식으로만 역사할 수 있다. 그러나 도구는 죽은 자에게는 아무런 영향력도 미칠 수 없다. 말씀의 유용성을 주장한다면 이는 인간의 영적 사망을 부인하는 것이 된다. 이는 물론 이 입장을 취했던 자들의 의도와도 상반된다.

(2) 중생은 잠재의식적 영역 즉 의식적 영역 외부에서 일어난다. 하지만 진리는 인간의 의식을 대상으로 한다. 진리는 인간의 관심이 여기에 고정되어 있을 때에만 설득력을 발휘할 수 있다.

(3) 성경은 성령의 영향력을 하나님의 말씀의 감화력과 구분하며, 그러한 영향력이 진리를 적절히 수용하기 위해서 필수적이라고 선언한다(요 6:64, 65; 행 16:14; 고전 2:12-15; 엡 1:17-20). 누가가 루디아를 "주께서 그 마음을 열어(디에노익센, 부정 과거 단수 능동) 바울의 말을 따르게(프로세크세인, 결과나 목적의 부정사) 하신지라(에쿠엔, 미완료)"라고 서술한 구절을 주목해 보라.

3. 이와 모순되는 듯한 성경 구절들.

(1) 약 1:18에는 "그가 그 피조물 중에 우리로 한 첫 열매가 되게 하시려고 자기의 뜻을 따라 진리의 말씀으로 우리를 낳으셨느니라"라고 기록되어 있다. 이 구절은 새 발생이 하나님의 말씀에 의해 매개된다는 것을 입증하지는 못한다. 왜냐하면 여기서 사용된 단어는 아페쿠에센으로, 발생이 아니라 출생을 의미하기 때문이다. 직접적 중생을 신봉하는 자도, 새 생명이 처음으로 발현되는 새 출생이 하나님의 말씀에 의해 획득된다는 것을 부인하지는 않는다.

(2) 베드로는 신자들에게 그들이 "거듭난 것은 썩어질 씨로 된 것이 아니요 썩지 아니할 씨로 된 것이니 살아 있고 항상 있는 하나님의 말씀으로 되었느니라"(벧전 1:23)는 사실에 비추어 열심히 서로 사랑하라고 권면하고 있다. 일부 학자들처럼 이 구절에서 '말씀'을 창조적 말씀 즉 삼위 중 제2위라고 말하는 것은 부당하다. 베드로 자신은 자신이 독자들에게 전파된 말씀(삼위 중 제2위가 아니라)을 염두에 두고 있다고 우리

에게 알려 주고 있다(25절). 하지만 여기서 사용된 겐나오조차도 항상 남성적인 발생을 나타내기 위해 사용되지 않고, 여성적인 자녀 출산도 나타낼 수 있다는 것을 지적해야 한다. 이는 눅 1:13, 57; 23:29; 요 16:21; 갈 4:24과 같은 성경 구절에서 명백하게 나타난다. 따라서 베드로가 이 구절에서 중생의 최초 단계 즉 발생(begtting)을 언급하고 있다는 주장은 입증될 수 없게 된다. 그리고 그것이 좀 더 광범한 의미에서의 중생을 언급하고 있다면, 이 구절은 지금 논의되고 있는 문제에 대해서 어떠한 난점도 제시하지 않는다. 여기서 새로운 출생을 언급하고 있다는 생각은 독자들이 이미 영혼에 심겨진 씨앗으로 거듭났다고 천명하고 있다는 사실에 의해 지지받는다(참조. 요 1:13). 씨를 반드시 말씀과 동일시할 필요는 없다.

(3) 씨 뿌리는 자의 비유는 때때로 중생이 말씀을 통하여 일어난다는 의견을 지지하고 있다고 주장되기도 한다. 이 비유에서 씨앗은 하나님 나라의 말씀이다. 생명이 씨앗에 있고 씨앗으로부터 나온다. 따라서 새 생명은 하나님 말씀의 씨앗으로부터 나온다는 것이다. 하지만 첫째, 이는 도에 지나쳤다고 볼 수 있다. 왜냐하면 성령이나 새 생명의 원소가, 마치 살아 있는 싹이 씨앗 안에 둘러싸여 있듯이 말씀 안에 봉쇄되어 있다고 말한다면 이는 아무런 유익이 없을 것이기 때문이다. 이는 성령이 말씀 안에 있어서, 인간이 걸림돌을 두지 않는다면 부르심은 항상 유효하다고 주장하는 루터파의 부르심 개념을 연상하게 한다. 둘째, 이는 본의(本意)에는 없는 점을 강요하고 있다. 구주 예수님은 이 비유를, 어떻게 말씀의 씨앗이 어떤 경우에는 열매를 맺고 어떤 경우에는 열매를 맺지 못하게 되는가를 설명해 주기 원하셨다. 좋은 땅에 떨어진 경우에만 열매를 맺게 된다. 즉, 마음을 예비한 자가 진리를 이해한다.

4. 우리의 표준적 신앙고백서들의 가르침.   여기에서는 벨기에 신앙고백서의 24조와 35조, 하이델베르크 요리문답 제54문, 도르트 신조 3장, 4장 11, 12, 17조, 그리고 미국 개혁교회가 1908년에 받아들인 유트레히트의 결론 등을 참조했다. 이러한 구절들로부터 우리는 신앙고백서들이 중생을 새 생명의 기원과 회심에서의 발현을 포함하는 좀 더 광범한 의미로 언급하고 있다는 것을 분명히 알 수 있다. 우리는 신앙이 죄인을 중생시킨다는 조문도 발견할 수 있다. 하나님의 말씀이 중생의 사역에 도구적이라고 말하는 듯한 구절들도 있다. 하지만 이들 신앙고백서들은 이들이 진정 하나님의 말씀을 도구로 하여 새 생명의 원소가 주입된다고 가르치고 있는가 하는 문제에 대해서 여전히 모호하다고 느낄 수밖에 없는 언어로 표현하고 있다. 이들은 우리가 구분한 중

생의 여러 요소들을 구분하지 못했다. 유트레히트의 결론에서는 이렇게 말한다. "세 번째 항목 즉 직접적 중생에 대해서 본 대회는 이 표현이, 루터교인들과 로마 가톨릭 교회에 대해 중생이 말씀이나 성례를 통해서가 아니라, 성령이 전능하신 중생 사역에 의해 야기된다고 우리 교회들이 항상 고백하는 한에 있어서 광범한 의미로 사용될 수 있다고 선언한다. 하지만 이러한 성령의 사역은 이러한 의미에서 말씀의 설교와 마치 별개의 것처럼 분리되어서는 안 된다. 왜냐하면 우리 신앙고백서에는 복음 설교를 듣지 못한 영아기에 사망한 어린이들의 구원에 대해서는 의심의 여지가 없다고 가르치고 있지만, 어떤 표준적 신앙고백서에서도 중생이 이런 어린이 혹은 저런 어린이들에게 일어나는 방식에 대해서는 언급하고 있지 않기 때문이다. 하지만 복음은 믿는 모든 사람을 구원에 이르게 하는 하나님의 능력이요, 성인의 경우에는 성령의 중생 사역이 복음 설교에 동반된다는 것은 분명하다."

H. 중생에 관한 다양한 견해

1. 펠라기우스. 펠라기우스주의자들에 의하면, 인간의 자유와 인격적 책임이란 인간이 언제든지 죄를 지을 수 있는 것처럼 죄를 자제할 수도 있음을 내포한다. 의도적 범죄만이 죄로 간주될 수 있다. 따라서 중생은 도덕적 갱신에 불과하다. 이는 이전에 율법을 범했던 사람이 이제는 이제 순종하며 생활하게 되었다는 것을 의미한다.

2. 세례적 중생. 이는 항상 동일한 방식으로 주장되지는 않는다.

(1) 로마교회. 로마 가톨릭 교회에 의하면, 중생은 영적인 갱신뿐만 아니라 칭의 즉 죄의 용서를 포함하며, 세례를 수단으로 일어난다. 유아의 경우 중생의 사역은 항상 유효하지만 성인의 경우는 그렇지 않다. 성인들은 중생의 은혜를 감사하게 받을 수 있고 활용할 수 있지만, 여기에 저항할 수도 있고 이를 무효하게 할 수도 있다. 더욱이 이를 획득한 자가 다시 상실하게 될 가능성도 항상 존재한다.

(2) 성공회. 성공회는 이 점에서 의견이 일치되고 있지 않고 두 가지 다른 경향을 보여준다. 소위 퓨지파(Puseyites)는 로마교회의 견해와 본질적인 면에서 일치하고 있다. 하지만 중생을 두 종류, 즉 단순히 사람의 교회와 은혜의 수단에 대한 관계의 변화와, 인간 본성의 근본적 변화로 구분하는 유력한 집단도 존재한다. 이들에 의하면, 세례 때에는 첫 번째 의미의 중생만이 일어난다. 이 중생은 영적 갱신을 포함하지 않는다. 이를 통해 신자는 교회와 새로운 관계에 들어서게 되며, 유대인이 할례의 언약을

통해 하나님의 자녀가 되는 것과 동일한 의미로 하나님의 자녀가 된다.

(3) 루터 교회. 루터와 그 추종자들은 이 점에 있어서 로마 가톨릭의 누룩을 완전히 제거하지 못했다. 대체로 루터파는 로마교회에 대항하여 신인협동설을 반대하고, 중생은 오직 하나님 편에 달렸다고 주장한다(monergism). 이들은 어른은 오랫동안 저항할 수도 있지만, 중생에서 인간이 전적으로 수동적이라는 것과 아무것도 행할 수 없다고 생각한다. 동시에 어떤 자들은, 세례는 그 의식을 통해서(ex opere operato) 역사하므로 하나님께서 중생을 일으키는 일상적인 수단이라고 가르친다. 세례는 일상적인 방법이지 유일한 방법은 아니다. 왜냐하면 말씀의 설교가 중생을 산출할 수도 있기 때문이다. 이들은 두 종류의 중생, 즉 새 생명이 발생되는 제1중생(regeneratio prima)과, 새 생명이 하나님의 방향으로 나아가는 제2중생(regeneratio secunda, regeneratio renovatio)을 언급한다. 유아들이 세례를 통해 제1중생을 받는다면, 어른은 말씀을 통해 제1중생을 받고 세례를 통해 제2중생에 참여한다. 루터파에 의하면 중생은 상실될 수도 있다. 하지만 재세례 없이도 중생은 하나님의 은혜를 통해, 회개하는 죄인의 심령에 다시 회복될 수 있다. 세례는, 기꺼이 수세자를 지속적으로 갱신시키고 죄를 용서하려는 하나님의 의지의 보증이다. 더욱이 중생은 항상 단번에 성취되는 것은 아니며, 성인의 경우에는 점진적인 과정으로 이루어지는 사례가 많다.

3. 알미니우스파의 견해. 알미니우스주의자들에 의하면, 중생은 하나님이나 인간의 단독 사역이 아니다. 이는 진리의 수단으로 역사하는 신적인 영향력에 대해 인간이 협력하는 인간의 선택에 따른 결실이다. 엄격히 말해 인간의 사역은 하나님의 사역보다 선행한다. 이들은 의지를 선의 방향으로 움직이게 하는 하나님의 선행적 사역이 있다고 주장하지 않는다. 물론 중생의 은혜가 상실될 수도 있다고 믿는다. 웨슬리적 알미니우스주의자들은, 중생이 인간의 의지와 협력한다고 할지라도 중생이 성령의 사역이라는 사실을 강조한다는 점에서 이러한 견해를 수정했다. 이들은 인간을 비추고 일깨우며 이끌어 내는 성령의 선행된 사역을 강조한다. 하지만 이들은 인간이 성령의 사역에 저항할 수 있고, 그가 저항하는 한 중생되지 못한 상태에 머무른다고 믿는다.

4. 중도파 신학자들의 견해. 이는 범신론적 모형에서 만들어지고 있다. 성육신 이후 그리스도 안에는 두 본성이 아니라 오직 인간과 하나님의 생명이 결합된 신인(神人)적 본성만이 존재한다. 중생에서 신인적 생명의 일부가 인간에 전이된다. 죄인이 중생할 때마다 매번 성령의 사역을 필요로 하지는 않는다. 새로운 생명은 단번에 교회에 전달되었으며, 이제는 교회의 영원한 소유물이 되어 교회로부터 개인에게 이전된

다. 교회와의 교제는 새로운 생명에의 참여를 일으킨다. 이러한 견해는 그리스도 사역의 법적인 측면을 전혀 무시하고 있다. 또한 이 견해에 따르면, 그리스도의 신인적 생명이 존재하기 이전에는 중생하는 사람이 존재할 수 있다고 주장할 수 없게 된다. 구약의 성도는 중생했을 리가 없다는 것이다. 슐라이어마허가 이 견해의 창시자이다.

　5. 삼분적 견해.　어떤 신학자들은 중생의 이론을 인간 본성에 대한 삼분법을 통해 독특하게 전해하고 있다. 이 견해는 인간은 세 가지 요소, 즉 몸, 혼, 영으로 구성된다는 것이다. 이 점에 대해서는 다양한 견해들이 존재하지만, 이들은 죄가 오직 혼에만 좌정하며 영에는 좌정할 수 없다고 주장한다. 만약 죄가 영에 침투한다면 인간은 영적인 존재인 귀신들처럼 회복할 수 없을 정도로 타락하게 되었을 것이다. 영은 인간 내부에서 하위의 삶을 통제하게 되어 있는 고차적 신적 생명이다. 죄가 세계에 들어옴에 따라 하위 세계에 대한 영의 영향력은 매우 악화되었다. 하지만 중생에 의해 영은 다시 강화되어 인간의 삶에 있어서 조화가 다시 회복된다. 이는 물론 순전히 합리주의적 이론이다.

　6. 현대 자유주의의 견해.　오늘날 자유주의 신학자들이 모두 중생에 대한 동일한 견해를 가지고 있는 것은 아니다. 일부는 슐라이어마허의 용어를 상기시키는 그러한 용어로 말하고 있다. 하지만 좀 더 일반적으로 이들은 순전히 자연주의적 견해를 신봉하고 있다. 이들은 중생이 하나님의 초자연적 재창조적 사역이라는 사상을 혐오한다. 신의 내재로 인해 모든 인간은 자신 안에 신적 원리를 가지고 있고, 따라서 구원에 필요한 모든 것을 잠재적으로 소유하고 있다는 것이다. 한 가지 필요한 것이 있다면, 이는 인간이 자신이 신적 잠재성을 인식하고 의식적으로 자신 안에 있는 고차적인 원리의 지도를 받는 것이다. 중생은 인격(성품)의 윤리적 변화에 불과하다.

깊은 연구를 위한 질문

성경이 중생의 사역을 나타내기 위해 사용하는 다른 용어들이나 표현들은 무엇인가? 성경은 부르심, 중생, 회심과 성화를 명확하게 구분하는가? 로마 가톨릭 교회가 중생 안에 칭의를 포함시켰다는 사실을 어떻게 설명할 것인가? 중생과 회심은 어떻게 다른가? 중생에 선행하며 이를 예비하는 선행적 은혜와 같은 것이 존재하는가? 수동적 중생과 능동적 중생의 차이는 무엇인가? 중생에 있어서 인간의 수동성은 어느 정도 지속하는가? 하나님의 말씀이 유효한 중생에 도구적이 아니라는 견해는 말씀의 설교를 무익하게 하거나 전혀 불필요하게 만들지 않는가? 이는 신비주의에 접근하는 것은 아닌가?

VII

회심
(Conversion)

중생과 유효한 부르심에 대한 논의로부터 회심의 논의로 이동하는 것은 자연스럽다. 성령의 특별 사역에 의해 중생과 유효한 부르심은 회심을 일으킨다. 회심은 개인의 인생에서 현저한 위기가 될 수 있지만, 점진적인 과정으로 임할 수도 있다. 종교 심리학에서는 일반적으로 그 둘을 같다고 본다. 이 모든 것은 양자간에 매우 긴밀한 관계가 있다는 것을 입증하고 있다.

A. 회심에 대한 성경의 용어

1. 구약 성경의 단어. 구약 성경은 회심에 대해 특별히 두 단어를 사용하고 있다.

(1) 나함. 나함은 슬픔(니팔 형태)이나 위로(피엘 형태)의 깊은 감정을 표현하는 단어다. 니팔 형태에서 이는 회개를 의미하며, 이 회개에는 종종 계획과 행동의 변화가 수반된다. 하지만 피엘 형태에서 '위로하다, 자위(自慰)하다'를 의미한다. 우리가 지금 관심을 두고 있는 회개라는 의미로 사용될 때 이 단어는 인간뿐만 아니라 하나님에게도 사용되고 있다(창 6:6, 7; 출 32:14; 삿 2:18; 삼상 15:11).

(2) 슈브. 이는 회심에 대한 가장 보편적인 용어로, '돌이키다, 돌아서다, 돌아오다' 등을 의미한다. 이는 종종 하나님과 인간 양자에게 문자적 의미로 사용되기도 하지만, 곧 종교적·윤리적 의미를 가지게 되었다. 이 의미는 선지서들에 잘 나타나 있는데, 여기서는 이스라엘이 하나님을 떠난 후 다시 하나님께 돌아온다고 말하고 있다. 이 단어는 구약 성경에서의 회심이란 죄가 하나님으로부터 인간을 분리시켰으므로 다시 하나님께 돌아간다는 것을 의미한다는 것을 명확하게 제시해 준다. 이는 회심에 있어서 매우 중요한 요소이다. 이는 탕자의 비유에 나타난 탕자의 말에서 가장 단적으로 표현된다. "내가 일어나 아버지께 가리라."

2. 신약 성경의 단어. 여기서는 세 단어가 고려될 것이다.

(1) 메타노이아(동사는 메타노에오). 이는 신약 성경에서 회심을 나타내는 가장 보편적인 단어로, 사용된 단어 중 가장 근본적인 단어다. 이 단어는 '메타'와 '누스'로 구성되어 있는데 '누스'는 동사 '기노스코'(라틴어로는 noscere, 즉 안다는 뜻)와 관련된 단어로 이들 모두 인간의 의식 영역을 의미한다. 영어 성경에서는 이 단어가 '회개(repentance)'로 번역되었지만 이러한 번역은 감정적 요소를 부당하게 강조하는 경향이 있으므로 원래의 의미를 제대로 살리지 못하고 있다. 트렌치는 고대 그리스 문헌들에서 이 단어가 다음을 의미했다고 지적한다. (1) 후에 아는 것, 때늦은 지식. (2) 이러한 때늦은 지식에 의해 마음을 변화시키는 것. (3) 이러한 마음의 변화의 결과, 그때까지 추구했던 노정을 후회하는 것. (4) 이 모든 과정에 의해 미래의 행동이 변화되는 것. 이는 개선 뿐만 아니라 개악이라는 의미도 포함될 수 있는 변화를 나타내며, '다시 현명해진다(resipiscentia)'라는 의미를 필연적으로 포함하는 것은 아니다. 하지만 성경에서는 그 의미가 심화되어, 과거에 대해 좀 더 현명한 견해를 가지며, 과거에 잘못된 것을 후회하고, 좀 더 개선된 방향으로의 변화를 초래하는 마음의 변화를 의미한다. 여기에는 레시피센티아(resipiscentia)의 요소가 현존한다. 월든(Walden)은 「회개의 의미」(The Great Meaning of Metanoia)라는 저서에서 이 단어는 "완전히 전개될 경우 지성적·도덕적으로 중생되는 마음의 일반적인 변화"라는 개념을 나타낸다고 결론지었다. 그 단어가 기본적으로 마음의 변화를 나타낸다는 점을 주장하면서도, 그 의미가 지성적·이론적 자각에 제한되지 않고 도덕적 자각 즉 양심을 포함한다는 것을 망각하지 말아야 한다. 마음과 양심 모두가 더럽혀졌는데도(딛 1:15) 인간의 '누스'(마음, 이성)가 변화될 때 그는 새로운 지식을 받게 될 뿐만 아니라 의식의 지향과 그 도덕적 특성이 변화되게 된다.

좀 더 세분해서 언급한다면, 이 단어가 뜻하는 변화란 (1) 지적인 생활(딤후 2:25): 하나님과 그의 진리에 대한 더 많은 지식과 이를 구원적으로 영접하는 것(신앙의 행위와 일치한다) (2) 자각적인 의지적 생활(행 8:22): 자아로부터 하나님에게로 돌이킴(다시 신앙의 행위가 포함됨) (3) 정신적 생활 – 이 변화가 하나님을 향한 근심을 동반하고(고후 7:10) 죄인에게 기쁨의 새로운 장을 열어준다 – 과 관련된다. 이 모든 측면에서 메타노이아는 이전 상태에 대한 자각적 거부를 포함한다. 이는 본질적 요소로 주목될 필요가 있다. 회심하기 위해서는 의식의 지향이 다른 것으로 전환될 뿐만 아니라 이전의 방향을 혐오한다는 것과도 긴밀한 관련이 있다. 다시 말하면, 메타노이아는 긍정적 측면 뿐만 아니라 부정적 측면도 가지고 있다. 이는 앞을 바라보면서도 뒤를 돌아본다. 회심한 사람은 무지와 오류, 자신의 방종과 무지를 자각해야 한다. 회심은 신앙과 회개, 양자를 포함한다. 애석하게도 교회는 메타노이아의 본래 의미를 점차 망각하게 되었다. 라틴 신학에서는 락탄티우스가 이를 '레시피센티아'(다시 현명해짐)로 번역했다. 이는 마치 이 단어가 '메타'와 '아노이아'로부터 유래하는 것처럼 해석한 것으로서 광기, 우매함으로부터 돌아온다는 의미를 나타내고 있다. 하지만 대다수의 라틴 신학자들은 이를 '포에니텐티아'(poenitentia)로 번역하여, 실수를 저질렀거나 어떤 종류의 오류를 범했을 때 따르게 되는 슬픔과 후회라는 의미로 이해했다. 이 단어는 불가타(라틴어) 성경에서 메타노이아의 번역어로 사용되었고, 불가타역의 영향하에 영어권 번역자들이 이 단어를 '회개, 참회'(repentance)로 번역하여 감정적 측면을 강조하고, 메타노이아를 '메타멜레이아'와 동의어로 만들었다. 어떤 경우에는 의미의 타락이 더 심해진다. 로마 가톨릭 교회는 참회의 개념을 고해 성사 속에 구체화시켜서, 헬라어 성경의 '회개하라'(메타노에이테)를 라틴어 성경에서는 '고해하라'(poenitentiam agite)로 번역한다.

(2) 에피스트로페(동사는 에피스트레포). 이 단어는 메타노이아 다음으로 중요하다. 70인 역에서는 메타노이아가 '나함'의 번역어이지만, 에피스트로페, 에피스트레포는 '테슈바', '슈브'라는 히브리어를 번역하기 위해 사용된다. 이들은 '다시 돌아가다, 돌아오다'라는 의미로 빈번하게 사용된다. 헬라어 단어들은 히브리어의 관점에서 해석되어야 하므로, 여기서 '돌아간다'는 것은 실제로 '다시 돌아간다'는 의미라는 점을 기억해야 한다. 신약 성경에서는 에피스트로페라는 명사가 행 15:3에서 단 한 번 사용된다. 하지만 동사는 여러 번 출현한다. 이 단어는 메타노에오보다는 광범한 의미를 가지고 있으며, 회심의 최종 행위를 나타내고 있다. 이는 단순히 누스 즉 마음에서의 변화를 나타내는 것이 아니라, 새로운 관계가 확립되어 능동적 생활이 다른 방향으로 움직이게 된 사실을 강조한다. 이는 두 단어가 모두 출현하고 있는 행 3:19을 해석할 때 명심해야 할 사항이다. 때때로 메타노에오는 회개의 개념만을 포함하기도 하지만, 에피스트레포는 항상 신앙의 요소를 포함하고 있다. 메타노에오와 피스튜에인은 서로 같이 사용될 수도 있지만, 에피스트레포와 피스튜에인은 그렇지 않다.

(3) 메타멜레이아(동사는 메타멜로마이). 오직 동사형 형태만이 신약 성경에서 사용되며, 문자적으로는 '후에 어떤 사람에게 걱정거리가 되다'는 의미를 지니고 있다. 이는 70인 역에서는 '나함'이라는 단어의 번역어들 중 하나였다. 신약 성경에서는 오직 5번, 즉 마 21:29, 32; 27:3; 고후 7:10; 히 7:21에서 나온다. 이 구절들에서 이 단어는 비록 진정한 회개가 아닐지라도 회개의 요소를 강조하고 있다는 것을 분명하게 알 수

있다. 여기서는 오히려 부정적·회고적·정서적 요소가 지배적인데, 이는 메타노에오가 의지적 요소를 포함하며 의지에 있어서 강력한 전환을 나타내는 것과는 대조된다. 메타노에오는 때로 명령법으로 사용되지만, 메타멜로마이는 그렇지 않다. 감정은 명령될 수 있는 것들이 아니다. 이 단어는 메타노에오보다 라틴어 '포에니텐티아'의 의미와 일치하고 있다.

B. 회심에 대한 성경적 개념과 정의

물론 회심의 교리는 다른 교리들과 마찬가지로 성경에 근거하며, 바로 이러한 근거에서 수용되어야 한다. 회심은 많은 사람들이 삶에서 겪는 의식적 경험이므로, 경험적 증거도 하나님의 말씀에 첨가될 수 있을 것이다. 하지만 이러한 증거가 아무리 가치가 있다고 해도 하나님의 말씀에서 가르치는 교리의 확실성을 보장해 줄 수는 없다. 우리는 현대의 종교 심리학이 회심의 사실에 상당한 관심을 기울인다는 것에 감사할 수도 있다. 하지만 종교 심리학이 우리의 관심을 끌 수 있는 흥미로운 사실들을 제시한다고 할지라도, 이는 회심을 '종교적 현상으로 설명'하는 데 있어서는 거의 혹은 전혀 기여하지 못한다는 것을 기억해야 할 것이다. 회심에 관한 성경적 교리는 앞서 언급된 용어들이 출현하는 구절들에만 근거하는 것이 아니라, 회심의 현상이 생동적인 사례들로 서술되고 제시되는 많은 다른 구절들에도 근거하고 있다. 성경은 항상 동일한 의미로 회심에 대해 언급하고 있지는 않다. 우리는 다음과 같이 구분할 수 있다.

1. 민족적 회심. 모세, 여호수아와 사사 시대의 이스라엘 백성들은 반복적으로 여호와에게서 등을 돌렸다. 이들은 하나님의 진노를 경험한 후 자신들의 죄를 회개하고 하나님께로 돌아갔다. 유다 왕국에서는 히스기야 시대와 요시야 시대에 민족적인 회심이 있었다. 요나의 설교를 듣고 니느웨 사람들은 자신들의 죄를 회개하고 하나님에 의해 용서를 받았다(욘 3:10). 이러한 민족적 회심들은 도덕적 갱신의 특성만을 가지고 있다. 이들은 개인들에게 있어서 어느 정도 실제적인 종교적 회심을 수반했지만, 민족 전체에 소속된 모든 사람들의 진정한 회심은 결여했다. 통상적으로 이 회심들은 매우 피상적이다. 이들은 경건한 지도자들의 지도하에 출현하며, 사악한 사람들이 이들을 계승하게 될 때 백성들은 즉시 자신의 이전 풍습으로 돌아가고 말았다.

2. 일시적인 회심. 성경은, 심령에는 어떠한 변화도 없고 따라서 오직 과도적 중요성만을 지닌 개인들의 회심에 대해서도 언급하고 있다. 예수님은 씨 뿌리는 자의 비유에서 말씀을 듣고 즉시 기쁨으로 받으나 뿌리가 없어 잠시 견디다가 넘어지는 자에 대해 언급한다. 환난이나 핍박이나 박해가 오면 이들은 곧 넘어지고 쓰러진다(마 13:20, 21). 바울은 후메내오와 알렉산더를 가리켜 "그 믿음에 관하여는 파선하였느니라"고 말한다(딤전 1:19, 20; 또 딤후 2:17, 18도 참조하라). 그리고 딤후 4:10에서 바울은, 이 세상을 사랑하여 그를 떠난 데마에 대해 언급한다. 히브리서 저자는 "한 번 빛을 받고 하늘의 은사를 맛보고 성령에 참여한 바 되고 하나님의 선한 말씀과 내세의 능력을 맛보고도 타락한 자들은 다시 새롭게 하여 회개하게 할 수 없나니"라고 말한다(히 6:4-6). 마지막으로 요한은 신실한 자를 배신한 자들에 대해 언급하면서 "그들이 우리에게서 나갔으나 우리에게 속하지 아니하였나니"(요일 2:19)라고 말한다. 이러한 일시적인 회심은 잠시 동안은 진정한 회심의 모양을 지니고 있을 수도 있다.

3. 진정한 회심(CONVERSIS ACTUALIS PRIMA). 진정한 회심은 하나님의 뜻대로 하는 근심에서 나오며, 하나님에게로 헌신하는 삶으로 이어진다(고후 7:10). 이는 중생의 사역에 기초한 변화이며, 하나님의 영에 의해 죄인의 의식 생활에서 일어나는 변화요, 이전의 삶의 방향이 현명하지 못하고 잘못되었다는 자책을 포함하며, 생의 전 과정을 수정하는 생각과 의견, 욕망과 의지의 변화이다. 이 회심에는 능동적·수동적 두 측면이 있다. 능동적 측면이란 하나님께서 인간의 의식적 생의 과정을 변화시키는 하나님의 행위요, 수동적 측면이란 인간이 생의 과정을 수정하고 하나님께 나아감으로써 나타나는 이 행위의 결과다. 결국 회심에 대해 2중적 정의가 내려져야 한다. (1) 능동적 회심은 하나님께서 그의 의식 영역에서, 중생한 죄인으로 하여금 회개와 신앙으로 하나님에게 돌아가게 하는 하나님의 행위다. (2) 수동적 회심이란 그 결과로서, 죄인이 하나님의 은혜를 통해 회개와 신앙으로써 하나님께 나아가는 중생한 죄인의 행위다. 이러한 진정한 회심은 우리가 신학에서 우선적으로 관심을 두고 있는 회심이다. 하나님의 말씀은 이에 대한 몇 가지 현저한 사례들, 예를 들면 나아만 장군(왕하 5:15), 므낫세(대하 33:12, 13), 삭개오(눅 19:8, 9), 나면서부터 맹인 된 자(요 9:38), 사마리아 여인(요 4:29, 39), 내시(행 8:30 이하), 고넬료(행 10:44 이하), 바울(행 9:5 이하), 루디아(행 16:14) 등을 수록하고 있다.

4. 반복적 회심. 성경은 회심한 사람이 일시적으로 죄의 길에 빠진 후 다시 하나님

게 돌아오는 반복적 회심에 대해서도 언급한다. 스트롱은 이러한 변화에 대해 '회심'이라는 용어를 사용하지 않고 대신 "태만과 범죄의 파기, 단념, 그리고 이들로부터 선회하여", "그리스도께로 돌아가 그를 새롭게 신뢰함" 등의 단어와 어구를 사용하기를 원한다. 하지만 성경은 그러한 경우에 대해서도 '회심'이라는 단어를 사용하고 있다 (눅 22:32; 계 2:5, 16, 21, 22; 3:3, 19). 하지만 회심은 엄격히 구원적인 의미로 이해할 때에는 결코 반복될 수 없다는 것을 이해해야 한다. 진정한 회심을 경험한 사람들이 일시적으로 악의 유혹에 끌려 죄에 빠지게 될 수도 있다. 이들이 때때로 멀리서 방황할 수도 있다. 하지만 새로운 생명은 다시 발현될 것이며, 결국 이들이 통회하는 심정으로 다시 하나님에게 돌아오게 한다.

C. 회심의 성격

회심은 구원 과정의 일부일 뿐이다. 하지만 회심은 유기적 과정의 일부이므로 다른 부분과 긴밀하게 연관되어 있다. 때때로 특별히 미국에서는 회심을 이 과정의 다른 부분들과 동일시하거나 이를 이 과정 중 가장 중요한 부분인 것처럼 미화시키는 경향이 두드러지기도 한다. 자신의 구속에 대해 언급할 때 회심의 이야기를 넘어서지 못하고 이후의 영적인 성장에 대해 전혀 언급하지 않는 사람들도 다수 존재한다는 것은 주지의 사실이다. 이는 이들의 체험에 있어서 회심은 현저한 위기, 즉 그들 편에서의 행동을 요구하는 위기로 부각된다는 사실에 기인한다. 오늘날에는 구원 과정에 있어서 경계선들을 경시하는 경향이 있는데, 우리는 "구분을 잘하는 자가 잘 가르칠 수 있다"(Qui bene distinuet, bene docet)는 라틴어 격언을 상기할 필요가 있다. 우리는 다음과 같은 회심의 특성에 유의해야 한다.

1. 회심은 하나님의 법적인 행동보다는 재창조적 행동에 속한다. 이는 인간의 신분을 바꾸는 것이 아니라 상태를 바꾸는 것이다. 동시에 회심은 법적인 영역에서의 하나님의 사역과 긴밀한 관계가 있다. 회심에서 인간은 그가 정죄 받아 마땅한 자라는 사실을 의식하며 그 사실을 인정하게 된다. 회심은 이미 신앙을 전제로 하고 있지만 이는 또한 예수 그리스도에 대한 신앙의 더 큰 발현, 즉 구원을 위해 그리스도를 신뢰하고 확신하게끔 한다. 그리고 이러한 신앙은 자신의 모든 죄가 예수 그리스도의 공로를 기초로 용서된다는 기쁜 확신을 자각하게 된다.

2. 메타노이아라는 말이 의미하듯 회심은 잠재 의식이 아니라 죄인의 의식 영역에

서 발생한다. 이는 회심이 잠재 의식에 근원을 갖고 있지 않는다는 것을 의미하는 것은 아니다. 회심은 중생의 직접적 결과이므로, 자연히 생명의 역사가 잠재 의식에서 의식으로 전이되는 과정을 포함한다. 이러한 관점에서 볼 때 회심은 의식 기저에서 시작되지만, 완결된 행동으로서는 의식 영역에 속한다고 말할 수 있을 것이다. 이는 중생과 회심의 긴밀한 관계를 시사해 주고 있다. 중생에 근원을 두지 않는 회심은 진정한 회심이 아니다.

3. 회심은 옛사람을 벗어 버리고 죄를 회피할 뿐만 아니라 새사람을 입고 거룩함을 위해 노력하는 의식적 출발점을 표시한다. 중생에서 옛 생활의 죄악된 원리는 새 생명의 거룩한 원리로 대체된다. 하지만 회심에서만 이러한 전이가 의식에 침투하여 이를 새로운 방향 즉 하나님으로의 방향으로 변화시킨다. 죄인은 의식적으로 이전의 죄악된 생활을 벗어 버리고, 하나님과 교제하고 하나님께 헌신된 생활로 나아간다. 하지만 이는 옛 것과 새 것의 투쟁이 단번에 종식된다는 것을 의미하는 것은 아니다. 이러한 투쟁은 인간이 살아 있는 한 계속될 것이다.

4. 우리가 회심이라는 용어를 가장 엄밀한 의미로 이해할 때 이는 순간적인 변화요, 성화와 같이 한 과정으로 이해할 수는 없다. 회심은 한 번 일어나며, 반복될 수 없는 것이다. 하지만 위에서 언급했듯이 성경은 신자가 죄에 빠진 후 하나님께 다시 돌아가는 것을 회심이라고 언급하고 있다. 이렇게 볼 때, 회심은 인간이 일시적으로 하나님과 거룩함을 망각한 후 다시 하나님과 거룩함으로 돌아가는 것이라고 이해할 수도 있다. 우리는 중생에 대해서는 반복적이라고 말할 수 없다. 하지만 그리스도인의 의식 영역에 있어서는 상승과 하강의 기복이 있고, 하나님과 긴밀한 교제를 가질 때와 하나님과 멀어질 때도 있다.

5. 회심을 단지 생애의 위기로 이해하는 사람에 대해 우리는 회심이 현저한 위기로 경험되기도 하지만 이는 점진적 과정일 수도 있다는 것을 기억해야 한다. 옛 신학은 항상 돌발적인 회심과 점진적 회심(예레미야, 세례 요한, 디모데와 같은 경우)을 구분해 왔다. 오늘날 회심의 심리학도 동일한 구분을 강조한다. 유기적 회심은 종교적 쇠퇴기에, 실질적인 종교교육을 받지 못한 사람들에게, 그리고 진리와 의, 거룩함의 길에서 멀리 떠나 방황했던 사람들에게 빈번하게 나타난다.

6. 마지막으로, 많은 심리학자들이 회심을 청년기의 일반적·자연적인 현상으로 축소시키는 경향을 보이는 현대의 상황에서, 회심이란 종교적 변화를 야기시키는 하나님의 초자연적 사역임을 명심해야 한다. 심리학자들은 때때로 돌발적인 변화가 인간의

지성적·도덕적 생활에도 나타난다는 사실에 주목하고, 회심이 단순히 자연 현상에 불과하다고 공표하기도 한다. 일부 심리학자들은 성(性)에 대한 관념이 회심에서 중요한 역할을 수행한다고 주장한다. 이러한 합리주의적·자연주의적 경향에 대해 종교적 회심의 특성이 유지되어야 한다.

D. 회심의 요소

앞에서 이미 회심은 두 가지 요소 즉 회개와 신앙으로 구성된다는 사실을 언급했다. 이 두 요소 중 회개는 과거와 관련되어 있고, 신앙은 미래와 관련되어 있다. 회개는 직접 성화와 관련되며, 신앙은 칭의와 베타적이지는 않지만 긴밀한 관계를 맺고 있다. 신앙은 별개의 장으로 다루어질 것이기 때문에 여기서 우리는 회개에 대해서만 논의하기로 하겠다. 우리는 회개를 '죄로부터 멀어지는, 죄인의 의식 영역에서 야기되는 변화'라고 정의한다.

1. 회개의 요소. 회개에서 세 가지 요소를 구분하고자 한다.

(1) 지성적 요소. 회개로 인해 관점이 바뀐다. 개인의 죄책과 오욕, 무력감을 포함하는 것으로, 죄를 인정하게 된다. 이는 성경에서 에피그노시스 하마르티아스(죄의 의식, 롬 3:20; 1:32도 참조할 것)라고 표현된다. 다음 요소들이 수반되지 않으면 이는 형벌에 대한 두려움으로 발현될 것이다. 하지만 아직 죄에 대한 혐오는 존재하지 않는다.

(2) 정서적 요소. 회개로 인해 감정이 변한다. 거룩하고 공의로우신 하나님께 지은 죄를 애통하게 된다(시 51:2, 10, 14). 정서적 요소는 메타멜로마이로 표현된다. 의지적 요소가 수반되면 이는 '하나님의 뜻대로 하는 근심'이 되지만, 의지적 요소가 수반되지 않으면 '세상 근심'이 되어 회한과 절망으로 나타난다(고후 7:9, 10; 마 27:3; 눅 18:23).

(3) 의지적 요소. 회개에는 의지적 요소가 있다. 이는 목적의 변화, 죄로부터 내적으로 멀어짐, 용서와 정결을 구하려는 성향을 말한다(시 51:5, 7, 10; 렘 25:5). 이는 위 두 요소를 포함하므로 회개에서 가장 중요한 요소다. 이는 성경에서 '메타노이아'라는 말로 표현된다(행 2:38; 롬 2:4).

2. 로마교회의 고해 성사. 로마교회는 회개의 개념을 전적으로 외재화(外在化)했다. 고해 성사에서 가장 중요한 요소는 참회(contrition), 고백(confession), 보속

(satisfaction), 사죄 선언(absolution)이다. 4가지 요소 중 참회만이 회개에 포함될 수 있는데, 로마 가톨릭 신자들은 여기서 타고난 죄(원죄)에 대한 애통을 제외시키고 오직 개인적 범죄에 대한 애통으로 한정시킨다. 그리고 진정한 참회를 경험하는 사람은 극소수이므로, 다수는 '회오(悔悟, attrition)'에 만족한다. 회오란 "죄는 형벌을 받아야 마땅하다는 자책으로서, 하나님에 대한 신뢰와 죄를 떠나야겠다는 의도는 포함하지 않는다. 이는 지옥에 대한 공포다." 로마 가톨릭 교회에서의 고백이란 선언적이라기보다는 법적으로 사면하는 사제에 대한 고백이다. 더욱이 보속이란 죄인이 속죄하는 것, 즉 고통을 참고, 어렵고 불쾌한 임무를 수행하는 것이다. 이러한 외면적인 행위들이 실제로 죄를 보속하는 것이라는 것이 중심 사상이다.

3. 회개에 대한 성경적 견해. 회개에 대한 이런 피상적 견해에 대해 성경적 개념이 주장되어야 한다. 성경에 의하면 회개란 전적으로 내면적 행동으로서, 이로부터 야기되는 생활의 변화와 혼동되어서는 안 된다. 죄의 고백과 잘못에 대한 보상은 회개의 '열매'이다. 회개는 단지 구원의 소극적 조건이며, 적극적 수단이 아니다. 회개가 죄인의 의무이기는 하지만, 이는 과거의 범죄로 인해 율법의 요구를 말소시키지는 않는다. 또한 진정한 회개는 신앙과 분리되어서는 결코 존재할 수 없으며, 반면 진정한 신앙이 있는 곳에는 실제적인 회개가 존재한다. 양자는 동일한 전환, 즉 죄에서 떠나 하나님께 나아가는 전환의 상이한 국면에 불과하다. 때때로 루터는 회개가 신앙에 선행한다고 언급하기도 했지만, 그럼에도 불구하고 진정한 회개가 신앙의 열매들 중 하나라는 점에서 그는 칼빈과 일치하고 있는 듯하다. 루터파는, 회개는 율법에 의해 야기되며 신앙은 복음에 의해 일어난다는 것을 강조하는 경향이 있다. 하지만 양자는 분리될 수 없다는 것을 기억해야 한다. 이들은 단지 동일한 과정의 구성 요소에 지나지 않는다.

E. 회심의 심리학

요즘 심리학은 회심의 현상에 대한 특별 연구를 시행해 왔다.

1. 연구의 본질. 이 연구의 본질은 코우의 「영적 생활」(Coe, *The Spiritual Life*), 스타벅의 「종교 심리학」(Starbuck, *The Psychology of Religion*), 제임스의 「종교적 경험의 다양성」(James, *Varieties of Religious Experience*), 에임스의 「종교적 경험의 심리학」(Ames, *The Psychology of Religious Experience*), 프랫의 「종교적 의식」(Pratt, *The Religious Consciousness*), 클라크의 「종

교적 각성의 심리학」(Clark, *The Psychology of Religious Awakening*), 휴즈의 「새로운 심리학과 종교적 경험」(Hughes, *The New Psychology and Religious Experience*), 호턴의 「신학에 대한 심리학적 접근」(Horton, *The Psychological Approach to Theology*) 등의 저서에 잘 나타난다. 심리학은 오랫동안 종교적 삶의 사실들을 전적으로 무시해 왔다. 하지만 지금은 사반 세기 이상이나 이에 관심을 두었다. 처음에는 우선 종교적 경험의 중심적 사실로 여겨졌던 회심의 사실에 관심을 두었다. 심리학자들은 많은 회심의 사례들을 귀납적으로 연구해 왔으며, 회심에서 작용하는 다양한 힘들을 분류하고, 종교적 경험의 상이한 형태를 구분하고, 회심이 가장 일어나기 쉬운 시기를 결정하고, 회심의 현상을 지배하는 법칙들을 발견하려고 시도했다. 이들이 연구를 순전히 귀납적으로 개인적 체험에서 나타나는 종교적 현상을 탐구하는 것으로 제시하고, 또 어떤 경우에 있어서는 자신의 철학적·종교적 확신을 지속적으로 근저에 보유하고 싶다는 훌륭한 생각과 의도를 표현하기도 했지만, 그럼에도 불구하고 이들은 종종 회심을 순전히 자연적 과정으로 간주하여 다른 심리학적 사실처럼 심리학의 일반적 법칙에 종속시키고, 그 초자연적 측면을 공공연히 부정하지는 않을지라도 이를 간과하는 경향을 보여준다. 이들 중 좀 더 조심스런 학자들은 회심에서 초자연적인 면을 부정하지는 않지만 이를 무시하고 있다.

이들은 심리학자들로서의 한계에 관심을 두게 함으로써 종교적 경험의 중심적 사실의 좀 더 심층적인 측면들에 관한 자신들의 침묵을 설명하고 있다. 심리학자들은 오직 관찰된 사실과 이 사실들을 명백하게 통제하는 법칙만을 다룰 수 있을 뿐, 이러한 사실들이 설명될 수 있는 개연적 영적인 근저를 탐구할 수 있는 권리는 없다. 이들은 회심이 특별히 기독교적 현상이 아니며, 필연적으로 종교적 현상도 아니고, 비종교적 영역에서도 일어날 수 있다고 주장해 왔다. 사실 회심은 청소년기에 일어나는 많은 변화들 중 하나에 불과하며 "좀 더 광범한 영적 환경으로의 재조정", 옛 자아를 좀 더 진정한 자아에게 귀속시키는 것에 지나지 않는다. 스타벅은 "기껏해야 회심은 하나님의 의지라고 여겨지는 것에 개인의 의지를 조화시키는 것에 불과하다"고 말한다. 프랫은 "회심에 있어서 본질적인 것은 인성의 통합이요 새로운 자아의 성취에 지나지 않는다"라고 이해한다. 회심에 초자연적인 것이 있느냐는 질문에 대해서는 심리학자들 간에 다양한 의견이 있다. 코우는 "따라서 우리는 회심을 실질적으로 자동적 과정으로 결론을 내려야 하는가?"라는 질문을 제기한다. 이 질문에 대해서 그는 "우리가 먼저 회심을 하나님과 선한 생활의 원리의 심오한 관계를 무시하는 방향으로 정의한다면 (긍정적으로 대답할 수 있다) …… 종교적 경험의 본질은 인간이 자신이 착용한 의복을 초월하듯이 정서적 형태를 초월하는 것이다." 제임스는 자신이 회심 현상을 잠재 의식적 자아로 언급한 것에 대해, 정통적 신자가 이는 회심이 신성의 직접적 현존을 전적으로 배제하는 것은 아니잖느냐는 질문을 제기할 수도 있을 것이라고 생각하고 다음과 같이 대답한다. "나는 심리학자로서 이를 필연적으로 배제시켜야 한다고는 생각하지 않는다고 솔직히 말하겠다." 그는 "만약 우리에게 감명을 줄 수 있는 고차적인 힘이 존재한다면 이는 오직 잠재의식의 문을 통해서 접근할 수 있을 것이다"고 한다.

새로운 심리학 즉 행동주의적 심리학과 정신 분석학파의 대표자들은 회심은 초자연적 영향 없이 완전히 자연적인 방식으로 일어난다는 입장을 취한다. 제임스를 비롯한 다른 학자들은 회심에서 일어나는 돌발적 변화의 비밀이 잠재적 자아에 있다고 보고, 이 잠재적 자아는 신적 영향력을 받을 수도 있고 받지 않을 수도 있다고 주장한다. 심리학 연구가들은 일반적으로 회심에는 세 단계가 있다고 이구 동성으로 말하고 있다. 에임스(Ames)는 이를 "첫째, 혼동과 불안감; 둘째, 정점, 전환점; 셋째, 안식과 기쁨을 특징으로 하는 이완의 과정"으로 서술한다. 회심에는 최소한 두 가지의 형태가 현저하게 구분될 수 있다는 것은 주지의 사실이다. 하지만 이들은 다양한 방식으로 표현되고 있다. 스타벅은 두 종류의 회심을 언급하면서, 하나는 죄에 대한 강력한 인식이요, 다른 하나는 불완전성에 대한 의식, 좀 더 큰 생에 대한 투쟁, 영적인 조명에의 욕망이라고 규정한다. 또한 유아기의 회심과 성인의 회심, 점진적 회심과 돌발적 회심, 지적 회심과 감정적 회심이 구분되기도 한다. 하지만 이들은 이미 인지된 두 가지 형태의 회심에 대한 다른 명칭들에 불과하다. 회심이 일반적으로 정상적인 경험으로 간주되고 있는 반면, 때때로 특별히 신앙 부흥 운동 기간 동안에는 비정상적인 성격을 띠기도 한다는 것이 발견되며, 이는 병리적 현상이 된다. 회심이 시간적으로 볼 때 삶의 모든 주기에 걸쳐 동일한 빈도로 일어나지 않으며, 10~25세에만 일어나는 현상으로, 30세 이후에는 거의 드물다는 것이 지적되었다. 이는 회심이 청소년기의 고유한 특징이라는 것을 의미한다. 환경, 교육, 종교적 훈련, 이 모든 것이 회심의 빈도와 성격에 영향을 미친다.

2. 이러한 연구들에 대한 평가. 이러한 회심에 대한 심리학적 연구의 가치를 전혀 무시할 필요는 없다. 이들이 거의 혹은 전혀 중요하지 않다고 매도하거나 이들이 회심에서 초자연적 차원을 정당하게 설명하지 못한다는 점에서 무시하는 것은 어리석은 일이다. 이들은 인간의 심리적 생활에 적용될 수 있는 법칙들과 인간의 의식에서 영적

인 위기를 수반하는 일부 현상과 다양한 회심의 형태들과 이를 결정하는 요인들을 훌륭하게 조명해 준다. 이들은 개혁과 신학에 있어서 항상 인정되어 왔던 회심의 다양한 형태들에 깊은 통찰력을 제공해 주었으며, 회심에서 발견되는 세 가지 요소에 대해 확신을 가지게 해주었고, 회심이 잠재 의식에서 일어난다는 신학적인 확신과 일치된다. 하지만 이들은 회심이 의식 영역 기저에서의 성령의 신적인 사역 즉 중생으로 설명될 수 있다는 것은 명백하게 인정하지 않으며, 어떤 경우에는 이를 부인하기도 한다.

동시에 우리는 이러한 연구들을 과대 평가하지 말아야 한다. 어떤 연구들, 예를 들면 제임스의 작업은 완전히 편협적인 것이다. 왜냐하면 그의 작업은 전적으로 그에게 가장 흥미로웠던 특별한 회심에 기초하고 있기 때문이다. 더욱이 이들은 회심에 있어서 심리학적 법칙의 작용이라는 개념을 너무 지나치게 강조하여, 회심에 있어서 중요한 과정인 신적·초자연적 측면을 간과하기 쉽다. 제임스는 회심을 도덕적 변화로 다루고 회심을 "종교적 실재를 좀 더 확고히 포착함으로써, 지금까지 분열되고 잘못되고 열등하고 불행하다고 자각하는 자아가 통합되고 올바르며 우월하고 행복하게 자각하는 자아로 변화되는 과정"이라고 일반적으로 정의한다. 또 어떤 학자들은 회심을 순전히 자연적인 현상으로 축소시키며, 이를 물리적 법칙에 의해 지배된다는 식으로 유물론적으로 설명하기도 한다. 이들은 사물의 근원까지 내려가지 않고, 본질적으로 여기까지 내려갈 수 없으며, 회심이 일어나는 감추어진 심연을 통찰하지도 않고 통찰할 수도 없다. 이들은 회심에 대한 전통적인 옛 개념을 문제시하고, 종교적 본질이 기적적으로 주입된다고 가르치는 것을 비과학적이라고 간주하는 경향이 있다. 이들은 하나님의 말씀의 빛을 인정하지 않으며, 따라서 인생의 좀 더 심오한 일들을 판단할 수 있는 기준을 가지고 있지 않다. 스노우든(Snowden)은 "일부 심리학자들이 영혼의 심리학을 영혼 없이 전개하려고 했듯이, 일부는 종교 심리학을 종교 없이 구성하려고 노력해 왔다. 이들에 의해 종교는 객관적 실재가 없는 단순한 주관적 감정이나 기만으로 증발해 버리고 말았다. 그러한 종교 심리학은 심리학으로도, 종교로도 근거가 전혀 없고 무가치하다"고 말했다.

F. 회심의 조성자

1. 회심의 조성자인 하나님. 하나님만이 회심의 주체로 명명될 수 있다. 이는 명백한 성경적 가르침이다. 시 85:4에서 시인은 "우리 구원의 하나님이여 우리를 돌이키

소서"라고 기도하고, 렘 31:18에서 에브라임은 "나를 이끌어 돌이키소서 그리하시면 내가 돌아오겠나이다"라고 기도한다. 애 5:21에 유사한 기도가 있다. 행 11:18에서 베드로는 하나님께서 이방인들에게 생명을 얻는 회개를 주셨다는 사실에 주목한다. 딤 2:25에서도 유사한 진술이 발견된다. 죄인의 회심에 있어서 하나님의 사역은 이중적, 즉 도덕적이고 초자연적이다. 일반적으로 하나님은 율법에 의해 회개를 일으키고(시 19:7; 롬 3:20), 복음에 의해 신앙을 일으킨다(롬 10:17)고 말할 수 있다. 하지만 양자를 완전히 분리시킬 수는 없다. 율법은 복음의 제시를 포함하며, 복음은 율법을 확증하고 율법의 공포로써 위협한다(고후 5:11). 하지만 하나님은 회심에 있어서 직접적·초자연적 방식으로 역사하시기도 한다. 중생한 인간에게 주입된 생명의 원소는 자신의 내재적 능력으로써가 아니라 성령의 조명하고 열매를 맺게 하는 영향력을 통해서만 자각적 행동을 나타낸다(참조. 요 6:44; 빌 2:13). 루터파 학자들이나 알미니우스주의자들은 다른 식으로 가르친다.

2. 인간은 회심에서 협력한다. 하나님께서 회심의 조성자이지만 거짓된 수동성에 반대하기 위해 인간이 어느 정도 회심에 협력한다는 사실을 강조하는 것이 중요하다. 카이퍼 박사는 구약 성경에서 '슈브'가 74회나 인간의 행동을 나타내는 데 사용되고, 하나님의 은혜로운 행위로서 회심을 나타내는 경우는 고작 15회, 신약 성경에서도 회심을 인간의 행위로 나타낸 경우가 26회, 하나님의 행위로 언급한 경우는 2-3회라는 사실에 주목한다. 하지만 이러한 인간의 행위는 인간 안에서 선행된 하나님의 사역에서 유래한다는 것을 기억해야 한다(애 5:21; 빌 2:13). 인간이 회심에서 능동적이라는 사실은 사 55:7; 렘 18:11; 겔 18:23, 32; 33:11; 행 2:38; 17:30 등과 같은 구절들에 명백히 나타나 있다.

G. 회심의 필요성

성경은 절대적인 용어로 중생의 필요성을 언급한다. 회심에 있어서도 마찬가지다. 성경은 "사람이 거듭나지 아니하면 하나님의 나라를 볼 수 없느니라"(요 3:3)라고 명백히 말하나, 예외를 허용하지 않는 일반적인 방식으로 회심의 필요성을 언급하지는 않는다. 물론 양자를 동일시하는 자들은 이러한 구분을 인정하지 않을 것이다. 성경에는 하나님의 복을 향유하도록 회심으로의 부르심을 기록하고 있는 구절들이 있다(겔 33:11; 사 55:7). 이 구절들은 여기서 언급하거나 선포하는 대상자들의 경우에서 회심이 필연적임을 암시해 준다. 절대적 선언과 가장 근접한 구절은 마 18:3의 "진실로 너희에게 이르노니 너희가 돌이켜 이런 아이들과 같이 되지 아니하면 결단코 천국에 들어가지 못하리라"에서 발견된다. 하지만 이 구절 또한 오직 대상자들에게만 적용되는 것이라고 주장할 수도 있을 것이다. 성경에서 발견되는 '돌아오라'는 명시적 혹은 암시적 권면은 오직 대상자들에게만 적용되는 것이며, 각 사람이 구원받기 위해 자각적 회심을 통과해야 한다는 의미는 아니다. 회심의 필요성에 대한 질문은 신중하게 답변되어야 한다. 유아기에 사망한 자가 구원받으려면 중생이 필요하다. 하지만 죄로부터 하나님께 자각적으로 돌아가는 회심을 경험할 수는 없다. 성인의 경우 회심은 절대적으로 필요하다. 그러나 모든 사람의 삶에 현저한 위기로 회심이 나타날 필요는 없다. 현저한 위기는 통상적으로 죄와 수치의 생활을 체험한 후 성령의 중생시키는 권능과 회심으로의 유효한 부르심에 의해 사악한 길을 봉쇄당한 사람들의 삶에서만 기대될 수 있다. 그들에게는 적대 의식이 즉시 하나님과의 교제의 삶으로 변화되게 된다. 하지만 세례 요한이나 디모데와 같이 어릴 적부터 주님을 섬긴 사람들에게는 이러한 회심을 찾기 어렵다. 동시에 회심은 그 구성 요소, 즉 회개와 신앙이 그들의 삶에 현존해야 한다는 의미에서 모든 성인들에게 필수적이다. 이는 성인들이 반드시 어떤 형태로든 회심의 본질을 체험해야 한다는 의미다.

H. 구원 과정의 다른 단계들과 회심의 관계

1. 중생과의 관계. 이는 앞서 이미 어느 정도 언급되었다. 일부 학자들은 중생과 회심이라는 두 용어를 동의어로 사용하기도 한다. 하지만 오늘날의 신학에 있어서는 이들은 서로 구분되지만 밀접하게 연관된 것으로 이해되고 있다. 중생시 심겨진 새 생명은 죄인이 회심할 때 그의 의식 영역에 적극적으로 표출하게 된다. 중생시 잠재 의식에서 야기된 변화가 회심에서는 의식으로 침투하게 된다. 유아기에 중생한 자들의 경우는 일반적으로 양자가 동시에 일어나게 된다. 중생시 죄인은 전적으로 수동적이지만, 회심에 있어서는 수동적이기도 하고 능동적이기도 하다. 전자는 결코 반복될 수 없으나, 후자는 어느 정도 반복될 수 있다. 그러나 진정한 회심(*conversio actualis prima*)은 한 번만 일어난다.

2. 유효한 부르심과의 관계. 회심은 내적 부르심의 직접적 결과이다. 인간에게 주는 영향으로서 내적 부르심과 회심의 발단은 실제로는 동시에 일어난다. 이것들은 하

나님께서 죄인을 부르시고, 그 다음 죄인이 자력으로 하나님께 돌아가는 방식으로 일어나지는 않는다. 내적 부르심에서 인간은 하나님께서 자신에게 회심을 일으키고 있다는 사실을 의식한다. 진정으로 회심한 자는 자신의 회심이 하나님의 사역임을 느끼게 될 것이다. 이로써 그는 피상적·도덕적 개선을 지향하는 자와는 구분된다. 후자는 자력으로 노력한다.

3. 신앙과의 관계. 이미 지적했듯이 회심은 회개와 신앙으로 구성되며, 따라서 신앙은 회심의 일부분이다. 하지만 우리가 구분해야 할 것이 있다. 진정한 신앙에는 고유한 목적을 가진 두 가지 종류의 신앙이 있다. 즉 (1) 하나님의 구속적 계시의 진리를 편견 없는 역사적인 의미로서 뿐만 아니라 인생에 근본적 방식으로 영향을 미친다는 점에서 무시될 수 없는 실재로 인정하는 신앙. (2) 예수 그리스도 안에 제공된 구원을 인정하고 영접하는 것으로서, 본래적 의미에서의 구원 신앙이다. 첫 번째 의미에서의 신앙이 회심에서 즉시 현존한다는 것은 의심할 여지가 없다. 성령은 죄인으로 하여금 진리에 눈뜨게 하며 자신의 생활에 적용시키게 한다. 따라서 그는 "자책"(conviction)하게 되며 자신의 죄를 인식하게 된다. 하지만 그는 얼마간 이러한 상태에 머무를 수도 있다. 회심이 어느 정도 구원적 신앙, 즉 구원에 이르게 하는 그리스도에 대한 신뢰를 포함하느냐는 대답하기 어려운 문제이다. 논리적으로, 회개와 죄 인식이 신뢰하는 사랑 안에서 그리스도께 순종하게 되는 신앙보다 선행한다는 것은 의심할 여지가 없다.

깊은 연구를 위한 질문

베자가 회심을 포에니텐티아보다는 레시피센티아라고 명명하려는 이유는 무엇인가? '회개'(repentance)라는 용어가 회심(conversion)이라는 개념을 설명하기에 부적합한 이유는 무엇인가? 루터의 회개 개념은 칼빈의 회개 개념과 어떻게 다른가? '죄에 대한 자책'은 항상 회심보다 선행되는가? 우리는 회심과 관련된 선행적 은혜에 대해 말할 수 있는가? 회심은 순간적 행위인가, 혹은 과정인가? '매일의 회심'이라는 말은 무엇을 의미하는가? 회심의 필요성에 대한 타당한 견해는 무엇인가? 언약을 설교하는 것은 회심으로의 부르심을 침묵시키는 경향이 있는가? 감리교의 회심 개념은 무엇인가? 신앙 부흥회의 방법들은 추천할 만한가? 이들이 자랑하는 회심의 지속적 성격이란 무엇인가? 회심에 관한 심리학적 통계들은 이 점에 대해 어떤 정보를 줄 수 있는가?

VIII
신앙

앞 장에서는 일반적인 회심을 언급했으며, 회심의 소극적 요소 즉 회개에 대해 간략히 서술했다. 본장에서는 회심의 적극적 요소 즉 신앙을 논의하게 될 것이다. 신앙은 구원론에 있어서 중요한 항목이므로 별도로 다루어져야 한다. 신앙이 회심의 일부분일 뿐만 아니라 칭의와 도구적으로 연관된다는 점에서 신앙을 본장에서 다루는 것이 가장 좋다. 신앙에 대한 논의는 자연히 이신칭의 교리로 넘어가게 된다.

A. 신앙에 대한 성경의 용어들

1. **구약 성경의 용어들과 그 의미.** 구약 성경에서는 신앙의 명사 형태를 찾아볼 수 없다. 합 2:4의 에무나라는 단어가 있지만, 이 단어는 통상적으로 '신실함'을 의미하고 있다(신 32:4; 시 36:5; 37:3; 40:11). 신약에서 하박국의 진술이 인용되고 있는 방식을 본석해 본다면(롬 1:17; 갈 3:11; 히 10:38) 하박국이 이 단어를 신앙이라는 의미로 사용했을 것이라고 볼 수도 있다. 구약 성경에서 '믿다'를 나타내는 가장 일반적인 단어는 '아만'의 히필 형인 헤에민이다. 칼 형태에서 이 단어는 '돌보다', '양육하다'를 의미한다. 니팔 형태에서는 '견고하다', '확고하다' 혹은 '확고부동하다'를 의미하고, 히필 형태에서는 '확고하다고 간주하다', '진실이라고 간주하다' 혹은 '믿다'를 의미한다. 이 단어는 '브'와 '르' 등의 전치사와 결합된다. 전자와 결합되어서는 어떤 사람이나 사물 혹은 증언에 기초된 신뢰를 의미하며, 후자와 결합되어서는 진실로 인정된 어떤 증언에 동의한다는 것을 나타낸다.

그 다음으로 중요한 단어로 바타흐가 있다. 이는 '브'와 결합되어 '신임하다', '의지하다', '신뢰하다'를 의미한다. 이 단어는 지적 승인의 요소보다는 확고한 신뢰의 요소를 강조한다. 헤에민은 70인역에서는 '피스튜오'라는 단어로 번역되지만, 이 단어는 보통 '엘피조' 혹은 '페이토마이'로 번역된다. 하나님을 신뢰하는 자는 현재와 미래의 모든 희망을 하나님에게 두고 있는 자다.

또 자주 사용되는 단어로 카사가 있는데, 이 단어는 '숨다', '도피하다'는 의미로 사용된다. 여기에도 역시 신뢰의 요소가 전면에 부각되고 있다.

2. 신약 성경의 용어들과 그 의미. 신약 성경에는 두 단어, 즉 피스티스와 이와 동일어족의 동사인 피스튜에인이 사용되고 있다.

(1) 피스티스의 상이한 의미들.

① 고전 헬라어에서. 피스티스라는 단어는 고전 헬라어에서 두 가지 의미로 사용되었다. (a) 개인적 탐구에 기초한 지식과는 구분되는 어떤 사람이나 그의 증언에 대한 신뢰에 기초한 확신, (b) 그러한 확신이 근거하고 있는 신뢰 자체를 의미했다. 이는 어떤 사람이 신뢰할 만하다는 단순한 지적 확신 이상의 것이다. 헬라인들은 신들과 자신들의 관계를 나타내기 위해 이 단어를 이러한 의미로 사용하지는 않았다. 왜냐하면 헬라인들은 신들을 인간의 적으로 간주했고, 따라서 이들은 신뢰의 대상이라기보다는 공포의 대상이었기 때문이다.

② 70인역에서. 피스티스라는 단어가 고전 헬라어 용법에서 '확신' 혹은 '신뢰'라는 의미가 중요시되는 신약 성경의 용법으로 전이되는 과정이 70인역에서 피스티스라는 명사보다는 피스튜에인이라는 동사에서 나타나고 있다. 70인역에서는 단 한 번 명사 피스티스가 신약 성경적 의미로 사용되고 있다. 피스튜에인이라는 동사는 일반적으로 '헤에민'이라는 단어의 번역어로 사용되고 있는데, 따라서 하나님의 말씀에 대한 동의와 하나님을 확고하게 신뢰한다는 의미에서의 신앙의 의미를 나타내고 있다.

③ 신약 성경에서. 이 단어가 수동적 의미 즉 구약 성경에서의 통상적인 의미인 '충성', '신실함'을 나타내는 경우는 드물다(롬 3:3; 갈 5:22; 딛 2:10). 이 단어는 일반적으로 능동적인 의미로 사용되고 있다. 여기서 다음과 같은 특별한 의미가 구분되어야 할 것이다. (a) 다른 사람의 증언에 기초한, 따라서 개인적 탐사보다는 그 사람에 대한 신뢰에 근거한 지적 신앙 혹은 확신(빌 1:27; 고후 4:13; 살후 2:13과 특히 요한 문서), (b) 하나님, 좀 더 구체적으로 말한다면 죄로부터의 구속과 미래의 복을 목적으로 하는 그리스도에 대한 확고한 신뢰 혹은 확신(특히 바울 서신; 즉 롬 3:22, 25; 5:1, 2; 9:30, 32; 갈 2:16; 엡 2:8; 3:12을 비롯한 많은 구절들에서 나타난다). 이러한 확신은 (a)에서 언급된 지적 신뢰와는 구분되어야 한다. 신앙의 단계들을 순서대로 나열하면 다음과 같다: (a) 하나님과 그리스도에 대한 일반적 신뢰, (b) 이 진리를 기초로 이들의 증거를 받아들이는 것, (c) 그

리스도에게 복종하고 영혼의 구원을 위해 그를 의지하는 것. 세 번째 단계를 특히 구원적 신앙이라고 부른다.

(2) 피스튜에인의 의미. 이 단어는 다음과 같은 방식으로 사용된다.

① **피스튜에인이 여격과 함께 사용되는 경우:** 이 경우는 보통 신앙적 동기를 의미한다. 목적어가 인격적 존재일 경우에 이 단어는 다소 함축적인 의미로 사용되며, 헌신적이며 신앙적 신뢰라는 깊은 종교성을 나타내기도 한다. 목적어로는 사물인 경우 대부분 하나님 말씀이 사용되며, 인격적 존재일 경우는 하나님이나 그리스도가 된다.

② **피스튜에인이 호티와 결합하는 경우:** 여기서 접속사 호티는 신앙의 내용을 소개하는 데 기여한다. 대체로 이러한 방식으로 사용되는 경우는 앞의 경우보다는 의미가 약하다. 이러한 표현으로 사용된 20개 구절 중에서 14개의 구절은 요한 문서에서 나타난다. 신앙의 내용이 종교적 영역에 속한다고는 볼 수 없는 경우도 두 번 나오며 (요 9:18; 행 9:26), 어떤 구절에서는 결정적으로 구원론적인 중요성을 가지기도 한다(마 9:28; 롬 10:9; 살전 4:14).

③ **피스튜에인이 전치사와 함께 사용되는 경우:** 여기서 이 단어의 좀 더 심오한 의미 즉 확고한 신뢰적 의존이라는 의미가 완전히 드러나게 된다. 다음과 같은 경우를 고려할 수 있다. **(a) 엔과 함께 사용되는 경우:** 이러한 표현은 70인역에서는 가장 빈번히 나타나지만 신약 성경에서는 거의 사용되지 않는다. 가장 확실한 구절로는 막 1:15가 있는데, 여기서는 '복음'이 목적어로 사용된다. 또 가능한 구절로 요 3:15; 엡 1:13이 있는데, 여기서는 그리스도가 목적어로 사용되었다고 볼 수 있다. 이러한 표현은 대상에 대한 확고부동한 신뢰를 나타내고 있다. **(b) 에피+여격과 함께 사용되는 경우:** 이는 오직 사 28:16을 인용한 세 구절(롬 9:33; 10:11; 벧전 2:6)과 눅 24:25; 딤전 1:16에서만 나타난다. 이는 그 대상에 대한 확고하고 평안한 의존이라는 개념을 표현한다. **(c) 에피+목적격과 함께 사용되는 경우:** 이는 신약 성경에 7번 출현한다. 두 구절에서는 그리스도 안에서 영혼을 구원하시는 하나님이 목적어로 사용되었고, 나머지 모든 경우에는 그리스도가 목적어로 사용되었다. 이러한 표현은 대상을 향한 도덕적 운동, 대상으로의 정신적 지향이라는 개념을 포함한다. 확고한 신뢰심으로 예수 그리스도에게 돌아간다는 개념이 중심 개념이다. **(d) 에이스와 함께 사용되는 경우:** 이는 신약 성경의 가장 특징적 표현이다. 총 49번 출현하는데 14번은 요한 문서에, 나머지는 바울 서신들에 나타난다. 한 구절을 제외하면 대상은 항상 인격적인 존재로, 하나님을 목적어로 가지는 경우는 드물고 대부분 그리스도를 목적어로 가진다. 이러한 표현은 매우 함축적인 의

미를 가지고 있어서 "우리 자신으로부터 다른 인격에 대한 신뢰의 절대적 이동 즉 하나님에게로의 완전한 자아 양도(self-surrender)"를 표현하고 있다(참조. 요 2:11; 3:16, 18, 36; 4:39; 14:1; 롬 10:14; 갈 2:16; 빌 1:29).

B. 신앙의 활동을 서술하기 위해 사용된 비유적 표현들

성경에는 신앙의 활동에 대한 비유적 표현들이 몇 가지 존재한다. 그 중 중요한 것들은 아래와 같다.

1. 신앙은 예수님을 바라보는 것으로 언급된다(요 3:14, 15; 비교. 민 21:9). 이는 매우 적절한 비유이다. 이 구절들에서 나타나듯 특히 어떤 자를 고정적으로 바라보는 것을 나타낼 때에는 이것이 신앙의 다양한 요소를 표현해 주기 때문이다. 여기에는 지각의 행위(지적 요소), 대상에 눈을 주목하여 고정시키는 행위(의지적 행위), 그리고 이러한 집중이 나타내는 일정한 만족(정서적 요소)의 행위가 있다.

2. 신앙은 배고픔, 목마름, 먹고 마심으로 표현된다(마 5:6; 요 6:50-58; 4:14). 인간이 진정으로 영적으로 배고프고 목마를 때 이들은 무엇인가 부족하다고 느끼고, 자신에게 결여된 것이 필수적이라는 것을 의식하게 되고, 이를 획득하려고 노력한다. 이 모든 것이 신앙 활동의 특징이다. 먹고 마시는 것에서 우리는 필요한 음식과 음료가 현존한다는 확신을 가질 뿐만 아니라 이것들이 우리를 충족시킬 것이라는 확고한 기대를 가지게 된다. 이는 신앙에 의해, 그리스도를 전유(획득)하는 데 있어서 그가 우리를 구원해 줄 것이라는 일정한 확신을 가지는 것과 유사하다.

3. 마지막으로, 그리스도에게 가고 그를 영접한다는 비유들이 있다(요 5:40; 7:37, 38도 참조: 6:44, 65; 1:12). 그리스도에게 간다는 비유는 인간이 자기 자신과 자신의 공로를 보지 않고 그리스도의 의로 옷 입는 행위로 신앙을 묘사한다. 그리고 그리스도를 영접하는 비유는 신앙이 획득하는 도구라는 사실을 강조한다.

C. 신앙론의 역사

1. 종교개혁 이전. 기독 교회 초창기부터 신앙은 지도자들의 마음속에 구원의 위대한 조건으로 자리잡았다. 얼마 후 신앙과 병행되어 회개가 두드러지게 되었다. 하지만 초기에는 신앙의 본질에 대한 성찰이 거의 행해지지 않았으며, 신앙과 (구원의 순서의)

다른 요소들의 관계는 거의 이해되지 못했다. 신앙에 대한 일반적인 정의도 없었다. 신앙이라는 단어를 증언에 의한 진리의 승인을 나타내기 위해 사용하는 경향이 있었지만, 어떤 경우에 있어서는 좀 더 심오한 의미로 사용되어 지적으로 받아들여진 진리에 대한 자기 복종이라는 개념을 포함하기도 했다. 알렉산드리아인들은 피스티스와 그노시스를 대비했으며, 전자를 시초적이고 불완전한 지식으로 이해했다. 테르툴리아누스는 신앙은 인간의 이성에 의해 증명된다는 이유가 아니라 권위로써 어떤 일을 받아들인다는 사실을 강조했다. 그는 또한 이 용어를 신앙되어져야 하는 것, 즉 신앙의 규범(*regula fidei*)을 나타내는 객관적인 의미로 사용했다.

아우구스티누스의 시대에까지도 신앙이 구원을 획득하는 데 있어서 명백한 수단이라는 것이 인정되기는 했지만, 신앙의 본질에 관한 관심은 거의 없었다. 하지만 아우구스티누스는 이 문제에 많은 관심을 가졌다. 그는 신앙을 다양한 의미로 언급한다. 때때로 그는 신앙을 진리에 대한 지적 동의 정도로 이해한다. 하지만 그는 복음적 혹은 칭의적 신앙이 자아 양도와 사랑의 요소를 포함한다고 이해했다. 이 신앙은 사랑에서 완성되며, 따라서 선행의 원리가 된다. 하지만 그는 신앙과 칭의의 관계에 대한 적절한 개념을 가지고 있지 않았다. 이는 부분적으로는 그가 칭의와 성화를 주의 깊게 구분하지 않았다는 사실에 기인한다. 아우구스티누스에게서 발견되는 신앙에 대한 좀 더 심오한 개념은 일반적인 교회에서 공유되지 않았다. 신앙을 정통 즉 바른 신앙을 유지하는 것과 혼동하는 경향이 있었다.

스콜라주의자들은 무지(無知)의 신앙(*fides informis*) 즉 교회가 가르치는 진리에 대한 단순한 지적 동의와, *fides formata*(*charitate*) 즉 사랑에 의해 불어넣어진 신앙을 구분하고, 후자가 은혜의 주입을 포함하므로 유일한 의롭게 하는 신앙이라고 이해했다. 신앙은 오직 불어넣어진 신앙으로서만 선에 대해 능동적이며, 인간이 하나님과 올바른 관계를 갖게 되는 신학적 덕목 중 첫 번째 덕목이 된다. 엄격히 말해서, 의롭게 하는 신앙은 사랑에 의해 완성된다. 따라서 신앙 그 자체 안에 인간의 공로를 위한 기초가 설정되어 있다. 인간은 오직 그리스도의 의의 전가에 의해서 뿐만 아니라 내재적 은혜에 의해서도 칭의된다. 토마스 아퀴나스는 신앙의 덕목을 "지성으로 하여금 보이지 않는 것들에 대해 동의하게 하여, 영생이 우리 안에서 발단하게 하는 마음의 습성"이라고 정의했다.

2. 종교개혁 이후. 로마 가톨릭이 칭의적 신앙이 단순히 지적 동의에 불과하며 오

성(understanding)에 자리잡고 있다는 사실을 강조하는 반면, 종교개혁자들은 신앙을 신뢰(*fiducia*)로 이해하고 의지 안에 자리잡고 있다고 생각했다. 하지만 신앙의 제 요소들의 상대적 중요성들에 대해서는 개신교 학자들 간에 여러 가지 이견이 있어 왔다. 어떤 사람들은 하이델베르크 요리문답의 정의보다 칼빈의 정의를 좀 더 우월하다고 생각한다. 칼빈은, "우리가 신앙을 우리에게 향하신 하나님의 호의에 대한 확고하고 확실한 지식으로, 그리스도 안에 있는 무상의 약속의 진리를 기초로 하며 성령에 의해 우리 마음에 계시되고 우리 심정에 인쳐진 것이라고 말할 때 우리는 신앙을 완전하게 정의하게 된다." 반면 하이델베르크 요리문답은 "신앙은 무엇인가?"라는 질문에 대답하면서 신뢰를 강조한다. 즉 "진정한 신앙이란 하나님께서 말씀 안에서 우리 안에서 우리에게 계시하신 모든 것을 진리로 간주하는 확실한 지식일 뿐만 아니라, 성령이 나의 심령 속에 복음으로 역사하고, 다른 사람뿐만 아니라 나에게도 죄의 용서, 영원한 의와 구원이 오직 그리스도의 공로로 값없이 주어진다는 확고한 신뢰"이다.

하지만 칼빈이 '확고하고 확실한 지식'이라고 언급할 때 그가 신앙에 신뢰의 요소를 포함시키려 했다는 사실은 명약관화하다. 우리가 기도할 때 하나님에게 담대하게 접근할 것을 역설하면서 칼빈은 "그러한 담대함은 하나님의 호의와 구원에 대한 신뢰로부터만 올 수 있다. 다라서 '신앙'이라는 용어는 종종 '신뢰'와 동의어로 사용되기도 한다"고 한다. 칼빈은, "신앙은 하나님을 멸시하는 자라고 할지라도 성경이 말하는 것을 받아들이게 하는 동의"라고 주장하는 스콜라주의자들의 허구성을 절대적으로 거부한다. 하지만 종교개혁자의 신앙 개념과 스콜라주의자들의 신앙 개념 간에는 이보다 훨씬 중요한 차이점이 있다. 스콜라주의자들은 신앙 자체가 칭의를 부여하고 획득하고 소유하는 데 있어서 실제적 혹은 공로적인 효력(*meritum ex congruo*)을 지닌다고 이해한다. 반면 종교개혁자들은 칭의적 신앙이 그 자신의 공로적 혹은 내재적 효력에 의해 의롭게 되는 것이 아니라, 오직 그리스도의 공로 안에서 하나님께서 주신 것들을 받아들이며 포착하는 도구일 뿐이라고 한결같이 가르치고 있다. 이들은 이 신앙을 우선 하나님의 선물로, 그리고 그 다음에 하나님을 의존하는 인간의 행위로 이해한다. 알미니우스주의자들은 가톨릭적인 경향을 보여준다. 이들은 신앙을 하나님에게 호의적으로 받아들여질 수 있게 하는 인간의 공로적 사역이라고 이해한다.

현대 신학의 아버지 슐라이어마허는 구원적 신앙에 대해 거의 언급하지 않았는데, 신앙이 하나님에 대한 어린 아이와 같은 신뢰라는 것을 전혀 인식하지 못했다. 그는 신앙에 관해 "그리스도에 의해 우리의 영적 욕구가 충족되는 최초의 경험에 불과하다"라고 말한다. 신앙은 그리스도나 어떤 교리보다는 영혼이 하나님을 발견하는, 무한자와, 사물의 전체에 대한 조화의 감정에 근거한 새로운 심리적 경험이요 새로운 의식이다. 리츨은 신앙이 신적 실재와의 접촉의 결과로 발원한다고 주장한다는 점에서는 슐라이어마허와 일치하지만, 신앙의 대상이 어떤 관념이나 교리 혹은 사물의 전체가 아니라, 하나님의 최고 계시로서 그리스도의 인격이라고 주장한다. 신앙은 수동적인 동의가 아니라 능동적인 원리다. 신앙 안에서 인간은 하나님의 자기 목적 즉 하나님 나라를 자기 자신의 것으로 만들고 하나님 나라를 위해 노력하기 시작하며, 이러한 과정에서 구원을 발견한다. 슐라이어마허와 리츨의 견해는 현대 자유주의 신학의 특징을 상당 부분 보여주고 있다. 자유주의 신학에서는 신앙이란 하늘이 일으키는 경험이 아니라 인간의 업적이요, 선물을 단순히 받아들이는 것이 아니라 공로적 행위요, 교리의 인정이 아니라 자신의 삶을 그리스도를 본받아 변화시키는 노력에 의해 그리스도를 주인으로 삼는 것이다. 하지만 이러한 견해는 위기의 신학에 의해 강한 반대에 부딪치게 된다. 이들은 구원적 신앙이 자연적·심리학적 현상이 아니요, 엄격히 말해서 인간의 행위가 아니라 하나님의 행위이며, 인간의 영원한 소유물이 될 수 없고, 그 자체로는 단순히 공동(空洞, hohlraum)에 불과하며 절대로 구원을 일으킬 수 없다고 주장한다. 바르트와 브루너는 신앙이 단지 하나님에 의해 인간 안에서 야기된 그리스도 안에 있는 하나님의 말씀, 즉 어떤 교리보다는 구속 사역에 있어서 신적 명령이나 신적 행위에 대한 신적 반응에 불과하다고 이해했다. 신앙은 하나님의 부르심에 대한 "예"라는 긍정적 응답으로 하나님 자신이 유도해 내는 "예"라는 대답이다.

D. 성경에서의 신앙 개념

1. 구약 성경. 신약 성경의 저자들은 신앙을 종교적 생활의 근본적 원리로 강조하고 있다는 점에서 구약 성경의 기초를 변화시키거나 구약 성경적 표현에서 일탈하려고 하지 않았다. 이들은 아브라함을 모든 진정한 신자의 모형으로(롬 4장; 갈 3장; 히 11장; 약 2장), 그리고 신앙으로 난 자를 아브라함의 진정한 후손으로 이해했다(롬 2:28, 29; 4:12, 16; 갈 3:9). 신앙은 새 언약에 있어서 새로운 것으로 이해되지 않았으며, 두 언약의 신앙 개념은 전혀 차이가 없다. 이들은 연속적으로 인식되었고, 신앙의 선포는 두 세대 모두 동일한 것으로 이해되었다(요 5:46; 12:38, 39; 합 2:4; 롬 1:17; 10:16; 갈 3:11; 히 10:38). 신구약 성경 모두에 있어서, 신앙은 영혼의 지고의 선으로서 뿐만 아니라 죄인

에 대한 은혜로운 구세주로서의 하나님에 대한 근본적인 헌신을 의미한다. 유일한 차이점은 구속 사역의 진행 과정에서 야기된 것으로, 이는 구약 성경 자체에서도 명백하게 나타난다.

(1) 족장 시대. 구약 성경의 앞 부분에서는 구원의 방식에 대한 추상적 진술의 윤곽을 거의 찾아볼 수 없다. 족장들의 종교의 특징은 행동 안에서 우리에게 제시된다. 하나님의 약속은 전면에 부각되어 있고, 아브라함의 경우는 약속에 대한 적절한 응답이 신앙의 응답이라는 개념을 제시해 준다. 노아의 전생애는 하나님과 그의 약속에 대한 신뢰에 의해 결정되었지만, 우리에게 전형적인 신앙인으로 제시된 자는 하나님의 약속에 흔들리지 않는 신뢰로 하나님께 헌신하고 신앙으로 칭의받은 아브라함이다.

(2) 율법 시대. 율법의 수여는 이스라엘 종교에 근본적인 변화를 주지 않았고 다만 외면적 형태의 변화를 유도했다. 율법은 약속의 대체물이 아니다. 또 신앙은 선행으로 대체되지 않았다. 이스라엘 백성들 중 대다수는 율법을 순전히 법적으로 이해했고, 구원받을 권리의 기초를 외면적 규정들의 집합체로서 율법의 온전한 성취에서 찾았다. 하지만 율법의 본질을 이해하고 율법의 내면성과 영적인 성격을 감지한 자들의 경우에는, 율법은 죄 의식을 심화시키며 구원은 오직 하나님의 은혜로부터 기대될 수밖에 없다는 확신을 첨예화시키는 기능을 수행했다. 참된 경건의 본질이란 구원의 하나님에 대한 확고한 신뢰에 존재한다는 것이 점차적으로 나타났다. 구약 성경은 하나님에 대한 경외를 강조한다. 그러나 하나님을 바라고 신뢰하고 그에게 도피하며 그를 바라보고 그에게 의존하며 심령을 그에게 고정시키고 그를 붙잡는다는 많은 표현들은 이러한 경외가 소심한 두려움이 아니라 어린 아이와 같은 경외하는 두려움이라는 것을 명백히 보여주며, 구원적 신앙의 본질인 하나님에 대한 사랑으로의 자기 헌신의 필요성을 강조한다. 율법 시대에도 신앙은 구원론적이며, 메시야적 구원을 바라보게 한다. 신앙은 구원의 하나님에 대한 신뢰요, 미래의 그의 약속에 대한 확고한 의존이다.

2. 신약 성경. 메시야가 예언의 성취로 오셔서 소망되었던 모든 구원을 가져왔을 때 하나님의 계시의 전달 수단을 통해 하나님의 백성으로 하여금 그들의 구속자의 인격을 주목하게 할 필요가 있었다. 이는 약속의 성취가 대다수가 기대한 대로 약속과 명백하게 일치하는 형태로 오지 않았다는 사실에 비추어 볼 때 더욱 필요한 것이었다.

(1) 복음서. 약속되고 소망된 구속주로서 예수님을 신앙할 것을 요구하는 것이 새 시대의 특징으로 나타난다. '믿는다는 것'은 그리스도인이 된다는 것이다. 이러한 요

청은 옛 시대와 새 시대를 근본적으로 구분시키는 것이다. 새 시대의 발단은 '믿음이 오는 것'(갈 3:23, 25)이라고 명명되기도 한다. 예수께서 영혼의 최고 관심사로서 자신을 신앙의 대상으로 지속적으로 제시한다는 점이 복음서의 특징이다. 공관복음보다 요한복음에서 이 신앙의 좀 더 높은 차원이 강조되어 있다.

(2) **사도행전.** 사도행전에서도 신앙은 위와 동일한 일반적인 의미로 요청된다. 사도들의 설교에 의해 사람들은 그리스도에 대한 신앙의 순종에 이르게 된다. 이 신앙은 새로운 공동체의 형성 원리가 된다. 다른 경향들이 교회 안에서 발전되었으며, 신약성경에서 나타나듯 신앙을 다루는 방식의 차이가 발생했다.

(3) **야고보서.** 야고보는, 하나님을 기쁘시게 하는 신앙을 진리에 대한 지적 동의로 간주하여 합당한 열매를 맺지 못하는 신앙으로 저락시키는 유대주의적 경향을 비난한다. 칭의받는 신앙에 대한 야고보의 사상은 바울의 사상과 다를 바 없다. 하지만 야고보는 이러한 신앙이 선행으로 나타나야 한다는 사실을 강조한다. 만약 그렇지 못하다면 이는 죽은 신앙이요 사실상 신앙은 존재하지 않는다.

(4) **바울 서신.** 바울은 특별히 유대교의 철저한 율법주의적 사상을 논박해야 했다. 유대인들은 율법의 의를 자랑했다. 결과적으로 바울은 오직 신앙만이 구원의 도구가 된다는 것을 변호해야 했다. 이렇게 함으로써 바울은 그리스도를 신앙의 대상으로 역설하게 되었는데, 이는 바로 이 대상으로부터 신앙의 효력이 유래한다는 점에 기인하고 있다. 신앙은 신앙이 그리스도를 포착한다는 점에서만 칭의를 주고 구원한다.

(5) **히브리서.** 히브리서 저자는 그리스도를 구원적 신앙의 적절한 대상으로 이해했으며, 신앙을 통한 의(義) 외에는 어떠한 의도 없다는 것을 가르친다(10:38; 11:7). 하지만 히브리서 저자가 경계하는 위험은 신앙에서 행위로 전락하는 것이라기보다는 오히려 신앙에서 절망에 빠지게 되는 위험이었다. 그는 신앙을 "바라는 것들의 실상이요 보이지 않는 것들의 증거"라고 언급한다(11:1). 그는 독자들에게, 보이는 것으로부터 보이지 않는 것으로, 현재에서 미래로, 시간적인 것에서 영원한 것으로 나아가게 하고 고난 속에서도 인내하도록 하는 신앙적 태도를 권면하고 있다.

(6) **베드로서.** 베드로 역시, 고난 가운데 용기를 상실했지만 유대교로 복귀하지 않은 독자들에게 편지를 쓴다. 그들이 처한 환경으로 인해 베드로는 신앙과 구원의 완성의 관계를 특별히 강조하여, 그들의 심령 속에 현재의 고난에서 그들을 감내하게 하는 소망, 즉 보이지 않고 영원한 영광에의 소망을 고취시킨다. 베드로후서는 현존하는 오류에 대한 보호막으로서 신앙 지식의 중요성을 강조한다.

(7) **요한의 문서들.** 요한은, 지식(그노시스)을 강조하고 단순한 신앙을 무시하는 초기 영지주의를 논박해야 했다. 영지주의에서는 지식이 신앙보다 더 많은 양의 복을 제공하는 것으로 가정되었다. 따라서 요한은 신앙의 복을 극대화시키는 것을 주안점으로 삼고, 신앙이 보증하는 장래 기업의 확실성과 영광보다는 신앙이 가져오는 구원의 현재적 향유를 역설했다. 신앙은 확고한 확신으로서 지식을 포함하며, 신자로 하여금 영원한 구원뿐만 아니라 새로운 생명의 소유자가 되게 한다. 하지만 요한은 신앙이 미래에까지 미친다는 사실을 무시하지 않는다.

E. 일반적 의미의 신앙

신앙이라는 용어는 종교적·신앙적 용어로 배타적으로 사용되지는 않는다. 신앙은 일반적·비종교적 의미로 종종 사용되며 다양한 의미를 지니고 있다. 다음과 같은 용법이 특별한 주목 대상이 된다.

1. 단순한 의견과 별다를 바 없는 신앙. 신앙이라는 단어는 때로는 다소 막연하고 통속적인 의미로 사용되어, 단순한 의견보다는 강하지만 지식보다는 약한 진리에 대한 설득을 의미하기도 한다. 로크(Locke)조차도 신앙을 "확실성에 의거하기보다는 개연성에 의한, 진리의 명제에 대한 마음의 동의"라고 정의한다. 통속적인 어법에 있어서 우리는 우리가 절대적으로 확신할 수 없지만 진리라고 인정할 수밖에 없는 것에 대해 "나는 그것을 믿는다. 하지만 확신할 수는 없다(I believe that, but I am not sure of it.)"라고 말한다. 따라서 로크, 흄, 칸트 등등 일부 철학자들은 신앙(믿는 것)의 특성을 확실성이 좀 더 약하다는 점에서 규정한다.

2. 직접적 확실성으로서의 신앙. 학문과 관련할 때 신앙은 '직접적' 확실성이라고 종종 언급된다. 인간이 지각, 경험, 논리적 추론에 의해 도달할 수 있는 확실성이 있지만 직관적 확실성도 있다. 모든 학문에는 증명될 수 없는 공리나, 지각이나 논리적 추론으로는 도달할 수 없는 직관적 확신이 존재한다. 바빙크 박사는 "직접적인 확신의 영역이 논증의 영역보다 훨씬 넓다. 따라서 후자는 항상 전자 위에 다시 지어지고, 전자와 함께 존재하고 함께 무너진다. 마찬가지로 이 직관적인 확신은 이 두 가지보다 적은 것이 아니라 더 커서, 어떤 관찰과 이성적인 논증의 길을 따라 얻어진다"고 말했다. 직접적 확실성의 영역은 증명적 확실성의 영역보다 넓다. 지금 언급된 이 두 가지 경우에 있어서 신앙은 오직 지성의 활동으로 인식되었다.

3. 증언에 기초한 확신으로서 신뢰를 포함하는 신앙. 통상적인 어법에서 신앙이라는 단어는 때로, 다른 사람의 증언이 진리이며 그가 약속한 것이 이루어질 것이라는 확신, 즉 오직 그의 신실성과 성실성에 기초한 확신을 의미하기 위해 사용된다. 이는 참으로 다른 사람이 말한 것을 그의 신뢰성을 기초로 믿음으로 받아들이는 것이다. 그리고 이러한 신앙, 이러한 신뢰에 근거한 확신은, 때로 곤궁에 있는 친구에 대한 신뢰, 병들었을 때 도움을 주는 의사의 능력에 대한 신뢰, 배를 항구로 운항시키는 선장에 대한 신뢰 등등 좀 더 깊은 신뢰로 인도한다. 이러한 경우 신앙은 지성의 문제를 넘어서게 된다. 의지가 작용하게 되며, 신뢰의 요소가 전면에 부각되고 있다.

F. 종교적 의미의 신앙, 특별히 구원적 신앙

신학적 의미에서의 신앙의 가장 뚜렷한 특징은 항상 동일한 방식으로 서술되지는 않았다. 이는 우리가 신앙의 개념, 요소, 대상, 근거를 이해할 때 명백하게 될 것이다.

1. 신앙의 개념: 신앙의 네 가지 종류. 종교적 의미에서의 심리적 현상으로서 신앙은 일반적인 신앙 개념과 다를 바 없다. 일반적인 신앙이 우리가 신뢰하고 의존하는 자의 증언, 따라서 권위에 기초한 진리에 대한 확신이라고 한다면, 기독교 신앙은 가장 포괄적인 의미로는 인간이 하나님의 권위를 근거로 성경의 진리를 확신하는 것을 의미한다. 성경은 항상 종교적 신앙을 동일한 의미로 언급하지는 않기 때문에 다음과 같이 구분할 수 있다.

(1) 역사적 신앙. 이는 도덕적·영적 목적 없이 진리를 순전히 지성으로 이해하는 것이다. 이는 명칭에서 나타나듯 단지, 도덕적이며 영적인 진리를 제외한 역사적 사실들이나 사건들만 포괄한다거나 이 신앙이 오직 역사적 증거에 의존한다는 의미는 아니다. 왜냐하면 이 신앙은 동시대적 사실이나 사건들과도 관련되기 때문이다(요 3:2). 이 신앙은 인격적으로는 관여하지 않고, 어떤 역사를 받아들이듯 이 신앙의 진리를 받아들인다는 개념을 표현하고 있다. 이 신앙은 전통, 교육, 여론, 성경의 숭고한 도덕성에 대한 통찰 등의 결과요, 성령의 일반 사역에 수반된 것이다. 이는 매우 정통적이며 성경적이기는 하지만 심령에 뿌리 박지는 못한다(마 7:26; 행 26:27, 28; 약 2:19). 이는 인간적 신앙(fides humana)이요, 신적인 신앙(fides divina)은 아니다.

(2) 이적적 신앙. 소위 이적적 신앙은 이적이 어떤 사람에 의해 혹은 그를 위해 행사될 때 그의 마음속에 일어나는 확신이다. 하나님은 어떤 사람에게 자연적 능력을 넘

어서는 사역을 행하도록 하고 이를 행할 수 있는 능력도 주신다. 이러한 종류의 사역을 수행하려는 모든 시도는 신앙을 요구한다. 이는 인간이 단순히 하나님의 도구로, 혹은 하나님이 기적을 행할 것이라고 선포하는 자로 출현하는 사례에서 가장 명백히 나타난다. 왜냐하면 그러한 사람은 하나님이 자신을 부끄럽게 하지 않을 것이라는 사실을 완전히 신뢰해야 하기 때문이다. 결국 하나님은 비록 인간적 도구를 통해 기적을 행하시지만 오직 하나님만이 기적을 행하신다. 이는 능동적 의미에서의 이적적 신앙이다(마 17:20; 막 16:17, 18). 이는 필연적이지는 않지만 구원적 신앙에 수반될 수도 있다. 또 이적적 신앙은 수동적, 즉 하나님이 자신을 위해 이적을 일으키실 것이라는 확신일 수도 있다(마 8:10-13; 요 11:22[25-27절과 비교할 것]; 11:40; 행 14:9). 이러한 신앙이 오늘날의 인간에게도 적당한 지위를 가질 수 있겠느냐는 질문이 종종 제기된다. 로마 가톨릭은 여기에 대해 긍정적으로 대답하는 반면 개신교는 부정적으로 대답하는 경향이 있다. 개신교인들은 그러한 신앙에 대한 성경적 근거는 전무하다는 것을 지적하면서도 이적이 일어날 수 있다는 것은 부인하지 않는다. 하나님은 이 점에 있어서도 전적인 권한을 가지고 계시며, 하나님의 말씀은 우리로 하여금 장래에 또다른 이적의 시대를 대망하도록 인도한다.

(3) 일시적 신앙. 이는 양심의 자극이나 감정적인 감동을 일으키지만 중생한 심령에 뿌리박지 못한, 종교적 진리들에 대한 확신이다. 이 명칭은 마 13:20, 21에서 유래한 것으로, 지속적이지 못하고 환난이나 박해의 시대에 유지되지 못한다는 점에서 일시적 신앙이라고 일컬어진다. 이는 이 신앙이 생명이 지속되는 만큼 지속되지 못한다는 의미가 아니다. 사망시에 비로소 이 신앙이 상실될 수도 있다. 하지만 사망시에는 확실히 이 신앙은 정지되고 만다. 이 신앙은 때로 위선적인 신앙이라고 불리지만, 이는 전적으로 타당한 표현은 아니다. 왜냐하면 이 신앙이 필연적으로 의식적인 위선이라는 개념을 포함하는 것은 아니기 때문이다. 이 신앙을 소유한 자들은 통상적으로 자기들이 진정한 신앙을 가지고 있다고 믿는다. 이 신앙은 참된 것처럼 보이지만 점차로 스러지는 특성을 지닌 허구적 신앙이라고 부르는 것이 더 나을 것 같다. 이 신앙은 진리와 그에 대한 감정적 반응에 대한 인격적 관심을 보여준다는 점에서 역사적 신앙과 구분된다. 그러나 이를 진정한 구원적 신앙과 구분하기란 어려운 일이다. 그리스도는 이렇게 믿는 자들에 대해 "그 속에 뿌리가 없다"(마 13:21)고 말씀하신다. 이는 중생에서 이식된 뿌리로부터 발원하는 신앙이 아니며, 따라서 영혼 깊숙한 곳에 새겨진 새 생명의 표현도 아니다. 일반적으로 일시적 신앙은 감정적 생활에 기초하며, 하나님의

영광보다는 개인적 향락을 추구한다고 말할 수 있다.

(4) 진정한 구원적 신앙. 진정한 구원적 신앙이란 심령 안에 자리잡고, 중생한 생명에 뿌리박은 신앙이다. 종종 신앙의 성향(*habitus*)과 신앙의 행동(*actus*)이 구분되기도 한다. 하지만 이 두 가지 신앙 배후에는 신앙의 씨앗(*semen fidei*)이 있다. 이 신앙은 우선 인간의 행위가 아니며, 죄인의 심령 속에 하나님에 의해 야기되는 잠재성이다. 일부 신학자들은 이를 신앙의 성향이라고 언급하지만, 일부 신학자들은 좀 더 정확하게 신앙의 씨앗이라고 부른다. 하나님에 의해 심령 안에 신앙의 씨앗이 주입된 후에야 비로소 인간은 신앙을 행사할 수 있다. 이는 바르트가, 구원이 전적으로 하나님의 사역임을 강조하기 위해 인간보다는 하나님이 신앙의 주체라고 말할 때 염두에 두었던 것이다. 신앙의 자각적 활동은 점차로 성향을 형성하며, 이는 지속적인 신앙의 활동에 있어서 근본적이고 결정적인 중요성을 지닌다. 성경은 신앙을, 성령에 의해 생성되긴 했지만 인간의 행위라고 언급한다. 구원적 신앙은, 성령에 의해 심령 안에서 일어나는 복음 진리에 대한 확신과, 그리스도 안에 있는 하나님의 약속에 대한 진실한 의존(신뢰)이라고 정의될 수 있다. 결국 그리스도가 구원적 신앙의 대상이 된다는 것은 사실이지만, 그리스도는 오직 복음 안에서만 우리에게 제공된다.

2. 신앙의 요소. 신앙의 제 요소들을 언급할 때 우리는 신앙이 전인적 인간의 행위요, 부분적 행위가 아니라는 사실을 명심해야 한다. 더욱이 신앙은 인간의 정상적인 기능을 통해 활동하며, 어떤 특별한 기능으로 활동하지는 않는다. 이러한 점에서 신앙은 이와 유사한 영혼의 모든 활동들과 공통점을 가지며, 따라서 신앙의 활동이 단순한 듯 보이기도 한다. 하지만 좀 더 세밀히 관찰한다면 신앙 활동은 매우 복합적이고 복잡하다는 것을 발견하게 된다. 따라서 신앙에 대한 올바른 개념을 얻기 위해서는 신앙을 구성하는 다양한 요소들을 구분할 필요가 있다.

(1) 지적 요소(*notitia*, 지식). 신앙에는 지식의 요소가 있다. 여기서는 다음과 같은 점들이 고려되어야 한다.

① **지식의 성격.** 신앙의 지식이란, 인간이 하나님께서 말씀하신 모든 것, 특히 하나님께서 인간의 타락과 예수 그리스도 안에 있는 구속에 대해 말씀하신 모든 것이 진리라고 받아들이는, 진리에 대한 긍정적 인식을 의미한다. 가톨릭의 견해에 반대하여 이러한 확실한 진리가 신앙의 본질에 속한다는 입장이 고수되어야 한다. 또한 샌디먼(Sandeman), 워들로(Wardlaw), 알렉산더(Alexander), 찰머스(Chalmers) 등과 같은 신학자

들에 반대하기 위해, 진리에 대한 단순한 지적 동의가 신앙의 전부가 될 수 없다는 입장이 고수되어야 한다. 신앙의 대상을 완전히 파악할 수 있다고 생각한다면 이는 신앙의 지식을 과대 평가하는 것이다. 하지만 동시에 신앙을, 신앙의 대상이 진리라는 확신 없이 단순히 이들을 인식하는 것에 지나지 않는다고 생각한다면, 이는 신앙의 지식을 너무 과소 평가하는 것이다. 일부 현대 자유주의자들은 후자의 견해를 취하고, 따라서 신앙을 모험이라고 언급하기를 좋아한다. 하지만 신앙은 죄인의 심령에 반응을 일으키는 기독교의 진리들에 대한 영적인 통찰이라고 볼 수 있다.

② 이 지식의 확실성. 신앙의 지식은 다른 지식보다 확실성이 결여된 것으로 간주되어서는 안 된다. 우리의 하이델베르크 요리문답은 진정한 신앙이란 무엇보다도 "확실한(논박될 수 없는) 지식"임을 천명한다. 이는 신앙을 "바라는 것들의 실상이요 보이지 않는 것들의 증거"라고 언급한 히 11:1과 조화된다. 신앙은 장래의 것, 보이지 않는 것들을 신자에게 주관적으로 현실적이며 확실하게 만든다. 신앙의 지식은 말씀 안에 있는 하나님의 증언에 의해 우리에게 매개되고 분여되며, 하나님의 신실함을 근거로 우리는 이를 확실하고 신뢰할 만하다고 받아들인다. 이 지식의 확실성은 하나님 자신이 보증이 되며, 따라서 어떤 것도 이보다 더 확실할 수는 없다. 또 반드시 이렇게 되어야 한다. 왜냐하면 신앙은 영적이며 영원한 것들에 관련되므로 확실성이 요구되기 때문이다. 신앙의 대상의 실재에 대한 확실성이 요구된다. 만약 그렇지 않다면 신앙은 헛된 것이다. 메첸은 오늘날 많은 사람들이 이러한 사실을 망각하고 있다고 개탄하며 "신앙이 그 대상의 실재 혹은 비실재 여부에 관계 없이 영혼에 유익을 주는 특질로 간주되고 있다는 데 문제가 있다. 이러한 방식으로 신앙이 이해된다면 바로 그 순간 신앙은 스러지게 된다."

③ 이 지식의 분량. 구원적 신앙에서 얼마나 많은 지식이 절대적으로 요청되는지를 정확하게 규정한다는 것은 불가능하다. 만약 구원적 신앙이 복음서에 제시된 대로 그리스도를 받아들이는 것이라고 한다면 인간은 구원받기 위해 얼마나 많은 양의 복음을 알아야 하는가 하는 질문이 제기되는 것은 당연하다. 혹은 메첸의 표현대로 하면 "이를 좀 더 노골적으로 말한다면 인간이 기독교인이 되기 위한 최소한의 교리적 요구들은 무엇인가?"라고 하게 될 것이다. 일반적으로 신자가 신앙의 대상에 대한 어떤 개념을 제공하는 것으로 충분하다고 말할 수도 있을 것이다. 모든 진정한 구원적 신앙은 일반적으로 신적 계시에 대한 지식이 아니라 중보자와 그의 은혜로운 사역들에 대한 최소한의 지식을 포함해야 한다. 인간이 구속의 진리들에 더 많은 실제적인 지식을

가지면 가질수록 다른 모든 것이 동일하다면 그의 신앙은 더 풍요롭고 완전해질 것이다. 물론 그리스도를 진정한 신앙에 의해 받아들이는 자는 전체적인 하나님의 증언을 기꺼이 받아들이려 할 것이다. 우리 시대에 있어서는 교회가 그 구성원들이 진리를 어렴풋하게 이해할 뿐만 아니라 더 나아가 이를 충분히 이해할 수 있도록 유의해야 한다. 이는 지극히 중요한 과제이다. 특별히 오늘날과 같은 비교리적 시대에서 교회는 청년들에게 교리를 가르치는 데 있어서 지금보다 훨씬 더 열심을 내야 한다.

(2) 감정적 요소(_assensus_, 동의). 바르트는 인간이 그리스도를 신앙으로 받아들이는 순간이 그의 생애 중 실존적 순간이며, 여기서 인간은 신앙의 대상을 분리되고 비참여적인 방식으로 사고하기를 중단하고 이에 대해 생동적으로 관심을 두기 시작한다는 사실에 주목한다. 바르트의 신앙론의 독특한 구조를 수용하지는 않더라도 그가 이 점에서는 진리를 말하고 있고 인정할 필요가 있다. 인간이 그리스도를 신앙으로 영접할 때, 그는 진리와 신앙의 대상의 실재를 깊이 확신하고, 이것이 자신의 생활에서 주요한 욕구들을 충족시키는 것을 깨닫고, 신앙에 열렬한 관심을 자각한다. 바로 이것이 동의다. 동의를 위에 언급한 신앙의 지식과 구분하기란 쉽지 않다. 우리가 이미 언급한 대로 신앙의 지식과 함께 진리와 대상의 실재에 대한 확신을 가져온다는 점이 바로 구원적 신앙의 지식의 가장 독특한 특징이다. 따라서 어떤 신학자들은 신앙의 지식을 단순히 신앙의 대상을 인식하는 것으로 제한하는 경향을 보인다. 하지만 ① 이는 경험과 모순된다. 왜냐하면 진정한 신앙에는 진리와 그 대상에 대한 내면으로부터의 확신과 이에 대한 관심을 포함하지 않는 지식이 존재하지 않기 때문이다. 그리고 ② 이는 구원적 신앙에서 발견되는 지식을 순전히 역사적 지식에서 발견되는 지식과 동일시하게 된다. 하지만 역사적 신앙과 구원적 신앙의 차이는 부분적으로는 바로 이 점에 존재한다. 명확한 구분을 내리기가 어렵기 때문에 일부 신학자들은 구원적 신앙의 두 가지 요소, 즉 지식과 인격적 신뢰만을 언급하기를 선호한다. 하이델베르크 요리문답이 진정한 신앙이란 "하나님께서 말씀 안에서 우리에게 계시한 모든 것이 진리라고 인정하는 확실한 지식일 뿐만 아니라, 성령이 복음으로 내 안에서 일으키는 내면으로부터의 신뢰"라고 말할 때, 우리는 여기서 단지 두 가지 요소만 언급되고 있다는 것을 알 수 있다. 지식과 동의를 신앙이라는 동일한 요소의 두 측면이라고 이해하는 것이 더 좋을 것 같다. 이때 지식이란 좀 더 수동적이며 수용적 측면으로 이해되며, 동의는 좀 더 능동적이고 이행적(移行的, transitive) 측면으로 이해된다.

(3) 의지적 요소(_fiducia_, 신뢰). 이는 신앙의 요소 중 정수이다. 신앙은 지성의 문제

혹은 지성과 감정의 복합적 문제라기보다는 오히려 영혼의 방향을 결정하는 의지의 문제요, 대상으로 다가가서 이를 획득하는 인간의 행위이다. 이러한 행위 없이는, 죄인이 신앙의 대상이 진리이며 실재하며 자신의 현재적 요구에 전적으로 적용될 수 있다고 인정할지라도, 신앙의 대상은 그 사람 외부에 남게 된다. 그리고 구원적 신앙에 있어서 대상이 획득되느냐의 문제는 사활이 걸린 문제이다. 이 의지적 요소는 그리스도를 구세주와 주님으로서 인격적으로 신뢰하는 것을 의미하며, 허물 많고 타락된 영혼이 그리스도에게 복속하고, 그리스도를 용서와 영적인 생활의 근원으로 받아들이는 것을 포함한다. 이 모든 요소를 염두에 둔다면 신앙이 지성이나 감정 혹은 의지 어느 한 곳에만 배타적으로 좌정하는 것이 아니라, 생명이 발원하는 인간의 영적인 존재의 중심 기관인 마음(heart) 안에 좌정한다는 것이 명백하게 된다. 이러한 신뢰가 개인적 확신의 요소를 필연적으로 포함하게 되는가 하는 질문에 대해서는 로마 가톨릭이나 알미니우스주의자들에 반대하여 긍정적으로 답변할 수 있다. 신앙은 확고한 안정감, 평안, 감사와 기쁨의 감정을 수반한다. 신앙은 그 자체로 확실성이므로, 영혼 내부에 평안과 확신을 불러일으킨다. 이러한 감정은 대부분의 경우 처음에는 좀 더 내재적이며 의식의 영역에 침투하지 못한다. 따라서 이들은 분명히 감지되기보다는 어렴풋하게 느껴지게 된다. 하지만 신앙이 성장하고 신앙 활동들이 증대되면 신앙이 가져오는 안정과 평안에 대한 의식이 점차 증대된다. 신학자들이 일반적으로 '피난처를 추구하는 신뢰'라고 부르는 것조차도 영혼에게 일정한 안정감을 가져다 준다. 이는 바르트의 입장과는 전혀 상이하다. 바르트는 신앙은 계속 반복되는 행위이며, 절망과 흑암에서의 새로운 도약이며, 인간이 항구적 소유가 될 수 없다는 사실을 강조하고, 따라서 신앙에 있어서 어떠한 주관적 확신의 가능성도 배제한다.

3. 신앙의 대상. 진정한 구원적 신앙의 대상이 무엇이냐는 질문에 대답하기 위해서 이 신앙을 일반적인 의미와 특별한 의미로 구분해서 언급할 필요가 있다.

(1) **일반적 신앙**(*fides generalis*). 이는 좀 더 일반적인 의미에서의 구원적 신앙을 의미한다. 그 대상은 하나님의 말씀에 포함된 신적인 계시 전체이다. 성경이 명백하게 가르치는 것 혹은 성경에서 정당하게 추론될 수 있는 모든 것은 이러한 일반적 의미에서의 신앙의 대상에 속한다. 로마교회에 의하면, '가르치는 교회'(*ecclesia docens*)가 하나님의 계시의 일부라고 선언하는 것은 무엇이든지 그 구성원들이 믿어야 할 것들이다. 이는 소위 사도적 전승을 포함한다. 가르치는 교회는 새로운 신앙의 조항들을 만

들 수 있는 권리를 주장하지는 않지만, 성경이 가르치고 전승에 의해 그리스도와 그의 사도들의 가르침에 속하는 것이 무엇인지를 권위적으로 결정할 수 있는 권리를 주장한다. 그리고 여기에는 많은 재량이 부여된다.

(2) 특별한 신앙(*fides specialis*).   이는 좀 더 제한적 의미에서의 구원적 신앙이다. 하나님의 말씀으로서 성경에 대한 진정한 신앙이 절대적으로 필요하지만, 이것은 의롭다 하며 따라서 직접적으로 구원하는 신앙의 특별 행위라고는 볼 수 없다. 이는 좀 더 특별한 신앙으로 인도받아야 하며 또 사실상 이 신앙으로 인도한다. 성경에는 그리스도와 그의 사역에 대한 확실한 교리들과 그리스도 안에서 죄인에게 주어진 약속들이 있는데, 이것들은 죄인이 마땅히 받아들여야 하는 것으로서, 그를 그리스도에 대한 신뢰로 인도한다. 따라서 특별 신앙의 대상은 예수 그리스도와 그를 통한 구원의 약속이다. 신앙의 특별한 행동은 그리스도를 영접하고 복음 안에서 제시된 대로 그에게 의존하는 것이다(요 3:15, 16, 18; 6:40). 엄격히 말해서, 의롭다 하고 따라서 죄인을 구원하는 것은 그러한 신앙의 행위가 아니라, 신앙에 의해 영접되는 바로 그 대상이다.

4. 신앙의 근거.   신앙이 의존하는 궁극적 근거는 복음의 약속과 연관된 하나님의 진실성과 신실성에 있다. 하지만 우리는 하나님의 말씀을 떠나서는 이를 인식할 수 없기 때문에 하나님의 말씀이 신앙의 궁극적 근거라고 말할 수 있으며, 또 자주 이렇게 말하고 있다. 하지만 전자와 구분해서 이는 가장 가까운 근거라고 말할 수 있다. 우리가 성경에 나타난 계시를 하나님의 말씀 자체라고 인정하는 것은 결국 성령의 증언에 의해서이다(요일 5:6): "증언하는 이는 성령이시니 성령은 진리니라"(롬 4:20, 21; 8:16; 엡 1:13; 요일 4:13; 5:10을 참조할 것). 로마 가톨릭은 신앙의 궁극적 근거를 교회에 둔다. 합리주의자들은 이성만 인정한다. 슐라이어마허는 이를 기독교적 경험에서 추구한다. 칸트와 리츨, 다수의 현대 자유주의자들은 이를 인간 본성의 도덕적 욕구에 둔다.

G. 신앙과 확신

여기서 확신은 신앙의 본질에 속하는가 아니면 신앙에는 포함되지 않는 부차적인 것인가 하는 매우 중요한 질문이 제기된다. 신앙의 확신이라는 표현이 항상 동일한 의미로 사용되지는 않기 때문에 이를 조심스럽게 구분할 필요가 있다. 두 가지 확신이 존재한다. 즉 (1) 객관적 신앙의 확신, 즉 "그리스도가 그가 천명한 모든 것이 되시며, 그가 약속한 모든 것을 행하실 것이라는 확고하고 의심 없는 확신"이 있다. 이러한 확신이 신앙의 본질에 속한다는 것은 일반적으로 동의되고 있다. (2) 주관적 신앙의 확신, 즉 안정과 평안을 느끼게 하며, 많은 경우 "개별적 신자가 자신의 죄가 용서되고 영혼이 구원받았다는 것을 확신함에 따라 일어나는 은혜와 구원에 대한 확신"이다. 이러한 확신과 신앙의 본질의 관계에 대해서는 많은 견해들이 있다.

1. 로마교회는, 개인적 확신이 신앙의 본질에 속할 뿐만 아니라 반성된 행동(*actus reflexus*) 혹은 신앙의 열매라는 사실을 부인한다. 로마교회는, 신자에게 특별 계시에 의해 확신이 주어지는 특별한 경우를 제외하고는 신자는 절대 자신의 구원을 확신할 수 없다고 가르친다. 이는 반(半)펠라기우스주의와 로마교회의 신앙고백적 체계의 소산이다. 로마교회의 반(半)펠라기우스주의적 입장을 지지한 초기 알미니우스주의자들은 매우 유사한 견해를 가지고 있다. 이들의 견해는 도르트 회의에서 정죄되었다.

2. 종교개혁자들은 로마교회의 불합리하고 유해한 입장을 반대했다. 종교개혁자들은 로마교회에 대한 항거에 있어서 때때로 확신을 신앙의 가장 주요한 요소로 편협하게 강조하기도 했다. 그들은 때때로 구원의 확신 즉 그의 죄가 용서되었다는 긍정적 확신을 결여한 사람은 구원을 소유하지 못했다고 언급하기도 했다. 신앙의 신뢰의 요소는 때로, 그의 모든 죄가 그리스도로 인해 용서받았다는 죄인 편에서의 확고한 신뢰로 표현되기도 했다. 하지만 그럼에도 불구하고 그들의 저작들을 검토해 볼 때 (1) 이들은 이 신뢰가 다른 요소를 포함하지 않는다는 것을 의도하지 않았으며, (2) 이들은 하나님의 진정한 자녀가 종종 모든 종류의 의심과 불확실성과 투쟁해야 한다는 것을 부인하려 하지는 않았다는 것이 명약관화하다.

3. 개혁파의 표준적 신앙고백서들은 다양한 견해를 가지고 있다. 하이델베르크 요리문답은 로마에 대항하여 신앙의 신뢰가 죄의 용서의 확신에 기인한다고 가르친다. 이는 전적으로 종교개혁자들의 입장에 근거한 것으로, 구원의 확신을 신앙의 본질에 속하는 것으로 간주하고 있다. 도르트 신조는 선택된 자의 확신은 특별 계시의 열매가 아니라, 하나님의 약속에 대한 신앙과 성령의 증거 그리고 선한 양심과 선행에서 발원하며, 신앙의 정도에 따라 다르게 향유된다는 입장을 취한다. 이는 분명히 이 요소가 신앙의 본질에 어느 정도 속한다는 것을 의미한다. 하지만 이는 육적인 의심과 종종 투쟁해야 하며, 따라서 항상 신앙의 확신을 감지할 수 있다는 것은 아니라는 것을 명백하게 서술한다. 웨스트민스터 신앙고백은 신앙의 완전한 확신에 대해 언급하면서, 이는 신앙의 본질에 속하지 않고 따라서 진정한 신자가 오랫동안 이를 기다릴 필요가

없다고 주장한다. 이것은 일부 장로교 신학자들로 하여금 개인적 확신이 신앙의 본질에 속한다는 것을 부인하는 계기를 제공했다. 하지만 이 고백서는 이렇게 말하고 있지 않으며, 이를 가르치려고 의도한 것이 아니라는 충분한 이유가 존재한다. 스코틀랜드의 매로우파는 분명히 이 입장에 대해 다른 해석을 하고 있다.

4. 신앙고백의 시기 이후에는 이러한 입장에서 일탈하는 견해들이 출현했다.

(1) 율법폐기론자들은 이러한 확신이 신앙의 본질의 전체라고 이해했다. 이들은 신앙의 다른 모든 활동을 무시하고, 신앙을 단순히 '너희 죄가 용서되었다'는 명제에 대한 지적 수용이라고 이해했다. 드 라바디에(De Labadie, 네덜란드 신학자)는, 이를 완전히 확신할 수 없는 자는 교회의 성원으로 인정하지 않았다.

(2) 반면 경건주의적 율법준수론자는 확신은 신앙의 본질 자체가 아니라 신앙의 좋은 상태에 속하며, 특별 계시 이외에는 확신은 지속적이며 자각적 자기 성찰에 의해 획득될 수 있다고 주장했다. 모든 종류의 영적 생활의 표지들(marks)은 성경보다는 인정된 그리스도인의 생활에서 유래하는 것으로, 이는 자기 검증의 기준이 된다. 하지만 결과적으로 이러한 방법은 확신을 획득하도록 고안된 것이 아니며, 오히려 회의, 혼동과 불확실성을 증대시키는 경향이 있다.

(3) 감리교인들은 즉각적인 확신을 수반하는 조직적인 회심을 목표로 한다. 이들은 인간을 율법 아래에 두며, 자신들의 철저한 죄악성과 무서운 원죄를 인지하게 하고, 주님을 두려워하게 한다. 그리고 그들을 율법의 공포하에 서게 한 후 완전하고 값없는 구속의 복음을 소개하고, 단순히 그리스도를 자신들의 구주로 기꺼이 인정하기만을 요구한다. 죄인들은 단순간에 감격의 파도를 타고, 슬픔의 심연에서 환희로 이른다. 이런 돌발적인 변화는 즉각적인 구속의 확신을 수반한다. 신자는 그가 구속되었음을 확신하게 된다. 하지만 이것이 그가 궁극적 구원을 확신할 수 있음을 의미하지는 않는다. 철저한 감리교인은 이러한 확신을 가질 수 없다. 그들은 성도들의 타락을 믿기 때문이다.

(4) 개혁파 신학자들 중에는 의견들이 상이하다. 다수의 장로교인들은 신앙 자체가 확신을 포함한다는 사실을 부인한다. 하지만 카이퍼, 바빙크, 보스는 진정한 신앙은 신뢰를 포함하고, 비록 정도에 있어서는 상이하지만 안정감(sense of security)을 수반한다고 주장한다. 하지만 또 성찰의 열매로서 주어지는 신앙의 확신도 있다. 신앙 자체를 성찰의 대상으로 삼고, 신앙의 본질에 속하지 않는 주관적 확신에 도달하는 것은 가능하다. 그러한 경우 우리는 우리의 일상 생활 속에서 성령의 사역의 현존을 경험한

다고 결론을 내릴 수 있다(요일 2:9-11; 3:9, 10, 18, 19; 4:7, 20).

H. 로마교회의 신앙 개념

여기에서는 세 가지 점에 주목해야 한다.

1. 로마교회는 신앙이 교회의 교리들에 대한 단순한 지적 승인이라고 가르침으로써 역사적 신앙과 구원적 신앙의 구분을 폐기한다. 신앙은 세례시 주어지는 칭의의 7개의 예비 과정 중 하나이며, 따라서 칭의에 선행하는 것이다. 하지만 순전히 지적 활동으로서의 신앙은 구원으로 인도할 수 없다. 진정한 성경적 신앙을 가진 자도 이를 상실할 가능성이 있다. 또한 로마교회는 구체화의 원리를 신앙에도 적용시키고 있다.

2. 따라서 로마교회는 지적 요소를 신앙에서 제거한다. 실제로 그 내용을 알지 못해도, 교회가 가르치는 것을 믿기만 하면 진정한 신자로 간주될 수 있다. 이러한 신앙은, 지식을 포함하는 명시적 신앙(*fides explicita*)과 구분하여 맹목적 신앙(*fides implicita*)이라고 명명된다. '가르치는 교회'가 가르치는 것을 믿는 것만으로 충분하다고 가르침으로써 로마교회는 성직권주의(clericalism)의 원리를 적용한다.

3. 로마교회의 신앙론을 특징짓는 또다른 구분이 있다. 즉 무지(無知)의 신앙(*fides informis*)과 불어넣어진 신앙(*fides formata*)의 구분이다. 전자는 교회의 교리에 대한 단순한 동의에 불과한 반면, 후자는 형성적 원리인 사랑을 포함하고 사랑 안에서 완성되는 신앙이다. 이는 실제로 의롭게 하는 신앙이다.

깊은 연구를 위한 질문

초대 교회의 신앙관은 무엇인가? 아우구스티누스의 견해는 초대 교부들의 견해와 상이한가? 무지의 신앙과 불어넣어진 신앙을 구분하는 이유는 무엇인가? 신앙과 회개의 순서에 있어서 루터와 칼빈의 차이점은 무엇인가? 루터파와 개혁파는 신앙과 중생의 순서에 있어서 일치하는가? 타당한 순서를 주장하는 것은 왜 중요한가? 신앙의 행동과 성향을 구분하는 이유와 그 중요성은 무엇인가? 내가 구원받았다는 명제가 구원적 신앙의 대상이 될 수 있는가? 슐라이어마허와 리츨의 신앙관은 무엇인가? 구원이 신앙에 의존한다는 주장이 합당한 이유는 무엇인가? 바르트의 과도한 행동주의(activism)는 그의 신앙관에 어떠한 영향을 미치는가? 바르트가 인간은 신자나 기독교인이 아니라 항상 죄인이라고 말하는 의미는 무엇인가? 바르트가 신앙이 확신을 포함한다는 사실을 부인하는 이유를 어떻게 설명할 것인가?

IX
칭의

A. 칭의에 대한 성경의 용어들과 그 의미

1. 구약 성경. '의롭다고 하다'(justify)의 구약 성경적 용어는 히츠디크로서, 대부분의 경우 '어떤 사람의 지위가 율법의 요구와 일치한다고 법적으로 선언하다'라는 의미로 사용된다(출 23:7; 신 25:1; 잠 17:15; 사 5:23). 피엘형 치데크도 통상적으로 동일한 의미를 가지고 있다(렘 3:11; 겔 16:50, 51). 따라서 이 단어들의 의미는 법정적이며 법적이다. 로마 가톨릭 학자들이나, 에든버러의 존 영과 호레이스 부쉬넬 같은 속죄론의 도덕 감화설의 대변자들이나, 유니테리안 교인들, 현대 자유주의 신학자들이 '의롭다고 하다'라는 용어가 지니고 있는 법적인 의미를 부인하고 '의롭게 만든다'는 도덕적 의미로 이해하기 때문에, 칭의가 법적인 의미를 지니고 있다고 주장할 수 있는 몇 가지 사항들에 주목하는 것이 중요하다. 이것이 이 단어의 본래적 의미라는 것을 추론하는 근거로는 (1) 대조적으로 사용된 단어들, 예를 들면 '정죄'(신 25:1; 잠 17:15; 사 5:23), (2) 이 단어와 결합되고 종종 판결의 과정을 내포하고 있는 상관적 단어들(창 18:25; 시 143:2), (3) 때때로 사용되는 동의어적 표현들(창 15:6; 시 32:1, 2), (4) 잠 17:15처럼, '의롭게 만든다'라는 뜻으로 이해하면 전혀 해석될 수 없는 구절들 - 만약 이렇게 이해한다면 '사악한 자의 생을 도덕적으로 개선하는 자는 여호와께 가증하다'는 의미가 된다 - 등을 들 수 있다. 하지만 이 단어가 '의롭다고 선언하다'는 것 이상의 의미를 가지고 있는 두 구절이 있다(사 53:11; 단 12:3). 하지만 이 경우에도 '선하게 혹은 거룩하게 하다'는 의미가 아니라 '인간이 의롭다고 간주될 수 있도록 지위를 바꾼다'는 의미다.

2. 신약 성경. 여기서 다음과 같은 단어들을 볼 수 있다.

(1) 동사 디카이오오. 이 동사는 일반적으로 '어떤 사람을 의롭다고 선언하다'는 의미다. 종종 이 단어는 그 사람의 도덕이 율법과 일치한다는 개인적 선언을 나타내기도 한다(마 12:37; 눅 7:29; 롬 3:4). 바울 서신에서는 이 단어의 구원론적 의미가 전면에 부각되고 있다. 이는 '생명의 조건으로 율법의 요구가 완전히 충족되었다고 법적으로 선

언하다'는 의미를 지닌다(행 13:39; 롬 5:1, 9; 8:30-33; 고전 6:11; 갈 2:16; 3:11). 히츠디크처럼 이 단어가 법적인 의미를 가진다는 근거로는 (a) 많은 경우, 다른 의미로는 해석될 수 없고(롬 3:20-28; 4:5-7; 5:1; 갈 2:16; 3:11; 5:4), (b) 이 단어가 '정죄'와 대립적으로 사용되고 있으며(롬 8:33, 34), (c) 이와 동의어 혹은 서로 호환될 수 있는 용어들이 법적인 의미를 가지며(요 3:18; 5:24; 롬 4:6, 7; 고후 5:19), (d) 이러한 의미를 지니지 않는다면 칭의와 성화의 구분이 존재할 수 없다는 사실을 들 수 있다.

(2) 형용사 디카이오스. 위에 언급된 동사와 연관된 이 단어는 사물 자체를 표현하는 것이 아니라, 항상 다른 것 혹은 외부에 있는 어떤 기준과의 관계를 표현한다는 점에서 독특한 의미를 지니고 있다. 이러한 점에서 이 단어는 '아가토스'와 구분된다. 예를 들면, 고전 헬라어에서 디카이오스는 마차, 말 혹은 다른 것에 적용되어 그것이 의도된 용도에 부합된다는 것을 나타냈다. 아가토스는 사물 자체가 이상에 부응한다는 개념을 표현한다. 성경에서는 하나님의 심판 앞에서 율법에 대한 관계가 정당하거나 그의 삶이 하나님과의 법적 관계가 요구하는 수준이 될 때 그 사람을 '디카이오스'하다고 부른다. 이는 그가 선하다는 개념도 포함할 수 있지만, 이는 특정한 관점 즉 하나님과의 법적 관계에서만 그러하다.

(3) 명사 디카이오시스(칭의). 이는 신약 성경에서 두 구절에만 나온다(롬 4:25; 5:18). 이는 인간이 죄책에서 자유롭고 하나님에게 열납될 수 있다고 선언하는 행위이다. 이로써 야기되는 신분은 '디카이오수네'라는 단어로 표현된다.

3. 칭의의 결과적 개념. 칭의라는 단어는 라틴어로는 justus(의로운)와 facere(만들다)의 합성어인 justificare에서 유해한 단어로, 네덜란드어 rechtvaardigmaking처럼 인간 안에서 야기되는 변화를 나타내고 있다는 인상을 주기 쉽다. 하지만 그렇지 않다. 영어 단어를 사용하는 경우에는 일반적으로 사람들이 그 단어의 어근을 이해하지 못하기 때문에 이러한 위험은 그리 심하지 않다. 또 네덜란드어를 사용할 때는 rechtvaardigen이나 rechtvaardiging이라는 단어를 사용함으로써 위험을 피할 수 있다. 성경적 의미에서 '의롭다고 하다'라는 단어는 법적인 선언에 의한 객관적 관계, 의의 신분을 야기시키는 것이다. 이는 두 가지 방식, 즉 (1) 어떤 사람의 실제적인 주관적 상태를 고려함으로써(의인을 의롭다하는 경우, 약 2:21), (2) 다른 사람의 의를 그 사람에게 전가함으로써, 즉 그가 내적으로는 의롭지 못하지만 그를 의롭다고 간주함으로써 행해질 수 있다. 후자가 신약 성경에서의 통상적인 칭의의 의미다.

B. 칭의론의 역사

이신칭의론이 항상 명확하게 이해되어 온 개념은 아니다. 사실 종교개혁 이전에는 전형적 의미를 획득하지 못했다. 이를 간략하게 고찰하면 다음과 같다.

1. 종교개혁 이전의 교리. 일부 초대 교부들은 이미 이신칭의를 언급하지만, 이들이 그 내용이나 신앙과의 관계를 명확히 이해하지 못했다는 것은 명약관화하다. 더욱이 이들은 중생과 칭의를 철저하게 구분하지 못했다. 중생은 세례시에 일어나며 죄의 용서를 포함한다는 것이 일반적인 진술 내용이었다. 아우구스티누스조차도 칭의가 법적인 행동으로서 성화의 도덕적 과정과는 명백히 구분된다는 점을 정확하게 이해하지 못했다. 하지만 그의 가르침들의 전반적인 기조에 있어서나 혹은 몇몇 진술들에 의하면, 그는 죄인을 구속하시는 하나님의 은혜를 자유롭고 주권적이며 유효한 것으로 이해하여, 인간 편에서의 어떤 공로에도 의존하지 않는다는 것을 명백히 알 수 있다. 칭의와 성화의 혼동은 중세 시대까지 지속되었고, 점차 좀 더 적극적이며 교리적인 의미를 획득하게 되었다.

스콜라주의자들의 일반적인 가르침에 따른다면, 칭의는 두 가지 요소 즉 인간의 죄가 용서된다는 것과 그가 의롭게 되었다는 것을 포함한다. 이 두 가지 요소의 논리적 순서에 대해서는 많은 논란이 있다. 개중에는 위와 반대의 순서를 제시하는 자들도 있다. 토마스 아퀴나스가 이런 견해의 대표자이며, 아퀴나스의 견해는 로마교회를 지배하게 되었다. 은혜는 인간 안에 주입된다. 이로써 인간은 의롭게 되며, 부분적으로는 이러한 주입된 은혜에 의해 그의 죄가 용서된다. 이는 이미 공로의 교리에 접근하고 있다. 이 교리는 중세 시대에 있어 칭의 교리와 연관되어 점차로 발전되었다. 칭의와 성화의 혼동은 다른 점에 있어서 논란을 불러일으켰다. 일부 스콜라주의자들은 칭의를 하나님의 순간적 행동이라고 이해한 반면, 어떤 사람들은 이를 과정으로 이해한다. 트렌트 공의회 신조 16장 9조에서 우리는 다음과 같은 선언을 발견한다. "누구든지 칭의의 은혜를 획득하기 위해서 어떤 것도 협력할 수 없다는 방식으로 신앙으로만 불경한 자가 칭의된다고 하거나 자신의 의지의 운동에 의해 (칭의를) 예비하거나 원할 필요가 전혀 없다고 말하는 자는 저주받으리라." 그리고 26조는 칭의의 증가를 언급하며, 따라서 칭의를 과정으로 이해한다. "누구든지 수여된 의가 선행을 통해 하나님 앞에서 보존되거나 증대되지 않고 선행이 단지 획득된 칭의의 열매와 표지일 뿐 이의 증가의 요인이 될 수 없다고 말한다면 저주를 받으리라."

2. 종교개혁 이후의 교리. 칭의론은 종교개혁의 주요 원리였다. 칭의의 본질과 관련해서 종교개혁자들은 칭의와 성화를 혼동하는 오류를 바로잡았다. 이들은 칭의의 법적 성격을 강조하고 칭의를 하나님의 자유로운 은혜의 행위로 제시하여, 칭의란 하나님께서 우리의 죄를 용서하고 그 면전에서 의롭다고 인정하는 행위요, 우리를 내적으로 변화시키는 행위가 아니라고 주장한다. 칭의의 기초와 관련되는 한, 개혁자들은 칭의가 최소한 부분적으로라도 중생된 자의 내재적 의와 선행에 근거한다는 로마교회의 사상을 거부하고, 이를 칭의가 구속주의 의의 전가에 기인한다는 교리로 대치시켰다. 그리고 칭의의 수단에 대해서 이들은, 인간은 그리스도 안에서 분여받고 오직 구원을 위해서 그리스도에게 의존하는 신앙에 의해 값없이 칭의받는다는 사실을 강조했다. 더욱이 그들은 점진적인 칭의 개념을 거부하고, 칭의는 순간적이고 완전하며, 완성을 위해 죄에 대한 어떠한 추가적 보속 행위에도 의존하지 않는다고 주장하였다.

종교개혁자들은 소지니주의자들에 의해 반대를 받았다. 소지니주의자들은 죄인들이 하나님의 자비를 통해 자신의 회개와 갱신을 근거로 용서를 받고 하나님에게 열납된다고 주장했다. 알미니우스주의자들은 이 주제에 대해서는 의견이 분분하지만 대체로 칭의의 영역을 협소화시켜 그리스도에 대한 수동적 복종을 기초로 받는 죄의 용서만을 포함시키고, 죄인이 그리스도의 전가된 의로 인해 하나님의 은혜로 양자 된다는 요소를 제외시키고 있다고 말할 수 있다. 죄인은 자신의 신앙, 즉 순종의 삶에 의해서만 의롭다고 간주된다. 영국의 신율법준수론자들은 이 점에 있어서는 알미니우스주의자들과 일치한다. 슐라이어마허와 리츨에게 칭의란, 죄인이 하나님께서 자신에게 분노하고 있다는 인식이 잘못이라는 것을 의식하는 것에 불과하다. 그리고 현대 자유주의 신학에서 우리는 다시, 하나님께서 죄인의 삶의 도덕적인 개선을 통해 죄인을 의롭다고 하신다는 사상과 대면하게 된다. 이러한 개념은, 예를 들면 부쉬넬의 「대속적 희생」(*Vicarious Sacrifice*), 매킨토시의 「경험과학으로서의 신학」(*Theology as an Empirical Science*) 등의 저서에서 발견된다.

C. 칭의의 본질과 성격

칭의는 예수 그리스도의 의를 기초로 율법의 모든 요구가 충족되었다고 죄인에게 선언하시는 하나님의 법적인 행위다. 칭의가 구속 사역의 적용에 있어서 특이한 점은 칭의는 하나님의 법적인 행동 즉 죄인에 대한 선언이지, 중생이나 회심과 같은 갱신 행위나 과정이 아니라는 점이다. 칭의는 죄인과 관련이 있지만 내면적 삶을 변화시키지 않는다. 칭의는 그의 조건보다는 신분에 영향을 주며, 그러한 점에서 구원의 순서의 다른 모든 부분들과 구별된다. 칭의는 죄의 용서와, 하나님의 호의의 회복을 포함한다. 알미니우스 주의자들은 칭의가 전자만을 포함하고 후자는 포함하지 않는다고 주장한다. 하지만 성경은 명확하게 칭의의 열매는 용서 이상이라고 가르친다. 칭의받는 자는 '하나님과 화평'을 누리고 '구원의 확신'을 가지며(롬 5:1-10) "거룩하게 된 무리 가운데서 기업을 얻게 된다"(행 26:18).

칭의와 성화의 차이점은 다음과 같다.

1. 칭의는 죄책을 제거하고, 영원한 기업을 포함해서 하나님의 자녀로서의 신분에 내포된 모든 권리를 죄인에게 회복시킨다. 성화는 죄의 부패를 제거하며, 죄인을 하나님의 형상으로 점진적으로 새롭게 한다.

2. 칭의는 하나님의 법정에서 죄인의 외부에서 일어나며 하나님의 판결이 주관적으로 적용되지만, 내적인 생활을 변화시키지는 않는다. 반면 성화는 인간의 내면적 삶에서 일어나고, 점차 전존재에 영향을 미친다.

3. 칭의는 한 번만 일어난다. 반복될 수 없으며, 과정일 수도 없다. 이는 단번에 완성된다. 정도 차이란 존재할 수 없다. 완전히 칭의되든지 전혀 칭의받지 못하든지 둘 중 하나다. 이와 대조적으로 성화는 지속적 과정이며, 현세에서 완성될 수 없다.

4. 양자는 모두 그리스도의 공로를 공로적 요인으로 가지지만, 그 동인(動因)에 있어서는 다르다. 이를 간단히 말한다면, 성부 하나님은 죄인을 의롭다고 선언하시며, 성령 하나님은 그를 성화시킨다.

D. 칭의의 요소

칭의는 두 요소, 즉 소극적 요소와 적극적 요소로 구분될 수 있다.

1. **소극적 요소.** 먼저 칭의에는 소극적 요소, 즉 예수 그리스도의 대속 사역으로 인한 죄의 용서가 있다. 이 요소는 좀 더 구체적으로는(배타적인 것은 아니다) 구세주의 수동적 순종에 기초하고 있다. 칼빈과 옛 개혁파 신학자들은 종종 이것이 칭의의 전부인 것처럼 언급하기도 했다. 이는 부분적으로는 칭의의 이러한 측면이 전면에 부각되어 있는 구약 성경의 표현에 기인하며(시 32:1; 사 43:25; 44:22; 렘 31:34), 부분적으로는 은혜의 요소나 값없는 용서를 공정하게 다루지 못하는 로마교회에 대한 반동에 기인한다.

하지만 알미니우스주의에 반대해서 개혁파 신학은 칭의가 용서 이상이라는 것을 항상 주장해 왔다. 죄의 용서가 칭의의 중요한 요소라는 사실은 구약 성경뿐만 아니라 신약 성경에서도 명백하게 나타난다(롬 4:5-8; 5:18, 19; 갈 2:17).

칭의시 부여된 용서는 현재·과거·미래의 모든 죄를 포함하며, 따라서 모든 죄책과 모든 형벌의 제거를 포함한다. 이는 칭의가 반복을 허용하지 않는다는 사실과, 롬 5:21; 8:1, 32-34; 히 10:14; 시 103:12; 사 44:22 등의 우리로 하여금 어느 누구도 칭의된 자를 고발하지 못하며 그가 정죄를 면제받고 영생의 상속자가 된다는 것을 확신하게 해주는 구절에서 연유한다. 이는 하이델베르크 요리문답 제60문에 대한 답변에도 나타나 있다. 이러한 칭의 개념은 분명히 성경적이기는 하지만 난점도 없지 않다. 신자들은 칭의받은 이후에도 계속 범죄하며(약 3:2; 요일 1:8), 성경에서 예시하는 바와 같이 중죄를 범하게 된다. 따라서 바르트가 칭의받은 자는 죄인, 즉 칭의받은 죄인으로 남아 있다는 사실을 즐겨 강조하는 것도 놀랄 만한 일은 아니다. 그리스도는 제자들에게 죄의 용서를 위해 날마다 기도할 것을 가르쳤고(마 6:12), 성경의 성도들은 종종 용서를 간청하고 이를 획득하고 있다(시 32:5; 51:1-4; 130:3, 4). 결과적으로 어떤 사람들이 반복된 칭의에 대해 언급하는 것도 놀랄 만한 일은 아니다. 로마교회는 우리가 지금 주목한 자료들로부터, 신자는 세례 후 범한 죄들을 어떤 식으로든 속죄해야 한다는 가르침을 도출하며, 따라서 칭의의 증가도 신봉한다. 반면 율법폐기론자들은 하나님의 무한한 용서의 은혜를 칭송하기 위해, 신자들의 죄는 옛사람에게는 죄로 간주되지만 새사람에게는 죄로 간주되지 않으며, 죄의 용서를 위해 기도할 필요가 없다고 주장한다. 이러한 율법폐기론자들의 입장을 염려하여 개혁파 신학자들 중 일부는 신자들의 미래의 죄도 칭의시 용서된다고 가르치기를 주저하고, 반복된 칭의, 심지어 매일매일의 칭의를 언급하기도 한다.

하지만 통상적인 개혁파 신학의 입장은, 하나님은 칭의시 죄책을 제거하시지만 죄의 유죄성(culpability)은 제거하시지 않는다. 즉 하나님은 죄인에 대한 형벌의 가능성은 제거하지만 그가 범할 수 있는 여하한 죄의 내재적 죄책성(inherent guiltiness)은 제거하지 않으신다. 후자가 남아서 항상 신자에게 죄책감, 하나님으로부터의 거리감, 슬픔, 회개 등의 감정을 야기시킨다. 따라서 그들은 죄를 고백할 필요를 느끼며, 심지어 청년기의 죄까지도 고백하려 한다(시 25:7; 51:5-9). 진정으로 자신의 죄를 의식하고 있는 신자는 내면에서 죄를 고백하여 사죄의 위로적 확신을 추구하게 하는 충동을 느끼게 된다. 더욱이 그러한 고백과 기도는 주관적으로 느껴지는 욕구일 뿐만 아니라 객관적 필요이다. 칭의는 본질적으로 하나님의 법정에서의 죄인에 대한 객관적 선언이지만 이것이 전부는 아니다. 칭의는 또한 신자의 의식에 이전되는 전이 행위(*actus transiens*)이다. 사면의 신적 판결은 죄인에게 전달되고, 죄의 용서와 하나님의 호의를 기쁨으로 인식하게 한다. 이러한 용서와 새로운 자녀 됨의 인식은 종종 죄에 의해 방해받고 흐려지지만, 고백과 기도, 갱신된 신앙의 활동에 의해 다소 소생되어 강화된다.

　　2. 적극적 요소. 칭의에는, 좀 더 구체적으로는 그리스도의 능동적 순종에 근거한 적극적 요소가 있다. 물론 피스카토르(Piscator)나 알미니우스주의자들과 같이 그리스도의 능동적 의가 죄인에게 전가된다는 것을 부인하는 사람들은 칭의의 적극적 요소도 부인하게 된다. 이들에 의하면, 칭의란 인간 편에서 영생에 대해서는 아무런 주장도 하지 못하도록 하며, 인간을 단순히 타락 이전의 아담의 지위로 만드는 것에 불과하다. 또 알미니우스주의자들은 인간을 상이한 법 즉 복음적 순종의 법 아래 두고 인간이 신앙과 순종으로써 하나님께 열납되고 영생에 합당하게 된다고 주장한다. 하지만 칭의가 단순한 용서 이상이라는 것은 성경에서 명백히 알 수 있다. 이스라엘을 대표하여 하나님 앞에서 더러운 옷을 입고 있는 대제사장 여호수아에게 여호와는 "내가 네 죄악을 제거하여 버렸으니(소극적 요소) 네게 아름다운 옷을 입히리라(적극적 요소)"(슥 3:4)고 말했다. 행 26:18에 의하면 우리는 신앙으로 "죄사함과 나를 믿어 거룩하게 된 무리 가운데서 기업을 얻게 된다." 롬 5:1, 2은 이신칭의는 하나님과의 화평함을 수반할 뿐만 아니라 "하나님의 영광을 바라고 즐거워하나니"라고 말한다. 또 갈 4:5에 의하면, 그리스도가 율법 아래 나신 것은 "우리로 아들의 명분을 얻게 하려 하심이라." 이러한 적극적 요소는 두 가지로 구분될 수 있다.

　　(1) 양자 됨. 신자는 우선 하나님의 양자가 된다. 물론 이는 현대 자유주의 신학자들이 주장하듯 신자들이 본래 하나님의 자녀가 아니라는 것을 내포한다. 자기 자식을 양자로 택할 사람은 없다. 양자 됨이란 하나님께서 죄인을 자녀의 지위로 택하는 것이다. 마치 부모가 양자 된 아이의 내면적 생활을 양자로 택하는 행위만으로는 변화시킬 수 없는 것처럼 양자 됨이 죄인의 내면을 변화시키지는 않는다. 변화는 인간과 하나님의 관계에서 일어난다. 양자 됨을 통해 신자들은 하나님의 권속이 되고, 자녀의 순종의 법 아래 두어지며, 동시에 자녀의 모든 특권을 부여받는다. 양자 됨은 신자의 도덕적 자녀 됨 즉 중생과 성화에 의한 자녀 됨과 주의 깊게 구분되어야 한다. 이들은 하나님의 자녀로 택하여질 뿐만 아니라 하나님으로부터 난 자들이다. 물론 양자는 완전히

구분될 수는 없다. 이들은 요 1:12; 롬 8:15, 16; 갈 3:26, 27; 4:5, 6에서 함께 언급되고 있다. 롬 8:15에서는 아들 됨(휘오데시아)이라는 단어가 사용되는데 이는 아들(휘오스)과 두다(디데나이)의 합성어로서 문자적으로는 '아들을 삼음'이란 의미이며, 고전 헬라어에서는 객관적으로 자녀의 신분에 두는 것을 나타낸다. 그 다음 구절에는 '테크나'란 단어가 사용되었는데, 이는 낳다(티크도)에서 유래한 단어로서 신자들이 하나님으로부터 난 자라는 것을 표현한다. 요 1:12에서는 양자 됨의 개념이 "영접하는 자 곧 그 이름을 믿는 자들에게는 하나님의 자녀가 되는 권세를 주셨으니(엑수시안 에도켄)"로 표현된다. 여기서 사용된 헬라어 용법은 '법적 권리를 부여하다'는 의미다. 바로 그 다음 구절인 13절에서는 중생에 의한 윤리적 자녀 됨이 언급된다. 양자의 결합은 갈 4:5, 6에서 나타난다. "율법 아래에 있는 자들을 속량하시고 우리로 아들의 명분을 얻게 하려 하심이라 너희가 아들이므로 하나님이 그 아들의 영을 우리 마음 가운데 보내사 아빠 아버지라 부르게 하셨느니라."

(2) 영생의 권리. 이 요소는 실제로 상기 요소에 포함되어 있다. 죄인들이 하나님의 자녀로 양자된다면 이들은 모든 법적인 자녀의 권리를 누리게 되며, 하나님의 상속자요 그리스도와 함께한 상속자가 된다(롬 8:17). 이는 우선 이들이 이생에서 구원의 모든 복의 상속자가 된다는 것을 의미하는데, 이 중 가장 근본적인 복은 "성령의 약속", 즉 성령의 형태로 약속된 복(갈 3:14)과 "그 아들의 영"(갈 4:6)으로 표현된다. 그리고 성령 안에서, 성령과 함께, 이들은 장래의 모든 영원한 복을 받게 된다. 바울이 롬 8:17에서 언급한 영광은 현세의 고난 후에 온다. 롬 8:23에 의하면 '양자 됨'이라고 일컬어지는 몸의 구원은 장래의 기업에 속한다. 그리고 롬 8:29, 30에 설명된 구원의 순서에서는 영화가 칭의와 직접 연결된다. 이신칭의 받은 신자는 영생의 상속자가 된다.

E. 칭의가 일어나는 영역

칭의가 일어나는 영역에 대한 질문은 매우 조심스럽게 답변되어야 한다. 능동적 칭의와 수동적 칭의, 혹은 객관적 칭의와 주관적 칭의를 구분하는 것이 관례적이다. 양자는 모두 고유의 영역을 가지고 있다.

1. 능동적 혹은 객관적 칭의. 이는 가장 근본적인 의미에서의 칭의 개념이다. 이는 주관적 칭의의 기초가 되며, 하나님의 법정에서 행해지는 죄인에 대한 하나님의 선언

이다. 이 선언은 하나님께서 공의는 전혀 고려하지 않고 죄인을 사면하는 선언이 아니라, 죄인의 경우를 참작하여 율법의 모든 요구가 이루어졌다는 선언이다. 죄인은 그리스도의 의가 그에게 전가되었다는 사실에 비추어 의롭다고 선언된다. 이러한 화해 과정에서 하나님은 율법을 배제하는 절대적 주관자가 아니라, 그리스도의 무한한 공로를 칭의의 완전한 근거로 인정하는 의로운 재판장으로, 그리고 값없이 용서하고 죄인을 영접하는 은혜로운 아버지로 나타난다. 이러한 객관적 칭의는 논리적으로 신앙과 수동적 칭의에 선행한다. 우리는 죄의 용서를 믿는다.

2. 수동적 혹은 주관적 칭의. 수동적 혹은 주관적 칭의란 죄인의 심령 혹은 양심에서 발생한다. 죄인에게 전달될 수 없는 순전히 객관적인 칭의는 목적을 이룰 수 없다. 죄인 자신에게 그 기쁜 소식이 전해지지 않고 감옥의 문이 열리지 않는다면 사면은 아무 의미가 없다. 바로 다른 어떠한 요소보다도 이 주관적 칭의에서 죄인은 구원이 하나님의 값없는 은혜로부터 온다는 것을 절감하게 된다. 성경은 칭의에 대해 언급할 때, 보통 수동적 칭의를 언급하고 있다. 하지만 양자는 분리될 수 없다는 것을 기억해야 한다. 수동적 칭의는 능동적 칭의를 기초로 한다. 이 구분은 칭의 행위를 좀 더 적절히 이해하기 위한 것에 불과하다. 논리적으로 수동적 칭의는 신앙 후에 위치된다. 우리는 믿음으로 의롭다 하심을 받는다.

F. 칭의의 시기

어떤 신학자들은 능동적 칭의와 수동적 칭의를 시간적으로 구분한다. 능동적 칭의는 영원 전에 혹은 그리스도의 부활시 발생한 것이며, 수동적 칭의는 신앙에 의해 발생하며, 따라서 전자는 후자에 시간적으로 앞선다는 것이다. 우리는 영원 전의 칭의와 부활시 칭의, 신앙에 의한 칭의를 차례로 논의할 것이다.

1. 영원 전의 칭의. 율법폐기론자들은 죄인의 칭의가 영원 전에 혹은 그리스도의 부활시에 일어난다고 주장한다. 이들은 이를 영원한 선택의 작정 혹은 그리스도가 죽은 자로부터 부활했을 때의 그리스도의 객관적 칭의와 혼동한다. 이들은 영원에서의 하나님의 목적과 시간 안에서의 수행, 혹은 구속의 복을 획득하는 그리스도의 사역과 이를 적용하는 성령의 사역을 구분하지 못하고 있다. 이 입장에 의하면, 우리는 의식

하지 못할지라도 믿기 전에 이미 칭의되었으며, 신앙은 단순히 이러한 사실의 선언을 우리에게 전달해주는 것에 불과하다. 더욱이 우리의 죄가 그리스도에게 전가된다는 사실은, 그리스도를 개인적으로 죄인이 되게 하며, 그리스도의 의가 우리에게 전가됨으로써 우리가 개인적으로 의롭게 된다는 것을 의미하므로, 하나님은 신자에게서 어떠한 죄도 찾지 않으신다. 일부 개혁파 신학자들은 영원 전의 칭의를 언급하지만, 율법폐기론자들의 이러한 교리적 체계에 찬동하지는 않는다. 이들이 영원 전의 칭의를 신봉하는 이유는 다음과 같다.

(1) 영원 전의 칭의 교리의 근거.

① 성경은 영원 전의 하나님의 은혜 혹은 자비에 대해 언급한다(시 25:6; 103:17). 이제 영원 전의 모든 은혜와 자비는 그 법적 기초로서 영원 전의 칭의를 가져야 한다. 하지만 이에 대해서는 죄인의 칭의에 기초되지 않은 하나님의 영원한 자비와 사랑, 예를 들면 그의 구속의 계획, 아들의 선물, 구원 언약의 그리스도의 자원적인 보증인의 지위 등과 같은 것들도 있다고 답변할 수 있다.

② '구원의 언약'에서 선택된 자의 죄책은 그리스도에게 전가되고, 그리스도의 의는 그들에게 전가된다. 이는 죄의 짐이 그들에게서 제거되었으며 그들이 칭의받았다는 것을 의미한다. 구속의 경륜에서 그리스도의 의가 죄인에게 전가되는 것은 의심할 여지가 없지만, 모든 의의 전가가 성경적 의미에서 칭의라고 일컬어질 수는 없다. 구속의 경륜에서 단순히 관념적인 것과 역사 과정에서 실현된 것은 구분되어야 한다.

③ 죄인은 그리스도의 전가된 의를 기초로 중생이라는 최초의 은혜를 받는다. 결과적으로 그리스도의 공로는 중생 이전에 그에게 전가된다. 하지만 이러한 견해는 칭의가 논리적으로 중생에 선행한다는 결론을 도출하지만, 칭의가 시간적으로 우선한다는 것은 증명할 수 없다. 관념적으로는 구속의 경륜 속에 존재하며 죄인의 삶에서 확실히 실현될 칭의를 기초로 죄인은 중생의 은혜를 받을 수 있다.

④ 유아들은 구원받기 위해 칭의가 필요한데, 이들이 이신칭의를 경험할 수는 없다. 비록 성숙하지 않은 유아들이 수동적 칭의는 경험하지 못하지만, 하나님의 법정에서는 능동적으로 칭의받을 수 있으며, 따라서 이들은 절대적으로 본질적인 칭의를 소유할 수 있다.

⑤ 칭의는 하나님의 내재적 행위이며 따라서 영원 전부터 있었음에 틀림없다. 칭의를 하나님의 내재적 행위(actus immanens)라고 언급하는 것은 타당하지 않다. 칭의는 창조 및 성육신처럼 초월적 행위(actus transiens)이다. 영원 전의 칭의를 주장하는 자들

은, 선택된 자가 영원 전부터 실제로(actualiter) 칭의받았다는 것이 아니라 하나님의 의도, 즉 신적 작정에 있어서 칭의받았다는 것을 가르치려고 한다는 인상을 준다. 이는 우리를 하나님의 계획(경륜)과 그 수행의 통상적인 구분으로 인도한다. 만약 하나님의 의도에 있어서 이러한 칭의가 영원 전의 칭의를 입증하고 있다면 우리가 영원 전의 창조를 언급하지 못할 이유도 없다.

(2) 영원 전의 칭의에 대한 반론들.

① 성경은 한결같이 칭의가 신앙에 의해 혹은 신앙으로부터 일어난다고 가르친다. 물론 이는 수동적 혹은 주관적 칭의에 적용되는 것이다. 하지만 수동적 칭의는 유아의 경우를 제외하고는 시간적으로 능동적 혹은 객관적 칭의와 구분될 수 없다. 하지만 칭의가 신앙에 의해 일어난다면 이는 시간적 의미로 신앙에 선행할 수 없다. 영원 전의 칭의를 주장하는 자들이 이신칭의를 언급하는 것도 사실이다. 그러나 이들의 표현에서 이신칭의란, 하나님께서 영원 전에 행하신 것을 인간이 신앙으로 인식하게 된다는 의미다.

② 롬 8:29, 30에 나오는 구원의 순서의 단계에 있어서 칭의는 하나님의 시간적인 두 행동, 즉 부르심과 영화 사이에 위치한다. 영화란 시간에서 출발하며, 장래의 영원에서 완성된다. 그리고 이 세 가지는 명백히 영원한 것으로 표현된 다른 두 가지의 결과이다. 카이퍼 박사는 롬 8:30이 출생하기 전 중생한 자에게 일어난 것을 언급한다는데, 이는 지지받을 수 없는 견해이다. 영원 전의 칭의를 신봉하는 드 무어(De Moor) 박사도 카이퍼의 견해를 전적으로 수용하려고 했다.

③ 영원 전의 칭의의 가르침에서 죄인의 칭의에 대한 내재적 행위로서의 하나님의 결정은 초월적 행위인 칭의 자체와 동일시된다. 이는 단지 혼란만 야기시킬 뿐이다. 구원의 언약에서 일어난 것이 이로부터 연유된 결과와 동일시될 수는 없다. 모든 전가가 칭의인 것은 아니다. 칭의는 그리스도의 구속적 사역의 열매이며, 성령에 의해 신자들에게 적용된다. 하지만 성령은 그리스도 사역의 어떤 열매도 영원 전에 적용하지 않으며, 적용할 수도 없다.

2. 그리스도의 부활시 칭의. 죄인들이 그리스도의 부활시 칭의된다는 사상은, 일부 율법폐기론자가 강조하고 영원 전의 칭의를 신봉하는 일부 개혁파 신학자들이 가르치며 또 일부 다른 개혁파 신학자들이 주장하는 사상이다. 이 견해는 다음과 같은 근거들에 기초하고 있다.

(1) 그리스도는 속죄 사역으로 인해 백성을 위한 율법의 모든 요구를 충족시켰다. 예수 그리스도가 죽은 자로부터 부활할 때 아버지는 율법의 모든 요구가 모든 선택된 자를 위해 이루어졌다고 공적으로 선포하셨으며, 따라서 이들을 의롭다고 하셨다. 하지만 여기서도 조심스럽게 구분되어야 할 것이 있다. 부활시 그리스도와 그리스도의 몸 전체에 대한 객관적 칭의가 있었지만, 이를 성경이 말하는 죄인의 칭의와 혼동해서는 안 된다. 그리스도가 자신의 모든 백성을 위해 아버지를 완전히 만족시켰을 때 그들의 죄책이 자연적으로 종식된다는 것은 사실과 다르다. 이 점에서 형벌상의 부채는 금전적인 부채와 상이하다. 속전을 지불해도 죄책의 제거는 일정한 조건에 의존하며, 자동적으로 수반되는 것이 아니다. 선택된 자는 그들이 그리스도를 신앙으로 영접하고 그의 공로를 전유(획득)할 때야 비로소 성경적 의미에서 개인적으로 의롭다 하심을 받는다.

(2) 롬 4:25에는 그리스도가 "우리를 의롭다 하시기 위하여(디아 — 때문에) 살아나셨느니라", 즉 우리의 칭의를 위해 살아나셨다고 기록되어 있다. 목적격과 함께 사용된 '디아'가 원인을 나타낸다는 것은 의심할 여지가 없다. 동시에 이는 회고적일 이유가 없으며 전망적이며, 따라서 "칭의를 위해" 즉 "우리가 칭의되도록"이란 의미를 지닐 수도 있다. 회고적인 해석은 바로 다음 구절과 모순된다. 여기서 ① 바울은 그리스도의 몸 전체의 객관적 칭의가 아니라 죄인들의 개인적 칭의를 생각하고 있으며, ② 칭의가 신앙을 통해 일어난다고 이해하고 있다는 것을 명백히 보여주고 있다.

(3) 고후 5:19에는 "곧 하나님께서 그리스도 안에 계시사 세상을 자기와 화목하게 하시며 그들의 죄를 그들에게 돌리지 아니하시고"라고 나와 있다. 이 구절에서 그리스도 안에서의 세상에 대한 객관적 화해는 죄를 죄인에게 전가하지 않는 것을 내포하고 있다고 추론될 수 있다. 그러나 이 해석은 정확하지 않다. 바울의 의미는 다음과 같다. 즉 하나님은 그리스도 안에서 세상을 자신과 화목하게 하셨는데, 이는 인간에게 죄를 전가하지 않고 자신의 종들에게 화목의 말씀을 맡기셨다는 사실에서 명백히 나타난다는 것이다. 메로기조메노스(현재 시제)는 계속적으로 진행되는 것을 언급한다는 사실을 주목하라. 이는 객관적 화목의 일부로 간주될 수 없다. 왜냐하면 그렇다면 그 다음에 나오는 "화목하게 하는 말씀을 우리에게 부탁하셨느니라"가 이와같이 해석되어야 하는데, 이는 전혀 불가능하다.

이 문제와 관련해서 부활시 그리스도의 몸 전체에 대한 칭의에 대해 언급할 수는 있지만, 이는 순전히 객관적인 것이므로 죄인의 개인적 칭의와 혼동되어서는 안 된다.

3. 신앙에 의한 칭의.

(1) **신앙과 칭의의 관계.** 성경은 우리가 "믿음으로 말미암아, 믿음으로"(디아 피스튜오스, 에크 피스튜오스, 혹은 피스테이) 의롭다 하심을 받는다고 말한다(롬 3:25, 28, 30; 5:1; 갈 2:16; 빌 3:9). 전치사 '디아'는 신앙이 우리가 그리스도와 그의 의를 획득하는 데 있어서 도구적이라는 것을 말해 준다. 전치사 '에크'는 신앙은 논리적으로 우리의 개인적 칭의에 우선하며, 칭의는 신앙에서 발원한다는 것을 강조한다. 여격은 도구적 의미로 사용된다. 성경은 절대로 우리가 "신앙 때문에"(디아 텐 피스틴) 칭의된다고 말하지 않는다. 이는 신앙이 우리의 칭의의 근거로 제시될 수 없다는 의미다. 만약 그렇게 기록되었다면 신앙은 인간의 공로로 이해되어야 할 것이다. 바로 이러한 견해가 행위에 의한 칭의의 출발점인데, 바울은 일관되게 이를 반대하고 있다(롬 3:21, 27, 28; 4:3, 4; 갈 2:16, 21; 3:11). 우리는 아브라함의 신앙이 그에게 의로 간주되었다는 구절을 발견한다(롬 4:3, 9, 22; 갈 3:6). 하지만 전체적인 논쟁에서 비추어 보면 그의 경우 신앙 자체가 행위로서 그리스도 안에 있는 하나님의 의를 대치한다는 의미가 아니라는 것을 잘 알 수 있다. 사도 바울은, 엄격히 말해서 우리에게 전가된 그리스도의 의가 칭의의 근거라는 것을 명백하게 가르치고 있다. 그러나 신앙은 그리스도의 공로를 전유(획득)하는 데 있어서는 철저히 수용적이므로, 그리스도의 공로 대신 신앙이 비유적으로 사용될 수 있다. 이때 "신앙"이란 신앙의 내용 즉 그리스도의 공로 혹은 의와 동등하다.

하지만 종종 야고보서의 가르침은 이 점에 있어서 바울의 가르침과 모순되며, 약 2:14-26은 행위에 의한 칭의론을 지지하고 있다고 말해지기도 한다. 양자를 조화시키기 위한 많은 시도가 행해졌다. 어떤 사람들은 바울과 야고보가 죄인의 칭의를 언급했지만, 야고보는 선행으로 발현되지 않는 신앙은 진정한 신앙이 아니며, 따라서 칭의받는 신앙도 될 수 없다는 사실을 강조한다는 가정에서 이를 논의한다. 이는 의심할 바 없이 사실이다. 바울과 야고보의 차이는 부분적으로는 그들이 대면했던 대적자들의 성격에 기인하는 것이다. 바울은, 칭의가 최소한 부분적으로라도 행위의 법에 기초되어야 한다는 율법주의자들과 대적했다. 반면 야고보는 율법폐기론자들과 대적했는데, 이들은 신앙을 가지고 있다고 주장하지만 이들의 신앙은 단순한 지적 동의(2:19)에 불과하고 이들은 또한 선행의 필요성을 부인한다. 따라서 야고보는 행위 없는 신앙은 죽은 신앙이요 전혀 칭의받는 신앙이 될 수 없다는 사실을 강조한다. 칭의받는 신앙은 선행으로 열매 맺는 신앙이다. 그러나 야고보가 24절에서 인간은 행함으로 칭의받고 신앙으로만 칭의받는 것은 아니라고 명백히 진술하고, 아브라함의 예를 들어 "그 아들 이삭을 제단에 바칠 때에 행함으로 의롭다 하심을 받은 것이 아니냐"(21절)고 주장하기 때문에 상기와 같은 답변이 모든 난관을 해소하는 것은 아니라는 반론에 봉착할 수도 있다. 22절에서는 "믿음이 그의 행함과 함께 일하고 행함으로 믿음이 온전하게 되었느니라"고 말하고 있다. 하지만 분명한 것은 이 경우 저자가 죄인의 의가 아니라 믿는 아브라함에 대한 더 큰 칭의를 언급하고 있다는 것이다. 왜냐하면 죄인 아브라함의 경우 그는 이삭을 바치기 훨씬 전에 의롭다함을 받았기 때문이다(창 15장 참조). 진정한 신앙은 선행으로 자신을 나타내며, 이러한 행위는 사람들 앞에서 그러한 신앙을 지닌 자의 의(즉 생명의 의)를 증거해 줄 것이다. 행위로 인한 의로운 자의 칭의는 신앙에 의한 칭의를 공고하게 한다. 야고보가 자신의 편지 이 부분에서 말하려고 의도한 바가 아브라함과 라합이 자신들의 선행으로 인해 죄인의 칭의(justificatio peccatoris)로 칭의받았다는 것이라면, 이는 바울과 모순될 뿐만 아니라 자기 모순적이다. 왜냐하면 그는 아브라함이 믿음으로 말미암아 칭의받았다고 분명하게 언급하기 때문이다.

(2) 신앙과 칭의의 관계를 표현하는 신학적 용어들. 여기서는 3가지 용어를 다룬다.

① **도구적 원인(Instrumental cause).** 이 명칭은 처음에는 일반적으로 사용되었지만 후에 상당한 반대에 부딪치게 되었다. 신앙은 하나님의 도구인가, 인간의 도구인가 하는 질문이 제기되었다. 그리고 그것은 하나님의 도구가 될 수 없다. 왜냐하면 여기에 언급된 신앙은 하나님의 신앙이 아니기 때문이다. 또 신앙은 인간의 것이 될 수 없다. 왜냐하면 칭의는 인간의 행위가 아니라 하나님의 행위이기 때문이다. 하지만 우리는 (a) 성경의 가르침에 의하면 우리가 '믿음으로'(디아 피스튜오스) 칭의받고, 여기서 '디아'는 도구적 의미로만 이해될 수 있다는 점(롬 3:28; 갈 3:8), (b) 성경은 명백히 하나님께서 죄인을 믿음으로 의롭다 하시며 따라서 믿음을 하나님의 도구로 제시하고 있다는 점(롬 3:30), (c) 믿음은 인간이 칭의를 받는 수단으로서 인간의 도구로 제시되고 있다는 점(갈 2:16)을 명심해야 한다. 신앙은 두 가지 의미에서 하나님의 도구로 이해되어야 한다. 믿음은 죄인 안에서 칭의로 역사되는 하나님의 선물이다. 더욱이 하나님은 죄인에게 믿음을 일으킴으로써 용서의 선언을 그의 심령과 마음속에 전달한다. 하지만 믿음은 그리스도와 모든 값진 선물을 획득하는 인간의 수단이 된다(롬 4:5; 갈 2:16). 이는 벨기에 신앙고백서와 하이델베르크 요리문답에서 발견할 수 있는 것이다. 믿음으로 우리는 그리스도를 영접하고 우리의 의이신 그분과 교제한다. "도구적 원인"이라는 명칭은 개신교 신앙고백서들에서도 나타난다. 그럼에도 불구하고 일부 개혁파 신학자들은, 칭의가 어떤 의미로든 인간의 행위로서 신앙에 의존한다는 인상을 주지 않도록 이

용어를 기피한다.

② **획득 기관**(Appropriating organ).　이 명칭은 믿음으로 죄인이 그리스도의 의를 획득하며 자신과 그리스도의 의식적 연합을 확립한다는 사상을 표현한다. 그리스도의 공로는 '디카이오마' 즉 칭의에 있어서 하나님의 공식적 선언이 근거하는 법적인 기초를 구성한다. 믿음에 의해 죄인은 이미 '구원의 언약'에 있어서 관념적으로 전가된 그리스도의 의를 획득한다. 이로 인해 그는 하나님 앞에서 공식적으로 의롭다 하심을 받는다. 믿음은 믿음이 그리스도를 소유하는 한 의롭게 한다. '획득 기관'이라는 명칭은 도구적 개념을 지니며, 따라서 우리 표준적 신앙고백서에 나오는 진술들과 일치하고 있다. 이는 신앙이 어떤 의미에서든 칭의의 기초가 된다는 개념을 배제한다는 의미에서 다른 명칭보다 장점을 가지고 있다. 믿음은 두 가지 의미에서 획득 기관으로 명명될 수 있다: (a) 믿음은 우리가 그리스도의 공로를 포착하고 획득하고 그리스도의 공로를 우리의 칭의의 근거로 받아들일 수 있는 기관이다. 이런 점에서 믿음은 칭의에 논리적으로 선행한다. (b) 믿음은 우리가 의식적으로 우리의 칭의를 이해하게 하여 주관적 칭의를 획득하게 하는 기관이다. 이런 의미에서 칭의는 논리적으로 믿음보다 앞선다. 대체로 이 명칭은 선호될 만하다. 하지만 엄격히 말해서 믿음은 우리가 칭의 자체를 획득하는 기관이라기보다는 우리의 칭의의 근거로서, 그리스도의 의를 획득하는 기관이라는 것을 명심해야 한다.

③ **필수 조건**(Conditio sine qua non).　이 명칭은 일부 신학자들이 제안했지만 큰 환영을 받지 못했다. 이는 인간이 믿음 없이는 칭의받지 못하며 믿음이 칭의의 필수적인 조건이라는 개념을 표현한다. 이 명칭은 적극적인 의미가 아니며 오해받기도 쉽다.

G. 칭의의 근거

칭의의 근거는 로마교회와 종교개혁자들, 개혁파 신학과 알미니우스파 간의 가장 주요한 논쟁점들 중 하나였다. 여기에 대해 종교개혁자들은 다음과 같이 가르쳤다.

1. 부정적으로, 인간의 어떤 덕목이나 선행이 칭의의 근거가 될 수는 없다.　이러한 입장은 현재에 있어서도 로마교회 및 다양한 교회들에서의 펠라기우스적 경향에 대항하기 위해 고수되어야 한다. 로마교회는, 죄인은 인간의 의지가 심령 안에 주입된 선행적 은혜와 협력하여 맺어지는 고유한 의에 의해 칭의받는다고 가르친다. 이는 소위 첫번째 칭의에 적용된다. 이후의 모든 칭의에서 인간의 선행은 칭의의 공식적 원인 혹은

근거로 간주된다. 하지만 중생한 자의 고유한 의와 선행이 칭의의 근거를 구성한다는 것은 불가능하다. 왜냐하면 (a) 이 의는 현세에 있어 매우 불완전한 의이며 또한 불완전한 의로 남아 있고, (b) 이는 이미 그 자체로 그리스도의 의와 하나님의 은혜의 열매이며, (c) 신자의 최고의 선도 죄로 인해 부패되기 때문이다. 더욱이 성경은 우리에게, 인간은 하나님의 은혜에 의해 값없이 칭의받고(롬 3:24) 율법의 행위로는 칭의받지 못한다고 매우 분명하게 가르쳐 주고 있다(롬 3:28; 갈 2:16; 3:11).

   2. 긍정적으로, 오직 칭의시 죄인에게 전가되는 그리스도의 완전한 의에서만 칭의의 근거가 발견될 수 있다. 이는 롬 3:24; 5:9, 19; 8:1; 10:4; 고전 1:30; 6:11; 고후 5:21; 빌 3:9 등과 같은 구절에서 명백하게 제시된다. 우리를 위해 저주가 되신(갈 3:13) 그리스도의 수동적 순종에서 용서의 근거를 발견할 수 있다. 그리고 영생을 포함하는 모든 은혜의 선물을 받게 한 그리스도의 능동적 순종에서 죄인이 영생의 상속자가 되는 양자 됨의 근거를 발견할 수 있다. 알미니우스파는 우리가 우리의 신앙 즉 복음적 순종을 근거로 해서만 하나님에게 열납될 수 있다고 주장하는데, 이는 성경과 배치되는 것이다.

H. 칭의론에 대한 반론들

   현대 자유주의 신학은 합리주의적 경향으로 인해 칭의론 자체에 대해 반론을 제기한다. 이를 간략히 살펴보면 다음과 같다.

   1. 은혜에 의한 구원을 신봉하는 일부 신학자들은 하나님의 은혜를 인정한다는 관점에서 표면적으로 칭의에 대해 반론을 제기한다. 칭의는 법적 처리요 따라서 은혜를 배제하지만, 성경은 죄인이 은혜로 구원받는다고 명백히 가르친다는 것이다. 하지만 칭의가 그 전제들이나 결과에 있어 하나님의 은혜로운 사역이라는 것은 쉽게 증명될 수 있다. 죄인들을 위한 대속, 그리스도의 대리적 수난과 순종, 무가치한 범죄자에게로의 그리스도의 의의 전가, 신자를 의인으로 취급하시는 하나님의 행위 ─ 이 모든 것은 처음부터 끝까지 값없는 은혜다.

   2. 칭의가 죄인들을 사실과는 다르게 의롭다고 선언한다는 점에서 종종 불경한 처사로 여겨지기도 한다. 하지만 이 반론은 신적 선언으로 인해 죄인들이 실제로 의로워지는 것이 아니라 이들이 그리스도의 완전한 의를 옷 입는다는 점에서 지지될 수 없다. 그리스도가 성취한 의는 값없이 그들에게 전가된다. 그리스도의 개인적·주관적 의가 아니라 대리적·언약적 의가 근본상 불의한 자에게 전가되어 하나님께 영광을 돌린다.

3. 이 교리는 방종을 초래한다는 점에서 윤리적으로 파괴적이기도 하다. 하지만 칭의받은 자의 삶이 예시하듯 이 반론에는 일말의 진리도 없다. 칭의에서 우리의 성화를 보증하는 그리스도와의 생동적 영적 연합에 대한 확고한 기초가 놓여진다. 칭의는 우리가 원칙상 진정으로 거룩해질 수 있는 유일한 상태로 즉시 인도한다. 칭의받은 자는 성화의 영도 받고, 하나님을 영화롭게 할 선행을 풍성히 행할 수 있는 유일한 사람이다.

I. 칭의의 다양한 견해

1. **로마 가톨릭의 견해.** 로마 가톨릭의 견해는 칭의와 성화를 혼동한다. 이는 칭의에 있어서 다음 요소들, 즉 (a) 내주하는 죄의 추방, (b) 하나님 은혜의 주입, (c) 죄의 용서를 포함한다. 죄인은 자기 편에서의 어떠한 공로 없이 선행적 은혜에 의해 칭의를 예비한다. 이러한 선행적 은총은 죄인을 지적 승인, 죄 의식, 회개, 그리스도 안에 있는 하나님의 은혜에 대한 확고한 신뢰, 새로운 생활의 시작, 세례를 받고자 하는 욕망으로 인도한다. 칭의는 죄의 부패가 세례시 제거된 후 새로운 덕목들의 주입에 있다. 내주하는 죄가 축출된 이후 죄의 용서 혹은 죄책의 제거가 필연적으로 수반된다. 그 이후 기독교인은 덕에서 덕으로 나아가 공로적인 행위를 수행할 수 있고, 그 보상으로 더 많은 양의 은혜와 더 완전한 칭의를 받는다. 칭의의 은혜는 상실될 수 있지만 고해성사에 의해 다시 회복될 수 있다.

2. **피스카토르의 견해.** 피스카토르는 그리스도의 수동적 순종만이 칭의시 죄인에게 전가되어 죄의 용서로 이끈다고 가르쳤다. 또 그는 그리스도의 능동적인 순종은 죄인에게 전가될 수 없으므로 죄인은 양자 됨과 영원한 기업에 이르지 못하는데, 이는 인간 그리스도 예수가 이 점에 있어서는 하나님에게 의존한다는 데 기인하는 것이라고 가르쳤다. 더욱이 그리스도가 우리를 위해 율법을 성취하셨다면 우리는 율법을 준수할 책임을 가지지 않는다. 피스카토르는 죄의 형벌과 율법의 준수가 서로 배제하는 양자택일이라고 이해한다. 그는 죄인 자신의 개인적 순종이 장래의 희망에 대한 유일한 근거라고 이해할 수 있는 여지를 남겨두었다. 이 견해는 알미니우스주의자들의 견해와 유사하고, 중세 시대의 안셀름의 견해와 동일선상에 있다.

3. **오지안더의 견해.** 오지안더는, 루터 교회 안에 비록 현저한 차이가 있지만 로마 가톨릭의 칭의 개념의 본질들이 부흥되는 경향을 보여준다. 그는 칭의란 그리스도의 대리적 의가 죄인에게 전가되는 것이라기보다는 새 생명의 원소가 주입되는 것이라

고 주장했다. 그에 의하면, 우리가 칭의받는 의는 성부 하나님의 영원한 의로서 성자 예수 그리스도에 의해 우리에게 이식되거나 주입된다.

4. 알미니우스주의의 견해. 알미니우스주의자들은, 그리스도가 하나님의 정의를 엄격하게 만족시키지는 못했지만 죄에 대한 실제적인 화목제물(propitiation)을 드렸는데, 하나님은 이를 은혜롭게 받아들이고 죄를 용서하고 죄인을 칭의하는 데 있어서 만족할 만한 것으로 판결하셨다. 이는 단지 과거를 청산할 뿐이지만 하나님은 또한 장래를 예비하신다. 하나님은 신자의 신앙, 즉 신자의 모든 종교적 신앙을 포괄하는 신앙, 복음적 순종을 그의 의로 간주한다. 이러한 견해에서는 신앙은 칭의의 적극적 요소에 대한 단순한 도구가 아니라 칭의가 기초된 은혜롭게 인정된 근거이다. 따라서 칭의란 하나님의 법적인 행동이 아니라 주권적인 행동이다.

5. 바르트의 견해. 바르트는 칭의를, 순간적인 행위 혹은 단번에 성취되어 그 이후에는 성화가 수반되는 행위로 이해하지 않는다. 그에 의하면, 칭의와 성화는 항상 동행한다. 파욱(Pauck)은, 바르트에 의하면 칭의는 성장 혹은 윤리적인 발전이 아니라고 말한다. 칭의는 항상 인간이 자신의 삶을 건설했던 신념과 가치에 대해 전적으로 절망하는 시점에 이를 때마다 새롭게 일어난다. 투르나이젠 역시 칭의가 단번에 일어난다는 견해를 거부하고, 이러한 견해를 경건주의적 견해라고 부르며, 이는 종교개혁의 교리에 치명적인 해를 준다고 주장한다.

깊은 연구를 위한 질문

고전 헬라어에서 '디카이오오'는 어떠한 의미를 가지는가? 칭의는 창조적 행동인가, 혹은 선언적 행동인가? 과거의 죄들과 연관할 때 칭의를 법적인 사면의 의미와 다른 의미로 생각할 수 있는가? 칭의를 인간에게 객관적이고 외부적인 것으로만 이해해야 하는가? 신학에서 칭의의 형식적 원인이란 무엇을 의미하는가? 이 점에 있어서 로마교회와 개신교회는 어떻게 다른가? 로마 가톨릭의 불어넣어진 신앙에 의한 칭의는 실제로 신앙에 의한 칭의인가, 아니면 신앙을 가장한 사랑에 의한 칭의인가? 율법폐기론자들의 영원 전의 칭의론은 무엇인가? 뷰캐넌과 커닝엄이 실제적 칭의와 선언적 칭의로서 능동적 칭의와 수동적 칭의를 구분하는 것은 타당한가? 우리는 선언적 칭의(수동적 칭의)에서 하나님께서 죄인을 있는 그대로의 모습대로 선언한다고 말할 수 있는가? 슐라이어마허, 리츨, 현대 자유주의 신학의 칭의론은 어떠한가?

X
성화

A. 성화와 거룩함에 대한 성경적 용어

1. 구약 성경. '거룩하게 하다'라는 구약 성경적 용어는 카다쉬로 니팔, 피엘, 히필, 힛파엘의 형태로 사용된 동사이다. 명사형은 코데쉬며 형용사형은 카도쉬이다. 동사 형태는 명사형과 형용사형에서 유래한다. 이 단어들의 원래 의미는 확실하지 않다. 어떤 학자들은 '카다쉬'는 '비춘다'는 의미의 '차다쉬'와 관련된다고 주장한다. 이는 성경적인 거룩함의 개념의 특질, 즉 순결의 개념과 조화되고 있다. 어떤 사람들은 이 단어가 '자르다'란 의미의 '카드'란 어근에서 유래했다고 주장하는데, 이는 더 높은 개연성이 있다. 이는 분리의 개념이 원래의 의미였다는 것이다. 따라서 이 단어는 초연, 분리, 장엄을 나타낸다. '성화', '거룩함'이라는 단어들의 이러한 의미는 우리에게 생소한 것이지만, 이것이 근본적인 개념이었음에 틀림없다.

거들스톤(Girdlestone)은 "'성화' '거룩함'이라는 용어는 지금은 도덕적·영적 특성을 나타내는 말로 빈번히 사용되어, 하나님과 그에게 봉헌된 어떤 사람이나 사물과의 '위치 혹은 관계'라는 개념을 독자들에게 전달할 수 없게 되었다. 하지만 바로 이것이 이 단어의 실제 의미다." 이와 유사하게 크레머-쾨겔은 거룩함의 개념에는 분리의 개념이 가장 근본적이라는 사실에 주목한다. "거룩함은 관계적 개념이다"라고 말한다. 동시에 거룩함과 분리의 두 개념은 혼합되거나 어느 하나에 흡수되는 개념도 아니며, 거룩함은 분리의 개념을 어느 정도 제한하는 기능을 수행한다는 것이 인정되고 있다.

2. 신약 성경.
(1) 동사 하기아조와 다양한 의미들. '하기아조'라는 동사는 히브리어 '카도쉬'와 같이 먼저 분리의 개념을 표현하는 '하기오스'의 파생어이다. 하지만 신약 성경에서 이는 몇 가지 상이한 의미로 사용되었다. ① 이는 인간이나 사물의 정신적 의미로 사용된다(마 6:9; 눅 11:2; 벧전 3:15). 이러한 경우 이는 "어떤 대상을 거룩하게 여기다", "그것

에 거룩함을 귀속시키다", "말이나 행동으로 거룩함을 인정하다"라는 의미다. ② 종종 이 단어는 예식적인 의미로, 즉 "신성한 목적을 위해 일반적인 것들과 구별된다" 혹은 "일정한 직책을 위해 따로 구별하다"는 의미로 사용된다(마 23:17, 19; 요 10:36; 딤후 2:21). ③ 또 이 단어는 하나님께서 성령을 통하여 인간 안에 거룩함의 주관적 속성을 야기시키는 사역을 나타내실 때 사용된다(요 17:17; 행 20:32; 26:18; 고전 1:2; 살전 5:23). ④ 마지막으로, 히브리서에서는 속죄적 의미로 사용되었고, 바울의 디카이오오와 연관된 의미로 사용된다(히 9:13; 10:10, 29; 13:12).

(2) 거룩함을 나타내는 형용사들

① 히에로스: 가장 적게 사용되고 가장 희미한 의미를 전달하는 단어다. 이는 고전 9:13; 딤후 3:15에서만 발견되고, 사람이 아니라 사물에게 사용된다. 이는 도덕적 우월성이 아니라 하나님과의 관계에서 연유된 사물의 신성 불가침적인 성격을 표현하고 있다. 이는 영어로는 sacred(신성한)으로 번역하는 것이 가장 좋다.

② 호시오스: 자주 사용되는 단어다. 이는 행 2:27; 13:34, 35; 딤전 2:8; 딛 1:8; 히 7:26; 계 15:4; 16:5에서 나타나고, 사물뿐만 아니라 하나님과 그리스도에게도 적용된다. 이는 인격이나 사물이 불결이나 사악이 없고, 좀 더 능동적으로는 종교적으로 모든 도덕적 의미를 성취함을 서술한다.

③ 하그노스: 이 단어는 고후 7:11; 11:2; 빌 4:8; 딤전 5:22; 약 3:17; 벧전 3:2; 요일 3:3에 나온다. 이 단어의 근본적인 개념은, 윤리적 의미에서 불순과 불결이 없는 것이다.

④ 하기오스: 하지만 신약 성경에서 가장 특유한 단어는 하기오스다. 본래의 의미는, 성별되어 하나님을 섬기기 위해 봉헌된다는 것이다. 이와 함께 하나님을 위해 세상에서 따로 구별된 것은 세상의 오욕으로부터 자신을 구별해야 하며 하나님의 순수함에 참여해야 된다는 개념이 나타난다. 이는 하기오스가 윤리적인 의미를 신속하게 획득하는 사실을 설명해 준다. 이 단어가 신약 성경에서 항상 동일한 의미로 사용된 것은 아니다. (a) 이 단어는 외부적인 공적 관계, 즉 하나님을 섬기기 위해 일반적인 목적과는 구별된 존재를 나타내는 데 사용된다. 예를 들면, "거룩한 선지자들"(눅 1:70), "거룩한 사도들"(엡 3:5), "하나님의 거룩한 사람들"(벧후 1:21). (b) 하지만 이 단어는 하나님과 긴밀한 관계를 유지하고 하나님을 기꺼이 섬기기 위한 특질을 나타내는 윤리적 의미로 더 빈번하게 사용된다(엡 1:4; 5:27; 골 1:22; 벧전 1:15,16). 성화의 가르침에 있어서 우리는 이 단어를 우선 후자의 의미로 사용하고자 한다는 것을 명심할 필요가 있다. 성화와 관련해서 거룩함을 언급할 때 우리는 외부적 관계와 주관적인 내적 특질

양자를 고려한다.

(3) 성화와 거룩함을 나타내는 명사들. 성화에 대한 신약 성경적 용어는 하기아스모스다. 이는 10회 출현한다(롬 6:19, 22; 고전 1:30; 살전 4:3, 4, 7; 살후 2:13; 딤전 2:15; 히 12:14; 벧전 1:2). 이 단어가 윤리적 순결을 나타내기는 하지만, 분리의 개념, 즉 "모든 불순하고 타락된 것으로부터의 영의 분리와, 육신과 마음의 욕망이 우리에게 초래하는 모든 죄를 포기함"이라는 의미를 포함한다. 하기아스모스가 성화의 사역을 나타내기는 하지만 이 과정의 결과를 나타내는 두 가지 다른 단어, 즉 '하기오테스'와 '하기오수네'가 있다. 전자는 고전 1:30; 히 12:10에서 발견되며, 후자는 롬 1:4; 고후 7:1; 살전 3:13에서 발견된다. 이 구절들은 거룩함의 특질, 즉 오염과 불순의 전무함이 하나님에게 본질적이며 예수 그리스도에 의해 제시되고 모든 그리스도인들에게 분여되었다는 것을 보여준다.

B. 성화론의 역사

1. 종교개혁 이전. 교회는 성화론의 역사적 전개에 관해 우선 다음 3가지 문제에 관심을 둔다: (1) 성화에서 하나님의 은혜와 칭의의 관계 (2) 성화와 칭의의 관계 (3) 현세에서의 성화의 정도. 초대 교부들의 문헌들은 성화론에 대해서는 거의 언급하지 않는다. 인간이 구원을 위해 신앙과 선행에 의존해야 한다는 것을 가르친다는 점에서 도덕주의의 경향이 현저하게 나타난다. 세례 전에 지은 죄는 세례시 씻겨지지만 세례 이후에 지은 죄는 속죄와 선행이 필요하다. 그는 미덕의 삶을 영위해서 주님의 인정을 받아야 한다. 스코트는 「니케아 신학」(*The Nicene Theology*)에서, "이러한 이원론은 성화의 영역을 그리스도의 구속과 간접적으로만 연결시키게 했다. 이는 본래 죄에 대한 불완전한 개념, 율법주의, 성례주의, 사제적 정략(priestcraft), 과도한 수도사적 헌신 등이 성장하는 온상이 된다"고 말한다. 금욕주의는 가장 중요한 요소로 간주되었다. 칭의와 성화를 혼동하는 경향도 있다.

아우구스티누스는 성화에 대한 다소 명확한 개념을 발전시킨 최초의 인물로, 그의 견해는 중세 교회에 결정적인 영향을 주었다. 그는 칭의와 성화를 명확히 구분하지는 않았지만 성화가 칭의 안에 포함되는 것으로 이해했다. 그는 타락에 의한 인간 본성의 전적 부패를 신봉하므로, 성화를 신적 생명의 새로운 초자연적 분여, 즉 교회의 영역 안에서 성례를 통해 역사하는 새로운 에너지의 주입이라고 이해했다. 그는 그리스도에 대한 인격적 사랑이 성화의 구성적 요소라는 것을 인정했지만, 성화에서 하나님의 은혜를 형이상학적으로 이해했다. 즉 그는 성화를 인간 안에 있는 하나님의 예치물(deposit)로 이해했다. 그는 구속자 그리스도에 대한 신앙에 지속적으로 몰입하는 것이 그리스도인의 삶의 변화에서 가장 중요한 요소라는 것을 충분히 강조하지 못했다.

아우구스티누스의 가르침에서 나타나는 경향들은 중세 시대의 신학에서 결실되어 토마스 아퀴나스의 저작에서 가장 발전된 형태로 나타난다. 칭의와 성화는 명확하게 구분되지 않고, 칭의는 인간 영혼에 있어 본질적인 신적 은혜의 주입을 포함하게 된다. 이 은혜는 일종의 부가적 선물(*donum superadditum*)로, 인간이 새로운 수준 즉 좀 더 고차적인 존재의 질서로 상승하여 하나님을 인식하고 소유하고 향유하는 천상적 목표를 성취할 수 있게 한다. 은혜는 영원히 소진되지 않는 그리스도의 공로의 보고에서 유래하는 것으로, 성례에 의해 신자들에게 분여된다. 하나님의 관점에서 이해한다면, 영혼 안의 이 성화적 은혜는 원죄의 용서를 보증하며, 본래적 의의 영원한 성향을 분여하고, 발전과 완성을 위한 잠재력을 지니고 있다. 여기에서 새로운 생활이 모든 미덕과 함께 전개된다. 선행은 중죄에 의해 무효화되거나 파괴될 수 있다. 하지만 세례 이후 범한 허물은 가벼운 죄일 경우는 성체성사(성찬)에 의해 제거되며, 중죄의 경우에는 고해성사에 의해 제거될 수 있다. 인간적인 관점에서 본다면, 사랑을 통해 역사하는 신앙의 초자연적 행위들은 하나님 앞에서 공로가 되어 은혜의 증대를 보증한다. 하지만 그러한 행위들은 하나님의 은혜의 지속적 역사가 없이는 불가능하다. 모든 과정의 결과는 성화보다는 칭의로 이해된다. 이는 하나님 앞에서 인간을 의롭게 만든 것이다. 이러한 사상들은 트렌트 공의회의 신조와 교칙에 구체화되어 있다.

2. 종교개혁 이후. 종교개혁자들은 성화를 언급함에 있어서 자연과 초자연의 대립보다는 죄와 구속의 대립을 강조한다. 이들은 칭의와 성화를 명확히 구분하고, 칭의는 신적 은혜의 법적 행위로서 인간의 법적 지위에 영향을 주는 것으로 이해하며, 성화는 도덕적 재창조적 사역으로서 인간의 내면을 변화시키는 것으로 이해한다. 하지만 이들은 양자를 조심스럽게 구분하면서도 양자의 불가분의 성격을 강조한다. 인간이 신앙으로만 칭의받는다고 깊이 확신하면서도 이들은 칭의받는 신앙이 홀로 있는 것은 아니라고 이해한다. 칭의는 하나님께서 하나님의 백성들이 칭의받는 순간 이들의 심령에 아들의 영, 즉 성화의 영을 보내주시므로 즉시 성화를 수반하게 된다. 이들은 성화의 은혜를 성례를 통해 인간 안에 주입되는 초자연적 본질이 아니라 먼저는 말씀, 그 후에는 성례를 통한 성령의 초자연적이며 자비로운 사역으로 이해했다. 말씀과 성

례로 인해 성령은 우리를 죄의 세력에서 점진적으로 해방시키며 우리가 선행을 행할 수 있도록 한다. 종교개혁자들은 어떤 식으로든 칭의와 성화를 혼동시키지 않으면서도, 행위의 의의 위험을 회피하기 위해서는 하나님의 값없고 용서하는 은혜가 강하게 강조되는 칭의와 인간의 협력을 요청하는 성화 간에 가능한 한 밀접한 관련을 유지할 필요성을 느끼게 되었다.

경건주의와 감리교에서는 그리스도와의 지속적 교제가 성화의 중요한 수단으로 크게 강조된다. 칭의를 희생시킬 정도로 성화를 고양시킴으로써 이들은 자기 의의 위험을 완전히 회피하지는 못한다. 웨슬리는 칭의와 성화를 구분했을 뿐만 아니라 실제로 이를 분리시키고, 성화 전체를 첫 번째 은혜인 이신칭의 이후 조만간 오게 되는 두 번째 은혜라고 언급했다. 합리주의와 칸트의 도덕주의적 영향으로 인하여 성화는 죄인을 갱신하는 성령의 초자연적 사역으로 간주되지 않게 되었으며, 인간의 자연적 능력에 의한 도덕적 개선 수준으로 격하게되었다. 슐라이어마허에게 성화는, 우리 안에 단순히 감각적이고 도덕적으로 결여된 세계의 의식에 대한 신(神)의식의 점진적인 지배에 불과하다. 그리고 리츨에게 성화는, 우리가 하나님의 나라의 구성원으로서 우리의 소명을 성취할 때 획득되는 기독교적 삶의 도덕적 완성이다. 현대 자유주의 신학에서 성화란 일반적으로 고차적 자아의 지배에 의한 인간의 하위적 자아의 점진적인 구속에 불과하다. 성품에 의한 회복이 오늘날의 표어이며, '성화'라는 용어는 단순한 도덕적 개선을 의미하게 되었다.

C. 거룩함과 성화에 대한 성경적 개념

1. 구약 성경. 성경에서는 거룩함의 특질이 우선 하나님에게 적용되며, 하나님에게 적용될 때 그 기본적인 개념은 '접근할 수 없음'이다. 이러한 접근할 수 없다는 개념은 하나님이 신적이며 따라서 피조물과는 절대적으로 구분된다는 사실에 기초한다. 이런 의미에서 거룩함이란 하나님 안에 있는 다른 속성들과 연관된 속성에 불과한 것이 아니다. 이는 오히려 하나님 안에서 발견되는 모든 것의 속성으로 단정할 수 있는 것이다. 하나님은 은혜에 있어서도 의에 있어서도, 진노뿐만 아니라 사랑에 있어서도, 거룩하시다. 엄격히 말해서 거룩함은 윤리적 의미에 있어서만 하나의 속성이다. 이 단어의 윤리적 의미는 위엄이라는 의미에서 도출되었다. 이러한 발전은, 죄악된 존재는 무죄한 존재보다 하나님의 위엄을 좀 더 명확히 의식한다는 개념에서 출발한다.

죄인은 자신의 불결이 하나님의 순결한 위엄과는 배치되는 것으로 인식하게 된다(사 6장 참조).

오토(Otto)는 원래 의미의 거룩함이란 물(物) 자체(the numenous)라고 언급하고, 여기에 대한 특유한 반응을 "피조 감정, 피조 의식", 자아를 무가치하다고 평가함이라고 명명할 것을 제안한다. 또 그는 여기서 파생된 윤리적 의미에서의 거룩함에 대한 반응을 '절대적 신성모독 감정'이라고 언급한다. 따라서 순결한 위엄, 윤리적 지고성이라는 거룩함의 개념이 발전된다. 이러한 순수성은 그 자체를 입증하며 그 영광을 유지해야 하는 하나님 안에서의 능동적 원리이다. 이는 성경에서 거룩함이, 삼킬 것 같은 불로 변환되는 신적 영광의 빛으로 제시되는 사실을 설명해 준다(사 5:24; 10:17; 33:14, 15). 하나님의 거룩함에 대해 인간은 자신이 무가치할 뿐만 아니라 능동적으로 불결하고 죄 많으며 하나님의 진노의 대상임을 느끼게 된다. 하나님은 구약 성경에서 자신의 거룩함을 다양한 방식으로 계시하셨다. 그는 이스라엘의 적들에 대해 무서운 심판으로 거룩함을 계시하신다(출 15:11, 12). 또 세상에서 한 백성들을 하나님을 위해 구분함으로써 이를 계시하신다(출 19:4-6; 겔 20:39-44). 불결하고 무신적 세계에서 백성을 선택함으로써 하나님은 세상과 세상의 죄에 대해 대항하셨다. 더욱이 그는 불충성한 백성들을 용서하심으로써, 속화된 세상이 하나님의 사역의 실패를 보고 기뻐하지 못하게 하셔서 자신의 거룩함을 나타내셨다(호 11:9).

파생적 의미에서 거룩함의 개념은 하나님과 특별한 관계가 있는 사물과 사람들에게 적용된다. 가나안 땅, 예루살렘 도성, 성전의 언덕, 성막과 성전, 안식일, 절기들, 이 모든 것은 하나님에게 성별된 것으로, 하나님의 거룩한 위엄의 광채 안에 위치하므로 거룩하다고 일컬어졌다. 마찬가지로 선지자들, 레위인들, 제사장들은 주님을 특별하게 섬기도록 구분되었으므로 거룩하다고 일컬어진다. 이스라엘은 신성한 장소, 신성한 절기, 신성한 예식, 신성한 사람을 가지고 있다. 하지만 이는 아직 윤리적 개념은 아니다. 어떤 사람은 신성한(sacred) 사람이 될 수는 있지만 그 심령에 하나님의 은혜를 전적으로 결여할 수 있다. 새 세대뿐만 아니라 옛 세대에서도 윤리적 거룩함은 성령의 갱신하고 성화시키는 사역에 의해 일어난다. 하지만 거룩함의 개념이 철저히 영성화된 곳에서도 이는 관계를 표현한다는 것을 명심해야 한다. 거룩함의 개념은 그 자체로 고려된 도덕적 선이 아니라, 항상 하나님과의 관계에서 보여진 윤리적 선의 개념을 지닌다.

2. 신약 성경. 구약 성경에서 신약 성경으로 넘어갈 때 우리는 현저한 차이를 인식하게 된다. 구약 성경에서는 하나님의 거룩함에 비견될 수 있는 어떠한 속성도 존재하

지 않지만 신약 성경에서는 거룩함이라는 단어가 하나님에게는 거의 적용되지 않는다. 구약 성경을 인용한 몇몇 구절을 제외하면 이는 오직 요한의 문서들에서만 나타난다(요 17:11; 요일 2:20; 계 6:10). 신약 성경에서는 거룩함이 하나님의 영의 독특한 특징을 나타낸다는 사실이 이에 대한 설명이 될 것이다. 하나님의 영에 의해 신자들은 성화되고, 봉사할 권능을 받고, 영원한 목표로 인도된다(살후 2:13; 딛 3:5). '하기오스'라는 말은 하나님의 영과 연관되어 거의 100번 정도 사용된다. 하지만 신약 성경에서의 거룩함과 성화의 개념은 구약 성경적 개념과 동일하다. 구약 성경뿐만 아니라 신약 성경에서도 거룩함은 파생적 의미로서 인간에게 적용된다. 구약 성경뿐만 아니라 신약 성경에서도 윤리적 거룩함은 도덕적 정직 이상이며, 성화는 단순한 도덕적 개선 이상을 의미한다. 성품에 의한 구원을 언급하고 있는 오늘날에는 양자가 자주 혼동되고 있다. 어떤 사람이 도덕적 개선을 자랑할 수는 있다. 하지만 그는 성화에는 전혀 문외한일 수 있다. 성경은 순수하고 단순한 도덕적 개선을 요구하는 것이 아니라, 하나님과 관련되고 하나님을 위하며 하나님을 섬기기 위한 도덕적 개선을 요구한다. 바로 이 점에 있어서 오늘날의 윤리적 설교들은 전적으로 잘못되어 있으며, 이를 시정하려면 진정한 성화론이 제시될 필요가 있다. 성화는 '칭의받은 죄인을 죄의 부패로부터 해방하고 그의 본성 전체를 하나님의 형상으로 갱신하며 그가 선행을 할 수 있게 하는 성령의 자비롭고 지속적인 사역'이라고 정의될 수 있다.

D. 성화의 본질

1. 하나님의 초자연적 사역이다.　어떤 사람들은 성화를, 의지에게 동기를 설득력 있게 부여함으로써 중생에 의해 영혼 안에 주입된 새로운 생명이 도출되는 것이라는 잘못된 개념을 지니고 있다. 성화는 근본적으로 그리고 우선적으로 중생시 출생한 거룩한 성향이 강화되고 그 거룩한 수행이 증대되게 하는 영혼 안에서의 신적 작용이다. 하나님이 수단을 사용하는 한 인간이 이 수단을 적절하게 사용함으로써 협력할 수 있고 또 협력할 것이 기대되지만, 성화는 본질적으로 하나님의 사역이다. 성경은 성화의 초자연적 성격을 몇 가지 방식으로 제시한다. 성경은 성화가 하나님의 사역(살전 5:23; 히 13:20, 21), 예수 그리스도와의 생명의 연합의 열매(요 15:4; 갈 2:20; 4:19), 안으로부터 인간에게 역사되며 바로 그러한 이유로 인해 인간의 사역으로 여겨질 수 없는 사역(엡 3:16; 골 1:11)이라고 서술한다. 또 성경은 그리스도인의 모든 미덕의 발현이 성령의 역사

라고 언급한다(갈 5:22). 성화는 결코 인간의 영적 발전에서 자연적 과정으로 제시되거나, 현대 자유주의 신학에서 행해지듯 인간의 업적으로 격하되어서는 안 된다.

2. 두 부분으로 구성된다. 성경에서 성화의 두 부분이 다음과 같이 제시되고 있다.

(1) 옛사람, 죄의 몸의 극복. 이러한 성경 용어는 죄로 인한 인간 본성의 부패와 타락이 점진적으로 제거되게 하는 하나님의 행위를 나타낸다. 이는 종종 성경에서 옛사람을 십자가에 못 박는 것으로 표현되며, 그리스도의 십자가상의 죽음과 연관된다. 옛사람은 죄로 인해 죄의 지배를 받는 인간의 본성이다(롬 6:6; 갈 5:24). 갈라디아서의 문맥에서 바울은 육신의 행위와 성령의 행위를 대조시키며 "그리스도 예수의 사람들은 육체와 함께 그 정욕과 탐심을 십자가에 못 박았느니라"라고 말한다. 이는 그들의 경우 성령이 지배력을 행사하신다는 것을 의미한다.

(2) 그리스도 예수 안에서 선을 위해 창조된 새사람의 소생. 성화의 전반부가 소극적인 성격을 가지고 있다면 이 부분은 적극적이다. 이는 영혼의 거룩한 성향이 강화되고 거룩한 실천들이 증대되고 새로운 생의 과정이 창출되고 촉진되는 하나님의 행위이다. 죄의 옛 구조가 점진적으로 파괴되고, 그 대신 하나님의 새로운 구조가 건조된다. 성화의 이 두 부분은 연속적이라기보다는 동시적이다. 하나님께 감사할 것은, 새로운 건물의 점진적인 건축 과정이 옛 건물이 완전히 파괴될 때까지 지연되지 않는다는 것이다. 만약 이렇게 지연되어야 한다면 이는 결코 이생에서 시작될 수 없을 것이다. 옛 것이 점진적으로 해체됨에 따라 새 것이 모습을 드러낸다. 이는 유독한 냄새로 가득 채워진 집을 환기시키는 것과 같다. 옛 공기가 빠져 나가게 됨에 따라 새로운 공기가 들어온다. 이러한 성화의 적극적인 측면은 종종 "그리스도와 함께 살리심을 입음"이라고 불린다(롬 6:4, 5; 골 2:12; 3:1, 2). 이것이 인도하는 새로운 생은 하나님을 향하여 사는 것이라고 불린다(롬 6:11; 갈 2:19).

3. 인간 전체 즉 몸과 영혼, 지성과 감성과 의지 전체에 영향을 준다. 이는 성화의 본질에서 유래한다. 왜냐하면 성화는 인간의 내면적인 삶에서, 심령에서 일어나는데, 인간이 내면적인 삶의 변화는 필연적으로 인간 전체를 변화시키기 때문이다. 내면적 인간이 변화된다면 주변부에서도 변화가 일어나야 한다. 더욱이 성경은 성화가 몸과 영혼 전체에 영향을 준다고 명백하고 분명하게 가르친다(살전 5:23; 고후 5:17; 롬 6:12; 고전 6:15, 20). 여기서 몸은 죄악된 경향과 습관과 감정이 표현되는 죄악된 영혼의 기관 혹은 도구로 고려되고 있다. 몸의 성화는 특별히 죽음의 위기와 죽은 자의 부활에서 나타난다. 마지막으로, 성경에서는 성화가 영혼의 모든 능력 혹은 모든 기능 즉 오성(렘

31:24; 요 6:45), 의지(겔 36:25-27; 빌 2:13), 감정(갈 5:24), 양심(딛 1:15; 히 9:14)에 영향을 준다고 가르친다.

4. 신자가 협력하는 하나님의 사역이다. 인간이 성화의 사역에 참여한다고 말하는 것은, 인간이 성화의 사역에 있어서 독립적인 행위자가 되어 성화를 부분적으로는 하나님의 사역이고 부분적으로는 인간의 사역으로 만든다는 의미가 아니다. 오히려 이는 하나님께서 인간에게 성령에 기도와 지성으로 협력할 것을 요구함으로써 이성적 존재로서 인간이라는 도구를 통해 부분적으로 성화의 사역을 수행한다는 의미다. 인간이 하나님의 영과 협력해야 된다는 것은 (1) 인간이 인생의 함정을 회피하는 데 있어서 능동적이어야 한다는 것을 명확히 암시하고 있는 유혹과 사악한 행동에 대한 반복된 경고(롬 12:9, 16, 17; 고전 6:9, 10; 갈 5:16-23), (2) 거룩한 삶에 대한 계속적인 권면에 잘 나타나 있다. 이들은 신자가 그의 생에 있어서 도덕적이고 영적인 개선을 위한 수단들을 강구하는 데 있어서 근면해야 한다는 것을 내포한다(미 6:8; 요 15:2, 8, 16; 롬 8:12,13; 12:1, 2, 17; 갈 6:7, 8,15).

E. 성화의 특성

1. 위에서 진술한 바와 같이, **성화는 인간이 아니라 하나님이 주체이신 하나님의 사역이다.** 소위 자유 의지의 대변자만이 성화가 인간의 사역이라고 주장할 수 있다. 그럼에도 불구하고 인간이 하나님이 그의 통제하에 두신 수단들을 사용함으로써 성화를 증대시키도록 노력할 수 있고 또 노력해야 한다는 점에서 성화는 중생과 구분된다. 이는 성경에서 명확히 가르치고 있다(고후 7:1; 골 3:5-14; 벧전 1:22). 철저한 율법폐기론자(Antinomian)들은 이 중요한 진리를 망각하고, 조심스럽게 죄를 회피할 필요성을 느끼지 못한다. 왜냐하면 그들은, 죄는 사형 선고를 받은 옛사람에게만 영향을 줄 수 있고 그리스도의 거룩함으로 거룩하게 된 새사람에게는 영향을 미칠 수 없다고 주장하기 때문이다.

2. **성화는 부분적으로는 잠재 의식에서 일어나고 이러한 점에서 성령의 직접적 사역이다.** 뿐만 아니라 성화는 부분적으로는 의식 영역에서 일어나고 신앙의 지속적 실천, 하나님의 말씀의 연구, 기도, 다른 신자들과의 연합 등과 같은 일정한 수단의 활용에 의존한다.

3. **성화는 통상적으로 장구한 과정이며 이생에서는 결코 완성에 도달할 수 없다.** 동시에 매우 짧은 순간 혹은 순간적으로 완성되는 사례들, 예를 들면 일시적인 죽음 이후

곧 중생과 회심이 일어나는 사례들이 존재한다. 우리가 신자의 성화가 사망 직후 완성된다는 가정을 발전시킨다면(성경은 영혼에 관련되는 한 이를 가르치고 있는 듯하다) 그러한 사례들에 있어서는 영혼의 성화가 거의 즉시 완성된다.

4. 신자의 성화는 영혼에 있어서는 사망 바로 그 순간에 혹은 사망 직후에 완성되며, 몸에 있어서는 부활시에 완성된다. 이는 한편으로는 성경이 이생에서는 아무도 무죄를 주장할 수 없다고 가르치고(왕상 8:46; 잠 20:9; 롬 3:10, 12; 약 3:2; 요일 1:8), 또 한편으로는 오래전에 죽은 자가 전적으로 성화되었다고 가르치는 사실에 기인한다. 성경은 이들을 "온전하게 된 의인의 영들"(히 12:23), "흠이 없는 자들"(계 14:5)라고 말한다. 더욱이 우리는 하나님의 천성에는 "무엇이든지 속된 것이나 가증한 일 또는 거짓말하는 자는 결코 그리로 들어오지 못하리라"(계 21:27)는 말씀과 그리스도께서 재림하실 때에 "우리의 낮은 몸을 자기 영광의 몸의 형체와 같이 변하게 하시리라"(빌 3:21)는 말씀을 발견한다.

F. 성화의 조성자와 수단

성화는 삼위일체 하나님의 사역이지만 좀 더 구체적으로는 성령의 사역이라고 볼 수 있다(롬 8:11; 15:16; 벧전 1:2). 신학 연구를 인간학적으로 접근할 필요성을 강조하며 하나님 나라의 봉사로의 부르심만을 편협하게 강조하는 우리 시대에는 인간이 아니라 하나님이 성화의 주체라는 사실을 강조하는 것이 각별한 중요성을 지니고 있다. 특별히 미국 종교 생활을 특징짓고 하나님의 은혜보다는 인간의 사역에 영광을 돌리는 행동주의(Activism)에 대해서, 성화는 칭의의 열매요 성화는 칭의 없이는 불가능하며 양자는 죄인의 구속에 있어서의 하나님의 열매들이라는 사실은 아무리 강조해도 지나치지 않다. 인간은 하나님의 영과 협력하는 특권을 소유했지만 인간은 하나님의 영이 날마다 그에게 분여하는 힘에 의존해서 이 일을 행할 수밖에 없다. 인간의 영적인 성장은 인간의 업적이 아니라 하나님의 은혜의 사역이다. 인간은 그가 영적인 성장에 도구적으로 기여한다는 것에 대해 어떠한 칭찬도 받을 수 없다. 성과가 잠재 의식에서 일어나는 한 이는 성령의 직접적인 사역에 의해 일어난다. 하지만 신자의 의식 영역에서 역사할 때 성화는 성령이 사용하는 몇 가지 수단에 의해 일어난다.

1. 하나님의 말씀. 로마교회에 반대하여, 성령이 사용하는 가장 중요한 수단은 하나님의 말씀이라는 것을 주장해야 한다. 진리 그 자체는 신자를 성화시킬 적절한 효과를 야기시킬 수 없다. 하지만 이는 성령에 의해 사용될 때 성화의 수단이 된다. 성경은

거룩한 실천과 행위들에 대한 모든 객관적 조건들을 제시한다. 성경은 동기와 이유를 제시함으로써 영적인 활동을 자극하고, 금지와 권면과 사례들을 통해 영적인 생활을 지도한다(벧전 1:22; 2:2; 벧후 1:4).

2. 성례. 이는 로마교회에서 최고의 수단이다. 개신교인들은 이를 하나님의 말씀에 종속된 것으로 이해하며, 때로 이들을 '보이는 말씀'이라고 언급하기도 한다. 이는 하나님의 말씀 안에 언어로 표현된 동일한 진리를 상징하며, 이를 우리에게 보증한다. 또 이는 진리를 생동적으로 제시하고 성령께서 거룩한 활동을 위한 기회를 만드시는 행동화된 말씀으로 이해될 수 있다. 이들은 하나님의 말씀에 종속될 뿐만 아니라 하나님의 말씀이 없이는 존재할 수 없고, 항상 말씀이 수반된다(롬 6:3; 고전 12:13; 딛 3:5; 벧전 3:21).

3. 섭리적 인도. 호의적이든 적대적이든 하나님의 섭리는 종종 성화의 강력한 수단이 된다. 말씀을 통한 성령의 사역과 연관되어 하나님의 섭리는 우리의 자연적 감정에서 역사하며, 따라서 종교적 진리에 대한 인상을 심화시키고 감화시킨다. 그의 섭리적인 인도를 해석하는 데 있어서는 하나님의 계시의 빛이 필수적이라는 것을 명심할 필요가 있다(시 119:71; 롬 2:4; 히 12:10).

G. 성화와, 구원의 순서의 다른 단계들의 관계

성화와 구속 사역의 다른 단계들의 관계에 대해 올바른 개념을 갖는 것이 중요하다.

1. 성화와 중생의 관계. 여기에는 차이점도 있고 유사성도 있다. 중생은 단번에 완성된다. 이는 인간은 일부만 중생할 수 없고, 영적으로 죽은 자거나 산 자라는 사실에 기인한다. 성화는 과정으로서 점진적인 변화를 창출하며, 그 거룩함의 결과에 있어서 많은 단계들이 구분될 수 있다. 따라서 우리는 주님을 두려워하는 것으로부터 완전한 거룩함에 이르도록 권면받는다(고후 7:1). 하이델베르크 요리문답은 "가장 거룩한 사람도 이생에서는 이러한 순종의 미미한 시작만을 가질 수 있다"라고 말한다는 점에서 거룩함의 정도가 있다는 것을 전제하고 있다. 동시에 중생은 성화의 시작이다. 중생에서 시작된 갱신의 사역은 성화에서 지속된다(빌 1:6). 스트롱은 "마치 성장이 출생과 구분되고, 거룩한 성향의 강화가 이의 본래적인 부여와 구분되듯이, 성화는 중생과 구분된다"라고 말한다.

2. 성화와 칭의의 관계. 칭의는 은혜의 언약에서 성화에 선행하며 성화의 기초가 된다. 행위의 언약에서 의와 거룩함의 순서는 정반대이다. 아담은 하나님을 섬기는 거

룩한 성향과 기질로 창조되었지만, 이 거룩함을 기초로 영생을 획득할 수 있는 의를 성취해야만 했다. 또 칭의는 성화의 법적인 기초이다. 하나님은 우리에게 거룩한 삶을 요구할 권리를 지닌다. 하지만 우리 스스로는 이 거룩함을 성취할 수 없기 때문에 하나님은 우리 안에 칭의시 우리에게 전가된 예수 그리스도의 의를 기초로 성령을 통해 값없이 거룩함을 일으키신다. 성화가 칭의, 즉 하나님의 값없는 은혜가 가장 현저하게 나타나 있는 칭의에 기초한다는 사실은 우리가 성화에서 어떤 것을 성취할 수 있다는 개념을 배제한다. 칭의가 인간으로 하여금 공로적인 행위를 수행할 수 있게 한다는 로마 가톨릭의 견해는 성경과 모순되는 것이다. 칭의 자체는 우리의 내면적 존재에 변화를 야기시킬 수 없으며, 따라서 그 보완으로서 성화를 필요로 한다. 죄인이 하나님 앞에 의롭게 서는 것으로는 충분하지 않다. 그는 일생 동안 거룩해야 한다.

바르트는 칭의와 성화의 관계를 매우 독특하게 제시하고 있다. 모든 자기 의를 경계하기 위해 바르트는 양자가 항상 결합적으로 이해되어야 한다고 주장한다. 양자는 동행하며, 성화가 칭의를 뒤따른다는 식으로 수량적으로 이해될 수는 없다. 칭의는 통과하는 정류장도, 성화라는 고속도로에 나아가기 위한 성취된 사실도 아니다. 칭의는 인간이 확신을 가지고 회상할 수 있는 기정 사실이 아니라, 인간이 완전한 절망의 시점에 도달할 때마다 새롭게 일어나며, 따라서 성화와 항상 동행한다. 인간이 칭의 이후에도 죄인으로 남아 있듯이 성화에 있어서도 죄인으로 남아 있으며 가장 최선의 행위도 죄에 머무르게 된다. 성화는 거룩한 성향을 창출하지도, 점진적으로 인간을 정화시키지도 않는다. 성화는 인간이 어떤 개인적 거룩함을 소유하도록 하지 않으며 인간을 성인으로 만들지도 않고 죄인으로 방치한다. 성화는 칭의처럼 선언적 행동이다. 바르트를 긍정적으로 해석하는 맥코나치(McConnachie)는 "바르트에게 칭의와 성화란 인간에 대한 하나님의 한 행위의 두 측면이다. 칭의는 하나님께서 죄인을 의롭다고 선언하시는 죄인의 용서다. 성화는 하나님께서 죄인을 '거룩하다'고 선언하시는 죄인의 성화(sanctificatio impii)다." 하지만 모든 행위의 의의 흔적을 파기시키려는 바르트의 의도가 칭찬할 만한 것이기는 하지만, 그는 실제로 칭의와 성화를 혼동하고 그리스도인의 삶을 부정하며 확고한 신뢰의 가능성을 배제하는 또다른 극단으로 나아간다.

3. 성화와 신앙의 관계. 신앙은 칭의뿐만 아니라 성화에서도 매개적 혹은 도구적 원인이다. 신앙이 성화를 위한 공로가 되지 않는 것은 신앙이 칭의를 위한 공로가 되지 않는 것과 마찬가지이다. 신앙은 우리를 그리스도와 연합하게 하고 새 인간의 머리이신 그리스도와 항상 접촉하게 한다. 그리스도는, 성령의 사역을 통해 우리 안에 있

는 새 생명과 점진적 성화의 근원이다. 성화가 칭의에 기초하며 어떠한 다른 기초도 불가능하며 거룩한 방식에서 진보하기 위해서는 지속적인 신앙 활동이 필요하다는 사실을 인식함으로써, 우리는 하나님을 닮고 거룩한 생활로 나아가려는 우리의 노력에 있어서 모든 자기 의를 경계하게 된다. 가장 약한 신앙도 완전한 칭의를 중개할 수 있지만, 성화의 정도는 그리스도인의 신앙의 강도와 그가 그리스도를 붙잡는 인내의 정도에 비례한다는 것을 각별히 주목할 필요가 있다.

H. 이생에 있어서 불완전한 성화

1. 정도에서 불완전한 성화. 성화가 이생에서는 불완전하다고 언급할 때 우리는 성화가 마치 중생에서 발원된 거룩한 사람의 일부분만이 영향을 받는 것처럼 부분적이라는 의미에서 불완전하다고 말하는 것은 아니다. 완전히 성장해야 하는 것은 새사람 전체이지만, 아직 그는 완전히 계발의 의지가 있다. 새사람이 부분적으로만 완전하듯이 이생에서는 영적인 발전의 정도가 불완전한 상태로 남아 있다. 신자들은 일생 동안 죄와 싸워야 한다(왕상 8:46; 잠 20:9; 전 7:20 ; 약 3:2; 요일 1:8).

2. 불완전한 성화에 대한 완전주의자들의 반론.

(1) 완전주의의 교리. 일반적으로 말해 이 교리의 요지는 종교적 완전이 이생에서 이루어질 수 있다는 것이다. 이는 펠라기우스, 로마교회, 반(半)펠라기우스주의자, 알미니우스주의자, 웨슬리주의자, 그리고 라바디에주의자, 정적주의자, 퀘이커 교도 등과 같은 신비주의자들, 또 마찬, 피니 등과 같은 오벌린 신학자들, 리츨 등에 의해 다양한 형태로 주장되었다. 이들은 모두 신자들이 이생에서 그들을 관할하는 모든 율법, 혹은 이들의 현재의 능력과 요구에 맞게 조정된 율법의 요구에 부응할 수 있는 상태에 도달할 수 있고 결과적으로 죄 없이 생활할 수 있다고 주장한다는 점은 같다. 하지만 다음과 같은 차이점도 있다.

① 죄에 대한 견해에 있어서, 펠라기우스주의자들은 다른 모든 자들과는 달리 인간 본성의 타락을 부인한다. 하지만 이들은 모두 죄를 구체화하는 데 일치한다. ② 신자들이 성취해야 하는 율법 개념에 있어서, 웨슬리주의자들은 포함하는 알미니우스주의자들은 이는 원래의 도덕법이 아니라 복음적 요구 혹은 새로운 신앙의 율법과 복음적 순종이라고 주장한다는 점에서 다른 사람들과 구분된다. 로마 가톨릭과 오벌린

신학자들은 이는 원래의 율법이라고 주장하지만, 이 율법의 요구가 인간의 타락된 능력과 현재의 능력에 맞게 조정되었다는 것을 인정한다. 그리고 리츨은 인간이 외부적으로 부여된 율법에 복속한다는 개념 자체를 거부한다. 그는 도덕적 행위의 자율성을 옹호하고, 우리의 소명을 성취하기 위한 활동들에서 우리는 우리 자신의 도덕적 성향에서 도출되는 율법 이외에 어떤 다른 율법하에도 있지 않다고 주장한다. ③ 죄인이 율법을 성취하기 위해 하나님의 갱신적 은혜에 어느 정도 의존하느냐에 있어서도 상이하다. 펠라기우스주의자들을 제외한 모든 사람들은 죄인은 어떤 의미로든 율법을 성취하기 위해 하나님의 은혜에 의존한다는 것을 인정한다.

인간의 본성적 타락을 부인하는 펠라기우스주의자들을 제외하면 모든 지도적 완전주의자들의 이론이 완성의 기준을 격하시키며, 원래의 도덕법이 요구하는 많은 것들에 대한 인간의 책임을 둔화시키고 있다는 것은 매우 의미심장하다. 또한 이들이 죄개념을 구체화할 당위성을 느끼게 되어 의식적인 악행만이 죄로 간주될 수 있으며, 성경이 제시한 대로 죄를 인정하기를 거부한다는 점도 역시 의미심장하다.

(2) 완전주의의 교리를 위해 인용된 성경적 근거들.

① 성경은 신자들에게 거룩하게 심지어 완전할 것을 명령한다(벧전 1:16; 마 5:48; 약 1:4). 또 죄를 범하지 않으신 그리스도의 모범을 따르라고 권고한다(벧전 2:21). 그러한 명령은 죄 없는 완전에 도달하는 것이 불가능하다면 비합리적인 것이 될 것이다. 하지만 거룩하고 완전하라는 성경적 요구는 중생한 자뿐만 아니라 중생하지 못한 자에게도 적용된다. 왜냐하면 하나님의 율법은 처음부터 거룩함을 요구하며, 이것은 결코 취소되지 않았기 때문이다. 그 명령이 그 명령을 들은 사람들이 요구 수준까지 도달해야 한다는 것을 의미한다면 이는 모든 사람에게 적용되어야 한다. 하지만 펠라기우스적인 의미에서 완전주의를 가르치는 사람들만이 이러한 견해를 주장할 수 있다. 우리의 능력의 정도가 성경의 계명으로부터 도출될 수는 없다.

② 거룩함과 완전은 종종 성경에서 신자들에게 적용된다(아 4:7; 고전 2:6; 고후 5:17; 엡 5:27; 히 5:14; 빌 4:13; 골 2:10). 하지만 성경이 신자들을 거룩하고 완전한 자라고 언급할 때 이는 그들이 죄가 없다는 의미가 아니다. 왜냐하면 이 두 단어들은 종종 일상적 대화나 성경에서 다른 의미로 사용되기 때문이다. 그 도덕적 조건이나 생활과는 무관하게, 하나님의 특별한 일을 위해 따로 구별된 사람들은 성경에서 거룩하다고 불려진다. 신자들은 이들이 그리스도 안에서 객관적으로 거룩하게 되었고 하나님의 영에 의해 원리상 주관적으로 성화된다는 점에서 거룩하다고 불려질 수 있다. 바울은 그의 서

신들에서 그의 독자들을 항상 성도들 즉 거룩한 자들로 언급하며, 몇몇 사례들에서는 이들의 죄에 대해 비난하고 있다. 그리고 신자들이 완전하다고 서술되었을 때 이는 어떤 경우에 있어서는 그들이 완전히 성장했다(고전 2:6; 히 5:14)는 의미로, 또 어떤 경우에 있어서는 이들이 자신의 임무를 위한 자격을 갖추고 있다는 의미로 사용되었다(딤후 3:17). 이 모든 것은 분명 무죄적 완전주의의 이론을 지지해 주지 않는다.

③ 완전한 삶을 영위한 성경적 사례들, 즉 노아, 욥, 아사(창 6:9; 욥 1:1; 왕상 15:14)가 언급될 때가 있다. 하지만 이러한 사례들은 정곡을 찌르지는 못하는데, 이는 이들이 죄 없는 완전의 사례들이 아니라는 단순한 이유에 기인한다. 성경의 가장 유명한 성도들도 실패를 가진 자들로, 어떤 경우에는 매우 중한 죄를 범한 자로 묘사된다. 이는 노아, 모세, 욥, 아브라함, 다른 모든 자들에게도 타당하다. 하지만 이는 이들의 생활이 지상에서 사는 동안 죄악으로 남아 있다는 것을 필연적으로 증명해 주는 것은 아니다. 다만 우리가 성경에서 전혀 무죄한 자를 찾아볼 수 없다는 것은 매우 놀랄 만한 사실이다. 솔로몬의 질문은 아직 호소력이 있다. "내가 마음을 정하게 하였다 내 죄를 깨끗하게 하였다 할 자가 누구냐"(잠 20:9). 더욱이 요한은 "만일 우리가 죄 없다 하면 스스로 속이고 또 진리가 우리 속에 있지 아니할 것이요"(요일 1:8)라고 말한다.

④ 사도 요한은 명백하게 하나님에게서 난 자는 죄를 범하지 않는다고 선언한다(요일 3:6, 8, 9; 5:18). 하지만 요한이 하나님께로서 난 자라고 말할 때 그는 옛사람과 새사람을 그 본질과 원리를 대비시킨다. 새사람의 본질적 특징 중 하나는 죄를 범하지 않는다는 것이다. 요한이 항상 하나님께로서 난 자가 죄를 범하지 않는다는 개념을 표현하면서 현재 시제를 사용한다는 사실을 생각할 때 요한은 하나님의 자녀가 사탄처럼 습관적으로 계속해서 죄를 범하지 않는다(요일 3:8)는 사상을 표현하기를 원했다고 이해할 수 있다. 더욱이 완전주의자들은 자기들의 입장을 논증하기 위해 이러한 구절들을 충분하게 사용할 수 없다. 이는 이 구절들이 자신들의 목적에 비해 너무 많은 것을 논증하는 데 기인한다. 그들은 모든 신자들이 무죄하다고는 감히 말할 수 없을 것이다. 그들은 다만 신자들이 죄 없는 완전에 도달할 수 있다고 주장하고 싶어한다. 하지만 이들의 해석에 따르면, 요한의 구절들은 신자들이 결코 은혜의 신분에서 타락할 수 없다고 논증하게 된다(바로 이것이 죄를 범하는 것이기 때문이다). 하지만 완전주의자들은 완전한 그리스도인이라 할지라도 타락할 수 있다는 것을 신봉하는 사람들이다.

(3) 완전주의에 대한 반론들.

① 성경에 비추어 볼 때 완전주의는 절대적으로 지지될 수 없다. 성경은 우리로 하

여금 지상에는 죄를 범하지 않는 사람이 한 사람도 존재하지 않는다는 분명하고 명백한 확신을 지니도록 한다(왕상 8:46; 잠 20:9; 전 7:20; 롬 3:10; 약 3:2; 요일 1:8). 성경의 명백한 진술에 비추어 볼 때, 성경을 무오한 하나님의 말씀으로 신봉한다고 주장하는 사람들이 신자들이 무죄한 삶을 영위할 수 있다거나 어떤 사람들이 모든 죄를 회피하는 데 성공했다고 주장할 수 있다고는 생각하기 어렵다.

② 성경에 의하면 하나님의 자녀들의 삶에서도 육신과 성령간에 전투가 계속 있으며, 최고의 자녀들도 아직 완전함을 위해 노력하고 있다. 바울이 필히 중생한 신분에서의 자신을 언급한다고 간주되는 롬 7:7-26에서 이러한 투쟁에 대한 매우 놀랄 만한 진술을 하고 있다. 갈 5:16-24에서 바울은 모든 하나님의 자녀를 특징 짓는 동일한 투쟁에 대해 언급한다. 그리고 빌 3:10-14에서 그는 실제로 자신의 인생 마지막에 이르러, 아직 완전에 도달하지 못하고 목표를 향해 전진하고 있는 자로 자신을 언급한다.

③ 죄의 고백과 용서를 위한 기도가 계속적으로 요구된다. 예수님은 모든 제자들에게 예외 없이 죄의 용서를 위해 기도하고 시험과 악으로부터의 구원을 간구하도록 가르치셨다(마 6:12, 13). 그리고 요한은 "만일 우리가 우리 죄를 자백하면 그는 미쁘시고 의로우사 우리 죄를 사하시며 모든 불의에서 우리를 깨끗하게 하실 것이요"라고 말한다(요일 1:9). 더욱이 성경의 성도들은 자신의 죄를 고백하는 자로 계속 제시되고 있다(욥 9:3, 20; 시 32:5; 130:3; 143:2; 잠 20:9; 사 64:6; 단 9:16; 롬 7:14).

④ 완전주의자들 자신도 자신들의 이론을 주장하기 위해서는 율법의 기준을 저하시키고 죄 개념을 구체화하는 것이 필수적이라고 생각한다. 더욱이 일부는 자신의 평가에 따라, 신자들이 도달할 수 있는 이상을 반복적으로 수정했다. 처음에 그 이상은 "모든 죄로부터의 자유"였지만 그 후에는 "모든 의식적 죄로부터의 자유", 그 다음은 "하나님에게로의 전적인 성별", 결국 마지막에는 "그리스도인의 확신"이 이상이 되었다. 이는 그 자체로 자신들의 이론에 대한 충분한 정죄가 된다. 우리는 물론 그리스도인이 신앙의 확신을 얻을 수 있다는 사실을 부인하지 않는다.

I. 성화와 선행

성화와 선행은 매우 밀접한 관련이 있다. 옛 생활이 사악한 행위들에서 자신을 나타내듯, 중생 안에 발원하고 성화에서 촉진되고 강화되는 새 생명은 선행에서 나타난다. 선행은 성화의 열매라고 부를 수 있으며 따라서 여기서 다루고자 한다.

1. 선행의 본질.

(1) 특별히 신학적 의미에서의 선행. 우리가 성화와 관련해서 선행에 대해 언급할 때 우리는 신적인 도덕법의 요구에 완전하게 부응하며 행위언약의 상태에서도 영생의 보답을 획득할 수 있는 본래적인 가치를 지닌 완전한 행위에 대해 언급하지 않는다. 우리가 언급하는 행위란 중생하지 않은 자들의 행동과는 도덕적인 성격상 본질적으로 다르며, 이 행위가 발원하는 원리처럼 새롭고 거룩한 본성의 표현들로서의 행위들이다. 이것들은 하나님께서 용인하실 뿐만 아니라 어떤 의미에서는 보상해 주시는 행위들이다. 영적으로 선한 행위들의 특성은 다음과 같다.

① 이것들은 중생한 심령의 열매들이다. 중생 없이는 누구도 하나님께 순종할 성향을 가질 수 없고, 요구되는 동기, 즉 하나님을 영화롭게 하는 동기를 가질 수 없다(마 12:33; 7:17, 18). ② 이것들은 하나님의 율법에 외적으로 일치할 뿐만 아니라 하나님의 계시된 의지에 대한 자각적인 순종 안에서, 즉 이것들을 하나님께서 요구한다는 이유로 행해진다. 이것들은 하나님에 대한 사랑의 원리, 하나님의 뜻을 행하고자 하는 의도에서 시작된다(신 6:2; 삼상 15:22; 사 1:12; 29:13; 마 15:9). ③ 이것들의 목적이 무엇이든 최종적인 목표는 인간의 복락이 아니라, 인생이 상상할 수 있는 가장 최고의 목표인 하나님의 영광이다(고전 10:31; 롬 12:1; 골 3:17,23).

(2) 좀 더 일반적인 의미에서의 선행. 선행이라는 용어는 위와 같이 엄격한 의미로 신학에서 사용되지만, 중생하지 못한 사람들도 피상적인 의미로 선하다고 말할 수 있는 행위를 수행할 수 있다는 것은 사실이다. 이들은 종종 하나님의 율법에 외면적으로 일치되며, 율법의 악명높은 범죄와는 구분되는, 객관적으로 선하다고 말할 수 있는 행위를 수행한다. 그러한 행위들은 하나님의 용인을 얻을 수 있는 근접한 목표에는 부응한다. 더욱이 자연인에 잔존한 하나님의 형상과 자연의 빛으로 인해 인간은 타자들과의 관계에 있어서 칭송할 만한 동기에 의해 인도될 수도 있고 이러한 점에서 하나님의 승인의 도장을 받을 수 있다. 하지만 이러한 선행들을 타락한 인간의 심령의 열매로 간주해서는 안 된다. 이것들은 오직 하나님의 보통 은혜로 설명될 수 있다. 더욱이 우리는 이러한 행위들이 어떤 의미에서 선하다고 말할 수 있으며 성경에서 그렇게 일컬어진다고 하더라도(눅 6:33), 이것들이 본질적으로 불완전하다는 것을 명심해야 한다. 중생하지 못한 자의 행위는 하나님에 대한 사랑이라는 영적인 뿌리를 가지고 있지 않다. 이것들은 하나님의 율법에 대한 내적인 순종과 하늘과 땅의 주권자의 의지에 대한 복속을 보여주지 못한다. 이것들은 영적인 목표를 가지고 있지 않다. 왜냐하면 이

것들은 하나님을 영화롭게 하는 목적을 위해 수행되지 않고 자연적 생활의 관계만을 지니고 있기 때문이다. 행위의 진정한 본질은 최종적인 목표의 특질에 의해 결정된다. 중생하지 못한 자가 어떤 의미에서 선을 행할 수 있다는 것은 종종 부인되어 왔다. 바르트는 여기서 한 걸음 더 나아가서, 신자들도 선행을 할 수 있다는 사실을 부정하고 신자들의 모든 행위가 죄라고 주장한다.

2. 선행의 공로적 성격. 초대 교회에서도 선행에 일정한 공로를 부여하는 경향이 있었다. 하지만 공로의 교리는 중세 시대에 실질적으로 전개되었다. 종교개혁 시대에는 이 교리가 로마 가톨릭 신학에 있어서 매우 현저하였으며, 실제적인 생활에 있어서는 우스꽝스러운 극단에까지 추진되었다. 종교개혁자들은 즉시 이 점에 있어서 로마교회와 논쟁을 개시했다.

(1) 이 점에 대한 로마교회의 입장. 로마교회는 지당한 공로(*meritum de condigno*)와 적합한 공로(*meritum de congruo*)로 구분하는데, 전자는 본래적인 존귀와 가치를 지니는 반면, 후자는 일종의 유사 공로로서 보상받기에 적합한 것을 나타낸다. 전자는 중생 이후에 신적 은혜의 조력에 의해 행해진 행위들에만 적용되며, 하나님께 보상받기에 본질적으로 합당한 공로이다. 후자는 중생 이전에 선행적 은혜만으로도 인간이 발전시키거나 행할 수 있는 성향들이나 행위들에 적용되며, 하나님께서 은혜를 그의 심령에 주입함으로써 행위자에게 보상하는 것을 적합하게 하는 공로이다. 하지만 트렌트 공의회의 결정이 이 점에 있어서는 다소 불분명하므로 로마교회의 정확한 입장을 추론하기는 어려운 점이 있다. 엄밀한 의미에서 선행을 수행할 수 있는 능력은 그리스도로 인해 죄인의 심령에 주입되는 은총으로부터 발원하고, 그리고 그 후에 이러한 선행들이 구원과 영광에 공로를 세운다는 것, 즉 이를 정당하게 주장할 수 있는 권리를 인간에게 부여하게 한다는 것이 일반적인 통념이다. 로마교회는 여기서 더 나아가, 신자들은 공덕의 행위를 할 수 있고 자신의 구원에 필요한 공덕보다 더 행할 수 있으며, 따라서 선행을 축적함으로써 다른 사람들에게 혜택을 줄 수도 있다고 가르친다.

(2) 이 점에 관한 성경적 입장. 성경은 신자의 선행은 엄밀한 의미에서 공로적이 아니라고 명확하게 가르친다. 하지만 우리는 공로라는 단어가 이중의 의미로, 즉 엄밀하고 본래적 의미와 좀 더 자유로운 의미로 사용된다는 것을 기억해야 한다. 엄밀히 말해서 공로적 행위는 그 고유한 가치와 존귀로 인해 교환적인 의로 보상이 정당하게 주어지는 행위이다. 하지만 좀 더 자유롭게 말한다면 승인받을 만하고 어떤 방식으로

든지(약속, 계약, 혹은 다른 방법에 의해서) 보상될 수 있는 행위가 때때로 공로적이라고 일컬어진다. 그러한 행위는 칭찬받을 만하며 하나님에 의해 보상받는다. 하지만 아무리 그러하다 할지라도 이들은 엄밀한 의미에서는 공로적이라고 말할 수 없다. 이것들은 자체의 도덕적 가치로써 하나님을 선행자에게 빚진 자로 만들지는 않는다. 엄정한 공의에 의하면, 신자들의 선행은 어떠한 공로도 세울 수 없다. 지금 고려되고 있는 점에 대한 가장 결정적인 성경 구절들 중 일부를 나열한다면 눅 17:9, 10; 롬 5:15-18; 6:23; 엡 2:8-10; 딤후 1:9; 딛 3:5 등이 있다. 이 구절들은 신자들이 선행으로 인해 구원의 기업에 합당하게 되는 것이 아니라, 오직 하나님의 값없는 선물로서 이를 받는다는 것을 명백히 보여준다. 그러한 행위가 공로적이 될 수 없다는 근거로는 다음과 같은 것들이 있다.

① 신자들은 자신의 모든 삶을 하나님에게 의존하며, 따라서 마땅히 하나님에게 드려야 할 것을 드린다고 해서 어떠한 공로를 세울 수 있는 것은 아니다(눅 17:9, 10). ② 이들은 자력에 의해서가 아니라 오직 하나님께서 이들에게 날마다 부여하는 힘으로써만 선행을 할 수 있으며, 바로 그러한 사실로 인해 이러한 행위에 대한 어떠한 칭찬도 기대할 수 없다(고전 15:10; 빌 2:13). ③ 신자들의 최선의 행위조차도 이생에서는 불완전하며, 모든 선행을 합하더라도 단지 부분적인 순종만을 나타내는 반면 율법은 완전한 순종을 요구하고 이에 미치지 못하는 어떤 것으로도 율법의 요구는 만족될 수 없다(사 64:6; 약 3:2). ④ 더욱이 신자의 선행은 영광의 영원한 보상과는 전혀 균형이 맞지 않는다. 일시적이고 불완전한 순종은 영원하고 완전한 보상을 얻을 만한 공로를 세울 수 없다.

3. 선행의 필요성. 적절하게 이해된 선행의 필요성에 대해서는 의문의 여지가 없다. 선행은 구원의 공로를 세우기 위해 필수적이거나, 구원을 붙잡는 수단으로 혹은 영원한 영광으로 나아가는 유일한 수단으로 이해되어서는 안 된다. 왜냐하면 유아들은 어떠한 선행도 행하지 않고 구원에 진입하기 때문이다. 성경은 선행이 아니면 구원받을 수 없다고 가르치지 않는다. 동시에 선행은 그리스도와 신자의 연합으로부터 필연적으로 발원하게 되는 것임을 강조할 필요가 있다. "나는 포도나무요 너희는 가지라 그가 내 안에, 내가 그 안에 거하면 사람이 열매를 많이 맺나니 나를 떠나서는 너희가 아무 것도 할 수 없음이라"(요 15:5). 선행은 하나님이 요구하시는 것으로서(롬 7:4; 8:12, 13; 갈 6:2), 신앙의 열매로서(약 2:14, 17, 20-22), 감사의 표현으로서(고전 6:20), 신앙의 확

신을 위해서(벧후 1:5-10), 하나님의 영광을 위하여(요 15:8; 고전 10:31) 필요하다.

선행의 필요성은, 그리스도께서 죄의 형벌을 감당하셨을 뿐만 아니라 율법의 적극적 요구를 성취하셨으므로 신자는 율법을 준수할 의무가 없다고 주장하는 율법폐기론자들이나, 오늘날에도 세대주의의 형태로 우리에게 여전히 남아 있는 오류에 대항하기 위해 고수되어야 한다. 율법폐기론자나 세대주의의 견해는 완전히 잘못된 것이다. 왜냐하면 그리스도의 사망으로 파기된 것은 형벌의 체계로서 그리고 구원의 방법으로서의 율법에 불과하기 때문이다. 율법에 대한 우리의 태도는 근본적으로 변화했지만 율법은 신자에게 항구적인 정당성을 지닌다. 신자는 순종의 영인 성령을 받아 아무런 규제 없이도 율법에 기꺼이 순종한다.

스트롱은 다음과 같이 요약한다. 그리스도는 "(1) 저주와 형벌의 체계인 율법에서 우리를 자유롭게 하셨다. 그리스도는 자신이 저주와 모든 형벌을 담당함으로써 이를 성취하셨다. (2) 구원의 방법으로서의 율법에서 자유롭게 하셨다. 그리스도는 순종과 자신의 공로를 통해 이를 성취하셨다. (3) 외면적이고 이질적인 강제로서의 율법으로부터 자유롭게 하셨다. 우리에게 순종의 영과 아들의 영을 주심으로 율법이 내면에서 점진적으로 실현되게 함으로써 이를 성취하셨다."

깊은 연구를 위한 질문

이스라엘 가운데서 신정적(神政的) 거룩함은 윤리적 거룩함과 어떻게 관계되는가? 예식적인 정결은 성화와 어떻게 연관되는가? 성화의 주체는 누구인가? 옛사람인가 혹은 새사람인가, 혹은 둘 중의 어느 누구도 아닌가? 이생에서 성화는 인간의 모든 부분에 동등하게 영향을 주는가? 성화의 과정이 시작되는 장소는? 모든 그리스도인들은 성화에 있어서 점진적 진보를 경험하는가? 성화와 도덕적 개선의 차이는 무엇인가? 성화가 이생에서 결코 완성될 수 없다는 사실은 필연적으로 연옥론 혹은 사망 이후 성화가 지속된다는 가르침으로 인도하는가? 웨슬리는 '전적 성화'를 어떻게 인식했는가? 바르트는 윤리적 특질로서 거룩함을 신자에게 귀속시켰는가? 그리스도인은 생활의 규범으로서의 율법에서는 해방되지 않는다는 성경적 증거는 무엇인가? 개신교인들은 일반적으로 선행은 불필요하다고 가르치는가? 로마 가톨릭 교인과 개신교인들은 선행의 필요성에 대해 어떻게 다른 견해를 가지고 있는가? 선행은 구원에 필수적이라고 아무 제한 없이 말하는 것이 합당한가? 만일 모든 그리스도인들이 영생을 상속한다면 그들의 선행이 보상의 기준이 된다는 것은 어떤 의미인가?

XI
성도의 견인

A. 성도의 견인론의 역사

성도의 견인은, 하나님께서 중생시키며 은혜의 신분으로 유효하게 부르신 사람들이 그 신분에서 완전히 혹은 궁극적으로 타락하지 않고 은혜의 신분에서 끝까지 견디어 내어 영원히 구원받게 될 것이라는 교리이다. 이 교리는 아우구스티누스에 의해 최초로 설파되었다. 하지만 아우구스티누스에게서는 이 교리가 위에서 서술된 것과 같은 형태를 지니고 있지 않았다. 그는 선택된 자가 결국 궁극적으로 타락하지는 않을 것이라고 주장하지만, 동시에 새 생명과 진정한 신앙을 부여받은 자들 중 일부가 은혜로부터 완전히 타락하여 궁극적으로 영원한 저주를 받는 것을 가능한 일이라고 보았다. 로마교회는 자유 의지론을 포함하는 반(半)펠라기우스주의적 견해로 인해 성도의 견인론을 부인하며, 자신들의 견인을 인간의 불확실한 순종에 의존하게 했다. 종교개혁자들은 이 교리의 정당한 위치를 회복시켰다. 하지만 루터 교회는 성도의 견인을 인간의 신앙의 지속적 활동에 의존하게 하고, 진정한 신자들도 완전히 은혜로부터 타락할 수 있다고 주장함으로써 이를 불확실하게 만들고 있다.

칼빈주의적 교회만이 이 교리를 절대적인 확신을 부여할 수 있는 형태로 주장한다. 도르트 신조는 하나님의 자녀의 약점과 실패를 다수 열거한 후 이렇게 선언한다. "하지만 풍성한 자비를 지닌 하나님은 선택이라는 불변의 목적에 따라 중죄에 있어서도 자신의 백성에게서 성령을 거두시지 않으며, 양자 됨의 은혜를 상실하고 칭의의 신분을 상실하며 죽음에 이르는 죄 혹은 성령을 거역하는 죄를 범하도록 방임하시지 않는다. 또 하나님은 이들이 완전히 유기되거나 영원한 파멸에 빠지도록 허용하시지 않는다."

알미니우스주의자들은 이러한 견해를 거부하고 신자의 견인을, 신앙하고자 하는 의지와 선행에 의존하도록 했다. 알미니우스 자신은 이러한 극단을 회피했지만, 그의 추종자들은 신인협동설을 그 모든 결과들과 함께 주장하기를 주저하지 않았다. 웨슬리적 알미니우스주의자들은 많은 소종파들이 그렇듯이 다른 사람들의 입장을 추종한다. 개혁파 칼빈주의 교회만이, 실제적으로 그리스도인이 은혜의 신분에서 완전히 타락할 수 있으며 궁극적으로 버림을 받게 되는가 하는 질문에 대해 부정적인 답변을 해줄 수 있는 유일한 교회이다.

B. 견인의 교리의 진술

견인의 교리는 '성도의 견인'이라는 용어가 오해를 일으킬 수 있는 소지가 있으므로 조심스럽게 진술되어야 한다. 이 교리는 아우구스티누스의 견해처럼 우선 선택된 자가 궁극적으로 구원받게 될 것이라는 교리에 불과한 것이 아니라는 것을 주목할 필요가 있다. 이 교리는, 하나님에 의해 중생하고 은혜의 신분으로 유효한 부르심을 받은 사람들이 비록 때때로 악에 정복당하기도 하고 죄에 빠지기도 하지만 결코 그 신분에서 완전히 타락하여 영원한 구원을 획득하지 못하게 되는 일은 없다는 것을 가르친다. 중생의 생명과, 성화 과정에 있어서 중생에서 발현된 성향들은 결코 전적으로 폐기될 수 없다. 더욱이 우리는 이러한 견인이 신자의 본래적인 자산 혹은 인간으로 하여금 구원의 길에서 견인할 수 있게 하는 인간의 지속적인 활동이라는 오해를 불식시켜야 한다. 스트롱은 견인을 "그리스도인 편에서의 신앙과 선행의 자발적인 지속", "신적인 측면에서 볼 때는 우리가 성화라고 부르는 영적인 진보의 인간적 측면"으로 언급하는데, 이는 견인이 인간에게 의존한다는 인상을 주기 쉽다.

하지만, 개혁파는 성화와 같이 성도의 견인도 인간이 협력한다고 믿고 있지만, 성도의 견인을 우선적으로 신자의 활동이나 성향이라고 규정하지는 않는다. 이들은 신자가 홀로 남아 있다면 타락해 버릴 것이라는 사실을 강조한다. 엄격히 말해 견인하는 분은 인간이 아니라 하나님이시다. 견인은 "심령 안에 시작된 신적 은혜의 사역이 지속되고 완성에 이르게 하는 신자 안에서의 성령의 지속적 사역"이라고 정의될 수 있다. 하나님께서 자신의 사역을 포기하시지 않기 때문에 신자들은 끝까지 견딜 수 있게 된다.

C. 견인의 교리에 대한 증명

견인의 교리는 성경적 진술과 다른 교리로부터의 추론에 의해 증명될 수 있다.
1. 성경의 직접적 진술. 여기서 고려되어야 할 몇 가지 중요한 성경 구절이 있다. 요

10:27-29에는 "내 양은 내 음성을 들으며 나는 그들을 알며 그들은 나를 따르느니라 내가 그들에게 영생을 주노니 영원히 멸망하지 아니할 것이요 또 그들은 내 손에서 빼앗을 자가 없느니라 그들을 주신 내 아버지는 만유보다 크시매 아무도 아버지 손에서 빼앗을 수 없느니라"는 말씀이 있다. 그리고 롬 11:29에서 바울은 "하나님의 은사와 부르심에는 후회하심이 없느니라"고 말한다. 이는 하나님의 부르심 안에 계시된 하나님의 은혜는 마치 하나님께서 이에 대해 후회하는 것처럼 결코 폐기되지 않는다는 의미다. 이는 이스라엘의 부르심과 관련되지만 일반적인 진술이다. 사도 바울은 빌립보 신자들에게 "너희 속에 착한 일을 시작하신 이가 그리스도 예수의 날까지 이루실 것을 우리가 확신하노라"고 위로한다(빌 1:6). 살후 3:3에서 바울은 "주는 미쁘사 너희를 굳게 하시고 악한 자에게서 지키시리라"고 말하며, 딤후 1:12에서는 기쁨으로 "내가 믿는 자를 내가 알고 또한 내가 의탁한 것을 그 날까지 그가 능히 지키실 줄을 확신함이라"고 말한다. 딤후 4:18에서 그는 주께서 자신을 모든 악한 일에서 건지시고 천국에 들어가도록 구원하실 것이라는 사실을 기뻐한다.

2. 추론적 증명. 견인의 교리는 다음의 교리로부터 추론적 방식으로 증명될 수 있다.

(1) 선택의 교리로부터. 선택은 어떤 사람들이 일정한 외적인 특권으로 호의를 입고 자신들의 의무를 다하여 '구원받을 수 있다'는 의미가 아니라, 선택된 자에 속하는 사람들은 궁극적으로 구원될 것이며 필히 완전한 구원에 이를 것이라는 의미다. 선택은 궁극으로의, 즉 구원으로의 선택이다. 이를 전개하는 데 있어서 하나님은 신자들에게 성령의 감화력을 주셔서 이들로 그리스도를 영접하게 할 뿐만 아니라 끝까지 견인하고 궁극적으로 구원되도록 인도한다.

(2) 구속 언약의 교리로부터. 구속언약에 있어서 하나님은 아들의 순종과 고난의 보상으로 자기 백성을 아들에게 주었다. 이 보상은 영원 전부터 결정된 것으로, 인간의 여하한 불확실한 충성에 의존하지 않는 것이다. 하나님은 약속을 위반하지 않으며, 그리스도 안에 있다고 간주되고 하나님의 보상의 일부가 된 자들이 하나님에게서 분리되거나, 생명의 연합으로써 언약에 들어간 자들이 타락한다는 것은 불가능한 일이다(롬 8:38,39).

(3) 그리스도의 공로와 중보 기도의 효력으로부터. 그리스도는 자신의 속죄 사역에서 죄인의 용서와 열납을 획득하기 위해 대가를 지불하셨다. 그의 의는 죄인의 칭의를 위한 완전한 근거를 구성하며, 그렇게 완전하고 효과적인 대가를 지불함으로써 칭의

받은 자들이 다시 정죄받는다는 것은 불가능하다. 더욱이 그리스도는 아버지로부터 그에게 주어진 자들을 위해 계속 중보 기도를 드리며, 백성을 위한 그의 중보 기도는 항상 효과적이다(요 11:42; 히 7:25).

(4) 그리스도와의 신비적 연합으로부터. 신앙으로 그리스도와 연합된 자들은 그의 영의 참여자가 되고 그와 한 몸이 되며 성령의 생명으로 약동한다. 이들은 그리스도의 생명에 참여하며, 그리스도가 살아 있듯이 그들도 살아 있다. 그들은 그 몸으로부터 다시 절단되어 신적 이상(ideal)을 무효하게 할 수는 없다. 연합은 항구적이며 불변하는 원인, 즉 하나님의 영원하고 값없는 사랑에서 발원하므로 항구적이다.

(5) 마음 안에서의 성령의 사역으로부터. 댑니(Dabney)는 "성령이 지금 역사하기 시작하지만 곧 그를 포기할 것이며, 천상적 출생의 생동적 불꽃이 일시적으로 불붙다가 완전한 흑암 속으로 스러지게 되며, 새로운 출생에서 중개된 영적인 생명은 돌발적이며 발작적이어서 죽은 영혼에 외면적으로 생명이 발현하는 듯하다가 결국 소멸하게 된다고 가정하는 것은, 성령의 지혜와 마음 안에서의 성령의 사역을 과소 평가하는 것이다"라고 말한다. 성경에 의하면, 신자는 이미 이생에서 구원과 영원한 생명을 소유한다(요 3:36; 5:24; 6:54), 우리가 영생이 영원하지 않을 것이라는 가정에 의해 행동할 이유는 무엇인가?

(6) 구원의 확신으로부터. 성경을 보면 신자들이 이생에서 구원의 확신을 획득할 수 있는 것은 분명하다(히 3:14; 6:11; 10:22; 벧후 1:10). 신자들이 어느 순간 은혜로부터 타락할 가능성이 있다면 이런 확신은 전적으로 불가능할 것이다. 이는 하나님이 이미 시작하신 사역을 완성하실 것이라는 확고한 신념에 서 있는 자들만이 누릴 수 있다.

D. 견인의 교리에 대한 반론들

1. 인간의 자유와 모순된다. 견인의 교리가 인간의 자유와 모순된다는 주장이 있다. 하지만 이러한 반론은, 진정한 자유는 무관심의 자유나 혹은 도덕적이며 영적인 일들에서 잘못된 선택을 행할 수 있는 능력으로 구성된다는 잘못된 가정에서 출발한다. 하지만 이는 오류이다. 진정한 자유는 거룩함의 방향으로의 자기 결정이다. 인간은 결코 하나님의 방향으로 의식적으로 움직일 때보다 더 자유로울 수 없다. 그리고 그리스도인들은 하나님의 은혜를 통하여 그러한 자유를 누린다.

2. 태만과 부도덕으로 인도한다. 견인의 교리가 태만, 방종, 심지어 부도덕까지도 초래할 것이라고 강하게 주장되고 있다. 그릇된 안정감이 이 견인의 교리로부터 유래될 수 있다. 하지만 이는 그릇된 주장이다. 왜냐하면 성경은 비록 우리가 하나님의 은혜에 의해 보호받는다고 말하고는 있지만, 이 교리는 우리가 우리 편에서의 지속적인 경계와 열심, 기도 없이 지내도록 방임한다는 사상을 전개하지는 않기 때문이다. 신자에게 거룩함으로의 견인을 확신시키는 교리가 어떻게 죄의 동기가 될 수 있겠는가? 성화를 위한 능동적인 노력이 성공하리라는 확신은, 좀 더 성화를 위한 노력을 경주하는 데 있어서 최고의 자극이 될 것이다.

3. 성경에 위배된다. 이 교리는 성경에 위배된다고 종종 주장된다. 이 주장을 증명하기 위해 인용된 성경 구절을 세 부류로 나눌 수 있다.

(1) 배교에 대한 경고들이 있는데, 이는 신자가 타락하지 않는다면 전혀 불필요했을 것이다(마 24:12; 골 1:23; 히 2:1; 3:14; 6:11; 요일 2:6). 하지만 이러한 경고들은 인간적인 측면에서 모든 문제를 고려한 것이요, 진지한 의도로 진술된 것이다. 이들은 자기 점검을 촉진시키며, 신자들이 견인의 길을 유지하는 도구가 된다. 이 구절들은 말한 대상 중 어느 누가 배교할 것이라는 것을 증명하는 것이 아니라 이들이 이러한 죄를 범하지 않도록 수단이 강구되어야 한다고 진술한다. 이러한 원리의 예시로서 행 27:22-25을 31절과 비교해 보라.

(2) 성경에는 신자들이 성화의 길에서 지속적으로 정진할 것을 권면하는 구절들이 있는데, 이는 신자들이 끝까지 이를 수행한다는 것이 확실하다면 불필요할 것이다. 하지만 이들은 보통 (1)에서 언급된 경고들과 연관되어 발견되며 동일한 목적을 수행하고 있다. 이들은 신자들 중 누구도 견인하지 못할 것임을 입증한다기보다는 하나님께서 도덕적 목적을 성취하기 위해 도덕적 수단을 사용하신다는 것을 입증하고 있다.

(3) 또 성경은 실제적인 배교의 사례들을 기록하고 있다고 말한다(딤전 1:19, 20; 딤후 2:17, 18; 4:10; 벧후 2:1, 2; 또 히 6:4-6도 참조할 것). 하지만 이러한 사례들은 진정한 구원적 신앙을 소유하고 있는 진정한 신자들이 은혜로부터 타락할 수 있다는 것을 증명하는 것이 아니다. 이를 위해서는 이 구절들에서 언급된 사람들이 중생에 근거하지 않은 일시적 신앙이 아니라 그리스도 안에서 진정한 신앙을 소유했다는 것을 먼저 증명해야 할 것이다.

성경은 우리에게, 진정한 신앙을 고백하지만 이 신앙을 지니지 못한 사람들이 존재한다는 것을 가르쳐 준다(롬 9:6; 요일 2:19; 계 3:1). 요한은 일부 신자들에 대해 "그들이……우리에게서 나갔다"고 말하며 그 이유로서 "그들이 우리에게 속하지 아니하였나니 만일 우리에게 속하였더면 우리와 함께 거하였으려니와 그들이 나간 것은 다 우리에게 속하지 아니함을 나타내려 함이니라"를 언급한다(요일 2:19).

E. 이 교리를 부정한다면 구원은 인간 의지에 의존하게 된다

견인의 교리를 부정한다면 실제로 인간의 구원은 전적으로 하나님의 은혜보다는 인간의 의지에 의존하게 된다. 물론 이러한 생각은 펠라기우스적 자력 구원관을 지닌 자들에게는 어떠한 영향도 줄 수 없다. 하지만 이 생각은, 은혜로 인한 구원을 기뻐하는 자들에게 이 문제를 숙고하게 한다. 이러한 견해의 요점은, 인간이 성령만의 사역에 의해서든 혹은 성령과 인간의 의지의 협력 사역에 의해서든 은혜의 상태로 옮겨진 후에는, 신앙을 지속하느냐 신앙을 포기하느냐의 여부가 인간이 원하는 대로 결정되어 인간에게만 의존한다는 것이다. 이는 인간의 동기를 매우 불확실하게 하며, 인간이 신앙의 복된 확신에 이르지 못하게 한다. 그러므로 견인의 교리를 고수하는 것은 절대적으로 중요하다. 호비(Hovey)는 "이 교리는 큰 위로와 능력의 근원, 즉 감사에 대한 자극, 자기 헌신의 동기, 위험시에는 불기둥이 될 수 있다"고 말했다.

깊 은 연 구 를 위 한 질 문

견인에 대한 실제적 질문은 무엇인가? 즉 선택된 자가 견인하는가, 중생한 자가 견인하는가? 아우구스티누스와 루터교인들은 선택된 자가 궁극적으로 버림받을 수 있다고 가르치는가? 자연의 생활에 대한 유추가 견인의 교리를 지지할 수 있는가? 히 6:4-6; 10:29; 벧후 2:1과 같은 구절들이 타락의 가능성을 입증하는가? 요 15:1-6은 어떠한가? 견인의 은혜는 새로운 본성과 함께 필연적으로 주어지는 천성적인 것인가, 혹은 하나님의 특별하고 자비롭고 보존하시는 은혜의 열매인가? 이 교리는 인간이 습관적이고 의도적인 죄를 범하며 생활하면서도 칭의받은 신분에 있을 수 있다는 것을 내포하는가? 이 교리는 죄로의 타락 개념을 배제하는가?

Louis Berkhof

교회론

제1부 교회에 관한 교리

서론

그리스도의 공로를 적용하는 교리(구원론)는 자연스럽게 교회론으로 귀결된다. 왜냐하면 교회는 그리스도와 그리스도 안에 있는 구원의 복에 참여하는 자들로 구성되어 있기 때문이다. 그리스도께서 성령의 사역을 통하여 사람들을 자신에게 연합시키고 그들에게 참된 믿음을 주어서 그 교회를 자기의 몸 곧 성도의 무리(communio fidelium 또는 sanctorum)를 구성한다는 것이 개혁주의의 개념이다. 로마 가톨릭 신학에서는 교회론이 다른 어떤 교리보다도 앞선다. 심지어 신론과 계시론보다도 앞서 논의한다. 그들에 의하면, 교회는 성경을 산출하는 도구이므로 성경보다도 앞선다고 말한다. 또한 교회는 모든 초자연적인 은사들을 수여해 주는 자라고 말했다. 그리스도가 우리를 교회로 인도하는 것이 아니라 교회가 우리를 그리스도께로 인도한다는 것이다. 그들의 최대의 강조점은 신자의 공동체로서의 무형교회가 아니고, 신자의 어머니(mater fidelium)로서의 유형 교회에 있다. 종교개혁은 이같은 로마 가톨릭의 교회론과 결별하면서 다시한 번 영적 유기체로서의 교회에 주목했다. 종교개혁은 그리스도의 구속 사역과 성령의 새롭게 하는 사역과 별도로 교회가 존재하지 않으며, 따라서 구속론과 성령론을 교회론보다 앞서 논의하는 것이 논리적이라는 사실을 강조했다.

한 가지 특이한 현상은, 하지 부자(父子)를 비롯하여 H. B. 스미스, 쉐드, 댑니와 같은 출중한 미국 장로교회의 교의학자들이 그들의 교의학 저술에서 교회론을 별도로 다루지 않았다는 것이다. 사실상 그들은 교회론에 거의 관심이 없었다. 다만 쏜웰과 브레큰리지의 저서들만이 예외이다. 이 같은 현상은 그들이 자신들의 교의학에서 교회론을 다루려고 하지 않았다는 인상을 줄 수 있다. 그러나 이 같은 생각은 극히 잘못된 것이다. 왜냐하면 그들 가운데 아무도 교의학에 교회론을 포함시키는 데 이의를 제기한 사람이 없기 때문이다. 더욱이 투레틴과 그들의 스코틀랜드 선조들은 그들의 사상의 기초에서부터 교회에 상당한 관심을 보였다. 워커는 이렇게 말한다. "아마도 어떤 나라에서도 우리 나라에서처럼 교회의 온갖 유형에 관한 문제들에 대해서 광범위하게 논의를 전개했던 나라는 없을 것이다"(*Scottish Theology and Theologians*, p. 95; 참조. 맥퍼슨, *The Doctrine of the Church in Scottish Theology*, pp. 1이하).

　마지막으로 A. A. 하지 박사도 그의 선친(찰스 하지)이 여러 강의를 통해 실제상 교회론의 전 분야를 망라하는 주제들을 다루었으며, 교회론을 조직신학 제4권으로 출판할 생각이 있었다고 술회한다. 그러나 노령으로 인한 기력의 쇠약으로 이 일을 이룰 수 없었다고 한다. 댑니는 자신이 교회론을 다루지 않은 것은 교회론이 자신이 봉직하고 있는 신학교의 다른 분야에서 독립적으로 다루어져야 한다고 생각했기 때문이라고 말한다. 쉐드는 자신의 교의학 체계를 설명하면서, 교회는 은혜의 방편과 관련하여 다루어져야 한다고 주장한다. 그러나 그는 은혜의 방편에 별로 많은 주의를 기울이지 않았고 따라서 교회론을 논의하지 못했다. 그러나 스미스의 「기독교 신학의 체계」의 편집자는 다른 작품에 나타난 저자의 교회에 관한 견해들을 이 저서에 삽입했다.

I

성경에 나타난 교회의 명칭과 교회론의 역사적 개요

A. 성경에 나타난 교회의 명칭

1. 구약의 명칭. 구약 성경은 교회를 말할 때 두 가지 단어를 사용한다. 하나는 카할인데, 이 단어는 사어(死語)의 어근 칼에서 유래한 것으로서 '부르다'라는 의미가 있다. 다른 하나는 야다에서 유래한 에다인데, 이 단어는 '지정된 장소에 모인다'는 뜻이다. 이 두 단어는 빈번히 같은 뜻으로 사용되고 있으나, 원래는 엄격히 말해서 서로 동의어는 아니었다. 에다는 약속에 따라 모이는 모임을 말한다. 이 단어가 이스라엘에 적용될 때에는 소집이 되었든 되지 않았든 이스라엘의 자녀들 혹은 그들을 대표하는 머리들로 형성된 사회 그 자체를 지칭한다. 반면에 카할은 백성들이 실제로 모인 모임을 말한다. 그 결과 종종 케할 에다라는 표현이 등장하는데, 이 단어는 '회중의 모임'을 말한다(출 12:6; 민 14:5; 렘 26:17). 이스라엘에 있어서 실제로는 백성의 대표들이 모였던 것 같다(신 4:10; 18:16; 비교. 5:22, 23; 왕상 8:1, 2, 3, 5; 대하 5:2-6).

에다는 출애굽기, 레위기, 민수기, 여호수아에서 통상적으로 사용되고 있으나 신명기에서는 한 번도 사용되지 않으며, 그 이후의 책에서는 거의 나타나지 않는다. 카할은 역대기, 에스라, 그리고 느헤미야에서 풍부하게 사용된다. 수나고게는 70인역에서 에다의 통상적이고 보편적인 번역어로 사용되었으며, 모세 오경의 경우에는 카할의 번역어로도 사용된다. 그러나 성경의 후기에 속한 책들에 따르면 카할은 일반적으로 에클레시아로 번역된다. 쉬러(Schuerer)의 주장에 따르면, 후기 유대교는 이미 경험적 실재로서의 이스라엘의 회중을 지칭하는 수나고게와 이상적 공동체로 간주된 회중의 명칭으로서의 에클레시아를 구분한다. 바빙크 박사도 이 입장이다. 그러나 크레머-쾨겔은 예외다. 홀트는 포로기 이후에 카할이라는 단어가 본래 이 단어의 고유한 의미와 에다가 지닌 의미까지도 포함한 단어로 발전되었다고 말한다. 그 결과 카할에 상응하는 헬라어 에클레시아가 자연스럽게 헬라어를 사용하는 유대인들에게 넘어가면서 회중의 모임과 아주 유사한 이스라엘의 회중을 뜻하게 되었다(*The Christian Ekklesia*, p. 7).

2. 신약의 명칭. 신약 성경에서도 두 개의 단어가 사용된다. 이 두 단어는 모두 70인역에서 유래했다. 하나는 에크와 칼레오의 합성어인 에클레시아인데, '불러내다'라는 의미를 가진다. 다른 하나는 수나고게로서 '오다' 또는 '함께 모이다'라는 뜻을 가진다. 수나고게는 유대인들의 종교적 회합 또는 그들이 공적 예배를 위하여 모인 건물을 지칭했다(마 4:23; 행 13:43; 계 2:9; 3:9). 그러나 에클레시아는 두서너 곳에서 민회(民會)를 지칭하는 것을 제외하면 일반적으로 신약의 교회를 가리킨다. 에클레시아의 접두어 에크는 동사 에크칼레오에서 유래했으며 종종 '백성들의 집단으로부터'라는 의미로 해석되며, 이 접두어가 에클레시아의 성경적 용법과 관련하여 사용될 때에는 교회가 인류로부터 부름을 받은 택함받은 자들로 구성되어 있다는 의미를 가진다고 해석되기도 한다. 그러나 이 해석은 다소 의심스러운 점이 있다. 왜냐하면 이 전치사는 원래 단순히 그리스 시민들이 가정으로부터 불러냄을 받았다는 의미로 사용되었기 때문이다. 앞에서 말한 바와 같은 성경적인 개념이 하나님의 계시를 전달하기 위해 사용된 이 단어에 들어왔다고 해도 그렇게 부자연스러운 것은 물론 아니다.

그러나 사실상 이에 대한 성경적인 증거는 찾기 어렵다. 복합 동사인 에크칼레오는 한 번도 그 같은 의미로 사용된 일이 없으며, 에클레시아라는 단어도 성경 기자의 마음속에 그 같은 특별한 사상이 있었음을 암시해 주는 정황 안에서 한 번도 사용된 일이 없다. 다이스만은 에클레시아를 단순하게 '소집된 총회'라고 규정한다. 여기서 소집자는 하나님이다. 교회라는 개념이 다양한 의미를 가진 개념이기 때문에 교회에 적용된 단어인 에클레시아도 언제나 정확하게 같은 의미를 보여주고 있지는 않다는 생각은 아주 자연스러운 생각이다. 이 단어를 신약 성경에서 처음으로 사용하신 분은 예수님이셨다. 그는 이 단어를 자기 주위에 몰려든 무리들에게 적용하셨다(마 16:18). 이들은 그를 공적으로 자신들의 주로 인정했으며, 하나님 나라의 원리들을 받아들였다. 그것은 메시야의 에클레시아 곧 참된 이스라엘이었다. 향후 교회가 확장되면서 이 단어는 다양한 의미를 얻게 되었다. 지교회들이 도처에 설립되면서 이들은 에클레시아이라고 불렸는데, 그 이유는 이 지교회들이 하나의 보편적인 그리스도의 교회의 표현이었기 때문이었다. 다음과 같은 개념들이 이 단어의 가장 중요한 의미들이다.

(1) 이 단어의 가장 빈번한 용례는 예배를 위해 모였든 그렇지 않든 간에, 어떤 일정한 장소에 모인 일단의 신자들 곧 지교회를 지칭했다. 어떤 구절에서는 이들이 집회를 위해 모였다는 뜻으로 사용된 반면(행 5:11; 11:26; 고전 11:18; 14:19, 28, 35), 다른 구절에서는 그렇지 않다(롬 16:4; 고전 16:1; 갈 1:2; 살전 2:14 등).

(2) 어떤 경우에는 가정 에클레시아, 곧 어떤 개인의 집에서 모인 가정 교회를 지칭하기도 한다. 사도 시대에는 부유한 혹은 다른 중요한 사람들이 종종 자신들의 집에 속한 큰 방을 예배를 위해 제공했다. 이 같은 사례는 롬 16:23; 고전 16:19; 골 4:15; 몬 2등에서 발견된다.

(3) 티쉔도르프의 해석이 옳다면(그의 해석은 지금 보편적으로 받아들여지고 있다), 이 단어는 적어도 한 번은 단수형으로써 일단의 교회들 곧 유대와 갈릴리와 사마리아에 있는 교회들을 지칭한다. 행 9:31에서 이 같은 의미로 사용되었다. 그렇다고 해서 이 교회들이 연합하여 소위 교단을 형성했다고는 볼 수 없다. 예루살렘 교회와 수리아에 있는 안디옥 교회는 다른 여러 곳에서 모이던 몇몇 그룹들을 포함하고 있었던 것 같다.

(4) 좀 더 일반적인 의미로는, 그리스도를 외적으로 고백하며, 임명된 직원들의 지도를 받아 예배를 위해 조직한 자들로 구성된, 전세계에 걸쳐서 형성되어 있는 전체로서의 몸을 지칭한다. 이 같은 의미는 고전 10:32; 11:22; 12:28에서 전면에 부각되고 있다. 그러나 이 생각은 바울이 에베소서를 쓸 때, 특히 그의 마음속에 있었던 것 같다. 이 서신의 강조점은 영적인 유기체로서의 교회이다(엡 4:11-16).

(5) 마지막으로, 이 단어의 가장 포괄적인 의미는 천상과 지상에 있는 모든 신자들로 구성된 전체로서의 몸을 가리킨다. 이 몸 안에서 신자들은 구주이신 그리스도와 영적으로 연합되어 있다. 이 같은 의미는 에베소서와 골로새서에서 나타나는데, 특히 에베소서에서 두드러지게 나타난다(엡 1:22; 3:10, 21; 5:23-25, 27, 32; 골 1:18, 24).

여기서 우리가 염두에 두어야 할 사실은 '교회'(Church, Kerk, Kirche)라는 명칭이 에클레시아에서 유래한 것이 아니라 '주께 속했다'는 의미를 가진 퀴리아케에서 유래한 것이라는 사실이다. 이 단어들은 교회가 하나님의 소유임을 강조한다. 토 퀴리아콘 또는 헤 퀴리아케라는 이름은 무엇보다 먼저 교회가 회집된 장소를 지칭한다. 이 장소는 주께 속한 것으로 인식되었으며, 따라서 퀴리아콘이라고 불렸다. 그러나 이 장소 자체로는 무의미하며, 그래서 교회가 예배를 위해 모이기 전에는 사실상 '토 퀴리아콘'으로 명시되지 않았다. 결과적으로 이 단어는 교회 그 자체를 의미하는 것으로 전이되어, 하나님의 영적인 건물을 의미하게 되었다.

3. 교회를 나타내는 성경의 다른 표현들. 신약 성경은 몇 가지 비유적인 표현을 통하여 말하고 있는데, 각각의 비유들은 나름대로 교회가 지닌 특수한 면을 강조한다.

(1) 그리스도의 몸. 오늘날 어떤 이들은 이 표현이 교회에 대한 신약 성경의 완전한 정의를 말한다고 주장하고 있으나 그렇지 않다. 이 명칭은 보편 교회에 적용되고

있을 뿐만 아니라(엡 1:23; 골 1:18), 단일한 회중에게도 적용된다(고전 12:27). 이 정의는 지교회와 보편 교회를 포함하는 교회의 통일성을 강조하는 바, 특히 교회가 유기적으로 통일되어 있다는 것과 교회라는 유기체는 그의 영광스러운 머리이신 예수 그리스도와 생명의 관계를 맺고 있다는 사실을 강조한다.

(2) 성령의 전 혹은 하나님의 전. 고린도 교회는 성령이 거하시는 '하나님의 전'이라고 불렸다(고전 3:16). 엡 2:21, 22에서 바울은, 신자들은 '주 안에서 성전이' 되어가는 또는 '성령 안에서 하나님의 거하실 처소가' 되기 위하여 함께 지어져 가는 것으로 말한다. 여기서 이 명칭은 미래의 이상적인 교회 곧 보편 교회에 적용되었다. 베드로도 신자들이 산 돌같이 '신령한 집'으로 세워진다고 말한다(벧전 2:5). 베드로는 여기서 성전을 생각하고 있음에 틀림없다. 이 비유는 교회가 거룩하고 불가침의 것이라는 사실을 강조한다. 성령이 거함으로써 교회는 그 성격이 고양(高揚)된다.

(3) 위에 있는 예루살렘, 혹은 새 예루살렘, 혹은 하늘의 예루살렘. 이 세 가지 형식이 모두 성경 안에서 발견된다(갈 4:26; 히 12:22; 계 21:2; 비교. 9, 10절). 구약에서 예루살렘은 하나님이 하나님의 백성들과 접촉하는 곳을 상징하는 장소와, 그룹(천사) 사이에 있는 하나님의 처소를 대표한다. 신약 성경은 교회를 구약의 예루살렘에 해당하는 영적인 기관으로 간주하고 있음이 분명하다. 따라서 교회를 예루살렘으로 부르기도 한다. 이 표현에 따르면 교회는 하나님의 처소로서, 하나님의 백성들이 하나님과 교류하는 곳이다. 이 처소는 부분적으로는 땅 위에 임하지만 천상의 영역에 속해 있다.

(4) 진리의 기둥과 터. 이 명칭이 적용된 곳은 한 곳이다(딤전 3:15). 이 명칭은 일반적인 의미의 교회에 적용되는 것이 분명하다. 따라서 교회의 각 부분에도 적용되는 것이 분명하다. 이 비유는 교회가 하나님 나라를 대적하는 모든 적들에 대항하여 진리를 수호하고 진리를 지키는 요새이며, 진리를 변증하는 자임을 보여준다.

B. 교회론의 역사적 개요

1. 종교개혁 시대 이전의 교회론.

(1) 교부 시대. 속사도들과 변증가들은 교회를 하나님이 자기 소유로 선택하신 하나님의 백성 곧 성도의 무리로 생각했다. 교회를 구분할 필요성이 사실상 즉각 대두되지는 않았다. 그러나 2세기 후반이 되면서 주목할 만한 변화가 나타나기 시작했다. 이단들이 등장함에 따라 참된 보편 교회의 몇 가지 특징들을 정리할 필요가 대두되었다.

이에 따라 교회의 외적인 표지가 무엇인가 하는 문제에 관심이 집중되었다. 교회는 사도들의 직접적인 계승자인 동시에 참된 전통의 소유자인 감독의 통제를 받는 외적인 기관으로 인식되기 시작했다. 교회의 보편성이 아울러 강조되었다. 지교회들은 많은 분리된 단위들로 간주되지 않고 하나의 보편 교회의 부분들로 간주되었다.

교회가 점차 세속화되고 부패해감에 따라 다양한 종파들이 일어났다. 2세기 중엽의 몬타누스파, 3세기 중엽의 노바티아누스파, 4세기 초엽의 도나투스파 등이 등장하여, 교회 회원들의 성결이 참된 교회의 표지라고 말하기 시작했다. 초대 교회 교부들은 이 같은 종파들과 싸우면서 교회의 감독 제도를 점차 강조하기 시작했다. 키프리아누스는 감독 교회 교리를 완전히 발전시킨 최초의 인물이었다. 그는 감독들을 사도들의 참된 후계자들로 간주하면서, 그들이 보여주는 희생적인 사역 덕택으로 제사장적 성격을 갖게 되었다고 생각했다.

감독들은 감독단이라고 불리는 하나의 단(團)을 구성했고, 이것이 교회의 통일성을 이루는 모체가 되었다. 이와같이 교회의 통일성은 감독들의 통일성에 기초하고 있었다. 감독에게 복종하지 않는 자들은 교회의 교제에 참여할 수 있는 권한과 구원을 박탈당했다. 왜냐하면 교회 밖에는 구원이 없었기 때문이다. 아우구스티누스는 일관성 있는 교회론을 보여주지 못하고 있다. 도나투스파와 싸우는 가운데 그는 교회의 본질을 깊이 생각하게 되었다.

아우구스티누스는 한편에서는 예정론자의 입장에 서서, 교회를 택함받은 자들의 단체 곧 하나님의 영을 받음으로 참된 사랑이라는 성품을 갖춘 성도의 무리(communio sanctorum)로 생각했다. 중요한 것은 이 같은 의미의 교회의 일원이 되는 것이지, 단순히 외적인 의미의 교회에 속하는 것이 아니다. 그러나 다른 한편에서 생각하면, 아우구스티누스는 교회의 사람(Church-man)으로서, 적어도 키프리아누스적인 교회관의 일반적인 특징들을 받아들였다. 참된 교회는 보편 교회로서, 이 교회에서는 사도적 권위가 감독에 의하여 계승된다. 교회는 거룩한 은총의 보고로서, 교회는 이 은총을 성례를 통하여 나누어 준다. 현실에 있어서 이 교회 안에는 선한 회원들과 악한 회원들이 섞여 있다. 그러나 도나투스파와의 논쟁에서 그는 양자가 같은 의미에서 교회에 속해 있는 것은 아니라고 말한다. 아우구스티누스도 또한 교회와 하나님의 나라를 동일시한 로마 가톨릭의 교회관을 위한 기초를 놓았다고 할 수 있다.

(2) 중세 시대. 스콜라 신학자들은 교회에 관하여 거의 말을 하지 않았다. 키프리아누스와 아우구스티누스가 발전시킨 교리 체계가 완벽했기 때문에 이 체계를 완성

시키는 데는 약간의 마지막 손질만 하면 되는 것으로 간주되었다. 로마 가톨릭 역사가인 오텐(Otten)은 이렇게 말한다. "중세 시대의 스콜라 신학자들은 이 체계를 받아들여서 그들이 전수받을 때와 같은 방법으로 트렌트 공의회 이후에 등장한 후계자들에게 물려주었다"(*Manual of the History of Dogmas*, II, p. 214). 그들은 다만 지엽적인 몇 가지 문제에 대해서만 다소 발전을 보았다. 그런데 교회론의 발전이 거의 이루어지지 않은 것과 병행하여 교회 그 자체는 더욱 빈틈없이 짜여지고 조직화된 절대적인 교직 제도로 발전되어갔다. 이 같은 교회 발전의 씨앗들이 이미 키프리아누스의 교회관과 아우구스티누스의 교회관에 배태되어 있었다.

아우구스티누스의 좀 더 근본적인 교회관, 곧 성도의 무리로서의 교회관은 일반적으로 무시되어 잠자고 있었다. 그렇다고 해서 스콜라 신학자들이 영적인 요소를 완전히 거부했던 것은 아니고, 다만 그 점을 강조하지 않았을 따름이다. 그들은 외적인 기관 또는 제도로서의 교회를 특별히 강조했다. 성 빅토르의 위고(Hugo of St. Victor)는 교회와 국가를, 백성들을 다스리기 위하여 하나님이 세우신 두 개의 권세로 보았다. 두 권세는 그 체제에 있어서 군주적이었다. 그러나 교회가 더 상위에 있었다. 그 이유는 교회는 인간의 구원을 위하여 섬기는 반면, 국가는 인간의 현세적인 복리만을 도모하기 때문이다. 왕 또는 황제는 국가의 머리요, 교황은 교회의 머리이다. 교회 안에는 두 계급의 사람들이 있는 것으로 인식되었고, 이 두 계층에 대해서는 각각의 의무와 권리가 세밀하게 규정되었다. 하나님을 섬기는 일에 헌신한 성직자들이 하나의 통일된 단위를 구성했으며, 다양한 삶의 영역에서 모여든 평신도들이 또 하나의 분리된 계급을 구성했다. 차츰차츰 교황의 교리가 발전되어 나가다가 마침내 교황이 절대 군주로 자리 잡기에 이르렀다.

이 교리의 발전은, 로마 가톨릭 교회가 지상에 이루어진 하나님의 나라이며 따라서 로마의 감독 교회가 곧 지상 왕국이라는 사상의 발전과 병행하여 이루어졌다. 이와 같이 하나님의 나라를 유형적이며 조직화된 교회와 동일시하는 사상은 다음과 같은 심대한 결과를 낳았다. ① 이 교리는 가정과 학교, 과학과 예술, 상업과 산업을 비롯한 모든 것을 교회의 통제하에 둘 것을 요청했다. ② 이 교리는 구원이 가져오는 모든 복은 오직 교회의 각종 규례들을 통해서, 특히 성례를 통해서 임한다고 가르쳤다. ③ 이 교리는 결국 교회의 점진적인 세속화를 초래하게 되었다. 왜냐하면 교회가 죄인의 구원보다는 정치에 더 관심을 쏟기 시작했고, 마침내 교황이 세속 통치자들에 대한 지배권을 주장하기에 이르렀기 때문이다.

2. 종교개혁기와 그 이후의 교회론.

(1) **종교개혁기.** 종교개혁자들은 로마 가톨릭의 교회관과 결별을 선언했다. 그러나 개혁자들 간에 어떤 특수한 점에서는 견해가 달랐다. 교회의 무오성이나 교직제도, 성례를 통해 구원을 분배한다는 특별한 제사장직이 루터의 마음에 들지 않았다. 그는 교회를 그리스도를 믿는 자들로 구성된 영적인 무리로 간주함으로써 성경적인 만인제사장론을 부활시켰다. 그는 이 두 면이 두 개의 교회를 말하는 것이 아니라 같은 교회의 두 면을 나타낸다고 조심스럽게 지적한다. 무형 교회는 감독과 추기경의 통치에 의해서가 아니라 말씀과 성례의 순수한 집행을 통해서 유형화된다. 그는 유형 교회는 언제나 경건한 회원들과 악한 회원들로 섞여 있음을 인정했다.

그러나 루터는 교회가 국가를 지배해야 한다는 로마 가톨릭의 사상에 반론을 제기하는 과정에서 또다른 극단으로 나아가, 말씀을 선포하는 권한을 제외하고는 사실상 교회를 국가에 복종시키고 말았다. 재세례파는 이 같은 루터의 입장에 불만을 품고 오직 신자들만으로 구성된 교회를 강조했다. 그들은 빈번히 유형 교회와 국가의 완전한 분리를 요구했다. 칼빈을 비롯한 개혁파 신자들은 교회가 본질적으로 성도의 무리라는 루터의 입장에 동의했다. 그러나 그들은 루터파처럼 교회의 동일성과 거룩성을, 직분과 말씀과 성례와 같은 교회의 객관적인 규례들로부터 찾지 않고 신자들의 주관적인 교통에서 찾았다. 약간 다른 방식이긴 하지만 그들도 유형 교회와 무형 교회를 구분했다. 더욱이 그들은 교회의 참된 표지를 말씀의 선포와 성례의 참된 시행뿐만 아니라 권징의 신실한 집행에서도 찾았다.

그런데 칼빈을 비롯한 17세기의 개혁파 신학자들도 어느 정도는 교회를 국가에 복종시키는 사상을 가지고 있었다. 그러나 그들은 루터파보다는 교회의 독립성과 권력을 훨씬 더 크게 신장시킨 정치 형태를 확립시켰다. 그런데 루터파와 개혁파에 속한 신학자들이 유형 교회와 무형 교회 사이의 적절한 관련성을 유지하려고 노력한 것과는 대조적으로, 다른 학파들은 이 같은 균형을 유지하는 일에 실패했다. 17세기의 소지니주의자들과 알미니우스주의자들은 무형 교회에 대하여 말하면서도 실제 생활에 있어서는 정반대되는 모습을 보여줬다. 전자는 기독교를 단지 받아들일 만한 교리로 생각했고, 후자는 교회를 유형적 사회로 삼아 루터 교회를 따라서 치리권을 국가에 귀속시키고 오직 복음 선포권과 교회의 지체들을 권고하는 권한만을 교회에 부여했다. 라바디에파(Labadists)와 경건주의자들은 유형교회를 완전히 무시하면서 신자들만의 교회를 추구했고, 선과 악이 혼합된 제도적 교회에 무관심하며, 비밀 집회를 통한 교화를 추구하였다.

(2) **18세기와 그 이후.** 18세기의 합리주의는 교회론에도 영향을 끼쳤다. 합리주의는 신앙의 일들에 무관심한 반응을 보였을 뿐만 아니라 교회를 위하여 열성을 내는 일을 비판하면서, 교회를 다른 인간 사회와 같은 단체로 이해했다. 합리주의는 또한 교회를 설립하는 것이 그리스도의 뜻이라는 것까지도 부인했다. 감리교 안에서 합리주의에 대한 경건주의적 반동이 있었다. 그러나 감리교는 교회론의 발전에 아무런 기여도 하지 못했다. 이 운동은 기존 교회를 비판하는 일에 힘을 기울이다가도 기존 교회의 생활에 순응하기도 하는 모습을 보였다. 슐라이어마허에 의하면, 교회는 본질적으로 기독교 공동체 곧 동일한 정신으로 고무된 신자들의 단체이다. 그는 유형 교회 및 무형 교회와 같은 구분을 거의 말하지 않았으며, 교회의 본질을 그리스도인의 교제의 정신에서 찾았다. 하나님의 성령이 신자들의 회중에 침투해 들어오면 올수록 교회에는 그만큼 분열이 적어질 것이며, 신자들은 자신들의 중요성을 잊게 될 것이다. 리츨은 무형 교회와 유형 교회의 구분을 하나님의 나라와 교회의 구분으로 대체했다. 그는 하나님의 나라를 사랑이라는 동기에서 행동하는 하나님의 백성들의 공동체로, 그리고 교회는 예배를 위하여 모인 공동체로 간주했다. 그러므로 그에게 '교회'는 예배라는 한 가지 기능만을 가진 외적인 기관일 뿐이다. 이 기능을 통해 신자들은 서로서로 더욱 친숙해질 수 있을 뿐이다. 이것은 신약의 가르침과 분명히 다른 것이다. 그의 교회론은, 단순한 사회적인 기관으로서, 하나님이 심으신 기관이라기보다는 인간적인 기관으로 보는 근대 자유주의 교회관으로 이끌었다.

깊은 연구를 위한 질문

교회사는 오순절 이전에 시작되었는가, 아니면 오순절 이후에 시작되었는가? 만일 오순절 이전에도 교회가 존재했었다면, 오순절 이전의 교회와 이후의 교회는 어떤 점에서 차이가 있는가? 예수께서 마 18:17에서 말씀하신 교회는 어떤 교회인가? 아우구스티누스는 영적인 유기체로서의 교회 또는 외적인 기관으로서의 교회를 하나님의 나라와 동일시했는가? 외적인 기관으로서의 교회를 강조하는 로마 가톨릭의 입장에 대하여 당신은 어떤 설명을 할 수 있는가? 종교개혁자들이 국가로부터의 교회의 완전한 독립을 강조하지 않은 이유는 무엇인가? 루터와 칼빈의 차이는 무엇인가? 스코틀랜드에서 일어난 교회에 관한 논쟁은 어떤 것인가? 영국과 스코틀랜드의 교회관의 차이는 무엇인가? 합리주의는 교회론에 어떤 영향을 미쳤는가? 현재 교회를 심각하게 위협하는 요소는 무엇인가?

II
교회의 성질

A. 교회의 본질

1. 로마 가톨릭의 교회관. 초대 교회는 교회를 성도의 무리라고 불렀다. 물론 이 문제를 철저히 연구했던 것은 아니지만, 초대 교회는 이미 교회의 본질에 관해 이야기하고 있었다고 할 수 있다. 그러나 2세기 말엽에 이단들이 나타나면서 참된 교회가 무엇이냐라는 문제가 이미 시급한 신학적 반성을 요구하는 문제로 대두됨에 따라 외적인 제도로서의 교회의 특징들에 주의를 기울이게 되었다. 키프리아누스 시대부터 종교개혁에 이르기까지 교회의 본질을 외형적이고 유형적인 조직체에서 찾고자 하는 경향이 점점 증대되어 왔다. 교부들은 보편 교회가 그리스도의 모든 참된 지체들을 포괄하는 것으로서, 외형적 유형적 통일성 안에서 연합되어 있는 것으로 생각했다. 여기서 말하는 통일성이란 감독단 안에서의 통일성을 의미하는 것이다. 시간이 지날수록 외형적인 조직체로서의 교회 개념이 강화되었다. 교회가 교직 계급적인 기관임이 점차 강조되었고, 교직 제도의 정상에는 교황이 자리잡고 있다는 인식이 첨가되었다.

오늘날 로마 가톨릭은 교회를 다음과 같이 정의한다. "교회는 세례를 받고 동일한 신앙을 고백하며, 동일한 성례에 참여하며, 지상에 있는 하나의 가시적인 머리 밑에서 합법적인 목자들의 치리를 받는 모든 신실한 자들의 회중이다." 그들은 교훈하는 교회(*ecclesia docens*)와 교훈받는 교회(*ecclesia audiens*) 곧 "다스리고 가르치고 교육하는 자들로 구성된 교회와 가르침을 받고 다스림에 복종하며 성례 베풂을 받는 교회"를 구분한다. 엄밀한 의미에서 교회를 구성하는 것은 교훈받는 교회가 아니라 교훈하는 교회이다. 교훈하는 교회는 교회의 영광스러운 속성들을 직접 공유하지만, 교훈받는 교회는 오직 간접적으로만 그것들로 단장될 수 있을 따름이다. 로마 가톨릭도 교회에 무형적인 측면이 있음을 기꺼이 인정한다. 그러나 그들은 '교회'라는 명칭을 신자들의 유형적 단체에 더 즐겨 사용한다. 그들은 빈번히 '교회의 영혼'이라는 말을 하기도 하지만, 이 용어가 지니는 정확한 의미에 전적으로 동의하는 것 같지는 않다.

디바인(Devine)의 정의에 따르면, 교회의 영혼이란 "그리스도를 믿도록 부름을 받고, 초자연적인 은사와 은혜에 의하여 그리스도와 연합된 자들의 집단"이다(*The Creed Explained*, p. 259). 그러나 윌머즈(Wilmers)는 "그리스도의 교회를 구성하면서 그 지체들로 하여금 궁극적인 목적에 이르는 것을 가능하게 하는 모든 영적이고 초자연적인 은혜들" 안에서 교회의 영혼을 발견한다. 그는 계속하여 이렇게 말한다. "일반적으로 말하는 영혼은 몸에 생명을 주며, 그 지체들로 하여금 그 독특한 기능을 수행하도록 하는 지배적인 원리를 말한다. 믿음, 동일한 목적을 향한 공통된 열망, 성직자들의 무형적인 권위, 성화시키는 내적인 은총, 초자연적인 덕들, 기타 다른 은총의 선물들 따위는 모두 교회의 영혼에 속한다." 디바인은 일부 자격을 갖춘 사람들 안에서 교회의 영혼을 발견하는 반면, 윌머즈는 그것이 일종의 편재하는 원리로서, 인간 안에 있는 영혼과 같은 어떤 것이라고 말한다. 그러나 어떻게 표현하든 간에 그들은 소위 "무형 교회"가 논리적으로 유형 교회보다 앞선다는 사실을 인정하지 않을 것이다.

묄러(Moehler)는 이렇게 말한다. "로마 가톨릭 교회에서는 유형 교회가 먼저이며, 무형 교회가 그 다음이다. 유형 교회가 무형 교회의 원인이 된다." 이것은 교회가 신자들의 무리(*communio fidelium*)이기 이전에 신자들의 어머니(*mater fidelium*)라는 뜻이다. 그러나 묄러는 어떤 점에서 '내적인 교회'가 '외적인 교회'보다 선행한다는 것을 인정했다. 그러나 이말의 의미는 외적인 교회의 살아있는 회원이 될 때에야 비로소 내적인 교회에 소속된다는 것이다. 그는 그의 저서 「상징주의 혹은 교리적 차이」(*Symbolism or Doctrinal Differences*)에서 두 교회의 관계를 논의하고 있다. 그는 유형 교회와 그리스도의 동일성을 강조하여 다음과 같이 말한다. "그러므로 이와 같은 관점에서 보았을 때, 유형 교회는 인간의 형상으로 영원토록 인간들 사이에서 자기 자신을 나타내며 영원토록 자기 자신을 새롭게 하시며 영원토록 젊음을 간직하시는 하나님의 아들이다. 곧 성경에 기록된 것과 똑같은 영원한 성육신(incarnation)이다. 다시 말해서 신자들은 '그리스도의 몸'이라고 불린다"(p. 59).

2. 그리스 정교회의 교회관. 그리스 정교회의 교회관은 로마 가톨릭의 교회관과 매우 밀접한 관계가 있으나 몇 가지 점에서 중요한 차이가 있다. 그리스 정교회는, 참된 교회는 로마 가톨릭 교회가 아니라 자기네라고 말한다. 참된 교회는 하나뿐인데, 그 교회는 그리스 정교회라는 것이다. 그리스 정교회에서는 로마 가톨릭보다는 더 솔직하게 교회의 두 가지 다른 면, 곧 유형 교회와 무형 교회를 인정하지만, 역시 강조점은

외적인 기관으로서의 교회에 둔다. 그리스 정교회에서는 교회의 본질을 성도의 무리로 보지 않고, 자기네가 보유하고 있는 감독 교직 제도 안에서 찾는다. 그러나 그들은 교황은 인정하지 않는다. 그들은 교회의 무오성을 말하나, 이 교회의 무오성은 감독들에게 있으며, 따라서 교회 회의와 대회에 있다고 말한다. 가빈(Garvin)은 이렇게 말한다. "무형 교회는 신적 은사와 능력을 지니고 있으며, 인류를 하나님의 나라로 변형시키는 일을 한다. 유형 교회는 동일한 신앙을 고백하며 동일한 규례를 지킬 뿐만 아니라 가시적인 은혜의 방편을 사용한다." 이와 동시에 그들은 "다양한 그리스도인들의 단체들이 각기 별개의 조직체를 구성하여 스스로를 '교회들'이라고 부르는 그런 무형적이며 이상적인 교회는 부분적이고 불완전한 체현이다"라고 하며 무형 교회를 인정하지 않는다. 교회란 "실제적이고 현실적이며 가시적인 실재일 뿐, 실현되지 아니한, 그리고 실현될 수도 없는 이상은 아니다"(*Greek Orthodox Thought*, pp. 241-242).

3. 개신교의 교회관. 종교개혁은 일반적인 의미에서는 로마의 형식주의(externalism)에 대한 반발이며, 특별하게는 형식적 교회관에 대한 반발이다. 종교개혁은 외형적인 기관으로서의 교회로부터가 아니라 성도의 무리로서의 교회로부터 교회의 본질을 발견해야 한다는 진리를 전면에 부각시켰다. 루터와 칼빈에게 교회는 단순한 성도들의 공동체 곧 그리스도를 믿고 그리스도 안에서 성화된 자들, 그리고 머리이신 그리스도와 연합한 자들로 구성된 공동체다. 이 같은 입장은 개혁 교회의 신조들을 통해 거듭 천명된 바 있다. 예컨대 벨기에 신앙고백은 이렇게 말한다. "우리는 모두가 그리스도 안에서 구원을 기대하며, 그의 피로 씻음을 받고, 성령으로 성화되고, 인침을 받은 참된 신자들의 회중인 한 보편 교회 혹은 우주적 교회를 믿고 고백한다." 스위스 일치 신조도 같은 진리를 고백한다. 교회는 "세상으로부터 부르심을 받고 모인 신실한 자들의 모임이다. 이 모임에 속한 모든 성도들은 성령의 말씀을 통하여, 구주 예수 그리스도 안에서 참된 하나님을 참되게 알고 바르게 경배하며 섬기는 자들이요, 그리스도를 통하여 조건 없이 주어지는 모든 선한 은혜들에 믿음으로써 참여하는 자들이다"(17장).

선택의 관점에서 교회를 정의하고 있는 웨스트민스터 신앙고백은 이렇게 말한다. "무형의 보편적이고 우주적인 교회는 교회의 머리이신 그리스도 아래서 하나로 모였고 모이고 있으며 또 모이게 될 택함을 받은 모든 자들로 구성된다. 또한 이 교회는 만물을 충만하게 하시는 자의 배우자이며 몸이며 충만이다"(25장). 보편 교회, 곧 하나님의 계획 안에 존재하며 시대의 과정에서만 실현되는 교회는 시간 속에서 영생으로 부르심을 받은 모든 택함을 받은 자들로 구성되는 것으로 생각되었다. 그러나 실제로 지상에 존재하는 교회도 성도들의 공동체로 간주되었다. 무형 교회만이 아니라 유형 교회도 또한 성도들의 공동체(무리)로 간주되었다. 이 두 교회는 두 개의 교회가 아니라 하나이며, 따라서 본질도 하나이다. 두 교회가 모두 본질적으로 성도의 무리다. 그러나 무형 교회는 하나님이 보시는 교회로서 신자들만을 포함하는 교회인 반면, 유형 교회는 인간이 보는 교회로서 자녀들과 함께 예수 그리스도를 고백하고, 그리함으로써 성도들의 공동체로 간주되는 교회이다. 여기에는 아직 거듭나지 않은 자들이 포함될 수 있고 또한 항상 그러했다. 그것은 알곡에 가라지가 섞일 수 있는 것과 같다. 그러나 분명히 드러난 불신자들과 악한 자들은 용납하지 않는다.

바울은 유형 교회들에게 편지를 쓰면서 그들을 '성도'라고 부르기를 주저하지 않는다. 그러나 그는 악한 자들과 범죄자들에게서 떠날 것을 역설한다(고전 5장; 살후 3:6, 14; 딛 3:10). 교회는 그리스도를 머리로 둔 영적인 통일체를 형성한다. 교회는 한 성령 곧 그리스도의 영에 의하여 활력을 부여 받는다. 교회는 한 믿음, 한 소망을 고백하며, 한 왕을 섬긴다. 교회는 진리의 성채요, 신자들에게 모든 영적인 복을 전달하는 하나님의 기관이다. 그리스도의 몸인 교회는 구속 사역에 하나님의 영광을 드러내도록 되어 있다. 이상적인 의미에 있어서의 교회 곧 하나님의 원하시고 장차 그렇게 될 교회는 지식의 대상이 아니라 신앙의 대상이다. 여기서 다음과 같이 고백하게 된다. "나는 하나의 거룩한 보편 교회를 믿는다."

B. 교회의 다양한 성격

교회에 관해 말할 때, 몇 가지 특징을 고려할 필요가 있다.

1. 전투하는 교회와 승리의 교회.　현세의 교회는 전투하는 교회다. 다시 말하면, 교회는 거룩한 싸움을 싸우도록 부름을 받았으며 실제로 이 싸움에 참여하고 있다. 물론이 말은 교회가 자기 파멸적인 내전(內戰)에 기력을 다 소모해야 한다는 뜻은 아니다. 그러나 교회는 교회 내에서와 교회 밖에서 모습을 드러내는 적대 세력들과 흑암의 영적인 권세들에 대항하여 부단한 전투를 수행하지 않으면 안 된다. 기도와 명상은 필요하고 중요한 일이지만, 교회는 이 일에만 기력을 소모해서도 안 되며, 영적인 유산을 고요하게 향유하는 일에 만족해서도 안 된다. 교회는 있는 힘을 다하여 주님의 싸움에

참여하여, 공격적인 그리고 때로는 방어적인 전투를 수행해야 한다.

지상 교회가 전투하는 교회라면 천상의 교회는 승리의 교회이다. 천상의 교회에서 칼은 승리의 종려나무로 바뀔 것이며, 전쟁의 함성은 승리의 노래로 바뀌고, 십자가는 면류관으로 대체될 것이다. 싸움은 끝나고, 전쟁은 이긴 바 되고, 성도들은 그리스도와 함께 영원토록 다스릴 것이다. 이 같은 두 단계의 실존 방식을 통하여 교회는 거룩한 주님의 비하와 승귀를 드러낸다. 로마 가톨릭은 전투하는 교회와 승리의 교회를 말함과 동시에 고난받는 교회를 말한다. 그들에 의하면, 이 교회는 더 이상 땅 위에 있지 않으나 하늘의 기쁨에도 아직 들어가지 못하고 지금 자신들의 남은 죄 때문에 연옥에서 고통받고 있는 자들을 포함한다.

2. 유형 교회와 무형 교회. 이 말의 의미는 하나님의 교회는 한편으로는 보이지만 다른 한편으로는 보이지 않는다는 뜻이다. 이 구분을 처음으로 시도한 자는 루터였다고 말한다. 그러나 교회에 적용이 시작된 것은 다른 개혁자들에 이르러서였다. 이 구분은 항상 바르게 이해되어 왔던 것은 아니다. 종교개혁자들을 비판하는 자들은 종종 그들이 두 개의 분리된 교회를 가르쳤다고 공격했다. 아마도 루터가 유형 교회 안에 무형 교회가 있다고 말함으로써 이 같은 비난의 기회를 제공했던 것 같다. 그러나 루터와 칼빈은 유형 교회와 무형 교회를 말하면서 이 두 교회는 두 개의 다른 교회를 말하는 것이 아니라 하나의 예수 그리스도의 교회가 가지는 다른 두 양상을 지칭하는 것이라는 점을 강조하기를 잊지 않았다. '무형적'이라는 용어는 다양한 의미로 해석되어 다음과 같이 적용되었다. 곧 (1) 승리의 교회에, (2) 마지막 때에 나타날 이상적이고 완전한 교회에, (3) 온 세계에 편재해 있고 인간이 볼 수 없는 교회에, (4) 박해 중에 숨어서 말씀과 성례를 박탈당한 교회에 적용되었다.

여하튼 승리의 교회는 땅 위에 있는 자들의 눈에는 보이지 않으며, 칼빈은 그의 「기독교 강요」에서 이 교회를 무형 교회에 포함되는 것으로 생각했다. 그러나 칼빈은 이 특징을 전투하는 교회에도 적용하려 했음이 분명하다. 그것은 개혁파 신학의 일반적인 특징이기도 하다. 개혁파 신학은 지상의 교회가 유형적이며 무형적이라는 사실을 함께 강조한다. 이 교회가 보이지 않는 이유는 본질적으로 영적이며, 영적인 본질이 육안으로 식별되는 것이 아니기 때문이다. 동시에 누가 이 교회에 속하였고 누가 이 교회에 속하지 않았는지를 틀림없이 결정하기가 불가능하기 때문이다. 그리스도와 신자들의 연합은 신비적인 연합이다. 성령은 보이지 않는 끈으로 양자를 연합시킨다. 예컨대 거듭남, 참된 회개, 참된 믿음, 그리스도와의 영적인 교제 등과 같은 구원의 복들을 모두 눈에는 보이지 않는 것들이다. 그러나 이와 같은 것들이 교회의 실제적인 형식(*forma*〈이상적인 성격〉)을 구성한다.

'무형적'이라는 표현을 이와 같은 관점에서 이해해야 한다는 사실은 종교개혁 당시 유형 교회와 무형 교회를 구분했던 역사적 근거를 추적해 보면 명백하게 드러난다. 성경은 어떤 영광스러운 속성들을 교회에 부여함으로써 교회를 구속의 영원한 복을 전달하는 중개자로 나타낸다. 로마 가톨릭 교회는 이와 같은 복의 분배권을 외적인 기관으로서의 교회, 특히 대표적 교회(*ecclesia representativa*) 즉 성직자 계급에 부여하면서, 하나님과 하나님의 자녀들 사이에 중재자로서 인간 사제직을 설정함으로써, 양자 사이의 직접적인 교통을 무시하거나 거부했다. 이 오류는 종교개혁자들의 비판의 표적이 되었다. 그들의 주장에 따르면, 앞서 말한 바와 같은 영광스러운 것들을 분배하는 교회는 외적인 기관으로서의 교회가 아니라 예수 그리스도의 신령한 몸으로서의 교회라는 것이다. 이 교회는 본질적으로 현재에는 보이지 않는다. 그러나 이 교회는 유형 교회 안에 상대적으로 그리고 불완전한 모습으로 구현되어 있으며, 마지막 때가 되면 완전히 눈에 보이도록 구현될 것이다.

무형 교회는 자연히 유형적인 형체를 취하게 된다. 인간의 영혼이 몸을 입고 몸을 통하여 자신을 표현하는 것과 같이, 단순히 영혼으로만 구성되어 있지 않고 영혼과 몸을 아울러 가진 인간으로 구성된 무형 교회도 필연적으로 자신을 표현하는 외적인 기관으로서 유형적 형체를 취하게 마련이다. 교회는 고백과 행위, 말씀의 선포와 성례의 시행, 그리고 외적인 기관과 정체를 통하여 가시화(可視化)된다. 맥퍼슨은 무형 교회와 유형 교회를 구분하면서 "개신교는 마술적이고 초자연적인 로마 가톨릭 교회관의 형식주의와, 열광적이며 종파적인 신령주의(spiritualism)의 특징인, 모든 외적 형식에 대한 터무니없는 경시 사이에서 적절한 길을 모색했다"고 말한다.

유형 교회와 무형 교회가 모두 보편적이지만 모든 면에서 두 교회가 언제나 상응하는 것은 아니라는 점은 매우 중요하다. 무형 교회에 속한 어떤 회원들이 반드시 유형적 기관의 회원이 되는 것은 아니다. 예컨대 임종의 자리에서 회개한 사람이라든가 범죄를 하여 잠시 동안 유형적 교회의 공동체로부터 출교당한 신자들이 그 예에 속한다. 한편 그리스도를 고백하나 그에 대한 참된 믿음이 없는 거듭나지 않은 자녀나 성인들이 외형적인 기관으로서의 교회 안에 있을 수 있다. 이들이 이러한 상태를 벗어나지 않는 한, 무형 교회에 소속되어 있다고 볼 수는 없는 것이다. 유형 교회와 무형 교회에 대한 훌륭한 정의는 웨스트민스터 신앙고백에서 발견할 수 있다.

3. 유기체로서의 교회와 조직체(제도)로서의 교회. 이 구분은 앞에서 말한 무형 교회와 유형 교회를 구분하는 것과 혼동되어서는 안 된다. 이것은 유형 교회 안에서의 구분이요, 유형적 단체로 간주된 교회의 두 가지 다른 면들에 주목하는 구분이다. 교회가 오직 직분, 말씀과 성례의 시행, 그리고 일정한 형식의 교회 정치 안에서만 가시적이 된다고 생각하는 것은 잘못이다. 이런 모든 것들이 없을지라도 교회는 여전히 공동생활과 신자들의 고백 안에서, 그리고 그들이 연합하여 세상을 대항하는 가운데 모습을 드러낼 수 있다. 여기서 고찰하고 있는 구분이 유형 교회 안에서의 구분임을 명심하면서도, 우리는 유기체로서의 교회와 조직체로서의 교회(apparitio와 institutio)가 무형교회에 그 영적인 배경을 가지고 있음을 잊어서는 안 된다.

그러나 이 두 교회가 하나의 유형 교회의 두 다른 면이기는 하지만, 두 교회는 몇 가지 점에서 중요한 차이가 있다. 유기체로서의 교회는 성령의 끈으로 연합된 신자들의 공동체(coetus fidelium)인 반면, 조직체로서의 교회는 신자들의 어머니(mater fidelium)로서 구원의 방편(Heilsanstalt)이요, 죄인들을 개종시키고 성도들을 완전하게 하는 역할을 담당한다. 유기체로서의 교회는 영적 능력이 있는 교회이다. 그 안에서 모든 유형의 은사들과 재능들이 나타나고 주님의 사업을 위하여 사용된다. 반면에 조직체로서의 교회는 하나님께서 제정하신 직분들과 방편들을 통하여 제도적 형식과 기능들로 나타난다. 양자는 어떤 의미에서 보면 서로 연합한다. 그러나 한편이 다른 한편에 종속하는 때도 있다. 조직체 혹은 기관(신자들의 어머니)으로서의 교회는 목적에 대한 수단이요, 유기체로서의 교회 곧 신자들의 공동체로서의 교회에서 발견된다.

C. 교회의 정의

교회는 다양한 측면을 가진 실재이므로 그 정의 또한 다양하다.

1. 선택의 관점에서. 일부 신학자들은 교회를 선택받은 자들의 공동체(community of the elect, coetus electorum)라고 정의한다. 그러나 이 정의는 오해를 불러일으키기 쉽다. 이 정의는 이상적 관점에서 본 교회 곧 하나님의 생각 속에 존재하며 마지막 때에 완성될 교회를 가리킬 뿐, 현재의 경험적인 실재로서의 교회에는 적용되지 않는다. 선택은 현재 교회와의 현실적 관계 여부와 상관없이 그리스도의 몸에 속한 모든 자들을 포함한

다. 그러나 아직 태어나지 않은 자, 혹은 여전히 그리스도에 대해 외인이며 교회의 영역 밖에 있는 택함을 받은 자들은 현실적으로는(realiter) 교회에 속한다고 할 수 없다.

2. 유효한 부르심의 관점에서. 앞에서 말한 정의로부터 파생되는 문제점을 피하기 위한 방법 중 하나로, 교회에 속한 자들의 어떤 주관적인 특성 곧 유효한 부르심 또는 믿음의 관점에서 교회를 정의하는 경향이 있다. 다시 말하자면, 선택에 그 같은 특성을 첨가한다든지, 아니면 이 특성으로 선택을 대치시킨다든지 하는 방법으로 교회를 정의할 수 있다. 이렇게 해서 교회는 하나님의 성령의 부르심을 받은 선택된 자들의 무리(coetus electorum vocatorum), 유효하게 부르심을 받은 자들의 몸(coetus vocaturum), 또는 더 일반적으로 말해서 신자들의 공동체(coetus fidelium)로 정의되었다. 처음 두 개의 정의는 교회의 무형적 본질을 규정하려는 목적에는 도움이 되지만, 교회는 또한 유형적 측면이 있다는 사실을 전혀 지적하지 않는다. 그러나 마지막 정의는 이 사실을 해결해 주었다. 왜냐하면 믿음은 고백과 행위에서 나타나기 때문이다.

3. 세례와 고백의 관점에서. 세례와 고백이라는 관점에서 교회는 세례받고 참 믿음을 고백하는 자들의 공동체로 정의되었다. 이 공동체를 좀 더 정확히 말하면, 자녀들과 더불어 참된 신앙심을 고백하는 자들의 공동체다. 쉽게 알 수 있는 바와 같이 이것은 외적인 표지에 따른 교회의 정의이다. 칼빈은 유형 교회를 이렇게 정의한다. "전세계에 흩어져 있는 사람들의 무리로서, 그리스도 안에서 한 분 하나님을 경배하기로 고백하는 자들이며, 세례로써 이 신앙을 시작하는 자들이며, 성찬에 참여함으로써 교리와 자선에서 그들의 일치를 증거하며, 하나님의 말씀에 동의하며, 말씀 선포를 위하여 그리스도가 제정하신 사역을 유지하는 자들이다"(『기독교 강요』, IV, 1, 7.).

D. 교회와 하나님의 나라

1. 하나님의 나라의 개념. 하나님의 나라는 주로 종말론적인 개념이다. 성경에 있는 하나님 나라의 근본적인 개념은, 전천년주의자들이 주장하는 것과 같은 의미에서 그리스도 안에서 회복된 신정적인 왕국 – 이것은 본질적으로 이스라엘 왕국이다 – 이 아니다. 그것은 또한 현대주의자들이 강조하는 것처럼 그리스도의 영에 의해 충만하고, 훌륭한 법·문명·교육·사회 개혁 등등과 같은 외형적인 수단을 통하여 인간에 의하여 실현된 새로운 사회 상태도 아니다. 성경이 말하는 하나님 나라의 주요 개념은 하나님의 통치 개념이다. 이 통치는 성령의 거듭나게 하는 강력한 영향력에 의하여 죄인들

의 마음속에서 확립되고 인식된다. 이 통치가 확립될 때, 죄인들은 측량할 수 없는 구원의 복을 확신하게 된다. 이 통치는 원리적으로는 땅 위에서 실현되지만, 예수 그리스도께서 가시적이고 영광스러운 모습으로 다시 오실 때 비로소 그 절정에 달한다. 현재는 이 나라가 영적이고 무형적인 형태로 실현된다. 예수님은 이와 같은 종말론적인 개념을 취하여 그의 가르침의 중심 주제로 삼으셨다. 예수님은 이 나라가 영적으로 실현된다는 것과 보편적 성격이 있다는 사실을 명확히 가르치셨다. 더욱이 예수님 자신이 이전에는 볼 수 없을 정도로 이 나라의 실현을 완수하였으며, 이 나라의 현재적인 복을 크게 증진시키셨다. 이와 동시에 예수님은 이 나라가 장차 외적인 영광과 완전한 구원의 복으로 나타날 것에 대한 복된 소망을 품게 하셨다.

2. 하나님의 나라에 관한 역사적인 개념들. 초대 교회 교부들에게 하나님의 나라 곧 최고선은 일차적으로 미래적 실재(實在) 곧 교회의 현재의 발전 과정의 목표로 간주되었다. 일부 교부들은 하나님의 나라를 장차 올 메시야의 천년왕국 통치로 간주했다. 그러나 역사는 일부 천년왕국주의자들의 과장된 주장을 뒷받침해 주지 못했다. 아우구스티누스는 이 나라를 현재적인 실재로 보면서 이것을 교회와 동일시했다. 아우구스티누스에게 하나님의 나라는, 경건하고 거룩한 자들 곧 신자들의 공동체로서의 교회와 동일한 것이었다. 그러나 그도 이 나라가 감독에 의하여 조직된 교회 안에 구현된 것으로 본 듯한 표현들을 다소 사용했다.

로마 가톨릭 교회는 하나님의 나라와 자신들의 성직 제도를 공공연히 동일시했다. 그러나 종교개혁자들은 하나님의 나라가 이 세대에서 무형 교회와 동일하다는 견해를 폈다. 칸트 그리고 특히 리츨의 영향으로, 하나님의 나라는 종교적인 성격을 상실하고 윤리적인 목적의 왕국으로 간주되었다. 오늘날은 사회 안에 들어와 사회의 모든 관계를 변화시키는 일종의 새로운 원리로, 혹은 창조의 궁극적인 목적인 사랑이라는 동기에 의하여 행동하는 인류의 도덕적인 조직체로 자주 정의된다.

3. 하나님의 나라와 무형 교회. 하나님의 나라와 무형 교회는 어느 정도 동일하기는 하지만 엄밀하게는 구별된다. 하나님의 나라의 시민권과 무형 교회의 회원권은 모두 거듭남을 통해 결정된다. 예수 그리스도의 신비로운 몸으로서의 교회에 속하지 않고서 하나님의 나라에 속할 수는 없다. 그러나 신자들이 하나님의 나라라는 생각과 신자들이 교회라는 생각은 구분되어야만 한다. 신자들은 통치자인 그리스도 안에서 하나님과의 관계에서는 하나님의 나라를 구성하며, 세상으로부터 구별되어 하나님께 헌신하고 서로 유기체적 연합을 이루는 점에서는 교회를 구성한다. 교회인 그들은 이상

적 질서를 준비하고 소개함에 있어서 하나님의 도구라고 불린다. 하나님의 나라로서의 그들은 자신들 사이에서 최초로 실현된 이상적인 질서를 나타낸다.

4. 하나님의 나라와 유형 교회. 로마 가톨릭 교회는 무리하게 하나님의 나라와 교회를 동일시함으로써, 교회가 과학과 예술, 상업과 산업, 사회단체와 정치 단체와 같은 삶의 모든 영역에 권한과 사법권을 행사하게 되었다. 이것은 전적으로 잘못된 개념이다. 동시에 일부 개신교도들이 유기체로서의 교회라는 개념을 잘못 이해하여 주장하는 것처럼, 기독교 학교, 기독교의 원리들을 연구하고 삶에 적용하는 사람들의 자발적인 조직, 기독교 노동 조합, 기독교 정당 등을 모두 다 유기체로서의 교회의 표현(manifestations)이라고 주장하는 것도 잘못된 것이다. 왜냐하면 이런 주장은 또다시 이 영역들을 유형 교회와 그 직분자들의 직접적인 통제 아래 두는 결과를 초래하기 때문이다. 물론 이와 같은 단체들에 대해서 교회가 아무런 책임이 없다는 의미는 아니다. 일군의 기독교인들이 하나님의 나라의 원리를 모든 삶의 영역에 적용하려고 애쓰는 이와 같은 단체들은 하나님의 나라의 표현이라는 뜻이다.

유형 교회와 하나님의 나라도 어느 정도는 동일시될 수 있다. 유형 교회는 확실히 하나님의 나라에 속하고, 하나님의 나라의 일부분이며, 하나님의 나라의 세력의 가장 중요한 가시적인 구현이라고 말할 수 있다. 유형 교회는 하나님의 나라를 실현하기 위한 수단으로서 무형 교회의 성격이 다소 있다(양자는 하나다). 유형 교회와 같이 하나님의 나라도 죄악된 세계가 드러내는 불완전성을 함께 나눈다. 이 점은 알곡과 가라지의 비유나 그물의 비유를 통해 명백히 드러난다. 유형 교회가 하나님의 나라의 설립과 확장의 도구가 되는 한, 물론 그것은 수단으로서 목적에 종속된다. 하나님의 나라는 교회보다 더 포괄적인 개념이다. 왜냐하면 그것은 모든 삶의 구현들을 완전히 시배하는 것을 목표로 하기 때문이다. 이 나라는 모든 인간의 활동의 영역에서 하나님의 주권을 나타낸다.

E. 여러 시대의 교회

1. 족장 시대. 족장 시대에는 믿는 자들의 가족이 종교적 회중을 형성했다. 경건한 가정이 교회를 대표했으며, 아버지가 제사장의 역할을 수행했다. 이 당시에는 어떤 정규적인 예배 의식이 없었다. 다만 창 4:26에 여호와의 이름을 공적으로 불렀다는 정도만이 언급되어 있을 따름이다. 하나님의 아들들과 사람의 아들들이 구분되었으며, 점

차 사람의 아들들이 하나님의 아들들을 제압하게 되었다. 홍수 때에 교회는 노아의 가족 안에서 보전되었으며, 특별히 셈의 혈통을 통하여 맥이 이어졌다. 참된 종교가 죽어가는 시점이 되었을 때, 하나님은 아브라함과 언약을 맺으시고 그에게 할례라는 표징을 주심으로써 그와 그의 후손을 세상과 분리시켰고 자기의 친백성으로 삼으셨다. 모세의 시대까지 족장들의 가족은 참된 신앙의 보고로서, 이 안에서 여호와를 경외하고 섬기는 전통이 보전되었다.

2. 모세 시대. 출애굽 이후 이스라엘 백성들은 국가를 형성하는 동시에 하나님의 교회를 구성했다. 그리하여 이스라엘 백성들은 가족적인 경건뿐만 아니라 부족적인 신앙과 국가의 종교까지도 표현되는 풍부한 기구로 발전했다. 교회는 독립된 기구를 얻지 못하였으며 다만 이스라엘의 국가 생활 안에 있는 기구로 존속할 따름이었다. 교회가 취한 특별한 형식은 교회 국가라는 형식이었다. 그러나 교회와 국가가 완전히 통합되었던 것은 아니다. 국가라는 테두리 안에는 분리된 각각의 시민적이고 종교적인 직무자들과 기관들이 있었다. 그러나 이와 동시에 국가 전체가 교회를 구성했으며, 교회는 이스라엘이라는 한 국가에만 제한되었다. 외국인들은 다만 이스라엘 국가 안에 통합됨으로써 교회에 들어갈 수 있었다. 이 시대에 주목할 만한 교리상의 발전이 있었으며, 알려진 종교적인 진리의 분량이 증가하였으며, 진리에 대한 인식이 좀 더 명확해졌다. 하나님께 대한 예배는 아주 세세한 부분까지 규정되었는데, 이 세밀한 규정들은 대부분 의식적이고 예전적인 것이었다. 예배는 하나의 중앙 성소에서 드려졌다.

3. 신약 시대. 신약 시대의 교회는 본질적으로 구약 시대의 교회와 하나였다. 신구약 교회의 본질적 성질에 관한 한, 두 교회는 모두 참된 신자들로 곧 참된 신자들만으로 구성되었다. 외적인 기관으로서는 둘 다 선인과 악인이 혼합되어 있는 것으로 나타난다. 그러나 예수 그리스도의 완성된 사역으로 인해 몇 가지 중요한 변화가 일어났다. 교회가 이스라엘의 국가 생활로부터 분리되어 독립된 조직을 형성하기에 이르렀다. 이와 관련하여 교회의 국가적인 한계가 철폐되었다. 그때까지 국가 교회의 형태를 띠고 있었던 교회가 이제는 보편적인 교회의 성격을 띠게 된 것이다. 세계적인 전파라는 이상을 실현하기 위하여 교회는 선교적인 교회가 되어서 세계 모든 나라에 복음을 전하기에 이르렀다. 더욱이 지난날의 의식적인 예배는 신약의 좀 더 큰 특권과 조화되는 한층 영적인 예배로 대체되었다.

이상과 같은 언급을 종합해 볼 때, 교회는 신약 시대에만이 아니라 구약 시대에도 이미 존재하였으며, 제도와 경영상의 차이가 있었음에도 불구하고 두 시대의 교회는 본질적으로 동일하다고 가정할 수 있다. 이 사실은 우리의 신앙고백 표준 문서들의 가르침과도 일치한다. 벨기에 신앙고백 27조는 다음과 같이 말하고 있다. "이 교회는 세계의 처음부터 있었고, 또 세계의 마지막까지 있을 것이다. 이것은 그리스도가 영원한 왕이시라는 사실에서 입증된다. 백성이 없이 그리스도가 왕일 수는 없는 것이다." 이같은 입장에 전적으로 동의하면서 하이델베르크 요리문답도 제21조 '주일'에서 이렇게 말한다. "하나님의 아들은 전인류로부터, 세상의 시작으로부터 세상의 끝날까지 자신의 힘으로, 그리고 자신의 영과 말씀을 통하여, 영생을 얻도록 택하신 교회를 참된 신앙으로 통일되게 할 목적으로 모으고 보호하고 보존한다."

앞에서 지적한 것처럼 교회는 본질적으로 신자들의 공동체이며, 이 공동체는 구약 시대부터 현재까지 존재해 오고 있으며, 세상이 끝나는 날까지 이 땅 위에 존재할 것이다. 따라서 시대를 구분하는 세대주의의 영향을 받아 교회는 오로지 신약의 기관으로서 오순절 성령 강림 전에는 존재하지 않았으며 천년왕국이 시작되기 전에 지상에서 옮겨질 것이라고 주장하는 세대주의적 전천년주의자들의 입장에 동의할 수 없다. 그들은 교회를 신약의 특정적인 명칭인 '그리스도의 몸'으로 정의하기를 좋아하나, 다른 한편으로는 결정적으로 구약적인 정취를 담은 '하나님의 전'이나 '예루살렘'으로도 정의되었다는 사실은 잊은 것 같다(비교. 고전 3:16, 17; 고후 6:16; 엡 2:21; 갈 4:26; 히 12:22).

우리는 '교회'(히 - 카할, 헬 - 70인역에서 에클레시아)라는 명칭이 구약 시대에 반복해서 이스라엘에게도 적용되었다는 엄연한 사실에 눈을 감아서는 안 된다(수 8:35; 스 2:65; 욜 2:16). 구약의 원어가 '회', '총회', '회중'이라는 의미로 번역된 반면, 신약에서는 '교회'라는 용어로 번역됨으로써 오해의 소지가 있을 수 있으나, 아무튼 신구약을 막론하고 원어는 하나님의 백성의 회중 또는 총회를 가리키며, 이 의미는 교회의 본질을 잘 보여주고 있다. 한편, 예수님은 미래에 교회를 세울 것을 말씀하셨다(마 16:18). 그러나 동시에 교회를 이미 존재하는 기관으로 말씀하기도 하셨다(마 18:17). 스데반은 광야 교회라는 말을 사용한다(행 7:38). 그리고 바울은 이스라엘과 교회의 영적인 연합을 증거하고 있다(롬 11:17-21; 엡 2:11-16). 본질적으로 이스라엘은 구약 시대의 하나님의 교회를 구성한다. 다만 외적인 기관이라는 측면에서 신약의 교회와 다를 뿐이다.

F. 교회의 속성

개신교에서는 교회의 속성을 주로 무형적 유기체로서의 교회에 돌리고, 이차적으로 외적인 기관으로서의 교회에 돌릴 뿐이다. 그러나 로마 가톨릭 교회에서는 교회의 속성을 자신들의 교직 제도상의 기관에 돌린다. 개신교는 교회의 속성을 세 가지로 말한다. 그러나 로마 가톨릭 교회는 네 번째 속성을 덧붙인다.

1. 교회의 통일성.

(1) 로마 가톨릭 교회의 개념. 로마 가톨릭 교회는 통상적으로 성직단으로 조직화된 에클레시아를 교회로 인정한다. 이 교회의 통일성은 세계 모든 나라의 교회를 포함시키는 것을 목표로 삼는 그 위압적인 범세계적인 조직체로 나타난다. 이 교회의 참된 중심은 신자들에게 있는 것이 아니라, 동심원을 이루는 성직 계급에 있다. 제일 바깥에 하급 성직자들, 사제들 그리고 기타 직원들로 구성된 넓은 원이 있다. 이 원 안에 감독들로 구성된 좀 더 작은 원이 있으며, 그 안에는 대주교들로 구성된 더 작은 원, 그리고 그 안에 추기경들로 구성된 가장 압축된 원이 있다. 이 원들은 다시 일종의 피라미드를 형성하며 그 정점에 조직체 전체의 가시적인 우두머리인 교황이 자리 잡고, 이 교황이 그 밑에 위치한 모든 자들을 철저하게 통제한다. 이와같이 로마 가톨릭 교회는 대단히 위압적인 구조를 갖는다.

(2) 개신교의 개념. 개신교의 주장에 따르면, 교회의 통일성은 외적인 성격을 갖는 것이 아니라 내적이고 영적인 성격을 갖는다. 그 통일성은 예수 그리스도의 신비로운 몸의 통일성으로서 신자들이 이 몸의 지체를 구성하고 있다. 이 몸은 하나의 머리이며 교회의 왕이신 예수 그리스도의 통제를 받으며, 한 영 곧 그리스도의 영에 의하여 활력을 부여받는다. 이 통일성은 교회에 속한 모든 자들이 공통된 신앙을 가지며, 공통된 사랑의 끈으로 묶여지며, 미래에 대한 공통된 전망을 가진다는 것을 의미한다. 이 같은 내적인 통일성은 상대적인 의미에서 신자들의 신앙고백과 그리스도인으로서의 행위에서, 그리스도 안에서 하나님을 공적으로 예배하고 같은 성례에 참여하는 데에서 그 외적인 표현을 찾으며 또한 획득하게 된다.

성경이 무형 교회와 유형 교회의 통일성을 말한다는 사실은 의심할 여지가 없다. 고전 12:12-31에 있는 몸의 비유가 이 통일성을 잘 설명해 준다. 뿐만 아니라 바울이 엡 4:4-16에서 교회의 통일성을 강조할 때, 유형 교회를 염두에 두고 있음에 틀림없다. 왜냐하면 여기서 바울이 교회의 이상적인 통일을 위하여 교회의 직원 임명과 그 봉사를 말하고 있기 때문이다. 교회의 통일성 때문에 하나의 지교회가 다른 지교회의 필요를 돕도록 권고받고 있는 것이며, 예루살렘 총회가 안디옥에서 발생한 문제를 해결할 책임을 떠맡았던 것이다. 로마교회는 유형 교회의 통일성을 강조하면서, 그와 같은 강조를 성직 계급의 조직을 통해서 표현했다.

종교개혁자들이 로마와 결별을 선언했을 때, 그들은 유형 교회의 통일성을 부정하지 않고 오히려 유지했다. 그러나 그들은 연합의 끈을 교회 조직에서 찾지 않고 말씀의 참된 선포와 성례의 바른 시행에서 찾았다. 이 같은 개혁자들의 사상은 벨기에 신앙고백에도 잘 나타나 있다. 그 중에서 중요한 부분을 인용하면 다음과 같다. "우리는 하나의 보편 교회를 믿고 고백한다. 이 교회는 참된 신자들의 거룩한 공동체로서 예수 그리스도의 피로써 씻김을 받는 것과 성령에 의하여 거룩해지고 인침을 받아 그 안에서 신자들이 구원받을 것을 기대한다." 참된 교회의 표지는 다음과 같다. "순수한 복음의 교리가 선포되며, 그리스도께서 제정하신 성례가 순전히 시행되며, 죄를 벌하는 교회의 권징이 시행된다면, 간단히 말해서 모든 일들이 하나님의 말씀에 따라 이루어진다면, 하나님의 말씀에 어긋나는 모든 것들은 거부되고 예수 그리스도만이 교회의 유일한 머리로 인정된다. 이로써 참된 교회가 알려질 수 있는 바, 이 참된 교회로부터 그 누구도 스스로를 분리시킬 수 없다." 종교개혁 이후의 개혁파 신학자들도 끊임없이 유형 교회의 통일성을 가르쳐 왔으며, 이 점은 스코틀랜드 신학에서 매우 강조되었다. 워커는 심지어 이렇게 말한다. "그리스도의 참된 교회가 서로 병존하는 분리된 정체를 갖는다는 것은 스코틀랜드 신학자들에게 있어서는 전적으로 용납될 수 없는 개념이었다. 이러한 분리는 매우 제한된 의미에서만, 그리고 불가피한 일시적인 필요에 따라서만 잠정적으로 용인되었을 뿐이다."

네덜란드에서는 근년에 들어와서 이 교리가 쇠퇴하면서 역사적 사실과 상황의 필요에 따라서 다중적이고 복수적인 교회의 존립을 인정하는 방향으로 나아갔다. 최근에 전개된 논의에서 이 점이 다시 강조되고 있다. 현재 일어나고 있는 교회 분열의 현실을 염두에 두고 생각해 볼 때, 이와 같은 분열이 유형 교회의 통일성을 파괴하는 것이 아닌가 하는 의문이 제기되는 것은 당연한 일이다. 이 같은 질문에 대해 지역이나 언어의 차이로 인하여 야기된 일부 분열상은 교회의 통일성을 전혀 해치지 않으나, 교리의 부패나 성례의 남용 등으로 인하여 야기된 다른 분열은 교회의 통일성을 실제로 해치는 것이라는 답변을 할 수 있겠다.

전자는 하나님의 섭리적 작용으로부터 이루어지지만, 후자는 죄의 영향 곧 인간의 이해 능력이 어두워지고 오류가 득세하며 인간이 완악해짐으로 인하여 초래된다. 그러므로 교회는 이와 같은 분열을 극복하기 위해 노력하지 않으면 안 된다. 계속해서

"하나의 무형 교회가 하나의 기관을 통하여 표현되어야 하는 것인가?"와 같은 질문이 제기될 수 있다. 하나님의 말씀이 이를 요구한다고 보기는 어렵다. 역사적으로도 이 같은 견해의 정당성은 입증되지 않는다. 하나의 거대한 외적인 기관 안에 전체 교회를 통일시키려는 시도는 좋은 열매를 맺지 못하고 외형주의, 의식주의 그리고 율법주의로 나아갔다. 더욱이 교회의 복수성은 개신교 사상의 특징을 이루는 것으로서, 그것이 하나님의 섭리의 결과로 합법적인 방법으로 나타나는 한, 가장 자연스러운 방법으로 이루어졌으며, 유기물(생물)이 동종(同種)에서 이종(異種)으로 발전해 간다는 분화의 법칙과도 완전히 조화롭다.

교회라는 유기체가 가진 내적인 보화들은 하나의 단일한 외적인 기관을 통해서보다는 다양한 현존의 교회들을 통해서 더 탁월하고 완전하게 표현되기 마련이다. 물론 그렇다고 해서 교회가 더 큰 외적인 통일성을 위해 노력하지 않아도 되는 것은 아니다. 교회가 통일성을 유지해야 하는 것은 언제나 하나의 이상으로 적절히 표현되어야 한다. 오늘날 상당히 강력한 교회 연합 운동이 전개되고 있으나, 지금까지 전개되어 온 이 운동을 볼 때, 운동에 참여하는 일부 신자들의 동기가 훌륭함에도 불구하고 이 운동의 가치는 의심스럽다. 모든 형태의 외적인 연합은 현존하는 내적 통일성의 자연스러운 표현이어야 한다. 그러나 현재 전개되고 있는 운동은 어떤 내적인 통일성도 발견할 수 없는 곳에서 외적인 연합을 조작해 내려는 시도에서 벗어나지 못하고 있다.

다시 말하면, "자연적인 불균형을 통일시키기 위하여 인위적으로 조작된 모임은 모임 내부에서 전개되는 계파 간의 갈등을 극복하기 어려운 것이라는 사실이 고려되지 않고 있는 것이다." 진리를 희생시키면서 통일성을 추구하거나, 종교적인 주관주의 물결을 타는 것은 비성경적이다. 연합 운동이 성격을 바꾸고 진리 안에서 더 큰 통일성을 이룩하기 위하여 노력하지 않는 한, 그 운동은 실질적인 연합이 아닌 획일성만을 산출하게 될 것이다. 이 운동은 사업적인 관점에서 교회를 좀 더 효율적인 공동체로 만들 수는 있겠지만, 교회의 참된 영적인 효율성에 아무런 보탬도 되지 못한다. 다음과 같은 바르트의 말은 옳다. "교회의 통일성의 추구는 사실상 교회의 실질적인 머리와 주가 되시는 예수 그리스도의 탐구와 동일시되어야 한다. 통일성의 복은, 복 주시며 그 복의 근원과 실재가 되시는 그리스도로부터 분리될 수가 없다. 그 복은 말씀과 성령을 통해 우리에게 계시되는 것이며, 오직 믿음 안에서 우리 가운데 실재가 되는 것이다."

2. 교회의 거룩성.

(1) 로마 가톨릭 교회의 개념. 교회의 거룩함에 관한 로마 가톨릭 교회의 개념은 주로 외형적인 성격을 갖는다. 이 개념에서 전면에 부각되는 것은 성령의 거룩하게 하는 사역을 통하여 교회의 지체들이 내적으로 거룩하게 되는 것이 아니라 외적인 의식(儀式)상의 거룩함이다. 디바인(Devine) 신부에 따르면, 교회는 무엇보다도 "교의, 도덕적 교훈, 예배, 권징"에서 거룩하다. 이 안에서 "모든 것이 순결하고 흠이 없으며, 해악과 사악을 제거하고 가장 고상한 덕을 함양할 것으로 기대되는 그런 성질을 지니게 된다"(*The Creed Explained*, p. 285). 교회의 거룩성은 단지 부차적으로 도덕적인 것으로 인식될 뿐이다. 드하브(Deharbe) 신부에 의하면, 교회가 거룩한 이유는 "교회 안에는 언제나 하나님께서 기적과 비상한 은혜로 거룩함을 확인한 성인들이 있기 때문이다"(*Catechism of the Catholic Religion*, p. 140).

(2) 개신교의 개념. 그러나 개신교는 교회의 거룩함에 관하여 이와는 개념이 전혀 다르다. 그들은 교회가 객관적인 의미에서, 곧 예수 그리스도 안에서 고려될 때, 절대적으로 거룩하다고 주장한다. 그리스도의 중보적 의로 인해 교회가 하나님 앞에 거룩한 것으로 인정된다. 그들은 또한 상대적인 의미에서 교회를 주관적으로 거룩하다고 인정한다. 다시 말해, 생의 내적인 원리에서 교회는 실제적으로 거룩하며, 완전한 거룩을 지향한다. 그리하여 교회는 진정한 의미에서 성도들의 공동체라고 불리게 된다. 무엇보다도 이 거룩함은 속사람의 거룩함이며, 이는 외적인 삶에서도 표현된다. 따라서 거룩함은 부차적으로 유형 교회의 속성이기도 하다. 유형 교회가 거룩하다는 것은 교회가 세상과 구별되어 하나님께 드려졌다는 의미에서, 그리고 원리상 그리스도 안에서 거룩한 사귐을 목표로 이루어 간다는 윤리적 의미에서 말하는 것이다. 가시적인 지교회는 신자들과 그들의 자녀들로 되어 있기 때문에 이 교회에서 명백한 불신자들과 악한 자들은 모두 제외된다. 바울은 지교회들을 성도들의 교회라고 부르기를 주저하지 않는다.

3. 교회의 보편성.

(1) 로마 가톨릭 교회의 개념. 로마 가톨릭 교회는 자신들의 교회만이 보편적이라 불릴 수 있는 권리가 있는 듯이 보편성이라는 속성을 독점했다. 그 교회의 다른 속성들과 같이 로마교회는 이 속성을 유형적 조직체에 적용했다. 로마교회는 자신들의 교회만이 유일하고 참된 교회로 간주될 권리가 있다고 주장하는데, 이는 이 교회가 온 세상에 퍼져 있고, 또 모든 나라와 모든 형태의 정부에 대하여 적응 능력이 있기 때문

이며, 모든 종파는 일어났다가 사라지고 말지만 로마교회는 처음부터 존재했을 뿐만 아니라 항상 충성된 자들과 신실한 자녀들을 보유했기 때문이라는 것이다. 그리고 로마 가톨릭 교회는 완전한 진리와 은혜를 소유하고 있어서 분열하는 모든 종파를 합한 것보다 더 많기 때문이라는 것이다.

(2) 개신교의 개념.　개신교에서는 다시 이 속성을 주로 무형 교회에 적용한다. 현존하는 그 어떤 조직체보다도 무형 교회가 좀 더 참된 의미에서 보편적이라고 할 수 있다. 심지어 로마교회도 예외는 아니다. 로마교회가 이 속성을 자기들의 계급적 조직체에 적용하고 다른 교회들은 제외하는 오만함에 개신교가 분개한 것은 당연했다. 개신교는 근본적으로 무형 교회가 참된 보편 교회라고 주장한다. 그 이유는 이 교회만이 이 세상의 각 시대에 속한 모든 신자들을 예외 없이 포함할 수 있으며, 그 결과로 복음화된 세계의 모든 나라에 그 회원들이 있으며, 또한 이 교회가 인간의 삶의 전 영역에 지배적인 영향력을 행사할 수 있기 때문이다. 부차적으로 개신교는 또한 보편성을 유형 교회에도 적용한다. 유형 교회의 통일성에 관한 논의에서 이미 개혁자들과 개혁 교회의 신조들은 보편적인 유형 교회를 믿고 있음을 말한 바 있다. 이 견해는 네덜란드, 스코틀랜드, 그리고 미국의 개혁파 신학자들이 지금까지 반복하여 천명해 온 원리다.

그러나 최근 네덜란드에서는 이 교리에 대한 의문이 제기되고 있다. 이 교리가 여전히 해결을 요구하는 많은 어려운 문제들을 제기하고 있다는 사실을 염두에 두지 않으면 안 된다. 이 같은 하나의 보편적인 유형 교회를 어디서 찾아야 하는가를 정확히 규정하기는 쉽지 않다. 뿐만 아니라 다음과 같은 질문들이 계속해서 제기된다: ① 이 교리는 헨리 반 다이크 박사가 생각하는 것처럼, 종파주의에 대한 대대적인 정의를 내포하는가? ② 이 교리는 어떤 한 종파가 참된 교회라면 다른 종파들은 거짓된 교회라는 의미인가? 아니면, 더 순수하고 덜 순수한 교회로 구분하는 것이 좀 더 나은가? ③ 지교회 또는 종파는 어떤 점에서 유일한 유형 교회의 완전한 부분일 수 없는가? ④ 단일한 외형적인 기관 또는 조직체는 유형 교회의 통일성에 필수적인 것인가, 그렇지 않은 것인가? 이와 같은 질문들에 답하기 위해서는 좀 더 깊은 연구가 필요하다.

G. 교회의 표지

1. 교회의 표지에 관한 일반적인 진술.

(1) 표지가 필요한 이유.　교회가 분명히 하나였던 때에는 표지에 대한 필요성을 거

의 느끼지 못했다. 그러나 이단이 나타나자 참된 교회를 인식하는 표지를 천명해야 할 필요가 생겼다. 이 표지의 필요성에 대한 인식은 이미 초대 교회 때에 나타났으며, 중세 시대에 불분명해졌다가, 종교개혁 시대에 다시 강하게 나타났다. 종교개혁 시대에 기존 교회는 크게 두 파로 나뉘었을 뿐만 아니라 개신교 자체는 여러 교회와 종파로 분열되었다. 그 결과로서 참된 교회와 거짓된 교회를 구분하는 표지가 필요하다는 것이 점점 절실해졌다. 종교개혁이란 바로 그 사실이, 종교개혁자들이 하나님께서 교회를 보존하신다는 사실을 부인하지 않지만 그러나 유형 교회의 경험적인 구현은 오류에 빠질 수 있으며 진리에서 떠날 수 있을 뿐만 아니라 완전히 타락할 수 있다는 사실을 깊이 인식하고 있었다는 것을 입증한다. 그들은 교회가 반드시 따라야 할 진리의 표준이 있다는 입장을 취했으며, 그 표준이 바로 하나님의 말씀인 것을 인정했다.

(2) 개혁 신학에서 교회의 표지. 개혁파 신학자들도 교회의 표지의 수에 대해서는 의견이 달랐다. 어떤 개혁자들은 오직 하나의 표지 곧 순수한 복음적인 교리의 전파만을 교회의 표지라고 말한다(베자, 알스테드, 에임스, 하이다누스, 마레시우스). 다른 이들은 말씀의 순수한 전파와 성례의 바른 시행을 말하며(칼빈, 불링거, 잔키우스, 유니우스, 고마루스, 마스트리히트, 아 마르크), 또다른 이들은 여기에 신실한 권징의 시행을 첨가한다(히페리우스, 마터, 우르시누스, 트렐카티우스, 하이데거, 벤델리누스). 이 세 가지는 우리의 신앙고백서에도 언급하고 있다. 그러나 이 신앙고백서는 이 세 가지를 언급한 뒤에 다음과 같이 이 셋을 하나로 묶어서 말한다: "간단히 말해서 모든 일들이 하나님의 순수한 말씀에 따라 다루어진다면."

시간이 지나면서, 특히 스코틀랜드에서 교회의 존재에 절대적으로 필요한 특징들과 교회의 안녕에만 필요한 조항들이 구분되었다. 어떤 자들은 권징이 교회의 건전성을 유지하는데 아무리 필요하다 할지라도 권징 없는 교회는 교회가 아니라고 말하는 것은 잘못이라고 생각하기 시작했다. 어떤 이들은 성례의 바른 시행에 대해서도 같은 생각을 하게 되었는데, 그 이유는 예컨대 침례교나 퀘이커교를 교회가 아니라고 단언할 수 없었기 때문이다. 이 영향을 웨스트민스터 신앙고백에서 볼 수 있다. 이 고백서는 '참된 종교를 고백하는 것'을 교회의 존재에 필수적인 유일한 조건으로 말하면서, 교리나 예배 그리고 권징의 순수성과 같은 다른 것들은 특정한 교회의 탁월한 특성으로서 그 교회의 순결성을 측정할 수 있는 것이 된다고 언급한다.

카이퍼 박사는 말씀의 선포(*praedicatio verdi*)와 성례의 시행(*administratio sacramenti*)만을 교회의 참된 표지로 인정한다. 왜냐하면 ① 이 표지들만이 특별한 것, 즉 교회의 특성이며, 다른 단체에는 전혀 없는 것이기 때문이다. ② 그리스도께서 교회 안에서 은혜와 성령으로 역사하는 도구가 되기 때문이다. ③ 이 표지들만이 교회를 구성하는 형성적 요인이 되기 때문이다. 권징은 다른 단체에서도 발견할 수 있으며, 이 두 표지와 동등한 것이 될 수 없다. 이 사실을 염두에 두면서도 그는 권징의 신실한 시행을 교회의 표지들 가운데 하나로 간주하는 것을 반대하지 않는다. 그런데 보통 언급되는 세 가지 표지들이 실제로 동등하지 않다는 것은 명백한 사실이다. 엄격히 말하면, 말씀을 참되게 선포하고 그것을 교리와 삶의 표준으로 인식하는 것이 교회의 유일한 표지다. 이 표지가 없으면, 교회가 존재하지 않는다. 이 표지는 성례의 바른 시행과 권징의 신실한 집행을 결정한다. 그럼에도 불구하고 성례의 바른 시행은 교회의 참된 표지다. 또한 권징의 시행이 교회에만 속해 있는 것은 아니지만 – 다시 말해 교회 안에서만 독점적으로 발견되는 것은 아니지만 – 그것은 교회의 순결을 유지하는 데 절대적으로 필요하다.

2. 교회의 표지에 관한 특별한 진술.

(1) **말씀의 참된 선포.**　이것은 가장 중요한 교회의 표지다. 이 표지는 성례에 관계 없이 존재하지만, 성례는 말씀 없이 독립적으로 존재하지 못한다. 말씀의 참된 선포는 교회를 유지하고 교회로 하여금 신자들의 어머니가 되도록 하는 위대한 방편이다. 이것이 참된 교회의 특징 가운데 하나라는 사실은 요 8:31, 32, 47; 14:23; 요일 4:1-3; 요이 9 등에 분명히 나타난다. 이 표지를 교회에 돌린다고 해서, 교회에서 시행되는 말씀의 선포가 완전해야만 비로소 참된 교회로 간주될 수 있다는 뜻은 아니다. 이 세상에서는 그와 같은 이상에 도달하기 어려울 것이다. 어떤 교회든 오직 교리의 상대적인 순수성만이 있을 수 있다. 그러나 한계가 있는 바, 교회가 진리를 그릇되게 가르치고 부인한다면 교회는 참된 성격을 잃고 거짓 교회가 되는 것이다. 신앙의 기본적인 조항들이 공적으로 거부되고, 교리와 삶이 더 이상 하나님 말씀의 통제를 받지 않을 때 거짓 교회가 된다.

(2) **성례의 바른 시행.**　성례는 말씀과 분리시켜서는 안 된다. 왜냐하면 성례는 그 자체로 고유한 내용이 있는 것이 아니라 하나님의 말씀에서 비롯된 내용을 갖기 때문이다. 사실상 성례는 말씀의 가시적인 선포다. 따라서 성례는 말씀의 합법적인 사역자들에 의해 하나님이 세우신 제도에 따라 다만 자격을 갖춘 교인들, 곧 신자들과 그 자녀들에게만 시행되어야 한다. 복음의 핵심적인 진리를 거부하는 것은 자연히 성례의

바른 시행에 영향을 준다. 로마교회는 분명히 말씀과 성례를 구분하고 성례에 마술적인 효력을 부여함으로써, 그리고 필요할 경우에는 산파도 세례를 베풀 수 있도록 함으로써, 성례의 바른 양식에서 멀어졌다. 성례의 바른 집행이 참된 교회의 특성이라는 것은 성례가 말씀과 밀접한 관계를 맺고 있다는 사실과 마 28:19; 막 16:15, 16; 행 2:42; 고전 11:23-30 등 여러 구절에서 드러난다.

(3) 권징의 신실한 시행. 이것은 교리를 순수하게 지키고 성례의 거룩성을 수호하기 위해서 꼭 필요한 것이다. 권징을 등한시하는 교회는 머지 않아 진리의 빛이 어두워지게 될 뿐만 아니라 거룩한 것을 남용하게 된다. 그러므로 지상에서 가능한 한 이상적인 교회를 유지하려고 하는 교회는 성실하고 부지런히 권징을 시행하지 않으면 안 된다. 하나님의 말씀은 그리스도의 교회 안에서 적절한 권징을 시행할 것을 강조한다(마 18:18; 고전 5:1-5, 13; 14:33, 40; 계 2:14, 15, 20).

깊은 연구를 위한 질문

마 16:18; 18:17에 있는 에클레시아의 의미는 무엇인가? 퀴리아케라는 용어는 언제 어떻게 사용되었는가? 네덜란드어 'kerk'와 'gemeente'는 어떻게 다르며, 헬라어와는 어떻게 관련되는가? 성경에는 전세계 곳곳에서 외형적으로 그리스도를 고백하는 사람들의 전체 집단을 통일체로 지칭하기 위해 에클레시아라는 단어가 사용된 구절들이 있는가? 이 단어는 종파와 같이 동일한 정체 아래 모인 일군의 교회들을 가리키는 단어로 사용될 수 있는가? 교회의 가시성은 다만 그 지체들의 가시성에 불과한가? 그렇지 않다면, 교회는 어떤 의미에서 가시적인가? 유형 교회는 그리스도와의 단순한 외형적인 관계 안에만 있는 것인가, 그리고 교회는 외형적인 약속과 특권들 이외의 다른 어떤 것을 향유하는가? 유형 교회의 본질은 무형 교회의 본질과 다른 것인가? 조직체로서의 교회와 유기체로서의 교회를 구분하는 시도에 어떤 반론들이 있는가? 로마 가톨릭 교회의 교회관과 개혁 교회의 교회관의 근본적인 차이점은 무엇인가?

III

교회의 정치

A. 교회의 정치에 관한 다양한 이론들

1. 퀘이커파와 다비파(派)의 견해. 퀘이커파(Quakers)와 다비파(Darbyites)는 원리상 모든 교회의 정치를 거부한다. 그들의 견해에 따르면, 모든 외형적인 교회의 형성은 필연적으로 부패하여 기독교 정신과는 반대되는 결과를 초래하게 되어 있다. 이는 신적인 것을 희생시키고 인간적인 요소를 중요시한다. 그것은 하나님이 부여해 주신 은사들을 무시하며, 인간이 제정한 직분으로 은사를 대체한다. 따라서 그것은 성령으로 더불어 생명 안에서 교통하기보다는 교회에 인간의 지식이라는 껍질을 씌운다. 그러므로 이들은 외형적인 교회의 형성을 필요 없는 것으로 간주할 뿐만 아니라, 유형 교회를 조직하는 것을 죄악이라고 여긴다. 그리하여 직분은 무시되고, 공예배 때 각자 성령의 감동을 따르기만 하면 되는 것이다. 신비주의라는 누룩의 흔적이 뚜렷하게 나타나는 이 종파들이 보여주는 이 경향은 영국 성공회의 성직 계급과 형식주의에 대한 반동으로 간주되어야 한다. 미국의 일부 퀘이커파는 통상적으로 목사를 세우고 다른 교회들과 다름없이 예배를 드리고 있다.

2. 에라스투스(Erastus, 1524-1583)의 이름에서 유래한 에라스투스주의의 제도. 에라스투스주의자는 교회를, 국가가 제정한 법규에 따라 존재하고 형성된 일종의 사회로 간주한다. 교회의 직원들은 단지 말씀을 가르치고 선포하는 자들로서, 시민 정부의 지도자들로부터 위임받은 권한을 제외하곤 그들에게는 다스릴 권한이나 능력이 없다. 교회를 치리하고 권징을 시행하며 파문을 선고하는 것은 국가에 위임된 기능이다. 교회의 견책은 그 시행이 교회의 합법적인 직원들에게 위임된 경우라고 할지라도 시민 정부의 형벌이었다. 이 제도는 잉글랜드, 스코틀랜드, 그리고 독일(루터 교회)에서 다양한 방법으로 적용되었다. 이 제도는 예수 그리스도의 머리 되심이라는 근본적인 원리와 충돌하는 것이며, 교회와 국가는 그 기원과 일차적인 대상과 그들이 행사하는 권세

와 그 권세의 집행에서 다르며, 서로 독립적이라는 사실을 모르고 있다.

3. 감독 제도. 감독 제도를 주장하는 자들에 따르면, 교회의 머리가 되시는 그리스도께서 교회의 운영을 직접 그리고 전적으로 사도들의 후계자들인 고위 성직자들 또는 감독들에게 위임하셨으며, 이 감독들을 구별되고 독립적이며 무제한으로 계속할 수 있는 성직으로 만드셨다고 말한다. 이 제도에서 신자들의 공동체는 교회의 정치에 절대로 참여하지 못한다. 교회사에서 보면 초기에 로마 가톨릭 교회가 이 정체를 채택했었다. 영국에서는 이 정체가 에라스투스주의 정체와 결합되는 양상을 보였다. 그러나 그와 같은 구별된 고위 성직자단의 존재는 성경을 통해 정당화되지 않는다. 감독 제도를 주장하는 자들에 의하면, 감독들은 안수와 치리에 대한 고유한 권한이 있기 때문에 그들은 신자들을 대표하는 것이 아니고, 어떤 의미로도 신자들로부터 그들의 직분이 나오는 것이 아니라고 한다. 성경은 사도의 직분이 항구적인 것은 아니라는 점을 분명히 보여준다. 사도들이 뚜렷하게 구분되는 독립된 계층을 형성한 것은 사실이다. 그러나 교회의 제반사를 다스리고 관장하는 것이 그들에게 맡겨진 특별한 과제였던 것은 아니다. 그들의 의무는 복음화되지 않은 지역에 복음을 선포하고, 교회를 설립하며, 신자들 중 직원들을 선택하여 교회들을 다스리는 일을 맡기는 것이다. 1세기가 끝나기 전에 사도직은 완전히 사라지고 말았다.

4. 로마 가톨릭 교회의 제도. 로마 가톨릭 교회의 제도는 감독 제도의 논리적 결론이다. 로마교회의 제도는 자신들의 교회 안에 사도들의 후계자들이 포함되어 있으며, 특별히 사도들 가운데서도 수위를 차지하는 베드로의 후계자가 자신들 안에 있음을 강조한다. 그들 중 베드로의 후계자는 그리스도의 특별한 대리인인 셈이다. 로마교회는 절대적 군주 정체의 성격을 띤다. 오류가 없는 한 교황은 교회의 교리와 예배와 정치를 결정할 권리가 있다. 이 교황 밑에 하급 계층의 성직자들이 있으며, 이들은 특별한 은혜를 부여받은 자들이다. 그들의 임무는 상급 성직자들과 교황에 대하여 엄격한 책임 가운데 교회를 다스리는 것이다. 평신도들은 교회의 정치에 전혀 발언권이 없다. 이 정체는 성경과 조화되지 않는데, 성경은 이 정체의 근간이 되고 있는 베드로의 수위권을 인정하지 않으며, 오히려 교회의 문제에 대하여 평신도들의 발언권을 분명히 인정하고 있다. 뿐만 아니라 베드로의 시대부터 오늘날까지 단절되지 않고 계승되어 왔다는 로마 가톨릭 교회의 주장은 역사적으로 모순된다. 교황 제도는 해석학적으로

나 역사적으로나 입증되기 어렵다.

5. 회중파 제도. 이 제도는 이른바 독립파의 제도라고도 불린다. 이 제도에 따르면, 각 교회 또는 회중은 독립된 완전한 교회이다. 이와 같은 교회에 있어서 교회의 치리권은 독점권으로 자신들의 일을 규정할 수 있는 교회의 회원들에게 있다. 직원들은 단지 지교회에서 가르치고 교회의 제반사를 관리하도록 임명되었을 뿐, 교회의 회원으로서 그들이 소유하고 있는 것 이상으로 다스릴 권한은 전혀 없다. 필요할 경우에는 공동의 이해를 위해 여러 교회들이 서로 연합하여 교회 회의나 지회 또는 지방회를 구성할 수 있다. 그러나 그와 같은 연합체의 결정은 엄격하게 말해서 권고적이거나 선언적인 의미일 뿐, 어떤 특정한 교회에 대해 구속력이 있는 것은 아니다. 이처럼 사역의 직분을 신자들의 결정에만 의존하게 하는 이런 회중 정치론은 하나님의 말씀과 일치하지 않는다. 뿐만 아니라 개교회가 다른 교회들로부터 독립되어 있다는 이론은 교회의 통일성을 표현하기 어려우며, 교회를 분열시키는 결과를 초래할 뿐만 아니라, 교회 정치에서 온갖 독단성의 문을 열어 놓을 수 있다. 지교회에서 문제가 발생할 때 호소할 곳이 없게 된다.

6. 국가 교회 제도. 지방교회제도(Territorial system)를 대신하여 합동 교회 제도(Collegial system)라고도 불리는 이 정체는 파프(C. M. Pfaff, 1686-1780)에 의하여 독일에서 발전하여 후에 네덜란드에도 도입되었다. 이 정체는 교회가 국가에 상응하는 자발적인 결사(結社)라는 전제하에 전개된다. 분리된 개교회나 회중들은 단지 하나의 국가 교회의 지부일 뿐이다. 고유의 권한은 국가적 조직에 있고, 이 조직이 지교회를 관할한다. 이것은 고유의 권한을 당회에 두는 장로교의 정체와는 반대되는 것이다. 지방 교회 제도는 공예배를 개혁하고 교리와 행위에 관한 논쟁을 중재하며 대회를 소집할 권한이 국가에 있음을 인정한다. 그러나 국가 교회 제도는 감독권만을 고유의 권한으로 인정할 뿐, 국가가 교회의 문제에서 행사할 가능성이 있는 모든 다른 권리들은 교회가 묵시적인 양해 또는 협약을 통하여 국가에게 위임한 것으로 간주한다. 이 정체는 지교회의 자율성을 전적으로 무시하며, 자율적 운영의 원리와 그리스도에 대한 직접적인 책임의 원리를 인정하지 않을 뿐만 아니라, 형식주의를 낳고, 신앙을 고백하는 영적인 교회를 외형과 지역의 구획에 따라 나누게 된다. 에라스투스주의 정체와 흡사한 이 정체는 자연히 오늘날의 전체주의 국가의 이념과 가장 잘 어울린다.

B. 개혁파 혹은 장로교 제도의 근본 원리

개혁 교회는 그들의 교회 정치 제도가 세칙까지 하나님의 말씀에 의하여 결정되었다고 주장하는 것이 아니라, 그 교회의 근본 원리들이 직접 성경에서 인출된 것이라고 주장한다. 개혁 교회는 또한 세칙들을 하나님의 법규(*jus divinum*)라고 주장하는 것이 아니고, 다만 이 제도의 일반적인 근본 원리를 그렇게 주장하는 것뿐이다. 개혁 교회는 많은 세부적인 항목들이 편의와 인간의 지혜에 의해 결정되었다는 사실을 기꺼이 인정한다. 여기서 결론은 일반적인 구조가 엄격하게 유지되어야 하지만, 어떤 세부 항목들, 예컨대 교회들이 받는 일반적인 유익과 같은 항목들은 신중한 배려와 적절한 교회의 관습에 따라 변할 수 있다는 것이다.

1. 그리스도는 교회의 머리이며 모든 교회의 권위의 원천이다. 로마교회는 교회에 대한 교황의 수위권을 주장하는 데 가장 큰 역점을 둔다. 종교개혁자들은 교황의 주장에 반대하면서, 그리스도가 교회의 유일한 머리라는 사실을 강조하고 옹호했다. 그러나 그들은 교회에 대한 국가의 수위권을 인정하는 위험을 피할 수는 없었다. 따라서 장로교와 개혁 교회는 국가가 교회의 권리를 침해하려는 시도에 대항하여 예수 그리스도의 주권을 수호하는 또다른 싸움을 싸우지 않으면 안 되었다. 이 싸움은 먼저 스코틀랜드에서 시작되었다가 이후 네덜란드에서 계속되었다. 이 싸움의 대상이 유형 교회의 수위권을 주장하는 교황청, 국가 그리고 국왕 등과 같은 외적인 권세였다는 사실에 근거하여 볼 때, 이 싸움에 참여한 자들은 특별히 그리스도께서 유형 교회의 유일한 합법적인 머리이며, 따라서 교회의 유일한 최고의 율법 수여자요 왕이라는 입장을 확립하고 주장하는 일에 각별한 관심을 기울였음을 알 수 있다. 물론 그들은 또한 그리스도를 무형 교회의 유기적인 머리로 인정했다. 그들은 무형 교회와 그리스도가 나뉠 수 없는 것임을 깨달았다. 그러나 교황과 왕은 무형 교회의 유기적인 머리라고는 주장한 일이 거의 없었으므로, 이 점은 사실 문제가 되지 않았다. 스코틀랜드의 신학자들에 관해 워커는 이렇게 말한다. "그들이 말한 의도는 그리스도가 유형적 조직체로서의 교회의 참된 왕이자 머리로서, 다윗과 솔로몬이 옛 언약 백성을 다스린 것처럼 진실되고 또 문자 그대로 규례와 의식과 직분자들과 권세로써 교회를 다스리신다는 것이다."

성경은 그리스도께서 만물의 머리라고 가르친다. 그리스도께서 우주의 주라는 것은 삼위일체의 제2위로서만이 아니라 그의 중보적 능력에서도 그러하다(마 28:18; 엡

1:20-22; 빌 2:10, 11; 계 17:14; 19:16). 그러나 매우 특별한 의미에서 그는 몸 된 교회의 머리이다. 그는 교회와 살아 있는 유기적인 관계를 맺으며, 자신의 생명으로 교회를 충만히 채우실 뿐만 아니라 영적으로 교회를 다스리신다(요 15:1-8; 엡 1:10, 22, 23; 2:20-22; 4:15; 5:30; 골 1:18; 2:19; 3:11).

전천년주의자의 주장에 따르면, 이것이 그리스도가 교회의 머리라는 명제의 유일한 의미라고 한다. 그들이 이 같은 주장을 전개하는 이유는 개혁 신학자들의 주장, 곧 그리스도께서 교회의 왕이시며 유일한 최고의 권위라는 주장을 그들이 부인하기 때문이다. 성경은, 교회와 살아 있는 관계를 맺고 계실 뿐만 아니라 교회법의 제정자요 교회의 왕이시라는 것 때문에 그리스도가 교회의 머리가 되신다는 것을 분명하게 가르친다. 유기적이고 생명적인 의미에서 그리스도는, 독점적이 아니라 근본적으로 그의 영적인 몸을 이루는 교회의 머리이다. 그러나 그리스도는 동시에 유기적인 의미에서 뿐만 아니라 교회에 대해 권위를 가지고 다스린다는 의미에 있어서도 유형 교회의 머리가 되신다(마 16:18, 19; 23:8, 10; 요 13:13; 고전 12:5; 엡 1:20-23; 4:4, 5, 11, 12; 5:23, 24).

그리스도께서 이처럼 유형 교회의 머리가 되신 것은 그가 받으신 고난의 결과로서 그에게 부여된 통치권의 주요 부분이다. 그의 권위는 다음과 같은 점에서 나타났다. (1) 그는 신약의 교회를 제정하셨다(마 16:18). 그러므로 교회는 오늘날 많은 사람들이 생각하듯이 오직 그 회원들의 동의에만 근거하는 단순한 자발적인 사회는 아니다. (2) 그는 교회가 집행해야 하는 은혜의 방편 곧 말씀과 성례를 제정하셨다(마 28:19, 20; 막 16:15, 16; 눅 22:17-20; 고전 11:23-29). 이 부분들에 대해서는 그 누구에게도 법 제정권이 없다. (3) 그리스도는 교회에 헌법과 직원들을 주시고 그들을 신적인 권위로 옷을 입히심으로써 그들이 자신의 이름으로 말하고 행하게 하셨다(마 10:1; 16:19; 요 20:21-23; 엡 4:11, 12). (4) 그는 교회가 예배하러 모일 때 교회 안에 늘 임재해 계시며, 교회의 직원들을 통하여 말씀하시고 행동하신다. 그들이 권위로써 말하고 행동하도록 보장하시는 분은 왕이신 그리스도다(마 10:40; 고후 13:3).

2. 그리스도는 말씀이라는 방편을 통하여 권위를 행사하신다. 그리스도의 통치는 모든 면에서 세상 왕의 통치와 다르다. 그는 교회를 힘으로 다스리시지 않는다. 그는 주관적으로는 교회 안에서 역사하는 성령을 통하여, 그리고 객관적으로는 권위의 표준인 하나님의 말씀을 통하여 다스리신다. 모든 신자들은 무조건 왕의 말씀에 순종하여야 한다. 그리스도께서 교회의 유일한 주권적인 통치자이듯이 그의 말씀은 절대적인 의

미에서 법이라고 할 수 있는 유일한 말씀이다. 결과적으로 교회 안에서는 어떤 형태의 독재적 권력도 행사되어서는 안 된다. 그리스도와 관계없는 통치권이란 있을 수 없다.

로마 교황은 지상에서 그리스도의 대리자라고 주장하면서 실상은 그리스도의 자리를 대신 차지하고, 하나님의 말씀을 인간의 새로운 고안으로 대체했으므로 정죄를 면할 수 없다. 그는 전통을 성경과 같은 위치에 둘 뿐만 아니라, 신앙과 도덕의 문제를 주교좌로부터(*ex cathedra*) 말할 때 성경과 전통의 오류 없는 해석자로 자처한다. 성경과 전통은 간접적인 혹은 관계가 적은 규범일 수 있으나 직접적인 규범은 교황의 무오성에서 보증을 받는 교회의 가르침이다. 교황의 말은 하나님의 말씀이다. 그리스도께서 직원들을 통하여 교회 안에서 자신의 권위를 행사하시는 것은 사실이지만, 이 말은 그가 자신의 권위를 자신의 종들에게 양도한다는 의미로 이해될 수는 없다. 그리스도가 모든 시대에 걸쳐서 직접 교회를 다스린다. 다만 그가 교회를 다스리실 때 교회의 직원들을 자신의 도구로 사용하시는 것뿐이다. 교회의 직원들에게는 절대적이고 독립적인 권세가 없다. 다만 파생적이고 봉사적인 권세만이 있을 뿐이다.

3. 왕인 그리스도께서 교회에 권세를 주셨다. 이 시점에서 다소 어려운 문제가 제기된다. 교회 권세의 일차적이고 적법한 주체는 누구인가? 그리스도는 제일 먼저 누구에게 이 권세를 위임하셨는가? 로마 가톨릭 교회와 성공회는 이렇게 답한다. "교회의 평신도들과는 엄격히 구분되는, 하나의 분리된 계급으로서의 직원들에게!" 러더퍼드와 베일리와 같은 일부 탁월한 장로교 신학자들도 이에 동조했다. 이 이론과 대립되는 이론으로는 독립파의 이론이 있는데, 그들에 따르면 이 권세는 교회에 주어진 것이며, 교회 직원들은 단지 전체로서의 몸의 일부 기관에 지나지 않는다는 것이다. 위대한 청교도 신학자인 오웬은 약간의 수정을 거쳐 이 견해를 받아들인다. 최근 일부 개혁파 신학자들은 명백히 이 견해를 두둔했으나, 독립파의 분리주의에 찬동한 것은 아니다.

그러나 이 같은 두 가지 극단적인 견해의 중간 입장을 취하는 견해가 있는데, 이것은 취할 만한 견해이다. 이 견해에 따르면, 그리스도는 교회의 권세를 전체로서의 교회 곧 평신도들과 직원들에게 똑같이 부여하셨다. 그러나 직원들은 그리스도의 교회 안에서 자신들에게 부여된 의무들을 완수하는 데 필요한 권세를 추가로 부여받았다. 그들은 교회에 부여된 원래의 권세를 공유하며 직원으로서의 자신들의 권세와 능력을 그리스도로부터 받는다. 그들은 교인들의 대표이나, 단순히 교인들의 의견을 대변하기만 하는 자는 아니다. 어떤 신학자들은 또 이렇게 말한다. "모든 교회의 권세는 일차적으로(*actu primo*) 곧 근본적으로는 교회 그 자체 안에 있다. 그러나 이차적으로(*actu secundo*) 곧 그 실행에서는 특별히 부르심을 받은 자들 안에 있다." 부티우스, 질레스피 (의식에 관한 그의 글에서), 배너만, 포르테우스, 바빙크, 보스가 이 입장을 취한다.

4. 그리스도는 대표적 기관들에 의해 이 권세가 특별히 행사되도록 정하셨다.　그리스 도는 전체로서의 교회에 권세를 위임하셨지만, 이 권세가 교리, 예배, 권징의 유지를 위하여 특별히 세우신 대표적인 기관들을 통하여 통상적으로 그리고 특수적으로 행 사되도록 정하셨다. 교회의 직원들은 투표를 통하여 선출한 교인들의 대표들이다. 그 러나 그렇다고 해서 그들이 교인들로부터 권세를 부여받은 것은 아니다. 그 이유는 교 인들의 소명은 주님이 주신 내적인 소명을 확인하는 것에 지나지 않기 때문이다. 직원 들은 주님으로부터 권세를 받았고 주님에 대하여 책임이 있다. 그들이 대표라고 불린 다는 말의 의미는 그들이 교인들에 의하여 직분을 맡도록 선출된다는 의미지, 그들로 부터 권세를 부여받았다는 뜻은 아니다. 이와같이 하여 그들은 단순히 교인들의 뜻을 전하는 데 쓰임을 받는 대리자나 도구가 아니라, 그리스도의 법을 타당성 있게 이해하 고 적용하는 의무를 맡은 다스리는 자들이다. 이와 동시에 그들은 중요한 문제에서는 교회의 동의를 구함으로써 전체로서의 교회에 부여된 권세를 인정하는 의무가 있다.

5. 교회의 권세는 근본적으로 지교회의 당회에 있다.　개혁 교회나 장로 교회의 정체 의 기본 원리의 하나는 교회의 권위 또는 권세가 일차적으로 교회의 총회에 있는 것 이 아니고, 또 단지 이차적으로 즉 총회에서 비롯되어 지교회의 치리회에 부여되는 것 이 아니라, 그 권세의 본래 자리는 지교회의 당회에 있고, 여기서 노회, 대회, 총회와 같은 더 큰 회(會)로 옮아간다는 것이다. 그러므로 개혁 교회 정체는 한 교단 안에서 다른 교회와의 연합의 결과로서 지교회의 자치권에 제한이 있을 수 있는 것으로 생각 하지만, 그 자치권을 존중한다. 그리고 지교회가 교회 내의 문제를 교회의 직원들을 통하여 치리할 수 있는 충분한 권리를 보장한다. 동시에 개혁 교회의 정체는 지교회가 공통된 신앙고백을 하는 다른 유사한 교회들과 연합하고, 또 교리적·법적·행정적 목 적을 위하여 상호 의무와 권리를 적절하게 규정한 좀 더 큰 조직체를 형성할 권리와 의무가 있음을 강조한다. 그와 같은 좀 더 큰 조직체는 틀림없이 지교회의 자치권에 제한을 가하지만, 그러나 그것은 또한 교회의 성장과 안녕을 도모하며 교회 회원들의 권리를 보장하고 교회의 통일성을 좀 더 충분히 나타내 준다.

C. 교회의 직원들

교회의 직원은 여러 유형으로 분류할 수 있다. 가장 일반적인 구분은 비상 직원과 통상 직원으로 구분하는 것이다.

1. 비상직원(Extraordinary officers).

(1) 사도. 엄격히 말해서 이 명칭은 예수님이 선택하신 열두 제자들과 바울에게만 적용된다. 그러나 이 명칭은 바울의 사역을 돕고 사도적인 은사들과 은혜를 받은 일부의 사도적 인물들에 대해서도 적용된다(행 14:4, 14; 고전 9:5, 6; 고후 8:23; 갈 1:19). 사도들에게는 모든 시대의 모든 교회의 기초를 놓는 특별한 과업이 부여되었다. 그들 이후에 오는 모든 신자들은 오직 그들의 말을 통해서만 예수 그리스도와 친교를 갖게 된다. 그러므로 그들은 원시 교회의 사도였을 뿐만 아니라 오늘날의 교회의 사도이다. 그들에게는 일정한 특별한 자격이 있었다:

① 그들은 하나님 또는 예수 그리스도로부터 직접 사명을 받았다(막 3:14; 눅 6:13; 갈 1:1). ② 그들은 그리스도의 생애의 증인, 특히 그의 부활의 증인들이었다(요 15:27; 행 1:21, 22; 고전 9:1). ③ 그들은 그들이 말로나 글로 가르친 모든 가르침이 하나님의 성령에 의해 영감된 것을 의식했다(행 15:28; 고전 2:13; 살전 4:8; 요일 5:9-12). ④ 그들은 기적을 행사할 능력이 있었고, 여러 번 이 능력을 사용하여 자신들의 메시지의 신빙성을 입증하였다(고후 12:12; 히 2:4). ⑤ 그들은 그들의 노고에 대한 하나님의 인정의 표시로서 풍성한 복을 받았다(고전 9:1, 2; 고후 3:2, 3; 갈 2:8).

(2) 선지자. 신약 성경도 선지자에 관하여 말하고 있다(행 11:28; 3:1, 2; 15:32; 고전 12:10; 13:2; 14:3; 엡 2:20; 3:5; 4:11; 딤전 1:18; 4:14; 계 11:6). 교회의 덕을 세우기 위해 말하는 이 은사는 이 선지자들에게서 높이 발전되었던 것이 분명하며, 그들은 종종 비밀을 드러내고 미래의 사건들을 예언하는 도구로 사용되었다. 이 은사의 첫 번째 부분은 교회 안에서 영구적이며, 개혁 교회는 이 부분을 명백히 인정한다. 그러나 이 은사의 두 번째 부분은 일시적인 성격을 갖는다. 그들은 특별한 영감을 받아 말했다는 점에서 보통의 사역자들과 다르다.

(3) 전도자. 성경에는 사도와 선지자 외에도 전도자들이 언급되어 있다(행 21:8; 엡 4:11; 딤후 4:5). 빌립, 마가, 디모데, 디도는 이 부류에 속한다. 이 전도자들에 대해서는 알려진 바가 없다. 그들은 사도들과 동행하면서 사도들을 도왔다. 그들이 맡았던 일은

설교하고 세례를 베푸는 일이었다. 그러나 장로를 세우기도 하고(딛 1:5; 딤전 5:22), 권징을 시행했다(딛 3:10). 그들의 권위는 좀 더 일반적이며, 정규 사역자의 권위보다는 다소 우월했던 것 같다.

2. 통상직원(Ordinary officers).

(1) 장로. 장로(프레스부테로이)나 감독(에피스코포이)은 교회의 통상 직원들 중 가장 중요한 직분이다. 전자는 단지 '장로' 곧 연장자를 의미하며, 후자는 '감독'(overseers)을 의미한다. 프레스부테로이라는 용어는 성경에서 연장자를 가리킬 때 통용되던 단어로서, 회당에서 관리하던 자들과 비슷한 계급의 직원을 가리키는 것으로 사용되었다. 그러나 직분을 지칭하는 단어로서의 기능은 점차 사라지고 에피스코포이라는 단어로 대체되기에 이르렀다. 이 두 단어는 종종 교대로 사용된다(행 20:17, 28; 딤전 3:1; 4:14; 5:17, 19; 딛 1:5, 7; 벧전 5:1, 2). 프레스부테로이는 행 11:30에서 처음으로 언급되었다. 그러나 이 직분은 바울과 바나바가 예루살렘에 갔을 때에 이미 잘 알려져 있었으며, 심지어는 집사 제도가 제정되기 전에도 존재했을 것이다. 적어도 행 5장의 호이 네오테로이는 프레스부테로이를 대립 개념으로 염두에 두고 사용된 것 같다. 행 14:23; 15:6, 22; 16:4; 20:17, 28; 21:18에서도 이 단어가 빈번히 등장한다. 아마도 장로 또는 감독의 직분은 유대인들의 교회에서 먼저 제정되고(약 5:14; 히 13:7, 17), 그리고 얼마 후에는 이방 교회에서도 제정되었을 것이다. 이 단어에 적용된 몇몇 명칭들이 있다. 즉, 프로이스타메노이(롬 12:8; 살전 5:12), 쿠베르네세이스(고전 12:28), 헤구메노이(히 13:7, 17, 24), 포이메네스(엡 4:11)를 열거할 수 있다. 이 직원들은 자신에게 맡겨진 양 떼들을 돌보았다. 그들은 양 떼들을 하나님의 가족으로 인식하고, 그들의 필요를 공급하고, 그들을 다스리며 보호해야만 했다.

(2) 교사. 장로들은 원래 교사들이 아니었음이 분명하다. 처음에는 교사를 따로 세울 필요가 없었다. 그 이유는 이미 사도, 전도자, 선지자들이 교사의 역할을 하고 있었기 때문이다. 그러나 점차적으로 디다스칼리아는 감독의 직분과 좀 더 밀접하게 연결되었다. 그러나 이때도 교사들은 독립된 직원 계층을 형성하지는 않았었다. 승천하신 그리스도께서 단일 계급으로 언급된 '목사와 교사'를 교회에게 주셨다는 엡 4:11의 바울의 진술은 이 두 직분이 두 개의 다른 계급의 직원을 가리키는 것이 아니라 두 개의 관련된 기능을 가진 한 계급의 직원을 말한다는 사실을 보여준다. 딤전 5:17은 장로들이 말씀과 가르침에 힘쓴다고 말하고 있으며, 히 13:7에 따르면, 헤구메노이도 교사였다고

되어 있다. 더욱이 딤후 2:2에서 바울은 디모데에게, 다른 사람들을 능히 가르칠 만한 신실한 자들을 직원으로 임명할 필요성을 강조했다.

시간이 지남에 따라 다음과 같은 두 가지 사정으로 인해 교회의 관리를 위탁받은 장로 또는 감독들과 가르치도록 부름을 받은 자들을 구분하지 않을 수 없게 되었다. ① 사도들이 죽고 이단들이 일어나 증가함에 따라 가르치도록 부름받은 자의 직무가 더욱더 요구되었고 특별한 준비를 요하게 되었다(딤후 2:2; 딛 1:9). ② 일꾼이 그 품삯을 받는 것이 마땅하다는 사실에 비추어 볼 때, 시간 전부를 요구하는 말씀 사역에 종사하는 자들은 다른 일로부터 해방되어 오직 말씀을 가르치는 일에만 전념하도록 배려되었다. 여러 가지 가능성을 고려해 볼 때, 소아시아의 일곱 교회에 보내는 서신에서 말한 사자(앙겔로이)는 그 교회의 교사들 혹은 선지자들이었을 것이다(계 2:1, 8, 12, 18; 3:1, 7, 14). 개혁 교회에서 목사는 장로와 함께 교회를 치리하나, 이 이외에 말씀을 가르치고 성례를 시행한다. 그들은 함께 교회의 정치에 필요한 규정들을 만든다.

(3) 집사. 신약 성경은 장로 외에 집사도 언급한다(빌 1:1; 딤전 3:8, 10, 12). 대체로 행 6:1-6이 집사 직분을 제정한 기록으로 인정되고 있다. 그러나 일부 현대 신학자들은 이 사실을 의심하면서 행 6장에 언급된 직분을 장로와 집사의 기능이 결합된 일반적인 직분 혹은 특별한 목적을 위하여 잠정적으로 세운 직분을 가리키는 것으로 간주한다. 그들은 선택받은 일곱 집사 가운데 빌립과 스데반과 같은 사람들이 가르치는 일에 종사했다는 사실에 주목한다. 뿐만 아니라 유대의 가난한 신자들을 돕기 위하여 연보된 돈은 장로들의 손에 맡겨졌다. 행 11:30에는 집사라는 언급이 없으나, 만일 집사가 구분된 직분으로 존재했다면 그들이 자연스럽게 이 돈을 수납했을 것이다. 그러나 모든 가능성을 고려해 볼 때, 행 6장은 집사 직분의 제정을 말한다고도 볼 수 있다.

그 이유는 다음과 같이 몇 가지로 정리할 수 있다. ① 행 6장에 서술된 사건 전에도 항상 종이라는 일반적인 의미로 사용된 바 있는 집사라는 명칭은, 시간이 지남에 따라 구제사업에 참여하는 자들을 지칭하는 단어로 사용되었다. ② 이곳에 열거된 일곱 사람에게는 사랑으로 바친 선물들을 적절히 분배하는 일을 맡겼는데, 이 사역은 다른 곳에서는 디아코니아라는 단어에 의해 좀 더 특별히 묘사되었다(행 11:29; 롬 12:7; 고후 8:4; 9:1, 12, 13; 계 2:19). ③ 행 6장에 언급된 대로 이 직분의 자격은 다소 엄격하며, 그 점에서 딤전 3:8-10, 12에 언급된 요구 조건들과 일치한다. ④ 집사 직분은 감독 직분이 등장할 때까지 나타나지 않았다는 일부 비평가들의 지론은 전혀 호응받을 수 없다.

3. 직원의 소명과 취임. 사도와 같은 비상 직원의 소명과 통상 직원의 소명은 구분되어야 한다. 비상 직원은 비상한 방법으로 하나님으로부터 직접 부르심을 받은 자들을 말한다. 여기서 관심을 기울이고자 하는 부분은 특별히 통상 직원의 소명이다.

(1) 통상 직원의 소명. 이 소명은 이중적이다.

① 내적 소명. 교회의 직분에 대한 내적 소명은 사람이 부름받은 결과에 대한 하나님의 특별한 지시, 즉 일종의 특별 계시라고 때때로 주장된다. 그러나 이 같은 주장은 타당성이 없다. 그보다는 교회의 직분은 하나님이 주신 통상적이고 섭리적인 지시로 이루어진다. 이 소명에는 특별히 세 가지 요소가 있다. (a) 하나님에 대한 사랑과, 하나님을 위해서 하나님 나라의 특별한 과제를 담당하도록 강권함을 받고 있다는 의식. (b) 어느 정도는 지적으로 그리고 영적으로 직분을 맡기에 합당한 자질을 갖추었다는 확신. (c) 하나님이 분명히 목적에 이르는 길을 준비하고 계신다는 체험.

② 외적 소명. 이것은 특별히 교회라는 매개를 통하여 오는 소명이다. 이 소명은 교황(로마교회)이나 어느 한 사람의 감독이나 감독단(성공회)에 의하여 이루어지는 것이 아니라 지교회에 의하여 이루어지는 것이다. 교회의 직원들과 교회의 회원들이 이 소명에 일익을 담당한다. 직원들이 이 일을 주도한다 하더라도 평신도들을 배제하지는 않는다는 사실은 행 1:15-26; 6:2-6; 14:23 등으로 미루어 볼 때 명백해진다. 평신도들은 심지어 사도를 선출할 때도 참여했다(행 1:15-26). 사도 시대에는 직원들이 직분에 필요한 조건들을 상기시킴으로써 평신도들의 선택을 지도하였으나 그들을 선택에 참여시켰던 것 같다(행 1:15-26; 6:1-6; 딤전 3:2-13). 물론 맛디아의 경우에 최종적으로 선택하신 분은 하나님이시다.

(2) 직원의 취임. 취임과 특별히 관련된 두 가지 의식이 있다.

① 임직식. 임직식은 임직 후보자가 부르심을 받고 시취받은 후에 이루어진다. 이 의식은 노회가 행한다(딤전 4:14). 하지 박사는 이렇게 말한다. "임직식은, 교회의 판단을 전하도록 임명된 자들에 의해, 후보자가 이 사역에 참여하도록 하나님의 참된 부르심을 받았는지에 관해 회중에게 신적 소명을 확증하는, 교회의 판단에 대한 엄숙한 표현이다." 이 확증은 모든 통상적인 상황하에서 직분을 행사하기 위하여 필요한 조건이 된다. 간단히 말해서, 임직식은 후보자가 직분으로 부르심을 받았음을 공적으로 인정하고 확증하는 것이라고 볼 수 있다.

② 안수식. 임직식에서는 보통 안수가 뒤따르는 것이 상례이다. 분명히 사도 시대에는 양자가 항상 병행했다(행 6:6; 13:3; 딤전 4:14; 5:22). 이 당시에 있어서 안수하는 것

은 명백히 두 가지를 의미했다. 안수의 의미는 안수받는 사람이 일정한 직분을 위하여 구별된다는 것과 어떤 특별한 영적인 은사가 그에게 수여된다는 것을 의미했다. 로마 교회는 이 두 가지 요소가 아직도 계속된다고 주장하면서, 교회가 실제로 안수받는 자에게 어떤 영적인 은혜를 수여해 준다고 말한다. 따라서 로마교회는 안수에 성례적 의미까지 부여한다. 그러나 개신교는 안수란 교회 내의 직분을 맡도록 위임되었다는 것을 상징하는 것뿐이라고 말한다. 그들은 안수가 성경적인 의식으로서 전적으로 합당하다는 점은 인정하지만, 안수를 절대적으로 필요한 것으로 간주하지는 않는다. 장로 교회는 안수를 선택적인 것으로 생각한다.

D. 교회 회의

1. **개혁 교회 정체에 있어서의 치리 단체(교회 재판소).** 개혁 교회의 정체는 보는 관점에 따라서 상향식 또는 하향식 구조를 가진 교회 회의 체계로 구성되어 있는 것이 그 특징이다. 이 회의들은 당회, 노회, 대회 그리고 총회이다. 당회는 목사(목사들)와 지교회의 장로들로 구성된다. 노회는 일정한 지역에 있는 각 지교회에서 파송한 한 명의 목사와 한 명의 장로로 구성된다. 그러나 장로교는 약간 규정이 다르다. 장로교에서는 노회가 어떤 지방 내의 모든 목사들과 각 지교회의 회중이 파견한 한 사람의 장로로 구성된다. 대회는 각 노회에서 파송한 같은 수의 목사와 장로들로 구성된다. 마지막으로, 총회는(장로교의 경우에 있어서) 각 노회에서 동등하게 파송된 목사들과 장로들의 대표로 구성된다. 총회가 어떤 특정한 대회에서 파송된 대표로 구성되는 것이 아니다.

2. 지교회의 대의 정체 및 지교회의 상대적 자치권.

(1) **지교회의 대의 정체.** 개혁 교회는 치리권을 한 사람의 목사나 치리 장로에게 맡긴 교회와도 다르고, 교인들에게 맡긴 교회와도 입장을 달리한다. 개혁 교회는 장로이든 목사이든 감독이든 어떤 한 사람이 치리하는 것을 용인하지 않는다. 개혁 교회는 또한 회중 정치도 용인하지 않는다. 개혁 교회는 치리하는 장로들을 대표로 세우고, 이 대표들이 목사(또는 목사들)와 함께 지교회의 치리를 위하여 당회를 구성한다. 이와 아주 비슷하게 사도들도 자신들이 세운 많은 교회에 장로들을 세울 때, 직접적으로 명령하기보다는, 장로를 두는 회당의 훌륭한 관습을 그대로 따랐음을 볼 수 있다. 예루살렘 교회에 장로들이 있었다(행 11:30). 바울과 바나바는 일차 선교 여행에서 자신들

이 조직한 교회에 장로들을 세웠다(행 14:23). 장로는 에베소 교회(행 20:17)와 빌립보 교회(빌 1:1)에도 있었다. 목회 서신은 장로들에 관하여 거듭하여 말하고 있다(딤전 3:1, 2; 딛 1:5, 7). 여기서 주목할 만한 사실은 장로들이 언제나 복수로 언급되고 있다는 사실이다(고전 12:28; 딤전 5:17; 히 13:7, 17, 24; 벧전 5:1). 장로들은 교회를 치리하도록 특별히 자격을 부여받은 자들로, 교인들이 선출한 자들이다. 유대인의 회당에서와는 달리 교회에서는 교인들이 직분자를 선출할 때 참여할 권리가 있음을 성경이 분명히 시사하고 있다(행 1:21-26; 6:1-6; 14:23).

마지막 구절에 나타나는 케이로토네오는 '손을 뻗어서 임명하다'라는 원래의 의미를 상실하고 단순히 '임명한다'를 의미할 것이다. 이와 동시에 또 한 가지 자명한 사실은 주님 자신이 이 치리자들을 교인들 위에 세우시고, 그들에게 필요한 권위로 옷을 입히셨다는 것이다(마 16:19; 요 20:22, 23; 행 1:24, 26; 20:28; 고전 12:28; 엡 4:11, 12; 히 13:17). 교인들이 직분자를 선출하는 것은 주님이 친히 부르신 내적인 부르심을 외적으로 확증하는 것에 지나지 않는다. 더욱이 장로들은 교인들의 대표이면서도, 교인들로부터가 아니라 교회의 주님으로부터 권위를 부여받았다. 그들은 왕의 이름으로 하나님의 집을 다스리며 하나님께만 책임을 진다.

(2) 지교회의 상대적 자치권. 개혁 교회 정체는 지교회의 상대적 자치권을 인정한다. 이는 다음과 같은 것을 의미한다.

① 모든 지교회는 그리스도의 완전한 교회로서 정체에 필요한 모든 것을 갖추고 있다. 어떤 정체도 외부로부터 지교회에 절대적으로 강요되어서는 안 된다. 그와 같이 강요하는 것은 그 성질과 절대적으로 상반된다.

② 인근 교회 간에 적절한 연합 혹은 합병이 있을 수는 있으나, 지교회의 자치권을 파괴하는 연합은 있을 수 없다. 노회와 대회를 상회라고 부르는 것보다는 대회의(大會議) 또는 총회라고 말하는 것이 더 타당할 것이다. 이 회의들은 당회의 권한보다 더 높은 권한을 행사하는 것이 아니라, 당회가 가진 것과 같은 권한을 더 넓은 범위에서 행사하는 것이다. 맥길은 이 회의들을, 상위의 좀 더 먼 교회 법정(higher and remoter tribunals)이라고 명명했다.

③ 대회의 권한과 특권에 제한이 없는 것은 아니다. 이 회의의 권한의 한계는 당회의 권한 안에 있다. 대회의는 당회가 가진 헌법상의 권리와 관계없이 지교회와 지교회의 회원들을 주장하지 못하며, 어떤 상황에서도 지교회의 내부 문제에 간섭할 수 없다. 교회가 연합할 때, 상호 권리와 의무는 교회 헌장을 통하여 규정한다. 이 헌장은

대회의들의 권리와 의무를 규정할 뿐만 아니라 지교회의 권리도 보장한다. 노회나 대회가 어떤 특정한 교회에 유익이 되는 일은 무슨 일이든지 강요할 수 있다는 생각은 본질적으로 로마 가톨릭적인 것이다.

④ 지교회의 자치권은 연합하는 교회와의 관계와 연합된 교회들의 일반적인 이익을 위해 제한이 있다. 교회 헌장은 일종의 헌법으로서, 당회가 대표하는 모든 지교회가 엄숙하게 서명해야 한다. 이 헌장은 한편으로는 지교회의 권리와 이익을 보장하며, 다른 한편으로는 연합한 교회들의 집단적인 권리와 이익을 보호한다. 어떤 단일한 교회도 상호간에 맺어진 협약과 공동 이익을 무시할 권리가 없다. 지역 단위의 모임은 전체 교회의 더 큰 이익을 위하여 자신의 권리를 양보하도록 요구받기도 한다.

3. 대회의들(The major assemblies).

(1) 대회의들에 대한 성경적 근거. 성경에는 어떤 지역 내에 있는 지교회들이 유기적인 연합을 형성해야 한다는 명시적인 명령이 없다. 성경은 또한 그 같은 연합의 본보기를 우리에게 제시해 주지도 않는다. 사실상 성경은 지교회들을 연합이라는 어떤 외적인 속박이 없는 개개의 실체로 말한다. 그러나 성경에 묘사된 교회의 본질은 그와 같은 연합을 요청하는 것 같다. 교회는 영적인 유기체로 묘사되며, 이 안에서 모든 구성 부분들이 서로 연결되어 있다. 교회는 예수 그리스도의 영적인 몸이며, 그리스도는 승귀하신 교회의 머리이다. 이 같은 내적인 통일성이 가시적인 형태로 표현되어야 하고, 이 불완전하고 죄악이 많은 세상에서 가능한 한 거기에 상응하는 외적인 조직을 통하여 표현되는 것은 자연스러운 일이라 하겠다. 성경은 교회를 영적인 몸으로서, 만질 수 있는 몸으로서, 성령이 거하는 전으로서, 제사장 직분을 담당하는 기관으로서, 그리고 거룩한 나라로서 표현한다. 이 모든 용어들은 가시적인 통일성을 가리킨다.

회중주의자들이나 독립파나 반교단주의자들은 이 중요한 사실을 파악하지 못한다. 현재의 유형 교회가 나누어져 있다고 해서, 일부 성경 본문들이 무형 교회뿐만 아니라 유형 교회의 통일성도 명료하게 지시하고 있다는 사실을 놓쳐서는 안 된다. 에클레시아라는 단어는 단수로 쓰일 때, 단순한 지교회라는 의미보다는 더 넓은 의미의 유형 교회를 가리키는 용어로 사용된다(행 9:31; 고전 12:28; 고전 10:32). 고전 12:12-50과 엡 4:4-16에 있는 교회의 묘사를 보면 사도는 유형 교회를 염두에 두고 있다. 더욱이 예루살렘과 안디옥 교회는 일종의 연합체의 성격을 띤 몇 개의 지교회 그룹을 가리키는 것이었다고 생각할 만한 이유들이 있다. 마지막으로 행 15장은 예루살렘 회의의 실례를 알려 준다. 이 회의는 사도들과 장로들로 구성되어 있으며, 따라서 오늘날의 용법인 노회나 대회의 실례와 본보기가 되지 못한다. 그러나 이 회의는 단순히 권고적인 기능만을 가진 모임이 아니라, 권위를 가지고 발언을 했던 대회의의 한 전형(典型)이었다.

(2) 대회의의 대표적 성격. 추상적으로는 대회의들이 관할 구역 내에 있는 모든 지교회의 모든 대표들로 구성되었다고 말할 수 있을지 모른다. 그러나 대표된 교회들의 수 때문에 대부분의 경우에 이와 같은 단체는 비실제적이고 비효율적이다. 대표자들의 수를 적정한 비율로 낮추기 위하여 대표의 원리가 대회의와 관련해서도 적용된다. 지교회가 아닌 노회가 대회에 대표를 파견한다. 이와 같은 방법으로 잘 짜여진 필요한 숫자로 점차 축소되게 된다. 당회를 형성하는, 교인들의 직접적인 대표들은 노회에서 그 대표권을 행사하며, 이들은 다시 대회나 총회에서 대표권을 행사한다. 회의의 관할 구역이 넓어지면 넓어질수록 회중으로부터는 더 멀어지게 마련이다. 그러나 어떤 회의도 교회의 통일성, 선한 질서의 유지, 활동의 효율성을 저해할 만큼 먼 회의는 없다.

(3) 대회의가 관할하는 문제들. 우리는 이 회의들이 지니는 교회론적인 성격을 염두에 두어야만 한다. 이 회의들은 어디까지나 교회의 회의이기 때문에 순전하게 학문적이거나 사회적이거나 산업적이거나 정치적인 문제들이 그 관할하에 들어오는 것은 아니다. 교리와 윤리, 교회 정치와 치리, 그리고 예수 그리스도의 교회의 통일성과 선한 질서를 보존하는 것과 관련된 일들과 같은 오직 교회의 문제들만이 이 회의들의 관할하에 들어오는 것이다. 좀 더 구체적으로 말한다면, ① 성격상 어떤 대회의보다 작은 회의에 속한 문제이지만 이런저런 이유로 작은 회의에서 결정할 수 없게 된 문제들이나 ② 성격상 대회의 관할에 속한 문제들 곧 신앙고백, 교회 헌장, 교회의 의식 등과 같은 문제들이 대회의가 다루어야 할 문제들이다.

(4) 대회의의 권세와 권위. 대회의들은 당회가 가지는 권세보다 더 큰 권세를 대표하지 못한다. 개혁 교회는 당회가 가지는 교회적인 권세보다 더 높은 권세를 인정하지 않는다. 그러나 대회의는 그 정도와 범위에 있어서 당회보다 더 큰 권위를 갖는다. 교회의 권세는 당회보다는 더 크게 행사된다. 이것은 마치 사도적 권세가 한 사람의 사도보다는 열두 명을 통하여 더 크게 행사된 것과도 같다. 한 교회보다는 열 교회가 확실히 더 큰 권위가 있다. 말하자면 권위의 축적이 나타나는 것이다. 뿐만 아니라 대회의들의 권위는 한 교회에만 적용되는 것이 아니라, 연합된 모든 교회들에게 적용된다. 따라서 대회의의 결정은 큰 비중이 있으므로 결코 함부로 무시할 수 없는 것이다. 대

회의의 결정은 권고적 성격을 지니고 있는 것이므로 반드시 실행될 필요는 없다는 견해가 때때로 제시되기도 하지만, 이것은 독립파들의 영향을 받은 잘못된 생각이다. 다만 권고적인 성격이 분명한 경우를 제외하고는 이 결정들은 권위를 지닌다. 이 결정들은 교회의 왕이신 그리스도의 율법에 대한 건실한 해석과 적용으로서, 교회에 대하여 구속력을 가진다. 이 결정들이 구속력을 상실하는 것은 그것들이 하나님의 말씀에 어긋난다는 사실이 입증되는 경우뿐이다.

깊은 연구를 위한 질문

에피스코포스의 신약 성경적인 의미와 그 이후에 이 단어가 갖게 된 의미의 차이는 무엇인가? 교회에 정규적인 직분들이 필요한 이유는 무엇인가? 성경은 교인들이 교회의 정치에 어떤 역할을 해야 한다는 생각을 지지하는가? 감독 제도의 주요 특징은 무엇인가? 로마 가톨릭 교회에서는 성직 계급과 법정 계급을 어떻게 구분하고 있는가? 지방 교회 제도와 합동 교회 제도는 어디서 시작되었으며, 양자는 어떻게 다른가? 알미니우스주의자들은 어떤 정체를 채택했으며, 이것이 그들의 입장에 끼친 영향은 어떤 것인가? 오늘날의 루터 교회의 정체는 무엇인가? 그리스도는 오직 유기적인 의미에서만 교회의 머리가 되신다는 생각은 교회의 직분과 권위에 어떤 영향을 끼치는가? 그리스도의 머리 되심(그의 왕 되심을 포함하여)은 교회의 생활, 입장, 정치와 실제적으로 어떤 중요한 관계가 있는가? 절대적인 의미에서 자율적인 교회가 있을 수 있는가? 개혁 교회의 대회의들은 회중 교회의 회의나 총회와 어떻게 다른가?

IV
교회의 권세

A. 교회의 권세의 원천

예수 그리스도는 교회를 설립하셨을 뿐만 아니라 교회에 필요한 권세 혹은 권위를 부여하셨다. 그는 유기적인 의미에서만이 아니라 행정적인 의미에서도 교회의 머리가 되신다. 다시 말하면, 그는 몸의 머리일 뿐만 아니라 영적인 국가의 왕이시다. 그는 교회의 왕의 자격으로 교회를 권세와 권위로써 옷 입히셨다. 그는 교회가 반석 위에 굳게 서 있으므로 음부의 권세가 교회를 이기지 못한다고 친히 말씀하셨다(마 16:18). 또한 그는 베드로에게 교회에 관하여 최초로 말씀하시는 가운데 다음과 같이 교회에 권세를 주시겠다고 약속하셨다. "내가 천국 열쇠를 네게 주리니 네가 땅에서 무엇이든지 매면 하늘에서도 매일 것이요 네가 땅에서 무엇이든지 풀면 하늘에서도 풀리리라"(마 16:19). 이 본문에서 '교회'라는 단어와 '천국'이라는 단어가 교차적으로 사용되고 있음은 분명한 사실이다. 열쇠는 권세의 상징이다(참조. 사 22:15-22). 천국 열쇠로써 베드로는 매고 풀 수 있는 권세를 받는다.

이 문맥에서 이 권세는, 교회의 영역에서 금지되어야 할 것과 허용되어야 할 것을 결정하는 권세를 말하는 것 같다. 그가 내리는 판단–이 경우에는 사람이 아닌 행위에 대해서–은 하늘에서도 인정될 것이다. 베드로는 사도들의 대표로서 이 권세를 받는다. 사도들은 또한 교회를 가르치는 자로서 교회의 핵심이며 기초이다. 모든 시대의 교회들은 그들의 말씀에 의하여 매임을 받는다(요 17:20; 요일 1:3). 그리스도께서 베드로뿐만 아니라 모든 사도들에게 행위와 사람을 판단할 권한과 권리를 주셨다는 사실은 요 20:23이 분명히 밝혀 주고 있다. "너희가 뉘 죄든지 사하면 사하여질 것이요 뉘 죄든지 그대로 두면 그대로 있으리라." 그리스도께서는 무엇보다 먼저 이 권세를 사도들에게 가장 충분하게 주셨다. 그러나 사도들에 비해 정도가 떨어지지만 이 권세를 확대하여 일반 교회에도 주셨다. 교회는 회개하지 않는 죄인을 출교할 권세가 있다.

그러나 교회가 이 권세를 행사할 수 있는 것은 오직 예수 그리스도께서 친히 교회에 거하셔서 사도들을 통하여 교회에 적절한 판단의 표준을 주셨기 때문이다. 그리스도께서 전체 교회에 권세를 주셨다는 사실은 몇몇 구절에서 명백히 드러난다(행 15:23-29; 16:4; 고전 5:7, 13; 6:2-4; 12:28; 엡 4:11-16). 교회의 직원들은 회중이라는 수단을 통하여 직분을 받은 것이 사실이지만, 권세는 사람이 아닌 그리스도로부터 직접 받은 것이다. 이 말은 두 가지 의미로 이해될 수 있다. 첫째는, 교회 문제에 대해서는 아무런 권한이 없으므로 권세를 부여할 수 없는 정부 당국으로부터 그들이 권세를 받은 것이 아니라는 의미이며, 둘째로, 그들이 교인들의 대표라고 할지라도 교인들로부터 권세를 부여받은 것 역시 아니라는 의미다. 포르테우스(Porteous)는 다음과 같이 적확히 지적한다. "장로가 교인들의 대표라는 말은 그가 그들에게서 선택된 지도자라는 의미다. 대표라는 말은 그들의 권세의 원천을 지시하는 것이 아니라, 직분을 받은 방법을 지시하는 말이다."

B. 이 권세의 성질

1. 영적 권세. 교회의 권세가 영적이라는 말은 그것이 전적으로 내면적이고 보이지 않는 것이라는 의미는 아니다. 왜냐하면 그리스도께서는 몸과 영혼을 모두 다스리시며, 그의 말씀과 성례는 전인을 향하여 말하며, 집사직은 육체적인 필요를 채우는 것을 특별히 말하고 있기 때문이다. 교회의 권세가 영적이라 함은 이 권세가 하나님의 성령에 의하여 주어진 권세요(행 20:28), 그리스도의 이름과 성령의 능력을 통해서만이 행사될 수 있으며(요 20:22, 23; 고전 5:4), 신자들에게만 속해 있으며(고전 5:12), 도덕적이고 영적인 방법으로만 행사될 수 있다는 뜻이다(고후 10:4; 바빙크, *Dogm*. IV, p. 452). 국가는 외적이고 일시적인 인간의 신분에 대한 하나님의 통치를 대표하나, 교회는 인간의 내적이고 영적인 신분에 대한 하나님의 통치를 대표한다.

국가는 국민들에게 외적이고 시민적인 권리들을 소유하고 향유할 수 있도록 보장해 주는 것을 목표로 하고 있기 때문에 종종 인간의 폭력에 대하여 강압적인 힘을 행사하지 않을 수 없다. 교회는 악한 영에 대항하고, 인간들에게 진리에 관한 지식을 제공하고, 그들 안에 영적인 은사들을 개발하며, 하나님의 계명에 순종하는 삶을 살도록 유도함으로써 인간을 영적인 속박으로부터 건져내는 것을 목표로 한다. 교회의 권세는 영적이기 때문에 강권에 호소하지 않는다. 그리스도는 이 땅 위에 임한 그리스도의 나라의 다스림이 시민적인 권세가 아닌 영적인 권세에 의하여 이루어짐을 수 차례에 걸쳐서 강조하셨다(눅 12:13 이하; 마 20:25-28; 요 18:36, 37). 로마교회는 자신의 교회가 지상의 권세를 가지고 있음을 강조하면서, 국민의 삶의 전 영역을 자신의 권세의 휘하에 두려고 시도함으로써 이 중요한 사실을 망각했음을 보여주었다.

2. 사역적 권세. 교회의 권세는 독립된 주권적인 권세가 아니라(마 20:25, 26; 23:8, 10; 고후 10:4, 5; 벧전 5:3), 사역적 권세(디아코니아 레이투르기아)이며(행 4:29, 30; 20:24; 롬 1:1), 그리스도로부터 유래한 것으로서, 교회에 대한 그의 주권적 권위에 종속된다(마 28:18)는 것이 성경에서 풍부하게 입증된다. 이 권세는 그리스도가 교회를 통치하는 방법대로, 하나님의 말씀과 일치하고 성령의 지도하에, 그리고 교회의 왕이신 그리스도의 이름으로 행사되어야 한다(롬 10:14, 15; 엡 5:23; 고전 5:4). 그러나 이 권세는 매우 실제적이고 포괄적인 권세로서 말씀과 성례의 시행을 의미하며(마 28:19), 하나님의 나라에서 허용되어야 할 것과 허용되어서는 안 될 것을 결정하며(마 16:19), 죄를 용서하기도 하고 보류하기도 하며(요 20:23), 교회에서 권징을 시행하기도 한다(마 16:18; 18:17; 고전 5:4; 딛 3:10; 히 12:15-17).

C. 여러 가지 유형의 교회 권세

그리스도의 세 가지 직분과 관련하여 교회의 권세도 삼중적으로 생각할 수 있다. 교리권(*potestas dogmatica*) 또는 가르치는 권세(*potestas docendi*), 재판권 또는 권징권(*potestas iudicans* or *disciplinae*)을 포함하는 치리권 또는 질서를 유지하는 권세(*potestas gubernans* or *ordinans*), 사랑으로 섬기는 권세(*potestas* or *ministerium misericordiae*)가 그것이다.

1. 교리권 혹은 가르치는 권세. 교회는 진리와 관련된 거룩한 임무를 부여받았다. 교회 밖에 있는 자들에게 진리의 증인이 되고, 교회 안에 있는 자들에게 진리의 증인과 교사가 되는 것이 교회에게 주어진 의무이다.

(1) 교회는 하나님의 말씀을 보전함으로써 이 권세를 행사해야 한다. 하나님은 교회에게 말씀을 주심으로써 교회를 진리의 귀중한 보화를 지키는 자로 삼으셨다. 수많은 적들이 말씀을 대항하고 오류의 세력이 도처에 편만할지라도, 교회는 진리가 결코 지상에서 멸망하지 않는다는 것과 그 진리를 담은 영감받은 책은 순수하고 손상됨이 없이 보존됨으로써 마침내 목적을 성취하고 만다는 것을 증언하고, 이 책을 후손에게

대대로 전수해 주어야 한다. 교회는 모든 불신앙과 오류의 세력에 대항하여 진리를 유지하고 수호할 막중한 책임을 지고 있다(딤전 1:3, 4; 딤후 1:13; 딛 1:9-11). 교회가 이 신성한 의무를 언제나 염두에 두었던 것은 아니다. 지난 세기 동안 수많은 교회의 지도자들은 성경에 대한 적대적인 비평을 받아들이면서 성경을 진리와 오류가 뒤섞인 순전한 인간의 작품으로 격하시킨 사실을 기뻐했다. 그들에게서는 "말씀이 말씀으로 드러나게 하라"(Das Wort sollen Sie stehen lassen)고 외치지 않을 수 없었던 루터의 결의를 찾아보기 어렵다.

(2) 교회는 말씀을 선포하고 성례를 집행함으로써 이 권세를 행사해야 한다.　하나님의 말씀을 보전하는 것만이 아니라 그것을 세상과 하나님의 백성들의 회중에게 선포하여 죄인을 회심시키고 성도들을 교화시키는 것도 교회의 의무이다. 교회는 세상에서 복음 전도와 선교의 사명을 갖는다. 하늘과 땅의 모든 권세를 가지신 왕께서 교회에게 대사명을 주셨다: "그러므로 너희는 가서 모든 족속으로 제자를 삼아 아버지와 아들과 성령의 이름으로 세례를 주고 내가 너희에게 분부한 모든 것을 가르쳐 지키게 하라." 교회의 사역을 통하여 성자는 부단히 온 인류로부터 영생을 얻도록 선택된 교회를 모으신다. 어떤 특정한 시대의 경험적 교회는 선교적 노력을 통하여 교회의 확장에 적극적으로 참여해야 하며, 세상의 모든 나라들로부터 택함을 받은 자들을 불러모으는 일의 도구가 되어야 하며, 영적인 성전에 산 돌들을 첨가해야 하며, 이와같이 함으로써 궁극적으로 미래의 이상적인 교회, 그리스도의 완전한 신부, 계 21장이 말하고 있는 새 예루살렘을 구성할 숫자를 채워야 한다.

만일 예수 그리스도의 교회가 이 중요한 일을 실행하는 데 게을리하면, 주님께 불충성하는 결과가 되고 만다. 이 일은 구주께서 영광스러운 모습으로 다시 오셔서 완성될 때까지 계속되어야 한다(마 24:14). 교회가 이 일을 실행에 옮길 때 사용되는 방편은 교육이나 문명이나 문화나 사회 개혁이 아니다. 물론 이와 같은 것들도 보조적인 수단으로 사용되는 것이 사실이지만, 어디까지나 주요한 방편은 하나님 나라의 복음이다. 이 복음은 전천년주의자의 주장과는 달리 값없는 은혜의 복음이며, 어린 양의 피를 통하여 구원을 얻는 복음이다. 그러나 교회는 복음이라는 방편을 통하여 죄인들을 그리스도에게 인도하는 일만으로 만족해서는 안 된다. 교회는 아울러 이미 그리스도에게 나온 청중들에게 말씀을 선포해야 한다. 이 같은 말씀을 선포할 때는 죄인을 그리스도에게 초청하는 것이 주요 과제가 되는 것이 아니다. 그렇다고 해서 일부 교회에서 나타나고 있는 것과 같이 그리스도에게 초청하는 설교가 결핍되어 있는 현상이 합리화될 수 있다는 말은 아니다. 이때는 성도들을 교화시키고 그들의 믿음을 강화시켜 주며 그들을 성화의 길로 이끎으로써 주님의 영적인 성전을 견고하게 세워 나가는 일이 주요 업무가 되는 것이다.

바울은 이 점을 특별히 염두에 두고서, 가르치는 직원들은 그리스도께서 교회에 주셨다고 다음과 같이 말한다: "이는 성도를 온전하게 하여 봉사의 일을 하게 하며 그리스도의 몸을 세우려 하심이라 우리가 다 하나님의 아들을 믿는 것과 아는 일에 하나가 되어 온전한 사람을 이루어 그리스도의 장성한 분량이 충만한 데까지 이르리니"(엡 4:12, 13). 교회는 믿음의 기초적인 도리만을 가르치는 것으로 만족해서는 안 되고, 더 높은 단계로 나아가, 그리스도 안에서 어린 아이인 자들이 그리스도 안에서 장성한 자가 될 수 있도록 해야 한다(히 5:11-6:3). 오직 참으로 강한 교회 곧 진리를 굳게 잡은 교회만이 주님을 위한 강력한 선교 기관이 되어, 죄악으로 물든 세상을 정복할 수 있다. 이와같이 교회의 임무는 포괄적인 것이다. 교회는 구원의 길을 지시해야 하며, 악인들의 운명을 경고해야 하며, 구원의 약속으로 성도들을 위로하고, 약한 자들을 강하게 하며, 겁 많은 자들을 격려하며, 슬픔에 잠긴 자를 위로해야 한다.

온 땅과 온 나라에서 이 모든 일을 행하기 위하여 교회는 하나님의 말씀을 모든 나라의 언어로 번역해야 한다. 물론 성례의 시행은 말씀의 선포와 나란히 이루어져야 한다. 성례는 복음을 귀가 아닌 눈으로 볼 수 있도록 제시하는 상징일 뿐이다. 말씀을 선포하는 교회의 의무는 성경 여러 구절에서 명백히 가르쳤다(사 3:10, 11; 고후 5:20; 딤전 4:13; 딤후 2:15; 4:2; 딛 2:1-10). 교회의 왕이신 그리스도의 명백한 가르침에 따라 교회는, 교회가 전파해야 할 것을 교회에게 명령하는 어떤 전체주의 정부도 결코 용납할 수 없다. 메시지 내용에 관한 한, 자연 과학의 요구나 세상의 정신을 반영하는 문화의 요구에 영합해서도 안 된다.

현대주의자들은 지난 몇 세대에 걸쳐서 합리주의적인 고등 비평·생물학·심리학·사회학 그리고 경제학의 요구에 따라 설교의 내용을 개작하는 자살적인 노력을 기울임으로써, 마침내는 왕의 메시지를 완전히 상실하고 말았다. 그들이 지금 발견하게 된 것은, 「선교의 재평가」(Rethinking Missions)와 버논 화이트의 「새로운 선교 신학」(A New Theology for Missions)이 천거하고 있는 메시지가 기독교의 원래의 메시지와 전혀 다르며, 강단 특유의 내용을 거의 포함하고 있지 않다는 점이다. 그들은 또한 현상태로서는 교회가 자신의 고유한 메시지가 전혀 없다는 사실을 인식하게 되었다. 현대주의자들은 교회에 전할 메시지를 필사적으로 찾고 있다. 그러나 그들은 성경이 지닌 원래의 복음을 되찾고 겸손히 주님의 발 앞에 엎드리지 않으면 안 된다.

(3) 교회는 신조와 신앙고백서를 작성함으로써 이 권세를 행사해야 한다. 모든 교회는 진리를 고백하는 일에 의식적으로 노력해야 한다. 이 일을 이루기 위해서는 진리를 깊이 묵상해야 할 뿐만 아니라 믿는 바를 고백서로 작성해야 한다. 이렇게 함으로써 교회의 회원들에게 신앙에 대한 명확한 개념이 생기게 하며, 교회 밖의 사람들에게 교리에 대한 명료한 이해를 제공하게 된다. 역사적으로 진리가 오도될 때 이와 같은 신앙고백서의 작성, 곧 교회의 신앙을 명확히 문서화하여 선언하는 일이 요청되었다. 심지어는 사도들도 빈번히 교회 안으로 숨며시 들어온 오류들 때문에 어떤 진리들을 좀더 정확하게 재진술할 필요를 느꼈다.

요한은 초기 영지주의 때문에 그리스도가 이 땅에 현현하셨다는 핵심적인 진리를 진술하고 있다(참조. 요한복음과 요한일서). 바울은 부활의 교리를 다시 서술할 필요를 느꼈는데, 그 이유는 일부 교인들이 부활을 부인했기 때문이다(고전 15장; 딤전 1:20; 딤후 2:17, 18). 그는 또한 오해되고 있는 그리스도의 재림의 교리를 재진술해야 했다(살후 2장). 예루살렘 총회는 그리스도인의 자유의 교리를 다시 한 번 확증할 필요를 느꼈다(행 15장). 물론 성경에는 신조라는 형식이 없다. 신조는 계시를 통하여 주어진 것이 아니라, 계시된 진리에 대한 교회의 반성(성찰)의 열매이다. 오늘날 많은 교회들이 신조와 신앙고백을 반대하고, 신조없는 교회를 찬양한다. 그러나 이 같은 반대는 결코 극복할 수 없는 것이 아니다.

신조는 어떤 사람들이 교묘히 말하는 것처럼 성경과 동등한 권위로 간주되지 않으며, 더군다나 성경보다 우월하다는 것은 어림없다. 신조는 명시적인 진술이나 암시적인 방법을 통해 성경의 진리에 무엇도 더할 수 없다. 신조는 양심의 자유나 학문적인 신학 연구의 진전을 방해하지 않는다. 신조가 비록 교회 분열을 나타낼지라도 교회 분열의 원인으로 간주될 수 없다. 분열이 먼저 있고, 다음에 다양한 신조가 뒤따랐다. 사실상 신조는 유형 교회의 통일성을 증진시키는 일에 공헌한다. 더욱이 교회가 침묵하기를 원하지 않는다면, 성문(成文)이든 성문이 아니든 간에 신조를 발전시켜야 한다. 그러나 이것은 신조가 오용되지 않는다는 것을 뜻하는 것은 아니다.

(4) 교회는 신학 연구를 진작시킴으로써 이 권세를 행사해야 한다. 교회는 현재의 상태에 만족해서는 안 된다. 다시 말하면, 교회는 이미 획득하여 신앙고백서에 표현한 하나님의 진리에 관한 지식만으로 만족해서는 안 된다. 교회는 성경이라는 광산을 더 깊이 파서 그 속에 숨겨져 있는 보물을 찾아내야 한다. 교회는 학문적 연구를 통하여

생명의 말씀에 대한 더 깊은 이해를 추구해야 한다. 교회는 하나님의 계시인 진리를 준거로 신학을 연구하며 미래의 사역자들을 훈련시켜야 한다. 교회는 다음 세대의 신학자들과 목회자들의 훈련에 필요한 지원과 감독을 해야 한다. 이 점은 바울이 디모데에게 한 다음과 같은 말에 표현되어 있다. "또 네가 많은 증인 앞에서 내게 들을 바를 충성된 사람들에게 부탁하라 그들이 또다른 사람들을 가르칠 수 있으리라"(딤후 2:2).

2. 치리권. 이 권세는 다시 질서 유지권(*potestas ordinans*)과 순결 유지권(*potestas iudicans*)으로 나누어진다.

(1) 질서 유지권. "하나님은 어지러움의 하나님이 아니시오 오직 화평의 하나님이시니라"(고전 14:33). 그러므로 하나님은 그의 교회 안에서 모든 것을 적당하게 하고 질서대로 할 것을 원하신다(40절). 이 사실은 하나님이 교회의 문제들을 적절히 규제할 수 있는 적절한 규례들을 주셨다는 사실에서도 찾을 수 있다. 하나님이 교회에 주신 규례들의 권위는 다음과 같은 권세를 내포하고 있다.

① 그리스도의 법을 시행하는 권세. 이 말의 의미는 교회가 그리스도께서 교회를 위하여 공포한 법들을 실행에 옮길 권한이 있다는 뜻이다. 이 점에서 로마 가톨릭 교회와 개신교 사이에 중요한 차이점이 있다. 로마교회는 사실상 양심을 얽어맬 수 있는 규례를 제정할 권한이 있다고 주장한다. 그러므로 로마교회에서는 교회가 제정한 규례들을 어기게 되면 하나님의 법을 어긴 것과 같은 형벌을 받는 것으로 되어 있다. 그러나 개신교에서는 그와 같은 권위를 인정하지 않고, 다만 교회의 왕이신 그리스도의 법을 시행할 권한만을 주장한다. 심지어 그럴 때에라도 개신교는 사역적 또는 선포적 권한을 주장하며, 율법이 구속력을 가지는 것은 단지 그리스도의 권위에 의해 뒷받침되기 때문인 것으로 간주하며, 그리스도가 재가한 것 외에는 어떤 견책도 적용하지 않는다. 더욱이 개신교는 강제가 교회 권세의 본질과 상충되며, 참된 영적인 유익을 결코 얻을 수 없다고 생각한다. 교회의 모든 회원들도 어느 정도 이 권세를 가지고 있으나(롬 15:14; 골 3:16; 살전 5:11), 특별하게 교회 직원들에게 부여된다(요 21:15-17; 행 20:28; 벧전 5:2). 이 권세의 사역적 성격은 고후 1:24; 벧전 5:2, 3에 나타나 있다.

② 교회법 또는 교회 헌장을 작성할 수 있는 권세. 교회는 아주 빈번하게 교회법 또는 교회 헌장이라고 불리는 법규나 규정을 제정하지 않으면 안 되는 경우를 수없이 만나게 된다. 이러한 법규는 새로운 율법으로 간주되어서는 안 되고, 단지 율법의 적절한 적용을 위한 규정으로만 이해되어야 한다. 이 같은 법규는 교회의 외적인 정치를 형태

화할 때, 교회직분을 맡을 사람의 조건을 규정할 때, 공예배의 형식을 정할 필요가 있을 때, 적절한 권징의 형식을 결정해야 할 필요가 있을 때 필요하다. 예배를 위한 일반적인 원리들은 성경에 규정되어 있다(요 4:23; 고전 11:17-33; 14:40; 16:2; 골 3:16; 딤전 3:1-13). 그러나 예배의 세부 절차를 규정하는 일에 있어서는 교회에게 자율성이 부여되어 있다. 이 세부 절차들은 상황에 맞게 규정될 수 있으나, 언제나 덕을 세우기에 가장 적합한 방식으로, 하나님을 공적으로 예배할 수 있도록 정해져야 한다. 어떤 경우에도 교회의 규약이 그리스도의 법에 반(反)해서는 안 된다.

(2) 순결 유지권. 순결 유지권은 심사한 후 승인된 자를 받아들이고, 진리에서 떠났거나 부도덕한 생활을 하는 자들을 제외시킴으로써 교회의 성결을 보호하기 위하여 행사되는 권세이다. 이 권세는 특히 권징의 문제에서 행사된다.

① **권징에 관한 성경적 가르침.** 이스라엘에서는 고의적이 아닌 죄들은 희생 제사를 통하여 속함을 받을 수 있었으나, 고의적인 죄는 죽음이라는 벌을 받았다. 헤렘(추방 또는 저주받은 것)은 교회적인 형벌일 뿐만 아니라 시민법적인 형벌이기도 하다. 할례 받지 않은자, 나병환자, 부정한 자는 성소에 들어오는 것이 금지되었다(레 5장; 겔 44:9). 이스라엘이 독립을 상실하고 종교적 회집으로서의 이스라엘의 성격이 더욱 뚜렷하게 된 후에야 비로소 회중으로부터의 축출을 뜻하는 출교가 교회론적인 권징의 성격을 갖게 되었다(스 10:8; 눅 6:22; 요 9:22; 12:42; 16:2). 예수님은 교회에 권징을 제정하셨을 때 사도들을 주시고, 그들의 말과 관련하여 교회에도 매고 푸는 권세 곧 금지되어야 할 것과 허용되어야 할 것을 선언하고, 선언적인 의미에서 죄를 용서하기도 하고 보류하기도 하는 권세를 주셨다(마 16:19; 18:18; 요 20:23). 그리스도께서 이 권세를 교회에 주셨기 때문에 교회는 이 권세를 행사할 수 있다(고전 5:2, 7, 13; 고후 2:5-7; 살후 3:14, 15; 딤전 1:20; 딛 3:10). 고전 5:5이나 딤전 1:20은 정규적인 권징을 가리키는 것은 아니고, 특별히 사도들에게만 허락된 것으로서, 죄인의 영혼을 구원하기 위하여 잠시 사탄에게 내어 주어 육체적인 고난을 받게 하는 것을 말한다.

② **권징의 이중적인 목적.** 교회의 권징의 목적은 이중적이다. 첫째, 그것은 회원을 받아들이는 것과 축출하는 것에 관한 그리스도의 법을 실행하는 것을 목적으로 한다. 둘째, 그것은 그리스도의 법에 순종하는 것을 보장함으로써 교회의 회원들의 영적인 덕을 증진시키는 것을 목적으로 한다. 이 두 가지 목적은 더 높은 목적 곧 예수 그리스도의 교회의 거룩함을 유지하는 일에 이바지한다. 권징은 교회의 병든 회원들에게 적용될 때, 치유를 목적으로 하는 것이므로 의학적인 성격을 갖는다. 그러나 교회의 안

넝을 위하여 병든 회원들을 도려내야 할 필요가 있을 때는 수술의 성격을 갖기도 한다. 권징의 과정이 시작될 때, 치유가 효력을 볼 것인지 그렇지 않을지, 병든 회원을 결국 제거해야 될지 그렇게 하지 않아도 될지를 말한다는 것은 불가능하다. 아마도 교회가 죄인을 회개시키는 일에 성공할 수도 있다. 이것이 사실상 좀 더 바람직한 목적이다. 그러나 그가 회개를 거부하여 마침내 그를 출교하지 않으면 안 되는 사태가 올 수도 있다. 교회는 권징을 시행할 때, 두 가지 가능성을 고려하지 않으면 안 된다. 아무리 극단적인 경우라 할지라도 교회는 죄인을 구원한다는 목적을 염두에 두지 않으면 안 된다(고전 5:5). 동시에 항상 염두에 두지 않으면 안 될 것은 교회의 거룩성을 유지하는 일을 가장 중요한 목적으로 두어야 한다는 사실이다.

③ 직원들에 의한 권징의 시행. 교회의 평회원들도 권징의 시행에 참여하도록 요청받을 수 있으나, 일반적으로 권징은 교회의 직원들에 의하여 시행되며, 권징이 형벌이 될 경우에는 오직 직원들만이 시행의 주체가 된다. 당회가 권징의 문제를 처리할 때, 두 가지 방법이 있다. (a) 은밀한 죄가, 좀 더 기술적인 의미에서 마 18:15-17에 지시된 방법에 따라 권징의 원인이 될 수 있다. 어떤 교인이 어떤 형제에게 죄를 범하였을 경우 그 형제는 그 죄인을 견책해야 한다. 이 방법이 소기의 성과를 거두지 못하는 경우, 한두 사람의 증인이 있는 자리에서 그를 다시 견책해야 한다. 이렇게 해도 안 될 경우에는 교회에 알리고, 교회의 직원들이 이 일을 다루어야 한다. 그러나 이 같은 절차는 은밀한 죄에 대해서만 적용되도록 규정되어 있음을 유의해야 한다. 공공연한 죄는 은밀하게 제거될 수 없고, 오직 공적으로 처리되어야만 한다. (b) 당회는 공공연한 죄의 경우, 정식적인 고발이 없더라도 앞에서와 같은 사적으로 권고하는 절차 없이 즉각 그 죄인에 대하여 징계 조치를 해야 한다. 공공연한 죄라는 것은 공적으로 범한 죄뿐만 아니라 공적이고 일반적인 악영향을 끼치는 죄도 포함한다. 당회는 누군가가 그 같은 죄에 대해 주의를 환기시킬 때까지 기다려서는 안 되고, 즉시 처리해야 한다. 고린도 교회가 권징을 시행하지 않음으로써 그 교회 안에 있는 음행에 대하여 바울이 직접 권고하는 사태가 발생한 것은 결코 바람직한 일이 못 된다(고전 5:1 이하). 버가모와 두아디라 교회가 교회 안에서 이단적인 가르침을 심는 거짓 교사들을 견책하지 않은 것은 바람직한 일이 못 된다(계 2:14, 15, 20). 공적인 죄의 경우에 당회는 누군가가 그 죄에 대하여 공개적으로 고발할 때까지 기다려서는 안 된다. 당회는 또한 그와 같은 죄에 대하여 부득이 주의를 환기시킬 수밖에 없게 된 사람에게 먼저 은밀하게 권고하도록 요구할 권한이 없다. 공공연한 죄의 문제는 은밀하게 해결해서는 안 된다.

당회의 권징 행위는 세 단계를 거친다. (a) 소출교(小黜敎, excommunicatio minor)이다. 곧 죄인으로 하여금 주의 성찬에 참여하지 못하게 하는 것이다. 죄인을 회개시키기 위한 당회의 반복된 권고가 뒤따른다. (b) 이 방법이 소용이 없으면, 세 차례의 공적인 선언과 권고를 하게 된다. 첫 번째 선언에서 죄가 고지(告知)된다. 그러나 죄인의 이름은 말하지 않는다. 두 번째 선언에서 반드시 당회의 사전 권고를 얻어서 이름을 호명한다. 세 번째 선언에서 회중의 동의를 얻기 위하여 마지막 출교가 임박했음을 알린다. 물론 이 동안에도 당회는 권고를 계속하지 않으면 안 된다. (c) 마지막으로, 교회의 교제로부터 끊어지는 출교(excommunicatio major)가 시행된다(마 18:17; 고전 5:13; 딛 3:10, 11). 죄인이 충분히 회개하고 죄를 고백하면 언제든지 회복될 수 있다(고후 2:5-10).

④ 올바른 권징의 필요성.   성경은 올바른 권징의 필요성을 강조하고 있다(마 18:15-18; 롬 16:17; 고전 5:2, 9-13; 고후 2:5-10; 살후 3:6, 14, 15; 딛 3:10-11). 에베소 교회는 악인을 용납하지 않은 것으로 인하여 칭찬을 받았다(계 2:2). 그러나 버가모 교회와 두아디라 교회는 이단적인 교사들과 이방인의 행위를 용납한 일로 인하여 책망을 받았다(계 2:14, 20, 24). 전반적으로 개혁 교회는 교회의 권징을 시행하는 일에 탁월했다. 개혁 교회는 그리스도의 교회에 독립된 정치와 권징이 있어야 한다는 사실을 강조했다. 루터 교회는 이 점을 강조하지 않았다. 루터 교회는 정치에 있어서 에라스투스주의적이며, 엄밀한 의미에서 권징의 시행을 정부의 손에 맡기는 것으로 만족했다. 그리고 교회는 말씀 사역을 통한 권징 곧 교회 전체를 향하여 시행되는 권고와 훈계의 권리만을 보유했다. 이 권리가 목사에게 위임되었으나, 누구를 교회의 교제로부터 축출할 권리는 여기에 포함되지 않았다.

오늘날 우리 주변 교회들에서 권징을 등한시하고 말씀 사역을 통하여, 어떤 경우에는 죄인과의 개인적인 접촉을 통하여 죄인의 개선에만 편중하여 죄인을 교회의 친교로부터 출교시키는 일은 피하려는 경향이 두드러진다. 교회가 위대한 선교적 대리자임은 분명히 강조하나, 그것이 무엇보다도 성도들의 회중이요 따라서 공공연히 죄를 짓고 사는 자들은 용납될 수 없다는 점은 잊고 있다. 죄인들이 교회로 모여야지 교회로부터 배제되어서는 안 된다는 점이 강조된다. 그러나 여기서 잊어서는 안 될 사실은, 죄인들은 성도로서 모이는 것이며, 죄를 고백하지 않고 거룩한 삶을 위하여 노력하지 않는 죄인들까지도 교회 안에서 합법적인 자리를 차지할 수 있다는 것은 아니라는 점이다.

3. 사역권.

(1) 신유의 은사. 그리스도는 사도들과 70명의 제자들을 파송하시면서 그들에게 말씀을 전하라고 명령하셨을 뿐만 아니라 귀신을 내쫓고 모든 종류의 질병을 고치는 권세도 함께 주셨다(마 10:1, 8; 막 3:15; 눅 9:1, 2; 10:9, 17). 초대 교회 성도들 중에는 신유의 은사를 받거나 이적을 행할 수 있는 자들이 있었다(고전 12:9, 10, 28, 30; 막 16:17, 18). 그러나 이같은 비상한 상황은 통상적인 상황으로 대치되었고, 교회도 통상적인 방편으로 그 작업을 수행해 나가게 되었다. 신유의 은사가 모든 시대에 계속되리라는 생각에 대한 성경적인 근거는 전혀 없다. 분명한 사실은 성경에 기록된 이적과 이적의 표징들은 하나님의 계시의 표징 또는 확증이라는 의미를 가지는 것으로서, 그 자체가 계시의 일부를 구성하고 있으며, 최초로 전파된 복음의 메시지를 증명하고 확증하는 역할을 했다는 사실이다. 따라서 특별 계시의 시대가 끝나면서 이적들도 자연히 끝나게 되었던 것이다.

로마교회와 몇몇 종파들이 신유의 권세를 주장하고 있으나 이는 신빙성이 없다. 기적적으로 치유되었다는 놀라운 이야기들이 많이 떠돌고 있긴 하지만, 그 이야기들이 신빙성을 부여받기 위해서는 다음과 같은 점들이 먼저 입증되어야 한다. ① 이 이야기들이 상상적인 질병의 사례들에 속한 것이 아니라 구체적인 질병이나 육체적인 결함과 관계된 것이다. ② 이 이야기들이 상상적인 혹은 위장된 치유를 가리키는 것이 아니라 실제적인 치유와 관계되어 있다. ③ 치유가 실제로 물질적이든 정신적이든, 자연적인 방법의 결과가 아니라 초자연적인 방법으로 행해진 것이 사실이다(참조. 특히 워필드, *Counterfeit Miracles*).

(2) 일반적인 자선 사역. 주님은 교회 내에 있는 가난한 자들을 돌보아야 한다는 것을 시사하셨다. 이 같은 주님의 천명은 주님이 제자들에게 하신 다음과 같은 말씀에 암시되어 있다. "가난한 자들은 항상 너희와 함께 있거니와"(마 26:11; 막 14:7). 초대 교회는 재물을 서로 나누어 씀으로써 아무도 생활 필수품이 부족하지 않도록 했다(행 4:34). 행 5:6, 10에 등장하는 네오테로이(젊은 사람들)는 후대 집사의 선구자였을 것이다. 헬라파에 속한 과부들이 매일 구제에서 빠지게 되자 사도들은 자질을 갖춘 일곱 사람들을 선정하여 이 일을 위임했다(행 6:1-6). 그들은 '접대하는' 일을 맡았는데, 이 일은 공개적으로 맡아 두었던 양식을 공평하게 분배하는 것이었다고 볼 수 있다. 성경은 남자 집사들과 여자 집사들에 관하여 거듭거듭 이야기한다(롬 16:1; 빌 1:1; 딤전 3:8-12). 뿐만 아니라 신약 성경에는 가난한 자들의 필요를 공급하고 가난한 자들을 위하여 헌금

할 것을 강조하는 본문들이 많다(행 20:35; 고전 16:1, 2; 고후 9:1, 6, 7, 12-14; 갈 2:10; 6:10; 엡 4:28; 딤전 5:10, 16; 약 1:27; 2:15, 16; 요일 3:17).

구제가 교회의 의무라는 사실은 의심의 여지가 없다. 집사들은 교회의 모든 가난한 자들을 구제하는 일을 수행하는 책임 있고 신중을 요하는 임무를 맡은 자들이다. 그들은 여러 가지 방법과 방편을 고안하여 필요한 재원(財源)을 모으고 모은 돈을 관리하며 그것을 신중하게 분배해야 한다. 그러나 그들의 직분은 이 같은 물질적인 도움을 제공하는 것으로 그치지 않는다. 그들은 가난한 자들을 가르치고 위로해야 한다. 그들은 영적인 원리들을 따라서 이 일을 해야 한다. 오늘날 많은 교회들이 이 일을 소홀히 하고 있는 현실은 개탄할 만한 일이다. 심지어는 교회가 가난한 자들에 대한 보호까지도 국가에게 떠넘기고 있는 실정이다. 그러나 교회는 이렇게 함으로써 거룩한 의무를 저버리고 있는 것이며, 교회 자신의 영적인 삶을 고갈시키고 있을 뿐만 아니라 궁핍에 처한 자들을 섬길 때 맛보는 기쁨을 스스로 박탈하고 있는 것이다. 나아가, 교회는 고난을 당하고 있는 자들과 생활고로 인하여 짓눌린 자들과 종종 완전한 절망에 처해 있는 자들에게서, 국가의 자선 사업과는 전적으로 다른 법칙인 기독교적 사랑의 영적 봉사가 주는 위로와 기쁨과 밝은 빛을 맛볼 수 있는 기회를 빼앗는 것이다.

깊은 연구를 위한 질문

교회의 머리 되신 그리스도에 관한 루터파와 개혁파의 개념은 어떻게 다른가? 구약 성경에는 그리스도께서 교회의 왕이라는 근거가 나타나 있는가? 그리스도의 머리 되심 또는 그리스도의 왕권을 부정하는 교회정체는 무엇인가? 그리스도의 머리 되심은 교회와 국가의 관계, 종교의 자유, 양심의 자유의 문제에 어떤 영향을 주는가? 그리스도의 권세는 전적으로 영적인 것이라는 교리는 로마교회와 에라스투스주의의 정체의 사상과 일치하는가? 고교회(High Church)는 그리스도의 권세를 어떻게 과대 평가하고 있으며, 저교회(Low Church)는 어떻게 과소 평가하고 있는가? 독립파들은 직원의 권세를 어떻게 보고 있는가? 교회의 권세는 어떻게 제한되는가? 교회의 권세를 시행하는 목적은 무엇인가? 마 18:17이 말하는 교회는 무엇인가? 권징의 열쇠는 교회의 외적인 특권에 근거해서만 닫히는 것인가, 아니면 그리스도에 대한 영적인 관심에 의하여 닫히는 것인가? 로마 가톨릭 교회와 성공회, 감리교, 그리고 회중 교회에서는 치리가 누구에 의하여 어떻게 시행되고 있는가? 교회는 권징을 쉽게 무시할 수 있는가?

제2부 은혜의 방편에 관한 교리

I
은혜의 방편 개요

A. 은혜의 방편의 개념

타락한 인간은 예수 그리스도의 공로와 성령의 사역을 힘입어 하나님의 은혜라는 영원한 샘으로부터 구원의 복을 받았다. 어떤 측면에서 보면 성령은 죄인의 영혼에 직접 역사할 수 있고 또 그렇게 하시지만, 거룩한 은혜를 전달함에 있어서 일정한 은혜의 방편을 사용하는 것을 좋게 여기신다. '은혜의 방편'이라는 표현은 성경에는 없다. 그러나 그럼에도 불구하고 이 표현은 성경에 나타난 방편들을 적절하게 표현한다고 할 수 있다. 그런데 이 용어는 뚜렷하게 규정될 수 있는 표현은 아니며, 또한 보통 신학에서 말하는 것보다는 더 포괄적인 의미를 갖는다.

교회는 중요한 은혜의 방편이다. 성령을 통하여 역사하시는 그리스도께서 이 방편을 이용하여 택한 자들을 모으시고 성도들을 교화시키시며 자신의 영적인 몸을 세우신다. 그는 또한 이 위대한 사역을 위하여 교회에게 온갖 영적인 은사들을 주시고, 택한 자들을 영원한 운명으로 인도하는 말씀과 성례를 시행하기 위한 직분을 제정하셨다. 그러나 이 용어는 이보다 더 광범위한 의미를 갖는다. 하나님의 번영과 역경을 통하여 성도들을 인도하시는 섭리 전체가 종종 성령이 신자들을 그리스도께로 인도하거나 그리스도와 더 밀접한 관계를 갖게 하는 방편이 된다. 심지어는 믿음, 회개, 영적인 싸움, 기도와 같은 언약의 복들을 받아들이고 계속해서 향유하기 위하여 사람에게 요구되는 모든 것들이 은혜의 방편에 포함될 수 있다. 그러나 통상적으로는 '은혜의 방편'에 이 모든 것들을 포함시키지 않으며, 또 그렇게 하는 것은 바람직하지 않다.

교회는 말씀과 성례와 견줄 수 있는 방편이 아니다. 그 이유는 하나님의 은혜의 사역을 증진시키는 교회의 권세는 오직 말씀과 성례를 시행할 때에만 있는 것이기 때문이다. 교회는 말씀과 성례를 통하지 않고는 은혜를 전달하는 도구가 될 수 없다. 더욱이 믿음, 회심, 기도는 영적인 생활을 강화시키는 도구로 사용될 수 있기는 하지만, 일차적으로는 하나님의 은혜의 열매들이다. 이와 같은 것들은 객관적인 의식이 아니라, 언약의 복을 소유하고 향유하기 위한 주관적인 조건들이다. 그러므로 기도를 은혜의 방편에 포함시킨 하지의 입장이나, 말씀과 성례와 함께 교회와 기도를 은혜의 방편으로 삼았던 맥퍼슨의 입장은 재고의 여지가 있는 것이다.

엄격하게 말해서 말씀과 성례만이 은혜의 방편 즉 그리스도께서 교회의 제정하신 객관적인 통로로 간주될 수 있으며, 그리스도는 이 객관적인 통로를 통해서만 자신의 은혜를 전달하신다. 물론 이 방편들은 결코 그리스도, 성령의 능력적인 사역, 하나님이 은혜를 적절히 분여하기 위하여 지정된 기관으로서의 교회로부터 분리되어서는 안 된다. 이 방편들은 그 자체만으로는 아무 효력도 발휘하지 못하고, 다만 성령의 효율적인 작용을 통해서만이 영적인 결과를 산출할 수 있다.

B. 은혜의 방편으로서의 말씀과 성례의 특징

은혜의 방편을 개괄적으로 살펴보았으므로 이제는 특수한 혹은 제한된 의미의 은혜의 방편의 특징을 살펴볼 차례이다.

1. 말씀과 성례는 보통 은혜의 방편이 아니라 죄를 제거하고 죄인을 하나님의 형상에 맞게 새롭게 변화시키는 특별 은혜의 방편이다. 하나님의 말씀은 어떤 의미에서는 제한된 의미의 보통 은혜가 주는 몇 가지 정선된 복으로서, 복음의 지도 아래에서 살고 있는 자들을 풍요롭게 할 수 있고 어떤 점에서는 실제로 풍요롭게 한다. 그러나 성례와 더불어 말씀은 여기서는 다만 전문적인 의미로서 은혜의 방편으로서만 고려된다. 이와 같은 의미에서의 은혜의 방편은, 언제나 신자의 마음속에 역사하는 구속적 은혜인 하나님의 특별 은혜의 시초적 및 점진적인 역사와 항상 관련이 있다.

2. 말씀과 성례는 그 안에 포함되지 않은 것들과의 관련에 의해서가 아니라 그 자체가 은혜의 방편이다. 놀라운 경험들은 신자들의 마음속에 역사하시는 하나님의 사역을 강화시킬 수 있고 또 때로는 틀림없이 강화시키지만, 그러나 그것들은 전문적인 의미에서 은혜의 방편이 아니다. 그 이유는 이와 같은 경험이 성령이 함께 역사하는 하나님의 말씀에 비추어서 해석될 때만이 은혜의 방편으로서의 역할을 할 수 있기 때문이다. 말씀과 성례는 그 자체가 은혜의 방편으로서, 이 방편들의 영적인 효력은 오직 성령의 역사에만 의존한다.

3. 이것들은 하나님의 은혜의 계속적인 방편이며 어떤 의미에서도 예외적인 것이 아니다. 이는 바꾸어 말하면, 이것들이 어쩌다가 한 번씩 또는 우연히 하나님의 은혜의 작용과 관련하여 되는 것이 아니라, 하나님의 구속의 은혜를 전달하는 정례적인 합당한 방편으로서 영구적인 가치를 가진다는 말이다. 하이델베르크 요리문답 65문은 이렇게 질문한다. "그러면 오직 믿음으로만 우리가 그리스도와 그의 모든 은혜에 참여하게 된다면, 이 믿음은 어디서 오는 것인가?" 이에 대한 답변은 이렇다. "거룩한 복음 전파를 통하여 우리의 마음속에 믿음을 일으키시며 성례를 시행함으로써 그것을 확증하시는 성령으로부터 온다."

4. 이것들은 예수 그리스도의 교회의 공적인 방편이다. 말씀의 전파(혹은 전파된 말씀)와 성례의 시행(혹은 시행된 성례)은 교회가 공적으로 제정한 방편으로서, 이를 통하여 성령이 역사하며 신자들의 마음속에서 믿음을 확증한다. 일부 개혁파 신학자들은 은혜의 방편의 개념을 제한하여 말하기를, 이것들은 오직 유형 교회에서만 시행되는 것으로서 영혼 안에 새생명의 원리가 존재하는 것을 전제한다고 한다. 쉐드와 댑니는 무조건 말씀과 성례를 '성화의 방편'이라고 말한다. 쉐드는 이렇게 말한다. "거듭나지 않은 사람들의 세계가 은혜의 방편을 가지고 있다고 말할 때에는 특별 은혜하의 성화의 방편을 말하는 것이 아니라, 보통 은혜 아래 뉘우침의 방편을 말하는 것이다." 호니히도 은혜의 방편으로서의 말씀과, 회개하도록 부르며 이방인들을 살아 계신 하나님을 섬기는 일로 부르는 것을 돕는 말씀을 구분한다. 카이퍼 박사도 은혜의 방편을 단지 새로운 생명을 강화시키는 수단으로 생각한다. "은혜의 방편(media gratiae)이라 함은 하나님이 제정하신 것으로서, 하나님은 이것을 사용하셔서 개인적으로 그리고 사회적으로, 우리의 의식을 위하여 그리고 우리의 의식을 통하여, 우리의 본성에 확립하신 재창조를 나타낸다." 물론 이러한 견해도 일리가 없는 것은 아니다. 새 생명의 원리는 선포된 말씀의 매개 없이도 직접 영혼 안에 역사한다. 그러나 새생명의 기원이 신생과 내적 소명을 포함하는 한, 하이델베르크 요리문답이 말하고 있는 것처럼 성령이 "거룩한 복음 전파를 통하여" 새 생명 혹은 믿음의 시작을 일으킨다고 말할 수도 있다.

C. 은혜의 방편에 관한 역사적 개요

예수 그리스도의 교회에는 은혜의 방편에 대하여 상당한 견해 차이가 있다. 초대 교회는 이 점에 대하여 우리에게 아주 명확한 어떤 것을 보여주지 않는다. 다만 하나님의 말씀보다는 성례가 크게 강조되었다. 세례는 보통 죄인을 중생시키는 방편으로 간주된 반면, 성찬은 성화의 성례로서 자리잡았다. 그러나 시간이 지남에 따라 명확한 견해가 나타나기 시작하였다.

1. 로마 가톨릭 교회의 견해. 로마 가톨릭 교회는 성골과 성상들도 은혜의 방편으로 간주했으나, 특별히 말씀과 성례를 은혜의 방편으로 생각했다. 이와 동시에 그들은 말씀의 당연한 우월성을 인정하지 않고, 말씀에 대해 다만 은혜의 사역에 있어서의 예비적인 의미만을 부여했다. 말씀과 비교하여 성례는 진정한 은혜의 방편으로 간주되었다. 로마교회는 점진적으로 발전된 조직체를 성례보다 훨씬 더 우월한 방편으로 인정한다. 교회 그 자체가 곧 주요한 은혜의 방편으로 간주되기에 이른 것이다. 교회 안에서 그리스도께서 지상에서 신인의 생활을 계속하시며, 선지자와 제사장과 왕으로서의 사역을 수행하시며, 또한 교회를 통하여 은혜와 진리의 충만함을 전하신다. 이 은혜는 특히 인간을 자연적인 영역으로부터 초자연적인 영역으로 높이는 것을 돕는다. 그것은 높이는 은혜(*gratia elevans*) 곧 초자연적인 물리적 능력으로서, 의식을 통해서(외부의 사역에서, *ex opere operato*) 역사하는 성례를 통하여 자연인 안에 주입된다. 성례를 통하여 유형적 표시들과 무형적 은혜가 불가분리적으로 연결된다. 사실상 하나님의 은혜는 일종의 실체로서, 방편 안에 내포되어 있다가 방편이라는 통로를 통하여 전달되며, 따라서 절대적으로 방편에 얽매이게 된다. 세례는 인간을 의식(儀式)을 통해서 중생시키며, 이보다 훨씬 중요한 성찬은 신자의 영적인 생활을 더 높은 수준으로 끌어올린다. 그리스도, 교회, 성례를 떠나서는 구원이 없다.

2. 루터파의 견해. 종교개혁과 더불어 강조점은 성례에서 말씀으로 옮겨갔다. 루터는 가장 중요한 은혜의 방편으로서 말씀을 강조했다. 그는, 성례는 말씀을 떠나서는 아무런 의미가 없으며, 성례는 사실상 가시적인 말씀에 지나지 않는다고 지적했다. 그는, 외적인 방편과 그 방편을 통하여 전달된 내적인 은혜 사이에 불가분리의 관계가 있다고 말하는 로마교회의 오류를 완전히 수정하지 못했다. 그도 또한 하나님의 은혜가 방편 안에 포함된 일종의 실체로서, 방편을 떠나서는 획득될 수 없다고 말했다. 하나님의 말씀은 인간이 그것을 받아들이기를 거부하지 않는 한 그 자체로서 언제나 유효하며, 인간 안에서 영적인 변화를 일으킬 수 있다. 그리스도의 몸과 피는 떡과 포도주라는 요소들 '안에, 함께, 아래' 있기 때문에 떡과 포도주를 먹고 마시는 자마다 그

리스도의 몸과 피를 먹고 마시는 것이다. 적절한 방법으로 성찬에 참여하면 참여하는 신자들에게 유익이 된다. 루터는 특히 재세례파들의 주관성에 반대하면서 성례의 객관성을 강조하였고, 성례의 효력을 수례자(受禮者)의 믿음보다는 신적인 제정에 두었다. 루터파는 언제나 성례가 의식을 통하여(ex opere operato) 효력을 가진다는 개념을 명확히 벗어나지 못했다.

3. 신비주의자들의 견해. 루터는 신비주의적인 재세례파와 논쟁을 해야 했기 때문에 그들을 논박하는 과정에서 은혜의 방편에 관한 그의 최종적인 견해가 형성되었다. 재세례파를 비롯한 종교개혁 시대와 그 이후 시대의 신비주의적 종파들은 사실상 하나님이 자신의 은혜를 시여함에 있어서 방편을 사용하신다는 사실을 부인한다. 그들은 하나님이 절대적으로 자유롭게 자신의 은혜를 전달하실 수 있기 때문에 하나님이 외적인 은혜 전달의 방편에 제한되는 것은 있을 수 없는 일이라고 한다. 외적인 방편이라 함은 사실상 자연의 세계에 속한 것으로서, 영적인 세계와는 아무런 상관이 없다는 것이다. 하나님, 그리스도, 성령, 내적인 조명은 직접 마음속에 역사하며, 말씀과 성례는 다만 이 내적인 은혜를 지시하거나 상징하는 것에 지나지 않는다. 이와 같은 개념은 자연과 은혜에 대한 이원론적인 견해에 의해서 결정되었다.

4. 합리주의적 견해. 반면 종교개혁 당시의 소지니주의자들은 재세례파와는 정반대의 극단으로 나아갔다. 소지니 자신은 심지어 세례를 예수 그리스도의 교회에서 영구적인 의식으로 인정조차 하지 않았다. 그러나 그의 추종자들은 그렇게까지 극단으로 나아가지는 않았다. 그들은 세례와 성찬을 영구적인 효력을 지닌 의식으로 간주했으나, 다만 도덕적인 효력을 지닌 것으로밖에는 그 가치를 인정하지 않았다. 이것은 바꾸어 말하면, 그들이 은혜의 방편을 도덕적인 수단을 통하여 작용하는 것으로만 생각하고, 이를 통하여 성령의 신비적인 연합과 상관이 있는 것으로는 전혀 생각하지 않았음을 말하는 것이다. 은혜의 방편이 다만 외적인 표지요, (성례의 경우) 기념에 지나지 않는다는 말은, 은혜의 방편을 통하여 하나님이 일하신다는 개념보다는 인간이 일한다는 점을 강조하는 것이다. 17세기의 알미니우스주의자들과 18세기의 합리주의자들은 이 견해를 공유했다.

5. 개혁파의 견해. 재세례파에 대하여 반응하는 과정에서 루터파가 로마교회 쪽으

로 기울어지고 하나님의 은혜를 가장 절대적인 의미의 수단에 연결시킨 반면 - 이것은 성공회의 고교회(高敎會)파가 취한 입장이기도 하다 - 개혁 교회는 원래의 종교개혁의 원리를 유지했다. 그들은, 은혜의 방편이 거룩함을 산출해 내는 마술적인 능력을 지니고 있기라도 한 듯이 은혜의 방편 그 자체가 은혜를 수여할 수 있다는 것을 부인한다. 하나님만이 구원의 유효한 원인이다. 은혜를 분여하고 전달함에 있어서 하나님은 통상적으로 사용하시는 방편에 매이시지 않는다. 그러나 하나님은 자신의 은혜로운 목적을 이루시기 위하여 자유롭게 그 방편들을 사용하신다. 그들은 은혜의 방편들이 절대적으로 필요하고 불가결한 것이라고 말하고 있지는 않으나, 이 방편들을 순전히 우연의 산물로 간주하여 함부로 무시하는 사상도 반대한다. 하나님은 죄인들의 마음속에 자신의 은혜를 베푸시는 통상적인 수단들로서 이 은혜의 방편들을 선택하셨기 때문에 이것들을 의도적으로 무시하게 되면 영적인 손실이 초래된다.

D. 개혁파의 은혜의 방편 교리의 특징

은혜의 방편에 관한 개혁파의 교리를 적절히 이해하기 위해서는 다음과 같은 사항들에 특히 주목하지 않으면 안 된다.

1. 하나님의 특별 은혜는 오직 은혜의 방편이 작용하는 영역에서만 역사한다. 이 진리는 은혜의 방편의 필요성을 부인하는 신비주의자들을 비판하는 것이다. 하나님은 질서의 하나님이시므로 은혜를 주시고자 할 때 통상적으로 자신이 제정하신 방편을 사용하신다. 물론 이 말은 하나님이 지정된 방편에 얽매여 있기 때문에 은혜를 전달하실 때 방편이 없이는 작용하실 수 없다는 말은 아니고, 다만 유아들의 경우를 제외하고는 이 방편들을 사용하기로 스스로에게 제한을 가하신다는 의미일 뿐이다.

2. 한 가지 점에 있어서 곧 새 생명을 심는 일에 있어서는, 하나님의 은혜가 이 방편들을 사용하지 않고도 직접 작용한다. 그러나 그와 같은 경우에 있어서도 그 은혜는 오직 은혜의 방편의 영역 안에서만 작용한다. 왜냐하면 이 방편들은 새 생명을 끌어내고 양육하는 데 절대적으로 필요하기 때문이다. 이것은 중생을 도덕적 설득의 결과로 간주하는 합리주의의 입장을 직접 거부하는 것이다.

3. 하나님의 은혜는 대개 간접적으로 역사하지만, 이 은혜는 신적 기탁물로서의 방편들에 본래부터 있는 것이 아니라, 이 방편들의 사용과 함께 임하는 것이다. 이것은 로마 가톨릭 교회, 성공회 고교회파, 루터파에 맞서 반드시 강조되어야 한다. 이들은

은혜를 받는 자의 조건이나 태도가 은혜의 작용을 무효화하는 일이 있다 할지라도 은혜의 방편은 언제나 본래적인 능력에 의하여 역사한다고 가정한다.

4. 하나님의 말씀은 결코 성례로부터 분리되어서는 안 되며, 항상 성례에 동반되어야 한다. 왜냐하면 성례는 사실상 말씀에 의하여 우리에게 전달된 진리의 유일한 가시적인 표현이기 때문이다. 로마교회에서는 말씀이 단지 예비적인 의미만 띤 채 뒷전으로 밀려나고, 말씀과 상관없이 성례가 은혜의 참된 방편으로 간주되고 있다.

5. 하나님의 은혜를 받은 자가 획득한 모든 지식은 말씀이라는 방편을 통하여 그 사람 안에서 역사하며, 말씀에서 비롯된 것이다. 이 같은 입장은 모든 신비주의자들에 맞서서 주장되어야 하는데, 그들은 특별 계시와 말씀에 의해 전달된 것이 아닌 영적인 지식을 받았다고 주장하며 우리로 하여금 끝없는 주관주의의 바다로 빠지게 한다.

II
은혜의 방편으로서의 말씀

A. '하나님의 말씀'의 의미

로마 가톨릭 교회는 하나님의 말씀을 은혜의 방편으로 인정하는 일이 거의 없다. 그들의 생각에 따르면, 교회는 죄인을 위한 크고 충족한 은혜의 통로이다. 다른 모든 방편들은 교회에 종속된다. 하나님께서 교회의 재량에 맡긴 두 가지의 중요하고 강력한 방편은 기도와 성례이다. 그러나 루터파와 개혁파를 막론하고 개신교는 하나님의 말씀 그 자체를 존중하며, 실로 말씀이 성례보다 우월하다고 간주한다. 레이던(Leyden) 대학의 교수들과, 마스트리히트, 아 마르크, 투레틴 등과 같은 구 개혁파 신학자들과, 댑니와 카이퍼와 같은 최근의 신학자들은 은혜의 방편으로서의 말씀을 별도로 다루지 않는데, 그 주된 이유는 그들이 이미 다른 단락에서 하나님의 말씀에 관해 이미 논한 바 있기 때문이다. 그들은 말씀을 은혜의 방편이라고 부르기를 주저하지 않는다. 그들이 하나님의 말씀을 은혜의 방편이라고 할 때는 인격적인 말씀이신 로고스를 말하는 것이 아니다(요 1:1-14). 그것은 또한 여호와의 입에서 나온 권능의 말씀을 뜻하는 것도 아니요(시 33:6; 사 55:11; 롬 4:17), 선지자들이 받은 것과 같은 직접 계시의 말씀도 아니다(렘 1:4; 2:1; 겔 6:1; 호 1:1).

그들이 은혜의 방편으로 간주하는 것은 영감받은 하나님의 말씀, 곧 성경을 가리킨다. 이것을 은혜의 방편으로 말할 때도 그들은 특별한 관점에서 생각한다. 영감받은 말씀은 우리의 모든 신학적 지식의 근원 곧 인식의 기초(principium cognoscendi)를 구성한다. 그러나 그것은 우리가 하나님의 말씀을 은혜의 방편으로 말할 때 뜻하는 것은 아니다. 성경은 신학의 인식의 기초일 뿐만 아니라, 교회의 확장과 성도들의 교화 및 양육을 위하여 성령께서 사용하시는 방편이다. 그것은 탁월한 하나님의 은혜의 말씀이며, 따라서 가장 중요한 은혜의 방편이기도 하다. 엄격히 말해서 그것은 하나님의 이름과 신적인 명령에 의하여 전파된 말씀으로서, 하나님의 이름으로 시행되는 성례와 더불어 전문적인 의미에서의 은혜의 방편이다.

따라서 하나님의 말씀은 좀 더 일반적인 의미에서 은혜의 방편으로 간주될 수도 있다. 말씀을 가정에서 읽거나, 학교에서 가르치거나, 소책자로 배부하는 등 여러 가지 다른 부가적인 방법을 통해서도 이 말씀이 사람에게 오는 것은 진정한 의미에서 복이라 할 수 있다. 교회의 재량에 맡겨진 은혜의 공적 방편인 말씀과 성례는 오직 교회의 합법적이고 자격을 갖춘 직원들만이 시행할 수 있다. 그러나 말씀은 성례와는 달리 모든 신자들에 의하여, 그리고 다양한 방법을 통하여 세상에 전달될 수 있다.

B. 말씀과 성령의 관계

역사적으로 보면 말씀의 효력에 관하여 매우 다른 견해들이 나타났다. 다시 말하면, 말씀의 유효한 작용과 성령의 사역의 관계에 대한 다양한 견해들이 나타났다.

1. 율법주의는 유대교, 펠라기우스주의, 반(半)펠라기우스주의, 알미니우스주의, 신율법주의, 합리주의 등의 형태로 나타난 사상으로서, 말씀의 지적이고 도덕적이며 심미적인 감화만을 말씀이 지닌 유일한 영향으로 간주한다. 이 사상은 말씀을 통한 성령의 초자연적인 역사를 믿지 않는다. 하나님의 말씀에 계시된 진리는 다만 도덕적 설득력에 의해서만 작용한다. 펠라기우스주의와 합리주의 같은 형태의 율법주의는 심지어 구속의 행위에서 성령의 특별한 역사가 필요하다는 사실조차도 인정하지 않는다. 그러나 반펠라기우스주의, 알미니우스주의 그리고 신율법주의 같은 좀 더 온건한 형태의 율법주의는 말씀의 도덕적인 영향의 불충분함을 말하면서, 이 불충분함은 성령의 사역에 의하여 보완되어야 한다고 주장한다.

2. 반면에 율법폐기론(Antinomianism, 반[反]율법주의)은 외적인 말씀의 필요성을 전면적으로 거부하면서, 내적인 말씀 또는 내적인 조명으로부터 혹은 성령의 직접적인 역사로부터 모든 것이 나오기를 기대하는 신비주의의 입장을 취한다. 이 사상의 슬로건은 다음과 같은 말로 잘 요약될 수 있다: "문자는 죽이지만 영은 살린다." 외적인 말씀은 자연적인 세계에 속한 것으로서, 진정한 의미에서 영적인 사람에게는 하등 불필요한 것이며, 어떠한 영적인 결과도 산출할 수 없다. 모든 형태의 율법폐기론자들은 은혜의 방편을 전적으로 무시하지는 않는다 하더라도 경시하는 경향을 보이고 있으며, 이 경향은 일부 재세례파를 통하여 극명(克明)하게 나타난다.

3. 이와 같은 두 견해에 반대하면서 종교개혁자들은, 말씀만으로는 믿음과 회심을 산출하기에 충분하지 못하며, 성령도 통상적으로 말씀과 분리하여 역사하지 않기 때

문에 구속 사역에서 말씀은 성령과 함께 역사한다고 말한다. 처음에는 루터파와 개혁파 사이에 별다른 차이점이 드러나지 않았다. 다만 루터파는 처음부터 성령이 방편으로서의 말씀을 통하여(*per verbum*) 역사한다고 주장한 반면, 개혁파는 성령이 말씀과 함께(*cum verbo*) 역사한다고 말하기를 더 좋아했다.

그러나 이후에 루터파 신학자들은, 하나님의 말씀은 성령의 회개시키는 능력을 신적 기탁물(divine deposit)로 가지고 있는데, 이 능력은 결코 말씀과 분리할 수 없는 관계여서, 심지어 말씀이 사용되지 않을 때에나 합법적으로 작용하지 않을 때에도 말씀 안에 임재한다는 루터파 자체의 교리를 발전시켰다. 그러나 말씀의 전파가 사람에 따라 다른 결과를 산출한다는 사실을 설명하기 위하여 그들은 비록 온건한 형태이긴 하지만 인간의 자유 의지에 의지하지 않을 수 없었다.

개혁파는 하나님의 말씀을 언제나 능력이 있는 것으로 간주하였으니, 곧 어떤 사람에게는 생명에 이르는 생명의 향기요, 다른 사람에게는 사망에 이르는 사망의 냄새로 간주했다. 그러나 개혁파는 다만 성령이 죄인들의 마음속에 작용할 때만 말씀은 믿음과 회심으로 이끄는 효력을 발생한다고 주장했다. 개혁파 신학자들은 이 효력을, 말씀 안에 내재해 있는 비인격적인 능력으로 간주하기를 거부했다.

C. 은혜의 방편으로서의 하나님의 말씀의 두 구성 요소

1. 하나님의 말씀 안에 있는 율법과 복음. 개혁 교회는 처음부터 은혜의 방편인 하나님의 말씀의 두 구성 요소가 되는 율법과 복음을 구분했다. 이와 같은 구분은 신약과 구약의 구분과 동일한 것으로 간주되지 않고 신구약에 모두 적용되는 구분으로 간주되었다. 구약에도 율법과 복음이 있고, 신약에도 율법과 복음이 있다. 율법에는 명령이나 금령의 형태로 된 하나님의 뜻 전체가 포함되고, 복음에는 신구약을 망라하여 화목의 사역에 속한 것, 그리고 그리스도 예수 안에서 하나님의 추구하고 구속하는 사랑에 속한 모든 것이 포괄되어 있다. 이 두 구성 요소들은 각각 모두 은혜의 경륜 안에서 고유한 역할을 맡는다.

율법은 인간의 마음속에 죄를 상기시킴으로써 회개를 일깨우는 반면, 복음은 예수 그리스도를 믿는 구원의 믿음을 일깨우는 것을 목표로 한다. 율법의 사역은 어떤 의미에서 보면 복음 사역의 예비라고 할 수 있다. 양자가 모두 같은 목적을 가지고 있으며, 은혜의 방편에 필수 불가결한 구성 요소를 이루고 있다. 이 같은 사실이 종종 충분히 인식되지 못함은 불행한 일이다. 율법이 지닌 정죄의 기능이 지나치게 강조된 나머지 은혜의 방편으로서의 성격이 소홀히 여겨지는 것이다. 마르키온(Marcion)이 등장한 이후 줄곧 일부 신학자들은 율법과 복음이 대조되는 것으로 파악한 나머지 양자가 서로를 배격하는 것으로 이해했다. 그들의 주장의 근거는, 바울이 베드로를 책망한 사건 (갈 2:11-14), 바울이 율법과 복음을 예리하게 구분하여 대비시킨 항목이다(고후 3:6-11; 갈 3:2, 3, 10-14; 비교. 요 1:17). 그들은, 바울이 언제나 율법이 사람들을 그리스도에게로 인도하는 초등교사의 기능이 있다는 사실을 강조한 것이라든지(갈 3:24), 히브리서가 율법을 말할 때 복음과 대립되는 의미에서가 아니라 예비적이고 불완전한 상태에 있는 복음으로 말하고 있다는 사실을 보지 못한다.

일부 구(舊)개혁파 신학자들은 율법과 복음을 서로 철저하게 대립되는 것으로 파악했다. 그들은 율법을 성경의 모든 요구와 명령을 구체화한 것으로, 복음을 단지 무조건적인 약속 이외에는 아무런 요구도 포함하지 않은 것으로 생각했다. 그리하여 복음에서 모든 요구를 제외시켰다. 그들이 이같이 생각하게 된 이유로는 먼저 성경에 종종 이 두 개념이 대립 개념으로 등장하고 있다는 사실을 들 수 있고, 다음으로는 알미니우스주의자들과 전개한 논쟁을 들 수 있다. 구원은 인간의 행위로서의 믿음과 복음적 순종에 의존하고 있는 것이라는 알미니우스주의의 견해에 반대하여, 어떤 신학자들은, 은혜 언약은 인간 편에 아무것도 요구하지 않으며, 어떤 의무도 규정하지 않고, 아무것도 요구하거나 명령하지 않으며, 심지어는 주님에 대한 믿음, 신뢰, 소망조차도 요구하지 않고, 다만 하나님께서 인간을 위하여 행하여 주시기를 원하는 일에 대한 약속만을 전달해 준다는 극단적인 주장을 전개했다.

그러나 다른 신학자들은 심지어 모세의 율법에도 약속이 없는 것이 아니며 복음에도 요구가 들어 있다는 타당한 주장을 전개했다. 그들은 인간이 은혜 언약에 들어갈 때, 수동적인 것만이 아니라, 언약과 언약에 뒤따르는 모든 특권들을 적극적으로 받아들이도록 요청받는다는 사실을 명확히 이해했다. 비록 사람이 그 요구에 응할 수 있도록 능력을 주시는 분은 하나님이지만 말이다. 인간이 소유하는 약속은 인간에게 의무를 부여하는 것이 사실이다. 이 의무에는 생활의 규범으로서의 하나님의 율법에 순종할 의무가 포함된다. 이와 동시에 이 약속에는 하나님께서 사람 안에서 '소원을 두고 행하게' 하신다는 보증도 들어 있다.

오늘날 철저한 세대주의자들은 율법과 복음을 대립되는 개념으로 파악한다. 이전 세대에는 이스라엘이 율법 아래 있었으나, 현세대의 교회는 복음 아래 있기 때문에 율법으로부터 자유롭다고 말한다. 이것을 다시 말하면, 이제는 복음만이 구원의 유일한 수단이고, 율법은 무효가 되었다는 뜻이다. 그리스도께서 이미 율법의 요구를 충족시키셨기 때문에 신자들은 더 이상 율법의 요구에 귀를 기울일 필요가 없다는 것이다. 세대주의자들은, 그리스도께서 율법의 저주를 담당하시고 행위 언약의 조건을 충족시키셨지만, 언약 체계와는 별도로 창조의 관점에서 인간이 속해 있는 생활의 규범으로서의 율법을 완성하신 것은 아니라는 사실을 망각하고 있는 것 같다.

2. 율법과 복음의 차이.

(1) 앞에서 말한 바와 같이 율법과 복음의 구분은 신약과 구약의 구분과는 성격이 다르다. 이 구분은 오늘날의 세대주의자들이 말하는 율법 세대와 복음 세대와의 구분과도 다른 것이다. 구약에는 복음이 없다든지, 적어도 율법 세대를 다루는 구약에는 복음이 없다고 말하는 것은 비성경적이다. 후손의 약속에, 의식법에, 선지자들의 선포에 복음이 있다(사 53, 54장; 55:1-3, 6, 7; 렘 31:33, 34; 겔 36:25-28). 사실상 구약 전체에 복음의 물결이 면면히 흘러오다가 메시야 예언에 이르러 정점에 도달한다. 이와 동시에, 신약에는 율법이 없다거나 신약 시대에는 율법이 적용되지 않는다고 말하는 것도 성경에 반(反)하는 것이다. 예수님은 율법의 가치가 항구적인 것을 가르치셨다(마 5:17-19). 바울은 말하기를, 하나님이 율법을 우리에게 주신 것은 율법의 요구가 우리의 삶 속에서 이루어지게 하기 위함이며(롬 8:4), 자신의 서신을 읽는 독자들은 율법을 지킬 책임이 있다고 하였다(롬 13:9). 야고보는 율법의 계명 하나를 어기면 (그는 몇 가지 계명을 예시하고 있다) 모든 율법을 범한 것이라고 한다(약 2:8-11). 요한은 죄를 불법으로 정의하면서, 하나님을 사랑하는 것은 그의 계명을 지키는 것이라고 말한다(요일 3:4; 5:3).

(2) 어떤 의미에서 보면, 그리스도인은 하나님의 율법으로부터 자유롭다. 성경은 율법을 항상 같은 의미로 말하지 않는다. 때때로 성경은 율법을 언제든지 모든 상황에 적용되는 하나님의 본성과 의지에 대한 불변의 표현으로 간주한다. 그러나 성경은 또한 율법이 행위 언약에서 작용하는 것으로 언급하는데, 행위 언약에서 영생의 은사는 율법의 성취를 조건으로 한다. 인간은 이 조건을 충족시키는 데 실패했으며, 그 결과로서 그것을 충족시킬 수 있는 능력을 상실했을 뿐만 아니라, 지금은 본질상 저주의 선언 아래 있게 된 것이다. 바울이 율법과 복음을 대조할 때는 율법이 지닌 이 같은 양상, 곧 행위 언약에 있어서 인간이 지키지 못한 율법이라는 의미를 가진다. 이 율법은 더 이상 죄인을 의롭게 할 수 없고 다만 그를 정죄할 수 있을 뿐이다. 이와 같은 특별

한 의미에서의 율법으로부터, 다시 말하면, 영생을 얻는 방편으로서의 율법과 정죄하는 능력으로서의 율법으로부터 신자들은 그리스도 안에서 자유롭게 되었다. 왜냐하면 그리스도께서 신자들을 위하여 저주를 받으셨고, 신자들을 대신하여 행위 언약의 요구를 충족시켜 주셨기 때문이다. 이 같은 특별한 의미의 율법과 무조건적인 은혜의 복음은 서로 배타적이다.

D. 율법의 삼중적인 용도

신학에서는 율법의 요구를 삼중적으로 이해한다.

1. 율법의 삼중적인 정의.
(1) 정치적 혹은 세속적 용도. 율법은 죄를 억제하고 의를 증진시키는 목적을 돕는다. 이와 같은 관점에서 볼 때, 율법은 죄를 전제로 하며 죄 때문에 필요하다. 이 율법은 적어도 세상에서의 하나님의 보통 은혜의 목적을 돕는다. 이 같은 의미의 율법은 전문적인 의미의 은혜의 방편으로 간주되지 않는다.

(2) 초등교사로서의 용도. 이와 같은 의미의 율법은 인간에게 죄에 대한 확신을 심어 줌으로써, 자신이 율법의 요구를 시행할 능력이 없음을 깨닫게 하는 데 목적이 있다. 이렇게 하여 율법은 초등교사가 되어 인간을 그리스도께로 인도하며 하나님의 구속의 목적을 이루는 것을 돕는다.

(3) 규범으로서의 율법. 이것은 이른바 율법의 제3의 용도이다. 율법은 신자들의 삶의 규범으로서 신자들에게 의무를 확인시켜 주고 생명과 구원의 길로 인도하는 것이다. 율법폐기론자들은 율법의 이 같은 용도를 부인한다.

2. 루터파와 개혁파의 차이. 이와 같은 율법의 삼중적 용도에 관하여 루터파와 개혁파의 입장이 다르다. 양쪽이 모두 이와 같은 삼중적인 용도를 받아들이고 있으나, 루터파는 두 번째 용도를 강조한다. 루터파의 견해에 따르면, 율법은 주로 인간에게 죄를 인식하게 함으로써 간접적으로 죄인의 구주로서의 예수 그리스도께로 나아가는 길을 지시하는 지정된 방편으로서 사용된다는 것이다. 그들은 율법의 제3의 용도를 받아들이고 있으나 유보적인 입장에서 받아들인다. 왜냐하면 그들은 신자들이 더이상 율법 아래 있지 않다고 주장하기 때문이다. 그들에 의하면, 율법의 제3의 용도가

필요한 경우는 신자들이 여전히 죄인일 때에 한한다. 신자들은 율법에 의하여 억제되어야 하고 자신들의 죄를 점점 더 깊이 깨달아 가야 한다. 그러므로 이 같은 신학적 구도 안에서 제3의 용도가 중요한 역할을 차지하지 못하는 것은 당연한 일일 것이다. 일반적으로 그들은 율법을 다만 인간의 비참함의 교리와의 관계에서만 다룬다.

개혁파는 율법의 두 번째 용도를 충분히 인정하여 '율법을 통하여 죄 인식이 온다'고 말한다. 동시에 율법이 구속의 필요를 인식하게 한다고 말한다. 그러나 그들은 성화의 교리와 관련된 율법에 더 많은 관심을 기울인다. 그들은 신자들이 생활과 감사의 규범으로서의 율법 아래 있다는 생각을 크게 강조한다. 그러므로 하이델베르크 요리문답은, 감사를 다루고 있는 제3부에서 율법에 관한 논의를 위해 열한 주일(主日)을 할애했다.

깊은 연구를 위한 질문

로마 가톨릭 교회는 무엇 때문에 교회를 은혜의 탁월한 방편으로 간주하는가? 그들이 은혜의 방편으로서의 말씀을 경시하는 이유는 무엇인가? 신비주의자들이 경시하는 은혜의 방편은 무엇인가? 은혜의 방편으로서의 말씀과 성례가 다른 은혜의 방편들과 다른 점은 무엇인가? 은혜의 방편들이 오직 교회에서만 시행되며, 신생을 일으키는 것이 아니라 다만 그 삶을 강화시켜 준다는 말은 맞는 말인가? 하나님의 말씀만이 은혜의 방편으로 사용되는가? 율법과 복음은 말씀의 다른 측면으로서 어떻게 다른가?

III
성례 개요

A. 말씀과 성례의 관계

로마 가톨릭 교회와는 달리 개혁 교회는 하나님의 말씀의 우위성을 강조한다. 로마 가톨릭 교회에서는 성례가 죄인을 구원하는 데 필요한 모든 것을 포함하며 해석이 필요 없기 때문에 은혜의 방편으로서의 말씀은 전혀 불필요하다고 말한다. 반면 개혁 교회는 말씀을 절대적으로 필요한 것으로 간주하면서, 성례가 말씀에 첨가되는 이유를 묻는다. 일부 루터파 신학자들은 말씀을 통하여 역사되는 은혜와 다른 특별한 은혜가 성례를 통하여 전달된다고 말한다. 일부 스코틀랜드 신학자들과 카이퍼 박사를 제외하고는 대다수의 개혁파 신학자들은 이와 같은 입장을 거부한다.

개혁파 신학자들의 주장에 따르면, 하나님은 인간을 창조하실 때 특별히 시각과 청각을 통하여 지식을 얻도록 창조하셨다고 한다. 말씀은 청각에 호소하고, 성례는 시각에 호소한다. 그들은 눈이 귀보다 더 감각적이기 때문에 하나님은 말씀에 성례를 첨가하심으로써 죄인이 도움을 받도록 하셨다고 주장한다. 말씀을 통하여 귀에 전달된 진리는 성례를 통하여 눈에 상징적으로 나타난다. 그러나 여기서 염두에 두지 않으면 안 될 것은, 말씀은 성례가 없이도 존재할 수 있고 또한 완전한 반면, 성례는 말씀이 없이는 결코 완전하지 못하다는 사실이다. 말씀과 성례는 유사점과 아울러 차이점을 가지고 있다.

1. 유사점.
(1) **창시자에서.** 하나님은 두 가지 모두 은혜의 방편으로 제정하셨다.
(2) **내용에서.** 그리스도는 두 가지 모두의 중심적인 내용이다.
(3) **내용을 소유하는 방식에서.** 곧, 믿음을 통하여. 믿음은 죄인이 말씀과 성례를 통하여 제공된 은혜에 참여할 수 있는 유일한 길이다.

2. 차이점.

(1) 필연성에서. 말씀은 필수 불가결한 것이지만, 성례는 그렇지 않다.

(2) 목적에서. 말씀은 믿음을 일으키고 강화시키는 반면, 성례는 믿음을 강화시킬 따름이다.

(3) 범위에서. 말씀은 온 세상을 향하여 나아가는 반면, 성례는 오직 교회 안에 있는 자들에게만 시행된다.

B. '성례'(Sacraments)의 기원과 의미

성례라는 단어는 성경에서 발견되지 않는다. 이 단어는 라틴어 사크라멘툼 (*sacramentum*)에서 유래한 단어로서, 원래는 소송시 원고와 피고가 예치하는 예치금을 가리키는 것이었다. 법원의 판결이 난 후, 승소자의 돈은 반환되었고 패소자의 돈은 몰수되었다. 이 단어가 이 같은 의미를 가리키게 된 이유는 이 예치금이 제신(諸神)에게 드리는 일종의 화목 제물을 가리키는 말로 사용되었기 때문이다. 다음과 같은 경로를 통하여 이 단어는 기독교적인 용어로 전이되었다. (1) 이 단어가 군사적인 용법으로 사용될 때는 군인이 지휘관에게 엄숙히 선서하는 서약을 의미했다. 이 같은 의미가 기독교적인 용법으로 전이되어서, 세례시에 그리스도인이 주님께 하는 순종의 서약을 의미하게 되었다. (2) 특별한 종교적인 의미로 사용된 것은 불가타(라틴어 성경)가 헬라어 뮈스테리온(신비)의 번역어로서 이 단어를 사용한 것을 들 수 있다. 이 헬라어가 성례를 지칭하는 용어로 사용되었을 가능성이 높은 이유는 성례가 그리스 종교의 신비들 가운데 일부와 유사한 점이 있기 때문이다.

초대 교회에서 '성례'라는 단어가 온갖 종류의 교리와 율례들을 가리키는 용어로 사용된 바 있다. 이 때문에 어떤 신학자들은 이 명칭을 반대하면서 '표징', '인' 또는 '비밀'과 같은 단어들을 선호하기도 한다. 종교개혁 당시와 직후에는 많은 사람들이 '사크라멘트'(sacrament)라는 명칭을 혐오했다. 멜란히톤은 '표징들'(*signi*)이라는 용어를 사용했고, 루터와 칼빈은 'sacrament'라는 용어가 신학에서는 원래의 의미로 사용되지 않고 있다는 사실을 지적한 바 있다. 그러나 이 단어가 성경에서 발견되지 않고, 예수께서 제정하신 규례에 적용될 때에 원래의 의미로 사용되지 않는다고 해서, 이 용어의 사용을 주저할 필요는 없다. 왜냐하면 종종 용법이 단어의 의미를 규정하기도 하기 때문이다. 성례란 그리스도께서 제정하신 거룩한 규례로, 이 성례라는 감지될 수 있는 표징을 통해 그리스도 안에 있는 하나님의 은혜와 은혜 언약이 주는 유익이 신자들에게 제시되고, 인쳐지고, 적용되며, 신자들은 하나님에 대한 신앙과 충성을 표현한다고 정의될 수 있다.

C. 성례의 구성 부분

성례는 세 부분으로 구성되어 있다.

1. 외적인 혹은 가시적인 표징(sign). 모든 성례는 감지될 수 있는 물질적 요소를 가지고 있다. 이 물질적인 요소들만을 성례라고 부르는 경우도 있다. 그러나 엄격한 의미에서 이 용어는 좀 더 포괄적인 의미를 지니는 것으로서, 표징(sign)과 상징되는 것을 가리킨다. 오해를 피하기 위하여 이와 같은 차이에 주목할 필요가 있다. 이 차이가 불신자들이 성례를 받는다고 말하면서도 동시에 받지 못한다고 말하는 이유를 설명한다. 불신자들은 완전한 의미의 성례를 받을 수 없다. 성례의 외적인 물질에는 물, 빵, 포도주와 같은 요소들이 포함될 뿐만 아니라, 이 요소들과 함께 시행되는 거룩한 의식도 포함된다. 이와 같은 외적인 관점에 근거하여 성경은 성례를 상징(표징)과 인이라고 부른다(창 9:12, 13; 17:11; 롬 4:11).

2. 의미하고 인치게 되는 내면적인 영적 은혜. 표징과 인은 상징되고 인침을 받은 어떤 것의 존재를 가정하며, 통상적으로 성례의 내면적인 요소(*materia interna*)라고 불린다. 성경은 이를 다양한 방법으로 말하고 있는 바, 은혜 언약(창 9:12, 13; 17:11), 믿음의 의(롬 4:11), 죄 사함(막 1:4; 마 26:28), 믿음과 회심(막 1:4; 16:16), 그리스도의 죽으심과 부활에 참여하는 것(롬 6:3) 등으로 표현한다. 간단히 말해서 그리스도와 그리스도의 모든 영적인 부요함을 말한다. 로마 가톨릭 교회는 이 요소로부터 성화시키는 은혜를 발견한다. 이 은혜는 인간의 본성에 첨가되어 인간으로 하여금 선행을 하게 하고 하나님을 보는(*visio Dei*) 경지에 이르게 한다. 성례는 일반적인 진리를 상징할 뿐만 아니라, 우리에게 주어지고 우리가 받아들인 약속을 상징하는 것으로서, 이 약속의 실현과 관련하여 우리의 믿음이 강화되는 것을 돕는다(창 17:1-14; 출 12:13; 롬 4:11-13). 성례는 죄 씻음, 그리고 그리스도 안에 있는 생명의 참여라는 언약의 영적인 복을 가시적으로 제시하고 깊이 의식하게 한다(마 3:11; 막 1:4, 5; 고전 10:2, 3, 16, 17; 롬 2:28, 29; 6:3, 4; 갈 3:27). 표징과 인으로서의 성례는 은혜의 방편이다. 곧, 성령을 통하여 마음속에 역사하는 내적인 은혜를 강화시키는 수단이다.

3. 표징(sign)과 표징이 의미하는 것 간의 성례적 연합. 이것은 통상적으로 성례의 본질 *(forma sacramenti〈여기서 forma는 본질을 의미한다〉)*이라고 불리는데, 그 이유는 성례를 구성하는 것이 정확히는 표징과 표징이 의미하는 것 간의 관계이기 때문이다. 개혁주의 입장에 따르면, (1) 이것은 로마 가톨릭 교회가 주장하는 것처럼 물질적인 것이 아니다. 로마 가톨릭 교회는 표징이 의미하는 것이 표징 안에 본래부터 있는 것이며, 외적인 요소 *(materia externa)*를 받아들이는 것은 필연적으로 내적인 요소(*materia interna*)의 참여를 수반하는 것이라고 주장한다. (2) 루터파가 말하는 것처럼 장소적인 것도 아니다. 그들은 표징과 표징이 의미하는 것이 같은 공간에 현존하기 때문에 신자나 불신자나 다 표징을 받을 때 완전한 성례를 받는다고 말한다. (3) 이것은 영적 혹은 도덕적이고 관계적이어서 믿음을 통하여 성례를 받아들이는 곳에서는 하나님의 은혜가 함께 나타나는 것이다. 이 견해에 따르면, 외적인 표징은 하나님의 은혜를 전달하는 성령에 의하여 사용될 때 은혜의 방편이 된다. 표징과 표징이 의미하는 것의 밀접한 상호 관계는 표징이 표징이 의미하는 것과 같은 의미로 사용되는 '성례적인 언어'의 성격을 설명하는 것이다(창 17:10; 행 22:16; 고전 5:7).

D. 성례의 필요성

로마 가톨릭 교회는 구원을 받는 모든 사람들에게 세례가 반드시 필요하며, 세례 받은 후에 죽음에 이르는 죄를 범한 자는 고해 성사가 필요하다고 말한다. 그러나 견진, 성찬, 그리고 종부 성사는 시행을 명령받고 탁월하게 도움이 되는 경우에만 필요하다고 말한다. 그러나 개신교에서는 세례가 구원에 절대적으로 필요한 것은 아니며, 다만 하나님의 명령에 비추어서 의무적인 것이라고 말한다. 고의적으로 성례의 사용을 멸시하는 것은 영적인 빈곤을 초래할 뿐만 아니라 파멸로 나아갈 수도 있다. 이것은 의도적이고 완악하게 하나님께 불순종하는 것과 같다. 성례는 구원에 절대적으로 필요한 것은 아니다. 그 근거로 다음과 같은 사실들을 말할 수 있다.

(1) 복음 시대의 자유롭고 영적인 성격을 말할 수 있는 바, 하나님은 어떤 외적인 형식만을 통하여 자신의 은혜를 전달하시지는 않는다(요 4:21, 23; 눅 18:14). (2) 성경은 오직 믿음만을 구원의 도구적인 조건으로 말한다(요 5:24; 6:29; 3:36; 행 16:31). (3) 성례는 믿음을 일으키는 것이 아니라 그것을 전제로 하는 것이며, 믿음이 받아들여진 곳에서 시행된다(행 2:41; 16:14, 15, 30, 33; 고전 11:23-32). (4) 많은 사람들이 실제적으로는 성

례를 사용하지 않고도 구원받는다. 아브라함 시대 이전의 신자들과 십자가 위에서 회개한 강도를 생각해 보라.

E. 구약과 신약의 성례 비교

1. 본질상의 일치. 로마교회는 구약의 성례와 신약의 성례가 본질적으로 다르다고 말한다. 로마교회는 계속하여 주장하기를, 옛 언약의 의식 전체와 구약의 성례도 모형적이라고 말한다. 구약의 성례가 이룩한 성화는 내적인 것이 아니고 다만 법적인 것으로서, 미래에 그리스도의 수난에 의거하여 인간에게 수여될 은혜의 전조가 되는 것이다. 그렇다고 해서 어떤 내적인 은혜도 그 사용에 수반되지 않는다는 말은 아니고, 다만 신약 시대에서와 같이 이 은혜가 성례 그 자체에 의하여 초래되지 않았다는 뜻이다. 성례는 객관적인 효력을 가진 것이 아니다. 성례는 의식을 통하여(*ex opere operato*) 참여자를 성화시키지 못하며, 다만 참여자 자신의 작용을 통해서만(*ex opere operantis*) 곧 믿음과 사랑으로 받을 때만 성화시키는 것이다.

이 성례들에 예표된 은혜의 완전한 실현은 그리스도의 오심에서 이루어졌기 때문에 구약의 성도들은 그리스도께서 그들을 이끌어 내실 때까지 선조 림보(*Limbus Patrum*)에 갇혀 있는 것이다. 그러나 사실상 구약의 성례와 신약의 성례 사이에는 본질적인 차이가 없다. 다음과 같은 관찰이 이 사실을 입증한다. (1) 고전 10:1-4에서 바울은 신약의 성례의 본질적인 요소가 구약의 교회에 기인한 것으로 말한다. (2) 롬 4:11에서 그는 아브라함의 할례를 믿음의 의의 인침이라고 말한다. (3) 성례들이 같은 영적인 실재들을 나타낸다. 곧, 신약과 구약의 성례의 명칭들이 상호 교차적으로 사용된다. 할례와 유월절이 신약 교회에 대해서도 사용되고 있으며(고전 5:7; 골 2:11), 세례와 성찬이 구약 교회에 대해서도 사용된다(고전 10:1-4).

2. 형식상의 차이. 신약과 구약의 성례가 본질적으로 일치하지만, 차이점도 무시할 수 없다. (1) 이스라엘에서 성례는 은혜의 상징과 인으로서의 영적인 의미 외에도 국가적 의미도 있었다. (2) 성례와 더불어 이스라엘은 다른 많은 상징적인 규례들, 예컨대 성례와 일치하는 제사 규례와 정결 의식을 가지고 있었던 것과는 대조적으로, 신약에는 오직 성례만이 존재한다. (3) 구약의 성례는 그리스도를 예시하며 장차 누리게 될 은혜를 인치는 역할을 하는 반면, 신약의 성례는 그리스도와 그리스도의 완성된 구

속의 제사를 회고한다. (4) 구약의 성례에 따르는 하나님의 은혜가, 신약의 성례들을 신실하게 받음으로써 지금 얻는 은혜보다 적었다는 것은, 전 구약 시대와 조화된다.

F. 성례의 수

1. 구약에서. 구약 시대에는 할례와 유월절이라는 두 개의 성례가 있었다. 일부 개혁파 신학자들에 따르면, 할례는 이스라엘에서 시작되었으며, 다른 나라들이 이 언약의 백성으로부터 할례를 도입해 갔다고 한다. 그러나 이 같은 주장은 이제 통용되지 않는다. 고대 사회에서도 이미 애굽의 사제들은 할례를 받았다. 뿐만 아니라 할례는 아시아, 아프리카, 심지어는 오스트레일리아에서도 발견할 수 있는데, 이 나라들이 모두 이스라엘로부터 할례를 도입했다고 보기는 어렵다. 그러나 오직 이스라엘에서만 할례는 은혜 언약상의 성례가 되었다.

구약 시대에서의 할례는 피의 제사로서, 죄책과 죄의 오염을 제거하는 것을 상징하며, 백성들에게 하나님의 은혜의 원리를 삶의 전영역에 침투시킬 의무를 부과하는 것을 의미했다. 유월절도 역시 피의 성례였다. 이스라엘 백성들은 대속의 희생을 통하여, 애굽인들이 당해야 했던 운명에서 벗어날 수 있었다. 이 대속의 희생은 그리스도를 상징한다(요 1:29, 36; 고전 5:7). 구원받은 가족은 죽임당한 어린 양의 고기를 먹었는데, 이것은 믿음을 소유하는 행위를 상징하는 것으로서, 성찬시 떡을 떼는 것과 매우 유사한 의미다.

2. 신약에서. 신약의 성례도 두 가지다. 세례와 성찬이 그것이다. 신약 시대 전체와 조화를 이루며, 이것들은 피 없는 성례이다. 그러나 이 성례들은 구약의 할례와 유월절이 상징하는 것과 같은 영적인 복을 상징하는 것이다. 로마교회는 성례의 수를 일곱 개로 늘렸다. 이것은 타당성이 없는 것이다. 로마교회는 그리스도가 제정하신 두 개의 성례에 견진 성사, 고해 성사, 서품 성사, 혼례 성사, 종부 성사를 첨가시켰다. 견진 성사의 근거로는 행 8:17; 14:22; 19:6; 히 6:2, 고해 성사의 근거로는 약 5:16, 서품 성사의 근거로는 딤전 4:14; 딤후 1:6, 혼례성사의 근거로는 엡 5:32, 종부 성사의 근거로는 막 6:13; 약 5:14을 들고 있다. 이 성례 하나하나는 일반적인 성화의 은혜에 첨가하여 각 성례마다 다른 특별한 성례적 은혜를 전달한다고 로마교회는 생각하였다.

이와같이 성례가 늘어남에 따라 로마교회에 어려움이 뒤따랐다. 일반적으로 성례가 타당성을 부여받기 위해서는 그것이 그리스도에 의하여 제정된 것이라야만 했다. 그러나 그리스도는 오직 두 개의 성례만을 제정하셨다. 따라서 다른 것들은 성례가 아니다. 그렇지 않으면 그것들을 제정할 수 있는 권한을 사도들에게도 부여해야만 한다. 트렌트 공의회(Council of Trent) 이전에는, 추가된 다섯 가지의 성사들이 그리스도께서 직접 제정하신 것이 아니라 사도들을 통하여 제정하신 것으로 간주되었다. 그러나 트렌트 공의회는 일곱 개의 성사 모두가 그리스도께서 제정하신 것이라고 대담하게 주장함으로써 로마 가톨릭 교회의 신학에 난제를 안겨 주었다. 로마 가톨릭 교회는 교회의 증거에 의하여 이 점을 받아들이지 않으면 안 되었으나, 이 점을 입증할 길이 없는 것이다.

깊은 연구를 위한 질문

뮈스테리온은 신비 종교에서와 신약에서 모두 같은 의미로 사용되었는가? 성례에 관한 신약의 가르침은 최근의 신약학자들이 주장하는 것처럼 신비 종교에서 빌려 온 개념인가? 바울이 성례를 효력을 가진 것으로 보았다는 이 학파의 주장은 맞는 것인가? 루터파가 성례를 상징으로보다는 의식과 효력으로서 말하기를 좋아하는 이유는 무엇인가? 루터파는 성례의 천상적 요소(*materia coelestis*)를 어떻게 이해하고 있는가? 성례의 시행과 관련된 로마 가톨릭 교회의 목적론은 무슨 의미인가? 로마교회가 성례 참여자에게 필요하다고 생각하는 소극적 요구는 어떤 것인가? 표징과 표징이 의미하는 것의 관계를 성례적 연합(*unio sacramentalis*)이라고 묘사하는 것은 타당한 묘사인가? 로마 가톨릭 교회에서 말하는 일곱 가지의 성례 하나하나가 가지는 성례전적 은혜는 무엇인가?

IV
기독교 세례

A. 기독교 세례의 유비

1. 이방 세계에서. 세례는 예수님 당시에 새로 제정된 것은 결코 아니다. 이집트인, 페르시아인, 그리고 힌두교도들에게도 고유한 종교적 정결 의식이 있었다. 이 의식은 헬라와 로마의 종교에서 더 두드러지게 나타났다. 어떤 때는 바닷물에 몸을 담그는 형식을 취하기도 했고, 또 어떤 때는 물을 뿌리는 형식을 취하기도 했다. 테르툴리아누스의 말에 의하면, 어떤 경우에는 신생이라는 관념이 이 정결 의식과 관련이 있다고 한다. 많은 현대의 학자들은 바울이 가르친 기독교의 세례가 신비 종교에서 시행되었던 유사한 의식에 그 기원을 두고 있다고 주장하기도 하지만, 그와 같은 주장의 타당성을 인정하기는 어렵다. 신비 종교에 입문하는 의식에 그 종교에서 믿는 신의 존재를 인정하는 절차가 있기는 하지만, 어떤 신의 이름으로 세례를 베풀었다는 흔적은 발견되지 않는다. 뿐만 아니라 신비 종교를 지배했던 신적인 영(*pneuma*)의 영향력이 정결 의식과 관계가 있다는 증거도 나타나지 않고 있다. 더욱이 바울이 세례와 관련시키고 있는 죽음과 부활 사상은 신비 종교의 의식과 전혀 조화되지 않는다. 마지막으로 인용될 수 있는 유비로서 가장 뛰어난 것으로 가정되는 타우로볼리움(*taurobolium*, 여신에게 황소를 바치는 의식) 의식은 신약의 의식과는 전혀 관계 없기 때문에 신약의 세례가 이 의식에서 유래했다는 것은 전적으로 어리석은 생각이다. 이와 같은 이교의 정결 규례들은 그 외적 형식에 있어서조차도 기독교의 세례와 공통점이 전혀 없다. 더욱이 바울 시대 이전에는 신비 종교가 로마 제국에 없었다는 것이 확실한 사실이다.

2. 유대인들에서. 유대인들도 많은 정결 규례들과 씻는 의식들을 가지고 있었으나 이것들은 성례적인 성격이 없었기 때문에 언약의 표징과 인이 될 수 없었다. 이른바 개종자의 세례는 기독교 세례와 매우 흡사한 면이 있었다. 이방인들이 유대인으로 편입될 때는 할례는 받았으며, 적어도 후기에 이르러서는 세례를 받았다. 이 관습이 예

루살렘이 파괴되기 이전에도 유행했었는지는 논란의 여지가 있으나, 쉬러(Schuerer)는 미쉬나를 인용하면서 이 문제에 대하여 긍정적인 결론을 내린 바 있다.

월(Wall)이 그의 책 「유아 세례의 역사」(*History of Infant Baptism*)에서 인용한 유대의 권위 있는 학자들의 인용문에 근거하여 생각해 보면, 이 세례는 두세 사람의 증인이 있는 곳에서 시행되었다. 이 세례를 받은 부모의 자녀들이 만일 부모가 세례 받기 전에 태어났으면, 성년의 연령에 달하지 못했을 때에는(남아는 13세, 여아는 12세) 아버지의 요청에 의하여 세례를 받았고, 성년의 나이가 되었을 때에는 본인의 요청에 따라 세례를 받았다. 부모가 세례를 받은 후에 태어난 자녀들은 깨끗한 것으로 간주되었고, 따라서 세례를 받을 필요가 없었다. 그러나 이 세례는 다소 다른 정결 의식들과 흡사한, 일종의 씻는 의식에 지나지 않았던 것 같다. 때로는 요한의 세례가 이와 같은 개종자들의 세례로부터 도출된 것이라는 견해가 제시되고 있기도 하지만, 사실은 그렇지 않다는 것이 아주 분명하다. 양자 사이에 어떤 역사적 상관성이 있든지 간에 요한의 세례가 새롭고 좀 더 영적인 의미가 있었던 것만은 분명한 사실이다.

램버트(Lambert)가 유대교의 결례(정결 의식)에 관해 진술한 것은 매우 타당성이 있다: "유대교의 결례의 목적의 의식상의 불결함을 제거함으로써, 계급화되어 있는 유대 공동체 안에 있는 사람의 정상적인 지위를 회복시키고자 하는 것이다. 반면에 요한의 세례는 세례를 받는 자를 전적으로 새로운 영역 곧 다가오는 하나님의 나라를 위한 명확한 준비의 영역으로 옮기는 것을 그 목적으로 하고 있었다. 그러나 무엇보다도 중요한 차이점은 요한의 세례는 결코 단순한 하나의 의식으로만 간주된 적이 없으며, 언제나 윤리적인 의미가 그 골간을 이루고 있었다는 점이다. 마음을 죄로부터 정결하게 하는 것이 세례의 예비적인 조건일 뿐만 아니라 또한 세례의 항구적인 목표이기도 했다. 요한은 세례를 베풀면서 언제나 마음을 깊이 있게 통찰하며 찌르는 설교를 병행함으로써 그것이 단순히 의식적인 행사(*opus operatum*)로 전락하는 것을 방지했다."

또 하나의 문제는 요한의 세례와 예수님의 세례와의 관계이다. 트렌트 공의회에서 로마 가톨릭 교회는 요한의 세례와 예수님의 세례와 동일한 것으로 말하는 자들을 정죄하면서, 요한의 세례는 구약의 성례들과 마찬가지로 다만 예표적인 것에 지나지 않는다고 말한다. 그들은 계속하여 말하기를, 요한의 세례를 받은 자들은 진정한 세례의 은혜를 받지 못한 것이며, 후에 다시 세례를 받았다고 한다. 좀 더 정확히 말하면, 그들은 처음으로 기독교적인 방식으로 세례를 받았던 것이다. 구(舊)루터파 신학자들은 양자가 목적과 효력에 있어서 동일하다고 주장한 반면, 일부 후기 루터파 신학자들은 양자를 완전히 그리고 본질적으로 동일시하는 것을 반대했다. 개혁파 신학자들에 대해서도 같은 말을 할 수 있다. 구(舊)개혁파 신학자들은 일반적으로 두 세례를 동일시했다. 그러나 최근의 개혁파 신학자들은 차이점에 주목하고 있다. 요한 자신도 마 3:11에서 차이점에 주목하고 있는 것 같다.

어떤 신학자들은 두 세례의 본질적인 차이점을 행 19:1-6에서 발견한다. 그들의 주장에 의하면, 이 본문은 요한의 세례를 받았던 자들이 다시 세례 받는 사례를 말하고 있다는 것이다. 그러나 이 같은 해석은 석연치 않은 해석이다. 두 세례가 어떤 점에 있어서는 다른 점이 없지 않다 할지라도 본질적으로 같은 것으로 보는 것이 타당한 견해일 것이다. 요한의 세례는 기독교의 세례와 같이 (1) 마 21:25; 요 1:33에서 보여주고 있는 것처럼 하나님이 직접 제정하신 것이며, (2) 근본적인 삶의 변화가 관련되어 있으며(눅 1:1-17; 요 1:20-30), (3) 성례적으로 죄 사함과 관련되어 있으며(마 3:7, 8; 막 1:4; 눅 3:3; 비교. 행 2:28), (4) 같은 재료[물]를 사용하고 있다.

물론 차이점도 있다: (1) 요한의 세례는 구약 시대에 속한 것으로서 그리스도를 예표하는 것이며, (2) 이 세례는 또한 믿음을 완전히 배제하는 것은 아니지만 일반적으로 율법의 시대와 부합한 방식으로 회개의 필요성을 강조하고 있으며, (3) 이 세례는 유대인만을 위한 것으로서, 신약적인 세계주의보다는 구약적인 자국주의를 대표하고 있으며, (4) 성령이 아직 오순절에서와 같이 충만하게 임하지 않았기 때문에 향후의 기독교 세례 시행 때와 같이 풍부한 영적인 은사들이 동반되지 않았다.

B. 세례의 제정

1. 세례는 신적인 권위에 의하여 제정되었다.
세례는 그리스도께서 화목의 사역을 마치신 후에 그리스도께서 제정하셨으며, 그리스도의 부활시에 하나님의 승인을 받았다. 그리스도께서 다음과 같은 말로써 대사명의 서두를 시작하셨다는 사실에 주목할 필요가 있다. "하늘과 땅의 모든 권세를 내게 주셨으니……." 그리스도는 충만한 중보자적 권위로 옷 입으시고 세례를 제정하셨으며, 그같이 하심으로써 세례가 오는 모든 세대에 유효하게 하셨다. 대사명은 다음과 같이 표현된다. "그러므로 너희는 가서 (곧, 모든 족속이 나에게 무릎을 꿇기 때문에) 모든 족속을 제자로 삼아 아버지와 아들과 성령의 이름으로 세례를 주고 내가 너희에게 분부한 모든 것을 가르쳐 지키게 하라"(마 28:19, 20).

막 16:15, 16에 있는 보완적인 형식은 이렇게 되어 있다. "또 이르시되 너희는 온 천하에 다니며 만민에게 복음을 전파하라 믿고 세례를 받는 사람은 구원을 얻을 것이요 믿지 않는 사람은 정죄를 받으리라." 이 권위 있는 명령에는 다음과 같은 요소들이 내포되어 있다. (1) 제자들은 온 세상에 나아가서 모든 족속에게 복음을 전함으로써 사람들을 회개하게 하고 예수님을 약속된 구주로 고백하게 해야 한다. (2) 믿음을 통하여 그리스도를 영접한 자들은, 자신들이 하나님과 새로운 관계를 맺었으며 하나님 나라의 법에 따라 살 의무가 있다는 사실에 대한 표징과 인(印)으로서, 삼위일체 하나님의 이름으로 세례를 받아야 한다. (3) 그들은 말씀의 사역의 지배를 받아야 되는 바, 곧 복음의 선포와 새로운 언약의 신비와 특권과 의무에 관한 설명을 배우고 거기에 순종해야 한다. 제자들을 격려하기 위하여 예수님은 다음과 같은 말을 덧붙이셨다. "볼지어다 내가(이 명령을 줄 권위를 가진 자가) 세상 끝날까지 너희와 함께 있으리라."

2. 세례의 형식. 사도들은 성부와 성자와 성령의 이름으로 세례를 주도록 명령받았다. '이름으로'라고 번역된 헬라어 에이스 토 오노마는 불가타역에서 라틴어 *in nomine*로 번역되었고, 이것은 다시 루터에게 와서 독일어 im namen으로 번역되었다. 이 구절은 "삼위 하나님을 근거로 하여"라는 의미를 가지는 것이 된다. 로버트슨은 「신약 헬라어 문법」(*Grammar of the Greek New Testament*, p. 649)에서 이것에 이와 같은 의미를 부여했으나, 그 근거를 제시하지는 못했다. 이 사실은 이 해석이 해석학상 지지받을 수 없다는 의미다. '……을 근거로 하여'라는 표현은 헬라어 엔 토이 오노마티 또는 단축형인 엔 오노마티에 의하여 표현되었다(마 21:9; 막 16:17; 눅 10:17; 요 14:26; 행 3:6; 9:27 등). 전치사 에이스(into)는 목적을 나타내며, '……에 관하여' 또는 '어떤 사람에게 신앙을 고백하고 그 사람에게 신실한 순종을 하게 되다'라는 의미로 해석된다.

이 같은 해석은 알렌이 마태복음 주석에서 다음과 같이 말하고 있는 것과 아주 잘 조화된다. "세례 받은 사람은 상징적으로 '그리스도의 이름 안으로' 들어간다. 다시 말하면, 그와 연합하여 그와 함께 교제를 나누게 된다." 데이어, 로빈슨, 크레머-쾨겔과 발욘이 그들의 사전에서 모두 알렌과 같은 정의를 내린다. 마이어, 알포드, 알렌, 브루스, 크로샤이데, 반류벤 등도 같은 입장을 취한다. 이 의미는 에이스 톤 모센(모세에게 속하여〈고전 10:2〉), 에이스 토 오노마 파울루(바울의 이름으로〈고전 1:13〉), 에이스 헨 소마(한 몸이 되었고〈고전 12:13〉), 에이스 크리스톤(그리스도와 합하여〈롬 6:3; 갈 3:27〉)과 같은 표현에도 나타나 있다. 「말씀으로부터」(*Uit het Woord, Eerste Serie, Eerste Bundel*)에서 이 점에 관한 카이퍼 박사의 논증을 발견할 수 있다.

전치사 에이스를 이름 '안으로' 혹은 '에'(즉, '에 관하여')로 번역함이 좋을 것이다. 오노마(이름)라는 단어는 히브리어 쉠에 상응하는 단어로서 하나님께서 자신을 알리시는 모든 자질을 말한다. 이 단어는 또한 하나님이 자신을 경배하는 모든 자들에게 갖추기를 바라시는 바람의 총체이기도 하다. 다이스만은 그의 저서 「성경 연구」(Bible Studies)에서 고대 파피루스 문서에서 이 단어의 흥미 있는 특별한 용례를 제시하고 있다. 이와 같은 관점에서 해석했을 때, 세례의 형식은, 세례를 통하여(곧, 세례가 상징하는 것을 통하여) 수세자가 신적인 자기 계시 또는 자신을 계시하시는 하나님과 특별한 관계 안에 들어가게 되고, 하나님께서 자신의 백성들에게 원하시는 것이 무엇인지 드러내며, 동시에 그 계시의 빛에 따라 살 의무를 가지게 된다는 것을 나타낸다.

예수께서 이와 같은 말들을 사용하신 목적이, 이 말을 통하여 이루어진 형식을 그 이후의 모든 세대가 그대로 따르도록 하는 데 있었다고 생각할 필요는 없다. 예수님은 다만 이 말을 자신이 제정하신 세례의 형식을 서술하기 위한 의도로 사용하신 것으로서, 비슷한 표현들이 다른 세례들을 묘사할 때도 사용된다(행 19:3; 고전 1:13; 10:2; 12:13). 사도들이 삼위일체적인 형식을 사용하지 않은 것은 행 2:48; 8:16; 10:48; 19:5 그리고 롬 6:3; 갈 3:27을 통해 분명해진다. 그러나 그렇다고 해서 그들이 예수님의 대사명을 일정한 세례의 형식을 규정하는 것으로 이해하지 않았다는 결론을 내릴 필요도 없는 것이다. 어쨌든, 본문에 등장하는 표현들은 사도들이 베푼 세례에 대하여 어떤 특별한 점들을 강조하는 데 도움을 주고 있는 것만은 사실이다.

행 2:38은 '예수 그리스도의 이름으로' 베푸는 세례에 관하여 말하고 있는바, 이 표현은 예수님을 메시야로 고백하는 세례를 지칭하는 것일 가능성이 높다. 행 10:48에 따르면, 고넬료의 집안에 있던 사람들이 '예수 그리스도의 이름으로' 세례를 받았다고 말하는데, 이 표현은 그들이 예수님의 권위로 세례 받았다는 사실을 지시하는 것이다. 다른 본문들은 '예수 그리스도의 이름으로', '주 예수의 이름으로', 또는 '그리스도와 연합하여' 받는 세례를 말한다. 간단히 말해서, 이 표현들은 수제자들이, 사도들이 전파하고 자신들의 주로 순종하고 있었던 예수 그리스도와 특별한 관계를 맺게 되었다는 것을 의미한다. 사도 시대의 관습이 무엇이든지 간에 한 가지 매우 분명한 사실은 후일 교회가 세례 형식의 필요를 느꼈을 때, 예수께서 제정하신 것보다 더 나은 형식을 찾지 못했다는 것이다. 이 형식은 「디다케」(Didache, 열두 사도들의 교훈)가 쓰어지던 때에 이미 사용되고 있었다(주후 100년경).

C. 세례론의 역사

1. 종교개혁 이전. 초대 교부들은 세례를 교회에 들어가는 의식으로 간주했고, 통상적으로 세례가 죄 사함 및 새 생명의 전달과 밀접하게 관련이 있는 것으로 간주했다. 세례에 관한 그들의 표현 가운데 일부는 그들이 세례시의 중생을 믿었다는 사실을 보여주고 있다. 이와 동시에 주목해야 할 사실은, 어른들의 경우 영혼의 올바른 성향과 별도로 세례가 효력을 갖는 것으로 간주하지는 않았으며, 새 생명으로 들어가는 데 세례가 절대적으로 필요하다고 보지 않고 다만 세례를 갱신의 과정의 완성적인 요소로 보았다는 점이다. 유아 세례는 시행하지 않았다. 세례는 오직 한 번만 받는 것으로서 반복해서 받아서는 안된다는 견해가 지배적이었으나, 이단들이 베푸는 세례의 타당성에 대해서는 의견의 일치를 보지 못했다. 그러나 시간이 지남에 따라 삼위 하나님의 이름으로 세례를 받은 자들에게 다시 세례를 베풀지 않는다는 원리가 확립되었다.

세례의 양식에 대해서는 별반 이론이 제기되지 않았다. 2세기가 지나면서부터 세례에 어느 정도 마술적인 효능이 있다는 견해가 뿌리를 내리기 시작했다. 아우구스티누스조차도 유아들의 경우에는 세례가 자동적인 효능을 발휘한다고 생각하게 되었다. 그는 세례를 절대적으로 필요한 것으로 간주하면서, 세례 받지 않은 어린이들은 구원을 받지 못한다는 견해를 제시했다. 그에 의하면, 세례는 원시적 죄책을 제거하지만 본성의 부패를 완전히 제거하지는 못한다고 말한다. 스콜라 신학자들은 처음에, 어른들의 경우에 세례는 믿음을 전제로 한다는 아우구스티누스의 견해를 지지했다. 그러나 점차적으로 세례는 언제나 의식을 통하여 효과를 발휘한다는 입장을 취하게 되었다. 주관적 조건들의 중요성은 점점 약화되었다.

그리하여 세례란 중생과 교회 입문의 성례라는 로마 가톨릭 교회의 성례 개념이 점진적으로 득세하게 되었다. 세례에는 세례가 상징하는 은혜가 내포되어 있으며, 이 은혜는 거부하지 않는 모든 자들에게 수여된다고 주장했다. 이 은혜는 매우 중요한 것으로 간주되었는데, 그 이유는, (1) 이 세례가 교회의 회원으로서의 받는 자에게 지울 수 없는 표징을 주기 때문이며, (2) 이 세례는 원죄의 죄책과 세례 받는 시점까지 지은 모든 자범죄의 죄책으로부터 자유롭게 하며, 욕심은 여전히 남는다 할지라도 죄의 오염은 제거하여 주며, 영원한 형벌과 현세에서의 죄에 대한 형벌로부터 자유롭게 하며, (3) 성화시키는 은혜를 주입시킴으로써 영적인 갱신을 이루며, 초자연적인 믿음과 소망과 사랑을 형성시킬 뿐만 아니라, (4) 받는 자로 하여금 성도의 교통 안으로 들어오게 하며, 유형 교회의 일원이 되게 한다.

2. 종교개혁 이후. 루터파의 종교개혁은 로마 가톨릭 교회적인 성례 개념을 완전히 벗어나지 못했다. 루터는 세례시에 사용되는 물을 보통의 물로 생각하지 않고, 본래적으로 신적인 권능을 가진 말씀을 통하여 은혜로운 생명의 물, 중생의 씻음이 된 물이라고 생각했다. 말씀이 지닌 이와 같은 신적인 효과를 통하여 성례는 중생을 유발한다. 어른들의 경우 루터는 세례의 효과가 수세자의 믿음에 의존하고 있는 것으로 생각했다. 믿음을 나타낼 수 없는 어린이들의 경우에는 이와 같은 입장이 적용될 수 없다고 판단한 루터는 하나님이 선행적 은혜(prevenient grace)를 통하여, 의식하지 못하는 아이에게 믿음을 일으킨다고 주장했다. 그러나 후에는 이 문제에 대해서 모르겠다고 시인했다.

후기 루터파 신학자들은 유아의 믿음을 세례의 전제 조건으로 간주하는 사상을 갖게 된 반면, 다른 루터파 신학자들은 세례가 즉각 그와 같은 믿음을 일으킨다고 생각했다. 어떤 경우에는 이 생각이, 성례는 의식을 통하여 작용한다는 생각으로 발전되기도 했다. 재세례파는 유아 세례의 합법성을 거부함으로써, 루터가 안고 씨름했던 난제를 풀었다. 그들은 자신들의 공동체의 일원이 되기를 원하는 자들 가운데 유아 시절에 세례를 받았던 자들에게 다시 세례를 받을 것을 강조했다. 그들은 이것을 재세례라고 부르지 않고 최초의 참된 세례라고 불렀다. 재세례파에게는 아이들이 교회 안에서 차지할 여지가 없었다.

칼빈을 중심으로 한 개혁파 신학은 세례란 신자들을 위하여 제정된 것이며, 새로운 삶을 이루어 내는 기능을 발휘하는 것이 아니라 그것을 강화시키는 것일 뿐이라는 가정 위에서 세례론을 전개했다. 따라서 그들은 유아들이 어떻게 신자로 간주될 수 있는가 하는 문제와, 그들이 믿음을 표시할 수 없는데 어떻게 영적으로 강화될 수 있는가 하는 문제에 직면했다. 일부 개혁파 신학자들은 단순하게, 믿는 부모에게서 태어난 유아들은 언약의 자녀들이므로 언약의 자녀라는 사실만으로도 중생의 약속을 포함하는 하나님의 약속의 후손들이고, 세례의 영적인 효과는 세례를 시행할 때에 제한되는 것이 아니라 일생을 통하여 지속된다고 지적했다.

벨기에 신앙고백은 이 사상을 다음과 같이 표현한다: "이 세례는 우리에게 물을 뿌리고 우리가 그것을 받을 때만이 아니고 우리의 전생애를 통하여서도 효과를 내는 것이다"(제34조). 또 어떤 신학자들은 이 범주를 넘어서, 언약의 자녀들은 가정적으로 중생한 것으로 간주되어야 한다고 주장했다. 그러나 이 말은 그들 모두가 부모가 세례를 위하여 그들을 데리고 교회 앞에 나올 때 이미 거듭났다는 말이 아니라, 그들의 삶에서 세례 받은 자와는 정반대되는 모습이 드러날 때까지는 거듭난 것으로 가정한다는 뜻이다. 소수의 신학자들은 세례란 외적인 언약의 상징에 지나지 않는다고 생각하기도 했다.

소지니주의자, 알미니우스주의자, 재세례파, 그리고 합리주의자의 영향을 받아 많은 교파가 세례가 신적인 은혜의 인(印)이라는 사실을 부인하고 단지 인간이 하는 신앙고백의 행위로만 간주하는 경향이 나타났다. 오늘날 많은 기독교인들이 세례의 영적인 의미가 무엇인지 전혀 모르는 실정이다. 세례가 단지 하나의 형식으로 전락하고 만 것이다.

D. 세례의 올바른 양식

침례교는 다른 교파와 입장을 달리하여 수세자를 물에 완전히 침수시켰다가 일으키는 것이 유일한 세례의 양식이라고 주장하면서 이 양식이 세례를 줄 때 절대적으로 필요한데, 그 이유는 이 양식이 예수 그리스도의 죽으심과 부활을 상징할 뿐만 아니라 수세자가 그리스도와 함께 죽고 부활하는 것을 뜻하는 것이기 때문이라고 한다. 따라서 두 가지 의문이 당연히 제기될 수밖에 없다. 이 두 질문을 다음과 같은 순서에 따라 고찰하고자 한다. (1) 세례라는 표지에 있어서 절대적으로 필요한 것은 무엇인가? (2) 침수는 유일무이한 세례 시행의 방식인가? 이 같은 순서는 타당하다. 왜냐하면 첫 번째 질문이 두 번째 질문보다 더 중요하며, 두 번째 질문에 대한 답변은 부분적으로 첫 번째 질문에 대한 답변에 의존하고 있기 때문이다.

1. 세례의 상징에서 본질적인 것은 무엇인가? 침례교의 주장에 따르면, 완전 침수 후에 물에서 건지는 방식이 세례의 본질이라고 한다. 이 방식을 포기하는 것은 세례 그 자체를 포기하는 것과도 같다. 참된 세례의 개념이 물 속에 내려갔다가 다시 올라오는 방식을 통하여 표현된다고 한다. 그와 같은 침수가 어느 정도의 씻음과 정결하게 함을 포함하고 있는 것은 사실이지만, 그것은 우연한 일에 불과한 것이다. 정결하게 하는 속성이 없는 어떤 것에 사람이 잠겼을 경우에도 세례는 세례이다. 그들이 제시하는 성경적 근거는 막 10:38, 39; 눅 12:50; 롬 6:3, 4; 골 2:12이다. 그러나 처음 두 구절은 단

순히 그리스도께서 장차 다가오는 고난에 압도되었다는 생각을 표현한 것일 뿐, 성례로서의 세례를 말하는 것이 결코 아니다.

나중의 두 구절이 이 문제를 다루는 것은 사실이지만, 이 구절들에서도 이 점이 핵심은 아니다. 왜냐하면 이 구절들은 물을 통하여 받는 세례를 말하고 있는 것이 아니라 물세례가 상징하는 영적인 세례를 말하고 있기 때문이다. 이 구절들은 거듭남을, 죽었다가 다시 살아나는 비유의 형태를 취하여 표현한다. 여기서 이 구절들이 그리스도의 죽음과 부활의 상징으로서의 세례에 관하여 말하고 있지 않다는 점은 너무나 분명하다. 여기서 말하는 세례가 하나의 상징이라 할지라도, 그것은 신자가 죽었다가 다시 살아나는 것의 상징일 뿐이다. 또한 이것은 단지 신자의 거듭남을 표현하는 비유적 방식이기 때문에 세례를 비유의 비유로 만들 것이다.

개혁파 신학은 세례의 상징의 본질에 관하여 전혀 다른 개념을 제시한다. 개혁파 신학은 그 본질을 정결하게 함이라는 개념에서 찾는다. 하이델베르크 요리문답은 69문에서 다음과 같이 묻는다: "십자가 위의 그리스도의 한 희생에 참여하는 거룩한 세례는 당신에게 어떤 의미가 있으며 어떻게 인쳐지는가?" 그리고 이 요리문답은 이렇게 답변한다: "그리스도가 이러한 외부적으로 보이는 물로써 씻는 의식을 정하시고, 외면적인 신체의 때가 물로써 씻기는 것과 같이 확실히 그리스도의 피와 영에 의하여 나의 영혼의 때, 즉 나의 모든 죄가 씻기는 것임을 약속하셨다." 이 같은 씻음이라는 생각은 구약의 모든 정결 규례와 요한의 세례에 있어서 핵심을 이루는 것이다(시 51:7; 겔 36:25; 요 3:25, 26).

이와 같은 관점에서 볼 때, 예수님의 세례는 이전의 세례들과 완전히 일치한다. 만일 그가 이와는 전혀 다른 내용을 담은 세례를 제정하셨다면, 그는 모든 가능한 오해를 피하기 위하여 그 내용을 명백히 밝히셨을 것이다. 더욱이 성경은 세례가 영적인 정결하게 함 또는 씻음을 상징한다는 점을 분명히 밝힌다(행 2:38; 22:16; 롬 6:4 이하; 고전 6:11; 딛 3:5; 히 10:22; 벧전 3:21; 계 1:5). 성경은 바로 이 점을 강조한다. 성경은 결코 물에 들어갔다가 나오는 것이 세례의 본질이라고 말하지 않는다.

2. 침수가 유일한 세례의 양식인가? 침례교를 제외한 교파에서 일반적으로 인정되고 있는 견해는 세례의 근본적인 개념 곧 정결하게 함이라는 개념이 의식 안에 표현되는 한, 세례의 양식은 하등 중요한 것이 아니라는 것이다. 세례의 양식은 침수를 통하여 시행될 수도 있고, 물을 부음을 통해서 시행될 수도 있으며, 뿌림을 통하여 시행

될 수도 있다. 성경은 단지 일반적인 용어를 사용하여 씻음의 효력을 일으키는 행위를 지시하고 있을 뿐이다. 성경은 어디에서도 효력을 일으키는 특별한 양식을 지시한 적이 없다. 예수께서도 어떤 특정한 세례의 양식을 지시하지 않으셨다. 예수님은 분명히 침례교도들이 생각하는 것처럼 양식에 특별한 의미를 부여하지 않으셨다. 성경에 나타나 있는 세례 시행의 사례들도 어떤 특별한 양식을 강조하지 않는다. 세례 시행의 방식을 알려 주는 어떤 사례가 있는 것도 아니다.

그러나 침례교는 주께서 침수를 통한 세례를 명령하셨기 때문에 다른 방법으로 세례를 시행하는 자는 그의 권위에 노골적으로 불순종하는 것이라고 말한다. 자신들의 주장을 입증하기 위하여 그들은 '세례 주다'는 의미를 가진 단어 밥토와 밥티조에 호소한다. 두 번째 단어는 첫 번째 단어의 강조형으로 더 빈번히 쓰인다. 그러나 일반적으로 이 두 단어는 별다른 차이 없이 쓰인다. 밥토는 구약에서는 빈번히 사용되고 있으나, 신약에서는 오직 네 번만 등장한다(눅 16:24; 요 13:26; 계 19:13). 이 경우에 있어서 세례는 기독교 세례를 언급하지 않는다. 침례교는 한때 이 동사가 '물에 담근다'라는 의미만 있는 것으로 확신했다. 그러나 그들 대다수는 그들의 최고 권위자의 한 사람인 카슨(Carson)이 이 단어가 '물들이다'는 이차적인 의미도 가지고 있기 때문에 '담금으로써 물들이다', 심지어는 '어떤 방식으로든 물들이다'는 것을 의미하며, 따라서 이 단어가 어떤 양식을 표현하는 것은 아니라는 결론을 내린 후로 태도를 바꾸었다.

여기서 계속하여 제기되는 문제는, 76회나 사용되고 있을 뿐만 아니라 주님이 세례를 제정하실 때 사용한 바 있는 단어인 밥티조가 밥토에서 그 일차적 의미를 취한 것이냐 아니면 이차적 의미를 취한 것이냐 하는 것이다. 카슨 박사는 이 단어가 '담그다'는 의미를 가져왔다고 답변한다. 그는 이와같이 말한다. "어근인 밥토는 '담그다'는 의미와 '물들이다'는 의미가 있다. 밥티조는 오직 한 가지 의미만 있다. 이 단어는 어근의 일차적 의미에서 성립된 단어로서, 이 단어는 이차적인 의미를 전혀 용납하지 않는다……. 나의 입장은, 이 단어가 언제나 '담그다'라는 것을 의미하며 양식 이외에 어떤 것도 나타내고 있지 않다는 것이다." 침례교도들이 주님께서 침수를 통한 세례를 명령하셨다고 주장하려면 이 같은 입장을 취하지 않을 수 없다.

그러나 고전 헬라어와 신약 헬라어에 나타나는 사실들은 이 입장을 지지하지 않는다. 심지어 이 입장을 지지했던 학자들 중 가장 권위가 있었던 게일 박사도 이 입장을 수정할 필요를 느꼈다. 월슨은 그의 탁월한 저서 「유아 세례」(Infant Baptism)에서 카슨 박사의 저서에 부분적으로 답변하면서 게일의 말을 다음과 같이 인용한다: "밥티조는 반드시 물 속으로 집어넣는 행위를 나타내지는 않을 것이다. 일반적으로 어떤 것이 물 속에 잠기든 아니면 그 위를 물이 덮든간에 그 상태로 있는 것이다. 물론 물 속에 담그는 것이 가장 자연스러운 일이요 또한 가장 통상적인 방법이므로 항상 그리고 꽤 빈번히 암시되나, 반드시 그런 것은 아니다." 윌슨은, 헬라어의 용법에 따르면 세례가 다양한 방법으로 효과를 발휘할 수 있다는 것을 결론적으로 보여준다: "세례의 요소에는 그 대상이 있기 마련이며, 그리고 액체인 경우에는 이 상관적 관계가 물에 담그거나 물을 붓거나 물로 덮거나 하는 방식 혹은 다른 어떤 양식으로 산출되었든지 간에 헬라어 용법으로는 이 모든 방식들이 합당한 세례로 인정된다는 사실을 알 수 있다." 동시에 그는 계속하여 밥티조가 신약에서 언제나 침수를 의미하는 단어로 사용되었다고 주장하는 것은 불가능하다고 말한다. 밥티조가 지닌 다양한 의미에 대하여 알아보려면 이미 소개한 바 있는 윌슨의 저서 이외에도 다음을 참조하라: Armstrong, *The Doctrine of Baptisms*; Seiss, *The Baptist System Examined*; Ayres, *Christian Baptism*; Hibbard, *Christian Baptism*.

밥토와 밥티조는 '씻다', '목욕하다', '씻음으로써 정결하게 하다' 등과 같은 다른 의미들도 있음이 명백하다. 씻는다 또는 정결하게 한다는 개념이 점차 지배적인 개념이 되었고, 이 개념이 취한 양식은 이면(裏面)으로 후퇴했다. 정결하게 함이 때로는 뿌림을 통하여 이루어지기도 했다는 사실은 민 8:7; 19:13, 18, 19, 20; 시 51:7; 겔 36:25; 히 9:10 등으로 미루어 볼 때 분명해진다. 유딧 12:7과 막 7:3, 4에서 담근다는 뜻을 추출해 낼 수는 없다. 다음과 같은 구절들과 관련시켜 생각할 때, 이 해석은 불가능하다: 마 3:11; 눅 11:37, 38; 12:50; 롬 6:3; 고전 12:13; 히 9:10(비교-13, 14, 19, 21절); 고전 10:1, 2.

밥티조라는 단어가 반드시 '침수시킨다'는 것을 뜻하지 않고 신약 성경이 침수를 통하여 세례를 베풀었다는 명시적인 언급을 하지 않기 때문에, 침례교는 자신들의 주장을 입증하는 일에 어려움을 겪고 있다. 세례 요한이 요단 강에서 세례를 받으려고 몰려 오는 무리를 침수시키는 어마어마한 작업을 감당해 낼 수 있었을까? 아니면 일부 고대 비문들이 시사하는 바와 같이 그들에게 다만 물을 부었을까? 사도들은 하루에 삼천 명을 침수시키기에 충분한 물과 필요한 용기들을 예루살렘에서 발견할 수 있었을까? 그들이 구약에 규정된 세례 양식을 제쳐두고 다른 양식을 따랐음을 증명할 수 있는 근거가 어디에 있는가? 행 9:18은 바울이 아나니아가 그를 찾은 곳에서 떠나 어떤 못이나 강으로 가서 침례를 받았음을 시사하는가? 고넬료의 세례 이야기는 물을 가져다가 집에서 침례를 베풀었다는 인상을 주는가(행 10:47, 48)? 빌립보의 간수가 감옥 근처에서 세례를 받지 않고 바울과 실라를 강으로 데리고 나가 거기서 침례를 받았다는 어떤 증거가 있는가? 그들을 안전하게 지키도록 명령받은 간수가 그들을 도시 밖으로 데리고 나갈 수 있었을까(행 16:22-33)?

종종 침례의 가장 강력한 근거로 제시되고 있는 내시의 세례조차도(행 8:36, 38) 결정적인 증거가 될 수는 없다. 누가가 전치사 에이스를 사용한 사례들을 주의 깊게 살펴보면, 그가 전치사를 안으로(into)라는 의미로 사용했을 뿐만 아니라 에로(to)라는 의미로도 사용했음을 발견할 수 있다. 그러므로 38절은 다음과 같이 번역할 수 있다: "또한 그들이 곧 빌립과 내시가 물로 내려갔고 빌립은 그에게 세례를 주었다." 이 말이 물 속에 들어갔다는 뜻을 전하려는 의도가 있었다는 점을 부인할 수는 없지만, 그렇다고 해서 물 속에 들어갔다는 것을 전적으로 보장해 주는 것도 아니다. 당시에 통용되던 회화적 표현법에 의하면 수세자들은 보통 물 속에 서서 머리에 물을 흘려 붓는 방식으로 세례를 받았기 때문이다. 물론 사도 시대에 어떤 이들이 침례를 받았을 가능성은 충분히 있다.

그러나 신약 성경의 어디에서도 이 점을 강조하지 않았다는 사실을 고려할 때, 세례의 방식이 세례의 본질을 구성하는 것은 아니라고 단정할 수 있다. 침수는 적합한 세례의 한 양식이다. 그러나 물을 흘려 붓는 것이나 물을 뿌리는 것도 적합한 세례의 양식이다. 왜냐하면 이 모든 의식들이 정결하게 함을 상징하기 때문이다. 앞에서도 인용한 본문들은 구약의 많은 씻음이 뿌리는 방식으로 시행되었음을 보여준다. 주님은 신약 시대의 영적인 씻음을 이렇게 예언한다: "맑은 물을 너희에게 뿌려서 너희로 정결하게 하되"(겔 36:25). 세례가 상징하는 것, 즉 정결하게 하는 성령이 교회에 임하셨다(욜 2:28, 29; 행 2:4, 33). 히브리서 기자는 마음에 뿌림을 받아 양심의 악을 깨달으라고 말한다(히 10:22).

E. 세례를 시행할 자격이 있는 자

로마 가톨릭 교회는 구원에 세례가 절대적으로 필요하다고 보았다. 그러므로 어떤 사람의 구원 여부가 우연히 사제가 있었는지 없었는지에 따라 좌우된다는 것은 잔인한 일이라고 판단하고, 비상시에는 다른 사람들 특히 조산원들도 세례를 줄 수 있도록 허용했다. 키프리아누스의 반대에도 불구하고, 가톨릭 교회는 이단이 삼위일체를 부인하지 않는 한, 이단들이 베푼 세례도 인정한다. 개혁 교회에서는 말씀의 선포와 성례의 시행이 같은 범주에 속한 것으로 보고, 가르치는 장로나 목사가 유일한 세례 시행자라는 원리를 견지했다. 말씀과 성례는 합하여 제정된 말씀을 이룬다. 세례는 개인적인 일이 아니라 교회의 규례이기 때문에 신자들이 공적으로 모인 곳에서 시행되어야 한다고 주장했다. 개혁 교회는 또한 로마 가톨릭 교회와 다른 종파들이 베푼 세례를 인정했다. 단, 삼위일체를 부인한 종파의 세례는 인정하지 않았다. 그래서 소지니주의자와 유니테리안의 세례는 존중하지 않았다. 일반적으로 그들은 적절한 자격을 갖춘 목사에 의해 삼위 하나님의 이름으로 시행된 세례는 정당한 것으로 인정했다.

F. 세례를 받는 자들

세례는 적절한 자격을 갖춘 이성적인 존재들 곧 신자들과 그들의 자녀들에게 베풀도록 되어 있었다. 로마교회가 시계(時計)나 건물을 상대로 성례를 시행한 것은 이러한 기본 전제를 무시한 것이다. 세례를 받는 자들은 성인과 유아로 나눌 수 있다.

1. 성인 세례. 성인(成人)들의 경우에는 신앙고백이 선행되어야 한다(막 16:16; 행 2:41; 8:37; 16:31-33). 그러므로 교회는 성인에게 세례를 주기 전에 신앙고백을 요구한다. 교회는 세례 받을 자가 신앙을 고백하는 경우, 그 진실성을 의심할 만한 객관적인 이유가 발견되지 않는 한 그것을 액면 그대로 받아들인다. 마음의 밀실에 들어가서 그와 같은 고백의 진정성 여부를 판단하는 것은 교회가 할 일은 아니다. 고백에 대한 책임은 전적으로 고백을 하는 자에게 있다. 마음의 내적인 상태를 들여다보고 신앙고백의 진정성 여부를 판단하는 것은 라바디에파(Labadist)적인 태도로서, 개혁 교회의 관습과는 맞지 않다.

세례는 표징과 인인 동시에 은혜의 방편이기 때문에 그것이 이루는 은혜의 본질에 관한 문제가 제기되지 않을 수 없다. 여기서는 성인 세례와의 관계에서만 이 문제를 다루기로 한다. 개혁 교회의 입장에 따르면, 이 세례는 중생, 믿음, 회심 그리고 칭의를 전제로 한다. 그러므로 이와 같은 항목들은 세례가 이루어 내는 것이 아니다. 심지어는 개혁 교회보다 은혜의 방편으로서의 세례의 능력을 더 중요시하는 루터파들도 이 점에서는 개혁파와 입장이 같다. 세례는 수세자를 예수 그리스도의 몸에 이식시키는 특별한 성례적인 은혜를 이루어 내는 것이 아니다 신자가 그리스도와 신비적으로 연합되었다는 사실도 세례의 전제가 된다. 말씀과 성례는 정확하게 같은 유형의 은혜이지만, 말씀은 성례와는 달리 믿음을 일으키는 수단이다. 세례라는 성례는 믿음을 강화시키는 것이며, 믿음은 모든 다른 신적인 은혜의 작용에 있어서도 중요한 역할을 담당하기 때문에 세례는 다른 은혜의 작용에도 크게 유익을 끼친다. 일차적으로 세례는 하나님의 은혜의 행위를 대표한다. 그러나 신앙을 고백하는 그리스도인은 자원하여 세례를 받기 때문에 동시에 인간의 행위도 된다. 세례는 하나님이 주시는 선물인 동시에 인간이 수납하는 것이다. 따라서 세례는 인간이 언약과 언약에 수반되는 의무를 받아들이는 것을 상징한다. 세례는 단순히 하나님의 제공만을 뜻하는 것이 아니라, 하나님이 제공하고 인간이 수납하는 것을 동시에 의미하는 것으로서, 체결된 언약이다.

2. 유아 세례. 개혁 교회와 침례교 간의 가장 중요한 차이는 유아 세례에 대한 해석에서 발견된다. 침례교의 입장은 호비(Hovey) 박사가 잘 요약하고 있다: "다만 그리스도를 믿는 자들만이 세례를 받을 자격이 있으며, 그리스도에 대한 신뢰할 만한 증거를 댈 수 있는 자들만이 세례를 받아야 한다." 이것은 바꾸어 말해서 유아들은 세례로부터 제외되어야 한다는 것을 뜻한다. 그러나 침례교를 제외한 다른 모든 교파에서는 유아 세례를 인정하고 있다. 몇 가지 논점이 이 문제와 관련하여 고려되어야 한다.

(1) 유아 세례의 성경적 근거. 먼저 성경에는 유아들에게 세례를 주었다는 명시적인 기록이 나타나 있지 않다. 유아 세례를 준 사례도 성경에는 없다. 그러나 이 사실에 근거하여 유아 세례를 비성경적이라고 단정할 수는 없다. 다음과 같은 자료에서 유아 세례의 성경적 근거를 발견할 수 있다.

① 아브라함의 언약은 주로 영적인 언약이다. 그러나 국가적 성격도 아울러 띠고 있다. 이 영적인 언약의 표징과 인은 할례이다. 이 언약을 세 개의 다른 언약들 가운데 두 개를 구성하는 것으로 나누는 침례교의 방식은 타당성이 없다. 성경은 아브라함의 언약을 몇 차례에 걸쳐서 언급하고는 있으나 언제나 단일한 언약으로 말한다(출 2:24; 레 26:42; 왕하 13:23; 대상 16:16; 시 105:9). 이 규칙에는 예외가 없다. 이 언약의 영적인 성격은 이 언약의 약속에 대한 신약의 해석 방식에서 입증된다(롬 4:16-18; 고후 6:16-18; 갈 3:8, 9, 14, 16; 히 8:10; 11:9, 10, 13). 그리고 할례가 명백히 영적인 의미를 가진 의식(신 10:16; 30:6; 렘 4:4; 9:25, 26; 행 15:1; 롬 2:26-29; 4:11; 빌 3:2)이었다는 사실과, 언약의 약속이 '복음'(갈 3:8)으로까지 불렸다는 사실에서 또한 추정된다.

② 이 언약은 지금도 여전히 효력을 발휘하는 것으로서, 현시대의 '새 언약'과 본질적으로 동일한 것이다. 두 시대 사이의 연속성과 통일성은 중보자가 동일하다는 점에서(행 4:12; 10:43; 15:10, 11; 갈 3:16; 딤전 2:5, 6; 벧전 1:9-12), 믿음이라는 조건이 동일하다는 점에서(창 15:6;〈롬 4:3〉; 시 32:10; 히 2:4; 행 10:43; 히 11장), 복이 동일하다는 점에서, 곧 칭의(시 32:1, 2, 5; 사 1:18; 롬 4:9; 갈 3:6), 중생(신 30:6; 시 51:10), 영적인 은사들(욜 2:28, 32; 행 2:17-21; 사 40:31), 영생(출 3:6; 히 4:9; 11:10) 등이 동일하다는 점에서 입증된다. 베드로는 오순절날 회개하는 자들을 향하여 약속이 그들과 그들의 자녀들을 향하여 있는 것이라는 확신을 심어 주었다(행 2:39). 바울은 롬 4:13-18; 갈 3:13-18에서 율법의 수여가 약속을 폐하지 못하므로 약속은 새 시대(신약 시대)에도 유효하다고 말했다. 히브리서 기자도, 아브라함에게 주신 약속은 맹세로 확증된 것이므로 신약의 신자들은 이 약속이 변함이 없다는 사실에서 위로를 받게 된다고 말한다(히 6:13-18).

③ 유아들은 하나님의 명령에 따라 언약의 유익을 나누어 가졌으며, 그래서 그들은 할례를 상징과 인으로 받았다. 성경에 따르면, 언약은 분명히 유기적인 개념으로서, 언약의 실현은 유기적이고 역사적인 도정을 따라 이루어진다. 하나님의 백성 곧 가족에 의해서만 구성될 수 있는 유기적인 전체가 있다. 이 국민적 개념이 구약 시대에는 자연히 아주 두드러졌는데, 놀라운 사실은 이 개념이 이스라엘 국가가 그 목적을 이루었을 때에도 사라지지 않았다는 점이다. 이 언약이 이른바 영화(靈化)되어 신약 시대로 전이된 후, 신약의 하나님의 백성들도 나라라는 개념으로 표현되었다(마 21:43; 롬 9:25, 26〈비교. 호 2:23〉; 고후 6:16; 딛 2:14; 벧전 2:9). 유아들은 옛 세대에도 하나님의 백성으로서의 이스라엘의 중요한 일부를 구성하고 있었다. 이들은 언약이 갱신될 때에도 언제나 동석했으며(신 29:10, 13; 수 8:35; 대하 20:13), 이스라엘의 회중 안에서 자리를 차지했으며, 종교적인 회중에도 동석했다(대하 20:13; 욜 2:16). 사 54:13; 렘 31:34; 욜 2:28에 나타난 풍부한 약속에 근거해 볼 때, 이 어린이들에게 주어진 특권이 신약 시대에는 감소되었다든지, 교회 안에서 그들이 차지할 자리가 없다는 말은 있을 수 없다. 예수님과 사도들도 이들을 배제하지 않으셨다(마 19:14; 행 2:39; 고전 7:14). 어린이를 교회에서 배제하려면 그것을 뒷받침하는 명시적인 성경적 근거가 제시되어야 한다.

④ 새 시대에 들어오면서 할례는 신적인 권위에 의하여 세례로 대치되어, 은혜 언약에 들어오는 상징과 인의 역할을 세례가 담당하기 시작했다. 성경은 할례가 그 자체로서는 더 이상 의미가 없다는 점을 강조한다(행 15:1, 2; 21:21; 갈 2:3-5; 5:2-6; 6:12, 13, 15). 세례가 할례의 자리를 대신 이어 주지 않았다면, 신약에서는 언약에 입문하는 의

식이 없었을 것이다. 그러나 그리스도는 분명히 할례를 세례로 대치하셨다(마 29:19, 20; 막 16:15, 16). 세례와 할례의 영적인 의미는 같은 것이다. 할례가 죄를 끊고 마음을 변화시키는 것을 지칭하듯이(신 10:16; 30:6; 렘 4:4; 9:25, 26; 겔 44:7, 9), 세례도 죄 씻음(행 2:38; 벧전 3:21; 딛 3:5)과 영적인 갱신을 상징한다(롬 6:4; 골 2:11, 12). 특히 마지막 본문은 할례를 세례와 연관시키면서, 그리스도의 할례 곧 육신의 할례가 상징하는 마음의 할례는, 세례 곧 세례가 상징하는 내용에 의하여 성취되었다고 가르친다(참조. 갈 3:27, 29). 그러나 어린이들이 옛 시대의 언약의 표지와 인을 받았다면, 그들은 분명히 새 시대에서도 그것을 받을 자격이 있다고 보지 않을 수 없다. 그 이유는 구약의 경건한 자들은 더 풍성하고 더 완전한 시대를 대망하도록 가르침을 받았기 때문이다. 어린이들을 언약으로부터 제외시키려면 명시적인 성경적 증거가 필요한데, 성경은 오히려 반대로 말하고 있다(마 19:14; 행 2:39; 고전 7:14).

⑤ 앞에서도 지적한 바와 같이 신약에는 사도 시대에 유아들에게 세례를 주었다는 직접적인 증거가 없다. 램버트(Lambert)는 모든 가능한 증거들을 면밀히 검토한 후에 이와같이 결론을 내린다: "신약의 증거들을 종합해 보면 적어도 유아 세례는 사도 시대에 일반적으로 유행하던 관습이 아니었다고 결론을 내릴 수 있다"(The Sacraments in the New Testament, p. 204). 그러나 유아 세례에 대한 직접적인 언급이 없다고 해서 그리 놀랄 필요는 없다. 왜냐하면 사도 시대와 같은 선교적인 시대에는 성인들의 세례가 자연히 강조되었기 때문이다. 더욱이 당시의 상황 그 자체가 유아 세례를 시행하기에 합당한 상황이 아니었다. 개종한 신자들은 자신들에게 부과된 언약상의 의무와 책임에 대한 적절한 개념이 없었다. 때로는 부모 가운데 한 사람만이 개종한 사례도 있었다. 다른 한편이 유아 세례를 반대했으리라는 것은 충분히 가능한 상상이다. 부모들이 자녀들을 경건하고 종교적인 방식으로 가르치리라는 확신도 없었다. 그러나 유아 세례를 주기 위해서는 그 같은 확신이 필요했다. 이와 동시에 신약의 언어는 어린 아이들의 할례를 요구하였던 언약을 계속 유기적으로 완전하게 시행하고 있음을 보여준다(마 19:14; 막 10:13-16; 행 2:39; 고전 7:14).

더욱이 신약은 가족이 세례를 받았다는 말을 하고 있는데, 이것은 유아에게 세례를 주는 일이 일상을 벗어난 일이 아니라 오히려 통상적인 일이었음을 시사해 주는 것이다(행 16:15, 33; 고전 1:16). 세례를 받은 가족 안에 유아가 전혀 없을 수도 있으나 또한 있을 수 있는 가능성도 충분히 있다. 만일 유아들이 있었다면, 그들이 부모와 함께 세례를 받았다는 사실은 도덕적으로 충분히 납득할 수 있는 일이다. 신약 성경에는 기독교 가정에서 태어나고 또한 자라난 사람들이 사리분별을 할 줄 아는 나이가 되어 신앙을 고백할 때까지 세례를 받지 않았다는 증거가 없다. 그와 같은 관습에 대해서는 전혀 시사하고 있지 않다.

⑥ 월(Wall)은 그의 책 「유아 세례의 역사」(History of Infant Baptism)에서, 개종자의 세례에서는 개종자들의 자녀들이 종종 부모와 함께 세례를 받았다고 말한다. 그러나 에더스하임(Edersheim)은 이 점에 관해서는 견해 차이가 있다고 말한다(Life and Times of Jesus the Messiah II, p. 746). 따라서 이 일이 있었다고 하더라도 그것이 기독교 세례에 관해서는 아무 정보도 주지 못하고, 다만 유아에게 세례를 주는 일이 통상적으로 시행되었던 일이었음을 보여줄 뿐이다. 유아 세례에 대한 최초의 역사적인 언급은 2세기 후반의 저서에서 나타난다. 「디다케」는 성인의 세례만을 말하고 있을 뿐, 유아 세례에 관해서는 말하지 않는다. 유스티누스는 어려서부터(에크 파이돈) 그리스도의 제자가 된 여성들에 관하여 말하고는 있지만, 이 단락은 세례를 말하는 단락이 아니며, 에크 파이돈이 반드시 유아를 가리키지도 않는다. 이레네우스는 그리스도에 관하여 이렇게 말한다: "그는 자신을 방편으로 하여 자신을 통하여, 하나님을 향하여 거듭난 모든 자들 곧 유아들, 어린이들, 젊은이들 그리고 노인들을 구원하시기 위하여 세상에 오셨다." 이 글은 명시적으로 세례를 지칭하지는 않으나, 일반적으로는 유아 세례에 관한 최초의 언급으로 간주된다. 그 이유는 초대 교회의 교부들이 세례를 중생과 밀접하게 연관시키면서, 세례라는 단어를 중생이라는 단어와 상호 교차적으로 사용했다는 점에서 찾을 수 있다.

2세기 말엽에 유아 세례가 매우 보편화되어 있었다는 사실은 테르툴리아누스의 글을 통하여 분명해진다. 그러나 테르툴리아누스 자신은 세례를 연기하는 것이 더 안전하고 유익한 일이라는 견해를 밝혔다. 오리겐은 이것을 사도들의 전통이라고 불렀다. 그는 이렇게 말한다: "교회는 사도 시대로부터 유아들에게도 세례를 베푸는 전통이 있었다." 카르타고 교회회의(주후 253년)는 유아 세례를 당연한 일로 여기고, 단지 유아 세례를 난 지 8일 이전에 시행해도 되는가 라는 문제만을 논의했다. 2세기 이후부터 유아 세례는 통상적인 세례 방식으로 인정되고 있었다. 다만 빈번히 그 실제상의 시행이 소홀히 취급되었을 뿐이다. 이 사실에 근거하여 아우구스티누스는 유아 세례가 사도의 권위로써 제정된 것이라는 교회회의의 결정이 없었음에도 불구하고 유아 세례가 보편적으로 시행되었다고 결론을 내렸다. 유아 세례의 합법성은 재세례파가 등장하여 이를 반대할 때까지 거부된 일이 없다.

(2) 유아 세례에 대한 반론. 몇 가지 중요한 반론을 검토해 보자.

① "할례는 단순히 육체적이고 예표적인 의식이었으므로 할례 그 자체는 없어질 운명이었다. 세례를 할례의 자리에 놓는 것은 단지 육체적인 의식을 계속하는 것밖에 안 된다. 그와 같은 육체적인 의식은 신약의 교회 안에서는 합법적인 자리가 없다." 오늘날 이와 같은 반론을 제기하는 자들은 불링거나 오헤어(O'Hair)와 같은 일부 세대주의자들로서 이들의 주장에 의하면, 예수께서 제정하신 세례는 하나님의 나라와 관련되어 있기 때문에 다만 성령의 세례만이 교회 안에서 차지할 자리가 있을 뿐이라고 한다. 사도행전은 물 세례로부터 성령 세례로 전이하는 과정을 보여주고 있다고 한다. 자연히 이 논증은, 성인에게 베푸는 세례나 유아에게 베푸는 세례를 막론하고 모든 세례를 불법적인 것으로 만들 것이다. 이와 같은 진술에는 유대인의 시대와 기독교인의 시대가 육적인 것과 영적인 것으로 서로 대립되는 입장에 서는 것이며, 할례는 육적인 영역에 속한다는 생각이 깔려 있다.

그러나 이 논증은 잘못되었다. 할례를 전적으로 모세의 율법의 육적인 규례들과 같은 선상에 두는 것은 전혀 타당성이 없다. 배너만은 이렇게 말한다: "할례는 모세의 율법을 도입하거나 폐지하는 것과는 상관이 없으며, 세례가 대용 의식으로 명백히 지정받지 못했다 하더라도 은혜 언약의 인으로서, 하나님의 교회에 들어가는 입문의 의식으로서의 항구적인 가치를 잃지 않았음이 분명하다." 할례가 모세 시대에 특별한 의미를 얻었다고 말할 수 있다. 그러나 할례는 이미 일차적으로 아브라함과 체결된 언약의 상징이요 인이었다. 할례가 하나의 예표인 한에 있어서 그것은 원형의 출현과 더불어 중단되었으며, 심지어는 언약의 상징으로서의 할례라 할지라도 그것은 교회를 위하여 그리스도께서 명백히 제정하시고 사도들이 권위를 이의 없이 인정한 피 없는 성례로 대치되었다. 그 이유는 그리스도께서 구속 사역과 관련된 피 흘림을 단번에 종결시키셨기 때문이다.

성경에 비추어 볼 때, 세례가 교회보다는 하나님의 나라와 관련되어 있으며 따라서 기독교적이기보다는 유대교적이라는 입장은 전혀 타당성이 없는 생각이다. 세례를 제정한 예수님의 말씀이 이 같은 견해를 지지하지 않고 있으며, 신약의 교회가 탄생한 날 베드로가 교회에 들어오기 원하는 자들에게 세례를 받을 것을 강조한 사실도 역시 이 점을 반대한다. 유대인인 베드로가 세례 요한의 모범을 따랐다고 할지라도, 이방인의 사도인 바울이 개종자들에게 세례 받을 것을 요구했다는 점은 부인할 도리가 없는 것이다(행 16:15, 33; 18:8; 고전 1:16).

② "어린이들이 세례를 받아야 한다는 명시적인 규정은 물론 없다." 이것은 분명한 사실이다. 그러나 이 사실이 유아 세례의 정당성을 논박하지는 못한다. 이 같은 반론은, 그리스도인들은 매주 첫날을 안식일로 지켜야 할 의무가 있으며 여자들도 성찬에 참여해야 한다고 주장함으로써 침례교도들 스스로 오류에 빠지는 그런 해석법에 근거하고 있다는 것을 주목해야 할 것이다. 이와 같은 것들은 성경이 명시적으로 명령하지 않는 조항들이다. 성경이 침묵하고 있다는 사실은 유아 세례를 반대한다기보다는 오히려 그것을 지지한다고 해석되어야 하지 않을까?

20세기 동안 어린이들은 공식으로 교회의 회원으로 들어왔고, 신약 성경도 할례가 입교 의식으로서 더 이상 유효하지 않다고 가르치면서도 어린이의 입교를 금지하지 않았다. 주님 자신이 할례를 대치할 다른 의식을 제정하셨고, 오순절날에 베드로는 약속이 언약 당사자들과 그들의 후손들과 더 나아가서 주께서 부르신 자들 모두를 위한 것이라는 점을 교회의 회원들에게 가르쳤다. 베드로의 이 같은 선언은 적어도 그가 여전히 유기적인 언약의 개념을 가지고 있었다는 사실을 말해 준다. 더욱이 침례교는 어떻게 성경의 명백한 명령에 근거하여 자기 자신의 입장의 옳음을 증명할 수 있는가라는 문제가 제기된다. 성경은 어린이를 세례로부터 배제시키는가? 기독교 가정에서 태어나 자라난 모든 사람들은 세례 받기 전에 그들의 신앙을 고백해야 한다고 성경이 명령하고 있는가? 분명히 이 같은 명령은 성경에 나타나 있지 않다.

③ 이와 밀접하게 관련된 반론은, "신약 성경에는 유아 세례를 베푼 사례가 없다는 점이다." 성경이, 온 가족에게 세례를 베풀었다는 사실은 분명히 알려 주나, 어린이들이 세례를 받았다는 것은 분명하게 언급하지 않는다는 것은 확실하다. 유아 세례에 관해 분명하게 언급하지 않는다는 사실은 성경의 기록이 우리에게 사도들의 선교 사역에 관한 역사적인 보도를 하는 데 목적이 있는 것이요, 조직화된 교회 안에서 일어난 일을 알려 주는 것이 그 목적이 아니라는 사실에서 상당 부분은 설명된다. 이 같은 사실은 쉽게 침례교인들에게도 적용된다. 침례교는 기독교 가정에서 태어나 자란 성인이 세례를 받은 예를 우리에게 보여줄 수 있는가? 그것은 불가능한 일이다.

④ 침례교가 유아 세례에 대하여 제기한 가장 중요한 반론은, "세례는 신뢰할 만한 신앙고백을 통하여 능동적인 믿음을 나타낼 것을 그 조건으로 하고 있음을 성경이 말한다"는 사실에서 찾을 수 있다. 이제 한 가지 분명한 사실은 성경이 믿음을 세례의 조건으로 말하고 있다는 점이다(막 16:16; 행 10:44-48; 16:14, 15, 31, 34). 이 말의 의미가 수세자가 모든 경우에 있어서 세례 받기 전에 능동적인 믿음을 표현한다는 것을 말한다

면, 어린이들은 자동적으로 세례에서 배제된다. 그러나 성경은 믿는 자들만이 세례 받았다고 분명히 말하고 있지만, 다른 어느 곳에서도 세례를 받으려면 능동적인 믿음이 반드시 필요하다는 원리를 제정한 곳이 없다. 침례교는 막 16:15, 16에서 발견되는 대사명을 우리에게 제시한다. 이것이 선교의 명령이라는 점을 고려할 때, 이 말 안에는 능동적인 신앙이 포함되어 있다고 볼수 있다. 이 점은 명시적으로 나타난 것은 아니지만, 본문에서 수세자에게 이 같은 신앙을 요구하고 있다는 추측은 충분히 가능하다. 그러나 여기서 전제로 한 수세자들은 누구인가? 분명히 여기서 상정한 수세자들은 복음을 들어야 할 성인들이며, 따라서 침례교가 이 본문을 유아 세례에 대한 반론으로 해석하는 것은 정당성이 없다.

어쨌든 침례교가 이 점을 강조하더라도 논증 효과는 별로 보지 못할 것이다. 주님의 말씀은 교회의 선교적 노력을 통하여 그리스도께로 나아온 자들이 세례를 받으려면 믿음이 반드시 필요하다는 사실은 시사하고 있으나, 어린이들에게 세례를 베풀 때에도 믿음이 반드시 필요하다고 시사하지는 않고 있다. 침례교는 주님의 이와 같은 선언을 일반화하여, 모든 세례는 수세자의 능동적인 믿음에 의거한다고 가르친다. 침례교는 다음과 같이 논증한다: "능동적인 믿음은 세례의 전제 조건이다. 유아들은 믿음을 행사할 수 없다. 그러므로 유아들은 세례를 받을 수도 없다." 그러나 이런 식의 말은 유아의 구원을 반대하는 논증으로 해석될 수 있다. 이 말은 믿음(능동적인 믿음)이 구원의 조건이라는 점을 단지 암시적으로만이 아니라 명시적으로도 선언하고 있기 때문이다. 침례교는 다음과 같은 삼단 논법의 오류를 벗어나지 못하고 있다. "믿음은 구원의 필수 조건(conditio sine qua non)이다. 어린이들은 믿음을 행사할 수 없다. 그러므로 어린이들은 구원받을 수 없다." 그러나 침례교는 이와 같은 결론을 내리기를 회피한다.

(3) 유아 세례의 근거.

① 개혁 교회의 신조에 나타난 입장. 벨기에 신앙고백은 제34조에서 믿는 부모들의 유아들도 "이전에 이스라엘의 어린 아이들이 우리의 유아들에게 주신 같은 약속으로 할례를 받았듯이 언약의 상징으로서 세례를 받고 인침을 받아야 한다"고 선언한다. 하이델베르크 요리문답은 "어린이에게도 세례를 줄 것인가?"라는 질문에 대하여 "그렇다. 왜냐하면 어린이도 어른과 같이 하나님의 언약과 교회에 속하여 있고, 그리스도의 피로써 그들도 죄에서 구원을 받고, 신앙을 불러일으키시는 성령이 어른에게와 같이 그들에게도 약속되어 있기 때문에 그들도 언약의 표시로서의 세례에 의하여 그리스

도의 교회에 접목되어서 불신자의 아이들과 구별되어야 한다. 이것은 마치 구약의 할례에 의하여 구별이 된 것과 같다. 이 할례 대신에 신약 성경에서는 세례가 제정된 것이다."

도르트 신조에는 다음과 같은 조항이 있다: "신자의 자녀들은 선천적으로가 아니고 그들의 부모와 함께 받고 있는 은혜 언약에 근거하여 거룩하다는 것을 증명하는 하나님의 말씀으로 하나님의 뜻을 판단해야 하기 때문에, 경건한 부모는 이 세상의 생활에서 그들을 유년 시절에 불러내기를 좋아하시는 하나님이 그들의 자녀들을 또한 택하시고 구원하실 것에 관하여 의심할 것이 전혀 없다(창 17:7; 행 2:39; 고전 7:14)."

이와 같은 고백서들의 선언은 믿는 부모의 유아들 또는 단지 한편만이 믿는 부모의 유아들은 언약 관계에 근거하여 세례를 받는다고 말하는 칼빈의 입장과도 부합한다(기독교 강요 제4권 16:6, 15). 같은 생각이 우리의 「유아 세례 형식」에도 나타나 있다. "세례가 할례의 자리를 대신 차지하게 되었기 때문에 어린이들은 하나님의 나라와 그의 언약의 후손으로서 세례를 받아야 한다." 이 모든 선언들은 언약의 자녀들에게 할례를 베풀라는 하나님의 명령에 근거하고 있다. 철저하게 분석해 들어가면, 이 명령은 유아 세례의 근거가 된다고 볼 수 있다.

우리의 신앙고백에 근거하여, 믿는 부모들의 유아들은 그들이 언약의 자녀요, 하나님의 전 포괄적인 언약의 후손들이라는 사실에 근거하여 세례를 받는다. 하나님의 언약에는 죄 사함의 약속과 성령이 주는 중생 및 성화의 선물이 포함되어 있다. 하나님은 언약을 통하여 공식적이고 객관적인 방법으로 그들에게 선물을 주시며, 적절한 때에 믿음으로 이 사실을 받아들일 것을 요구하시며, 성령의 역사를 통하여 그것을 그들의 삶 속에 실현시킬 것을 약속하신다. 이 같은 사실에 근거하여 교회는, 그들을 앞으로 구원받을 상속자로 간주해야 하며, 언약의 길을 따를 의무 아래 있는 자들로 간주해야 하며, 신실한 언약의 시행을 통하여 그들은, 일반적으로 말해서, 언약 안에서 살아갈 것을 기대할 권리가 있으며, 그들이 언약의 요구에 응하지 않으면 그들을 언약 파기자로 간주해야 한다. 오직 이와 같은 방법으로만 교회는 성숙하게 된 자들이 믿음으로 충분히 소유해야만 하는 하나님의 약속을 정당하게 평가하게 된다. 이와같이 언약의 약속을 포함하여 언약은 유아 세례를 위한 객관적이고 합법적인 근거를 구성한다. 세례는 약속에 포함된 모든 것들의 상징이요 인이다.

② 개혁파 신학자들 간의 견해 차이. 과거의 개혁파 신학자들뿐만 아니라 오늘날의 개혁파 신학자들도 유아 세례의 근거에 관해서 의견의 일치를 보지 못하고 있다. 16

세기와 17세기의 많은 신학자들은 앞에서 말한 바와 같은 입장을 취했다. 즉, 신자의 유아는 세례를 받을 수 있는데, 그 이유는 그들이 언약 안에 있기 때문이며 중생뿐만 아니라 칭의와 새롭게 하시고 성화시키는 성령의 감화 등 모든 복들을 포함하는 하나님의 풍부한 약속의 상속자이기 때문이다. 그러나 다른 이들은 이 표현이 진리임을 인정하면서도, 이 표현으로 만족하지 않는다. 그들은 세례가 약속의 인침 곧 모든 언약상의 약속 이상의 것이며, 미래의 선에 대한 인침임과 동시에 현재의 영적인 소유의 인침임을 강조했다. 세례는 가정적 중생(presumptive regeneration)에 근거하여 유아들에게 시행된다는 견해가 지배하게 되었다.

그러나 이 견해를 받아들인 자들도 모두 같은 의견을 가진 것은 아니다. 어떤 학자들은 이 견해를 앞에서 말한 견해와 결합시켰고, 다른 이들은 앞에서 말한 견해를 포기하고 이 견해를 채택했다. 어떤 학자들은 세례 받게 된 모든 어린이들이 거듭났다고 가정한 반면, 또 어떤 학자들은 거듭났다는 말을 오직 택함을 받은 아이들과의 관계에만 적용한다. 신자들의 어린이들은 언약 관계와 언약의 약속에 근거해서만 세례를 받는다고 생각한 자들과, 가정적 중생론에 입각하여 유아 세례를 말하는 자들의 견해 차이는 현재까지도 지속되고 있으며, 19세기와 20세기 초엽에 네덜란드에서 집중적인 논쟁의 대상이 되었다.

카이퍼 박사가 처음에 가정적 중생이 유아 세례의 근거라는 견해를 제시하자 많은 사람들이 이 견해를 받아들였다. 크래머(G. Kramer)도 이 입장을 지지했다. 후에 카이퍼 박사는 이 표현을 더 이상 사용하지 않았으며, 일부 추종자들은 좀 더 신중해야 할 필요를 느꼈고, 이어서 언약 관계를 유아 세례의 합법적인 근거로, 그리고 가정적 중생을 영적인 근거로 말하게 되었다. 그러나 이 같은 입장조차도 만족할 만한 입장은 못 되었다. 카이퍼의 제자이자 예찬자인 호니히 박사의 다음과 같은 지적은 옳다: "우리는 가정에 근거해서가 아니라 하나님의 명령과 행위에 근거하여 신자의 자녀에게 세례를 베푼다. 자녀들은 하나님의 언약에 입각하여 세례를 받아야 한다"(*Handboek van de Gereformeerde Dogmatiek*〈개혁파 교의학 핸드북〉, p. 655).

자연히 가정적 중생은 유아 세례의 합법적인 근거로 간주될 수 없다. 유아 세례의 근거는 오직 하나님의 언약의 약속에서만 발견되어야 한다. 더욱이 가정적 중생은 근거 그 자체도 될 수 없다. 왜냐하면 세례의 근거는 객관적인 어떤 것이어야 하기 때문이다. 이 점은 이 이론을 주장하는 사람들도 인정하지 않을 수 없을 것이다. 그들이 세례를 받고자 하는 자녀들이 거듭났다고 가정하는 이유가 무엇이냐라는 질문을 받으면, 그들은 이렇게 답변하지 않을 수 없다: "그들이 믿는 부모의 자녀들이기 때문에, 다시 말해서 그들이 언약 안에서 태어났기 때문에." 따라서 가정적 중생이 유아 세례의 근거임을 부인한다고 해서 신자들의 유아들이 거듭났음을 반대하는 것은 아니다. 이 문제는 유아들 개개인에 달린 문제이다.

이 문제에 대해서는 1908년에 미국 기독개혁교회(Christian Reformed Church)가 채택한 유트레히트 결의안(Conclusions of Utrecht)의 4항 전반부를 인용하는 것이 좋으리라고 생각된다: "그리고 마지막으로 네 번째 항목인 가정적 중생에 관하여 대회는 이렇게 선언하고자 한다. 곧, 우리의 교회의 신앙고백에 따르면, 언약의 후손은 하나님의 약속에 의거하여, 그들이 장성했을 때 그들의 삶과 교리에 그들이 거듭났음을 반대하는 증거가 나타나지 않는 한, 그리스도 안에서 거듭나고 성화된 것으로 가정되어야 한다. 그러나 가정적 중생에 근거하여 신자의 자녀들에게 세례를 시행하는 것은 옳지 않다. 왜냐하면 세례의 근거는 하나님의 명령과 약속이기 때문이다. 더욱이 교회가 사랑의 판단으로 언약의 후손이 거듭난 것으로 가정한다 하더라도 이 말은 모든 자녀가 실제로 거듭났음을 말하는 것은 아니다. 성경은 이스라엘에게서 난 그들이 다 이스라엘이 아니요 이삭으로부터 난 자라야 네 씨라 칭하리라고 했기 때문이다(롬 9:6, 7). 그러므로 설교할 때에 이 점을 특히 유의할 필요가 있다. 왜냐하면 믿고 세례를 받은 자들만 구원을 받을 것이기 때문이다"(*Acts of Synod*, 1908, pp. 82 이하).

③ **어린이가 언약 관계에 의거하여 세례를 받는다는 견해에 대한 반론.** 어린이들이 언약 안에서 태어났고 그리하여 약속의 후손이 되었기 때문에 세례 받는다면, 그들은 자신들의 신앙 또는 신앙고백에 근거하여 세례를 받는 성인들과는 다른 표준에 근거하여 세례를 받는 셈이 되는 것이다. 그러나 칼빈이 지적한 바와 같이 이것은 맞지 않는 말이다. 칼빈은 이 문제에 대하여 효율적으로 답변한다. 크래머가 칼빈의 입장을 다음과 같이 요약한다: "언약의 입장을 전제한 칼빈은 이 지점에서 유아 세례와 관련하여 한 걸음 앞으로 나아간다. 지금까지 그는 성인들도 역시 언약이라는 표준에 따라 세례 받는다는 사실을 주목하지 않았다. 그 결과 성인의 세례와 어린이들의 세례 사이에 상이점이 생기게 된 것이다. 다시 말하면, 성인들은 신앙에 근거하여 세례를 받고 유아들은 하나님의 약속에 근거하여 세례를 받는다는 공식이 성립된 것이다. 결코 그렇지 않다고 개혁자는 선언한다. 교회가 세례를 시행할 수 있는 유일한 표준과 합법적인 근거는 언약이다. 이 점은 성인들이나 유아들이나 다름없다. 성인들이 신앙을 고백하고 회심해야 한다는 말은 그들이 언약 밖에 있기 때문이다. 언약의 교통 안으로 들어가기

위해서는 먼저 언약의 요구들을 알아야 하며, 그럴 때 비로소 믿음과 회심은 언약의 문을 연다"(*Het Vervand van Doop en Wedergeboorte*, pp. 122 이하). 바빙크도 같은 견해를 말한다(*Geref. Dogm.* IV, p, 581). 이 말은, 성인들은 믿음과 회심을 통하여 언약에 들어간 이후 이 언약 관계에 근거하여 세례를 받는다는 것을 의미한다. 세례는 그들에게 있어서도 언약의 상징이요 인침이다.

(4) 은혜의 방편으로서의 유아 세례. 세례는 은혜 언약의 표지(표징)이자 인침이다. 의미하는 것과 인침이 별개가 아니라 의미하는 것 위에 하나님의 인이 쳐지는 것이다. 개혁교회의 신앙고백과 세례 모범에 따르면, 세례는 우리의 죄를 씻는 것을 의미한다. 이것은 칭의를 통하여 죄책이 제거되고, 성화를 통하여 죄의 오염이 제거된다는 것을 의미한다. 현세에서는 완전한 성화는 이루어지지 않는다. 이것이 세계가 의미하는 것이라면, 또한 인침의 내용이기도 하다. 그러므로 개혁파 신학자들의 문헌에서 등장하는, 세례가 하나님의 약속을 인친다는 말은 약속의 진리를 보증하는 것일 뿐만 아니라 수세자들에게는 그들이 약속된 복의 상속자임을 확인시켜 주는 것이다. 이 말은 물론 그들이 약속된 복을 받을 수 있다는 것을 의미하기도 하지만, 반드시 그들이 이 복을 받을 수 있다는 말은 또한 아니다. 그러나 그들이 그 복을 받기에 합당하지 않은 모습을 보이지 않고 또한 그것을 거부하지 않는 경우에는 분명히 지정된 상속자로서 유업을 받는 자라고 판단해야 하는 것이다. 댑니는 조건적으로 약속된 복을 수여하는 약속의 언약에 종종 인침이 첨가된다는 사실을 주목한다.

그러나 세례는 표지(sign)와 인침 이상의 것으로서 그 자체가 은혜의 방편이다. 개혁파 신학에 따르면, 세례는 로마 가톨릭 교회에서 주장하는 것처럼 마음속에 은혜의 사역을 시작하는 방편이 아니라 은혜를 강화시키며 증가시키는 방편일 뿐이다. 여기서 유아 세례에 관한 어려운 문제가 발생한다. 세례가 어떻게 성인 수세자의 믿음의 행위를 강화시킬 수 있는가를 발견하는 것은 어렵지 않다. 그러나 세례의 의미를 전혀 모르고 믿음을 행사할 수도 없는 어린이들에게 세례가 어떻게 은혜의 방편으로 작용하는가는 알기 어렵다. 여기서 직면되는 어려움은, 세례가 다만 선행적 은혜의 조건을 강화시킨다는 사실을 부인하고 세례는 은혜를 부여하는 방편으로서 우리를 거듭나게 하고 그리스도 안에 접목시킨다고 주장하는 소수의 개혁파 신학자의 문제만이 아니다. 모든 다른 개혁파 신학자들도 이 문제에 직면하지 않을 수 없다.

루터도 이 문제를 가지고 씨름했다. 루터는 세례의 효력이 수세자의 믿음에 의존하고 있는 것으로 보았다. 그러나 유아들이 믿음을 시행할 수 없다는 부분에 이르러서는 하나님이 선행적 은혜 안에서 세례를 통하여 그들 안에 시작하는 믿음을 일으켰다고 믿게 되었다. 그리고 다른 문제들은 교회의 학자들에게 일임했다. 개혁파 신학자들은 다음과 같은 세 가지 사실에 주목함으로써 문제를 해결하고자 한다:

① 세례를 받는 어린이들은 거듭났으며 따라서 믿음의 씨앗을 가지고 있기 때문에 하나님은 세례를 통하여 우리가 알지 못하는 어떤 신비스러운 방법으로 어린이 안에 있는 이 믿음의 씨앗을 강화시킨다는 가정이 가능하다. ② 성찬의 작용이 성찬식을 거행하는 순간에만 이루어지는 것이 아니듯이, 은혜의 방편으로서의 세례의 작용도 반드시 그것을 시행하는 순간에 제한되는 것은 아니라는 사실에 주목한다. 물론 세례를 시행하는 순간에 하나님은 어떤 신비스러운 방법으로 마음속에 은혜를 증진시키실 수 있다. 그러나 세례는 후일 세례의 의미가 완전히 이해되는 때 믿음을 보완하는 방편으로서 작용할 수도 있다. 벨기에 신앙고백과 웨스트민스터 신앙고백은 이 점을 명확하게 가르친다. ③ 동시에 댑니나 보스와 같은 신학자들이 주장하는 것처럼 유아 세례는 아이들을 세례 받게 하려고 데리고 온 부모들에게도 은혜의 방편이 된다. 유아 세례는 하나님의 약속에 대한 그들의 믿음도 강화시켜 주며, 자신들이 키우는 아이들이 은혜 언약의 소유권을 가지고 있다는 확신을 갖게 되고, 자녀를 믿음으로 교육시켜야겠다는 책임감을 느끼도록 해준다.

(5) 불신자의 자녀와 유아 세례. 신자의 자녀들만이 유아 세례의 대상이다. 그러나 세례의 대상은 좀 더 확대될 수도 있다. ① 로마 가톨릭 교회와 성공회의 의식주의자들(Ritualists)은 세례가 구원에 절대적으로 필요하다고 가정한다. 왜냐하면 세례는 다른 방법으로는 획득할 수 없는 은혜를 전달하기 때문이다. 그러므로 그들은 자신들의 손이 미치는 범위 안에 있는 모든 어린이들에게 그들의 부모의 영적인 상태를 묻지 않고 세례를 베푸는 것을 자신들의 의무로 생각한다. ② 어떤 이들은 약속이 부모와 자녀와 손자, 그리고 더 나아가서는 천 대까지 적용된다는 사실에 주목한다(시 105:7-10; 사 59:21; 행 2:39). 이 약속에 의존하여 그들은, 부모가 교회를 떠났어도 그것으로써 언약의 자녀로서의 모든 특권을 상실한 것은 아니라고 주장하다. ③ 국교회에서는 언약이 국가와 공존한다고 봄으로써 언약의 범위를 확장시킨다. 영국의 자녀는, 영국의 자녀라는 이유만으로도 국가의 보호를 받을 권리를 가지는 것처럼 부모가 신자인가 아닌가의 여부와 상관없이 세례를 받을 권리를 가진다. ④ 어떤 신학자들은 부모가 세

례를 받았다는 사실이 자녀들에게 세례 받을 권리를 확보해 주는 것이라는 입장을 취한다. 그들은 부모의 언약과의 개인적인 관계를 전혀 중요시하지 않는다. 교회도 종종 같은 원리에 입각하여 행동했으며, 마침내는 언약의 책임을 떠맡지 않았으나 자녀를 위한 언약의 인침을 원하는 자들을 받아들이게 되었다. 미국 뉴잉글랜드에서는 이것을 반(半)언약(half-way covenant)이라고 부른다. ⑤ 입양(入養)의 원리를 적용하여 불신자의 자녀들에게 세례를 베풀기도 한다. 부모가 자녀에게 신앙 교육을 실시하기에 부적합하거나 그럴 의사가 없을 경우에는 다른 사람이 대신 그것을 보증할 수 있다는 것이다. 창 17:12이 이에 대한 중요한 근거로 인용된다.

깊은 연구를 위한 질문

밥토, 밥티조, 루에스다이의 의미는 각각 어떻게 다른가? 요한은 침례를 베풀었는가? 내시(행 8:38, 39)는 그와 같은 방법으로 세례를 받았는가? 신약 성경은 어떤 특정한 세례의 양식이 필요함을 강조하는가? 유아 세례의 원리는 성경적인가? 종교개혁 이전에도 유아 세례의 정당성이 의문시된 적이 있는가? 종교개혁 시대의 재세례파의 유아 세례에 대한 반대는 어떻게 설명될 수 있는가? 아브라함의 언약에 대한 침례교의 해석은 어떤 것인가? 그들은 롬 4:11을 어떻게 설명하고 있는가? 개혁 교회의 신앙고백서는 유아 세례의 근거에 대하여 어떻게 말하고 있는가? 유아 및 성인 세례의 근거에 대한 칼빈의 입장은 무엇인가? 가정적 중생론에는 어떤 위험이 뒤따르는가? 세례는 부모와 자녀 모두를 위한 성례라는 댑니의 입장에 대해서는 어떻게 생각하는가?

V
성찬

A. 이스라엘에서의 성찬의 유비

이스라엘에 기독교 세례의 유비가 있듯이 성찬의 유비도 있다. 이방인들에게서와 마찬가지로 이스라엘에서도 희생 제사에는 제물을 먹는 예식이 뒤따랐다. 이것은 특히 화목제의 특징이었다. 희생 제물 가운데 내장에 붙은 기름만 제단 위에서 불사르고, 가슴은 제사장들에게 돌리고, 우편 뒷다리는 집례하는 제사장에게 주고(레 7:28-34), 나머지는 희생을 드리는 자와 그의 친구들을 위한 음식으로 사용했다. 그런데 레위법상 정결한 자여야 이 음식을 먹을 수 있었다(레 7:19-21; 신 12:7, 12). 이 식사의 상징적인 의미는 "믿음으로 의롭다 함을 받은 우리가 하나님과 더불어 우리 주 예수 그리스도로 말미암아 화평을 누린다"는 것이다. 이 식사는 또한 바쳐지고 수납된 희생 제사를 통하여 하나님이 자기 백성을 자기 집의 손님으로 받아들이실 뿐만 아니라 즐거운 친교와 언약의 공동 생활 안으로 그들을 연합시킨다는 것을 의미한다.

이스라엘은 이방인들의 제의 식사에 참여하는 것이 금지되었는데, 그 이유는 그 행위가 바로 다른 신들에게 그들의 충성을 표시할 것이기 때문이다(출 34:15; 민 25:3, 5; 시 106:28). 여호와와 그의 백성의 연합을 증거하는 제의 식사는 기쁨과 즐거움이 넘치는 시간이었으며, 그 자체가 남용되어 술잔치와 주정의 기회로 전락할 때도 있었다(삼상 1:13; 잠 7:14; 사 28:8). 유월절의 희생 제사에는 제의 식사가 뒤따랐다. 로마 가톨릭 교회에 반대하면서 개신교는 때때로 이 식사가 유월절의 전부라는 주장을 폈으나 이 같은 주장은 유지되기 어렵다. 유월절은 무엇보다도 속죄의 제사였다(출 12:27; 34:25). 이것은 희생 제사라고 불렸을 뿐만 아니라, 모세 시대에는 성소와 연결되었다(신 16:2). 어린 양은 레위인들이 잡았고, 피는 제사장들이 다루었다(대하 30:16; 35:11; 스 6:19).

그러나 이 절기는 희생 제사였으나, 그것이 전부는 아니었다. 그것은 또한 일종의 식사로서, 구운 어린 양과 누룩 없는 떡 그리고 쓴 나물을 먹었다(출 12:8-10). 희생 제사는 식사로 이어졌다. 이 식사는 후에 처음보다 더 복잡한 예식이 되었다. 신약은 유월절에 예표적인 의미를 부여하고 있으며(고전 5:7), 이 의식을 거행할 때마다 애굽으로부터 구원받은 사건을 회상했다. 이 의식은 우리가 약속된 메시야 안에서 죄의 굴레로부터 해방되고 하나님과 연합하는 것을 상징하고 인치는 의식이다. 예수님은 유월절 식사와 관련하여 성찬을 제정하셨다. 유월절에 있는 요소들을 사용함으로써 예수님은 매우 자연스럽게 성찬으로 넘어가셨다. 최근에 일부 비평가들은 예수께서 성찬을 제정하셨다는 사실을 의심하고 있으나, 복음서의 증거와 사도 바울의 독자적인 증언을 의심할 만한 이유는 없는 것이다(고전 11:23-26).

B. 성찬론의 역사

1. 종교개혁 이전 시대. 사도 시대에도 성찬의 거행에는 애찬이 뒤따랐다. 애찬을 위하여 성도들이 음식을 준비해 왔는데, 빈번히 이 애찬이 남용되었다(고전 11:20-22). 시간이 지나면서 애찬시에 가져온 음식들을 봉헌물과 희생 제물로 부르게 되었고, 사제가 감사의 기도를 드림으로써 이 봉헌물을 축복했다. 점차 이런 명칭들이 성찬의 요소들 안에도 적용되기 시작했으며, 마침내 성찬이 사제가 드리는 희생 제사의 성격을 띠게 되었고, 감사 기도를 통하여 이 요소들은 거룩히 성별되었다. 일부 초대 교회의 교부들(오리겐, 바실, 나지안주스의 그레고리우스)은 그리스도의 몸과 피가 모종의 방법으로 성례의 빵과 포도주와 연합된다는 주장을 견지했다.

아우구스티누스는 오랫동안 성찬론의 실제적인 발전을 저해했다. 그는 빵과 포도주를 그리스도의 몸과 피라고 말하면서도 상징과 상징이 의미하는 것을 구별하였고, 본질의 변화를 믿지 않았다. 그는 악인이 빵과 포도주를 받을지라도 몸을 받는 것은 아니라고 말하고, 성찬의 기념적 성격을 강조했다. 중세 시대에 아우구스티누스의 견해는 점차 화체설로 대체되었다. 주후 818년에 파스카시우스 라드베르투스(Paschasius Radbertus)가 이미 정식으로 이 교리를 제안했으나, 라바누스 마우루스(Rabanus Maurus)와 라트람누스(Ratramnus)의 강한 반대를 받았다. 11세기에 투어의 베렌가리우스(Berenger)와 랑프랑 사이에 이 문제를 둘러싸고 심한 논쟁이 벌어졌다. 랑프랑은 거침없이 "그리스도의 몸 그 자체가 사제의 손에 쥐어져서 쪼갬을 당하고 신자들의 이 사이에서 씹힘을 당한다"고 말했다.

이 견해는 투어의 힐데베르트(1134년)에 의하여 정의되었고 화체설로 명명되었다. 이 교리는 1215년의 제4차 라테란 회의에서 공식으로 채택되었다. 이 교리와 관련된 많은 문제들이 스콜라 신학자들의 논쟁의 주제로 등장했다. 예컨대 빵과 포도주가 예수 그리스도의 몸과 피로 변하는 것과 관련된 그리스도께서 빵과 포도주에 임재하시는 방식이라든지, 본질과 우연의 관계 등의 문제들이 토의되었다. 이 교리가 최종적으로 공식화된 것은 트렌트 공의회였다. 이 점은 「법령과 교회법」(Decrees and Canons)의 13부에 나타난다. 8개의 장과 11개의 법이 이 문제를 다룬다. 여기서는 핵심적인 것만을 다루기로 한다.

예수 그리스도는 참으로, 실제로, 그리고 본질적으로(truly, really, and substantially) 거룩한 성례 안에 임재하신다. 그가 하나님의 우편에 앉아 계신다고 해서 그가 본질적으로 그리고 성례적으로 여러 곳에 동시적으로 임재하지 못한다는 말은 아니다. 성별의 말씀을 통하여 빵과 포도주의 본질이 그리스도의 몸과 피로 변한다. 그리스도가 전인적으로 미사의 빵과 포도주에 임재한다. 빵과 포도주의 조각을 받는 자마다 그리스도를 전인적으로 받는 셈이다. 그리스도는 성찬에 참여하는 자가 빵과 포도주를 받기 전에 벌써 거기에 현존하신다. 그리스도께서 현존함으로 성찬 참여자는 자연히 예배하지 않을 수 없게 된다. 이 성례는 "성화의 은혜, 특별한 실제적 은혜, 소죄(小罪)의 용서, 죽을(치명적인) 죄로부터의 보존, 영원한 구원에 대한 확실한 소망을 산출한다."

2. 종교개혁 시대와 종교개혁 후 시대. 종교개혁자들은 이구 동성으로 제의적 성찬론과 중세의 화체설을 반대했다. 그러나 그들은 성찬에 관한 성경적 교리를 세울 때에는 서로 견해의 차이를 보였다. 루터는 츠빙글리에 반대하면서 성찬을 제정한 말씀을 문자적으로 해석하여, 성찬시에 그리스도께서 육체로 임재하신다는 점을 강조했다. 그러나 그는 화체설을 이른바 공재설(consubstantiation)로 대체했는데, 이 이론은 오컴(Occam)이 그의 저서 「제단의 성례에 관하여」(De Sacramento Altaris)에서 길게 변증한 이론으로서, 이 이론에 따르면 그리스도는 빵과 포도주와 '함께, 안에, 그리고 그 밑에' (in, with, and under) 계신다고 한다. 츠빙글리는 그리스도께서 성찬시에 육체적으로 현존하신다는 점을 절대적으로 부인하면서, 성찬 제정의 말씀을 하나의 비유로 해석했다. 그는 성례를 주로 기념 행사로 보았다. 그러나 그는 성례 안에서 그리스도께서 신자의 믿음에 대하여 영적으로 임재한다는 사실은 부인하지 않았다.

칼빈은 중립적인 입장이었다. 츠빙글리와 마찬가지로 그는 성례에서 주께서 몸으로 임재하신다는 사실을 부인했다. 그러나 츠빙글리와는 달리, 성찬에서 주의 임재는 비록 영적이지만 실재적인(real) 임재임을 강조하면서, 그리스도의 임재가 영적인 덕과 효력의 원천이라고 주장했다. 더욱이 성찬을 인간의 행동(기념이든 신앙고백이든지간에)

으로 보지 않고, 그것을 어디까지나 일차적으로는 인간에 대한 하나님의 은혜로운 선물이요 오직 이차적으로만 기념의 식사요 신앙고백의 행위라고 보았다. 루터와 마찬가지로 그에게도 성찬은 일차적으로는 믿음을 강화시키기 위하여 신적으로 제정된 방편이었다.

소지니주의자들과 알미니우스주의자들과 메노파(Mennonites)는 성찬이 다만 하나의 기념 행사요, 신앙고백 행위이며, 도덕적 증진을 위한 방편이라고 보았다. 이 견해는 합리주의의 영향을 받아 통속적인 견해가 되었다. 슐라이어마허는 성찬이 교회의 품 안에서 특별히 강력한 방식으로 그리스도와 생명의 교통을 보존하는 방편이라는 사실을 강조했다. 많은 중도파 신학자들은 루터파에 속해 있으면서도 공재설을 포기하고, 성찬시에 그리스도께서 영적으로 임재한다고 주장하는 칼빈의 견해에 가까운 입장을 보였다.

C. 성찬에 관한 성경의 명칭

신약의 처음 성례에 관한 명칭은 단 하나뿐이지만, 지금 고찰하고 있는 성례는 여러 가지이며, 모두 다 성경에서 추론된 것이다. 그 명칭들은 다음과 같다.

1. 주의 만찬(데이프논 퀴리아콘). 이 명칭은 고전 11:20에서 나왔다. 이 명칭은 개신교권에서 가장 보편적으로 쓰이는 명칭이다. 아마도 이 성경 구절에서 바울은 성례와 애찬을 명확히 구분하려고 했던 것 같다. 고린도 교인들은 양자를 함께 거행했는데, 그들이 이를 남용함으로써 양자가 실질적으로는 일치하지 않는 결과를 낳게 되었던 것으로 판단된다. 특히 이 만찬이 주의 만찬이라는 점에 강조점이 있다. 이 만찬은 부자가 가난한 자를 초청하여 그들을 인색하게 대하는 자리가 아니라 주께서 모든 자들에게 풍부하게 공급해 주시는 자리이다.

2. 주의 상(트라페자 퀴리우). 이 명칭은 고전 10:21에서 발견된다. 고린도의 이방인들은 우상에게 제물을 바치고 제사 후에는 앉아서 제의 식사를 거행했다. 아마도 일부 고린도 교인들이, 인간은 다 같으니까 그들의 자리에 합석한다 하더라도 별로 문제될 것이 없다고 생각했던 것 같다. 그러나 바울은 분명한 어조로, 우상에게 제사를 드리는 것은 귀신에게 제사를 드리는 것이요 그와 같은 제의 식사에 참여하는 것은 귀신과 교제를 나누는 것에 해당한다고 경고했다. 이것은 주의 상에 앉아서 주께 충성을 서약하면서 그와의 연합을 시행하는 것과는 절대적으로 충돌된다.

3. 떡을 뗀다(클라시스 투 아르투). 이 말은 행 2:42에서 사용되고 있다. 이 용어는 여러 가지 가능성을 고려할 때, 성찬만이 아니라 애찬까지도 가리키는 것으로 이해할 수 있다. 그러나 여하튼간에 이 용어가 성찬을 가리킨다는 사실만은 부인할 수 없다. 이 명칭은 또한 주께서 제정하신 바에 따라 떡을 뗀다는 의미도 있다.

4. 축사(유카리스티아), 축복(유로기아). 이 말들은 고전 10:16; 11:24에서 사용된다. 마 26:26, 27에는 주께서 떡을 떼사 축복하시고 잔을 가지고 사례하셨다는 기록이 나온다. 모든 가능성을 고려해 볼 때, 이 두 단어는 상호 교대로 사용되고 있으며 축복과 축사를 함께 지칭하고 있다. 축사와 축복의 잔은 성별된 잔이다.

D. 성찬의 제정

1. 제정에 관한 다양한 서술. 성찬 제정에 관한 기록은 공관복음서에 각각 1회씩, 그리고 고전 11장에 1회, 도합 4회 기록되어 있다. 요한은 유월절의 먹는 일에 관하여 말한다. 그러나 그는 새로운 성례가 제정되었다고는 말하지 않는다. 이 기록들은 각기 독자적인 내용을 담고 있는 것으로서 서로를 보완하는 역할을 한다. 분명한 사실은 주께서 성찬을 유월절 식사를 마치기 전에 제정하셨다는 것이다. 새로운 성례는 유월절 식사의 중심적 요소와 연관이 있었다. 어린 양과 함께 먹었던 떡은 새로운 용도를 위하여 성별된 것이었다. 이 사실은 일반적으로 '축복의 잔'으로 불리는 세 번째 잔이 새로운 성례에 있어서 두 번째 요소로 사용되었다는 점에서 분명해진다. 이와 같은 경로를 통하여 구약의 성례가 아주 자연스럽게 신약의 성례로 전이되었다.

2. 어린 양을 떡으로 대치함. 유월절 양은 상징적인 의미가 있었다. 모든 피의 제사와 같이 유월절 양은 피 흘림이 죄 사함에 필요하다는 사실을 이스라엘 백성들에게 가르쳐 주었다. 그 외에도 그것은 예표적인 의미가 있었는데, 즉 정하신 때가 되어 이 세상에 오셔서 세상 죄를 제거할 대희생 제사를 예표했다. 마지막으로, 그것은 아울러 이스라엘의 구원을 기념하는 국가적 의미도 있었다. 그러나 하나님의 참된 어린 양이 출현하여 죽임을 당하는 시점에 이르게 되었을 때, 상징과 예표가 사라져야 한다는 것은 당연한 일이었다. 예수 그리스도의 완전히 충분한 희생은 더 이상 피 흘리는 일이 필요 없게 만들었다. 따라서 피의 요소가 속성은 그대로 지니면서도 피 없는 요소로 대치되는 것은 전적으로 합당한 일이었다. 더욱이 그리스도의 죽으심을 통하여 인간과 하나님 사이의 막힌 담이 헐렸으며, 구원의 복이 온 세상을 향하여 퍼져 나갔다. 이

같은 사실에 비추어 볼 때, 민족적 성격을 띤 상징인 유월절이 민족주의와 전혀 관련 없는 상징으로 대치되었다는 것은 매우 자연스러운 일이다.

3. 행위와 용어의 의미.

(1) **상징적 행동.** 성찬의 제정에 관한 모든 기록들은 떡을 떼는 것을 말하고 있다. 예수님은 떡을 떼는 일이 죄인을 구속하기 위하여 자신의 몸이 찢길 것을 상징한다고 분명히 가르치셨다. 예수께서 제자들의 면전에서 떡을 떼었기 때문에 개신교 신학은 일반적으로 이 행동을 언제나 성도들이 보는 앞에서 행해야 한다는 점을 강조한다. 이 중요한 행동은 하나의 상징으로 행해진 것이며, 상징은 보이는 것이어야 한다. 떡을 떼신 후에 주께서 잔을 가지고 축사하시고 그것을 그의 제자들에게 주셨다. 주께서 그들 앞에서 포도주를 부은 것 같지는 않다. 그러므로 이 행위는 성찬의 필수 요건으로 간주되지 않는다. 그러나 빌링가(Wielinga) 박사는 떡을 떼었다는 사실에 근거하여, 포도주도 수찬자들이 보는 앞에서 집례자가 잔에 부어야 한다고 말한다. 예수님은 자연스럽게 누룩 없는 떡을 사용하셨다. 그 이유는 그 떡이 쉽게 이용할 수 있는 유일한 떡이었기 때문이다. 또 포도주는 팔레스타인 지역에서 평범한 음료로 널리 사용되고 있었기 때문에 성찬의 재료로 사용되었다. 그러나 떡이나 포도주를 반드시 사용하도록 강조한 일이 없기 때문에 누룩 있는 떡과 다른 종류의 음료나 술을 사용해서는 안 된다는 법은 없는 것이다. 제자들이 비스듬히 누워서 떡과 포도주를 받았던 것은 분명한 사실이다 그러나 그렇다고 해서 신자들이 앉거나 서거나 무릎 꿇고 떡과 포도주를 받아서는 안 된다는 말은 성립될 수 없다.

(2) **명령의 말씀.** 예수님은 행동과 함께 명령의 말씀도 주셨다. 예수님은 떡을 제자들에게 주시면서 "받아 먹으라"고 말씀하셨다. 그는 이 명령을 주시면서 육체적인 먹음뿐만 아니라 믿음을 통하여 그리스도의 몸을 영적으로 소유하는 것을 염두에 두셨음이 분명하다. 이 명령은 무엇보다도 사도들에게 주어진 명령이지만, 모든 시대의 모든 교회를 위한 명령이기도 하다. 눅 22:19에 따르면(비교. 고전 11:24), 다음과 같은 말씀을 첨가하셨다. "이를 행하여 나를 기념하라." 어떤 학자들은 이 말씀에 근거하여, 예수께서 제정하신 성찬이 기념 식사에 불과하다는 견해를 제시한다. 그러나 요 6:32, 33, 50, 51; 고전 11:26-30에 근거해 볼 때, 그 이상의 의미가 있는 것이 틀림없다. 성찬이 기념 의식이라고 말할 때는 그리스도의 인격보다는 그리스도의 희생의 사역을 기념하는 것이라는 의미가 있는 것이다. 잔과 관련하여 주님은 또다른 명령을 주셨다.

떡을 떼신 후에 주님은 잔을 가지고 축사하신 후에 '마시라'고 명령하셨다. 누가복음에 있는 표현대로 한다면, "이것을 갖다가 너희끼리 나누라"고 예수님은 명령하셨다. 여기서 말하는 잔이 잔에 담긴 내용물을 의미하는 것은 분명하다. 왜냐하면 잔은 나뉠 수 없는 것이기 때문이다. 이 말에 근거하여 생각해 볼 때 아주 분명하게 드러나는 사실은, 주께서 떡을 떼고 포도주를 나누는 두 가지(sub utraque specie)로 성례를 집행할 것을 시사하셨으며, 따라서 잔을 평신도들이 접하지 못하게 한 로마교회의 관습은 잘못된 것이라는 점이다. 그리스도는 이같이 두 가지 요소를 사용하심으로써 그의 몸이 찢겨서 몸과 피가 분리되었다는 것과, 성찬은 영혼에 자양분을 공급하여 소생시키는 역할을 한다는 개념을 시각적으로 생생하게 표현하셨다.

(3) **설명의 말씀.** 떡에 관련된 명령의 말씀 뒤에는 설명의 말씀이 뒤따른다. 이 말씀에 있는 '이것은 내 몸이니'라는 표현이 심각한 논쟁을 야기시켰다. 이 말씀은 여러 가지 방법으로 해석될 수 있다.

① 로마교회는 연사(連辭)인 '이니'를 강조한다. 이 말 속에 담긴 예수님의 진정한 의도는, 자기 손에 들고 있는 내용물이 빵과 같은 외양과 맛을 지니고 있다 할지라도 실제로 그의 몸이라는 것이다. 그러나 이것은 전적으로 타당성이 없는 이론이다. 여러 가지 가능성을 고려해 볼 때 예수님은 아람어로 말씀하셨고 전혀 연사를 사용하지 않으셨다. 그는 몸으로 제자들 앞에 서 있긴 했지만, 그의 손에 쥐고 있는 물질이 진짜 그의 몸이라고 말하려고 했다고는 보기 어렵다. 뿐만 아니라 로마 가톨릭 교회의 입장에서도 그가 "이것은 내 몸이다"라고 이해하기보다는 오히려 "이것은 지금 내 몸이 되고 있다"라고 이해하는 것이 일반적인 경향이다.

② 칼슈타트(Carlstadt)는 예수님의 이 말씀이 그의 몸을 지시하는 것이라는 새로운 견해를 제시했다. 그의 주장에 따르면, 중성 토토는 남성 아르토스를 가리키는 것이 아니라는 것이다. 그러나 빵은 하나의 사물로서, 중성으로 표현되었다는 생각도 충분히 있을 수 있다. 더욱이 이러한 상황에서는 그런 진술은 어리석다.

③ 루터와 루터파에서는 '이니'(is)를 강조한다. 그러나 그들도 예수께서 비유적으로 말씀하셨다는 사실은 인정한다. 그들에 따르면, 성찬시에 예수께서 사용하신 비유는 은유가 아니라 제유(synecdoche)라는 것이다. 즉, 주께서 제자들에게 다음과 같은 의미로 말씀하시고자 한 것뿐이다: "떡과 그리스도의 몸의 본질이 여전히 별개의 것으로 남아 있지만, 너희가 떡을 먹을 때에 떡 안에, 그리고 떡 아래, 그리고 떡과 함께 나의 몸도 먹는다." 이 견해는 주의 몸의 육체의 편재라는 불가능한 교리를 말하지 않으

면 안 되는 난관에 봉착한다.

④ 칼빈을 비롯한 개혁파 신학자들은 예수님의 말씀을 은유적으로 이해한다. "이 것은 내 몸이니"라는 진술은 "내가 곧 생명의 떡이니"(요 6:35), "내가 참포도나무요"(요 15:1) 등과 같은 유사한 선언들과 같이 제자들이 쉽게 이해할 수 있는 진술이었다. 동 시에 개혁파 신학자들은 떡은 다만 그리스도의 몸을 상징하는 것에 지나지 않는다는 츠빙글리의 견해를 거부하면서, 떡은 하나님의 언약적인 자비를 인치고 영적인 자양 분을 전달한다는 사실을 강조한다. 이 같은 사실 외에도 예수님은 "너희를 위하여 주 는"이라는 선언을 덧붙이셨다. 이 말씀은 아마도 예수님의 몸이 제자들의 유익을 위해 주어진다는 생각을 표현하는 것 같다. 예수께서 자신의 몸을 주시는 이유는 제자들의 구속을 확고하게 보장해 주기 위함이었다. 따라서 그 몸은 주님의 직계 제자들뿐만 아 니라 모든 믿는 자들을 위한 희생인 것이다.

잔에 관련해서 몇 가지 설명이 필요하다. 주께서는 다음과 같은 중요한 선언을 하 셨다: "이 잔은 내 피로 세우는 새 언약이니"(눅 22:20). 이 말씀은 새 언약의 피로서의 구주의 피와 출 24:8에 언급된 옛 언약의 피를 대비시키는 사상을 암시하고 있다. 후 자는 신약적인 실재에 대한 그림자적인 표현에 지나지 않는다. '너희를 위하여'라는 말씀은 '너희를 위하여 주는'이라는 말씀보다 결코 더 넓게 적용되는 것이 아니다. 이 말씀은 '아무런 차별이 없이 모든 사람들을 위하여'라는 무제한적인 의미로 이해되어 서는 안 되고 '너희와 진실로 나의 제자인 모든 자들을 위하여'라는 제한적인 의미로 이해되어야 한다. "너희가 이 떡을 먹으며 이 잔을 마실 때마다 주의 죽으심을 오실 때 까지 전하는 것이니라"는 고전 11:26의 결론적인 말씀이 그리스도의 희생적 죽음의 기념으로서의 성찬의 영구적인 의미를 지시한다. 동시에 이 본문은 성찬이 주님께서 재림하실 때까지 정기적으로 거행되어야 한다는 점을 시사하기도 한다.

E. 성찬이 의미하고 인치는 것들

1. 성례가 의미하는 것들. 성례의 특징 가운데 하나는 그것이 감각적이고 외적인 상징들을 통하여 하나 또는 그 이상의 영적인 진리들을 표현한다는 점이다. 성찬에 있 어서의 외적인 상징에는 가시적인 요소들뿐만 아니라 떡을 떼고 포도주를 붓는 일, 먹 고 마심으로써 떡과 포도주를 완전히 자기 것으로 삼는 것, 다른 이들과 친교하는 것 등이 포함된다. 다음과 같은 점들을 주목할 필요가 있다.

(1) 성찬은 주의 죽으심을 상징적으로 표현한다(고전 11:26). 구약의 희생 제사에서 예표된 구속이라는 핵심적인 사실이 신약의 성례에 등장하는 의미 있는 상징들을 통하여 명확히 표현된다. "너희를 위하여 주는" 혹은 "많은 사람을 위하여 흘리는" 등과 같은 성찬 제정의 말씀은 그리스도의 죽음이 그의 백성들의 유익을 위하여, 그리고 그들을 대신하여 이루어진 희생적인 죽음이라는 사실을 시사한다.

(2) 성찬은 또한 신자가 십자가에 못 박힌 그리스도에 참여하는 것을 상징한다. 성찬을 거행할 때, 성찬 참여자들은 상징들을 바라볼 뿐만 아니라 그것들을 또한 받아 먹는다. 비유적으로 말해서 그들은 "인자의 살을 먹고 그의 피를 마신다"(요 6:53). 다시 말하자면, 그들은 그리스도의 희생적인 죽음에 의하여 확보된 유익을 상징적인 의미에서 자기 것으로 내면화시키는 것이다.

(3) 성찬은 믿음의 대상으로서의 그리스도의 죽으심과, 신자를 그리스도께로 연합시키는 믿음의 행동을 표현할 뿐만 아니라, 영혼에 생명과 힘과 기쁨을 주는 이 행동의 효과도 아울러 표현한다. 이 사실이 사용된 상징들 안에 나타나 있다. 떡과 포도주가 인간의 육체적인 생명을 양육하고 힘을 공급해 주듯이 그리스도께서도 영혼의 생명을 유지시키고 소생시킨다. 성경은 신자들이 그리스도 안에서 생명과 힘과 행복을 소유하게 된다고 가르친다.

(4) 마지막으로, 성찬은 신자들 상호 간의 연합을 상징하기도 한다. 예수 그리스도의 신비스러운 몸의 지체로서 영적인 통일성을 구성하는 신자들은 같은 떡을 떼고 같은 포도주를 마신다(고전 10:17; 12:13). 떡과 포도주를 같이 받음으로써 그들은 서로 친교를 갖는다.

2. 성찬이 인치는 것들. 성찬은 상징일 뿐만 아니라 인(印)이기도 하다. 오늘날 많은 신자들이 이 사실을 파악하지 못함으로 말미암아 대단히 피상적인 성례관을 가지게 되었다. 그들은 성찬을 단지 그리스도를 기념하는 것으로, 그리고 그리스도인의 신앙고백의 표(badge)로만 간주한다. 성례의 두 가지 특성 곧 표지와 인은 서로 밀접한 상관성이 있다. 하나의 상징으로서의 성례, 달리 말하면 성례는 성례가 의미하는 모든 것과 함께, 계시된 하나님의 언약의 은혜에 대한 보증이다. 하이델베르크 요리문답은 이렇게 말한다: 그리스도는 "이 보이는 표징과 보증을 통하여 다음과 같은 것을 우리에게 확신하게 하려고 한다. 즉, 우리는 우리의 입으로 그를 기념하는 이 거룩한 표지를 받는 것과 같이 확실하게 성령의 역사를 통하여 그의 참된 몸과 피에 참여할 수 있

다는 것이다. 그리고 그의 모든 고난과 죽음이, 마치 우리 자신이 우리 죄로 인하여 고난당하고 하나님께 만족을 드릴 수 있는 것과 같이 확실히 우리의 것이라는 것이다."

여기서 다음과 같은 점들을 주목할 필요가 있다.

(1) 성찬은 참여자에게, 그리스도께서 신자들을 위하여 수치스럽고 비참한 죽음에 자신을 내어 주셨다는 사실에 계시된 그리스도의 위대한 사랑을 인쳐 준다. 이 사실은 성찬이 단순히 희생적인 자기 포기의 실재를 증언하는 것만을 의미하는 것이 아니라 성찬에 믿음으로 참여하는 자들에게 그들이 개인적으로 비할 데 없는 사랑의 대상임을 확신시켜 주기도 하는 것이다.

(2) 뿐만 아니라 성찬은 성찬에 믿음으로 참여하는 신자들에게, 구속 사역의 모든 충만함 안에서 그들의 구주로서 그들을 위하여 자신을 주신 그리스도의 사랑과 은혜를 약속해 줄 뿐만 아니라 모든 언약의 약속들과 복음의 모든 풍성한 은혜가 거룩한 선물로서 그들의 것이 되었고 그들이 그 선물들을 요구할 수 있다는 개인적인 확신도 아울러 심어 준다.

(3) 한편, 성찬은 성찬에 믿음으로 참여한 신자에게 복음의 풍성한 약속을 비준하여 줄 뿐만 아니라, 구원의 복이 실제로 그의 소유가 되었다는 사실을 확신시켜 준다. 몸이 떡과 포도주로써 양분을 공급받고 신선한 힘을 얻는 것처럼, 믿음을 통하여 그리스도의 몸과 피를 받은 영혼도 현재 영생을 소유할 뿐만 아니라 앞으로 더욱더 풍성하게 소유할 것이다.

(4) 마지막으로, 성찬은 상호적인 성격을 가진 인이다. 성찬은 성례에 참여하는 자가 하는 신앙고백의 표지이기도 하다. 그들은 떡을 떼고 마실 때마다 그리스도를 자신들의 구주로 고백하며, 왕으로서의 그리스도께 충성을 서약하며, 그의 거룩한 명령에 순종하는 삶을 살 것을 서약하는 것이다.

F. 성찬시에 임하는 성례적 연합 혹은 그리스도의 실제적인 임재의 문제

이 문제와 더불어 우리는 예수 그리스도의 교회에서 오랫동안 의견의 차이를 보여왔고 지금도 의견의 차이를 좁히지 못하고 있는 문제에 접하게 된다. 표징과 표징이 의미하는 것의 관계 곧 성찬시의 그리스도의 임재의 성질의 문제에 대해서는 한 번도 의견의 일치를 본 적이 없었다. 여기서는 네 가지 견해를 다루어 보기로 하자.

1. 로마교회의 견해. 로마교회는 성례적 연합을 물질적 의미로 생각했다. 그러나 이

와 같은 의미의 성례적 연합 이론은 정당화되기 어렵다. 그 표현에 따르면, 적절한 의미의 연합이란 있을 수 없기 때문이다. 표징은 의미하는 것과 결합되는 것이 아니라 그것을 위해 길을 터 주기 때문이다. 사제가 "이것은 내 몸이라"(*hoc est corpus meum*)는 예전문을 낭독할 때 빵과 포도주가 그리스도의 몸과 피로 변화된다고 로마교회는 말한다. 물론 이와 같은 변화가 일어난 후에도 빵과 포도주의 모양과 맛은 변하지 않는다고 말한다. 이것들의 본질은 변할지라도 속성은 그대로 남는다. 빵과 포도주의 형태로 예수 그리스도의 육체적인 몸과 피가 임재한다.

이에 대한 성경적 근거는 "이것이 내 몸이니"라는 성찬 제정의 말씀과 요 6:50 이하에서 발견된다. 그러나 앞구절은 요 14:6; 15:1; 10:9 등과 같이 비유적인 표현임이 분명하며, 뒷구절은, 문자적으로 이해하면, 성찬을 먹는 자마다 하늘에 가지만 성찬을 먹지 못하는 자는 누구도 영생을 얻지 못한다는 것을 가르치는 것이 되어(53, 54절) 로마교회 자체도 허용할 수 없는 것이 될 것이다. 더욱이 63절은 분명히 영적인 해석을 지칭한다. 뿐만 아니라 예수께서 떼신 떡을 그 떡을 다루는 몸과 동일시하는 것은 전적으로 불가능한 해석이다. 뿐만 아니라 성경은 본질이 변화된 것으로 가정된 떡까지도 그대로 떡이라고 부른다(고전 10:17; 11:26, 27, 28). 이와 같은 로마교회의 견해는 인간의 감각에도 맞지 않는다. 떡과 포도주의 모양과 맛을 실제로 몸이요 피라고 믿을 것을 우리에게 요구하기 때문이다. 실체와 속성의 분리를 믿는 것과 물리적인 몸이 동시에 여러 곳에 임재하는 것을 믿는 것은 인간의 이성에 반하는 것이다. 따라서 성체(聖體)를 높이고 숭상하는 것은 잘못된 것이다.

2. 루터파의 견해. 루터는 화체설(化體說, transubstantiation)을 거부하고 그것을 공재설(共在說, consubstantiation)로 대체했다. 루터에 의하면, 떡과 포도주는 아무런 변화가 없이 남아 있으나, 그럼에도 불구하고 성찬에는 떡과 포도주 안에, 그리고 그 아래, 그리고 그것들과 함께, 몸과 피를 포함하는 그리스도의 전인격이 신비스럽고 기적적인 방법으로 임재한다고 한다. 루터와 그의 추종자들은 그리스도의 육체적인 몸과 피가 성찬시에 장소적으로 임재(local presence)한다고 주장한다. 루터파는 때때로 자신들이 성찬시에 그리스도께서 장소적으로 임재한다고 가르친다는 사실을 부인하면서, '장소적'(local)이라는 단어를 달리 해석한다. 그리스도의 육체적 본질이 장소적으로 임재한다는 말은 모든 다른 몸들이 같은 공간으로부터 배제된다는 뜻이 아니며, 그리스도의 인성이 어디에나 있지 않다는 것, 예컨대 하늘에는 없다는 의미도 아니다. 그것은 다만 자성이 자석 안에 장소적으로 임재하고 영혼이 육체 안에 장소적으로 임재하는 것

처럼 그리스도의 육체적 본질이 성찬 안에 장소적으로 임재한다는 말이다. 따라서 그들은 소위 입으로 먹는 것(*manducatio oralis*)을 가르치고 있는 셈이다. 이 말의 의미는, 성찬시의 떡과 포도주에 참여하는 자들은 단순히 믿음을 통하여 주의 몸과 피를 자기의 것으로 소유하는 것만이 아니라 그것들을 '신체의 입'으로 먹고 마신다는 것이다. 합당하지 않은 자도 성찬을 받으나 그에게는 정죄밖에 안 된다. 이 견해는 로마 가톨릭 교회의 견해와 별반 다른 것이 없는 견해이다. 이 견해가 속성의 변화 없는 본질의 변화의 반복적인 기적을 포함하지는 않지만 말이다. 그러나 속성의 변화 없이 본질만이 변화하는 기적은 있을 수 없다. 더욱이 이 교리는 주의 영광스러운 인성이 편재한다는 불가능한 교리를 가르치게 되는 바, 이는 루터파도 부인하는 교리다.

3. 츠빙글리의 견해.　츠빙글리의 성찬론에는 결함이 많다는 생각이 지배적이고, 이 같은 생각에 근거가 전혀 없는 것은 아니다. 그는 성찬이란 하나의 표징 또는 상징으로서, 영적인 진리와 복을 비유적으로 표현하고 상징하는 것에 지나지 않으며, 그 상징을 받는 것은 그리스도께서 죄인들을 위하여 행하신 일을 단순하게 기념하는 그리스도인의 신앙고백의 표(badge)에 지나지 않는다고 가르친 것으로 알려져 있다. 그러나 이 같은 생각은 이 스위스의 개혁자를 잘못 이해한 것이다. 그가 한 말 중 일부는 그에게 성례란 단순한 기념 의식으로서 신자들이 서약하는 표지와 상징일 뿐이라는 사상을 전하는 것이 사실이다. 그러나 그의 저서에는, 좀 더 깊은 성찬의 의미를 전달하고 성찬을 하나님께서 신자들을 위하여 하시는 일에 대한 인(印) 또는 보증(pledge)으로 간주하고 있는 내용이 들어 있다는 사실을 놓쳐서는 안 된다. 사실상 시간이 지나면서 그는 생각을 조금씩 바꾼 것 같다. 이 문제에 대해 그가 생각했던 내용을 정확히 결정하는 것은 매우 어려운 일이다. 그가 성찬론에서 모든 반지성적인 신비주의를 제거하고, 소박하고 단순하게 성찬을 표현하려는 경향으로 과도(過渡)하게 기울어졌던 것은 분명 사실이다. 그는 종종 성찬은 단지 주 죽으심을 상징하고 기념하는 것에 지나지 않는다고 말했다. 그는 성찬은 인(印) 또는 보증이라고 말하기도 했지만, 이러한 생각을 충분히 전개하지는 않았던 것 같다. 뿐만 아니라 그에게는 성례에서 하나님이 보증하신 것보다는 신자들이 서약한 것이 더 중요했다. 그는 그리스도의 몸을 받아 먹는 것과, 그를 믿고 그의 죽으심을 의지하는 것을 동일시했다. 그러나 그리스도께서 영적으로 신자의 믿음에 임재하신다는 사실은 부인하지 않았다. 그리스도는 다만 그의 신성으로만, 그리고 성찬에 참여한 신자들의 이해에만 임재하실 뿐이다.

4. 개혁파의 견해.　칼빈은 다음과 같은 이유로 츠빙글리의 성찬론을 반대했다. (1)

이 견해는 성례에 나타난 하나님의 선물을 희생시키면서 신자들의 행위를 강조한다. (2) 이 견해는 또한 그리스도의 몸을 먹는 것을, 그의 이름을 믿고 그의 죽으심을 의지하는 것에 지나지 않는 것으로 본다. 칼빈에 의하면, 성찬은 단순히 그리스도의 과거의 사역 곧 (츠빙글리가 생각하는 바와 같이) 죽으신 그리스도와 관련이 있을 뿐만 아니라, 그리스도의 현재의 영적 사역 곧 영광 중에 살아 계신 그리스도와도 관계가 있다. 칼빈은 그리스도께서 물론 육체적으로 그리고 장소적으로 성찬시에 임재하시지는 않지만, 몸과 피를 포함하는 전인(全人)으로서 임재하시며 또한 향유된다고 말한다. 그는 신자들과 구주의 전인격의 신비적인 연합을 강조한다. 그의 표현은 아주 명료하지는 않다. 그러나 그가 전하고자 하는 뜻은, 그리스도의 몸과 피가 성찬에 임재하지 않고 오직 하늘에만 장소적으로 임재할지라도, 신자가 성찬에서 떡과 포도주를 받을 때 생명을 주는 감화를 그에게 전달한다는 것이다. 이 감화는 실재적인 것이면서도, 육체적인 것이 아니라 영적이며 신비적이요, 성령을 매개로 하여 전달되는 것이며, 그리스도의 몸과 피를 상징적으로 받는 믿음의 행위를 조건으로 하여 전달되는 것이다.

이와 같은 그리스도와의 친교(communion)를 가능하게 하는 방식은 두 가지로 표현된다. 한편으로는 수찬자가 믿음을 통하여 자신의 마음을 그리스도께서 계신 하늘로 들어올리는 것으로 표현되고, 다른 한편으로는 성령이 그리스도의 몸과 피의 감화를 수찬자에게 내리는 것으로 표현된다. 댑니는 마치 수찬자가 성찬시에 그리스도의 몸과 피 자체를 받아 먹은 것처럼 말한 칼빈의 표현을 단호히 거부한다. 이것은 분명히 칼빈의 표현에서 애매한 부분이다. 어떤 때는 문자적인 의미의 육체적인 몸과 피를 지나치게 강조하는 것 같은 인상을 준다. 그러나 아마도 그의 말은 성례적으로 곧 비유적으로 이해하지 않으면 안 될 것 같다. 이와 같은 칼빈의 견해는 우리의 신앙고백서에서 발견된다(비교. 벨기에 신앙고백 35조; 하이델베르크 요리문답 75, 76문; 성찬 집례 모범). 이와 같은 칼빈의 교리에 대한 가장 보편적인 해석은 그리스도의 몸과 피가 다만 실질적으로(virtually) 임재한다는 것이다. 하지 박사의 말을 빌리면, "십자가에 달려 희생된 구주의 몸이 가져오는 덕과 효과는, 자신의 주권적인 뜻에 따른 도구로서 성찬을 사용하시는 성령의 권능을 통하여, 합당한 수찬자에게 임하고 전달된다."

G. 은혜의 방편으로서의 성찬 혹은 그 효력

주님이 직접 표징과 인(印)으로서 제정하신 성찬은 그 자체가 이미 은혜의 방편이다. 그리스도는 자기 제자들과 모든 신자들을 위하여 이것을 제정하셨다. 제자들이 성찬에 참여함으로써 유익을 얻는 것은 구주의 확고한 뜻이었다. 주님은 성찬을 은혜 언약의 상징과 인으로 제정하셨다. 상징적으로 먹고 마시는 행위는 자양분을 공급하고 소생시키는 것을 가리키는 것으로서, 요 6:48-58(이 본문이 성찬을 지시하는 것인지 아닌지는 여기서 문제가 되지 않는다)과 고전 11:17에 근거하고 있다.

1. 성찬에서 받는 은혜. 성찬은 신자들을 위해 제정된 것이므로 죄인들의 마음속에서 은혜의 사역을 창조하는 도구가 될 수 없다. 하나님의 은혜의 임재는 수찬자의 마음의 전제가 되는 것이다. 예수님은 그를 따르는 자들에게만 성찬을 시행하셨다. 행 2:42, 46은 믿는 자들이 꾸준히 떡을 뗀 일을 계속해온 것을 말하며, 고전 11:28, 29은 성찬에 참여하기 전에 자신을 돌아볼 것을 강조한다. 성찬에서 받는 은혜는 말씀을 통해 신자들이 받는 은혜와 그 종류가 다르다. 성찬은 단지 말씀의 효력과 받은 은혜를 증가시킬 뿐이다. 그것은 끊임없이 그리스도께로 더 가까이 나아가는 은혜요, 영적으로 자양분을 공급받고 다시 살리는 은혜요, 구원의 확신을 점점 증가시키는 은혜다. 로마 가톨릭 교회는 성찬이 주는 은혜의 목록으로, 성화시키는 은혜, 특별한 현실적 은혜, 소죄(小罪)의 용서, 죽어야 할 죄로부터의 보존, 그리고 구원의 확신을 열거한다.

2. 이 은혜의 사역의 방식. 그러면 성례는 이 점에서 어떻게 작용하는가? 성찬은 은혜의 공로적인 원인인가? 성찬은 수찬자의 영적인 상태와는 상관없이 그에게 은혜를 전달하는가? 아니면 그렇지 않은가?

(1) 로마 가톨릭 교회의 견해. 로마 가톨릭교도들에게 성찬은 하나의 성례일 뿐만 아니라 제사다. 성찬은 일차적으로 제사다. 그것은 '십자가의 희생 제사의 피 없는 갱신'이다. 이것은 그리스도께서 성찬에서 실제로 다시 죽으신다는 뜻이 아니라 어떤 점에서 그리스도께서 죽음과 방불한 외적인 변화를 겪으신다는 것이다. 주님은 떡을 가리켜 제자들을 위하여 주는 자기 몸이라고 말씀하셨고, 포도주를 가리켜 그들을 위하여 흘리는 자신의 피라고 말씀하시지 않았는가? 로마 가톨릭 교회의 논쟁가들은 빈번하게 이 제사는 대표적 혹은 기념적 성격을 가진다고 말하는 듯한 인상을 주기도 하지만, 이것이 로마교회의 교리는 아니다. 성찬에서 나타나는 그리스도의 희생은 실제적인 그리스도의 희생으로서, 화목을 이루는 효력을 지닌 것으로 간주되고 있다. 이 제사가 죄인에게 끼치는 공로가 무엇이냐라는 질문이 제기될 때, 로마교회 당국은 앞뒤가 맞지 않는 말을 한다. 그 대표적인 사례를 월머즈의 「기독교 지침서」(*Handbook of the Christian Religion*)에서 볼 수 있다. 이 책은 많은 로마 가톨릭 교회 계통의 학교에서

교과서로 사용하고 있는 책이다. 이 책 348쪽에 다음과 같이 기록되어 있다: "미사의 제사가 주는 열매를 우리는 다음과 같이 이해한다. 우리가 드리는 미사는 구속과 탄원의 제사로서 ① 자연적 은총뿐만 아니라 초자연적 은총까지도 전달하며 ② 죄와 죄에 대한 형벌의 사면을 전달한다. 그리스도께서 십자가 위에서 죽으심으로써 우리를 위하여 마련하신 공로는 미사를 통하여 우리에게 전달된다."

미사의 제사를 구속의 제사라고 말하는 한 앞에 인용한 마지막 문장은, 그리스도께서 십자가 위에서 이루신 공로가 오직 미사를 통해서만 미사에 참여하는 자들에게 전달된다는 것을 말하는 것 같다. 성례로서의 성찬에 관한 한 로마 가톨릭 교회는 성찬이 (사제의) 의식을 통하여(ex opere operato) 작용하는 것으로 가르친다. 이는 바꾸어 말해서, "성찬은 성례적 행동 그 자체의 힘으로 작용하는 것이지, 수찬자의 행동이나 성향 또는 성직자의 가치의 힘으로(ex opere operantis〈믿음과 은혜를 통해서〉) 작용하는 것이 아니라"는 말이다. 이 말은 또 떡과 포도주를 받는 모든 자들은 그들이 경건한 자들이건 악한 자들이건 간에 역시 떡과 포도주에 포함된 실체로 이해되는 바 상징이 의미하는 그 은혜를 받는다는 것이다. 성찬 의식 그 자체가 수찬자에게 은혜를 전달한다. 이와 동시에 로마교회는 또한 일관성이 없기는 하지만, 성찬의 효력은 어떤 장애물의 존재에 의하여, 영혼으로 하여금 은혜를 받을 수 있도록 만드는 성향의 결핍을 통하여, 그리고 사제가 교회의 요구를 듣지 아니함을 인하여 완전히 또는 부분적으로 정지될 수 있다고 가르치기도 한다.

(2) 개신교의 견해. 개신교의 대표적인 견해는 성찬이 의식(예식)을 통하여 작용하는 것이 아니라는 것이다. 성찬은 그 자체가 은혜의 원인이 아니라 단지 하나님의 손에 있는 도구에 불과한 것이다. 성찬의 효율적인 작용은 수찬자의 믿음 그 자체뿐만 아니라 믿음의 행동에 달려 있다. 불신자들은 떡과 포도주를 받을 수 있을지 모르나 그것들이 의미하는 것은 받을 수 없다. 그러나 일부 루터파와 성공회의 고교회파에서는 성찬의 객관성을 유지하고자 하는 열망에서 로마교회로 기울어지는 경향을 분명히 보여주고 있다. 일치 신조는 이렇게 고백한다. "우리가 믿고 가르치고 고백하는 바는, 그리스도 안에 있는 참된 신자들과, 성찬에 합당하게 참여하는 자만이 아니라 합당하지 못한 자들과 믿지 않는 자들도 그리스도의 참된 몸과 피를 받지만, 그렇게 해서는 아무런 위로나 생명을 받지 못하고, 그들이 돌이켜 회개하지 않으면 그들은 오히려 그 받는 것 때문에 심판과 정죄에 이르게 된다(고전 11:27, 29)."

H. 성찬 참여자

1. 성찬에 참여할 자격이 있는 자. "주님의 상에는 어떤 사람이 참여할 수 있는가?" 라는 질문에 하이델베르크 요리문답은 이렇게 답변한다. "자기의 죄 때문에 자신을 미워하면서도, 그리스도 때문에 이 죄가 용서를 받으며 그들의 남아 있는 결함도 그리스도의 고난과 죽음에 의해 가려지는 것을 믿으며, 또 자기들의 믿음이 더욱 굳세어지고 자기의 삶을 개선할 것을 원하는 사람들이다." 여기서 알 수 있는 사실은 성찬이 모든 사람들을 위하여 무차별하게 제정된 것이 아니라는 점이다. 심지어는 그리스도의 유형 교회 안에 자리를 차지하고 앉아 있는 자들을 위한 것이 아니라, 죄를 참으로 회개하고 예수 그리스도의 구속의 보혈이 이 죄들을 덮어 줄 수 있다고 믿으며 믿음을 굳세게 하고 참되고 거룩한 삶 안에서 자라가기를 원하는 자들을 위해 제정된 것이다. 성찬에 참여하는 자들은 회개한 죄인들로서, 자신들의 힘으로는 구원받을 수 없음을 기꺼이 인정하는 자들이어야 한다. 그들은 예수 그리스도에 대한 살아 있는 믿음을 소유한 자들로서, 구주의 구속의 피만이 자신들을 구속할 수 있다고 믿는 자들이다. 뿐만 아니라 그들은 성찬에 관하여 적절한 이해와 견해를 가지고 있어야 하며, 성찬과 보통의 식사를 구별해야 할 뿐만 아니라, 떡과 포도주가 그리스도의 몸과 피의 상징이라는 사실을 인정할 수 있어야 한다. 마지막으로, 그들은 영적으로 자라고 점점 더 그리스도의 형상을 닮아 가려는 거룩한 소원을 가진 자들이어야 한다.

2. 성찬에 참여해서는 안 될 자. 성찬은 성례로서 교회를 위한 것이기 때문에, 교회 밖에 있는 자들은 성찬에 참여할 수 없다. 그러나 몇 가지 제한이 더 필요하다. 교회 안에 자리를 차지한다고 해서 성찬 자리에 참여할 수 있는 것은 아니다. 다음과 같은 예외 조항에 주목할 필요가 있다.

(1) 자녀들은 구약 시대에는 유월절에 참여하는 것이 허용되었으나, 성찬에는 참여하는 것이 허용되지 않는다. 그 이유는 그들이 성찬에 참여하는 데 합당한 조건을 충족시키지 못하기 때문이다. 바울은 성찬에 참여하기에 앞서서 자신을 살필 것을 강조한다. "사람이 자기를 살피고 그 후에야 이 떡을 먹고 이 잔을 마실지니"(고전 11:28). 그런데 어린이들은 자기를 살필 수 있는 능력이 없다. 뿐만 아니라 합당한 방법으로 성찬에 참여하기 위해서는 몸을 분별해야 한다(고전 11:29). 다시 말해, 성찬에서 사용되는 재료와, 통상적인 떡과 포도주를 구별해야 한다는 것이다. 이와 같은 구별은 성찬에서 사용되는 떡과 포도주를 그리스도의 몸과 피를 상징하는 것으로 인식할 때 가능

하다. 이것 역시 어린이들의 능력을 넘어서는 것이다. 어린이들은 구별할 만한 나이가 되었을 때에야 성찬 예식에 참여할 수 있다.

(2) 유형 교회 영역 안에 있는 불신자들도 성찬에 참여할 수 없다. 교회는 성찬에 참여하기를 원하는 모든 자들에게 신뢰할 만한 신앙고백을 요구해야 한다. 교회는 마음속을 들여다볼 수 없다. 따라서 성찬에 참여하기를 원하는 사람에 대한 판단은 예수 그리스도에 대한 그의 신앙고백에 의존할 수밖에 없다. 종종 위선자들이 성찬에 참여하는 특권을 교회가 허용하게 될 때도 있다. 그러나 그들은 성찬에 참여함으로써 심판을 자초하게 된다. 그들의 불신앙과 불경건함이 명확해질 때 교회는 적절한 권징을 시행하여 그들을 축출해야 할 것이다. 교회와 성례의 성결은 보호되어야 한다.

(3) 심지어는 신자들이라 할지라도 어떤 상황에서나, 그리고 어떤 마음 상태에서나 항상 성찬에 참여할 수 있는 것은 아니다. 그들의 영적인 생활의 상태나 하나님과의 관계, 또는 그들이 동료 그리스도인들에 대하여 보인 태도에 따라 성찬 예식과 같은 영적인 행사에 참여할 자격을 상실할 수도 있다. 이 점을 바울은 고전 11:28-32에서 명확하게 밝히고 있다. 고린도 교인들 가운데 일부는 나쁜 관습에 젖어 있는 나머지 그들이 성찬에 참여하는 경우 성찬이 조롱거리가 될 우려가 있었다. 어떤 사람이 주님으로부터 멀리 떠나 있다든지 형제들로부터 멀리 떠나 있음을 의식하는 경우, 그는 교통(communion)으로서의 주의 상(床)에 참여할 자격을 상실하는 것이다. 그러나 구원의 확신이 결여되어 있다고 해서 성찬에 참여할 수 없는 것은 아니다. 왜냐하면 성찬은 믿음을 강화시키기 위한 바로 그 목적으로 제정된 것이기 때문이다.

깊은 연구를 위한 질문

성찬이 구약의 유월절을 대신하는 성례라는 주장은 입증될 수 있는가? 어떻게 입증될 수 있는가? 성찬을 시행하기 전에 떡을 네모 반듯하게 자르고 각각 다른 잔을 사용하는 것에 대해 어떻게 생각하는가? 이 성례와 관련하여 '실질적인 임재'는 무엇을 의미하는가? 성경은 그와 같은 실질적인 임재를 가르치고 있는가? 그렇다면 그 같은 생각은 그리스도의 인성이 비하의 상태로 임재하는 것이라고 말하는가, 영화의 상태로 임재하는 것이라고 말하는가? 개혁 교회의 영적인 임재 교리의 내용은 무엇인가? 요 6장의 예수님의 말씀은 실제로 성찬을 가리키는 것인가? 로마교회는 오직 하나의 빵과 포도주로서 성찬을 거행하여야 한다는 견해를 어떻게 옹호하는가? 제사로서의 성찬 개념은 어떻게 발생했는가? 이 개념에 대한 반론들은 무엇인가? '몸을 먹는다'는 것은 단순히 그리스도를 믿는다는 것인가? 제한 없는 성찬(open communion)은 변호될 수 있는가?

Louis Berkhof

종말론

서론

A. 철학과 종교에서의 종말론

1. 종말론은 보편적인 문제.   마지막에 될 일들에 관한 이론은 기독교에만 독특하게 존재하는 것은 아니다. 개인적이건 민족적이건, 인간의 삶에 대해 진지한 반성이 있었던 곳이면 어디에서나, 인간은 어디로부터 왔으며, 어떻게 해서 지금과 같은 존재가 되었는가 하는 물음뿐만 아니라, 인간은 장차 어디로 가게 될 것인지에 관한 물음 역시 제기되어 왔다. 사람들은 이렇게 물었다. 각 인간의 목적, 최종적 목적지는 어디인가? 인류 전체가 향해 가는 목표는 또 무엇인가? 인간은 죽으면 소멸되는가? 아니면 복이나 재난의 또다른 존재 상태로 들어가게 되는가? 인간의 세대는 끊임없이 연속하여 가고 오다가 결국에는 망각 속으로 빠져 들어가는 것인가? 그렇지 않다면, 인류의 후손들과 그들이 만든 모든 창조물들은 하나님께서 사람에게 정해 놓으신 어떤 신적인 목적, 곧 "종말"을 향하여 가고 있는 것인가? 또한 인간이 만약 어떤 최종적이고 이상적인 상태를 향하여 나아가고 있다면, 이미 왔다가 사라져 간 세대들도 어떻게든 여기에 참여하게 될 것인가? 그렇다면 그것은 어떤 방식으로 이루어질 것인가? 만일 그렇지 않다면 그들은 단지 장대한 클라이막스로 이르는 통로 구실을 할 뿐인가? 당연한 얘기겠지만, 이 세계의 역사가 시작이 있었던 것처럼 또한 마지막도 있을 것을 믿는 사람들만이 마지막 완성에 관한 이야기를 할 수 있으며, 또 종말에 관한 교리도 가질 수 있을 것이다.

2. 철학에서 종말론의 문제.   개인과 인류의 최종적인 운명이라는 문제는 철학자들의 사색에서도 매우 중요한 위치를 점하여 왔다. 플라톤은 영혼의 불멸성, 곧 죽음 이후에도 영혼이 계속하여 존재한다는 이론을 가르쳤는데, 이 이론은 지금까지도 철학의 한 중요한 사상으로 남아 있다. 스피노자의 범신론적 철학 체계에서는 이런 이론이 설 자리가 없지만, 볼프나 라이프니츠는 온갖 논증을 다 동원해서 이 이론을 옹호했다. 칸트는 이러한 논증들이 성립될 수 없는 것임을 강조했지만, 그럼에도 불구하고

그는 실천 이성의 요청으로서 영혼 불멸설을 남겨 두었다. 19세기의 관념론 철학은 이 이론을 배제해 버렸다. 사실, 해링이 말한 대로, "모든 종류의 범신론은 일정한 사색의 유형에 제한되어 있어서 어떠한 '궁극적인 것'으로도 나아가지 않는다." 스토아 철학에서는 연속적인 세계 순환을 이야기하고, 불교에서는 세계 영겁을 말하는데, 이 세계 순환과 세계 영겁 속에서, 각각 새로운 세상이 나타나고 또다시 사라져 간다고 했다. 심지어는 칸트조차도 이 세계의 탄생과 죽음에 관한 사색을 하고 있다.

3. 종교에서 종말론의 문제. 우리가 종말론적인 개념을 접할 수 있는 것은 역시 종교다. 원시적인 것이든 좀 더 발전된 것이든, 거짓 종교들조차도, 그들 나름의 종말론을 갖고 있다. 불교에는 열반이, 이슬람교에는 감각적 낙원이, 인디언들에게는 행복한 사냥터가 있다. 영혼이 죽음 이후에도 존재할 것이라는 믿음은 도처에서 갖가지 형태로 나타나고 있다. 애디슨(J. T. Addison)은 이렇게 말한다. "사람이 죽은 후에도 그 영혼은 살아 남는다는 믿음은 매우 보편적인 것이어서, 어느 종족이나 민족, 혹은 어떤 종교의 문헌에서건 이런 믿음이 지배하지 않고 있는 기록이란 찾아볼 수가 없다." 이런 믿음은 죽은 자가 계속 가까운 곳에서 떠돌고 있다는 신념이나, 조상 숭배, 죽은 자와의 영교 시도, 죽은 사람들이 사는 지하 세계에 대한 믿음, 혹은 영혼 윤회 사상 등에서 드러나는데, 어떤 형태로 표현되든 늘 이런 종말론은 존재해 왔던 것이다. 그러나 그와 같은 종교에서는 모든 것이 모호하고 불확실하다. 마지막에 될 일들에 관한 교리가 매우 정확하고, 또 그 교리가 신적인 기원을 가진 것이라고 확신을 주는 종교는 기독교 신앙뿐이다. 당연한 말이지만, 하나님의 말씀만을 전적으로 신뢰하지 않고 종말론의 교리를 체험과 기독교적 의식의 표현 방식에 따라 변화하는 것으로 간주하려는 사람들은 이에 대해 할 말이 별로 없다. 물론 그들도 영적인 각성과, 하나님의 조명하심과, 회개와 회심 등을 체험할 수 있고, 또 그들의 삶 속에 역사하시는 하나님의 은총의 열매들을 발견할 수도 있겠지만, 그들은 장차 올 세상의 실재에 대해서는 볼 수도, 경험할 수도 없다. 그들은 이에 대한 하나님의 증거를 받아들이든지, 아니면 계속 어둠 속을 더듬거릴 수밖에 없다. 만일 그들이 막연하고 불명확한 기대 위에 희망의 집을 짓고 싶지 않다면, 하나님의 말씀이라는 튼튼한 반석으로 돌아와야 할 것이다.

B. 교회사 속에서의 종말론

전반적으로 볼 때 기독교회는 교회의 장래와 그리스도인 개인의 장래에 대한 영광스러운 예언을 한 번도 잊어 본 일이 없다고 말할 수 있다. 그리스도인 개인이든 혹은 교회든 이러한 예언들을 생각하지 않고 지낼 수는 없었으며, 또 생각할 때마다 거기서 위로를 받아 왔다. 그러나 기독교회가 이 세상의 근심에 짓눌리거나, 이 세상의 쾌락에 탐닉하여 장래에 관한 생각을 거의 잊어버리는 적도 제법 있었다. 게다가 어떤 때는 장래의 소망 중에서 한 부분에 더 많은 관심을 쏟다가, 또 어떤 때에는 그 소망의 다른 부분에 더 치중하곤 하는 일들이 반복되었다. 교회가 태만할 때에는 이 기독교적 소망이 희미해지고 막연해지기도 하였지만, 그럼에도 불구하고 이 소망이 아주 사라져 버린 적은 한 번도 없었다. 이 점과 더불어 교회사를 통해서 볼 때, 종말론이 기독교 사상의 중심적인 위치를 점한 적은 한 번도 없었다는 사실이 언급되어야 한다. 교리의 다른 부분들은 모두 특별한 발전을 경험하는 시기가 있었지만, 종말론은 그렇지가 못했던 것이다. 종말론 사상의 역사는 세 단계의 시기로 구분할 수 있다.

1. 사도 시대부터 5세기 초엽까지. 교회는 그 초창기에도 기독교적 소망의 개별 요소들, 예를 들면, 육체의 죽음이 영원한 죽음은 아직 아니라는 것, 죽은 사람의 영혼은 계속해서 살아 남는다는 것, 그리스도께서 재림하신다는 것, 하나님의 백성에게는 복된 부활이 있으리라는 것, 그리고 그 후에는 대심판이 있어서 악인은 영원한 형벌에 처해지고, 경건한 사람은 하늘의 영원한 영광으로 상을 받게 될 것 등을 매우 잘 의식하고 있었다. 그러나 이러한 요소들은 단지 장래에 대한 소망에 포함된 별개의 부분들로만 여겨졌을 뿐, 교리적인 짜임새는 갖고 있지 못했다. 이런 다양한 요소들이 매우 잘 이해되어 있기는 했지만, 이들 요소 간의 상호 관계는 명확하게 드러나지 않고 있었던 것이다. 처음에는 종말론이 기독교 교리 체계의 중심이 될 만한 매우 유리한 상황에 놓여 있었다. 어떤 사람이 생각하는 것처럼 그렇게 두드러진 것은 아니지만, 처음 2세기 동안에는 천년왕국설이 다소 우세하고 있었기 때문이다. 그러나 우리가 알다시피 이 시기에는 종말론이 발전을 보지 못했다.

2. 5세기 초엽부터 종교개혁 때까지. 성령님의 인도하심 속에서, 교회의 관심이 장래에서부터 현재로 옮겨짐에 따라 천년왕국설도 점차 잊혀져 갔다. 특히 오리겐과 아우구스티누스의 영향 아래서는 반천년왕국적 관점이 교회를 풍미하게 되었다. 비록 이러한 종말론 교리들은 정통적인 교리로 간주되기는 했지만, 깊이 사색되지도, 체계적으로 발전하지도 못했다. 죽음 이후의 삶, 그리스도의 다시 오심, 죽은 자의 부활, 최후의 심판, 그리고 영광의 왕국에 대한 일반적인 믿음이 있기는 했어도, 이런 일들이 어떤 식으로 이루어질 것인가에 대해서는 거의 생각해 보지 않았던 것이다. 물질적이

고 현세적인 왕국 사상은 영생과 장래의 구원이라는 사상에 자리를 내주게 된 것이다. 세월이 흐르면서 교회가 관심의 중심부에 놓이게 되었고, 계급적 교회는 하나님의 나라와 동일시되게 되었다. 교회 밖에는 구원이 없다는 사상과, 교회가 장래를 위한 합당한 교육 훈련을 결정할 수 있다는 사상이 세력을 얻게 되었다. 지대한 관심이 중간기 상태, 특히 연옥설에 모아졌다. 이와 맞물려서 교회의 중보가 전면에 부각되고, 미사에 관한 교리, 죽은 자를 위한 기도에 관한 교리, 면죄부에 관한 교리 등이 생겨났다. 이러한 교회 지상주의에 대항하여 다시금 천년왕국설이 몇 가지 갈래로 나타났다. 이것은 부분적으로 교회의 배타주의와 세속성에 대한 경건주의적 반동이었다.

3. 종교개혁부터 현재까지. 종교개혁의 사상은 주로 구원을 적용하고 자기의 것으로 받아들인다는 개념에 초점이 모아졌는데, 종교개혁자들은 주로 이런 관점에서 종말론을 발전시키려고 노력했다. 초기의 많은 개혁주의 신학자들은 성도의 영화를 다루면서, 종말론을 단지 구원론에 부속된 교리로만 취급했다. 그 결과 종말론의 한 부분만이 연구되고 발전하게 되었다. 종교개혁자들은 그리스도의 재림, 부활, 최후의 심판, 그리고 영생이라는 관점에서만 초대 교회의 가르침을 받아들였으며, 재세례파에서 볼 수 있는 천년왕국설은 거부하였던 것이다. 가톨릭을 반대하는 입장에서 종교개혁자들은 중간기 상태에 관해서도 많은 연구를 해, 가톨릭이 주장하는 많은 교리를 거부하기도 했다. 그러나 종교개혁이 종말론의 발전에 큰 역할을 담당했다고 말하기는 어렵다. 경건주의에서는 천년왕국설이 다시금 나타났다. 18세기 합리주의 시대에는 종말론이 무미건조한 영혼 불멸로, 다시 말해 죽음 뒤에도 영혼은 그저 살아 남기만 할 뿐이라는 초라한 개념으로만 존속했다. 끝없는 발전이라는 개념을 포함하고 있는 진화론의 영향 아래에서 종말론은, 전혀 무의미한 것은 아니었지만, 거의 무의미한 것이 되어가고 있었다. 자유주의 신학은 예수님의 종말론적 가르침을 완전히 무시해 버린 채, 예수님의 윤리적 가르침만 중요시했다. 결과적으로 자유주의 신학은 종말론이라는 이름에 걸맞는 그런 종말론을 가질 수가 없었다. 내세성은 현세성으로 바뀌었으며, 영생에 대한 복된 소망은 철저히 현세적인 하나님 나라에 대한 사회적 희망으로 대치되었다. 그리고 죽은 자의 부활과 미래의 영광을 기대하는 예전의 확신은, 하나님께서는 사람들을 위해서 지금 우리가 누리고 있는 것보다 훨씬 더 좋은 것을 예비하고 계실지도 모른다는 막연한 믿음으로 바뀌어 버렸다.

제럴드 버니 스미스는 이렇게 말한다. "신학에서 미래의 삶을 다루는 분야만큼 사상의 변화가 두드러진 영역은 없었다. 이전에는 신학자들이 '마지막에 될 일들'에 관하여 자세한 이야기들을 해왔지만, 지금은 좀 더 일반적인 용어들을 사용하여, 육체의 죽음을 넘어 생명이 지속된다는 낙관적 신념의 합리적인 근거를 설명하려 하고 있는 것이다." 그러나 오늘날에는 좀 더 나은 변화의 징조들이 보인다. 전천년설의 새로운 흐름이 등장하여, 종파와 관계없이 현대의 몇몇 교회에 받아들여졌으며, 또 이것을 주장하는 사람들은, 부분적으로 특히 다니엘과 요한계시록의 연구에 근거를 둔 기독교적 역사 철학을 주장하고, 다시 한 번 시대의 종말에 관심을 모으도록 격려했다. 바이스와 슈바이처는, 예수님의 사상 체계에서는, 그저 "중간 윤리"에 지나지 않는 그의 윤리적인 교훈보다는 종말론적인 가르침이 훨씬 더 중요하다는 사실에 관심을 불러모았다. 칼 바르트도 역시 하나님의 계시의 종말론적 요소를 강조하였다.

C. 교의학의 다른 영역과 종말론의 관계

1. 이 관계를 흐리게 하는 잘못된 개념들. 클리포드는 「종말론」(*Eschatologie*)을 쓰면서 종말론 전체에 관한 포괄적이고 적합한 연구서가 아직도 나타나지 않았다는 사실에 대해 유감을 표시했다. 더구나 종종 교의학 서적에서 종말론이 다루어지기도 하지만, 다른 부분들과 동등한 하나의 주된 분야로서가 아니라 그저 부분적이고 중요성이 별로 없는 부록 정도로만 다루어지고 있을 뿐이며, 종말론의 몇몇 문제들은 오히려 다른 분야에서 다루어지고 있다는 것이다. 그의 불평은 충분한 근거가 있었다. 일반적으로 말해서 종말론은, 심지어 현재에조차도 교의학의 모든 분야들 중에서 가장 발전이 늦다. 게다가 조직신학적 작업에 있어서 종말론은 매우 종속적인 것으로 취급되는 수가 많다. 코케이우스가 교의학 전체를 언약이라는 체계에 따라 배열하고, 그래서 그것을 기독교의 모든 진리에 대한 조직적인 제시가 아닌 역사적인 연구로 다룬 것은 실수였다. 그런 체계 속에서는 종말론이 단지 역사의 마지막으로서만 나타날 뿐, 진리의 체계를 구성하는 요소의 하나로는 나타날 수 없다. 마지막에 될 일들에 대한 역사적인 논증은 계시사의 한 부분을 형성할 수는 있겠지만 교의학의 중요한 부분으로는 받아들여질 수 없는 것이다. 교의학은 서술적 학문이 아닌 규범적 학문이며, 이 교의학에서 우리가 목적으로 삼는 것은 단순한 "역사적인" 진리가 아닌 "절대적인" 진리이다.

개혁주의 신학자들은 대체로 이 점을 분명히 알았으므로, 마지막에 될 일들을 조직신학적인 방법으로 다루어 왔다. 그러나 그들이 늘 종말론을 교의학의 주요한 한 부분으로 정당하게 다루었던 것은 아니었으며, 오히려 그들은 다른 한 교리 분야에 종속되는 위치를 종말론에 부여했다. 그들 중 몇몇은, 그저 성도의 영화나 그리스도의 통치의 완성을 다루는 중에 종말론을 생각했을 뿐이며, 객관적·주관적 구원론의 마지막 부분에서 이를 소개하고 있는 정도다. 그 결과, 종말론의 어떤 부분은 정당하게 강조되었지만, 다른 부분들은 아주 무시되어 버렸다. 어떤 경우에는 종말론의 중심 내용이 다른 분야 속으로 나누어지기도 했다. 종종 언급되는 또다른 실수는 신학자들이 종말론의 신학적인 성격을 간과했다는 사실이었다. 우리는 로마 가톨릭 학자 포올(Pohle)이 그의 저서 「종말론, 즉 마지막에 될 일들에 관한 가톨릭의 교리」에서 했던 다음의 말에 동의할 수 없다. "종말론은 신학적이라기보다는 인간론적이며, 우주론적이다. 왜냐하면, 종말론이 하나님을 완성자요 우주적 심판주로 다루고 있기는 하지만, 엄밀히 말해서 종말론의 주제는 창조된 우주, 즉 인간과 세계이기 때문이다." 만일 종말론이 신학이 아니라면 종말론은 교의학에서 적당한 자리를 차지할 수 없을 것이다.

2. 이 관계에 대한 올바른 개념. 이상하게도 포올은 또한 "종말론은 교의 신학의 면류관의 정수이다"라고도 말하고 있는데, 이 말은 전적으로 옳다. 그것은 다른 모든 분야들이 무르익어서 하나의 최종적인 결론으로서 도달해야 할 신학의 한 분야이다. 카이퍼 박사가 바르게 지적하고 있는 바와 같이, 다른 모든 분야는 어떤 문제들을 답하지 않은 채 남겨두고 있는데, 이러한 문제에 대한 답변을 종말론이 제공해야 한다는 것이다. 신론에서 이것은, 하나님께서 어떻게 그 손으로 하신 일을 통해 최종적으로, 그리고 완전하게 영광을 받으시는가 하는 것과, 하나님의 경륜이 어떻게 완전히 실현되는가 하는 문제이며, 인간론에서는 죄의 파괴적인 영향이 어떻게 완전히 극복되는가 하는 문제이고, 기독론에서는 그리스도의 사역이 어떻게 완전히 승리를 거두는가 하는 문제이며, 구원론에서는 하나님의 백성의 완전한 구속과 영화에 있어서 성령의 사역이 마지막에 어떻게 나타나는가 하는 문제이고, 교회론에 있어서는 교회의 최종적인 성화의 문제다. 이 모든 문제들은 종말론을 교의 신학의 정수로 삼고, 그 속에서 해답을 찾아야만 할 문제들이다.

해링도 이와 같은 사실을 증거하여 말한다: "사실 그것(종말론)은 교리의 다른 모든 독립된 부분을 조명해 준다. 하나님의 구원 계획의 보편성, 주저 없이 주장되는 인격적인 하나님과의 인격적인 교제, 높아지신 구세주의 영속적인 중요성, 죄의 세력에 대한 승리가 포함된 속죄―이러한 점들에 대해 종말론은, 일견 교의학의 다른 부분들에서 행해진 불분명한 진술들 속에 의심스러운 구석이 없어 보이는 경우 조차도, 거기에 있는 모든 의심스러운 점을 제거해 주어야 한다. 왜 그래야만 하는가 하는 이유를 찾아내는 일은 어렵지 않다. 마지막에 될 일들에 관한 교리에서는 하나님과 인간의 교제가 완전한 형태로 제시된다. 따라서 우리의 신앙 관념, 곧 기독교의 원리가 가장 순결한 형태로 표현되는 것이다. 그러나 이 원리는, 결코 완전히 실현되지는 않는 이상이라는 의미의 단순한 관념이 아니라 완전한 실재이다. 그 실재 속에 어떤 난관들이 가로막고 있는가도 역시 분명히 드러나 있다. 따라서 종말론을 이야기할 때는, 하나님과의 교제라는 이 실재가 축소되지 않고 제대로 다루어져 왔는가 하는 점이, 당장은 아니더라도 결국에는 밝혀져야 할 문제가 되는 것이다."

D. "종말론"이라는 명칭

교의학의 이 마지막 분야는 다양한 이름으로 불려 왔었는데, 그 중 'de Novissimis' 혹은 'Eschatology'라는 이름이 가장 널리 쓰이고 있다. 카이퍼는 Consummatione Saeculi라는 명칭을 사용하고 있다. "종말론"이라는 명칭은 "말일"(사 2:2;미 4:1), "말세"(벧전 1:20), "마지막 때"(요일 2:18) 등을 언급하는 성경 구절에 그 근거를 두고 있다. 이러한 표현들이 종종 신약의 세대 전체를 언급하고 있기도 한 것이 사실이지만, 그러한 경우에조차도 이 표현들은 종말론적 개념을 드러내고 있다. 구약의 예언은 단지 두 종류의 시대, 즉 "이 시대"와 "오는 시대"만을 구분하고 있다. 선지자들은 메시야의 도래와 이 세상의 종말을 동시적인 것으로 제시하고 있으므로, 그래서 마지막 날들이란, 메시야의 도래와 이 세상의 종말 바로 직전의 날들을 의미한다. 선지자들은 어디에서도 메시야의 초림과 재림 사이에 분명한 구분선을 긋지 않았다. 그러나 신약에서는 메시야의 도래가 이중적이라는 것과 메시야의 시대는 두 단계, 즉 현재적 메시야 시대와 미래적 완성을 함께 포함한다는 사실이 매우 분명하게 드러났다.

따라서 신약의 시대는 두 가지의 다른 관점하에서 고찰될 수 있다. 만일 초점이 장차 오실 주님께 모아지고, 그 이전의 모든 것이 이 시대에 속한 것으로 여겨진다면, 신약의 신자들은 영광 중에 있게 될 주님의 재림과 최종적인 완성이라는 이 중요한 사건의 전야에 살고 있는 것이 된다. 반대로 그리스도의 초림에 초점이 모아진다면, 원칙적인 의미에서이기는 하지만, 신약의 신자들이 '미래의' 시대에 살고 있다고 간주하는 것이 자연스럽다. 신약에서는 자주 신자들의 상태를 이런 식으로 표현한다. 하나님의 나라는 이미 존재하고 있고, 영생은 원칙적으로 실현되었으며, 성령께서 하늘 기업의 보증이 되시고, 신자들은 이미 하늘의 처소에서 그리스도와 함께 있다. 그러나 몇몇 종말론적 실재들은, 비록 이런 식으로 현재로 침투하고 있기는 해도, 미래의 완성기가 될 때까지는 완전히 실현되지 않는다. 또한 우리가 "종말론"을 이야기할 때에는 특별히, 그리스도의 재림과 관계되는 것으로서, 현세대의 종말을 확정지으며, 또한 미래의 영원한 영광을 예고할 그런 사실과 사건들을 염두에 두고 있는 것이다.

E. 종말론의 내용: 일반적 종말론과 개인적 종말론

1. 일반적 종말론. "종말론"이라는 명칭은 우리의 관심을 이 세상과 인류의 역사가 최종적으로 그 완성에 도달하게 되리라는 사실로 이끌어간다. 이 역사는 불명확하고 끝이 없는 과정이 아닌, 하나님께서 정해 놓으신 종말을 향해 가는 실제의 역사다. 성경 말씀에 의하면 이러한 종말은 거대한 위기로 임하게 되는데, 이 위기에 관계된 사실과 사건들이 바로 종말론의 내용을 이룬다. 엄밀하게는, 이들이 또한 종말론의 한계도 결정한다. 그러나 일반적인 제목하에서는 다른 요소들도 여기 포함될 수 있으므로, 보통 예수 그리스도의 재림과 이 세상의 종말에 관련된 일련의 사건들을 일반적 종말론, 즉 모든 사람에게 해당되는 종말론의 구성 요소로 간주하는 것이 관례이다. 이 분야에서 다루어야 할 주제들은 그리스도의 재림, 전체적 부활, 최후의 심판, 왕국의 완성, 그리고 경건한 자와 악한 자의 최종적인 상태 등이다.

2. 개인적 종말론. 일반적 종말론 외에 우리가 살펴야 할 것은 개인적 종말론이다. 단어의 의미를 엄밀히 따지자면, 위에서 언급한 사건들로서도 온전한 종말론을 구성할 수 있다. 그러나 우리는 이미 지나가 버린 세대가 이 최종적인 사건에 어떤 식으로 참여하게 될 것인가를 설명하지 않고서는 종말론을 제대로 다룰 수가 없다. 왜냐하면 개인적인 입장에서는 현 존재의 종말이 죽음과 더불어 임하게 되고, 이 죽음이 그를 현세에서 내세로 완전히 옮겨 버리기 때문이다. 만일 그가 현세로부터 옮겨가는 것이 이 현세의 역사적 발전에 의한 것인 한, 그는 내세 즉 영원으로 곧장 들어갈 것이다. 그러나 장소의 변화가 존재하는 만큼 또한 영원한 시대의 변화도 존재하는 것이다. 죽음과 전체적 부활 사이의 개인의 상태에 관한 일들은 개인적 종말론, 혹은 개별적 종말론에 속한다. 육체의 죽음, 영혼의 불멸성, 그리고 중간기 상태 등이 여기에서 다루어져야 할 내용들이다. 이런 주제들에 관한 연구는 그리스도의 재림 이전에 죽은 이들의 상태를 최종적인 완성과 연결시키려는 목적을 달성하는 데 도움을 줄 것이다.

제1부 개인적 종말론

I
육체적 죽음

죽음에 대한 성경적 개념에는 육체적 죽음, 영적 죽음, 영원한 죽음 세 가지가 포함된다. 육체적인 죽음과 영적인 죽음은 자연히 죄 교리와 관련하여 다루어지고, 영원한 죽음은 일반적 종말론에서 좀 더 구체적으로 다루어진다. 따라서 어떤 의미의 죽음이든, 그것을 개인적 종말론에서 다루는 것은 어울리는 일은 아닌 것 같다. 그럼에도 불구하고 과거의 세대를 최종적 완성과 연결시켜 보려고 한다면 이 죽음의 문제를 살펴보지 않을 수 없다.

A. 육체적 죽음의 본질

성경에는 육체적 죽음의 본질을 가르쳐 주는 몇몇 말씀들이 있다. 이 죽음에 관해서 성경은 매우 다양한 방법으로 말하고 있다. 마 10:28과 눅 12:4은 육체의 죽음을 혼과는 구별되는 몸의 죽음이라고 말한다. 여기서 육체란 살아 있는 유기체이고, 혼(프쉬케)은 분명 사람의 영(프뉴마), 즉 자연적인 생명의 원리라고 할 수 있는 영적 요소를 말한다. 육체의 죽음에 대한 이런 관점은 벧전 3:14-18에서 발견되는 것처럼 베드로의 말 속에도 깔려 있다. 다른 구절들에서는 육체의 죽음이 혼(프쉬케), 즉 동물적 생명이나 삶의 끝 혹은 상실이라고 묘사되고 있다(마 2:20; 막 3:4; 눅 6:9; 14:26; 요 12:25; 13:37, 38; 행 15:26; 20:24, 그리고 다른 구절들). 그리고 마지막으로 이 육체의 죽음은 몸과 혼의 분리로 설명되고 있는데(전 12:7; 창 2:7과 비교; 약 2:26), 이것은 요 19:30; 행 7:59; 빌 1:23 등의 구절에서도 기본적인 관념이 되어 있다. (또한 눅 9:31과 벧후 1:15, 16에서의 '엑소두스'[exodus]라는 단어의 용법을 참고하라.)

이 모든 것을 살펴볼 때, 성경에서 말하는 육체의 죽음이란, 몸과 혼의 분리에 의한 육체적 생명의 종결이다. 어떤 종파에서는 악한 자의 죽음을 소멸이라고 표현하기도 하지만, 그러나 육체의 죽음은 결코 소멸이 아니다. 하나님께서는 당신의 피조물 중 어떤 것도 없애지 않으신다. 죽음은 존재의 중지가 아니라 생명과 자연의 관계의 단절이다. 삶과 죽음은 존재와 비존재로서 대립되는 것이 아니라 단지 서로 다른 존재의 양태로서만 대립하는 것이다. 죽음이 무엇인지를 정확히 말한다는 것은 거의 불가능에 가깝다. 죽음을 육체적 생명의 중지라고 말할 수 있지만, 그러면 생명이란 과연 무엇인가 하는 질문이 또 당장 생겨난다. 거기에 대해서 우리는 답변을 할 수가 없다. 우리는 본질 자체로서의 생명은 알지 못하고, 단지 그 관계들과 행위 속에서만 그 생명을 알 수 있을 뿐이다. 그리고 경험이 우리에게 가르쳐 주는 바는, 이러한 생명이 끊어지고 멈추는 곳에서 죽음이 들어온다는 것이다. 죽음은 생명의 자연적 관계의 파괴를 의미한다. 죄는 본질적 죽음으로 묘사될 수 있는데, 그 이유는 죄란 하나님의 형상을 따라 지으심을 받은 사람이 하나님과 맺고 있던 생명의 관계가 파괴되는 것을 의미하기 때문이다. 죄는 그 형상의 상실을 뜻하는 것이며, 이 죄의 결과로 모든 생명의 관계가 어지럽혀졌다. 이러한 파괴는, 육체의 죽음이라고 불리는 몸과 혼의 분리에서도 역시 이루어진다.

B. 죄와 죽음의 관계

펠라기우스주의자와 소지니주의자들은 사람은 죽을 수밖에 없는 존재로 창조되었다고 가르치는데, 이는 단지 인간이 죽음의 희생물로 떨어질 수 있었다는 의미에서뿐 아니라, 창조의 본질에 의해 죽음의 법칙 아래 놓여졌으므로 시간이 흐르면 죽을 수밖에 없다는 의미에서이기도 하다. 이것은 아담이 죽음에 떨어질 가능성이 있었다는 것뿐 아니라, 또한 그가 타락하기 이전에도 실제로 죽음의 지배 아래 놓여 있었다는 것을 의미한다. 이러한 견해를 주장하는 사람들은 어린 아이의 고통과 죽음에서부터 유추되는 바 원죄의 증거를 회피해보고자 하는 욕망에 자극된 사람들이었다. 현대 과학도 이러한 견해를 지지하는 것처럼 보인다. 왜냐하면 현대 과학이 강조하는 바는, 유기물은 그 속에 부패와 해체의 씨앗을 가지고 있어서, 죽음은 유기체의 법칙이라는 것이다. 어떤 초대 교부들과 후대의 신학자들(워버튼과 레이들로)은, 아담이 실제로 죽을 수밖에 없도록, 즉 해체의 법칙에 굴복할 수밖에 없도록 창조되었지만, 그의 경우에 그 법칙이 효력을 발휘한 것은 오직 그가 범죄했기 때문이라고 주장했다. 만일 그가 순종하는 사람으로 인정을 받았다면 그는 영원 불멸의 상태로 올라갔을 것이다. 영원 불멸의 관점에서 볼 때, 범죄는 그의 본질적인 존재에 아무런 변화를 초래하지 못했으나, 하나님의 선고 아래에서 죽음의 법에 예속되어, 죽음을 경험하지 않고서 누릴 수 있었던 영생 불멸의 복을 박탈당하게 되었다는 것이다. 이 견해에 의하면, 실제적인 죽음의 가입은 아직 치러져야 할 벌로서 남게 된다.

이것은 타락 전 선택설과 매우 잘 어울리는 견해지만, 타락 전 선택설이 이런 견해를 요구하는 것은 아니다. 실제로 이 이론은 성경에 나타난 사실들을 과학적 주장과 짜맞추려 애쓰지만, 이런 노력들도 이 이론을 불가피한 것으로 만들어 주지는 못한다. 죄가 들어오기 전에도 죽음이 식물과 동물계를 지배하고 있었다는 사실을 과학이 결정적으로 증명한다 해도, 그것이 반드시 죽음이 이성적·도덕적 존재도 역시 지배하고 있었음을 받아들이도록 하지는 못한다. 심지어 인간을 포함한 모든 물리적 유기체들이 그 속에 해체의 씨앗을 가지고 있음이 의심의 여지 없이 밝혀진다 해도, 그것이 타락 전의 인간도 이 법칙의 예외가 아님을 필연적으로 증명하는 것은 아니다. 이 우주를 창조하신 전능하신 하나님께 사람을 무한히 존속시키실 능력이 없었다고 말할 수 있겠는가? 더욱이 우리는 다음과 같은 성경의 자료들을 명심해야만 한다.

(1) 인간은 하나님의 형상을 따라 지음을 받았으며, 애초에 하나님의 형상이 거하던 완전한 상태를 고려해 볼 때, 인간이 하나님의 지음을 받았다는 이 사실은 인간이 해체와 사멸의 씨앗을 자기 속에 가지고 있었을 가능성을 배제한다.

(2) 성경은 육신의 죽음을, 순종의 길을 통해 영원 불멸의 정점으로 올라가지 못했으므로 그 유기체적 상태가 지속되어 나타난 결과로 제시하는 것이 아니라, 오히려 영적인 죽음의 결과로 제시하고 있다(롬 6:23; 5:21; 고전 15:56; 약 1:15).

(3) 성경의 표현들은 분명 죽음은 죄로 인해 인간의 세계에 들어온 어떤 것으로서, 죄에 대한 적극적인 처벌이라는 점을 지적하고 있다(창 2:17; 3:19; 롬 5:12, 17; 6:23; 고전 15:21; 약 1:15).

(4) 죽음은 인간의 삶에서 자연적인 것 혹은 단지 이상에 못 미치는 것이 아니라, 인간의 삶에 분명 이질적이며 적대적인 어떤 것으로 제시되어 있다. 즉 죽음은 하나님의 진노의 표현(시 90:7, 11)으로, 심판(롬 1:32)으로, 정죄(롬 5:16)로, 저주(갈 3:13)로, 그리고 자연스러운 것이 아니라는 느낌 때문에 사람들의 마음을 두려움과 공포로 채우는 것으로 묘사되고 있는 것이다.

그러나 이 모두는, 어떤 의미에서는 죄와는 무관한 하등 생물계에는 죽음이 없을 수 있음을 의미하는 것은 아니다. 죄의 가입은 하등 생물계에서도 분명 그들에게는 낯선 부패의 속박을 초래하였다(롬 8:20-22). 엄격한 정의를 시행하기 위해서 하나님께서는 범죄한 즉시 사람에게 가장 완전한 의미의 죽음을 내리실 수 있었다(창 2:17). 그러나 하나님께서는 그의 보통 은혜를 통해 죄와 죽음의 작용을 제한하였고, 예수 그리스도 안에서 특별 은혜를 통해 이 적대 세력을 정복하셨다(롬 5:17; 고전 15:45; 딤후 1:10; 히 2:14; 계 1:18; 20:14). 이제 죽음이 그 과업을 완수할 수 있는 것은, 단지 예수 그리스도 안에서 제시된 바 죽음으로부터의 구원을 거절하는 사람들의 삶에서 뿐이다. 그리스도를 믿는 사람은 죽음의 세력에서 자유하였고, 하나님과의 교제를 회복하였으며, 영생의 선물을 받은 것이다(요 3:36; 6:40; 롬 5:17-21; 8:23; 고전 15:26, 51-57; 계 20:14; 21:3, 4).

C. 신자들의 죽음의 의의

성경은 죽음을 형벌, 곧 "죄의 삯"이라고 말한다. 그러나 신자들은 의롭다 함을 받았고, 치러야 할 아무런 형벌의 의무도 지고 있지 않으므로, 자연히 이런 의문이 생긴다. 그렇다면, 우리는 왜 죽어야 하는가? 신자들의 죽음에서 형벌의 요소가 제거된 것은 분명하다. 행위 계약의 요구로서건, 정죄하는 세력으로서건, 신자들은 더 이상 율법 아래 있지 않다. 왜냐하면 그들은 자기들의 모든 죄를 완전히 용서받았기 때문이다. 그리스도께서 그들 대신 저주를 받아, 죄의 형벌을 제거하셨다. 그러나 그게 사실이라면, 하나님께서는 왜 아직도 죽음이라는 쓰라린 고통을 통해 신자들을 인도할 필요가 있다고 여기시는가? 왜 하나님께서는 신자들을 그냥 하늘로 당장 옮기시지 않는가? 육체의 파멸이 완전한 성화를 위해 절대적으로 필요하다고 말할 수는 없다. 왜냐하면 이것은 에녹과 엘리야의 경우와 모순이 되기 때문이다. 죽음이, 현재의 이 조잡하고 감각적인 육신으로부터 영을 해방시켜서, 신자들로 하여금 현세의 질병과 고통으로부터 그리고 진토의 속박으로부터 자유롭게 한다고 말하는 것도 만족스럽지 못하다. 이러한 구원이라면 그리스도의 재림시 살아 있는 성도들이 경험하게 될 그런 변형을 통하여서도 주실 수 있기 때문이다.

신자의 죽음은, 하나님께서 당신의 백성의 성화를 위해 정해 두신 형벌의 극치로 간주되어야 한다는 것이 너무도 분명하다. 하나님의 자녀들에게도 죽음 자체는 여전히 실제의 자연적 악, 즉 성도들이 두려워하는 바 자연스럽지 못한 어떤 것으로 남아 있지만, 하나님의 은혜의 경륜 속에서 이 죽음은 영적인 진보와 하나님 나라에 최고의 유익을 끼치는 것으로 바뀐다. 죽음에 관한 생각 그 자체, 죽음을 통한 이별, 질병과 고통은 죽음의 전조라는 생각, 죽음이 다가온다는 의식 – 이 모두는 하나님의 백성들에게 매우 큰 유익을 준다. 그것들은 교만한 자들을 겸비하게 하고, 육욕을 억제하게 하며, 세속적인 마음을 막고, 영적인 마음을 촉진시키는 것이다. 신자들은 주님과의 신비적인 연합 속에서 그리스도의 경험에 참여한다. 그리스도께서 고난과 죽음의 길을 거쳐 그의 영광에 들어가셨던 것처럼 신자들 역시 성화를 통해서만 영원한 상급을 받을 수 있다. 죽음은 종종 신자들 속에 있는 믿음의 힘에 대한 최고의 시험이며, 외관상 패배한 것처럼 보이는 시간에 승리를 의식하게 되는 눈부신 현현을 가능하게 하는 것이다(벧전 4:12, 13).

신자들의 죽음은 영혼의 성화를 완성한다. 그리하여 그들은 즉시 온전하게 된 의인의 영들이 된다(히 12:23; 계 21:27). 신자들에게 있어서 죽음은 종말이 아닌 완전한 생활의 시작이다. 신자들에게는 사망의 쏘는 것이 제거되었으며(고전 15:55), 또 그들은 이 죽음이 천국에 들어가는 문이 된다는 확신을 가지고 죽음으로 들어간다. 그들은 예수 안에서 잠드는 것이며(살후 1:7), 또 그들의 육신도 마침내 죽음의 세력에서 건짐을 받아 주님과 더불어 영원히 거하게 될 것을 그들은 알고 있다(롬 8:11; 살전 4:16, 17). 예수님께서는 "나를 믿는 자는 죽어도 살겠고"라고 말씀하셨다. 또 바울은, 자기에게 사는 이가 그리스도이시므로 죽는 것도 유익하다는 복된 의식을 가지고 있었다. 그래서 그는 마지막 순간에 기쁨에 넘쳐 다음과 같이 말할 수 있었다. "나는 선한 싸움을 싸우고 나의 달려갈 길을 마치고 믿음을 지켰으니 이제 후로는 나를 위하여 의의 면류관이 예비되었으므로 주 곧 의로우신 재판장이 그 날에 내게 주실 것이며 내게만 아니라 주의 나타나심을 사모하는 모든 자에게도니라"(딤후 4:7-8).

깊은 연구를 위한 질문

성경적인 죽음 개념의 기본 사상은 무엇인가? 죽음은 죄의 자연적 결과에 지나지 않는가, 아니면 죄에 대한 적극적인 형벌인가? 만일 후자라면 이것을 성경적으로 어떻게 증명할 수 있겠는가? 하나님에 의해 창조된 인간이, 어떤 의미에서 죽을 수밖에 없는 존재이며, 또 어떤 의미에서 영원한 존재인가? 펠라기우스주의자의 주장을 어떻게 반박할 수 있겠는가? 신자들의 죽음은 어떤 의미에서 더 이상 죽음이 아닌가? 신자들의 삶에서 죽음은 어떤 목적을 위한 것인가? 신자들에게 있어 죽음의 세력이 완전히 소멸되는 것은 언제인가?

II
영혼의 불멸성
(The Immortality of the Soul)

앞 장에서 우리는 육체의 죽음이 몸과 영혼의 분리며, 현재의 육체적 존재의 마지막을 이룬다는 사실을 지적했다. 그것은 필연적으로 몸의 해체를 포함하며, 또 그런 결과를 낳는다. 그것은 우리의 현재적 삶과 "자연적인 몸"의 마지막이다. 그러면 이런 질문이 생겨난다. 영혼은 어떻게 되는가? 육체의 죽음은 영혼의 생명도 끝나게 하는가? 아니면 영혼은 육체의 죽음 이후에도 계속 존속하는가? 영혼은 몸과 분리된 이후에도 계속하여 존속한다는 것이 예수 그리스도 교회의 굳은 신념이었다. 여기서 영혼 불멸성의 교리를 간단히 살펴볼 필요가 있다.

A. "불멸성"이라는 말이 내포하고 있는 상이한 의미들

불멸성의 교리를 논할 때 명심해야 할 것은 "불멸성"이라는 용어가 항상 동일한 의미를 가지고 있지 않다는 점이다. 혼란을 방지하기 위해 매우 중요한 다른 의미들을 구분해 놓았다.

1. 가장 절대적인 의미에서 불멸성은 오직 하나님께만 해당이 된다. 딤전 6:15, 16에서 바울은 하나님께 관해 "오직 그에게만 죽지 아니함이 있고"라고 말했다. 물론 이것이 하나님의 피조물 중에 영생하는 자가 아무도 없다는 의미는 아니다. 이 말이 그렇게 무제한적으로 이해된다면, 바울은 천사들 역시 불멸하는 것이 아니라고 가르치게 되는 셈인데, 그것이 사도의 의도는 아닌 것이다. 그 말의 분명한 의미는 하나님만이 본래적이고, 영원하며, 필연적인 속성으로서의 "불멸성"을 소유하고 계신다는 것이다. 그의 어떤 피조물들에게 어떤 의미의 불멸성이 주어지든 그것은 그의 신적 의지에 종속되어 그들에게 수여되는 것이어서, 따라서 이 불멸성에는 기원이 존재한다. 이와 달리 하나님께서는 모든 시간적인 제한으로부터 필연적으로 초월해 계시는 것이다.

2. 계속적 혹은 무궁한 생존으로서의 불멸성은 인간의 영혼을 포함한 모든 영들에게도 역시 해당된다. 몸이 해체되어도 영혼은 없어지지 않고 남아 개체적 존재로서의 정체를 유지한다는 것은 자연 종교 혹은 자연 철학의 교리 중 하나다. 이런 의미에서의 불멸성 개념은 성경이 사람에 관해 가르치고 있는 바와 매우 잘 어울린다. 그러나 성경과 종교와 신학은 본래 이런 순전히 양적이며, 무미건조한 불멸성, 즉 그저 존재하기만 하는 영혼의 불멸에 대해서는 별로 관심이 없다.

3. 또한 이 용어가 신학 용어로 쓰일 때는 부패와 죽음으로부터 완전히 자유한 인간의 상태를 지칭한다. 이런 의미에서 타락 전 인간은 불멸성을 가진 존재였다. 이러한 상태는 분명 인간이 죽음에 종속될 가능성이 배제된 상태는 아니다. 무죄 상태의 인간은 죄에 종속되지는 않았지만, 종속될 가능성은 갖고 있었다. 죄를 통해 인간이 죽음의 법칙에 종속될 가능성은 매우 높았고, 실제로 인간은 죽음의 희생물이 되고 말았다.

4. 마지막으로, "불멸성"이라는 단어는, 특히 종말론적인 용법에서는 죽음과 무관하며, 죽음의 제물이 될 가능성도 없는 인간의 상태를 가리킨다. 인간은 피조물이므로, 그가 비록 하나님의 형상을 가지고 있다고 해도 이런 최상적 의미의 불멸성은 갖고 있지 않다. 아담이 행위 언약의 조건들에 순종했다면 이런 불멸의 상태가 이루어졌을지 모르지만, 그러나 이제 이런 불멸성은 구속의 사역을 통해서만 이루어지고, 구속의 완성시에 완전해지게끔 되었다.

B. 영혼의 불멸성에 대한 일반 계시의 증거

"사람이 죽으면 어찌 다시 살리이까?"(욥 14:14)라고 물었던 욥의 질문은 영원한 관심사 중의 하나다. 그리고 이와 더불어, 죽은 자가 여전히 존속하게 될 것인가 하는 것도 계속해서 일어나는 질문이다. 실제로 이 질문들에 대한 답변은 늘 긍정적이었다. 진화론자들은 불멸성에 대한 믿음이 인간의 본래적인 속성의 하나임을 인정하지 않으려 하지만, 이런 믿음은 너무 보편적이어서 가장 저급한 종교에서조차 이런 믿음이 발견되고 있다는 사실을 부인하지는 못한다. 유물론자들의 영향을 받아 많은 사람들이 인간의 내세적 삶을 의심하거나 부인해 왔다. 그러나 이런 부정적인 태도가 지배적인 것은 아니다. "불멸성"을 주제로 한 최근의 한 심포지움에서는 약 100여 명의 대표자들의 의견이 수렴되었는데, 내세의 삶을 긍정하는 쪽으로 사실상 거의 만장 일치를 이루었다. 영혼의 불멸성에 대한 역사적·철학적 논증이 절대적 결정력을 가진 것은 아니지만, 분명 인간 존재의 인격적·의식적 존속에 대한 중요한 증거가 된다.

1. 역사적 논증. "종족의 동의"(*consensus gentium*)는 하나님의 존재에 관해서와 마찬가지로 영혼의 불멸성에 대해서도 강하게 존재한다. 인간 존재의 지속성을 부인하는 불신 학자들이 늘 있어 왔지만, 일반적으로 영혼의 불멸성에 관한 믿음은 문명의 단계와 관계 없이 모든 종족, 모든 민족에게서 발견된다고 말할 수 있다. 그리고 이렇게 보편적인 인식은 자연적인 본능 혹은 인간의 본성 구조 자체에 내포된 무엇이라고 말할 수밖에 없는 것이다.

2. 형이상학적 논증. 이 논증은 인간 영혼의 단일성에 근거를 두고, 거기에서 영혼의 해체 불가능성을 추론한다. 죽을 때 물질은 각 부분으로 해체된다. 그러나 영적 실체인 영혼은 다양한 부분들로 이루어진 것이 아니라, 분리되거나 해체될 수 없다. 결국 육신의 해체는 영혼의 해체를 동반하지 않는다. 육신은 사라지더라도, 영혼은 완전히 남는다. 이런 논증은 매우 오래된 것으로, 플라톤도 이미 이런 논증을 사용했다.

3. 목적론적 논증. 인간은 거의 무한한 능력을 부여받았는데, 이 능력은 생전에 결코 충분히 개발될 수 없다. 대부분의 사람들은 자신이 열망했던 위대한 일을 이제 막 시작한 것처럼 보인다. 실현되기에는 너무 먼 이상들이 있고, 이생에서 만족되지 못하는 희망과 욕망이 있으며, 실망으로 끝나고 마는 열망과 갈망들이 있다. 그래서 하나님께서 사람들에게 이런 능력과 재능을 주신 것은 업적을 달성하지 못하도록 하려는 것이 아니며, 또 그런 열망과 욕망을 주신 것도 그저 실망하도록 하려는 것은 아닐 것이라는 논증이 이루어진다. 하나님께서는 인간의 삶이 열매를 맺을 수 있는 미래적 생존을 준비해 두신 것이 틀림없다는 것이다.

4. 도덕적 논증. 인간의 양심은 정의를 실현하는 우주의 도덕적인 통치자의 존재를 증거한다. 그런데 정의에 대한 이런 요구는 현세에서는 만족되지 않는다. 선악의 균형은 심한 불평등과 부당함으로 기울어져 있는 것 같다. 악인이 종종 번성하고, 부유해지며, 삶의 풍성한 기쁨을 누리지만, 경건한 사람은 종종 가난하게 살고, 고통스럽고 부끄러운 역경을 만나며, 많은 괴로움을 겪는다. 따라서 정의가 최고의 지배자가 되고, 현세의 부당함이 시정되는 미래의 한 상태가 있어야만 한다는 것이다.

C. 영혼의 불멸성에 대한 특별 계시의 증거

영혼의 계속적 생존에 대한 역사적·철학적 증거는 절대적인 결정력을 가진 것이 아니어서 믿음을 강요하지는 않는다. 이 문제를 좀 더 확실하게 다루기 위하여, 우리는 우리의 믿음의 눈을 성경으로 돌릴 필요가 있다. 여기서도 우리는 또한 권위의 목소리에 순종하여야 한다. 이 문제에 관한 성경의 주장은 이중적인 것처럼 보인다. 성경은 하나님을 불멸성을 가진 유일하신 분으로 언급하고 있는데(딤전 6:15), 이런 설명이 사람에게는 해당되지 않는다. 영혼의 불멸성에 관한 명시적인 언급은 존재하지 않으며, 그것을 공식적으로 증명해 보려는 시도는 더더욱 없다. 러셀주의자 즉 여호와의 증인들은 종종 인간 영혼의 불멸성을 가르치는 성경 구절을 단 하나라도 들어 보라고 신학자들에게 도전한다. 그러나 성경은 하나님의 존재에 대한 공식적인 증거를 제시하려고 애쓰지 않는 것처럼 인간 영혼의 불멸성에 관해서도 아무런 확정적 언급을 하지 않는다. 또 공식적으로 그것을 증명해 보려는 시도를 전혀 하지 않는다 해도 이것이, 성경이 인간 영혼의 불멸성을 부인하거나 반박하거나 무시하고 있음을 의미하는 것은 아니다. 성경은 여러 곳에서, 사람이 죽은 후에 의식적인 존재가 계속된다는 사실을 전제하고 있다. 사실 성경은 하나님의 존재를 중요하게 다루고 있듯이 인간 영혼의 불멸성 역시 중요하게 다루고 있다. 즉 성경은 그것을 논쟁의 여지가 없는 전제로 삼고 있는 것이다.

1. 구약에서의 불멸성의 교리. 구약, 특히 모세 오경에서는 영혼의 불멸성에 관한 가르침이 전혀 없다는 주장이 반복적으로 제기되어 왔다. 신약에 비해 보면 구약에는 이런 위대한 진리의 계시가 덜 분명하다는 것은 틀림없다. 그러나 이것이 구약에는 불멸성에 관한 가르침이 전혀 없다는 것을 보증하지는 않는다. 일반적으로 성경을 통한 하나님의 계시는 점진적이며, 점차적으로 명확해져 간다는 것은 잘 알려진 사실이다. 그리고 복되고 영원한 삶이라는 의미에서의 불멸성 교리는 "사망을 폐하시고 복음으로써 생명과 썩지 아니할 것을 드러내신"(딤후 1:10) 예수 그리스도께서 부활하신 후에라야 그 충만한 의미가 드러날 수 있는 것이다. 그러나 이것이 사실이라고 해도 구약은, 인간의 의식적인 존재가, 영혼의 무미건조한 불멸성이나 생존이거나 복된 미래적 삶이거나 여러 가지 방식으로 계속될 것이라는 사실을 암시하고 있다. 구약에 드러나 있는 내용들은 다음과 같다.

(1) 하나님과 인간에 관한 교리에서. 불멸성에 대한 이스라엘의 소망은, 창조주와 구속주, 그리고 그들을 결코 실망시키지 않으실 언약의 하나님으로서의 하나님을 향한 믿음에서 찾을 수 있다. 이스라엘에게 있어서 그분은 살아 계시고, 영원하며, 신실하신 하나님이셨으며, 그분과의 교제를 통해서 그들은 기쁨과 생명과 화평 그리고 완전한 만족을 누릴 수 있었다. 만일 하나님께서 그들에게 제공해 주시는 것이 다만 짧은 시간에 불과한 것이었다면, 그들이 그랬던 것처럼, 하나님을 찾아 숨을 헐떡이며, 삶과 죽음에 있어 모두 자신을 하나님께 완전히 드리고, 그분을 그들의 영원한 기업으로 노래할 수 있었겠는가? 그들이 죽음을 존재의 끝이라고 생각했다면, 어떻게 그들이 하나님의 구원 약속에서 진정한 위로를 얻을 수 있었겠는가? 더구나 구약은 인간이 하나님의 형상을 따라, 생명을 누리도록 지음을 받았지 죽음에 이르도록 지음받은 것이 아니라고 묘사하고 있다. 짐승들과는 달리, 인간은 시간을 초월하여, 영원의 약속이 담겨 있는 생명을 소유하고 있는 것이다. 인간은 하나님과 교제하도록 지으심을 받았고, 천사들보다 조금 못하게 지어졌으며, 그리고 하나님께서 그들의 마음에 영원을 사모하는 마음을 주신 것이다(전 3:11).

(2) 스올 교리에서. 구약은 우리에게 죽은 자는 '스올'(sheol)로 내려간다고 가르치고 있다. 이 교리는 다음 장에서 논할 내용이다. 그러나 구약의 스올에 대한 정당한 해석이 무엇이든, 그리고 거기로 내려간 사람들의 상태가 어떤 것이든, 이것은 복된 존재는 아니지만 다소간 의식이 있는 존재의 상태를 의미한다. 사람은 '스올'에서 구원을 받을 때에라야 비로소 완전한 복의 상태로 들어간다. 이러한 구원에서 우리는 복된 불멸성에 대한 구약적 소망의 핵심에 이른다. 이것은 시 16:10; 49:14, 15 등과 같은 구절들에서 분명히 가르쳐지고 있다.

(3) 죽은 자를 불러내거나 혹은 "신접한 자"에 대한 빈번한 경고에서. 성경은 죽은 자의 영을 불러내거나, 묻는 자에게 죽은 자의 메시지를 전달할 수 있는 능력을 가진 자들을 자주 경고하고 있다(레 19:31; 20:27; 신 18:11; 사 8:19; 29:4). 성경은 죽은 자와 교통하는 것이 불가능하다고 가르치는 것이 아니라, 그렇게 하는 것을 정죄함으로써 오히려 그 가능성을 전제하고 있는 것처럼 보이는 것이다.

(4) 죽은 자의 부활 교리에서. 이 교리는 구약의 첫 부분에서는 명시적으로 가르쳐지지 않고 있다. 그러나 그리스도께서는 이 부활 교리가 "나는 아브라함의 하나님, 이삭의 하나님, 야곱의 하나님이라"(마 22:32; 출 3:6)는 말씀 속에 암시되어 있다고 지적하시면서, 유대인들이 이 점을 이해하지 못하고 있다고 꾸중하셨다. 게다가 부활의 교

리가 다음의 구절들에서는 명시적으로 가르쳐지고 있다(욥 19:23-27; 시 16:9-11; 17:15; 49:15; 73:24; 사 26:19; 단 12:2).

(5) 죽은 후 하나님과 교제하며 누릴 신자들의 복에 대해 말하고 있는 구약의 놀라운 구절들에서.　여기서는 앞에서 주로 인용되었던 구절과 동일한 구절들이 포함된다. 즉, 욥 19:25-27; 시 16:9-11; 17:15; 73:23, 24, 26 등이다. 이 구절들 속에는 여호와의 임재 속에서 누리는 즐거움에 대한 기대가 살아 숨쉬고 있다.

2. 신약의 불멸성 교리.　신약에는, 그리스도께서 생명과 불멸성을 밝히 드러내신 후이므로 자연히 많은 증거들이 있다. 이런 부활 교리를 담고 있는 구절들을 다음의 몇 부류로 나누어 볼 수 있다.

(1) **영혼의 존속.**　의인의 영혼이나 악인의 영혼이 모두 계속적으로 존재한다는 사실을 분명히 가르쳐지고 있다. 의인의 영혼이 살아 남는다는 것은 마 10:28; 눅 23:43; 요 11:25 이하; 14:3; 고후 5:1 등에서 보이고, 마 11:21-24; 12:41; 롬 2:5-11; 고후 5:10 등에서는 악인의 영혼 역시 계속 존재함을 분명히 보여주고 있다.

(2) **육신도 미래적 존재에 참여하게 될 부활.**　신자들에게 있어서 부활은 몸의 구속, 하나님과 교제하는 완전한 삶의 시작, 충만한 불멸성의 복을 의미한다. 이런 부활은 눅 20:35, 36; 요 5:25-29; 고전 15장; 살전 4:16; 빌 3:21 등과 다른 구절들에 나타나고 있다. 악인에게도 역시 부활은 새롭고 계속적인 육신의 존재를 의미하지만, 이것은 거의 생명이라고 불릴 수 없는 것이다. 성경은 이것을 영원한 죽음이라고 부른다. 악인의 부활은 요 5:29; 행 24:15; 계 20:12-15에 나타나 있다.

(3) **하나님과 교제하는 신자들의 복된 삶.**　신약에는 신자들의 불멸성은 무미건조하고 무한한 생존이 아니라 하나님과 예수 그리스도와 교제하는 황홀한 복된 삶이요, 땅 위에 있을 때 영혼 속에 심어진 생명의 충만한 결실인 것을 강조하는 수많은 구절들이 있다. 이것은 다음의 구절들에 잘 나타나 있다(마 13:43; 25:34; 롬 2:7, 10; 고전 15:49; 빌 3:21; 딤후 4:8; 계 21:4; 22:3, 4).

D. 인격의 불멸성에 대한 반대와 그에 대한 현대의 대안들

1. 주된 반대 이론.　영혼의 불멸성에 대한 믿음은 유물론 철학의 영향 아래 한동안 쇠퇴의 길을 걸었다. 이에 반대하는 주요한 논증들은 생리학적 심리학의 연구를 통해

형성되었는데, 그 주장은 대체로 다음과 같다: 정신이나 영혼은 독립적으로 존재하는 실체가 아니라, 단순한 두뇌 활동의 산물 혹은 기능일 뿐이다. 간이 쓸개즙을 생산하는 원인인 것과 같이 인간의 두뇌는 정신 현상을 산출하는 원인이다. 기관이 사라지면 그 기능도 존속할 수 없다. 두뇌가 기능을 멈추면 정신적 삶의 흐름도 중지된다.

2. 인격의 불멸성 교리에 대한 대안들. 인간의 마음속에는 불멸성을 향한 열망이 매우 깊이 심겨 있어서, 유물론적 과학의 의견을 받아들이는 사람들도 이미 배척되어 버린 영혼의 인격의 불멸성에 대한 인식을 대신할 어떤 종류의 대안들을 찾고 있다. 미래에 대한 그들의 희망은 다음의 하나가 될 것이다.

(1) 종족의 불멸성. 개개인은 그의 후손, 자식과 손자와, 끝없이 이어지는 세대를 통해서 이 땅 위에 살아 남는다는 생각으로 스스로를 위로하는 사람들이 있다. 개인은 종족의 삶에 자기 몫의 공헌을 하고 있으며, 그 속에서 계속적으로 살아 있게 된다는 생각을 통해 인격의 불멸성에 대한 희망의 상실을 보상하려고 하는 것이다. 그러나 사람이 그 후손들 속에서 살아 있다는 생각은, 그 속에 어떤 진리의 일면이 있든지 간에, 인격의 불멸성 교리의 대안은 될 수 없다. 그것은 성경의 자료들을 정당하게 다루고 있지 않을 뿐 아니라, 인간의 마음속에 있는 깊은 갈망도 채워 주지 못하는 것이다.

(2) 기념의 불멸성. 실증주의에 의하면 이것만이 우리가 추구해야 할 유일한 불멸성이다. 모든 사람은 자신의 이름을 세우기 위해 역사의 연대기 속에 기록될 수 있는 어떤 일들을 해야 한다. 이렇게 함으로써 그는 거기에 감사하는 후손들의 마음과 정신 속에 계속하여 살아 있게 된다는 것이다. 그러나 이것도 성경이 우리에게 기대하도록 인도하는 바 인격의 불멸성에는 전혀 못 미치는 것이다. 더욱이 이는 단지 소수의 사람들만이 누릴 수 있는 불멸성이다. 대부분의 사람들의 이름은 역사의 페이지 위에 기록되지 않으며, 이름이 기록된 많은 사람들도 곧 잊혀져 버린다. 그리고 심각한 것은 가장 선한 사람이나 가장 악한 사람이 똑같이 이런 불멸성을 누리게 된다는 것이다.

(3) 영향의 불멸성. 이것은 앞의 것과 매우 긴밀히 연관되어 있다. 사람이 이생에서 업적을 남기고, 영속적인 가치가 있는 무슨 일을 하면, 그 영향은 그가 죽은 뒤에도 계속 살아 남는다. 예수님과 바울, 아우구스티누스와 토마스 아퀴나스, 루터와 칼빈 - 이런 사람들은 모두 그들이 지금 우리들에게 행사하는 영향 속에서 그대로 살아 있다는 것이다. 이것이 진정 맞는 말이기는 하지만, 이런 영향의 불멸성도 인격의 불멸성에 대한 보잘것없는 대안에 지나지 않는다. 기념의 불멸성에 대해 제기할 수 있는 모

든 반대가 이 경우에도 적용된다.

3. 불멸성에 대한 믿음의 회복. 오늘날에는 우주에 대한 유물론적 해석이 좀 더 영적인 해석에 자리를 내어주고 있으며, 그 결과 인격의 불멸성에 대한 믿음이 다시 한 번 부흥하고 있다. 윌리엄 제임스 박사는 "사고는 두뇌의 기능이다"라는 공식을 받아들이면서도, 이것이 불멸성 교리를 믿지 못하도록 논리적으로 강요하는 것이라는 주장에는 반대한다. 그는 주장하기를, 과학자들의 이런 결론은 이 공식이 말하고자 하는 기능이 필연적으로 '생산적인' 기능이어야 한다는 잘못된 인식에 근거를 두고 있는 것이라고 했으며, 또 이 기능은 '수용적' 혹은 '전달적' 기능일 수도 있다는 것을 지적했다. 두뇌는 단지 전달하기만 하는 것이며, 이런 색채와 사상의 전달 과정이란 마치 색유리나 프리즘이나 굴절 렌즈가 빛을 전달하고 그와 동시에 그 색채와 방향도 결정하는 것과 같은 것이다. 빛은 유리나 렌즈와는 별도로 존재한다. 이와같이 사상도 두뇌와는 별도로 존재하는 것이다. 엄밀한 논리를 따라서, 사람은 불멸성을 믿을 수 있다는 결론에 그는 이르고 있다. 지금 어떤 진화론자는 생존 경쟁에 근거하여 조건적 불멸성의 교리를 세우려 하고 있다. 윌리엄 제임스, 올리버 라지 경, 그리고 제임스 히슬롭과 같은 과학자들은 소위 죽은 자와의 영교에 많은 의미를 부여하고 있다. 심리적 현상에 근거하여 제임스는 불멸성을 믿으려는 경향을 보이는데 반해, 나머지 두 사람은 그것을 확립된 사실로 받아들이고 있다.

깊은 연구를 위한 질문

모세 오경에서 불멸성에 관한 교리를 찾아볼 수 있는가? 이에 대한 증거가 구약에서는 상대적으로 부족하다는 것을 어떻게 설명할 수 있겠는가? 영혼의 불멸성에 관한 플라톤의 믿음은 어디에 근거를 두고 있는가? 칸트는 일반적 불멸성 논증들에 대해 어떤 판단을 내리고 있는가? 유물론이나 범신론에도 인격적인 불멸성의 여지가 있는가? 소위 사회적 불멸성 이론들은 왜 만족스러운 것이 못되는가? 철학적 의미에서 영혼의 불멸성은 영생과 동일한 것인가? 소위 죽은 자와의 영교를 우리는 어떻게 생각할 수 있겠는가?

III
중간 상태

A. 중간 상태에 관한 성경의 견해

1. 죽음과 부활 사이에 있는 신자들에 관한 성경의 설명. 개혁 교회의 일반적인 주장은 신자들의 영혼은 죽음 '직후' 하늘의 영광으로 들어간다는 것이었다. 하이델베르크 요리문답서는 "몸의 부활이 그대에게 어떤 위로를 주느냐?"라고 질문하고 "금생 이후 즉각적으로 나의 영혼이 머리이신 그리스도께로 취하여 올려질 뿐 아니라 나의 육신도 그리스도의 능력으로 일으키신 바 되어 나의 영혼과 다시 연합하게 될 것이며, 그리하여 그리스도의 영광스러운 몸과 같이 될 것입니다"라고 답한다. 웨스트민스터 신앙고백서도 이와 동일한 정신으로, 죽을 때 "거룩함으로 완전해진 의인의 영혼은 가장 높은 하늘로 받아들여져 거기서 빛과 영광 중에 하나님의 얼굴을 뵈오며, 그들 육신의 완전한 구속을 기다린다"고 말한다. 제2 스위스 신앙고백서도 이와 비슷한 선언을 한다. "우리는 신실한 자가 육신의 죽음 이후 곧바로 그리스도께 간다고 믿는다." 이 견해는 성경을 통해 그 정당성을 충분히 입증할 수 있다고 생각된다. 이 점에 주의할 필요가 있다. 왜냐하면 19세기 후반에 어떤 개혁 신학자들 중에서 신자들은 죽으면 중간 상태로 들어가 부활의 날까지 머문다고 주장하는 사람들이 있기 때문이다.

그러나 성경은 신자의 영혼은 몸과 분리되면 그리스도 앞으로 간다고 가르치고 있다. 바울도 "몸을 떠나 주와 함께 거하기를 원한다"(고후 5:8)고 말했고, 빌립보 교인들을 향해서는 "떠나서 그리스도와 함께 있을 욕망을 가졌다"(빌 1:23)고 말하고 있다. 또한 예수님께서도 회개한 강도에게 "오늘 네가 나와 함께 낙원에 있으리라"는 즐거운 확신을 심어 주셨다(눅 23:43). 그리스도와 함께 있으면 천국이다. 고후 12:3, 4에서 비추어 볼 때, "낙원"은 천국의 다른 표현임에 틀림없다. 더욱이 바울은 "만일 땅에 있는 우리의 장막집이 무너지면…하늘에 있는 영원한 집이 우리에게 있는 줄 아나니"(고후 5:1)라고 말한다. 그리고 히브리서 기자는 그 편지의 독자들이 "하늘에 기록한 장자들의 총회와 교회에"(히 12:23)이른다는 말로써 그들의 마음을 즐겁게 하고 있다. 신자들에게는 죽음 이후의 미래 상태가 현재보다 낫다는 사실이 위에서 인용한 고후 5:8과 빌 1:23에서의 바울의 선언들을 보아 분명하다. 신자들의 미래는 참으로 살아 있고, 완전한 의식을 가지고 있는 상태이며(눅 16:19-31; 살전 5:10), 안식과 무한히 복된 상태(계 14:13)인 것이다.

2. 죽음과 부활 사이에 있는 악인들의 상태에 관한 성경의 묘사. 웨스트민스터 요리문답은 말하기를, 악인들의 영혼은 죽으면 "지옥에 던져져 고통과 완전한 어둠 아래서 대심판의 날까지 머문다"고 하며, 또 계속해서 말하기를, "몸과 분리된 영혼들을 위한 이 두 장소(천국과 지옥) 외에는 성경이 아는 바가 없다"고 했다. 그리고 제2 스위스 신앙고백서도 앞에서 인용한 부분에 이어 이렇게 말하고 있다. "이와같이 우리는 불신자들을 곧장 지옥으로 떨어지고, 또 그들이 살아 있는 사람들의 사역에 의해 거기서 빠져나올 수 있는 길은 없다는 것을 믿는다." 이 점에 관해서는 성경의 직접적인 조명이 거의 없다. 여기서 실제로 생각해 볼 수 있는 구절은 눅 16장에 있는 부자와 나사로의 비유인데, 여기서 '하데스'(hades)는 영원한 고통의 장소인 지옥을 의미한다. 부자는 자신이 고통의 장소에 있음과, 그의 상태는 영원히 변할 수 없다는 것을 알고 있으며, 자신이 처한 비참한 처지를 의식하고, 그가 당하는 고통을 완화해 주기를 간청한다. 그리고 형제들에게 경고하여 자신과 같은 운명이 되지 않도록 해주기를 바라고 있다. 이런 직접적인 증거 외에 유추적 증거들도 있다. 의인이 곧바로 영원한 상태에 들어간다고 하면, 악한 자에게도 이것은 마찬가지일 것이라고 전제할 수 있다는 것이다. 해석이 확실하지 않은 두 구절은 살펴보지 않고 남겨 두겠다(벧전 3:19; 벧후 2:9).

B. 역사적으로 본 중간 상태의 교리

초기 기독 교회에는 중간 상태에 관한 사상이 거의 없었다. 예수님께서 곧 재판장으로 오실 것이라고 생각했으므로 중간 상태라는 시기는 별로 중요하지 않은 것으로 여겨졌다. 그러나 예수님께서 즉시 재림하시지 않으리라는 것이 분명해졌을 때 중간 상태에 관한 문제가 제기되었다. 초대 교부들을 곤란하게 만든 실제 문제는 개인적인 심판 및 보응을 부활 후에 있을 전체적인 심판 및 보응과 어떻게 조화시키느냐 하는 것이었다. 전자에 너무 많은 의미를 부여하면 후자가 무의미해지고, 후자를 강조하면 전자가 무의미해졌다. 이들 초대 교부들 사이에는 아무런 의견의 일치가 없었지만, 그러나 그들은 대부분 죽음과 부활 사이에 분명한 중간 상태를 가정함으로써 이 문제를 해결하려고 하였다.

애디슨(Addison)은 이렇게 말한다. "여러 세기 동안 받아들여져 온 일반적인 결론은, 지하의 하데스에서 의인들은 미래의 하늘 나라와는 비교가 안 되겠지만 어느 정도의 상급을 누릴 것이며, 악인들 역시 미래에 그들이 가게 될 지옥과는 비교되지 않는 정도의 형벌을 받게 되리라는 것이었다. 따라서 중간 상태는 궁극적인 보응의 약화된 모양이었다." 약간의 차이는 있지만 순교자 유스티누스, 이레네우스, 테르툴리아누스, 노바티아누스, 오리겐, 닛사의 그레고리우스, 암브로시우스, 그리고 아우구스티누스 등도 이런 견해를 주장했다. 알렉산드리아 학파에서는 중간 상태에 관한 교리가 영혼의 점진적 정화의 교리로 바뀌어 갔으며, 시간이 흐르면서 이 교리는 가톨릭의 연옥 교리를 위한 길을 마련해 주었다. 그러나 의인의 영혼은 죽으면 즉시 하늘로 올라간다는 생각을 옹호한 사람들도 있었는데, 나지안주스의 그레고리우스, 유세비우스, 그리고 대 그레고리우스 등이었다.

중세 시대에도 중간 상태에 관한 교리는 그대로 유지되었고, 이와 관련하여 로마 교회에서는 연옥 교리를 발전시켰다. 지옥은 악인의 영혼을 즉시 받아들이지만, 그러나 천국의 복락에는 아무런 죄의 흔적도 없는 의인만이 들어가, 하나님의 얼굴을 뵙는 복을 누린다는 것이 당시의 지배적인 견해였다. 순교자들은 대개 이런 은혜를 입은 소수에 포함되었다. 그 당시 유행하던 견해에 의하면, 좀 더 정화되어야 할 필요가 있는 사람들은 남아 있는 죄의 정도에 따라 길고 짧은 일정 기간 동안 연옥에 머물러 정화하는 불에 의해 그 죄로부터 깨끗함을 받아야 한다고 한다. 중간 상태와 관련하여 발전한 또 하나의 사상은 구약 시대의 성도들이 그리스도의 부활 때까지 머물러 있게 된다는 선조 림보(*Limbus Patrum*) 사상이다.

종교개혁자들은 연옥 교리를 즉각 거부했고, 중간기적 장소의 개념을 수반하는바 중간 상태가 실재한다는 교리도 아울러 거부했다. 그들은 주 안에서 죽은 자들은 즉시 천국의 복락으로 들어가는데 반해, 죄 속에서 죽은 자들은 즉시 지옥으로 내려간다고 주장했다. 그러나 종교개혁 시대의 어떤 신학자들은 마지막 심판이 있기 전에 받는 의인의 복과 악인의 심판은 대심판 이후의 최종적인 복과 형벌과는 어느 정도 차이가 있을 것이라고 생각했다. 소지니주의자들과 재세례파의 어떤 사람들은 초대 교회 때 몇몇 사람들이 주장하던 바, 사람의 영혼은 죽음에서부터 부활 때까지 잠을 자는 것이라는 교리를 주장했다. 이 견해를 반박하기 위해 칼빈은 논문을 썼다. 이와 똑같은 견해가 안식교인들과 여호와의 증인들에 의해 주장되었다. 19세기에는 특히 영국과 스위스, 독일의 몇몇 신학자들에 의해, 중간 상태는 현세에서 그리스도를 받아들이지 않는 사람들을 다시 한 번 시련하는 장소라는 견해가 주장되었다. 이 견해는 지금도 만인구원론자를 비롯한 여러 사람들에 의해서 받아들여지고 있다.

C. 스올-하데스 교리의 현대적 구성

1. 이 교리의 진술. 현대 신학에서는 '스올–하데스'(*sheol-hades*)에 관한 성경적 개념을 몇 가지로 설명하고 있다. 오늘날 신약의 하데스에 상응한다고 생각되는 구약의 '스올' 개념은 지하 세계에 대한 이방의 사상에서 빌려 온 것이라는 주장이 지배적이다. 구약과 신약에 의하면 경건한 사람이나 악인 모두 죽으면 무서운 그늘의 장소, 망각의 땅으로 내려가 거기서 땅 위에서의 삶의 꿈 같은 반영에 불과한 존재로 운명지어진다고 주장하는 것이다. 지하 세계 자체는 상급이나 형벌이 아니다. 그곳은 선인과 악인을 위한 여러 장소로 나누어져 있지도 않으며, 도덕적 구분도 존재하지 않는 곳이다. 그곳은 약화된 의식, 흐물거리는 정체적 장소로서, 삶이 그 모든 관심을 잃어버리고, 삶의 기쁨은 슬픔으로 변해 버리는 그런 장소다. 어떤 사람은 구약에서는 '스올'이 모든 사람이 거하게 될 영원한 장소로 묘사되고 있다는 견해를 갖는 반면, 어떤 사람은 구약이 경건한 자에게는 빠져나갈 소망이 있다고 설명한다고 주장한다.

종종 우리는 구약적 개념과는 어느 정도 다른 설명을 접하게 되는데, 이런 설명에 의하면 '스올'은 '낙원'과 '게헨나'라는 두 부분으로 나누어진 곳으로 묘사되는데, '낙원'에는 모든 유대인 혹은 율법을 신실하게 지킨 유대인들이 들어가고, '게헨나'에는 이방인들이 들어간다고 한다. 유대인들은 메시야가 오시면 이 '스올'에서 구원받을 것이지만, 이방인들은 영원히 어둠의 장소에 머물 것이다. 이런 '스올'의 개념에 상응하는 신약의 개념은 '하데스'에 관한 묘사에서 찾아볼 수 있다. 히브리인들은 이러한 지하 세계에 대한 인식을 받아들이고 있었으며, 성경 기자들은 종종 자기들이 언급하고 있는 이방인들의 견해에 자신들의 묘사를 일치시키고 있을 뿐 아니라, 이것이 중간 상태에 대한 성경의 견해이기도 하다고 주장되고 있다.

2. 이 현대적 견해에 대한 비판. 물론 추상적으로 보자면, 천국도 아니고 지옥도 아니며, 모든 죽은 자들이 모여 영원히 혹은 어떤 공식적인 부활 때까지 머물러 있는 독립적인 장소의 개념이 대중적인 히브리인의 사상 속에 다소 유행하고, 그리하여 거기에서부터 죽은 자의 상태에 관한 어떤 비유적인 묘사가 만들어졌을 가능성도 있다. 그

러나 이런 생각은 성경의 실제적 영감을 믿는 사람들에게 있어서는 성경적 가르침의 실제 요소 중 하나로 간주될 수 없다. 왜냐하면 그것은, 의인은 즉시 영광으로 들어가고, 악인은 즉시 영원한 형벌의 장소로 내려간다는 성경의 설명과는 명백히 모순되기 때문이다. 더욱이 이 견해에 대한 반대로 다음과 같은 점들을 생각해 볼 수 있다.

(1) 성경적인 것으로 지금 널리 받아들여지고 있는 '스올-하데스'의 견해가 사실과 부합하느냐 그렇지 못하느냐 하는 문제가 일어난다. 만일 그것이 성경이 씌어질 그 당시의 사실과 부합하지만, 오늘날에는 사실이 아니라고 한다면, 자연히 이런 의문이 생긴다. 무엇이 이런 변화를 초래했는가? 그리고 만일 이것이 사실이 아니라 결정적으로 잘못된 견해였다면 ─ 이것이 지배적인 주장인데 ─ 또 즉시 이런 문제가 생기는 것이다. 이런 잘못된 견해를 어떻게 성경의 영감된 저자들이 주장하고, 인정하며, 심지어 적극적으로 가르치기까지 했는가 하는 것이다. 어떤 사람들의 생각처럼, 성경이 영감되었다는 사실은 사람이 어떤 지하의 세계로 내려간다고 말했던 구약의 성도들이 옳다는 확신을 수반하는 것은 아니라고 생각하더라도 이 문제는 해결되지 않는다. 왜냐하면 이러한 성도들뿐만 아니라 영감받은 저자들까지도 성경의 다른 가르침과는 상관없이 독자적으로 그렇게 해석될 수 있는 용어들을 사용하고 있기 때문이다(민 16:30; 시 49:15, 16; 시 88:3; 시 89:48; 전 9:10; 사 5:14; 호 13:14). 악인과 의인이 모두 '스올'로 내려간다고 말한 성경의 저자들은 오류를 범하고 있는 것인가? 인간의 미래 운명에 관한 계시에는 발전이 있으며, 다른 많은 점들에서와 마찬가지로 이 부분에서도 우리는 처음에는 희미했던 것이 점차로 명확성과 선명함을 더해 간다는 사실을 의심할 아무런 이유가 없다. 그러나 이것은 처음에는 틀렸던 것이 진실한 것으로 발전해 간다는 의미는 아니다. 어떻게 그럴 수 있겠는가? 어떻게 성령께서, 사람이 죽은 자의 상태에 관해 처음에는 잘못된 인상을 받고 잘못된 견해를 갖고 있다가, 시간이 흐르면서 그것을 올바른 인식으로 대치하는 것을 합당하다고 여기시겠는가?

(2) 성경이 '스올-하데스'를 도덕적 구별도 없고, 복락이나 형벌도 없는 중립적인 장소요, 모든 사람이 동일하게 내려가야 할 장소로 묘사하고 있는 것이 사실이라면, 악인이 스올로 내려가는 것을 어떻게 경고로 말할 수 있겠는가(욥 21:13; 시 9:17; 잠 5:5; 7:27; 9:18; 15:24; 23:14)? 어떻게 성경이 거기서 불타고 있는 하나님의 진노에 대해 말할 수 있으며(신 32:22), 또 어떻게 '스올'을 '아바돈'(abaddon) 즉 멸망과 동일한 의미로 사용할 수 있겠는가(욥 26:6; 잠 15:11; 27:20)? '아바돈'은 계 19:11에서 무저갱의 사자에게 적용되고 있는 강한 의미의 용어인 것이다. 어떤 사람은 '스올'의 중립적인 성격을 포

기하고, 이것은 의인의 거처인 '낙원', 악인의 거처인 '게헨나'라고 신약이 표현하고 있는 바와 같은, 두 부분으로 나누어진 지하 세계로 인식되었다고 생각함으로써 이 어려움을 피해 보려고 했다. 그러나 이런 시도가 실패할 수밖에 없는 것은, 구약이 '스올'을 악한 자의 형벌의 장소라고 말하면서도 이런 구분의 흔적은 전혀 보여주지 않기 때문이다. 더욱이 신약은 낙원을 고후 12:2, 4에 있는 하늘과 분명히 동일시하고 있는 것이다. 그리고 마지막으로 만일 '하데스'가 신약에서의 '스올'을 나타내는 이름이며, 또한 모든 사람이 거기로 가는 것이라면, 가버나움에게 선고되었던 특별한 운명은 어찌된 것이며(마 11:23), 또 이것이 어떻게 고통의 장소로 묘사될 수 있겠는가(눅 16:23)? 어떤 사람들은 위에서 표현된 위협이란 '스올'로 "급히" 내려가는 것을 두고 말하는 것이라고 하지만, 이 점이 분명히 언급되고 있는 욥 21:13 외 어디에서도 그런 암시를 찾아볼 수 없다.

(3) '스올'로 내려가는 우울한 미래의 전망이 악인에게 뿐 아니라 의인에게도 역시 해당되는 것이라면, 민 23:10; 시 16:9, 11; 17:15; 49:15; 73:24, 26; 사 25:8(비교. 고전 15:54)에서 보는 바와 같은, 죽음 앞에서의 즐거운 기대와 희열을 우리가 어떻게 설명할 수 있겠는가? 시 49:15의 표현은 하나님께서 시인을 '스올'이나 '스올'의 권세로부터 건지실 것이라는 사실을 의미하는 것으로 해석할 수 있다. 또한 히브리서 기자가 히 11:13-16에서 신앙의 용사들에 관해 말하고 있는 바를 주의해 보라. 당연한 일이겠지만, 신약은 신자들이 장래를 즐거움으로 바라보도록 많이 가르치고 있으며, 또 육신을 벗어난 상태에서 누릴 의식적 행복도 가르쳐 주고 있다(눅 16:23, 25; 23:43; 행 7:59; 고후 5:1, 6, 8; 빌 1:21, 23; 살전 5:10; 엡 3:14, 15(하데스에 있는 가족이 아니라 천국에 있는 가족); 계 6:9, 11; 14:13). 고후 12:2, 4에서는 "낙원"이 "셋째 하늘"과 동의어로 사용되고 있다. 어떤 이들은 신약의 이런 분명한 표현들과 연관하여, 신약의 신자들은 구약의 신자들보다 더 큰 복을 받아 즉시 천국의 복락으로 들어가게 되었다고 주장했다. 그러나 우리는 이렇게 당연히 물을 수 있다: 이런 구분을 가정할 만한 근거가 어디에 있다는 것인가?

(4) 만일 '스올'이 항상 죽은 자가 내려가는 어두운 지역을 말할 뿐 다른 의미는 전혀 없다고 한다면, 구약은 하나님과 거룩한 천사들의 복된 처소로서의 천국을 말하는 단어는 가지고 있으면서도 영원한 형벌과 멸망의 장소인 지옥을 지칭하는 단어는 가지고 있지 않은 것이 된다. 그러나 (2)에서 언급된 경고가 의미를 가지려면, 어떤 구절들에서는 '스올'이 악한 자가 의인과 구별되어 내려가는 바 형벌의 장소를 의미한다는

전제를 해야만 한다. 욥 11:8; 시 139:8; 암 9:2 등에서 보는 것처럼 '스올'은 실제로 '샤마임'(하늘)과 대비되고 있다. 성경은 또한 가장 깊고 가장 낮은 '스올'에 관해서도 말하고 있다(신 32:22). 동일한 표현이 시 86:13에서도 발견되지만, 그러나 이 구절은 비유적으로 쓰인 것이 명백하다.

(5) 마지막으로, '스올'로 내려가는 정확한 주체가 무엇인가 하는 문제에 관해 학자들 간에 견해 차이가 있다는 점도 주의해야 한다. 지배적인 견해에 의하면, 그 주체는 전인(全人)이다. 사람은 '스올'로 내려가서 알지 못하는 방식으로 어둠의 세계에서 그의 존재를 계속하는데, 거기서의 삶의 관계는 지상에서의 관계를 반영하는 것이라고 한다. 이러한 설명은 성경의 진술과 매우 잘 조화되는 것처럼 보인다(창 37:35; 욥 7:9; 14:13; 21:13; 시 139:8; 전 9:10). 몸이 포함된다는 것을 지적하는 구절들도 있다. 야곱이 "흰 머리로 슬피 '스올'로 내려갈"(창 42:38; 44:29, 31) 위험이 있고, 사무엘은 겉옷을 입은 노인으로 올라오고 있으며(삼상 28:14), 시므이는 "백발로" '스올'로 끌려 내려가야만 했다(왕상 2:6, 9). 그러나 죽은 자의 모든 것, 즉 육신과 영혼이 전부 '스올'로 가버린다면, '스올'과는 다른 장소라고 말할 수 있는 무덤 속에 있는 것은 무엇인가? 이 어려움은 영혼만이 '스올'로 내려간다고 주장하는 학자들에 의해 해결되지만, 이 설명이 구약의 설명과 조화를 이룬다고는 거의 말할 수가 없다. '스올'로 내려가는, 혹은 거기 존재하는 영혼에 관해 말하고 있는 구절들도 몇 개 있는 것이 사실이지만(시 16:10; 30:3; 86:13; 89:48; 잠 23:14), 그러나 히브리어에서 '네페쉬'(영혼)라는 단어가 전치사 접미어를 가질 때, 특히 시적인 용법에서, 인칭 대명사와 같은 의미를 지닌다는 것은 잘 알려진 사실이다. 어떤 보수주의 신학자들은 구약의 이러한 표현을 받아들이고 있으며, 여기에 근거하여, 인간의 영혼은 어떤 중간적인 장소(그러나 도덕적 구분이 존재하고 독립적으로 분할된 장소)에서 부활의 날까지 머문다는 그들의 주장을 변호한다.

3. 스올-하데스에 관한 해석의 제시. 이러한 용어를 해석하는 일은 결코 쉬운 일이 아니며, 또 우리가 제시하는 해석이 절대적 확실성을 가진 것이라는 인상을 주려는 의도도 없다. 이러한 용어들이 사용되고 있는 구절들을 귀납적으로 연구해 보면, 이런 '스올'이나 '하데스'와 같은 용어들이 항상 동일한 의미로 쓰이고 있지는 않다는 것과, 지하 세계, 죽음의 상태, 무덤, 지옥 등의 어떤 경우도 동일한 단어로 나타낼 수 있음을 금방 알게 된다. 이것은 성경의 다양한 번역본 속에도 분명히 반영되고 있다. 네덜란드어 성경은 '스올'을 어떤 구절에서는 '무덤'으로, 또 어떤 구절에서는 '죽음'으로 번역했다. 킹 제임스 즉 흠정역 성서는 이것을 번역하는 데 무덤, 지옥, 그리고 못(못)

등의 세 단어를 사용하고 있다. 영국의 번역자들은 일관성 없게도 역사적 본문 속에서 '무덤'이나 '못'이라는 단어를 사용하면서 '스올'을 각주로 처리하고 있다. 그들은 이사야 14장에서만 '지옥'이라는 말을 사용하고 있다. 미국 개정역 번역자들은 '스올'이나 '하데스'를 그대로 번역함으로써 이 어려움을 피하려고 했다. 스올은 모든 사람들이 내려가는 지하 세계일 뿐이라는 견해가 광범위한 지지를 얻기는 했지만, 이것은 결코 일치된 의견이 아니다. 초기의 어떤 학자들은 '스올'을 '무덤'과 동일시하였고, 어떤 이들은 그것을 죽은 자의 영혼이 머무는 장소로 간주하였으며, 또 쉐드, 보스, 알더스, 드 본트와 같은 이들은 '스올'이 항상 동일한 의미를 가지는 것은 아니라는 주장을 폈다. 마지막 의견이 가장 합당한 것 같고, 그 단어의 다양한 의미에 관해서는 다음과 같은 점들을 말할 수 있을 것이다.

(1) '스올'과 '하데스'라는 단어가 성경에서 항상 지역을 말하는 것은 아니며, 종종 죽음의 상태나, 몸과 영혼의 분리 상태를 지칭하는 추상적인 의미로 쓰이기도 한다. 이 상태는 종종 죽음의 영역을 구성하는 바 장소적인 의미로 간주되고 있으며, 또 가끔 열쇠를 가진 자만이 열고 닫을 수 있는 문이 달린 요새로 묘사되기도 한다(마 16:18; 계 1:18). 이러한 지리적 묘사는 사람이 죽음의 상태에 들어가면 내려가게 되는 무덤의 개념에 대한 일반화에 근거하고 있다. 생명이 끊어지면 신자나 불신자 모두 죽음의 상태로 들어가게 되므로 그들이 아무 구별도 없이 '스올'이나 '하데스'에 있다고 비유적으로 말할 수 있는 것이다. 삼상 2:6은 평행구에 의해서 그 구절의 의미를 분명하게 밝혀 주고 있다. "여호와는 죽이기도 하시고 살리기도 하시며 음부에서 내리게도 하시고 올리기도 하시는도다." 또한 욥 14:13, 14; 17:13, 14; 시 89:48; 호 13:14 등의 구절을 참고하라. 신약에서 '하데스'라는 단어는 죽음의 상태를 나타내는 비지리적 의미로 여러 번 사용되고 있다(행 2:27, 31; 계 6:8; 20:28). 마지막 두 구절에서는 그것이 의인화되고 있다. 이 용어들이 죽음의 상태를 나타낼 수도 있으므로, 이것들이 의인과 악인 모두에게 해당되는 어떤 것을 가리키는 것도 아니며, 이 둘의 영혼이 함께 모여드는 어떤 장소를 지칭하는 것도 아니라는 것을 굳이 증명할 필요는 없다. 드 본트는 '스올'이 많은 구절들에서 '죽음', '죽음의 권세', '죽음의 위험' 등과 같은 추상적인 의미로 쓰이고 있다는 사실에 주의하도록 촉구하고 있다.

(2) '스올'이나 '하데스'가 문자적인 의미로 한 지역을 의미할 때는, 우리가 지옥이라고 부르는 것을 의미하기도 하고, 무덤을 의미하기도 한다. '스올'로 내려가는 것이 위험한 것으로, 또 악인에 대한 형벌로 경고되고 있다(시 9:17; 49:14; 55:15; 잠 15:11;

15:24; 눅 16:23(하데스)). '스올'이 모두 다 내려가는 중립적 장소라면 이 구절이 의도하는 바 경고나 위협은 의미가 없어지고 만다. 또한 이 구절들로부터 이것은 두 부분으로 나누어진 장소일 수 없다는 것도 추론된다. 분할된 '스올'과 같은 개념은 이방의 지하 세계 사상에서 빌려 온 것으로, 성경적인 근거가 없다. 우리가 두 부분으로 나누어 졌다고 말할 수 있는 것은 단지 그것이 죽음의 상태를 의미할 때뿐인데, 그것도 비유적인 의미에서만 그렇다는 것이지, 문자적인 의미에서의 지하 세계에 내려가는 것이 아니라는 사실을 증거하고 있다(민 23:5, 10; 시 16:11; 17:15; 73:24; 잠 14:32). 에녹과 엘리야는 올리운 것이지 지하 세계로 내려간 것이 아니다(히 11:5 이하). 게다가 상태로서뿐 아니라 장소로서의 스올도 죽음과 매우 긴밀한 관련이 있는 것으로 여겨진다. 죽음에 대한 성경적 개념을 그 깊은 영적 의미 속에서 이해한다면, '스올'이 주 안에서 죽은 자들의 영혼을 위한 장소가 될 수 없다는 것을 금방 알게 될 것이다(잠 5:5; 15:11; 27:20).

'스올'과 '하데스'가 무덤을 지칭하는 것처럼 보이는 구절들이 있다. 그러나 이 말이 가리키는 바가 무덤인지 죽음의 상태인지 결정하기란 쉽지가 않다. 다음의 구절들을 고려해 볼 수 있을 것이다(창 37:25; 42:38; 44:29; 29:31; 왕상 2:6, 9; 욥 14:13; 17:13; 21:13; 시 6:5; 88:3; 전 9:10). 그러나 '스올'이 무덤을 의미한다 해도, 꼭 그것이 이 단어의 원래 의미이고, 그 의미로부터 지옥을 의미하는 용법이 파생되었다고 할 필요는 없다.

사실은 정반대인 것이다. 무덤이 스올로 불리는 것은 그것이 파멸과 관계 있는 개념인 내려감을 상징하기 때문이다. 신자들에게 있어서 성경의 상징은 성경에 의해서 변화된다. 바울은, 성도는 땅에 씨가 뿌려지듯 죽음으로 내려가는 것이며, 거기에서 새롭고 더욱 풍성하며, 영광스러운 생명이 솟아난다고 말하고 있다. 구약에서 '스올'은 지옥의 의미보다는 무덤의 의미로 훨씬 더 자주 사용되고 있는데 반해, 이와 상응하는 신약적 용어인 '하데스'는 이와 반대의 현상을 보여주고 있다.

D. 죽음 뒤의 영혼의 거처에 관한 로마교회의 교리

1. 연옥(Purgatory). 로마교회에 의하면 죽을 때 완전히 순결한 영혼들은 곧바로 천국 혹은 하나님의 얼굴을 뵈옵는 복락으로 들어가지만(마 25:46; 빌 1:23), 완전히 깨끗함을 받지 못한 자, 즉 여전히 소죄(小罪)를 짓고 있어 그 죄에 합당한 형벌을 받지 않은 사람들은 - 이것이 대부분의 신자들이 죽을 때의 상태다 - 하늘 나라의 최상의 복

락과 즐거움으로 들어가기 전에 정결의 과정을 겪어야만 한다. 그들은 천국으로 즉시 들어가는 것이 아니라 연옥으로 간다는 주장이다. 연옥은 시험이 아닌 정화의 장소며, 궁극적으로 천국에 들어갈 것이 확실하지만 아직은 하나님의 얼굴을 뵙는 복락에 합당하지 못한 신자들의 영혼이 준비하는 장소다. 그들이 연옥에 머무는 동안 이들 영혼은 상실의 고통, 즉 하나님을 뵙는 복락에서 제외된 데서 오는 고뇌를 겪으며, "감각의 형벌", 즉 영혼을 괴롭히는 실제적인 고통을 겪게 된다. 그들이 연옥에 머무는 기간은 미리 알 수 없다. 그들이 겪는 고통의 강도나 기간은 아직 얼마나 더 정화되어야 하는지에 따라 달라진다. 이 기간과 강도는 땅 위에 있는 신자들의 기도나 선행, 특히 미사의 제사에 의해 경감될 수 있다. 마지막 심판 때까지 연옥에 머물러야만 할 가능성도 있다. 교황은 연옥에 대한 관할권을 가지고 있다고 간주된다. 연옥에 대해 사면을 내리고, 고통을 가볍게 하며, 심지어 고통을 끝내기도 하는 것은 그의 고유한 권한에 속한다. 이 교리에 대한 가장 중요한 뒷받침은 마카베오후서 12:42-45에서 찾아볼 수 있으므로 이는 개신교도들이 정경으로 인정하지 않는 책에 근거를 두고 있는 셈이다.

그러나 이 구절은, 로마교회가 일관성 있게 인정할 수 있는 한계를 넘어 너무 넓은 의미를 가지고 있다. 즉, 이 구절은 우상 숭배라는 치명적인 죄로 죽은 군인들조차도 연옥에서 구원받을 가능성이 있음을 함축하고 있기 때문이다. 성경의 어떤 구절들도 이런 교리를 옹호하고 있는 것처럼 보인다(사 4:4; 미 7:8; 슥 9:11; 말 3:2,3; 마 12:32; 고전 3:13-15; 15:29). 그러나 이런 구절들을 연옥 교리를 뒷받침하는 것으로 만드는 것은 분명히 너무 지나친 억지 주석이다. 이 교리는 성경에서 전혀 그 근거를 찾을 수 없으며, 더욱이 다음과 같은 몇 가지의 잘못된 가정에 근거하고 있다. (1) 우리는 그리스도의 사역에 무엇인가를 더해야만 한다. (2) 엄밀한 의미에서 우리의 선행은 공로가 될 수 있다. (3) 우리는 의무의 명령을 넘어서는 공덕의 행위를 할 수가 있다. (4) 사법적인 의미에서 교회가 가진 열쇠의 권세는 절대적이다. 이 권세에 따라 교회는 연옥의 고통을 단축시키거나, 경감하거나, 끝낼 수 있다.

2. 선조 림보(The Limbus Patrum). 중세에는 라틴어 '림부스'(주변)라는 단어가 지옥의 주변 혹은 가장자리에 있는 두 장소, 즉 선조 림보와 유아 림보를 가리키는 말로 쓰였다. 로마교회의 가르침에 의하면, 전자는 구약 시대 성도들의 영혼이 죽은 후부터 주의 부활하시기까지 머물러 기다리는 장소이다. 그리스도께서는 십자가에서 돌아가신 후 선조들의 거처로 내려가셔서 그들을 잠정적인 구금에서 풀어 주시고 승리하셔서 그들을 하늘 나라로 데리고 가셨다고 한다. 이것이 로마 가톨릭에서 주장하는 바

그리스도께서 '하데스'에 내려가셨다는 해석이다. '하데스'는 몸과 분리된 영혼을 위한 거처로서, 의인과 악인을 위한 두 장소로 나뉘어 있는 곳으로 간주된다. 의인의 영들이 거하고 있는 곳이 바로 선조 림보인데, 이것은 유대인들에게는 아브라함의 품(눅 16:23), 낙원(눅 23:43)으로 알려졌다. 그리스도께서 세상의 죄에 대한 속죄를 실제로 이루시기까지 하늘 나라는 아무에게도 열리지 않았다고 주장하는 것이다.

3. 유아 림보(The Limbus Infantum). 이것은 이방인이나 그리스도인의 자녀나 출생과 상관없이, 세례받지 못하고 죽은 모든 어린이의 영이 거하는 장소다. 로마교회에 의하면 세례받지 못한 어린이는 천국에 받아들여질 수 없으며, 하나님의 나라에 들어갈 수 없다(요 3:5). 그러나 이러한 어린이들이 지옥의 고통을 받아야 한다는 사상에 대해서는 늘 자연적 반감이 있어 왔고, 그래서 로마교회의 신학자들은 이 어려움을 피할 길을 모색해 왔다. 어떤 이는 이런 어린이들은 그들 부모의 신앙에 의해 구원을 받을 것이라 생각했고, 어떤 이는 하나님께서 천사들을 보내어 그들에게 세례를 주실 것이라고 생각했다. 그러나 지배적인 견해로는, 그들이 천국에서는 제외되었지만, 무시무시한 불길이 미치지 못하는 지옥의 가장자리로 들어간다는 것이다. 그들은 구원의 희망이 전혀 없는 상태로 여기서 영원히 거하게 된다. 교회는 한 번도 이 유아 림보의 교리를 정의한 적이 없었고, 이런 어린이들에게 부여되는 정확한 상태에 관한 의견도 신학자들마다 다양하다. 그러나 지배적인 견해는, 그들은 아무런 실제적인 고통, 즉 "감각의 고통"을 겪지 않은 채, 그저 천국의 복락에서만 제외될 뿐이라는 것이다. 그들은 자연적인 능력으로 하나님을 알고 사랑하며, 충만한 자연적 행복을 누린다고 한다.

E. 죽은 후 영혼의 의식적 존재 상태

1. 이 점에 관한 성경의 가르침. 죽은 뒤 영혼이 실제적인 의식을 가지고 있으며, 합리적이고 종교적인 행위를 할 수 있는가 하는 질문이 제기되어 왔다. 영혼은 그 의식 활동을 두뇌에 의존하고 있으므로 두뇌가 파괴되면 의식이 기능을 할 수 없다는 일반적 근거 위에서 이 주장은 종종 부인되었다. 그러나 우리가 앞 장(II. D. 이하)에서 지적한 대로, 이런 논증의 설득력은 의심의 여지가 있다. 달레(Dahle)의 말을 빌자면, "그것은 노동자와 그의 기계를 혼동하는 오류에 근거하고 있다." 현세에서는 인간의 인식이 두뇌를 통해 그 결과를 전달하고 있다는 사실로부터, 의식은 다른 방식으로는 작용할 수 없다는 결론이 필연적으로 도출되는 것은 아니다. 사후 영혼의 의식적 존재

를 변증하기 위해 우리가 현대의 강신술 현상에 의존하거나, 철학적인 논증들에 의지할 필요는 없다. 비록 이들이 전혀 무의미한 것은 아니지만 말이다.

우리는 하나님의 말씀, 특히 신약에서 그 근거를 찾는다. 부자와 나사로는 함께 대화를 나눈다(눅 16:19-31). 바울도 몸을 떠난 상태를 "주와 함께 거하는 것이며, 현세의 삶보다 더 바랄 만한 어떤 것"으로 언급하고 있다(고후 5:6-9; 빌 1:23). 분명히 그가 사실상 비존재와 같은 무의식적 존재를 두고서 그렇게 말한 것은 아니었을 것이다. 히 12:23에서는 신자들이 "온전하게 된 영"에게로 이를 것이라고 말하고 있는데, 이것은 분명 그들이 의식적인 존재임을 함축하는 말인 것이다. 더욱이 제단 아래에 있는 영들은 교회를 박해한 자들에 대해 자신을 신원해 주시도록 부르짖고 있으며(계 6:9), 또 순교자들의 영들은 그리스도와 함께 다스릴 것이라고 한다(계 20:4). 사후의 영혼에 의식이 있다는 이 진리는 여러 가지 형태의 이론에 의해 부인되어 왔다.

2. 영혼 수면설(Psychopannychy).

(1) 교리의 진술.　죽음 후 영혼에 의식이 존재한다는 것을 부인하는 이론의 한 형태는 영혼수면설이다. 이 이론에 따르면, 죽으면 영혼은 영적인 개체의 존재로 살아 있게 되지만, 무의식적 휴식의 상태로 존재한다. 유세비우스는 이런 이론을 주장하는 아라비아의 한 작은 종파를 언급한 적이 있다. 중세 시대에는 이런 소위 영혼 수면론자가 매우 많았고, 종교개혁 시대에는 재세례파 사람들 중 어떤 이들이 이런 잘못된 견해를 주장했다. 칼빈은 심지어 「영혼 수면설」(Psychopannychia)이라는 논문을 써서 이것을 반박했다. 19세기에는 영국의 어빙파 사람들에 의해 이 이론이 주장되었고, 현재 이 이론은 미국의 여호와의 증인들이 옹호하는 교리의 하나가 되었다. 여호와의 증인에 의하면, 몸과 영혼이 무덤에 내려가는데, 영혼은 잠든 상태로 사실상 비존재의 상태가 된다고 한다. 부활이라고 하는 것은 실제로는 새로운 창조다. 천년왕국 동안 악인들은 두 번째 기회를 갖게 되는데, 이 처음 백년 동안에 개선의 표시를 보여주지 못하면 그들은 멸망당하고 만다. 그 기간 동안 삶을 개선한 증거를 보여주면 그들의 시련은 계속되지만, 그들이 계속 회개하지 않는다면 멸망으로 끝나고 말 것이다. 지옥도 없고 영원한 고통의 장소도 없다. 영혼 수면의 교리는 물리적 유기체를 떠난 의식의 존재를 믿기 어렵다고 느끼는 사람들이 특히 매력을 느끼는 것 같다.

(2) 이 교리의 성경적 근거로 생각되는 것들.　이 교리에 대한 성경적 근거로는 특별히 다음과 같은 것들이 제시되고 있다. ① 성경은 종종 죽음을 잠으로 표현한다(마

9:24; 행 7:60; 고전 15:51; 살전 4:13). 이 잠이 육신의 잠일 수는 없으므로, 따라서 이것은 영혼의 잠을 의미할 수밖에 없다. ② 성경의 어떤 구절들은 죽은 자에게는 의식이 없다고 가르친다(시 6:5; 30:9; 115:17; 146:4; 전 9:10; 사 38:18, 19). 이것은 영혼이 의식적인 존재를 계속한다는 사상과는 모순된다. ③ 성경은 사람의 운명은 마지막 심판에 의해 결정되며, 그 운명이 어떤 사람들에게는 놀라운 일이 될 것이라고 가르친다(마 7:22, 23; 25:37-39, 44; 요 5:29; 고후 5:10; 계 20:12 이하). ④ 죽음에서 부활한 사람들 중 어떤 사람도 그들의 경험에 관해 말한 적이 없다. 이것은 몸을 떠난 상태에서는 그들의 영혼에 의식이 없었다는 가정 위에서 잘 설명될 수 있다.

(3) 제시된 논증의 고찰. 앞의 논증들은 진술된 순서에 따라 다음과 같이 답변될 수 있다. ① 성경은 영혼이 잠든다거나 육신이 잠든다고 말하고 있는 것은 결코 아니며, 단지 죽어가는 사람에 대해서만 그렇게 말하고 있음을 유의해야 한다. 또한 성경이 이렇게 묘사하는 것은 죽은 몸과 잠자는 몸 사이의 유사성에 근거한 것이다. 성경은 부활의 소망으로 신자들을 위로하기 위해 이런 부드러운 표현을 사용하고 있는 것 같다. 더욱이 죽음이란 우리 주변 세계와 생활이 단절되는 것이며, 그런 의미에서 죽음은 잠이요, 휴식이다. 마지막으로, 성경은 신자들이 "죽음 직후" 하나님과 예수 그리스도로 더불어 교제하는 의식적 삶을 누린다고 설명하고 있음을 망각해서는 안 될 것이다 (눅 16:19-31; 23:43; 행 7:59; 고후 5:8; 빌 1:23; 계 6:9; 7:9; 20:4). ② 죽은 자에게는 의식이 없다는 것을 가르치는 것처럼 보이는 구절들은, 사람은 죽은 상태에서는 현세의 삶에 더 이상 참여할 수 없다는 사실을 강조하기 위한 것임이 분명하다. 호비(Hovey)는 다음과 같이 말하고 있다. "장인의 작업이 중지되고, 노래하는 자의 음성은 쉴 것이며, 왕의 홀은 떨어진다. 육신은 다시 흙으로 돌아가고, 현세에서 하나님을 찬송하는 일은 영원히 끝이 난다." ③ 사람의 운명이 마치 마지막 날의 심판에 의존하는 것처럼 종종 표현된다. 그러나 이것은 잘못된 생각이다. 심판 날은 각 사람의 상급과 형벌을 결정하기 위해 필요한 것이 아니라, 판결을 엄숙히 공포하고, 하나님의 공의를 하나님과 사람 앞에 드러내기 위해 필요할 뿐이다. 어떤 구절들이 제시해 주고 있는 바 놀라움이란, 그 심판 자체에 대한 것이 아니라 그 심판이 이루어지는 근거에 대한 놀라움이다. ④ 죽은 자들 중에서 일으키심을 받은 사람들 중에 아무도 죽음과 부활 사이의 자신의 경험을 말한 자들이 없는 것은 사실이다. 그러나 이것은 침묵을 근거로 한 단순한 논증으로서, 이 경우에는 전혀 무가치하다. 왜냐하면 성경은 분명 죽은 자의 의식적인 존재를 가르치고 있기 때문이다. 그러나 이러한 사람들이 자신의 경험에 대해 침묵하

는 것도 당연한데, 이것은 그들이 자기들의 경험에 대해 말하도록 허락을 받지 못했거나, 그 체험을 인간의 언어로는 표현할 수 없었다고 가정하면 쉽게 설명될 수 있다.

3. 멸절설과 조건적 불멸설.

(1) **이들 교리의 진술.** 이들 교리에 의하면, 죽은 뒤의 악인에게는, 설사 그가 존재한다고 하더라도, 의식적인 존재는 결코 있을 수 없다고 한다. 이 두 가지 교리는 사후 악인의 상태에 대해서는 서로 의견이 같지만, 두 가지 근본적인 요점에 있어서 서로 다르다. 멸절설은 가르치기를, 인간은 불멸하도록 창조되었지만, 죄 속에서 계속된 영혼은 하나님의 적극적인 사역에 의해 그 불멸성의 선물을 박탈당하여 궁극적으로 멸망하거나, 혹 (어떤 사람에 의하면) 영원히 의식을 박탈당하는데, 이는 사실상 비존재와 같다는 것이다. 한편 조건적 불멸설에서는, 불멸설이 자연적인 영혼의 은사가 아니라 그리스도 안에서 믿는 자에게 주어지는 하나님의 은사라고 한다. 그리스도를 영접하지 않는 영혼은 궁극적으로 존재할 수 없게 되거나 모든 의식을 상실한다. 이런 교리들을 주장하는 어떤 이들은 미래에 악인은 제한된 시간 동안 고통을 받게 될 것이라고 가르침으로써 실제적인 형벌의 개념을 버리지 않는 사람도 있다.

(2) **이들 교리의 역사적 전개.** 멸절설은 아르노비우스(Arnobius)와 초기의 소지니주의자들과 로크와 홉스 등의 철학자들이 가르친 것이지만, 그 원래의 형태는 그리 인기를 끌지 못했다. 그러나 19세기에 오랜 이 멸절설의 개념이, 약간의 변형을 거쳐 조건적 불멸설이라는 이름을 달고 부활되었는데, 이 새로운 형태는 매우 널리 퍼지게 되었다. 이 교리는 영국의 E.화이트, J.B.허드, 주교좌 성당 참사회원 컨스터블과 로우, 독일의 R.로테, 프랑스의 사바티어, 스위스의 페타벨, 세크레탱, 미국의 C. F. 허드슨, W. R. 헌팅턴, L. C. 베이커, L.W. 베이컨 등의 지지를 받았으며, 따라서 특별히 주의해 볼 가치가 있는 이론이다. 이들 모두가 동일한 방식으로 이 교리를 진술하고 있는 것은 아니지만, 사람은 그 원래의 본질이 소유한 미덕에 의해서 불멸적인 것이 아니라, 특별한 은혜의 행동 혹은 은사로 인해 불멸적이 된다는 점에서는 모두 일치하고 있다. 악한 자와 관련해서는 어떤 사람은, 악인이 의식을 완전히 상실하기는 하지만, 그저 계속 존재하기는 한다고 주장하는데 반해, 어떤 이는 어느 정도의 고통의 기간이 지난 후 악인은 짐승과 같이 완전히 멸망하고 말 것이라고 주장한다.

(3) **이 교리를 옹호하는 논증들.** 이 교리는 부분적으로는 초대 교부들의 글 속에서 지지를 받고 있는데, 이들 글의 의미는 적어도 신자들만 불멸성의 은사를 받게 된다

는 의미인 것처럼 보인다. 또 부분적으로는 영혼의 불멸성에 대한 과학적인 증거가 있음을 부인하는 최근의 과학 이론에 의해서도 지지를 받고 있다. 그러나 이 교리는 주된 지지를 성경에서 찾으려 하고 있다. 이 교리는 다음과 같이 주장한다. ① 성경은 하나님만이 본래적으로 불멸하시는 분이라고 가르치고 있다(딤전 6:16). ② 성경은 일반적인 영혼의 불멸성에 대해서는 말하지 않으며, 불멸성은 그리스도 예수 안에 있는 자들에게 주어지는 하나님의 선물이라고 설명하고 있다(요 10:27, 28; 17:3; 롬 2:7; 6:22, 23; 갈 6:8). ③ 성경은 또 죄인들에 대해서는 "죽음"과 "파멸"로 위협함으로써 그들이 "멸망할" 것이라고 말하고 있는데, 이들 용어는 불신자들은 비존재로 사라지고 말 것이라는 의미로 사용되었다(마 7:13; 10:28; 요 3:16; 롬 6:23; 8:13; 살후 1:9).

(4) 이 논증의 고찰. 이 교리를 변호하는 논증들은 결정적인 것이라고 할 수 없다. 초대 교부들의 글은 정확하지도 않고 일관성이 있는 것도 아니어서, 다른 의미로도 해석될 수가 있다. 그리고 각 시대의 사변적 사상은 대체로 불멸성의 교리를 찬성하였지만, 과학은 이것을 반증하는 데 성공하지 못했다. 성경의 논증에 대해서는 다음과 같이 말할 수 있다. ① 하나님께서는 실로 본래적 불멸성을 소유하신 유일하신 분이시다. 인간의 불멸성은 거기에서 도출된 것이다. 그러나 이것은 그가 창조된 존재이므로 불멸성을 소유하지 못한다는 의미는 아니다. ② 두 번째 논증에서는 영혼의 단순한 불멸성 혹은 존재의 계속성이 영생과 혼동되어 있지만, 영생이란 이보다 훨씬 더 풍부한 개념이다. 영생은 실로 예수 그리스도 안에 있는 하나님의 은사로, 악인이 받을 수 없는 은사이지만, 그렇다고 해서 악인들이 계속 존재하지 못한다는 의미는 아닌 것이다. ③ 마지막 논증은 "죽음", "파멸", "멸망" 등의 용어는 비존재로의 사라짐을 의미하는 것이라고 자의적으로 주장한다. 이런 주장이 성립하는 것은 이들 용어를 지나치게 문자주의적으로 해석할 때 뿐인데, 그것도 이 이론을 주장하는 사람들이 인용하는 '몇몇' 구절에서만 그렇게 할 수 있는 것이다.

(5) 이 교리에 대한 반대 논증들. 조건적 불멸성의 교리는 다음과 같은 성경의 가르침과 명백히 모순된다. ① 성도들과 마찬가지로 죄인들도 영원히 존재를 계속할 것이다(전 12:7; 마 25:46; 롬 2:8-10; 계 14:11; 20:10). ② 악인은 영원한 형벌을 받을 것인데, 이는 그들이 마땅한 처벌로 인정하는 그 고통을 영원히 의식하게 될 것을 의미하며, 따라서 그들이 멸절되는 것이 아니다. 위에서 언급한 구절을 참고하라. ③ 악인의 형벌에는 정도가 있을 것인데, 존재나 의식의 소멸에는 정도의 차이가 있을 수 없어 모두에게 동일한 형벌이 되고 만다(눅 12:47, 48; 롬 2:12).

다음과 같은 점들도 이 특별한 교리에 대한 결정적인 반대가 될 것이다. ① 멸절설은 모든 유비(analogy)에 반대된다. 하나님께서는 당신의 창조물을, 그 형태는 아무리 많이 바꾸신다 하더라도 그것을 멸절시키시지는 않는다. 성경적 죽음관은 멸절설과 아무런 공통점이 없다. 성경에서는 생명과 죽음이 정반대의 개념이다. 만일 죽음이 그저 존재나 의식의 중지일 뿐이라면 생명이란 반드시 이런 존재나 의식의 존속만을 의미해야 한다. 그러나 생명은 존재나 의식의 단순한 존속보다는 훨씬 더 많은 의미를 함축하고 있다(롬 8:6; 딤전 4:8; 요일 3:14 참조). 이 말에는 영적인 의미가 포함되어 있으며, 죽음이라는 말도 마찬가지이다. 사람은 육체적인 죽음의 희생물이 되기 전에도 영적으로 죽어 있지만, 그러나 이것이 존재나 의식의 상실을 의미하지는 않는 것이다(엡 2:1, 2; 딤전 5:6; 골 2:13; 계 3:1). ② 멸절은 사실상 형벌이라고 불릴 수 없다. 왜냐하면 형벌에는 고통이나 죄책의 의식이 포함되는데, 존재가 끝이 나 버린다면 의식 역시 끝이 나 버리기 때문이다. 멸절에 대한 두려움이 형벌이 된다고 말할 수 있겠지만, 이러한 두려움은 범죄에 상응하는 것이 아니다. 그리고 그 안에 영원의 불꽃을 소유하지 못한 사람의 두려움이 그 마음속에 영원을 가진 사람의 두려움과는 같을 수가 없는 것이다(전 3:11). ③ 삶에 지칠 때 사람들은 종종 존재나 의식의 소멸을 매우 바람직한 일로 여기는 경우가 생긴다. 이런 사람들에게 있어서 멸절의 벌이란 사실상 하나의 복이 되고 마는 것이다.

F. 중간 상태는 재시험의 기간이 아님

1. 교리의 진술. 소위 "제2 시험설"(second probation)은 19세기 신학계에서 상당한 호응을 얻었다. 이 이론은 특히 독일의 뮐러, 도르너, 니체, 그리고 스위스의 고데, 그레틸라트, 영국의 모리스, 파라, 플럼터, 미국의 뉴만, 스미스, 뭉거, 콕스, 쥬스, 그리고 몇몇 안도버 신학자들의 지지를 받았다. 이 이론의 요지는, 중간 상태에서 어떤 부류의 사람들 혹은 아마 모든 사람들이 그리스도를 통해 구원을 받을 수 있으며, 이 구원은 현세에서와 동일한 방식, 곧 구주 그리스도를 믿음으로써 주어진다는 것이다. 그리스도는 여전히 자신을 필요로 하는 모든 사람들에게 알려지시며, 사람들은 그를 받아들이도록 권유받는다. 이런 시험을 거치지 않고서는 아무도 지옥으로의 정죄를 받지 않으며, 이런 은혜의 선물을 거절하는 사람들만이 정죄를 받는다. 사람의 영원한 상태는 심판날까지는 불변적으로 고정되어 있지 않다. 죽음과 부활 사이에서 이루어진 결

정에 의해 구원의 여부가 정해질 것이다. 이 이론의 토대가 되는 근본 원리는 누구든지 예수님을 알고 받아들일 수 있는 좋은 기회를 누리지도 못한 채 멸망하지는 않을 것이라는 것이다. 사람이 정죄를 받는 것은 그리스도 예수 안에서 제공되는 구원을 받아들이려 하지 않고 완고하게 거절할 때뿐이라는 것이다.

그러나 중간 상태에서 그리스도를 받아들일 수 있는 은혜로운 기회를 얻게 될 사람이 누구인가에 관해서는 의견이 분분하다. 일반적인 견해는, 이 기회는 영아기에 죽은 모든 어린이들로부터 현세에서 그리스도에 관해 들어 보지 못한 이방인 어른들에 이르기까지 폭넓게 주어지리라는 것이다. 대부분의 사람들은 현세에 기독교 국가에 살았으면서도 그리스도의 요청을 진지하게 살펴보지 못했던 사람들에게도 이런 기회가 주어질 것이라고 주장했다. 또한 이 미래의 구원 사역이 수행될 방법이나 수행자에 관해서도 의견이 다양하다. 게다가 어떤 사람들은 이 사역의 결과가 가장 클 것으로 기대를 하고 있는데 반해, 어떤 이들은 별로 기대를 하지 않고 있는 것이다.

2. 교리의 기초. 이 이론은 견고한 성경적 기초를 가지고 있다기보다는 오히려 하나님의 사랑과 공의에서 기대할 수 있을 법한 것들에 관한 일반적인 사색, 그리고 그리스도의 은혜 사역을 가급적 포괄적인 것으로 만들려는 이해할 만한 욕구에 기초를 두고 있다. 이 이론에 대한 주요한 성경적 근거는 벧전 3:19와 4:6에서 찾을 수 있는데, 이 두 구절은 그리스도께서 죽음과 부활 사이의 중간 시기에 '하데스'에 있는 영들에게 전도하셨음을 가르치는 것으로 해석된다. 그러나 이것은 그저 자의적인 기초에 지나지 않는데, 이는 이 구절들에 대해 전혀 다른 해석도 가능하기 때문이다. 또 이 구절들이 설령 그리스도께서 실제로 지하 세계로 가셔서 전도하셨음을 가르치고 있다 하더라도, 그 구원이란 그가 십자가에 돌아가시기 이전 사람들에게로만 제한되었을 것이다. 그들은 또한 자기들이, 불신앙을 정죄의 유일한 근거로 말한다고 해석하는 구절들을 언급하고 있다(요 3:18, 36; 막 16:15, 16; 롬 10:9-12; 엡 4:18; 벧후 2:3, 4; 요일 4:3).

그러나 이 구절들은 단지 그리스도께 대한 믿음이 구원의 길이라는 사실만을 증명할 뿐이다. 이것은 그리스도께 대한 의식적인 거절만이 정죄의 유일한 이유가 됨을 증명하는 것은 아니다. 불신앙은 의심할 바 없이 큰 죄가 되고, 또 이것이 그리스도께서 설교하셨던 당시의 사람들에게 두드러진 죄이기도 하지만, 이것이 하나님께 대한 반항의 유일한 형태는 아니며, 정죄의 유일한 근거가 되는 것도 아닌 것이다. 그리스도께서 그들에게 제시될 때 그들은 이미 정죄 아래 있다. 그 외의 구절들도 역시 결정적인 것들이 아니다(마 13:31, 32; 고전 15:24-28; 빌 2:9-11). 이중에서 어떤 구절은 너무 많은 것을 증명하는 것이어서, 실상 아무것도 증명하지 못한 것들이다.

3. 이 교리에 대한 반대 논증. 이 이론에 반대하여 다음과 같이 이야기할 수 있다. (1) 성경은 사후 불신자의 상태를 확정한 것으로 묘사하고 있다. 여기서 살펴볼 중요한 구절은 눅 16:19-31이다. 그밖에 다른 구절들로는 전 11:3(해석이 불분명하다); 요 8:21, 24; 벧후 2:4, 9; 유 7-13(비교. 벧전 3:19) 등을 들 수 있다. (2) 성경은 다가올 마지막 심판은 육신을 입고 있을 때 행한 일들에 근거하여 결정되는 것으로 일관적으로 묘사할 뿐, 어떤 방식으로든 중간 상태에서 발생한 일에 근거하여 심판한다고는 말하지 않는다(마 7:22, 23; 10:32, 33; 25:34-46; 눅 12:47, 48; 고후 5:9, 10; 갈 6:7, 8; 살후 1:8; 히 9:27). (3) 이 이론의 근본 원리, 곧 그리스도와 그의 복음에 대한 의식적인 거절만이 사람을 멸망하게 한다는 주장은 비성경적이다. 사람은 본래적으로 상실한 바 되고, 실제적인 죄뿐 아니라 심지어 원죄로도 사람은 정죄받기에 마땅하다. 그리스도를 거절하는 것은 큰 죄이지만, 그러나 이것이 파멸로 인도하는 유일한 죄로 묘사되고 있지는 않는다. (4) 성경은 이방인도 멸망한다고 가르치고 있다(롬 1:32; 2:12; 계 21:8). 어른인 이방인이나 아직 사리를 알지 못하는 이방의 어린이들이 구원을 받으리라는 소망을 증명해 주는 성경적 근거는 없다. (5) 또한 내세 시험설은 선교에 대한 모든 열심을 사라지게 할 것이다. 만일 이방인들이 내세에 그리스도를 받아들이기로 결정할 수 있다면, 지금 그들로 하여금 선택권을 주는 것은 오히려 그들에 대한 심판을 좀 더 앞당길 뿐이다. 가능한 오래 그들을 무지한 상태로 두는 것이 더 낫지 않겠는가?

깊은 연구를 위한 질문

'스올-하데스'는 항상 모든 죽은 사람이 내려가는 지하 세계를 지칭한다는 주장은 성립될 수 있는가? 성경에 나오는 '스올'과 '하데스'에 관한 언급은 그 당시 유행하던 사상을 단순히 반영하는 것일 뿐이라고 믿는 것이 왜 반대를 받을 만한가? 우리는 의인과 악인이 죽으면, 어떤 임시적이고 잠정적인 거처로 들어가는 것이지, 각자의 영원한 운명으로 바로 들어가는 것이 아니라고 생각해야 하는가? 어떤 의미에서 중간 상태가 과도기적이라고 할 수 있는가? 연옥의 개념은 어떻게 생겨나게 되었는가? 로마교회에서는 연옥 불에 대해서 어떻게 생각하고 있는가? 이것은 단순히 정화하는 불인가, 아니면 형벌의 불인가? 루터파 사람들은 연옥 교리에서 어떤 긍정적인 요소를 인정하고 있는가? 우리는 여호와의 증인의 교리에서 어떤 이단 사설의 혼합 이론을 발견할 수 있는가? 성경에 의하면 중간 상태는 '이 세대'와 '다가올 세대' 사이의 제3의 세대를 가리키는가? "구원의 날"로서의 현재에 대한 성경의 강조는 내세 시험의 교리와 조화될 수 있는가?

제2부 일반적 종말론

I
그리스도의 재림

선지자들이 그리스도의 이중적인 도래를 분명히 구별하지 않았지만, 주님 자신과 사도들은 그리스도의 초림 후 재림이 있을 것을 매우 분명히 밝히고 있다. 공생애 사역이 끝나갈 무렵 예수께서는 자신이 다시 오실 것에 대해 여러 번 말씀하셨다(마 24:30; 25:19, 31; 26:64; 요 14:3). 승천하실 때 천사들도 예수님의 미래적 재림을 지적하였다(행 1:11). 게다가 사도들도 많은 구절들에서 이 사실을 말하고 있다(행 3:20, 21; 빌 3:20; 살전 4:15, 16; 살후 1:7, 10; 딛 2:13; 히 9:28). 이 대(大)사건을 지칭하기 위해 몇 가지 용어들이 사용되고 있는데, 다음과 같은 것들이 가장 중요하다.

(1) 아포칼룹시스(베일을 벗김)는 지금 우리가 그리스도를 볼 수 없도록 방해하는 장애물의 제거를 의미한다(고전 1:7; 살후 1:7; 벧전 1:7, 13; 4:13).

(2) 에피파네이아(출현, 현현)는 그리스도께서 숨겨진 배경으로부터 풍성한 구원의 복을 가지고 나오시는 것을 의미한다(살후 2:8; 딤전 6:14; 딤후 4:1, 8; 딛 2:13).

(3) 파루시아(문자적인 의미로, 임재)는 임재에 선행하는 오심, 혹은 임재의 결과들을 의미한다(마 24:3, 27, 37; 고전 15:23; 살전 2:19; 3:13; 4:15; 5:23; 살후 2:1-9; 약 5:7, 8; 벧후 1:16; 3:4, 12; 요일 2:28).

A. 단일한 사건인 재림

오늘날 세대주의자들은 그리스도의 미래적 도래의 이중성을 구분하면서도, 이것을 대사건의 두 국면이라고 주장함으로써 재림 사상의 통일성을 보존하려고 한다. 그러나 이들이 말하는 이 두 가지는 몇 년의 기간을 두고 나누어져 있고, 각각 나름대로 목적을 갖고 있는 다른 사건이므로, 이것이 하나의 사건으로 간주될 수는 없다. 첫 번째 사건은 '파루시아' 혹은 그저 "강림"(coming)인데, 종종 '은밀한 휴거'(secret rapture)라고 불리는 바 그 결과는 성도들의 휴거다. 이 도래는 임박한 것, 즉 언제든지 일어날 수 있는 것인데, 그 까닭은 이 일에 앞서 일어나야만 할 선행 조건으로 예정된 사건이 없기 때문이다. 지배적인 견해에 의하면, 이때는 그리스도께서 지상으로 내려오시지 않고, 공중에 머물러 계신다고 한다. 주 안에서 죽은 자들은 죽은 자 가운데서 부활하고, 살아 있는 성도들은 변형되어, 함께 공중으로 올리워져 주님을 뵙는다는 것이다. 그래서 이것은 "성도들을 '위한' 강림"이라고 불린다(살전 4:15, 16).

그 뒤에는 칠년 동안의 공백이 있는데, 이 기간 동안에 세상이 복음화되고(마 24:14), 이스라엘이 회심하며(롬 11:26), 대환난이 일어나고(마 24:21, 22), 적그리스도 혹은 불법의 사람이 나타날 것이다(살후 2:8-10). 이 사건 후에 주님께서 그의 성도들과 "함께" 오시는 또다른 강림이 있는데(살전 3:13), 이것은 "나타나심"(revelation) 혹은 주의 날이라고 불리며, 이때는 예수님께서 지상에 내려오신다. 이 오심을 임박한 것이라고 말할 수 없는 이유는 정해진 몇몇 사건들이 이에 선행되어야 하기 때문이다. 이 강림에서 그리스도는 살아 있는 민족들을 심판하시고(마 25:31-46), 천년왕국의 시작을 알리신다. 이처럼 우리는 7년을 사이에 두고 나누어진 두 개의 서로 다른 주의 재림을 찾아볼 수 있는데, 그 하나는 임박한 것이고 다른 하나는 임박하지 않은 것이며, 처음 오심 후에는 성도의 영화가 있고, 나중의 오심 후에는 열방의 심판과 왕국의 완성이 따라온다. 이런 식으로 만들어진 재림 교리는 주의 재림이 임박했다는 그들의 견해를 변호해 주므로 세대주의자들에게 매우 편리하다. 그러나 이것은 성경의 보증을 받지 못하며, 또한 그 교리 속에는 비성경적인 암시들이 들어 있다.

살후 2:1, 2, 8에서 '파루시아'라는 용어와 '주의 날'이라는 용어가 서로 혼용되고 있으며, 또 살후 1:7-10에 의하면 7절에 언급된 계시는 10절에서 말하고 있는 바 성도들의 영화를 가져오는 파루시아와 동시적인 사건이다. 마 24:29-31에서는 선택된 자들을 함께 모으실 그리스도의 재림은 본문 속에 언급된 대환난 '직후에' 있을 것으로 나타나는데 반해, 지금 우리가 다루고 있는 이 이론에서는 이 사건이 대환난 '이전에' 일어나야만 한다. 그리고 마지막으로, 이 이론에 의하면, 교회는 마 24:4-26에서 대배교와 동시에 일어나도록 된 이 대환난을 겪지 않을 것이다. 그러나 성경의 설명은 전혀 다르다(마 24:22; 눅 21:36; 살후 2:3; 딤전 4:1-3; 딤후 3:1-5; 계 7:14). 성경에 근거할 때 그리스도의 재림은 단일한 사건으로 주장하여야 한다. 다행히도 전천년설을 주장하는 어떤 이들은 이런 그리스도의 재림의 이중성에 동의하지 않고, 그것을 증거가 없는 허구라고 이야기한다. 프로스트(Frost)는 이렇게 말한다. "잘 알려지지는 않았지만, 대환난 이전에 부활과 휴거가 있다는 교리가 현대적 해석 – 나는 현대적 발명품이라고 부르고 싶다 – 이라는 것은 논박할 수 없는 사실이다." 그에 의하면 그것은 어빙(Irving)과 다비(Darby) 때부터 시작된 해석이라는 것이다. 또다른 전천년주의자인 알렉산더 리스(Alexander Reese)는 그의 저서 「다가오는 그리스도의 도래」(*The Approaching Advent of Christ*)에서 이 사상 전반에 대해 매우 강력한 반론을 제시하고 있다.

B. 재림(파루시아) 이전의 대사건들

성경에 의하면 몇 가지 중요한 사건들이 주님이 재림하시기 전에 일어나야만 하며, 따라서 주님의 재림은 임박한 것이라고 말할 수 없다. 성경에 비추어 볼 때, 재림에 앞서 먼저 일어나야 할 사건으로 예정된 것이 없다는 주장은 성립될 수 없다. 앞 단락에서 인용한 그의 견해에서 알 수 있는 것처럼, 프로스트는 세대주의자임에도 불구하고 임박성(imminence)의 교리를 부인한다. 그는 그리스도의 오심을 "절박한"(impending) 것으로 표현하고 싶어한다. 그리스도의 재림이 임박했다는 교리의 성경적 근거는 그리스도께서 "잠시 잠깐 후"(히 10:37)에, 혹은 "속히"(계 22:7) 오시리라는 말씀 속에서, 또 주의 오심을 깨어 기다리라는 권면(마 24:42; 25:13; 계 16:15)에서, 그리고 "주께서 더디 오신다(혹은 주께서 오심을 미루신다)"라고 말하는 자들을 성경이 저주하고 있다는 사실(마 24:48)에서 찾아볼 수 있다.

예수님께서는 실제로 그의 오심이 가깝다고 가르치셨지만, 이것이 그의 오심이 임박했다는 것을 의미하지는 않는다. 첫째로 명심해야 할 것은, 주님께서 자신의 오심에 관해 말할 때 그것이 항상 종말론적인 오심을 말하는 것은 아니라는 사실이다. 어떤 때 주님은 오순절에 성령의 능력으로 자기가 오실 것을 말씀하셨고, 또 어떤 때는 예루살렘의 멸망을 통해 자신이 오실 것을 말씀하셨다. 둘째로, 주님과 그의 사도들은 마지막 날 주님께서 몸을 입고 다시 오시기 전 몇 가지 중요한 사건들이 일어날 것임을 가르쳐 주고 있다(마 24:5-14, 21, 22, 29-31; 살후 2:2-4). 그래서 주님께서 자신의 도래가 가깝다고 말씀하실 때 그것이 '곧장 가까이' 있음을 나타내려는 의미는 아니었음이 분명하다. 달란트 비유에서 주님께서는 종의 주인이 "오랜 후에" 와서 그들과 회계했다고 가르친다(마 25:19). 그리고 그 달란트 비유를 말씀하신 것은 "하나님의 나라가 즉시 임하여야 한다"는 생각을 고쳐주시기 위함이었다(눅 19:11). 열 처녀 비유에서도 신랑은 "더디 오는" 것으로 묘사되고 있다(마 25:5). 이것은 살후 2:2에서 바울이 말한 것과 일치한다. 베드로도 예언하기를 "주의 강림하신다는 날(개역개정 성경은 약속으로 번역 – 역자 주)이 어디 있느뇨?"하고 말하며 기롱하는 자들이 일어날 것이라고 했다. 그리고 그는 그 편지의 독자들에게 가르치기를 그리스도의 재림에 가깝다는 예언을 하나님의 관점에서 이해하라고 했다. 하나님께서는 천년이 하루 같고 하루가 천년 같다는 것이다(벧후 3:3-9).

예수님께서 그의 재림을 임박하여 즉시 있을 것으로 여기셨다고 하는 것은 예수님께서 실수하신 것이라고 가르치는 것이 된다. 왜냐하면 그때로부터 벌써 이천 년이나 지나갔기 때문이다. 그렇다면 이런 질문이 생겨날 수 있다. 그렇다면 왜 우리는 주의 오심에 대해 깨어 있으라는 권면을 받는가? 마 24:32, 33에서 예수님께서는 징조를 보고서 자신의 재림을 알도록 가르치신다. "이와 같이 너희도 이 모든 일을 보거든 인자가 가까이 곧 문 앞에 이른 줄 알라." 또한 우리는 깨어 있으라는 권면을 주님이 나타나시는 직접적인 표적을 찾기 위해 하늘을 살펴보라는 권면으로 해석할 필요가 없다. 오히려 우리는 그 권면 속에서 깨어, 주의하고, 예비하며, 열심히 주의 일을 하고, 갑작스런 재난을 만나지 않도록 하라는 훈계로 이해해야 할 것이다. 주님께서 다시 오시기 전에 다음과 같은 대사건들이 일어나야만 한다.

1. 이방인들을 부르심. 신약의 몇몇 구절들은 주님께서 다시 오시기 전 하나님 나라의 복음이 모든 나라에 전파되어야 한다는 사실을 지적하고 있다(마 24:14; 막 13:10; 롬 11:25). 많은 구절들이 새로운 세대 동안 많은 숫자의 이방인들이 하나님 나라에 들어오리라는 사실을 증거하고 있다(마 8:11; 13:31, 32; 눅 2:32; 행 15:14; 롬 9:24-26; 엡 2:11-20 등). 그러나 위에 인용된 구절들은 분명 역사의 목표로서의 모든 나라의 복음화를 가리킨다. 그리고 복음이 이미 모든 민족들에게 전파되었다거나, 각 나라에 한 명씩 선교사가 사역함으로써 예수님께서 말씀하신 그 요구를 다 만족시킬 수 있으리라고 주장하는 것은 온당하지 않다. 또 한편 구세주의 말씀은 이 세상 모든 나라의 모든 개개인들에게 복음을 선포할 것을 요구하고 있다는 주장도 성립할 수 없다. 오히려 주님께서 말씀하신 바는 그 민족들이 민족으로서 완전히 복음화되어 복음이 사람들의 삶에 힘이 되고, 결단을 촉구하는 표적이 되는 것이다. 복음은 그들에게 '증거로서' 전파되어야 하는데, 그래야만 그리스도와 그의 나라를 선택하거나 거절할 기회가 그들에게 주어졌다고 말할 수 있기 때문이다. 이런 말씀들은 분명 이 지상 명령이 이 세상 모

든 나라에서 수행되어야 하며, 그래서 모든 나라로부터, 곧 모든 나라의 사람들 중에서 제자를 삼아야 한다는 것을 의미한다. 그러나 이 말씀들은 모든 나라가 전체적으로 복음을 받아들일 것이라는 주장을 정당화하는 것은 아니다. 이 말씀들은 다만 모든 민족들 중에서 주를 따르는 자들이 나와서 이방인의 충만한 수가 차게 하는 도구가 되리라는 사실을 밝혀 줄 뿐이다. 마지막 때에는 모든 나라가 복음을 익히 알고 있다고 말할 수 있으며, 복음은 그것을 받아들이지 않은 나라들에 대한 증거가 될 것이다.

앞에서 했던 이야기에 비추어 볼 때, 세대주의자들이 이에 대해 매우 다른 견해를 갖고 있다는 것을 잘 알 수 있을 것이다. 그들은 이 세상의 복음화가 필요하다는 것을 믿지 않을 뿐더러, 재림이 임박해 있는데, 이에 훨씬 앞서 이런 복음화가 있으리라는 사실도 믿지 않는다. 그들에 의하면 복음화는 재림 때 실제로 시작될 것이라고 한다. 그들은 주장하기를, 마 24:14에 나와 있는 복음은 예수 그리스도 안에 있는 은혜의 복음을 말하는 것이 아니라, 왕국의 복음, 즉 왕국이 다시금 가까이 왔다는 좋은 소식이라는 것이다. 교회가 이 지상에서 옮겨지고, 그와 더불어 내주하시는 성령께서 가시고 나면 – 이것은 실제로 구약적 상황이 회복되었음을 의미한다 – 예수님께서 사역을 시작하실 때 선포하신 복음이 다시금 선포되리라는 것이다. 이 복음은 우선 교회의 옮기움을 보고 회심한 자들에 의해, 그 다음은 회개한 이스라엘과 특별한 사자에 의해, 혹은 특별히 대환난 기간 중 이스라엘의 믿는 남은 자들에 의해 선포될 것이다. 이 선포는 놀라운 효과를 발휘하여, 하나님의 은혜의 복음보다 더 효과가 있을 것이다. 144,000명과 계시록 7장에 나오는 아무도 셀 수 없는 무리가 회개하는 것도 이 기간 중에서이다. 그리하여 이런 모습으로 마 24:14의 예수님의 예언이 성취될 것이다.

이런 이론 구성은 예전의 전천년주의자들에게는 받아들여질 수 없는 교리이며, 지금도 어떤 전천년주의자에게는 거부되고 있는 교리일 뿐 아니라, 우리에게도 별로 설득력이 없는 교리라는 점을 명심해야 한다. 이중 복음과 그리스도의 이중 재림이라는 구분은 성립될 수 없다. 예수 그리스도 안에 있는 은혜의 복음만이 우리를 구원하여 하나님 나라로 들어가게 하는 유일한 복음이다. 그리고 교회와 내주하시는 성령의 사라짐을 포함한 구약적 상황으로의 복귀가 예수 그리스도 안에 있는 하나님의 은혜의 복음의 전파보다 더 효과적이라는 것은 계시 역사와는 정반대의 이야기인 것이다.

2. 이스라엘 전체의 회심. 신구약 성경은 모두 이스라엘의 미래적 회심에 대해 말하고 있다(슥 12:10; 13:1; 고후 3:15, 16). 그리고 롬 11:25-29에서는 이것이 시대의 종말

과 관련되고 있는 것 같다. 전천년주의자들은 자기들의 특정한 목적을 위해 이 성경의 가르침을 이용해 왔다. 그들은 주장하기를 이스라엘의 '국가적' 회복과 회심이 있을 것이며, 유대 민족이 거룩한 땅에 다시 건설될 것이고, 이 일은 예수 그리스도의 천년 통치기 바로 직전 혹은 그동안에 일어날 것이라고 한다. 그러나 이스라엘이 결국에는 재건되어, 국가적으로 주님께 돌아올 것을 성경이 보장하고 있는지는 심히 의심스럽다. 어떤 구약의 예언서들은 이 사실을 예언하고 있는 것처럼 보인다. 그러나 이들 예언서는 신약의 빛 아래서 읽혀져야 한다. 신약은 미래 이스라엘에 국가적 회복과 회심이 있을 것이라는 기대를 보장해 주는가? 마 19:28과 눅 21:24은 종종 이것을 지지하는 구절로 인용되곤 하지만, 그러나 이 구절은 그러한 사실을 가르치고 있지 않으며, 이러한 사실이 꼭 암시되어 있는 것도 아니다. 주님은 그의 왕국의 정신에 대한 유대인의 반대와, 어떤 의미에서는 왕국의 자녀라고 불릴 수 있는 그들이 그 나라에서 지위를 상실할 것이 확실하다는 것을 말씀하셨다(마 8:11, 12; 21:28-46; 22:1-14; 눅 13:6-9).

사악한 유대인들에게 예수님께서 말씀하시기를, 그들은 왕국을 박탈당할 것이며, 이 왕국은 그 나라의 열매를 맺는 다른 민족에게 주어질 것이라고 하셨다(마 21:43). 또한 주님께서는 시간이 흐르면 교회에 흘러들게 될 부패나, 교회가 직면하게 될 어려움이나, 마지막으로 일어날 배교에 대해 말씀하실 때조차도 유대 백성의 회복이나 회심의 전망에 대해서는 아무런 암시를 하지 않으셨다. 예수님께서 아무런 말씀을 하시지 않으셨다는 것은 매우 중요하다. 그런데 롬 11:11-32는 분명 이스라엘 민족의 미래적 회심을 가르치고 있는 것으로 간주되고 있다. 많은 주석가들이 이 견해를 취하고 있지만, 그 주석은 그 정확성조차도 심히 의심스럽다. 9장-11장에서 사도는 이스라엘에 대한 하나님의 약속이 이 약속을 이스라엘 대다수가 거절했다는 사실과 어떻게 조화될 수 있는가 하는 문제를 다루고 있다. 9, 10장에서 우선 그는 이 약속이 육신을 따른 이스라엘이 아닌 영적인 이스라엘에 적용된다는 점을 지적하고 있다. 그리고 다음으로 그는 하나님의 선택이 여전히 이스라엘 중에 있으며, 그들 중에도 하나님의 은혜를 따라 여전히 남은 자가 있다는 것을 말하고 있다(11:1-10).

그리고 대다수의 이스라엘이 마음이 완악해진 것은 하나님의 최종적인 목적이 아니며, 오히려 이방인의 구원을 이끌어내기 위해서 하나님께서 사용하시는 수단이다. 이를 위해서, 이번에는 이방인들이 구원의 복을 누림으로써 이스라엘로 시기하게 한다는 것이다. 이스라엘의 완악함은 부분적일 뿐인데, 왜냐하면 어떤 시대든지 주님을 영접하는 이들은 있을 것이기 때문이다. 하나님은 이방인의 충만한 수(플레로마, 즉 선택받은 자의 숫자)가 차기까지 새 세대의 전 기간에 걸쳐 이스라엘의 남은 자를 계속하여 모으실 것이며, 이렇게 해서 모든 이스라엘(이스라엘의 플레로마, 즉 참 이스라엘의 충만한 숫자)이 구원을 받을 것이다. "모든 이스라엘"이라는 말은 이스라엘 민족 전체를 지칭하는 말이 아니라, 옛 계약의 백성들로부터 선택받은 사람 전체의 수를 지칭하는 것으로 이해되어야 한다. 전천년주의자들은 26절을, 하나님께서 이방인에 대해 갖고 계셨던 목적을 이루시고 나서 이스라엘이 구원받을 것이라는 의미로 받아들인다. 그러나 사도는 이 논의의 첫 부분에서 이 약속들은 영적인 이스라엘만을 위한 것이라고 말했으며, 그 뒤에 사도의 생각이 바뀌었다는 증거를 전혀 찾아볼 수 없으므로, 11:26의 온 이스라엘을 이런 의미로 이해하는 것은 갑작스러운 일이 될 것이다. 그리고 부사 '후토스' 역시 "그 후에"라는 의미일 수는 없으며, 단지 "이런 식으로"라는 의미에 지나지 않는다. 이방인의 충만한 수와 더불어 이스라엘의 충만한 수가 들어온다는 것이다.

3. 대(大)배교와 대환난. 이 두 가지는 함께 다룰 수 있는데, 이는 예수님의 종말 강화에서 이 둘이 서로 얽혀서 등장하기 때문이다(마 24:9-12, 21-24; 막 13:9-22; 눅 21:22-24). 예수님의 말씀은 확실히 예루살렘 멸망 이전의 날에 부분적인 성취를 보지만, 그러나 이것은 지금까지 경험한 적이 없는 무서운 환난을 통해 미래에 이루어질 것이다(마 24:21; 막 13:19). 바울 역시도 대배교에 관하여 말하고 있다(살후 2:3; 딤전 4:1; 딤후 3:1-5). 그는 그의 시대에 이미 배교의 정신을 가진 어떤 것을 경험했지만, 그러나 그의 편지를 읽는 독자들에게 분명 강조하기를, 그것은 마지막 날에 더욱 큰 의미를 가지게 될 것이라고 했다. 이 점에 있어서도 역시 세대주의자들은 우리와 견해를 달리한다. 그들은 대환난을 주님의 재림(파루시아)의 전조로 이해하지 않는다. 이것은 그분의 "오심" 이후에 있을 일이어서, 교회는 이 대환난을 겪지 않는다는 것이다. 대환난이 이 땅에 남아 있는 사람들을 공포로 압도하기 전에 교회는 들리워져 주님과 함께 있게 된다고 생각하는 것이다. 그들은 대환난을 "야곱의 환난의 날"이라고 부르기 좋아한다. 왜냐하면 이것은 교회보다는 이스라엘을 위한 대환난이기 때문이다.

그러나 그들이 이런 견해를 이끌어내는 근거는 별로 믿을 만한 것이 못 된다. 그들 중 어떤 이들은, 그들이 가지고 있는 모든 설명의 근거를 그리스도의 이중적 재림이라는 전체적 인식에 의지하고 있기 때문에, 결국 그리스도의 이중적 재림에 아무런 성경적 근거가 존재하지 않는다고 믿는 사람들에게는 이 주장은 아무런 의미도 지니지 못한다. 예수님께서는 분명 대환난을 그의 오심과 그리고 이 세상의 마지막에 대한 징조로 말씀하셨다(마 24:3). 파루시아라는 말을 3절, 37절, 39절에서 계속 사용하고 계신 것에서 알 수 있는 것처럼, 주님께서 이 장 마지막까지 말씀하고 계신 주제는 그의 오심(재림, 파루시아)이었다. 그래서 그가 30절에서도 똑같은 오심을 말하고 있으며, 29절에 의하면 이 오심은 대환난 직후에 있게 되리라는 것만이 우리가 납득할 수 있는 유일하고도 합리적인 견해다. 이 대환난은 선택받은 자에게도 역시 미칠 것이며, 그들은 미혹의 위험에 처하게 될 것이다(마 24:24). 그러나 이들을 위해 고통의 날이 감해질 것이며(22절), 인자가 오실 때에 이 세계 사방에서 그들을 모으실 것이다. 그들은 이런 일들이 지나가는 것을 볼 때 머리를 들라는 격려를 받는다. 왜냐하면 그들의 구속이 가까웠기 때문이다(눅 21:28). 전천년주의자처럼, 이 선택된 자를 이스라엘의 선택된 자로 제한하는 것은 아무런 근거가 없다. 바울은 크게 배도하는 일이 재림에 앞서 있게 될 것을 분명히 말했고(살후 2:3), 마지막 날에 그러한 슬픈 때가 오리라는 것을 디모데에게 상기시키고 있다(딤전 4:1, 2; 딤후 3:1-5). 요한계시록 7:13, 14에서는 성도들이 큰 환난에서 나오는 자들이라고 불리고 있으며, 6:9에서는 이 성도들이, 아직도 박해의 고통을 당하고 있는 형제들을 위해 기도하고 있음을 발견할 수 있는 것이다.

4. 적그리스도의 나타남. '적그리스도'(안티크리스토스)라는 용어는 요일 2:18, 22; 4:3; 요이 7 등의 요한 서신에서만 나타난다. 이 단어의 형태를 두고 볼 때, 이것이 의미하는 바는 (1) 그리스도의 자리를 차지하는 자를 의미할 수 있는데, 이때의 "안티"는 "대신에"라는 의미로 쓰였다. 또한 (2) 그리스도의 모양을 가장하고 있으나 실상은 그리스도를 대적하는 자인데, 이때는 "안티"가 "대적하는"의 의미로 쓰였다. 이 중에서 후자가 이 단어가 나타나고 있는 문맥과 더욱 잘 어울린다. 요일 2:18에서 요한이 이 단어를 관사 없이 단수로 사용하고 있음을 고려해 볼 때, 이 "적그리스도"라는 단어가 이미 하나의 전문용어로 여겨지고 있었음이 분명하다. 요한이 이 단어의 단수형을 사용할 때 염두에 두고 있던 것이, 그가 언급하고 있는 다른 적그리스도들을 선구자나 혹은 예비자로 거느리고 있는 하나의 최고 적그리스도인지, 아니면 단순히 여러 적그리스도를 통해 드러난 하나의 원리, 곧 하나님 나라를 대적하는 악의 원리를 의인화한 것인지는 확실하지 않다. 적그리스도는 분명 어떤 한 원리를 나타내고 있다(요일 4:3). 이 사실을 염두에 둔다면, 또한 이 용어를 처음으로 사용하고 있는 것은 요한이지만, 이 말이 나타내고 있는 원리나 정신은 이전의 문서들에서도 분명히 나타나고 있음을

알게 될 것이다. 성경에서 그리스도나 하나님의 나라에 관한 묘사가 뚜렷한 발전의 양상을 보여주고 있는 것과 마찬가지로, 적그리스도에 관한 계시 또한 점진적이다. 묘사는 다르지만 하나님의 계시가 발전하면서 그 명확성이 높아지는 것이다.

대부분의 구약 예언서에서 우리는 이스라엘을 대적하고 하나님의 심판을 받는 불경건한 민족들 속에서 역사하는 불의의 원리를 발견한다. 다니엘서에서는 이것이 좀 더 구체적인 것으로 나타나고 있다. 거기서 사용되고 있는 용어들은 바울이 데살로니가후서에서 묘사하고 있는 불법의 사람이 보여주는 특징과 공통되는 것이 많다. 다니엘은 "작은 뿔"을 통해 드러나고 있는 사악하고 불경건한 원리를 보았으며(단 7:8, 23-26), 11:35 이하에서 그것을 자세히 묘사하고 있다. 선지자가 적그리스도의 모형으로 어떤 특정한 왕, 곧 안티오쿠스 에피파네스를 염두에 두고 있었는지는 확실하지 않으나, 여기서 인격적인 요소까지도 공통적으로 나타나고 있다. 그리스도께서 오심으로 인해 이 원리는 자연히 적그리스도적 형태를 이루게 되는데, 예수님께서는 그것이 다양한 사람들을 통해 드러날 것이라고 설명하셨다. 그는 자신과 자신의 왕국에 대적하는 바 '거짓 선지자'와 '거짓 그리스도'에 관해 말씀하고 계신다(마 7:15; 24:5, 24; 막 13:21; 눅 17:23). 바울도, 데살로니가 교인들의 잘못을 고쳐주기 위해, "먼저 배도하는 일이 있고 저 불법의 사람 곧 멸망의 아들이 나타나기 전에는" 그리스도의 날이 올 수 없다는 사실에 주의를 집중시키고 있다. 그는 이 불법의 사람을 "그는 대적하는 자라 신이라고 불리는 모든 것과 숭배함을 받는 것에 대항하여 그 위에 자기를 높이고 하나님 성전에 앉아 자기를 하나님이라고 내세운다"고 설명하고 있다(살후 2:3, 4).

이러한 말씀은 적그리스도를 가리키는 것으로서, 자연히 다니엘 11:36 이하의 말씀을 상기시킨다. 바울과 요한이 적그리스도라고 언급하고 있으므로 불법한 자의 정체를 의심할 만한 이유는 없다. 사도는 "불법의 비밀"이 이미 활동하고 있음을 보고 있지만, 그러나 막는 자가 그 중에서 옮길 때까지는 불법한 자가 나타나지 않을 것임을 확신시켜 주고 있다. 이 장애물이 무엇이든, 이것이 제거될 때에야 사탄의 역사를 따라 모든 능력과 표적과 거짓 기적과 불의의 모든 속임으로 멸망하는 자들에게 임하는 자인 이 불법한 자가 나타나게 될 것이다(살후 2:7-9). 이 장에서는 처음부터 끝까지 인격적 요소가 전제되어 있다. 계시록에서는 적그리스도의 원리나 능력을 바다와 땅에서 올라오는 두 짐승들에게서 찾는다(계 13장). 처음 것은 일반적으로 정부, 정치 권력, 혹은 어떤 세계 제국을 말하는 것으로 생각되고, 두 번째 것은, 처음 것에 대해서처럼 일치된 견해는 아니지만, 거짓 종교, 거짓 예언, 혹은 사술 등을 언급하는 것인데, 이

중에서 특히 처음의 두 가지를 가리키는 것으로 여겨진다. 이 반대자 혹은 반대하는 원리를 요한은 그의 서신에서 적그리스도라고 부르고 있는 것이다.

역사적으로 적그리스도에 관해서는 다양한 의견들이 있어 왔다. 초대 교회에서는 많은 사람들이 주장하기를, 적그리스도는 메시야인 양 가장하여 예루살렘을 지배하는 한 사람의 유대인일 것이라고 했다. 최근의 많은 주석가들은, 바울과 그를 비롯한 다른 사람들은 로마의 어떤 황제가 적그리스도일 것이라고 잘못 생각했으며, "네로 황제"에 해당하는 히브리어의 철자가 정확히 666이 되는 것으로 보아, 계시록 13:18에서 요한은 분명 네로를 염두에 두고 있었을 것이라는 견해를 피력하고 있다(계 13:18). 종교개혁 이후 개혁주의 신학자들을 포함한 많은 신학자들은 교황이 있는 로마를, 또 심지어 어떤 경우에는 어떤 특정한 교황을 적그리스도로 간주하기도 했다. 물론 이 교황 제도가 성경에 묘사된 적그리스도의 몇몇 특징을 보여주는 것은 사실이다. 그러나 교황을 적그리스도와 동일시하는 것은 온당하지 못하다. 그보다는 교황 제도에 적그리스도적 요소가 있다고 말하는 것이 더 낫다. 실제로, 우리가 말할 수 있는 것들은 다음과 같은 것들뿐이다. (1) 바울과 요한의 증거에 의하면 적그리스도의 원리가 그들 시대에 이미 활동하고 있었다. (2) 적그리스도의 원리는 세상의 종말을 향해 갈수록 가장 큰 권능을 발휘하게 될 것이다. (3) 다니엘은 적그리스도의 정치적 측면을, 바울은 교회적인 측면을, 그리고 요한은 계시록에서 이 양자를 모두 묘사하는데, 이 두 가지는 적그리스도의 권능이 계속적으로 드러나는 것이라고 할 수 있다. (4) 아마도 이 권능은 최후에는 어느 한 개인, 즉 모든 사악함을 구현하고 있는 자에게 모아질 것이다.

적그리스도의 인격성의 문제가 여전히 논쟁의 주제가 되고 있다. 어떤 사람은 주장하기를, "적그리스도", "불법의 사람", "멸망의 사람"이라는 표현과, 다니엘서와 계시록에 나오는 인물들에 대한 묘사는 단지 불경건하고 적그리스도적인 원리에 대한 묘사일 뿐으로, 이들 원리는 하나님의 역사 전체에 걸쳐 어떤 때는 강하게 또 어떤 때는 약하게 나타나다가 시대의 마지막이 되어갈수록 더 강해지는 바 하나님과 그의 왕국에 대한 반대를 통하여 드러난다고 한다. 그들은 하나의 인격적 적그리스도를 찾지 않는다. 또 어떤 이들은, 적그리스도를 단지 하나의 추상적인 힘이라고 말하는 것은 성경과는 모순된다고 느낀다. 그들은 주장하기를, 성경은 추상적인 영뿐 아니라 실제적인 사람들에 관해서도 말하고 있다고 한다. 그들에 의하면 "적그리스도"는 집합적인 개념으로서, 계속해서 이어질 사람들을 지칭하는 말이며, 교회를 박해하는 로마의 황제나 이와 비슷한 박해의 일을 수행하는 교황과 같이 불경건하고도 적그리스도적인 영을 나타낸다는 것이다. 그러나 이들조차도 스스로 모든 사악함의 화신이 될 인격적인 적그리스도를 생각하지는 않는다.

그러나 좀 더 전체적인 교회의 견해는, 마지막 (4)의 분석에서 "적그리스도"라는 용어가 모든 사악함의 화신이 될 자로서, 많은 적든 세상에 늘 존재하고 있는 한 영을 나타내며, 역사를 통해 몇몇 선구자들과 모형이 있었던 한 종말론적인 인물을 지칭한다고 하는 것이다. 이런 주장을 옹호하는 것으로 다음과 같은 점들을 말해 볼 수 있다. (1) 다니엘서 11장에 나오는 적그리스도 묘사는 다소 인격적이어서, 적그리스도의 모형으로 한 분명한 사람을 언급하고 있는 것 같다. (2) 바울은 적그리스도를 "불법한 자", "멸망의 아들"이라고 말하고 있다. "사람"이나 "아들"과 같은 용어의 히브리어 용법이 독특하기 때문에 이들 표현 자체는 결정적인 것이 될 수 없지만, 문맥을 살펴볼 때 분명히 인격적인 개념으로 보는 것이 더 낫다. 문맥을 보면, 그는 하나님을 대적하고, 자신을 하나님으로 내세우며, 뚜렷한 출현의 모습이 있고, 불법한 자이기도 한 것이다. (3) 요한은 이미 존재하고 있는 많은 적그리스도에 관해 말하고 있기도 하지만, 그는 또한 미래에 오게 될 단일한 자로서의 적그리스도에 관해서도 역시 말하고 있다 (요일 2:18). (4) 주로 상징적인 묘사를 사용하는 요한계시록에서조차 인격적인 요소를 빠지지 않고 있는데, 예를 들어 계시록 19:20에서는 불못에 던져지는 적그리스도와 그의 추종자에 관한 이야기가 나온다. 그리고, (5) 그리스도께서 한 인격이시므로, 적그리스도 또한 한 인격일 것이라고 생각하는 것은 매우 자연스러운 일인 것이다.

5. 표적과 기사(奇事)들. 성경은 이 세상의 마지막과 그리스도 재림의 전조가 될 몇 가지 표적들을 말하는데, 다음과 같다. (1) 처처에서 전쟁과 전쟁의 소문, 기근과 지진이 있을 것이며, 이들은 재난, 즉 그리스도께서 다시 오실 때 우주가 다시 태어나는 재난의 시작이라고 불릴 것이다. (2) 많은 사람들을 미혹할 거짓 선지자가 올 것이며, 표적과 기사로서 많은 사람들, 가능하면 선택받은 자들까지도 미혹하려는 거짓 그리스도가 나타날 것이다. (3) 하늘의 권능이 흔들릴 때, 해와 달과 별들을 포함하여 하늘에 무서운 징조가 있을 것이다(마 24:29, 30; 막 13:24, 25; 눅 21:25, 26). 이 표적들 중 어떤 것들은 자연적인 질서 속에서도 반복적으로 발생하는 사건들이어서, 어떻게 이들이 특별한 종말론적 표적으로 인식될 것인가 하는 의문이 자연히 일어난다. 항상 관심의 대상이 되어왔던 것은 이들 사건이 그 정도나 범위에 있어서 이전에 발생한 것들과는 다를 것이라는 사실이었다. 물론 이런 설명은 만족스럽지 못한 것이다. 왜냐하면 이러

한 표적을 목격하는 사람들은, 다른 지시가 없다면, 그들이 지금 보고 있는 표적 다음에 그보다 더 정도가 심하고 범위가 넓은 다른 표적이 올 수 없다는 것을 알 도리가 없기 때문이다. 따라서 우리가 주목해야 할 것은 마지막이 가까워 오면 이러한 표적들이 놀랍게 결합될 것이며, 자연적인 사건들과 더불어서 초자연적인 현상들이 아울러 일어나게 될 것이라는 사실이다(눅 21:25, 26). 예수님께서도 "이와 같이 너희도 '이 모든 일'을 보거든 인자가 가까이 곧 문 앞에 이른 줄 알라"고 말씀하셨다(마 24:33).

C. 파루시아, 즉 재림 그 자체

이제 막 언급한 징조들이 있은 직후에 "인자의 표적이 하늘에서 보일 것이다"(마 24:30). 이와 관련하여 다음과 같은 점들을 생각해 볼 수 있다.

1. 재림의 시간. 주님께서 오실 정확한 시간은 알 수 없다(마 24:36). 그리고 그 정확한 날짜를 계산하려는 인간의 모든 시도는 허망한 것으로 판명되었다. 성경에 근거하여 우리가 말할 수 있는 유일한 사실은 이 세상 마지막에 그가 오신다는 것이다. 제자들이 주님께 물었다. "주의 임하심과 세상 끝에는 무슨 징조가 있사오리까"(마 24:3). 제자들은 이 두 가지를 함께 연결시키는데, 주님께서는 이것이 잘못된 것이라고 전혀 암시하시지 않았으며, 오히려 그의 설교 중에서 이것이 옳다는 것을 암시하고 계신다. 마 24:29-31, 35-44에서 그는 이 두 가지를 동시적인 것으로 설명하고 계신다(마 13:39, 40과 비교). 바울과 베드로 또한 이 두 가지가 동시적인 것이라고 말하고 있다(고전 15:23, 24; 벧후 3:4-10). 재림에 동반되는 부수적인 사건들을 연구해 보더라도 동일한 결론을 얻는다(고전 15:23; 살전 4:16). 성도의 부활이 그 부수되는 일 중의 하나가 될 것이며, 예수님께서도 마지막 날에 그들을 일으키실 것이라고 확증하고 계신다(요 6:39, 40, 44, 54).

타이어(Thayer), 크레머-쾨겔(Cremer-Koegel), 워커(Walker), 새먼드(Salmond), 잔(Zahn) 등에 의하면, 이는 완성의 날을 의미할 수밖에 없다. 그리스도의 재림에 부수되는 것 중의 하나는 세상의 심판(마 25:31-46), 특히 전천년주의자들이 이 세상의 마지막에 있을 것으로 생각하는 악인의 심판(살후 1:7-10)이다. 그리고 마지막으로, 그리스도의 재림은 "만유의 회복"을 동반할 것이다(행 3:20, 21). "만유의 회복"이라는 표현은 매우 강한 표현이어서, 인간이 타락하기 이전에 존재하던 만유의 상태로의 완전한 회복을 의미할 수밖에 없다. 그것은 '모든 것들'이 이전의 질서로 회복되는 것을 가리키며, 이것은 전천년주의자들의 천년왕국 속에서는 발견되지 않는다. 이 천년왕국의 기간 동안에는 심지어 죄와 죽음까지도 계속 희생물을 찾아 죽일 것이기 때문이다. 앞에서도 지적했듯이, 주께서 재림하시기 전에 몇 가지 사건이 일어나야만 한다. 주의 날이 가까웠다는 말씀이나 마지막 날이 가까웠다는 말씀을 읽을 때 이것을 주의해야만 한다(마 16:28; 24:34; 히 10:25; 약 5:9; 벧전 4:5; 요일 2:18).

이 구절들이 이런 설명을 하는 것은 다음과 같은 이유 때문이다. 우선 하나님 편에서 볼 때 천 년이 하루 같고 하루가 천 년 같아서 주의 오심은 늘 가까이 있는 것이며, 또 성경은 신약의 시대를 말세 혹은 마지막 날들에 속하는 것으로 말하고 있고, 주님께서 자신의 재림을 말씀하실 때 항상 자신의 육체적 재림만을 말씀하신 것이 아니라 성령을 통한 강림을 말씀하시기도 했고, 또 특이한 예언적 원근 단축법에 의해 가까이 예루살렘 멸망을 통해 오시는 것과 마지막에 세상을 심판하시기 위해 오시는 것을 명확히 구분하지 않는다는 것이다. 어떤 종파에서는 재림의 정확한 시간을 확정해 보려고 종종 시도해 왔지만, 그러나 이런 시도는 늘 기만적인 것으로 드러났다. 예수님께서는 분명히 말씀하셨다. "그러나 그 날과 그 때는 아무도 모르나니 하늘의 천사들도, 아들도 모르고, 오직 아버지만 아시느니라"(마 24:36). 아들도 모른다는 언급은 아마 이 지식이 그가 중보자로서 받으신 계시 속에는 포함되지 않는다는 의미인 것 같다.

2. 재림의 방식. 여기서 강조할 만한 것들은 다음과 같다.

(1) 인격적 강림. 이것은 주님께서 승천하신 산 위에서 천사들이 제자들에게 한 말로 미루어 알 수 있다. "너희 가운데서 하늘로 올려지신 이 예수는 하늘로 가심을 본 그대로 오시리라"(행 1:11). 예수님 자신(혹은 인격)이 그들을 떠나셨고, 예수님 자신(인격)이 다시 오실 것이다. 오늘날 현대주의 체계 속에서는 예수 그리스도의 인격적 강림에 대한 여지가 존재하지 않는다. 매킨토시는, 그리스도의 재림을 "본질적 기독교의 도덕적 · 종교적 원리들에 의해 수행되는, 즉 그리스도의 영에 의해 이루어지는 개인과 사회에 대한 점진적 지배"라고 생각한다. 클라크는 이렇게 말한다. "그리스도의 가시적 재림은 전혀 기대할 수 없는 일이다. 오히려 그 왕국의 오래고 끈질긴 전진만 있을 뿐이다 …… 주님께서 그가 시작하신 바 영적인 임재를 완성하기만 한다면 지상에서 자신의 영광을 완전하게 하시기 위해 가시적으로 오실 필요가 없는 것이다." 브라운은 이렇게 말한다. "그리스도의 재림은 초대 교회가 믿었던 것처럼 갑작스러운 파국에 의해 이루어지는 것이 아니며, 느리고 확실한 영적 정복의 방법을 통해 그리스도의

이상이 우주적 동의를 획득하고, 그의 영이 이 세상을 다스리게 될 것이다. 이것이 재림 교리가 나타내고 있는 진리이다."

라우쉔부쉬와 매튜스도 이와 비슷한 이야기를 하고 있다. 그들은 모두 한결같이, 그리스도의 재림에 대한 선명한 묘사를, 그리스도의 영이 이 세상의 삶에서 점증적이며 충만한 영향력을 미칠 것이라는 사실에 대한 비유적 표현으로 해석한다. 그러나 두말할 나위도 없이 이러한 설명은 다음과 같은 구절들에 나타나는 묘사를 정당하게 고려하지 않은 것이다(행 1:11; 3:20, 21; 마 24:44; 고전 15:22; 빌 3:20; 골 3:4; 살전 2:19; 3:13; 4:15-17; 딤후 4:8; 딛 2:13; 히 9:28 등). 현대주의자들이 이 구절을 두고 고대 유대인들의 사고 방식을 나타내는 구절이라고 말하는 것을 보면 그들 스스로가 이 점을 인정하고 있는 셈이다.

그들은 새롭고 또한 더 나은 빛을 가지고 있지만, 그러나 오늘날의 세계 사건들에 비추어 볼 때, 그 전망은 오히려 갈수록 어두워져 가는 불빛에 불과하다.

(2) 육체적 강림. 주님의 재림이 육체적인 것이라는 사실은 행 1:11; 3:20, 21; 히 9:28; 계 1:17 등에 근거하고 있다. 예수님께서는 육신으로 이 땅에 다시 오실 것이다. 어떤 사람들은 예정된 주님의 재림을 오순절에 있었던 그의 영적 강림과 동일시하여, '파루시아'를 교회 속에서의 주님의 영적인 임재로 이해한다. 그들의 설명에 의하면, 주님께서는 오순절에 성령으로 재림하셨으며, 지금 교회에 임재해 계신다는 것이다. 그들은 '파루시아'가 '임재'(혹은 현존)를 의미하는 단어라는 사실을 매우 강조한다. 물론 신약이 그리스도의 영적 강림에 대해 말하고 있는 것은 분명하다(마 16:28; 요 14:18, 23; 계 3:20). 그러나 이러한 강림은, 오순절에 그가 교회에 오신 것을 말하든 혹은 영적인 중생 때 개인에게 임하는 것이든(갈 1:16), 성경이 그리스도의 바로 그 재림이라고 표현하고 있는 것과는 동일시될 수 없다. 파루시아라는 단어가 임재를 의미하는 것은 사실이지만, 그러나 보스 박사가 올바르게 지적한 것처럼, 이 단어가 종교적·종말론적 용법에서는 "도착"의 의미 또한 포함하고 있으며, 신약에서는 이러한 의미가 더욱 두드러진다. 게다가 신약에서 재림을 지칭하는 다른 표현들로서 '아포칼룹시스', '에피파네이아', '파네로시스' 등이 사용되고 있는데, 이들은 모두 눈으로 볼 수 있는 강림을 나타내는 말들이라는 점을 우리는 명심해야 한다. 그리고 마지막으로 우리가 잊어서는 안 될 것은, 서신서들이 재림을 미래에 있을 사건이라고 계속하여 말하고 있다는 점이다(빌 3:20; 살전 3:13; 4:15, 16; 살후 1:7-10; 딛 2:13). 이것은 그의 강림이 과거의 사건이었다는 생각과는 맞지 않는 것이다.

(3) 가시적 강림. 이것은 앞에서 우리가 이야기한 것과 직접적으로 연관된다. 주님의 강림이 육체적인 것이라면 그것은 또한 가시적인 강림이기도 할 것이다. 이것은 당연한 것처럼 보이지만, 여호와의 증인들은 그렇게 생각하지 않는 것 같다. 그들은 주장하기를, 그리스도의 재림과 천년왕국의 성립은 1874년에 눈에 보이지 않게 일어났으며, 또한 그리스도께서는 교회를 옮기고 이 세상 나라들을 무너뜨리기 위해 1914년에 권능으로 임하셨다고 했다. 그러나 그리스도께서 나타나시지 않은 채 1914년이 지나가 버렸을 때, 이 곤란함을 회피하기 위해, 그들은 사람들이 아직 충분히 회개하지 않고 있기 때문에 그리스도께서 숨어 계시는 것이라는 편리한 이론을 생각해 내었다. 그러니까 그리스도는 오신 것인데, 눈에 보이지 않게 오셨다는 것이다. 그러나 성경은 그리스도의 재림이 눈으로 볼 수 있는 것이라는 사실에 대해 의문의 여지를 남겨 두지 않는다. 많은 성경 구절들이 그것을 증명하고 있다(마 24:30; 26:64; 막 13:26; 눅 21:27; 행 1:11; 골 3:4; 딛 2:13; 히 9:28; 계 1:7).

(4) 갑작스러운 강림. 성경이 한편으로는 그리스도의 재림에 앞서 몇 가지 표적들이 있을 것이라고 말하고 있지만, 그러나 또 한편 성경은 이 강림이 갑작스러운 것이며, 오히려 뜻밖의 일이어서 사람들에게 놀라움이 될 것이라는 사실을 강조하고 있다(마 24:37-44; 25:1-12; 막 13:33-37; 살전 5:2, 3; 계 3:3; 16:15). 이것이 모순이 아닌 것은 예정된 표적들이 정확한 시간을 지칭하는 그런 종류의 표적들이 아니기 때문이다. 선지자들은 그리스도의 초림에 앞서 있게 될 어떤 표적들을 지적했지만, 많은 사람들에게 그의 오심은 놀라운 일이었다. 대부분의 사람들은 그 표적에 전혀 주의를 하지 않았던 것이다. 성경은 그리스도께서 재림하실 때 사람들이 놀라게 되는 정도는 그들의 경성하고 있는 정도와 반비례할 것이라는 사실을 암시하고 계신다.

(5) 영광스럽고 승리에 찬 강림. 그리스도의 재림은, 비록 인격적이고, 육체적이며, 가시적인 것이기는 하더라도, 그의 초림과는 매우 다른 것이 될 것이다. 그는 낮아지셨을 때의 몸으로 오시는 것이 아니라 영광의 몸에 왕의 옷을 입고 오실 것이다(히 9:28). 하늘구름이 그의 마차가 될 것이며(마 24:30), 천사들이 그의 호위자가 되고(살후 1:7), 천사장은 그의 전령이 되며(살전 4:16), 하나님의 성도들은 그의 영광스러운 수행자들이 될 것이다(살전 3:13; 살후 1:10). 그는 왕 중의 왕이요, 주 중의 주로 오셔서, 모든 악의 세력을 물리치고 원수들을 그의 발 아래에 두실 것이다(고전 15:25; 계 19:11-16).

3. 재림의 목적. 그리스도께서는 이 세상 마지막에 미래의 시대를 여시고 만물에

게 영원한 상태를 부여하시기 위해 오실 것이며, 두 개의 대사건, 곧 죽은 자의 부활과 마지막 심판을 시작하시고 완성하심으로써 그 일을 다 이루실 것이다(마 13:49, 50; 16:27; 24:3; 25:14-46; 눅 9:26; 19:15, 26, 27; 요 5:25-29; 행 17:31; 롬 2:3-16; 고전 4:5; 15:23; 고후 5:10; 빌 3:20, 21; 살전 4:13-17; 살후 1:7-10; 2:7, 8; 딤후 4:1, 8; 벧후 3:10-13; 유 14,15; 계 20:11-15; 22:12). 앞에서 언급했듯이, 성경의 통상적인 표현을 볼 때 세상의 종말, 주님의 날, 죽은 자의 육신의 부활, 그리고 마지막 심판은 동시적인 것이다. 이 위대한 전환점은 또한 하나님 나라에 적대적인 모든 악의 세력의 파멸을 가져오게 될 것이다(살후 2:8; 계 20:14). 만약 누군가에 의해 계시록 20:1-6의 말씀이 신약의 다른 구절들을 해석할 표준으로 세워지지 않았더라면, 이와 관련되는 구절을 사람들이 다른 어떤 방식으로 읽었을지 자못 의심스럽다. 전천년주의자들에 의하면, 그리스도 재림의 목적은 주로 이 땅에 대한 그리스도와 그의 성도들의 가시적 통치를 확립하고, 세상을 위한 진정한 구원의 날을 시작하기 위한 것이다. 여기에는 휴거와, 의로운 자들의 부활과, 어린 양의 결혼과 하나님의 대적들에 대한 심판이 포함될 것이다. 그러나 다양한 간격을 두고 다른 부활과 심판들이 있을 것이며, 마지막 부활과 마지막 심판은 그리스도의 재림으로부터 천 년이 지난 후에야 이루어질 것이다. 이런 견해에 대한 반론은 앞 장에서 부분적으로 제시되었고, 또 다음 장에서도 부분적으로 이야기될 것이다.

깊은 연구를 위한 질문

'파루시아'가 항상 '임재'로 번역될 수 없는 이유는 무엇인가? 그리스도의 재림에 관해 성경이 말하고 있는 다른 의미는 무엇인가? 마 16:28; 24:34은 어떻게 해석해야 하는가? 마 24장의 그리스도의 설교는 단일한 강림을 말하고 있는 것인가? 유대인의 국가적인 회복은 천년왕국 교리에서 없어서는 안 되는 것인가? 다음의 구절은 그런 회복을 가르치고 있는가?-마 23:39; 눅 13:35; 21:24; 행 3:6, 7. 다니엘은 단 11:36 이하에서 적그리스도의 모형으로 안티오쿠스 에피파네스를 제시하고 있는가? 계시록 13장에 나오는 짐승들은 적그리스도와 어떻게 관련이 되는가? 바울이 말하고 있는 바 불법한 자는 적그리스도와 동일한 것인가? 살후 2:6, 7에 언급된 막는 힘은 무엇인가? 사도는 그들이 살아 있을 동안 주님께서 재림하실 것이라고 가르치고 있는가? '끝'이나 '세상의 끝'이라는 표현은 단지 시대의 끝을 의미할 뿐이라는 사상을 성경이 보증하고 있는가?

II
천년왕국에 관한 견해들

그리스도의 강림을 재림 직전 혹은 재림 직후의 천년왕국과 연관시키는 사람들이 있다. 이 사상이 개혁 신학의 핵심적인 요소는 아니지만, 이런 견해가 많은 학파에서 유행하고 있기 때문에 여기서 살펴볼 만한 가치가 있다. 개혁 신학은 오늘날의 이런 광범위한, 천년왕국에 관한 견해를 무시할 수 없으며, 이와 관련하여 그 입장을 밝혀야 한다. 미래에 천년왕국이 있을 것이라고 기대하는 사람들 중 어떤 이는 천년왕국이 있기 전에 그리스도께서 재림하실 것이라고 주장하는데, 그래서 이들은 전천년주의자들이라고 불린다. 이에 반해서 어떤 사람들은 천년왕국 후에 그리스도의 재림이 있을 것이라고 믿는데, 이 때문에 이들은 후천년주의자들이라고 불린다. 그러나 성경이 천년왕국에 대한 기대를 보장해 주지 않고 있다고 믿는 사람들도 많은데, 최근에는 이들을 무천년주의자들이라고 부르는 것이 관례화 되었다. 그 이름이 암시하고 있듯이 무천년주의적 견해는 천년왕국을 아예 부정한다.

이들은 천년왕국에 대한 기대에는 성경적 근거가 충분하지 못하다고 주장하며, 성경은 오히려 하나님 나라의 현 세대에 이어서 바로 하나님 나라의 완성된 형태가 이어지게 될 것을 가르친다고 굳게 믿는다. 예수 그리스도의 왕국은 영원한 것이지, 잠정적인 것이 아니라고 설명되고 있다는 점(사 9:7; 단 7:14; 눅 1:33; 히 1:8; 12:28; 벧후 1:11; 계 11:15)과, 미래의 왕국에 들어가는 것이 개인의 영원한 상태로 들어가는 것이며(마 7:21, 22), 영생에 들어가는 것이고(마 18:8, 9, 앞의 본문과 비교), 구원을 얻는 것이라고 설명되어 있다는 사실(막 10:25, 26)은 유의할 만하다. 어떤 전천년주의자들은 무천년설의 견해를 새로운 견해요, 가장 새로운 창작물이라고 말하지만, 그러나 그 말은 역사의 증거와 일치하지 않는다. 사실 그 명칭이야 새로운 것이지만, 그 견해는 기독교 자체만큼이나 오래된 것이다. 천년왕국설의 전성 시대로 알려진 2, 3세기에 살았던 교부들 중 이 견해를 지지하는 사람들의 수는 천년왕국을 주장하는 사람들만큼이나 많았다. 이것은 그 이후 가장 널리 받아들여진 견해가 되었으며, 교회의 역사적 고백속에 표현되거나 암시되었던 유일한 견해였고, 개혁주의 신학을 늘 지배해 온 견해였다.

A. 전천년설(Premillennialism)

전천년설이 항상 동일한 형태를 지녀온 것은 아니므로, 과거에 가장 널리 받아들여지고 있던 형태를 간략히 살피고(다른 모든 변형된 이론은 설명하지 않겠다), 그리고 나서 오늘날 가장 지배적인 전천년설에 대해 좀 더 상세히 설명하는 것이 좋겠다.

1. 과거의 전천년설. 초대 기독교 시대의 견해를 가장 잘 반영하는 것으로 이레네우스의 견해를 들 수 있다. 현 세대는 창조시의 6일과 상응하여 6천 년간 지속될 것이며, 이 시기의 마지막이 가까워지면 경건한 사람들에 대한 수난과 박해가 증가할 것이고, 그리하여 모든 악의 화신으로서 적그리스도 자신이 나타날 것이다. 그가 자기의 파괴적 사역을 끝내고 대담하게 하나님의 성전에 앉고 나면, 그리스도께서 하늘의 영광 중에 나타나셔서 그의 모든 원수들을 물리치고 승리를 거두실 것이다. 여기에 성도들의 육체적인 부활과 지상에서의 하나님 나라의 완성이 동반될 것이다. 천 년 간 지속될 천년왕국적 복의 기간은 창조시의 일곱째 날과 상응하는 안식의 날이 될 것이다. 예루살렘이 재건되고, 땅은 그 풍부한 소산을 내며, 화평과 의가 지배하게 될 것이다. 천 년의 마지막 때에 마지막 심판이 있을 것이며, 새로운 창조계가 나타나 거기서 구속받은 자들이 하나님의 임재 속에 영원히 살게 될 것이다. 세세한 부분들에 있어서는 다르지만, 전체적인 개요로 볼 때, 이 설명은 초대 교회 시대 종말론의 전형이라고 할 수 있다. 이때부터 이후 19세기에 이르는 동안, 비록 몇몇 종파에서는 이상한 변종 이론을 내세우기도 했지만, 천년왕국에 대한 견해는 본질적으로 변하지 않고 유지되어 왔다. 그러나 계속되는 연구를 통해 이 견해는 더욱 발전하여, 이론의 세세한 부분들에 대해서도 더욱 자세한 설명을 할 수 있게 되었다.

이 보편적 견해의 주요한 특징을 열거하면 다음과 같다. 즉, 그리스도께서 세상에 오실 날이 가까워졌으며, 그 강림은 가시적이고, 인격적이며, 영광스러운 것이 될 것이다. 그러나 이에 앞서 어떤 사건들, 곧 모든 민족의 복음화, 이스라엘의 회개, 대배교와 대환난, 불법한 자의 출현 등이 있을 것이다. 그러나 아직 교회를 위한 어두운 시험의 때가 남아 있어, 교회는 이 대환난을 통과해야 한다. 그리스도의 재림은 위대하고 뛰어나며 영광스러운 단회적 사건일 것이지만, 교회와 이스라엘과 세상에 영향을 미치는 다른 사건들도 함께 일어날 것이다. 죽은 성도들은 부활하고, 살아 있는 이들은 그 모습이 변할 것이며, 그들은 강림하시는 주님을 다 함께 맞이할 수 있도록 변화될 것이다. 적그리스도와 그의 사악한 동맹자들은 죽임당하게 될 것이며, 하나님의 옛 백성인 이스라엘은 회개하고 구원을 받아 거룩한 땅으로 돌아올 것이다. 이때 선지자들에 의해 예언되었던 하나님의 나라가 변화된 세상 위에 건설될 것이다. 많은 이방인들이 하나님께로 돌아와 그 나라에 동참하게 될 것이며, 화평과 의의 상태가 지배할 것이다. 그리스도의 지상적 통치가 다 끝난 후 죽은 자의 나머지가 일으켜질 것이며, 이 부활에 이어 마지막 심판과, 새 하늘과 새 땅의 창조가 있을 것이다. 일반적으로 말해서 이런 견해는 메데, 벵겔, 오벌린, 크리슬리프, 에브라르드, 고데, 호프만, 랑게, 스티어, 판 오스터제이, 판 안델, 알포드, 앤드류스, 엘리코트, 기네스, 켈로그, 잔, 무어헤드, 뉴턴, 트렌치 등의 사람들에 의해 주장되었던 유형의 전천년설이라고 할 수 있다. 물론 이들의 견해가 세부적인 면에서는 조금씩 다르다는 것은 말할 필요도 없다.

2. 현재의 전천년설. 19세기 상반기 무렵 다비, 켈리, 트로터 등과 이들을 추종하는 영미 신학자들의 영향을 받아 세대주의와 전천년설을 결합한 새로운 형태의 전천년설이 소개되었다. 이 새로운 견해들은 미국에서 특별히 스코필드 주석 성경을 통해 널리 보급되었으며, 불링거, 그랜트, 블랙스톤, 그레이, 실버, 할데만, 두 사람의 게벨린, 브룩스, 릴리, 로저스 그리고 다른 일군의 무리의 저서를 통하여 널리 전파되었다. 실제로 그들은 새로운 구속사의 철학을 제시하고 있는데, 여기서는 이스라엘이 지도적인 역할을 하고, 교회는 단지 삽입곡에 지나지 않는 것으로 되어 있다. 그들의 중심 원리에 의해 그들은 성경을 왕국의 책과 교회의 책 두 권으로 나누어 버렸다. 하나님께서 사람을 다루시는 것에 대해 그들이 묘사한 것을 읽노라면, 안전한 인도를 보장하는 아리아드네의 실을 잃어버린 채 언약들과 계약들의 혼란스러운 미로 속에서 길을 잃고 만다. 두 번의 재림, 두 번 혹은 세 번(네 번이 아니라면)의 부활, 그리고 세 번의 심판이 있을 것이다. 게다가 두 종류의 하나님의 백성이 있는데, 어떤 사람에 의하면, 이 둘은 영원히 갈라져서 이스라엘은 땅에 거하고, 교회는 하늘에 거한다고 한다.

다음의 설명이 지금 유행하고 있는 전천년설의 도식에 대한 개념을 어느 정도 제공해 줄 수 있을 것이다.

(1) 역사관. 하나님께서는 역사의 과정 속에서 몇 개의 언약에 기초하여, 혹은 일곱 개의 다른 세대의 원리에 따라서 인간 세계를 다루어 가신다. 각 세대는 독자적이

며, 이들 각 세대는 자연인에 대한 다른 시험들을 각각 대표한다. 그리고 인간은 이러한 연속적 시험을 통과하지 못했으므로, 각 세대는 심판으로 끝이 난다. 시내 산에서 찾아볼 수 있는 이스라엘의 신정은 하나님의 경륜 속에서 특별한 위치를 차지하고 있다. 이것은 하나님의 왕국 혹은 메시야 왕국의 원초적 형태인데, 그 황금 시대는 다윗과 솔로몬의 시대였다. 순종의 길을 걸었다면 이 신정은 힘과 영광이 더해 갈 수도 있었지만, 그러나 백성들의 불신 때문에 이것은 결국 무너지고 말았으며, 그 백성들은 추방을 당했다. 선지자들은 이러한 몰락을 예언했지만, 그들은 또한 소망의 메시지를 함께 전해 주어, 메시야의 날이 이르면 이스라엘이 참된 회개로 하나님께 돌아오며, 더할 나위 없는 영광으로 다윗의 위가 재건되어 이방인들까지도 미래적 왕국의 복에 동참하게 될 것이라는 기대를 갖게 하였다.

그러나 메시야가 오셔서 왕국 건설을 제의하셨을 때, 이스라엘은 그들에게 요구된 바 참된 회개를 보여주지 못했다. 그 결과로 그 왕께서는 왕국을 건설하지 않으셨으며, 오히려 이스라엘을 떠나 먼 나라로 들어가심으로써 그의 재림 때까지 왕국 건설을 연기하셨다. 그러나 이 땅을 떠나시기 전 그는 이 왕국과 아무 관련이 없고, 선지자들도 말한 적이 없는 바 교회를 세우셨다. 이 세대 동안 유대인과 이방인들로부터 교회가 모아져 그의 몸을 이룰 것이며, 이 몸은 그의 고난을 함께 나누게 되지만, 그러나 언젠가는 어린 양의 신부로서 그분의 영광에 동참하게 될 것이다. 이 교회에서 그리스도는 왕이 아니라 신적인 머리시다. 교회는, 왕국의 복음이 아닌 하나님의 은총의 복음을 세계 만방에 선포하여 그들로부터 선택 받은 자들을 모으고, 또 더 나아가 그들에게 증인이 되어야 할 영광스러운 직무를 받았다. 이 방법은 실패할 것이다. 그것은 대규모의 회개를 가져오지 못할 것이기 때문이다. 그러나 이 세대의 마지막에 그리스도께서 갑자기 재림하셔서 좀 더 전반적인 회개를 일으키실 것이다.

(2) 종말론. 그리스도의 재림은 지금 임박해 있어서 그리스도께서는 언제 오실지 모르는데, 왜냐하면 이 재림에 선행할 것으로 예언된 사건이 하나도 없기 때문이다. 그러나 그리스도의 재림은 독립된 두 개의 사건으로 이루어져 있는데, 이 각각은 칠 년의 간격을 사이에 두고 서로 나뉘어 있다. 첫 번째 사건은 파루시아로서, 그리스도께서 공중에서 그의 성도들을 만나시는 것이다. 모든 의로운 죽은 자들이 그때 일으키심을 받을 것이며, 살아 있는 성도들은 변형될 것이다. 그들은 함께 공중으로 이끌려 어린 양의 혼인을 축하하고, 그리하여 영원히 주와 함께 있게 될 것이다. 살아 있는 성도들의 변화는 "휴거" 혹 때로 "은밀한 휴거"라고 불린다. 그리스도와 그의 교회가 지

상에서 사라지고, 심지어 내주하시는 성령도 교회와 함께 돌아가시고 나면, 종종 두 부분으로 나누어지는 칠 년 혹은 그 이상의 기간이 있을 것인데, 이 기간 동안 많은 일들이 일어날 것이다. 천국의 복음이, 아마 주로 남아 있는 유대인 신자들에 의해 다시 선포될 것이며, 대규모의 회개가 일어나지만, 그러나 많은 사람들이 여전히 하나님을 모독할 것이다. 주께서 다시금 이스라엘을 다루시기 시작할 것이며, 아마도 이때(어떤 사람은 더 늦을 것이라고 말하기도 하지만) 그들이 회개할 것이다. 이 칠 년 기간의 후반부에는 전례 없는 대환난이 있을 것인데, 이 대환난의 기간은 아직도 논란이 되고 있다. 적그리스도가 나타나고, 하나님의 진노의 대접들이 인류에게 부어질 것이다.

이 7년 기간 마지막에 "나타나심" 즉 주님의 지상 강림이 있을 것인데, 이 강림은 성도들을 위한 것이 아니라 성도들과 "함께" 하기 위한 것이 될 것이다. 남아 있는 민족들은 심판을 받을 것이며(마 25:31 이하), 염소와 양이 분리되고, 대환난으로 죽임당한 성도들이 일어날 것이며, 적그리스도가 멸망하고, 사탄은 천년 동안 갇힐 것이다. 실제적이고, 가시적이며, 지역적이고 물질적인 유대인의 왕국인 천년왕국이 이제 건설될 것인데, 이것은 다윗 왕권의 재건을 포함한 신정적 왕국의 회복이 될 것이다. 이 왕국에서 성도들은 그리스도와 함께 다스리게 될 것이며, 유대인들은 본래의 시민이, 그리고 이방인들은 양자 된 시민이 될 것이다. 그리스도의 보좌가 예루살렘에 건설되고 예루살렘은 다시금 예배의 중심지가 될 것이다. 성전이 시온 산에 세워질 것이며, 심지어는 속죄제와 속건제가 드려져 제단은 다시 희생의 피로 적셔질 것이다. 죄와 죽음이 아직 그들의 희생자를 요구할지라도, 그때는 큰 수확과 번성의 때가 될 것이며, 사람들은 여기서 장수하고, 황무지가 장미꽃같이 피어나게 될 것이다. 이 때 세상은 매우 빨리 회개할 것인데, 어떤 사람은 복음에 의해 회개할 것이라고 말하지만, 대부분의 사람들은 그리스도의 인격적 강림이나 성도들의 복을 보고 생기는 부러움, 그리고 무엇보다도 실로 위대하고 끔찍한 심판과 같은 전혀 다른 수단에 의해 회개하게 될 것이라고 말한다. 천년왕국 후 사탄은 잠시 놓여 나고, 곡과 마곡의 무리가 거룩한 성을 대적하여 모일 것이다. 그러나 적들은 하늘로부터 내리는 불에 삼키우고, 사탄은 무저갱에 떨어질 것인데, 그곳은 먼저 그 짐승과 거짓 선지자들이 던지움을 받았던 곳이다. 잠시 후 죽은 악인들이 부활하여 크고 흰 보좌 앞에서 심판을 받게 될 것이다(계 20:11-15). 그 다음에 새 하늘과 새 땅이 있을 것이다.

(3) 전천년설의 몇 가지 변형된 이론들. 전천년주의자들이 그들이 가지고 있는 종말론적 도식의 구체적인 점들에서도 일치하고 있는 것은 결코 아니다. 그들의 문헌을

연구해 보면 의견이 매우 다양하다는 것을 알게 된다. 많은 부분들에 있어서 불명확함과 불확실함이 존재하는데, 이것은 그들의 세세한 이론 구성이 별로 가치가 없음을 증명해 준다. 오늘날 대부분의 전천년주의자들은 앞으로 올 그리스도의 가시적 통치를 믿지만, 그러나 지금도 어떤 사람들은 예수 그리스도의 영적 통치만을 기다리며, 그리스도께서 지상에 육신으로 임재하실 것을 기대하지 않는다. 계시록 20장에 나오는 천년은 대체로 문자적으로 해석되지만, 그러나 어떤 사람들은 이것을 다소 길거나 짧게 지속되는 불확정적인 기간으로 간주하려는 경향이 있다. 어떤 사람은 유대인이 먼저 회개하고 팔레스타인으로 돌아올 것이라고 생각하지만, 그러나 어떤 사람들은 이 순서가 뒤바뀔 것이라고 생각한다. 또 어떤 사람들은 세상이 회개하는 데 사용되는 수단은 지금 사용되는 것과 같다고 생각하지만, 그러나 대부분의 사람들은 다른 방법에 의해 대치될 것이라고 생각한다. 부활한 성도들이 천 년 동안 그리스도와 함께 다스리는 장소가 어디일까에 관해서도, 땅에서냐 하늘에서냐 혹은 두 장소 모두에서냐 하는 식으로 의견이 분분하다. 천년왕국 동안 인류가 계속하여 번식할 것인지, 그때 죄는 어느 정도로 지배하게 될 것인지, 죽음이 계속하여 지배할 것인지 하는, 여러 점에 있어서 매우 심한 의견 차이가 있다.

3. 전천년설에 대한 반대. 재림을 논의할 때 전천년설의 견해는 이미 특별한 검증과 비판을 받았고, 또 부활과 최후의 심판에 관한 다음의 장에서도 이런 사건들에 대한 전천년주의적인 이론 구성을 비판적으로 고찰할 수 있는 자리가 있을 것이다. 따라서 여기서 제기되는 반대들은 좀 더 일반적인 성질의 것이며, 그래서 우리는 몇 가지 가장 중요한 것들에 관해서만 관심을 가질 것이다.

(1) 이 이론은 이스라엘과 하나님 나라의 미래에 관한 예언적 설명의 문자적 해석에 기초하고 있는데, 이것은 전혀 터무니없다. 이것은 예언에 관한 페어번(Fairbairn), 림(Riehm), 데이빗슨(Davidson) 등의 저서들과, 브라운의 훌륭한 저서인 「재림」(*The Second Advent*), 그리고 발데그라프의 중요한 저서인 「신약의 천년왕국」(*New Testament Millennarianism*), 그리고 알더스 박사의 최근의 저서인 「옛 언약의 선지자들」(*De Profeten des Ouden Verbonds*), 「구약 성경에 근거한 이스라엘의 회복」(*Het Herstel van Israel Volgens het Oude Testament*) 등에서 반복해서 지적되어 왔다. 마지막 책은 어떤 방식으로든 미래 이스라엘의 회복과 관계가 있어 보이는 구약 구절들에 대한 상세한 주석적 연구에 바쳐지고 있다. 이 책은 철저한 책으로서 면밀히 연구할 만한 가치가 있다. 전천년주의자

들은 문자적인 해석과 성취에 맞지 않는 것은 이러한 예언적 전조로서의 요구를 충족시키지 못한다고 주장하지만, 그러나 이러한 예언서 자체가 이미 영적인 성취에 대한 암시를 담고 있다(사 54:13; 61:6; 렘 3:16; 31:31-34; 호 14:2; 미 6:6-8).

선지자들은 "시온"과 "예루살렘"이라는 명칭을 문자적인 의미 이상으로는 결코 사용하지 않았다는 주장, 곧 전자는 언제나 산을 의미하며, 후자는 늘 성을 의미한다는 주장은 분명 사실과 모순이 된다. 이 두 명칭이 이스라엘, 곧 하나님의 구약적 교회를 가리키는 데 사용된 구절들이 있다(사 49:14; 51:3; 52:1, 2). 또한 이들 단어의 이러한 용법은 신약에도 그대로 옮겨지고 있다(갈 4:26; 히 12:22; 계 3:12; 21:9). 주목할 만한 사실은, 구약의 완성인 신약이 예수님에 의한 구약적 신정의 재건에 대해서는 아무런 언급도 하지 않고 있으며, 또 그 회복에 관한 어떠한 확정적이고, 실제적인 단 하나의 예언도 담고 있지 않은데 반해, 이스라엘에게 주어진 이러한 약속들의 영적인 성취에 대해서는 매우 풍부한 암시를 담고 있다는 사실이다(마 21:43; 행 2:29-36; 15:14-18; 롬 9:25, 26; 히 8:8-13; 벧전 2:9; 계 1:6; 5:10). 성경에 나타나는 영적 해석을 좀 더 자세히 연구하기 위해서는 빙가르덴(Wijngaarden) 박사의 저서 「왕국의 미래」(*The Future of the Kingdom*)를 참고할 수 있다.

신약은 분명히 전천년주의자들의 문자적 해석을 지지하지 않는다. 더욱이 이런 문자주의는 그들로 하여금 많은 어리석음을 범하게 하는데, 왜냐하면 이것은 이전 이스라엘의 삶의 모든 역사적 조건들의 회복, 즉 구약 시대의 열강들(애굽, 앗수르, 그리고 바벨론)과 주변 나라들(모압족, 암몬족, 에돔 족속, 그리고 블레셋 족속)이 다시 역사의 전면에 출현하는 것을 포함하기 때문이다(사 11:14; 암 9:12; 욜 3:19; 미 5:5, 6; 계 18장). 성전이 다시 재건되어야 하고(사 2:2, 3; 미 4:1, 2; 슥 14:16-22; 겔 40-48장), 사독의 아들들이 다시 제사장으로 봉사해야 하며(겔 44:15-41; 48:11-14), 속죄제와 속건제가 (어떤 이들이 주장하는 것처럼) 기념하기 위해서가 아니라 속죄하기 위해서 다시 드려져야 한다(겔 42:13; 43:18-27). 그리고 이 모든 것에 더하여, 그렇게 변화된 상황에서는 모든 국가들이 초막절을 기념하기 위해 해마다(슥 14:16), 그리고 심지어는 여호와께 예배하기 위해 주간마다 예루살렘(사 66:23)을 방문해야만 할 것이다.

(2) 전천년설 체계와 필연적으로 연관되어 있는 소위 재림 연기설은 성경적 근거가 없다. 이 이론에 따르면, 요한과 예수님은 왕국, 즉 유대인의 신정이 가까움을 선포했다. 그러나 유대인들이 회개하고 믿지 않았으므로, 예수님께서는 그 왕국의 건설을 재림시까지 연기하셨다는 것이다. 이 변경이 이루어지는 중심을 스코필드는 마 11:20

에, 그리고 어떤 사람들은 마 12장에 두고 있고, 또 어떤 사람들은 훨씬 더 뒤로 잡고 있다. 이 전환이 있기 이전까지는 예수님께서 이방인에게는 관심을 두지 않으셨으며, 이스라엘에게만 왕국의 복음을 전하셨다. 그리고 그 후에는 아예 왕국에 대해서는 설교를 하시지 않으시고, 이 왕국의 미래적 도래를 예언하시며 이스라엘과 이방인의 지친 자들에게 쉼을 제공하여 주셨다는 것이다. 그러나 예수님께서 이 가정된 전환점 이전에는 이방인에게 관심이 없으셨다거나(마 8:5-13; 요 4:1-42 참조), 또 그 왕국을 전파하기를 중지하셨다는 말(마 13장; 눅 10:1-11)은 성립될 수 없다.

예수님께서 두 가지의 다른 복음, 즉 처음에는 왕국의 복음, 그리고 나중에는 하나님의 은혜의 복음을 선포하셨다는 주장에는 아무런 증거가 없다. 성경에 비추어 볼 때 이런 주장은 성립될 수가 없는 것이다. 예수님께서는 결코 구약적 신정을 염두에 두고 계시지 않으셨으며, 오히려 구약의 왕국을 모형으로 삼은 영적 왕국(실재)을 시작하시려는 것이 예수님의 생각이었다(마 8:11, 12; 13:31-33; 21:43; 눅 17:21; 요 3:3; 18:36, 37; 비교. 롬 14:17). 그는 이 세상에 강림하여 자신이 이루시려고 하셨던 과업을 연기하신 적이 없으며, 실제로 그 왕국을 건설하시고, 여러 번 그 왕국의 현재적 실재성을 언급하셨다(마 11:12; 12:28; 눅 17:21; 요 18:36, 37; 비교. 골 1:13). 이 재림 연기설 전체는 비교적 최근에 만들어진 가공물로서 심한 반대를 받을 만하다. 왜냐하면 이것이 성경과 하나님의 백성의 통일성을 근거 없이 파괴하기 때문이다. 성경은 구약과 신약의 관계를 모형과 원형, 그리고 예언과 성취의 관계로 묘사하고 있다. 그런데도 이 이론은 신약이 원래 구약의 성취로서 예언되기는 했지만, 실제로는 전혀 다른 어떤 것이 되었다고 주장하는 것이다. 그 왕국, 곧 구약적 신정국은 예언되기는 했지만 회복되지는 않았으며, 또 교회는 예언되지 않았지만 세워졌다. 이처럼 구약과 신약이 나누어져, 하나는 왕국의 책이 되고 또 하나는(복음서를 제외하고) 교회의 책이 된 것이다. 뿐만 아니라 우리는, 마치 예수님께서 "한 무리와 한 목자"에 관해 말씀하신 적이 없고(요 10:16), 바울도 참감람나무에 접붙여진 돌감람나무에 관한 이야기를 한 적이 없는 것처럼(롬 11:17), 천상적 백성과 지상적 백성, 영적 백성과 자연적 백성이라는 두 종류의 하나님의 백성을 보게 되는 것이다.

(3) 이 이론은 미래에 있게 될 대사건들, 즉 부활과 마지막 심판, 세계의 종말에 대한 성경의 묘사와 터무니없이 반대가 된다. 성경은 이런 대사건들이 동시적인 것이라고 설명하고 있다. 이들은 분명히 동시에 일어나며, 계 20:4-6 외에서는 이들이 천 년의 기간에 의해 구분된다는 암시가 조금도 나타나지 않는다(마 13:37-43, 47-50, 천 년 이

전이 아닌 "종말에" 선악이 구분됨; 24:29-31; 25:31-46; 요 5:25-29; 고전 15:22-26; 빌 3:20, 21; 살전 4:15, 16; 계 20:11-15). 이들은 모두, 주의 날이기도 한 주의 강림의 날에 발생한다. 이러한 반대에 대해 전천년주의자들은 주장하기를, 주의 날이 천 년 동안 지속되면서 그긴 날의 아침에 성도의 부활과 나라들의 심판이 있고, 같은 날 저녁에 악한 자의 부활과 흰 보좌 앞에서의 대심판이 있을 것이라고 한다. 그들은 벧후 3:8 이하, "주께는 하루가 천 년 같고 천 년이 하루 같다"는 말씀에 호소한다. 그러나 이 말씀은 그것을 증명하지 못한다. 입장이 쉽게 뒤바뀔 수 있기 때문이다. 똑같은 구절을, 계 20장에 나오는 천 년이 하루에 지나지 않는다는 것을 증명하는 데 사용할 수도 있다는 것이다.

(4) 이들 이론이 필요로 하는 바 이중, 삼중, 혹은 사중의 부활이나 세 가지 심판으로 구분되어 천 년에 걸쳐 이루어진다고 하는 마지막 심판 이론에는 실제적인 성경의 증거가 전혀 없다. 적어도 계 20:5에 있는 "이는 첫째 부활이라"는 말씀이 육신적 부활을 언급하는지는 심히 의심스럽다. 문맥이 이런 해석을 필요로 하지도 않을 뿐더러, 또한 이것을 지지하지도 않는다. 이중적 부활 이론을 지지해 주는 것처럼 보이는 것은, 사도들이 종종 신자들의 부활만 언급할 뿐 악인의 부활은 언급하고 있지 않다는 사실이다 그러나 이것은 사도들이 편지를 쓰고 있는 것이 예수 그리스도의 교회이기 때문이며, 그들이 이 부활의 주제를 이끌어내고 있는 문맥의 전후 관계 때문이고, 또 그들이 이 부활의 구원론적 측면을 강조하려고 하기 때문이다(고전 15:1; 살전 4:13-18). 다른 구절들은 분명 의인의 부활과 악인의 부활을 함께 언급하고 있다(단 12:2; 요 5:28, 29; 행 24:15). 이 문제는 다음 장에서 좀 더 상세히 고찰해 보도록 하겠다.

(5) 전천년설은 그 천년왕국 이론과 더불어 해결할 수 없는 난관으로 뒤엉켜 있다. 어떻게 옛 땅과 죄인 된 인간성의 한 부분이 새 땅과 영화된 인간성의 한 부분과 함께 존재할 수 있는지 이해할 수 없다. 어떻게 영화롭게 된 성도의 몸이 육신을 지닌 죄인들과 교제할 수 있겠는가? 영화롭게 된 성도들이 어떻게 죄가 덮고 있는 분위기 속에, 그리고 죽음과 부패의 자리에서 살 수 있겠는가? 땅이 만약 새로워지지 않았다면, 어떻게 영광의 주님, 영광의 그리스도께서 이 땅에 보좌를 펴실 수 있겠는가? 그렇다면 어떻게 그리스도와 성도들이 땅이 새로워지기까지 거기서 천 년 동안 거한다는 주장이 어떻게 성립될 수 있겠는가? 바울과 요한조차도 그분의 환상에 압도당하고 마는데, 어떻게 육신을 입은 성도들과 죄인들이 영광스러운 그리스도의 임재 앞에 설 수 있겠는가(행 26:12-14; 계 1:17)? 비트(Beet)는 다음과 같이 바르게 이야기한다. "우리는 아직 죽어야 할 자들과 죽음을 통과하고 더 이상 죽지 않을 자들이 같은 땅 위에 함께

뒤섞여 있는 것을 상상할 수 없다. 이렇게 현 세대와 장차 올 세대를 혼동하는 것은 너무나 터무니없는 일이다." 브라운은 이렇게 소리를 높인다. "이 얼마나 혼란스러운 상태인가? 서로가 전혀 일치하지 않는, 이 얼마나 혐오스러운 혼합물인가!"

(6) 이 이론의 성경적 기초는 계 20:1-6가 유일한데, 여기에 구약 내용을 첨가해서 그 근거를 삼는다. 그러나 여러 가지 측면에서 이는 매우 독단적인 근거에 불과하다. ① 이 구절은 매우 상징적인 책 속에 등장하는 것이어서 자연히 매우 모호하고, 그래서 거기에 관해서 다르게도 해석될 수 있다. ② 전천년주의자들이 이 구절을 문자적으로 해석하는 것은 성경적 지지를 받지 못하며, 오히려 신약의 다른 부분들과도 모순이 된다. 이러한 반대는 매우 치명적인 것이다. 건전한 주석이 되기 위해서는 불명확한 성경의 구절들이 분명한 구절들에 비추어져 해석되어야 하며, 그 반대가 되어서는 안 되는 것이다. ③ 또한 심지어 전천년주의자들의 해석조차도 일관성 있는 문자적 해석이 아니다. 이들은 1절에 있는 쇠사슬과 2절에 있는 결박을 비유적으로 해석하며, 종종 천 년을 길고도 불명확한 시간으로 이해하고, 4절의 영혼들을 부활한 성도로 바꾸어 해석하는 것이다. ④ 엄밀히 말해서 이 구절들은 언급되고 있는 부류의 사람들(순교한 성도들과 짐승을 경배하지 않은 자들)이 죽은 자로부터 부활했다고 말하고 있는 것이 아니다. 단지 그들이 그리스도와 함께 살아서 다스렸다고만 말하고 있는 것이다. 그리고 그리스도와 함께 살아서 다스리는 이것은 첫 번째 부활에 속한다고 말해진다. ⑤ 이 구절들 속에는 그리스도와 그의 성도들이 땅 위에서 다스렸다는 의미는 결코 없다. 계 4:4; 6:9과 같은 구절들을 보면, 이것은 오히려 하늘에서 이루어지는 장면이라고 하는 것이 더욱 그럴 듯하다. ⑥ 이 구절들에는 팔레스타인이나, 예루살렘, 성전, 그리고 천년왕국의 자연적 시민들인 유대인에 관한 언급이 없다는 점도 유의할 만하다. 이들이 어떤 식으로든 이 천 년 동안의 통치와 관련되어 있다는 암시는 전혀 없다. 이 구절에 대한 무천년주의적 관점에서의 좀 더 자세한 해석을 위해서는 카이퍼, 바빙크, 드무어, 데이크, 크레이다누스, 보스, 그리고 헨드릭슨 등을 참고할 수 있다.

B. 후천년설(Postmillennialism)

재림의 시기에 관한 후천년설의 입장은 전천년설의 주장과 반대된다. 이 이론은 복음 시대 동안, 혹은 그 종말에 있을 것으로 기대되는 천년왕국 이후에 그리스도께서 재림하신다고 주장한다. 그리고 그 직후 그리스도께서 사물들의 영원한 질서를 세우시기 위해 오실 것이다. 후천년설을 다룰 때 두 가지의 상이한 형태를 구별하는 것이 필요한데, 그 하나는 천년왕국이 성령의 초자연적 영향력을 통해 실현될 것이라고 생각하고 있고, 다른 하나는 그것이 자연적 진보 과정을 거쳐서 올 것이라고 기대한다.

1. 후천년설의 다양한 형태들.

(1) 초기 형태. 16~17세기 동안 네덜란드 개혁파 신학자 몇 명은 오늘날 후천년설이라고 불리고 있는 형태의 천년왕국설을 가르쳤다. 그들 중에는 코케이우스, 알팅, 두 사람의 비트링가, 다우트레인, 비치우스, 호른벡, 코엘만, 브라켈 등 익히 알려진 사람들이 있는데, 그들 중에서 어떤 이는 천년왕국을 이미 지나간 과거로, 그리고 어떤 사람은 지금 현재로, 또 어떤 사람은 미래에 있을 것으로 생각했다. 대부분의 사람들은 천년왕국이 이 세상의 종말 곧 그리스도의 재림 직전에 있을 것으로 생각했다. 이들은 전천년설의 두가지 핵심적 개념, 즉 그리스도께서 '천 년 동안 이 땅을 다스리시기 위해' 육신의 몸을 입고 오신다는 것과, 그가 오시면 성도들이 부활하여 그와 함께 천년왕국에서 다스리게 된다는 사상을 거부했다. 이들의 설명은 세부적인 면에서 서로 차이가 있지만, 그러나 지배적인 견해는 이렇다. 전세계를 향해 점차적으로 퍼져나갈 복음이 결국에는 지금과 비교할 수 없을 정도의 엄청난 효력을 발휘하게 되어, 예수 그리스도의 교회를 위한 풍성한 복의 시대가 시작될 터인데, 이 황금 시대에는 유대인들도 미증유의 방법으로 이 복에 동참하게 될 것이다.

최근에는 이러한 후천년설이 브라운, 베르그, 스노우든, 스태포드, 그리고 스트롱 등과 같은 사람들에 의해 주장되었다. 이 중에서 스트롱은 말하기를, 천년왕국은 "전투하는 교회의 후기 시대로서, 성령님의 특별한 영향 아래 놓일 것이며, 순교자들의 영이 다시 나타나고, 참된 신앙이 촉진되어 부흥할 것이다. 그리스도 교회의 구성원들은, 그리스도 안에서의 능력을 강하게 의식하게 되어, 안팎의 악의 세력에 대항해 이전과는 비교할 수 없을 정도로 승리하게 될 것이다."

(2) 후기 형태. 오늘날의 후천년설은 이와는 전혀 다른 형태로서, 사람들이 한때 믿고 있었다는 역사적 의미를 제외하면 성경의 가르침과는 거의 무관하다. 현대인은, 하나님을 전적으로 의뢰하는 가운데 천년왕국을 기다려 오던 과거의 소망에 대한 인내심을 거의 상실하고 말았다. 그는 복음의 전파와 그에 동반되는 성령의 사역에 의해 새로운 세대가 도래할 것이라는 사실을 믿지 않으며, 이것이 대변혁의 결과로서 오게 되리라는 것도 믿지 않는다. 한편 지금 사람들이 믿고 있는 것은, 천년왕국은 진보에

의해서 점차적으로 생겨나게 될 것이며, 또 사람은 세계 개혁의 정책을 받아들임으로써 이 새로운 세대에 스스로 참여해야만 한다는 것이다. 라우쉔부쉬는 이렇게 말한다. "천년왕국에 대한 우리의 주된 관심은, 가장 미천한 인간적 존재의 가치와 자유까지도 존중되고 보호받으며, 사회의 경제적인 자원을 공유함으로써 인간의 형제됨이 표현되고, 인간의 정신적인 선함이 모든 물질주의적 그룹의 사적인 이윤 동기보다도 더 높이 평가받는 그런 사회 질서에 대한 열망에 있다 … 기독교적인 사회의 이상이 실현되는 방식에 대해서 볼 때, 우리는 파국에서 발전으로 입장을 수정해야만 한다."

잭슨 케이스는 이렇게 묻는다. "아직도 우리는 하나님께서 파국적인 수단으로 새로운 질서를 시작하실 것이라고 기대해야 하는가, 아니면 우리 안에서, 그 기쁘신 뜻대로 우리의 의지와 행위에 역사하시는 하나님을 믿고, 천년왕국을 실현하기 위한 우리들의 책임을 받아들여야 하는가?"

그리고 그는 이어지는 장에서 이에 대한 질문에 스스로 답변하고 있다. "역사의 과정은 하나의 긴 진화의 과정으로 드러나는데, 이 과정을 통하여 인류 전체는, 더 훌륭한 기술과 성실함으로 자신의 조건을 항상 개선해 감으로써 그 문명과 업적의 규모에 있어 좀 더 높은 상태로 끊임없이 성장해 가는 것이다. 여러 세대에 걸친 장기적 관점에서 본다면 인간의 경력은 항상 성장해 온 것이었다. 더 나빠지는 것이 아니라, 인류는 더 나아져 왔던 것이다. …… 역사와 과학은 개선이 성취의 결과임을 보여주고 있어서, 아직 정복되지 않은 악도, 하나님의 파국적인 간섭이 아니라 끈질긴 노력과 점차적인 개혁에 의해 제거될 것으로 생각하도록 우리는 배우고 있다. …… 질병은 의사의 기술에 의해 치료되거나 예방될 것이며, 사회의 병폐는 교육과 법률에 의해 해결될 것이고, 국제적 재난은 그 속에 포함된 문제들을 다루는 새로운 기준과 새로운 방법을 확립함으로써 방지될 것이다. 간단히 말해서, 삶의 병폐들은 갑작스러운 멸절에 의해서가 아니라 점진적인 치유적 처치 과정에 의해 고쳐질 것이라는 것이다."

지금 인용한 글은 오늘날 대부분의 후천년설의 특징을 잘 보여주는데, 이러한 이론에 대해 전천년설이 반대하고 나서는 것은 전혀 놀라운 일이 아닌 것이다.

2. 후천년설에 관한 반대. 후천년설에 관해 제기될 수 있는 심각한 반대는 다음과 같다.

(1) 모든 세계가 점차 그리스도께 귀속되고, 모든 민족이 시간이 흐름에 따라 복음에 의해 변화되며, 의와 화평이 다스리게 될 것이고, 전례 없는 풍성함으로 성령님의

복이 부어져, '주님께서 오시기 바로 직전에' 교회는 미증유의 번영을 구가하게 될 것이라는 이 교리의 기본 사상은 종말에 대한 성경의 설명과는 다르다. 성경은 복음이 세계 곳곳에 퍼져 유익한 영향을 미칠 것이라고 말하기는 하지만, 지금 세대나 오는 세대에서 세계가 회개할 것이라는 기대로 우리를 인도하지는 않는다. 성경은 종말 바로 직전 시대는 대배교와 환난과 박해의 시대요, 많은 사람들의 믿음이 식어지고, 그리스도께 충성하는 자들은 심히 고난에 빠질 것이며, 심지어 어떤 경우에는 그들의 고백을 피로써 인칠 수밖에 없는 시대가 될 것임을 강조하고 있다(마 24:6-14, 21, 22; 눅 18:8; 21:25-28; 살후 2:3-12; 딤후 3:1-6; 계 13장). 물론 후천년주의자들이 역사의 종말의 특징이 될 배교와 환난에 관한 가르침을 전혀 무시하는 것은 아니다. 그러나 그들은 그것을 신앙 생활의 주된 과정에는 영향을 미치지 못하는 소규모의 배교와 환난에 대한 예언으로 축소시켜 버린다. 종말에 이루어지게 될 영광스러운 교회의 상태에 대한 그들의 기대는, 복음 세대 전체에 관한, 혹은 예수 그리스도의 영원한 왕국에 내리는 영원한 복에 관한 비유적인 묘사가 포함된 구절들에 근거하는 것이다.

(2) 이와 관련하여, 이 세대는 파국적인 변화로 끝나는 것이 아니라 알지 못하는 사이에 오는 세대 속으로 들어가게 될 것이라는 사상 역시 비성경적이다. 성경은 우리에게 파국, 곧 하나님의 특별하신 간섭에 의해 땅 위에서 사탄의 지배가 끝나고, 흔들리지 않는 왕국이 시작될 것임을 분명히 가르치고 있다(마 24:29-31, 35-44; 히 12:26, 27; 벧후 3:10-13). 한 위기, 곧 "세상이 새롭게 되는 것"이라고 불릴 만큼 커다란 변화가 있을 것이다(마 19:28). 성도들이 이 세상의 삶에서 점차적으로 성화되어 결국에는 실제로 큰 변화 없이도 하늘 나라에 들어갈 수 있을 만큼 준비되는 것이 아닌 것처럼, 이 세계가 서서히 정화되어 다음의 단계로 들어갈 준비를 갖추게 되는 것이 아닌 것이다. 성도들이 죽음의 큰 변화를 겪어야 하는 것과 똑같이, 세상 또한 종말이 되면 엄청난 변화를 겪어야만 한다. 새 하늘과 새 땅이 있을 것이기 때문이다(계 21:1).

(3) 자연적인 진보와 교육, 사회 개혁, 그리고 법률 등의 분야에 있어서의 인간의 노력이라는 현대적 개념이 기독교적 정신 전 영역으로 서서히 스며들어, 이 점에 관해 성경이 가르치는 모든 것과 충돌하고 있다. 영광스러운 하나님 나라를 가져다주는 것은 인간의 사역이 아닌 하나님의 사역이다. 왕국은 자연적 수단이 아닌 초자연적인 수단에 의해서만 건설될 수 있는 것이다. 그것은 그의 백성의 마음속에 세워지고 인정된 하나님의 통치이며, 이 통치는 순전히 자연적 수단만으로는 효력을 발휘하지 못한다. 새롭게 되지 않은 문화, 초자연적인 마음의 변화를 겪지 않은 문화는, 효력 있고 영광

스러운 예수 그리스도의 통치인 천년왕국을 가져다줄 수 없다. 20세기 말의 경험은 우리로 하여금 이러한 사실을 믿지 않을 수 없도록 하는 것 같다. 가장 높은 인간의 발전조차도 아직 천년왕국에 대한 전망을 우리에게 보여주지 못하고 있는 것이다.

깊은 연구를 위한 질문

전천년설의 역사적 기원은 어디인가? 이것은 실제로 2, 3세기를 지배했던 견해인가? 하나님의 나라와 천년왕국에 대한 아우구스티누스의 견해는 어떤 것인가? 성경에서 볼 때 하나님의 나라와 교회는 같은 것인가? 하나님의 나라는 자연적이고 민족적이며, 교회는 영적이고 보편적인가? 눅 14:14와 20:35은 부분적인 부활을 가르치는가? 어떤 부분이든 이스라엘의 한 부분이 그리스도의 신부의 한 부분을 이루게 되는가? 그리스도께서 재림하실 때 신부는 완전하게 되는가? 후천년주의자들은 필연적으로 진화론자들일 수밖에 없는가? 이 세계가 점점 더 좋아질 것이라는 후천년주의자들의 낙관주의는 우리의 경험과 부합하는가? 성경은 이 세상의 종말에 이르기까지 하나님 나라의 지속적인 발전을 예언하고 있는가? 종말에 파국적인 변화를 상정하는 것은 필연적인가?

III
죽은 자의 부활

그리스도의 재림에 관한 논의는 자연스럽게 그 재림에 동반되는 사건들에 대한 논의로 이어진다. 이 중 가장 두드러지는 것이 죽은 자의 부활, 혹은 종종 그렇게 불리는 육신의 부활이다.

A. 역사적으로 본 부활 교리

예수님 당시에 유대인들 사이에는 부활에 관한 의견 차이가 있었다. 바리새인들은 부활을 믿었고, 사두개인들은 믿지 않았던 것이다(마 22:23; 행 23:8). 바울이 아덴에서 부활에 관해 말하자, 사람들은 그를 조롱하였다(행 17:32). 고린도 교회 교인 중의 몇 사람도 부활을 부인했으며(고전 15장), 후메내오와 빌레도 역시 부활을 순전히 영적인 것으로 취급하며 그것은 이미 지나간 역사상의 사실일 뿐이라고 주장했다(딤후 2:18). 초대 기독교의 반대자의 한 사람인 켈수스(Celsus)는 특별히 이 교리를 조롱의 대상으로 삼았으며, 물질은 본래적으로 악하다고 여긴 영지주의자들도 자연히 부활을 부인했다. 오리겐은 영지주의자들과 켈수스에 대항하여 이 교리를 변호하였지만, 그러나 무덤에 묻혀 있는 바로 그 육체가 부활할 것이라고는 믿지 않았다. 그는 부활한 몸은 새롭고, 순전하며, 영적인 몸이라고 설명했다. 초대 교부들 중의 몇 사람은 그와 의견을 같이했지만, 그러나 대부분의 교부들은 현재의 육체와 부활한 육체의 동일함을 강조했다. 교회는 사도신경을 통해서 이미 육신(사르코스)의 부활에 대한 믿음을 표현했다. 아우구스티누스도 처음에는 오리겐의 의견에 마음이 끌렸으나, 후에는 지배적인 견해를 받아들였다. 그러나 그는 현재의 육신의 크기나 상태의 차이가 장차 올 삶에서도 계속 이어지리라고는 믿을 필요가 없다고 생각했다. 히에로니무스도 현재의 육신과 미래의 육신의 동일함을 강하게 주장하였다.

두 명의 그레고리우스, 크리소스톰, 다마스쿠스의 요한 등으로 대표되는 동방 교회는, 부활에 대해 서방 교회보다 영적인 관점을 취하는 경향을 나타내었다. 천년왕국의 도래를 믿는 사람들은 두 번의 부활을 이야기하는데, 천년왕국 통치의 초기에는 의인의 부활이, 그 말기에는 악한 자의 부활이 있을 것이라고 한다. 중세의 스콜라 학자들은 부활한 몸에 관해 매우 많이 사색했지만, 그들의 사색은 매우 환상적이었고, 거의 가치 없는 것들이었다. 특별히 아퀴나스는 부활한 몸의 본질과 부활의 질서와 방식에 관해 특별한 정보를 제공해 주는 것 같다. 종교개혁 시대의 신학자들은 대개 부활한 몸은 현재의 몸과 같은 것이라는 데에 동의했다. 모든 위대한 교회의 신앙고백들은 그리스도의 재림과 동시에 부활, 마지막 심판, 그리고 세상의 종말에 관한 고백을 표현하고 있다. 이 신앙고백들은 의인의 부활과 악인의 부활, 그리고 그리스도의 재림과 세상의 종말과 같은 사건들을 천 년이라는 시간 간격을 두고 갈라놓지 않는다. 이에 반해 전천년주의자들은 이러한 분리를 주장한다. 합리주의와 자연 과학의 진보에 영향을 받아 부활 교리가 지는 난관들이 더 가중되었으며, 그 결과 현대 종교적 자유주의자들은 몸의 부활을 부인하고 성경에 나타난 부활에 관한 묘사는 죽음 이후에도 충만한 인간성이 지속된다는 사상을 나타내는 비유적 표현이라고 설명하였다.

B. 부활에 대한 성경의 증거

1. 구약의 증거. 구약은 죽은 자의 부활에 관해 언급된 바가 없는데, 가장 후대에 기록된 구약들에서 그것을 발견할 수 있다는 주장이 종종 있었다. 그리고 오히려 보편적인 견해는 부활에 대한 이스라엘의 믿음은 페르시아의 부활관에서 빌려 온 것이라는 주장이었다. 매킨토시는 이렇게 말한다. "부활 사상이 페르시아로부터 히브리의 정신 속으로 유입되었다는 가설에는 강력한 증거가 있다." 브라운도 이와 어느 정도 비슷한 말을 한다. "개인의 부활 사상은 바벨론 포로 이후 처음으로 이스라엘에 나타나는데, 이는 아마 페르시아의 영향인 것 같다." 새먼드도 이와 비슷한 말을 하지만, 이것이 증거가 확실한 것은 아니라고 그는 주장한다. 그는 이렇게 말한다. "하나님에 관한 구약의 교리는 그 자체로 미래적 삶에 대한 구약의 역사 전체를 설명할 수 있을 만큼 충분하다." 드 본트(De Bondt)는 다음과 같은 결론을 내렸다. 즉, 이스라엘은 부활의 교리를 가진 여러 민족들과 접촉을 하였는데, 타민족의 부활 교리 중 그 당시 이스라엘에 유포되어 있던 부활 교리를 표현하는 양식으로 이용될 만한 것은 하나도 없었다. 그리고 구약에 표현된 부활에 대한 이스라엘의 신앙은 이방의 종교에 근거를 두

는 것이 아니라, 이스라엘 하나님의 계시에 근거를 두는 것이었다. 죽은 자의 부활에 대하여 우리가 선지자 시대 이전에는 분명한 진술을 찾아볼 수 없는 것이 사실이다. 그렇지만 예수님께서는 출 3:6에 이미 그것이 암시되어 있다고 지적하셨고(마 22:29-32 참조), 히브리서 기자 역시 족장들조차도 죽은 자의 부활을 기대하고 있었다고 말하고 있다(히 11:10, 13-16, 19). 분명히 바벨론 포로 이전에도 부활에 대한 믿음이 있었다는 증거는 있다. 이 믿음은 스올에서의 구출을 말하고 있는 구절들에서 발견된다(시 49:15; 73:24, 25; 잠 23:14). 또한 욥의 유명한 진술 속에도 표현되어 있다(욥 19:25-27). 게다가 사 26:19에서는 이것이 분명히 가르쳐지고 있고(비평가들은 이것을 후대에 기록된 구절이라 한다), 단 12:2에도 나와 있으며, 겔 37:1-14에도 암시되어 있는 것 같다.

2. 신약의 증거. 기대하는 바와 같이 신약에서는 구약에서보다 죽은 자의 부활에 관해 좀 더 많은 언급을 하고 있는데, 이는 신약이 예수 그리스도께서 부활하신 그 지점에서 하나님의 계시로서의 극치를 이루고 있기 때문이다. 부활을 부인하는 사두개인들에 거듭 반대하여 예수님께서는 구약에 근거하여 죽은 자의 부활을 논증하셨다(마 22:23-33; 이와 병행하는 것으로 출 3:6 참조). 게다가 요 5:25-29; 6:39, 40, 44, 54; 11:24, 25; 14:3; 17:24 등에서는 이 위대한 진리를 분명하게 말씀하셨다. 죽은 자의 부활에 관한 신약의 고전적 구절은 고전 15장이다. 다른 중요한 구절들은 살전 4:13-16; 고후 5:1-10; 계 20:4-6(해석이 불명확하다); 20:13 등이다.

C. 부활의 성격

1. 삼위 하나님의 사역. 부활은 삼위 하나님의 사역이다. 어떤 때 성경은 하나님의 한 위를 특정하게 표현하지 않고, 단지 하나님께서 죽은 자를 일으키셨다고만 말한다(마 22:29; 고후 1:9). 그러나 좀 더 구체적으로 부활은 성자의 사역이라고 일컬어진다(요 5:21, 25, 28, 29; 6:38-40, 44, 54; 살전 4:16). 또한, 간접적으로, 역시 성령님의 사역으로 지칭되기도 한다(롬 8:11).

2. 육신적 혹은 신체적 부활. 바울 시대에 부활을 영적인 것으로 믿는 사람들이 있었다(딤후 2:18). 그리고 오늘날에도 그런 사람들이 많이 있다. 그러나 성경은 몸의 부활을 분명히 가르치고 있다. 그리스도께서는 부활을 "첫 열매"(고전 15:20, 23)요, "죽은 자 가운데서 먼저 나신 자"(골 1:18; 계 1:5)라고 불린다. 이 구절들은 하나님의 백성이 겪는 부활이 그들의 하늘의 주님께서 겪으신 부활과 동일하다는 것을 의미한다. 그의

부활은 몸의 부활이었으며, 백성들의 부활도 그와 같을 것이다. 게다가 그리스도께서 이루시는 구속은 몸을 포함하는 것으로 말하고 있다(롬 8:23; 고전 6:13-20). 롬 8:11에서 하나님께서 그의 성령을 통하여 우리의 죽을 몸도 살리시리라는 분명한 선언을 들을 수 있다. 그리고 고전 15장, 특히 35-49절에서 사도가 염두에 두고 있는 것은 분명 몸이었다. 성경에 의하면 몸의 부활이 있을 것이다. 즉, 완전히 새로운 피조물이 아니라, 근본적인 의미에서는 현재의 몸과 동일한 몸의 부활이라는 것이다. 하나님께서는 모든 사람을 위하여 새로운 몸을 창조하시는 것이 아니라, 지금 무덤에 있는 몸을 부활시키실 것이다. 이것은 "부활"이라는 용어로부터 추론될 수는 없지만, 롬 8:11; 고전 15:53에 분명히 진술되어 있고, 고전 15:36-38에서 사도가 말하고 있는, 땅에 심기운 씨 비유에도 암시되어 있다.

게다가 부활의 첫 열매이신 그리스도께서도 그의 몸과 제자들의 몸이 동일함을 명백히 증명하셨다. 이와 동시에 성경은 그 몸이 크게 변화될 것이라는 것도 매우 분명히 하고 있다. 부활 후 승천하시기까지의 중간기 동안 그리스도의 몸은 아직 완전히 영화롭게 되지는 않았지만, 이미 놀랄 만한 변화를 겪었다. 바울이 우리가 씨를 심을 때 장차 있게 될 씨를 심는 것이 아니며, 우리가 땅에서부터 거두고자 하는 것은 뿌린 것과 동일한 씨가 아니라고 말한 것은 앞으로 일어날 변화를 언급하는 것이었다. 그런데도 우리는 이 땅에 뿌려진 씨와 근본적인 의미에서는 동일한 어떤 것을 거둘 것이라고 기대한다. 뿌려진 씨와 거기서 자라나온 씨 사이에는 어떤 동질성이 있기는 하지만, 그러나 역시 놀랄 만한 차이 또한 존재한다. 사도는 말하기를 우리가 변화할 것인데, "이 썩을 것이 불가불 썩지 아니할 것을 입을 것"이라고 했다. 몸은 "썩을 것으로 심고 썩지 아니할 것으로 다시 살며 욕된 것으로 심고 영광스러운 것으로 다시 살며 약한 것으로 심고 강한 것으로 다시 살며 육의 몸으로 심고 신령한 몸으로 다시 산다." 변화와 동일성의 유지는 모순되지 않는다. 지금도 우리의 몸은 매 칠 년마다 모든 요소들이 변화한다고 한다. 그럼에도 불구하고 우리의 전체의 몸은 그 동일성을 유지하고 있는 것이다. 옛 몸과 새로운 몸 사이에는 어떤 물리적인 연관성이 있겠지만, 이 연관성의 본질은 알 수 없다. 어떤 신학자는 새로운 몸이 자라 나오는 배(胚)에 관해 말하기도 하고, 어떤 사람은 몸에 남아 있는 유기적인 원리를 말하기도 한다. 오리겐이 그와 비슷한 어떤 것을 생각했었고, 카이퍼나 밀리간도 마찬가지였다. 이 모든 것을 염두에 둔다면, 부활 교리에 대한 오랜 반대, 즉 죽을 때 몸을 이루고 있던 모든 요소들은 다른 형태의 존재와 수백 개의 개체로 변해 버렸을 것이므로, 이런 요소들이 다시 모여 몸이 부활하는 것은 불가능하다는 반대는 완전히 그 설득력을 상실하고 만다.

3. 의인과 악인 모두의 부활. 요세푸스에 의하면, 바리새인들은 악인의 부활을 부인했다고 한다. 멸절설과 조건적 불멸성의 교리는, 양자 모두 그 교리의 어떤 부분에 있어서 경건치 않은 자의 부활을 부인하고 그들이 없어진다고 가르치는데, 많은 신학자들이 이것을 받아들였고, 또 안식교나 여호와의 증인들도 이런 이론을 지지한다. 그들은 악한 자의 완전한 소멸을 믿는다. 그들은 성경이 악한 자의 부활을 가르치지 않는다고 말하지만 그것은 잘못된 생각이다(단 12:2; 요 5:28, 29; 행 24:15; 계 20:13-15). 이와 동시에 악인의 부활이 성경에 두드러지게 나타나지 않다는 사실도 인정해야 한다. 이는 부활의 구원론적인 측면이 전면에 대두되고 있고, 여기에는 의로운 자만이 포함이 된다는 사실 때문이다. 악인들과는 달리 의인들은 부활을 통해 유익을 얻게 된다.

4. 의인과 악인에게 다른 의미를 지니는 부활. 브레큰리지는 성도들과 죄인의 부활 모두가 그리스도께서 값주고 사신 것임을 증명하기 위해 고전 15:22을 인용하고 있다. 그러나 이 구절에서의 두 번째 "모든"은 "그리스도 안에 있는 모든"이라는 의미에서만 보편성을 가진다. 거기서는 부활이 그리스도와의 생명력 넘치는 연합에 의해 생겨나는 것으로 묘사되고 있다. 그런데 분명, 성도들만이 그리스도와 그런 살아 있는 관계에 들어가 있는 것이다. 악인의 부활은 그리스도의 중재의 사역에 의한 복으로 간주될 수 없지만, 간접적으로는 연관이 되어 있다. 악한 자의 부활은 구속 사역을 가능하게 하였던 바 인간에 내린 사형 선고에 대한 집행 유예의 필연적인 결과인 것이다. 이러한 유예의 결과로 잠정적 죽음과 영원한 죽음 간의 상대적 분리가 생겼으며, 중간 상태가 있게 되었다. 이러한 조건 속에서, 악한 자를 죽음에서 부활시켜 그들에게 가장 포괄적이고 가장 무거운 의미의 죽음을 부과하는 것은 필연적인 일인 것이다. 악인의 부활은 구속의 사역이 아니라, 주권적 공의의 사역이다. 몸과 영혼이 함께 연합한다는 의미에서 의인의 부활과 악인의 부활은 공통적이다. 그러나 부활의 결과는 의인에게 영원한 생명이고, 악인에게는 죽음이라는 최고 형벌이 되는 것이다(요 5:28, 29).

D. 부활의 시기

1. 부활의 시기에 관한 전천년주의적 견해. 성도의 부활은 악인의 부활과 천 년 간격을 두고 분리되어 있다는 것이 전천년주의자들의 공통된 의견이다. 그들은 의인과 악인 두 부류의 사람들이 동시에 부활할 수 없다는 것을 불변의 신조로 여기는 것 같다.

그리고 이 뿐 아니라, 그리스도의 이중 재림 이론을 가지고 있는, 오늘날에 유행하는 형태의 전천년주의자들은 세 번째 부활을 상정해야 할 필요를 느끼고 있다. 이전 세대와 현세대의 모든 성도들은 파루시아, 곧 주의 강림하실 때 일어날 것이다. 그때까지 살아 있는 자들은 순식간에 변화할 것이다. 그러나 재림 이후 칠 년 동안, 특히 대환난기 동안 많은 성도들이 죽을 것이다. 이들도 역시 부활해야 하는데, 이 부활은 재림한지 칠 년이 지난 후 주의 날이 계시될 때에 발생하게 될 것이다. 그러나 전천년주의자들은 여기서도 멈추지 못하는 것 같다. 왜냐하면 이 세상 종말에 악한 자를 위한 부활이 예비되어 있고, 이 둘이 같은 시간에 부활할 수는 없으므로, 악한 자의 부활에 앞서 천년왕국 기간에 죽은 성도들을 위한 또다른 부활이 있어야 하겠기 때문이다.

2. 부활의 시기에 관한 성경의 설명. 성경에 의하면 죽은 자의 부활은 재림, 주의 날의 계시, 그리고 이 세상의 종말과 동시에 일어나며, 그 다음에 바로 전체적인 마지막 심판이 있을 것이다. 부활의 시기에 관하여 전천년설의 교리가 보여주는 그런 구분은 성경의 지지를 받지 못한다. 성경은 여러 군데에서 의인의 부활과 악인의 부활을 동시적인 것으로 묘사하고 있다(단 12:2; 요 5:28, 29; 행 24:15; 계 20:13-15). 이들 구절은 모든 부활을 하나의 단일 사건으로 말하고 있으며, 그 어디에서도 의인의 부활과 악인의 부활이 천 년의 간격을 두고 나뉘어 있다는 암시를 하고 있지 않다. 그러나 이 부활이 동시적인 것임을 옹호하는 주장은 이외에도 많다. 요 5:21-29에서 예수께서는 의인의 부활을 포함하는 부활 사상을, 악인의 심판을 포함하는 심판 사상과 연관시키고 있다. 게다가 살후 1:7-10은 파루시아(10절)와, 나타나심(7절)과, 악인의 심판(8, 9절)이 동시적인 것이라고 분명히 제시하고 있다. 만일 그렇지 않다면, 이 말들은 무의미한 것이 되고 만다. 게다가 신자들의 부활은 주님의 재림과 바로 연결되어 있고(고전 15:23; 빌 3:20, 21; 살전 4:16), 또한 세상의 종말(요 6:39, 40, 44, 54), 혹은 마지막 날에 있을 것이라고 제시되어 있다. 이는 신자들이 마지막 날에 일어날 것이며, 이 마지막 날은 곧 주님께서 강림하시는 날이라는 것을 의미한다. 신자들의 부활이 종말보다 천 년 앞서는 것이 아니다. 다행스럽게도 이런 삼중적 부활을 받아들이지 않는 전천년주의자들도 있지만, 그러나 그들도 여전히 이중 부활 교리에 집착하고 있다.

3. 이중 부활에 대한 변증의 고찰.
　(1) 성경은 "죽은 자의"(톤 네크론) 부활을 언급하면서 반복적으로 이것을 "죽은 자

로부터의"(에크 네크론) 부활로 이야기하고 있다는 사실이 매우 강조된다. 전천년주의 자들은 이것을 "죽은 자 가운데서"라고 번역함으로써 아직도 많은 죽은 자들이 무덤에 남아 있음을 암시하도록 했다. 라이트푸트 역시 이 표현은 신자의 부활을 언급하는 것이라고 주장했으나, 케네디는 말하기를, "이렇게 분명한 주장을 할 수 있을 만한 증거는 전혀 없다"고 한다. 보스 박사 또한 연관되는 구절을 면밀히 검토한 후 같은 결론을 내렸다. 일반적으로 말해서 '헤 아나스타시스 에크 네크론'이라는 표현은 "죽은 자 가운데서의 부활"이라고 번역되어야 한다는 주장은 전혀 온당하지 못하다. 표준 사전에는 그러한 의미가 아무 데서도 보이지 않으며, 크레머-퀘겔은 이 표현을 "죽은 자의 상태에서"라는 의미로 번역했는데, 이것이 가장 자연스러운 해석인 것처럼 보인다. 바울이 고전 15장에서 이들 용어를 서로 바꾸어 가며 쓰고 있다는 사실도 주의해야 한다. 그가 비록 신자들만의 부활을 이야기하고 있기는 하지만, 그러나 그가 좀 더 일반적인 용어들을 반복적으로 사용하고 있는 것으로 보아 이것이 특별한 성격의 것임을 강조하려는 것은 분명히 아닌 것이다(고전 15:12, 13, 21, 42).

(2) 전천년주의자들은 또한 "더 좋은 부활"(히 11:35)이나 "생명의 부활"(요 5:29), "의인들의 부활"(눅 14:14), 그리고 "그리스도 안에서 죽은 자들의 부활"(살전 4:16)과 같은 어떤 특정한 구절에 호소하려고 한다. 이 구절들은 모두 신자의 부활만을 의미한다. 이 구절들은 부활을 나뉘어 있는 어떤 것으로 제시하고 있는 것처럼 보인다. 그러나 이들 구절은 단지 성경이 의인의 부활과 악인의 부활을 구분하고 있다는 것만을 증명하고 있을 뿐, 천 년의 간격을 두고 서로 분리된 두 번의 부활이 있을 것이라는 주장에 대한 증거를 제공해 주지는 않는다. 하나님의 백성의 부활은 그 동적 원리와 핵심적인 본질, 그리고 최종적 결과에 있어서 악인의 부활과 서로 다르기에, 독특한 어떤 것으로서, 또 악인의 부활보다 더욱 좋은 것으로서 제시될 수 있는 것이다. 의인의 부활은 사람을 죽음의 세력에서 구원하지만, 악인의 부활은 그렇지가 못하다. 악인들은 부활하기는 하지만, 여전히 죽음의 상태에 머물러 있는 것이다.

(3) 전천년주의자들이 중요한 증거 구절의 하나로 제시하는 것이 고전 15:22-24이다. "아담 안에서 모든 사람이 죽은 것같이 그리스도 안에서 모든 사람이 삶을 얻으리라 그러나 각각 자기 차례대로 되리니 먼저는 첫 열매인 그리스도요 다음에는 그가 강림하실 때에 그리스도에게 속한 자요 그 후에는 마지막이니 그가 모든 통치와 모든 권세와 능력을 멸하시고 나라를 아버지 하나님께 바칠 때라." 그들은 이 구절에 암시되어 있다고 생각하는 부활을 세 단계를 추출해 내고 있다. ① 그리스도의 부활 ② 신

자들의 부활 ③ (그들의 번역을 따르면) 부활의 마지막, 곧 악한 자의 부활이다. 실버는 이 것을 좀 더 선명하게 묘사하고 있다. "부활할 때, 그리스도와 예루살렘과 그 주변에서 일으키심을 받은 많은 성도들이 제일 첫 무리로 나타날 것이다. 1900년이 지난 후 '그 리스도께 속한 자들이 그의 강림하실 때' 두 번째 무리로 나타날 것이다. '그 다음에', 비록 곧바로는 아니지만, 버림받은 생물의 무리와 같은 마지막 큰 몸이 이 과정을 끝 내면서 '마지막이 올 것이다'"(24절).

"즉각적이 아닌"이라는 개념이 문맥에 도입된 점도 주의를 해야만 할 것이다. 그 주장은 이렇다. 23절에 있는 '에페이타'가 적어도 1900년 이후의 시간을 의미하므로, 24절에 있는 '에이타'는 1000년 이후의 시간을 의미한다는 것이다. 그러나 이것은 아 무런 증거가 없는 순전한 가정에 불과하다. '에페이타'와 '에이타'라는 단어는 사실 동 일한 것을 의미하기는 하지만, 이들 중 어느 것도 반드시 긴 중간적 시간의 개념을 함 축하고 있는 것은 아니다. 눅 16:7과 약 4:14의 에페이타의 용법과 막 8:25; 요 13:5; 19:27; 20:27의 '에이타'의 용법을 보라. 이 두 단어 모두 곧장 일어나게 될 일과 잠시 후에 일어나게 될 일을 가리키는 데 쓰일 수 있는 것이므로, 신자의 부활이 종말과 천 년의 시간 간격을 두고 있다는 것은 순전한 가정에 불과한 것이다. 또다른 억측의 하 나는 "마지막"이 "마지막 부활"을 의미한다고 하는 것이다. 그러나 성경의 유비에 의하 며 그것은 세상의 종말, 완성, 그리스도께서 왕국을 아버지께 바치고 원수들을 그 발 아래 두실 그때를 가리킨다. 이것은 알포드, 고데, 하지, 바흐만, 핀들리, 로버트슨, 플 럼머 및 에드워즈 등의 주석가들에 의해 받아들여진 견해다.

(4) 전천년주의자들이 호소하는 다른 구절은 살전 4:16이다. "주께서 호령과 천사 장의 소리와 하나님의 나팔 소리로 친히 하늘로부터 강림하시리니 그리스도 안에서 죽은 자들이 먼저 일어나고." 여기에서 그들은, 죽을 때 그리스도 안에 있지 않은 자들 은 나중에 일으키심을 받게 될 것이라고 추론한다. 그러나 사도들이 이러한 대조를 염 두에 두고 있었던 것이 아님은 너무 명백하다. 계속되는 구절은 "나중에 그리스도 안 에 있지 않았던 자들이 일어나게 될 것이며"가 아니라, "그 후에 우리 살아 남은 자도 그들과 함께 구름 속으로 끌어올려 공중에서 주를 영접하게 하시리니 그리하여 우리 가 항상 주와 함께 있으리라"이다. 비더볼프도 이 점을 솔직히 인정하고 있다. 이 구절 과 이 앞의 구절에서 바울은 단지 신자들의 부활만을 언급하고 있을 뿐이다. 악인의 부활은 염두에 두지 않고 있는 것이다.

(5) 전천년주의자들이 언급하는 가장 중요한 구절은 계 20:4-6이다. "또 내가 보좌

들을 보니 거기 앉은 자들이 있어 심판하는 권세를 받았더라 … 그리스도로 더불어 천년 동안 왕노릇 하니 (그 나머지 죽은 자들은 그 천 년이 차기까지 살지 못하더라) 이는 첫째 부활이라." 여기서 그들은 5절과 6절은 첫 번째 부활을 언급하고 있고, 그래서 두 번째 부활을 암시하고 있다고 주장한다. 그러나 저자가 여기서 말하고 있는 것이 육신의 부활인지는 매우 의심스럽다. 4-6절의 광경은 분명 땅 위가 아닌 하늘의 장면이다. 여기서 사용된 용어들도 몸의 부활을 암시하지 않는다. 저자는 지금 일으키심을 받은 인격이나 몸을 이야기하고 있는 것이 아니라, "살아서", "왕 노릇 하는" 영혼들에 관해서 말하고 있는 것이다. 그리스도와 함께 살아서 왕 노릇 하는 이것을 "첫 번째 부활"이라고 부르고 있는 것이다.

보스 박사도 주장하기를, "'이는'(강조형) 첫째 부활이라"는 말씀은 "이 구절을 좀 더 현실적으로 (천년왕국적 관점에서) 해석하는 것을 의도적으로 반대하기 위한 표현일 수 있다"고 말한다. 이 표현은 성도들이 죽으면 그리스도와 함께 하게 될 영광스러운 삶의 상태로 들어가게 됨을 언급하고 있음이 확실하다. 우리에게는 이중 부활의 개념이 없으므로, 우리가 계시록과 같이 상징이 가득 찬 모호한 책에서 이 이중 부활 개념의 존재를 확증하기를 주저하는 것은 당연하다. 단 12:2; 요 5:28, 29; 행 24:15과 같이 의인과 악인의 부활을 함께 언급하는 곳에서는 어디서나 성경은 이 둘이 천 년의 간격을 두고 분리되어 있다는 암시를 전혀 하지 않고 있다. 오히려 성경은 마지막 날에 부활이 있을 것이며, 그리고 그 뒤에는 즉시 마지막 심판이 있을 것이라고 가르치고 있는 것이다(마 25:31, 32; 요 5:27-29; 6:39, 40, 44, 54; 11:24; 계 20:11-15).

깊은 연구를 위한 질문

사도신경은 육신(body)의 부활에 대해 말하는가, 혹은 육(flesh)의 부활에 대해 말하는가? 몸에서 부활체로의 변화를 어떻게 설명할 수 있겠는가? 전천년주의자들은 파루시아 그리고 나타나심(revelation) 때에 있을 의인의 부활말고 또다른 의인의 부활을 상정하는가? 전천년주의자들은 어떤 식으로 단 12:2의 구절까지도 이중 부활을 논증하기 위해 사용하고 있는가? 육체적 부활을 반대하는 현대 자유주의 신학의 주요한 논점은 무엇인가? 고전 15:44에서 바울이 부활체를 '소마 프뉴마티콘'이라고 말한 것은 무슨 의미인가?

IV
최후의 심판

그리스도의 재림에 동반되는 또 하나의 중요한 사건은 전체적인 성격을 지닌 마지막 심판이다. 주님께서는 산 자를 심판하고, 각 개인에게 그의 영원한 운명을 부여하실 목적으로 다시 오실 것이다.

A. 역사적으로 본 최후의 심판의 교리

초대 교회의 최후의 심판의 교리는 죽은 자의 부활과 연결되었다. 일반적인 견해는 죽은 자들은 육신에 있을 때 행한 일에 따라 심판을 받기 위해 부활될 것이라는 것이다. 엄숙한 경고로서 심판의 확실성이 강조되었다. 이 교리는 이미 사도신경에서부터 "저리로서 산 자와 죽은 자를 심판하러 오시리라"는 구절을 통해 나타나고 있다. 심판에는 세계의 파멸이 동반되리라는 것이 지배적인 견해다. 전체적으로 초대 교회의 교부들은 테르툴리아누스를 제외하고는 이 마지막 심판의 본질에 관해 그렇게 많은 사색을 하지 않았다. 아우구스티누스는 심판에 관한 성경의 몇몇 비유적인 구절들을 해석하려고 노력했었다. 중세에는 스콜라 학자들이 이 문제를 매우 상세히 논의했다. 그들 역시 죽은 자의 부활 뒤에는 바로 전체적인 심판이 있을 것이며, 이것이 사람들에게는 시간의 마지막이 될 것이라고 믿었다. 이 심판은 모든 이성적 피조물이 포함된다는 의미에서, 그리고 각인의 모든 행위가 선악 간에 모두 드러난다는 점에서 전체적이다. 그리스도께서 재판장이 되실 것이며, 다른 사람들은, 엄밀한 의미에서의 재판장은 아니지만, 그의 조력자가 될 것이다. 심판을 한 직후 온 세상이 불에 타 풀어질 것이다. 여기서 다른 몇 가지 세목들은 다루지 않겠다.

종교개혁자들도 대체로 이 견해를 옹호하였지만, 이 지배적인 견해에 전혀 무엇을 더하거나 하지는 않았다. 이와 동일한 견해는 개신교 신앙고백서들에서도 찾아볼 수 있는데, 여기서는 이 세상의 마지막에 심판이 있을 것이라는 사실이 확실히 선언되고 있지만, 그 이상 자세한 설명을 하고 있지는 않다. 이것은 오늘날까지 교회의 공식적인 입장이 되어 왔다. 그러나 그렇다고 해서 다른 의견이 제시된 적이 없다는 말은 아니다. 칸트는 지상 명령(정언 명령)으로부터 미래에 모든 악을 시정해 줄 최고의 재판장을 추론해 내었다. 셸링도 그의 유명한 격언, "세계의 역사는 세계의 심판이다"라는 말에서 심판을 현존하는 내재적 과정으로 간주하고 있다. 어떤 이들은 이 세계의 도덕적 구성을 인정하지 않고, 역사가 일정한 도덕적 목적을 향해 나아가고 있다는 것을 믿으려 하지 않으므로, 미래의 심판을 부인한다. 그런 사상은 폰 하르트만에 의해 철학적으로 구성되었다.

하나님께서는 모든 역사의 과정에 내재하신다고 강조하는 현대의 자유주의 신학에서는 이 심판을, 배타적인 것은 아니지만 본래는 현존하는 내재적 과정이라고 간주하는 경향이 강하다. 베퀴드(Beckwith)는 이렇게 말한다. "그(하나님)가 사람을 다루실 때, 그 존재의 어떤 성품이 중지되거나 보류되는 일은 있을 수 없다. 따라서 심판은 미래적인 만큼 현재적이다 하나님께서 심판의 주인이신 한, 이는 인간의 삶 속에서의 그의 행위와 마찬가지로 일정하며, 영속적이다. 심판을 미래의 한 공식적인 시간으로 연기하셨다고 말하는 것은, 마치 외부적인 조건에 얽매여 정의가 활동을 멈추거나 중지되는 것처럼 정의를 오해하는 것이다. 이와 반대로 정의는 우선 외부가 아닌 내부에서, 인간의 내적인 삶, 양심의 세계에서 찾아야만 하는 것이다." 세대주의자들은 미래적 심판을 전적으로 믿지만, 그들은 심판이 여러 번 있을 것으로 믿는다. 그들에 의하면, 강림(파루시아) 때 한 번의 심판이, (7년 대환난 후) 그리스도께서 나타나실 때 (revelation)에 두 번째 심판이, 세상의 마지막에 또 한 번의 심판이 있을 것이라고 한다.

B. 최후의 심판의 성격

성경이 말하고 있는 최후의 심판은, 역사 속에서의 하나님의 섭리와 동일한 바 영적이고, 비가시적이며, 무한한 과정으로 간주될 수는 없다. 그러나 이것은 개인과 나라의 흥망에 하나님의 섭리적인 심판이 있다(반드시 인식되는 것은 아니지만)는 사실을 부인하는 것은 아니다. 성경이 분명 가르치는 바는, 하나님께서는 현세에서도 악을 처벌하시고 선을 보상하시는데, 이 처벌과 상급은 때로는 적극적이고 때로는 행해진 선이나 악의 자연적 섭리의 결과로 주어진다는 것이다(신 9:5; 시 9:16; 37:28; 59:13; 잠 11:5; 14:11; 사 32:16, 17; 애 5:7). 인간의 양심 역시 이 사실을 증거한다. 그러나 현세에서의 하나님의 심판이 마지막이 아니라는 것도 성경은 보여주고 있다. 현세에서는 종종 악이 처벌되지 않고 지속되며, 선 또한 약속된 상급을 받지 못한다. 말라기 시대 악인들은 대담하게도 이렇게 외쳤다. "정의의 하나님이 어디 계시냐"(말 2:17). 그 당시에 불평이 있기를 "이는 너희가 말하기를 하나님을 섬기는 것이 다 헛되니 만군의 여호와 앞에서 그 명령을 지키며 슬프게 행하는 것이 무엇이 유익하리요 지금 우리는 교만한 자가 복되다 하며 악을 행하는 자가 번성하며 하나님을 시험하는 자가 화를 면한다 하노라 함이라"(말 3:14, 15)라고 했다. 욥과 그의 친구들은 의인의 고난이라는 문제로 논쟁을 벌였으며, 아삽도 시편 73편에서 그렇게 한다. 성경은 이와 같은 문제들에 대한 하나님의 결정적인 답변이며, 이와 같은 난제의 해결책이자, 현재의 명백한 모순들의 제거 수단으로서 마지막 심판을 바라보라고 가르치고 있다(마 25:31-46; 요 5:27-29; 행 25:24; 롬 2:5-11; 히 9:27; 10:27; 벧후 3:7; 계 20:11-15). 이 구절들은 하나의 과정이 아닌, 마지막 때에 있게 될 매우 분명한 한 사건에 대해 이야기하고 있다. 또한 이것은 예수 그리스도의 강림, 죽은 자의 부활, 하늘과 땅의 갱신과 같은 다른 역사적인 사건들을 수반하게 될 것이라고 묘사하고 있다.

C. 심판에 대한 잘못된 견해들

1. **순전히 형이상학적인 심판.** 슐라이어마허와 다른 독일 학자들에 따르면, 마지막 심판에 관한 성경의 묘사는 세상과 교회의 최종적 분리에 대한 상징적인 표현으로 이해해야 한다고 한다. 그러나 이런 설명은 인간의 최종적인 상태를 결정하기 위한 법정적 심판이라는 전체 개념을 무의미하게 만들고 만다. 이것은 심판을 "정식적·공식적·최종적 선언"(formal, public, and final declaration)이라고 설명하는 성경의 언급들을 정당하게 다루지 못하는 설명에 지나지 않는다.

2. **순전히 내재적인 심판.** "세계의 역사는 세계의 심판이다"는 셸링의 금언이 진리의 일면을 담고 있다는 것은 의심할 여지가 없다. 앞에서 지적한 대로 하나님의 보응적인 정의가 개인과 국가에 대해 나타난다. 보상이나 형벌은 행한 선이나 악의 자연적 결과일 수도 있고, 적극적인 것일 수도 있다. 그러나 많은 자유주의 학자들이 하나님의 심판은 순전히 내재적이어서 세계의 도덕적 질서에 의해 전적으로 결정되는 것이라고 주장하는 것은 분명 성경의 표현을 올바르게 다루지 못하는 것이다. 심판을 "자

율 행동"으로 간주하는 것은 하나님을 게으른 하나님, 즉 보상과 형벌의 문제를 그저 바라보고 시인하기만 하시는 분으로 만드는 것이다. 이런 개념은 미래의 어떤 일정한 시점에 있게 될 외적이고 가시적인 사건으로서의 심판 개념을 완전히 허물어 버린다. 더욱이 이것은 완전한 공의를 추구하는 인간의 마음을 만족시켜 주지도 못한다. 사람들은 역사의 심판은 언제나 부분적이며, 정의에 대한 어설픈 모방에 지나지 않는다는 인상을 받는다. 욥과 아삽을 고민하게 만든 이유는 늘 있어왔고, 지금도 존재하고 있는 것이다.

3. 단일한 사건이 아닌 심판. 오늘날의 전천년주의자들은 세 가지의 상이한 미래의 심판을 말하고 있다. 그들의 구분은 다음과 같다.

(1) '파루시아' 즉 주님의 강림시에 부활하여 살아 있는 성도들이 받는 심판. 이 심판은 성도들을 공적으로 변호하고, 각각의 행위를 따라 보상하며, 도래할 천년왕국에서의 그들 각자의 위치를 부여할 목적으로 이루어진다.

(2) 대환난 직후 그리스도의 나타나심(revelation, 주의 날) 때 있을 심판. 지배적인 견해에 의하면 이때 이방 나라들은 이스라엘의 남은 자(주님의 형제 중 가장 작은 자)를 대한 태도에 따라 국가로서 심판을 받는다. 이들이 왕국에 들어가는지는 그 태도의 결과에 따라 좌우된다. 이것이 마 25:31-46에 설명된 심판이다. 이 심판과 처음 심판 사이에는 7년의 간격이 있다.

(3) 계 20:11-15에 묘사된 바 크고 흰 보좌 앞에서 받는 악한 죽은 자들의 심판. 죽은 자들이 그 행위에 따라 심판을 받으며, 여기서 그들이 받을 형벌의 정도가 결정된다. 이 심판은 이전 심판보다는 천 년 이상 뒤에 있을 것이라는 것이다. 그러나 우리는 성경이 심판을 언제나 단일한 사건으로 말하고 있다는 사실에 주의해야 한다. 성경은 우리에게 심판의 날들이 아니라 심판의 '날'(요 5:28, 29; 행 17:31; 벧후 3:7), 또는 "그날"(마 7:22; 딤후 4:8), 그리고 "진노의 날 곧 하나님의 의로우신 판단이 나타나는 그날"(롬 2:5)을 기다리라고 가르친다. 전천년주의자들도 이런 논증의 힘을 의식한다. 그래서 그들은 그날이 천년의 날일 것이라고 대답을 하는 것이다. 게다가 마지막 분리를 위해, 심판 때 의인과 악인이 함께 나타난다는 분명한 증거 구절들이 있다(마 7:22, 23; 25:31-46; 롬 2:5-7; 계 11:18; 20:11-15). 또한 "악인"의 심판이 '파루시아' 또는 나타나심과 동시적 사건으로 표현되고 있다는 사실에 유의해야 한다(살후 1:7-10; 벧후 3:4-7).

그리고 마지막으로 염두에 두어야 할 것은, 하나님께서는 영원한 결과가 좌우되는 '나라의 단위'로 나라들을 심판하시는 것이 아니라 단지 개인들을 심판하실 뿐이며, 의인과 악인의 최종적인 분리는 세상의 종말이 될 때까지는 이루어지지 않는다는 것이다. 마 25:31-46을 해석할 때, 이 심판은 모든 사람에게 미치는 전체적 심판이며, 여기서 사람들은 국가로서가 아니라 개인으로서 심판을 받는다고 주장하지 않는다면 달리 어떻게 이 구절에 대해 일관성 있고 이해할 만한 해석을 제시할 수 있는지 알 수 없다. 전천년주의자들인 알포드와 마이어조차 이것만이 유일하게 합당한 주석이라고 간주하고 있는 것이다.

(4) 불필요한 최후의 심판. 어떤 사람들은 최후의 심판이 전혀 필요하지 않다고 간주하는데, 이는 죽을 때 이미 각 사람의 운명이 결정되기 때문이라는 것이다. 어떤 사람이 그리스도 안에서 죽는다면 그는 구원을 받고, 죄 가운데서 죽는다면 멸망을 당한다. 이렇게 결정되므로 더 이상의 법정적 심리는 필요하지 않고, 따라서 최후의 심판은 불필요하다는 것이다. 그러나 미래적 심판의 확실성은 그것이 필요한가 아닌가 하는 우리의 개념에 의존하지 않는다. 하나님께서는 분명 말씀을 통해서 최후의 심판이 있을 것이며, 성경을 마지막 신앙의 표준으로 삼는 사람들을 위해 사건의 결말을 지으실 것이라고 가르치신다. 더욱이 이런 논증을 전개해 나가는 기본적인 가정, 곧 최후의 심판이 사람의 미래 상태가 무엇인지를 확증하기 위한 것이라는 가정은 아주 잘못된 것이다. 최후의 심판은 모든 이성적 피조물들 앞에서 하나님의 선언적 영광을 정식적(formal)·법정적 행동을 통해 제시함으로써, 한편으로는 그의 거룩함과 의를 높이고, 다른 한편으로는 그의 은혜와 자비에 위엄을 더하려는 목적에서 이루어진다. 더욱이 명심해야 할 것은, 최후의 심판은 각인이 죽을 때 받는 심판과는 여러 가지로 다를 것이라는 사실이다. 최후의 심판은 은밀하지 않고 공개적이며, 영혼에만이 아니라 육신에도 관계된 것이고, 한 개인에게만이 아니라 모든 사람들에게 미치는 심판일 것이다.

D. 심판자와 그 조력자들

하나님의 모든 '외부적 사역'(opera ad extra)과 마찬가지로 최후의 심판 또한 당연히 삼위 하나님의 사역이지만, 성경은 이 최후의 심판을 특별히 그리스도께 돌리고 있다. 그리스도는 그의 중보자적 능력으로 미래의 재판장이 되실 것이다(마 25:31, 32; 요 5:27; 행 10:42; 17:31; 빌 2:10; 딤후 4:1). 마 28:18; 요 5:27; 빌 2:9, 10과 같은 구절들은, 속죄적 죽음에 대한 보상으로서, 또 그의 높아지심의 한 부분으로서 산 자와 죽은 자를 심판하는 영예가 중보자로서의 그리스도께 주어진다는 사실을 분명히 하고 있다. 이것은 그의 왕권에 속하는 최고 영예 중 하나로 간주될 수 있다. 또한 그는 재판장의 능력으로 그의 백성들을 끝까지 구원하신다. 즉, 그는 그들의 구원을 완성하시고, 공개적으로 의롭게 하시며, 죄의 마지막 결과들을 제거하시는 것이다. 마 13:41, 42; 24:31; 25:31과 같은 구절에서 이 큰 역사에서 천사들이 그들 도울 것이라는 것을 추론할 수 있다.

성도들은 분명 어떤 의미에서는 그리스도와 함께 앉아 심판할 것이다(시 149:5-9; 고전 6:2, 3; 계 20:4). 이 말이 함축하는 의미를 정확하게는 알 수 없다. 이 구절은 니느웨 백성들이 예수님 당시의 믿지 않던 성읍들을 정죄하게 될 것처럼 성도들이 자신의 신앙으로 세계를 정죄하는 것이거나, 그저 그리스도의 심판에 협조만 할 뿐이라는 두 가지 의미로 해석되어 왔다. 그러나 고전 6:2, 3에서의 바울의 논증은 이것 이상의 어떤 것을 요구하고 있는 것처럼 여겨지는데, 이는 제시된 바 2개의 해석 중 어느 것도 고린도 교인들이 교회에서 일어난 문제들을 판단할 수 있는 능력이 있었다는 사실을 입증하지 못하기 때문이다. 성도들이 심판에 나타날 자를 모두 알고서 그들에게 형벌을 배정하도록 기대할 수는 없겠지만, 성도들은 그리스도의 심판에서 실제적인 활동의 몫을 맡게 될 것이다. 그러나 이것이 어떤 방식일지는 물론 말할 수가 없다.

E. 심판을 받게 될 무리들

성경은 적어도 두 무리가 심판을 받게 되리라는 것을 분명히 말해 주고 있다. 타락한 천사들이 하나님의 심판대 앞에 설 것이라는 사실은 매우 분명하다(마 8:29; 고전 6:3; 벧후 2:4; 유 6). 사탄과 그의 귀신들은 심판의 날에 최후의 운명을 맞게 될 것이다. 또한 모든 사람이 각각 심판 자리 앞에 나오리라는 것도 매우 분명하다(전 12:14; 시 50:4-6; 마 12:36, 37; 25:32; 롬 14:10; 고후 5:10; 계 20:12). 이러한 구절들은, 펠라기우스주의자나 그들을 추종하는 사람들이 주장하는 바, 마지막 심판은 복음의 특권을 누린 사람들에게만 해당되는 것이라는 주장의 여지를 허락하지 않는다. 또한 의인들은 이 심판에 불려 나오지 않을 것이라고 주장하는 종파의 사상을 지지하지도 않는다. 요 5:24에서 예수님께서 말씀하신 "내 말을 듣고 또 나 보내신 이를 믿는 자는 영생을 얻었고 심판에 이르지 아니하나니 사망에서 생명으로 옮겼느니라"는 말씀은 문맥에 비추어 볼 대, 믿는 자는 정죄의 심판에 서지 않는다는 것을 의미하는 것이었다.

그러나 이 때에는 신자들의 용서받은 죄는 공표되지 않는다는 주장에 의해 신자들도 심판을 받는다는 이 견해가 종종 반대받아 왔다. 그러나 성경이 말하는 것은 비록 '용서받은' 죄로서이기는 하겠지만 신자들의 죄도 역시 드러나리라는 것이다. 사람들은 "무슨 무익한 말"(마 12:36)과 "은밀한 것"(롬 2:16; 고전 4:5)에 대해 심판을 받을 것인데, 이것이 악인에게만 제한된 것이라는 암시는 조금도 없다. 게다가 마 13:30, 40-43, 49; 25:14-23, 34-40, 46과 같은 구절에 비추어 보면 의인들도 그리스도의 심판대 앞에 서게 된다는 것이 너무도 분명하다. 어떤 의미의 심판이든, 선한 천사들이 최후의 심판에 속하게 될지 아닐지를 결정하기는 더욱 어렵다. 바빙크 박사는 고전 6:3로부터 이들도 심판을 받을 것이라고 추론했다. 그러나 이 구절은 그 점을 증명해 주지 못한다. 만일 '앙겔루스' 앞에 관사가 왔다면 그럴 수 있겠지만, 여기에는 관사가 없다. 우리는 다만 "우리가 천사들을 판단할 것을 너희가 알지 못하느냐?"고 읽을 수 있을 뿐이다. 이 문제와 관련된 어려움을 고려해 볼 때, 아무 말도 하지 않는 것이 더 나을 것이다. 이것은 또 그리스도의 심판 사역과 관련하여 천사들은 분명 그리스도의 수종자들로만 묘사되어 있다는 점에서 더욱 그렇다(마 13:30, 41; 25:31; 살후 1:7, 8).

F. 심판의 시기

미래에 있을 심판의 시기를 절대적으로 결정할 수는 없지만 상대적으로, 즉 다른 종말론적인 사건들과의 연계시켜 보아 결정할 수는 있다. 심판은 이 세상의 최후에 있을 것인데, 이는 심판이 모든 사람들의 생애 전체를 아우르는 심판이 될 것이기 때문이다(마 13:40-43; 벧후 3:7). 더욱이 이 심판에는 예수 그리스도의 강림(파루시아)이 수반될 것이며(마 25:19-46; 살후 1:7-10; 벧후 3:9, 10), 죽은 자의 부활 직후에 있을 것이다(단 12:2; 요 5:28, 29; 계 20:12, 13). 이것이 천지의 갱신 직전이 될지, 동시적일지, 혹은 그 직후에 있을 것인지를 성경적 기초 위에서 확정하기는 어렵다. 계 20:11은 심판이 시작될 때 우주의 변형이 있을 것을 가리키는 듯하고, 벧후 3:7은 두 사건이 동시적인 것을, 계 21:1은 심판 뒤에 천지의 갱신이 있을 것임을 말하는 것 같다. 다만 확실한 것은 일반적인 견지에서 그것들이 동시에 일어날 것이라는 점 뿐이다. 심판의 정확한 기간을 역시 확정하기 어렵다. 성경은 "심판날"(마 11:22; 12:36), "그날"(마 7:22; 살후 1:10; 딤후 1:12), "진노의 날"(롬 2:5; 계 11:18)이라고 언급한다. 그러나 이런 구절들이나 이와 유사한 구절들을 통해 그날이 정확히 물리적으로 24시간인 하루라고 추론할 필요는 없다. 성경에서 이 말은 좀 더 불명확한 의미로도 사용되기 때문이다. 한편 어떤 전천년주의

자들은 그것은 천년왕국 기간을 나타내는 용어라고 주장하는데, 이런 견해는 받아들일 수 없다. 이 "날"이라는 단어가 한 기간을 나타내기 위해 사용될 때는, 특별한 성격에 의해 특징지어지고, 대개 뒤에 나오는 단어의 소유격에 의해 지시되는 그런 기간을 말한다. 따라서 "고통의 날"이란 고통에 의해 일관적으로 특징지어지는 기간이며, "구원의 날"은 순전히 하나님의 은총이나 은혜를 부각시켜 표현하기 위한 것이다. 또한 전천년주의자들의 천년왕국은 심판으로 시작해서 심판으로 끝나기는 하지만, 전체적으로 심판의 기간이라고 말할 수는 없다. 그것은 오히려 의와 화평과 희락의 시기다. 이 시기의 지배적인 특징은 심판은 분명히 아니다.

G. 심판의 표준

성도들과 죄인들이 심판을 받게 될 표준은 분명 하나님께서 계시하신 뜻일 것이다. 이것은 모든 사람에게 동일한 것은 아니다. 어떤 사람들은 다른 사람들보다 더 큰 특권을 지녔고, 따라서 당연히 책임도 더 크다(마 11:21-24; 롬 2:12-16). 그러나 이것은 상이한 계층의 사람들에게 각각 상이한 구원의 조건들이 있다는 의미는 아니다. 심판대에 서게 될 모든 사람들에게 있어서 천국에 들어가느냐 들어가지 못하느냐의 여부는 그들이 예수 그리스도의 의로 옷입었느냐 않았느냐에 따라 결정될 것이다. 그러나 천국의 복락과 지옥의 형벌에는 각각 정도의 차이가 있을 것이다. 그리고 이 차이의 정도는 육체로 있을 때 행한 일에 따라 결정될 것이다(마 11:22, 24; 눅 12:47, 48; 20:47; 단 12:3; 고후 9:6). 이방인들은 그들의 마음에 새겨진 자연의 법에 따라, 옛 세대의 이스라엘 백성들은 구약의 계시에 의해서만, 그리고 자연의 빛과 구약의 계시말고도 복음의 빛을 누린 사람들은 그들이 받았던 더 큰 빛에 의해 심판을 받게 될 것이다.

H. 심판의 다양한 부분들

여기서 우리는 다음과 같은 구분을 생각해 볼 수 있다.

1. 사실 심리(The Cognitio Causae). 하나님께서는 사건의 상태, 즉 마음의 생각과 은밀한 의도를 포함한 사람의 과거 생활 전부를 심리하실 것이다. 성경에서 이것은 책을 열어 펴는 것으로 상징적으로 표현되어 있다(단 7:10; 계 20:12). 말라기 시대의 경건한 사람들은 "여호와 앞에 있는 기념책"에 관해서 이야기하였다(말 3:16). 이것은 심판 개

넘의 완성을 위해 첨가된 비유적 표현이다. 재판장은 통상 율법책과 그 재판 앞에 선 자들에 대한 기록을 가지고 있다. 이런 경우에 책의 비유는 아마도 하나님의 전지하심에 관한 언급일 것이다. 어떤 사람은 하나님의 말씀의 책을 율법책으로, 기념책을 예정의 책, 곧 하나님의 사적인 기록으로 설명하고 있다. 그러나 그런 식으로 자세히 말할 수 있는지는 매우 의심스럽다.

2. 판결의 선포(The Sententiae Promulgatio). 판결의 공포가 있을 것이다. 심판의 날은 진노의 날이며, 하나님의 공의로운 심판이 나타나는 날이다(롬 2:5). 모든 사람들이 최고 심판장의 재판정에 나서게 될 것이다(고후 5:10). 공의의 의미가 이것을 요구한다. 각 사람에게 선고된 판결은 감추어지거나, 그 사람에게만 알려지거나 하는 것이 아니라 선포될 것이며, 관계된 모든 사람들이 다 알게 될 것이다. 이렇게 해서 하나님의 의와 은혜가 찬란하게 빛날 것이다.

3. 판결의 집행(The Sententiae Executio). 의인에 대한 판결은 영원한 복을 가져다주지만, 악인에 대한 판결은 영원한 불행을 초래할 것이다. 재판장이신 하나님은 목자가 양과 염소를 나누는 것처럼, 인류를 두 부류로 나누실 것이다(마 25:32 이하). 다음 장에서 그들의 마지막 상태에 관해 살펴볼 것이다.

V

최후의 상태

최후의 심판은 그 심판 앞에 선 사람들의 최후의 상태를 결정하고, 따라서 그 상태로 사람들을 이끌어간다. 그들의 최후의 상태는 영속적 불행이거나 영원한 복이다.

A. 악인의 최후의 상태

여기서는 세 가지 제목을 생각해 볼 수 있다.

1. 악한 자가 들어가게 될 장소. 현대 신학의 어떤 학파에서는 영원한 형벌의 개념을 배제해 버리려는 경향이 존재한다. 재림론자(안식교)나 여호와의 증인으로 대표되는 멸절론자들과, 조건적 불멸성을 신봉하는 자들은 악인의 존재의 계속성을 부인하므로, 자연히 영원한 형벌의 장소가 불필요하다고 주장한다. 현대 자유주의 신학에서는 "지옥"이라는 말은 대개, 사실상은 지상에 있는 것이지만, 미래에 영원해질 바 지극히 주관적인 상태를 지칭하는 비유적인 표현으로 간주되었다. 그러나 이런 설명은 성경의 자료를 정당하게 다루지 못한 것이다. 성경이 악한 자의 계속적 존재를 가르치고 있다는 사실을 의심할 합당한 이유는 아무것도 없다(마 24:5; 25:30, 46; 눅 16:19-31). 게다가 "지옥"이라는 주제와 관련하여, 성경은 분명 지리적 용어를 사용하고 있다. 성경은 고통의 장소를 '게헨나'라 부르는데, 이 말은 히브리어 '게'(땅 혹은 계곡)라는 말과 '힌놈 혹은 베니 힌놈'(힌놈 혹은 힌놈의 아들)이라는 말에서 나온 것이다. 이것은 본래는 예루살렘 남부의 계곡을 가리키는 이름이었다. 사악한 우상 숭배자들이 자기 자녀를 불 위로 지나가게 하여 몰렉에게 제사드리던 장소였던 것이다. 그곳은 불경건한 장소였으므로, 후에는 아주 천대받는 지역으로서 "도벳(침)의 골짜기"라고 불리어졌다. 거기에는 예루살렘에서 나온 쓰레기를 사르기 위해 늘 불이 타고 있었다. 그래서 이곳은 영원한 고통의 장소를 상징하게 되었던 것이다.

마 18:9은 '텐 게헨난 투 푸로스'(불의 게헨나)에 관해 언급하고 있으며, 또한 이 강한 표현은 앞 구절에 나오는 '토 푸르 토 아니오니온'(영원한 불)과 동일한 의미로 사용되고 있다. 성경은 또한 "풀무불"(마 13:42)과 "불못"(계 20:14, 15)에 대해서도 이야기하고 있는데, 이것은 "수정과 같은 유리 바다"(계 4:6)와 대조되고 있다. "옥"(벧전 3:19), "무저갱"(눅 8:31), "어두운 구덩이"(벧후 2:4)라는 표현들도 사용되고 있다. 이런 용어들이 모두 장소를 가리키는 말이라는 데 근거하여 우리는 지옥이 하나의 장소라는 것을 추론할 수 있다. 더욱이 장소적 표현들은 일반적으로 지옥과 관련하여 사용되고 있는 것이다. 성경은 천국에서 제외된 자를 "바깥"에 있는 자, "지옥에 던져지는" 자로 언급하고 있다. 눅 16:19-31에 있는 묘사는 분명 장소적이다.

2. 악인이 처하는 상태. 악인의 영원한 형벌이 무엇으로 구성되는가는 간단하게 결정할 수 없으며, 이 주제에 대해 매우 신중할 필요가 있다. 실제적으로, 그것은 (1) 하나님의 은총이 전혀 없음 (2) 죄가 완전히 지배하는 데서 생기는 생활의 끝없는 혼란 (3) 육신과 영혼의 극심한 고통과 고난 (4) 양심의 가책, 고뇌, 절망, 비탄, 이를 갊 등의 주관적 형벌들(마 8:12; 13:50; 막 9:43, 44, 47, 48; 눅 16:23, 28; 계 14:10; 21:8) 등으로 이루어진다고 말할 수 있다 악인의 형벌에도 분명 정도의 차이가 있을 것이다. 이것은 마 11:22, 24; 눅 12:47, 48; 20:17 등의 구절들로부터 추리할 수 있다. 그들이 받는 형벌은 그들이 받았던 빛을 거슬러 범한 죄와 비례하게 될 것이다. 이 점은 성경에 분명히 나타나 있다(마 18:8; 살후 1:9; 계 14:11; 20:10). 어떤 사람들은 문자적인 의미에서의 불이 있을 것이라는 사실을 부인한다. 이런 불은 사탄과 그의 귀신들에게 아무런 영향을 미치지 못하기 때문이라는 것이다. 그러나 우리가 어떻게 그것을 알 수 있겠는가? 우리의 육체는 분명 어떤 신비스러운 방법으로 우리의 영혼에 영향을 미치고 있다. 분명 우리의 육체에 상응하는 어떤 극렬한 형벌이 있을 것이다. 그러나 천국과 지옥에 관한 대부분의 용어들이 비유적으로 해석되어야 함은 의심의 여지가 없는 사실이다.

3. 형벌의 기간. 미래의 형벌의 영원성이라는 문제는 좀 더 특별한 고찰을 요구하는데, 이는 이 사실이 종종 부인되기 때문이다. 성경에서 사용된 "영원한"이나 "영속하는"이라는 표현은 단지 "시대", "세대", 혹은 다른 긴 시간을 의미한다고 한다. 사실 이런 용어들이 어떤 구절에서는 그런 의미로 사용되고 있다는 것은 의심의 여지가 없다. 그러나 그렇다고 해서 그것이 항상 그런 제한된 의미여야 한다는 의미는 아니다. 그것은 이들 단어의 문자적인 의미가 아니다. 그런 의미로 이들 단어가 사용될 때는 항

상 비유적인 표현이었으며, 또 이것은 문맥을 통해 비유적인 용법임이 분명히 나타나 있다. 게다가 우리가 언급하고 있는 구절들에서 이들 단어들은 그런 좁은 뜻으로 쓰인 것이 아니라고 생각할 만한 충분한 이유들이 있다. (1) 마 25:46에서 이 동일한 단어가 성도들의 복과 악인의 형벌 양자의 지속성을 함께 가리키고 있다. 만일 악인의 형벌이 무궁한 것이 아니라면, 성도들의 복 또한 영원한 것이 아니라고 말하는 것이 타당하다. 그럼에도 불구하고 영원한 형벌을 의심하는 많은 사람들이 영원한 복은 의심하지 않는 것이다. (2) 앞서 언급된 사항들에 의해 제외될 수 없는 또다른 표현들이 사용되고 있다. 지옥불은 "꺼지지 않는 불"(막 9:43)로 불리며, 또한 악인에 대해서는 "거기에서는 구더기도 죽지 않는다"(막 9:48)고 묘사된다. 더욱이 미래에 성도들과 죄인들을 구분하게 될 구렁텅이는 건널 수 없도록 고정된 것으로 묘사되고 있는 것이다(눅 16:26).

B. 의인의 최후의 상태

1. 새 창조. 신자들의 영원한 상태가 오기 전에 현재의 세상이 사라지고 새로운 창조가 있게 될 것이다. 마 19:28은 "세상이 새롭게 되는" 것을, 행 3:21은 "만유를 회복하실 때"에 대해 말하고 있다. 히 12:27에서는, "이 또 한 번이라 하심은 진동하지 아니하는 것을 영존하게 하기 위하여 진동할 것들 곧 만드신 것들이 변동될 것을 나타내심이라"라고 말하며, 베드로는 "그날에 하늘이 불에 타서 풀어지고 물질이 뜨거운 불에 녹아지려니와 우리는 그의 약속대로 의가 있는 곳인 새 하늘과 새 땅을 바라보도다"(벧후 3:12, 13)라고 말하고 있다. 또 요한은 환상 중에서 이 새 하늘과 새 땅을 보았다(계 21:1). 새 하늘과 새 땅이 세워진 이후에라야 하나님께로부터 새 예루살렘이 내려올 것이며, 하나님의 장막이 사람들 가운데 있을 것이고, 의인들은 그들이 누릴 영원한 기쁨에 들어갈 것이다. 이것이 아주 새로운 창조물일 것인지 아니면 기존 창조물의 갱신인지에 관해 종종 의문이 제기된다. 루터파 신학자들은 벧후 3:7-13; 계 20:11; 21:1에 호소함으로써 전자의 입장을 강력히 지지하고 있고, 개혁파 신학자들은 후자의 개념을 채택하는데, 시 102:26, 27; (히 1:10-12); 히 12:26-28에 그 근거를 둔다.

2. 의인의 영원한 거처. 많은 사람들은 하늘(천국)을 주관적인 상태로 생각하여, 이것을 현재에도 누리고 있으며, 의의 방법을 통해 미래에는 자연히 영구적이 될 상태라

고 이야기한다. 그러나 여기에서도 우리는 성경이 천국을 분명 하나의 장소로 언급하고 있다는 것을 말해야만 한다. 그리스도께서 하늘로 올라가신 것은 단순히 그가 한 장소에서 다른 장소로 가신 것을 의미한다. 천국은 많은 처소들을 가진 우리 아버지의 집으로 묘사되어 있는데(요 14:1), 이 표현은 하나의 상태를 나타내는 표현이라고 간주할 수 없다. 더욱이 신자들은 안에 있고, 불신자들은 바깥에 있게 된다고 말하고 있다 (마 22:12, 13; 25:10-12). 성경은 의인이 하늘을 상속받을 뿐 아니라 모든 신천지를 상속받을 것이라는 사실을 믿을 수 있는 이유들을 제시하고 있는 것이다(마 5:5; 계 21:1-3).

3. 의인이 받는 상급의 성질. 의인의 상급은 영생, 즉 무궁한 삶뿐만 아니라, 현세에 존재하는 아무런 불완전함이나 혼란스러움이 없는 가장 충만한 삶으로 묘사되고 있다(마 25:46; 롬 2:7). 이러한 삶의 충만함은 하나님과의 교제 속에서 누리게 되는데, 하나님과의 교제가 바로 영생의 핵심이다(계 21:3). 그들은 예수 그리스도 안에서 하나님을 대면하며, 그분 안에서 충만함을 얻고, 즐거워하며, 그를 영화롭게 할 것이다. 그러나 우리는 하늘의 기쁨을 순전히 영적인 즐거움으로만 생각해서는 안 된다. 몸에 상응하는 어떤 것도 있을 것이다. 높은 수준의 인식과 상호 간의 교제가 이루어질 것이다. 천국의 기쁨에도 정도의 차이가 있을 것이라는 사실은 성경을 통해 볼 때 분명하다(단 12:3; 고후 9:6). 사람의 선한 행위가 공로가 되는 것은 아니지만, 장차 받게 될 은혜의 상급의 척도가 된다. 그럼에도 불구하고 각 개인의 즐거움은 완전하고 충만할 것이다.

깊은 연구를 위한 질문

인간의 도덕 의식은 왜 미래적 심판을 요구하는가? 성경은 마지막 심판에 대해 어떤 역사적 징조들을 언급하고 있는가? 마지막 심판은 어디에서 이루어지는가? 그리스도께서 재판장이 되신다는 사실이 신자들에게 어떤 격려를 주는가? 아들을 믿는 자는 심판에 이르지 아니하리라는 요 5:24의 표현은 신자들이 심판을 받지 않으리라는 것을 입증해 주는가? 성경에 의하면 마지막 심판의 고려 대상이 되는 것은 어떤 행위들인가? 모든 신자들이 영생을 상속한다면, 행위에 따라 상급이 결정된다는 것은 어떤 의미인가? 심판이 하나님과 사람이 더 친밀히 알도록 하는 데 기여하는가? 심판의 목적은 무엇인가? 그리스도를 의식적으로 거절한 죄만으로도 최종적인 멸망의 충분한 이유가 되는가?

"크리스천의 영적 성장을 돕는 고전"
세계기독교고전 목록